नरेन्द्र कोहली की अन्य रचनाएं

उपन्यास : 1. पुनरारंभ, 2. आतंक, 3. आश्रितों का विद्रोह, 4. साथ सहा गया दुख, 5. मेरा अपना संसार, 6. जंगल की कहानी, 7. अभिज्ञान, 8. आत्मदान, 9. प्रीतिकथा, 10 महासमर (बंधन, अधिकार, कर्म, धर्म, अंतराल, प्रच्छन्न, प्रत्यक्ष, निर्बंध), 11. तोड़ो कारा तोड़ो (निर्माण-साधना), 13 क्षमा करना जीजी

कहानी-संग्रह : 1. परिणति, 2. कहानी का अभाव, 3. दृष्टिदेश में एकाएक, 4. शटल, 5. नमक का कैदी, 6. निचले फ्लैट में, 7. संचित भूख, 8. मेरी तेरह कहानियां

नाटक : 1. शंबूक की हत्या, 2. निर्णय रुका हुआ, 3. हत्यारे, 4. गारे की दीवार, 5. संघर्ष की ओर, 6. किष्किंधा, 7. अगस्त्य-कथा

व्यंग्य : 1. एक और लाल तिकोन, 2. पांच एब्सर्ड उपन्यास, 3. जगाने का अपराध, 4. आधुनिक लड़की की पीड़ा, 5. त्रासदियां, 6. परेशानियां, 7. आत्मा की पवित्रता, 8. गणतंत्र का गणित, 9. देश के शुभचिंतक, 10 त्राहि-त्राहि, 11. इश्क एक शहर का, 12. रामलुभाया कहता है, 13. मेरे मुहल्ले के फूल, 14. मेरी इक्यावन व्यंग्य रचनाएं

निबंध : 1. नेपथ्य, 2. माजरा क्या है, 3. जहां है धर्म, वहीं है जय, 4. किसे जगाऊं?

संस्मरण : 1. बाबा नागार्जुन, 2. प्रतिनाद, 3. स्मरामि

बाल-साहित्य : 1. गणित का प्रश्न, 2. आसान रास्ता, 3. एक दिन मथुरा में, 5. हम सबका घर, 5. तुम अभी बच्चे हो, 6. समाधान, 7. कुकुर

डायमंड पॉकेट बुक्स

'कौन जन्मा है रावण के प्राण लेने वाला और उसके वंश का नाश करने वाला?' रावण ने प्रतिरावण को डांटा, 'हां! यह ठीक है कि रावण अपने प्राण दे देगा, किंतु सीता जैसी सुन्दरी को लौटाएगा नहीं। पर कौन लेगा रावण के प्राण! रावण एक-एक करके इन सब के प्राण ले लेगा—राम, लक्ष्मण, सुग्रीव, हनुमान...और विभीषण के भी। किन्तु सबसे पहले वह सीता को प्राप्त करेगा...।'

इसी उपन्यास से

रामकथा रामकथा रामकथा रामकथा रामकथा रामकथा रामकथा रामकथा
रामकथा रामकथा रामकथा रामकथा रामकथा रामकथा रामकथा रामकथा
रामकथा रामकथा रामकथा रामकथा रामकथा रामकथा रामकथा रामकथा
रामकथा रामकथा रामकथा रामकथा रामकथा रामकथा रामकथा रामकथा

रामकथा पर आधृत उपन्यास

रामकथा रामकथा रामकथा रामकथा रामकथा रामकथा रामकथा रामकथा
रामकथा रामकथा रामकथा रामकथा रामकथा रामकथा रामकथा रामकथा
रामकथा रामकथा रामकथा रामकथा रामकथा रामकथा रामकथा रामकथा
रामकथा रामकथा रामकथा रामकथा रामकथा रामकथा रामकथा रामकथा
रामकथा रामकथा रामकथा रामकथा रामकथा रामकथा रामकथा रामकथा
रामकथा रामकथा रामकथा रामकथा रामकथा रामकथा रामकथा रामकथा

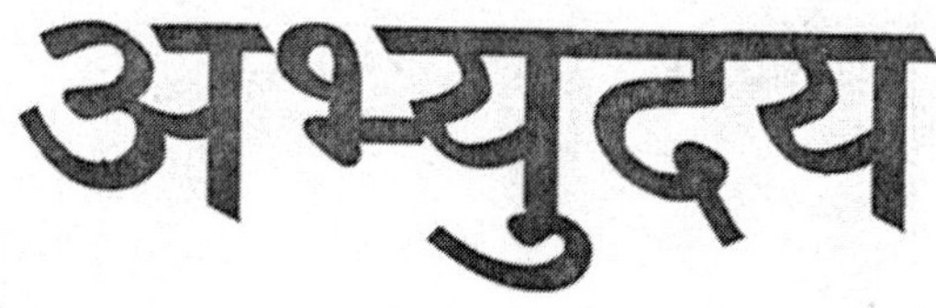

खण्ड 2

रामकथा रामकथा रामकथा रामकथा रामकथा रामकथा रामकथा रामकथा
रामकथा रामकथा रामकथा रामकथा रामकथा रामकथा रामकथा रामकथा
रामकथा रामकथा रामकथा रामकथा रामकथा रामकथा रामकथा रामकथा
रामकथा रामकथा रामकथा रामकथा रामकथा रामकथा रामकथा रामकथा

नरेन्द्र कोहली

रामकथा रामकथा रामकथा रामकथा रामकथा रामकथा रामकथा रामकथा
रामकथा रामकथा रामकथा रामकथा रामकथा रामकथा रामकथा रामकथा
रामकथा रामकथा रामकथा रामकथा रामकथा रामकथा रामकथा रामकथा
रामकथा रामकथा रामकथा रामकथा रामकथा रामकथा रामकथा रामकथा
रामकथा रामकथा रामकथा रामकथा रामकथा रामकथा रामकथा रामकथा

प्रकाशक : डायमंड पॉकेट बुक्स (प्रा.) लि.
X-30 ओखला इंडस्ट्रियल एरिया, फेज-II
नई दिल्ली-110020
फोन : 011-40712200
ई-मेल : sales@dpb.in
वेबसाइट : www.diamondbook.in

Abhyudaya Ram Katha-II

By : Narender Kohli

मधुरिमा, कार्त्तिकेय तथा अगस्त्य
के लिए

अनुक्रम

युद्ध-1

प्रथम खण्ड

1

वाली को समाचार मिला और भीतर से कोई धक्के मार-मारकर उन्हें उठाने लगा। पर उठकर चल पड़ना अब उतना सरल नहीं था। अब वे वानरों के राजा थे — सम्राट। अपनी मर्यादा को भूल, उठकर कैसे चल दें। उन्हें चाहिए कि आदेश दें कि दंडधरों की एक टोली तुरंत नगरद्वार पर भेज दी जाए, और यदि वे भी इस भैंसे को अनुशासित न कर सकें, तो एक गदाधर टोली भी भेज दी जाए। यदि वे जीवित भैंसे को अनुशासित न कर सकें, तो उसे मार डालें ... इसमें ऐसी कौन-सी समस्या है कि राजा स्वयं उठकर जाए, राजा भी वाली जैसा — वानरों का सम्राट।

किंतु शासक वाली के भीतर एक और वाली बैठा था — आखेटक वाली ! वह जैसे सागर की लहरों के समान, शासक वाली के नियंत्रण में आ-आकर फिसल जाता था ... कितने दिनों से वह सुन रहा था कि किष्किंधा के आस-पास के वनों में एक वन्य भैंसा मंडराया करता है। वह सामान्य भैंसा नहीं है। वह असाधारण रूप से वृहदाकार तथा बलशाली है। स्वभाव से हिंस्र है और सामने पड़ने वाले किसी भी जीव से भिड़ जाया करता है। उसके कंठ से निकला शब्द विकट भी था और विचित्र भी। क्रोध में जब वह डकराता था तो लगता था जैसे दुंदुभि पर आघात हुआ हो। इसीलिए लोगों में उसका नाम दुंदुभि ही प्रसिद्ध हो गया था ... आज प्रातः से ही, उसके किष्किंधा के प्रवेशद्वार पर आ डटने के समाचार नगर में आ रहे थे। फिर सूचना मिली कि वह द्वार-रक्षकों से भिड़ गया है; और यह भी ज्ञात हुआ कि द्वार पर उपस्थित दंडधर रक्षक उसके लिए अपर्याप्त सिद्ध हो रहे हैं ... तथा नगर में पर्याप्त त्रास फैल गया है।

सैनिक अथवा दंडधर टुकड़ी नगरद्वार पर भेजकर वाली कैसे संतुष्ट हो सकते थे ? उनका मन उन्हें कोंच-कोंचकर कह रहा था कि नगरद्वार पर खड़ा वह भैंसा दुंदुभि उन्हें ही चुनौती दे-देकर अपनी दुंदुभि बजा रहा है। कैसे आखेटक हैं वाली कि ऐसे में भी वे अपने महल में बैठे-बैठे सैनिक टुकड़ियों को भेज रहे हैं ?

चुनौती की दुंदुभि सुनते वे कैसे शांत बैठे रहें ?

और ऐसे वन्य भैंसे के आखेट की क्रीड़ा वे कैसे छोड़ दें ?

शासक वाली कहीं विलीन हो गए, वहां केवल आखेटक वाली रह गए।

उनका रुकना मुश्किल था ... उन्होंने अपनी भारी गदा कंधे पर रखी और नगरद्वार की ओर चल पड़े। महल तथा नगर में यह सूचना तब प्रचारित हुई, जब वाली नगरद्वार पर पहुंच भी चुके थे।

वाली ने अपनी आंखों में दुंदुभि को तोला — वह साधारण भैंसा नहीं था, जिसे मारकर उन्हें अपयश मिलता कि वानरों का शूरवीर सम्राट भैंसों की हत्याएं करता फिरता है। दुंदुभि वस्तुतः विराट वन्य भैंसा था — आखेटक के लिए चुनौती और कसौटी।

द्वार-रक्षक सैनिक सोचते ही रह गये और वाली अपनी गदा के साथ दुंदुभि के सामने जम गये।

दुंदुभि ने अपनी रक्तिम हिंस्र आंखों से अपने सम्मुख उपस्थित बाधा को देखा और फूत्कार करता हुआ उस पर चढ़ दौड़ा। वाली ने अपनी गदा को घुमाकर दुंदुभि के मस्तक पर आघात किया। दुंदुभि ने फिर से रुककर वाली को देखा । वह सामान्य वन्य भैंसा नहीं था, जो वाली की गदा के आघात से भाग जाता। वह तो जैसे द्वंद्व-युद्ध की तैयारी कर रहा था। आघात को सह, चोट से पीड़ित हो, उसने दौड़ लगायी और आक्रोश में मत्त, प्रतिशोध की भावना से भरा हुआ, वह पूरे वेग के साथ लौटा और उसने वाली पर प्रहार किया।

वाली सुखी हुए। उन्हें युद्ध के लिए योग्य प्रतिद्वंद्वी मिल गया था। उन्होंने घूमकर, दुंदुभि के अगले पुट्ठे पर पूरी शक्ति से गदा दे मारी। किंतु दुंदुभि इस बार भी नहीं भागा। दोनों जैसे ताक-ताककर लड़ रहे थे। लंबे समय तक दोनों में घात-प्रतिघात चलते रहे... अंत में दुंदुभि की पशु-बुद्धि भी समझ गयी कि वाली के बल, युद्ध-कौशल और गदा के भयंकर आघातों के सामने टिक पाना उसके लिए संभव नहीं है... दुंदुभि के पैर उखड़ गये और वह भाग खड़ा हुआ।

वाली को जीत की प्रसन्नता तो हुई, किंतु दुंदुभि को भागते देख वे संतुष्ट नहीं हुए, जैसे उनके हाथ से उनका खिलौना छिना जा रहा हो। क्रीड़ा का रस उन्हें सूखता-सा लगा। उसे इस प्रकार भागने नहीं दिया जा सकता था... वाली दुंदुभि के पीछे भागे। घायल दुंदुभि का वेग आश्चर्यजनक था। वाली न उसको रोक पा रहे थे, न उसके साथ भागने में सफलता पा रहे थे। वे दोनों आगे-पीछे भागते रहे। वाली यह देखने के लिए भी नहीं रुके कि कोई उनके साथ आ भी रहा है या नहीं। यह दौड़ मतंग वन तक चलती चली गयी... दुंदुभि वन में जा घुसा, किंतु वाली ने उसका पीछा नहीं छोड़ा। दुंदुभि अपनी पीड़ा में पागल हो रहा था और वाली अपने आक्रोश में। दोनों ने ही बिना कुछ देखे-भाले वन में लंबी दौड़ लगायी। जिधर सींग समाये, दुंदुभि उधर ही भागा। और वाली जैसे किसी चुंबकीय शक्ति से बंधे हुए, उसके पीछे-पीछे भागते चले गये।

सामने ऋष्यमूक की चढ़ाई आ गयी। दुंदुभि रुका। वह कदाचित् अपने रक्तस्राव के अतिरेक तथा इस लंबी दौड़ से थककर, जीवन से निराश हो चुका था।... सहसा

वह पलटकर खड़ा हो गया। उसकी आंखों से चिनगारियां फूट रही थीं और नथुनों से निरंतर फूत्कार। उसने क्षण-भर रुककर जैसे आंखों ही आंखों में वाली को तोला और फिर झपटा... वह बड़ा ही निर्णायक आघात था। वाली यदि उसे रोकने का प्रयत्न करते, तो अपनी असाधारण शारीरिक शक्ति के बावजूद निश्चित रूप से मारे जाते। किंतु वाली ने उसे रोकने का प्रयत्न नहीं किया। वे एक ओर हट गये और जैसे ही दुंदुभि अपने वेग में आगे बढ़ा, वाली ने अपने शरीर के संपूर्ण बल से उसके पिछले पुट्ठे पर गदा का प्रहार किया। दुंदुभि की हड्डियां कड़कड़ा उठीं। वह ऐसे बैठा कि उठ नहीं सका... वाली ने जब देखा कि दुंदुभि अब उठ नहीं सकता तो उन्होंने दूसरा आघात उसके मस्तक पर किया।

दुंदुभि की डकराहट का शब्द वन के सहस्रों वृक्षों से जा टकराया और उसकी प्रतिध्वनियां वन की प्रत्येक दिशा में फैल गयीं। दुंदुभि ने अपना सिर पृथ्वी पर डाल दिया...

वाली को जब पूर्ण रूप से विश्वास हो गया कि दुंदुभि वस्तुतः मर चुका है और अब वह कभी नहीं उठेगा, तब जैसे उनका युद्ध-ज्वर उतरा और उन्होंने यह भी पहचाना कि वे किस जोखिम में पड़े लड़ रहे थे और मृत्यु उनके कितनी निकट खड़ी थी। यदि वे ठीक समय पर हट नहीं गये होते तो दुंदुभि की वह अंतिम झपट निश्चित रूप से उनके लिए यमपाश थी... वे जैसे मृत्यु की पकड़ से किसी प्रकार फिसलकर निकल आये थे...

वाली को लगा, उनके मस्तिष्क में से जितना स्थान आवेश ने खाली किया है, वह न केवल मृत्यु के भय से भरता जा रहा है, वरन् मृत्यु का भय जैसे उनके साहस और पौरुष को ही धकेलता जा रहा है... उनके माथे पर स्वेद-बिंदु उभर आये थे। उनके होंठ सूख रहे थे और भीतर-ही-भीतर जैसे वे बहुत थक गये थे...

सहसा उन्होंने अपने बहुत निकट कहीं मतंगों की चिंघाड़ सुनी। एक नहीं, अनेक मतंग एक साथ चिंघाड़ रहे थे और उनके भागने की धमक जैसे वाली के मस्तक पर बज रही थी... उन्होंने दृष्टि उठाकर देखा, ऋष्यमूक की ढाल पर अनेक मतंग भागते हुए उनकी दिशा में बढ़ रहे थे। उनकी दृष्टि अपने अनुचरों पर भी पड़ी, जो उनके पीछे-पीछे किसी प्रकार यहां तक आ गये थे — वे मतंगों की चिंघाड़ के पहले शब्द के साथ ही वहां से भाग खड़े हुए थे।

उन्होंने गदा हाथ में ली। आंखों से उसको तोला... किंतु उनका थका हुआ मन साफ़-साफ़ समझ रहा था कि वे अपने पिछले द्वंद्व-युद्ध से चूर शरीर की शक्ति से मतंगों के पूरे झुंड को रोक नहीं पायेंगे... उनके सामने भी एक ही मार्ग था — पलायन।

वाली भागे। उनका अहंकार उन्हें धिक्कार रहा था और उनका विवेक उन्हें भगाये लिये जा रहा था। वे अनुभव कर रहे थे कि दुंदुभि के लिए लगायी गयी दौड़,

उसके साथ हुए युद्ध और अब वापसी की इस दौड़ से उनका शरीर निर्जीव हो रहा था — मन थका हुआ था और अहंकार आहत होकर उनके संपूर्ण अस्तित्व को छील रहा था... नगरद्वार तक पहुंचते-पहुंचते वाली सर्वथा बेसुध हो चुके थे। नगरद्वार के रक्षकों ने शिविका का प्रबंध कर उन्हें महल में पहुंचाया। महल में हलचल मच गयी। तुरंत वैद्य को बुलाया गया, किंतु वाली ने वैद्य से अधिक महत्त्व अपने शगुन-विचारक को दिया। वैद्य को किसी प्रकार टालकर उन्होंने शगुन-विचारक की ओर देखा...

"प्रभु!" शगुन-विचारक ने बहुत गंभीर स्वर में कहा, "भैंसा यम का वाहन है। उससे युद्ध उचित नहीं था। युद्ध के लिए जाने से पूर्व, आपने लग्न-विचार भी नहीं करवाया। समय अच्छा नहीं था।... और प्रभु...!" शगुन-विचारक रुक गया।

"कहो!" वाली ने थके-से स्वर में आदेश दिया।

"मतंग वन की दिशा, युद्ध-अभियान के लिए सर्वथा अशुभ है। युद्ध के लिए उस दिशा में कभी न जाएं। उस दिशा में विजय नहीं, पराजय है... और..."

"और ?"

"मृत्यु की भी संभावना है।" शगुन-विचारक बहुत धीमे स्वर में बोला।

वाली चुप रहे।

"राजन्! कल प्रातः उपासना के लिए सागर-तट पर अवश्य जाएं और आज की इस अशुभ घटना में मृत्यु टालने के लिए देवता के प्रति आभार प्रकट करें...।"

वाली स्थिर दृष्टि से उसे देखते रहे, बोले कुछ नहीं।

शगुन-विचारक चला गया, किंतु वाली के मन में उसके शब्द निरंतर उथल-पुथल मचाते रहे — 'उस दिशा में कभी न जाएं... कभी न जाएं...'

उनकी आंखों में क्रुद्ध दुंदुभि का अंतिम प्रहार जीवन्त अनुभव के रूप में घूम गया... और फिर दौड़ते और चिंघाड़ते हुए मतंगों का झुंड...अपने अहंकार के आदेश पर यदि वाली कहीं घड़ी-भर को भी रुक गये होते... ?

वाली को लगा, वे बहुत थक गये हैं और अब सोना चाहते हैं।

वाली के मन पर ऐसा विषाद छाया कि वे सहज ही नहीं हो पा रहे थे। प्रातः वे समुद्र-तट पर गये तो समुद्रोपासना में मन नहीं लगा। लौटकर राज-परिषद में आये तो न किसी की बात सुनने की इच्छा हुई, न कुछ कहने की। थोड़ी देर तक चुपचाप बैठे अपने मंत्रियों-अमात्यों, सामंतों, यूथपतियों तथा सेनापतियों की मुद्राएं देखते रहे। जाने वे क्या कह रहे थे और क्या कर रहे थे। वे उनकी किसी भी क्रिया से तादात्म्य नहीं कर पा रहे थे...

अन्य लोगों का ध्यान भी उस ओर गया।

"क्या बात है, सम्राट स्वस्थ नहीं हैं ?" सबसे पहले सुग्रीव ने पूछा।

"मन कुछ स्वस्थ नहीं है।" वाली मुंह-ही-मुंह में बुदबुदाये।

''सारी किष्किंधा सम्राट के कल के वीर-कृत्य पर उल्लसित है। एक-एक नागरिक अपने सम्राट पर गर्व कर रहा है, और सम्राट हैं कि इस प्रकार अनमने-से बैठे हैं।'' प्रौढ़ तार ने हंसते हुए कहा।

''मुझे लगता है कि कल की भाग-दौड़ से थकावट हो आयी है।'' सुग्रीव पुनः बोले।

वाली के मन में खीझ उठी। यह सुग्रीव अपने शैशव से ही ऐसी बातें करता रहा है। यह मुझे भी अपने ही समान कोमल समझता है। एक वन्य भैंसे के आखेट से थकावट हो गयी। मन में आया, सुग्रीव की ग्रीवा पकड़कर कहें, 'मैं सुग्रीव नहीं, वाली हूं। कल की भाग-दौड़ के बाद भी आज इतनी क्षमता है मुझमें कि फिर से मतंग वन तक दौड़ लगा आऊं।'

पर कुछ कहते नहीं बना। मतंग वन के नाम से ही, मन जैसे और भी भारी हो गया।

''मैं आज विश्राम करूंगा।'' सहसा वाली बोले और उठ खड़े हुए, ''शेष कार्य कल के लिए स्थगित कर दिये जाएं।''

तारा को वाली के असमय लौट आने का पता चला, तो दौड़ी आयी। वाली को दिन के समय इस प्रकार बिस्तर पर लेटे देखना ही बड़ा आश्चर्यजनक था और उनके चेहरे की उदासी तो अभूतपूर्व थी।

''क्या बात है, प्रियतम ?''

वाली चुपचाप, एकटक तारा को देखते रहे। इस तारा में जाने उन्हें पहले क्या इतना अच्छा लगता था। आज तो उसे देखकर मन में कहीं कोई स्फूर्ति नहीं जागती। वही प्रतिदिन का देखा हुआ साधारण चेहरा। क्या देखे कोई उसको ?

''कुछ नहीं ! बस, मन ठीक नहीं है।'' वह भावशून्य स्वर में बोले।

तारा चिंतित-सी खड़ी उन्हें देखती रही, फिर जैसे कुछ न समझकर अपने आप बोली, ''किसी को भेजकर वैद्य को बुलवाऊं ? अंगद को भी संदेश भेजूं ?''

''वैद्य को कष्ट देने की आवश्यकता नहीं।'' वाली कुछ रूखे स्वर में बोले, ''और अंगद इस समय कहां गया है ?''

''सुग्रीव ने ही कहीं भेजा है।'' तारा ने उत्तर दिया, ''आजकल बेटे को चाचा की देखा-देखी समाज-सुधार का दौरा पड़ा है।''

''क्या कर रहा है ?''

''लोगों को समझाया जा रहा है कि मदिरापान न करें, उससे स्वास्थ्य भी बिगड़ता है और धन का अपव्यय भी होता है।''

''ऊंह !'' वाली का मुंह जैसे कड़वा गया, ''जो पीता है अपने धन को व्यय कर पीता है और अपना स्वास्थ्य बिगाड़ता है; पर दूसरों के निजी मामलों में टांग न

अड़ाई, तो सुग्रीव ही क्या !''

तारा ने परिचारिकाओं को जाने का संकेत किया और आकर वाली की शैया पर, उनके निकट बैठ गयी। थोड़ी देर उनके केशों में अंगुलियां फिराती रही और फिर पूछा, ''क्या मन बहुत खराब है ?''

वाली को तारा के हाथ का स्पर्श अच्छा लगा था। मन में हलकी-सी ऊष्मा जागी। आंखें खोलीं। क्षण-भर ही देखा होगा कि आंखों की भंगिमा फिर बदल गयी। पहले जैसे भावहीन स्वर में बोले, ''थोड़ी देर विश्राम करूंगा। तुम जाओ।''

वाली का मन स्वस्थ नहीं हुआ। कुछ भी ऐसा दिखायी नहीं पड़ रहा था, जो उनके मन में रंचमात्र भी उत्साह जगा सके। प्रत्येक वस्तु से वितृष्णा, प्रत्येक बात से ऊब, प्रत्येक चेहरे से खीझ... उदास मन और स्फूर्तिहीन शरीर...

कल के ही समान अनमने वाली राजसभागार में आये और अनासक्त-से बैठे रहे। राज-परिषद का कार्य चलता रहा। वाली बैठे थे, क्योंकि बैठना था...

अमात्य तथा मंत्री अपने-अपने विभाग-संबंधी आज्ञाएं ले चुके, तो अपराधियों के न्याय का कार्य आरम्भ हुआ...

पहला अपराधी प्रस्तुत किया गया।

''सम्राट ! इस व्यक्ति को युवराज सुग्रीव तथा राजकुमार अंगद ने बंदी किया है।''

वाली ने दृष्टि उठाकर देखा — ऐसा कौन-सा अपराधी है, जिसे बंदी करने के लिए सुग्रीव और अंगद को जाना पड़ा। वह व्यक्ति आकृति से विदेशी और विजातीय लगता था। निश्चित रूप से वह वानर नहीं था।

''क्या नाम है ?''

''मायावी।''

''जाति ?''

''राक्षस।''

''कहां के निवासी हो ?''

''लंका।''

''अपराध ?''

''थके हुए मन को विश्राम देना।''

वाली रुक गये। यह विदेशी क्या कह रहा है ? उनके भीतर कुछ-कुछ रुचि जाग रही थी, ''यह तो कोई अपराध नहीं है, विदेशी !''

''मेरी भी यही विनती है, सम्राट !'' मायावी बोला, ''किंतु युवराज नहीं चाहते कि मैं किसी थके मन को विश्राम दूं। वे इसे अपराध मानते हैं।''

वाली ने अपराधी को लाने वाले सैनिक की ओर देखा, ''क्या अपराध है

इसका?''

''सम्राट, इस पर मदिरा बनाकर बेचने, वैश्यालय चलाने तथा अनके कन्याओं के अपहरण और उनके क्रय-विक्रय का आरोप है।''

''तुम लोग जाओ।''

सैनिक मायावी को छोड़कर चले गये।

इस बार वाली बोले, तो उनका स्वर कुछ धीमा था, ''मायावी ! यदि तुम मेरे थके मन को विश्राम दे पाओगे, तो समझूंगा कि तुम वैद्य का काम कर रहे हो, अन्यथा तुम अपराधी हो। तुम जानते ही होगे, मैं अपराधी को कठोर दंड देता हूं।''

''सम्राट एक बार सेवा का अवसर दें !'' मायावी मुसकराया, ''यदि सम्राट के मन को विश्राम मिले, सम्राट स्वस्थ हों, तो सेवक को किष्किंधा में अपना व्यापार फैलाने की खुली छूट दें।''

वाली ने उसे भरपूर दृष्टि से देखा और कहा, ''स्वीकार है।''

दूसरे दिन राजसभा का वातावरण बदला हुआ था।

वाली आज अन्यमनस्क नहीं थे। उनके चेहरे पर हल्की-हल्की मुस्कान थी, जैसे मन-ही-मन किसी मधुर रस का पान कर रहे हों। वे प्रत्येक बात रुचिपूर्वक सुन रहे थे। प्रत्येक बात के उत्तर में प्रतिक्रिया व्यक्त कर रहे थे... कभी-कभी तो वे पूरी तरह परिहास की मुद्रा में आ जाते थे।

उसके विपरीत, आज सुग्रीव का मन प्रसन्न नहीं लग रहा था। अंगद भी जैसे रूठे हुए-से अपने स्थान पर बैठे थे।

दैनिक कार्यक्रम की कुछ औपचारिकताएं पूरी हो चुकीं तो सुग्रीव ने निवेदन किया, ''मैं सम्राट के एक निर्णय को सम्राट के पुनरावलोकन के लिए प्रस्तुत करना चाहता हूं।''

वाली की मुसकान विलीन हो गयी। वे सावधान होकर बैठ गये, ''बोलो !''

''सम्राट ! आपको स्मरण होगा, कल मायावी नाम का एक अपराधी न्याय के लिए आपके सम्मुख प्रस्तुत किया गया था।''

वाली ने स्वीकृति में सिर हिला दिया।

''उसे मैंने तथा राजकुमार अंगद ने स्वयं जाकर बंदी किया था।'' सुग्रीव बोले, ''उस पर अनेक गंभीर आरोप थे।''

''मुझे उसका कोई अपराध समझ में नहीं आया।'' वाली ने भ्रू-संकोच के साथ कहा, ''वह व्यक्ति व्यापारी है। यदि वह किसी चीज़ का निर्माण करता है और उसे बेचता है, लोग अपनी इच्छा से उसे खरीदते हैं और इस सारे व्यापार से कर के रूप में राज्य को पर्याप्त आय होती है, तो यह अपराध कैसे है, युवराज ?'' वाली का स्वर और भी ऊंचा हो गया, ''क्या यह नहीं माना जा सकता कि युवराज राज्य की आय

की वृद्धि से प्रसन्न नहीं हैं! वे नहीं चाहते कि वानरों का यह राज्य संपन्न हो और जनता सुखी हो! मेरी समझ में यह नहीं आया कि इस निर्धन समाज और राज्य की संपन्नता के मार्गों को युवराज क्यों बंद कर देना चाहते हैं। मैं समझता हूं कि युवराज न केवल स्वयं राज्य-विरोधी गतिविधियों में बहुत सक्रिय हैं, वरन राजकुमार अंगद को भी अपने प्रभाव से दिग्भ्रमित कर रहे हैं।''

सुग्रीव को जैसे काठ मार गया... कहां वे सोच रहे थे कि वे मायावी को अपराधी घोषित करवा, उसे दंडित करवायेंगे और कहां वे स्वयं अपराधी ठहराये जा रहे हैं। अपराधी भी कैसा ? अपनी जाति, समाज तथा राज्य से द्रोह का। इन अपराधों को तनिक भी गंभीरता से लिया जाए, तो सुग्रीव को तुरंत मृत्यु-दंड दे दिया जायेगा...

उनका मस्तिष्क कुछ इस जोर से झनझनाया कि कहने को कोई बात ही नहीं सूझी। मस्तिष्क में तो जैसे खून चढ़ गया था, तर्क कैसे सूझता। उन्होंने दृष्टि घुमाकर अंगद को देखा — अंगद का चेहरा भी क्रोध से तमतमाया हुआ लगता था, जैसे अभी फट पड़ेगा।

सुग्रीव ने स्वयं को संयत किया। जानते थे, क्रोध से कोई बात नहीं बनेगी। इस समय क्रोध दिखाने का अर्थ अपने पक्ष को और भी दुर्बल बनाना होगा।

''यदि सम्राट की अनुमति हो, तो मैं भी अपना पक्ष प्रस्तुत करूं।'' सुग्रीव ने जैसे स्वयं अपना गला घोंटकर अपनी आवाज़ धीमी की।

''बोलो।'' वाली का स्वर अत्यंत औपचारिक था। स्पष्ट था कि वे सुग्रीव का पक्ष सुनने के लिए बहुत उत्सुक नहीं थे, किन्तु यदि सुग्रीव कहना ही चाहता है तो कह ले।

''वानर जाति अत्यंत निर्धन है।'' सुग्रीव ने कहना आरंभ किया, ''हम प्रयत्न कर रहे हैं कि हम अपने परिश्रम से अपने साधनों का विकास करें, ताकि हमारी स्थिति कुछ अच्छी हो सके। ऐसे में यदि यहां कुछ ऐसी स्थिति उत्पन्न कर दी जाए, जिससे परिश्रम का मूल्य कम हो जाए और विलास का बाहुल्य हो जाए, तो हमारी जाति किसी भी प्रकार आगे नहीं बढ़ पायेगी।''

''युवराज !'' वाली का स्वर खीझ से ओत-प्रोत था, '' बात मायावी के अपराध की थी, जाति की निर्धनता की नहीं।''

''वही कह रहा हूं।'' सुग्रीव को अपने कानों की लोएं तमतमाती-सी लगीं।

''तो सीधे-सीधे अपनी बात कहो।'' वाली बोले, ''तुम्हारी इन वायवीय बातों में मेरी कोई रुचि नहीं है।''

इस जड़ मस्तिष्क को कैसे समझाया जा सकता है, सुग्रीव सोच रहे थे — किन्तु समझाना तो था ही।

''सम्राट !'' सुग्रीव ने पुनः कहना आरंभ किया, ''मधुपान का प्रचलन स्थानीय रूप से हमारी जाति में भी है; किन्तु यह विशेष अवसरों पर स्वयं तैयार कर, उत्सव

मनाने की परिपाटी तक ही सीमित है। यदि लंका से मंगाकर अथवा लंका की पद्धति पर तैयार करवा, सुगंधित मदिरा की धारा अबाध गति से हाटों में बहेगी तो समाज के समर्थ सदस्यों को उसकी चाट लग जायेगी। वे उसे पाने के लिए अधिक धन बटोरना चाहेंगे। अधिक धन के लिए वे अपनी अधीनस्थ प्रजा पर अत्याचार करेंगे, उसका शोषण करेंगे। कम परिश्रम से अधिक धन कमाना चाहेंगे...।'' सुग्रीव क्षण-भर रुककर पुनः बोला, ''विलास मदिरा तक ही नहीं थम जाता। आप जानते हैं कि मायावी मदिरा के साथ वेश्या-व्यापार भी करवाता है। ये विलासी लोग इस जाति की कन्याओं को वेश्या बना देने के लिए अपने पास धन संचित करेंगे और दूसरों की आर्थिक स्थिति इतनी हीन कर देंगे कि एक मुट्ठी अन्न के लिए कुलांगनाओं को अपना शरीर- बेचना पड़े।... क्या आप चाहेंगे कि सच्चरित्र श्रमिकों की यह जाति, विलासी लंपटों तथा गणिकाओं की जाति में बदल जाए... !'' सुग्रीव के लिए अपना आवेश रोकना कठिन हो रहा था, ''और जहां तक राज्य की आय की बात है — मैं मानता हूं कि इस व्यवसाय से भी राज्य की आय बढ़ती है। किंतु यदि आप आज यह राजाज्ञा प्रचारित कर दें कि दस्यु-वृत्ति भी वैध व्यवसाय है, पर अपहृत धन का एक चौथाई राज्य को कर के रूप में देना होगा, तो आप देखेंगे कि आपके राज्य की आय अल्पकाल में ही सौ-गुनी हो जाएगी। किंतु ऐसी आय का हम क्या करेंगे ? राज्य को धन की आवश्यकता होती है प्रजा के कल्याण के लिए। प्रजा के अकल्याण से, उसके कल्याण के लिए धन एकत्रित करने का तर्क कितना आत्म-विरोधी है। धन की शक्ति के साथ, समाज में शोषण की मात्रा भी बढ़ेगी। यदि धनी और विलासी यूथपतियों तथा सामंतों के द्वारा प्रजा का शोषण इतना बढ़ जाए कि दिन-भर के श्रम से थका-हारा श्रमिक अपने अल्प पारिश्रमिक से जब अपने परिवार का भोजन नहीं जुटा पायेगा, तो वह अपने पारिश्रमिक से मदिरा के दो चषक पीकर ही अपनी चिंताओं को भूल जाना चाहेगा। उस मदिरा से प्राप्त कर धन नहीं, प्रजा का रक्त है। क्या सम्राट अपने राज्य के लिए ऐसा धन चाहते हैं ?''

सुग्रीव रुके तो आवेश से हांफ रहे थे।

एक क्षण के लिए लगा कि वाली भी विस्फोटक मुद्रा धारण कर रहे हैं, किंतु दूसरे ही क्षण, जैसे सब कुछ पी गये। आरोपित मुसकान के साथ बोले, ''युवराज की आशंकाएं काल्पनिक तथा वायवीय हैं। इनसे मायावी का अपराध सिद्ध नहीं होता !''

वाली सिंहासन से उठ खड़े हुए।

सुग्रीव की चिंता का कोई अंत नहीं था।

इस जाति का क्या होगा और इस राज्य का ? जब राजा आंखों देखे तथ्यों को अनदेखा करने पर उतारू हो जाए, तो राज्य को रसातल में जाने से कौन रोक सकता है। एक तो वाली स्वयं अहंकारी है; और अब उन्हें एक-से-बढ़कर-एक संगी-साथी

मिलते जा रहे हैं। हनुमान ने सूचना दी थी कि मायावी ने अपने वचन के अनुसार वाली के थके मन को विश्राम दिया था। वाली के अपने मधुपान की ही मात्रा कम नहीं थी, अब मायावी ने उसे जो सुगंधित मदिरा पिलायी थी, वह वाली के लिए अभूतपूर्व थी। वैसी मदिरा वाली ने पहले कभी नहीं चखी थी... इतना ही नहीं, मायावी ने मदमस्त वाली के अंक के लिए एक अनुपम सुंदरी — अलका प्रस्तुत कर दी थी। वाली की आंखें चौंधिया गयीं। ऐसी सुंदरी की तो उसने कभी कल्पना भी नहीं की थी। वह यक्ष-कन्या वाली को वानर जातीय स्त्रियों से बहुत भिन्न लगी थी — उसका रंग-रूप, उसके वस्त्र, उसके हाव-भाव, उसकी भंगिमाएं।

और वाली ने स्वीकार किया कि मायावी से बढ़कर उसका कोई उपकारक नहीं है। वह मायावी को अपना परम मित्र मानता है। मायावी किष्किंधा में जो चाहे कर सकता है। वाली उसे कभी नहीं रोकेगा।

सुग्रीव की सारी कल्पनाएं दुष्कल्पनाओं में बदलती जा रही थीं... वाली के आस-पास, एक-एक कर, मायावी जैसे लोग ही एकत्र होते जा रहे थे। वाली को समझना कठिन था कि वे उनके मित्र नहीं, शत्रु हैं... रावण कब से इस प्रयत्न में है कि वानरों को मादक पदार्थ उपलब्ध करा सके। उनके लिए विलास के साधन जुटा सके। रावण के रथों के चक्रों के आगे-आगे पहले मादक द्रव्य चलते हैं, उसके पश्चात दूत, फिर गणिकाएं, अपहरण, परस्पर कलह और अन्त में रावण की सेनाएं... मायावी के माध्यम से वाली, रावण को भी अपना मित्र मानने लगेंगे और फिर रावण से विभिन्न प्रकार की विलास सामग्रियों की अपेक्षा करेंगे।

वाली किस प्रकार क्रमशः दुश्चरित्रता की ओर बढ़ते जा रहे हैं — यह उन्हें कौन समझायेगा। वे प्रातः सागर-तट पर उपासना करते हैं। कभी-कभार उपवास भी रख लेते हैं और थोड़ा-बहुत दान भी करते हैं। वे स्वयं को पूर्णतः धार्मिक व्यक्ति मानते हैं। धार्मिक व्यक्ति अपने आपको दुश्चरित्र कैसे मान लेगा ! अपने दैनिक कर्म-कांड के पश्चात जैसे उन्हें संसार के प्रत्येक दुष्कर्म की अनुमति मिल जाती है।

तारा भाभी की स्थिति भी इन दिनों विचित्र है। वे देख रही हैं कि वाली किस मार्ग पर बढ़ते जा रहे हैं; किंतु उनके लिए जाति, समाज और राज्य संबंधी वाली की नीतियों को ठीक करने के स्थान पर अधिक महत्त्वपूर्ण, अपने जीवन से दूर होते पति को वापस अपने जीवन में लौटा लाना है। वाली की नीतियों का विरोध कर, उन्हें उपदेश देकर अथवा फटकारकर, वे उन्हें वापस नहीं लौटा सकतीं। वाली ने इन दिनों उनके प्रति जो वितृष्णा दिखायी है, उससे तारा भाभी को सबसे अधिक चिंता अपनी स्थिति के प्रति हो गयी है... कहीं ऐसा न हो कि वाली किसी अन्य रानी को पट्टमहिषी घोषित कर दें। अथवा, कोई नया विवाह कर, नया प्रासाद बनवा — वहीं जाकर रहने लगें... पति को प्रसन्न करने के तारा के सारे प्रयत्न निष्फल भी हैं और करुणाजनक भी...

अंगद का विरोध भीतर-ही-भीतर घुट रहा है। पिता के सम्मुख वह कुछ बोल

नहीं सकता, किंतु किष्किंधा में प्रतिदिन घटती घटनाएं देख-देखकर, उसका विरोध बढ़ता जाता है। जब घुटन बहुत बढ़ जाती है, तो सुग्रीव के पास आकर मन हलका कर जाता है। किंतु सुग्रीव भी तो कुछ नहीं कर सकते...

सुग्रीव ने जब-जब किष्किंधापुरी को देखा था, उनकी पीड़ा असह्य हो उठी थी — दो पर्वतों के बीच बसी किष्किंधा नगरी कितनी सुंदर घाटी थी। नगर के मध्य में राज-प्रासाद था। आस-पास यूथपतियों, सामंतों, सेनापतियों और कुछ धनाढ्य व्यापारियों के आवास थे। उनके मध्य सुंदर मार्ग थे। स्थान-स्थान पर उपवन और उद्यान थे। जलाशय और नहरें थीं... और जहां ये प्रासाद समाप्त होते थे, वहीं से निर्धन श्रमिकों की घास-फूस और मिट्टी की बनी झुग्गियां आरंभ हो जाती थीं। न वहां पथ थे, न उद्यान, न जलाशय, न नहरें। कूड़े के ढेर जैसे कच्चे घरों में लोग रहते थे। किसी ने पर्वत की खोह का सहारा लेकर रहने के लिए ओट कर ली थी और किसी ने वृक्ष के तने को अपनी दीवार मान लिया था। न पीने के पानी का कोई प्रबंध था, न शौच-स्थान के लिए उचित व्यवस्था। किसी जोहड़ या गढ़े में संचित बरसाती पानी से वे अपना काम चलाते थे — उसी में नहाते थे, उसी को पीते थे, उसी में अपना खाद्य पदार्थ उबालते थे — यूथपतियों के पशुओं के लिए भी इससे कहीं अधिक साफ-सुथरे और व्यवस्थित आवासों का प्रबंध था। ये श्रमिक तो अपने रहन-सहन से सचमुच वानर थे — मानवों की जाति नहीं, पशु वानर, शाख-मृग।

वाली और उसके मंत्रियों का ध्यान मधुशालाओं और मदिरालयों के लिए स्थान का प्रबंध करने की ओर तो गया था, किंतु इन मनुष्यों के लिए भी उनका कोई कर्त्तव्य है — यह उन्होंने कभी नहीं सोचा...

जब कभी सुग्रीव ने अपने कुछ सामाजिक संगठनों की सहायता से उनकी स्थिति को सुधारने का प्रयत्न किया, किसी-न-किसी मंत्री अथवा यूथपति ने वाली को सुझाव दिया कि यदि वह भूमि किसी सामंत के हाथ बेच दी जाए, तो उससे राज्य को पर्याप्त आय होगी। इन श्रमिकों का क्या है, वे तो कहीं भी रह लेंगे। राज्य की इतनी मूल्यवान भूमि इन श्रमिकों को देकर क्यों नष्ट की जाए।... और हर बार वाली ने श्रमिकों को खदेड़कर वह भूमि सामंतों, यूथपतियों अथवा मंत्रियों को दे दी। धनिकों के नये प्रासाद बने और निर्धनों को अपनी झुग्गियों के लिए नया स्थान खोजना पड़ा। क्या करें सुग्रीव? वाली कुछ ऐसी संगति में पड़ गये हैं कि ठीक स्थिति समझाने वाले को वे अपना शत्रु समझने लगे हैं...

सुग्रीव का मन इतना भारी था कि कहीं जाने की इच्छा ही नहीं हुई। राजसभा का समय भी निकल गया तो रुमा ने टोका, ''क्या हुआ है आपको ? इस प्रकार मुंह-सिर लपेटे क्यों पड़े हैं ? क्या आपको भी जेठजी वाला रोग लग गया है ?''

सुग्रीव चौंके, ''यह जेठजी वाला रोग कौन-सा है ?''

''जैसे आपको मालूम ही नहीं।'' रुमा मुसकराई, ''राजप्रासाद में ही नहीं, सामंतों के घरों में भी चर्चा है कि जेठजी का रोग आजकल कुछ अधिक ही उग्र है।''

सुग्रीव उठकर बैठ गये, ''पर यह रोग है कौन-सा — कुछ मालूम भी तो हो?''

रुमा ने उन्हें अपांग से देखा, ''क्या सचमुच नहीं जानते ?''

''नहीं !''

''चर्चा है कि जेठजी को नव-कन्या रोग हुआ है; अर्थात् कुछ दिनों के पश्चात् नयी कन्या नहीं मिलती तो सिर-मुंह लपेटे पड़े रहते हैं। किसी से बात नहीं करते, निकट आने वाले को काटने को दौड़ते हैं...''

''तुमसे किसने कहा ?'' सुग्रीव अत्यंत गंभीर थे।

''किसी एक ने नहीं कहा, प्रत्येक जिह्वा पर चर्चा है।'' रुमा फिर मुसकराई, ''आप राजसभा में क्या करने जाते हैं, जब आपको इतनी भी सूचना नहीं। इतनी सूचनाएं तो मुझे घर बैठे-बैठे ही मिल जाती हैं।''

सुग्रीव के लिए शैया पर पड़े रहना कठिन हो गया। वे उठकर खड़े हो गये, ''और क्या-क्या सुना है तुमने ?''

''और...'' इस बार रुमा का स्वर भी गंभीर था, ''और यह कि इन दिनों जेठजी का निकटतम तथा प्रियतम मित्र मायावी नाम का राक्षस है। कुछ दिनों में वह किष्किंधापुरी का बहुत बड़ा व्यक्ति बन जायेगा। यदि महामंत्री न भी बनाया गया, तो भी मंत्री अथवा महासामंत तो बन जायेगा।''

सुग्रीव की अवस्था वैसी ही हो गयी, जैसी राजसभा में वाली के मुख से अपने लिए आरोप सुनकर हो गयी थी... निश्चित रूप से ये सूचनाएं राजप्रासाद के परिचारक-परिचारिकाओं द्वारा ही प्रचारित हुई होंगी... संभव है, भावी घटनाओं के विषय में ये किसी की निराधार कल्पना ही हों — यह भी संभव है कि भविष्य का यही रूप हो।

''भाभी से भेंट हुई ?'' सुग्रीव ने पूछा।

''दीदी इन दिनों बहुत अव्यवस्थित हैं।'' रुमा ने उदास स्वर में कहा, ''वे इन चर्चाओं के विषय में कोई बात नहीं करतीं, किंतु लगता है कि उनसे भी कुछ छिपा नहीं है।''

सुग्रीव को लगा, अब घर में बैठना संभव नहीं था। उन्हें बाहर जाने की तैयारी करते देख, रुमा पुनः मुसकराई, ''भूल हो गयी, जो तुमसे यह सब कह दिया।''

''इसमें भूल की क्या बात है ?'' सुग्रीव समझ नहीं पा रहे थे।

''कुछ न कहती, तो घर पर तो रहते। मेरे निकट तो होते।''

सुग्रीव उदास हो गये, ''यदि यही गति रही तो स्थायी रूप से तुम्हारे निकट, घर पर ही रहूंगा।''

अपने प्रासाद से निकल, सुग्रीव सीधे हनुमान के घर की ओर चले। उन्होंने शिविका भी नहीं ली, पैदल ही चल पड़े। पिछले कुछ दिनों से उन्होंने समाज में विभिन्न वर्गों के मानवीय संबंधों के विषय में सोचा था। अब उनकी शिविका में चलने की इच्छा नहीं होती। अपने ही जैसे मनुष्यों के कंधों पर सवार होकर चलना उन्हें पीड़ा देने लगा था। कभी-कभी बाध्य होकर जाना भी पड़ता था... बाध्यता भी कितनी विचित्र थी। वानरों के पास यातायात का अन्य कोई साधन ही नहीं था — सम्राट के पास भी नहीं। या तो शिविका में जाओ, या पैदल; जबकि सुग्रीव अच्छी प्रकार जानते थे कि राक्षसों ने अपने लिए अश्वों के साथ-साथ रथों का भी विकास किया है। उन्होंने जल-मार्गों में भी अपनी परिवहन-व्यवस्था इतनी विकसित कर रखी है कि लंका से समुद्र पार कर जंबुद्वीप में आना-जाना उनके लिए उतना ही सरल है, जितना वानरों के लिए पैदल चलना या शिविका में आना-जाना। किंतु अभी सामान्य वानर इतना भी नहीं जानता कि परिवहन के अन्य साधन भी हो सकते हैं। कितनी बार सम्राट से चर्चा भी हुई, किंतु वे हर बार यह कहकर टाल जाते हैं कि वानरों का कार्य इन साधनों के बिना भी सुचारु रूप से चल रहा है... अब उन्होंने मायावी से मित्रता की है; किंतु इस मित्रता के फलस्वरूप या तो वे मदिरा चाहेंगे, अथवा अपने नव-कन्या-रोग की औषधि !...

कितनी पिछड़ी हुई है वानर-जाति ! पशु-धरातल से थोड़ी-सी ही उठ पायी है। भयंकर परिश्रम कर वानर खेती करते हैं, पशु-पालन करते हैं अथवा वास्तुकला का थोड़ा परिष्कृत ज्ञान उन्हें है। कुछ अच्छे प्रासाद बन गये हैं; किन्तु नल तथा नील जैसे शिल्पी बंधुओं के होते हुए भी, वाली ने किसी नदी पर कभी सेतु बांधने की बात नहीं सोची, ताकि सुविधा से नदियों के ऊपर पथ प्रशस्त किये जा सकें... वाली के पास, इन बातों के लिए समय ही नहीं है... शस्त्रों के विषय में भी कितनी विचित्र स्थिति है वानरों की। उनके पास या तो दंडधर सैनिक हैं अथवा गदाधर। वे अन्य किसी शस्त्र को जानते ही नहीं। सारी वानर जाति के पास दस से अधिक खड्ग नहीं होंगे; और जो हैं भी, वे आर्य आश्रमों से प्राप्त किये हुए हैं... यदि हनुमान आर्य आश्रमों तक नहीं पहुंचते, तो कदाचित् वानर कभी खड्ग के दर्शन भी नहीं कर पाते... शस्त्र राक्षसों के पास हैं, किंतु वे अपने ज्ञान-विज्ञान से वानरों की सहायता नहीं करना चाहते। शस्त्र आर्यों के पास हैं, किंतु उन्हें राक्षसों ने दंडकारण्य में ही उलझा रखा है कि वे वानरों तक पहुंच ही न पायें। कभी-कभी सुनने में आया है कि अगस्त्य नामक किसी आर्य ऋषि ने वानरों के कुछ यूथों को लाभान्वित किया है। किन्तु इसके लिए उन्हें राक्षसों के साथ निरंतर और भयंकर युद्ध करना पड़ा है...

राक्षस ! अपने ज्ञान से पिछड़ी जातियों की सहायता करने के स्थान पर उनका शोषण करने वाला संगठन। सबल द्वारा निर्बल को खा जाने वाले पशु-सिद्धांत पर गर्व करने वाली जाति। हिंस्र शक्ति के दंभ और शस्त्रास्त्रों से सम्पन्न जाति। उनके पास गदा, मूसल, शक्ति, खड्ग जैसे सामान्य शस्त्रों के साथ-साथ धनुष-बाण जैसे विशिष्ट शस्त्र

ही नहीं, अनेक दिव्यास्त्र भी हैं। उनके पास न धन की कमी है, न शस्त्रों की और न प्रशिक्षण के अवसरों की।

...पिता के शासनकाल में तो किसी ने इस दिशा में सोचा ही नहीं था। वानर राज्य के भीतर युद्ध होता नहीं था। सर्व-सम्मति से सारी प्रजा अपने सम्राट की आज्ञा मानती थी। यदि भूमि अथवा पशुओं को लेकर किसी पड़ोसी गोत्र के साथ कोई संघर्ष हुआ भी, तो उसका निबटारा दोनों गोत्रों के मल्लयुद्ध से होता था; और मल्लयुद्ध में वानर वीरों को पराजित करना बहुत कठिन था।

... किंतु होश संभालते ही, सुग्रीव ने राक्षसों को प्रबल होते देखा था। वानरों पर उनके भारी पड़ने का एकमात्र कारण उनके शस्त्र थे। तभी स्थान-स्थान से वानरों तथा ऋक्षों के पीड़ित होने के समाचार आने लगे थे। जहां कहीं अपना स्वार्थ सधता, राक्षस अन्य जातियों के साथ, मैत्रीपूर्ण ढंग से रहने का नियम अनदेखा कर जाते थे। यदि स्थानीय यूथपति झगड़ा सुलझाने का प्रयत्न करता तो राक्षस अपने शस्त्रों और दुष्टता के द्वारा उसे पराजित कर भगा देते। अनेक घटनाएं सुग्रीव के मन में बहुत ताजा और जीवन्त थीं, जहां राक्षसों ने वानरों की बस्तियों में आग लगा दी थी, या अपने शस्त्रों से उन्हें काट डाला था। उनकी भूमि हथिया ली थी और उनके पशु छीन लिये थे। कई स्थानों पर उन्होंने वानरों को दास बनाकर बेच डाला था। उनकी स्त्रियों का अपहरण कर ले गये थे... और वानरों की ओर से कोई प्रतिवाद संभव नहीं था।

सुग्रीव की राजनीतिक समझ राक्षसों के इन्हीं आक्रमणों ने निखारी थी। सुग्रीव साफ-साफ देख रहे थे कि वानरों, ऋक्षों तथा अन्य जन-जातियों के क्षेत्रों में राक्षसों के उपनिवेश बढ़ते जा रहे थे। अपने रहने के लिए राक्षस नयी भूमि का संधान नहीं करते थे — वन नहीं काटते थे, नये खेत नहीं बनाते थे। उनके लिए अन्य जातियों के बने-बनाये खेत छीन लेना अधिक सरल था और उन्हीं की देखा-देखी, प्रत्येक जाति में राक्षस-वृत्ति पनप रही थी। प्रत्येक जाति में अपने राक्षस जन्म लेते थे, जो बाद में अन्य राक्षसों का सहयोग प्राप्त कर लेते थे...

इस आर्थिक लूट की रक्षा के लिए उन्हें राजनीतिक सत्ता और राजनीतिक विधि-विधान की आवश्यकता पड़ती थी। राजनीतिक सत्ता की रक्षा के लिए उन्होंने सेनाओं का निर्माण किया था और सेनाओं को शक्तिशाली बनाने के लिए अस्त्र-शस्त्रों का विकास किया था।

उन्हें रोकने का एक ही मार्ग था — उनके शस्त्रों का सामना। वैसे ही शस्त्रों और दिव्यास्त्रों का निर्माण... किंतु वाली को न सेना में रुचि थी, न शस्त्रों में। राज्याधिकार उन्हें मिल गया था। उनका अहंकार यह स्वीकार ही नहीं करता था कि अपने सारे शस्त्रास्त्रों के साथ भी कभी कोई राक्षस युद्ध में उन्हें पराजित कर सकता है। अतः वे मानते थे कि बलिष्ठ व्यक्ति को न सेना की आवश्यकता थी, न कोई अन्य समस्या दिखायी पड़ती थी। रावण उनके लिए बहुत दूर की वस्तु था। निकट की

समस्याएं और थीं — पहले तो तारा थी, अन्य सुंदरी रानियां थीं; और अनेक अन्य सुंदरियां थीं, जो अभी उनकी रानियां बनी नहीं थीं। पीने के लिए मधु था, खेलने के लिए आखेट था। बहुत मन ऊबा तो अखाड़े में जाकर मल्लयुद्ध कर अपने शरीर का आलस्य और मन का अवसाद दूर कर आये...

और अब आ जुटा था मायावी। जाने वह और क्या-क्या करवायेगा !...

सुग्रीव हनुमान के घर पहुंचे। हनुमान अकेले नहीं थे। उनके अनेक मित्र वहां उपस्थित थे, जिनमें से कुछ को सुग्रीव पहचानते भी थे। शेष से हनुमान ने परिचय करा दिया। वे लोग किसी गंभीर विवाद में जुटे हुए लगते थे, जिसने प्रायः सब लोगों में आवेश का संचार कर रखा था। सुग्रीव के आ पहुंचने से विवाद वहीं-का-वहीं छूट गया था। न उसका निर्णय हो पाया था, न वे लोग उससे मुक्त हो पाये थे।

''आप लोग अपनी बात चलाइये।'' सुग्रीव बोले, ''मैं किसी विशेष कार्य से नहीं आया। घर में मन नहीं लग रहा था, इसलिए किसी साथी की खोज में यहां चला आया। मेरा सौभाग्य कि यहां इतने साथी मिल गये।''

''युवराज !'' हनुमान बोले, ''हम लोग किष्किंधा राज्य — मात्र किष्किंधा नगरी नहीं, संपूर्ण वानर-राज्य की शिक्षा-व्यवस्था के विषय में बातचीत कर रहे थे। कितनी विचित्र बात है कि हमारा शासन अपनी अगली पीढ़ियों की शिक्षा-व्यवस्था के विषय में सोचता ही नहीं है। या तो पुत्र अपने पिता से थोड़ा-बहुत ज्ञान अर्जित कर लेता है, या अखाड़ों में मल्लयुद्ध का अभ्यास कर लेता है। यहां जितने भी शिक्षित लोग हैं, सब वानरेतर संस्थाओं में शिक्षा पाकर आये हैं। मैं आर्यों के आश्रमों में पढ़कर आया हूं, फिर भी इधर मुझे एक भी आश्रम ऐसा नहीं मिला, जहां मैं खड्ग अथवा धनुष-बाण का अच्छी प्रकार अभ्यास कर सकता। तैरने और छोटी-बड़ी ऊंचाइयों से कूदने का अभ्यास चाहे जितना कर लिया हो। ये नल-नील हैं, जो लंका में जाकर सेतु-निर्माण सीखकर आये हैं, उस विद्या का किष्किंधा में सामंतों के प्रासादों में नालियों के सेतु बनाने में उपयोग हो रहा है। हां, नील खड्ग-युद्ध अच्छा सीख आये हैं, जिसका लाभ कभी हमें भी मिल सकता है। कोई 'अलका' नगरी से विद्या प्राप्त करके आया है, कोई उरपुर से। प्रश्न है कि क्या गिने-चुने दो-चार व्यक्तियों के विदेशों में जाकर विद्या-ज्ञान प्राप्त कर आने से कहीं कोई जाति आगे बढ़ी है ? ऐसे न हमारी कृषि में विकास हो रहा है, न उद्योग में, न व्यापार में, न परिवहन और संचार में, न शस्त्र-विद्या और युद्ध-विज्ञान में, किसी क्षेत्र में भी तो हम रंच-मात्र आगे नहीं खिसके हैं।''

सुग्रीव मुसकराए, ''तो यह कारण था आवेश का। मैं भी सोच रहा था कि आखिर विवाद क्या है...'' सुग्रीव रुके और कुछ सोचकर बोले, ''मुझे लगता है, मैं बड़े अच्छे अवसर पर आया हूं। इस विषय में मेरी रुचि भी है, और मैं आपको कुछ सूचनाएं भी दे सकता हूं...''

''कैसी सूचनाएं ?''

''शासन की नीति-संबंधी।'' सुग्रीव बोले, ''सम्राट के अधिकांश मंत्रियों का विचार है कि यदि सारी वानर जाति के लिए शिक्षा की सुविधाएं सुलभ हुईं, तो यूथपति का पुत्र ही यूथपति नहीं बन पायेगा। जब एक साधारण वानर पुत्र भी सुशिक्षित हो जायेगा, तो अपनी योग्यता के बल पर, वह अपने लिए पद मांगेगा। अपने लिए राज्य से कार्य की मांग करेगा। मंत्रि-पुत्रों, यूथपतियों और सेनापतियों के पुत्रों के आरक्षित पद स्थायी नहीं रह पायेंगे। इसलिए शिक्षा के प्रसार की कोई आवश्यकता नहीं है। राज्य के उच्चाधिकारियों के पुत्रों को चुन-चुनकर विद्याध्ययन के लिए अन्य जातियों के आश्रमों और गुरुकुलों में भेजा जा सकता है, ताकि यह कहकर उनके पदों को और भी दृढ़ता से आरक्षित रखा जा सके कि वे विदेशों से उच्च शिक्षा प्राप्त करके आये हैं, अतः अधिक योग्य हैं।''

''युवराज !'' क्या आपको नहीं लगता कि यह स्थिति सारी जाति के लिए अत्यंत घातक है।'' नल क्षुब्ध स्वर में बोले, ''कुछ व्यक्तियों अथवा परिवारों के स्वार्थ को बनाये रखने के लिए एक संपूर्ण जाति को पशुओं के धरातल पर जीने को बाध्य करना कहां का न्याय है... !'' वे रुक गये, जैसे शब्द खोज रहे हों, ''शायद मैं ठीक शब्द खोज नहीं पा रहा हूं... मैं यह कहना चाहता हूं कि यह अन्याय तो है ही, यह घोर मूर्खता भी है। इससे संपूर्ण जाति दुर्बल-की-दुर्बल रह जायेगी और भविष्य में यदि किसी दूसरी जाति ने हम पर आक्रमण किया, तो ये उच्चाधिकारी अपने निजी स्वार्थों की भी रक्षा नहीं कर पायेंगे। इनके विदेशी शिक्षा प्राप्त पुत्र शत्रुओं के घरों में उनके जूठे बर्तन धोते दिखायी पड़ेंगे... !''

''ठीक बात है।'' नील ने अपने भाई का समर्थन किया, ''आज स्थिति यह है कि रावण पहले शक्तिशाली राष्ट्रों से निबट रहा है। वह शायद यह मानता है कि वानर राज्य उसकी मुट्ठी में है, जिस दिन चाहेगा, हमें पीस डालेगा। इसीलिए वह इस बात का ध्यान भी रखे हुए है कि जब तक वह इधर पग नहीं बढ़ाता, तब तक वानर जाति भी ऐसी की ऐसी आदिम अवस्था में बनी रहे। वह न तो अपने राज्य का ज्ञान-विज्ञान इस ओर आने देगा और न आर्य ऋषियों को ही इस ओर आगे बढ़ने देगा। यदि वह मैत्री के नाम पर किष्किंधा की राजसभा में भेजेगा भी तो विद्वानों को नहीं, चतुर व्यापारियों को; जो हमें लूटें। वह भेजेगा विलास की सामग्री के उत्पादकों को और भेजेगा राक्षस-संस्कृति के प्रचारकों को। और जिस दिन उसे अपने प्रबल विपक्षी आर्यों, यक्षों, देवों और गंधर्वों से अवकाश मिला, वह वानर-राज्य के सम्राट, युवराज, मंत्रियों, सामंतों, श्रेष्ठियों, यूथपतियों और सेनापतियों को बांधकर ले जायेगा और अपनी अश्वशाला में उनसे लीद उठवाने का कार्य लेगा...।''

नील रुके तो इतने क्षुब्ध लग रहे थे, जैसे अपने क्रोध में ही रो पड़ेंगे।

''ठीक यही स्थिति है... पर मेरे मन में एक बात और भी है।'' हनुमान बोले,

''हम मान लें कि राक्षसों अथवा किसी भी इतर जाति का हम पर आक्रमण न भी हो, तो भी क्या यह स्थिति हमें भयंकर परिणामों की ओर नहीं ले जायेगी ?'' हनुमान ने रुककर अपने साथियों की ओर देखा — सब पूर्ण तन्मयता से उनकी बात बोल रहे थे, ''यदि हम आपद्धर्म के रूप में यह स्थिति स्वीकार कर भी लें कि सामान्य वानर अशिक्षित ही रहेगा और हमारे शासक विदेशों से ही अध्ययन करके आयेंगे, तो भी कुछ समस्याएं हमारा ध्यान आकर्षित करती हैं।'' हनुमान बोले, ''आज विदेशों से पढ़कर आये वानर स्वयं को अपनी जाति से जोड़ते हैं और उसकी हीन दशा देखकर पीड़ित होते हैं। इनकी संख्या जब तक कम है, एक प्रकार की दुखद स्थिति है; और जब यह संख्या बढ़ जायेगी, एक दूसरे प्रकार की दुखद स्थिति उत्पन्न होगी। जैसे-जैसे इन विदेश-शिक्षित लोगों की संख्या बढ़ती जायेगी, उनका अपना एक पृथक् उच्च वर्ग बनता चला जायेगा और उनकी सहानुभूति अपनी निर्धन और पिछड़ी हुई जाति से कम, अपने वर्ग से अधिक होती जायेगी। न केवल अपनी जाति के लिए वे विदेशी होते जायेंगे, वरन् उसके लिए अपने मन में अधिक-से-अधिक घृणा संचित करते जायेंगे और अवसर पाते ही स्वयं को अपनी जाति के हत्यारे प्रमाणित करेंगे। सुदूर भविष्य में कोई ऐसी स्थिति भी आ सकती है कि जब किन्हीं कारणों से शासन सामान्य जन के हाथ में आयेगा तो सामान्य जन अपने इस घृणा भरे शत्रु — विशिष्ट वर्ग — की हत्या कर देगा। वानरों के लिये ये दोनों ही स्थितियां अत्यन्त दुखद होंगी...।''

एक बार फिर से चुप्पी छा गयी। सब लोग अपनी-अपनी सोच में डूब गये।

थोड़ी देर के पश्चात सुग्रीव ही बोले, ''मेरा विचार है कि आप सब लोग स्थिति को बहुत अच्छी प्रकार समझ रहे हैं। पर एक पक्ष और भी है। इस सारे संवाद के पश्चात यदि हम केवल इस निष्कर्ष पर पहुंचे कि हमारी जाति के लिए शिक्षा तो आवश्यक है और इस बात पर एकदम ध्यान न दें कि हमारी जाति को कैसी शिक्षा चाहिए, तो भी समस्या नहीं सुलझेगी।'' वे क्षणभर रुककर पुनः बोले, ''यह बात मैं इसलिए कह रहा हूं कि कहीं ऐसा न हो कि सम्राट पर दबाव पड़े और किष्किंधा में पाठशालाएं, गुरुकुल अथवा आश्रम जैसे शिक्षा-संस्थान स्थापित करने के लिए तैयार हो जाएं, तो हमारे मंत्रिगण ऐसे शिक्षा-संस्थान स्थपित करें, जिनमें अध्ययन-अध्यापन विदेशी भाषाओं में हो तथा विदेशी ज्ञान को विदेशी पद्धतियों से हमारी संतानों में प्रचारित किया जाए। ऐसे विषय पढ़ाए जाएं, जिनका हमारी समस्याओं से कोई संबंध न हो और जो हमारी जाति का आत्मबल बढ़ाने के स्थान पर, उसमें हीन भावना को गहरे तक उतारते जाएं। परिणामतः एक ओर तो हमारा सामान्य जन युगों के लिए शिक्षा से दूर फेंक दिया जाए और दूसरी ओर अपनी जाति को हीन मानने वाला, अपनी जाति का शत्रु, एक संभ्रांत वर्ग पैदा हो जाए।''

''ठीक कहते हैं युवराज !'' नील ने सहमति प्रकट की।

''मेरा विचार है कि अब समय नहीं खोना चाहिए।'' हनुमान बोले, ''युवराज !

आप राजकुमार अंगद से भी बात कर लें और इस विषय को कल राजपरिषद में सम्राट के सम्मुख अवश्य प्रस्तुत करें।''

मार्ग में ही सुग्रीव को ज्ञात हो गया कि राजसभागार में आज कोई विशेष उत्सव है। सारे मार्ग में स्थान-स्थान पर तोरण बने हुए थे। पथ को विशेष रूप से स्वच्छ कर पानी का छिड़काव किया गया था। अनेक राज-कर्मचारी अब मार्ग की शोभा के लिए प्रयत्नशील दिखायी पड़ रहे थे...

सुग्रीव के मन में आया कि वे किसी कर्मचारी से पूछें कि यह सारी व्यवस्था किसके लिए हो रही है ? परसों तक तो ऐसी कोई सूचना नहीं थी। बस, कल एक दिन ही वे राजसभा में उपस्थित नहीं हुए थे। कल-ही-कल में ऐसी कौन-सी राजाज्ञा प्रचारित हो गयी, जिसके कारण इतनी हलचल मची हुई है। ऐसा तो वर्ष-भर में कुछ विशेष उत्सवों पर ही होता है... किंतु अपनी जिज्ञासा को उन्होंने संयत किया। इतनी भी क्या उत्कंठा कि सभागार तक पहुंचने तक की प्रतीक्षा नहीं कर सकते। वहां जाते ही ज्ञात हो जायेगा।

सभा में पहुंचते ही उन्हें बता दिया गया कि एक दिन पूर्व, उनकी अनुपस्थिति में सम्राट ने आज महासामंत उपाधि-वितरण-समारोह की घोषणा की थी... सुग्रीव चकित रह गये। इतने महत्त्वपूर्ण समारोह भी क्या इस प्रकार घोषित किये जाते हैं, जैसे हाट से कोई वस्तु क्रय कर लानी हो... अकस्मात् ही सुग्रीव का ध्यान दूसरी ओर चला गया। ऐसा क्या हुआ है कि सम्राट किसी से ऐसे प्रसन्न हो गये हैं कि उन्होंने तुरन्त उसे उच्चतम उपाधि देने का निश्चय कर डाला है... कौन है वह व्यक्ति ? कहीं सुषेण तो नहीं ? सुषेण सम्राट के श्वसुर हैं। किष्किंधा के सबसे बड़े युद्ध-वैद्य हैं।... तारा भाभी को प्रसन्न करने के लिए यह सबसे सरल उपाय है, और वैसे भी सम्राट के श्वसुर को महासामंत तो होना ही चाहिए। आश्चर्य तो यह है कि सम्राट ने उन्हें सम्मानित करने में इतना विलंब कैसे कर दिया। निश्चित रूप से यह समारोह सुषेण के सम्मान के लिए ही होगा — और कोई व्यक्ति तो इतना महत्त्वपूर्ण लगता ही नहीं है। फिर इतनी त्वरा और किसी के लिए होगी भी क्यों ?

यदि यह प्रयास तारा भाभी को प्रसन्न करने के लिए है, तो बड़ा सुखद अवसर है। पिछले कितने ही दिनों से ऐसे ही समाचार आ रहे थे, जिससे साम्राज्ञी के प्रति सम्राट की निरन्तर वर्धमान अरुचि के प्रमाण मिलते थे। यदि अब ऐसा कोई परिवर्तन सम्राट में आया है कि वे अपनी साम्राज्ञी को प्रसन्न करना चाहते हैं, तो यह उनके दाम्पत्य जीवन के लिए अत्यन्त शुभ घटना होगी।

दूसरे ही क्षण सुग्रीव के विचार, वाली के दाम्पत्य जीवन से हटकर, अपने कौटुंबिक जीवन की ओर मुड़ गये... कहां तो दोनों भाइयों में इतना स्नेह था... सुग्रीव को अपना शैशव आज भी याद आता है, तो आंखें भर आती हैं। शैशव से ही वाली सुग्रीव से कहीं अधिक सबल और भोले थे। सुग्रीव बार-बार विभिन्न प्रकार से हठ

करते थे और वाली उनका प्रत्येक हठ मान लेते थे। पिता सदा हंसते हुए कहा करते थे कि यह छोटा, बड़े को नचायेगा। और वाली प्रसन्न होकर कहते थे, "यह मुझे जितना नचाता है, उतना ही मुझे अच्छा लगता है।" कितना प्यार था वाली में और कितना तेज ! राजनीति से अधिक उनका ध्यान पूजा-पाठ में था। पूजा-पाठ में तो आज भी उनका उतना ही ध्यान है, किंतु वह सात्विकता समाप्त हो गयी है। कुछ निरंकुश राज्याधिकार, कुछ शारीरिक बल का अहंकार, कुछ चिंतन का अभाव और कुछ कामुकता तथा विलास की प्रवृत्तियां — क्या से क्या हो गये हैं वाली ! बात-बात में दोनों भाइयों में मतभेद होता है — जैसे भाई न हों, विपक्षी हों, या विरोधी हों... विरोध भी क्रमशः उग्र होता जा रहा है। राजनीतिक मतभेद से कभी-कभी वह व्यक्तिगत संबंधों की सीमा में आ पहुंचता है। पता नहीं, उसका अन्त क्या होगा...

सम्राट के आ जाने पर सभा का वातावरण बदल गया। सभासद अपने-अपने नियत स्थान पर आ बैठे। समस्त औपचारिक गतिविधियों का पालन किया गया और कार्यवाही आरम्भ हुई।

सम्राट की ओर से घोषणा की गयी कि यह अत्यन्त हर्ष और उल्लास का अवसर है कि वानर साम्राज्य ने अपने एक वास्तविक मित्र को पाया है और अत्यल्प समय में ही साम्राज्य को इतना लाभ हुआ है कि स्वयं सम्राट चकित हैं...

सुग्रीव ने सिर उठाकर इधर-उधर देखा, किंतु सुषेण तो कहीं दिखायी ही नहीं पड़ रहे थे। अभी क्षणभर में उनके नाम की घोषणा होगी, तो वे कहां से प्रकट होंगे — धरती फोड़कर निकलेंगे कि आकाश छेदकर... और सभासदों के चेहरों से तैरती हुई सुग्रीव की दृष्टि सहसा थम गयी। यह मायावी यहां क्या कर रहा है ? यह इतना प्रसन्न दिखायी पड़ रहा है और इतना श्रृंगार करके आया है, जैसे इसी को महासामंत की उपाधि मिलने वाली है... इसको सभागार में प्रवेश करने की अनुमति किसने दी...!

वाली कह रहे थे — "और हम न केवल अपने साम्राज्य के उस मित्र को अपना सभासद नियुक्त करते हैं, वरन् उसे महासामंत की उपाधि प्रदान करते हैं। आओ, मित्र मायावी !..."

सुग्रीव का मस्तक जैसे किसी वृहद् चक्र के साथ घूमने लगा था। उनकी स्थिति अत्यंत विचित्र हो गयी। शिराओं में सारा रक्त जैसे एक बार ही सनसनाने लगा था। भुजाएं फड़कने लगी थीं और उनके शरीर के भीतर की कोई ठोस वस्तु जैसे वक्ष फोड़ बाहर निकल आना चाहती थी...

सुग्रीव की दृष्टि अनायास ही अंगद पर जा टिकी। अंगद जाने क्या सोचकर, अपने स्थान पर खड़े हो गये थे। उनका चेहरा असाधारण रूप से रक्तिम हो उठा था। उनकी आंखों में जड़-शून्यता का ऐसा भाव था, जैसे वे उन आंखों से सम्राट और सभासदों को न देख, किसी भूत को देख रहे हों। प्रायः अचेतावस्था में उन्होंने अपने

होंठों पर जिह्वा फेर उन्हें गीला किया। कुछ कहने के लिए उनके होंठ फड़फड़ाये, पर उनसे शब्द नहीं फूटे। फिर उनकी आंखें जैसे कांप गयीं और वे भहराकर अपने आसन पर बैठ गये।

सुग्रीव ने अपनी आंखें सिंहासन की ओर फेरीं — वाली ने अपने हाथों से मायावी के कंठ में माला पहनाकर, उसे महासामंत की प्रतिष्ठा प्रदान की।

सुग्रीव का मुंह कसैला हो गया। मन वितृष्णा से आप्लावित हो उठा। जी में आया, अपने आसन से उठें और तुरन्त बाहर चले जाएं। क्या करेंगे वे युवराज की उपाधि धारण करके, जब उनको शासन की नीतियों और कृत्यों के संबंध में बोलने का तनिक-सा भी अधिकार नहीं है। क्या करेंगे वानर-सम्राट की राजसभा में उपस्थित रहकर, जब उनकी आंखों के सम्मुख अपराधी को महासामंत की पवित्र उपाधि से विभूषित कर, उसके कंठ में मालाएं पहनाकर उसका अभिनन्दन किया जायेगा।

किंतु दूसरे ही क्षण मन ने कहा, वे सब बाद की बातें हैं। इस समय तो वे शासन का अंग हैं; युवराज पद के अधिकार और कर्तव्य — दोनों को ही वे धारण करते हैं। शासन के प्रत्येक निश्चय और कृत्य में वे भागी हैं। उसका दायित्व उन पर भी है। अत: अपना विरोध प्रकट करने का यही क्षण है। समय पर मौन रहकर, बाद में आलोचना करते फिरना मूर्खता भी है और कायरता भी।

मायावी ने लौटकर अपना आसन भी ग्रहण नहीं किया था कि सुग्रीव उठकर खड़े हो गये।

वाली की दृष्टि सहसा खड़े हो गये सुग्रीव पर पड़ी — सुग्रीव के चेहरे पर जो भाव थे, वे उनके मन की स्थिति की स्पष्ट घोषणा कर रहे थे। और वाली समझ रहे थे कि सुग्रीव के मन के भाव मधुर नहीं थे। वाली का चेहरा भी तमतमा गया, किंतु स्वयं को मर्यादित रखने की वाली ने अद्भुत क्षमता दिखायी।

''युवराज महासामंत को बधाई देना चाहते हैं ?'' वाली ने मुसकान का मुखौटा पहन लिया, ''किंतु उसके लिए अभी समय नहीं आया। सबसे पहले हम स्वयं बधाई देंगे।''

''नहीं, सम्राट !'' सुग्रीव के कंठ से चीखता हुआ स्वर निकला, '' मैं सम्राट के विचारार्थ अपनी आपत्ति प्रस्तुत करना चाहता हूं; और सम्राट द्वारा बधाई दी जा चुकने के बाद आपत्ति के लिए कोई अवकाश ही नहीं रहता।''

''कैसी आपत्ति ?'' वाली का क्रोध अपना आभास देने लगा था।

''महासामंत अथवा ऐसी कोई भी महत्त्वपूर्ण उपाधि देने से पूर्व सम्राट, युवराज, राजकुमार तथा मंत्रियों में विधिवत इस पर विचार होना चाहिए था, किंतु मायावी को यह उपाधि प्रदान करने से पूर्व सम्राट ने किसी से कोई विचार-विमर्श नहीं किया। यह नीति-विरुद्ध है... !''

''और युवराज का इस प्रकार राजसभा के उत्सवों में बाधाएं प्रस्तुत कर, सम्राट

का अपमान करना नीति के भी विरुद्ध है और मर्यादा के भी।'' वाली का स्वर मुखर क्रोध लिये हुए था।

''सम्राट !'' सुग्रीव जैसे अपने आपको भूल गये, ''एक अपराधी को महासामंत की पवित्र उपाधि देकर आपने मर्यादा का जो हनन किया है, वह अपने-आप में अपराध है...''

''युवराज !'' वाली दहाड़कर बोले, ''अपनी सीमा का ध्यान रखो। सम्राट को पूर्ण अधिकार है कि वह युवराज को पदच्युत कर, नये युवराज का अभिषेक कर दे। हमें बाध्य मत करो कि हम तुम्हें सम्राट का अपमान करने के अपराध में युवराज के पद से च्युत कर, कारागार में प्रतिष्ठित कर दें।''

अपने आवेश में भी सुग्रीव को यह समझने में विलंब नहीं हुआ कि इस बार उनका मुख खुलते ही वाली अपनी धमकी को कार्यरूप में परिणत कर देंगे... वाली को ऐसी चुनौती देने का निश्चय वे तब ही कर सकते हैं — जब वे पहले यह निर्णय कर लें कि अब उन्हें शासन में नहीं रहना है और शासन के क्रोध का जोखिम भी उठाना है... किंतु क्या उसका समय आ पहुंचा है ?... अभी तो वे युवराज के सम्मानित तथा अधिकारपूर्ण पद पर हैं। शासन की कोई बात उनसे गुप्त नहीं रहती। पग-पग पर वे सम्राट को रोकते हैं, उनकी नीतियों को सुधारने का प्रयत्न करते हैं, तब यदि वे शासन को सामान्य-जन के कल्याण की ओर प्रवृत्त नहीं कर पाते; तो यदि वे शासन छोड़कर अलग हो जाएं, तब वे सामान्य वानरों के लिए क्या कर पायेंगे ?... शासन के भीतर रहते हुए, यदि वे शासन की नीति का विरोध करते हैं, तो उसे विचार-विमर्श या वाद-विवाद कहा जा सकता है। शासन के बाहर से वे उसका विरोध करेंगे तो उसे विद्रोह माना जायेगा। उससे वे किसी का कोई लाभ कर पायेंगे या नहीं, कहना कठिन है, किंतु अपनी हानि वे अवश्य कर लेंगे...

सुग्रीव अपने स्थान पर बैठे रहे। उनकी खुली आंखों के सम्मुख जैसे कोई छाया-नृत्य हो रहा था। वे उसे देखते हुए भी नहीं देख रहे थे। लगता था, जैसे कुछ छायाएं उठती हों, कुछ करती हों और अपने स्थान पर बैठ जाती हों। सुग्रीव उनकी आकृतियों को देखते हुए भी पहचान नहीं रहे थे, उनके शब्दों को सुनते हुए भी समझ नहीं रहे थे।

यह प्रतिभासित छाया-नृत्य सुग्रीव की आंखों के सम्मुख से तब विलीन हुआ, जब उपाधि-वितरण-समारोह संबंधी कार्यवाही समाप्त हो जाने के पश्चात सम्राट के विचारार्थ अन्य विषय रखे गये।

पहला समाचार नगर कोटपाल की ओर से था कि कल, एक दिन के भीतर, नगर में से अलग-अलग स्थानों से चार कन्याओं के अपहरण के परिवाद प्राप्त हुए हैं। नगर के प्रवेश-द्वार के रक्षकों के नायक का कहना है कि कल एक भी कन्या नगर से बाहर नहीं गयी है, संयोग से कल दिन-भर में कोई पालकी भी द्वार से बाहर नहीं

गयी, जिससे संदेह किया जा सके कि उसमें कोई कन्या छिपाकर ले जायी गयी होगी। नियमतः नगरद्वार से आने-जाने वाली पालकियों को वे भली प्रकार देखते हैं, किंतु कल कोई पालकी बाहर गयी ही नहीं...

सुग्रीव के कान खड़े हो गये। उन्होंने मायावी को देखा, वह बड़ा तटस्थ-सा बैठा उस समाचार को सुन रहा था। सुग्रीव की दृष्टि अंगद की ओर गयी। अंगद क्रुद्ध दृष्टि से मायावी को घूर रहा था... तो अंगद को भी मायावी पर ही संदेह था... बहुत संभव है कि एक ओर मायावी, वाली का विश्वासपात्र बनकर महासामंत की उपाधि का गौरव प्राप्त कर रहा हो और दूसरी ओर अपनी दस्युवृत्ति का विस्तार कर रहा हो। उधर कोटपाल, अपराधी की खोज में आकाश-पाताल एक कर रहा होगा, और इधर यह महासामंत की उपाधि से मंडित, कितना सुरक्षित बैठा है यहां। कोई इसकी ओर अंगुली भी नहीं उठा सकता...

''यदि द्वार-रक्षक कहते हैं कि कन्याएं नगर से बाहर नहीं गयीं, तो वे नगर में ही होंगी।'' वाली कह रहे थे, ''उन्हें खोजो।''

''सम्राट ! कल दिन-भर हम नगर में खोजते रहे हैं।'' कोटपाल ने सिर झुकाकर निवेदन किया, ''जहां-जहां हमें खोज करने का अधिकार है, वहां वे नहीं हैं। यदि वे नगर के भीतर ही हैं, तो संभवतः उन भवनों में होंगी, जहां खोज करने का अधिकार हमें नहीं...''

''ठीक है। ठीक है।'' सम्राट ने कोटपाल की बात बीच में ही काट दी, ''खोज होती रहनी चाहिए।''

सम्राट दूसरे कामों की ओर उन्मुख हो गये।

सुग्रीव का मन हुआ, एक बार गला खोलकर हंसें — न्याय के इस नाटक का अर्थ क्या है ? कोटपाल स्पष्ट शब्दों में कह रहा है कि अपहृत कन्याएं कुछ उन शक्तिशाली और महासंपन्न लोगों के भवनों में छिपाई गयी हैं, जहां खोज करने का अधिकार कोटपाल को नहीं है; और सम्राट कहते हैं कि खोज होती रहनी चाहिए... सुग्रीव के मन की विचित्र अवस्था थी — वे समझ नहीं पा रहे थे कि हंसें या रोयें, वाली पर क्रुद्ध हों, या उन पर दया करें।

''कोई नया प्रस्ताव अथवा निवेदन ?'' सुग्रीव के आत्मचिंतन से वाली का स्वर टकराया।

सुग्रीव खड़े हो गये।

''युवराज को फिर कोई आपत्ति करनी है क्या ?'' वाली ने कटाक्ष किया।

सुग्रीव के मन में आया कि गदा उठायें और वाली के सिर पर दे मारें। ऐसा अपमान ! किस स्तर पर उतर आया है यह व्यक्ति !

''नहीं !'' सुग्रीव भारी प्रयत्न कर कह पाये, ''एक नया प्रस्ताव है।''

''व्यापार-संबंधी ?'' वाली पूछ रहे थे — अर्थात् प्रस्ताव के विषय में जाने

बिना, वे उसे प्रस्तुत भी नहीं होने देंगे।

''नहीं ! शिक्षा-संबंधी।''

''प्रस्तुत करो।''

अर्थात् वाली मानते थे कि ऐसा प्रस्ताव उनके लिए हानिकारक नहीं होगा।

सुग्रीव ने स्वयं को संयत किया। उनका प्रस्ताव महत्त्वपूर्ण था। यदि उनकी किसी भंगिमा के कारण सम्राट ने उसका विरोध किया, तो संपूर्ण वानर-जाति का अहित होगा।... सुग्रीव को सावधान रहना होगा।

एक निरीह-सी दृष्टि सुग्रीव ने सभासदों पर डाली और बोले, ''हम सब जानते हैं कि बच्चों की शिक्षा-व्यवस्था अत्यन्त महत्त्वपूर्ण विषय है। उससे अगली पीढ़ी का निर्माण होता है, और किसी जाति, समाज या राष्ट्र के भविष्य का निर्माण उसकी अगली पीढ़ी ही करती है।'' सुग्रीव ने क्षणभर के लिए रुककर वाली की ओर देखा। वाली के चेहरे पर स्पष्ट अरुचि थी। किंतु, उससे क्या ? बोलना तो था ही, ''हम सब यह भी जानते हैं कि संपूर्ण वानर-जाति ने अपनी अगली पीढ़ी की शिक्षा की कोई व्यवस्था नहीं की है। सम्राट से निवेदन है कि वे राज्य में एक स्वतंत्र शिक्षा-विभाग की स्थापना करें, जिस पर संपूर्ण जाति की शिक्षा-व्यवस्था का दायित्व हो।...''

सुग्रीव चुप हो गये। सभा में मौन छा गया।

वाली ने अपनी दृष्टि इधर-उधर घुमायी और पूछा — ''और कोई मत ?''

सम्राट का मुंहलगा मंत्री कटाक्ष उठकर खड़ा हो गया, ''सम्राट ! इस विषय में मेरी भी कुछ रुचि है, इसलिए मैं भी इस विषय में सोचता रहा हूं। राजकुमारों, मंत्रियों, सामंतों, यूथपतियों, सेनानायकों इत्यादि कुलीन लोगों की संतानों की शिक्षा-दीक्षा की बात तो मेरी समझ में आती है। संभव हो तो उनके लिए किष्किंधा में कोई पाठशाला खुलवा दी जानी चाहिए। किंतु कृषक, श्रमिक और सामान्य-जन का पुत्र शिक्षा पाकर क्या करेगा ? पा भी गया तो वह मंत्री बनेगा क्या ?''

कटाक्ष उपहासपूर्ण भद्दी हंसी हंसा। सुग्रीव कुछ कहते, उसके पूर्व ही तमतमाये हुए अंगद उठ खड़े हुए, ''सम्राट से निवेदन है कि मुझे भी अपना पक्ष प्रस्तुत करने की अनुमति मिले।''

''बोलो।''

''यदि मंत्री कटाक्ष यह समझते हैं कि केवल मंत्री बनने के लिए ही शिक्षा आवश्यक है और अन्य लोगों के लिए अनावश्यक, तो मेरा उनसे स्पष्ट मतभेद है।'' अंगद अपना आवेश छिपा नहीं पा रहे थे, ''किसी भी जाति की उन्नति के लिए आवश्यक है कि उसका एक-एक सदस्य सुशिक्षित हो। यदि वे समझते हैं कि साधारण वानर का पशु के समान ही जीना उचित है, तो वे भूल जाते हैं कि पशुपालन के लिए भी शिक्षा से अधिक उपयोगी लाठी होती है। ऐसी स्थिति में हमारे मंत्रियों की शिक्षा की भी कोई आवश्यकता नहीं है।'' अंगद ने वाली की ओर देखा, ''सम्राट से मेरा निवेदन

है कि वे प्रत्येक व्यक्ति के लिए शिक्षा की नीति को राजकीय स्तर पर मान्यता दें और उसके लिए व्यवस्था करें। आज हमारी जाति यदि देवों, आर्यों, राक्षसों, यक्षों आदि से पिछड़ी हुई है, तो उसका एकमात्र कारण हममें शिक्षा का अभाव है। अन्य जातियों का सामान्य व्यक्ति भी हमारे विद्वान मंत्रियों से अधिक अपनी जाति का हित समझता है।'' अंगद का स्वर ऊंचा उठा, ''मेरा निवेदन है कि सम्राट यह दायित्व युवराज को सौंपें कि वे समुचित शिक्षा की विस्तृत व्यवस्था की योजना बनायें और सम्राट के विचारार्थ प्रस्तुत करें !'' अंगद ने अपना स्थान ग्रहण किया।

'' कोई और विचार ?'' वाली ने पुनः पूछा।

''यदि सम्राट तथा अन्य सभासदों को कोई आपत्ति न हो तो मैं भी कुछ कहना चाहूंगा।'' मायावी अपने स्थान पर उठकर खड़ा हो गया।

वाली के चेहरे पर उल्लास प्रकट हुआ, जैसे किसी गंभीर समस्या का समाधान मिल गया हो, ''महासामंत मायावी अपना मत प्रस्तुत करें। सम्राट और सभासद उनके विचारों की उत्कंठापूर्वक प्रतीक्षा कर रहे हैं।''

मायावी मुसकराया और अत्यंत सहज स्वर में बोला, ''सम्राट ! मैं युवराज सुग्रीव और राजकुमार अंगद, दोनों से ही सहमत हूं कि किसी भी जाति या राष्ट्र की उन्नति के लिए शिक्षा बहुत आवश्यक है।''- वह रुका और चेहरे पर हलकी-सी घबराहट लाकर बोला, ''सम्राट ! मुझे क्षमा करें। मैं जाति से वानर नहीं हूं। इसलिए अपनी बात कहने से थोड़ा डरता हूं। कहीं यह न समझा जाए कि वानर न होने के कारण, मैं वानरों का हित नहीं चाहता। किंतु, आपने मुझे अपना सभासद नियुक्त कर जो प्रेम और सम्मान दिया है, उससे मेरा कर्तव्य हो जाता है कि मैं अपनी बुद्धि के अनुसार वानरों के हित की बात कहूं।''

''महासामंत निर्भय होकर कहें।'' वाली बोले, ''हमें आपके विचार जानकर प्रसन्नता होगी।''

''सम्राट !'' मायावी बोला, ''शिक्षा से मेरा कोई विरोध नहीं है, किंतु आप जानते हैं कि वानर-राज्य निर्धन राज्य है। वह संपन्न राज्यों के विलासों को अंगीकार नहीं कर सकता। आप जानते हैं कि शिक्षा कोई व्यापार नहीं है, जिससे राज्य की आय बढ़े। यह एक ऐसा विभाग है, जिसमें व्यय-ही-व्यय है। और अनेक बार ऐसा भी होता है कि जिन आचार्यों को राज्य अपना धन व्यय कर नियुक्त करता है तथा जिनकी आजीविका का प्रबंध करता है, वे आचार्य विश्वासघात करते हैं और शासन का साथ नहीं देते। अनेक बार शासन की निन्दा कर वे अपने विद्यार्थियों को भी विद्रोह का पाठ पढ़ा देते हैं। ऐसी स्थिति में शासन बड़ी विकट स्थिति में फंस जाता है। वह अपने ही धन से अपने काल का पोषण करता है — जिसे न वह उगल सकता है, न निगल सकता है।'' एक क्षण के लिए रुककर मायावी श्रोताओं पर अपनी बात की प्रतिक्रिया देखता रहा और पुनः बोला, ''सम्राट से मेरा निवेदन है कि जब तक वानर-राज्य संपन्न

नहीं हो जाता, तब तक ऐसे व्यय-साध्य विलासों का बोझ अपनी निर्धन जाति पर न डालें। हां, प्रशासन चलाने के लिए कुछ सुशिक्षित व्यक्तियों की आवश्यकता पड़ेगी। उतने लोगों की शिक्षा का प्रबंध लंका में सुविधा से किया जा सकता है। मुझे आशा है कि लंका के राजाधिराज अपनी सद्‌भावना के कारण, इतने थोड़े-से लोगों की शिक्षा का नि:शुल्क प्रबंध कर देंगे।''

मायावी के बैठने की देर थी कि अंगद पुन: खड़े हो गये, ''सम्राट ! यदि प्रजा के कल्याण-कार्यों पर राज्य का धन व्यय नहीं किया जाना है, तो प्रजा पर कर लगाने का शासन को कोई अधिकार नहीं है। राज्य की समस्त आय इसलिए है कि उससे जन-कल्याण का कार्य हो सके। वह किसी श्रेष्ठि की पूंजी नहीं है, जो केवल लाभार्जन के लिए ही लगायी ज़ायेगी। यदि हमारे चिंतन की यही दिशा रही कि प्रजा पर व्यय नहीं होना चाहिए, तो सम्राट मुझे यह कहने की अनुमति दें कि फिर शासन की कोई आवश्यकता नहीं है। शासन का मूल ध्येय प्रजा का कल्याण है, यदि वह यह नहीं कर सकता तो फिर शासन की भी कोई आवश्यकता नहीं है।''

''सम्राट ! यह राजद्रोह है।'' मंत्री कटाक्ष अंगद की बात के बीच में ही उठ खड़ा हुआ, ''मेरा निवेदन है कि ध्यान दिया जाए कि राजकुमार को ऐसी शिक्षा कौन दे रहा है, अन्यथा अनर्थ हो जाएगा।''

अब सुग्रीव को उठना ही पड़ा, ''सम्राट ! मैं राजकुमार से सहमत हूं; और यदि मंत्री कटाक्ष का संकेत मेरी ओर था कि मैं राजकुमार में राजद्रोह की भावना भर रहा हूं, तो निवेदन है कि यदि राजकुमार ऐसी बातें मुझसे सीख रहे हैं, तो मैं स्वयं पर गर्व का अनुभव करूंगा। यह राजद्रोह नहीं, शासन का सत्य है। सत्य बोलना गौरव का विषय है, अपराध का नहीं। सम्राट को उचित परामर्श देना प्रत्येक सभासद का कर्तव्य है। उचित परामर्श न देने वाले सभासद या तो अयोग्य हैं अथवा छली...''

''युवराज अपने विषय पर आयें !'' वाली का स्वर शुष्क था।

''मेरा मंतव्य यह है, सम्राट !'' सुग्रीव संभले, ''कि राजकीय आय का सदुपयोग प्रजा के कल्याण में व्यय हो जाने में है, और दूसरी बात यह है कि प्रजा की बौद्धिक जागरूकता और बुद्धिजीवियों की स्वतंत्रता को राजद्रोह का पर्याय मान, उनसे शत्रुता पालना अत्यन्त विषैली चिंतन-पद्धति है। अपने स्वार्थ के लिए शासन की अनुचित नीतियों की प्रशंसा और प्रचार बौद्धिक अपराध है। बिका हुआ बुद्धिजीवी अत्यंत घातक जंतु है। अत: सम्राट का कर्तव्य है कि निर्भीक तथा स्वतंत्र चिंतन करने वाले बुद्धिजीवी को न केवल किष्किंधा में आश्रय दें, वरन् उनका पूर्ण सम्मान करें। आर्यों की उन्नति का मूल कारण उनके ऋषि हैं, सम्राट नहीं। बुद्धिजीवियों से भयभीत हो, उन्हें क्रय करने का प्रयत्न भी उतना ही राक्षसी है, जितना उनकी हत्याएं करने का। रावण की बुद्धिजीवियों के दमन की नीति न राक्षसों का उत्थान है, न संसार का कल्याण। उस नीति को अंगीकार करना किसी भी जाति के लिए आत्मघाती होगा...।''

''युवराज यदि अपनी बात कह चुके हों, तो अपना व्याख्यान समाप्त करें।'' वाली ने सुग्रीव को टोक दिया, ''रावण की निन्दा सुनने में हमारी कोई रुचि नहीं है।''

पूरी शक्ति से आत्मनियंत्रण का प्रयत्न करने पर भी सुग्रीव स्वयं को हतप्रभ होने से रोक नहीं सके। बड़ी कठिनाई से कह पाये, ''अपनी बात मैं कह चुका।''

''अब सम्राट का निर्णय !'' मायावी मुसकरा रहा था।

''शिक्षा आवश्यक है।'' वाली बोले, ''इसलिए भावी प्रशासकों को चुनकर शिक्षा के लिए लंका भेज दिया जाए। किष्किंधा का वानर-राज्य शिक्षा-संस्थानों का व्यय उठाने तथा बुद्धिजीवियों की स्वतंत्रता की चुनौतियां स्वीकार करने में अभी असमर्थ है।''

वाली सिंहासन से उठ खड़े हुए।

वाली को स्वयं अपने-आप पर आश्चर्य हो रहा था कि राजसभा में उन्होंने स्वयं को इतना संयमित कैसे रखा। संयम उनके स्वभाव में नहीं था। इन दिनों तो अपने मन में आयी बात का विरोध वे सह नहीं पाते थे। प्रत्येक मत-वैभिन्न्य उन्हें अपना विरोध लगता था और प्रत्येक विरोध अपना अपमान। वाली अपना अपमान नहीं सह सकते, इसलिए वे मतभेद भी नहीं सह सकते। मतभेद की गंध पाते ही शरीर का सारा रक्त जैसे उनके मस्तिष्क की ओर दौड़ने लगता है, सोचने-समझने की शक्ति समाप्त हो जाती है। मन में आवेश उबलने लगता है और हाथ गदा पर चला जाता है। फिर तो आंखों का ध्वंस-ही-ध्वंस दीखता है — विनाश-लीला। और वाली के मन में आता है कि अपनी गदा तथा पैरों के आघात से सारी पृथ्वी को चूर्ण के एक ढेर में बदल दें...

आजकल उनका सबसे अधिक विरोध सुग्रीव ही करने लगा है। कोई भी तो ऐसी बात नहीं होती, जिस पर वे दोनों भाई सहमत हो सकें। मतभेद भी सैद्धांतिक — उससे व्यक्तिगत विरोध भी उभर ही आता है।... और वाली को उससे भी अधिक पीड़ामय आश्चर्य होता है अंगद को लेकर। दिन-प्रतिदिन अंगद उनसे दूर होता जा रहा है। पुत्र अपने ही पिता से दूर होता जा रहा है। दूरी भी कैसी — असंपर्क की नहीं, विरोधी दिशा की।

वाली को लगता है कि सारा विरोध मायावी के कारण है। सुग्रीव और अंगद, दोनों ही चाहते थे — और कदाचित आज भी चाहते हैं कि मायावी को बंदी कर, उसे दंडित किया जाये। और मायावी है कि वाली के थके मन को विश्राम देता है।... सहसा वाली के लिए सारी सृष्टि विलीन हो गयी। मस्तिष्क में एक बात बार-बार ध्वनित हो रही थी — थके मन का विश्राम। आंखों के सम्मुख एक ही रूप था — अलका। वाली का शरीर तपने लगा। मन में बार-बार ऐंठन होने लगी।... उन्हें लगा, जैसे वे असीम शून्य में खड़े हैं। दसों दिशाओं में कुछ भी नहीं है, बस शून्य-ही-शून्य। और

वाली का शरीर साधारण शरीर न हो — शिराओं में जैसे आग-ही-आग भरी है और कोई उनकी शिराओं को दो छोरों से पकड़कर खींच रहा है — शिराएं हैं कि न स्वयं को ढील पाती हैं, न टूट ही पाती हैं।... और सामने खड़ी है अलका — दो हाथों की दूरी पर। वाली हाथ बढ़ायें तो यह यक्ष-कन्या उनकी भुजाओं में आ जाए। वह शीतल जल का रूप है। वाली जानते हैं कि उसे अपनी भुजाओं में पाते ही, शिराओं में बहती हुई आग मद में बदल जायेगी। तनी, खिंची, टूटी हुई शिराएं — वाद्य-यंत्रों के तारों के समान झंकारने लगेंगी। मन की जलन अमृत हो जायेगी।... पर वाली जैसे ही अलका की ओर हाथ बढ़ाना चाहते हैं, सुग्रीव और अंगद कहीं से प्रकट हो उन्हें टोकने लगते हैं...

वाली का मस्तिष्क झनझनाने लगा... उनकी भृकुटियां तन गयीं और हाथ ने सचमुच गदा उठा ली — इस सुग्रीव को मार्ग से हटाना ही होगा, और स्वयं न सुधरा तो अंगद को भी।... वाली का मन बार-बार कहता है कि सब उनके सुख के शत्रु हैं। कोई नहीं चाहता कि वे सुखी हों। उनके सुख के लिए तो कोई कुछ करना ही नहीं चाहता। जो सुख उन्होंने स्वयं अपने लिए प्राप्त किया था, वे लोग उसे भी छीन लेना चाहते हैं। कोई उनका अपना नहीं है — न भाई, न पुत्र। न पत्नी... तारा भी नहीं।... वाली के मन में वितृष्णा जागी। तारा ! कब तक वे तारा से ही बंधे रहें। तारा चाहती है कि वाली उससे पहले के ही समान प्यार करें — और वाली तारा का स्पर्श भी करते हैं तो कोई उनके मन को शूलोंयुक्त गदा से कूटना-पीटना आरंभ कर देता है... तारा की आकृति देखते ही उनका हृदय एक विराट शिला के समान भारी हो जाता है...

सहसा वाली को लगा, सोचते-सोचते जैसे उनका दम घुट रहा है। वायु अपनी वायवीयता छोड़कर जैसे ठोस हो गयी है।... अब वे रुक नहीं सकते। उन्हें दो में से एक काम करना ही होगा — या तो वे सुग्रीव और अंगद की हत्या कर देंगे या फिर वे अलका को अपनी भुजाओं में बांधकर सारे संसार को भूल जायेंगे।

वाली उठ खड़े हुए।

''क्या हुआ, प्रिय ?''

तारा अभी तक सोयी नहीं थी। वाली के जबड़े भिंच गये— चुड़ैल भी बैठी चौकसी करती रहती है।... उन्हें लगा, यदि वे तत्काल ही वहां से हट न गये तो आज यहां कुछ अघटनीय घट जाएगा।

वे तारा की बात का उत्तर दिये बिना ही द्वार की ओर बढ़े।

''कहां जा रहे हैं, स्वामी ?'' तारा ने पुनः पूछा।

''तुम सो रहो।''

बहुत चाहने पर भी वाली अपनी खीझ छिपा नहीं पाये। अपने स्वर की कठोरता से वे स्वयं घबरा गये। रुकना असंभव था। द्वार खोलकर वे बाहर निकल गये।

रात चांदनी थी, किंतु पथ सूने थे। एकाकी वाली चुपचाप उन्मत्त व्यक्ति के

समान बढ़ते जा रहे थे। परिचारकों, द्वारपालों तथा दंडधरों को रोषपूर्वक साथ आने का निषेध कर, वाली अकेले ही प्रासाद की सीमाओं से बाहर निकल आये थे।... थोड़ी ही दूर चलने पर वाली को लगा, रात की शीतलता, चांदनी तथा खुली हवा ने उनके उत्तप्त मस्तिष्क पर जैसे चंदन का लेप कर दिया था। उनका मस्तिष्क, जो किसी हिंस्र पशु के समान अब तक केवल चिंघाड़ रहा था और सामने आयी प्रत्येक वस्तु पर झपट पड़ना चाहता था, अब जैसे उस जड़ावस्था से निकलकर कुछ अनुभूति-प्रवण भी हो गया था। वह समझ रहा था कि सुख की भी एक अनुभूति होती है। आंखों को कोई दृश्य अच्छा लग सकता है, कानों को कोई शब्द और हाथों को कोई स्पर्श... जैसे-जैसे वाली के पग अलका के घर के निकट पहुंच रहे थे, सुख की वायवीय अनुभूति वाली के मन में आकार ग्रहण करती जा रही थी। वाली की आंखें केवल अलका को देखना चाहती थीं। कान केवल अलका का स्वर सुनना चाहते थे और शरीर केवल अलका का स्पर्श।

अलका के द्वार पर पहुंचते ही परिचारक ने उन्हें रोक दिया, ''भीतर जाने की अनुमति नहीं है।''

वाली को झटका लगा — कुछ क्षणों तक जैसे वे समझ ही नहीं पाये कि वह क्या कह रहा है। सारी पृथ्वी पर ऐसा कोई स्थान नहीं था, जहां कोई परिचारक वाली को इस प्रकार रोक सके। और यह तो किष्किंधापुरी थी — वाली की राजधानी।... वे निस्पंद खड़े परिचारक को देखते रहे। जैसे ही परिचारक की बात उनकी समझ में आयी कि वह क्या कह रहा है और उसका अभिप्राय क्या है, एक बार फिर से उनके शरीर का सारा रक्त उनके मस्तिष्क में समा गया। मति वश में नहीं रही। वे आविष्टावस्था में थे। उनके हाथ बढ़े — एक हाथ ने परिचारक की गरदन को पीछे से पकड़ा और दूसरे हाथ ने उसकी कटि को थामा। एक ही झटके में परिचारक के पैर भूमि से उठ गये। वाली ने उसे अपने सिर से ऊपर उठाकर, हवा में तीन-चार चक्कर दिये और फिर पूरी शक्ति से दूर फेंक दिया। पलटकर यह भी नहीं देखा कि वह कहां गिरा है।

वाली ने घर के भीतर प्रवेश किया और सीधे अलका के द्वार पर पदाघात किया। द्वार भीतर से बंद था, किंतु प्रकाश की किरणें बाहर से भी भासित हो रही थीं।

''कौन है ?'' भीतर से अलका का स्वर सुनाई पड़ा।

''मैं हूं वाली। द्वार खोलो।'' और बिना प्रतीक्षा किये वाली निरंतर द्वार धड़धड़ाते चले गये, ''द्वार बंद क्यों कर रखा है ? खोलो।''

प्रत्येक निमिष के साथ वाली का क्रोध बढ़ता जा रहा था।... वाली को रोका गया, एक साधारण परिचारक के द्वारा — ''भीतर जाने की अनुमति नहीं है।'' ऊंह! एक तो वाली का अपमान ! और दूसरे अलका और वाली के बीच की बाधा। वाली यह सहन नहीं कर सकते।... ऐसे समय में वाली के वक्ष में जो पीड़ा और रक्त में जो

उन्माद उठता है, वह वाली के अपने ही वश में नहीं रहता। पीड़ा की ऐंठन पर ऐंठन, क्रोध की लहर पर लहर, रक्त का रेले पर रेला...

वाली कपाट पर ठोकरें जमाते जा रहे थे। कभी हथेली से मारते, कभी मुक्के से, कभी पैर के पंजे से आघात करते, कभी एड़ी से... "खोलो ! द्वार खोलो !"

भीतर से अलका के पहले प्रश्न के बाद कोई शब्द नहीं हुआ था। न कोई जिज्ञासा, न रुकने की प्रार्थना, न द्वार खोलने का आश्वासन। जैसे भीतर कोई हो ही नहीं। किंतु अलका भीतर थी — परिचारक ने भी कहा था और अलका ने भी पहली खटखटाहट के उत्तर में पूछा था कि बाहर कौन है... फिर वह बोल क्यों नहीं रही ? क्या उसे सुनायी नहीं पड़ता ? द्वार की चूलें हिल रही हैं और अलका को सुनायी नहीं पड़ता... वह बहरी हो गयी है या मर गयी है ? वाली के मन में जैसे ज्वालामुखी फूटा — वे द्वार ही उखाड़ फेकेंगे, फिर न उसे खोलने की आवश्यकता होगी और न ही उसे कभी बंद किया जा सकेगा।... वाली मुड़े और पांच पग लौटकर पलटे... तभी द्वार भीतर से खुल गया।

वाली लपककर कमरे के भीतर घुसे। सामने अलका खड़ी थी — अस्त-व्यस्त केशों और वस्त्रों में। चेहरे का रंग उड़ा हुआ था और सारा शरीर थर-थर कांप रहा था...

"परिचारक ने मुझे भीतर आने से क्यों रोका ?" वाली चिंघाड़ भरे स्वर में बोले; और उन्होंने अलका को दोनों कंधों से पकड़कर झिंझोड़ा, "द्वार खोलने में इतना विलंब क्यों हुआ ?"

अलका ने एक बार दृष्टि उठाकर वाली की ओर देखा और सिर झुका लिया।

"बोलो !" वाली ने उसे फिर से झिंझोड़ा।

"मायावी के कारण।" अलका फुसफुसाहट में बोली, जैसे कंठ से स्वर ही न फूट रहा हो।

"मायावी !" वाली के मस्तिष्क में ज्वाला धधक उठी, "मायावी यहां था ? तुम्हारे पास ?"

अलका ने सिर नहीं उठाया।

वाली को लगा, किसी ने बृहदाकार गदा से उनके वक्ष पर भरपूर वार किया है। वे लड़खड़ा गये... मायावी ने मदिरा में धुत्त वाली के सम्मुख अलका प्रस्तुत की थी — "सम्राट ! देवताओं के नन्दनवन में भी ऐसा अम्लान कुसुम नहीं है। स्पर्श तो दूर, आज तक किसी ने इसको सूंघा भी नहीं है। यह अलका आपकी है।"... और अब वाली को बताया जा रहा है कि मायावी स्वयं यहां था। दुष्ट मायावी ! सुग्रीव प्रतिदिन कहता था — मायावी दुष्ट और अपराधी था। वह वानर कन्याओं का अपहरण कर, उन्हें राक्षसों के श्रृंगार हाटों में बेच रहा था।... किंतु वाली ने मायावी का विश्वास किया, सुग्रीव का नहीं। और तो और, उन्होंने अपने पुत्र अंगद की बात की भी उपेक्षा की...

और मायावी स्वयं वाली की प्रिया के सतीत्व का हरण करता रहा... धिक्कार है वाली के पौरुष पर, धिक्कार... !

वाली की इच्छा हुई, अलका का गला घोंटकर उसे मार डालें अथवा उसे भी परिचारक के समान उठाकर बाहर फेंक दें। उनकी भुजाएं उठीं भी, किंतु भुजाओं से पूर्व जिह्वा चली, "वह पहले भी तुम्हारे पास आता रहा है ?"

"नियमित।"

"तुम्हारी इच्छा से ?"

अलका का भय कुछ कम हुआ। उसने दृष्टि उठायी। कंठ के स्वर का अवरोध भी जैसे कम हुआ।

"मेरी इच्छा ?" उसके चेहरे पर विद्रूप-सी मुसकान उभरी, "मेरा हरण मेरी इच्छा से हुआ है, या मायावी की संगति मुझे अपनी इच्छा से झेलनी पड़ी है, या आपकी भोग्या मैं अपनी इच्छा से बनी हूं... !"

"तुम्हारा हरण हुआ है ?" अचकचाकर वाली ने पूछा।

"उसके बिना भी कोई स्त्री सर्वभोग्या बनी है क्या ?"

"हरण किसने किया ?"

"उन्हें नहीं पहचानती, किंतु हरण करवाने वाला मायावी है।"

सहसा वाली चौंके, मानो किसी निद्रा से जागे हों, "मायावी कहां गया !"

"सम्राट को बड़ी देर से ध्यान आया।" अलका ने उपहास की दृष्टि से वाली को देखा, "वह उस खुले गवाक्ष से कूदकर भाग गया था। अब तक कदाचित कोस भर निकल गया होगा।"

वाली हतप्रभ हो गये। कितने आहत और अपमानित हुए थे वे। अब तक शत्रु से प्रतिशोध न लेकर इधर-उधर के प्रश्न पूछते रहे और शत्रु कोस भर निकल भी गया। वे कहां पायेंगे उसे ? कैसे अपने अपमान का प्रतिशोध लेंगे ?

वे जाने के लिए मुड़े, किंतु दो-चार डग चलकर, थमकर बोले, "जब तक कोई अन्य आदेश न दिया जाए, तुम यहीं रहोगी। तुम्हारे भरण-पोषण का दायित्व राज्य पर होगा।"

वे जिस गति से आए थे, उसी गति से लौट गए।

वही पथ था और वैसा ही अंधकार; किंतु वाली बहुत बदले हुए थे। इतने हतप्रभ तो वे कभी नहीं हुए थे — थके-टूटे, अपमानित और निराश !... क्या परख है वाली को मनुष्य की ? उन्होंने आज तक किसी को इतनी मैत्री, प्रेम और सम्मान की दृष्टि से नहीं देखा था — और क्या निकला मायावी ! विश्वासघाती, मित्रद्रोही, लंपट और दुष्ट... और वाली ने उसे महासामंत बना दिया था। वह राजसभा में किसी का भी अपमान कर सकता था... युवराज सुग्रीव का भी ! सुग्रीव ! वाली का अपना सगा भाई — समझदार, जागरूक और वीर। किंतु वाली ने सुग्रीव की एक भी नहीं सुनी... सुग्रीव

जैसे भाई का भी उन्होंने अपमान किया... सहसा वाली की आंखों के सामने अलका का मुखमंडल घूम गया। अलका ! संसार का पुंजीभूत सौंदर्य। उसके कारण तो वाली संसार में किसी का भी अपमान कर सकते हैं... सुग्रीव का भी... किंतु अलका के कारण ही मायावी वाली को अपमानित कर गया... अपमानित ! वाली को लगा, अपमानित शब्द तो बहुत हल्का है, वाली उससे कहीं अधिक आहत और पीड़ित हुए हैं। उनका हृदय जैसे किसी ने परत-परत कर छील दिया है, उसमें से निरंतर रक्त बह रहा है... ज्वाला धधक रही है।... यह ज्वाला तो तभी शांत होगी, जब वाली मायावी के शरीर को उसी प्रकार रक्त-स्नात कर देंगे, जैसा कि आज उनका अपना मन हुआ है।

वाली के लिए, आसपास का सारा संसार विलीन हो गया। उनकी आंखों के सम्मुख एक अज्ञात युद्ध-क्षेत्र था, जिसमें मायावी का क्षत-विक्षत, रक्त-स्नात मृत शरीर भूमि पर पड़ा था और उसके वक्ष पर वाली अपना पैर रखे, कंधे पर अपनी भारी गदा उठाए, विजयी मुसकान में आवेष्टित, गर्व से सिर ऊंचा उठाए खड़े थे।...

मायावी की हत्या के बिना अब वाली किसी भी प्रकार शांति नहीं पा सकते थे... मायावी को मरना ही होगा... अलका का प्रत्येक स्पर्श, मायावी को उनके मध्य लाकर खड़ा कर देगा... और अलका के बिना वाली जीवित नहीं रह पायेंगे...

2

सुग्रीव अभी सोकर उठे ही थे कि परिचारक ने सूचना दी कि बाहर सम्राट का दंडधर नायक खड़ा है। वह सम्राट के आदेश से उन्हें लिवा ले जाने के लिए आया है।

कोई और समय होता तो सुग्रीव यही सोचते कि वाली को उनकी याद आ गयी होगी या फिर उनसे मिलना चाहते होंगे। भाई के प्यार में बंधे, बिना कुछ सोचे-समझे ही चल पड़ते। किंतु अब परिस्थितियां वैसी नहीं रही थीं। वाली के द्वारा बुलाया जाना, भेंट अथवा विचार-विमर्श के लिए न होकर उनकी रुष्टता के कारण भी हो सकता था। इन दिनों कोई दिन ऐसा नहीं बीतता, जिसमें वाली के रुष्ट होने के लिए कोई-न-कोई नया कारण उठ न खड़ा होता हो। वाली कई बार अपना रोष प्रकट कर, दंड की संभावनाओं का भी संकेत कर चुके हैं।... कहीं ऐसा तो नहीं कि पिछली रात को फिर किसी आपानक गोष्ठी अथवा किसी सुंदरी के अंक में बैठे वाली को कोई नया मायावी मिल गया हो। उसने उन्हें सुग्रीव के विरुद्ध भड़का दिया हो और वाली ने उन्हें बुला भेजा हो... बुलाने के लिए भी प्रासाद का कोई परिचारक नहीं आया, दंडधर नायक आया है। वह भी किस समय ? यदि सुग्रीव इतने सवेरे न उठ गए होते, तो अभी अपनी शैया पर सोये हुए मिलते। तो क्या वाली ने सुग्रीव को सोये-सोये बंदी किए जाने का आदेश दिया है ?... वाली जैसे भाई के लिए सामान्य स्थिति में यह संभव नहीं है; किंतु

उनके मस्तिष्क पर मायावी आरूढ़ हो तो प्रथम संभावना यही है।... यही होगा... यही होगा... किंतु प्रमाण पाये बिना सुग्रीव को कोई निश्चय नहीं करना चाहिए।

सुग्रीव चलने लगे तो अपना खड्ग और गदा लेना नहीं भूले। यदि दंडधर उन्हें बंदी कर ले जाने के लिए ही आये हैं, तो सुग्रीव को उनका सामना करना होगा। वे बंदी के रूप में अपमानित होने के लिए वाली के सम्मुख नहीं जायेंगे...

रुमा ने पति को खड्ग और गदा से सज्जित होते देखा तो मुसकराई, ''द्वंद्व-युद्ध का निमंत्रण आया है क्या ?''

''नहीं।'' सुग्रीव हंस नहीं सके, ''आया तो मात्र निमंत्रण है, किंतु द्वंद्व-युद्ध भी हो सकता है, रुमा !''... सुग्रीव का स्वर और भी गंभीर हो गया, ''यदि कभी मेरे बंदी होने, किष्किंधा से बाहर चले जाने अथवा मारे जाने का समाचार...''

''प्रिय !'' रुमा ने बीच में ही बात काट दी।

''मेरी बात तो सुनो।'' सुग्रीव वैसे ही गंभीर रहे, ''यदि ऐसा कोई भी समाचार आए तो अपनी रक्षा करना। तुम्हारे सहायक होंगे हनुमान। अंगद, नल और नील भी तुम्हारे सहायक हो सकते हैं। मैंद और द्विविद भी हैं ही। किंतु वाली पर तनिक भी विश्वास मत करना...''

रुमा अवाक् खड़ी रह गयी और सुग्रीव बाहर निकल गये।

दंडधर नायक को देखते ही सुग्रीव की आशंकाएं विलीन हो गयीं। अकेला दंडधर नायक सुग्रीव को बंद नहीं कर सकता — इतनी बात तो वाली भी समझते हैं। यदि नायक अकेला ही आया है, तो स्थिति अभी इतनी भीषण नहीं हुई है, जितनी कि सुग्रीव समझ बैठे थे।

''कैसे आए, नायक ?'' सुग्रीव का मन हलका हुआ।

''युवराज !'' नायक ने अभिवादन किया, ''सम्राट बड़ी व्याकुलता से आपकी प्रतीक्षा कर रहे हैं।''

''क्रुद्ध हैं ?''

''क्रुद्ध भी हैं और पीड़ित भी।'' नायक मुसकराकर बोला, ''किंतु क्रोध आपके प्रति नहीं है।''

''चलो।''

सुग्रीव का मन जिज्ञासाओं की अनेक तीखी आरियों से उलझा हुआ था।

वाली सचमुच अत्यन्त व्यग्रता से सुग्रीव की प्रतीक्षा कर रहे थे। उन्होंने न सुग्रीव के अभिवादन की चिंता की, न परिचारकों के हटने की। लपककर सुग्रीव को उनके कंधों से इस प्रकार पकड़ लिया, जैसे वे सम्राट बनने से पूर्व पकड़ा करते थे मानो पुराने वाली ही लौट आए थे — जो न सम्राट थे, न कुछ और। वे केवल सुग्रीव के भाई थे। उनकी भंगिमा में ऐसा कोई चिह्न नहीं था, जो यह बताता कि वे सुग्रीव से कभी रुष्ट भी रहे हैं... सर्वथा सीधी और पारदर्शी आंखें, जिनमें न मद था, न अहंकार , न

सत्ता का भाव, न शक्ति का दंभ...

''क्या बात है, सम्राट ?''

''सम्राट नहीं, भाई कहो।'' वाली बोले, ''सम्राट बनकर मैं तुमसे बहुत दूर हो गया था।''

सुग्रीव का कंठ कुछ भर्रा आया, ''क्या बात है, भैया ?''

''बात क्या है, मेरी वही पुरानी मूर्खता !'' वाली सरल भाव से बोले, ''किसी को भी देखा और उस पर विश्वास कर लिया, फिर चाहे कोई कितना कहे कि वह झूठा है। कहां मानता हूं मैं। तुमने कितना कहा कि वह दुष्ट है, अपराधी है, किंतु मैंने उसकी बात मान ली कि वह थके मन को विश्राम देने वाला वैद्य है।...''

''अब क्या हुआ, भैया ?''

''अब !'' वाली के स्वर में पीड़ा और आवेश, दोनों उभर आए, ''अब मैं जान गया हूं कि वह लंपट है, परस्त्रीगामी है, कन्याओं का अपहरणकर्त्ता है...''

''आप जान गए हैं तो उसे बंदी कीजिए। उस पर आरोप लगाइए। उसका स्पष्टीकरण सुनिए। और यदि वह अपराधी प्रमाणित हो जाए तो उसे दंड दीजिए।''

''तुम ठीक कहते हो। मैं यही करूंगा।'' वाली अपने आवेश पर नियंत्रण नहीं रख पा रहे थे, ''तुम्हें मैंने इसीलिए बुलाया है। कल रात वह अलका के घर से भागा है। मैंने अभी नगरद्वार तथा अन्य स्थानों पर नियुक्त रक्षकों को आदेश दे दिया है कि जहां कहीं वह दिखायी पड़े, मुझे सूचित किया जाए।... अभी नगर में उसकी खोज नहीं की गयी है, पर मेरा विचार है कि वह नगर में नहीं मिलेगा। इतना मूर्ख वह नहीं है कि वाली की शत्रुता मोल लेकर भी वह किष्किंधा नगरी में रुका रहे। इसीलिए मैंने तुम्हें बुलाया है...'' वाली ने रुककर उन्हें देखा, ''मैं चाहता हूं कि तुम अपने साथियों के साथ मिलकर उसकी खोज करो। जहां कहीं उसका पता चले, तत्काल मुझे सूचित करो। तुम लोग न तो उसका वध करोगे और न उसे बंदी बनाओगे। मुझे सूचित करना। यह मेरा और उसका द्वंद्व-युद्ध है...''

''इसमें द्वंद्व-युद्ध की क्या बात है ?'' सुग्रीव बोले, ''वह अपराधी है। किसी भी राजकर्मचारी को अधिकार है कि वह उसे बंदी करे।''

''वे अपराध बाद में देखे जायेंगे।'' वाली का चेहरा तमतमा गया, ''पहले हम दोनों अलका का झगड़ा निपटा लें।'' उन्होंने रुककर सुग्रीव को देखा, ''जब तक मैं द्वंद्व-युद्ध में उसका वध नहीं कर लूंगा, मुझे शांति नहीं मिलेगी।''

इसका अर्थ क्या हुआ ?'' लम्बे मौन को तोड़ते हुए नील बोले, '' इसमें न न्याय की बात है, न सिद्धांत की। दो कामुक और लंपट व्यक्ति कल तक मित्र थे और मिलकर हमें अपमानित करते थे। आज उनसे झगड़ा हो गया है, इसलिए हम एक की सहायता करने के लिए दूसरे का वध करवाते फिरें। मुझे क्षमा करना, राजकुमार !'' नील ने

अंगद की ओर देखा, ''किंतु मेरे विचार में सम्राट भी उतने ही कामुक और लंपट हैं, जितना कि वह राक्षस मायावी... !''

''यद्यपि सम्राट मेरे पिता हैं; किंतु मैं नील से तनिक भी असहमत नहीं हूं।'' अंगद धीमे स्वर में बोले, ''चाचाजी, क्या आपको यह नहीं लगता कि यह दो लंपटों का आपसी झगड़ा है, जिसका कोई राजनीतिक महत्त्व नहीं है। इसमें हम किसी का भी पक्ष क्यों लें ?''

''इसका अर्थ यह हुआ कि इस झगड़े में हम किसी का भी साथ न दें और सम्राट तथा मायावी दोनों को ही अपनी मनमानी करने दें, चाहे सामान्य-जन की जितनी भी क्षति हो ?'' हनुमान बोले।

''नहीं, मेरा अभिप्राय यह नहीं है।'' नील बोले, ''सम्राट से मतभेद होते हुए भी समय-समय पर हम उनके साथ सहयोग करते ही रहे हैं। अब भी हम उनकी सहायता करना चाहते हैं, पर उसमें कहीं तो कोई जनहित की बात हो।...''

''जनहित की बात तो है।'' नल ने नील की बात काटी, ''वे एक अपराधी को दंड देना चाहते हैं। क्या मायावी का अपराधी होना कोई अस्वीकार कर सकता है ?''

''मायावी तो अपराधी है ही।'' नील ने स्पष्ट किया, ''किंतु सम्राट यह कहां मान रहे हैं ? क्या उन्होंने आदेश दिया है कि मायावी को पकड़कर हम उसे दंड दें या दंडित करने के लिए राजसभा ले आयें।.. वे कह रहे हैं कि हम उसे खोजकर उन्हें सूचित करें, ताकि अपनी प्रिया के अन्य जार का वध कर, वे अलका की दृष्टि में स्वयं को वीर प्रमाणित करें तथा अपने प्रतिस्पर्धी के रक्त से अपने मन की ईर्ष्याग्नि बुझायें। ऐसे घृणित झगड़ों में, बीच में पड़ने का क्या अर्थ ? क्या आप लोगों को नहीं लगता कि यह संपूर्ण प्रसंग ही दुराचरण प्रसंग है ?''

एक बार फिर से मौन छा गया और सब अपने-अपने चिंतन में लीन हो गए।

मौन लंबा हो गया तो रुमा ने पहली बार मुख खोला, ''अब यदि आप लोगों के पास कहने को कुछ न रह गया हो, तो मैं भी कुछ कहूं।''

''बोलो।'' सुग्रीव बोले, ''यद्यपि मैं इस बात से सहमत नहीं हूं कि अब हमारे पास कहने को कुछ रह ही नहीं गया। मैंने तो अभी कुछ कहा ही नहीं है।''

''तो पहले आप ही बोल लीजिए।'' रुमा बोली।

''नहीं, पहले तुम अपनी बात कह लो।'' सुग्रीव मुसकराये, ''थोड़ा-सा धैर्य मुझमें भी है।''

''हम में से कोई भी इस बात से असहमत नहीं है कि यह मायावी और सम्राट का एक घृणित झगड़ा है। हमारा कर्तव्य तो यह है कि हम अलका को इन दोनों के चंगुल से मुक्त करें।'' रुमा बोली, ''किंतु यह अभी संभव नहीं दीखता। तब ऐसी स्थिति में हम यह स्वीकार कर लेते हैं कि सम्राट और मायावी — दोनों ही समान अहितकारी तत्त्व हैं। जब तक वे संगठित थे, दोनों मिलकर मनमाना अत्याचार कर रहे

थे — और आप जानते हैं कि राजसभा में तथा बाहर भी — आप लोगों का प्रत्यक्ष अपमान हो रहा था। अब स्थिति यह है कि वे दोनों समाज अहितकारी तत्त्व परस्पर लड़ना चाहते हैं, तो हमें तटस्थ खड़े रहना चाहिए अथवा किसी एक का पक्ष ग्रहण कर, दूसरे को नष्ट करना चाहिए।'' रुमा क्षणभर रुककर पुनः बोली, ''यदि किसी एक का पक्ष लेना है, तो किसका — मायावी का अथवा सम्राट का ?''

''मैं रुमा से पूर्णतः सहमत हूं।'' सुग्रीव ने बात का सूत्र उठा लिया, ''आदर्श स्थिति यही होगी कि हम सम्राट और मायावी — दोनों का विरोध करें और उनसे संघर्ष करें। मायावी को बंदी कर दंड दें और सम्राट को अपदस्थ कर उनके विरुद्ध आरोप प्रमाणित कर उन्हें भी दंडित करें...''

''यह कैसे संभव है ?'' अंगद बोले।

''मैं जानता हूं, संभव नहीं है।'' सुग्रीव मुसकराए, ''वाली तुम्हारे पिता हैं, मेरे भाई हैं; हमारे अपने रक्त के, भूमि के, यूथ और गोत्र के अंग हैं। और वैसे भी हम उनसे इतने निराश नहीं हुए हैं कि उनके विषय में ऐसी बात सोचें...''

''सबसे बड़ी बात यह है कि हम अभी उन्हें अपदस्थ करने में समर्थ ही नहीं हैं।'' हनुमान ने उनकी बात काटी, ''ऐसा प्रस्ताव अव्यावहारिक है। इस प्रकार का अव्यावहारिक संघर्ष आत्महत्या है। आप इन दोनों का एक साथ विरोध करेंगे तो वे दोनों फिर से मिल बैठेंगे और आप पर घातक आक्रमण करेंगे।''

''ठीक है।'' सुग्रीव पुनः बोले, ''इसीलिए मैंने आरंभ में ही कहा कि यह आदर्श स्थिति है।... दूसरी स्थिति यह है कि हम यह मान लें कि दोनों पक्ष भ्रष्ट और जन-अहितकारी हैं; अतः हम तटस्थ होकर बैठे रहें, इससे न तो उन दोनों में किसी की शक्ति कम होगी और न हम जनहित की ओर बढ़ पायेंगे। उससे भी बड़ी बात यह है कि ऐसी धारणाएं प्रजा में दावाग्नि के समान फैलती हैं। सामान्य जन मान लेता है कि राजनीति तो है ही दुष्ट लोगों का काम। इनमें से कोई सांपनाथ है तो कोई नागनाथ। हमें इनसे क्या लेना-देना। परिणामतः प्रजा स्वयं को क्रमशः राजनीति से काटती चलती है। सत्ता शक्तिशाली होती जाती है और दमन बढ़ता जाता है। यह अत्यन्त घातक स्थिति है। सामान्य-जन की राजनीति से असंपृक्तता शासक के लिए सुगम स्थिति है और जन-सामान्य के लिए घोर दमनकारी। इसलिए...'' सांस लेने के लिए सुग्रीव रुके और पुनः बोले, ''जब दो समाज-अहितकारी तत्त्वों में संघर्ष को उग्र कर, अत्याचारियों की संख्या कम करें ?'' सुग्रीव पुनः रुककर बोले, ''यदि हम तटस्थ रहकर चुपचाप खड़े देखते रहेंगे तो मायावी और सम्राट — दोनों ही अपने-अपने ढंग से मनमानी करते रहेंगे — यह जनहित में नहीं है। और यदि सम्राट को संदेह हो गया कि हम उनकी सहायता नहीं करना चाहते हैं तो हमारे लिए उनके मन में विरोध बढ़ेगा। हमें अपने जन-समर्थक प्रस्तावों के लिए उनकी सहमति प्राप्त करना और भी कठिन हो जायेगा।... यहां तक तो ठीक है न ?''

''हां, ठीक है।'' हनुमान बोले।

''अब हमारे पास एक ही विकल्प है,'' सुग्रीव बोले, ''कि हम सम्राट के साथ सहयोग करें और मायावी का अनाचार समाप्त करें। इससे हम सम्राट को प्रभावित कर, उनको अपने प्रति सहानुभूतियुक्त बना सकते हैं। अपना पक्ष उन्हें समझाकर, उनकी नीतियों में परिवर्तन भी कर सकते हैं।''

सुग्रीव चुप हो गए। शेष लोग भी चुप ही रहे। फिर से वहां मौन छा गया।

''क्यों, भाई ! ठीक है ?'' सुग्रीव ने पूछा।

''यही ठीक रहेगा।'' नील बोले।

''एक बात और भी है।'' सहसा सुग्रीव को कुछ स्मरण हो आया, ''हमें इस बात पर भी विचार करना चाहिए कि सम्राट ने मायावी को खोज निकालने का आदेश अपने दंडधरों अथवा गुप्तचरों को क्यों नहीं दिया। विशेष रूप से मुझे ही बुलाकर क्यों कहा कि मैं अपने साथियों की सहायता से यह काम करूं ?''

''आपकी योग्यता पर सम्राट का विश्वास लौट आया है।'' रुमा मुसकरायी।

''चाचीजी शायद परिहास कर रही हैं।'' अंगद बोले, ''पर मुझे पूर्ण विश्वास है कि जिस समय पिताजी के मन में चाचाजी के प्रति विरोध फुफकार नहीं रहा होता, उस समय उन्हें अपने निकटतम और विश्वसनीय सहयोगी चाचाजी ही लगते हैं।''

''मैं अपनी प्रशंसा के लिए नहीं कह रहा हूं।'' सुग्रीव बोले, ''किंतु इस बात में तथ्य है कि सम्राट मुझे और मेरे सहयोगियों को अपने मंत्रियों से कहीं अधिक योग्य मानते हैं। पर मेरे सहयोगियों को वे अपने मंत्रियों के स्थान पर नियुक्त नहीं कर सकते, क्योंकि मेरे सहयोगी न उनके दंभ और अहंकार को स्फीत करेंगे और न उनके विलास की साम्रगी प्रस्तुत करेंगे। यह सब समझते हुए उन्होंने यदि हमें यह काम सौंपा है और अपने शासन-तंत्र की अयोग्यता स्वीकार की है, तो हमें इस अवसर का लाभ उठाकर उन्हें अपने प्रभाव में लेना चाहिए।''

''ठीक है। हम प्राय: सहमत हैं कि हमें सम्राट से सहयोग करना चाहिए।'' हनुमान बोले, ''अब आगे का कार्यक्रम निश्चित कर लीजिए।''

''नील ! तुम सहमत हो न ?'' सुग्रीव ने पूछा।

''जब हनुमान सहमत हैं, तो मुझे क्या आपत्ति है।'' नील हंसे।

''इस प्रकार नहीं।'' सुग्रीव बोले, ''हनुमान की आड़ मत लो। कोई आपत्ति हो तो अब भी बोलो।''

''नहीं, ठीक है।'' नील बोले, ''कार्य की योजना बनाइए।''

''योजना यह है कि हम एक-एक दिशा चुन लें और अपनी टोली के लिए सहयोगी चुन लें।'' सुग्रीव बोले, '' अपनी टोली के सदस्य चुनने में तनिक सावधानी बरतें। इस काम में मानसिक और शारीरिक तत्परता — दोनों की ही आवश्यकता है।''

''तो दिशा चुन लें।'' हनुमान बोले, ''यदि आप लोगों को आपत्ति न हो तो

नगर-द्वारों की चार दिशायें आप पकड़ लें और नगर प्राचीर के भग्न भाग वाले गहन वन में मैं जाता हूं। आप जानते हैं प्राचीरों की कूद-फांद का काम मैं सहज ही कर सकता हूं।''

''ठीक है।'' नल ने कहा, ''हनुमान प्राचीरों को कूदें-फांदें। उत्तर की ओर मैं जा रहा हूं।''

''अंगद, तुम ?'' सुग्रीव ने पूछा।

''पूर्व।''

''नील, तुम ?''

''दक्षिण।''

''तो पश्चिम की ओर मैं।'' सुग्रीव बोले, ''रुमा घर पर रहेंगी और सूचनाएं प्राप्त करने तथा तत्काल किसी विशेष दिशा में आवश्यक सूचनाएं भिजवाने का कार्य करेंगी। हनुमान ! रुमा के पास अच्छे और दृढ़ धावकों की एक टोली नियुक्त कर देना।''

''ऐसा ही होगा।'' हनुमान ने कहा और उठ खड़े हुए।

सुग्रीव के जाते ही वाली ने कोटपाल को बुलाया। यथासंभव अधिक-से-अधिक दंडधरों को मायावी की खोज में लगाने का आदेश देकर उसे विदा किया। उनके मन में आया कि वे स्वयं भी कंधे पर गदा रखकर नगर में निकाल जाएं और मायावी को खोजने का प्रयत्न करें। मन इतना व्याकुल हो रहा था कि नगर के भीतर और बाहर मायावी की खोज की व्यवस्था कर देने पर भी, उन्हें तनिक भी शांति नहीं मिली थी। इच्छा हो रही थी कि सारे राज्य में फैले वानर यूथों को बुलाकर, प्रत्येक व्यक्ति को मायावी की खोज में लगा दें और तब तक स्वयं भी निश्चल न बैठें, जब तक मायावी के शव को वे पैरों से न ठुकरा लें।... किंतु साथ ही उनका तर्क कहता था कि इतनी विस्तृत खोज की आवश्यकता नहीं है। मायावी या तो नगर के भीतर ही कहीं छिपा बैठा होगा, या फिर नगर-प्राचीर से लगे किसी वन में होगा।... वह दूर नहीं जाएगा। नगर में उसकी पानशालाएं हैं भवन हैं, और है अलका। क्या वह अलका को भूल किष्किंधा को छोड़कर चला जाएगा ? संभव ही नहीं है...

वाली के मन ने उसी क्षण से मायावी विषयक सूचना की प्रतीक्षा आरंभ कर दी थी।... नगर के भीतर उसके होने की कम ही आशा थी, किंतु होगा नगर के आस-पास ही। इसीलिए उन्होंने सुग्रीव को बुलाकर यह काम सौंपा था। सुग्रीव को काम सौंपने का अर्थ था कि उसके सारे सहयोगी जी-जान से मायावी की खोज में जुट जायेंगे।... और फिर सुग्रीव और अंगद हैं भी मायावी के शत्रु। उनका वश चला होता तो मायावी कब का या तो लंबी अवधि के लिए कारावद्ध हुआ होता या अंधकूप में पड़ा होता। वह अब तक सकुशल रहा, तो स्वयं वाली के ही कारण। अब जब उन्हें मालूम हो गया है कि वाली मायावी को दंडित करना चाहता है, तो वे यह अवसर कभी

नहीं चूकेंगे — कभी नहीं ! और सुग्रीव तथा हनुमान से बढ़कर इन वनों का जानकर किष्किंधा में कोई नहीं हो सकता। अपने सामाजिक आंदोलनों और संगठनों को लेकर इन वनों और पहाड़ों की जितनी छानबीन उन्होंने की है, उतनी किसी और ने शायद ही कभी की हो... पता नहीं सुग्रीव में कौन-सा गुण है, जिससे वह इतने संगठन खड़े कर लेता है।... वाली सोचते हैं, तो उन्हें लगता है कि उनके पास हनुमान जैसा एक भी सचिव, सहायक और अनुचर नहीं है। इतनी ऊर्जा, इतनी स्फूर्ति, गति तथा कार्य-तत्परता को देखकर, लोगों ने इस केसरीपुत्र का नाम पवनपुत्र रख दिया है... जैसे मानव न होकर, साक्षात् पवन का ही पुत्र हो...

सहसा वाली का ध्यान अपनी ओर चला गया। उन्होंने सुन रखा था कि किष्किंधा के जन-सामान्य ने उनका भी ऐसा ही एक नाम रखा था — इंद्रपुत्र। स्त्रियों के प्रति उनके आकर्षण के कारण, जनता ने उन्हें विलासी देवराज इंद्र का पुत्र घोषित कर दिया था।... या फिर लोग उनकी तुलना इंद्रपुत्र जयंत से करते होंगे... कामुक और लंपट जयंत के साथ। तो क्या सचमुच ही वाली इतनी दूर निकल गए हैं ?... पर इस प्रश्न पर वाली का मन अधिक देर नहीं टिका। वे इस प्रश्न का सामना नहीं करना चाहते...

सुग्रीव को लोग सूर्यपुत्र कहते हैं। आरंभ में कदाचित् किसी ने उससे चिढ़कर, उसे कलंकित करने के लिए सूर्यपुत्र कहा था। सूर्यपुत्र अर्थात् निरंतर जलने वाला — किसी का सुख और विलास देखकर जो प्रसन्न न हो — ईर्ष्या में दग्ध होता हुआ... किंतु सुग्रीव और उनके मित्रों ने इस संज्ञा को सहर्ष स्वीकार किया — सूर्यपुत्र अर्थात् तेजस्वी। जिनके तेज में समस्त सांसारिक मल भस्म हो जाएं, जिनका तेज कभी मंद न पड़े !

क्या सत्य ही सुग्रीव का तेज कभी मंद नहीं पड़ता ? पिछले दिनों वाली ने राजसभा में उसे कितनी बार अपमानित किया है; दंड की धमकी तक दी; उसके घोर शत्रु को अपना मित्र माना। किंतु क्या उससे सुग्रीव कभी हतप्रभ हुआ ? कभी थक-हारकर हताश हुआ ? नहीं ! तो अब भी सुग्रीव हतप्रभ नहीं होगा। वह अवश्य ही मायावी को खोज निकालेगा।... और वाली उसकी गंध पाते ही अपनी गदा लेकर निकल पड़ेंगे। जब तक मायावी का वध नहीं होगा, वाली का मन शांत नहीं हो सकता।

''क्या बात है, प्रिय ?'' तारा आकर उनके सम्मुख खड़ी हो गयी, ''परिचारिका भोजन कर लेने का निवेदन कर दो बार लौट चुकी है, और आप यहां युद्धवेश सजाए बैठे हैं।''

वाली अटपटा गए। सचमुच परिचारिका दो बार उन्हें बुला गयी है ? उन्हें तो तनिक भी आभास नहीं हुआ। क्या वे इतने आत्मलीन थे ?

उन्होंने संकुचित हो तारा की ओर देखा। किंतु तारा का चेहरा देखते ही जाने उन्हें क्या हो जाता था — मन पत्थर जैसा भारी हो जाता था, आंखें उसे देखना नहीं चाहती थीं; कान उसकी बात सुनना नहीं चाहते थे; और मन जैसे बार-बार पुकारने लगता था

— 'तारा नहीं, अलका !'

इच्छा हुई, कह दें, "भूख नहीं है। मैं सुग्रीव की प्रतीक्षा कर रहा हूं। उसके आने पर, मुझे एक आवश्यक कार्य से बाहर जाना है।"

पर कुछ कह नहीं सके। जानते थे, सुग्रीव के आने का समय निश्चित नहीं था। संभव था, वह घड़ी-भर के भीतर आ जाए, और यह भी संभव था कि सप्ताह-भर उसका कोई पता न लगे।... और फिर सामने तारा खड़ी थी। वे भोजन का तिरस्कार करेंगे, तो वह उन्हें मनाने का प्रयत्न करेगी।... जाने क्या हो गया है उन्हें। तारा उन्हें जितना मनाना चाहती है, अपने प्रेम का प्रदर्शन करती है, उतना ही वाली का मन खीझ उठता है।... इससे तो अच्छा है कि तारा उनसे झगड़ ले, रुष्ट हो जाए और उनका मुख न देखे। उससे उन्हें तनिक भी कष्ट नहीं होगा। किंतु वह अपना सारा विरोध छिपाकर, उन्हें मनाती है, तो वाली को वह अत्यन्त जुगुप्सापूर्ण और बीभत्स लगता है।

वाली भोजन के लिए उठ आये, किंतु अपनी गदा उन्होंने एक क्षण के लिए भी स्वयं से दूर नहीं की।

सारा दिन वाली प्रतीक्षा करते रहे, किंतु सुग्रीव की ओर से कोई सूचना नहीं आयी। अंधकार घिर आया और प्रतीक्षा असह्य हो गयी तो वाली ने सुग्रीव को बुला भेजा। किंतु उनका चर उलटे पैरों लौट आया — सुग्रीव घर पर नहीं थे। कहां गये हैं, किसी को मालूम नहीं था। उनकी पत्नी रुमा स्वयं बड़ी व्यग्रता से उनकी प्रतीक्षा कर रही थीं।... वाली ने अंगद के विषय में पुछवाया। वह भी अभी तक प्रासाद में नहीं लौटा था और किसी को भी ज्ञात नहीं था कि वह कहां गया है। वाली समझ गये — वे सब मायावी को खोजने में लगे होंगे। यदि वाली हनुमान, नील और नल का पता लगवायेंगे, तो वे भी अपने घरों पर नहीं मिलेंगे। अब सिवाय प्रतीक्षा के और कोई मार्ग नहीं था। प्रतीक्षा चाहे कितनी ही असह्य और पीड़ादायक क्यों न हो।

अगले दिन सुग्रीव स्वयं आये।

वाली ने उनके अभिवादन की भी प्रतीक्षा नहीं की, "पता चला ?"

"चल गया।" सुग्रीव मुसकरा रहे थे।

"मायावी मिल गया ?"

"जी।"

"कहां है ?" वाली ने अपनी गदा उठाकर कंधे पर रख ली, "चलो।"

"वह मतंग वन में ऋष्यमूक की कंदराओं में से एक में छिपा हुआ है।" सुग्रीव बोले, "उसके साथ कुछ अन्य राक्षस भी हैं। कितने हैं, यह कहना कठिन है; उनके पास कितने और कैसे शस्त्र हैं — यह हमें मालूम नहीं। संभव है, उनके पास धनुष-बाण भी हों। आप जानते हैं कि राक्षसों के पास प्रायः ये आयुध होते हैं और उनकी भयंकरता से भी आप परिचित हैं।"

अपनी बात समाप्त कर सुग्रीव ने वाली को देखा। वाली का उत्साह ढीला पड़ चुका था। उनमें वह तत्परता लक्षित नहीं हो रही थी। वे जैसे किसी सोच में पड़ गये थे।

सुग्रीव को आश्चर्य हुआ। वे वाली का स्वभाव अच्छी प्रकार जानते थे। वे जानते थे कि वाली की शत्रुता कितनी उग्र होती है, और शत्रु का समाचार पाते ही वे किस व्यग्रता से झपटते हैं।... और उनके सम्मुख बैठे थे वाली, जो समाचार पाने से पहले कितने तत्पर थे और सूचना पाते ही जैसे उत्साह की ज्वाला पर ठंडा सागर उमड़ पड़ा हो। उनकी तत्परता खो गयी थी और वे किसी आंतरिक द्वन्द्व से ही क्षीण हो गये लगते थे...

''सम्राट !'' सुग्रीव बोले, ''निवेदन है कि ऐसे धूर्त शत्रु से भिड़ने के लिए न तो अकेले जाएं, न साधनहीनता की स्थिति में सम्मुख युद्ध करें।''

''मैं तुम्हारी बात याद रखूंगा।''

सुग्रीव ने वाली को जीवन में पहली बार युद्ध के लिए निरुत्साहित देखा।

इधर सुग्रीव गये और उधर वाली ने शगुन--विचारक को बुला भेजा। शगुन-विचारक अब भी अपने मत पर दृढ़ था, ''उस दिशा में काल है, सम्राट ! मतंग वन की ओर न जाएं।''

वाली के अपने मन में ही एक हिंस्र द्वन्द्व-युद्ध आरंभ हो गया। एक फुर्तीला, हिंस्र और उग्र तेंदुआ बार-बार मतंग वन की ओर लपकना चाहता था, और उससे कहीं अधिक शक्तिशाली किंतु धीर सिंह उसके मार्ग में खड़ा था। तेंदुआ अपनी घुमड़ती पीड़ा से व्याकुल होकर झपटता तो सिंह अपने पंजे का भरपूर वार उसके जबड़े पर कर देता। तेंदुआ उलटकर गिरता और पुनः झपटने की तैयारी करता... वाली को लगा, मायावी तो वहां दूर मतंग वन में सुरक्षित बैठा है, और वे शत्रु को बिना चुनौती दिये ही बुरी तरह घायल हो चुके हैं।... सहसा वाली के भीतर का तेंदुआ दहाड़ा — इससे अच्छा तो शत्रु को ललकारकर उसके हाथों वीरगति पाना है। अपने घर में सुरक्षित बैठे, अपने मन से लड़ते-लड़ते घुट-घुटकर मर जाना तो बहुत अपमानजनक है।

वाली उठकर खड़े हो गये। कंधे पर गदा रखी और प्रासाद से निकल आये।

आगे-आगे वाली थे और पीछे-पीछे दंडधरों की एक टोली। घर से निकलते ही वाली के मन में फिर उथल-पुथल आरंभ हो गई थी — जाएं या न जाएं ? चुनौती की उपेक्षा कर कायर बनें ? या शगुन-विचारक की बात की उपेक्षा कर काल के मुख में जा कूदें और मूर्ख बनें ? मूर्ख बनना अच्छा है या कायर बनना ?... प्रत्येक बढ़ते हुए पग के साथ वाली के मन में एक पुकार उन्हें लौट चलने के लिए कहती थी। मानो एक पग आगे बढ़ता था तो दूसरा पीछे की ओर लपकना चाहता था। वे शरीर से आगे बढ़ते हुए भी मन से वहीं के वहीं थे...

सहसा वाली ने पहचाना — यह वही पथ था, जिससे होकर उस रात ज्योत्स्ना में नहाते हुए वे अलका के घर पहुंचे थे। अलका... वाली के घाव को जैसे किसी ने बड़ी क्रूरता से पुनः छील दिया था। उनके मन में काम की मादक भावना के साथ-साथ क्रोध का हिंस्र भाव उठ खड़ा हुआ।... मायावी यहां से भागकर मतंग वन में क्यों छिपा बैठा है ? वह भागकर लंका क्यों नहीं चला गया ? क्या वह वाली पर आघात करने के अवसर की प्रतीक्षा में छिपा बैठा है ? नहीं ! वह अलका के अपहरण की प्रतीक्षा में बैठा होगा... अलका ! वाली का मन पुनः कसक उठा, किंतु साथ ही वाली की आंखों में समाधान की ज्योति चमकी। अलका ने ही वाली को पीड़ा दी है तो अलका ही उनके घाव पर औषधि का लेप भी करेगी। मायावी ने अलका के जाल में वाली को फांसा था, अब वाली मायावी को अलका की फांस में बांधेंगे। अच्छा आखेट होगा... अलका उस आखेट के लिए चारा बनेगी...

अलका के भवन के सम्मुख आकर वाली रुक गये। पलटकर उन्होंने दंडधर टोली के नायक को देखा, "इस भवन के चारों ओर फैलकर छिप जाओ। सावधान! क्षण-भर के लिए प्रमाद न हो। मायावी को पहचानते हो ?"

"जी ! महासामंत को कौन नहीं पहचानता !" नायक शालीनता से बोला।

"महासामंत नहीं।" वाली का स्वर फुफकार उठा, "दुष्ट और नीच राक्षस — मायावी।"

"जी !" नायक सहम गया।

"वह छिपकर इस भवन में प्रवेश करने का प्रयत्न करेगा। उसे देखते ही मुझे सूचित करो। यदि किसी प्रकार भवन के भीतर चला जाए, तो उसे तब तक भीतर ही बंद रखो, जब तक मैं यहां न आ जाऊं।"

"जो आज्ञा, सम्राट !"

"स्मरण रहे। प्रमाद का दंड मृत्यु है।"

"स्मरण रहेगा, सम्राट !"

वाली के शरीर का संपूर्ण रक्त, उन्हें भवन के भीतर धकेल रहा था। भवन में स्वयं अलका थी। द्वार खटखटाने की देर थी — अलका उनके सामने होगी। वे चाहेंगे तो वह उनके आलिंगन... किंतु वाली का मस्तिष्क सनसनाता जा रहा था। जब तक मायावी जीवित है, वे अलका को अपनी भुजाओं में नहीं ले पायेंगे। अलका के स्पर्श से ही उनकी आंखों के सम्मुख मायावी आ खड़ा होता है।... पहले मायावी को मारना होगा, तभी अलका उन्हें मिल सकेगी।

वाली भवन के भीतर नहीं गये। वापस अपने प्रासाद में लौट आये।... प्रासाद में प्रवेश करते ही उन्हें सूचना मिली कि राजकुमार अंगद लौट आये हैं। रात-भर के जगे हुए हैं, अतः थककर सो गये हैं।... तो इसका अर्थ है कि सुग्रीव को मायावी के संबंध में निश्चित सूचनाएं निरंतर मिल रही हैं। तभी तो अंगद निश्चिंत होकर सो गया है। वाली

को भी सुग्रीव के साथ निरंतर सम्पर्क बनाये रखना होगा ताकि जैसे ही मायावी, मतंग वन से निकलकर नगर की ओर आये, वाली को सूचना मिल जाए...

वाली प्रतीक्षा करते रहे।... उनका मन किसी काम में नहीं लग रहा था। वे राजसभा में भी नहीं गये। राज-काज उन्होंने पूर्णतः स्थगित कर रखा था। वे मात्र प्रतीक्षा कर रहे थे।

भोजन के समय तारा ने पूछा, '' प्रिय कुछ अनमने हैं। कोई विशेष बात ?''

''नहीं, कुछ विशेष नहीं।'' तारा की ओर देखने की भी उनकी इच्छा नहीं हुई।

''मैंने सुना है, मायावी भाग गया है ?'' तारा पुनः बोली, ''और आप उसकी खोज कर रहे हैं।''

''तो क्या हुआ ?'' वाली खीझ उठे।

क्षणभर के लिए सहमकर तारा चुप हो गयी। किंतु पिछले कितने ही दिनों से पति इतना शुष्क ही नहीं, अभद्र हो गया था और वे स्वयं उससे इतनी खीझ चुकी थीं कि अधिक देर तक मौन नहीं रह सकीं, ''मेरी जिज्ञासा भी आपको बुरी लगती है ?''

वाली ने स्वयं को संयत किया, ''जिज्ञासा बुरी नहीं लगती, किंतु अनावश्यक प्रश्नोत्तर मेरी चिंता को बढ़ाते हैं।''

वाली ने अब भी तारा की ओर नहीं देखा।

''मैंने इसलिए पूछा, क्योंकि वह आपका मित्र था।''

''मित्र था।'' वाली ने ऊंचे स्वर में कहा, ''अब नहीं है।''

''क्यों ?''

''मैं सारे प्रश्नों का उत्तर देने को बाध्य नहीं हूं।''

वाली उठकर अपने कक्ष में चले गये।

रात आधी बीत चुकी थी, किंतु वाली को नींद नहीं आ रही थी। थोड़ी देर के लिए आंख लगती थी तो फिर नींद उचट जाती। उद्विग्नता की स्थिति में वे उठ बैठे। टहलते-टहलते आकर वे गवाक्ष के पास खड़े हो गये।... सहसा उन्होंने सुग्रीव को आते देखा। रक्षकों ने उन्हें मार्ग दे दिया। थोड़ी ही देर में सुग्रीव उनके कक्ष में पहुंच गये। निश्चित रूप से वे भागते हुए आये थे। उनकी सांस धौंकनी के समान चल रही थी और शरीर पसीना-पसीना हो रहा था।

''भैया !''

वाली ने प्रश्नपूर्वक उन्हें देखा।

''मायावी नगर में प्रवेश कर चुका है। अनुमान है कि वह अलका के भवन की ओर जा रहा है।'' वे जल्दी-जल्दी बोले, ''हमने उसे बन्दी कर लिया होता, किंतु आपका आदेश नहीं था।''

वाली की आंखें चमकीं। हाथ ने लपककर गदा उठाई और मन ने कहा, ''सुग्रीव

सब कुछ जानता है। अलका के विषय में भी।''

''आओ !'' वाली तत्काल बाहर निकल गये।

गंतव्य पर पहुंचते ही वाली ने दंडधरों से पूछा। मायावी अभी तक नहीं आया था। वाली ने धीरे से द्वार खटखटाया। एक सोयी हुई-सी परिचारिका ने आकर गवाक्ष खोलकर पूछा, ''कौन है ?''

''मैं हूं वाली।''

द्वार खुल गया और वाली भीतर चले गये।

दंडधरों के साथ ही सुग्रीव भी बाहर ही छिप गये। निश्चित रूप से आज मायावी अवश्य मारा जायेगा — सुग्रीव सोच रहे थे — किंतु कितनी विचित्र बात थी कि मायावी के नगर-प्रवेश की तनिक भी सूचना द्वाररक्षकों को नहीं हुई। स्वयं सुग्रीव के चरों ने इतनी सूचना तो दी थी कि अकेला मायावी मतंग वन से निकलकर नगर की ओर बढ़ रहा है; किंतु उसके नगर-प्रवेश की सूचना वे भी नहीं दे पाये। नगर में घूमते हनुमान के चरों ने यह सूचना न दी होती, तो सुग्रीव को भी पता न चलता।... मायावी ने किष्किंधा में प्रवेश कैसे किया ? सुग्रीव का मन निरंतर इस प्रश्न से मल्ल-युद्ध कर रहा था।

तभी अंधकार में एक छाया उधर बढ़ती दिखायी दी।... निश्चित रूप से यह मायावी ही होगा... सुग्रीव ने दंडधरों को संकेत किया और स्वयं भी सावधान होकर बैठ गये।

मायावी दबे पांव भवन की ओर बढ़ रहा था, फिर भी उसकी गति चमत्कारिक रूप से तीव्र थी। वह अत्यन्त सावधानी से भवन के द्वार तक आया और धीरे से किसी विशेष सांकेतिक ढंग से उसने कपाट खटखटाया।

भीतर से द्वार खोल दिया गया। किंतु न मायावी ने भीतर प्रवेश किया और न भीतर से ही कोई बाहर आया। मायावी खड़ा-खड़ा जाने किस बात की टोह ले रहा था। वह अतिरिक्त रूप से सावधान था और भवन में प्रवेश करने से पूर्व भली प्रकार पुष्टि कर लेना चाहता था कि उसके लिए कोई जोखिम तो नहीं है...

मायावी बहुत विलंब कर रहा था...

सहसा भीतर से कूदकर वाली बाहर आये। चंद्रमा के धीमे प्रकाश में उनका उफनता क्रोध, उनके चेहरे पर देखा जा सकता था। उनकी आंखें जल रही थीं, नथुने फड़क रहे थे और भारी गदा थामे हुए भुजाएं प्रहारक मुद्रा में थीं...

''कौन ? वाली ?'' मायावी बोला।

''हां ! तेरा काल ?''

मायावी घबराया नहीं। अगले ही क्षण उसके हाथ में नग्न खड्ग चमक रहा था।

''आ, देख कौन किसका काल है। न तेरा वध कर, अलका ही नहीं, तारा का

भी हरण कर ले गया, तो मेरा नाम भी मायावी राक्षस नहीं।''

वाली ने घुमाकर गदा का प्रहार किया। मायावी पीछे हटकर वार बचा गया। उसने खड्ग उठाया...

सुग्रीव ने दंडधरों को संकेत किया और अपना खड्ग कमर से निकालकर झपटे।

मायावी को काठ मार गया। उसकी दृष्टि निमिष-भर के लिए वाली की गदा को देखती थी और अगले ही क्षण सुग्रीव के खड्ग पर टिक जाती थी। चेहरे पर असमंजस के भाव उभर आये, जैसे कोई निश्चय कर रहा हो; और अगले ही क्षण वह पलटा और दंडधरों को अपने खड्ग से धमकाता हुआ, उनका घेरा तोड़ भाग खड़ा हुआ...

''आओ !'' हाथ उठाकर वाली ने संकेत किया और उसके पीछे भागे।

दंडधरों की ओर देखने का अवकाश नहीं था।... सुग्रीव ने भी शक्ति-भर दौड़ लगायी।... आगे-आगे मायावी भाग रहा था और पीछे-पीछे वाली तथा सुग्रीव। मायावी या तो अच्छा धावक था, या अपना पीछा करने वालों से वह इतना भयभीत था कि उसके पगों में पंख लग गये थे। वह बड़ी सरलता से अपना पीछा करने वालों से अपनी दूरी बनाये हुए था। वाली अपने भारी-भरकम शरीर के कारण अपनी गति बढ़ा नहीं पा रहे थे और सुग्रीव कभी भी बहुत अच्छे धावक नहीं रहे।

सहसा मायावी ने पथ छोड़ दिया और नगर-प्राचीर की ओर लपका। सुग्रीव की दृष्टि नगर-प्राचीर के उस भाग पर टिक गयी।... उस स्थान से प्राचीर कुछ इस प्रकार टूटी हुई थी कि उसकी ऊंचाई अनुल्लंघनीय नहीं रह गयी थी।... कदाचित् मायावी इस स्थान से परिचित था। संभव है कि उसने इसी स्थान से नगर में प्रवेश किया हो, तभी तो न नगरद्वार के रक्षकों को उसकी भनक पड़ी और न सुग्रीव के चरों को ही उसकी कोई टोह मिली...

वाली और सुग्रीव के देखते-ही-देखते मायावी प्राचीर के भग्नांश पर चढ़, प्राचीर की दूसरी ओर सघन वन में उतर गया।

वाली और सुग्रीव, दोनों ही भौंचक खड़े रह गये। कहां वे आशा कर रहे थे कि नगर-प्राचीर की अगली चौकी तक जाते-जाते, यह दौड़ समाप्त हो जायेगी और मायावी पकड़ा जायेगा — कहां वह उनके हाथों से ऐसे निकल गया था, जैसे असावधान हाथों से टकराकर, अपने ही वेग में गेंद लौट जाती है।

'काश ! ऐसे समय में हनुमान यहां होते !' सुग्रीव सोच रहे थे, 'भूमि से उछलकर प्राचीर पर चढ़ जाना और प्राचीर से कूदकर वन में जा धंसना तो उनके लिए क्रीड़ा-मात्र थी।'

''सियार अपनी खोह में घुस गया।'' वाली ने दांत पीसते हुए कहा।

''गदाधरों की एक टोली को उसे घेरने के लिए भेजिये, सम्राट !'' सुग्रीव ने सुझाव दिया।

''गदाधर सैनिक उसका क्या कर लेंगे।'' वाली का चेहरा क्रोध से विकृत हो

रहा था, ''मैं स्वयं उसके पीछे जाऊंगा और उसका वध करके ही लौटूंगा।''

''आप स्वयं जायेंगे ?'' सुग्रीव हतप्रभ थे... मतंग वन में उसे अच्छी प्रकार घेरा जा सकता था, वाली वहां नहीं गये और यहां... ''प्राचीर के बाहर सघन वन है। जाने वह कहां छिपा होगा। संभव है, आस-पास उसके साथी भी हों। गदाधर टोली नहीं भेजना चाहते तो नगर के बाहर छावनियों में स्थित यूथपतियों को आदेश दीजिये, वे अपने यूथों से इस क्षेत्र को घेर लें। फिर चाहे आप स्वयं ही उसे दंडित करें...।''

''नहीं !'' वाली ने सुग्रीव की पूरी बात भी नहीं सुनी, ''यह मेरा व्यक्तिगत मामला है। इसे मैं अकेला ही निबटाऊंगा। मैं जा रहा हूं। सियार यदि खोह में घुसा है, तो उसका वध उसकी खोह में ही करूंगा...''

''पर भैया ! आप सम्राट हैं। आपका अपने प्राणों को इस प्रकार संकट में डालना उचित है क्या ?'' सुग्रीव ने विवाद किया, ''अच्छा ! मैं भी आपके साथ चलता हूं।''

''नहीं !'' वाली का स्वर कठोर था, ''मुझे अधिक देर नहीं लगेगी। तुम यहीं रुको, इस गुफा के द्वार पर। कहीं वह दुष्ट अपनी खोह से निकलकर फिर से नगर में प्रवेश न कर जाए। मैं लौटकर अभी आया...।''

कंधे पर अपनी गदा रखे वाली अकेले प्राचीर के उस भग्नांश पर पहुंचे और मायावी के ही समान प्राचीर के पार कूद गये।

सुग्रीव असहाय-से खड़े देखते रहे। क्या कर सकते थे वे ? वे वाली के स्वभाव को जानते थे — क्रुद्ध वाली को मनमानी करने से रोकना असंभव था। और यहां तो उनके मर्म पर आघात हुआ था।... प्रतीक्षा करने के सिवाय, सुग्रीव और कर भी क्या सकते थे ?... वाली के आदेश से हटकर कुछ भी करने पर वे उन्हें संदेह की दृष्टि से देखेंगे। उन पर कोई-न-कोई आरोप लगायेंगे...

भावी घटनाओं का रूप क्या होगा — सुग्रीव समझ नहीं पा रहे थे — अभी थोड़ी देर में वाली मायावी का शव घसीटते हुए लौट आयेंगे अथवा मायावी ही वाली को चक्कर देकर, किसी अन्य मार्ग से प्राचीर के इसी टूटे अंश से किष्किंधा में प्रवेश कर, अलका को प्राप्त करने का प्रयत्न करेगा... यदि वाली को बहकाकर, मायावी वन में विलीन हो जाने में सफल हो गया, तो क्या वाली खाली हाथ लौट आयेंगे ?... जिस मुद्रा में वे गये थे, उसमें तो खाली हाथ लौटने का प्रश्न ही नहीं उठता।... मायावी भी कम हठी नहीं लगता। यदि वे दोनों ही किसी दीर्घकालीन लुका-छिपी में व्यस्त हो गये तो ?... या कहीं मायावी ने वाली का वध कर दिया ?... वाली निश्चित रूप से अधिक शक्तिशाली हैं, किंतु मायावी के पास खड्ग है और वह विकट धूर्त है।... यह दौड़ लंबी भी हो सकती है और उसके अन्त का स्वरूप भी निश्चित नहीं है। सुग्रीव कब तक स्तंभित खड़े रहेंगे ? उन्हें प्रत्येक संभावित स्थिति के लिए तत्पर रहना चाहिए।

उनके पीछे-पीछे आने वाला दंडधरों का दल आ पहुंचा था। सुग्रीव ने उन्हीं से चरों का कार्य लिया। एक सैनिक टुकड़ी को वाली के पीछे भेजा, ताकि आवश्यकता

पड़ने पर वे वाली की सहायता करें। उन्हें आदेश दिया कि वे आस-पास स्थित, समस्त वानर-यूथों को सचेत कर दें, ताकि वे मायावी की खोज कर, उसे घेरने का प्रयत्न करें। नगर-प्राचीर की सैनिक चौकियों में अतिरिक्त सैनिक भेज उन्हें दृढ़ किया। नगर-द्वारों की रक्षा-व्यवस्था भी दृढ़ कर दी। उन्हें सचेत कर दिया कि संभवत: उन्हें मायावी अथवा उसकी सहायक किसी सशस्त्र राक्षस-टोली से युद्ध करना पड़े। सैनिकों की दो टुकड़ियां अपने लिए भी मंगवा लीं — जाने कब उनकी आवश्यकता पड़ जाए।

पूर्व से उषा का उजाला फूटने लगा, किंतु न वाली लौटे, न उनके पीछे गयी हुई सैनिक टुकड़ी।... अब सुग्रीव के लिए चिंता स्वाभाविक थी। यह वाली के आखेट के लिए जाने जैसी साधारण घटना नहीं थी। सुग्रीव को यह पहले ही सोचना चाहिए था। क्या वे मायावी को जानते नहीं थे ? वह जन्मजात अपराधी, सारा जीवन धूर्ततापूर्वक षड्यंत्र रचता रहा... और वाली केवल प्रत्यक्ष युद्ध के मल्ल थे। वे न षड्यंत्र रच सकते थे, न उसे परख सकते थे। मायावी जैसे षड्यंत्रकारी से सामना हो तो वाली की-सी शक्ति और वीरता के होते हुए भी कुछ अघटनीय घट सकता था। कुछ ऐसा ही तो नहीं हो गया ?... किंतु तब सैनिक क्यों नहीं लौटे ?... संभव है, वे शोक, हताशा अथवा दंड के भय से न लौटे हों...

सुग्रीव को स्वयं जाना होगा। अब वाली चाहे आज्ञोल्लंघन का आरोप लगायें, अथवा वहां से हटकर मायावी के नगर-प्रवेश के लिए मार्ग छोड़ने का संदेह करें, सुग्रीव को कुछ करना ही होगा। खड़े-खड़े चिंता करते रहकर, अपने भाई की मृत्यु के लिए पथ प्रशस्त करने की कापुरुषता वे नहीं कर सकते...

उन्होंने पुन: नगर में चर दौड़ा दिये। थोड़े ही समय में हनुमान, अंगद, नल, नील, तार, सुषेण, मैंद, द्विविद तथा जाम्बवान अपने-अपने विश्वसनीय साथियों के साथ आ उपस्थित हुए। जितने नेता थे, वन को उतने ही भागों में बांट खोज आरंभ करने की योजना बनी। सम्पूर्ण नगर-प्राचीर की रक्षा-व्यवस्था कोटपाल पर छोड़, सुग्रीव तथा अन्य लोगों की टुकड़ियां वन में उतर गयीं। एक-एक वृक्ष और झाड़ी को देखा गया, वन का चप्पा-चप्पा खोजा गया। पिछली टुकड़ी के सैनिक तो मिल गये, किंतु न वाली का कोई चिह्न मिला, न मायावी का...

दिन-भर खोज चलती रही — न किसी ने भोजन किया, न विश्राम। जिसे भूख ने अधिक सताया, उसने किसी वृक्ष से तोड़कर कोई फल खा लिया, स्रोत से जल पी लिया, किंतु खोज न शिथिल हुई, न स्थगित। रात का अंधकार घिरते-घिरते सैनिकों की तो बात ही क्या, स्वयं सुग्रीव और अंगद तक हताश हो चुके थे... कुछ बहुत ही आसाधारण घटित हुआ था, नहीं तो कोई कारण नहीं था कि इतने लोग उन्हें जीवित अथवा मृत खोज न पाते। जाते-जाते वाली कह गये थे, सियार अपनी खोह में घुस गया

है।... उन्हीं की बात सच होने जा रही थी। वे दोनों ही किसी ऐसी गुफा में जा घुसे थे, जिसका द्वार खोजने वाले सैकड़ों व्यक्ति भी ढूंढ नहीं पा रहे थे।

सुग्रीव ने पुनः अपने साथियों के साथ विचार-विमर्श किया। सब ही सहमत थे कि इस खोज को स्थगित कर, इन सैनिकों को वापस जाने दिया जाए ताकि उन्हें भोजन और विश्राम मिल सके; किंतु उसके साथ ही एक दीर्घकालीन खोज-योजना बनायी जाए। उसके अनुसार वानरों का एक पूरा यूथ स्थायी रूप से इस वन में रहे, छोटी टुकड़ियों में बंट, बारी-बारी यह अन्वेषण तब तक अनवरत चलता रहे, जब तक सम्राट वाली और मायावी के विषय में कोई निश्चित सूचना नहीं मिल जाती।

वन से लौटने पर, युवराज के अधिकार से, सुग्रीव ने पहला आदेश दिया कि प्राचीर के इस अंश की तत्काल मरम्मत कर दी जाए; और दूसरा आदेश सम्राट वाली की खोज के लिए गुप्तचर विभाग में एक स्वतंत्र अनुभाग स्थापित करने के विषय में था।

विभिन्न प्रकार की व्यवस्थाओं से कुछ अवकाश मिला, तो सुग्रीव का ध्यान तारा की ओर गया — 'भाभी की क्या स्थिति होगी ?' यद्यपि अंगद उनके पास था, किंतु अंगद अभी इतना प्रौढ़ नहीं है कि यह सारी स्थिति अकेले उस पर छोड़ दी जाए।

रुमा के साथ सुग्रीव वाली के प्रासाद में पहुंचे तो देखा, तारा के पास अंगद के साथ-साथ सुषेण और तार भी बैठे हुए हैं। सुग्रीव को सन्तोष हुआ। पिता और भाई मिलकर भाभी को सांत्वना दे लेंगे। भाभी को इस समय सांत्वना की ही आवश्यकता थी। सुषेण युद्ध वैद्य हैं। तन के घावों का उपचार तो कर लेते हैं, मन के घावों का कुछ कर पायेंगे क्या ?

रुमा जाकर तारा के पास बैठ गयी और सुग्रीव अंगद के पास बैठे।

''भाभी ! आप मन छोटा न करें।'' सुग्रीव अत्यन्त मृदु स्वर में बोले, ''या तो भैया स्वयं ही मायावी का वध कर लौट आयेंगे या फिर हम उन्हें खोज निकालेंगे और मायावी के वध में उनकी सहायता करेंगे।''

तारा ने आंखें ऊंची कर सुग्रीव को देखा। सुग्रीव समझ नहीं पाये कि वे आंखें हंस रही थीं या रो रही थीं। किंतु मुख से वे कुछ नहीं बोलीं।

''भैया पहली बार तो गये नहीं हैं, भाभी।'' सुग्रीव पुनः बोले, ''आखेट के लिए वे अनेक बार जाया करते थे। अनेक बार बिना बताये भी गये हैं, और कई-कई दिन हमें उनकी सूचना भी नहीं मिली है।''

इस बार तारा ने मुसकराने का प्रयत्न किया, किंतु सुग्रीव को वह मुसकान रोने से भी अधिक करुण लगी।

''तुमने अलका के विषय में क्या सोचा है ?'' तारा बोलीं।

''इस लड़की को देखो।'' वृद्ध सुषेण किंचित् उत्तेजित स्वर में बोले, ''जब इससे

कोई बात छेड़ो तो बात को टालने के लिए यह अलका का प्रसंग बीच में ले आती है।''

''आप ठीक कहते हैं।'' सुग्रीव ने बात संभाली, ''शायद भाभी नहीं चाहतीं कि वे अपना दुख हमारे साथ बांटें। इसलिए ये दूसरे-तीसरे व्यक्ति की बात करने लगती हैं।'' सुग्रीव कुछ रुके और पुनः बोले, ''पर यदि भाभी चाहती ही हैं कि अलका की बात की जाए, तो वही हो। अन्ततः इस सारे झगड़े का मूल कारण तो अलका ही है। उसी के कारण भैया इस प्रकार गये। उसके विषय में तो कुछ सोचना ही होगा...।''

''आप क्या उसे दंडित करने की बात सोच रहे हैं ?'' बीच में ही रुमा बोली।

''मेरा आशय यह नहीं है।'' तारा किंचित् ठहरे हुए स्वर में बोलीं, ''मैं उसे दंडित करवाने के लिए नहीं कह रही।'' तारा का कंठ रुंध गया और वे रुक गयीं। किंतु स्वयं को संयत कर बोलीं, ''मायावी के पीछे सम्राट कल रात गये हैं, किन्तु मुझसे तो वे उसी दिन छिन गये थे, जिस दिन वे दुंदुभि को मारकर लौटे थे। अलका तो मात्र बहाना है।''

''क्या कह रही हैं, जीजी !''

''सच कह रही हूं, रुमा !'' तारा का स्वर और भी करुण हो गया, ''अन्तर केवल इतना है कि तब वे इसी प्रासाद में रहते थे, आज वे यहां नहीं हैं। किंतु मेरा मुख देखते ही वितृष्णा से भर उठना, मेरे स्वर को सुनते ही खीझ उठना, आधी-आधी रात को उठकर प्रासाद से बाहर चले जाना — क्या इन सबको देखते हुए मैं मानूं कि वे मेरे पास थे, वे मेरे थे...'' तारा ने सुग्रीव को देखा, ''तुम कहते हो, देवर ! कि मैं अपना दुख तुम लोगों के साथ बांटना नहीं चाहती। तुम मुझे बताओ, कौन-कौन से दुख तुम लोगों के साथ बांटूं ? कभी किसी ने जाना है कि तारा स्वयं कितनी बंट चुकी है...''

''तारा !'' तार बीच में बोले।

''हां, भैया !'' तारा रो पड़ीं, ''सोचो, मैं उससे प्रेम करती थी, जो प्रत्येक महीने-पखवारे में किसी नयी कन्या के प्रेम में पागल हो जाता था। वे जब नया प्रेम पालते थे, मुझे अपने मार्ग की बाधा मान दुत्कारने लगते थे।'' तारा रुक गयीं, ''मैं क्या-क्या बताऊं तुम लोगों को। अपने मुख से कहती अच्छी लगती हूं क्या ? मेरा इतना बड़ा बेटा अंगद यहां बैठा है। पूछो इससे कि इसने आज तक किसी राजनीतिक मामले में अपने पिता का साथ क्यों नहीं दिया। यह सदा अपने पिता के प्रतिकूल चाचा का साथ देता रहा।''

''मां !...'' अंगद ने कहना चाहा।

''मैं तुमसे स्पष्टीकरण नहीं मांग रही, पुत्र!'' तारा बोलीं, ''मैं तुम्हारे मन की अवस्था समझती हूं। पर तुम भी तो मेरी अवस्था को समझो। मैंने आज तक तुममें से किसी से कुछ नहीं कहा। आज मेरा मन आप्लावित है और सुग्रीव ने उपालंभ दिया है

कि मैं अपना दुख नहीं बांटती...'' तारा ने दांतों से होंठों को काटकर स्वयं को रोका।

''भाभी !...'' सुग्रीव समझ नहीं पा रहे थे कि वे क्या कहें।

''कुछ मत कहो, सुग्रीव।'' तारा फिर बोलीं, ''आज मुझे अपना दुख बांट ही लेने दो। मेरे पिता, भाई, पुत्र, देवर, देवरानी — सारे हितू बैठे हैं। मुझे बताओ, तारा किसके लिए रोये — अपने पति के लिए, जो प्रत्येक सुन्दरी कन्या को देखते ही लोलुप और कामुक हो उठता था या उन निरीह कन्याओं के लिए, जो उसके पति के द्वारा अपमानित और पीड़ित हुईं।... मैंने अपने सौभाग्य के लिए सदा ईश्वर से अपने पति के जीवन की भिक्षा मांगी और अलका जैसी अनेक अभागिनों की रक्षा के लिए, उनको अपमानित करने वालों के लिए मृत्यु...''

''तारा !'' सुषेण बोले।

''हां, पिताजी !'' तारा का स्वर दृढ़ हो आया, ''आपकी तारा और कर भी क्या सकती थी। मैंने एक ओर अपने पति के राजनीतिक विरोधियों के नाश की कामना की और दूसरी ओर मेरा मन प्रजा की रक्षा के लिए — सुग्रीव तथा अंगद के लिए शक्ति, सत्ता और दीर्घ जीवन मांगता रहा। पुत्र को पिता के विरुद्ध ले चलने के लिए मैंने सुग्रीव को सैकड़ों शाप दिये, और अंगद को प्रजा-हित के मार्ग पर ले चलने वाले गुरु सुग्रीव को मैंने अपनी समस्त सद्‌भावनाएं भेंट कीं।'' तारा के कंठ से हिचकियां फूट आयीं, ''अब मुझे कोई बताये, मेरे पति को मृत्यु के मुख में धकेलने वाली अलका के लिए तुम लोगों से मृत्यु-दंड की प्रार्थना करूं अथवा उसे अपमानित जीवन से उबारने के लिए, सम्राट और मायावी को विलुप्त करने के लिए ईश्वर का धन्यवाद करूं...।''

तारा चुप हो गयी, किंतु न उनके आंसू रुके, न हिचकियां।

असमंजस की स्थिति में चुपचाप बैठे, सब लोग उन्हें देखते रहे। अन्ततः रुमा ने उन्हें अपनी बांहों में भर, अपने वक्ष से लगाकर कहा, ''शांत हो जाओ, जीजी ! सच ही, हममें से किसी को आपकी विकट स्थिति का आभास नहीं था।''

''अब मुझे बताओ कि तुम लोगों ने अलका के विषय में क्या सोचा है ?'' तारा बोलीं तो पर्याप्त सन्तुलित लग रही थीं, जैसे मन में उठा बवंडर निकल गया हो और वे स्थिर हो गयी हों।

''उसे वापस उसके पिता के घर पहुंचा देना चाहिए।'' अंगद बोले, ''मेरा विचार है कि वह भी यही चाहेगी।''

''और यदि वह वापस लौटना न चाहे ?'' तारा ने पूछा, ''अथवा उसके पिता उसे स्वीकार करना न चाहें ?''

''तो वह सुविधापूर्वक किष्किंधा में भी रह सकती है।'' सुग्रीव बोले, ''किंतु वह यहां रही तो भैया के लौटने पर घटनाओं का रूप क्या होगा — कहना कठिन है।''

''और यदि वह किष्किंधा में न रही, तो तुम्हारे भैया के लौटने पर घटनाओं का रूप क्या होगा, यह कहना भी कठिन है।'' तारा ने कहा, ''फिर भी मैं चाहती हूं कि

समय रहते उसे किसी सुरक्षित स्थान पर भिजवा दो। यदि वह अपने पिता के घर जाना चाहे तो ठीक है, नहीं तो किसी सुरक्षित स्थान पर..." तारा कुछ रुककर बोलीं, "यह मैं ईर्ष्यावश नहीं, उसकी सुरक्षा के लिए कह रही हूं।"

"हम समझते हैं।" वृद्ध सुषेण ने सिर हिलाया, "यही करो, युवराज !"

दिन बीतते जा रहे थे और वाली का कोई समाचार नहीं मिल रहा था। गुप्तचर विभाग भी सर्वथा असफल सिद्ध हो रहा था। वानर-यूथों की खोज का भी कोई फल नहीं निकला था। वाली ने स्वयं भी कोई सन्देश नहीं भिजवाया था। सामान्य जन में यह विश्वास बढ़ता जा रहा था कि या तो वाली और मायावी दोनों ही किसी दुर्घटना में फंसकर नदी, समुद्र, गुफा अथवा किसी गहरे खड्ड में जा गिरे हैं, जहां उन्हें खोजा नहीं जा सकता; अथवा वाली का वध कर मायावी उनके शव को कहीं छिपा, वानरों के प्रतिशोध से भयभीत होकर भाग गया है। संभव है, वह लंका में जा पहुंचा हो — वहीं वह सबसे अधिक सुरक्षित था।

सुग्रीव को भाई सम्बन्धी आशंकाओं के साथ-साथ किष्किंधा की राजनीतिक हलचलें भी चिन्तित कर रही थीं। उनके अपने सहयोगियों में से सिवाय अंगद के कोई भी राज-परिषद् का सदस्य नहीं था। वाली के अनेक मंत्री और महासामंत, उनकी कितनी ही नीतियों को लेकर सुग्रीव से सहमत नहीं थे। उनका सीधा तर्क था — सुग्रीव की स्थिति युवराज की थी। नीतियां सम्राट निर्धारित करते हैं। यदि युवराज द्वारा नयी नीतियां निर्धारित करने का अधिकार स्वीकार कर लिया जाए, तो सम्राट के लौटने पर उनको क्या उत्तर दिया जाएगा।... राजसभा में सुग्रीव प्रायः अकेले पड़ जाया करते थे। अंगद भी बहुत सहायता नहीं कर पाते थे। और सुग्रीव की आंखों के सम्मुख ही किष्किंधा में जन-विरोधी नीतियां और आज्ञाएं न केवल प्रचारित होती जा रही थीं — वरन् शत्रुओं का पक्ष शक्तिशाली होता जा रहा था...

कई दिनों तक सुग्रीव सोचते रहे, अपने मित्रों से परामर्श करते रहे, किन्तु कोई निश्चित समाधान नहीं मिल रहा था। इस स्थिति का अंत तभी संभव था, जब सम्राट अनुपस्थित होने के स्थान पर उपस्थित हों। या तो वाली ही लौट आएं, या उनके स्थान पर नया सम्राट सत्ता संभाले। युवराज के रूप में यह अधिकार स्वयं सुग्रीव का था; और वाली का पुत्र होने के नाते राजकुमार अंगद का।... या फिर स्वयं साम्राज्ञी सम्राट की अनुपस्थिति में समस्त अधिकारों को अपने हाथों में लें। नहीं तो यह डांवाडोल स्थिति संभल नहीं सकती।... और ऐसी अनिश्चित स्थिति न शासन के लिए शुभ थी, न जन-सामान्य के लिए हितकारी।

जब कोई समाधान नहीं सूझा तो सुग्रीव विचार-विमर्श के लिए तारा के पास पहुंचे। तारा ने सारी बात धैर्यपूर्वक सुनी और बोलीं, "इधर मुझे भी इस प्रकार की अनेक सूचनाएं मिली हैं। अंगद भी एकाधिक बार कह चुका है — सम्राट की

अनुपस्थिति के कारण शासन में अनिश्चितता और अस्थिरता है।''

''मैं इसीलिए आपके पास आया हूं, भाभी !'' सुग्रीव बोले, ''कि या तो शासन की बागडोर आप अपने हाथ में ले लें अथवा अंगद का अस्थायी राज्याभिषेक कर दें, ताकि भैया के लौटते ही शासन उन्हें लौटाया जा सके।''

''सम्राट के लौटने की कोई संभावना मुझे तो दिखाई नहीं पड़ती।'' तारा कुछ उदास हो गयीं, ''फिर भी यदि तुम कहते ही हो, तो अभिषेक अस्थायी ही हो — किंतु अंगद का नहीं, तुम्हारा।''

''क्यों ?''

''युवराज होने के नाते सम्राट के पश्चात राज्य पर तुम्हारा ही अधिकार है।'' तारा बोलीं, ''स्त्री होने के नाते राजकाज में आज तक मुझे कोई भाग नहीं लेने दिया गया। न मेरी कोई इच्छा ही है। रह गया अंगद, तो वह अभी बच्चा है और तुम्हारा शिष्य है। उसे तुमसे अभी बहुत कुछ सीखना है।... वैसे भी यह अस्थायी अभिषेक है। सम्राट के लौटते ही, शासन फिर उन्हें सौंप दिया जायेगा।''

सुग्रीव, कुछ सोचते हुए, चुपचाप बैठे उन्हें देखते रहे।

''सहमत नहीं हो ?''

''आप शासन संभालना नहीं चाहतीं।'' सुग्रीव बोले, ''आपके कहने से मैं शासन संभाल नहीं सकता... राजसभा में मेरा विपक्षी दल एक स्वर में कहेगा कि मैंने अबोध साम्राज्ञी को बहका लिया है। अंगद बालक है, अत: उसका समर्थन भी मेरी सहायता नहीं कर सकता। ऐसी स्थिति में मेरे अस्थायी राज्याभिषेक...''

''तुम ठीक कहते हो।'' तारा गंभीर हो गयीं, ''तुम्हारे शासन का प्रस्ताव रखने वाला कोई अन्य प्रौढ़ पुरुष होना चाहिए।'' सहसा उनका स्वर धीमा और आश्वस्त हो गया, ''तुम्हारे अभिषेक का प्रस्ताव भैया तार करेंगे। मैं उनसे बात कर लूंगी। पिताजी उनका समर्थन करेंगे। तुम निश्चिंत रहो।...''

3

भूमि पर पड़े मारीच के शव को राम बड़ी देर तक देखते रहे — मारीच का शरीर पीड़ा में ऐंठ-ऐंठकर निस्पंद हो चुका था। उसके हाथों ने अपनी यातना में अपनी कृत्रिम दाढ़ी को नोच डाला था और उसके लोमरहित चेहरे पर पीड़ा के भावों के साथ-साथ अपने नखों की खरोंचों से निकला रक्त भी जम गया था...

राम की श्वास-प्रक्रिया भी अब कुछ सहज हो गयी थी। हांफना प्राय: रुक गया था और सांस नियमित हो गयी थी। धूप अपने जोर पर थी और हवा भी विशेष नहीं चल रही थी। राम एक पेड़ की छाया में जा बैठे, किंतु न तो उन्होंने अपने कंधे से तूणीर

उतारा और न ही हाथ से धनुष को छोड़ा। कटि में बंधा खड्ग भी यथास्थान ही रहने दिया...

प्राय: सोलह-सत्रह वर्षों के अंतराल के पश्चात मारीच किस नाटकीय आकस्मिकता के साथ उनके सामने आ खड़ा हुआ था और उतनी ही नाटकीय औचकता के साथ वह मारा भी गया था। सिद्धाश्रम में जब मारीच से मुठभेड़ हुई थी, तो राम भी जानते थे कि वे किसके साथ लड़ रहे हैं और क्यों लड़ रहे हैं; किंतु आज मारीच के वध के पश्चात भी उनके लिए यह समझना कठिन हो रहा था कि मारीच पुन: उनके मार्ग में क्यों आया।... वैसे इस बार उसने युद्ध का प्रयत्न भी नहीं किया था... वह तो अपनी जान लिये भागा ही चला जा रहा था।

किंतु, क्यों ?

राम के मन में अनेक बातें एक साथ उठकर वात्याचक्र के समान उमड़-घुमड़ रही थीं...

मारीच की निश्चित ही युद्ध करने की इच्छा नहीं थी, अन्यथा वह भीत कुकुरवत् इस प्रकार भागा न फिरता।... तो क्या वह किसी अन्य व्यक्ति की प्रेरणा से उन्हें किसी विशेष स्थान तक ले जाना चाहता था ? किंतु कहां ?... जहां राक्षसों की कोई सेना हो, पूर्वरचित व्यूह हो ?...

राम के मन में कोई भी विचार टिक नहीं रहा था।

... इस क्षेत्र में कहीं भी राक्षसों का सैनिक जमाव होता तो उन्हें उसकी पूर्वसूचना अवश्य मिलती।... यदि राम को ले जाकर किसी सैनिक व्यूह में ही फंसाना था, तो राम के स्वर में लक्ष्मण को पुकारने की क्या आवश्यकता थी ? क्या वह नहीं जानता था कि राम और लक्ष्मण मिलकर युद्ध करेंगे तो व्यूह में फंसने के स्थान पर उसे नष्ट कर देंगे।... मारीच की दिशाहीन दौड़, किसी स्थान-विशेष तक पहुंचने का नहीं, राम के हाथों से निकल भागने मात्र का अंधा प्रयत्न था। ऐसे में लक्ष्मण को भी पुकार लेने का एक ही अर्थ हो सकता है कि वह राम और लक्ष्मण दोनों को ही आश्रम से दूर हटा ले जाना चाहता था...

राम का हृदय धक्-सा रह गया।... इसका अर्थ यह हुआ कि षड्यंत्रकारियों की दृष्टि आश्रम पर थी। आश्रम में सीता थीं, शस्त्रागार था, मुखर था... और थे लक्ष्मण। इन तीनों के होते हुए शस्त्रागार संबंधी कोई आशंका नहीं होनी चाहिए। जटायु भी पास ही थे। एक बार सूचना भेज देने पर आदित्य, उल्लास, मणि, वज्रा तथा ग्रामवहिनी के युवक भी पहुंच ही जायेंगे... नहीं ! आश्रम के लिए कोई संकट नहीं था। यदि राक्षसों ने यह सोचा है कि मात्र राम को हटा देने से... पर मात्र राम क्यों, मारीच ने तो लक्ष्मण को भी पुकारा था। यह और बात है कि लक्ष्मण ऐसी पुकार पर ध्यान नहीं देंगे। प्रथम तो वे स्वर का भेद कर ही लेंगे; दूसरे वे जानते हैं कि राम इस प्रकार दीन होकर कभी नहीं पुकारेंगे... मारीच ने उनके स्वर का तो अनुकरण कर लिया; किन्तु वह उनकी

प्रकृति से परिचित नहीं था...

पर इतने वर्षों पश्चात धरती फोड़कर यह मारीच निकल कहां से आया ?... कोई समाधान नहीं... यदि कोई स्थानीय राक्षस होता, कोई साधारण राक्षस सेनानी होता, तो कदाचित् राम को इतनी माथापच्ची की आवश्यकता न पड़ती; किन्तु मारीच... रावण का विशिष्ट व्यक्ति... वह इस क्षेत्र में कभी नहीं देखा गया... राम ने उसके विषय में कभी कुछ नहीं सुना... क्या मारीच का प्रकट होना किसी विशिष्ट षड्यंत्र...

राम का ध्यान अपनी ओर बढ़ते हुए ग्रामवासियों की ओर चला गया। वे सशस्त्र थे। निश्चय ही वे ग्रामवाहिनी के सदस्य थे... संभवत: उन्हें इस घटना की सूचना मिल गयी हो।

पास आकर उन्होंने प्रणाम किया तो राम उनके नायक को पहचान गये।

''यह तुम्हारा क्षेत्र है, भिड़े ?'' राम बोले, ''मैं साईखेड़ा के आसपास हूं ?''

''आप साईखेड़ा में ही हैं।'' भिड़े बोला, ''क्या हुआ ?... हमें तो सूचना भी नहीं मिली कि यह राक्षस... और आप यहां पहुंच भी गये।''

''तुम्हें सूचना कैसे होती ?'' राम मुसकराये, ''यह मुझे आश्रम से ही भगाता लाया है।... इस शव को संभालो। मैं लौटकर देखूं, आश्रम की क्या स्थिति है।''

''तनिक विश्राम कर, कुछ खा लें।'' भिड़े बोला, ''लौटते हुए तो संध्या हो जायेगी।''

''विश्राम करने लगा तो लौटते में रात हो जायेगी।'' राम बोले, ''नहीं, भिड़े ! रुकने का समय नहीं है।''

''किंतु भद्र ! यह राक्षस अकेला ही आया था क्या ?''

''यहां तक तो यह अकेला ही आया था।'' राम बोले, ''इसके सहयोगी हुए तो आश्रम के निकट होंगे। संभवत: उन्हें सौमित्र ने संभाल लिया हो। फिर भी तुम लोग सतर्क रहो। कोई आशंका हो तो तत्काल आश्रम को सूचित करो।''

राम चले तो उनका मन प्राय: शांत था। खर-दूषण की पराजय के पश्चात राक्षसों ने पुन: आक्रमण का प्रयत्न अभी तक नहीं किया था। मारीच के इस अभियान के लक्ष्य के विषय में सोचकर वे कुछ विचलित अवश्य हुए थे; किन्तु न मारीच सफल हुआ था, न उसके सहयोगी सफल होंगे। उनके इस दुस्साहसी प्रयत्न का परिणाम तो आश्रम में जाकर ही ज्ञात हो सकेगा।... इस अभियान का लक्ष्य कुछ भी क्यों न रहा हो, पर इतना स्पष्ट था कि राक्षसों में अब सम्मुख युद्ध का साहस नहीं रह गया था, तभी तो षड्यंत्रों पर उतर आये थे...

यह भी संभव है कि यह मारीच का कोई निजी अभियान हो। राक्षस साम्राज्य और सेना का इसके साथ कोई संबंध ही न हो। सिद्धाश्रम से भागने के पश्चात, आज तक के इतने लंबे अंतराल में रावण के आक्रमणों, युद्धों, अभियानों तथा षड्यंत्रों के संदर्भ में मारीच का नाम कभी नहीं सुना गया। किन्तु अकेला मारीच राम और लक्ष्मण

को शत्रु-भाव से अपने पीछे दौड़ने की चुनौती देकर क्या पायेगा ?...

शायद वे बहुत संकुचित दृष्टि से सोच रहे थे, और रावण की शक्ति को बहुत कम आंक रहे थे। दंडक वन में पंचवटी तक के आश्रमों और ग्रामों के संगठन से उन्हें रावण के साम्राज्य की गतिविधियों की सूचनाएं कैसे मिल सकती हैं। जन-स्थान से आगे तो उनका कोई भी संपर्क नहीं है। उस सारे क्षेत्र में क्या हो रहा है, इसका उन्हें तनिक भी ज्ञान नहीं है। रावण का साम्राज्य कहां-कहां तक फैला है, कहां-कहां उसके सैनिक स्कंधावार हैं — उन्हें तो यह ज्ञात नहीं है। उसके सामरिक महत्त्व के ठिकाने कहां-कहां हैं, उसके प्रमुख शस्त्रागार कहां हैं, किस युद्ध के लिए वह अपने किस स्कंधावार को प्रेरित करेगा — क्या इन बातों का ज्ञान उन्हें है ? उसके अधीनस्थ राजाओं के राज्यों में क्या-क्या योजनाएं बन रही हैं — राम को क्या मालूम !... दंडक वन के जिस क्षेत्र के अपने संगठन पर राम को इतना भरोसा है, वहां से वे मात्र दस सहस्त्र सैनिकों की सेना ले जाकर लंका में युद्ध करना चाहें, तो पीछे सारा दंडक वन — उसके समस्त आश्रम, समस्त ग्राम, समस्त जनसंख्या असुरक्षित हो जायेगी; और इसके विपरीत, जनस्थान में रावण के चौदह सहस्त्र सैनिक खेत रहे और रावण के कान पर जूं तक नहीं रेंगी। वह लंका से अपनी सेनाएं लेकर चलता है और देवलोक तक धावा मार आता है... और राम की स्थिति यह है कि ऋषि अगस्त्य के समान, अपने स्थान पर जमकर बैठे हैं। अपनी जनसेना को वे उसके क्षेत्र से बाहर, किसी भी स्थान पर ले जाकर, किसी भी व्यूह के साथ जा टकराने और अपना मनमाना युद्ध करवाने की कल्पना भी नहीं कर सकते। जनसेना अपने स्थान पर रहकर, रक्षात्मक युद्ध में अद्वितीय सिद्ध हुई है; किंतु प्रहारक सेना के रूप में उसका कितना उपयोग हो सकता है... इसका कोई अनुमान राम हो नहीं है।... राम ने जब भी अपना स्थान परिवर्तित किया है — नये स्थानों के लिए उन्हें नयी सेनाओं का निर्माण करना पड़ा है... ऐसे में राम कैसे यह कल्पना कर सकते हैं कि वे रावण से सम-धरातल पर शक्ति-परीक्षण कर सकते हैं, उसकी प्रत्येक योजना की सूचना पा सकते हैं, उसके अभियानों का पूर्व-ज्ञान प्राप्त कर सकते हैं, उसके विषय में सामरिक महत्त्व के तथ्यों से अवगत रह सकते हैं।...

राम के चिंतन में बाधा पड़ी... कोई बड़े वेग से उनकी ओर आ रहा था...

राम रुक गये। उन्होंने धनुष संभाला और चारों ओर दृष्टि दौड़ाई।... वृक्षों की ओट होने के कारण आने वाला व्यक्ति दिखायी नहीं पड़ रहा था; किंतु कितना विचित्र संयोग था... उसकी चाल सौमित्र से कितनी मिलती थी...

वे सचमुच ही सौमित्र थे।...

''सौमित्र, तुम !'' राम चकित रह गये।

''हां, भैया !'' लक्ष्मण त्वरित स्वर में बोले, ''वह कौन था... ?''

''सीता को अकेला छोड़कर चले आये ?'' राम ने लक्ष्मण की बात पूरी नहीं

होने दी।

लक्ष्मण ने संक्षेप में उन्हें सारी बात बतायी।

''सर्वनाश !'' राम चिंतित हो उठे, ''... और मैं यह माने बैठा था कि तुम किसी भी स्थिति में आश्रम नहीं छोड़ोगे।''

''मैं स्वयं कभी नहीं आता, भैया...'' लक्ष्मण का स्वर बुझा हुआ था।

''हमें शीघ्र वापस पहुंचना चाहिए।'' राम की गति तेज हो गयी।

लक्ष्मण उनके पीछे-पीछे चल पड़े।

मार्ग-भर राम के मन में ऊहापोह चलता रहा। विभिन्न संभावनाएं और आशंकाएं मन में जन्म लेतीं और अन्य प्रकार की आशंकाओं की लहर में बह जातीं। वे तनिक भी निश्चय नहीं कर पा रहे थे कि पीछे क्या घटित हुआ होगा। वे कौन लोग थे ?... उनका लक्ष्य क्या था ?... जानकी अथवा शस्त्र ?... सामरिक दृष्टि से शस्त्र महत्त्वपूर्ण थे; किंतु जानकी भी कम महत्त्वपूर्ण नहीं थी... जानकी सुरक्षित तो होंगी ? और राम का सहज स्थिर मन बार-बार आशंकाओं से त्रस्त हो उठता था...

लक्ष्मण ने बताया था कि किस प्रकार वे ध्वनियों, भग्न शाखाओं, रौंदी हुई घास और पद-चिह्नों के सहारे उन तक पहुंचने का प्रयत्न करते रहे थे।... फिर ध्वनियां लुप्त हो गयी थीं और मार्ग-संधान और भी कठिन हो गया था। कितनी ही बार लक्ष्मण दिग्भ्रष्ट हुए। कितने ही स्थानों पर भ्रम में पड़े... निरंतर द्वंद्व में फंसे रहे। किंतु किसी-न-किसी प्रकार वे आगे बढ़ते ही रहे... शत्रु के शब्दभेदी बाण के भय से वे पुकार भी नहीं सके...

लक्ष्मण चतुर और सावधान थे; राम उनकी प्रशंसा कर सकते थे... किंतु वे सीता को अकेली छोड़कर क्यों चले आये ?... राम का क्षोभ बार-बार जाग रहा था... यह क्या असावधानी नहीं है ?... आश्रम में कुछ अघटनीय घट गया तो उसके लिए उत्तरदायी कौन होगा ?... फिर किसी पर दायित्व डाल देने भर से तो क्षतिपूर्ति नहीं हो जायेगी... लक्ष्मण बार-बार स्पष्टीकरण देना चाह रहे थे और राम संतुष्ट होने के स्थान पर क्षुब्ध होते जा रहे थे।... कारण कुछ भी हो... सीता को अकेली, असुरक्षित छोड़ देना... यदि आवेशमय, अस्थिर, आशंकित तथा असंतुलित मनःस्थिति में जानकी ने कुछ कह ही दिया था, तो क्या सौमित्र को भी चंचल हो उठना चाहिए था ? आक्रोश, उत्तेजना, चपलता की भी कोई मर्यादा होती है। संकट में ठीक निर्णय के लिए धैर्य रखना चाहिए — किसी ने उकसा दिया और आप छिटक पड़े।... निर्णय सदा दूसरे व्यक्ति के हाथ में रहेगा। अन्य व्यक्ति द्वारा सायास अथवा अपनी नासमझी में लगाये गये आरोपों का प्रतिकार ही तो विश्व का सबसे बड़ा धर्म नहीं है; अपने विवेक का भी तो कोई निर्णय होता है। यह बचपना कब तक...

पर सीता ! क्या सूझी उसे ! सौमित्र को उकसाकर भगा दिया। इतने वर्षों के साहचर्य से सीता ने राम और लक्ष्मण को कितना जाना ?... राम को इतना दीन समझा, और सौमित्र को इतना भीरु ?... सौमित्र का राम के प्रति प्रेम... ? फिर भी सीता ने सौमित्र पर आरोप लगाया। सौमित्र ने राम के आदेश का पालन करने के लिए पंचवटी के युद्ध में भाग नहीं लिया था... सौमित्र ने स्वर्णमृग के पीछे जाने का भी आग्रह किया था... भीरूता और पलायन के आरोप कोई तेजस्वी पुरुष कैसे सहेगा... कैसा मन है सीता का ? पति पर आये संकट की आशंका से अपने परम हितैषियों पर ही संदेह करने लगीं...

कहीं कुछ और तो नहीं था जानकी के मन में ?

वर्षों से राक्षसों की कामुकता की कथाएं सुन-सुनकर, असुरक्षा के प्रति निरंतर सजग रह-रहकर, इस तनाव में जानकी को पुरुष मात्र के प्रति अविश्वास तो नहीं हो उठा ? वे सौमित्र के प्रति भी शंकालु हो उठीं ?... या कहीं यह तो नहीं सोचा कि सौमित्र को भाई से अधिक अपनी सुरक्षा प्रिय है... या भाभी की सुरक्षा ?... भाभी के प्रति अतिरिक्त मोह अनुचित लगा जानकी को ?...

या यह सब राम के प्रति प्रेममात्र था... प्रेमी हृदय भीरु भी होता है और शंकालु भी।... प्रिय पर संकट की आशंका मात्र से जानकी के विवेक के समस्त सूत्र छिन्न-भिन्न हो गये और वे अविवेकी मनुष्य के समान सौमित्र को वाग्बाणों से आहत कर अपना ही अहित कर बैठीं।... प्रेमी मन अविवेकी भी होता है।... राम का मन भीग उठा...

आश्रम के पर्याप्त इधर ही जन-सैनिकों की एक सन्नद्ध टोली मिली।

''क्या हो रहा है, नायक ?''

नायक ने अभिवादन किया, ''डेढ़ प्रहर पूर्व कुछ लोगों ने वन में लक्ष्मण को सहायतार्थ पुकारे जाने का स्वर सुना था। अनुमान से वह आपका स्वर माना गया। तब से अनेक टोलियां वन में छानबीन कर रही हैं, किंतु पुकारने वाले का अभी तक कोई पता नहीं मिला है।''

''आश्रम का कोई समाचार ?''

''मैं वहां जा नहीं पाया हूं।'' नायक बोला, ''आर्य आदित्य आश्रम में हैं। उन्होंने बिना कारण बताये अनेक निर्देश भेजे हैं। आश्रम में सब कुछ सकुशल नहीं लगता...।''

''खोज स्थगित कर दो।'' राम बोले, ''वह राक्षसों का षड्यंत्र था।''

राम के मन में आसाधारण उथल-पुथल मच गयी। आदेश के निर्देश... कुछ असहज हुआ है... सब कुछ सकुशल नहीं लगता...

राम के पैरों को जैसे पंख लग गये।

आश्रम के दृष्टि-सीमा में आते ही राम प्रायः दौड़ने लगे। लक्ष्मण उनके साथ थे। टीले के ऊपर चढ़ते ही उन्हें अनेक व्यक्ति दिखायी देने लगे। आश्रम जन-शून्य नहीं था; और लोग प्रसन्न नहीं थे। सैनिक टोली के नायक का अनुमान ठीक था। आश्रम में कुछ-न-कुछ असहज था... राम की गति कुछ शिथिल हुई; किंतु अब भी वे सधे हुए पगों से आगे बढ़ते जा रहे थे...।

"भद्र राम ! बिना सूचना के आश्रम छोड़कर आप कहां चले गये थे ?" सहसा आदित्य आकर उनके सामने खड़ा हो गया।

अन्वेषक दृष्टि से राम ने उसे देखा — उसकी भंगिमा सामान्य जिज्ञासा की-सी नहीं थी। उसके प्रश्न में से अनर्थ की जो ध्वनि फूट रही थी, वह भयंकर रूप से त्रासद थी।

"क्या हुआ, आदित्य ?" राम इतने अधीर कभी नहीं हुए थे।

"भाई मुखर ने वीरगति पायी है।"

"क्या ?" लक्ष्मण के चेहरे पर आवेश का भभूका झलका।

राम को लगा, उनकी शिराओं का रक्त ठंडा होकर जम गया है।

"और जानकी ?" उन्होंने बड़ी कठिनाई से पूछा।

"वे आपके साथ नहीं थीं ?"

"सर्वनाश !" राम के मस्तिष्क में दूसरा कोई शब्द नहीं आया। वन में सौमित्र को आया देखने के क्षण से अब तक, उनके मन में उठी हुई आशंकाएं मूर्तिमान होने जा रही थीं...।

"तुमने आश्रम की भली-भांति खोज की है ?" राम के जबड़े भिंचे हुए थे।

"आर्य जटायु से पता किया है ?" लक्ष्मण अधीरता से बोले।

"वे अपनी कुटिया में नहीं हैं।" लक्ष्मण का स्वर भर्राकर टूट गया। वे अत्यन्त कातर दिखायी पड़ रहे थे।

"जन-सैनिकों की अधिकाधिक टोलियां वन में भेजो और सीता तथा तात जटायु की सघन खोज करवाओ।" राम का स्वर बहुत धीमा था, "वन, गोदावरी-तट, पास के ग्राम, खेड़े, आश्रम — सब स्थानों पर देखो... छोटी-से-छोटी सूचना भी तत्काल भेजो...।" और राम को कहने के लिए जैसे प्रयत्न करना पड़ा, "...मुखर का शव कहां है ?"

आदित्य आगे-आगे चला। राम ने देखा — उल्लास, मणि, वज्रा, अनेक ग्रामों की जन-वाहिनियों के नायक... और भी बहुत सारे लोग... उदास चेहरे, भीगी हुई आंखें... जैसे सामूहिक शोक मना रहे हों...। व्यवस्था कदाचित आदित्य के हाथ में थी।...

मुखर का शव, श्वेत उत्तरीय में ढककर, ससम्मान उसके अपने कुटीर में रखा हुआ था।

दो जन-सैनिक प्रहरी कुटीर के द्वार पर उपस्थित थे।

राम ने उत्तरीय हटाया।

...मुखर के अधरों पर हलकी-सी मुसकान थी और आंखों में आवेश और उत्साह.. जैसे मृत्यु से पूर्व उसने अपने शत्रु को देखा और पहचाना हो। उसकी मुद्रा में कहीं भय अथवा आतंक का लेश भी नहीं था। वहां तो विजयी योद्धा की मुसकान थी।

लक्ष्मण, मुखर के पैरों के पास खड़े, एकटक उसके चेहरे को देख रहे थे, मानो उसकी आंखों में पढ़ना चाहते हों कि वह अपनी मृत्यु के लिए उन्हें तो दोषी नहीं मानता...

राम उसके निकट भूमि पर बैठ गये। मुखर का शरीर निःस्पंद पड़ा था... दोनों कंधों के घावों से बहा हुआ रक्त शरीर पर जम गया था। बाएं कंधे पर, पिछले युद्ध में लगा पुराना घाव था — जो सीता की चिकित्सा से कुछ भर-सा गया था — आज वह पुनः खुला पड़ा था।... दाएं कंधे पर बड़ा और घातक घाव था, जो उसके वक्ष तक खिंच आया था... यह घाव किसी विकट खड्ग से अत्यन्त शक्तिशाली तथा निपुण योद्धा द्वारा किया गया था... यह किसी साधारण राक्षस का कार्य नहीं था...

राम के मस्तिष्क की शिराएं पुनः तन गयीं — कौन आया था यहां ? वह विकट षड्यंत्रकारी, श्रेष्ठ शस्त्रों से युक्त, असाधारण योद्धा तथा अत्यन्त शक्तिशाली पुरुष था... वह अत्यल्प समय में मुखर की हत्या कर सीता का अपहरण कर ले गया... किसी को कानों-कान खबर भी नहीं हुई। उसे धरती लील गयी या आकाश खा गया। चारों ओर जन-सैनिकों की संगठित टोलियां फैली हुई सावधानी से खोज रही हैं; किंतु उस पर किसी की भी दृष्टि नहीं पड़ी... कौन बतायेगा कि मारीच अपने साथ किसे लाया था...

राम की दृष्टि पुनः मुखर के उल्लसित चेहरे पर टिक गयी... उनके मन में कितनी ही घटनाएं और कितने ही विचार बवंडर मचाये हुए थे...। यह मुखर था... अपने परिवार पर हुए अत्याचारों का प्रतिशोध लेने के लिए, शस्त्र-शिक्षा पाने के लिए, यह कहां-कहां भटका था, ऋषि वाल्मीकि के आश्रम में वह उन्हें मिला था। कैसा अभिभूत हुआ था वह उनके शस्त्रों को देखकर ! और जब वह उनके आश्रम में आया था, तो कैसी उत्कंठा से पूछा था उसने कि क्या उसे राम शस्त्र-शिक्षा देंगे ? कितनी लगन से उसने शस्त्र-परिचालन सीखा था, और खर-दूषण के साथ हुए युद्ध में किस उत्साह और आवेश से वह लड़ा था — जैसे अपने परिवार के हत्यारों से अपना प्रतिशोध ले रहा हो... वे सचमुच उसके परिवार के हत्यारे ही तो थे। किसी भी परिवार का क्या प्रश्न.. वे तो शुद्ध हत्यारे थे... जिनकी आजीविका ही नहीं, जीवन का विलास भी निरीह हत्याएं हैं... मुखर ने वस्तुतः अपने परिवार की हत्या का प्रतिशोध लिया था... वह राम के अपने परिवार का अंग हो गया था... उसके अस्तित्व के बिना आश्रम की कल्पना नहीं की जा सकती थी... और आज उनके सम्मुख उसका शव पड़ा है। कैसी

विजयिनी मुसकान है उसके अधरों पर ! कौन आया था मारीच के साथ ? कौन था जो मुखर का वध कर गया... और वैदेही ? वैदेही का हरण ही हुआ है क्या ?... या हत्या... ?

राम का मस्तिष्क जड़ हो गया।

उन्होंने धीरे-से दाहिना हाथ बढ़ाया और मुखर की खुली पलकें बंद कर दीं। अब उन आंखों को कुछ नहीं देखना था... उनके खुले रहने का कोई प्रयोजन नहीं था।... अब राम की आंखें खोजेंगी हत्यारे को... राम की भुजाएं मुखर का प्रतिशोध लेंगी... यह दायित्व मुखर सौंप गया है राम को — सारे पीड़ितों का प्रतिशोध...

बाएं हाथ से उन्होंने श्वेत उत्तरीय को आगे खिसकाया और मुखर का चेहरा ढांप दिया।

"सौमित्र !" राम उठकर खड़े हो गये, "अंत्येष्टि का प्रबंध करो।"

अत्यन्त मंथर गति से राम अपने कुटीर में आये।

वे स्वयं ही समझ नहीं पा रहे थे कि उनके भीतर क्या-क्या घटित हो रहा था। कभी लगता था कि मस्तिष्क एकदम जड़ हो गया है; सारी संवेदनाएं मर गयी हैं। वे देख रहे हैं, सुन रहे हैं — और सब कुछ देखते-सुनते हुए भी राम अलिप्त-अप्रभावित खड़े हैं, संवेदनशून्य, प्रतिक्रियाविहीन — जैसे मनुष्य न हों, यंत्र हों। क्या हो गया है उनको... अतिमानव हो गये हैं, जिसे कोई विषाद नहीं छूता; या जड़ हो गये हैं, जिसकी चिंतन-मनन शक्ति समाप्त हो गयी है...

थोड़ी देर तक वे चुपचाप बैठे रहे निष्क्रिय; जैसे स्वयं को ही न पहचानते हों और निश्चय न कर पा रहे हों कि अपने इस शरीर का क्या करें...

सहसा उन्हें लगा, उनका मन और शरीर, दोनों ही अवश होते जा रहे हैं। उन पर राम का कोई नियंत्रण नहीं है। पेट के तल में कहीं हलकी-हलकी पीड़ा होने लगी है और अनायास ही आंखों से अश्रु बहने लगे हैं... अश्रुओं को रोकने के प्रयत्न में सारा शरीर हिल उठता है; और शरीर को संभालने के प्रयत्न में अश्रु-प्रवाह पुनः आरंभ हो जाता है...

थोड़ी देर में अश्रु-प्रवाह नियमित हो गया... रह-रहकर मन भर आता था, हृदय में एक टीस-सी उठती थी और आंखों से अश्रु बहने लगते थे... जाने कहां थी वैदेही! जीवित भी थी, या उसका भी वध हो गया था... कैसा हृदय होगा उस पशु का, जो वैदेही जैसी नारी पर भी शस्त्र से प्रहार कर सका होगा... आज कैकेयी की इच्छा पूरी हो गयी। यही चाहा होगा उसने !... नोच-नोचकर राम का शरीर राक्षस खा जाएं, राम की आत्मा घायल पक्षी के समान विवशता में अपने पंख फड़फड़ाती रहे; किंतु राम अपना धनुष न उठा सकें, खड्ग से प्रहार न कर सकें।... सीता का अपहरण हो गया था और राम अपने कुटीर में बैठे अश्रु बहा रहे हैं... लक्ष्मण अपने हाथ बांधे आश्रम

में इधर-उधर मंडरा रहे हैं... इसीलिए तो कैकेयी ने वन में भेजा था उनको ?... इतनी चतुर है कैकेयी... इतनी दूर तक देखती है वह ? अपने ऊपर कोई दोष नहीं आने देती और हत्याएं तथा अपहरण भी करा देती है... साम्राज्य के राजकुमारों को निरीह वनवासी बना देती है, न सेनाएं साथ दे पाती हैं, न भाई ही भाई के काम आ सकता है... कैकेयी के मंत्र से मनुष्य कबंध में बदल जाता है...

पर कैकेयी का भी क्या दोष ?

वैदेही और सौमित्र, देवर-भाभी-संबंध के कारण, अथवा अपनी जिह्वा की वक्रता का अभ्यास बनाये रखने के लिए, सदा वाग्युद्ध करते रहे। विनोद कब उग्र हो जायेगा, वक्रता कब धारदार हो जायेगी, मनोरंजन कब क्षोभकारी हो जायेगा... — यह सब उन्होंने कभी नहीं सोचा। अंततः वैदेही की जिह्वा का कशा, लक्ष्मण की चेतना के लिए भारी पड़ा और वे अपने विवेक का संतुलन छोड़कर, आश्रम से हट गये... न वैदेही की जिह्वा रुकी, न सौमित्र का आवेश !... राम किसको दोष दें ?...

किसी का भी क्या दोष ? यदि राम यहां सामान्य तापस के समान चुपचाप एक किनारे पड़े रहते, वनस्पति सदृश्य निष्क्रिय रहकर चौदह वर्ष काट देते, तो कोई क्यों उनका शत्रु बनता ? क्यों उनके विरुद्ध यह षड्यंत्र रचा जाता ? क्यों सीता का हरण होता ? क्यों मुखर का वध होता ?... क्या आवश्यकता थी उन्हें इन पचड़ों में पड़ने की ? क्यों बढ़-बढ़कर उन्होंने राक्षसों पर प्रहार किये ?... तब तो उन्हें न्याय-अन्याय का संघर्ष सूझ रहा था। मानवता का शोषण वे देख नहीं सके थे, उनका तेज जाग उठा था।... अन्य लोग भी तो इन्हीं वनों में वर्षों से आंखें मूंदे पड़े हैं। किसी ने अध्यात्म की आड़ ले रखी है, किसी ने अहिंसा की। इंद्र तक तो राक्षसों से समझौता किये बैठे हैं; और राम जातियों तथा राष्ट्रों के उद्धार में जुट गये। क्या समझा था उन्होंने स्वयं को ? क्या समझते थे कि वे न्याय और अन्याय के झगड़े निबटाते रहेंगे, राक्षसों को दंडित करते रहेंगे, उनकी सेनाओं का नाश करते रहेंगे और राक्षस उन्हें कुछ नहीं कहेंगे ? उन्होंने राक्षसों को सर्वथा निरीह मान लिया था, अथवा स्वयं को इतना सुरक्षित कि उनको क्षति पहुंचाई ही नहीं जा सकती ?... जिस दिन उन्होंने राक्षसों के विरुद्ध शस्त्र उठाया था, यह तो उसी दिन सोचना चाहिए था कि इस विरोध का मूल्य उन्हें भी चुकाना पड़ सकता है.. बिना मूल्य चुकाये तो जीवन में कोई लक्ष्य प्राप्त नहीं किया जा सकता। या तो मनुष्य मूल्य चुकाने को तैयार रहे, अन्यथा लक्ष्य-प्राप्ति के स्वप्न देखना छोड़ दे। युद्ध एकतरफा संहारक नहीं होता। युद्ध तो दोनों ओर प्रहार करने वाला यंत्र है।... कैकेयी को दोष देने का क्या अर्थ ? वैदेही अथवा सौमित्र को अपराधी ठहराने का क्या महत्त्व ? और अपहरणकर्त्ता को भी कोसने का क्या लाभ ?... यह तो युद्ध है। जो राम से हो सका, वह उन्होंने किया — जो उनके विरोधियों के वश में था, वे भी कर गये...

आज से यह युद्ध एक नया मोड़ ले रहा था... राम की अश्रु-धुली आंखों के

सम्मुख ऋषि वाल्मीकि का आश्रम जीवंत हो उठा... मुखर ने राक्षसों के प्रति अपनी घृणा की बात कही थी, तो उत्तर में उन्होंने कहा था कि परिवेश में होने वाले अत्याचारों को सुनकर, सामान्य व्यक्ति के मन में असहमति ही जन्म सकती है, उसके विरुद्ध तीव्र, ज्वलंत, उग्र विरोध उत्पन्न नहीं होता। सूचनात्मक धरातल पर जुड़ना संवेदनात्मक धरातल पर जुड़ने से भिन्न है। दुर्भाग्य या सौभाग्य से मुखर उन अत्याचारों से निजी रूप से पीड़ित हुआ था। इस प्रक्रिया ने उसके मन को इतना निर्मल और संवेदनशील बना दिया था कि उसके मन में संवेदनात्मक धरातल पर, अत्याचार के विरुद्ध घृणा जन्म लेती थी।... वस्तुत: कोई समुदाय अन्याय के विरुद्ध कम उठता है, व्यक्ति ही उसका अनुभव अधिक करता है। व्यक्ति समुदाय को संगठित करता है, और समुदाय व्यक्ति का अनुसरण करता है।... ऋषि ने कहा था, ''पुत्र ! अत्याचार से पीड़ित व्यक्ति सबसे अधिक दुखी होता है, पर वही दुख उसे अत्याचार के विरुद्ध लड़ने की शक्ति भी देता है। अत: अत्याचार का नाश करने के लिए उसका ग्रास बनना भी आवश्यक है। जो जितना अधिक पीड़ित और शोषित होगा, उसके मन में अत्याचार और शोषण के विरुद्ध उतनी ही उग्र, ज्वलंत अग्नि धधक उठेगी; वह न्याय का भी उतना ही बड़ा समर्थक होगा।''... ये बातें मुखर के संदर्भ में हुई थीं; पर क्या स्वयं राम पर आज ये शत-प्रतिशत लागू नहीं होतीं... राम के मन में राक्षसों के विरुद्ध आज तक जो आक्रोश था — वह मात्र परदुखकातरता के कारण था। उसमें द्रवणशीलता तो थी, किंतु दाहकता नहीं थी। मरने-मारने की ऐसी आग नहीं थी, जो व्यक्ति को भस्मीभूत कर दे।... किंतु आज सीता के अपहरण से राम व्यक्तिगत रूप में पीड़ित, आहत तथा अपमानित हुए थे। लगता था, मन का समस्त भावरूपी विरोध घनीभूत होकर कर्म में परिणत होने को अकुला उठा था।... अब राम पंचवटी में बैठे नहीं रह सकते। वे विभिन्न लोगों का संगठन करते नहीं घूम सकते। वे आश्रमों तथा ग्रामों के जीवन की समस्याओं पर विचार करते, उन्हें सुलझाते हुए इधर-उधर नहीं भटक सकते... यदि सीता को खोजने में विलंब हुआ तो राम अपने आक्रोश की ज्वाला में स्वयं नष्ट हो जायेंगे। उन्हें सीता को खोजना होगा... वह जहां भी हो — जीवित अथवा मृत ! सीता का पता लगाना होगा। यदि वे जीवित हैं तो उनकी रक्षा करनी होगी; और यदि जीवित नहीं हैं, तो उनके हत्यारों को दंडित कर प्रतिशोध तो लेना ही होगा — साथ-ही-साथ अब इन अत्याचारों की केन्द्रीय शक्ति को भी भस्मीभूत करना होगा।... अब राम सीधे रावण से ही जा टकरायेंगे। वे पंचवटी में रावण के आक्रमण की प्रतीक्षा में बैठे नहीं रह सकते... अब वे किसी के भी द्वारा किसी भी मुखर का वध नहीं होने देंगे, किसी भी सीता का अपहरण नहीं होने देंगे...

''भैया !'' लक्ष्मण ने कुटीर में प्रवेश किया, ''मुखर की चिता तैयार है। अग्नि दें...।''

लक्ष्मण के चेहरे पर आक्रोश नहीं था। राम ने लक्ष्मण का यह रूप पहली बार

देख था। आंसुओं से भीगा हुआ चेहरा मुरझा गया था। होंठ सूखे हुए थे। स्वर भर्राया हुआ था। लगता था, मुखर की चिता चुनते हुए बहुत रोये थे... लक्ष्मण और रुदन... लक्ष्मण में ऐसा परिवर्तन...

राम उठ खड़े हुए।

अब तक उन्होंने अपने ही दुख को जाना था। लक्ष्मण की ओर उन्होंने ध्यान ही नहीं दिया। राम की अपेक्षा लक्ष्मण ही मुखर के अधिक निकट थे। पिछले दस वर्षों से वे दोनों अभिन्न मित्र थे। मुखर के वध से सौमित्र को जो पीड़ा हुई होगी, वह अपनी तीव्रता में राम की पीड़ा से बढ़कर ही होगी। सीता का अपहरण भी लक्ष्मण के लिए उतना ही पीड़ादायक तथा अपमानजनक होगा।... संभवत: इस दुर्घटना के लिए वे स्वयं को दोषी भी मान रहे होंगे... और फिर अपने वय, अनुभव तथा प्रकृति की दृष्टि से सौमित्र, राम के समान सहनशील भी नहीं थे।... उन्हें भी सांत्वना की आवश्यकता होगी... राम जैसे बड़े भाई के होते हुए भी वे ऐसे व्याकुल थे, जैसे उनका अपना कोई न हो।

''चलो।'' राम बोले।

उन्होंने लक्ष्मण के कंधे पर हाथ रखा। कुछ कहने के लिए होंठ खोले, किंतु शब्द नहीं मिले। और इतने में ही लक्ष्मण के हृदय में जैसे कोई हूक उठी और वे भाई के वक्ष से लग गये। राम की भुजाएं लक्ष्मण को समेटते हुए कस गयीं। सारा परिवेश विलीन हो गया। उनकी चेतना में अपनी आंखों से नि:शब्द बहते अश्रु थे और स्वयं को संतुलित करने की प्रक्रिया में उठती हुई लक्ष्मण की हल्की-हल्की सुबकियां...

सहसा राम सचेत हुए, ''धैर्य धारण करो, सौमित्र ! आओ, मुखर के प्रति अपने अंतिम कर्तव्य का भी पालन करें।'' राम का स्वर आवेशपूर्ण हो उठा, ''आज से हमारा युद्ध प्रतिरक्षात्मक न होकर प्रहारक होगा। सौमित्र ! अब राक्षसों द्वारा खेला जाने वाला अपहरण और हत्याओं का खेल और नहीं चल सकेगा।''

संध्या के विदा होते-होते मुखर का दाह-संस्कार हो गया। किसी ने भी अधिक बात नहीं की। लक्ष्मण तो एकदम ही नहीं बोले। सब ओर जैसे एक ठंडी व्यावहारिकता का वातावरण छा गया था, जिसने प्रत्येक व्यक्ति की भावनाओं की उष्णता को दबोच लिया था।

आदित्य ने राम के सम्मुख, जन-सैनिकों की विभिन्न टोलियों के खोज-प्रयत्नों के समाचार प्रस्तुत किये थे; किंतु अभी तक कोई भी सार्थक बात ज्ञात नहीं हो पायी थी। राम ने खोज के संबंध में कुछ और सुझाव दिये और अपनी कुटिया की ओर बढ़ गये। रात्रि का अंधकार गहरा रहा था। इस समय बहुत कुछ हो पाने की संभावना भी नहीं थी।

कुटिया के एकांत में स्थिर होते ही राम का धैर्य जैसे पुनः टूट गया। आंखों से धाराप्रवाह अश्रु बहने लगे। राम ने भी स्वयं को ढीला छोड़ दिया। जब रोना ही है तो फिर घुटने का क्या लाभ !... अश्रुओं के साथ-साथ विचारों का भी अबाध प्रवाह चलने लगा...

बार-बार आंखों के सम्मुख सीता और मुखर के चित्र आते थे; बार-बार कानों में उनके स्वर गूंजने लगते थे। मन कभी मुखर की अंतिम भंगिमा पर टिक जाता; और कभी आंखों के सामने उसके कंधों से बहकर, वक्ष पर जम गया रक्त प्रत्यक्ष हो उठता। आश्रम की एकमात्र शल्य-चिकित्सा — सीता भी तो जाने कहां थीं, जो रक्त पोंछ, घाव साफ कर, कोई औषधि लगाती... मन सहसा सीता की ओर भटक जाता... कहां होगी वैदेही ? जीवित भी है या... जाने किसने, कहां और किन परिस्थितियों में उनकी हत्या की हागी... उनके शव का ससम्मान संस्कार किया होगा, या यूं ही कहीं फेंक दिया होगा — शरभंग आश्रम के निकट के अस्थि-समूह जैसे किसी समूह में मिला दिया होगा; अथवा राक्षस उनका मांस खा गये होंगे...

राम के वक्ष में सहस्रों चिताएं एक साथ जल उठीं, रोम-रोम में बिच्छू दंश मार गये... किसी असहनीय पीड़ा से वक्ष फटने-फटने को हो आया... यदि हत्या नहीं हुई, सीता का अपहरण हुआ है, तो कहां होंगी सीता इस समय ? किस अवस्था में होंगी? कौन ले गया होगा ? राक्षसों के प्रति वैर-भाव का प्रतिशोध लेने के लिए उस बेचारी, भीरु, कोमलांगी अबला को शारीरिक तथा मानसिक यातनाएं दी जा रही होंगी; अथवा उसके सुन्दर शरीर का, उसके अपार्थिव यौवन का भोग करने के लिए उसे पीड़ित किया जा रहा होगा...

राम उठकर बैठ गये। वे अपनी कुटिया में निष्क्रिय सोने की बात कैसे सोच सकते हैं। उनके वक्ष में हृदय नहीं है; सीता के प्रति कोई प्रेम तथा कर्तव्य नहीं है; उनका स्वाभिमान मर गया है अथवा उन्होंने अन्याय को सहना सीख लिया है...

अगले ही क्षण उनका सारा आक्रोश, असहायता के समुद्र में डूबकर निष्प्राण हो गया... जब तक कोई निश्चित सूचना न मिल जाए, वे कर भी क्या सकते हैं।... वे अपना धनुष लेकर वन के वृक्षों से तो नहीं लड़ सकते; पर्वत की शिलाओं पर सिर पटककर क्या मिलेगा उन्हें ?... उन्हें हताश नहीं होना है, किंतु मूर्ख आक्रोश भी किस कार्य का ? विपत्तियों का सामना तो धैर्य और विवेक से ही किया जा सकता है... सीता को खोजने का निश्चित तथा योजनाबद्ध प्रयत्न करना होगा... पंचवटी को छोड़कर सीता के लिए वन-वन भटकना होगा... सीता का अपहरणकर्ता ही मुखर का हत्यारा है...

द्वार पर किसी के हाथ की थाप पड़ी।

राम तत्काल उठ खड़े हुए। आज कुछ भी असहज नहीं था। किसी भी क्षण कोई भी सूचना आ सकती थी।...

राम ने कपाट खोला। दीपक के प्रकाश में सामने सौमित्र खड़े थे। उनका चेहरा पहले से भी अधिक निर्जीव लग रहा था। एक ही संध्या में कितने बदल गये थे सौमित्र!

''अभी तक सोये नहीं ?'' राम स्वयं को संभालकर अत्यन्त कोमल स्वर में बोले, ''कोई समाचार आया है क्या ?''

लक्ष्मण ने ऐसी दृष्टि से राम को देखा, जैसे उनकी कठोरता के विरुद्ध शिकायत कर रहे हों। फिर आंखें झुकाकर धीमे स्वर में बोले, ''थोड़ी देर आपके पास बैठ सकता हूं ?''...

राम हतप्रभ रह गये... वे एक के पश्चात एक भूल कैसे करते जा रहे हैं... पहले भी उन्होंने सौमित्र की भावनाओं की ओर ध्यान नहीं दिया था, अब फिर वे उनकी ओर से आंखें मूंद, अपने कुटीर में अकेले बंद हो गये थे।... अपने दुख को कलेजे से लगाये, लोगों की दृष्टि से बचकर, एकांत में रोने का प्रयत्न कर रहे थे — उन्होंने क्यों नहीं सोचा कि इस दुख का बहुत बड़ा अंश उनके और सौमित्र के बीच सामान्य भी था। सीता उनकी पत्नी हैं तो सौमित्र की सखावत भाभी... मुखर उनसे बढ़कर सौमित्र का मित्र था... फिर अन्याय के विरुद्ध यह युद्ध, जीवन का यह लक्ष्य, अकेले राम का नहीं था। वनवास में, लक्ष्य के लिए संघर्ष में सौमित्र कभी पीछे नहीं रहे थे... फिर सौमित्र से अलग उनका दुख अपना कैसे हो सकता है... दोनों का दुख था, दोनों को सहना था... इसको तो भाई के वक्ष से लगकर ही, साथ रोकर ही सहन किया जा सकता था; और भाई के कंधे से कंधा मिलाकर ही इसका प्रतिकार किया जा सकता था...

''आओ, सौमित्र !'' राम का स्वर विह्वल हो उठा। वे लक्ष्मण को उनके कंधों से घेर भीतर ले आये।

लक्ष्मण को आसन पर बैठा, राम सम्मुख बैठ गये। सहज होने का प्रयत्न करते हुए धीरे से बोले, ''बहुत दुखी हो, सौमित्र ?''

लक्ष्मण तुरन्त नहीं बोले। कुछ देर शून्य में देखते रहे, जैसे बोलने के लिए शक्ति बटोर रहे हों, ''दुखी... क्षुब्ध... अपमानित... सबसे अधिक अपराध-बोध से पीड़ित हूं...।''

''सौमित्र !''

''मुझे दंड दें, भैया ! मैं अपराधी... विश्वासघाती...''

राम चौंके, ''क्या है तुम्हारे मन में, सौमित्र !''

''आपकी अनुपस्थिति में रक्षा का दायित्व मेरा था।'' लक्ष्मण का स्वर अत्यन्त उदास था, ''भाभी के अपहरण, मुखर के वध के लिए अपराधी मैं हूं। उन्हें अकेले, असुरक्षित छोड़कर जाने का औचित्य...''

''सौमित्र ! सीता और मुखर 'वस्तु' नहीं थे, जिनकी रक्षा का दायित्व तुम पर था।'' राम बोले, ''वे सचेतन प्राणी थे। तुम्हारे संरक्षित थे, किंतु तुम्हारे साथी भी थे। वे सैनिक थे और शत्रु से युद्ध कर रहे थे।'' राम ने रुककर लक्ष्मण को देखा, ''इस

दीर्घकालीन युद्ध में अनेक छोटी-बड़ी झड़पों में हम विजयी हुए हैं, किंतु इस झड़प में शत्रु विजयी हो गया है। इस पराजय को उसके वास्तविक रूप में ग्रहण कर, हमें आगामी व्यूह के लिए सन्नद्ध रहना चाहिए। अपनी भूलों से कुछ सीख आगे बढ़ना चाहिए।... तुम्हें दंड किस बात का दूं ?...''

''मैं अपनी ग्लानि और अपराध-बोध का क्या करूं ?...'' अपनी व्याकुलता में लक्ष्मण ने अपने सिर को अनेक झटके दिये।

''यह तर्क नहीं, भावना है — जो निजी क्षति से उत्पन्न हुई है।'' राम का स्वर भर्रा आया, ''निजी रूप से मैं भी बहुत पीड़ित हूं, सौमित्र !... व्यक्तिगत क्षति के लिए बहुत रो चुका हूं। अब सैनिक-धर्म समझने का प्रयत्न कर रहा हूं।''

लक्ष्मण की दृष्टि में राम के लिए सम्मान और स्नेह दोनों थे, ''आपके जैसा ठंडा कलेजा कहां से लाऊं ?'' लक्ष्मण की आंखों से अश्रु चू पड़े, ''इस धधकती ज्वाला का क्या करूं ? इच्छा होती है, इस सृष्टि को नष्ट कर दूं, यहां न्याय कभी विजयी नहीं होगा।''

राम स्नेहसिक्त आंखों से लक्ष्मण को निहारते रहे, जैसे उनकी भावना की प्रशस्ति गा रहे हों; और फिर धीरे से बोले, ''आग तो मेरे वक्ष में भी ऐसी लगी है कि स्वयं ही भस्मीभूत होने की आशंका जगती है। विनाश का उन्माद मेरे मन में भी बवंडर के समान उठा था; किन्तु सौमित्र ! संसार के कुछ नियम हैं। उनके विरुद्ध आचरण करने से कभी सफलता नहीं मिलती। हमें धैर्य तथा विवेक से योजनाबद्ध रूप में सीता की खोज करनी होगी। सीता का अपहरणकर्ता ही मुखर का हत्यारा भी है। उसकी शक्ति के अनुरूप अपना संगठन करना होगा। ऐसा न हो कि अपनी असावधानी से हम अपना अहित कर बैठें और वैदेही के लिए और अधिक कष्ट के कारण बन जाएं...।''

''मैं क्या करूं, भैया ?...''

''अपने शोक को ऊर्जा में बदलो।'' राम की शांति में उनका संकल्प बोल रहा था, ''व्यक्ति के रूप में नहीं, सैनिक के रूप में सोचो।''

लक्ष्मण ने अपने सिर को झटका दिया, ''शोक मना चुका। अब स्वयं को युद्ध के लिए तैयार करूंगा।''

जाने के लिए लक्ष्मण उठ खड़े हुए।

''आज रात यहीं सो रहो, सौमित्र !'' राम के स्वर में अथाह प्यार था।

''नहीं, भैया !'' लक्ष्मण के शोक में से उनका आज झांक उठा,''शोक का काल समाप्त हुआ। शस्त्रागार के प्रहरी के रूप में, अपने ही कुटीर में सोऊंगा।''

राम स्तब्ध खड़े रह गये। कैसा है उनका विवेक, जो भावना से मुक्त होकर कुछ सोच लेता है, उसे शब्दों में व्यक्त भी कर देता है, दूसरों को सहमत भी कर लेता है; किन्तु स्वयं राम का अपना मन उस विवेक से सर्वथा अप्रभावित अपना शोक मना रहा है।

उनके शब्दों से सौमित्र का ओज जाग उठा, और राम का मन किसी आहत पक्षी के समान फड़फड़ा रहा है। इच्छा होती है कि पछाड़ खाकर भूमि पर गिर पड़ें, या कुटीर की दीवारों से सिर मारें... हा सीते ! कहां हो तुम ! मुखर ने तुम्हारी रक्षा करते हुए अपने प्राण दे दिये। राम का वह भाग्य भी न हुआ।... राम ! यह अभागा निर्वासित अपनी कांता का, अपनी प्राण-सखी का वियोग सहने को जीवित रह गया। प्रिया वैदेही का वियोग एक ओर; और अपमान तथा प्रतिशोध की ज्वाला दूसरी ओर... सौमित्र को तो राम समझा लेंगे, किन्तु राम के मन को कौन समझायेगा... अपनी प्राण-सखी के कष्टों का निवारण कैसे करें राम... इस अत्याचार का प्रतिकार कैसे करें... अपने अपमान का प्रतिशोध कैसे लें, मुखर के उपकार से उऋण कैसे हों...

सहसा उनके मन में आशंका का एक कलुषित बिन्दु जन्मा और क्रमशः फैलता चला गया... उन्हें लगा, वह उनके मस्तिष्क को ही नहीं, उनकी आत्मा को भी निगल गया है... सब ओर अंधकार-ही-अंधकार छा गया। जीवन में आशा की कोई उजली किरण नहीं... राक्षसों ने युद्ध छोड़, अब राम के साथियों को एक-एक कर घेरने की योजना बनायी है... आज मुखर का वध, सीता का अपहरण हुआ है... कल राम को कहीं हटाकर सौमित्र का अपहरण अथवा वध...

राम का मन हताशा में डूबने लगा — नहीं ! राम ऐसा युद्ध नहीं लड़ सकते। उन्होंने सीता खोयी है, अब वे सौमित्र को नहीं गंवा सकते।... उन्हें लक्ष्मण की रक्षा करनी ही होगी।... इतनी बड़ी क्षति के पश्चात भी वे कुछ नहीं सीख रहे हैं। इन परिस्थितियों में भी उन्होंने सौमित्र को अलग कुटीर में अकेला सोने के लिए भेज दिया है... अब तो मुखर भी जीवित नहीं है। पता नहीं उसकी संचार-व्यवस्था किस स्थिति में है। कोई अपने कार्य में सन्नद्ध है भी या नहीं... राक्षसों के आने की सूचना भी कोई उन्हें देगा या नहीं...

राम ने अपनी कुटिया का कपाट खोला।

बाहर निकलने के लिए उनके पग नहीं उठे। चन्द्रमा के प्रकाश में वे देख रहे थे, आश्रम न सो रहा था, न निष्क्रिय था। जन-सैनिकों की टुकड़ियां अपने ढंग से सन्नद्ध बैठी थीं। चर आ और जा रहे थे। लगता था, कोई भी नायक विश्राम करने नहीं गया। कदाचित् आदित्य भी यहीं कहीं बैठा व्यवस्था देख रहा होगा... नहीं ! राम इतने बंधुविहीन, असहाय और अकेले नहीं हैं। सौमित्र के लिए उनका मोह अपने स्थान पर ठीक है; किन्तु यह उनका मोह ही है। यहां तो प्रत्येक सैनिक, सौमित्र के समान उनका अंगरक्षक बन गया है। आज किसी ने राम से आदेश नहीं मांगा। राम ने कोई योजना-विशेष भी उनके सामने नहीं रखी... पर कार्य हो रहा है। प्रत्येक सैनिक राम के दुख को समझता है। उनमें से कोई भी उनका एकांत भंग करने नहीं आया; किन्तु वे लोग अपने दायित्व में दत्तचित्त हैं... फिर क्यों चिंतित हैं राम ! जब घर-घर से निकलकर

असंख्य सौमित्र उनके चारों ओर घिर आये हैं, तो राम हताश क्यों हैं ?

उनके मन में ऋषि अगस्त्य आ बैठे — ''तो राम ! पंचवटी जाने के लिए मैं तुम्हें नियुक्त करता हूं और इस सारे भू-खंड की जन-शक्ति तुम्हारे हाथ में देता हूं। लोपामुद्रा ने तुम्हें समर्थ कहा है, मैं तुम्हें सफल होने का आशीर्वाद देता हूं।... न्याय का पक्ष कभी न छोड़ना, और जन-विश्वास को अपनी एकमात्र शक्ति मानना।''

कैसे भूल गये राम अगस्त्य की वाणी को... उनका जन-विश्वास कहां खो गया था...

राम ने कपाट भिड़ा दिया और अपने स्थान पर लौट आये। शैया पर लेटे और पलकें मूंदने का प्रयत्न किया... किन्तु आंखें जैसे जल रही थीं, पलकें मुंद नहीं रही थीं। आंखों के सम्मुख सीता का रूप उभरा... भयभीत और चीत्कार करती हुई वैदेही... किसी दीर्घकाय बलिष्ठ और भयंकर पुरुष आकृति की पकड़ से छूटने के लिए छटपटाती हुई वैदेही... राम और सौमित्र को अपनी सहायता के लिए पुकारती हुई वैदेही...

राम लेट नहीं सके। उठकर बैठ गये।

...दूसरे ही क्षण उन्हें लगा, जैसे सामने अंधकार में मुखर किसी से युद्ध कर रहा हो; और उनके देखते-ही-देखते उस पुरुष ने अपना खड्ग मुखर के कंधे पर दे मारा...

राम उठकर कुटिया में टहलने लगे...

..जन-विश्वास तो अपने स्थान पर ठीक है, किन्तु अपने मित्रों, सुहृदों, अपने परिवार के सगे-सम्बन्धियों की क्षति।... ऐसी ही घटनाएं होती रहीं तो राक्षसों के विरुद्ध लड़ने का अपना संकल्प निभा पायेंगे क्या ? विश्वामित्र को दिया अपना वचन पूरा कर पायेंगे ?

सहसा उनकी कल्पना में विश्वामित्र जाग उठे... ऋषि मुसकरा रहे थे... ''घबरा गया, राम ! अपने सपनों को साकार करना चाहता है और उसका मूल्य नहीं चुकाना चाहता। प्रतिबद्धता सुखी मनुष्यों का मनोरंजन है क्या ? क्या समझकर तू वन में चला आया था ? तू क्या अपनी पत्नी और भाई के साथ वन-विहार करने आया था ?... तू युद्ध करना चाहता है और आघात नहीं सह सकता ! रक्त बहाए बिना भी कभी युद्ध हुआ है, पुत्र ! चोट खाकर घबरा जाने वाले लोग संघर्षों में विजयी नहीं होते। यदि ऐसा ही मन पाया है, तो राक्षसों से समझौता कर ले और अपनी तथा लक्ष्मण की सुरक्षा की भीख मांग; वापस अयोध्या लौट जा... दलित मानवता के त्राण का कार्य तू किसी और के लिए छोड़ दे।''

राम के वक्ष पर जैसे किसी ने घूंसा मार दिया। उनका मन और शरीर तिलमिला उठे — ''ठीक कहा, गुरुवर ! ठीक कहा। राम तो एक ही चोट से घबरा गया... ऐसे ही हताश होता रहा तो सचमुच किसी दिन राक्षसों से समझौता कर लेगा... दलित मानवता का त्राण तो दूर, वह तो सीता और मुखर का प्रतिशोध भी नहीं लेगा...''

राम का मन स्थिर होने लगा... अब पीछे हटना सम्भव नहीं था... और युद्ध में अपना रक्त भी अनिवार्यतः बहता ही है, घाव लगते ही हैं — तन पर भी, मन पर भी...

कपाट पर किसी ने हल्के हाथ से थाप दी।

राम ने द्वार खोला। सामने आदित्य खड़ा था। आकाश पर अंधकार की चादर में दरक पड़ गयी थी, अंधेरे का रंग सलेटी-सा हो गया था।

''कोई नयी सूचना ?''

''हां, आर्य!'' आदित्य का स्वर बहुत कोमल तथा सम्मानपूर्ण था। उस स्वर में सावधानी थी, ''आर्य जटायु का पता मिल गया है।''

''वे आये हैं क्या ?'' राम का उत्साह जाग उठा।

''नहीं, भद्र ! वे आ सकने की स्थिति में नहीं हैं।''

राम का उत्साह झाग के समान बैठ गया, ''क्या हुआ है उनको ?''

''वे गंभीर रूप से घायल हैं और इस समय अचेत हैं।'' आदित्य धीरे से बोला, ''जो वैद्य उनकी चिकित्सा कर रहे हैं, उनका विचार है कि उनके शरीर से इतना रक्त बह चुका है कि अब उनके जीवित रहने की अधिक आशा नहीं है।''

''उनसे कोई बातचीत...''

''उनको चेतना क्षणभर के लिए भी नहीं लौटी।'' आदित्य बोला, ''वैद्य प्रयत्न कर रहे हैं।''

''वे कहां हैं ?'' राम अपनी चिन्ता से जागे।

''टाकेद नामक ग्राम के निकट के वन की घनी झाड़ियों में से जन-सैनिकों ने उन्हें खोजकर निकाला है। इस समय वे टाकेद ग्राम में हैं।''

''मुझे शीघ्र आर्य जटायु के पास जाना होगा।'' राम के स्वर में त्वरा जाग उठी।

राम ने आगे बढ़कर लक्ष्मण के कुटीर का द्वार खटखटा दिया।

जटायु को ग्राम के बाहर एक छोटी-सी कुटिया में लेटाया गया था। उनकी अवस्था ऐसी नहीं थी कि उन्हें ग्राम तक ले जाया जा सकता। जिस समय राम और लक्ष्मण वहां पहुंचे, जटायु तब भी अचेत थे। वैद्य और उनके सहयोगी दत्तचित्त होकर उनकी संज्ञा लौटाने का प्रयत्न कर रहे थे। उनके घावों पर लेप लगाकर पट्टियां बांधी जा चुकी थीं। घावों से रक्त-स्राव बन्द हो चुका था। या तो यह औषधियों का प्रभाव था, या रक्त अधिक बह जाने का... उनके चेहरे का वर्ण एकदम पीला हो चला था। खर-दूषण-युद्ध में लगे घाव अभी नहीं भरे थे कि ये घाव लग गये।... वैद्य ने बताया, उनके शरीर पर अनेक घाव थे, कुछ खड्ग जैसे बृहद् और धारदार शस्त्र के, और कुछ घर्षण मात्र के... कदाचित् आर्य जटायु को दूर तक भूमि पर घसीटा गया था और उनका शरीर

धरती, वृक्षों तथा शिलाओं से रगड़ खाकर छिलता गया था...

आश्रम की दुर्घटना के समय से ही जटायु भी लुप्त हुए लगते हैं... राम सोच रहे थे... उनके घाव किसी द्वन्द्व-युद्ध का परिणाम हैं क्या ?... प्रतिद्वन्द्वी साधारण योद्धा नहीं रहा होगा, नहीं तो जटायु इस प्रकार मरणासन्न न पड़े होते... क्या यह सब कुछ एक ही व्यक्ति अथवा एक ही टोली का काम है ?...

''राम !'' वृद्ध वैद्य ने जटायु की ओर संकेत किया।

राम और लक्ष्मण निकट आ गये। जटायु के चेहरे की जड़ता कुछ कम हुई लगती थी, जैसे जीवन लौट रहा हो। उनकी आंखें अभी बन्द थीं, किन्तु होंठ बिना शब्द किये कभी-कभी हिल जाते थे...

''संज्ञा लौटेगी ?'' राम उत्कंठित थे।

''कुछ क्षणों के लिए लौट भी सकती है।'' वैद्य बोले, ''किन्तु निश्चित रूप से कुछ नहीं कहा जा सकता।''

राम जटायु के एकदम निकट आ गये। उनकी आंखें वृद्ध जटायु के चेहरे पर आये प्रत्येक भाव को देख लेना चाहती थीं, कान जटायु के अधरों से निकले प्रत्येक शब्द को सुन लेना चाहते थे।... क्या सीता का अपहरणकर्ता, मुखर का हत्यारा तथा जटायु का आक्रांता एक ही व्यक्ति है ?... मृत्यु से पूर्व जटायु यदि एक बार सचेत हो जाएं... नाम-भर उच्चरित कर दें, तो राम इस बलिदान को निरर्थक नहीं जाने देंगे... और कुछ कर सकें, न कर सकें; किन्तु राम उस दुष्ट हत्यारे से इन हत्याओं तथा सीता के अपहरण का प्रतिशोध अवश्य लेंगे...

सहसा जटायु ने अपनी पलकें झपकीं...

राम उनके और भी निकट सरक आये।... किन्तु जटायु पलकें झपककर ही रह गये। उन्होंने आंखें नहीं खोलीं। उनके शरीर की निस्पंदता को देखते हुए, आंखें खोलने की कोई संभावना भी नहीं लग रही थी।

राम ने पीड़ित आंखों से वैद्य की ओर देखा, किन्तु वैद्य कुछ आश्वस्त लग रहे थे। उन्होंने तत्काल कोई आसव जटायु के अधखुले अधरों पर टपकाना आरम्भ कर दिया... जटायु के होंठ हिले, जैसे उस आसव को पीने का प्रयत्न कर रहे हों... लगा, जैसे आसव उनके कंठ तक पहुंचा है।...

वैद्य रुक गये।

जटायु के होंठ पुनः हिले। अस्पष्ट-सा शब्द भी हुआ। राम अपने कान उनके अधरों के पास ले गये... किंतु शब्द स्पष्ट नहीं हुए। जटायु कदाचित अचेतावस्था में बड़बड़ा रहे थे...

राम सीधे हो गये।

किन्तु सहसा जटायु के शब्द स्पष्ट हो गये... ''बहुत पीड़ा है, राम !... मैं उठ नहीं सकता... रावण... दुष्ट रावण... मैं उसे रोक नहीं पाया। हाय बेचारी वैदेही...''

"रावण !" राम के वक्ष पर जैसे घूंसा लगा, "रावण आया था यहां, तात जटायु?"

किन्तु जटायु चुप हो गये।... सहसा उनकी आंखें खुलीं... आंखों में थोड़ी-सी पहचान भी उभरी।... वैद्य ने उनकी नाड़ी पर अपनी अंगुलियां रखीं... किन्तु जटायु की आंखों की ज्योति जैसे मंद पड़ती जा रही थी, प्राण उनका साथ छोड़ रहे थे... उनकी आंखें मुंदती चली गयीं...

वैद्य ने उनकी कलाई छोड़ दी, "अब कोई आशा नहीं है।"

राम पछाड़ खाकर जटायु के शव पर गिरे, "तात जटायु ! आपने भी प्राण दे दिये। अभागा राम ही उस समय यहां क्यों न हुआ...?"

लक्ष्मण ने बढ़कर राम की पीठ पर धीरे से हाथ रखा, "उठिये, भैया ! यह एक और निरीह हत्या है, जो लक्ष्मण के अपराध के कारण हुई।"

राम ने पलटकर लक्ष्मण की ओर देखा और उठ खड़े हुए, "यह तुम्हारा अपराध नहीं, रावण का पाप है। उस पापी को मैं अवश्य दंडित करूंगा।... प्रतिशोध लिये बिना राम के प्राण भी नहीं निकलेंगे।..."

सहसा राम चुप हो गये।

...रावण ! रावण का साम्राज्य ! कितना विस्तार है उसके साम्राज्य का !... कहां ले गया होगा रावण वैदेही को ? कहां छिपा रखा होगा ?... राम को लगा, उनके सम्मुख अनन्त आकाश फैला है — सीमाहीन, मर्यादाहीन... उसमें करोड़ों ब्रह्मांड फैले हैं, असंख्य नक्षत्रमालाएं फैली हुई हैं... और उनमें से ढूंढ़ना है सीता को। जाने किस ग्रह में जा छिपायी है सीता रावण ने...

राम देर तक खड़े-खड़े अपनी कल्पना के उस असीम आकाश की नीलिमा को घूरते रहे। उनकी कल्पना में एक चींटी, सागर-तट पर खड़ी उसका विस्तार नापने के लिए पंख फड़फड़ा रही थी...

राम की आंखों में अश्रु आ गये...

"भैया !" लक्ष्मण ने उनकी भुजा पकड़कर उन्हें हिलाया।

"भद्र राम !" वैद्य कह रहे थे, "जटायु की अंत्येष्टि की व्यवस्था का आदेश दें।"

राम ने अपने आस-पास बैठे सब लोगों को बारी-बारी देखा।... मुखर का कार्य आदित्य ने बहुत अच्छी प्रकार संभाल लिया था। पिछले दो दिनों से राम को अपना ही होश नहीं था। विषाद जैसे उनकी चेतना से चिपक गया था। बार-बार उनकी तेजस्विता उभरती थी, आक्रोश जागता था; किंतु विषाद उसे पुनः छा लेता था।

राम का ध्यान तनिक भी इस ओर नहीं था कि इस अवधि में किसने क्या किया, कौन कहां रहा। सौमित्र के निकट बने रहने का आभास उन्हें था। उनके दुखी चेहरे को

देख-देखकर बीच-बीच में वे विह्वल भी हो उठते थे... किन्तु फिर भी अपने विषाद को झटक, उससे सर्वथा मुक्त हो, किसी अन्य विषय की ओर ध्यान देने की चेतना लौटी ही नहीं।...

...उन्होंने एक संध्या मुखर की चिता में अग्नि दी थी, अगली प्रातः जटायु के वृद्ध शरीर को चिता में लेटाना पड़ा। चिताओं की ज्वाला शांत हुई तो उनकी अस्थियां चुनकर गोदावरी में प्रवाहित कीं... कैसा लगता है कि कल जो व्यक्ति जीवित प्राणी था, अपना आत्मीय था... आज वह या तो भस्म की मुट्ठी में परिणत हो गया है; या जली हुई हड्डियों में उसका अस्तित्व ढूंढना पड़े...

किन्तु इसी अवधि में आदित्य ने दंडक वन के सारे आश्रमों, प्रमुख ग्रामों तथा जन-सैनिकों की मुख्य टुकड़ियों को पंचवटी की समस्त घटनाओं की सूचना भिजवा दी और जन-सेना के सारे ही प्रमुख जन एक-एक कर आश्रम में एकत्रित हो गये थे।... आज जैसे युद्ध-परिषद ही जुट आयी थी... सैनिक अधिक नहीं थे, किन्तु सेनानायक प्रायः सारे ही थे।

''भद्र राम !'' सबसे पहले ज्ञानभृत्य ही बोला, ''मेरी वाचालता क्षमा करें। इस विकट शोक की स्थिति में भी आपको सहज होने के लिए हम पर्याप्त समय नहीं दे रहे हैं। यहां उपस्थित अनेक लोगों का मत है कि हमारी ओर से जितनी शिथिलता अथवा विलंब होगा, रावण को उतनी ही सुविधा होगी। देवी वैदेही का कष्ट उतना ही विकराल होता जायेगा और लंका की सुरक्षा उतनी ही दृढ़ होती जायेगी। इसलिए हमें अब विलंब नहीं करना चाहिए।''

अपनी आंखों में शून्य भरे, क्षणभर राम उसे देखते रहे, जैसे समझ ही न पा रहे हों कि ज्ञानभृत्य क्या कह रहा है। फिर जैसे स्वयं को संभालते हुए बोले, ''क्या करना है, इसका निश्चय हो चुका क्या ?''

''निश्चय करने को क्या शेष है।'' ओगरू उग्र स्वर में बोला, ''हम सीधे लंका पर सैनिक अभियान क्यों नहीं करते ? हम किस बात की प्रतीक्षा कर रहे हैं ?...''

''हमें वर्षा ऋतु से पूर्व लंका पहुंच जाना चाहिए।'' उल्लास बोला।

''हमें विलंब नहीं करना चाहिए।'' मणि ने पति का संक्षिप्त समर्थन किया।

''आपके उत्साह से मुझे बल मिलता है।'' राम के चेहरे पर एक उदास-सी मुसकान उभरी, ''अपना राक्षस-विरोधी संघर्ष हमें उसकी चरम परिणति तक चलाना है, अन्यथा इतने प्रयत्नों से प्राप्त स्वतंत्रता, राक्षसों के एक आक्रमण से नष्ट हो जायेगी।'' राम ने एक लंबी सांस ली, ''किंतु लंका पर हमें सैनिक अभियान करना चाहिए — इसके पक्ष में हमारा एक भी अनुभवी सेनानायक अपना मत नहीं दे रहा।''

''भद्र राम !''

''बोलो, अनिन्द्य !''

''यदि मैंने तत्काल सैनिक अभियान का व्यग्र समर्थन नहीं किया, तो इसका

कारण यह नहीं है कि इन दुखद घटनाओं से प्रभावित नहीं हूं, अथवा मैं उनका प्रतिशोध लेना नहीं चाहता।''

''तो क्या कारण है ?'' आदित्य ने पूछा।

''व्यावहारिक कठिनाइयां।'' अनिन्द्य ने उत्तर दिया, ''हमारी सेना जन-सेना है। यह साम्राज्यों की प्रशिक्षित, आक्रामक सेना नहीं है, जिसे विश्व में कहीं भी ले जाकर युद्ध में झोंका जा सके। हमारे सैनिक अपने घरों में रहते हैं, अपने खेतों में हल चलाते हैं, अपनी खानों में काम करते हैं, अपनी भट्ठियों में धातु पीटते हैं, और आवश्यकता पड़ने पर अपने शस्त्र उठाकर अपने परिचित ठिकानों से प्रहार करते हैं...।''

''अनिन्द्य ठीक कह रहे हैं।'' सिंहनाद ने पहली बार मुख खोला, ''जन-सेनाएं अपने क्षेत्र में ही प्रभावकारी होती हैं। क्षेत्र से बाहर निकलते ही उनकी जड़ें कट जाती हैं। उनका आश्रयदाता, उस क्षेत्र का साधारण जन, उनसे दूर हो जाता है। उनकी अपने परिचित भूगोल की सुविधाएं समाप्त हो जाती हैं।'' सिंहनाद का स्वर ऊंचा हुआ, ''यही कारण है कि ऋषि अगस्त्य अपना स्थान छोड़कर आगे नहीं बढ़े...।''

''एक बात और है।'' भीखन बोला, ''यदि वर्षाकाल में हम लंका में हुए, तो हमारे खेतों की बुवाई कौन करेगा ? हमारे खेत परती पड़े रह जायेंगे। अन्न बोयेंगे नहीं तो काटेंगे क्या ? अन्न नहीं होगा तो लंका हम चाहे जीत लें, अगले वर्ष इस सारे क्षेत्र में अकाल पड़ जायेगा। पराजित हुए तो लंका में मर जायेंगे; अन्यथा लंका के विजेता भूख से तड़प-तड़पकर मर जायेंगे।''

भीखन चुप हो गया। और भी कोई कुछ नहीं बोला।

''सौमित्र कुछ नहीं कह रहे।'' आनन्दसागर ने उस संक्षिप्त निःस्तब्धता को तोड़ा।

लक्ष्मण ने आनन्दसागर की ओर देखा। उनकी आंखों में अब भी गहरा विषाद था, ''निर्णय आप लोग करें। सौमित्र आज्ञा-पालन करेगा।''

''सौमित्र !'' राम के स्वर में हल्की-सी ताड़ना थी, ''अपने प्रति इतने कठोर न बनो। तुम्हारे एक निर्णय से कोई दुर्घटना हो गयी तो तुम अगले किसी निर्णय में भागी ही नहीं बनोगे ?''

''अपनी भूल का मैंने कोई प्रतिकार नहीं किया है।'' लक्ष्मण धीरे से बोले, ''अभी तक मेरा आत्मविश्वास नहीं लौटा है।''

''भावी कार्यक्रम संबंधी निर्णय में हमारी सहायता करो। समय आने पर भूल का प्रतिकार भी हो जायेगा।'' राम के स्वर में आदेश का बल था, ''उसी से तुम्हारा आत्मविश्वास भी लौटेगा और सहज पराक्रम भी। सैनिक अभियान संबंधी अपना मत दो।''

''लंका की विजय से भी आवश्यक भाभी की खोज है।'' लक्ष्मण धीरे से बोले, ''ऐसा न हो कि लंका के विजेताओं को विजय के उपहार-स्वरूप देवी वैदेही का शव

मिले... या वह भी न मिले...। आवश्यक नहीं कि रावण भाभी को लंका में ही ले गया हो।''

सभा में आक्रोश से अधिक विषाद और असहायता का वातावरण छा गया।

''तात जटायु और मुखर को लौटाया नहीं जा सकता; किंतु वैदेही को लौटाने की संभावना है। वैदेही की खोज करनी होगी। वे जीवित हुईं तो उनकी तथा उनके मनोबल की रक्षा का प्रबन्ध करना होगा; और तब उन्हें लौटाने के लिए युद्ध...'' राम अन्तर्मुखी होते हुए-से बोले, ''जन-सेना को साथ ले एक अंतहीन खोज के लिए चल पड़ना व्यावहारिक नहीं है। खोज ही नहीं, एक निश्चित अभियान के लिए यहां से जन-सेना लेकर जाना मुझे तर्क-संगत नहीं लगता।'' वे पुनः रुके, ''यदि रावण की यह योजना हो कि मैं जन-सेना को लेकर एक अंधी खोज में जगह-जगह भटकता फिरूं, तो मैं उसकी इच्छा पूरी नहीं होने दूंगा। जन-सेना मेरे साथ चली तो यह सम्पूर्ण क्षेत्र पूर्णतः रक्षा-विहीन हो जायेगा। हम सीता की खोज में भटकेंगे और दंडकारण्य राक्षसों के पेट में समा जायेगा। जन-सैनिक अनिश्चित काल के लिए अपने स्थान से हट जायेंगे। न खेतों से कुछ उपजेगा, न खानों से। एक अविकसित तथा निर्धन प्रदेश, अनुत्पादन की स्थिति में अपनी निर्धनता से पराजित होकर, किसी धनाढ्य जाति के हाथ बिक जायेगा।...''

''यह नहीं होना चाहिए...।'' अनेक स्वर उभरे।

''और सबसे महत्त्वपूर्ण बात, जिसकी ओर सेनानायक सिंहनाद ने संकेत किया है'', राम बोले, ''अपना क्षेत्र छोड़ते ही जन-सेवा की प्रहारक शक्ति समाप्त हो जायेगी। नये और अपरिचित प्रदेशों में अनिश्चित काल तक उस जन-सेना के भरण-पोषण का दायित्व कौन संभालेगा ? अन्न ? आश्रम ? अन्य आवश्यकताएं ? अपनी आवश्यकताओं की पूर्ति के लिए वह जन-सामान्य को लूटेगी और साम्राज्यों की सेनाओं के समान जन-विरोधी हो जायेगी। सारा जनपद उस जन-भक्षी सेना का विरोधी हो जायेगा। तब राम और रावण में अंतर ही क्या रह जायेगा ?''

सब ओर एक सन्नाटा छा गया।

''हम यहीं से वैदेही की खोज के लिए विभिन्न दिशाओं में टोलियां नहीं भेज सकते क्या ?'' मौन लंबा होते देख प्रभा ने धीरे से कहा।

''निरापद स्थानों में तो संभव है।'' धर्मभृत्य बोला, ''किन्तु संकटपूर्ण स्थानों में खोज-टोलियां क्या कर पायेंगी ?''

''प्रत्येक दिशा में अनेक खोज-टोलियां भेजी जाएं तो न उनकी रक्षा की जा सकेगी और न उनसे संपर्क ही रखा जा सकेगा।'' अनिन्द्य बोला।

''रावण ने भाभी को जहां रखा होगा, वहां दृढ़ रक्षा-व्यवस्था होगी। मार्ग में राक्षसों का प्रतिरोध भी हो सकता है। खोज-टोलियों को भ्रमित अथवा नष्ट करने का भी प्रबंध किया गया होगा।'' लक्ष्मण ने अपना मत दिया।

''सौमित्र ठीक कहते हैं।'' मणि ने अपनी सहमति प्रकट की।

''एक बात मैं भी कहूं ?'' वज्रा बहुत भीत स्वर में बोली।

''बोलो ! बोलो !'' राम ने उत्साहवर्धक स्वर में कहा।

''शूर्पणखा कहा करती थी कि लंका समुद्र के पार है। वहां तक जाना बहुत कठिन है। जो समुद्र को पार कर सकता है, वही लंका में पहुंच सकता है।''

''वज्रा ठीक कहती है, हमें लंका तक भी जाना पड़ सकता है।'' राम बोले, ''वहां जाने के लिए ऐसे व्यक्ति होने चाहिए, जो समुद्र के स्वरूप और प्रकृति से परिचित हों। उनके पास सागर-संतरण का कोई साधन हो। लंका के निषिद्ध क्षेत्रों में जाकर, राक्षसों से बचकर लौट आने की क्षमता हो; अन्यथा ऐसी खोज का क्या लाभ, जिसकी सूचना भी हम तक न पहुंचे।''

''हम में से कोई भी समुद्र से परिचित नहीं है।'' आनन्दसागर बोले।

''शायद अगस्त्य-आश्रम के कुछ लोग आपके सहायक हो सकें।'' सिंहनाद ने कहा।

''वह बात मेरे मन में है।'' राम धीरे से बोले, ''किंतु अभी मैं अगस्त्य आश्रम की विपरीत दिशा में बढ़ने की बात सोच रहा हूं।''

''आपके मन में क्या है, भद्र ?'' सारे वार्तालाप में सुधा पहली बार बोली, ''आपने कर्तव्य निश्चित कर लिया ?''

''कुछ निश्चित है, कुछ अनिश्चित भी।'' राम के अधरों पर मुसकान की एक क्षीण-सी रेखा उभर आयी।

''निश्चित क्या है, राम ?'' अनिन्द्य का स्वर आशंकित-सा था।

''निश्चित इतना ही है कि मैं अब रुक नहीं सकता...'' राम का स्वर कुछ भारी हो उठा, ''सीता के अन्वेषण का कार्य किसी अन्य व्यक्ति पर डाल, मैं यहां शान्ति से नहीं बैठ सकता।''

''किधर जायेंगे ?'' धर्मभृत्य ने पूछा।

''जटायु-वधस्थल से रावण का रथ दक्षिण-पश्चिम की ओर गया है।'' राम बोले, ''उसी दिशा में जाऊंगा। निश्चित प्रमाण मिलने पर आगे बढ़ूंगा...''

''अकेले ?'' आदित्य के स्वर में कंपन था, ''आप अकेले रावण से लड़ने जायेंगे ?''

''अकेला क्यों ?'' राम के अधरों पर विषाद-मिश्रित मुसकान उभरी, ''न्याय के समस्त पक्षधर मेरी ओर होंगे।''

सहसा अनिन्द्य उठकर खड़ा हो गया। उसके खड़े होने में कुछ आसाधारणता थी।

''मैं कुछ बातें स्पष्ट रूप से कह देना चाहता हूं, राम !'' और बिना रुके अनिन्द्य बोलता गया, ''अन्य लोगों के विषय में मैं नहीं जानता, किन्तु अपने विषय में निश्चित रूप से जानता हूं। आप जहां भी जाएं, जिधर भी जाएं — मैं आपके साथ

जाऊंगा।''

जिस आकस्मिकता से अनिन्द्य ने बोलना आरंभ किया था, उसी आकस्मिकता से वह मौन हो गया; और विचित्र बात यह थी कि वह राम की ओर देखने के स्थान पर सुधा की ओर देख रहा था।

राम मुसकरा पड़े, ''हां ! सुधा से पूछ लो। उसकी इच्छा के विरुद्ध बच्चों और घर का दायित्व उस पर लादकर तुम नहीं जा सकते।''

''मेरी सहमति ही नहीं, सद्भावना भी तुम्हारे साथ है।'' सुधा ने अपने स्थान से ही उच्च स्वर में कहा, ''हम दोनों में से एक को तो बच्चों के पास रहना ही होगा। मैं पीछे रहूंगी। यह दायित्व न होता, तो मैं भी साथ चलती।''

अनिन्द्य की आंखों में कृतज्ञता के आंसू आ गये। उसके होंठ आभार प्रकट करने के लिए जैसे कुछ कांपे, पर उनसे कोई शब्द नहीं फूट सका।

''मेरा एक प्रस्ताव है।'' इस बार धर्मभृत्य ने अपना मौन तोड़ा, ''प्रत्येक क्षेत्र से दो-दो व्यक्ति चुनकर, जन-सैनिकों की एक टुकड़ी राम के साथ जाए। वैसे भी शस्त्र-परिवहन के लिए उन्हें कुछ सहायकों की आवश्यकता होगी।... साथ जाने वाले लोग कम-से-कम तब तक राम के साथ रहें, जब तक उनका भावी कार्यक्रम निश्चित नहीं हो जाता, उनका नया स्थान और नये साथी निश्चित नहीं हो जाते। जब यह निश्चित हो जाए कि उनसे कहां संपर्क किया जा सकता है, तब जन-सैनिकों की यह टुकड़ी लौट सकती है...।''

''यदि अन्य लोगों को आपत्ति न हो तो ऐसा ही हो, मित्र !'' राम का स्वर सहज था, ''हम प्रस्थान की तैयारी करें। शस्त्रागार का भी वितरण कर लें — कौन-से शस्त्र हमारे साथ जायेंगे, कौन-से पंचवटी में रहेंगे और कौन-से अन्य आश्रमों में चले जायेंगे... मेरा प्रस्ताव है कि पंचवटी के इस आश्रम की व्यवस्था आदित्य को सौंप दी जाए।''

सब लोगों ने अपनी सहमति प्रकट कर दी।

''तो ठीक है।'' राम का स्वर निश्चयात्मक था, ''अब अपनी तैयारी कर लो।''

राम ने अपनी खोज जटायु की कुटिया से ही आरम्भ की। दक्षिण-पश्चिम दिशा में कुछ दूर तक उन्हें रावण के रथ के चलने के प्रमाण भी मिले थे। जहां तक घोड़ों के सुमों के चिह्न, रथ के पहिये के चिह्न अथवा वृक्ष-लताओं के टूटे अथवा उखड़े होने के प्रत्यक्ष प्रमाण मिलते रहे, वहां तक उनकी यात्रा निर्द्वन्द्व चलती रही। किंतु ये चिह्न बहुत दूर तक नहीं मिले। बीच-बीच में कहीं भूमि कठोर हो गयी थी, कहीं वन सघन हो गया था। कहीं वायु ने सूखे पत्ते उड़ाकर भूमि पर बिछा दिये थे और कहीं-कहीं वन-पशुओं ने वनस्पतियों को खाकर, रथ के घर्षण के चिह्न मिटा दिये थे। यह निर्णय करना बड़ा कठिन था कि रावण का रथ कहां से होकर गया होगा।... किंतु सबसे बड़ा आश्चर्य

यह था कि इतने वेगशाली रथ के लिए रावण ने इस गहन वन में से मार्ग कैसे खोजा होगा।... अवश्य ही उसे इस वन का सूक्ष्म और विस्तृत ज्ञान था, तभी तो वह बिना किसी विघ्न-बाधा के शीघ्रातिशीघ्र वन से निकल गया...

राम के मन में बार-बार आ रहा था कि रथी रावण किसी लम्बे मार्ग से भी गया हो सकता है। संभव है कि उसने अपने लिए कोई अधिक सुरक्षित मार्ग चुना हो, जो अधिक सुरक्षित प्रदेशों से होकर जाता हो। जिस मार्ग में उसके अपने मित्र हों, विरोधियों की संभावना कम हो... राम का भी उसी मार्ग से जाना आवश्यक नहीं था। वे किसी छोटे और कम कष्टकर मार्ग से भी जा सकते थे। शत्रु-पक्ष के मध्य से होकर जाना उनके लिए श्रेयस्कर भी नहीं था। किंतु इसके लिए मानव-साक्ष्य की आवश्यकता थी...

वैसे भी अपनी इस मन:स्थिति में, राम के लिए यह यात्रा सुखकर नहीं हो सकती थी। जहां कहीं वैदेही से संबंधित कोई प्रमाण मिल जाता था, उनका हृदय द्रवित हो जाता था। कुछ देर तक प्रमाण नहीं मिलता, तो वे वैसे परेशान हो उठते थे।... भूमि पर गिरा कोई भी पुष्प दिख जाता तो उन्हें लगता कि वह सीता की वेणी से ही गिरा होगा... रावण ने सीता को उनके केशों से पकड़कर खींचा होगा... तभी यह फूल इस प्रकार गिरा होगा... कितना कष्ट हुआ होगा सीता को... और वे कितनी अपमानित हुई होंगी... स्वयं को इस प्रकार असुरक्षित छोड़ जाने के लिए उन्होंने राम को कितना कोसा होगा... राम के विरुद्ध क्या कुछ नहीं आया होगा उनके मन में। क्षण-क्षण में सहस्त्रों शाप उनके मन में जन्मे होंगे...

वृक्षों की हिलती टहनियों के नव किसलयों को देखकर उन्हें सीता की भुजाओं तथा हथेलियों का स्मरण हो जाता।... क्षणभर को मन आह्लादित हो उठता और दूसरे ही क्षण मन में दुष्कल्पनाएं जागने लगतीं... सीता का भक्षण करने के लिए रावण के साथी राक्षसों ने उनकी भुजाओं को काट डाला होगा।... ऐसे ही कांपी होंगी उनकी कटी भुजाओं की अंगुलियां जैसे नव-किसलय वायु के स्पर्श से कंपित हो उठते हैं...

ऐसे समय में राम का आवेश सर्वनाशक हो उठता था। मन में आता था, वन में आग लगा दें। दावाग्नि में सारा वन नष्ट हो जाए। सारे पशु-पक्षी झुलसकर मर जाएं। सरोवर और नदियां सूख जाएं और आकाश के नक्षत्र पर्वतों पर गिरकर उन्हें चूर-चूर कर दें। कभी-कभी तो ऐसा आक्रोश उठता कि हाथ में धनुष-बाण ले, अंधाधुंध अपने दिव्यास्त्रों का प्रयोग करें — जहां तक दृष्टि जाती है, वहां तक सब कुछ क्षार कर दें।

राम की मन:स्थिति देखकर लक्ष्मण अपना शोक छोड़ चिंतित हो उठते... कहीं भैया का मानसिक संतुलन ही न बिगड़ जाए... कहीं अपने उग्र आक्रोश में कोई अनर्थ ही न कर बैठें...

राम की विभिन्न मन:स्थितियों के साथ-साथ चलते हुए भी लक्ष्मण अपनी ग्लानि को पूर्णत: दूर नहीं कर पा रहे थे। वे एक क्षण के लिए भी भूल नहीं पाते थे कि राम

आश्रम का भार उन पर ही छोड़कर गये थे। वे जानते थे कि वह पुकार उनके भाई की नहीं थी। वे यह भी जानते थे कि उन्हें आश्रम छोड़कर नहीं जाना चाहिए था; किंतु भाभी की भीत, आशंकित, अस्थिर मन:स्थिति में उनके मुख से निकले एक ही वाक्य ने लक्ष्मण के धैर्य की परीक्षा ले डाली और अनर्थ हो गया... आज पग-पग पर वे भैया को धैर्य धारण करने के लिए कहते हैं। इतने बड़े आघात के पश्चात भी राम ने विलाप और प्रलाप चाहे जितना भी किया हो — न तो इस घटना के लिए उन्होंने किसी को दोषी ठहराया है, न अपने व्यवहार में वे अमर्यादित हुए हैं और न उन्होंने कहीं कोई गलत निर्णय लिया है।... इस धैर्य का एक कण भी होता लक्ष्मण में, तो भाभी का ऐसा क्लेशकारी, अपमानजनक अपहरण क्यों होता, मित्र मुखर की ऐसी क्रूर हत्या क्यों होती, तात जटायु ऐसा असम द्वन्द्व- युद्ध लड़ने को बाध्य क्यों होते... सब कुछ लक्ष्मण के ही कारण हुआ।... अपने जिस अधैर्य को वे उग्रता और तेजस्विता समझकर अपना गुण मान बैठे थे, यह सब उसी का तो परिणाम है... लक्ष्मण की उग्रता किस काम आयी ?... मां ने साथ भेजा था कि भाई और भाभी की रक्षा करना... और यहां वे भाभी के हरण और भाई के दग्धकारी कष्ट का कारण बन बैठे... इस क्षति की पूर्ति कैसे करेंगे लक्ष्मण ? मां सुनेंगी तो क्या कहेंगी — जिस सौमित्र में घोर शैशव से ही मां ने कूट-कूटकर कर्तव्य -भावना भरी थी, ठीक समय पर वही सौमित्र अपने कर्तव्य से चूक गया।... अब लक्ष्मण का मन हंसना नहीं चाहता। उनकी आत्मा में विनोद और चपलता का जो स्रोत उबलता रहता था, वह अपनी अंतिम बूंद तक सूख गया है। लक्ष्मण पूर्णत: रुक्ष हो गये हैं — रसहीन। उनमें अब मात्र शुष्कता रह गयी है — उग्रता, तीव्रता — अपने प्राण देकर भैया के किसी काम आ जाने की भावना... और कुछ नहीं रह गया है अब लक्ष्मण के जीवन में...

उन्हें लगता है, अपनी युवावस्था में भी अपने जिस शैशव को वे बलात् अपने साथ घसीट रहे थे, इस दुर्घटना ने खड्ग के एक करारे वार के समान, उसे काटकर उनके जीवन से अलग कर दिया है। उनकी चपलता अब अतीत की बात बन गयी है... इस एक घटना ने सहसा ही उन्हें बहुत प्रौढ़ बना दिया है। दुख की एक घटना मनुष्य को कितना परिपक्व कर जाती है — व्यक्तित्व को ही बदल जाती है। लक्ष्मण की आत्मा से चिपका अपराध भावना और ग्लानि का ताप, उन्हें कुछ-का-कुछ किये दे रहा है। आत्मा के जिस मद ने उनसे प्रमाद करवाया था, वह मद सूख गया है, या बह गया है... अब केवल दायित्व-बोध है, जाग्रत विवेक है — अपने बलिदान की भावना है... न्याय के पक्ष में, भैया के कार्य में उन्होंने अपने प्राण नहीं दिये तो फिर क्या किया...

जनस्थान की सीमाओं को पार करने पर क्रौंचारण्य आरम्भ हो गया था। गोदावरी के उस पार शूर्पणखा का स्कंधावार होने के कारण यह सारा क्षेत्र, राम तथा उनके साथियों के लिए सर्वथा वर्जित प्रदेश था। न कभी वे इधर आये थे, न इधर का कोई

व्यक्ति उनसे आकर मिला था। क्रौंचारण्य क्षेत्रफल में छोटा, किंतु अत्यन्त सघन वन था। उसमें तपस्वियों के आश्रम और वनवासियों के ग्राम भी बहुत कम थे। जो लोग मिले भी, वे सीता के विषय में कोई सूचना नहीं दे सके। उन्होंने कोई रथ नहीं देखा था। अनेक लोग तो यह भी नहीं समझते थे कि रथ किस वस्तु को कहते हैं। रावण के विषय में भी उन्हें कोई ज्ञान नहीं था; और किसी स्त्री का अपहरण होते हुए भी उन्होंने नहीं देखा था... हां ! राक्षस शब्द के उत्तर में कुछ वनवासियों ने अयोमुखी राक्षसी तथा कुछ ने कबंध राक्षस का नाम अवश्य लिया था...

क्रौंच वन की सीमा तक पहुंचते-पहुंचते शाम का झुटपुटा घिर आया था। एक छोटे-से सरोवर के तट पर राम ने रात व्यतीत करने का निश्चय किया।

अपेक्षाकृत ऊंचे और सूखे स्थान पर शस्त्र रख दिये गये और भोजन तथा वन्य-शैयाओं का प्रबन्ध कर लेने के पश्चात वे लोग विचार-विमर्श के लिए आग जलाकर उसके चारों ओर बैठ गये।

''अभी तक हमें कोई सार्थक सूचना नहीं मिली है। कबंध राक्षस की चर्चा अवश्य हुई है। यदि वह राक्षस है तो रावण के पक्ष का व्यक्ति है। सम्भवत: उसे इस क्षेत्र में रावण की गतिविधियों की सूचना हो। हमें उसके पास जाकर पता लगाना चाहिए।'' राम बोले, ''किंतु इसी बात का एक दूसरा पक्ष भी है। वह रावण का व्यक्ति है। अत: हमें सूचना नहीं देगा। उलटे हमारे लिए कोई विघ्न अवश्य ख़ड़ा कर सकता है।''

''ऐसी स्थिति में हमें उसकी दिशा में नहीं बढ़ना चाहिए।'' अनिन्द्य बोला, ''उससे अनावश्यक विलम्ब होगा। भद्र राम ! क्या हमें नीति के रूप में यह स्वीकार नहीं कर लेना चाहिए कि हम अनावश्यक विलम्ब नहीं करेंगे और विघ्नों से यथासम्भव बचते हुए, शीघ्रातिशीघ्र देवी वैदेही तक पहुंचने का प्रयत्न करेंगे।''

''करना तो यही चाहिए।'' लक्ष्मण बोले, ''किंतु मालूम तो हो कि भाभी कहां हैं। शीघ्रातिशीघ्र कहां पहुंचें ? अत: जहां से उनका पता लगने की संभावना हो, वहां तो जाना ही पड़ेगा चाहे वहां विघ्न-बाधाएं, जोखिम और संकट ही क्यों न हों।''

''तुम क्या कहते हो, भूलर ?'' राम ने पूछा।

''सौमित्र ठीक़ कह रहे हैं।''

''अब तो मुझे भी यही लग रहा है।'' अनिन्द्य बोला, ''संकट तो हमें उठाना ही होगा।''

''किसी का मतभेद तो नहीं है ?'' राम ने पूछा।

किसी ने विरोध प्रकट नहीं किया।

''तो कल प्रात: कबंध की दिशा में चलना निश्चित रहा।''

प्रात: उन लोगों ने क्रौंच वन पार कर मतंग वन में प्रवेश किया। मतंग वन भी वैसा ही

सघन था। किंतु फलों के वृक्ष उसमें अपेक्षाकृत अधिक थे। इसी से पशु-पक्षी भी अधिक संख्या में दिखायी पड़ रहे थे। स्थान-स्थान पर थोड़ा-बहुत जल भी उपलब्ध था; किंतु मनुष्यों की कोई बस्ती उन्हें यहां नहीं मिली। कुछेक स्थानों पर कुछ टूटे-फूटे परित्यक्त कुटीर अवश्य दिखायी दिये।

मध्याह्न के समय वे लोग वृक्षों के एक झुरमुट के नीचे ठहर गये। वन्य-फलों का भोजन किया और विश्राम के लिए लेट गये।

अभी अधिक समय नहीं हुआ था कि लक्ष्मण उठ बैठे।

''क्या हुआ ?''

''पशुओं की असाधारण हलचल का-सा शब्द है...''

राम ने सुनने का प्रयत्न किया।

''कुछ है तो अवश्य !'' भूलर बोला, '' जैसे बहुत सारे पशु झुंड बांधकर एक दिशा में दौड़ रहे हों।''

''मैं देखता हूं।'' राम ने उठकर अपना खड्ग बांधा और धनुष सम्भाल लिया।

''मैं भी साथ चलूंगा, भैया !''

''सौमित्र !...'' राम ने उन्हें रोकना चाहा, किंतु लक्ष्मण शस्त्र बांधकर तैयार हो चुके थे। राम ने लक्ष्मण की मुद्रा देखी — उनका अनुरोध एक ओर इतना दृढ़ और दूसरी ओर इतना दीन था कि उन्होंने बाधा देने का विचार छोड़ दिया, ''तुम भी चलो।'' वे अपने साथियों की ओर मुड़े, ''अनिन्द्य ! पीछे का दायित्व तुम्हारा है। तुम और भूलर नौ-नौ व्यक्ति अपने साथ लेकर, विपरीत दिशाओं में मुख कर, सावधान होकर बैठ जाओ। या फिर बीच में शस्त्र रख, उसके चारों ओर वृत्त बना लो।''

थोड़ी देर वे पर्याप्त गति से चले, किंतु फिर पग शिथिल हो गये। पशुओं की हलचल की कोई विशेष दिशा नहीं रह गयी थी, और न ही उनमें कोई सामूहिकता दिखायी पड़ रही थी।... उन्हें रुक जाना पड़ा।

किंतु उनके रुकते ही पुनः कुछ हलचल हुई। यह हलचल पशुओं की नहीं, मनुष्यों की थी। वृक्षों के पीछे से निकलकर आठ-दस व्यक्तियों ने उन्हें घेर लिया। वे लोग उनके चारों ओर वृत्त बनाकर खड़े थे और उन्होंने शूल तान रखे थे। उनकी आकृति स्थानीय लोगों से भिन्न थी। शरीर पर उत्तरीय नहीं था। कटि के चारों ओर मृग-चर्म लिपटा हुआ था। वैसे समग्रतः वे लोग अभावग्रस्त नहीं लगते थे।

राम का हाथ अपने तूणीर की ओर बढ़ा, किंतु कुछ सोचकर वे रुक गये। भाई को देखकर लक्ष्मण भी शांत ही रहे।

''चलो।''

''कहां ?''

''हमारे स्वामी के पास।''

राम ने लक्ष्मण को संकेत किया, ''चलो।''

नियमित दूरी बनाये हुए तथा अपने शूलों को ताने हुए, वे लोग उन्हें वृक्षों की एक सघन पंक्ति के पीछे ले गये। पंक्ति की सघनता कदाचित बाहर से देखने वाले के लिए भ्रम उत्पन्न करने के लिए ही थी। उस पंक्ति के पार न वन उतना घना था, न वन की-सी अनियमितता वहां थी। वृक्षों के बीच में से जाने के लिए मार्ग बने हुए थे और इक्का-दुक्का कुटीर भी दिखायी देने लगे थे।

वे लोग गुफा जैसे एक पक्के मकान के सामने जाकर रुक गये। एक व्यक्ति भीतर जाकर अनुमति ले आया और तब राम और लक्ष्मण को भीतर चलने के लिए कहा गया।

भीतर प्रवेश करते ही उनकी दृष्टि एक विराटकाय व्यक्ति पर पड़ी। वह काठ के बने एक आसन पर बैठा था और सिर को अपनी छाती पर टिकाये ऊंघ रहा था। उसका पेट इतना स्थूल था कि दूर से देखने पर शरीर के स्थान पर पेट ही पेट दिखायी देता था। गर्दन इतनी छोटी थी कि आभास होता था कि कंधों पर ही सिर टिका हुआ है और गर्दन है ही नहीं। छाती पर सिर टिकाये बैठे होने के कारण ऐसा आभास हो रहा था कि उसकी छाती में ही चेहरा बना हो और कंधों से ऊपर कुछ हो ही नहीं। किंतु उसकी भुजाएं असाधारण रूप से बलिष्ठ लग रही थीं।

राम और लक्ष्मण के आ जाने पर उसने अपनी ऊंघती हुई आंखें खोलकर उन्हें देखा।

''कौन हो तुम लोग ?'' उसकी आंखों की चमक असामान्य थी।

''मैं राम हूं और यह मेरा अनुज है — सौमित्र !'' राम निष्कंप स्वर में बोले, ''तुम कौन हो और हमें पकड़कर क्यों मंगवाया है ?'

''मैं कबन्ध हूं — मानव-भक्षी राक्षस !'' उसने अट्टहास किया, ''मेरे घुटने को इन्द्र ने अपने वज्र से तोड़ दिया है, इसलिए अधिक चल-फिर नहीं सकता। किंतु मेरी भुजाएं आज भी बहुत बलिष्ठ हैं।'' उसने अपनी भुजाओं को गर्व से देखा, ''और जो तुम्हें पकड़कर लाये हैं — वे भी मेरी भुजाएं हैं। कोस-दो कोस के भीतर जो कुछ इन्हें मिलता है — पशु या मनुष्य, उसे ये पकड़ लाते हैं; और वे मेरा भोजन बनते हैं। गये तो आज भी ये पशुओं को ही पकड़ने थे, पर तुम लोग मिल गये...।'' वह जोर से हंसा, ''शस्त्र बांधे हो, पर युद्ध नहीं करते। अच्छा भोजन है।'' उसने रुककर अपने सेवकों को आदेश दिया, ''इन्हें मेरे निकट लाओ।''

शूलधारियों ने अपना घेरा संकीर्ण करना आरम्भ किया।

राम और लक्ष्मण कबन्ध के निकट आ गये। कबन्ध के पास कोई शस्त्र नहीं था, अत: भय की कोई विशेष बात नहीं थी।

इससे पूर्व कि वे समझ पाते कि कबन्ध क्या करना चाहता है, उसने अपने स्थान पर बैठे-ही-बैठे अपनी भुजाएं बढ़ाकर एक-एक भुजा में राम और लक्ष्मण की कटि को घेर लिया और उन्हें निरन्तर कसता चला गया। एक क्षण के लिए तो लगा कि राम

और लक्ष्मण दोनों ही अवश हो गये हैं। उस असाधारण स्थूलकाय पंगु व्यक्ति की भुजाओं में इतना बल होगा, इसकी कल्पना उन्होंने नहीं की थी। लगता था, वह उनके शरीरों को पीस डालेगा...

''भैया ! अपनी रक्षा कीजिये।'' लक्ष्मण अपने घुटते हुए सांस से बोले, ''मेरा बचना तो कठिन लगता है।''

लक्ष्मण को लग रहा था, पिछले दिनों उनके मन में जन्मी कामनाएं मानो घटनाओं का रूप लेकर, साकार उनके सम्मुख प्रस्तुत हो गयी हैं। लक्ष्मण के प्रायश्चित का क्षण आ पहुंचा था... लौह-स्तंभों जैसी इस राक्षस की इन भुजाओं से बचना संभव नहीं था... दोनों भाइयों का बचना तो किसी भी रूप में संभव नहीं था... हां ! यदि लक्ष्मण उससे उलझे रहें और राम मुक्त होने का प्रयत्न करें तो चाहे यह कितना भी बलिष्ठ क्यों न हो, भैया को बांधे नहीं रख सकेगा।... यदि भैया एक बार मुक्त हो जाएं तो वे अपने शस्त्र-कौशल से इस अवरोध से निकल जायेंगे और अपने साथियों तक जा पहुंचेंगे। कदाचित् फिर उन्हें कबन्ध और उसके साथियों से निबटने में कोई कठिनाई नहीं होगी।... लक्ष्मण तब तक जीवित रह सके तो ठीक, अन्यथा अपने बलिदान से वे अपने प्रमाद का प्रायश्चित करेंगे...

कबन्ध की भुजा राम के लिए भारी सिद्ध हो रही थी, जैसे कोई अत्यन्त शक्तिशाली अजगर उनकी कमर से लिपट गया हो।... ऐसी कठोर भुजा से राम का पाला पहले कभी नहीं पड़ा था। जनकपुरी में शिव-धनुष की भुजा भी इतनी कठोर प्रतीत नहीं हुई थी।... यह कैसी भुजा है ? मांसपेशियां हैं, अथवा सत्य ही यह इस्पात है ?... बांह निरन्तर कसती जा रही थीं। दोनों भाइयों के प्रतिरोध के होते हुए भी कबन्ध तनिक भी विचलित नहीं हो रहा था।... लक्ष्मण और राम में संतुलन करने के लिए भी इस भुजा की एक भी पेशी ढीली नहीं पड़ रही... सहसा राम का ध्यान अपने संघर्ष से उचटकर लक्ष्मण की ओर चला गया... सौमित्र को यह क्या हो रहा है... जैसे हाथ-पैर डाल दिये हों और शत्रु की विजय को पूर्णत: निश्चित मानकर प्रतिरोधविहीन होकर अपनी मृत्यु की प्रतीक्षा कर रहे हों... विचित्र भंगिमा है बलिदान की !

''सौमित्र !'' राम ने भर्राये-से स्वर में लक्ष्मण को चेताया।

लक्ष्मण ने मानो जागकर आंखें खोलीं, ''आप अपनी रक्षा करें, भैया !''

पर तब तक राम ने अपना खड्ग निकालकर कबन्ध की बायीं भुजा पर एक प्रहार कर दिया था। कबन्ध की पकड़ कुछ ढीली हो चुकी थी; और जब तक लक्ष्मण अपना खड्ग निकालते, राम दूसरा वार कर चुके थे।

लक्ष्मण आत्मपराजय की मुद्रा से उबरे और उन्होंने ताबड़तोड़ तीन-चार प्रहार कर दिये।... कबन्ध उनके सम्मुख अक्षम होता जा रहा था।

राम ने एक तटस्थ दूरी से देखा — कबन्ध की लौह-दंडों जैसी भुजाएं व्यर्थ हो चुकी थीं। उसके वे शूलधारी सैनिक, जिन्हें वह अपनी डेढ़ कोस लम्बी भुजाएं

मानता था, भयभीत होकर भाग चुके थे; और कबन्ध मांस के एक पंगु पहाड़ के समान निष्क्रिय बैठा अपनी भुजाओं से रक्त बहा रहा था और थोड़ी-थोड़ी देर में अपने सूखते अधरों को अपनी जीभ से गीला कर रहा था...

उनकी दृष्टि लक्ष्मण की ओर गयी। वे पहले से कुछ अधिक सजग दिखायी पड़ रहे थे। उनके चेहरे पर पुती उस पराजित मानसिकता के भीतर से कुछ-कुछ उत्साह झांक रहा था।

''क्या हो गया था तुम्हें, सौमित्र ? अपना अपराध-बोध त्यागो।'' राम का स्वर कुछ आवेशपूर्ण था, ''नहीं तो कोई-न-कोई अनर्थ हो जायेगा। मैं वैदेही को खोजते-खोजते तुम्हें भी खो चुका था। तुमने अपने साथ-साथ मुझे भी आत्मनाश के संकट में डाल दिया था।''

लक्ष्मण अपने साथियों को बुलाने जाने के लिए मुड़े, किंतु उन्हें जाना नहीं पड़ा। कबन्ध के भागते हुए शूलधारियों से कोई आभास पाकर वे लोग स्वयं ही इधर आ गये थे।

''अनिन्द्य !'' राम ने आदेश दिया, ''चारों ओर से घेरा डाल लो। इस राक्षस का कोई साथी हो तो उसे बांध लो।... और देखना ! अपने शस्त्रों की सावधानी से रक्षा करना।''

''आओ, सौमित्र !''

वे जाकर कबन्ध के सम्मुख खड़े हो गये, ''तुमने कहा था कि तुम नरभक्षी राक्षस हो।''

लक्ष्मण ने चौंककर राम को देखा — सामान्यत: राम के स्वर में हिंसा की इतनी खनक नहीं होती थी। आज राम का स्वर इतना हिंस्र क्यों हो रहा था ? क्या यह सीताहरण की प्रतिक्रिया थी अथवा मृत्यु के मुख से लौटने के बाद की प्रतिहिंसा ?... सीताहरण के पश्चात निश्चित रूप से राम भी पहले जैसे राम नहीं रह गये थे।

''हां !'' कबन्ध का स्वर धीमा और गिरा हुआ था।

''तुम रावण को जानते हो ?''

''जानता हूं...।'' कबन्ध ने तत्काल अपना वक्तव्य बदला, ''उसका नाम सुना है।''

''उसने पंचवटी में मेरे आश्रम से मेरी पत्नी का हरण किया है।'' राम बोले, ''तुम बता सकते हो, वह उसे कहां ले गया होगा ?''

''मैं इस विषय में कुछ नहीं जानता।'' कबन्ध के कंठ से स्पष्ट शब्द नहीं निकल रहे थे।

''मरते समय अब धूर्तता मत करो।'' राम का स्वर कठोर हो गया, ''नहीं बताओगे तो मैं तुम्हें शांतिपूर्वक मरने भी नहीं दूंगा।''

लक्ष्मण देख रहे थे, राम सचमुच इतने कठोर कभी नहीं दिखे थे। आज तो उनका

स्वर ही कुछ और था।

''मैं कुछ नहीं जानता, राम !''

''तुमने उसे सीता को ले जाते हुए देखा ?''

''नहीं !''

''इस विषय में कुछ सुना ?''

''नहीं !''

''अनुमान से बता सकते हो, वह सीता को कहां ले गया होगा ?''

''मैं कुछ नहीं जानता।'' कबन्ध ने यत्किंचित पीड़ित स्वर में कहा, ''मेरा रावण से कोई संबंध नहीं है।''

राम का चेहरा आक्रोश से जल उठा, ''इच्छा तो होती है राक्षस कि इस खड्ग से तेरे शरीर के खंड-खंड कर दूं; किन्तु अपने क्षात्र-धर्म से बंधा हूं। तू युद्ध कर नहीं सकता, अतः मैं तुझ पर शस्त्र-प्रहार नहीं कर सकता। किंतु मैं तुझे शांति से मरने नहीं दूंगा।'' वे लक्ष्मण की ओर मुड़े, ''सौमित्र ! इसके लिए चिता बनाओ। मैं इसे जीवित ही अग्नि-समाधि दूंगा।''

कबन्ध के चेहरे का भाव परिवर्तित हुआ। वह अब न दृढ़ था, न असंपृक्त।

''मुझे अपने शस्त्र से मार डालो।'' उसका स्वर दीन हो गया, ''और फिर अग्नि-संस्कार कर देना।''

''तुम मर गये तो दाह तो तम्हारा हम कर ही देंगे।'' राम बोले, ''किंतु यदि सीता का पता तुमने नहीं बताया तो मैं तुम्हारा अग्नि-संस्कार भी करूंगा और तुम्हें मरने भी नहीं दूंगा।''

चिता बनती जा रही थी और साथ-ही-साथ कबन्ध की दृढ़ता भी गलती जा रही थी। अपनी आंखों के सामने बनती चिता को देख, जैसे उसका राक्षसत्व घुलता जा रहा था। उसकी मुद्रा अब वैसी कठोर नहीं रह गयी थी, आंखों की हिंस्रता कहीं लुप्त हो गयी थी।

चिता बन गयी। राम ने स्वयं उसमें अग्निदान किया। चिता धू-धू कर जल उठी।

''इसे उठाओ, मित्र !''

''ठहरो, राम !'' कबन्ध टूटते-टूटते स्वर में बोला, ''मर तो मैं रहा ही हूं। तुम कुछ न भी करो तो भी घड़ी-भर से अधिक जीवित नहीं बचूंगा।'' उसने रुककर याचना-भरी आंखों से राम को देखा, ''तनिक रुक जाओ। मर जाऊं, तो इस चिता में डाल देना...।''

''बताओ ! रावण सीता को कहां ले गया होगा ?''

''अब बताने में कोई भय नहीं।'' कबन्ध बोला, ''वह उसे किष्किंधा की ओर ले गया है।... मेरे कुछ अनुचरों को साथ ले लो। वे तुम्हें मतंग वन में पम्पा सरोवर के

पास पहुंचा देंगे। वहां सुग्रीव से मिल लेना...''

वह रुक गया।

''सुग्रीव हमारी सहायता...''

किंतु कबन्ध मौन हो चुका था। राम अस्त-व्यस्त दृष्टि से उसे देख रहे थे...

सहसा किसी ने राम की दाहिनी भुजा को छुआ।

राम ने पलटकर देखा — वह कदाचित् कबन्ध का शूलधारी सैनिक था।

''कबन्ध मर गया है। हम उसके आतंक और उसकी नीच सेवा से मुक्त हो गये हैं, आर्य ! हम आपको पम्पा सरोवर तक पहुंचा देंगे।'' उसकी आंखों में स्नेह था और मुद्रा में सौहार्द, ''कृपया अब इस मांस-शैल का दाह...।''

''चलो...।'' राम चिंतालीन थे।

4

तार के प्रस्ताव का विशेष विरोध नहीं हुआ; और सुग्रीव का राज्याभिषेक शांतिपूर्वक हो गया। शासन संभालते ही सुग्रीव ने हनुमान, नील तथा नल को राजसभा का सदस्य नियुक्त कर दिया, ताकि वे अपनी नीतियों के लिए उचित समर्थन पा सकें। साथ ही उन्होंने किष्किंधा के प्रसिद्ध विद्वान् मलयवन को अपने मंत्रियों में स्थान दिया।

औपचारिक समारोहों की समाप्ति पर सुग्रीव की राजसभा की पहली बैठक अत्यन्त उत्साहपूर्ण थी। प्राय: सभी मंत्री, सामंत तथा सभासद उपस्थित थे। सभा आरंभ हुई तो विभिन्न मंत्रियों ने अपने-अपने कार्यों के लिए राजाज्ञा प्राप्त करनी आरंभ की।

''सम्राट !'' सबसे पहले कटाक्ष उठा, ''पांच सामंत-पुत्रों की एक टोली को विद्याध्ययन के लिए लंका जाने की अनुमति दें तथा उनके व्यय के लिए राज्य की ओर से आवश्यक राशि की व्यवस्था का आदेश दें।''

सुग्रीव गंभीर हो गये, ''आज से मंत्रियों, सामंतों, यूथपतियों तथा धनिकों के पुत्रों के अध्ययन के लिए विदेश जाने की प्रथा बंद की जाती है।''

कटाक्ष स्तंभित खड़ा रह गया। वह यह तो जानता था कि सुग्रीव वाली से पर्याप्त भिन्न व्यक्ति हैं — किंतु इस प्रकार का आदेश। बड़ी कठिनाई से उसके मुख से निकला, ''तो किष्किंधा के समस्त कुलीन युवक अशिक्षित रह जायेंगे।''

''नहीं !'' सुग्रीव बोले, ''किष्किंधा का राज्य अब शिक्षा और विद्याध्ययन के लिए नयी नीति का अनुसरण करेगा। सर्वप्रथम, किष्किंधा में एक बड़ा शिक्षा-संस्थान स्थापित किया जायेगा, जिसमें विभिन्न शास्त्रों के अध्ययन के साथ-साथ युद्ध तथा आयुध-शास्त्र का अध्ययन, अध्यापन तथा व्यावहारिक अभ्यास भी होगा। उसी प्रकार उसमें आयुर्विज्ञान का अध्ययन-अध्यापन होगा। अन्य सामान्य विषय तो होंगे ही। उसकी

विस्तृत योजना के निर्माण के लिए हनुमान, नल, नील, राजकुमार अंगद, तार, मैंद तथा द्विविद की एक समिति बनायी जाए।''

''अध्यापक और आचार्य कहां से आयेंगे ?'' मंत्री कटाक्ष अभी तक कुछ समझ नहीं पा रहा था।

''कुछ शास्त्रों के विद्वान हमारे पास हैं।'' सुग्रीव बोले, ''हनुमान, जाम्बवान तथा अंगद युद्ध तथा आयुध-विभाग संभालें; आर्य सुषेण आयुर्विज्ञान, नल तथा नील वस्तु-शास्त्र इत्यादि। वे लोग योग्यता देखकर अन्य अध्यापकों की नियुक्तियां भी कर सकते हैं। और...'' सुग्रीव सांस लेकर बोले, ''यदि कुछ विषयों के लिए आचार्य हमारे पास नहीं हैं, तो हम आर्य आश्रमों से सहायता प्राप्त कर सकते हैं। अगस्त्य तथा सुतीक्ष्ण इत्यादि ऋषियों के आश्रमों तक संदेश भिजवा दिये जाएं, तो वे लोग सहर्ष आचार्यों को भेज देंगे। उनके लिए लंका के राक्षस आचार्यों के समान हमें अपार धन व्यय करने की आवश्यकता नहीं है। उनका भोजन हमें महंगा नहीं पड़ेगा — न ही उनके कुटीरों के लिए हमारे पास साधनों की कमी है।'' सुग्रीव कुछ रुककर पुनः बोले, ''जब यह संस्थान स्थापित हो जाए तो प्रत्येक यूथ उसी के अनुरूप अपनी भूमि में शिक्षा-संस्थान स्थापित करे। किष्किंधा के स्नातक उन यूथ-शिक्षा-संस्थानों में अध्यापकों का कार्य करें। मैं चाहता हूं कि अगले बारह वर्षों में हमारी अगली पीढ़ी का कोई बालक, कोई बालिका अशिक्षित न रह जाए...''

''क्षमा करें, सम्राट !'' धूम्र उपहास के स्वर में बोला, ''यूथ का प्रत्येक बालक अध्ययन कर राज-परिषद का सदस्य बनेगा क्या ? और यदि सारे वानरकुमार विद्वान् हो गये तो कृषि के लिए, स्वेद बहाने के लिए हम किसे पकड़कर लायेंगे ?''

''प्रत्येक बालक अध्ययन कर राज-परिषद् का सदस्य तो नहीं बनेगा, मंत्रिवर!'' सुग्रीव मुसकराये, ''किंतु सचेत होकर विद्वान् मंत्रियों के कार्यों का मूल्यांकन करेगा। गुफाओं के भीतर तथा वृक्षों की शाखाओं पर रहने वाला पशु न रहकर मनुष्य बनेगा। प्रत्येक नागरिक को राज्य नहीं चलाना होता, किंतु राज्य किधर चल रहा है, उसकी खोज-खबर रखनी होती है। यथासमय राज्य को टोकना और आवश्यक होने पर रोकना भी पड़ता है। फिर विद्याध्ययन केवल राज्य चलाने के लिए ही नहीं, घर चलाने के लिए भी आवश्यक है, और अपना जीवन चलाने के लिए भी। आप क्यों नहीं चाहते, यूथपति धूम्र !'' सुग्रीव ने धूम्र को देखा, ''कि हमारी जाति भी अन्य मानव-जातियों के समान मनुष्य बनकर जिए ?... जहां तक कृषि तथा अन्य कार्यों के लिए श्रम करने वालों की आवश्यकता की बात है — कदाचित् आप जानते हों, समस्त आर्य जातियां कृषि पर निर्भर हैं और उनसे अधिक विद्वान् आपको दूसरी जातियों में नहीं मिलेंगे। आप यदि किसी भी आर्य आश्रम को देखें तो समझ जायेंगे कि स्वयं कुलपति भी पर्याप्त परिश्रम करते हैं।''

''सम्राट !'' हनुमान अपने स्थान से उठे, ''इस संदर्भ में अधिक महत्त्वपूर्ण

विषय है साधन — स्थान तथा धन।''

''ठीक है।'' सुग्रीव बोले, ''किष्किंधा के समस्त मदिरालय और वेश्यालय आज से बंद कर दिये जाएं। उनके भवनों तथा उनके साथ की भूमि को शिक्षा-विभाग के अधीन कर दिया जाए। यदि इसके पश्चात भी अतिरिक्त धन की आवश्यकता हो तो वह राजकोष से दिया जाए।''

''सम्राट !'' दरीमुख फुफकारता हुआ-सा बोला, ''ऐसे आदेश देने से पूर्व आपको भली प्रकार विचार कर लेना चाहिए। यदि आप स्वयं विचार न कर सकें, तो मंत्रियों से मंत्रणा...''

''दरीमुख !'' सुग्रीव ने उच्च स्वर में कहा, ''सम्राट सम्राट ही होता है — सिंहासन पर चाहे वाली के स्थान पर सुग्रीव बैठा हो।... शिष्टाचार की उपेक्षा न हो। वैसे इस सिंहासन पर भैया होते तो इस वाक्य के लिए तुम्हें अंधकूप में डाल दिया जाता।... मैं केवल चेतावनी देकर छोड़ रहा हूं। बोलो, तुम्हें क्या आपत्ति है ?''

''सम्राट !'' इस बार दरीमुख का स्वर दबा हुआ था,''आप अपने आदेश के परिणामों पर विचार करें। वेश्यालय नहीं रहेंगे, तो कुलीन घरों में भी व्यभिचार फैल जायेगा। मदिरालय नहीं रहेंगे, तो लोग घर-घर मदिरा बनायेंगे और निकृष्ट मदिरा गली-मुहल्लों में बिकेगी। लोगों के स्वास्थ्य की हानि होगी। राज्य को धन की अपार हानि होगी। मदिरालयों से होने वाली आय के अभाव में आपका कोष खाली होता जायेगा।... और फिर उत्सवों में हम क्या पियेंगे ? सुख और आनन्द का कोई और साधन ?''

सुग्रीव ने आश्वस्त दृष्टि से दरीमुख को देखा, ''तुम्हें लोगों के स्वास्थ्य की चिन्ता भी है और यह भी नहीं जानते कि प्रजा के स्वास्थ्य की हानि कर उपलब्ध की गयी आय प्रजा का रक्त है। उसकी हमें आवश्यकता नहीं। आय कम होगी तो राज्य का विलास कम हो जायेगा। अपने उत्सवों पर आप मधुपान कर सकते हैं। उत्सवों में मदिरा पीकर मत्त हो जाना ही एकमात्र सुख नहीं है।'' सुग्रीव रुके, ''जहां तक वेश्यालयों और मदिरालयों की बात है — वह प्रजा के साथ राज्य का विश्वासघात है। कोई भी शासन, जो प्रजा को राज्य की वास्तविक स्थिति से अनभिज्ञ रख, उसे झूठे सुखों में बहलाये रखना चाहता है — वह विलास के ऐसे साधनों का निर्माण पुष्कल मात्रा में करता है। वेश्या और मदिरा — मनुष्य की नैसर्गिक आवश्यकताएं नहीं हैं। इनकी आवश्यकता धनाढ्य जन को होती है, जिन्हें जीवन में श्रम नहीं करना पड़ता। सुख-सुविधाओं और धन का बाहुल्य उनमें मानसिक विकृतियां पैदा कर देता है। या उन निर्धनों को होती है, जिनके अपने जीवन में शोषण है, सुख नहीं। हम अपने नागरिकों के लिए एक ऐसे समाज का निर्माण करना चाहते हैं — जिसमें वे श्रम और उत्पादन का सुख पाएं; सड़ती हुई ऊर्जा से मुक्ति पाने के लिए वेश्या और मदिरा न खोजें। आप निश्चिन्त रहें कि न आपके घरों में व्यभिचार फैलने दिया जायेगा और न घर-घर मदिरा बनेगी।''

सुग्रीव अपने सहयोगियों के साथ घर आये तो जानकर चकित रह गये कि रुमा को घर बैठे ही राजसभा की कार्यवाही की सारी सूचना मिल चुकी थी। इसका अर्थ था कि राजाज्ञाओं का प्रसारण बहुत तीव्र गति से हो रहा था। जन-सामान्य की रुचि इस ओर बढ़ रही थी।

''यह तो अच्छा हुआ, प्रिय !'' रुमा ने स्वागत-शैली में कहा, ''किष्किंधा का कलंक तो धुले; किन्तु आपकी गति तीव्र भी है और उग्र भी। इससे बाधाएं खड़ी हो सकती हैं।''

''कैसी बाधाएं ?''

''आपके धनाढ्य सामंतों का विलास छिनेगा तो वे आपके विरोधी हो जायेंगे। आज तक वे अपने धन के बल पर, निर्धन युवतियों की पेट की भूख से लाभ उठा, उन्हें वेश्याएं बना रहे थे। अब जब वे ऐसा नहीं कर पायेंगे तो आपको कलंकित करने का प्रयत्न करेंगे कि कष्ट तो कम हुए नहीं, उल्टे सुख के साधन भी छिन गये। इससे तो पिछले सम्राट ही अच्छे थे, स्वयं भी सुख भोगते थे और प्रजा को भी छूट दे रखी थी।''

''चाचीजी ठीक कह रही हैं।'' अंगद बोले, ''यह वर्ग निश्चित रूप से यही करेगा। इसके लिए आवश्यक है कि हम और भी तीव्रता से चलें ताकि उनका षड्यंत्र आरम्भ होने से पहले ही जन-सामान्य को राज्य में कुछ निर्माण होता भी दिखे।''

''हुं।'' सुग्रीव कुछ सोचते रहे, फिर बोले, ''शिक्षा-संस्थान अपना प्रभाव दिखाने में समय लेगा...''

''सम्राट ! एक प्रस्ताव मेरा है।'' हनुमान बोले, ''अर्थव्यवस्था संबंधी घोषणाएं शीघ्र हो जानी चाहिए। यदि आर्थिक स्थिति नहीं सुधरी, तो ये सारे परिवर्तन खोखले नैतिकतावादी परिवर्तन माने जायेंगे; और नया समाज तो नहीं ही बन पायेगा — उल्टे हम उपहास के पात्र हो जायेंगे।''

सुग्रीव और भी गम्भीर हो गये। कुछ क्षण मौन रहकर बोले, ''तुम लोग ठीक कहते हो; किन्तु अर्थव्यवस्था का परिवर्तन इतना सहज नहीं होगा। आज जितने आदेश दिये गये हैं, उनका सम्बन्ध विदेशी राक्षसों के व्यापार से था — वे विरोध कर नहीं सकते। जब ऐसे आर्थिक परिवर्तन होंगे जिनका प्रभाव धनाढ्य वानर-वर्ग पर पड़ेगा, तब विरोध भी हो सकता है, विद्रोह भी।''

''आप चिन्ता न करें, सम्राट !'' हनुमान बोले, ''हम अपने सहयोगियों के साथ पूरी तरह तत्पर हैं। सामान्य जन की स्थिति में सुधार नहीं हुआ तो शासन के परिवर्तन का क्या अर्थ ? हम नहीं चाहते कि कल यह सुनने को मिले कि जैसे सांपनाथ, वैसे ही नागनाथ।''

''ठीक कहते हो, हनुमान।'' सुग्रीव के माथे पर चिन्ता की रेखाएं थीं, ''तुम लोग प्रस्तुत रहो। मैं कल नीति की घोषणा कर दूंगा।''

अपने साथियों को विदा कर, सुग्रीव आकर अपने पलंग पर चुपचाप लेट रहे।... जितना सोचते थे, चिन्ता घनीभूत होती जाती थी। कोई ओर-छोर ही दिखायी नहीं पड़ रहा था...

रुमा आयी। सिरहाने के पास बैठ सुग्रीव के माथे पर हाथ रखा और केशों में अंगुलियां फिरायीं, ''इतनी चिन्ता किस बात की है, प्रिय ?''

सुग्रीव को लगा, उनके मस्तक का बोझ कुछ कम हो गया है। स्नेह का कितना मूल्य है। स्पर्श मात्र से चमत्कार हो जाता है। उन्होंने मुसकराने का प्रयत्न किया, ''चिन्ता तो करनी ही होगी, रुमा ! जब बोझ उठाया है, तो बोझ का दबाव तो होगी ही।''

''ठीक है, पर इतनी चिन्ता क्यों कर रहे हैं ?''

''चिन्ता !'' सुग्रीव उठ बैठे, ''छोटे-मोटे सुधारों से कोई विशेष लाभ होता नहीं दीखता। अधिक फेर-बदल किया जाए तो कई बड़े गहरे जमे हुए महावृक्षों की जड़ें खोदनी होंगी। वे महावृक्ष गिरेंगे तो गिरते-गिरते भी अपनी चपेट में आयी वस्तुओं को नष्ट कर देंगे।...'' सुग्रीव ने रुमा को आंखें भरकर देखा, ''सोच तो लिया है, किन्तु कर्म के पूर्व का असमंजस... असमंजस भी नहीं, एक प्रकार का भय — कहीं भूल तो नहीं कर रहा ? कहीं क्षति तो नहीं कर बैठूंगा ? पश्चात्ताप तो नहीं करना होगा ?''

रुमा ने सुग्रीव को ऐसे देखा, जैसे मन की बात कहने से पहले उनको तोल रही हो, ''आपने सोच लिया है कि क्या करना है ?''

''हां !''

''क्या वह परिवर्तन आप अपने स्वार्थ के लिए करना चाहते हैं ?''

''नहीं ! एकदम नहीं। उसमें मेरा तनिक भी स्वार्थ नहीं है। वह जनहित के लिए है।'' सुग्रीव रुमा को विश्वास दिलाने का प्रयत्न कर रहे थे।

''अपना सोचा हुआ नहीं करेंगे तो आपकी आत्मा आपको शांतिपूर्वक जीने देगी?''

''नहीं। एकदम नहीं।'' सुग्रीव अजाने आवेश में बोले, ''वह मुझे आजीवन धिक्कारती रहेगी।''

''तो फिर चिन्ता किसलिए ?'' रुमा मुसकरायी, ''जो करना है, वह कीजिए। फिर जो होना हो, वह हो।''

राजसभा की कार्यवाही आरम्भ हुई। दिनचर्या की औपचारिकताएं समाप्त होते ही हनुमान ने निवेदन किया, ''सम्राट ! शिक्षा-संस्थान स्थापित कर दिया गया है। किंतु वहां अध्यापकों के सम्मुख कुछ विशेष कठिनाइयां हैं। यदि अनुमति हो तो निवेदन करूं।''

''अनुमति है।'' सुग्रीव ने संकेत किया।

''सम्राट ! अध्यापकों की पहली कठिनाई छात्रों का अभाव है। उन्हें बहुत कम छात्र मिल रहे हैं।''

सुग्रीव समझ नहीं पाये कि हनुमान क्या कह रहे हैं। किष्किंधा में शिक्षा-संस्थान

स्थापित किया जाए और उसके लिए छात्र न मिलें। जहां अधिकांश व्यक्ति अशिक्षित हैं, जहां आज तक शिक्षा की कोई सुविधा उपलब्ध नहीं हुई — आज अपने घर में व्यवस्था हो तो कोई छात्र न मिले...

''कारण ?''

''अलग-अलग लोगों के अलग-अलग कारण हैं।'' हनुमान बोले, ''धनी वर्ग से एक भी छात्र नहीं आया, क्योंकि वे अपनी संतान को उस संस्थान में नहीं भेज सकते, जहां निर्धन बालक-बालिकाएं भी पढ़ें। उनकी धारणा है कि निर्धन परिवारों से आने वाले बच्चे गंदे होते हैं, उनसे धनाढ्य परिवारों के बच्चों को छूत के रोग लग जाते हैं। दूसरी बात, निर्धन बच्चों के साथ पढ़ने के कारण धनी बच्चों में हीन भावना घर कर जायेगी। तीसरी बात, निर्धन बच्चों में शिष्टाचार की कमी होती है, इसलिए उनके साथ शिक्षा ग्रहण करने पर धनी बच्चों के अशिष्ट और अभद्र हो जाने की संभावना है। चौथी बात, निर्धन बच्चों की भाषा बड़ी भ्रष्ट होती है। वे गंदी गालियां देते हैं -- धनाढ्य बच्चे उनसे गालियां सीख लेंगे। पांचवीं बात, निर्धनों के बच्चे चोर होते हैं — धनवान बच्चों को उनसे चोरी का रोग लग जायेगा...''

हनुमान की बात पूरी होते-होते सुग्रीव का मस्तिष्क झनझना उठा। चेहरा क्रोध से तमतमाकर आरक्त हो गया...

''सम्राट !'' सुग्रीव के कुछ कहने से पूर्व ही नील उठ खड़ा हुआ, ''मेरा निवेदन है कि इन तथ्यों के कारण, आप नीति में तनिक भी परिवर्तन न करें। यह कुछ स्वार्थी लोगों के द्वारा शिक्षा-संस्थान के विरुद्ध किया गया षड्यंत्र है। निर्धन छात्रों पर लगाये गये आरोप क्या अपने-आप में प्रमाण नहीं हैं कि वे लोग स्वयं कितने अशिष्ट और अभद्र हैं। क्या उनकी अपनी भाषा और प्रकृति गंदी नहीं है कि वे अनदेखे, अनजान, निरीह और भोले बच्चों पर इतने आरोप लगा रहे हैं। यदि अपनी कही हुई बातों में उनकी उतनी ही निष्ठा है, तो वे क्यों मानते हैं कि निर्धन लोगों के बच्चों से धनी वर्ग के बच्चे बुराइयां सीखेंगे। वे अपने बच्चों को इतना दुर्बल क्यों मानते हैं... यदि उनके बच्चों में इतने ही गुण हैं तो वे निर्धन बच्चों को अपने गुण क्यों नहीं सिखा देते!... और रही चोरी की बात...'' नील का आवेश पराकाष्ठा पर पहुंच रहा था, ''निर्धन व्यक्ति इतने थोड़े-से पारिश्रमिक के लिए जितना श्रम करता है, वह अपने आप में प्रमाण है कि वैसा व्यक्ति चोर नहीं हो सकता। दूसरी ओर प्रत्येक धनी अपने मन को टटोलकर देखे, यदि उसने चोरी नहीं की तो उसके पास इतना धन कैसे आ गया?''

नील चुप हुए तो अपने आवेश से हांफ गये थे। उसके विपरीत, सुग्रीव का क्रोध जैसे विलीन हो गया था। उन्हें लगा, उनके मन की बात किसी और ने कह दी है। वे पूर्णत: शांत थे।

वे बोले तो उनका स्वर स्थिर और गंभीर था, ''क्या इस वर्ग ने यह नहीं सोचा कि शिक्षा-संस्थान का ऐसा बहिष्कार करने से उनकी संतानें अशिक्षित रह जायेंगी !

उन्होंने उनकी शिक्षा के विषय में क्या सोचा है ?''

''पूरी बात तो मैं नहीं जानता।'' हनुमान ने उत्तर दिया, ''किन्तु मेरा अनुमान है कि वे अपनी संतानों को अन्य जातियों के शिक्षा-संस्थानों में भेजने की बात सोच रहे हैं, जहां उनको उनकी संभ्रांतता के अनुकूल व्यवहार की समुचित शिक्षा मिल सके।'' हनुमान के चेहरे पर व्यंग्य मुखर हो आया था, ''उनका विचार है कि लंका यहां से अधिक दूर नहीं है।''

'' अर्थात् वे अपनी संतानों के लिए शोषण, दमन, हत्या, बलात्कार, आलस्य और विलास की शिक्षा ही अनुकूल पाते हैं।'' नल ने कटाक्ष किया।

''ठीक है ! मैं उनका अभिप्राय समझ गया।'' सुग्रीव बोले, ''इस संदर्भ में एक आज्ञा प्रचारित कर दी जाय कि भविष्य में विदेशों में शिक्षा प्राप्त करने के लिए जाने की अनुमति देने का अधिकार केवल किष्किंधा के शिक्षा-संस्थान को ही होगा — चाहे यह यात्रा कोई निजी धन से ही क्यों न करना चाहे। शिक्षा-संस्थान अनुमति केवल उन लोगों को देगा, जो किष्किंधा में उपलब्ध शिक्षा पूर्णतः प्राप्त कर चुके होंगे और उसके पश्चात भी उच्च अध्ययन की योग्यता प्रमाणित कर पायेंगे...।''

सभा में हलकी-सी भनभनाहट हुई और सहसा ही वह कोलाहल में बदल गयी।

''शांत ! सुग्रीव उच्च स्वर में बोले, ''कोलाहल की आवश्यकता नहीं है। जिसे विरोध में कुछ कहना हो, उसे अपना मत प्रस्तुत करने की पूर्ण स्वतंत्रता है।''

''सम्राट ! यह तो दमन है।'' सबसे पहले दुर्मुख बोला, ''आपने अपनी ओर से किष्किंधा में शिक्षा की व्यवस्था कर दी है, यह बहुत अच्छा किया। इसके लिए हम सब आपके आभारी हैं। किंतु यदि एक व्यक्ति अपनी संतान को शिक्षा के लिए वहां नहीं भेजना चाहता, तो शासन को उसमें क्या आपत्ति है? आप उसे बाध्य क्यों करना चाहते हैं ?''

''मंत्रिवर !'' सुग्रीव धीमे से मुसकराये, ''कोई अपने बच्चे को किष्किंधा के शिक्षा-संस्थान में न भेजना चाहे, तो मुझे कोई आपत्ति नहीं है और मैं उसे तनिक भी बाध्य नहीं करूंगा। किंतु यदि कोई अपनी संतान को अशिक्षित रखना चाहेगा अथवा कुशिक्षा देना चाहेगा तो मुझे आपत्ति होगी — क्योंकि संतान चाहे वह उसी की है, किंतु वह वानर जाति की अगली पीढ़ी भी है। अपनी जाति की भावी पीढ़ी को सुशिक्षा देने के लिए हम दृढ़संकल्प हैं। यदि कोई व्यक्ति अपनी संतान को यह शिक्षा देता है कि प्रत्येक मनुष्य समान नहीं है, कोई नीचा है, कोई ऊंचा है; इतना ही नहीं, श्रेष्ठ वह है जो किसी षड्यंत्र के कारण धन एकत्रित कर लेता है और हीन वह है जो अपने श्रम के बल पर ईमानदारी से जीता है — तो इस शिक्षा का विरोध हम अवश्य करेंगे। यह शिक्षा भावी पीढ़ी के लिए विष है। इस प्रकार मानवता की हत्या की अनुमति हम नहीं देंगे।''

''किंतु आप तो अपना धन व्यय कर, शिक्षा ग्रहण करने के लिए विदेश जाने

का भी निषेध कर रहे हैं।'' कटाक्ष बोला।

''हां !'' सुग्रीव पूर्ण आश्वस्त ढंग से बोले, ''दो कारणों से। प्रथम तो यह कि जब अपने देश का धन व्यय कर शिक्षा के लिए किसी को भेजना ही है, तो विदेश वे लोग जाएं, जो उसके योग्य हैं, जो अपने देश में उपलब्ध शिक्षा के साधनों का लाभ उठा चुके हैं; और अधिक ज्ञान प्राप्त करने के लिए उनका विदेश जाना आवश्यक हो गया है। दूसरे, धन की शक्ति के कारण अयोग्य लोग विदेश जाकर अपने देश का अपयश फैलायें तथा लौटकर विदेशी ज्ञान की धौंस से अपने देश के योग्य व्यक्तियों के शीर्ष पर प्रतिष्ठित हों — यह अनुचित है।'' सुग्रीव रुके, ''किसी को कोई अन्य आपत्ति हो तो कहे।''

सभा मौन रही। कोई कुछ नहीं बोला।

थोड़ी प्रतीक्षा के पश्चात सुग्रीव पुनः बोले, ''हनुमान ! निर्धन वर्ग के छात्र संस्थान में क्यों नहीं आये ?''

''उनके अपने कारण हैं, सम्राट !'' हनुमान ने उत्तर दिया, ''उनमें से अधिकांश बालक-बालिकाएं अपनी सीमित क्षमता में असाध्य श्रम कर अपने परिवारों को चलाने में आर्थिक सहयोग करते हैं। कोई खेतों में काम करता है, कोई श्रमिकों के साथ उनकी सहायता करता है, कोई धनी परिवारों में घरेलू कार्य करता है। यदि ये निर्धन परिवार अपनी संतानों को अध्ययन के लिए शिक्षा-संस्थान में भेज देंगे, तो उनकी आय की पूर्ति कैसे होगी ?''

सुग्रीव का चेहरा गंभीर हो गया... यह तो संभव है कि उन बच्चों से कोई शुल्क न लिया जाए, किंतु उनके परिवारों की आय की क्षतिपूर्ति नहीं की जा सकती। इतना धन तो राजकोष में भी नहीं है...

''मेरा प्रस्ताव है, सम्राट !'' हनुमान पुनः बोले, ''मैंने कुछ आर्य आश्रमों में देखा है कि ब्रह्मचारी आश्रम के खेतों में कृषि का कार्य करते हैं, गोशाला और अश्वशाला का काम करते हैं, कपड़ा बुनने के करघों पर काम करते हैं। और बीच-बीच में अध्यापकों के साहचर्य में शास्त्रों का अध्ययन करते हैं। हम यदि इस प्रकार की व्यवस्था कर सकें, तो बहुत ही अच्छा है; किन्तु जब तक ऐसी व्यवस्था नहीं होती, हम इन बच्चों के लिए काम के पश्चात उनके बचे हुए समय में कक्षाओं की व्यवस्था करें...।''

''किंतु सारे बच्चे एक ही स्थान पर काम नहीं कर रहे होंगे।'' सुग्रीव बोले।

''सम्राट का कथन सत्य है।'' हनुमान ने कहा, ''किंतु ऐसी अस्थायी व्यवस्था की जा सकती है कि विभिन्न स्थानों पर उन बच्चों के कार्य-स्थलों के पास छोटी-छोटी कक्षाएं लगाएं। इसके लिए हमें अधिक अध्यापकों की आवश्यकता होगी। उसका प्रबंध समाजसेवी, अवैतनिक अध्यापकों के द्वारा किया जा सकता है।''

''सुंदर विचार है।'' सुग्रीव बोले, ''और कोई कठिनाई ?''

''जी ! अभी तो इतना ही।'' हनुमान बोले, ''इतना प्रबंध हो जाए, तो आगे की कठिनाइयां सामने आयेंगी।''

सभा में मौन छा गया। शिक्षा-संस्थान संबंधी विचार-विमर्श समाप्त हो चुका था। सभासदों की दृष्टि सम्राट पर थी, वे अब क्या चाहते हैं ?

सहसा तार उठकर खड़े हो गये, ''एक निवेदन मेरा भी है, सम्राट ! आशा है, आप उस पर विचार करेंगे।''

सुग्रीव ने स्वीकृति का संकेत दिया।

''सम्राट ! हमारे इस वानर-राज्य में कुछ विचित्र घटनाएं घट रही हैं।'' तार ने अपनी बात आरंभ की, ''मैंने यह अनुभव किया है कि हमारे हाथों में, राक्षसों और यक्षों के देशों में बने हुए वस्त्र आवश्यकता से अधिक मात्रा में उपलब्ध हैं। जब तक मदिरालय बंद नहीं हुए थे, तब तक मदिरा की भी यही स्थिति थी। किंतु आश्चर्य की बात है कि चावल, नारियल तथा मछली की मात्रा क्रमशः कम होती जा रही है। परिणामतः उनका मूल्य बढ़ता जा रहा है। सम्राट ! बहुमूल्य विदेशी वस्त्रों के बिना तो हमारी निर्धन प्रजा का काम चल सकता है, किंतु भोजन के बिना लोग कैसे जियेंगे ? सोचने की बात यह है कि हमारे राज्य में नारियल के अनेक घने वन हैं; समुद्र से असंख्य मछलियां पकड़ी जाती हैं; और हमारे कृषक अपने श्रम से पुष्कल मात्रा में धान उपजाते हैं — फिर क्या कारण है कि उनका मूल्य निरंतर बढ़ता जा रहा है ?''

सुग्रीव चिंतित दीखे।... वे अपनी योजनाओं में इतने व्यस्त रहे थे कि जन-सामान्य की ऐसी कठिनाइयों की ओर उनका ध्यान ही नहीं गया। राज-प्रासादों में तो इन बातों की सूचनाएं नहीं मिल सकतीं। ऐसी सूचनाएं तो हाटों से ही प्राप्त करनी पड़ेंगी... साधारण जन की पहुंच राजसभा तक होनी चाहिए...

''कारण ?''

''मैंने कारण खोजने का प्रयत्न किया तो कुछ निष्कर्ष मेरे हाथ लगे हैं। अनुमति हो तो उन्हें प्रस्तुत करूं।'' तार बोले।

''अनुमति है।''

''सम्राट ! जिन खेतों में धान उपजता है, वे यूथपति की संपत्ति हैं। उसी प्रकार नारियल के वन किसी-न-किसी मंत्री, सामंत अथवा यूथपति की संपत्ति हैं। पूरे यूथ द्वारा पकड़ी गयी मछलियों पर आधिपत्य यूथपति का होता है। जब तक यूथपति अपने यूथ का पालन पितावत् करता था, तब तक बात और थी; किंतु क्रमशः संपत्ति यूथ की न रहकर यूथपति की हो गयी है और यूथ के सदस्य उसके दास हो गये हैं। वे यूथपति चावल, नारियल तथा मछलियां अधिकाधिक मात्रा में राक्षसों के हाथ बेच देते हैं और उसके स्थान पर बहुमूल्य वस्त्र तथा मदिरा प्राप्त करते हैं। परिणाम आपके सामने है — निर्धन प्रजा का पेट तक नहीं भरता तथा धनाढ्य वर्ग की रूपसियों के लिए, अपने असंख्य वस्त्रों में से पहनने के लिए, एक वस्त्र का चुनाव जीवन की सबसे बड़ी समस्या

हो गया है।''

सुग्रीव कुछ देर तक सोचते रहे। निर्णय उनके मन में घुमड़ रहा था — पर उसका परिणाम ? यूथपति उनके विरुद्ध विद्रोह भी कर सकता है... सहसा उन्हें रुमा की बात स्मरण हो आयी, ''जो करना ही है, वह कीजिए। फिर जो होना हो, वह हो।''

''यह सुनकर मुझे दुख हुआ कि यूथ के कष्ट के कारण स्वयं यूथपति हैं। यह अत्यन्त दुखद और दुर्भाग्यपूर्ण स्थिति है।'' सुग्रीव कुछ तनकर बैठ गये, ''यूथपति इसलिए नियत किये गये थे कि वे अपने यूथ का भलीभांति पालन करें। वे अपना कर्तव्य भूल गये हैं, तो उन्हें याद दिलाना ही होगा... आज से यह आज्ञा प्रचारित कर दी जाए कि यूथपति की संपत्ति, उसकी निजी संपत्ति न होकर, संपूर्ण यूथ की संपत्ति है। यूथ का कोई भी उत्पादन प्रत्येक व्यक्ति की आवश्यकतानुसार उनमें बंटेगा और अंत में जो मात्रा बचेगी, उसका विक्रय समस्त यूथ की अनुमति से होगा। यह विक्रय वानर-राज्य के भीतर ही होना चाहिए। उस उत्पादित वस्तु के बदले कोई विलास-सामग्री क्रय नहीं की जा सकेगी। ऐसा विनिमय केवल संपूर्ण यूथ के लिए आवश्यक वस्तु के लिए ही होगा। राक्षसों के हाथ कोई वस्तु बेचने से पूर्व सम्राट से अनुमति लेनी होगी। और...'' सुग्रीव ने खड्ग अपने हाथ में लिया, ''जो यूथपति इन आज्ञाओं का उल्लंघन करेगा, उसका वध सुग्रीव स्वयं अपने हाथों करेगा।''

सुग्रीव को दो समाचार मिले।... चिंता स्वाभाविक थी। समाचार अच्छे नहीं थे। गुप्तचर सूचना लाये थे कि समुद्रतट की राक्षस बस्तियों में खुल्लमखुल्ला कहा जा रहा था कि मायावी ने वाली की हत्या कर उसके शव को समुद्र में बहा दिया है। अब किष्किंधा का कोई रक्षक नहीं है। कुछ दिनों में राक्षसों का आक्रमण होने ही वाला है। उनकी विजय निश्चित है। सुग्रीव से उनके यूथपति भयभीत तो पहले ही नहीं थे, अब उनकी नयी राजाज्ञाएं सुनकर वे उससे प्रसन्न भी नहीं हैं। राक्षसों के आक्रमण के समय कदाचित् एक भी यूथपति सुग्रीव की सहायता को नहीं आयेगा...

सुग्रीव जानते थे कि इस प्रकार की निराधार अफवाहों पर विश्वास नहीं करना चाहिए। वानरों जैसी पिछड़ी जाति में अफवाहें उड़ती ही रहती हैं। यह काम राक्षस लोग योजनाबद्ध ढंग से करते रहते हैं, ताकि वानरों का मनोबल ऊंचा न उठ सके — किंतु इन पर तनिक भी कान न धरना अथवा उनसे सर्वथा अनभिज्ञ रहना भी तो बहुत लाभदायक नहीं है। अफवाहें चाहे सत्य न हों — किंतु उनमें सत्य का कोई कण हो भी सकता है...

यदि सत्य ही वाली का पराभव हुआ है, तो सामरिक शक्ति की दृष्टि से किष्किंधा के लिए यह अत्यन्त दुर्भाग्यपूर्ण घटना है।... कितना असहाय है सुग्रीव कि उनके अपने राज्य के भीतर ही कहीं वाली और मायावी का युद्ध हुआ और सुग्रीव को

सूचना तक नहीं मिली। सूचना मिली होती तो क्या सुग्रीव वाली को इस प्रकार असहाय मर जाने देते। इतने वानर यूथपतियों का सम्राट ऐसी अनाम मृत्यु पाये कि उसके शव का भी पता न चले... सुग्रीव का मन भर आया... उन्हें अपने शैशव का वाली बार-बार याद आता था। कैसे दोनों भाई साथ-साथ खेलते थे। कैसे सुग्रीव हारकर भी जीतने का हठ करते थे और वाली उनका हठ मानने के लिए जान-बूझकर हार जाते थे।... जब तक वाली का अहंकार मुखर नहीं हुआ था; और कामुकता तथा मदिरा में आसक्ति के कारण उन्होंने अपना न्याय-पक्ष नहीं छोड़ा था, दोनों भाइयों में कितना स्नेह था... किंतु क्रमशः कैसे उनमें मतभेद हुआ, जो बढ़ता ही गया था... और अब वाली नहीं रहे... सुग्रीव तो पुरुष हैं, कठोर हैं। वे तो किसी प्रकार सह भी लेंगे; किंतु तारा भाभी और अंगद... कैसी पीड़ादायक बात है कि वाली जैसा समर्थ और साधन-संपन्न व्यक्ति इस प्रकार असहाय, अनाथों के समान मारा जाए...

किंतु सुग्रीव का मन वाली की मृत्यु के समाचार पर अधिक देर तक टिका नहीं रहा।... संभव है, यह झूठ हो। संभव है, वाली अब भी कहीं सागर-तट पर गुफाओं और कंदराओं में या किसी गहन कानन में मायावी के पीछे-पीछे भटक रहे हों। वे मायावी का वध कर अथवा उसकी खोज से निराश होकर किसी भी क्षण लौट सकते हैं। किंतु दूसरा समाचार ? क्या सचमुच ही वानर यूथपति सुग्रीव का साथ छोड़ रहे हैं ? क्या संकट के समय वे लोग विश्वासघात करेंगे...? सुग्रीव को लगा, उनके मन में कहीं हल्का-सा भय जन्म ले रहा है, वे स्वयं को असुरक्षित पा रहे हैं... किंतु क्यों ? क्यों भयभीत हैं वे ? जब वे आदेश दे रहे थे, तभी उन्हें सोचना चाहिए था कि वे यूथपति इससे प्रसन्न नहीं हो सकते। क्या वे समझते थे कि यूथपतियों से सम्पत्ति छीनने पर वे उनको अपना मित्र मान उनकी रक्षा के लिए आयेंगे ? यूथपति नहीं आयेंगे तो जन-सामान्य को तो उनकी रक्षा के लिए आना चाहिए, जिन्हें उन्होंने जीवन की सुख-सुविधाएं दी हैं...

सुग्रीव को लगा, उनके मन में कोई अट्टहास कर हंसा है — 'वाह रे सुग्रीव! तुमने यह सब क्या अपनी रक्षा के लिए किया था ? अपनी रक्षा के लिए तो बहुत सरल उपाय था — प्रजा की हड्डियां और मांस इन यूथपतियों, सेनानायकों, मंत्रियों, सामंतों, धनाढ्य व्यापारियों के आगे डाल देते, तो ये सब तेरी रक्षा करते। जो कुछ तूने किया, क्या वह अपनी रक्षा के लिए किया ? तू अपनी रक्षा क्यों चाहता है ? बोल ! क्या सार्थकता है तेरी ? क्यों हो तेरी रक्षा ?'

सुग्रीव को लगा, भीतर-ही-भीतर वे कुछ बदल गये हैं। किसी वायवीय लोक में पहुंच गये हैं... उनके मन में जैसे अपने लिए कोई आसक्ति नहीं है... क्या प्रयोजन है उनकी रक्षा का ?... और उनका अपना मन, अपनी रक्षा का कोई प्रयोजन नहीं खोज पाता... स्वयं वे, हनुमान, नल, नील, अंगद और तार भी... क्या चाहते हैं वे ? यही तो कि सत्ता निर्बल हो जाए, प्रजा शक्तिशाली हो। जन-साधारण सुखी हो, समर्थ, सचेत

और जागरूक हो... अब जब उनके आदेशों से प्रजा शक्तिशाली हो रही है, तो वे अपने विषय में चिंतित क्यों हैं ?...

उनका ध्यान एक अन्य सूचना की ओर चला गया। सूचना कोटपाल ने दी थी... किष्किंधा की प्राचीर के साथ-साथ नगर के भीतर और बाहर अनेक निर्धन लोग झुग्गियां बनाकर रहते थे। सुग्रीव ने उन्हें सैकड़ों बार देखा था — उनके विषय में सोचा था। उनकी स्थिति देखकर पीड़ित हुए थे, किंतु हर बार स्वयं को असहाय पाया था... पशुओं से भी बुरी स्थिति में रह रही थी वाली की प्रजा।... जाने राज्य में से कहां-कहां से आकर वे लोग यहां टिक गये थे। नगर में पशुवत ही सही, किसी-न-किसी प्रकार उनकी आजीविका चल रही थी। अपने ग्रामों में उन्हें पेट भरने को अन्न मिलता तो वे अपने बाल-बच्चों के साथ इस प्रकार किष्किंधा के पथों पर रहने तथा सम्भ्रांत नागरिकों की जूठन खाने क्यों आते ? स्वाभिमानी श्रमिकों को इस प्रकार अपमानजनक ढंग से जीना उनकी भूख ने ही सिखाया होगा।

नगर में उनके रहने के लिए कोई व्यवस्था नहीं थी। किष्किंधा वानरों की राजधानी थी। प्रत्येक समर्थ और साधन-सम्पन्न वानर किष्किंधा में अपना प्रासाद बना, वहां रहना चाहता था। धनाढ्य जन किष्किंधा की एक-एक अंगुल भूमि के लिए स्वर्ण लुटाने को तत्पर थे। शासन का मन वणिक का मन हो गया था। वह किष्किंधा के कोने-कोने को ऊंची-से-ऊंची बोली पर बेच रहा था... ऐसे में इन निर्धन श्रमिकों में कहां सामर्थ्य थी कि वे पैर रखने के लिए भी भूमि का कोई टुकड़ा पा सकते।

किंतु उनकी आजीविका के साधन नगर में थे और रात को सिर छिपाने के लिए उन्हें प्राचीर के इस पार या उस पार जाना पड़ता था... वर्षों से यही क्रम चल रहा था। न उन्होंने अपने लिए कभी स्थान मांगा, न किसी ने उनकी ओर ध्यान दिया... किंतु आज कोटपाल ने सूचना दी थी कि झुंड-के-झुंड निर्धन श्रमिक सामंतों के अनेक प्रासादों के साथ लगे शोभा-उद्यानों में घुस आये थे। उन्होंने वहां अपनी झुग्गियां बनानी आरम्भ की दी थीं... सामंतों ने अपने दंडधरों के द्वारा बलात् उन्हें वहां से खदेड़ने का प्रयत्न किया। स्थान-स्थान पर झगड़े हुए। कहीं से श्रमिक भाग गये, कहीं से दंडधरों को भाग जाना पड़ा... कोटपाल का कहना था कि सहसा ही नगर में अव्यवस्था फैल गयी है। जाने शांतिप्रिय प्रजा को आज क्या हो गया है कि वह झगड़ा करने पर उतारू हो गयी है। आज तो जो हुआ, वह हुआ, किंतु कल भी यदि यही हुआ तो कोटपाल शांति-स्थापना में सर्वथा असमर्थ हो जाएगा। उसके पास इन झगड़ों को संभालने के लिए पर्याप्त दंडधर नहीं हैं। वह सम्राट् से निवेदन करने आया था कि उसकी सहायता के लिए राजकीय सेना की गदाधर टुकड़ियां भेजी जाएं, ताकि वह नगर की शांति भंग करने वाने इन उपद्रवियों को नगर से बाहर खदेड़ सके...

और सुग्रीव सोच रहे थे कि यह सब क्या है ? क्या यह अव्यवस्था है ? उपद्रव है ? अशांति है ? या यह प्रजा की जागरूकता है ? क्या प्रजा अपने जीने का अधिकार

जान गयी है ? क्या सुग्रीव की नीतियों ने उनके मन में यह बात जगा दी है कि वे भी मनुष्य हैं, उन्हें भी जीने का अधिकार है... आज तक उनके अधिकारों का शोषण हुआ है, किंतु अब उन्हें अधिकार मिलने ही चाहिए...

सुग्रीव का मन कुछ हल्का हुआ... वर्षों की अचेतावस्था के पश्चात प्रजा के सहसा अंगड़ाई लेकर जाग उठने की अनुभूति कितनी सुखद होती है... सुग्रीव को अपना जीवन पहली बार सार्थक लगा... अन्याय के उच्छेदन में अपनी सार्थकता की भावना कितनी आह्लादक होती है।...

कल राजसभा में यह बात उठेगी। सामंत लोग इन उपद्रवियों को दंडित करने की मांग करेंगे। प्रजा अपना अधिकार चाहेगी।... क्या करेंगे सुग्रीव ? किसका पक्ष लेंगे ?... 'पक्ष किसका होता है ?' सुग्रीव का मन पूछ रहा था और फिर स्वयं ही उत्तर दे रहा था — 'पक्ष तो एक ही होता है — न्याय का। हनुमान को देखो — सामंत केसरी का बेटा। देश-विदेश घूमा हुआ। बुद्धि-मेधा-ज्ञान से संपन्न। साधारण जन के समान घुटनों तक की एक सादी धोती में रहता है। जन-सामान्य के साथ अपना जीवन एक कर रखा है उसने। सेवा का धर्म अपनाया है — स्वार्थ-हीन। प्रजा को बल दे रहा है हनुमान !... तो फिर किसका पक्ष लेंगे सुग्रीव ? न्याय का पक्ष ही सुग्रीव का पक्ष है...'

अगले दिन राजसभा अतिरिक्त रूप से विशिष्ट हो उठी। प्रायः सभी सभासद उपस्थित थे। दर्शकों की संख्या भी सामान्य से बहुत अधिक थी। सभागार के सम्मुख अथाह भीड़ एकत्रित थी, जो शांत मन:स्थिति में नहीं थी।

सुग्रीव अपने संकल्प तथा संकल्प के प्रति एक प्रश्नचिह्न — दोनों को मस्तिष्क में धारण किये हुए सभा में आये। सभा आरम्भ हुई किंतु दैनिक क्रम बना नहीं रह सका। सभासदों के मस्तिष्क में उत्तेजना इतनी अधिक थी कि वे धैर्य नहीं रख पा रहे थे। सभा में उपस्थित अनेक सामंतों की अपनी भूमि पर झगड़े हुए थे...

दैनिक कार्यवाही के मध्य तनिक-सा अवकाश मिलते ही दरीमुख उठ खड़ा हुआ, ''यदि सम्राट की अनुमति हो तो नित्य-दिनचर्या को स्थगित कर मैं एक निवेदन करना चाहता हूं।''

सुग्रीव मुसकराए, ''बोलो !''

''सम्राट ! मुझे आशा है कि कल नगर भर में हुई घटनाओं से आप अनभिज्ञ न होंगे।'' दरीमुख बोला, ''सम्राट तक उनकी सूचना न पहुंची हो, यह सम्भव नहीं है। मैं कहूंगा कि कल नगर में विप्लव हुआ है। नगर की शान्ति-व्यवस्था सर्वथा अस्त-व्यस्त हो गयी है। सम्मानित सामंतों पर खुले आक्रमण हुए हैं और कोटपाल उनकी रक्षा में सर्वथा असमर्थ रहे हैं। मेरा निवेदन है कि सम्राट इस घटना की ओर ध्यान दें। खोज की जाए कि इस प्रकार की अव्यवस्था को उकसाने के लिए कौन उत्तरदायी है; और उसे ऐसा दंड दिया जाए कि शेष लोग शिक्षा ग्रहण करें। साथ ही, या तो सम्राट राजकीय

सेनाओं को नगर की सुरक्षा का भार सौंपें, अथवा अनुमति दें कि हम अपने यूथों की शक्ति से नगर में शान्ति स्थापित करें।''

दरीमुख के बैठते ही कोटपाल ने निवेदन किया, ''सम्राट ! नगर में जो कुछ घटित हुआ है, वह शुभ नहीं है, मैं भी स्वीकार करता हूं। किन्तु, उससे मेरी असावधानी, कर्तव्य-भावना का अभाव अथवा असमर्थता प्रकट नहीं होती। यदि नगर में इस प्रकार के विस्फोट हों, जैसा कि कल हुआ है, तो निश्चय ही मेरे दंडधर उन्हें रोक नहीं सकते...।''

सुग्रीव आश्वस्त भाव से पुनः मुसकराये, ''मुझे पूरी सूचना है कि कल नगर में क्या हुआ है। अब प्रश्न यह है कि हमें क्या करना है ? एक दृष्टिकोण तो यह है कि हम राजकीय सेना अथवा यूथपति दरीमुख के प्रस्ताव के अनुसार उनके यूथ को अनुमति दें कि वे उन लोगों को खोजें, जिन्होंने बलात् सामंतों की भूमि पर आधिपत्य जमाया है। खोजना कठिन नहीं है। वे लोग या तो अभी भी आधिपत्य जमाये हुए होंगे, या नगर-प्राचीर के भीतर और बाहर अपनी झुग्गियों में मिल जायेंगे। उन सहस्रों लोगों को — जो आपके अपने लोग हैं, वानर जाति के लोग — मृत्युदंड दिया जाए। उनकी हत्या की जाए, उनके परिवारों को नष्ट किया जाए, उनकी झुग्गियां जला दी जाएं...।''

''सम्राट !'' अंगद उठ खड़े हुए।

''शांत !'' सुग्रीव बोले, ''पहले मेरी बात सुन लो, फिर प्रत्येक व्यक्ति को अपना मत प्रकट करने का पूर्ण अवसर दिया जायेगा।''

अंगद बैठ गये।

''दूसरा दृष्टिकोण इससे भिन्न है।'' सुग्रीव पुनः बोले, '' उसके अनुसार यह विश्लेषण होना चाहिए कि ऐसी घटना क्यों घटी और ऐसा क्या किया जाए कि ऐसी घटनाओं की पुनरावृत्ति न हो...।'' सुग्रीव ने रुककर सारी सभा को देखा। सभासद उत्सुकता से प्रतीक्षा कर रहे थे कि दूसरे दृष्टिकोण का अर्थ स्पष्ट हो। सुग्रीव पुनः बोले, ''विश्लेषण केवल एक घटना का नहीं होता। घटना तो एक लक्षण मात्र है। देखना यह होगा कि वे सामान्य स्थितियां क्या हैं, जिनसे यह लक्षण उत्पन्न हुआ... मेरी बुद्धि के अनुसार इस घटना के मूल में यह तथ्य वर्तमान है कि हमने उन्हें मनुष्य नहीं समझा। उन्होंने धैर्य से प्रतीक्षा की कि हम कब जागते हैं और इस तथ्य को पहचानते हैं कि उन्हें भी रहने के लिए थोड़ा-सा स्थान चाहिए। किन्तु हम अपने प्रासाद बनाते रहे और उन्हें कुटीर बनाने का भी स्थान नहीं दिया...।''

''क्षमा करें, सम्राट !'' दुर्मुख बोला, ''उन्हें किसी ने मना नहीं किया था। वे जब चाहते, हमारे ही समान किष्किंधा की भूमि खरीद सकते थे।'' उसके चेहरे पर कटाक्ष का विकृत हास्य था।

''तुम ठीक कहते हो, दुर्मुख !'' सुग्रीव ने अपनी शान्ति नहीं छोड़ी, ''वे लोग

भी भूमि खरीद सकते थे। यदि मैं कहूं कि उनके पास धन नहीं था और किष्किंधा का धन-लोलुप शासन क्रमशः भूमि का मूल्य बढ़ाता जा रहा था, तो तुम कहोगे कि उन्हें धनार्जन से किसने रोका था। अतः मैं बीच की बातें छोड़कर सीधे मूल बात पर आता हूं। पूरे यूथ का धन यूथपति ने अपनी धूर्तता और शोषण वृत्ति से स्वयं हड़प लिया। जब धन लौटाने की मांग हुई तो यूथपति ने हिंसा का आश्रय ले, यूथ-जन का दमन किया। क्या तुम कह सकते हो, दुर्मुख ! कि तुम्हारा सारा धन जिसके आज तुम स्वामी हो, तुमने स्वयं अर्जित किया है... ?'' सुग्रीव रुके, और जब कोई कुछ नहीं बोला, तो उन्होंने अपनी बात आगे बढ़ायी, ''अपना अधिकार प्राप्त करने के लिए उन्होंने जब तुम्हारी हिंसा का विरोध अपनी हिंसा से किया तो तुम उन पर हिंसा का आरोप लगाने लगे। अब शासन की ओर से और अधिक हिंसा का प्रयोग कर, सामान्य जन के मौलिक अधिकारों का दमन नहीं होना चाहिए; अन्यथा जनता की ओर से भी अधिक हिंसा होगी।... हमें उनके अधिकारों को मान्यता देनी होगी, वे भी मनुष्य हैं, हमारी अपनी जाति के हैं, हमारे बन्धु हैं।''

''उनके अधिकारों को मान्यता देने का अर्थ है कि हमारे प्रासादों की भूमि पर उन्हें अपनी गंदी झुग्गियां बनाने की अनुमति दी जायेगी ?'' कटाक्ष अत्यन्त रोषपूर्ण स्वर में बोला।

''नहीं ! शासन उन्हें गंदी झुग्गियों में नहीं रहने देगा।'' सुग्रीव का स्वर भी ओजपूर्ण हो उठा, ''शासन के आदेश से सामंतों के प्रासादों के साथ जुड़े उद्यानों तथा शोभा-क्षेत्रों की भूमि पर सहस्त्रों की संख्या में दो-दो कक्षों के स्वच्छ आवासों का निर्माण किया जायेगा। बहुत थोड़े शुल्क पर वे आवास उन लोगों को दिये जायेंगे, जिनके रहने की कोई व्यवस्था नहीं है।''

''यह असम्भव योजना है। ऐसा हो नहीं सकेगा। बेघर लोगों की संख्या बहुत अधिक है।'' कटाक्ष पुनः बोला।

''एक निवेदन मेरा भी है, सम्राट !'' हनुमान बोले।

''बोलो !''

''किष्किंधा वानरों की राजधानी है। अतः प्रत्येक वानर यहीं रहने का इच्छुक है। पहाड़ियों के बीच बसी होने के कारण इसका अधिक विस्तार भी नहीं हो सकता। विस्तार किया भी जाए, तो हमारे पास दूर से आने-जाने के लिए परिवहन के साधन भी नहीं हैं। अतः राजधानी की आवश्यकता को ध्यान में रखते हुए नियम बना दिया जाए कि राजधानी की भूमि किसी व्यक्ति की निजी सम्पत्ति नहीं हो सकती। राजधानी के समस्त भवन सम्पूर्ण वानर-जाति की सम्पत्ति हैं, अतः जिस वानर की आजीविका का साधन राजधानी में हो, उसकी आवश्यकतानुसार आवास की व्यवस्था शासन की ओर से हो; और जैसे ही कोई व्यक्ति अपने कार्य से अवकाश प्राप्त करता है अथवा राजधानी में उसके बने रहने की आवश्यकता समाप्त हो जाती है — वह राजधानी

छोड़कर अन्यत्र चला जाए।''

सुग्रीव मुसकराये, ''यदि मंत्री कटाक्ष की आशंका सत्य प्रमाणित हुई तो फिर हनुमान के प्रस्ताव को कार्यान्वित किया जायेगा।''

सुग्रीव ने देखा, अनेक सामंतों के चेहरों पर त्रास की गहरी छाया अंकित हो गयी थी।

जैसे-जैसे किष्किंधा की सीमा निकट आती जा रही थी, वाली का धैर्य समाप्त होता जा रहा था। उन्हें लगता था, मार्ग जैसे खिंचता ही जा रहा है और उसका कोई अन्त नहीं है...। कितनी दूर से चलते आ रहे थे वाली। निरन्तर कितने ही दिनों से। मार्ग में उनका मन न किसी सुन्दर स्थान पर रुकने को हुआ, न कोई बाधा उनकी गति को मंद कर सकी। कंधे पर अपनी गदा रखे वाली निरन्तर चलते ही जा रहे थे।

कितना समय हो गया किष्किंधा छोड़े ? प्राय: एक वर्ष ! एक वर्ष से वे अलका से वियुक्त हैं, उस दुष्ट मायावी के कारण। आरम्भ में तो मायावी भागता ही चला गया, और वाली उसे पा न सके। फिर वह गुप्त मार्ग पर चलने लगा। कभी कंदराओं में छिप जाता, कभी वन में। और जब उसे राक्षसों की कोई बस्ती मिल जाती थी, तो वह निश्चिंत होकर वहां टिक जाता था। ऐसी बस्तियों में वाली स्वयं को छिपाते फिरते थे। राक्षस संगठित भी थे और उनके पास शस्त्र भी थे। अकेले वाली उनसे भिड़ते तो मायावी का वध तो नहीं ही होता, उलटे वे ही अपने प्राणों से हाथ धो बैठते। ऐसे में बड़े विकट धैर्य से मायावी के आगे बढ़ने की प्रतीक्षा करनी पड़ती थी। वाली का अहंकार बहुत आहत होता था। उनमें इतना धैर्य कभी नहीं रहा कि शत्रु सामने दिखायी भी पड़े और वे उस पर प्रहार न करें। किन्तु ऐसी बाध्यता भी पहले कभी नहीं रही।... और फिर जैसे-जैसे समुद्रतट निकट आता जा रहा था, वाली की चिन्ता बढ़ती जा रही थी। यदि कहीं एक बार मायावी सागर-तट पर पहुंच गया और उसे राक्षसों का कोई जलपोत अथवा नौका मिल गयी, तो उसे पाना असम्भव हो जायेगा।... किंतु जाने मायावी के मन में क्या था, वह सीधा समुद्र-तट की ओर न जाकर विभिन्न दिशाओं में चलता जा रहा था। कभी-कभी लगता था, जैसे वह भयभीत हो कि उसका पीछा किया जा रहा है और अवसर मिलते ही कोई उसका वध कर देगा; पर दूसरे ही क्षण लगता, वह निर्भय हो विभिन्न राक्षस-बस्तियों में जाकर अपने मित्रों से मिल रहा है, उनसे सूचनाएं प्राप्त कर रहा है और कदाचित् अपने व्यापार से सम्बन्धित व्यवस्थाएं करता चल रहा है...

किष्किंधा की प्राचीर के जिस भग्नांश से मायावी वन में कूदा था — वह स्थान वाली को किसी गुफा-मुख-सा लगा था, और अब भी वाली को यह लगता था कि वे और मायावी दोनों ही किसी बहुत विस्तृत और व्यापक, जटिल और रहस्यमय गुफा में, एक-दूसरे के आगे-पीछे चल रहे हैं। कभी मायावी छिप जाता है, कभी वाली छिप जाते हैं। कभी कोई भारी पड़ता है, कभी कोई।

अन्त में वाली को, मायावी एक एकांत स्थान पर, समुद्र-तट की पहाड़ियों की एक गुफा में, अपने दो साथियों के साथ, असावधान सोया पड़ा मिल गया था। वाली के मन में द्वन्द्व जागा — वे तीन थे और तीनों के पास शस्त्र थे। किन्तु, यदि यह अवसर वे चूक गये तो जाने मायावी के साथियों की संख्या इससे भी अधिक हो जाए। इस समय उनके पास केवल खड्ग हैं। बाद में कहीं धनुष भी हुआ तो... जीवन में पहली बार वाली के मन में सुग्रीव की बात कसक उठी। सुग्रीव सदा ही वानरों के पास शस्त्रों के अभावों की चर्चा किया करता था; किंतु वाली ने कभी उसकी बात पर कान नहीं दिया।

दूसरे ही क्षण उनके मन में आया, तुरन्त ही इन सोये हुए शत्रुओं पर अपनी गदा से प्रहार कर दें। सोये तो हैं ही, एक-एक प्रहार में उनके सिरों का कचूमर निकल जायेगा।... किंतु यह विचार टिका नहीं। सोये हुए शत्रु पर प्रहार करना वाली की वीरता के अनुकूल नहीं था। वे उनके निकट गये। अच्छी प्रकार परीक्षण किया। उनके पास एक-एक खड्ग के सिवाय और कोई शस्त्र नहीं था।

वाली सावधान हो गये। अपनी गदा हाथों में संभाल ली और पैर से एक प्रबल ठोकर मायावी को लगायी।

मायावी ने अचकचाकर आंखें खोलीं। पहले तो उसकी समझ में ही कुछ नहीं आया। वह झपझपाती आंखों से भावशून्य मुद्रा में वाली को देखता रहा। किन्तु सचेत होते ही वह वाली को पहचान गया।

''वाली !''

''हां !'' वाली हुंकारे, ''उठ ! युद्ध कर। भगोड़े कायर !''

मायावी का भय अधिक नहीं टिका। वह उठकर खड़ा हो गया। आस-पास की हलचल से उसके साथी भी जाग उठे और भयंकर युद्ध आरम्भ हो गया। वाली अकेले थे और वे तीन। वाली के पास गदा थी और उनके पास खड्ग।... किंतु थोड़ी ही देर में स्पष्ट हो गया कि वे न तो वाली के समान शक्तिशाली थे और न युद्ध-कुशल। पर उनके शस्त्र वाली के लिए घातक हो सकते थे।... युद्ध प्रबल होता गया। दोनों ओर से आघात घातक होते गए और साथ-ही-साथ अपने आवेश में वाली स्वयं को भूलते गये। वे उन्मत्त हो रहे थे और क्रमशः उनके मन से खड्ग का भय विलीन होता जा रहा था वे उनके निकट होकर प्रहार कर रहे थे... और सहसा मायावी का एक साथी गदा का आघात खाकर गिर पड़ा। उसे देखने के लिए दूसरा रुका तो वाली ने उसका भी सिर चूर-चूर कर दिया।

अब वाली और मायावी दोनों ही अकेले-अकेले थे। मायावी अपने साथियों की अपेक्षा अच्छा योद्धा था और उसके पास खड्ग भी था; किन्तु वाली एक दृष्टि में ही समझ गये थे कि अपने साथियों के धराशायी हो जाने से उसका मनोबल बहुत आहत हुआ था। उसका उत्साह क्रमशः क्षीण होता जा रहा था और अनायास ही उसका युद्ध

आक्रामक के स्थान पर रक्षात्मक होता जा रहा था। उसके पग आगे बढ़ने के स्थान पर पीछे हटते जा रहे थे।... थोड़ी ही देर में वह गुफा की शिला से जा लगा था। अपनी पीठ पर शिला के स्पर्श से वह अपनी स्थिति समझकर जैसे किसी नींद से जागा और खड्ग सीधा कर, उसकी नोक से छेद देने के लिए वह वाली की सीध में झपटा; किन्तु तब तक बहुत देर हो चुकी थी। वाली ने एक ओर हटकर अपनी गदा को दोनों हाथों में पकड़, घुमाकर शरीर की सारी शक्ति से सीधा प्रहार किया... मायावी के पास पीछे हटने के लिए भी स्थान नहीं था। वह शिला तथा गदा के बीच कुचला जाकर सीधा धरती पर आ गिरा...

वाली ने स्पर्श कर देखा — मायावी में प्राण नहीं थे। उसका शरीर पूर्णतः कुचला जाकर रक्त से गीला हो चुका था।... वाली के उन्माद और आवेश में जैसे भाटा आ गया। सहसा ही उन्हें थकान-सी लगने लगी। मन में आया कि कहीं मायावी के निकट ही लेट जाएं और एक दीर्घ निःशंक नींद ले लें... किंतु थकान के साथ ही जैसे एक भय जन्मा।... वाली ने मय के पुत्र मायावी का वध किया था। मायावी साधारण व्यक्ति नहीं था, राजाधिराज रावण का साला था। उसकी हत्या का समाचार मिलते ही, संभव है, राक्षसों के झुंड-के-झुंड वाली की खोज में निकल पड़ें... वाली अपनी किष्किंधा से बहुत दूर हैं। उन्हें ठीक-ठीक यह भी ज्ञात नहीं कि वे कहां हैं।

वाली तत्काल चल पड़े और तब से चलते ही आ रहे हैं। न उनकी थकान दूर हुई है, न भय। एक बार मन में भय जागता है तो वे संकुचित हो जाते हैं। कहीं किसी घने जंगल में छिप जाने की इच्छा होती है। और अगले ही क्षण भय की प्रतिक्रियास्वरूप तीव्र हिंसा जागती है। मन होता है कि किसी की ओर से विरोध और शत्रुता की तनिक-सी आशंका होते ही उसे पीस डालें; अपने सम्पूर्ण शत्रु-वर्ग को पूर्णतः नष्ट कर दें...

लौटते हुए भी वाली ठीक उसी प्रकार छिपते-छिपाते किष्किंधा की ओर बढ़ रहे थे, जैसे वे मायावी का पीछा करते हुए गये थे। कई बार उन्होंने सोचा भी कि ऐसा क्यों है। जाते हुए तो उन्हें मायावी तथा उसके साथी राक्षसों का भय था, किन्तु लौटते हुए... उन्हें लगता था, राक्षसों का भय उनके मन से अभी निकला नहीं था। राक्षस अत्यन्त दुष्ट और धूर्त होते हैं। सम्भवतः वे अभी भी कहीं घात लगाये बैठे हों; सम्भव है कि वे छिपकर उनका पीछा कर रहे हों... भय उनका पीछा नहीं छोड़ रहा था और भय के साथ थकान बढ़ती जा रही थी।

किष्किंधा के निकट के वनों में आते-आते वाली की शारीरिक थकान के साथ-साथ मानसिक थकान भी बहुत बढ़ गयी थी।... किंतु जब कभी वे मानसिक थकान की परत हटाने का प्रयत्न करते, उन्हें लगता, उस धुएं के नीचे, आशंकाओं के अनेक बिच्छु छिपे बैठे हैं...

वाली के मन का संकल्प दृढ़ होता जा रहा था... एक बार वे अपनी राजधानी में पहुंच सत्ता हस्तगत कर लें, फिर वे अपनी इन आशंकाओं को पूर्णतः निर्मूल कर देंगे।

किसी भी दिशा में कोई शत्रु शेष नहीं बचेगा।... वाली अत्यन्त निर्मम होकर अपने शत्रुओं को समाप्त कर देंगे और पूर्ण शांति से राज्यभोग करेंगे... अलका...

वाली का शरीर थकान से टूट रहा था, किंतु उनकी पलक तक नहीं झपकी थी।

उन्होंने तारा को देखा। वह जाने कब सो गयी थी। उसके चेहरे पर पूर्ण तृप्ति की भावना थी, जैसे वाली के लौट आने पर उसे सब कुछ मिल गया था।... इतने दीर्घ वियोग के पश्चात् मिलने पर वाली के मन में तारा का पुराना आकर्षण लौट आया था — कितनी सुन्दर है तारा... रात्रि की कुछ घड़ियां व्यतीत होते-होते, तारा तो मन और शरीर की पूर्ण तृप्ति पाकर सो गयी, किन्तु वाली के मन में पुनः पुरानी वितृष्णा लौट आयी। उन्हें स्वयं अपने-आप पर आश्चर्य हो रहा था कि कुछ समय पूर्व उन्हें तारा इतनी आकर्षक क्यों लगी थी... क्या वह मात्र कामाकर्षण था... तारा का सामीप्य ही जैसे उनमें अलका की दुर्दमनीय कामना जगा रहा था...

और उन्हें सूचना मिली थी कि सुग्रीव ने अलका को उसकी इच्छा के अनुसार उसके पिता के पास भेज दिया था।... वाली के वक्ष में तब से जैसे एक असहनीय पीड़ा घुमड़ रही थी... वाली ने अपने सुख के लिए किष्किंधा से इतना दीर्घ और भयंकर निष्कासन स्वीकार किया था और सुग्रीव की तनिक-सी इच्छा ने, वह सारा सुख वाली से छीन लिया, उनके जीवन की सबसे बड़ी निधि का अपहरण कर लिया। किसी ने सुग्रीव को नहीं रोका।... सुग्रीव युवराज न रहकर सम्राट हो गया है। उसके पास राजनीतिक सत्ता है। उस सत्ता के कारण वह जिसका चाहे सुख छीन सकता है, जिसकी चाहे सम्पत्ति छीन सकता है। वाली का सुख भी... वाली अपने आप में कुछ भी नहीं है। सब कुछ राजशक्ति ही है... कल यदि सुग्रीव वाली के प्राण भी लेना चाहे, तो वह भी ले सकता है...

वाली की आंखों के सम्मुख दिन के समय का वह दृश्य घूम गया... वन से बाहर निकल वे किष्किंधा की प्राचीर के पास पहुंच गये थे, ठीक उसी स्थान पर, जहां के भग्नांश से वे मायावी के पीछे वन में उतर गये थे। किन्तु अब उस भग्नांश की ही मरम्मत नहीं हो चुकी थी — सम्पूर्ण प्राचीर का ही जीर्णोद्धार हो चुका था। प्राचीर पक्की तथा ऊंची हो चुकी थी, जैसे बाहर से होने वाले आक्रमण के लिए चुनौती बनकर खड़ी हो। प्राचीर के चारों ओर सैनिक चौकियां स्थापित हो चुकी थीं... वाली का मन स्तब्ध रह गया।... कहीं ऐसा तो नहीं कि उनकी अनुपस्थिति में किसी शत्रु ने नगर पर आधिपत्य स्थापित कर लिया हो और अब प्राचीर पक्की कर, चारों ओर सैनिक चौकियां बैठा, लौटने पर उनके वध की तैयारी हो... उस शत्रु ने यह तो नहीं सोचा कि वाली यदि मायावी के पीछे एक गुफा में उतरे थे तो उन्हें उसी गुफा में बन्द कर दिया जाए !...

वाली का सारा शरीर स्वेद से भीग गया।

वह क्षण बहुत शीघ्र बीत गया था। किन्तु यह विचार वाली के मस्तिष्क से जैसे चिपक गया था।... नगर पर किसी शत्रु का आधिपत्य नहीं था, उनके अपने भाई सुग्रीव का नियंत्रण हुआ था। सुग्रीव युवराज से सम्राट बन गया था। उसी ने प्राचीर का जीर्णोद्धार करवाया था, नगर के चारों ओर सैनिक चौकियां बैठायी थीं और अलका को वाली से छीन किसी अज्ञात देश में उस व्यक्ति को सौंप दिया था, जो उसका पिता था... सुग्रीव क्या वाली का मायावी से कम शत्रु था ?... सुग्रीव यह सब कर सका, क्योंकि राजनीतिक सत्ता उसके पास थी। वह चाहे तो कल प्रातः वाली का राज्य लौटाने के स्थान पर उनका वध भी कर सकता है... वध !... वाली का शरीर फिर एक बार स्वेद से भीग गया... राजसत्ता के बिना वाली सम्राट तो नहीं हो सकते, वे जीवित भी नहीं रह सकते... वाली को लग रहा था, राजसत्ता और उनके प्राण जैसे मिलकर एक हो गये थे... उनके प्राण लेने के लिए उनकी सत्ता छीन लेना ही पर्याप्त था।... सत्ता वाली के पास रहे तो यह प्रासाद उनका है, नगर उनका है, सेना उनकी है, अलका उनकी है... और सत्ता सुग्रीव के पास हो तो न प्रासाद वाली का, न नगरी वाली की, न सेना वाली की, न अलका वाली की, न सुख वाली का, न प्राण वाली के... सुग्रीव ने युवराज रहकर ही प्रजा का पालन क्यों नहीं किया, वह सम्राट क्यों बन बैठा ? उसने प्राचीर का जीर्णोद्धार क्यों कराया ? सैनिक चौकियां क्यों बैठायीं ? अलका को वाली से क्यों छीना ?... वाली के भीतर का हिंस्र पशु बार-बार अंगड़ाइयां ले रहा था... सुग्रीव ! दुष्ट सुग्रीव! तूने भाई होकर मेरे साथ शत्रु का कार्य किया... छली... कल प्रातः एक बार वाली को राजसभा में सिंहासन पर बैठ तो लेने दे, सुग्रीव !

5

सुग्रीव को लगा, जैसे कोई स्वप्न में बहुत दूर से धीरे-धीरे उनको पुकार रहा है। पुकार को सुनकर उनमें कोई प्रतिक्रिया नहीं जाग रही थी। शरीर में जैसे कोई स्फूर्ति नहीं थी। हाथ-पैर हिलने को तैयार नहीं थे। शरीर सुन्न हो गया था। केवल मस्तिष्क जाग रहा था... जाने कब से वे इसी प्रकार आधे सोये, आधे जागे, कुछ नींद में और कुछ स्वप्न में लेटे हुए थे।

"प्रिय !" सहसा रुमा का स्वर उनके मस्तिष्क में गूंजा, "सुनिये ! आपके लिए कोई बहुत आवश्यक समाचार है।"

रुमा ने उनकी बांह हिलायी।

वे सजग हुए। यह स्वप्न नहीं था।

"बहुत आवश्यक समाचार है ?" सुग्रीव उठ बैठे।

"सम्राट का आवश्यक कार्यों से जगाया जाना और बात है।" रुमा बोली, "अब जब शासन जेठजी के हाथ में है, ये लोग आपको क्यों परेशान कर रहे हैं ? ऐसा कौन-

सा समाचार है कि रात को सोने भी न दें।''

''तुम सो जाओ।'' सुग्रीव बिस्तर में से निकलते हुए बोले, ''मैं अभी आता हूं।''

उत्तरीय संभालते हुए वे बाहर की ओर चले। जान-बूझकर रुमा ने आंखें चुरा लीं। रात-बेरात इस प्रकार जगाये जाने के कारण उसकी आंखों के उपालंभ का सामना सुग्रीव कैसे करेंगे। वे रुमा को इस प्रकार कभी भी परेशान न होने देते, किन्तु कोई-न-कोई अत्यन्त आवश्यक कार्य होगा, तभी तो उन्हें जगाया गया है...

कक्ष से बाहर आकर उन्होंने परिचारिका की ओर प्रश्न-भरी दृष्टि से देखा।

''अपराध क्षमा हो, युवराज !'' परिचारिका ने आंखें झुकाकर धीमे स्वर में कहा, ''द्वारपाल ने सूचना भिजवाई है कि शिल्पी मुख्य द्वार पर आपकी प्रतीक्षा कर रहे हैं। वे भीतर भी नहीं आना चाहते। उन्हीं के आदेश...''

सुग्रीव ने बात पूरी नहीं सुनी... शिल्पी रात के इस प्रहर में आया है। वह मुख्य द्वार के बाहर प्रतीक्षा कर रहा है। ऐसी क्या बात है ? यदि शिल्पी के स्थान पर कोई और व्यक्ति होता तो कदाचित सुग्रीव एक क्षण के लिए संकोच भी करते या सम्भव है कि इस प्रकार जगाये जाने पर उन्हें क्रोध भी आता; किन्तु शिल्पी... पर वह बाहर क्यों खड़ा है ?

द्वार पर खड़े दंडधरों के अभिवादन की उपेक्षा करते हुए, वे बाहर आये। दृष्टि उठाकर देखा — शिल्पी कहीं दिखाई नहीं दिया। उन्होंने दंडधर की ओर देखा। दंडधर ने उनकी दृष्टि का अर्थ समझकर अंधकार में एक ओर संकेत कर दिया।

अनायास ही सुग्रीव के पग उस ओर उठ गये। साथ ही मन ने प्रश्न किया— ऐसा क्यों ? शिल्पी के महत्त्व से वे परिचित न होते, तो क्या इस कुसमय जगाये जाने पर, वे बाहर आते और बिना किसी को देखे, इस प्रकार अंधकार में चल पड़ते ?... शिल्पी का महत्त्व वे जानते हैं; फिर भी जो कुछ वह कर रहा है, क्या वह उचित है? वानरों के युवराज को इस प्रकार आधी रात के समय नींद से जगाकर, एक साधारण जन के समान अंधेरे में छिपकर, उससे बातें करना... क्या है यह सब ?...

किन्तु उनके पगों की गति विचारों से अप्रभावित रही। मुख्य मार्ग के साथ सटकर अंधेरे में खड़े पेड़ों के झुरमुट के पास पहुंचते ही उन्हें शिल्पी दिखायी पड़ा। उसने आगे बढ़कर अभिवादन किया।

''क्या बात है, शिल्पी ?''

''युवराज, यहां कोई बात नहीं हो सकती। आप मेरे साथ आयें।''

सारी मर्यादा और शिष्टाचार की उपेक्षा करते हुए, शिल्पी ने झटककर सुग्रीव की बांह पकड़ ली और बलात् उन्हें अपने साथ खींचता हुआ बोला, ''युवराज ! अपनी शक्ति-भर मेरे साथ भागें।''

अगले ही क्षण शिल्पी और सुग्रीव उस मार्ग पर भागते जा रहे थे, जो किष्किंधा से बाहर जाता था। सुग्रीव के पगों के साथ-साथ उनका मस्तिष्क भी भाग रहा था —

यह सब क्या है ? क्यों वे इस प्रकार शिल्पी के संग भाग रहे हैं ? शिल्पी किष्किंधा का सर्वश्रेष्ठ धावक है। उसे भागने का अभ्यास है। उसे उसका शौक भी है। पुरस्कार जीतने के लिए उसे भागने का अभ्यास करने की इच्छा ही हो, तो वह रात-बेरात उठकर भागा करे; किंतु सुग्रीव का इस प्रकार भगाया जाना ?... कहीं सुग्रीव के साथ ही तो कोई धोखा नहीं हुआ ?... किंतु अंगद ऐसा क्यों करेगा ? और सुग्रीव के साथ धोखा करने की आवश्यकता ? उसे धोखा करना ही था तो तब करता, जब वाली के जीवित होने में संदेह था और सुग्रीव वानरों के शासक थे। ... अब जब वाली लौट आये थे, शासन पूरी तरह उनके हाथ में था... अब अंगद सुग्रीव के साथ धोखा कर क्या पायेगा ?... कोई-न-कोई बात तो होगी ही...

अंगद एक क्षण के लिए ही आया था संध्या समय। उसका दम फूल रहा था, जैसे भागता हुआ आया हो। उसने एकांत में कहा था, ''चाचाजी ! समय एकदम नहीं है। बड़ी मुश्किल से आया हूं। यदि किसी भी समय आपके पास शिल्पी को भेजूं, तो आप भोजन करते या सोते से उठकर आ जाएं और जो वह कहे, उसके अनुसार करें। चाचाजी ! शायद आपकी कल्पना में भी यह बात नहीं है कि परिस्थितियां कैसी जटिल हो गयी हैं।''... और अंगद यह जा, वह जा।... अभी चार प्रहर भी नहीं बीते कि शिल्पी ने उन्हें सोते से आ जगाया। और अब उनकी बांह पकड़े घसीटता ही जा रहा है।...

''बात क्या है ? कुछ कहो भी तो, शिल्पी !''

''अभी बताता हूं।'' शिल्पी दौड़ता चला गया। किसी-न-किसी प्रकार सुग्रीव साथ घिसट रहे थे।

काफी दूर जाकर शिल्पी की गति कुछ धीमी हुई और वह रुक गया।

सुग्रीव रुके तो उनका ध्यान अपने हांफने की ओर चला गया। शिल्पी इतना सहज था, जैसे इतनी दूर तक भागा न हो, दो-चार पग ही चला हो।

सुग्रीव ने शिल्पी की ओर प्रश्नवाचक दृष्टि से देखा।

''युवराज ! जो कुछ मैंने किया, यह राजकुमार अंगद की इच्छा थी।'' वह बोला, ''राजकुमार का आदेश था कि मैं किसी भी प्रकार आपको इतनी दूर तो पहुंचा ही दूं कि आप किष्किंधा के मुख्य पथों के घेरे से बाहर निकलकर सुरक्षित हो जाएं...।''

सुग्रीव ने मुड़कर देखा। उनके पीछे पचास-साठ पगों की दूरी पर मुख्य पथ अपने एकाकीपन में पृथ्वी से ऊपर उठकर अकड़ा खड़ा था और वे स्वयं शिल्पी के साथ उससे नीचे मैदान में पेड़ों और झाड़ों के अंधकार में खड़े थे।

''किंतु क्यों ?...'' सुग्रीव की जिह्वा पर आया प्रश्न वहीं थम गया। उनकी दृष्टि अंधेरे में डूबे मुख्य पथ पर हिलते हुए बिंदुओं पर केन्द्रित हो रही थी। वे बिंदु क्रमशः बढ़ते जा रहे थे, जैसे काले बिंदुओं की कोई अजस्र धारा हो। अगले बिंदु, पथ के दोनों ओर अपना स्थान ग्रहण कर थम जाते थे और पिछले बिंदु अपना स्थान खोजने के लिए आगे बढ़ जाते थे।

सुग्रीव विस्फारित नयन लिये शिल्पी की ओर घूमे।

''सम्राट वाली के सैनिक।'' शिल्पी धीरे से बोला, ''नगर को घेरा जा रहा है। अब तक सैनिकों ने आपके महल को भी घेर लिया होगा...।''

''किंतु क्यों ?'' सुग्रीव चकित थे।

''आपको बंदी बनाने के लिए।''

''मैंने क्या किया है ?'' सुग्रीव की समझ में कुछ भी नहीं आ रहा था।

''वह सब मैं नहीं जानता, युवराज !'' शिल्पी बोला, ''कुमार ने कहा है कि आप यहां से सीधे मतंग वन चले जाएं, ऋष्यमूक पर्वत पर। हनुमान भी यदि बच पाये तो वहीं मिलेंगे।''

''वह भी ?'' सुग्रीव का मस्तिष्क जैसे जड़ हो रहा था।

''भागिये, युवराज ! समय एकदम नहीं है।'' शिल्पी कह रहा था, ''कुमार ने कहा है कि यदि आपको वानरों के सुखी भविष्य का तनिक भी ध्यान है, तो आप भागकर मतंग वन में सुरक्षित पहुंच जाएं।''

क्या करें सुग्रीव ?... अकस्मात् ही उनकी दृष्टि उठकर दूर, ऊंचे मुख्य पथ पर खड़े बिंदुओं पर टिक गयी... बिंदु आगे नहीं बढ़ रहे थे — वे घेराबंदी कर रहे थे।... और तब उनकी दृष्टि नीचे, खड्ड सदृश्य इस मैदान में पेड़ों के पीछे, इस झाड़-झंखाड़ में खड़े शिल्पी पर ठहर गयी। वह सामने खड़ा था, फिर भी जैसे एक बिंदु होकर रह गया था। उस बिंदु से फुसफुसाता हुआ एक निरन्तर स्वर फूट रहा था, ''भागिये, युवराज! भागिये !''

पर कैसे भाग जाएं सुग्रीव ? रुमा पीछे प्रासाद में थी और प्रासाद को वाली के सैनिक घेर रहे थे। सुग्रीव का इस समय रुमा के पास होना बहुत आवश्यक था। पता नहीं वे सैनिक उसके साथ कैसा व्यवहार करेंगे। वे साधारण वानर सैनिक हैं। अधिक शिष्टाचार नहीं जानते। उनके शब्द खुरदरे हैं, व्यवहार कठोर। अधिकार प्रदर्शित करने का अवसर मिलते ही आवश्यकता से अधिक उग्र हो जाते हैं। संभव है, उनकी किसी बात से रुमा का मन दुख जाए... बेचारी रुमा... वह तो स्वयं किसी को कड़ी बात कह दे तो रो पड़ती है। फिर...

''भागिये, युवराज ! भागिये !...'' सामने खड़ा बिंदु फुसफुसाता जा रहा था।

''किंतु रुमा...'' वे बोले, ''नहीं, शिल्पी ! मैं वापस जाऊंगा। तुम्हें मुझे पहले ही बताना चाहिए था। मैं रुमा को अकेली नहीं छोड़ सकता। मैंने सुख में भी कभी उसे अकेले नहीं छोड़ा, यह तो...''

''आप लौटेंगे तो निश्चित रूप से बंदी बनाकर अंधकूप में डाल दिये जायेंगे, जहां से कभी जीवित न निकल पाएं। फिर कौन बचायेगा युवराज्ञी को, किष्किंधा को, वानरों को ?... भागिये, युवराज !''

अनायास ही सुग्रीव के पग उठे, जैसे शिल्पी की वाणी उनके मस्तिष्क का आदेश

हो। वे भागे। दो-चार डग ही भरे होंगे कि उनके मस्तिष्क ने अपनी समानांतर दौड़ आरम्भ कर दी... क्या कर रहे हैं सुग्रीव ? क्या वे स्वयं कुछ भी सोच-समझ नहीं सकते ? स्वयं निर्णय नहीं ले सकते ? शिल्पी के एक आदेश पर अपनी पत्नी और घर छोड़कर भागते जा रहे हैं। क्या वे स्वयं जड़-मूर्त हैं ? कौन होता है शिल्पी उन्हें आदेश देने वाला... यदि वाली उनसे रुष्ट भी हैं तो उनके भाई हैं, शत्रु तो नहीं। उनसे बातचीत हो सकती है, उन्हें समझाया जा सकता है, मतभेद मिटाया जा सकता है।... यदि अंगद ने शिल्पी को भेजा भी है, तो वे अपने लिए निश्चय करने का अधिकार अंगद को कैसे दे सकते हैं ?... और फिर क्या प्रमाण है कि अंगद ने ही शिल्पी को भेजा है...

दूसरे ही क्षण मुख्य पथ पर घेराबंदी करते हुए बिंदुओं का दृश्य सुग्रीव की खुली आंखों के सम्मुख घूम गया...

नहीं ! यह सूचना गलत नहीं हो सकती। किष्किंधा में रात के इस प्रहर में नगर की घेराबंदी करते हुए सैनिकों का यह दृश्य युद्ध जैसी आपात स्थिति में भी असाधारण है; और इन दिनों तो कहीं युद्ध नहीं है, युद्ध की कोई संभावना भी नहीं है। तो फिर वाली के ये सैनिक इस समय क्या कर रहे हैं ? निश्चय ही, रात के इस समय किसी को सोते हुए, दंडधरों के द्वारा बिस्तर से घसीट मंगवाना विचार-विमर्श के लिए नहीं, अंधकूप में डालने के लिए ही हो सकता है।... किष्किंधा में ऐसी घटनाओं की चर्चा केवल रावण के संदर्भ में ही की जाती है। यह रावण की ही विशेषता मानी जाती है कि रात के अंधकार में शांति से सोये हुए नागरिकों के घरों को सैनिक से घिरवाकर, वह उन्हें बंदी बनाता है और उनकी कुलांगनाओं और कुलवधुओं को उठवा मंगाता है... क्या वाली भी...

सुग्रीव के पगों की गति बढ़ गयी। पगों के साथ-साथ अब मस्तिष्क भी भागने लगा था।

...रुमा पीछे छूट गयी है। थोड़ी देर में वाली के सैनिक सुग्रीव के प्रासाद को घेर लेंगे; या संभव है कि अब तक घेर भी चुके हों। सारे मार्ग बंद कर दिये जायेंगे। प्रत्येक द्वार पर पहरा होगा... फिर वाली घर में प्रवेश करेंगे। घर में सुग्रीव को न पाकर उनकी आंखों में रक्त उतर आयेगा। वाली को सुग्रीव अपने शैशव से देखते आये हैं और उनकी प्रकृति को अच्छी तरह समझते हैं। वाली अपनी विफलता नहीं सह सकते, न अपनी विफलता के कारणभूत व्यक्ति को क्षमा कर सकते हैं। विफलता छोटी हो, चाहे बड़ी — ऐसे समय में उनके भीतर क्रोध की जो आंधी उठती है, वह सामने आयी प्रत्येक वस्तु को पीस डालती है।... और सुग्रीव के घर में क्रुद्ध, अपनी असफलता से बौखलाए हुए हिंस्र वाली के सामने पड़ेगी — रुमा। संभव है, वाली उस समय मदिरा पीकर धुत्त हों। उनकी मानवता पूरी तरह सोयी हो — असहाय बेचारी रुमा !

सुग्रीव के पग थम गये। वे रुमा को ऐसी विपत्ति में छोड़कर, अपनी रक्षा के लिए कायरों के समान कैसे भाग सकते हैं !... कहीं वाली क्रोध में रुमा की हत्या... नहीं!

वाली यह नहीं करेंगे।... एक तो रुमा स्त्री है और फिर, चाहे जो कुछ भी हो, उनके छोटे भाई की पत्नी है — उनके अपने कुल की वधू। वाली के मन में कोई भ्रांति है, तो वह सुग्रीव के लिए हो सकती है। रुमा ने क्या बिगाड़ा है वाली का ?... नहीं, वाली इतना नीच नहीं हो सकते। आखिर वे सुग्रीव के भाई हैं। सुग्रीव क्या उन्हें इतना भी नहीं जानते ? वाली इतने पतित कैसे हो सकते हैं कि अपनी अनुज वधू की हत्या कर दें...

इस समय लौटकर सुग्रीव, रुमा के पास घर पहुंच भी जाएं, तो क्या कर लेंगे वे ? वे अकेले वाली से भी द्वन्द्व-युद्ध नहीं कर सकते। शारीरिक शक्ति में वाली से उनकी कोई तुलना ही नहीं है। सुग्रीव उनके पासंग भी नहीं हैं। युद्ध-कौशल में भी वे कोई ऐसे श्रेष्ठ नहीं हैं कि वाली की शारीरिक शक्ति के विरुद्ध संतुलन स्थापित कर सकें। और फिर अपने सैनिकों और सेनापतियों के साथ व्यूहबद्ध खड़े, क्रुद्ध वाली का सामना कैसे किया जा सकता है ? नहीं ! ऐसे में सुग्रीव रुमा को बचा नहीं पायेंगे, स्वयं चाहे मृत्यु की गोद में ही जा सोयें...

इस आत्महत्या का क्या अर्थ ?

सुग्रीव के मन में जैसे कोई हंसा — कायर सुग्रीव ! जान बचाने के बहाने सोच रहा है। अपनी पत्नी को विपत्ति में अकेला छोड़, भीत जंतु के समान रिरियाता हुआ भाग रहा है और अपने को बहुत विवेकी समझता है। साहस है तो वापस लौट ! अपने अभिमान की वेदी पर अपने प्राणों की बलि दे। अपने रक्त से अपने कलंक को धो...

तत्काल ही एक दूसरा स्वर सुग्रीव के मन में गूंजने लगा — इस मृग-मरीचिका में मत फंसना, सुग्रीव ! तुम्हारे रक्त से कोई कलंक नहीं धुलेगा। यदि कुछ धुलेगा, तो केवल वानरों का सुखद भविष्य। तुम भावनाओं के आवेश में बह जाने वाले, काल्पनिक आदर्शों में जीने वाले अव्यावहारिक जीव नहीं हो — तुम व्यावहारिक और विवेकी राजनीतिज्ञ हो। प्राण देने से कोई लाभ नहीं होगा। अपने प्राणों की रक्षा करो... इन प्राणों से और बहुत कुछ करना है। आवेश में बह जाना बुद्धिमत्ता नहीं है। आवेश को संयत करो, संतुलित करो और उसे दिशा दो।... अंगद ने इतना जोखिम उठाकर, अपने पिता के विरुद्ध तुम्हारी सहायता की है। उसके इस साहसी कृत्य पर पानी मत फेरो। उसे तुमसे कुछ आशाएं हैं। यदि वह अपने प्रयत्न में सफल हुआ, तो मतंग वन में हनुमान भी मिल जायेंगे। वहां बैठकर शांत मन से सोच-विचार कर, हनुमान के साथ विचार-विमर्श कर, भविष्य का कार्यक्रम बनाया जा सकता है।... और यदि वाली से द्वन्द्व-युद्ध कर, उसी के हाथों मरना है, तो उसके लिए यही घड़ी उपयुक्त समय नहीं है। वाली को तो कभी भी ललकारा जा सकता है...

कई क्षणों तक नि:स्पंद खड़े सुग्रीव आकाश को घूरते रहे। रुमा उन्हें आगे नहीं बढ़ने दे रही थी और वाली उन्हें लौटने नहीं दे रहा था। जाने रुमा को क्या-क्या सहना पड़े। यदि वाली ने उससे तनिक भी अशिष्ट व्यवहार किया तो ?... सुग्रीव के रोम-रोम में आग जल उठी... रुमा... किंतु क्या करें सुग्रीव?... रुमा को शायद अंगद बचा ले।

संभव है, तारा भाभी ही उसकी कोई सहायता कर सकें।... किन्तु सुग्रीव लौटे तो उन्हें कौन बचायेगा ?...

किंतु क्या सोचेगी रुमा, जब उसे बताया जायेगा कि अपने प्राण बचाने के लिए उसे असुरक्षित छोड़कर, सुग्रीव रात के अंधकार में कायरों के समान भाग गया।... शायद उसका मन घृणा से भर उठे। वह थूकेगी उनके नाम पर। जो पति विपत्ति के समय पत्नी को ऐसे असहाय छोड़कर भाग जाए, उसका मर जाना ही अच्छा... सुग्रीव को लगा, रुमा उनके सम्मुख खड़ी उन्हें धिक्कार रही है — 'कहां गये तुम्हारे सिद्धान्त और आदर्श ? तुम तो कहते थे, पति-पत्नी को जीवन में सदा साथ रहना चाहिए — सुख में, दुख में, जीवन में, मृत्यु में। अब तुम्हें पत्नी से राजनीति अधिक प्यारी हो गयी — या अपने प्राण अधिक प्यारे हैं ?... ऐसा ही था तो मुझे भी साथ ले चलते। मैं तुम्हारा साथ न निभाती तो जो चाहे दंड देते। मुझे तो अवसर ही नहीं दिया...'

सुग्रीव की आंखों में अश्रु आ गये — 'नहीं, रुमा ! मुझे इस प्रकार न दुतकारो। मेरी स्थिति को समझने का प्रयत्न करो... मुझे मोह में मत डालो। सदा के समान अपनी विशिष्ट मुद्रा में हंसकर कहो — 'जाओ। जाओ। मैं सब देख लूंगी।'

सुग्रीव का मन कुछ हल्का हुआ। यदि वे आमने-सामने रुमा से पूछते, तो शायद वह हंसकर यही कहती — 'जाओ। जाओ। मैं सब देख लूंगी।'

सुग्रीव ने अपने आंसू पोंछे और मुड़कर मतंग वन की ओर चल पड़े। अब उनकी चाल में द्वन्द्व नहीं था।

इस बार सुग्रीव का मन एक अन्य प्रश्न में उलझ गया। आखिर वाली क्या कर रहा है, और क्यों ?... शिल्पी ने उनके अतिरिक्त केवल एक नाम लिया था — हनुमान ! क्या वाली ने उसे सुग्रीव का साथी समझकर दंडित करना चाहा था ? यदि सुग्रीव के समस्त साथियों को दंडित करना है तो सारी किष्किंधा में केवल वह अकेला तो नहीं है। उसे अनेक वानर-नायकों को दंडित करना पड़ेगा। किष्किंधा की प्राचीर के भीतर ही नहीं, दूर-दूर तक फैले हुए वानर-यूथों के उन लक्ष-लक्ष साधारण वानर-जनों को बन्दी करना होगा, जिन्होंने सुग्रीव के नेतृत्व में एक सुन्दर भविष्य का स्वप्न देखा था, और वानर-यूथों को आदिम स्थिति से निकालकर, सभ्यता तथा प्रगति के पथ पर आगे चलाना चाहा था।... क्या वाली उन सबको बन्दी बनायेगा ? और बन्दी बनाकर क्या करेगा ? यदि वाली सुग्रीव को पकड़ पाता तो क्या करता ? उन्हें कारागार में डालता या उनका वध करता ?.. किंतु क्यों ? सुग्रीव का अपराध क्या है?

सुग्रीव ने वाली का राज्य उससे नहीं छीना। यदि वे चाहते तो यह तनिक भी कठिन नहीं था। वानरों में उनकी इतनी प्रतिष्ठा है कि उनके एक संकेत पर किष्किंधा में विद्रोह हो सकता था। किंतु उन्होंने कभी वाली का बुरा नहीं चाहा।... हां ! व्यवस्था के प्रश्न पर उनका मतभेद हो सकता है; किन्तु मतभेद कोई अपराध नहीं है। वाली को

दिवंगत समझकर मंत्रि-परिषद् ने जब सुग्रीव का राज्याभिषेक कर दिया, तो शासन पाकर भी उन्होंने वाली के मंत्रियों, बंधुओं और मित्रों को बन्दी तो नहीं बनाया। किसी का वध कराना तो दूर, उनके लिए तनिक-सी असुविधा भी नहीं चाही।... जब तक शासन उनके हाथों में रहा, अपनी बुद्धि और विवेक के अनुसार उन्होंने न्यायपूर्वक शासन किया और वाली के जीवित होने की पहली सूचना मिलते ही शासन के समस्त अधिकार स्वेच्छा से त्यागकर अलग खड़े हो गये। वे चाहते तो उस समय वे भी बड़ी सरलता से वाली को बंदी बना सकते थे, अथवा उनका वध करवा सकते थे। किन्तु यह उनकी नीति नहीं रही।... तो अब वाली ? क्या चाहता है वाली ?...

ऐसा कौन-सा कार्य किया है सुग्रीव ने, जिससे वाली इतना क्षुब्ध है ?... सुग्रीव की आंखों के सम्मुख, दो दिन पूर्व का दृश्य घूम गया।

प्राय: वर्ष-भर की अनुपस्थिति के पश्चात् वाली लौटा था। सुग्रीव के मन में कितना उल्लास था। जिस भाई के जीवन से वे निराश हो चुके थे, वह साक्षात् सम्मुख आ खड़ा हो, तो किसे प्रसन्नता नहीं होगी। वाली मात्र जीवित ही नहीं था — अपने शत्रु की लम्बी और कठिन खोज के पश्चात् उसका वध कर, विजयी के रूप में किष्किंधा लौटा था। सारे राजपरिवार में उत्सव की-सी स्थिति थी। तारा भाभी के पति लौटे थे, अंगद के पिता... पर ऐसी स्थिति में भी वाली प्रसन्न दिखायी नहीं पड़ रहा था। वह सुग्रीव के साथ नगर के निरीक्षण के लिए निकला था। चलते-चलते एक स्थान पर वह नगर-प्राचीर के पास रुक गया।

''इस स्थान को पहचानते हो, सुग्रीव ?''

सुग्रीव इस स्थान को भली प्रकार पहचानते थे... यह वही स्थान था, जहां प्राचीर टूटी हुई थी और जिस पर से कूदकर मायावी भाग निकला था।

''क्यों नहीं पहचानूंगा ! आपने इसे सियार की गुफा कहा था।'' सुग्रीव ने वाली को देखा, ''आपने मुझे इस स्थान पर दृष्टि रखने के लिए कहा था...''

वाली का व्यवहार सहज नहीं था। उसके चेहरे पर चरम क्षोभ के भाव थे और आंखों में विक्षिप्तप्रायावस्था झलक रही थी।

''मैंने दृष्टि रखने के लिए कहा था, ताकि मायावी वापस न लौट सके; और तुमने प्राचीर का जीर्णोद्धार करा दिया, ताकि वाली ही न लौट सके...''

''भैया !'' सुग्रीव चीत्कार कर उठे।

''सत्य सुना नहीं जाता ?'' वाली जैसे आपे में नहीं था, ''मैं क्या इतना भी नहीं समझता...''

तो क्या सत्य ही वाली यह समझता है कि सुग्रीव ने उसे वापस न लौटने देने के लिए ही प्राचीर की मरम्मत करवाई थी ?... क्या वह इतनी-सी बात भी नहीं सोच सकता कि किष्किंधा में लौटने का एकमात्र मार्ग प्राचीर का वह टूटा हुआ भाग ही नहीं है...

वाली की अपनी चिंतन-पद्धति थी। सुग्रीव क्या कर सकते थे। वाली ने यदि यह मान लिया है कि प्राचीर का जीर्णोद्धार उसका किष्किंधा-प्रवेश रोकने के लिए ही था, तो कोई उसे अन्य बात कैसे समझा सकता है ? संभव है, उसने यह भी मान लिया हो कि वहां जो सैनिक थे, वे उसकी खोज के लिए नहीं, उसकी हत्या के लिए नियुक्त किये गये थे... और यदि एक बार वाली के मन में ऐसी बात आ गयी तो उसे समझाना असंभव है... कहीं वाली यह तो नहीं समझ बैठा कि सुग्रीव ने उसकी हत्या का प्रयत्न किया है ?... यदि ऐसा है तो वाली, सुग्रीव को जीवित नहीं छोड़ेगा...

सुग्रीव के सारे शरीर में एक ठंडी सिहरन दौड़ गयी।.

मतंग वन तक सुग्रीव जैसे किसी आविष्टावस्था में पहुंचे। वाली की भावना की कल्पना ही उनके लिए घातक थी, जैसे किसी ने उन पर वास्तविक आघात कर दिया हो। किन्तु मतंग वन तक पहुंचते-पहुंचते उनका आक्रोश कुछ हल्का हुआ। मस्तिष्क की जड़ावस्था भंग हुई और वह कुछ-कुछ चिंतनशील हो गया...

...अंगद ने उन्हें मतंग वन जाने को ही क्यों कहा ?... कहीं इसमें कोई चाल तो नहीं ?... पर इसमें क्या चाल हो सकती है ? यदि सुग्रीव को फंसाना ही था तो उन्हें बचाने की क्या आवश्यकता थी ? अंगद उन्हें चेतावनी न भिजवाता तो वे अपने शयन-कक्ष में सोये हुए बड़ी सरलता से पकड़े जा सकते थे।... अंगद उन्हें बचाना चाहता था... उसमें किसी चाल का कोई प्रश्न ही नहीं था।

जैसे-जैसे सुग्रीव का मन सोचता जाता था, उन्हें लगता, वाली से बचने के लिए मतंग वन जाने को न कहा होता तो वे सोचते ही रह जाते कि कहां जाएं... संभवत: वे निर्णय ही न कर पाते या कोई गलत निश्चय कर बैठते और परिणामत: वाली के हाथों में पड़ जाते... फिर अंगद ने हनुमान को भी मतंग वन में ही आने को कहा है। एक से दो भले; अन्यथा वे दोनों पृथक्-पृथक् रहकर एक-दूसरे की सहायता भी न कर पाते...

मतंग वन बड़ा उपयुक्त स्थान है — सुग्रीव के पगों के साथ-साथ उनका मन भी चलता जा रहा था — दुंदुभि का प्रसंग सुग्रीव के मन में सजीव हो उठा।... मायावी के वध के लिए भी वाली मतंग वन में जाने का साहस नहीं कर पाया था।... वाली से बचने के लिए मतंग वन से उत्तम स्थान दूसरा नहीं है...

न तो मतंग वन में पहुंचने में कोई बाधा हुई, न हनुमान को खोजने में; किन्तु तनिक-सी सुरक्षा का अनुभव होते ही सुग्रीव का मन वापस किष्किंधा की ओर दौड़ने लगा था... जब तक उन्हें किष्किंधा का ठीक-ठीक समाचार न मिले, उनका मन स्थिर कैसे हो सकता था। नगर में रुमा थी, उनके बन्धु थे, मित्र थे, सहयोगी थे... चिंता तो उन्हें सबकी ही थी, किन्तु रुमा की चिंता भिन्न प्रकार की थी। कई बार मन में आया भी

कि उनके लिए बंधु, मित्र, सहयोगी, मंत्री, सैद्धांतिक सहचर — सब उतने ही महत्त्वपूर्ण थे, जितनी रुमा; किन्तु मन विवेक के इस तर्क से सहमत नहीं था। चाहे वह स्वार्थ हो, चाहे नीचता — किन्तु वे रुमा को अन्य लोगों के समान नहीं मान पाते थे। वह उनकी पत्नी थी। उसकी चिन्ता उन्हें ही करनी थी। रुमा के लिए जो भी असुविधा, कठिनाई या जोखिम होगा, वह भी उन्हीं के कारण था। वाली के लिए रुमा और कुछ भी नहीं, सुग्रीव की पत्नी थी। नहीं तो वाली को उससे क्या लेना-देना था। सुग्रीव की पत्नी होने के कारण यदि उसे हानि पहुंचने की संभावना थी तो उसका लाभ भी तो उसे पहुंचना चाहिए।... उन्हें रुमा का समाचार मिलना ही चाहिए था...

किन्तु कौन दे समाचार ?

वे जितना अधिक सोचते जाते थे, उतना ही उनका निश्चय दृढ़ होता जाता था कि उनका किष्किंधा लौटना अविवेकपूर्ण है। मतंग वन में टिके रहकर प्रतीक्षा करें... कदाचित् अंगद की ओर से कोई समाचार आये।... कदाचित् अंगद ऐसी स्थिति में था कि किष्किंधा के सारे समाचार जान सके।... किन्तु अंगद किष्किंधा की परिधि के भीतर था। वहां वाली का राज था और अंगद को सब लोग अच्छी प्रकार पहचानते थे। संभव है कि अंगद को सूचना भिजवाने का कोई अवसर ही न मिल सके... पग-पग पर सैनिक होंगे, पग-पग पर गूढ़ पुरुष और गुप्तचर। अंगद के पास कोई ऐसा अधिकारपूर्ण पद भी नहीं है, जिसकी आड़ में वह ऐसा कोई कार्य कर सके।... इतने अनिश्चित साधन पर निर्भर नहीं रह सकते सुग्रीव।... और फिर बहुत संभव है कि वाली, अंगद का युवराज्याभिषेक कर दे। पिता-पुत्र में किसी प्रकार का कोई समझौता हो जाए। अंगद का मन बदल जाए...

सुग्रीव स्वयं किष्किंधा में प्रवेश नहीं कर सकते। शेष हैं केवल हनुमान। किंतु हनुमान को भेजने का जोखिम स्वयं सुग्रीव नहीं उठाना चाहते। यदि हनुमान किष्किंधा जाकर किसी परेशानी में फंस गये तो सुग्रीव क्या करेंगे ? हनुमान जैसा चरित्रवान, सिद्धांतवादी, सच्चा, वीर तथा साहसी सहयोगी और मित्र उन्हें कहां मिलेगा। हनुमान को भेजने से तो अच्छा है कि वे स्वयं ही चले जाएं। वे यदि वाली के हाथों में पड़ जाते हैं और वाली उनकी हत्या कर देता है, तो फिर उन्हें मित्रों और सहयोगियों की आवश्यकता ही नहीं रहेगी...

किंतु प्रातः सुग्रीव के कहे बिना ही हनुमान ने किष्किंधा जाने की तैयारी कर ली। सुग्रीव ने उन्हें रोकना चाहा तो वे रुके नहीं, "युवराज ! जाति का नाम वानर होने से ही तो हम वानर नहीं हो जाते। आखिर कब तक उद्यमहीन होकर ऋष्यमूक की चोटियों पर, वृक्षों की शाखाओं पर, शाखामृगों के समान निवास करते रहेंगे। मुझे किष्किंधा जाना ही होगा। यदि हम अभी कुछ नहीं कर सके, तो भी हमें किष्किंधा के समाचारों से तो अवगत होना ही होगा और यदि संभव हो तो अपने साथियों से सम्पर्क भी स्थापित

करना होगा।''

सुग्रीव ने हनुमान को रोकने का प्रयत्न नहीं किया। वे तो स्वयं ही यह सब चाहते थे; किन्तु न स्वयं जाने का साहस कर पा रहे थे, न हनुमान से कहने का। हनुमान के प्रति उनका मन स्नेह और सम्मान से भर गया। अद्‌भुत हैं हनुमान। एक बार किसी को अपना मित्र मान लें, फिर उसके कार्य के लिए जान लड़ा देंगे। सेवा की भावना तो उनमें कूट-कूटकर भरी है। आवश्यकता के समय किसी के काम आ सकना हनुमान के लिए जीवन का सबसे बड़ा सुख है।... और कितने समझदार हैं हनुमान। अपने आप ही समझ गये कि इस समय सुग्रीव को किस बात की आवश्यकता है। मांगने के संकोच से भी बचा लिया उन्होंने सुग्रीव को...।

जाते हुए हनुमान को सुग्रीव देखते रहे।... शस्त्रों के अभाव में सारे वानर सैनिक और योद्धा अपनी शारीरिक शक्ति पर अधिक निर्भर रहते हैं। इसीलिए उनके शरीर प्रायः पुष्ट और सुदृढ़ हैं। अन्य जातियों के सैनिक जितना समय शस्त्रों के अभ्यास में लगाते होंगे — उससे कहीं अधिक समय वानर योद्धा शारीरिक व्यायाम में लगाते हैं। यह शरीर ही अस्त्र है उनका। किन्तु हनुमान जैसा शरीर वानर जाति में भी असाधारण है। बलशाली राक्षस भी हनुमान के सामने ऊना पड़ा है। किसी की उनसे तुलना हो सकती है तो एक वाली और दूसरे अंगद की। किन्तु उन दोनों में से एक सम्राट हैं, दूसरा राजकुमार। हनुमान का आज तक उनमें से किसी के साथ द्वन्द्व-युद्ध नहीं हुआ। कहा नहीं जा सकता कि उनमें से कौन किस पर भारी पड़ेगा।

हनुमान ऋष्यमूक से उतरकर किष्किंधा की ओर जाने वाले वनों में खो गये, तब भी सुग्रीव उन्हीं के विषय में सोचते रहे।... हनुमान ने आज तक विवाह नहीं किया। किष्किंधा की कोई भी सुन्दरी उनसे विवाह करके स्वयं को गौरवान्वित मानेगी; किन्तु हनुमान का ध्यान ही उस ओर नहीं था। यूथपति केसरी का यह पुत्र किशोरावस्था के आरम्भ से ही अनेक आर्य-आर्येतर आश्रमों और गुरुकलों में विद्यार्जन के लिए भटकता फिरा है। किष्किंधा लौटने पर वह सामाजिक और राजनीतिक जीवन में रुचि लेने लग गया। अपने विषय में शायद हनुमान ने कुछ सोचा ही नहीं।

अपने संक्षिप्त-से शासनकाल में सुग्रीव को हनुमान से बहुत सहायता मिली थी। किष्किंधा के निर्धन निवासियों को उनकी खोहों, गुफाओं और बिलों जैसी झुग्गियों से निकालकर छोटे-छोटे साफ-सुथरे घरों में बसाने की योजना के सबसे उत्साही समर्थक हनुमान ही थे। कितना काम किया था हनुमान और उनके सामाजिक संगठनों के सदस्यों ने। एक बार सुग्रीव के मन में आया था कि वे राजाज्ञा से उन लोगों को अपनी झुग्गियां छोड़, नये घरों में जाने को बाध्य कर दें; किन्तु हनुमान ने अपनी असहमति प्रकट कर दी थी। उनका कहना था कि जो काम जन-सामान्य के अपने कल्याण का है, उसके लिए राजाज्ञा की बाध्यता क्यों ? यदि राजाज्ञा से ऐसा किया गया, तो जनता में शासन के प्रति अविश्वास फैलेगा। राजाज्ञा की सहायता तो केवल दुष्ट-दलन में लेनी

चाहिए।... और उनकी बात कितनी ठीक थी। जब राज-कर्मचारी ने उन गंदी बस्तियों में जाकर घोषणा की कि उनके लिए शासन की ओर से छोटे-छोटे ही सही, किन्तु साफ-सुथरे मकान बना दिये गये हैं, वे लोग अपने परिवार और सामान के साथ वहां पहुंचकर एक-एक मकान का अधिकार प्राप्त कर लें, तो साधारणतः लोगों ने इस घोषणा को उपहास में ही उड़ा दिया था, ''राजा को अपनी रानियों-रखैलों के लिए महल बनवाने से अवकाश मिल गया क्योंकि हमारे लिए मकान बनने लगे।'' कुछ लोगों ने अपना संदेह दूसरे रूप में प्रकट किया था, ''राजा को किष्किंधा की भूमि कम पड़ने लगी है कि हमारी झुग्गियां भी छीनना चाहता है।''... तब हनुमान तथा उनके सहचरों ने एक-एक घर में जाकर लोगों को समझाया था कि शासन अब वाली के हाथ में न होकर, सुग्रीव के हाथों में है; और सुग्रीव वस्तुतः अपनी प्रजा को सुखी देखना चाहते हैं। उन्होंने लोगों का विरोध मुसकराकर सहा, उनके अपशब्द धैर्यपूर्वक सुने और बड़ी कठिनाई से उन्हें विश्वास दिलाया कि यह उनकी झुग्गियां छीनने का षड्यंत्र नहीं है।... जब कुछ लोग उनकी बात मानकर नये मकानों में आ गये तो अन्य लोगों का संदेह भी मिट गया था।

और अब वाली ने शासन संभालते ही जिसके प्रति सबसे अधिक क्रोध दिखाया — वह हनुमान ही थे। एक दिन में वाली को उसके चाटुकारों ने समझा दिया कि सुग्रीव का सबसे समर्थ सहायक कौन है।...

हनुमान संध्या के धुंधलके में लौटे। तब तक सुग्रीव अपना सारा धैर्य खो चुके थे और इतने व्यग्र हो उठे थे कि अंधेरा होने तक यदि हनुमान न लौटते, तो स्वयं किष्किंधा के लिए चल पड़ते, परिणाम चाहे कुछ भी होता।... किन्तु पूरी तरह अंधकार उतरने से पहले ही हनुमान लौट आये थे।

हनुमान अकेले नहीं थे। उनके साथ नल और नील थे। उनमें से प्रत्येक ने थोड़ी-बहुत खाद्य-सामग्री तथा दैनिक आवश्यकता का अन्य सामान उठा रखा था।

निकट आते ही हनुमान बोले, ''कुछ भोजन-सामग्री लाया हूं, युवराज ! भोजन कर लें। आपको भूख लगी होगी। नल और नील भी आ गये हैं। यहां रहने की कुछ व्यवस्था करनी होगी। लगता है, हमारी संख्या बढ़ाने के लिए कुछ और अतिथि किष्किंधा से आयेंगे।''

''समाचार ! हनुमान !'' सुग्रीव ने बड़ी कठिनाई से अपने स्वर की अधीरता को छिपाया, ''रुमा का क्या समाचार है ?''

हनुमान आकर उनके सम्मुख बैठ गये। उन्होंने अपनी अन्यमनस्कता का मुखौटा उतार फेंका। गंभीर होकर बोले, ''युवराज ! समाचार अच्छा नहीं है।''

''क्या ?''

''आप स्वयं को स्थिर करें तो बता पाऊंगा।'' हनुमान बोले, ''समाचार जानने

में तनिक भी कठिनाई नहीं हुई। किष्किंधा के हाट-बाजारों में ये समाचार हवा के साथ उड़ते फिर रहे हैं।... किन्तु समाचार सुखद नहीं हैं।''

''क्या समाचार हैं ?''

''युवराज वचन दें कि अपना धैर्य नहीं खोयेंगे; अन्यथा समाचार कहना मेरे लिए कठिन हो जायेगा।'' हनुमान बोले।

सुग्रीव ने स्थिर दृष्टि से हनुमान को देखा, ''मैं वचन देता हूं — कुछ भी हो, धैर्य नहीं खोऊंगा।''

''युवराज ! कल की एक रात में ही सारे किष्किंधा नगर में से चुन-चुनकर आपके मंत्रियों, सेनापतियों, मित्रों, बंधुओं और सहचरों को बन्दी कर लिया गया है। बच केवल वे लोग गये हैं, जिन्हें समय से सूचना मिल गयी और जो अपने घर छोड़कर इधर-उधर छिप गये। यदि अज्ञातवास करने वाले वे लोग वाली के गुप्तचरों से बच गये, तो आपका पता पाने का प्रयत्न करेंगे।''

''एक ही रात में... ?''

''हां, युवराज !''

''और रुमा ?''

''युवराज्ञी का समाचार तनिक विस्तार से ज्ञात हुआ है।'' हनुमान रुक गये।

''कहो !'' सुग्रीव के जबड़े भिंच गये।

''युवराज ! आपके घर में सैनिकों ने तब तक प्रवेश नहीं किया, जब तक वाली वहां नहीं आ गये। वाली के प्रवेश करते ही, युवराज्ञी को पकड़कर उनके सम्मुख प्रस्तुत किया गया। वाली ने उनसे पूछा कि आप कहां हैं। युवराज्ञी ने सच-सच बता दिया कि आधी रात को कोई आपको बुलाने आया था और आप उन्हें निद्रामग्न छोड़कर बाहर चले गये थे। वाली ने जानना चाहा कि बुलाने कौन आया था। युवराज्ञी ने इस विषय में अपना अज्ञान प्रकट किया।

''सम्राट क्रोध से तमतमा उठे। दंडधरों को प्रासाद के परिचारक, परिचारिकाओं तथा द्वारपालों को बांधकर लाने का आदेश दिया। जब वे सब लोग एकत्र कर दिये गये, तो उन्होंने उन्हें कशाओं से तब तक पीटे जाने का आदेश दिया जब तक वे लोग युवराज को बुला ले जाने वाले व्यक्ति का नाम न बता दें, या मर न जाएं। परिणामस्वरूप कुछ ही क्षणों में एक परिचारिका के मुख से शिल्पी का नाम निकल गया। उसने कहा कि हमने स्वयं तो शिल्पी को नहीं देखा; किंतु एक द्वारपाल से सुना था कि युवराज शिल्पी द्वारा बुलाये जाने पर बाहर चले गये थे।''

''शिल्पी का क्या हुआ, हनुमान ?'' सुग्रीव ने पूछा।

''उसका कुछ पता नहीं है; किंतु उसे बन्दी नहीं बनाया जा सका, युवराज !''

''यह ठीक हुआ। फिर... ?''

''सम्राट ने शिल्पी को बन्दी बनाने का आदेश दिया और फिर युवराज्ञी की ओर

मुड़े, 'सुग्रीव निकल गया, अन्यथा आज भाई के हाथों भाई का वध होता। किंतु मैं उसे अदंडित नहीं छोड़ सकता। उसे खोजूंगा, जिस दिन मेरे हाथ लग गया, उसी दिन या तो उसका वध कर दूंगा या उसे अंधकूप में उतार दूंगा।... किंतु वह तुम्हें क्यों छोड़ गया? क्या समझकर छोड़ गया ? शायद वह जानता है कि तुम्हारे रूप का मेरे लिए कभी कोई आकर्षण नहीं रहा; किंतु यह भूल गया कि तुम्हारा नारी-शरीर मेरे लिए प्रतिशोध के समान सुन्दर है।''... युवराज्ञी वाली के पैरों में गिर पड़ीं। उन्होंने रो-रोकर प्रार्थना की कि यदि सम्राट चाहें तो सुग्रीव की पत्नी होने के पुरस्कारस्वरूप उन्हें वाधिकों के हाथ सौंप दें, जीवित जला दें, परन्तु उनके नारीत्व का अपमान करके अपने कुल पर दोहरा कलंक न लगाएं। किन्तु वाली ने उनकी एक न सुनी और उन्हें घसीटकर अपने साथ ले गया...।''

सुग्रीव की आंखों में क्षणभर के लिए तेज झलका और फिर उनसे अश्रु चू पड़े, ''रुमा !''

''युवराज !''

''मुझे शस्त्र दो, हनुमान।'' सुग्रीव का कंठ सध नहीं रहा था, ''जैसे भी हो, जहां से भी हो, मेरे लिए किसी शस्त्र का प्रबन्ध करो। मैं इसी क्षण किष्किंधा जाऊंगा। मैं जानता हूं कि वाली को मैं द्वन्द्व-युद्ध में जीत नहीं सकता; किंतु मैं युद्ध करूंगा और उसके हाथों मरकर अपनी कायरता के कलंक को धोऊंगा।''

हनुमान ने नल और नील को संकेत किया। नील ने आगे बढ़कर एक खड्ग भूमि पर रख दिया और नल ने एक गदा।

''युवराज !'' हनुमान का गंभीर स्वर गूंजा, ''मैं जानता था कि आप शस्त्र मांगेंगे। शस्त्रों का प्रबन्ध मैंने कर दिया है; किन्तु शर्त यह है कि यदि ऐसा दुस्साहस करना ही है तो वह मैं करूंगा। आपका जीवित रहना वानरों के लिए भी आवश्यक है और युवराज्ञी के लिए भी। मेरे साथ ऐसा कोई बंधन नहीं है।''

''नहीं!'' सुग्रीव बोले, ''यह मेरा व्यक्तिगत मामला है। मैं ही जाऊंगा।''

''जातियों के न्याय-अन्याय के संघर्षों में व्यक्तिगत मामले इस प्रकार निबटाये जाते हैं क्या ?'' नील पहली बार बोले, ''युवराज ! आपकी पीड़ा हम समझते हैं, किंतु भावकुता अथवा आवेश से कहीं समस्याओं का समाधान हुआ है ? आप जायेंगे, साथ हनुमान जायेंगे। आप दोनों वहां घेरकर मार डाले जायेंगे। आपके पश्चात् खोज-खोजकर आपके साथियों-सहयोगियों को चुन-चुनकर मारा जायेगा। जिस प्रजा को सुख देने के अपराध में आपकी हत्या का प्रयत्न किया जा रहा है, उस प्रजा को हर ओर से पीड़ित किया जायेगा।...'' नील तनिक रुककर बोले, ''मेरा विचार है कि परिस्थितियों को देखते हुए भी हमें संघर्ष का कोई अन्य मार्ग चुनना पड़ेगा। आत्महत्या का मार्ग मूर्खतापूर्ण भी है और पापपूर्ण भी।''

''एक सूचना और है, युवराज !'' हनुमान बोले, ''अनुमति हो तो निवेदन करूं।

उसके पश्चात आप जो निश्चय करेंगे, मुझे मान्य होगा।''

''बोलो।'' सुग्रीव अपने सूखे होंठों को जिह्वा से गीला करते हुए बोले।

''आपको अपने मंत्री मलयवन की याद होगी...''

''क्यों, क्या हुआ उसे ?'' सुग्रीव चौंके।

''वे अपने घर में वाली के सैनिकों द्वारा घेर लिये गये। वाली ने उनके परिवार के सदस्यों के सामने उन्हें अपने दंडधरों से तब तक पिटवाया, जब तक उनकी मृत्यु नहीं हो गयी। मृत्यु के पश्चात उनका शव उनकी पत्नी को सौंप दिया गया। इस घटना का आतंक इतना फैला कि शव उठाने के लिए दस व्यक्ति इकट्ठे करना कठिन हो गया। किसी प्रकार उनके सगे-संबंधी उनके शव को श्मशान-भूमि तक ले आये। किंतु वाली के सैनिकों ने वहां भी उनका पीछा नहीं छोड़ा। शव को उठाकर लाने वाले छह-के-छह व्यक्ति श्मशान-भूमि में मार डाले गये...''

सुग्रीव को लगा कि उनकी शिराओं में रक्त ठंडा होता जा रहा है। उनके मुख से स्वर नहीं फूटा — न विषाद का, न क्रोध का, न आश्चर्य का... वे देखते-के-देखते रह गये। बड़ी देर के पश्चात उन्होंने पूछा, ''आर्य मयलवन का अपराध ?''

''आपके साथ सहयोग।'' हनुमान बोले।

''तुमने यह सब कहां सुना, हनुमान ? क्या अत्याचार के इन समाचारों को छिपाने का प्रयत्न शासन द्वारा नहीं किया जा रहा ? इससे तो शासन का अपयश फैलेगा।''

''छिपाने का प्रयत्न !'' हनुमान की वितृष्णा मुखर हो आयी, ''इन समाचारों को अधिकाधिक प्रचारित किया जा रहा है, ताकि प्रजा में आतंक फैले। लोग भय खाएं, अपना मुंह सी लें और चेहरे छिपा लें। विरोध की बात कोई सोच भी न पाये।''

''दमन किया जायेगा तो विस्फोट होगा। जनता उठकर खड़ी हो जायेगी।'' सुग्रीव आवेश में बोले, ''वाली का शासन पलट दिया जायेगा।''

''हमें रुककर उसकी प्रतीक्षा करनी चाहिए।'' नील स्थिर स्वर में बोले, ''अब बतायें, युवराज ! क्या अब भी आप किष्किंधा जाना चाहते हैं ?''

सुग्रीव ने कोई उत्तर नहीं दिया। वे क्षितिज को घूरते रहे।

अन्य लोग सोने चले गये तो सुग्रीव भी लेट गये। शरीर और मन थकावट से इतने चूर हो चुके थे कि नींद भी नहीं आ रही थी। सुग्रीव ने बड़ी विवश और करुण दृष्टि से आकाश को देखा। क्या सारी रात वे तारे ही गिनते रहेंगे ? मन और शरीर का इतना थक जाना कि व्यक्ति नींद छोड़ मृत्यु को भी गले लगाने को तैयार बैठा हो; और ऐसे समय में नींद पास भी न फटके, तो क्या करे कोई। नींद आ जाती तो शायद कुछ देर के लिए वे अपनी चिंताओं को भूल सकते। सोकर उठते, तो शरीर और मन में कुछ स्फूर्ति होती। वे कुछ सोच सकते, कुछ करने का उत्साह जुटा पाते... किंतु कुछ थकान

अधिक होने के कारण और कुछ इस फूस-पत्तों की शैया की चुभन के कारण नींद एकदम नहीं आ रही थी। आंखों में जलन बढ़ती जा रही थी और मस्तिष्क की शिराएं टूटने-टूटने को हो गई थीं। क्या करें सुग्रीव ?... जाने रुमा की क्या स्थिति होगी।

...सुग्रीव जानते हैं कि रुमा के लिए वाली का व्यवहार कितना पीड़ाजनक होगा। रुमा को वाली कभी तनिक भी नहीं रुचा और न वाली ने ही कभी रुमा को पसंद किया। और अब वाली, सुग्रीव का प्रतिशोध, रुमा के स्त्रीत्व से लेगा। रुमा का शरीर पीड़ित होगा, मन अपमानित होगा... कैसे सहेगी रुमा ?... क्या सोचती होगी अपने पति के विषय में ? जब-जब वाली उसके शरीर का स्पर्श करता होगा, रुमा का रोम-रोम सुग्रीव को कोसता होगा। सुग्रीव यदि आत्मसमर्पण कर दें, तो क्या वाली रुमा को छोड़ देगा... नहीं ! शायद तब भी नहीं। तो क्या करें सुग्रीव ? कैसे सहें यह सारा अपमान?

सुग्रीव के मन में आया कि अभी उठें और किसी ऊंची चोटी से नीचे खड्ड में छलांग लगाकर सब कुछ समाप्त कर दें... किंतु दूसरे ही क्षण ध्यान आया — वाली यह सब प्रतिशोध की भावना से कर रहा है। सुग्रीव ने वाली का कुछ नहीं बिगाड़ा और वाली प्रतिशोध ले रहा है। तो क्या इतने आहत और अपमानित होकर सुग्रीव प्रतिशोध भी नहीं लेंगे ?... आत्महत्या... स्वयं को समाप्त कर वाली को पूर्ण स्वतंत्रता दे देंगे कि वह रुमा को जीवन-भर अपमानित करता रहे; सुग्रीव के बंधुओं और सहयोगियों को चुन-चुनकर उनकी हत्याएं करता जाए और उनके परिवारों को नष्ट कर दे ?...

सुग्रीव के मन में विरोध की भावना जागी। वे वाली को रोक न सके, तो भी उसके साथ सहयोग तो नहीं करेंगे... तो यह आत्महत्या क्या है ? वाली उनकी हत्या करना चाहता था, किंतु कर नहीं सका। अब वे स्वयं आत्महत्या कर उसकी मनोकामना पूरी करेंगे ?... नहीं ! सुग्रीव को जीवित रहना होगा। कितनी भी पीड़ा क्यों न सहनी पड़े, उन्हें न्याय-पक्ष के समर्थन के लिए जीवित रहना होगा और यदि अन्याय का प्रतिकार न भी कर सकें, तो उसके मार्ग में बाधा तो देनी ही होगी। किस बात से वह इतने निराश हो गये कि आत्महत्या की बात सोच रहे हैं — इसलिए कि उन्हें प्रासाद छोड़कर वन में आना पड़ा है और वहां फूस-पत्तों की शैया पर सोना पड़ रहा है। धातुओं के सुंदर बर्तनों में स्वादिष्ट भोजन के स्थान पर वन के कंद-मूल-फल तथा पत्थरों के बनाये चूल्हें में सुलगायी आग पर बना अधपका भोजन खाना पड़ा है। यहां शौच के लिए सुविधाजनक स्थान नहीं है... या इसलिए कि उनकी पत्नी का हरण कर लिया गया है तथा रुमा शारीरिक तथा मानसिक रूप में पीड़ित हो रही होगी... या इसलिए कि वे यहां असुरक्षित हैं और उन्हें प्राणों का भय सताता रहता है... किंतु यह सब तो होना ही है। न्याय के मार्ग में कठिनाइयां तो आयेंगी ही। न्याय का मार्ग सरल और सुखद होता, तो संसार में न्याय का पक्ष लेने वालों की संख्या इतनी कम क्यों होती? सुग्रीव ने यह मार्ग चुना है तो उसका शुल्क भी तो चुकाना ही होगा।

उन्हें लगा, अब उनका मन उतना थका हुआ नहीं है... शरीर भी कुछ हल्का हो

गया है। अब कदाचित् नींद आ जाए।

प्रातः सुग्रीव को पहली चिंता व्यवस्था की हुई। अब एक नया जीवन आरंभ करना था। वह जीवन अस्थायी भी हो सकता था और स्थायी भी। कौन कह सकता था कि वाली से कोई समझौता होगा अथवा सुग्रीव को वाली के हाथों मरना होगा... जो कुछ भी हो, एक अस्थायी व्यवस्था तो स्थापित करनी ही होगी — रहने की, भोजन की, सुरक्षा की और किष्किंधा के साथ संपर्क बनाये रखने के लिए संचार-व्यवस्था की।

आज किष्किंधा कोई नहीं गया था, यद्यपि सुग्रीव की बहुत इच्छा थी कि कोई-न-कोई व्यक्ति दिन में कम-से-कम एक बार किष्किंधा अवश्य जाए और दिन-भर के समाचार ला दे। किंतु सुरक्षा की दृष्टि से बहुत अधिक आवागमन उचित नहीं था... हनुमान, नल या नील को बार-बार इस जोखिम में डालना और भी अनुचित था। हनुमान जैसा आधार भी छिन गया, तो सुग्रीव के लिए यह जीवन सर्वथा असह्य हो उठेगा।

हनुमान दिन-भर सुग्रीव के आस-पास बने रहकर ही छोटी-मोटी व्यवस्थाओं में लगे रहे। नल और नील के साथ मिलकर उन्होंने ऋष्यमूक और मलय पर्वत जैसे शृंगों की भली प्रकार छानबीन कर कुछ सुविधाजनक गुफाएं खोजीं। कुछ गुफाएं सुरक्षा की दृष्टि से सुविधाजनक थीं और कुछ विश्राम की दृष्टि से। फिर उन्होंने कुछ ऐसे स्थान भी खोजे, जहां पेड़ों के झुरमुट में छिपकर समय भी बिताया जा सके और ऋष्यमूक की ओर से आने वाली विभिन्न पगडंडियों पर दृष्टि भी रखी जा सके... कुछ फलों के वृक्ष भी चुने और कुछ ईंधन के लिए सूखी लकड़ियां भी।

हनुमान काम में व्यस्त थे और सुग्रीव दिन-भर अपनी उधेड़बुन में लगे रहे। कभी रुमा का ध्यान आता, कभी मलयवन के परिवार का। कभी अंगद के विषय में सोचते, कभी वाली के विषय में। यदि वाली को तनिक भी संदेह हो गया कि उनके सुरक्षित बच निकलने में अंगद का हाथ है, तो अंगद के साथ उसका क्या व्यवहार होगा ?... क्या वाली को कुछ समझाया जा सकता है या सदा के लिए उसकी मति ऐसी ही रहेगी? यदि वाली की मति न बदली, यदि उसके साथ समझौता न हो सका, तो सुग्रीव का भावी जीवन कैसा होगा ?... और यदि कोई समझौता हो गया, तो वह क्या होगा? रुमा का अपहरण, सुग्रीव की हत्या का प्रयत्न, सुग्रीव के सहयोगियों की हत्याएं... कैसे समझौता होगा वाली से... सुग्रीव किसी निष्कर्ष पर पहुंच नहीं पा रहे थे...

संध्या के समय अपने कामों से अवकाश पा, हनुमान उनके पास आकर बैठे तो सुग्रीव अपने भीतर-ही-भीतर टक्करें मारते हुए प्रश्नों से कुछ उबरे। अन्तर्मुखी दृष्टि से बाहर भी देखा — "कैसे हो, हनुमान ! दिन-भर बहुत काम किया ?"

"यह तो कोई ऐसा काम नहीं, युवराज।" हनुमान हंसे, "यह तो कुछ ऐसा हुआ कि खाली समय पाकर कोई वयस्क भी बच्चों के खेल में लग जाए।"

तभी सुग्रीव की आशंकित दृष्टि, नीचे, दूर तक फैले हुए जंगल में एक पगडंडी पर हिलते हुए एक बिंदु पर पड़ी।

हनुमान ने अपनी बात बीच में ही छोड़ दी। उन्होंने सुग्रीव की दृष्टि का अनुसरण किया। सचमुच उस पगडंडी पर चलता हुआ कोई ऋष्यमूक की ओर आ रहा था। उसकी चाल इतनी तेज, सधी हुई और दृढ़ थी, जैसे वह अपना मार्ग भी जानता हो और गंतव्य भी।

''कौन हो सकता है ?'' सुग्रीव अपने खड्ग पर हाथ रखते हुए, अपने आपसे पूछ रहे थे।

''चिंतित न हों, युवराज !'' नल और नील भी अब उनके पास आ चुके थे, ''वह कोई भी हो, अकेला है। सम्राट स्वयं अकेले भी आएं, तो भय हो सकता है; अन्य किसी अकेले व्यक्ति से हमें भय नहीं है। और वह व्यक्ति सम्राट नहीं है।''

''वैसे भी यह शत्रु पक्ष का व्यक्ति नहीं हो सकता। हमारी टोह में आया शत्रु हो तो एक तो उसको निश्चित मार्ग मालूम नहीं हो सकता कि इतने निर्द्वन्द्व भाव से इसी ओर बढ़ता चला आये और दूसरे वह देखता-भालता, निरीक्षण करता हुआ आयेगा — इतनी सधी हुई चाल से सीधा यहां तक नहीं आ पहुंचेगा।''

''तुम ठीक कहते हो, हनुमान !'' सुग्रीव बोले, किंतु उनके चेहरे का कसाव अभी तक वैसा ही था और उनकी आंखें अभी भी बिंदु पर लगी हुई थीं।

वह व्यक्ति वेगपूर्वक बढ़ता ही आया और दृष्टि-सीमा में आते ही तत्काल पहचाना गया।

''यह तो तार है।'' सुग्रीव बोले, ''यह इस समय यहां कैसे चला आया ? रात को यह किष्किंधा नहीं लौट सकेगा।''

तार ने निकट आकर अभिवादन किया, ''युवराज ! मैं भी आपकी शरण में आ गया हूं।''

''तुम्हें लौटना नहीं है ?'' सुग्रीव ने आश्चर्य से पूछा।

''लौटना क्या, युवराज !'' तार का स्वर उदास था, ''वाली को जैसे ही पता चला कि आपके राज्याभिषेक का प्रस्ताव मैंने किया था, उसने मुझे बंदी करने का आदेश दे दिया; और बंदी होने का अर्थ आप जानते ही हैं।''

''तुम अंगद से मिले ?''

''उसी के निर्देश पर आपके पास चला आया हूं। उसने कहा है, जब तक परिस्थितियां नहीं बदलतीं, तब तक मैं आपका साथ कभी न छोड़ूं।''

''और परिवार ?''

''परिवार !'' तार की पुतलियां जड़ हो गयीं, ''पत्नी और बच्चे कारागार में हैं, और घर अग्निसात हो चुका है... पिता कदाचित् अपने प्रासाद में सुरक्षित हैं... !''

सब स्तब्ध रह गये। किसी के मुख से कोई शब्द नहीं निकला।

मौन लंबा हो गया तो सुग्रीव ही बोले, ''नगर का क्या समाचार है ?''

''नगर !'' तार के स्वर में व्यथा के साथ-साथ उपहास का मिश्रण था, ''नगर को सुंदर बनाया जा रहा है।''

''सुंदर ! क्या अर्थ है तुम्हारा ?'' हनुमान ने पूछा।

''सुंदर बनाने का अर्थ सुंदर बनाना ही होता है, हनुमान !'' तार अपने उपहासपूर्ण स्वर में बोला, ''युवराज ने अपने शासन-काल में, नगर में स्थान-स्थान पर निर्धनों के लिए आवास बनवाकर, किष्किंधा का सौंदर्य नष्ट कर दिया था। वाली उन सारे आवासों को गिराकर, निर्धन श्रमिकों को नगर से खदेड़ रहा है। उन आवासों को गिराकर वहां प्रासाद बनाये जायेंगे, जिनमें धनाढ्य लोग रहेंगे। धनाढ्य सुंदरियां जगमगाते वस्त्राभूषण पहनकर बाजारों में निकलेंगी, तो किष्किंधा सचमुच सुंदर नगर हो जायेगा।''

''उन लोगों को घरों से निकाल दिया गया ?'' सुग्रीव ने पूछा, ''यह कैसे संभव है ?''

''घरों से निकाल ही नहीं दिया गया, ''तार के स्वर का उपहास पीड़ा में बदल गया, ''उनके उन लघु भवनों को गिराकर सपाट कर दिया गया।''

''पर क्यों ?''

''क्योंकि उनके लिए वे आवास सुग्रीव ने बनवाये थे और वे लोग सुग्रीव को अपना समझते हैं। सुग्रीव के साथियों को दंड नहीं मिलना चाहिए क्या ?'' तार का मुख क्रोध से विकृत हो रहा था।

''वे लोग कहां जायेंगे ?''

''कहीं भी जाएं।'' तार बोला, '' वाली कितना दयालु है, आप क्या जानें। वाली ने कहा है कि वे लोग किष्किंधा की सीमा से बाहर वनों को साफ कर, जितना स्थान चाहें, घेर लें।''

''सचमुच बहुत दयालु है वाली।'' हनुमान बोले, ''और उनकी आजीविका ?''

''वानर जाति को आजीविका की क्या आवश्यकता ?'' तार फिर हंसा, ''वानर हैं, वनों में जाएं। फल तोड़ें और खायें। वानर नाम रखा है तो शाखा-मृगों के समान वृक्षों पर टंगे रहें। क्या आवश्यकता है उन्हें भवनों और नगरों की !''

सुग्रीव को विश्वास नहीं हो रहा था, ''पर यह सब कैसे हो सकता है ? उनके भवन किसने तोड़े ?''

''क्यों ? सैनिकों ने !'' तार ने कहा।

''किंतु सैनिक इतने क्रूर कैसे हो सकते हैं ?'' सुग्रीव ने तर्क किया, ''वे निर्धन निरुपाय लोगों को, स्त्रियों और बच्चों के साथ, उनके घरों से निकाल, खुले आकाश के नीचे कैसे फेंक सकते हैं ? आखिर वे भी मनुष्य हैं...''

''युवराज ! आप इस कला को नहीं जानते।'' तार बोला, ''वाली जानता है कि सैनिकों को मनुष्य से पशु कैसे बनाया जा सकता है। उसने उनका वेतन बढ़ा दिया है।

उन्हें समझा दिया है कि सैनिकों का धर्म अनुशासन में रहना है। अनुशासन तोड़ने वाले को कठोर दंड दिये जाने की घोषणा की गयी है।''

''यहां तक।''

''नहीं, उससे भी आगे।'' तार बोला, ''उन्हें यह भी समझा दिया गया है कि वीर सैनिक उच्चकोटि के प्राणी हैं। वे महान हैं, सर्वशक्तिशाली हैं। निर्धन श्रमिक तो कीट-पतंग हैं। उनके साथ मानवतापूर्ण व्यवहार अनावश्यक है। वे मानवीय तर्क नहीं समझ सकते। वे पशु हैं, अत: उनके साथ पशुवत् व्यवहार किया जाना चाहिए।''

''जिन लोगों के घर तोड़े गये, उन्होंने कुछ नहीं कहा ? उन्होंने सैनिकों का विरोध नहीं किया ?'' नल ने पूछा, ''क्या वानर जाति ऐसी निष्प्राण हो गयी है कि कोई उनके घरों को तोड़ता रहे, उनकी पत्नियों और बच्चों को घसीट-घसीटकर पथ पर फेंकता रहे और वे शांत बैठे रहें !''

''वाली प्रजा को विद्रोह करने के लिए बाध्य कर रहा है।'' सुग्रीव बोले, ''इस प्रकार दमन हुआ तो प्रजा शांत नहीं बैठेगी। वाली कितना ही शक्तिशाली क्यों न हो, प्रजा उससे जा टकरायेगी, उसके प्रासादों को जलाकर क्षार कर देगी।''

तार हंसा, ''मैं भी यही समझता था, किंतु जिस निर्वीय जनता को मैंने देखा है, वह विद्रोह नहीं कर सकती, प्रतिवाद नहीं कर सकती। वह केवल पिट सकती है और क्षमा मांग सकती है।''

''तुम्हारा मन इस समय स्थिर नहीं है, तार !'' हनुमान गंभीर स्वर में बोले, ''तुम्हारी पारिवारिक विपत्ति ने कदाचित् तुम्हारे चित्त को चंचल कर दिया है। जनता निर्वीय नहीं है। मेरा विचार है कि जो कुछ हुआ है, वह इतना आकस्मिक है कि उसके लिए रंचमात्र भी प्रस्तुत न होने के कारण जनता हतप्रभ रह गयी है। हम लोग स्वयं, जो राजनीति के केन्द्र में थे, इन घटनाओं का पूर्वाभास भी न पा सके, तो सामान्य जनता कैसे संभली रह सकती है। उसे तो ऐसा धक्का लगा है, जैसे किसी ने अकस्मात् बिना किसी चेतावनी के, पीछे से ठेल दिया हो और वह औंधे मुंह भूमि पर जा गिरा हो। उसके नाक-मुंह, हथेलियां और घुटने छिल गये हों... आप उससे कैसे अपेक्षा कर सकते हैं कि ऐसी स्थिति में इतनी जल्दी वह एक संगठित शासन का विरोध करने के लिए उठ खड़ी होगी ?''

हनुमान का मुख आवेश से तमतमा आया था।

''पर हम इतने असावधान ही क्यों थे ?'' तार अपने उसी आक्रोशपूर्ण स्वर में बोला, ''जनता ऐसी स्थिति में क्यों खड़ी थी कि उसे कोई पीछे से धक्का मार सके? राजनीति का आधार कहीं विश्वास भी हुआ है क्या ? सच्चा राजनीतिज्ञ अपने निकट के व्यक्ति को भी संदेह की दृष्टि से देखा करता है।''

''ठीक कहते हो, तार !'' इस बार सुग्रीव बोले, ''तुमने राजनीति के सिद्धान्त कदाचित् ज्यादा समझदारी से पढ़े हैं। तुम जो कह रहे हो, कम-से-कम भविष्य में

उसका ध्यान रखूंगा। यद्यपि मैं यह नहीं मानता कि राजनीतिज्ञ का सदा अविश्वास ही करना चाहिए, किंतु यह मानता हूं कि उसे सावधान अवश्य रहना चाहिए।''

''एक ही बात है।'' तार ने बात बीच में ही काट दी।

''यदि तुम्हारा यही तात्पर्य था तो ठीक है,'' सुग्रीव बोले, ''पर जो बात मैं कहना चाह रहा हूं, वह और है। दो रातें और एक दिन मैं भी बहुत तड़पा हूं। आक्रोश में जलता-भुनता रहा हूं। सच कहूं तो अनेक लोगों पर क्रुद्ध भी होता रहा हूं... मेरे मन में कहीं यह बड़ी दृढ़बद्ध धारणा थी कि वाली अलोकप्रिय शासक था और मैं बहुत लोकप्रिय हूं। इसके साथ ही यह विश्वास भी जुड़ा था कि यदि कोई मेरा अनिष्ट करने का प्रयत्न करेगा तो किष्किंधा की साधारण जनता ही नहीं, समस्त वानर-यूथ मेरे पक्ष में उठकर खड़े हो जाएंगे। विद्रोह होगा और मेरे शत्रु को भागने के लिए दिशा भी नहीं सूझेगी किंतु...'' सुग्रीव का स्वर धीमा हो गया, ''हम देख रहे हैं कि ऐसा कुछ नहीं हुआ। मेरी हत्या का प्रयत्न हुआ, रुमा का अपहरण हुआ, जाने वह किस अवस्था में होगी...'' सुग्रीव का स्वर कुछ कांपा और फिर जैसे सध गया, ''किंतु किष्किंधा में किसी के कानों पर जूं भी नहीं रेंगी। मेरे अपने मंत्री और सेनापति — कुछ बंदी हो गये, कुछ छिप गये, कुछ ने कोई और मार्ग ढूंढ लिया होगा... क्या अर्थ है इसका ? क्या इसके लिए मैं दोषी हूं ? क्या मेरे साथी विश्वासयोग्य नहीं थे ? क्या हमारी जनता कृतघ्न अथवा कायर है ?...'' वे रुके। बारी-बारी उन्होंने सबके चेहरों को देखा और बोले, ''मेरा विचार है, इन प्रश्नों का उत्तर जल्दी में नहीं दिया जा सकता। इस विषय में खुला, निष्पक्ष चिंतन अपेक्षित है। बहुत सोचना होगा... सिद्धांतों का व्यावहारिक तथ्यों से मिलान करना होगा। जिन सिद्धांतों को व्यवहार झुठला दे, उन्हें छोड़ देना होगा।''

सुग्रीव चुप हो गये। वार्तालाप ऐसे बिंदु पर टूटा था कि आगे कोई निश्चित मार्ग न होकर, खुला मैदान था। सब ही जैसे पग उठाने से पहले दिशा निहार रहे थे कि किधर चलना उचित होगा...।

''मेरा विचार है कि पहले थोड़ा भोजन कर लें। फिर आगे की बातचीत हो सकती है।'' हनुमान उठ खड़े हुए।

शेष लोगों को भी जैसे सांस लेने का अवसर मिला। सब अपने-अपने ढंग से मन-ही-मन सोचते हुए चुप रहे। हनुमान ने भोजन की व्यवस्था करने में अधिक विलंब नहीं किया। भोजन में कुछ फल थे और थोड़ा-थोड़ा चिऊड़ा। जाने उसका प्रबंध हनुमान ने कब किया था।

हनुमान भी आकर बैठ गये तो नील ने फिर से बात आरंभ की, जैसे वे सबके एकत्रित होने की प्रतीक्षा कर रहे हों, ''युवराज ! आपने जो कुछ कहा, उस विषय में कुछ-न-कुछ सोचा भी होगा। औरों के विषय में न सही, अपने विषय में तो सोचा ही होगा। आप इतने असावधान कैसे रहे ? सम्राट से आपका मतैक्य तो कभी भी नहीं रहा।''

सुग्रीव मुसकराए। निर्वासन के पश्चात के पिछले दो दिनों में वे पहली बार इस प्रकार विषाद-रहित होकर मुसकराए थे, ''तुमने ठीक कहा, नील। मैं पहले अपने ही विषय में सोच रहा हूं। मुझे लगता है कि मैं घटनाओं के आवेश-जाल में से कुछ-कुछ निकल आया हूं और तटस्थ होकर सोचने लगा हूं।''

सब लोग पूरी तन्मयता से सुग्रीव की बात सुन रहे थे।

''वाली से हमारा मतैक्य तो नहीं ही रहा, समय-समय पर खुला मतभेद भी होता रहा है।'' सुग्रीव जैसे अपने-आप से बातें कर रहे थे, ''जब तक वाली सम्राट था, मैं उसे अपनी राय देता रहा; किंतु उसका विरोध कर उसे हानि पहुंचाने की बात मैंने कभी नहीं सोची। अन्ततः हम भाई हैं, शत्रु नहीं। राजनीतिज्ञ होते हुए भी, हमारे व्यवहार का मूल आधार भ्रातृत्व था। मैंने कभी नहीं सोचा कि हम एक-दूसरे के शत्रु हैं। एक ही कुल के सदस्य, एक ही जाति, एक ही गोत्र — फिर शत्रुता कैसी ? वह विरोध भी जैसे आपसी विरोध ही था। उसमें क्रूरता और कठोरता के लिए स्थान नहीं था...''

''किंतु अब ?'' हनुमान पूछ रहे थे।

''अब'', सुग्रीव मुसकराए, ''वाली ने हमें एक नया पाठ पढ़ाया है। उसने हमारा मोह भंग कर दिया है। आज एक सत्य हमारी आंखों के सम्मुख सूर्य के समान जाज्वल्यमान है। राजनीति बच्चों का खेल नहीं है, जिसमें परस्पर-विरोधी पक्षों में खेलकर हम मित्र रह सकें। उसने हमें सिखाया है कि राजनीति का खेल बड़ा हृदयहीन है। शासन की कठोरता में न आपसीपन है, न भ्रातृभाव, वह तो क्रूर शस्त्र के समान चलता है और अपने मार्ग में आने वाले प्रत्येक व्यक्ति को अंधे यंत्र के समान पीस डालता है।'' सहसा सुग्रीव ने रुककर तार की ओर देखा, ''अपनी चिंताओं में मैं यह पूछना ही भूल गया — अंगद की क्या स्थिति है ?''

''राजकुमार !'' तार हंसा, ''राजकुमार ने कहा था कि वे ठीक हैं; किंतु...''

''किंतु क्या...'

''वाली ने इतने कम समय में ही ऐसा आतंक फैलाया है कि मंत्री हो अथवा राजकुमार — कोई यह कहने का भी साहस नहीं कर सकता कि किसी व्यक्ति के साथ अन्याय अथवा अत्याचार हुआ है।'' तार गंभीर स्वर में बोलता चला गया, ''इस समय वाली से मत-वैभिन्न्य का अर्थ है वाली का विरोध; और वाली का विरोध उसके विधान के अनुसार अपराध है। यदि राजकुमार किसी का पक्ष लेकर उसके लिए क्षमा-याचना करें तो उसका अर्थ यह नहीं होगा कि वे अपने प्रभाव से किसी को बचाना चाहते हैं, उसका अर्थ होगा कि वे अपराधी का पक्ष लेकर सम्राट का विरोध कर रहे हैं। इससे वे किसी अन्य का लाभ नहीं कर पाएंगे, अपनी क्षति अवश्य कर लेंगे। अतः वे चुप हैं। अद्‌भुत स्थिति है, युवराज !'' तार ने विकट मुद्रा बनायी, ''ऊंचे-से-ऊंचा अधिकारी सहमा हुआ। प्रत्येक व्यक्ति आशंका से पीड़ित। निकट-से-निकट संबंधी पर भी संदेह ! ऐसी स्थिति तो पहले कभी नहीं हुई।''

"सचमुच। हमारे जीवन में यह अद्‌भुत समय आया है।" नल बोले।

"एक जिज्ञासा और है, तार।" सहसा सुग्रीव ने कहा, "क्या अंगद ने कुछ अन्य लोगों को भी हमारा पता दिया है, या गोपनीय है ?"

"मेरी सूचनाओं के अनुसार तो यह सर्वथा गोपनीय है।" तार धीरे से बोला, "राजकुमार ने यह भी कहा था कि किष्किंधा से छिपकर निकलने वाले लोग, एक साथ, एक ही स्थान पर न रहें, तो अधिक अच्छा है। एक ही स्थान पर रहने से गोपनीयता भी नष्ट होती है और एक ही साथ शत्रु के हाथों में पड़ जाने की संभावना भी बढ़ जाती है।"

"ठीक कहा है युवराज ने।" सुग्रीव कुछ सोचते हुए जैसे अपने आप से बोले।

रात को सोते समय भी सुग्रीव के मन में संध्या की बातचीत घुमड़ती रही। ठीक ही तो कहा तार ने — राजनीतिज्ञ को क्या अधिकार है कि वह असावधान रहे। इतनी बड़ी बात पहले क्यों नहीं आयी सुग्रीव के मन में ? पहले सुग्रीव ने वाली से धोखा खाया, क्योंकि सुग्रीव को अपने भाई पर कोई संदेह नहीं था। अब सुग्रीव अंगद पर अविश्वास नहीं करते, क्योंकि वह उनका भतीजा है और उनसे राजनीतिक मतैक्य रखता है। वे उसी के निर्देशानुसार ऋष्यमूक पर डेरा डाले हैं। अंगद उनका ठिकाना जानता है। फिर अंगद का भेजा हुआ तार निरन्तर उनके साथ है। कहीं ऐसा तो नहीं कि अंगद पर इतना विश्वास कर वे फिर धोखा खा जाएं — पर अंगद पर वे अविश्वास कैसे करें ? किंतु यदि वाली सचमुच ही यहां नहीं आ सकता, तो अंगद पर संदेह करने का सुग्रीव के पास कोई कारण नहीं है।... क्या सत्य ही अंगद पर संदेह करने का कोई कारण नहीं हो सकता ?...

फिर भी सुग्रीव को सावधान तो रहना ही होगा। अब सुग्रीव किसी भी व्यक्ति पर अंधविश्वास नहीं कर सकते, चाहे वह कोई भी क्यों न हो ! राजनीति में अंधविश्वास अपराध है — अंधविश्वास ही क्यों, विश्वास भी !

हनुमान, नल, नील अथवा तार में से किसी एक का किष्किंधा के भीतर अथवा नगरद्वार तक हो आना प्राय: नित्यक्रम हो गया था। संध्या तक सुग्रीव को अनेक समाचार मिल जाया करते थे। वाली का शासन अद्‌भुत गति से काम कर रहा था। ऐसी गति से न पहले घटनाएं घटी थीं, न समाचार प्रादुर्भूत हुए थे। उन समाचारों को सुनकर, सुग्रीव प्राय: उनका विश्लेषण किया करते थे और अनेक निष्कर्षों को अपनी स्मृति में गहरे उतार लिया करते थे।

अपने भीतर सुग्रीव एक विचित्र अन्तर देख रहे थे। क्रमश: उनकी भावुकता विलीन होती जा रही थी और उसके स्थान पर हठ बढ़ता जा रहा था। आरम्भ में उनका मन भीतर-ही-भीतर कहीं यह मानने को तैयार ही नहीं था कि वाली सचमुच वही

करना चाहता था, जो वह कर बैठा है। उनका विचार था कि वाली बड़ी थकावट और हताशा में किष्किंधा लौटा था और वहां सुग्रीव को सिंहासन पर बैठे देखकर बौखला उठा था। कुछ दिनों में जब उसे विश्वास हो जाएगा कि शासन उसके हाथ से छिन नहीं गया, और कोई उसका शासन छीनना भी नहीं चाहता, तो उसकी बौखलाहट कम हो जाएगी। तब उसकी क्रूरता भी समाप्त हो जाएगी। सम्भव है कि तब वह अपने कारागार के द्वार खोल दे और लोगों को स्वतंत्रता से जीने दे। सुग्रीव के प्रति किए गए अपने अपराधों को पहचानकर क्षमा मांग ले और उससे कोई समझौता हो जाए... किंतु समझौते की बात मन में आते ही, उनकी कल्पना में रुमा उठ खड़ी होती थी — क्या समझौता हो सकता था वाली से ? रुमा के अपहरण के पश्चात कैसा समझौता ?

अनेक समाचार आते थे, किंतु रुमा का कभी कोई समाचार नहीं आया। पता नहीं, वाली ने उसे अपने प्रासाद के किस अंधकूप में डाल दिया था कि किसी को उसकी हवा तक नहीं लगती थी। अनेक बार अंगद से सम्पर्क करने पर भी रुमा का कोई समाचार नहीं मिला।

सुग्रीव को लगता था, वे प्रतिदिन पहले से अधिक कठोर होते जा रहे हैं। भीतर से आग और ऊपर से पत्थर ! अब तक वाली को वे अयोग्य शासक मानते थे, किंतु अब वह अत्याचारी हो गया था। अयोग्य शासक की प्रजा उसकी शिकायत करती है — उसके सम्मुख अपनी मांगें रखती है और उन्हें पूरा करवाने का प्रयत्न करती है; किंतु अत्याचारी शासक से प्रजा घृणा करती है। वह उसका विरोध करती है और अवसर मिलते ही उससे जा टकराती है। क्या वाली से भी टकराने का समय आ गया है ? तो प्रजा विद्रोह क्यों नहीं कर रही ? क्या अत्याचार सघन नहीं हुआ या वानर-प्रजा दमित जाति है, जो कभी भी शासक के विरुद्ध उठने का साहस नहीं जुटा पायेगी?

सुग्रीव ने सदा अत्याचार और अन्याय का विरोध किया है; किंतु अब तक उन्होंने दूसरों पर हुए अत्याचार को सुना और देखा था। उसे उन्होंने मानसिक सहानुभूति से ग्रहण किया था। अनेक बार वे इस निष्कर्ष पर पहुंचे थे कि वाली अपनी अयोग्यता के कारण, राक्षसों द्वारा वानरों के शोषण और उत्पीड़न को न तो देख पाता है, न उसका प्रतिकार करने का प्रयत्न करता है। किंतु, जो कुछ अब घटित हुआ है, वह सुग्रीव के अपने साथ हुआ है। यह सुना-सुनाया समाचार नहीं है कि राक्षसों द्वारा किसी वानर-कन्या का हरण हो गया — रुमा का हरण किया है वाली ने... कितना भेद है दोनों में ! कदाचित् इसीलिए कुछ दिन मन-ही-मन रो-धोकर सुग्रीव अब ताल ठोककर उठ खड़े हुए थे। वे वाली से प्रतिशोध की बात सोचने लगे थे... क्या इसी प्रकार वे लोग भी, जिनके अपने अथवा परिवारों के साथ वाली ने राक्षसी अत्याचार किया है — वाली से प्रतिशोध लेने को उठ खड़े नहीं होंगे ?... दुर्बल को सबल एक-आध चांटा मार दे तो और बात है, किंतु निर्बल की सहिष्णुता की भी सीमा होती है। उसे लड़ मरने के लिए तत्पर करने के लिए यह विश्वास दिलाना आवश्यक होता है कि मरना तो उसे

है ही, विकल्प उसका अपना है — लड़कर मरे या बिना लड़े मरे। और सुग्रीव को लगता था कि उन्हें तथा समस्त वानर जाति को वाली का कृतज्ञ होना चाहिए... सुग्रीव में जो आत्मबल जागा है, समस्त वानर जाति में भी वह कभी-न-कभी जागेगा। जैसे-जैसे दमन बढ़ेगा, वैसे-वैसे उसका विरोध बढ़ेगा। किसी जाति को संघर्ष के लिए तैयार करने के लिए दमन से अच्छा प्रशिक्षक और कौन हो सकता है ?...

किन्तु संध्या समय हनुमान जो समाचार लाए, उससे दिन-भर में जमा-जमाया सुग्रीव का आत्मविश्वास हिल उठा।

''वाली ने किष्किंधा का शिक्षा-संस्थान बन्द कर दिया है।'' हनुमान ने बताया, ''और उसके लिए बनाया गया विशाल भवन, सामंतों के मनोरंजन के लिए विनोदशाला में परिवर्तित कर दिया गया है। अब उसमें मदिरालय और वेश्यालय स्थापित किए जाएंगे।''

आंखों में मूक पीड़ा लिये सुग्रीव, हनुमान की ओर देखते रहे। जब चुप नहीं रह सके तो पूछा, ''शिक्षा-संस्थान के अध्यापकों ने कुछ नहीं कहा ? आचार्य ने विरोध नहीं किया ?''

''आचार्य ने आज सारी राजपरिषद के सम्मुख सम्राट को विश्वास दिलाया है कि वे मन से सम्राट की प्रत्येक नीति के समर्थक हैं और उनमें अटूट निष्ठा रखते हैं।'' हनुमान का स्वर कुछ ऊंचा हो गया, ''उन्होंने सम्राट के पैर छूकर शपथ ली है कि वे अपने प्राण देकर भी उनकी प्रत्येक आज्ञा का पालन करेंगे। साथ-ही-साथ उन्होंने शिक्षक समुदाय की ओर से समस्त वानरों से निवेदन किया है कि वे प्रसन्न हों कि वे सुग्रीव के पापी शासन से मुक्त हो, वाली की सुदृढ़ तथा शक्तिशाली भुजाओं की छाया में सुरक्षित हैं।''

''आचार्य ने सम्राट के पैर छुए ?'' आश्चर्य तथा पीड़ा से सुग्रीव का मुख खुला रह गया।

''हां, युवराज !'' हनुमान का स्वर भी उदास हो गया, ''आज तक मैंने सम्राटों को आचार्यों के चरण छूते देखा और सुना है; किंतु पता नहीं, अब वे सम्राट नहीं रहे, या वैसे आचार्य नहीं रहे।''

सुग्रीव को लगा, उनके मन का आदर्श चरमराकर टूट गिरा है और उसके टुकड़ों से उनका मन स्थान-स्थान से छिल गया है। जगह-जगह से रक्तस्राव हो रहा है, और उस आदर्श की मूर्ति के टुकड़ों की चुभन से कितने ही स्थानों से विष जन्म ले रहा है। क्या आचार्य वह होता है, जो अपने टुच्चे स्वार्थों के पीछे, न्याय-अन्याय को अनदेखा कर जाए, अत्याचार को कृपा का नाम दे और अपनी बौद्धिक श्रेष्ठता की ओट में जन-सामान्य को भ्रमित करे... क्या लाभ ऐसी विद्या और ऐसे ज्ञान का ! पुरानी, सड़ी हुई सूचनाओं के तोते। चरित्र में उदात्तता का एक कण नहीं। तनिक-सी असुविधा सहन नहीं कर सकते। तत्काल घुटनों पर गिरकर, अत्याचारियों के तलुवे चाटने लगे। क्या करेंगे

ऐसे लोग किसी देश और जाति का नेतृत्व। सुख-सुविधाओं के कीड़े !

किन्तु अगले कुछ ही दिनों में सुग्रीव जान गए कि घुटने टेकने वाले, अकेले शिक्षा-संस्थान के आचार्य ही नहीं थे। एक-एक कर समस्त अध्यापकों और आचार्यों ने सम्राट के समर्थन की शपथ ली थी। कवि और कथाकार अपने तर्क-वितर्क, चिंतन-मनन, सिद्धान्त-आदर्श छोड़कर सम्राट की विरुदावलियां गाने लगे। प्रशंसा करने में भी जैसे होड़ लगी हुई थी कि कौन दूसरे से बढ़कर मूर्खता और अपमान की सीमा पार कर सकता है। किसी को न मर्यादा का ध्यान था, न अपने दायित्व का। अन्धी दौड़ थी, एक-दूसरे से आगे बढ़ने की और सीमा कोई नहीं थी।

बुद्धिवादियों के पश्चात व्यापारियों की बारी आयी। प्रत्येक हाट की ओर से अलग-अलग अभिनंदन हो रहा था। धन एकत्रित कर सम्राट को भेंट किया जा रहा था। सम्राट के कंठ में पड़ी एक-एक पुष्पमाला के लिए व्यापारी समुदाय स्वर्ण-मुद्राएं देने के लिए प्रस्तुत था। उनके जीवन की जैसे एकमात्र तृष्णा यही थी कि किसी प्रकार सम्राट उनकी गणना अपने चाटुकारों में कर लें।

सुग्रीव निरन्तर सोच रहे थे। दिन-रात मन में कोई-न-कोई प्रश्न उलझा ही रहता था। कभी सोचते, जन-सामान्य भीरु और कोमल होता है, लोग सम्राट का दबाव नहीं सह सके होंगे। अपने बचाव के लिए झूठा प्रदर्शन कर रहे होंगे। उनसे रुष्ट होने की नहीं, उन पर दया करने की आवश्यकता है... जब तक वे निर्बल हैं, सम्राट के दमन-चक्र का सामना नहीं कर सकते, तब तक वे इसी प्रकार झूठ बोलेंगे... किन्तु दूसरे ही क्षण सोचते, तो उन्हें लगता कि यह सारा वाली-समर्थन केवल भय के कारण नहीं था। स्वार्थी और अवसरवादी लोगों ने न केवल वाली के सम्मुख नाक रगड़-रगड़कर उसे विश्वास दिलाया था कि वे लोग उसके साथ हैं, वरंन उनके सम्मुख सिद्ध कर दिया था कि वह आज तक के इतिहास का सर्वाधिक लोकप्रिय सम्राट है... सम्राट के मुख से शब्द निकलने भर की देर थी कि चाटुकार लोग औचित्यानौचित्य का विचार छोड़, उसे पूरा करने के लिए जुट जाते थे। राजसभा में उपस्थित होकर अधिक-से-अधिक साक्षियों के सम्मुख, वाली के पैरों पर अपना माथा रगड़ना, राज्य के प्रमुख जनों का पवित्र आचरण हो गया था... और जिस किसी ने इस प्रकार अपमानित होना अस्वीकार किया, उसके विषय में वाली के चाटुकार बार-बार सम्राट को स्मरण कराते रहते थे कि अमुक व्यक्ति ने अभी अपना माथा सम्राट के पैरों पर नहीं रगड़ा है। क्या वह सम्राट का विरोधी है ?... और कुछ ही दिनों में सूचना मिल जाती कि उन लोगों का स्वाभिमान भी समारोहपूर्वक सम्राट की चरण-वंदना कर आया है...

सुग्रीव सुनते और चुप रह जाते। क्या कर सकते थे वे ? कोई भी व्यक्ति, जिसका कभी किसी संदर्भ में सुग्रीव से वास्ता पड़ा था, अपना कर्तव्य समझकर, वाली की राजपरिषद में नाक रगड़ आता था। उसके पास अपने बचाव के लिए सुग्रीव की निंदा के सिवाय और कोई मार्ग ही नहीं था। सुग्रीव की अधिक-से-अधिक निंदा वाली

की अधिक-से-अधिक दया पाने का साधन थी... कहां सुग्रीव सोचते थे कि उनके अपने सहयोगी ही नहीं, सामान्य जनता भी उनका पक्ष लेकर, वाली के सैनिकों से जा टकरायेगी और कहां उनके अत्यन्त निकट के मित्र और सहयोगी, घोषित रूप में वाली के चाटुकार बन, उनकी निंदा करने में अपना गौरव मानने लगे थे।

तो क्या जन-साधारण में उनका विश्वास झूठा था... वे समझते थे कि इस आकस्मिक धक्के से संभलते ही लोग चेतेंगे और वाली का विरोध करेंगे। और यहां, जैसे-जैसे समय बीतता जाता था, न केवल लोगों के सिर वाली की सत्ता के सामने झुकते जाते थे, उनके स्वाभिमान भी बिछते जा रहे थे। शासन के अत्याचारों के समाचार तो अनेक आते थे, जनता के विरोध का एक भी समाचार कभी नहीं आया। लगता था, जन-साधारण के मन की प्रत्येक आशा बुझती जा रही थी और उनके सिर अंधकार की पूजा में झुक गए थे... इन्हीं लोगों के सुख और स्वतन्त्रता के लिए सुग्रीव और उनके साथियों ने इतने स्वप्न संजोए थे। इन्हीं के लिए, उन्हें घर छोड़कर भागना पड़ा और इन्हीं के लिए उनकी रुमा का अपहरण हुआ, और आज भी वह आततायी वाली की क्रूर भुजाओं में बंदी, तड़प रही है।

और अन्त में उसी हताशा में से सुग्रीव को आशा की किरण दिखाई दी; वे रुष्ट क्यों हों ? और हताश भी क्यों हों ?... संकट में ही तो मित्र और शत्रु, अच्छे और बुरे की पहचान होती है। उन्हें तो वाली का भी कृतज्ञ होना चाहिए कि उसने ऐसा अवसर प्रस्तुत कर दिया, जिसमें प्रत्येक व्यक्ति ने अपने-अपने चरित्र को स्पष्ट कर दिया है। वाली की क्रूरता का यह दबाव न पड़ता तो लोगों के चेहरों पर से ये मुखौटे कैसे उतरते?... ये मुखौटे न उतरते तो सुग्रीव उनके चरित्र की धातु कैसे पहचानते ?

सहसा उनका ध्यान बाहर से आते हुए हनुमान और तार के वार्तालाप के स्वरों की ओर चला गया। वे लोग यदि कहीं गए हुए हों, तो प्रायः इस समय तक लौट आया करते हैं। लौटने के समय में कोई नवीनता नहीं थी, किन्तु उनके वार्तालाप में उत्तेजना की कुछ भनक अवश्य थी, जिसका अर्थ था कि आजकल नित्यप्रति घटने वाली अद्भुत घटनाओं में भी कुछ विचित्र घट गया था।

वे लोग आकर सीधे सुग्रीव की गुफा के सम्मुख ही रुके। सुग्रीव बाहर निकल आए।

"युवराज !" हनुमान बोले।

"क्या बात है, हनुमान ?" सुग्रीव ने कुछ उत्सुकता से उन दोनों को देखा। वे दोनों चुपचाप खड़े थे, एक-दूसरे को देखते हुए, जैसे समझ न पा रहे हों कि बात कहां से आरम्भ की जाए। तभी सुग्रीव की दृष्टि हनुमान के हाथों में पकड़ी एक पोटली पर पड़ी। एक अत्यन्त सुन्दर वस्त्र में कोई वस्तु लपेटे वे दोनों हाथों में उसे पकड़े हुए थे।

"यह क्या है, हनुमान ?"

हनुमान घुटनों के बल बैठ गए और बड़े यत्न से वह वस्त्र उन्होंने भूमि पर फैला

दिया।

सुग्रीव की आंखें अचरज से फैल गयीं। वस्त्र में लिपटे हुए आभूषण वस्त्र पर इधर-उधर फैल गए।

''यह क्या है ?'' सुग्रीव ने पुनः पूछा।

''युवराज ! मतंग वन और किष्किंधा के भीतर भी हमारे कुछ सहयोगी अपने आस-पास होने वाली छोटी-छोटी घटना पर दृष्टि रखते हैं और अवसर मिलते ही हम तक सूचना पहुंचा देते हैं।''

''क्या ?'' सुग्रीव को अपने कानों पर विश्वास नहीं हुआ, ''लोग सूचना-संग्रह कर, वाली के विरुद्ध तुम्हारी सहायता करने का साहस करते हैं ?''

''हां, युवराज !''

''कौन लोग हैं वे ?''

''कई प्रकार के लोग हैं।'' हनुमान बोले, ''कुछ तो हमारे पुराने संगठनों के सदस्य हैं, कुछ वे लोग हैं, जो वाली के हाथों पीड़ित हुए हैं, जिनके बंधु-बांधव या तो कारागार में डाले गए हैं, या अंधकूप में। और कुछ बहुत थोड़े-से वे लोग हैं जो सिद्धांततः अन्याय का विरोध करना अपना धर्म समझते हैं।''

''तो जन-सामान्य अभी निष्प्राण नहीं है।'' सुग्रीव बुदबुदाए, ''मैंने तो आशा सर्वथा छोड़ दी थी।''

''नहीं, युवराज ! हताश होने की कोई बात नहीं है।'' तार के स्वर में उल्लास था, ''लोगों से हमें क्रमशः अधिक सहायता मिलने लगी है। कुछ ही दिनों में हम अच्छी तरह संगठित हो जायेंगे।''

सुग्रीव फिर अपने भीतर कहीं डूब गए... वे अपने मन में निराशा के जाल ही बुनते रहे और उनके साथियों ने संगठन भी बना डाले।

उन्होंने प्रश्नवाचक दृष्टि से हनुमान को देखा।

''युवराज ! आज पर्वत के नीचे वाले क्षेत्र के मतंग वन के चर ने यह सूचना दी है कि उसने वहां से राक्षसों का एक रथ जाता देखा था। रथ बहुत वेग से जा रहा था। उसके आगे घोड़े या गधे की जाति के पशु जुते हुए थे, किंतु उनकी गति बहुत अधिक थी। उसे एक राक्षस हांक रहा था। उसके वस्त्र राजसी थे। शरीर से हृष्ट-पुष्ट लगता था। वर्ण का श्यामल था और उसकी बड़ी-बड़ी मूंछें थीं। रथ यद्यपि चारों ओर से बन्द था, किन्तु वायु-वेग से गवाक्ष का आवरण हट जाने के कारण वह देख सका कि रथ में एक अत्यन्त गौर वर्ण की असाधारण सुन्दरी स्त्री बंधी हुई थी। वह स्त्री सहायता के लिए दो व्यक्तियों को बार-बार पुकार रही थी, जिनके नाम 'राम' और 'लक्ष्मण' हैं। ये वस्त्र और आभूषण उसी स्त्री ने चलते हुए रथ में से फेंके हैं...''

सुग्रीव ने झुककर वस्त्र को देखा। वस्त्र बहुत सुन्दर था और कदाचित किसी वानरेतर जाति द्वारा बुना गया लगता था। आभूषण सोने के थे, किन्तु उनमें एक भी

आभूषण ऐसा नहीं था, जैसा साधारण स्त्रियां पहना करती हैं। निश्चित रूप से वह स्त्री वानर जाति की नहीं थी। किन्तु कौन थी वह ? कौन था वह राक्षस ? वह राक्षस ही था क्या ? राक्षस ही रहा होगा, अन्यथा उसके पास रथ और रथ खींचने वाले पशु कहां से आते ?... किन्तु वह स्त्री कौन थी ? किसका अपहरण हुआ है ?...

"उस स्त्री के विषय में कुछ पता चला ?" सुग्रीव ने पूछा।

"नहीं ! अभी तक तो कुछ पता नहीं चला।" तार बोला, "किन्तु राक्षस के विषय में सम्भावना है कि वह रावण ही होगा, क्योंकि सामान्य राक्षसों के पास ऐसे रथ नहीं हैं।"

"हां ! वह रावण ही होगा।" सुग्रीव बोले, "तभी तो वह पर-स्त्री का हरण करके भी सुरक्षित निकल गया और वाली के कान पर जूं नहीं रेंगी... सुग्रीव द्वारा अलका का उसके पिता को लौटाया जाना वाली सहन नहीं कर सकता, किन्तु रावण द्वारा कन्याओं का हरण और वानरों का वध भी सहन कर सकता है।"

सुग्रीव का मन बहुत उदास हो गया। वे चुपचाप लौटकर अपनी गुफा में चले आए। थोड़ी देर खड़े-खड़े दीवार को ताकते रहे और फिर लेट गए। बहुत प्रयत्न करने पर भी उनकी आंखों के सामने से वह दृश्य नहीं हट रहा था। बहुत प्रयत्न करने पर, एक-आध क्षण के लिए ध्यान किसी और दिशा में जाता भी तो फिर लौटकर उसी दृश्य पर टिक जाता। वह स्त्री रथ में बंधी हुई थी और बचाए जाने के लिए बार-बार राम और लक्ष्मण को पुकार रही थी... और वह क्रूर राक्षस रावण, अपना रथ दौड़ाता भागा जा रहा था... दूसरे ही क्षण उस स्त्री का चेहरा रुमा के चेहरे में बदल गया। रथ को हांकने वाले के स्थान पर वाली आ बैठा और रुमा निरंतर सुग्रीव को पुकार-पुकारकर रक्षा करने के लिए कहने लगी...

सुग्रीव की आंखों में अश्रु आ गए। आज भी रुमा उस स्त्री के समान वाली के प्रासाद की दीवारों से सिर टकरा-टकराकर रोती होगी और हर क्षण, हर घड़ी सुग्रीव को पुकारती होगी।... पर क्या करें सुग्रीव ? सुग्रीव अपने प्राणों के भय से यहां पर्वत की चोटी पर टंगे बैठे हैं...

रावण द्वारा अपहृत स्त्री अपना वस्त्र और आभूषण फेंक गयी थी कि किसी प्रकार उनके माध्यम से उसके पति को सूचना मिल जाए... यदि उसके पति को सूचना मिल भी गई तो वह क्या करेगा ? है उसमें इतनी क्षमता कि रावण से जा टकराए ?... सुग्रीव अभी तक वाली से टकराने की बात नहीं सोच पाए हैं... क्या कर रहे होंगे वे लोग, जिन्हें वह स्त्री अपनी रक्षा के लिए पुकार रही थी ? क्या वे भी सुग्रीव के समान किन्हीं गुप्त गुफाओं में छिपकर अपना समय बिता रहे होंगे ? शायद नहीं। जिस ढंग से उस स्त्री ने अपने मूल्यवान आभूषण मार्ग में फेंके हैं — उससे तो लगता है कि उसे पूर्ण विश्वास था कि उसके रक्षक उसे खोजते हुए आयेंगे और उसकी रक्षा करेंगे... निश्चय ही वे लोग उस स्त्री को उसी उत्कटता से खोज रहे होंगे, जिस उत्कटता से वह स्त्री

उन्हें पुकार रही थी।

किंतु इतना निकट होते हुए भी — प्रासाद के बाहर, यहां तक कि प्रासाद के भीतर भी कभी किसी ने रुमा का चीत्कार-स्वर नहीं सुना। किसी ने सुग्रीव को सूचना नहीं दी कि रुमा उन्हें अपनी रक्षा के लिए पुकार रही थी। उसका चीत्कार सुनते, तो क्या सुग्रीव इस प्रकार चुपचाप बैठे रहते ? नहीं, रुमा को शायद विश्वास ही नहीं था कि सुग्रीव उसकी रक्षा के लिए आएंगे। वे उसे सोती छोड़, भाग जो आए थे। कायर सुग्रीव !

सुग्रीव के मन में आया, अपना सिर गुफा की दीवार से दे मारें... अब वे और अपमान नहीं सह सकते... या तो वे रुमा को वाली के हाथों से छीनने का प्रयत्न करें अथवा आत्महत्या कर प्राण त्याग दें... उनके पास हनुमान, नल, नील तथा तार जैसे साथी हैं। आज हनुमान ने उन्हें बताया है कि दलित और दमित प्रजा में से भी लोग अत्याचार का विरोध करने के लिए तैयार हो रहे हैं। संगठन बन रहे हैं। तो क्यों न सुग्रीव युद्ध की तैयारी करें ? वानरों को एकत्रित कर उन्हें सैनिक प्रशिक्षण दें... एक बार शासन सुग्रीव के हाथ में आ जाए, फिर कोई वाली किसी रुमा का अपहरण नहीं कर पाएगा, कोई राक्षस किसी स्त्री का अपहरण कर किष्किंधा के पास से इस प्रकार सुरक्षित नहीं निकल पाएगा...

किंतु कौन थी वह स्त्री ?

उसका अपहरण कहां से हुआ था ?...

सुग्रीव ने फिर से एक बार वस्त्र और आभूषणों को देखा, किंतु वे किसी निष्कर्ष पर नहीं पहुंचे। ऐसे वस्त्र और आभूषण उन्होंने पहले नहीं देखे थे... किन्हें पुकार रही थी वह स्त्री... 'राम' और 'लक्ष्मण'... राम और लक्ष्मण... सहसा उन्हें लगा ये नाम उन्होंने कहीं-न-कहीं सुने हैं... पर कहां ? किससे ? सुग्रीव सोचते रहे... कुछ भी याद नहीं आ रहा था... और सुग्रीव का सिर भारी होने लगा था, जैसे नींद आ रही हो... सुग्रीव की आंखें बंद हो गयीं। उन्हें झपकी आ गई थी।... सहसा उनकी निद्रा खुली, तंद्रा भाग गयी। जैसे उनकी खोज पूरी हो गयी थी।... उन्हें याद आ रहा था, उन्होंने शायद दंडकारण्य से आने वाले कुछ यात्रियों के मुख से सुना था कि वहां दो आर्य राजकुमार आए हुए थे। उनके पास अनेक दिव्य शस्त्रास्त्र थे और वे लोग बहुत कुशल योद्धा थे। उन यात्रियों ने यह भी बताया था कि उनके संगठन के कारण वहां राक्षसों को मनमानी करने में कठिनाई हो रही है। शायद उनके नाम यही थे — 'राम' और 'लक्ष्मण'... हां ! वही होंगे। तभी तो यह स्त्री उन्हें पुकार रही थी। किंतु पिंजरे में बंद पशु के समान सुग्रीव कहां पाएंगे राम और लक्ष्मण को। हाय रे ! हतभाग्य सुग्रीव...

अगले दिन सबका ध्यान इस ओर गया कि सुग्रीव पिछले दिन के समान हताश नहीं थे। उनकी स्फूर्ति जाग उठी थी और वे अपनी आत्मलीनता से उबरकर पर्याप्त सजग और

सचेत लग रहे थे। प्रातः के व्यायाम और अल्पहार के पश्चात सुग्रीव पिछले दिनों के समान गुमसुम शून्य को नहीं घूर रहे थे। वे पर्याप्त सक्रिय हो उठे थे।

''तुम लोगों ने फिर से संगठन बनाकर कार्य की निश्चित रूपरेखा बनाने की बात मुझसे कही ही नहीं, हनुमान !'' वे बोले, ''शायद तुम लोगों को मेरी मन:स्थिति उसके उपयुक्त नहीं लगी।'' वे मुसकराए, ''अब मैं ठीक हूं। निष्क्रिय पड़े रहकर समय व्यतीत करने के स्थान पर, मैं सक्रिय रूप से कुछ करना चाहूंगा।''

''युवराज ! किष्किंधा नगरी की स्थिति तो आप जानते ही हैं।'' नल बोले, ''नगरों से बाहर बसे हुए वानर-यूथों पर दोहरी मार पड़ रही है।''

''दोहरी मार का अर्थ ?'' सुग्रीव ने पूछा।

''जो किष्किंधा के निकट हैं, वे वाली के हाथों पिट रहे हैं और जो किष्किंधा से दूर हैं, वे राक्षसों के हाथों।'' नल बोले, ''प्रायः वानर-यूथ मैदानों को छोड़कर या तो गहन वनों में जा घुसे हैं, या पर्वतों की चोटियों पर चले गए हैं। गुप्त-युद्ध के लिए यह बहुत उपयुक्त स्थिति है। आजकल हनुमान दुरूह स्थानों पर छिपे हुए वानरों से संपर्क बनाने का प्रयत्न कर रहे हैं।''

सुग्रीव कुछ प्रसन्न दीखे, ''यह तो लाभ की स्थिति है; किंतु पहली बात तो यह है कि हमारी स्थिति कितनी गुप्त तथा कितनी प्रकट है ?''

''वैसे तो अभी तक सम्राट को हमारे यहां होने का ज्ञान नहीं है।'' हनुमान बोले, ''मदिरा उन्हें इतना अवकाश ही नहीं देती। राजकुमार अंगद से हमारा संपर्क बना हुआ है और वे बार-बार यही संदेश दे रहे हैं कि सम्राट को यदि आपके यहां होने की सूचना मिल भी जाए तो भी वे मतंग वन में कभी प्रवेश नहीं करेंगे।''

''शायद अंगद ठीक ही कहता है।'' सुग्रीव बोले, ''मेरा भी यही अनुमान है कि वाली मतंग वन में प्रवेश नहीं करेगा। वैसे, हनुमान ! यदि कोई मतंग वन में आए तो उसके विषय में हमें सूचना कब और कैसे मिलेगी ?''

हनुमान मुसकराए, ''युवराज ! वन में किसी के प्रवेश करते ही हमें सूचना मिल जाएगी। वन के आरम्भ होते ही हमारी गुप्त चौकियां आरम्भ हो जाती हैं।''

''मेरा अनुमान था कि शायद तुमने ऐसी कोई व्यवस्था कर ली होगी।'' सुग्रीव मुसकराए... और सहसा, जैसे उनके मन में कोई नया विचार आया, ''सुनो ! कुछ बातें मुझे तुम चारों से ही करनी हैं।''

चारों व्यक्ति सावधान हो गए।

''अब मुझसे कुछ भी गुप्त रखने की आवश्यकता नहीं है। मैं पूर्णतः स्वस्थ और जागरूक स्थिति में हूं।''

चारों के चेहरे उल्लसित हो उठे।

''दूसरी बात — कल तुम लोग एक अपहृत स्त्री का समाचार लाए थे, उसके विषय में अधिक खोज-खबर रखी जाए। मेरा विचार है कि राम और लक्ष्मण वे ही आर्य

राजकुमार हैं, जिनके कारण दंडकारण्य में राक्षसों के सम्मुख बाधाएं उपस्थित हो रही हैं।''

''युवराज की इच्छा का हमें ध्यान रहेगा।'' तार बोले।

पर सुग्रीव ने जैसे उनकी बात सुनी ही नहीं, ''यदि किसी प्रकार हम उनसे संपर्क स्थापित कर पाएं, हमें उनसे बहुत सहायता मिल सकती है।''

प्रात: एक-एक कर वे चारों किसी-न-किसी दिशा में निकल गए; किंतु नित्य के समान, आज, सुग्रीव जाकर अपनी गुफा में नहीं लेटे। वे अच्छी प्रकार समझ गए थे कि उन्हें इस प्रकार अकेले छोड़कर जाने का अर्थ था कि मतंग वन में ऋष्यमूक के चारों ओर हनुमान के चर इस स्थिति में थे कि सुग्रीव के लिए तनिक-सी भी आपत्ति उपस्थित होते ही, उन्हें सचेत कर सकें। हनुमान भी इस प्रकार की सूचना से अनभिज्ञ नहीं रहेंगे। अद्भुत हैं हनुमान भी...

सुग्रीव ने खड्ग बांधा, गदा उठाई और चल पड़े — आज उनमें तनिक भी आलस्य नहीं था... वे भी तो देखें कि मतंग वन में हनुमान ने कैसी व्यवस्था कर रखी है...

शिलाओं और गुफाओं को पीछे छोड़ते हुए सुग्रीव गहन वन में प्रवेश कर गए। वे चलते जा रहे थे और सोचते जो रहे थे, सारे वन में कहीं कोई व्यक्ति दिखाई नहीं देता था। पता नहीं, हनुमान के प्रहरी कहां थे, जिनके भरोसे वह इतना निश्चित था। फिर भी, यह नहीं कहा जा सकता कि वह निश्‍चिंतता झूठी थी। हनुमान ऐसा व्यक्ति ही नहीं था, जो अपने किसी भी काम को इतने हल्के ढंग से करे। यदि हनुमान ने कहा है तो निश्चित रूप से निश्‍चिंत रहने वाली बात रही होगी...

बीच-बीच मे वन्य-पशुओं के स्वर वायुमंडल में तैर जाते थे। सबसे ऊंचा स्वर मतंगों का था... मतंगों के शब्द के साथ ही सुग्रीव की स्मृति में कुछ पुरानी बातें ऊभ-चूभ करने लगीं... सुग्रीव ने सुना था कि वाली जब दुंदुभि के पीछे-पीछे इस वन में आया था, तो वह चिंघाड़ते हुए मतंगों के आक्रमण से भयभीत होकर लौटा था। तब से वह इस वन में कभी नहीं आया... मायावी के कारण भी नहीं... तो क्या सुग्रीव इसी कारण सुरक्षित हैं...

उनके पग रुक गए। सामने एक झुरमुट में हनुमान और शिल्पी बैठे थे। उनके बैठने और बातचीत की पद्धति में कुछ भी गोपनीय नहीं था। वे नि:शंक बैठे बातें कर रहे थे।

सुग्रीव को देखते ही वे दोनों उठ खड़े हुए।

''तुम यहां कैसे, शिल्पी ?'' सुग्रीव ने अत्यंत आश्चर्य से पूछा।

''हनुमान को कुछ सूचनाएं देने आया था।'' वह मुसकराया।

''किंतु,'' सुग्रीव अब भी चकित थे, ''मैंने सुना था, वाली ने तुम्हें बंदी करने

का आदेश दिया है।''

''युवराज ने ठीक सुना था,'' शिल्पी बोला, ''किंतु वह आदेश वापस ले लिया गया है।''

''कैसे ? अंगद के प्रभाव से ?''

''नहीं।'' शिल्पी की मुसकान में वक्रता घुल गयी, ''रत्ना के प्रभाव से।''

सुग्रीव का आश्चर्य बढ़ गया, ''रत्ना कौन है ?''

''उसे आप नहीं जानते।'' शिल्पी बोला, ''वह इन दिनों किष्किंधा की सबसे सुंदरी वेश्या है।''

''वेश्या का कैसा प्रभाव ?''

शिल्पी खुलकर मुसकराया, ''इन दिनों किष्किंधा की सारी राजनीतिक सत्ता वेश्याओं और उनके संबंधियों के हाथों में है। जो स्त्री स्वयं को, और जो पुरुष अपने घर की स्त्रियों को वेश्या बना सकें, वे वाली से सब कुछ पा सकते हैं।''

सुग्रीव आंखों में पीड़ा का भाव लिये शिल्पी को देखते रहे। अन्त में उनके मुख से निकला, ''इंद्र का पुत्र...''

अपनी स्तब्धावस्था से उबरने में सुग्रीव को थोड़ा समय लगा। उबरने के पश्चात वे सहज हो गए, ''पर तुम तो अब भी संकट से खेल रहे हो, यहां कैसे चले आए ?''

इस बार शिल्पी मुसकरा नहीं सका। बोला, ''युवराज ! संकट तो है ही; किन्तु जब न्याय का युद्ध होने को हो, साफ-साफ दो वर्ग बनकर सामने आ रहे हों, तब भी यदि सामान्य जन संकट के भय से अन्याय का पक्ष लेगा या तटस्थ रहने का नाटक करेगा, फिर तो मानवता अत्याचार के विरुद्ध कभी नहीं लड़ सकेगी। इससे बड़ा संकट और क्या हो सकता है; इसीलिए मैंने छोटे संकट झेलने का निश्चय किया है।''

''सच कहते हो, शिल्पी !'' सुग्रीव आत्मचिंतन के-से स्वर में बोले, ''हम छोटे संकट से बचने के लिए ही बड़े संकट झेलते चलते हैं... तुम किस काम से आए ?''

''हनुमान को बता चुका हूं, युवराज !'' शिल्पी धीरे से बोला, ''अब चलूंगा। अनुमति दें।''

शिल्पी चला गया तो सुग्रीव ने हनुमान को देखा। वे कुछ अतिरिक्त रूप से गंभीर लग रहे थे।

''क्या बात है, हनुमान ?''

''आइए, युवराज ! वापस चलें।'' हनुमान सुग्रीव के साथ-साथ मुड़े, ''शिल्पी सूचना लाया है कि आपको किष्किंधा से खदेड़कर ही सम्राट संतुष्ट नहीं हैं। उन्होंने खोज करवाई है और उन्हें कुछ-कुछ आभास है कि आप ऋष्यमूक पर्वत पर कहीं छिपे हुए हैं। अंगद का कहना है कि सम्राट कुछ कारणों से स्वयं मतंग वन में प्रवेश नहीं करेंगे...''

"मैं जानता हूं।" सुग्रीव बोले।

"वे अपने सेनानायकों को भेजकर न तो पराजय का कलंक झेलना चाहते हैं, न भाई को कायरतापूर्वक मरवाने का अपयश... किंतु सम्राट की इच्छा है कि आपके वध की योजना बनाई जाए और किष्किंधा के व्यावसायिक अपराधियों को धन का लालच देकर आपके पीछे लगा दिया जाए।"

सुग्रीव के पग रुक गये।

"विश्वास नहीं होता, हनुमान !"

"सूचना राजकुमार अंगद ने भेजी है, युवराज !"

सुग्रीव कुछ नहीं बोले। वे चुपचाप चलते रहे। उनके भीतर चिंतन-प्रक्रिया चल पड़ी थी — वाली के कपट, विश्वासघात, क्रूरता तथा दमन को देखते हुए — रुमा के अपहरण और उनके अपमान के बाद भी सुग्रीव अजाने ही, मन-ही-मन कहीं मानकर चल रहे थे कि वाली उनका भाई है। मूलतः वह उनसे प्रेम करता है, किंतु इस समय एक भ्रांति के कारण वह उनका विरोधी हो गया है। उन्हें लगता था कि समय बीतने के साथ-साथ वाली का आवेश कम हो जाएगा और कदाचित दोनों भाइयों में कोई समझौता हो जाएगा... किंतु यह मृगतृष्णा मात्र है... वाली उनका भाई नहीं है, वह किसी भ्रांति के कारण क्रूर नहीं हुआ है। वह तो अत्याचार और दमन का मत्त-मतंग है। मार्ग में आने वाले प्रत्येक दुर्बल जीव को वह पीसता जाएगा। वह मतंग अब सुग्रीव पर चढ़ दौड़ा है। वह वापस नहीं लौटेगा। विकल्प दो ही हैं — या तो मतंग के सामने वे लेट जाएं और वह उन्हें पीसता हुआ आगे बढ़ जाए, या दुर्बल होने पर भी उस मतंग की सूंड़ उखाड़ने का प्रयत्न करें।

— ठीक कहता है शिल्पी ! न्याय का युद्ध होने को हो, दो वर्ग साफ पृथक् हो रहे हों, दोनों ओर सेनाएं सज रही हों, तब भी तटस्थता के नाम पर सेनाओं से अलग खड़े रहना कायरता और नीचता है — सुग्रीव से अधिक समझदार हनुमान और उनके अन्य साथी हैं। उनकी राजनीतिक समझ अधिक सुथरी है। सुग्रीव इसे पारिवारिक झगड़े से अधिक महत्त्व नहीं देना चाहते थे... किंतु उनके साथी इसे आरंभ से ही न्याय और अन्याय का युद्ध मानकर चल रहे हैं.... अब सुग्रीव को भी इसे उसी दृष्टि से देखना होगा। जब यह भार उन्हीं के कंधों पर पड़ा है तो उन्हें अपनी निजी सीमाओं, संबंधों और दुर्बलताओं से ऊपर उठना होगा। इसे कर्तव्य मानकर ही स्वीकार करना होगा। वाली और सुग्रीव भाई नहीं हो सकते — उन्हें दो विरोधी शक्तियों का रूप ग्रहण करना ही होगा। यदि वाली का निश्चय यह है कि ये दोनों शक्तियां साथ-साथ जीवित नहीं रह सकतीं, इसलिए सुग्रीव को मरना होगा; तो सुग्रीव का भी निश्चय है कि यदि उसे जीवित रहना है तो वाली को मरना होगा — सुग्रीव को वाली से लड़ने की तैयारी करनी होगी। अपनी क्षमता को तौलना होगा; न्याय के पक्ष में लड़नेवाली शक्तियों से संपर्क करना होगा। एक-एक वानर को न्याय के पक्ष में लाकर खड़ा करना होगा। अब

तक सुग्रीव ने ये सारी बातें राक्षसों के विरुद्ध ही सोची थीं; किंतु अब कौन कह सकता है कि वाली भी राक्षस नहीं हो गया है — क्या भेद रह गया है वाली और रावण में? रावण दूर है, सुग्रीव को पहले वाली से ही निबटना होगा...

''हनुमान !'' सहसा सुग्रीव बोले, ''दुरूह स्थानों पर छिपे वानरों से संपर्क किया जा रहा है ?''

''हां, युवराज ! प्रयत्न आरंभ कर दिया गया है।''

''यह काम शीघ्र होना चाहिए।''

सुग्रीव पुनः अपने चिंतन में डूब गये।

6

पहले तो रावण ने रक्षिकाओं को ही आदेश दिया कि सीता को अशोक-वाटिका तक पहुंचा आएं; किंतु बाद में जाने क्या सोचकर उसने अपना विचार बदल दिया था। सीता को अशोक-वाटिका तक पहुंचाने के लिए वह स्वयं साथ आया था। उसका साथ आना सुरक्षा-व्यवस्था की दृष्टि से आवश्यक नहीं था। जितने सशस्त्र सैनिक सीता के रथ को घेरकर चल रहे थे, उनका विरोध कर, उनके हाथों से निकल जाना, सीता की अपनी कल्पना के लिए भी दुरूह था।... किंतु, फिर भी रावण साथ चल रहा था।

''सीते !'' रावण का स्वर अत्यन्त कोमल था।

सीता ने उसकी बातों तथा संबोधनों के उत्तर प्रायः बंद कर दिए। क्या उत्तर दिया जाए इस षड्यंत्रकारी नीच पुरुष की बातों का !

''सीते ! यदि तुम स्वेच्छा से मुझे अंगीकार कर लो तो मैं राम और लक्ष्मण को जीवित छोड़ दूंगा और उन्हें कोई छोटा-मोटा राज्य भी दे दूंगा।'' वह रुका, ''और स्त्री के बिना राम यदि अत्यन्त दुःखी हो, तो मैं उसका विवाह शूर्पणखा से कर दूंगा।''

''तुम्हारी बहन तो अपने दहेज में लंका का राज्य और राजाधिराज का शव लाने वाली थी।'' सीता का स्वर वितृष्णा से भर उठा।

रावण हतप्रभ रह गया।

उसे अपनी स्थिति से उबरने में कुछ क्षण लगे, ''क्या कहा था शूर्पणखा ने ?''

''उसी से क्यों नहीं पूछ लेते !''

रावण सीता को देखता रह गया। वह सीता को नहीं जानता था, किंतु शूर्पणखा को जानता था।... उसकी कामाग्नि वस्तुतः इतनी उग्र थी कि यदि उसका वश चलता तो वह अपनी इच्छापूर्ति के लिए अपने समस्त बंधुओं तथा लंका के साम्राज्य को होम डालती। शूर्पणखा रावण की वास्तविक बहन थी।

सहसा रावण का ध्यान दूसरी ओर चला गया।... यदि किसी प्रकार राम लंका के आस-पास या लंका में आ गया और उसने शूर्पणखा की इच्छा पूर्ण कर दी तो लंका

में भयंकर गृह-युद्ध होगा। शूर्पणखा रावण सरीखी योद्धा न सही, किंतु युद्ध-कुशल वह भी है। उसके समर्थक एवं प्रेमी भी अनेक हैं। कालकेय दैत्य आज भी उसके इंगित पर मरने को तत्पर बैठे हैं...

रावण ऐसा गृह-युद्ध नहीं चाहेगा। उसे अनेक लोगों से निबटना है।... और सबसे बड़ी बात, सीता से आत्म-समर्पण करवाना है। ऐसी स्थिति में शूर्पणखा का लंका में अधिक दिन रहना उचित नहीं है। वैसे भी यदि सीता ने रावण को अंगीकार कर लिया तो शूर्पणखा अपनी ईर्ष्या और क्रोध में ही जल मरेगी। उससे सावधान रहना होगा और उसे राम से यथासंभव दूर रखना होगा.. इसी सीता के कारण किस झंझट में फंस गया रावण ! एक ओर मंदोदरी क्रुद्ध सिंहनी बनी हुई है, दूसरी ओर शूर्पणखा किसी भी समय घातक हो सकती है !... और विभीषण ! विभीषण रावण की नीति को कभी स्वीकार नहीं करेगा।... इन सारी परिस्थितियों में रावण को लंका में ही पर्याप्त प्रतिरोध का सामना करना पड़ सकता है... रावण को पहले अपने घर का व्यूह साधना होगा... शूर्पणखा को तो तत्काल ही अश्मद्वीप भेज देना होगा। उसका यहां रहना रावण के लिए घातक है।... रावण की ओर से निराश होकर, वह राम को लंका में बुलाने का भी प्रयत्न कर सकती है और यदि राम लंका में आ गया... उसने एक बार मुसकराकर शूर्पणखा की ओर देख लिया तो शूर्पणखा उसकी प्रणय-कृपा पाने की एक आशा में ही लंका को फूंक देगी...

कैसे झंझट में फंस गया रावण ! केवल इस एक स्त्री के कारण...

रावण ने दृष्टि फेरकर सीता को देखा... दासियों में घिरी, गंभीर तथा परेशान सीता !... इसे प्राप्त न किया तो राजाधिराज होने की क्या सार्थकता ? इसे पाने के लिए प्राण न दिए तो जीवन की क्या उपयोगिता ?... शूर्पणखा राम को पाने के लिए यदि लंका को फूंक सकती है तो रावण सीता को पाने के लिए संपूर्ण राक्षस साम्राज्य दांव पर लगा सकता है।

तभी प्रतिरावण हंसा, ''यह विरोध राम और रावण का है या रावण और शूर्पणखा का... ?''

पर रावण का ध्यान प्रतिरावण से हटकर किन्हीं अनजाने मार्गों पर भटकन-भरी यात्राएं करता चला गया।... सीता-प्राप्ति तो बाद में होगी, पहले उसे अपने घर में अपना शासन स्थापित करना पड़ेगा।

प्रतिरावण भी विलीन हो गया। इस बार उसने अधिक हठ नहीं ठाना। कदाचित् शूर्पणखा का भय उपजा जाना ही उसे पर्याप्त लगा था।

सीता से रावण ने कोई विशेष बातचीत करने का प्रयास नहीं किया। वह अन्यमनस्क-सा बैठा किन्हीं गुत्थियों को मन-ही-मन सुलझाता रहा। उसके संकेत पर ही रथ अशोक-वाटिका में प्रविष्ट हुआ। उसकी दृष्टि वाटिका के बाहर स्थापित किए गए सैनिक शिविरों पर पड़ी — एक बार मन में आया भी कि एक साधारण-सी

कोमल और कमनीय स्त्री को बन्दी बनाए रखने के लिए इतने सैनिकों की आवश्यकता नहीं होनी चाहिए... पर तत्काल ही उसका मन सशंक हो उठा... सीता के सम्बन्ध में तनिक भी असावधानी नहीं बरती जानी चाहिए।... अपने बल पर सीता निकल भागने का प्रयत्न कदाचित् न भी करे, किन्तु शूर्पणखा अपने सहायकों के माध्यम से उसकी हत्या भी कर सकती है।... सीता की हत्या ! इस कल्पना से ही रावण का मन क्षुब्ध हो उठता है... विभीषण उसे मुक्त करवाने में सहायक हो सकता है। और मंदोदरी ?... फिर राम के पक्ष का भी कोई व्यक्ति आ सकता है। इन षड्यंत्रों के विरुद्ध रावण को सावधान रहना होगा... पहरे में शिथिलता नहीं करनी होगी...

प्रतिरावण ने अट्टहास किया — 'राम का भय तेरे रक्त में घुल गया है... उसके यहां आ पहुंचने की भी कल्पना करने लगा है तू ?...'

रथ रुक गया।

एक निश्चित दूरी पर वृक्षों के पीछे सशस्त्र पुरुष प्रहरियों की टोलियों ने सन्नद्ध होकर घेरा डाल लिया। दूसरी ओर से स्त्री रक्षिकाएं आयीं और हाथों में नग्न खड्ग लेकर वृत्ताकार खड़ी हो गईं। रथ में से दासियां उतरीं और उन्होंने सीता को भी उतरने का संकेत किया।

सीता बिना किसी प्रतिरोध के उतर आयीं। रथ में बैठे रहने का कोई लाभ नहीं था।

किंतु सबकी अपेक्षाओं के विरुद्ध, रावण रथ में ही बैठा रह गया — जैसे नीचे उतरने की उसकी इच्छा ही न हो... पर यदि उसे रथ में बैठे-बैठे ही लौट जाना था तो यहां तक आने की क्या आवश्यकता थी ? सीता को वह इससे भी अधिक दृढ़ सुरक्षा-प्रबंध के साथ यहां भिजवा सकता था।... दासियों से लेकर पुरुष-रक्षकों तक को ज्ञात था कि यह रावण का प्रमद वन है। किसी स्त्री को यहां लाने का एक ही अभिप्राय था। इससे पहले कितनी ही बार ऐसी घटनाएं घट चुकी थीं।... किंतु आज रावण रथ से नीचे उतरा ही नहीं। वह वापस लौटने को तैयार लग रहा था।

जाने से पहले वह क्षणभर के लिए सीता की ओर मुड़ा, ''जानकी ! किसी वस्तु की आवश्यकता हो तो मांग लो।''

''धनुष-बाण !'' सीता अपने सधे हुए स्वर में बोलीं, ''जानकी के हाथ में धनुष-बाण देने में भय लगता हो तो एक खड्ग...''

रावण ने कोई उत्तर नहीं दिया। उसने सारथी को रथ मोड़ने का संकेत किया। सीता का यह हठ वह उसी क्षण से देख रहा था, जिस क्षण से उसने उसका अपहरण किया था। एक क्षण के लिए भी यह स्त्री न तो भयभीत हुई थी और न दीन। ऐसी स्त्री को जीतना क्या सरल है — जिसमें न भौतिक सुविधाओं के लिए तनिक भी दुर्बलता हो, न शारीरिक कष्टों का भय !... यह तो मंदोदरी ने बीच में एक प्रतिबन्ध लगा दिया

कि सीता स्वेच्छा से रावण को स्वीकार करे — अन्यथा भी क्या सीता शारीरिक यातना के सामने अपनी पराजय स्वीकार करती ?... शायद नहीं ! पर ऐसी भी कोई स्त्री हो सकती है, जिसमें न कोई प्रलोभन हो, न कोई भय ? रावण ने आज तक ऐसी कोई स्त्री नहीं देखी।

सीता के हाथ में शस्त्र देने का तो कोई अर्थ ही नहीं था। उसकी शस्त्र-परिचालन-क्षमता को रावण जानता था।... इस अवरोध में से वह निकल नहीं पाएगी; किंतु शस्त्र मिल जाने पर युद्ध के माध्यम से अथवा अन्य किसी प्रकार से वह आत्मघात का प्रयत्न करेगी। पर रावण उसे आत्मघात नहीं करने देगा...

अपने महामहालय में लौटने से पूर्व रावण, शूर्पणखा के पास पहुंचा।

''कैसी हो, शूर्पणखे ?''

''आप तो प्रसन्न हैं, भैया !'' शूर्पणखा की आंखों में हिंस्र चमक थी, ''सीता आपके आधिपत्य में है।''

रावण ने देखा — कितनी ईर्ष्या थी शूर्पणखा की आंखों में! कितनी प्रतिहिंसा! विजयी को चीर-फाड़कर खा जाने की पराजित आशंका का दमित रूप...

''भगिनी !'' रावण यथासंभव कोमल स्वर में बोला, ''विचित्र संयोग है कि मैंने तुम्हें जितना देना चाहा, उतना कभी नहीं दे पाया। उल्टे मेरे कारण तुम्हारी क्षति होती रही। मैंने किसी वीर सेनापति से तुम्हारा विवाह कर तुम्हें एक स्वतंत्र राज्य देना चाहा; किंतु तुमने विद्युज्जिह्व का वरण किया। भाग्य का खेल देखो, तुम्हारा प्रिय मेरे ही हाथों मारा गया। मैंने तुम्हें जनस्थान का भोग दिया। उसे भी मेरी शत्रुता के कारण राम ने तुमसे छीन लिया।'' रावण ने रुककर शूर्पणखा को देखा, ''यह दंड भी तुम्हें मेरी बहन होने के कारण सहना पड़ा। इसलिए तुम्हें किसी प्रकार भी सुखी रखने का मेरा दायित्व और भी बढ़ जाता है।''

'लंका से निष्कासन !' शूर्पणखा का मन चीत्कार कर उठा, 'यह रावण, भाई का प्यार जताकर, बहन को अपने राज्य से निष्कासित कर रहा है।...'

''तुम्हारे अपमान का प्रतिशोध मैंने ले लिया है।'' रावण बोला, ''जब तक उस कंगले राजकुमार राम का वध कर हम जनस्थान को पुनः हस्तगत नहीं कर लेते, तब तक तुम सुख से अश्मपुर में रहो। मैं एक शक्तिशाली सेना तथा धन का विपुल भंडार तुम्हारे साथ भेज रहा हूं...।''

''तुम्हें मेरा कितना ध्यान है, भैया !'' शूर्पणखा होंठों पर मुसकान ले आयी, ''अश्मपुर में मैं बहुत अकेली हो जाऊंगी। वहां मुझे शांति नहीं मिलेगी। मैं अभी कुछ दिन और यहीं रहकर अपनी मानसिक शांति लौटाना चाहती हूं। मंदोदरी भाभी के पास रहना कितना सुखद है।''

'यह तुम्हारी शांति लूटेगी।' प्रतिरावण जोर से हंसा।

''मैंने तुम्हारे प्रस्थान की तैयारियों का आदेश दे दिया है।'' रावण बोला, ''अपनी

सुविधानुसार अपने राज्य में जाकर सुख-भोग करो। ऐसा न हो कि शासक को उदासीन पाकर अश्मपुर के कालकेय स्वतंत्र हो उठें।''

रावण ने शूर्पणखा के उत्तर की प्रतीक्षा नहीं की। वह जानता था कि उसका उत्तर क्या होगा।

शूर्पणखा स्पष्ट देख रही थी कि उसका लंका में रहना ही हितकर था। पर रावण यह नहीं चाहता... इस रावण से तो विभीषण ही अच्छा, जो कम-से-कम अपने मन की बात सच-सच तो कह देता है। पर रावण लंका का राजाधिराज है। उसकी आज्ञा का पालन होगा। हठ में या बल में — वह रावण को जीत नहीं पाएगी। उसे जाना ही होगा...

रावण का रथ दूर निकल गया तो सीता ने अपने वर्तमान परिवेश की ओर ध्यान दिया। इस स्थान के लिए उन्होंने प्रहरियों से बार-बार 'अशोक-वाटिका' का नाम सुना था। जहां वे खड़ी थीं, उसके निकट ही एक बड़ा अशोक वृक्ष खड़ा था, जिसके तने के साथ ईंटों का एक वृत्ताकार चबूतरा बना हुआ था। कदाचित् यह वृक्ष की छाया में बैठने के लिए बनाया गया था।... दृष्टि उठाकर देखने पर, अनेक स्थानों पर अशोक वृक्षों के झुंड भी दिखाई पड़ते थे। संध्या के झुटपुटे में दूर के अन्य वृक्षों को पहचानना कठिन था, अन्यथा तेरह वर्षों के इस वनवास के पश्चात् सीता के लिए पेड़-पौधे अपरिचित नहीं रह गए थे। वे यदि मुक्त होतीं और दिन का उजाला होता तो वे भी कदाचित् पंचवटी-प्रदेश में प्रवेश करते हुए मुखर के समान उल्लसित मन से वनस्पति की एक-एक जाति को पहचानने का प्रयत्न करतीं...

कितना प्रसन्न था उस दिन मुखर ! पर क्या जानता था बेचारा कि अपनी धरती में उसका प्रवेश उसकी मृत्यु की भूमिका बनेगा।...

वे उस स्थिति में नहीं थीं। वनस्पति से अधिक आवश्यक मानव को पहचानना था। रावण की कामना की पृष्ठभूमि में, मार्ग में जो कुछ सीता ने देखा, वह सुखद नहीं था। स्थान-स्थान पर सैनिक शिविर और चौकियां। सशस्त्र पुरुष एवं स्त्री प्रहरी — इस समय भी उनके चारों ओर खड्गधारिणी राक्षसियां प्रहरियों के रूप में खड़ी थीं और कदाचित् इन वृक्षों के पीछे कहीं पुरुष प्रहरी भी हों... बायीं ओर सादा-सा एक कुटीर था, जिसके पास कुछ निःशस्त्र दासियां खड़ी हुईं, अटपटी-सी दृष्टि से सीता को देख रही थीं। कदाचित् यह कुटिया उनके विश्राम और दासियां उनकी सेवा के लिए थीं... रावण ने बार-बार सीता को इंगित किया था कि वे यदि उसकी इच्छा के अनुकूल चलेंगी तो उन्हें जीवन की प्रत्येक सुविधा उपलब्ध होगी...

सुविधा! और सीता के मुख पर विद्रूप की स्मित झांक गई। जो सुविधा सीता ने मांगी है — वह तो रावण ने दी नहीं।... वह सुविधा रावण अपनी इच्छा से नहीं देगा। वह तो सीता को अपने बल और कौशल से ही अर्जित करनी होगी... ऐसी सुविधा

स्वेच्छा से कौन देता है, जिससे अधीनस्थ स्वतंत्र हो जाये। वह तो स्वयं ही अर्जित करनी पड़ती है...

सीता ने परीक्षण भरी दृष्टि से उन खड्गधारिणियों की ओर देखा। निर्णय करना कठिन था कि अपना प्रयोग कहां से आरम्भ करें।... मन में संशय भी था कि यह प्रयोग करना भी चाहिए या नहीं। किंतु योद्धा राम की पत्नी शस्त्रों का प्रशिक्षण प्राप्त कर तेरह वर्षों के वनवास में तपकर भी अपनी मुक्ति के लिए प्रयत्न न करे — सीता ऐसी दीन-हीन तो नहीं थीं।

एक खड्गधारिणी को सीता ने संकेत से अपने निकट बुलाया। मुख से कुछ कहा नहीं — हाथ से इंगित भर किया।

पहले तो खड्गधारिणी को निश्चय करने में समय लगा कि उसे ही बुलाया गया है — फिर कदाचित् वह यह सोचती हुई द्वन्द्व में खड़ी रह गई कि बुलाए जाने पर बंदिनी के निकट उसे जाना भी है या नहीं।... अन्ततः अपने निर्णय के अनुसार, उसने एक निःशस्त्र दासी को सीता के निकट जाने का संकेत किया। शायद सीता को किसी सहायता की आवश्यकता हो — सहायता के लिए दासियां थीं। खड्गधारिणियां तो इसलिए थीं कि वे सीता पर नियंत्रण रख सकें तथा उन्हें निरन्तर याद दिलाती रहें कि वे बंदिनी हैं...

अपनी ओर बढ़ती हुई दासी को सीता ने लौटा दिया, ''तुम नहीं।''

उन्होंने पुनः खड्गधारिणी को संकेत किया।

खड्गधारिणी का द्वन्द्व बढ़ गया। वह स्वयं कोई निर्णय नहीं कर पायी। असहायता की स्थिति में उसने अपनी नायिका की ओर देखा।

नायिका स्वयं ही शिथिल पगों से चलती हुई सीता के पास आयी, ''क्या है ? क्या चाहिए तुम्हें ? राजाधिराज का आदेश है कि तुम कुटीर में विश्राम करो। भोजन तुम्हें यथासमय परोस दिया जाएगा।''

सीता की दृष्टि, खड्ग को शिथिलतापूर्वक पकड़े हुए, उसके हाथ पर थी। उसके आगे बढ़ने में तनिक भी असावधानी नहीं थी। वह सीता की ओर से आशंकित भी नहीं थी।... और सीता के मन में वे सारी पद्धतियां और युक्तियां गूंज रही थीं, जो उन्होंने समय-समय पर राम और लक्ष्मण से सीखी थीं... प्रतिपक्षी के दाहिने हाथ में खड्ग हो, वह दायीं ओर से आ रहा हो तो अपने दाहिने पैर से उसके दाहिने पैर को या तो बलपूर्वक दबा देना चाहिए, या जोर की ठोकर देनी चाहिए... अपने दोनों हाथों से उसकी शस्त्र वाली भुजा की कलाई को कसकर मोड़ देना चाहिए अथवा हाथ पकड़कर झटके से खींच अपने शरीर की आड़ पर रोक, उसे दूसरी ओर उछाल देना चाहिए...

खड्गधारिणी नायिका की चाल में बाधा तभी पहुंची, जब अत्यन्त अप्रत्याशित रूप से उसने पाया कि अकस्मात् ही उसके हाथ से खड्ग निकल गया है और वह

औंधे मुंह भूमि पर आ गिरी है।... किन्तु उसकी स्फूर्ति भी अद्‌भुत थी। निमिष-भर में वह उठकर खड़ी हो गयी और उसने आदेश पर आदेश दे डाले।

एकबारगी ही सारी शस्त्र-धारिणियां सीता के चारों ओर घिर आयीं और उनके पीछे पुरुष प्रहरियों की पंक्तियां भी प्रकट हो गयीं। क्षण-भर में ही सीता के सम्मुख स्पष्ट हो गया कि उनके चारों ओर अनेक वृत्ताकार घेरे डाले जा चुके हैं और ऐसे व्यूह में से बचकर निकल पाना कदाचित् संभव नहीं है...

दूसरे ही क्षण खड्‌गधारिणियों का सामूहिक आक्रमण हुआ। सीता के लिए यह भी एक नया खेल था। बीसियों खड्‌गधारिणियों का सामूहिक आक्रमण इस ढंग से हुआ था कि किसी के शस्त्र ने सीता के शरीर का स्पर्श नहीं किया और उनके शस्त्र-व्यूह में सीता के हाथ का खड्‌ग पूरी तरह उलझा हुआ था... अगले ही क्षण खड्‌ग उनके हाथ से निकल गया था...

उन्होंने रस्सियों से बांध, सीता को अशोक वृक्ष के नीचे बैठा दिया।

"हमें तुम्हारी हत्या करने का आदेश नहीं है," खड्‌गधारिणी नायिका बोली, "अन्यथा तुम्हारी हड्डियां और मांस हम आपस में बांट चुकी होतीं।"

"अब क्या करोगी ?"

"राजाधिराज के पास सूचना भिजवायी है। आज्ञा वहीं से आयेगी।" वह रुककर बोली, "राजाधिराज की प्रिया होने के नाते आज मृत्यु-दंड से बच गयी हो।"

सीता को यह सूचना अपने अनुकूल लगी। अपनी कामना के कारण रावण उनके साथ साधारण बन्दी का-सा व्यवहार नहीं करेगा; अन्यथा शस्त्र छीनने और सशस्त्र विरोध का दंड, सहज ही मृत्यु-दंड हो सकता था...

सूचना पाकर रावण स्वयं नहीं आया, कदाचित् वह अन्यत्र कहीं उलझा हुआ था; किंतु लगता था, उसकी आज्ञा कुछ अधिक विस्तृत थी। सूचना लाने वाले चर ने बड़ी देर तक अपनी बात धीरे-धीरे खड्‌गधारिणी नायिका को समझायी।

चर की बात सुनकर, खड्‌गधारिणियों ने सीता को पहले के ही समान घेर लिया। उनके बंधन खोले और मुक्त कर दिया, "राजाधिराज ने तुम्हारा यह अपराध क्षमा कर दिया।"

जब तक सीता कुछ समझें, समस्त खड्‌गधारिणियां पीछे हटकर वृक्षों के झुंडों के पीछे विलीन हो गयीं। अब सीता निःशस्त्र दासियों से घिरी हुई थीं, किंतु यह बात सीता से छिपी न रह सकी कि ये निःशस्त्र दासियां शरीर से पर्याप्त हृष्ट-पुष्ट थीं — कदाचित् ये सामान्य सेविकाएं न हो दंडधर टुकड़ियों की सदस्याएं थीं। शस्त्र सीता की आंखों की पहुंच से दूर कर दिये गये थे, ताकि न उनके सम्मुख प्रलोभन हो और न वे पुनः शस्त्र छीनने का प्रयत्न करें।

"अब !"

सीता एक ओर हटकर, एक वृक्ष के तने से लगकर बैठ गयीं।

पंचवटी में उनके आश्रम में, उस मायावी तपस्वी के आने के समय से अब तक उनका मन एक क्षण के लिए भी स्थिर नहीं हुआ था। घटनाचक्र ऐसी गति से चला और क्षोभ इतना प्रबल था कि अपनी स्थिति को समझने कि लिए भी मन रुककर, एक क्षण के लिए कुछ सोच नहीं सका। अब जाकर कहीं अवकाश मिला था कि वे अपनी स्थिति के विषय में कुछ सोच सकें।

निःसंदेह वे अपने राम से बहुत दूर, इस लंका में, रावण के सुरक्षित गढ़ में बंदिनी थीं। अपनी रक्षा के लिए उनके पास कोई शस्त्र नहीं था। लंका में उनका कोई सहायक नहीं था। राम और लक्ष्मण को कदाचित् आभास भी नहीं मिल सकता था कि वे लंका में इस प्रकार बंदिनी हैं। राम के पक्ष के जिस व्यक्ति ने सबसे अन्त में उन्हें देखा, वे जटायु थे — वृद्ध तात जटायु ! उस वृद्ध शरीर पर जनस्थान के युद्ध में लगे घाव अभी सूखे नहीं थे कि उन्हें रावण से युद्ध करना पड़ा। किस वीरता से लड़े थे तात जटायु ! किंतु अन्त में, रावण के भागते हुए रथ से जिस प्रकार वे गिरे थे, उसके पश्चात् उनका बचना कठिन ही था। कदाचित् वे जीवित ही न रहे हों, तो फिर राम को सूचना ही कैसे मिलेगी...

मार्ग में उन्होंने आभूषण भी गिराये थे; किंतु इतने सघन वन में गिराये गये वे आभूषण राम और लक्ष्मण तक पहुंच ही जाएं — क्या यह आवश्यक है। जाने वे आभूषण कहां गिरे हों। कहीं किसी वृक्ष, झाड़ अथवा लता-गुल्म में समा गये हों। वृक्षों के पत्ते झड़-झड़कर उन पर गिरे हों और वे आभूषण नीचे दब गये हों। इतने आभूषण तो उनके पास थे भी नहीं कि वे सारे मार्ग में अनवरत गिराती ही आतीं। जो आभूषण गिराये थे, वे प्रकृति की गोद में कहीं विलीन हो जाने के स्थान पर यदि किसी मनुष्य के हाथ लग गये हों, तो आवश्यक नहीं कि वह मनुष्य उन्हें राम तक पहुंचा ही दे। वह उन्हें अपने उपयोग में क्यों नहीं लायेगा ?... वह उन्हें पहन सकता है, किसी को भेंट कर सकता है, उनके स्थान पर किसी से कोई वस्तु प्राप्त कर सकता है...

और यदि राम को कोई नहीं बतायेगा कि सीता का अपहरण रावण ने किया है; और तो और, सीता के अपने शरीर से विलग हुए आभूषण तक नहीं बताएंगे तो राम क्या करेंगे...राम बहुत दुःखी होंगे, उनकी आंखों से अश्रु थम नहीं पाएंगे, वे वन के वृक्षों और पर्वतों की शिलाओं से सिर टकराएंगे...पर उन्हें सीता का पता कौन देगा...पर्वत और वन गूंगे हैं, प्रकृति बधिर है...राम की प्रतीक्षा में सीता जीवन धारण कर सकती है; किन्तु सूचना के अभाव में राम कैसे आएंगे...सीता के मिलने की आशा नहीं रहेगी तो राम जीवित कैसे रहेंगे? राम के जीवित रहने की कोई आशा नहीं और सीता के मुक्त होने की?...रावण द्वारा घर्षित होने अथवा उसके द्वारा वध किये जाने की प्रतीक्षा में जीवन धारण करने का क्या अर्थ? प्रत्येक क्षण अपने प्रिय जनों के वियोग, अपमान, पीड़ा, क्लेश तथा मृत्यु की छाया में जीवित रहने का क्या अर्थ?...लम्बी यातना के पश्चात पीड़ित एवं अपमानित मृत्यु का आलिंगन करने से तो श्रेयस्कर यही

है कि वे तत्काल अपने प्राण दे दें...

किन्तु दूसरे ही क्षण उनकी आंखों के सम्मुख राम तथा लक्ष्मण के चेहरे झलमला आये। राम की भंगिमा उनके चिर-परिचित आत्मविश्वास की भंगिमा थी और लक्ष्मण के चेहरे पर उनका वीर दर्प...सीता ने कैसे मान लिया कि राम वन के वृक्षों तथा पर्वत की चट्टानों से सिर टकराकर अपने प्राण दे देंगे और वीरवर लक्ष्मण अपने भैया राम को प्राण देते हुए चुपचाप देखते रहेंगे...क्या इतनी ही जिजीविषा है राम और लक्ष्मण में? क्या इसी संघर्ष शक्ति को लेकर वे अत्याचार को मिटाने निकले थे? ...इतने ही सुकुमार थे तो अयोध्या का राज्य छोड़ वन में क्या करने आये थे?...क्या सीता ने अपने राम को छुई-मुई की लता समझा है कि पत्नी का हरण हो गया तो वे बिना प्रतिशोध लिये, बिना अन्याय का प्रतिकार किये, बिना अपनी प्रिया का उद्धार किए चुपचाप अपने प्राण दे देंगे...सीता की आंखों के सम्मुख खर-दूषण के साथ हुआ युद्ध घूम गया...कैसे अकेले राम खड़े थे, पर्वत की चोटी पर, राक्षसों की विशाल सेना के सम्मुख। घाव पर घाव लगे राम को। सारा शरीर रक्त-स्नात हो गया। पर राम क्या तनिक भी डिगे? एक क्षण के लिए भी उनके मन में दुर्बलता जागी?...जब-जब राम की आंखों ने कोई अत्याचार देखा, जब-जब उनके कानों ने कोई आर्त पुकार सुनी, राम की जिजीविषा द्विगुणित हो उठी। प्रत्येक चुनौती ने उनके बल को शाण पर चढ़ाया...वही राम क्या अपनी प्रिया का हरण होने पर मुंह ढांपकर बैठे रोते रहेंगे?...और प्रवास को गये प्रिय के विरह में कण-कण जलती विरहिणी सुकुमारी नायिका के समान मौन-मूक अपने प्राण दे देंगे?...नहीं! सीता ने यह क्यों नहीं सोचा कि उनके हरण ही बात सुनते ही राम के प्राण जल उठेंगे और उनके साथ सारा वायुमंडल तप्त हो उठेगा। मृतप्राय लोगों की आत्मा को ज्वलंत अग्नि बना देने वाला व्यक्ति स्वयं राख का ढेर नहीं हो सकता।

और लक्ष्मण! भाभी के इस प्रकार अपहरण की बात जानकर लक्ष्मण क्या शांत रह जायेंगे? लक्ष्मण, जिन्हें परिहास में सीता 'उग्रदेव' कहती थीं--वे उग्रदेव क्या इस घटना के बाद रोने बैठ जाएंगे? संभव है कि पंचवटी की सारी जन-सेना को लेकर चल पड़ें...किन्तु जब पता ही नहीं होगा कि सीता कहां ले जायी गयी हैं, तो सेना को लेकर वे कहां जायेंगे?...

सूचना के अभाव में अपनी समस्त तेजस्विता, वीरता, शौर्य, संगठन-शक्ति तथा जिजीविषा के साथ भी राम और लक्ष्मण क्या कर पायेंगे?...

सीता यहां से सूचना भिजवाने का प्रयत्न करें? पर कैसे? यहां कौन है जो उनका संदेश राम तक पहुंचाए? वे तो अभी तक यही सोच-सोचकर चकित हैं कि रावण ने उन्हें बंदिनी बनाकर ही कैसे संतोष कर लिया? ये प्रहरी राक्षसियां उन्हें अभी तक जीवित देखकर कैसे चुप हैं? उनमें से ऐसा कौन है, जो सीता की बात मानकर राम को सूचित कर आए कि उनकी वैदेही अपनी मुक्ति के लिए यहां उनकी प्रतीक्षा कर रही है?

पर यह भी तो संभव है कि राम अपने अनुमान से समझ लें कि यह राक्षसों का ही कृत्य है।...और राक्षसों में सिवाय रावण के और कौन है, जो ऐसा दुस्साहस कर सके।...राम चाहे यह न जानते हों कि सीता कहां है, पर वे यह तो जानते हैं कि रावण कहां है। वे सीता के उद्धार की आशा से न सही, रावण के वध के प्रयत्न के लिए तो लंका में आ ही सकते हैं।

सीता तनकर सीधी बैठ गयीं...यही होगा। राम और लक्ष्मण कुटिया में लौटेंगे। सीता को वहां नहीं पायेंगे। तत्काल वे समझ जायेंगे कि यह रावण का कृत्य है। वे अपनी सेना संगठित करेंगे और लंका की ओर चल पड़ेंगे...सीता को धैर्य रखना होगा। राम अवश्य आयेंगे। सीता जीवित रह सकीं तो उन्हें मुक्ति भी मिलेगी और राम भी...सीता को जीवित रहना होगा, प्रतीक्षा करनी होगी और अपनी रक्षा भी। सम्भव है, राम ने उन्हें ऐसे ही दिनों के लिए शस्त्र-शिक्षा दी हो।...यदि कहीं से सीता को कोई शस्त्र मिल जाता...पर कहां मिलेगा शस्त्र! कौन देगा उन्हें शस्त्र...!

वृक्षों के पीछे स्थित प्रहरी राक्षसियों के दल में होने वाले कोलाहल ने सहसा सीता का ध्यान बरबस अपनी ओर खींच लिया।...अब तक सीता ने उनकी ओर ध्यान नहीं दिया था। कदाचित् वे लोग बैठी मदिरा पी रही थीं और द्यूत खेल रही थीं।...कोलाहल बढ़ता जा रहा था। उनके स्वर उच्च से उच्चतर होते जा रहे थे। किन्तु किसी का भी स्वर सधा हुआ नहीं था। कदाचित् मदिरा के प्रभाव में ही उनके स्वर लड़खड़ा रहे थे।

इन मद्यप, असावधान रक्षिकाओं के भरोसे बंदी कर रखा है रावण ने सीता को?

सीता के मन में हूक उठी — कहीं से एक खड्ग मिल जाता तो वे इन सबको पछाड़ती हुई निकल जातीं। एक प्रयत्न तो असफल हो चुका। किन्तु तब वे रक्षिकाएं सावधान और सतर्क थीं। न तन-मन से शिथिल थीं, न मदिरा के प्रभाव में थीं।...पर यदि वे किसी प्रकार निकल भी जाएं, तो क्या राम के पास पहुंच जायेंगी?...रावण इतना मूर्ख नहीं है कि इतने परिश्रम से लूटकर लाये गये धन को इन मदिरा-प्रमत्त मूर्खाओं के भरोसे सुरक्षित मान ले। इन रक्षिकाओं के पीछे वृक्षों की दूसरी पंक्ति है। उन वृक्षों के पीछे रावण की सशस्त्र सेनाओं के प्रहरी होंगे। संभवतः वाटिका चारों ओर से प्रहरियों द्वारा घेर रखी गयी होगी।...और यदि सीता उनके अवरोध में से निकल भी गयीं तो कहां जायेंगी? सारी लंका नगरी में एक व्यक्ति उनका परिचित नहीं है। किस घर में उन्हें शरण मिल सकेगी? कौन उन्हें आश्रय देगा? जिसके भी द्वार पर जायेंगी, वही रावण का कोई आत्मीय राक्षस होगा। वह सीता को पुनः रावण के हाथों में सौंप देगा। क्या पायेंगी सीता इस भाग-दौड़ में ?... यदि वे किसी घर में शरण न भी खोजें, तो भी समुद्र उनका मार्ग रोके खड़ा है। वे किसी भी प्रकार समुद्र को पार नहीं कर सकतीं। ऐसी स्थिति में, या तो समुद्र में डूबकर मरना होगा; उसके तटवर्ती प्रदेश में पशुओं द्वारा भक्षण किये जाने की प्रतीक्षा करनी होगी; भूख-प्यास से प्राण देने होंगे अथवा राक्षसों द्वारा पुनः

पकड़ी जाकर कारावास में पड़ना होगा। यदि एक बार मुक्त होकर पुनः पकड़ी गयीं तो कदाचित् रावण अधिक कठोर हो जायेगा। तब वाटिका के स्थान पर कारागार में निगड़ाबद्ध करके भी रखा जा सकता है... हाथ-पैरों में बेड़ियां डालकर...

''चुप रह, कुकुरात्मजा !'' किसी रक्षिका का लड़खड़ाता चीत्कार सारी वाटिका में तैर गया, ''बड़ी आयी धन वाली ! रक्षिका की जाति और धनवान बनी है।... कहां से आया तेरे पास धन ? मैं जानती नहीं क्या...'' स्वर में आत्मविश्वास बढ़ गया, ''पहले केवल नायक की शैया पर आरूढ़ होती थी, अब हाट में भी बैठने लगी !''

''हाट में बैठना निन्दाजनक है क्या ?'' कोई अन्य स्वर बोला, ''रक्षिका के रूप में जितना धन एक मास के वेतन में मिलता है, हाट में बैठने पर उससे अधिक एक रात में मिल जाता है।... पर तुझे नहीं मिलेगा...'' विकट अट्टहास किया उस स्वर ने, ''तेरा शरीर अब भोग के नहीं, भक्षण के योग्य ही रह गया है। उसमें भी कदाचित् ही किसी को स्वाद आए।''

''अपनी जिह्वा को वल्गा दे, निर्लज्ज !'' पहला स्वर पुनः बोला, ''तेरे पति को एक बार ज्ञात हो गया...''

दूसरे स्वर ने फिर अट्टहास किया, ''मेरा पति तो इस सरलता से धन आता देखकर विस्मित ही रह गया ! वह तो अब सारी स्त्रियों को यही परामर्श दे रहा है कि समय रहते हाट में बैठ जाओ, अन्यथा तुम्हारे वय तक पहुंचकर तो उत्कोच लेकर भी नायक अपनी शैया पर पग धरने की अनुमति नहीं देगा।''

''अरे, खेल क्यों बंद कर दिया, निगोड़ियो !'' कोई नया स्वर बोला, ''चलो, फेंको कौड़ियां। किसी की शैया पर आरूढ़ होना-न होना, हाट में बैठना-न बैठना, तुम्हारी अपनी इच्छा पर है। राक्षसराज रावण ने राक्षसियों को पूरी स्वतंत्रता दे रखी है। राक्षसियों में स्थायी पतित्व का विधान नहीं है।''

''स्थायी पतित्व का विधान नहीं है तो क्यों मंदोदरी किसी अन्य पुरुष के साथ नहीं चली जाती ! क्यों सुलोचना के पातिव्रत्य का ढिंढोरा सारी लंका में पीट-पीटकर उसे निकुंभिला देवी के समान पूजनीय बना दिया गया है !'' कोई अन्य स्वर बोला।

''लंका के विधाताओं को अपनी पत्नियों का पातिव्रत्य अच्छा लगता है। पर-स्त्रियों में उन्हें अस्थायी पतित्व की राक्षसी नैतिकता ही भली लगती है...'' कहने वाली खिलखिलाकर हंस पड़ी, ''तुम लोग किस चक्कर में पड़ी हो। स्वयं राजाधिराज सीता का अपहरण कर लाये हैं या नहीं। जब से लाये हैं, तब से उसे एक-पातिव्रत्य धर्म के दोष समझा रहे होंगे। किन्तु यह सत्य वे अपनी पत्नी को कभी नहीं समझायेंगे !''

''किंतु शूर्पणखा तो इस सत्य को बहुत पहले से समझे बैठी है।'' कोई नयी रक्षिका उनके वार्तालाप में सम्मिलित हो गयी।

''शूर्पणखा हाट में नहीं बैठी। वह आखेट करती है।'' उसने अट्टहास किया,

''बेचारी इस बार बहुत आहत होकर लौटी है। उसका प्रिय तो उसे मिला नहीं, उलटे भाई को सीता मिल गयी। दोहरा दुख है हमारी शूर्पणखा को। एक ओर अपनी वंचना के कारण विरह में जल रही है, दूसरी ओर भाई की उपलब्धि के कारण ईर्ष्याग्नि में...।''

''उसे उपलब्धि नहीं हुई, यह तो बाध्यता है; किन्तु अपने भाई को तो उपलब्धि त्यागने को कह सकती है।'' उन्मुक्त हंसी के साथ वह राक्षसी बोली।

किसी अन्य स्वर ने भी खिलखिलाकर साथ दिया, ''वहां भी बाध्यता है। बहुत पीड़ित है बेचारी। न उगलते बने, न निगलते। सीता रावण के पास रहे और उससे रावण को सुख मिले, यह वह नहीं चाहती। किन्तु सीता रावण के पास रहे और राम उसे खोजता हुआ आकर शूर्पणखा के जाल में फंस जाए, यह वह चाहती है। अब बताओ'', उस स्वर ने अल्पविराम के बाद पूछा, ''शूर्पणखा क्या चाहती है, सीता रावण के पास रहे या न रहे ?''

''चुप रहो तुम लोग !'' किसी नये सावधान-से स्वर ने सधे हुए भाव से कहा, ''राजाधिराज को रावण कहती हो और राजकुल के विषय में ऐसे खुलकर बातें करती हो। किसी को सूचना मिल गयी तो खाद्य पदार्थों तथा सरस वार्तालाप का स्वाद लेने के लिए मुंह के भीतर यह जिह्वा नहीं रहेगी।''

''ठीक कहती है बहन त्रिजटा।'' पुनः एक लड़खड़ाता-सा स्वर बोला, ''राजपरिवार की चर्चा करनी है तो वीरवर राक्षसेन्द्र, अखिल विश्व के राजाधिराज रावण की स्तुति करो।''

उनके स्वर धीमे पड़ गये और क्रमशः वे लोग मौन हो गयीं।

सीता का ध्यान पुनः अपनी स्थिति की ओर लौट आया... कैसे लोगों में फंस गयी हैं वे ! रावण तथा उसका अत्याचार तो एक ओर, यहां तो इन रक्षिकाओं के वार्तालाप से ही उनका दम घुटने लगता है। क्या रावण ने जान-बूझकर ऐसी रक्षिकाओं को यहां नियुक्त किया है, जो अपनी बातों से सीता को मृत्यु से भी कठिन यातना पहुंचाती रहें... क्या इनके पास मदिरा, द्यूत, व्यभिचार, वेश्या-वृत्ति के सिवाय अन्य कोई विषय नहीं है बातचीत के लिए... मल-कीट मल में ही बिलबिलाता रहता है और वहीं प्रसन्न रहता है... यह सब सुनना पड़ेगा सीता को — निरन्तर, अनवरत... ये ही लोग उनके आसपास बनी रहेंगी... ऐसी ही चर्चाएं करेंगी... उनके स्वर सीता के कानों से टकराते रहेंगे, सीता का मन दुःखी होता रहेगा, किन्तु वे कुछ नहीं कर सकतीं... हां, यदि कोई शस्त्र मिल जाता... यदि इनसे मुक्ति नहीं पा सकतीं तो बहुत व्याकुल होने पर आत्महत्या तो कर ही सकतीं... किंतु कहां से मिलेगा शस्त्र...

किसी की आहट पाकर, उन्होंने सिर उठाकर देखा — रक्षिकाओं में से ही एक राक्षसी उनकी ओर बढ़ रही थी। क्या करने आयी है यह ? सीता सतर्क हो गयीं...

निकट आकर वह सम्मानपूर्वक रुक गयी और अत्यन्त शालीनता से हाथ जोड़कर उसने प्रणाम किया, ''मैं त्रिजटा हूं, देवि ! मेरी नियुक्ति आपकी रक्षिकाओं में की गयी है; किन्तु मुझे अपनी दासी ही मानें। कोई कष्ट हो तो मुझसे अवश्य कहें। मेरे वश में...''

''इन रक्षिकाओं की चर्चाएं...'' सीता के मुख से अनायास निकला, ''ये स्त्रियां हैं या पशु !''

''मुझे खेद है कि देवि को इनके व्यवहार से कष्ट पहुंचा। मैं प्रयत्न करूंगी कि भविष्य में ऐसी चर्चाएं देवि के श्रवणों को कष्ट न दें।'' वह बहुत धीमे मुसकरायी, ''ये दया की पात्र हैं, देवि ! जिस समाज की अंग हैं, वैसा ही तो व्यवहार करेंगी। जिस समाज में मनुष्य को समारोहपूर्वक पशु बनाया जा रहा है, उसमें ये अबोध स्त्रियां सिवाय अपनी भूख जगा, उसके लिए मानवीय-अमानवीय ढंग से छीना-झपटी करने के और क्या कर सकती हैं। पाशविक व्यवस्था में प्रत्येक व्यक्ति पशु बन जाता है, देवि ! और फिर पाशविकता में ही स्पर्धा आरम्भ हो जाती है।'' उसने मौन होकर सीता को देखा, ''आप अपना धैर्य न छोड़ें, देवि ! आपका कोई अनर्थ न होगा। इन्हें समय-समय पर मैं संभालती रहूंगी, आप अपने मन को संभालें।''

त्रिजटा दो क्षण चुप खड़ी रही और फिर प्रणाम कर अपने स्थान पर लौट गयी।

सीता के मन का विषाद कुछ हल्का हुआ... इन लोगों में से भी कुछ लोगों में मनुष्यता अभी शेष है।... एक त्रिजटा ही सही, पर कोई तो उनकी भी पीड़ा समझता है। जो पीड़ा समझता है, उसके मन में सहानुभूति भी होगी; और सहानुभूति में व्यक्ति सक्रिय भी हो सकता है। सम्भव है, यह त्रिजटा ही समय आने पर उनकी सहायता करने के लिए तैयार हो जाए। एक खड्ग लाकर देना उसके लिए बहुत कठिन नहीं होगा।... एक खड्ग मिल जाए तो सीता को अनेक अप्रिय स्थितियों से मुक्ति मिल सकती है। वे अपने सम्मान की रक्षा कर सकती हैं। कष्टकर परिस्थितियों में प्रतिवाद कर सकती हैं। समय आने पर रावण से खड्ग-युद्ध कर सकती हैं; और यदि कुछ न हो सके तो आत्मवध तो कर ही सकती हैं... किन्तु उसने जो कुछ कहा है, वह कहीं मात्र नाटक तो नहीं?... कहीं यह भी रावण की चाल तो नहीं ? हो सकता है, रावण के ही आदेश पर त्रिजटा ने सीता से सहानुभूति दिखायी हो और उनका विश्वास प्राप्त कर, उनकी हितू बनकर अन्तत: वह उन्हें किसी षड्यंत्र में फंसाने का प्रयत्न करे... इस राक्षस नगरी में सीता को किसी का सहज विश्वास नहीं करना होगा...

7

बहुत देर से विभीषण दम साधे बैठे थे। ऐसा भयंकर द्वन्द्व उनके जीवन में कम ही आया था। जो कुछ हो रहा था, उसे देखते हुए मौन रह जाना उनके लिए बहुत कठिन था;

और बोलने का यह कोई स्थान नहीं था। वे जानते थे कि जो कुछ वे बोलना चाहते हैं, वह इस राजसभा में कदापि सहन नहीं किया जायेगा। यह राजसभा है या लंपटों का अड्डा...जिस अपराध के लिए किसी साधारण अपराधी को कदाचित् मृत्यु-दंड दिया जाता, उस अपराध के लिए राजाधिराज की स्तुति हो रही है ! चाटुकार सभासद, मंत्री, साम्राज्य के चिन्तक तथा विचारविद् लोग रावण की प्रशस्तियां गा रहे हैं... पिता पर-स्त्री के अपहरण जैसा निन्दनीय कर्म करके आया है और पुत्र भुजा उठा-उठाकर पिता की वीरता का गुणगान कर रहा है... क्या हो गया है मेघनाद को ?... क्या आदर्श रखा है रावण ने अपने परिवार तथा प्रजा के सम्मुख ? आज इन्द्रजित पिता द्वारा किये गये अपहरण की प्रशंसा के गीत गा रहा है, तो कल यदि उसका अपना मन किसी पर आ जायेगा, तो क्या वह अपहरण नहीं करवायेगा ? अपहरणों और बलात्कारों के लिए क्या हत्याएं नहीं होंगी ? इन्द्रजित करेगा तो क्या उसके भाई नहीं करेंगे ? पहले ही साम्राज्य की स्थिति इस दृष्टि से अच्छी नहीं है। राजकीय दंडधर वैसे ही सिवाय अपने स्वार्थों के और किसी की रक्षा नहीं करते। अपराधों के कीचड़ में वे आकंठ ऐसे धंसे हैं कि साधारण अपराध तो उन्हें अपराध ही नहीं लगते। सामान्य-जन के धन, सम्मान और प्राणों का उनकी दृष्टि में कोई मूल्य ही नहीं है। उनसे कार्य करवाने के लिए या तो उन्हें सत्ता का भय दिखाना पड़ता है अथवा भारी उत्कोच देना पड़ता है... लंका के लोगों के लिए ये ऐसी जानी-मानी बातें हैं कि सुनकर अब कोई चौंकता भी नहीं है।... और जब कभी साम्राज्य के दंडधर अथवा सैनिक संधान करते हैं तो सारे अपराधों के मूल में या तो राजाधिराज के अपने पुत्रों में से कोई निकल आता है, अथवा बड़े-बड़े पदाधिकारियों के सुपुत्रों में से कोई। इनमें से कोई न भी हुआ तो इन्हीं की छत्रछाया में पलने वाले मल्लों में कोई होता है। उन अपराधियों को दंड नहीं दिया जा सकता, क्योंकि शक्तिशाली राजपुत्रों अथवा राजपुरुषों में से किसी के रुष्ट हो जाने का भय बना रहता है। राजपुत्रों ने अपने-अपने मनोरंजन के लिए मल्लों की सेनाएं पाल रखी हैं... अपने आश्रयदाताओं के लिए आखेट करते-करते अब इन मल्लों को भी बान पड़ गयी है। संध्या का झुटपुटा हुआ नहीं और उन्होंने मदिरा का भांड अपने कंठ के नीचे उंड़ेला और बन्द रथों को लेकर आखेट के लिए निकल गये। कभी कोई वेश्या उनके हाथ लग गयी तो ठीक; अन्यथा कोई कुलवधू अथवा कुमारी कन्या ही उनकी बलि चढ़ जाती है !

विभीषण के मन में पिछले सप्ताह घटी घटना फिर से जाग उठी — साम्राज्य के जलसेना के अधिनायक की पुत्री सागरिका अपने छोटे भाई वरुण के साथ साम्राज्ञी के महल में होने वाली संगीत-गोष्ठी में भाग लेने के लिए घर से निकली थी। मार्ग में दोनों भाई-बहन इसी प्रकार के किन्हीं लंपटों के हाथों में पड़ गये। रात तक घर नहीं लौटने पर जलसेना-अधिनायक ने खोज आरम्भ की। दंडधरों के अधिनायक को भी

सूचित किया गया, सशस्त्र सेनाओं से भी सहायता ली गयी। सारी लंका में त्राहि-त्राहि मच गयी। प्रश्न जलसेना-अधिनायक के बच्चों का था, इसलिए दंडधरों ने भी अपना स्वाभाविक आलस्य छोड़कर आकाश-पाताल एक कर दिया; किन्तु बच्चों का कोई पता नहीं चला। तीसरे दिन सागरिका और वरुण के शव समुद्र-तट की पहाड़ियों में पड़े मिले। जलसेना-अधिनायक के बच्चे थे, इसलिए सिंह-शावकों के समान अपने अपहरणकर्ताओं से जूझे थे। अपहरणकर्ता जाने संख्या में कितने थे — पर बच्चों के शरीरों पर घाव अनेक थे। बच्चों ने स्वयं को अपमानित नहीं होने दिया; अपने सम्मान की रक्षा में प्राण दे दिये। सागरिका के शरीर पर तो केवल चार घाव थे; किन्तु वरुण के शरीर पर करवाल के बीस घाव थे और फिर भी उस सिंह-पुत्र के मुख पर कहीं दीनता का भाव नहीं था।

सारी लंका हिल उठी थी। स्वयं राजाधिराज ने जलसेना-अधिनायक के घर जाकर, अपने मुख से शोक प्रकट किया था। दो ही तो बच्चे थे जलसेना-अधिनायक के। दोनों का इस प्रकार हृदयद्रावक वध हो जाना इस अपराध-सहिष्णु लंका के लिए भी साधारण बात नहीं थी। बच्चे सुन्दर थे, मेधावी थे, वीर थे, साम्राज्य के इतने बड़े अधिकारी के बच्चे थे — तो भी क्या हो सका ? आज तक उनके हत्यारों का पता नहीं चल पाया। साधारण-जन के बच्चे होते तो कदाचित् उनकी हत्या का भी पता न चलता। पहाड़ियों में पड़े-पड़े उनके शव क्रमशः क्षय को प्राप्त होते और अन्ततः सागर की लहरों के थपेड़े उन्हें अपने साथ बहाकर ले जाते।

और विभीषण के मन में आज भी इस विषय को लेकर कोई द्वन्द्व नहीं है कि सागरिका और वरुण के हत्यारों का संधान जान-बूझकर नहीं किया जा रहा है। स्वयं राजाधिराज डरते होंगे कि संधान करने पर यदि अपराधी उनका अपना ही कोई सुपुत्र निकल आया तो ?...

पिछले सप्ताह ही जिस अपराध से सारी लंका कांप उठी थी, आज वही अपराध स्वयं लंका का राजाधिराज कर आया है और सारा शासन-तंत्र उसका अभिनन्दन कर रहा है।... धिक्कार है इस साम्राज्य पर ! प्रजा के सम्मुख अपने चरित्र का कैसा सुन्दर उदाहरण रखा है राजाधिराज ने... कैसा अनुकरणीय... !

सहसा नाना सुमाली ने सभागार में प्रवेश किया।

''आओ, पुत्र ! मैं तुम्हें अपने वक्ष से लगा लूं और तुम्हारा अभिनन्दन करूं।''

विभीषण को लगा, किसी ने उनके कानों में दहकते हुए अंगारे भर दिये हैं... वृद्ध नाना का यह व्यवहार... रावण को ताड़ना तो नहीं ही दी, उलटे उसका अभिनन्दन हो रहा है... सागरिका का हरण अपराध था, वह शोकपूर्ण और करुण घटना थी तो सीता का अपहरण कैसे अभिनन्दनीय हो गया...

''वत्स ! तुमने शत्रु-पत्नी का अपहरण कर एक ओर उसका क्षय कर दिया और दूसरी ओर हमारा सिर गौरव से ऊंचा कर दिया।''

विभीषण का हृदय जल उठा। स्वयं को रोकना उनके लिए सम्भव नहीं रहा। ''क्षमा हो, राजाधिराज ! असुरक्षित स्त्रियों के हरण में मुझे कोई वीरता दिखायी नहीं देती।''

रावण का उल्लसित चेहरा क्षणभर के लिए संकुचित हुआ और फिर उस पर घृणा के भाव स्पष्ट हो गये। सीता-हरण के लिए जाते हुए भी रावण ने विभीषण के विषय में सोचा था। उसे विभीषण से यही आशा थी। यह व्यक्ति, जिसे आज तक रावण ने आश्रय दिया, भाई होने के नाते अबाध धन-सम्पत्ति और अधिकार दिये — यह नैतिकता के नाम पर सदा रावण के कृत्यों का विरोध करता है।... रावण जिसका भला करता है, वही रावण का विरोध करने लगता है — शूर्पणखा हो या विभीषण— आज तक रावण ने सबको खरीदा है, किन्तु विभीषण की अन्तरात्मा का क्रय न रावण का भय कर सका, न रावण का धन और न रावण द्वारा प्रस्तावित भेंट में दी जाने वाली सुन्दरियों की सेना ! विभीषण अपनी एक सरमा से ही तृप्त है।

''यह राजनीति है, विभीषण।'' रावण का स्वर अत्यन्त शुष्क था,''शत्रु को तेज -हीन और हताश करने के लिए सामरिक महत्त्व की एक चाल।'' रावण के चेहरे पर एक क्रूर मुसकान उभरी, ''इतने दिनों तक राजसभा में रहकर भी तुम्हारी राजनीतिक बुद्धि का विकास नहीं हुआ।''

''कदाचित् नहीं हुआ।'' विभीषण का हृदय अपने आवेश से कठोर होता गया, ''राजाधिराज ! विभीषण स्त्री के अपहरण को सामाजिक तथा मानवीय अपराध मानता है। यह राजनीतिक चाल नहीं है, यह कामुकता का खुला प्रदर्शन है। कामुकता को गौरवान्वित करना गर्व का विषय नहीं है''।

''राजाधिराज के कृत्यों को गौरवान्वित करने में क्या दोष है, विभीषण ?'' रावण के बोलने से पूर्व सुमाली बोला।

''दोष कहां है।'' विभीषण वक्रता से मुसकराये, ''राजाधिराज के द्वारा एक सीता का अपहरण होता है तो लंका में बीसियों सागरिकाओं का हरण होता है।''

''यह पिताजी को अपयश देने का प्रयत्न है।'' मेघनाद दांत पीसकर बोला।

''मैं अपयश की नहीं, परम्परा की बात कर रहा हूं।'' विभीषण का चेहरा शान्त और स्वर गम्भीर हो उठा, ''प्रजा के सम्मुख दुष्ट उदाहरण रखने से दुष्ट तत्त्वों को बल मिलता है। सूक्ष्म दृष्टि से देखो और गंभीरता से सोचो, इंद्रजीत।'' विभीषण का स्वर पुन: आवेशमय हो उठा, ''इसमें न राजनीति है, न वीरता, न इसमें शत्रु-अशत्रु का प्रश्न है — मूल रूप में यह एक असहाय स्त्री के अपहरण की बात है। वह स्त्री कोई भी हो- यह पुरुष जाति का स्वार्थ है, उसकी पशु-वृत्ति है... अपने पक्ष की पशु-वृत्ति का समर्थन कोई अच्छी बात नहीं है। उसका प्रभाव लंका से बाहर ही नहीं, लंका के भीतर भी होता है। अन्य जातियों के लिए कठिनाइयां उत्पन्न करने के प्रयत्न में हम अपने लिए भी उतनी ही कठिनाइयां उत्पन्न कर रहे हैं।''

''किन्तु वह शत्रु-पत्नी है, विभीषण !'' सुमाली ने दोहराया।

''रहने दीजिए, नाना !'' रावण ने विवाद को रोक दिया, ''इस वैरागी को पुनः उपदेश देने का दौरा पड़ा है। यह इस समय सम्मोहनावस्था में है। इसकी आंखें अब कुछ नहीं देखेंगी, कान कुछ नहीं सुनेंगे। इस विकृत मस्तिष्क को हमारा प्रत्येक शत्रु अपना मित्र दिखायी पड़ता है। हमारा गौरव इसे कुकृत्य लगता है। मेरी समझ में नहीं आता कि मेरी मां ने मेरा शत्रु अपने ही उदर से क्यों उत्पन्न किया! यह कार्य किसी और के लिए छोड़ दिया होता, तो उसका क्या बिगड़ जाता।''

विभीषण आपे में लौट आये। राजपरिषद् का वातावरण अब तर्क-वितर्क का नहीं था। रावण जब इस मनः स्थिति तक आ पहुंचा था, तो राजसभा में विरोधी मत नहीं रखे जा सकते थे। ऐसे में या तो रावण का समर्थन किया जा सकता था, उसकी प्रशस्ति गायी जा सकती थी, या फिर मौन रहा जा सकता था। अन्यथा बहुत सम्भावना थी कि रावण के मुख से या तो कोई कठोर दंड उच्चरित हो उठेगा अथवा उसका चंद्रहास खड्ग नग्न होकर चमकने लगेगा...

विभीषण अपने स्थान पर बैठ गये। रावण की क्रुद्ध फुफकारती दृष्टि उन्हें घूरती रही। लगता था, नाग ने फन उठा लिया है और प्रतीक्षा में है कि शत्रु में तनिक भी स्पंदन हो और वह उसे डंक मारे... किन्तु विभीषण दम साधकर पड़े रहे। फुफकारते नाग को दंश का कोई अवसर नहीं मिला और थोड़ी-सी प्रतीक्षा के बाद वह दृष्टि लौट गयी...

फिर विभीषण कुछ नहीं बोल सके। उनका मन ही नहीं रमा। उनके भीतर की हलचल इतनी उग्र हो उठी थी कि बातों के लिए आंखें और कान दोनों ही बंद हो गये।

आज ये सब लोग राम को अपना शत्रु बता रहे हैं, किन्तु राम ने किया क्या है? वे इनके शत्रु हैं, या ये उनके शत्रु हो रहे हैं... आज रावण को लंका से बाहर अपने शत्रु-ही-शत्रु क्यों दिखायी पड़ रहे हैं ! किसी समय एक मित्र सहस्रार्जुन था; क्योंकि रावण उससे पराजित हो गया था। एक मित्र वाली है, क्योंकि रावण उसके व्यक्तिगत शौर्य से भयभीय है। मैत्री भी ऊपर-ही ऊपर से दिखाने के लिए है, ताकि वाली रावण को कोई हानि न पहुंचाये; अन्यथा वानरों के प्रति रावण का व्यवहार कभी भी मैत्रीपूर्ण नहीं रहा। शेष सब शत्रु-ही शत्रु हैं। क्यों ? ताकि उनकी भूमि हथियाई जा सके, उनकी स्त्रियों का उपहरण किया जा सके, उनके खनिज पदार्थ और उनकी सम्पदा को लूटा जा सके। मैत्री में तो दूसरे पक्ष को भी कुछ अधिकार देने पड़ेंगे, शत्रु का तो कोई अधिकार होता नहीं — उसका सब कुछ छीना जा सकता है, उसका सर्वांग शोषण हो सकता है... तो फिर क्यों न रावण सबको अपना शत्रु बनाये... अपने भाई कुबेर तक को तो शत्रु बनाकर उसकी लंका छीन ली... जाने कैसे अभी तक विभीषण यहां टिके हैं... लोक-लाज है, या सचमुच भ्रातृत्व इतना प्रबल होता है; अन्यथा रावण का अपना तो वही हो सकता है, जो लूट में उसका साथ दे, निर्बलों और असहायों के शोषण में उसकी सहायता करे... दुष्टों, लंपटों तथा अत्याचारियों का हिंस्र पशुओं का-सा एक

झुण्ड साम्राज्य के पदाधिकारियों की पदवी लिये बैठा है...

किसी की संपत्ति छीन लो, या उसके प्राण ले लो, उसकी स्त्री का अपहरण कर लो — वह अथवा उसका कोई सहायक विरोध करे तो उसको अपना शत्रु घोषित कर अपनी लोलुपता, कामुकता की तृप्ति करो और फिर अपनी इन वृत्तियों को गौरवान्वित करो!

राम शत्रु हैं, तो रावण क्यों नहीं लड़ा राम से? क्या आवश्यकता थी इस षड्यंत्र की? अकेली, अबला, असहाय स्त्री को चुरा लाये और अब अपनी वीरता का बखान कर रहे हैं... वीर तो राम हैं। शूर्पणखा ने उसकी पत्नी की हत्या करनी चाही; किन्तु उसके भाई ने केवल अपमान-चिह्न देने के लिए, नाक और कानों को शस्त्र-चिह्नित कर छोड़ दिया। वे लोग नारी का सम्मान करना जानते हैं; अन्यथा रावण की नीति के अनुसार उन्हें भी या तो शूर्पणखा का भोग करना चाहिए था अथवा अपने सैनिकों के बीच उसे सर्वभोग्या बनाकर रखना चाहिए था... किंतु उन्होंने...

आज रावण अपनी कामुकता को वीरता कहता है... स्त्री-अपहरण वीरता है, तो जब विद्युज्जिह्व शूर्पणखा को ले गया था तो रावण ने उसकी वीरता का अभिनन्दन क्यों नहीं किया? क्यों जाकर उससे युद्ध किया और उसकी हत्या की ? जब कुंभीनसी को मधु लंका से निकालकर ले गया था, तो प्रतिशोध के लिए रावण को मधुरा तक धावा मारने की क्या आवश्यकता थी ? क्यों नहीं उसने मधु की वीरता पर प्रसन्नता प्रकट की ? ... फिर शूर्पणखा और कुंभीनसी तो अपनी इच्छा से अपने वरे हुए प्रेमियों के साथ गयी थीं...

सहसा विभीषण का ध्यान उचट गया; सभा-भंग हो चुकी थी और रावण अपने स्थान से उठकर खड़ा हो चुका था।

विभीषण भी उठ खड़े हुए।

जाते-जाते रावण विभीषण के पास रुका, "काफी समझदार हो गये हो। तुम्हारा बाद का व्यवहार हमें बहुत पसन्द आया।"

विभीषण चुपचाप उसे देखते रहे। रावण अपने अधरों पर एक वक्र मुसकान ले आया और आगे बढ़ गया।

विभीषण का रथ अपने महल की ओर भागा जा रहा था।

हां! बाद का व्यवहार तो रावण को पसन्द आया ही होगा। वह और चाहता ही क्या है— सब अपना मुख सी लें, मस्तिष्क में ताला लगा लें; और या तो सिर झुकाकर मौन खड़े रहें या उसकी हां में हां मिलायें।... आज कुम्भकर्ण राजसभा में नहीं था। वह होता तो क्या कहता ? क्या वह भी परस्त्री-हरण के लिए इसी प्रकार रावण का अभिनन्दन करता ? ... विभीषण का मन कहता है कि वह नाना अथवा मेघनाद के समान रावण का अभिनन्दन नहीं करता। वह अवश्य ही रावण को प्रताड़ित करता।

उसके स्वर को रावण इतनी सुविधा से दबा भी नहीं पाता। कुम्भकर्ण का बल ऐसा नहीं है कि रावण सहज ही उसका दमन कर सके। तभी तो उसके साथ निबटने के लिए, रावण ने दूसरा मार्ग अपनाया है। उसने कुम्भकर्ण को आठों पहर मदिरा में डुबोए रखने का प्रबन्ध कर दिया है। कुम्भकर्ण जागता है तो मदिरा पीता है। पीते-पीते निढाल हो जाता है तो सो जाता है। जागता है तो पुनः मदिरा पीने लगता है... रावण ने कुम्भकर्ण को यदि मदिरा के भांड में परिणत न कर दिया होता तो आज राक्षस-साम्राज्य में कुम्भकर्ण— रावण का सबसे बड़ा प्रतिद्वन्द्वी होता— वह न बुद्धि में रावण से कम है, न बल में, न शस्त्र-क्षमता में, न युद्ध-कौशल में... किन्तु बेचारा आरम्भ में ही रावण से मात खा गया। युद्ध और राजनीति के मार्ग पर अग्रसर होने देने के स्थान पर, रावण ने उसे मदिरा के भांडों की ओर अग्रसर कर दिया...

राक्षस-साम्राज्य के इस अन्यतम राजनीतिज्ञ और योद्धा को स्वयं रावण नष्ट कर रहा है- कुम्भकर्ण का सहोदर भ्राता। रावण ने यह नहीं सोचा कि वह अपने भाई का जीवन नष्ट कर रहा है। उसने यह भी नहीं सोचा कि वह साम्राज्य को एक योग्य व्यक्ति की क्षमताओं से वंचित कर रहा है... वह तो राजनीतिज्ञ है; राजनीतिज्ञ और कुछ नहीं देखता, मात्र अपना स्वार्थ देखता है... किसी का कुछ भी नष्ट हो जाए, किन्तु उसका कोई प्रतिद्वन्द्वी सक्षम न रह जाए। रावण का अपना भाई भी उसके समान समर्थ नहीं होना चाहिए...

और दूसरी ओर कुम्भकर्ण है कि सब-कुछ जानते-बूझते भी वह रावण पर आंच नहीं आने देगा। कुम्भकर्ण सचेत हो, न्याय-अन्याय के निर्णय में समर्थ हो तो वह रावण के कृत्य का समर्थन कभी नहीं करेगा; किन्तु इसी दुष्कृत्य के लिए कोई रावण को दंडित करना चाहे तो कुम्भकर्ण रावण की ढाल बन जाएगा... मदिरा के अतिरेक से क्रमशः क्षय होने वाले शरीर में एक अद्‌भुत स्नेही हृदय है... उसी स्नेह के आधार पर रावण ने कुम्भकर्ण को भी अपनी हां में हां मिलाने वाला सामान्य सभासद बना रखा है... पर विभीषण उसकी हां में हां कैसे मिला सकते हैं ? ... राक्षसों के वर्चस्व, अपने शत्रुओं और अपनी वीरता की आड़ में रावण क्या कर रहा है... मानव के पशुत्व का गौरव-गान। वह मनुष्य के भीतर सोये हुए पशु को न केवल जगा रहा है, उसे बल भी दे रहा है—अबाध भोग... कोई संयम नहीं, कोई मर्यादा नहीं ! सारे विश्व का धन बहता हुआ लंका में आ रहा है; किन्तु प्रत्येक लंकावासी अपने भोजन-भर के लिए भी आश्वस्त नहीं है। एक ओर निर्बाध विलास है तो दूसरी ओर सीमाहीन भूख। ऐसे भी हैं जो अपने बच्चों को बेचने को बाध्य हों और ऐसे भी हैं, जो सैकड़ों दासों की सेवा ग्रहण करते हुए भी अभी प्रसन्न नहीं हैं। राजपुत्रों और राजपुरुषों का आचरण ऐसा है कि वे अपने सिवाय प्रत्येक पुरुष को दास तथा प्रत्येक स्त्री को वेश्या बना देना चाहते हैं... धन से न्याय मिल सकता है, विद्या मिल सकती है, सम्मान मिल सकता है, मानव शरीर मिल सकता है-जीवित शरीर शोषण अथवा भोग के लिए; मृत शरीर भक्षण के

लिए... धन नहीं है तो भोजन भी नहीं, वस्त्र भी नहीं, औषधि नहीं; सुरक्षा नहीं, न्याय नहीं... धनवान के लिए लंका स्वर्ग है और धनहीन के लिए नरक !

मदिरा का कितना प्रचलन हो गया है लंका में, जैसे लंका के चारों ओर जल का नहीं, मदिरा का समुद्र उफन रहा हो। संस्कृति के नाम पर रावण की राजधानी में सार्वजनिक मनोरंजन के लिए जो नाटक होते हैं, वे हिंसा, विकृत नैतिकता, बलात्कारों, अवैध सम्बन्धों, वेश्या-विटों के सम्बन्धों से भरे पड़े हैं। प्रदर्शन के लिए नारी का नग्न शरीर सबसे महत्त्वपूर्ण वस्तु है।... नयी पीढ़ी आंख खोलते ही विलास, कामुकता तथा अपराध को पहचान लेती है। ये बातें उसके मन में ऐसी बस जाती हैं कि उनकी आंखें और कुछ देख ही नहीं पातीं। विद्यालयों के आचार्य, साम्राज्य के कवि तथा विद्वान मदिरा-लोलुप, लोभी और कायर हो गये हैं। उनके जीवन में एक ही तथ्य रह गया है-राजाधिराज की सेवा में चाटूक्तियां प्रस्तुत करना और साम्राज्य से धन ऐंठन का प्रयास करना।

रथ रुक गया।

विभीषण अपने कक्ष में आये तो सरमा ने हंसकर स्वागत किया, ''आज समय कुछ अधिक लग गया, नाथ ! श्रांत भी दिखायी दे रहे हैं।''

''हां, समय तो अधिक लगना ही था।'' विभीषण पलंग पर लेटते-से बोले, ''राजाधिराज विजयी होकर लौटें तो पार्षदों को अपनी स्वामिभक्ति दिखाने के लिए अधिक समय चाहिए होता है।''

''कौन-सी नयी विजय कर आये हैं राजाधिराज ?'' सरमा कौतुक भरे स्वर में बोली, ''जिसने प्रिय को थका दिया।''

''ठीक कहती हो, सरमा !'' विभीषण भी कुछ हलके स्वर में बोले, 'राजाधिराज विजयी होकर लौटते हैं तो मेरे लिए परेशानी बढ़ जाती है।''

''आप व्यर्थ ही उद्विग्न क्यों होते हैं ?'' सरमा का स्वर स्निग्ध हो उठा, ''अपने काम से काम रखिये। संसार की बातें सोच-सोचकर स्वयं को पीड़ित क्यों करते हैं?''

विभीषण मुसकराये, ''कुछ लोगों की प्रकृति ही ऐसी होती है कि वे संसार-भर की बातें सोचे बिना रह नहीं सकते। वे अपने काम-से-काम रख नहीं सकते।... और फिर प्रिये ! अपनी आंखें बन्द कर लेने से ही तो हम समाज से असंपृक्त नहीं हो जाते। रहना तो इसी समाज में है। हम चाह कर भी इनसे असंपृक्त कैसे हो सकते हैं ?''

''कौन-सा मोर्चा मार आए राजाधिराज ?''

''बहन पति का अपहरण नहीं कर सकी तो भाई पत्नी का अपहरण कर लाया।''

''ओह ! वैदेही का अपहरण !''

''हां ! सूचना मिल गयी ?''

''यह सूचना तो लंका की हवा में तैर रही है।'' सरमा बोली, ''पर मैंने सुना है कि इस अपहरण के लिए राजाधिराज को उकसाने वाली बहन शूर्पणखा भी इससे प्रसन्न नहीं है; और बहन मंदोदरी की भी इस विषय में राजाधिराज से पर्याप्त कहा-सुनी हुई है।''

''भाभी का तो मुझे पता नहीं।'' विभीषण बोले, ''किन्तु अपनी बहन के विषय में निश्चित रूप से कह सकता हूं कि वह इससे प्रसन्न नहीं होगी। बहन की ईर्ष्या की कोई सीमा नहीं।''

''बहन तो ईर्ष्या के कारण व्यग्र है। आप क्यों उद्विग्न हैं ? आपके मन में तो ईर्ष्या नहीं है ?'' सरमा मुसकरा रही थीं।

''मैं समाज में फैलते पशुता के इस विष के कारण उद्विग्न हूं।'' विभीषण बोले, ''इस विष के कारण संसार में आज कोई भी, कहीं भी सुरक्षित नहीं है।''

''आप तो हैं... ?''

''इस प्रकार सांत्वना न दो, सरमा !'' विभीषण के स्वर में पीड़ा उभर आयी, ''मैं कैसे सुरक्षित हूं ! सागरिका और वरुण के अपहरण से क्या मेरा मन नहीं रोया? और यदि अपने तक सीमित होकर ही जीना है, तब भी सोचना पड़ेगा कि जब समाज में पशुता की ऐसी आंधी चल रही हो, तो जाने उसकी चपेट में कब कौन आ जाए।... कौन कह सकता है, सरमा ! कल तुम्हारा ही अपहरण हो जाए।''

''कौन करेगा ऐसा साहस ?'' सरमा ने मुसकराने का प्रयत्न किया; किंतु उसके स्वर का धीमापन, उसकी घबराहट प्रकट कर रही थी,'' मैं वीरवर विभीषण की पत्नी हूं—राजाधिराज के अनुज की पत्नी !''

''राम कम वीर नहीं हैं।'' विभीषण का स्वर गम्भीर था,''मदिरा में धुत्त पशु जब आखेट के लिए निकलते हैं, तो क्या उन्हें दिखायी पड़ता है कि कौन किसकी पत्नी है।.. मान लो कि कल राजाधिराज का ही मन तुम पर आ जाए।''

''नहीं !'' सरमा का स्वर सहमा हुआ था, ''मैं उनके भाई की पत्नी हूं।''

''लंपटता इन सम्बन्धों को नहीं पहचानती, सरमा !'' विभीषण उसी स्वर में बोले, ''आज मैं उनका भाई हूं, अपनी नीतियों का विरोध करते देख कल वे मुझे अपना शत्रु घोषित कर दें, तो क्या देर लगेगी तुम्हारा हरण होते ? आखिर वैदेही का क्या दोष है — यही तो कि उसके पति को राजाधिराज ने अपना शत्रु घोषित कर दिया है।''

''फिर भी !'' सरमा वैसे ही भीत स्वर में बोली, ''मैं उनकी अनुजवधू हूं — कोई इतना पशु कैसे हो सकता है ?''

''रुमा भी वाली की अनुजवधू थी।'' विभीषण जैसे स्वप्न में बोल रहे थे, ''जब मनुष्य पशु हो जाता है, तो फिर कैसा अनुज और कैसी अनुजवधू !''

सरमा कुछ नहीं बोली। फटी-फटी आंखों से अपने पति को देखती रहीं।

सरमा की फटी आंखें देख विभीषण भी मौन रह गये; अन्यथा उनका कल्पना-

अश्व तो और भी ऊंची छलांगें लगा रहा था। सरमा तो प्रौढ़ महिला था— संसार को जानती-बूझती थी... किन्तु उनकी पुत्री— कला ? जिसे अभी संसार के विधिविधान का कुछ भी ज्ञान नहीं था। लंका के समाज का तो तनिक भी नहीं। वय:-संधि को पीछे छोड़ती हुई तरुण, जो शायद अपने मन में उठती भाव-तरंगों को भली-भांति पहचानती भी नहीं। वह यदि लंपटों के साथ चढ़ गयी तो उसकी रक्षा कौन करेगा ?...

विभीषण का सिर चकराने लगा था...

रात को विभीषण पलंग पर लेटे तो दिनभर की घटनाएं उनकी आंखों के सम्मुख घूमने लगीं।... रावण ने जब-जब इस प्रकार के कृत्य किये थे, तब-तब विभीषण के मन में विरोध जागा था। हर बार विभीषण ने सोचा था कि वे रावण का विरोध करें और उसे इन घृणित कार्यों से रोकें, किन्तु रावण की शारीरिक शक्ति, उसका शस्त्र-कौशल, उसकी राजनीतिक सत्ता तथा उसके समर्थकों को देखकर, वे सक्रिय रूप से कुछ करने का साहस नहीं कर पाये थे। बार-बार वे अपनी असमर्थता को यह समझकर पी गये थे कि यह रावण का कुछ दिनों का उन्माद है — कब तक उसका अविवेक उसे अशुभ मार्ग पर चलाता रहेगा।... किन्तु अब सिद्ध हो चुका था कि यह रावण के यौवन का उन्माद अथवा अविवेक मात्र नहीं था; यह तो रावण की प्रकृति है — जो उसके प्राण रहते नहीं जायेगी। उसकी इन्द्रियां शिथिल हो जाएंगी तो वह अपनी कामुकता की तृप्ति के लिए कोई और मार्ग खोज लेगा... उससे पीड़ित मानवता का त्राण कभी नहीं होगा... और अब उसका सुयोग्य पुत्र शासन-व्यवस्था में बहुत महत्त्वपूर्ण होता जा रहा है। ऐसा पुत्र — जो पिता की कामुकता का भी समर्थन करता है।... ऐसे पिता तो विभीषण ने देखे और सुने थे, जो संतान के प्रति अपने वात्सल्य में बंधे-बंधे अपनी संतान की दुश्चरित्रता की ओर से आंखें मूंद लेते हैं; किन्तु ऐसा पुत्र तो उन्होंने पहली बार ही देखा है, जो न केवल अपने पिता की दुश्चरित्रता को स्वीकार करता है, वरन् उसका समर्थन करता है और कदाचित् उसे प्रोत्साहित भी करता है।... रावण की इन्द्रियां शिथिल भी हो गयीं तो क्या — उसने कितने ही रावण और तैयार कर दिये हैं। इन्द्रजीत और उसके भाई...

किसे सुख मान बैठा है रावण ? संयम के अभाव को ? संयम प्रकृति का नियम है। और प्राकृतिक नियम को तोड़ने वाला व्यक्ति कभी सुखी नहीं हो सकता। भौतिक सुख किसमें है ? खाने में — स्वादिष्ट और गरिष्ठ भोजन के खाने में ? व्यक्ति के खाने की मर्यादा होती है। स्वाद के पीछे अधिक खाकर मनुष्य रोगों को आमंत्रित करता है। लंका के धनाढ्य वर्ग में लोग भोजन के अभाव के कारण नहीं, भोजन के अतिरेक से रोगी रहते हैं।... मानसिक सुख क्या है ? आत्मप्रशंसा, अन्य लोगों द्वारा की गयी चाटुकारिता ! उससे अहंकार ही तो स्फीत होगा। अहंकार अपने-आप में ही कष्ट का कारण बन जायेगा। कैसा विचित्र है प्रकृति का संतुलन; और कैसी जटिल व्यवस्था है!

अपनी सीमित दृष्टि से जिसे सुख मानकर मनुष्य ललक से उसकी ओर झपटता है, वही उसके दु:ख, क्लेश और क्षय का कारण होता है। अन्धा है मनुष्य ! धन की मृगतृष्णा में स्वयं को ऐसा जकड़ता है कि दलदल में धंसने के समान आकंठ उसमें जा धंसता है। धन का स्वामी न रहकर धन का दास हो जाता है।... मानवीय धरातल पर तो धन का सुख उसके समान वितरण में है — उसे जनहित में व्यय करने में है। किन्तु शोषण द्वारा अर्जित धन को वह मोहांध जनहित में कैसे व्यय कर सकता है— वह तो उसका सुख भोगने के लिए स्वयं को पशु बनायेगा ही। पशु-धरातल पर ही सुख भोगेगा— मदिरा और नारी शरीर का संयमरहित भोग... अनन्त तृष्णा के पीछे भागता फिरेगा... सारा साम्राज्य पशु-वृत्ति को पोषित कर रहा है...

विभीषण की विचार-शृंखला भंग हुई... रात के सन्नाटे में किसी के रोने का स्वर उभरा था। स्वर किसी नारी-कंठ का रहा है...

ऊपर से सुखी दिखाई पड़ने वाली यह लंका नगरी कितनी दु:खी है— विभीषण सोच रहे थे— कोई रात ऐसी नहीं बीतती, जब इस प्रकार रोने के कातर स्वर लंका की वीथियों में न गूंजते हों, जब झगड़े अथवा मारपीट की ध्वनियां न उठती हों, अथवा सहायता मांगती आर्त्त पुकार न सुनायी पड़ती हो — 'पता नहीं यह नारी क्यों रो रही थी... संभव है, उसका पति मदिरा में धुत्त इस समय घर लौटा हो और मारपीट कर रहा हो; संभव है द्यूत में हारकर कोई जुआरी अपनी पत्नी के गहने छीन रहा हो; संभव है पत्नी से रुष्ट होकर पति घर से बाहर धकेल रहा हो; या किसी दासी के साथ कोई अत्याचार कर रहा हो; कोई कुलवधू लंपटों के हाथ में पड़ गयी हो; या राजपुत्र अथवा राजपुरुष ही कोई अनाचार कर रहे हों ?... इस समय विभीषण यदि उठकर जाएं भी, तो उस प्रासाद में वे प्रवेश नहीं कर पायेंगे। पड़ोसियों अथवा राजशक्ति से उन्हें कोई सहायता नहीं मिलेगी।... प्रासाद के भीतर उसके स्वामी का अधिकार होता है, और नारी का इस समाज में वंचित होने के सिवाय अन्य कोई अधिकार नहीं है...

विभीषण का तेज जागता है, तो उनकी इच्छा होती है कि अपनी गदा लेकर निकल पड़ें और जिस प्रासाद से कोई आर्त्त स्वर आए, उसके कपाटों को तोड़कर भीतर घुस जाएं तथा प्रासाद के स्वामी का सिर कुचल दें... किन्तु दूसरे ही क्षण वे सचेत हो जाते हैं — किसी एक अन्यायी का सिर कुचलकर क्या होगा ? यह रावण की व्यवस्था है। यह रावण का बनाया हुआ समाज है। इस समय प्रत्येक प्रासाद में कोई-न-कोई अत्याचारी बैठा है; वरन् अत्याचारियों को ही प्रासाद मिले हैं। बिना अत्याचार के प्रासादों का निर्माण ही नहीं हो सकता। अत्याचार द्वारा संचित धन का सुख विभीषण भी भोग रहे हैं। वे इस पाप के भागी नहीं हैं — यह वे कैसे मान लें ? किंतु उनकी गदा उठी तो उसे रोकने के लिए रावण का खड्ग उठेगा... इस सारे अनाचार का रक्षक वही है — और उसका तनिक-सा भी विरोध रावण का ही विरोध है... रावण की प्रकृति रंच मात्र भी सहिष्णु नहीं है...

और यदि इस समय विरोध ही करना हो तो सबसे पहले रावण की लंपटता का ही विरोध होना चाहिए, रक्षा करनी हो तो सबसे पहले वैदेही की ही रक्षा होनी चाहिए... है विभीषण में साहस ? अशोक-वाटिका में जाकर, रक्षकों को मार भगा, सीता को वे सुरक्षित राम के पास पहुंचा सकते हैं ? विभीषण की कल्पना में रावण का क्रुद्ध-क्रूर रूप उभरा। क्रोध से फट आयी आंखें और नग्न खड्ग पकड़े उठी हुई भुजा।... रावण ने अपने बहनोई का वध कर दिया तो क्या विभीषण को वह छोड़ देगा... और इंद्रजित? रावण के मन में अपने भाई के प्रति कदाचित् करुणा जग जाए; किन्तु इंद्रजित के मन में कोमलता कहां ?

विभीषण को लगा, उनका मन असुरक्षा-भाव से घबरा उठा है। कैसा विचित्र होता है मनुष्य! न्याय की रक्षा से पहले वह अपनी रक्षा करना चाहता है। अपनी असुरक्षा का ध्यान आते ही वह या तो अत्याचार से समझौता कर लेता है या उसकी ओर से आंखें मूंद लेता है... सदा ऐसा ही होता आया है विभीषण के साथ। हर बार उनके भीतर उठे विरोध और विद्रोह के भाव को, आत्मरक्षा के भाव ने दबा दिया है; और रावण का भाई विभीषण कभी नहीं कह सका कि रावण अत्याचारी है... विभीषण ने इस नगरी में सदा स्वयं को असहाय और बाध्य पाया है। परिणामत: उनकी जिह्वा छटपटाकर शांत हो जाती रही है। खड्ग कभी कोष से बाहर नहीं निकला, गदा कभी प्रहार की मुद्रा में ऊपर नहीं उठी... किन्तु घुटन और आत्मदमन की भी कोई सीमा होती है, स्वयं अपने-आपको धिक्कारने का भी कोई अंत होता है या नहीं ? जब इतने आत्मदमन के पश्चात् भी विभीषण स्वयं को इस राक्षस नगरी के अनुकूल नहीं बना पाये; आज तक वे रावण के आमोद-प्रमोद से तनिक-सा भी सुख नहीं पा सके, तो क्यों नहीं वे मान लेते कि उनका तथा रावण का टकराव अवश्यम्भावी है। अंतत: किसी दिन तो उन्हें रावण की उठी हुई भुजा थामनी ही होगी। परिणाम चाहे कुछ हो... रावण की भुजा कटे या विभीषण का सिर... कब वह दिन आयेगा, जब न्याय का भाव आत्मरक्षा से भी प्रबल हो उठेगा ? कब गौरवशाली मृत्यु अपमानित जीवन से अधिक श्रेयस्कर लगेगी? इस प्रकार दबे-घुटे, अपमानित-अवमानित जीवन में ही उन्हें कौन-सी उपलब्धि हो रही है, जिसका सुख वे छोड़ नहीं पा रहे ? उनकी मृत्यु हो गयी तो संसार की क्या क्षति हो जायेगी...

किन्तु सरमा ! सरमा की रक्षा कौन करेगा ? राम तथा लक्ष्मण जैसे वीरों के होते हुए भी रावण सीता का अपहरण कर लाया, तो विभीषण के न रहने पर सरमा जैसी सुन्दरी की क्या गति होगी इस राक्षस नगरी में... सरमा अब तरुणी नहीं रही, नवयौवनावस्था और यौवनावस्था को पार कर प्रौढ़ावस्था की ओर बढ़ रही है... विभीषण की दृष्टि सरमा के चेहरे पर ठहर गयी... किन्तु पुरुष के लिए वह आज भी लुभावनी है। लंका में पुरुष के संरक्षण के बिना ऐसी स्त्री सुरक्षित नहीं है।... अपने लिए न सही, सरमा के लिए तो उन्हें जीवित रहना ही होगा...

विभीषण की इच्छा हुई, अट्टहास कर स्वयं पर हंस पड़ें, या स्वयं को ऐसा धिक्कारें कि किसी को मुख न दिखा सकें... कैसी आड़ ढूंढ़ निकाली है अपनी कायरता के लिए... अपने लिए नहीं जीना, सरमा की सुरक्षा के लिए जीना है। अपनी कायरता भी छिपा ली और परमार्थ का गौरव भी ओढ़ लिया...

विभीषण का ध्यान सहसा सरमा से हटकर सीता की ओर चला गया। सरमा उनकी पत्नी है, उसकी रक्षा तो उनका धर्म है ही; किन्तु न्याय और धर्म की मर्यादा इतनी ही तो नहीं है कि अपनी सुरक्षित पत्नी की रक्षा का दंभ किया जाए। जब कभी किसी अन्यायी की दृष्टि सरमा पर पड़ेगी और उसका हाथ सरमा की ओर बढ़ेगा, तब विभीषण उसकी रक्षा करेंगे। किन्तु सीता ? सीता का अपहरण तो हो चुका। रावण उन्हें लंका में ले भी आया है... उनकी रक्षा के लिए क्या किया है विभीषण ने ? प्रश्न यह है कि क्या सीता की रक्षा हो भी सकती है ?... उड़ता-उड़ता समाचार मिला था कि महारानी मंदोदरी ने राजाधिराज को बाध्य किया है कि सीता को अपने पति को भूलने के लिए एक वर्ष का समय दिया जाए... संभव है यह सत्य हो; अन्यथा रावण सीता को अशोक-वाटिका में क्यों रखता ? पर अशोक-वाटिका में रहने भर से ही सीता सुरक्षित हैं क्या ? अशोक-वाटिका भी तो रावण का प्रमद वन ही है।... संभवतः भाभी को विश्वास हो कि वर्ष भर के लिए सीता सुरक्षित हो गयीं... पर भाभी सीता की सुरक्षा क्यों चाहती हैं ? क्या उन्हें राम का भय है ? क्या वे सीता की रक्षा कर, राम के क्रोध से अपने परिवार को बचाना चाहती हैं ? तो क्या वे समझती हैं कि राम वर्ष-भर में आकर सीता को छुड़ा ले जाएंगे ? या इस अवधि में सीता को लौटा देने के लिए वे सम्राट को सहमत कर लेंगी ?

रावण मान कैसे गया ? रावण की प्रकृति को थोड़ा-सा भी जानने वाला व्यक्ति तत्काल कह देगा कि इतना बड़ा त्याग रावण के लिए संभव नहीं है... कौन-सी शक्ति है भाभी के पास अपने पति को बाध्य करने के लिए... इंद्रजित ?... सीता-हरण के लिए रावण की जो सबसे बड़ी शक्ति है, वही सीता की रक्षा के लिए भाभी की शक्ति है... एक इंद्रजित ही अब पति-पत्नी दोनों की शक्ति हो गया...

क्या राम जान पाएंगे कि सीता को कौन ले गया ? जान गये तो लंका में आने का साहस कर पाएंगे ? पंचवटी में उन्होंने अद्‌भुत वीरता तथा युद्ध-कौशल दिखाया है; पर लंका...? समुद्र... और फिर रावण की सेना... क्या सोच रही हैं भाभी ?...

रावण तुल जाये तो लंका में सीता की रक्षा विभीषण नहीं कर सकेंगे। परन्तु अपना विरोध तो उन्हें प्रकट करते ही रहना चाहिए। संभव है, रावण का मनोबल ही कुछ कम हो।

विभीषण चौंके। आज सहसा ही उनके मन ने आत्मसाक्षात्कार किया था... कैसी विचित्र बात थी... विभीषण के मन में सीता की सुरक्षा के लिए अपने भाई के शत्रुओं

की सहायता करने का भी विचार आ रहा था... जाने कब से रावण की क्रूर प्रकृति के विरुद्ध विभीषण का मन विद्रोह कर रहा था, किंतु यह उन्होंने आज ही पहचाना था कि अब अपने भाई के प्रति उनके मन में ऐसा कोई स्नेह-सूत्र नहीं रह गया था, जिसके कारण वे उसके अन्याय का भी समर्थन कर सकें।

विभीषण का चिंतन-प्रवाह पुनः टूटा... वे सब भविष्य की बातें हैं। संभव है, वे पुनः रावण को समझाने का प्रयत्न करें। मंदोदरी भाभी और बहन शूर्पणखा भी अपने ढंग से सीता की रक्षा का प्रयत्न करेंगी। संभवतः राजाधिराज के मंत्रियों में अविन्ध्य भी इस अपहरण का समर्थन नहीं करेंगे... किंतु इस समय भी वैदेही की सुरक्षा के लिए कुछ-न कुछ करना होगा... और कुछ नहीं तो सांत्वना के दो शब्द ही सही... प्रातः ही वे सरमा से बात करेंगे। यदि स्वयं सरमा जा सके... या कला के हाथ वैदेही को कोई संदेश भेजा जा सके...

8

सीता ने उसे पहचानने का प्रयत्न किया, किंतु उन्हें तनिक भी याद नहीं आ रहा था कि उसे उन्होंने कभी कहीं देखा था। उसके अधरों से परिचय की ही नहीं, मैत्रीपूर्ण स्निग्ध मुसकान झड़ रही थी। नहीं ! यह अभिनय नहीं हो सकता। उसकी आंखों में जो पारदर्शिता थी, वह स्पष्ट कह रही थी कि यह अभिनय नहीं है। भावों की इतनी ईमानदार अभिव्यक्ति... कौन है यह ?

अंधेरा हो चुका था। पहरे पर नियुक्त राक्षसियां अपना कार्य समाप्त कर प्रायः इसी समय अपने-अपने घरों को लौट जाती थीं। रात के लिए बहुत कम रक्षिकाएं होती थीं — वे भी प्रायः सो जाती थीं। एक निश्चित दूरी से परे कहीं पुरुष प्रहरियों के कर्कश शब्द सुनायी देने लगते थे... आज जाने क्या हुआ था। एक त्रिजटा को छोड़ शेष राक्षसियां जा चुकी थीं और पुरुष प्रहरियों के वे निर्लज्ज और कर्कश स्वर अभी आरंभ नहीं हुए थे; जैसे सूर्यास्त होने के पश्चात चंद्रमा के उदय होने के बीच का अंतराल...

इसी बीच यह तरुणी प्रकट हो गयी थी।... वह रक्षिकाओं में से नहीं थी। उसका वेश प्रहरियों का-सा नहीं था। उसके पास कोई शस्त्र भी नहीं था। बहुमूल्य वस्त्रों में वह राजकुल की कन्या लग रही थी; किंतु वह रावण की पत्नियों, गणिकाओं, रखैलों, अपहृताओं में से कोई नहीं हो सकती। उसका शरीर अभी पुरुष-संग से अछूता दीखता था। उसके चेहरे पर न तो पुरुष-भोग की उद्दंडता थी, न दमन का त्रास। वह तो कोमल भावनाओं वाली सुकुमार कन्या थी। उसके चेहरे पर न मलिनता का भाव था, न कलुष की छाया।

उसने अत्यंत सुकुमार भंगिमा से नमस्कार किया, ''देवि वैदेही ! मेरा प्रणाम स्वीकार करें।''

''कौन हो, बहन, तुम ? तुम्हें पहले तो कभी नहीं देखा।''

वह और भी निकट आ गयी। धीमे स्वर में बोली, ''आप बैठें। कुछ निवेदन करने आयी हूं।''

सीता बैठी तो पास ही वह भी बैठ गयी, ''मैं राजाधिराज रावण के छोटे भाई राजकुमार विभीषण की आत्मजा कला हूं, देवि ! प्रकट रूप से आपसे मिलना न मेरे लिए हितकर होगा, न आपके लिए कल्याणकारी। इसलिए माता ने मुझे इस समय भेजा है। नगर में आज उत्सव होने के कारण रात्रि-प्रहरियों के आने में अभी विलंब है। रक्षिकाएं जा चुकी हैं; वाटिका के बाहर की सैनिक चौकी में यह मद्यपान का समय है; और भीतर त्रिजटा अकेली है। उनसे कोई भय नहीं... इस शिथिलता में भी आप बाहर नहीं जा सकतीं, किंतु मैं...''

''इतना संकट उठाकर क्या कहने आयी हो, बहन ?'' सीता व्यग्रता से बोली, ''मैं तो जैसी भी हूं; किंतु यदि मेरा भला करते हुए, तुम पर अथवा तुम्हारे परिवार पर कोई विपत्ति आये...''

''नहीं ! किसी विशेष संकट की आशंका नहीं है।'' कला ने एक सतर्क दृष्टि इधर-उधर डाली, ''फिर भी सावधान तो रहना ही होगा।''

''कहो, बहन ! क्या कहने आयी हो ?''

''देवि ! माता ने कहलवाया है कि हमें अत्यन्त खेद है कि इस दु:ख की स्थिति में भी अभी तक हम आपकी कोई सहायता नहीं कर पाये हैं। आर्य राम की पत्नी देवी वैदेही का अपहरण हो, वे बंदिनी बनायी जाएं, उन्हें प्रतिदिन दैहिक और मानसिक यातना दी जाएं और हम कुछ भी न कर सकें — यह हमारे लिए लज्जा का विषय है।... किन्तु हम प्रयत्न कर रहे हैं। पिताजी ने राजाधिराज को समझाने का प्रयत्न किया है; किन्तु राजाधिराज इस विषय में किसी प्रकार का विरोध सहने को प्रस्तुत नहीं हैं। फिर भी प्रयत्न चल रहे हैं। राजाधिराज के मंत्री अविंध्य भी आपकी मुक्ति का प्रयत्न करेंगे। और देवि !'' कला कुछ और भी निकट चली आयी तथा उसका स्वर और भी धीमा हो गया, ''महारानी मंदोदरी और बुआ शूर्पणखा — यद्यपि आपकी हितैषिणी नहीं, फिर भी वे आपकी सुरक्षा के लिए प्रयत्नशील हैं।''

सीता ने चकित होकर कला की ओर देखा, ''क्यों ?''

''यह मुझे ज्ञात नहीं।'' कला जल्दी-जल्दी बोली, ''मैं अब चलूं, देवि!''

सीता जैसे निन्द्रा से जागी, ''हां, चलो, बहन ! मेरे कारण तुम्हारा अनिष्ट न हो।... अपनी माता तक मेरा आभार पहुंचा देना।... और तुम्हारे सुरक्षित घर पहुंचने की सूचना...?''

''त्रिजटा विश्वसनीय दासी है। वही आपको संदेश देगी।''

कला ने नमस्कार की मुद्रा में हाथ जोड़े और जल्दी-जल्दी चलती हुई, वृक्षों के पीछे खो गयी।

सीता चकित-विस्मित-सी बैठी रह गयी।... इस संदेश का उन पर स्पष्ट प्रभाव हुआ था, जैसे कोई बहुत विश्वसनीय और प्रभावकारी सांत्वना दे गया हो... मन पर घिर आयी निराशा की जकड़न शिथिल पड़ गयी थी। मन हलका-हलका-सा हो आया था... इस लंका में भी ऐसे लोग हैं जो रावण से असहमत हैं, सीता की सुरक्षा के लिए प्रयत्नशील हैं।... वे लोग साधारण और प्रभावहीन नहीं हैं। विभीषण, अविंध्य, महारानी और वह शूर्पणखा... पर वे लोग रावण का विरोध क्यों कर रहे हैं ?... न्याय के लिए? शूर्पणखा के मन में कोई न्याय नहीं है। शूर्पणखा सीता की रक्षा चाहती है, राम को लंका में बुलाने के लिए ? वह सीता को चारा बनाकर राम का आखेट करना चाहती है... सीता का मन कांप उठा। यदि यही हुआ तो ? सीता की लालसा में राम लंका में आकर इन राक्षसों के पिंजरे में फंस गये... यह तो भयंकर षड्यंत्र है।... कला ने ठीक ही कहा है, शूर्पणखा सीता की हितू नहीं है... कैसी विडंबना है !

सीता ने अपनी मुक्ति के विषय में ही सोचा है; लंका में आकर राम के बंदी होने के विषय में कुछ नहीं सोचा। इससे तो अच्छा है कि वे आत्महत्या कर लें, किंतु राम को उनकी आत्महत्या की सूचना न मिली तो...

पर राम को वे इतना असहाय क्यों मान रही हैं ? उन्होंने यह कैसे मान लिया कि राम आयेंगे तो राक्षसों के चंगुल में फंस ही जाएंगे ? राम की रणनीति इतनी कच्ची नहीं है कि वे बलि—पशु के समान अपना वध करवाने के लिए, सागर लांघकर लंका में आ जाएंगे। जो व्यक्ति सागर-संतरण का पराक्रम करेगा, वह क्या राक्षसों के हाथों निरीह मृत्यु को प्राप्त होगा... सागर ही तो राक्षसों की सबसे बड़ी सुरक्षा है। जो इस कवच को भंग करेगा, वह उसके पीछे छिपे वक्ष को भी पीस डालेगा। राम और लक्ष्मण एक बार लंका में आ तो जाएं... राक्षस सेना उनके सम्मुख ठहर नहीं पायेगी।... यदि सीता की मृत्यु हो गयी तो राम लंका की ओर क्या करने आएंगे ? सीता की सुरक्षा ही राम की प्रेरणा है — सीता को प्रत्येक कष्ट में जीवन धारण करना होगा।

सीता को शूर्पणखा और मंदोदरी अपनी सखियों-सी प्रिय लगने लगीं... वे सीता के प्राणों को अक्षुण्ण रखेंगी, तो राम सीता को प्राप्त करने के लिए लंका में आएंगे... सीता इन राक्षसों का काल बनेंगी और अन्याय की चिता पर अपने प्रिय को पाएंगी... इतनी बड़ी उपलब्धि के लिए सीता को अपनी अग्नि-परीक्षा तो देनी ही होगी।

किंतु जाने आज सीता के मन को क्या हो गया था। यह एक दिशा में चलता ही नहीं था। कुछ देर तक एक दिशा में चलकर, पलटकर खड़ा हो जाता था और फिर निकट विपरीत दिशा में भागने लगता था... अभी वह अपने राम को प्राप्त करने की संभावनाओं पर विचार करता हुआ, उल्लसित मृग के समान कुलांचें भर रहा था और अभी ही वह एक भयंकर प्रश्नचिह्न बनकर उनके सम्मुख खड़ा हो गया था — इतने दीर्घकाल तक रावण जैसे लंपट के आधिपत्य में रहने वाली सीता को राम और अयोध्या का समाज अंगीकार कर लेगा ? क्या उन पर भी अहल्या के समान भ्रष्ट होने का

लांछन लगाकर, उन्हें त्याग नहा दिया जायेगा ?... यदि राम ने भी यही किया तो ?... सीता के सम्मुख सिवाय आत्महत्या के दूसरा मार्ग नहीं रह जायेगा। सीता में अहल्या का-सा धैर्य नहीं है।... किन्तु अहल्या का उद्धारकर्ता सीता को लांछित कैसे करेगा ?...

कैसी विडंबना है... इतने ऋषि, मुनि, तपस्वी राक्षसों द्वारा अपमानित और भ्रष्ट शरीर हुए... किसी ने उन्हें भ्रष्ट घोषित नहीं किया, किसी ने शाप नहीं दिया... भ्रष्ट केवल स्त्री ही होती है।... अपने पीढ़ियों के संस्कारों के कारण स्त्री अपने सतीत्व को प्राणों का पर्याय मान बैठी है। शील भंग होते ही वह आत्महत्या की बात सोचती है।... उसकी रक्षा में असमर्थ समाज को दंडित क्यों नहीं किया जाता ?... विचित्र न्याय है, जो पीड़ित और अपमानित है, उसे ही अपराधी घोषित कर दंडित किया जाता है; और अपराधी पुरुष गर्व से छाती ताने खुलेआम घूमता है... इस न्याय-पद्धति को राम कभी स्वीकार नहीं करेंगे। वे रावण को गर्व से छाती फुलाए जीने का अधिकार नहीं देंगे...

आज कोई-न कोई विशेष बात अवश्य थी। संध्या होते ही पुरुष प्रहरी आकर वाटिका में जम गये थे। सीता ने इस प्रहरियों को देखा कभी नहीं था, उनके स्वर ही सुने थे। उनकी चौकी, लता-गुल्मों तथा वृक्षों की बाड़ के पीछे, कुछ दूरी पर स्थित लगती थी। वैसे भी दिन के प्रकाश के रहते वे वहां नहीं होते थे; कदाचित् दिन में पहरे का कार्य स्त्रियों को ही सौंपा गया था; रात का अंधकार छा जाने पर ही पुरुष प्रहरियों का कार्य आरम्भ होता होगा। वे दिखायी नहीं पड़ते थे; किन्तु अपने कोलाहल से उपस्थिति का बोध कराते रहते थे। न वे धीमा बोलना जानते थे, न मौन रहना। उनके स्वर कर्कश और अभद्र थे। एक-दूसरे से साधारण-सी बात करते तो यही आशंका होती कि परस्पर झगड़ रहे हैं।

सीता का मन हुआ कि घेरा डालकर बैठी हुई स्त्री प्रहरियों से ही पूछ लें कि आज क्या बात है। किन्तु तत्काल ही मन बुझ गया। इनमें से किसी ने भी उनसे कभी कोमलता का व्यवहार नहीं किया था। उनसे बात करने की इच्छा होती ही नहीं थी। हां, त्रिजटा होती तो बात और थी; किन्तु वह अभी तक आयी नहीं थी। संभव है, आज उसका कार्यकाल रात के समय हो...

पुरुष प्रहरी अपने स्थान पर जम गये थे और सदा के समान उनका कोलाहल आरंभ हो गया था।

''चल, भाई !'' किसी एक ने कहा, ''जब तक कोई विशेष कार्य नहीं है, थोड़ी द्यूतक्रीड़ा हो जाए।''

''मेरे पास धन नहीं है।'' अन्य स्वर ने उत्तर दिया।

''बहाने मत बना !'' पहला स्वर बोला, ''अरे, यह बंदिनी कोई उड़ जाने वाली चिड़िया नहीं है कि तू रात भर धनुष का संधान कर लक्ष्य-भेद के लिए सन्नद्ध खड़ा रहना चाहता है। यह तो एक सुकुमार राजकुमारी है। उसके लिए तो भीतर बैठी वे

नकटी प्रहरी स्त्रियां ही पर्याप्त हैं।''

''मेरे पास धन नहीं है।'' दूसरे स्वर ने अपना उत्तर दुहराया।

''लगता है, आज तेरी पत्नी ने तुझे फिर उपदेश पिलाया है और उसका तुझ पर प्रभाव भी हो गया है।'' पहला स्वर बोला, ''ले, थोड़ी मदिरा पी ! उपदेश उनमें घुल जायेगा। तब तेरी समझ में आ जायेगा कि तेरी पत्नी ने द्यूत के विरुद्ध जो कुछ कहा था, वह कोरी बकवास थी; और शायद तुझे यह भी याद आये कि तेरे पास धन भी है।''

''मेरा पास धन नहीं।'' दूसरा स्वर खीझकर बोला, ''इसमें याद आने-न आने की क्या बात है। जब धन ही नहीं है, तो पत्नी का उपदेश क्या करेगा और तेरी मदिरा क्या करेगी ?''

पहला स्वर कुछ कोमल और मैत्रीपूर्ण हो गया, ''क्यों नहीं है तेरे पास धन ? तुझे वेतन नहीं मिलता या तू उत्कोच नहीं लेता ?''

''वेतन क्यों नहीं मिलता !'' दूसरा स्वर बोला, ''पर तू ही तनिक सोचकर सच-सच बता कि उस वेतन में तू क्या-क्या कर लेगा ? धनाढ्यों की नगरी है लंका। एक प्रहरी का वेतन तो एक कोठरी के आवास-शुल्क में ही निकल जाता है। फिर खान-पान कितना महंगा है यहां। निःशुल्क गुरुकुल एक भी नहीं है। पाठशालाएं इतनी महंगी हैं। कोई किस -किस को रोये। स्वर्ण-नगरी है लंका। यहां तो वही रह सकता है, जिसके घर में स्वर्ण बहता है। एक बेचारे प्रहरी का वेतन क्या कर लेगा ?''

''तो उत्कोच क्यों नहीं लेता ?'' पहला स्वर बोला, ''तू कोई विभीषण है ?''

''उत्कोच कौन देगा यहां ?'' दूसरा स्वर बोला, ''मेरा तो पहरा ही ऐसे स्थानों पर लगता है, जहां एक कौड़ी की भी आय न हो। तेरा पहरा भी यहां है। बता, तुझे आज क्या आय होगी ? कौन देगा तुझे उत्कोच ? और क्यों देगा ?''

''आज न सही।'' पहला स्वर बोला, ''आज तो विशिष्ट कर्तव्य के रूप में मुझे यहां भेजा गया है। प्रतिदिन तो यह नहीं होगा।''

''मेरे साथ तो प्रतिदिन यही होता है।''

''क्यों, तुझमें ऐसी क्या विशेषता है... ?''

''मेरा नायक मुझसे रुष्ट है।''

''क्यों रुष्ट है तुझसे ? तू उसके लिए मदिरा का प्रबंध करके नहीं देता ?''

''नहीं ! लोगों से छीन-छपटकर उसके लिए मदिरा का प्रबंध तो मैं कर दिया करता था, किंतु एक दिन एक विशेष घटना घट गयी।''

''क्या हुआ ?''

''हमारी टोली में जो प्रहरी स्त्रियां हैं, उनमें एक है आर्किकटका। बड़ी ही कंटीली स्त्री है वह। एक रात अंतःपुर में उसके साथ मेरा पहरा लगा। उस रात हमारा नायक वहां आया और उसने आर्किकटका को अपने साथ ले जाना चाहा। मुझे एक यह

एकदम नहीं रुचा। कहां मैं सोच रहा था कि रात भर आर्किकटका मेरे साथ अकेली रहेगी तो कुछ रस आयेगा। थोड़ी-सी मदिरा का भी प्रबंध मैंने कर लिया था। और कहां वह नायक उसे अपने साथ ले जाना चाहता था। मैं ईर्ष्याग्नि में जल उठा। वह रात्रि-भर आर्किकटका के साथ विलास करे और मैं यहां जाग-जागकर पहरा दूं... मैंने सोचा, ऐसा कभी नहीं होने दूंगा। नायक ने मुझे उन्नति तथा अधिक उत्कोच उपलब्ध होने वाले स्थानों पर नियुक्त करने के प्रलोभन भी दिये; किंतु मेरे मस्तिष्क पर मदिरा चढ़ी हुई थी और रात्रि-भर के लिए, आर्किकटका के साथ एकांत विलास का विचार उन्माद बनकर मेरे रक्त में घुला हुआ था। मैंने नायक से स्पष्ट शब्दों में कह दिया कि आर्किकटका का कर्तव्य यहां पहरा देना है, वह यहीं रहेगी। यदि नायक उसे यहां से हटा ले जायेगा तो शोर मचा दूंगा। परिणामत: नायक उसे अपने साथ नहीं ले जा सका और मुझसे रुष्ट हो गया।''

पहला स्वर बहुत जोर से हंसा, ''चलो ! उस रात तो अच्छा आमोद-प्रमोद रहा... तुम्हारे पास मदिरा भी थी और आर्किकटका भी।''

''आमोद-प्रमोद क्या रहता !'' दूसरा स्वर बोला, ''मदिरा और आर्किकटका तो थी, किन्तु एकांत नहीं रहा। नायक ने अपनी चौकी पर पहुंचते ही, पहरा दृढ़ करने के बहाने दो और पुरुष प्रहरी हमारे साथ चिपका दिये।''

''हो-हो-हो !'' पहला स्वर बहुत जोर से हंसा, ''बड़ा दुष्ट है तेरा नायक, भाई।'' वह एक क्षण के लिए रुका, ''अच्छा बता, तेरी आर्किकटका तुझसे प्रेम करती है या नायक से ?''

''अरे, प्रेम-व्रेम क्या होता है।'' दूसरा स्वर बोला, ''लंका में निर्धन स्त्री-पुरुष को प्रेम का अधिकार है क्या ? उसके पति की किसी ने हत्या कर दी है। एक छोटा-सा बच्चा है। अपने और बच्चे के पालन-पोषन के लिए प्रहरी-दल में भर्ती होने आयी। नायक को जंच गयी... बड़ी कंटीली स्त्री है, मैंने कहा न। नायक ने उसे दल में भर्ती कर लिया। तब से बेचारी पहरा भी देती है और नायक की सेवा भी करती है।''

दूसरा स्वर अपनी निश्चिंतता में कुछ और ऊंचा हो गया, ''तो सब कुछ जानते-बुझते मूर्ख क्यों बना बैठा है? जब नगर ही वेश्याओं, कुटनियों और विटों का है, तो तू अपने नायक को प्रसन्न क्यों नहीं कर लेता ? व्यर्थ में ही कंगला बना बैठा है।''

''कैसे कर लूं प्रसन्न!'' दूसरा स्वर कुछ हताश था, ''दो-चार कौड़ियों में होता हो तो प्रसन्न भी कर लूं। स्वर्ण-मुद्राओं की थैली कहां से लाऊं उसकी पूजा करने को?''

''तू निपट अनाड़ी है, भाई।'' पहला स्वर सहानुभूति से भर गया, ''तू क्यों पूजेगा उसे स्वर्ण-मुद्राओं की थैली से। तू उसे प्रसन्न तो कर, अपने-आप स्वर्ण-मुद्राएं बरसने लगेंगी तेरे घर।''

''पर कैसे कर लूं उसे प्रसन्न ?''

''अपनी पत्नी को भेज दे उसके पास।'' पहला स्वर बोला, ''वह अपने-आप उसे प्रसन्न कर लेगी।''

''तू हतचेत तो नहीं हो गया है!'' दूसरा स्वर आवेश में बोला, ''वह मेरी पत्नी है, अग्नि को साक्षी कर विवाह किया है मैंने। मेरे बच्चों की मां है वह। क्रीत खिलौना नहीं है कि जिस-तिस को प्रसन्न करने के लिए उन्हें उपहार देता रहूं। आत्मसम्मान भी कुछ होता है या नहीं ?''

''तू सचमुच मूर्ख है।'' पहला स्वर अब भी शांत था, ''एक तेरी ही पत्नी है क्या, या एक तूने ही अग्नि की साक्षी में विवाह किया है ? सारी लंका में यही हो रहा है। जब राज्य के अधिकारी प्रसन्न ही इन्हीं बातों से होते हों, तो वही करना पड़ेगा न। बड़े-बड़े सामंत पंक्तिबद्ध खड़े हैं कि 'महाराज ! हमारी भेंट स्वीकार कर लो।' और तू क्षुद्र प्रहरी अपने आत्मसम्मान को रो रहा है। तू तो भूखा मरने की ठाने बैठा है !''

''पर मेरी पत्नी न माने तो... या... या...'' स्वर शांति से बोलता हुआ कुछ अटका, ''या उसके बाद भी नायक मुझ पर प्रसन्न न हुआ तो ?''

''न हुआ तो दूसरा मार्ग भी है— राजकुमार अक्ष को प्रसन्न करना। उसके पास अपनी कन्या को भेज दे।''

''सुना है, आजकल राजकुमार अक्ष की बात बहुत मानी जाती है। जिसको देखो, उसी को प्रसन्न करने का प्रयत्न करता दीखता है।''

''उसका तो एकछत्र साम्राज्य है।'' पहला स्वर बोला, ''राजाधिराज और युवराज विश्व-भर में सैनिक अभियान करते रहते हैं। कुंभकर्ण मदिरा पीकर सोया रहता है। विभीषण इन बातों में पड़ते नहीं। बस, राजकुमार अक्ष की बन आयी है। व्यवस्था में जहां-तहां हस्तक्षेप करता रहता है। नियम हो, न हो; कार्य वैधानिक हो या अवैधानिक; उचित हो या अनुचित; राजकुमार अक्ष की आज्ञा का पालन होगा और राजकुमार अक्ष,'' स्वर कुछ धीमा हो गया, ''भयंकर मूर्ख है और प्रथम कोटि का लंपट। मंत्री भी दो वर्गों में बंट गये हैं। अधिकांश मंत्री उसकी लंपटता को उकसाकर लाभ उठा रहे हैं।''

''पर राजकुमार तक मुझे पहुंचायेगा कौन ?''

''अरे, नगर का कोई भी विट पहुंचा देगा। तुझे कोई नहीं मिलेगा तो मुझे कहना, मैं प्रबंध कर दूंगा।'' पहला स्वर बोला, ''पर तेरी कोई सुंदरी कन्या...''

सहसा वह मौन हो गया। दूसरा स्वर भी कुछ नहीं बोला। लगता था, कोई आ गया है।

सीता ने शांति की सांस ली। जाने कौन आया है; पर कोई भी आया हो, अच्छा ही है। नहीं तो ये दोनों अपनी जुगुप्सित वार्ता इसी प्रकार सारी रात चलाये रखते और सीता के लिए एक क्षण की शांति भी असंभव हो जाती... कैसा नगर है ! कैसी व्यवस्था है ! सब ओर धन, विलास, व्यभिचार और अपराध का जुगुप्सापूर्ण वातावरण!

तभी स्फूर्ति से चलती हुई त्रिजटा ने वृक्षों की बाड़ के भीतर प्रवेश किया। उसके पीछे-पीछे कुछ अन्य दासियां थीं। वे स्त्री प्रहरी नहीं थीं — न उनका वेश वैसा था, न उनके पास शस्त्र थे। उनके शरीर का गठन भी वैसा नहीं था। निश्चित रूप से वे सामान्य दासियां थीं।

त्रिजटा आकर सीता के सम्मुख रुक गयी, "देवी ! राजाधिराज रावण ने आपको दर्शन देने की इच्छा प्रकट की है। उन्होंने आदेश दिया है कि आपका श्रृंगार किया जाए। अभी थोड़ी देर में वे यहां पधारने वाले हैं।"

सीता अवाक् बैठी त्रिजटा का मुख देखती रहीं। तो यह समारोह महाराजाधिराज के आगमन के उपलक्ष में हो रहा है। पहले पुरुष प्रहरी आकर बैठ गये; और अब सैरंध्रियां आयी हैं। घावों पर नमक छिड़क रहा है यह दुष्ट राजाधिराज ! एक तो अपहरण कर लाया और अब श्रृंगार का आदेश दे रहा है...

"देवी का क्या आदेश है ?" त्रिजटा ने नम्रतापूर्वक पूछा।

"बहना री ! पूछती क्या है।" प्रहरी एकटा बोली, "यह बड़ी धृष्ट नारी है। ऐसे कहां मानेगी ! राजाधिराज ने आदेश दिया है तो करो इसका श्रृंगार। न माने तो हमसे कहो। हम इसके हाथ-पांव बांध देती हैं। श्रृंगार हो जाए तो बंधन खोल देना।"

त्रिजटा ने हंसने का अभिनय किया, "कहती तो ठीक हो, सखि ! किंतु इन दिनों मेरी प्रकृति कुछ भीरु हो गयी है। डरती हूं, ये बड़े लोग हैं। आज इनमें विरोध चल रहा है। कल वैदेही मान जाएं और लंका की राजरानी बन जाएं तो आज की कठोरता का दंड नहीं देंगी मुझे ? नहीं, भला ? मुझे अपने शव के खण्डों को लंका के प्रवेशद्वार पर झुलवाने की कल्पना सुखद नहीं लगती।"

एकटा का मुख खुल गया, जैसे उसे अपनी मूर्खता का आभास हो गया हो। बोली, "तुम समझदार हो, सखि ! मैं तो व्यर्थ ही बोल पड़ी।"

"तो देवी का क्या आदेश है ?" त्रिजटा ने पुनः सीता से पूछा।

"मुझे तुम्हारे राजाधिराज के दर्शनों की रंचमात्र भी इच्छा नहीं है।" सीता धीमे स्वर में बोली, "मेरा मन ठीक नहीं है। प्रसाधनों से मुझे वितृष्णा है। मुझे क्लेश देना चाहो तो और बात है, अन्यथा जैसी हूं, मुझे वैसी ही रहने दो।"

"जैसी आपकी इच्छा।" त्रिजटा साथ आयी दासियों की ओर मुड़ी, "तुम लोग जाओ। देवी वैदेही की अनुमति नहीं है।"

सीता ने कृतज्ञ दृष्टि से त्रिजटा को देखा। कला ठीक कह गयी थी कि त्रिजटा विश्वसनीय मित्र हो सकती है। त्रिजटा थी भी तो बहुत चतुर। एक ओर तो वह किसी-न किसी व्याज से सीता को सांत्वना देती रहती थी और दूसरी ओर अन्य राक्षसियों की उग्रता पर ठंडे जल के छींटे डालती रहती थी। यदि वह इस प्रकार चतुराई से काम नहीं लेती तो जाने ये राक्षसियां सीता के साथ कैसा व्यवहार करतीं...

रावण के आने में समय नहीं लगा। किन्तु सीता को यह देखकर आश्चर्य हुआ कि मंदोदरी तथा कुछ अन्य रानियां उसके साथ थीं। दासियों की तो सेना ही थी।... कैसा पुरुष है यह, जो एक स्त्री से प्रेम-याचना करने के लिए भी अपना रनिवास साथ लेकर चलता है। यह नारी के मन को तनिक भी नहीं समझता क्या ? यह नहीं समझता कि उसकी पत्नियों और प्रेमिकाओं को प्रेम-याचना के इस दृश्य से तनिक भी प्रसन्नता नहीं होगी ?... या, यह इतना अहंकारी है कि सोचता है कि उसका आचरण कैसा भी क्यों न हो, संसार की प्रत्येक स्त्री उसी से प्रेम करेगी... अहंकार ने उसके चक्षु बंद कर दिये हैं, केवल जिह्वा ही खुली है इसकी। विवेक जैसे संज्ञा-शून्य हो गया है और केवल पाशविकता ही जाग रही है, अपने विवेक की हत्या कर, पशु-धरातल पर जी रहा यह मनुष्य...

आज कुछ अधिक समारोहपूर्वक आया है। शरीर-सज्जा पहले की अपेक्षा अधिक थी। युद्ध-वेश नहीं था आज — रत्न, मणि-माणिक्य से लदा हुआ — आभूषणों की गठरी !

''कैसी हो, वैदेही ?''

रावण के मुख पर बिछी लोलुप मुसकान सीता के रक्त में जैसे विष के समान जा घुली। उनकी दीनता और भीरुता विलीन हो गयी। तेज से दमकते हुए स्वर में बोली, ''एक आततायी द्वारा बंदी की गयी निरीह नारी कैसी हो सकती है, रावण ?''

तत्क्षण उभर आयी अपनी प्रसन्नता को रावण ने दबाया और सायास मुसकराकर बोला, ''आततायी नहीं, जानकी ! प्रेमी कहो। मैं तुमसे प्रेम की याचना करने आया हूं।''

''प्रेम करने वाला व्यक्ति अपना जीवन होम देता है, अपहरण नहीं करता।'' सीता सधे हुए स्वर बोली, ''तुम मुझे एक वस्तु नहीं दे सकते।''

''ऐसा क्या है, वैदेही ! जो मैं तुम्हें नहीं दे सकता। तुम एक बार स्वेच्छा से मुझे अंगीकार कर लो, मैं महारानी मंदोदरी को तुम्हारी प्रधान दासी नियुक्त कर दूंगा।''

सीता ने मंदोदरी की ओर देखा। वे धरती को घूर रही थीं, मानो धरती में समा जाने का मार्ग ढूंढ़ रही हों। किन्तु रावण का ध्यान उस ओर नहीं था।

''मैं किसी को अपमानित करना नहीं चाहती।''

रावण ने कुछ कहा नहीं। अपने पीछे खड़ी दासी को संकेत किया। दासियों की प्राचीर फटी और उनके पीछे से दासियों का एक समूह अपने हाथों में बड़े-बड़े थाल उठाए प्रकट हुआ। उन्होंने एक-एक कर सारे थाल लाकर सीता के चरणों के पास भूमि पर सजाकर, उनके आवरण हटा दिये।

''इन्हें देखो, जानकी !'' रावण बोला, ''ये वस्त्र और आभूषण केवल लंका में ही उपलब्ध हो सकते हैं; और वह भी केवल तुम्हें। आज तक महारानी मंदोदरी को भी

यह सौभाग्य प्राप्त नहीं हुआ। इतने धन से इंद्र का साम्राज्य क्रय किया जा सकता है, जानकी ! यह सब कुछ तुम्हारा है।''

''प्रजा के शोषण से अर्जित धन का अपव्यय कर गौरव का अनुभव करते हो, दंभी !'' सीता कठोर स्वर में बोली, ''मैंने तुमसे यह नहीं मांगा था।''

रावण के शरीर का समस्त रक्त जैसे उसके मुख पर एकत्रित हो आया। उसकी मुट्ठियां बंध गयीं। वह आवेश में एक पग आगे भी बढ़ा; पर सहसा उसकी दृष्टि मंदोदरी पर जा पड़ी और वह रुक गया। क्रोध से उसका कंठ अवरुद्ध हो रहा था, ''क्या मांगा था तुमने ?''

''एक खड्ग ! और तुमसे हो सके तो द्वंद्व-युद्ध।''

अपने ही विष से जलते नाग के समान, रावण का मुख काला और विकृत हो गया। उसने फुफकारती दृष्टि से एक बार सीता को देखा, फिर बरबस उसकी दृष्टि मंदोदरी की ओर घूम गयी। मंदोदरी अपने आत्म-गौरव में लिपटी शांत और आश्वस्त खड़ी थी। रावण की गर्दन झुक गयी और बिना कुछ कहे, बद्ध पशु-सा, वह वाटिका से बाहर जाने के लिए मुड़ गया।

चलने से पूर्व मंदोदरी ने एक तरल दृष्टि से सीता की ओर देखा और अत्यन्त धीमे स्वर में बोलीं, ''तुम धन्य हो, देवी !''

वे रुकीं नहीं। उनके पीछे-पीछे अन्य रानियां भी चल पड़ीं। पंक्तिबद्ध दासियां थाल उठाए अपनी स्थिर गति से चलती गयीं। सबके अन्त में भ्रमित-सी द्वंद्व-ग्रस्त एक युवती खड़ी रह गयी। उसने संशय-भरी दृष्टि से सीता की ओर देखा। अनिर्णय से लड़ती हुई, उनके निकट आयी और सिर झुकाकर बोली, ''इस देव-बाला का दुर्भाग्य कि यह आपका यह रूप कुछ सप्ताह पूर्व न देख सकी।''

उसकी आंखों से अश्रु बह निकले। उसने दांतों से अपना अधर दबा लिया और भागती हुई रानियों की उस शोभा-यात्रा में जा मिली।

सीता उन्हें जाते हुए देखती रही। जाने कौन-कौन इसमें अपनी इच्छा से सम्मिलित हुई है और कौन किसी के दबाव से; कौन किसी राजनीतिक समझौते की बलि बनी है और कौन बलात् उठाकर लायी गयी है... मंदोदरी कह गयी हैं कि सीता धन्य हैं। क्यों ? क्या किया है सीता ने ? यही तो कि वे न प्रलोभन को मानती हैं, न भय को... कितना क्रुद्ध हो उठा रावण ! बार-बार मंदोदरी की ओर देखकर विवश हो जाता था। तो फिर क्यों लाया था मंदोदरी को अपने साथ ?... सीता अब तक सुरक्षित हैं, तो उसमें अन्य लोगों का भी श्रेय है... कदाचित् मंदोदरी का भी हो... और राम जैसे रक्षक के आने की आशा...

कौन थी वह देवबाला ? कितनी दुखिया थी बेचारी ! कदाचित् सद्यःअपहृता है। सीता का यह रूप देख लेती तो कदाचित् उसका प्रतिरोध अधिक दृढ़ होता... कौन थी बेचारी ?

9

मेघनाद ने आकर मां को प्रणाम किया।

''चिरंजीवी होओ, वत्स !''

''किस कारण स्मरण किया, मां ?''

''बैठो, पुत्र !'' मंदोदरी ने हल्के स्मित के साथ कहा, ''क्या विश्वविजयी पिता के ही समान जगद्विजेता पुत्र के पास भी महारानी कही जाने वाली इस स्त्री के लिए तनिक भी अवकाश नहीं है !''

मेघनाद ने चकित होकर मां की ओर देखा, ''यह उपालंभ क्यों, मां ? पति और पुत्र दोनों के प्रति यह कटाक्ष। विश्वविजय इतना उपहासास्पद कर्म तो नहीं, मां!''

''इसीलिए कह रही हूं— बैठो, वत्स !'' मंदोदरी अपने पलंग पर बैठ गयी और मेघनाद को अपने निकट बैठने को इंगित किया।

मेघनाद कुछ चिंतित-संकुचित-सा आकर मां के पास बैठ गया — जाने क्या है मां के मन में।

''विश्वविजय निश्चय ही उपहासास्पद कर्म नहीं है, बेटा।'' मंदोदरी ने गर्व-भरी आंखों से अपने पुत्र को देखा और स्नेह-भरा हाथ उसकी पीठ पर फेरा, ''और फिर मैं तो वह भाग्यशालिनी नारी हूं, जिसका पति तथा पुत्र दोनों ही विश्वविजेता हैं।... किन्तु उस गौरव के पीछे थोड़ी पीड़ा भी है।''

''क्या है, मां ?'' मेघनाद का स्वर विह्वल हो आया, ''ऐसी कौन-सी पीड़ा है, जिसका हरण तुम्हारा यह पुत्र नहीं कर सकता ?''

''तुमने अपने छोटे भाई अक्ष को देखा है, पुत्र ? तुम्हें पता है कि विरुपाक्ष और नरान्तक किधर जा रहे हैं।''

''क्या बात है, मां ?''

''तुम्हें उनमें कोई विशेष बात दिखायी नहीं पड़ती ?''

''स्पष्ट कहो, मां !''

''तुम्हें अक्ष में सम्यक् बौद्धिक विकास दिखायी पड़ता है, इंद्रजित ?''

उत्तर देने से पहले थमकर, मेघनाद ने ध्यान से अपनी मां को देखा — आज मां ने एक बार भी उसे 'मेघ' कहकर नहीं पुकारा था और इस बार तो मां ने उसे इंद्रजित कहा है — 'इंद्र को जीतना भी मां के लिए आपत्तिजनक है क्या ?'

''नहीं, मां ! अक्ष के विकास से मैं संतुष्ट नहीं हूं'', वह क्षणभर कुछ सोचता-सा बोला, ''उससे विश्वविजय का क्या सम्बन्ध है ?''

''वही सम्बन्ध समझाने के लिए मैंने तुम्हें बुलाया है, पुत्र !'' मंदोदरी ने सस्नेह उसकी ओर निहारा।

''तुम और तुम्हारे पिता — तुम दोनों ही अद्भुत वीर हो, इंद्रजित ! वीरता का

प्रदर्शन अपने घर में तो हो नहीं सकता; इसलिए विश्वविजयी वीर अधिकांशत: लंका से बाहर रहते हैं। तुम लोग जब लौटते हो, तो विपुल धन — स्वर्ण, रत्न और मणि-माणिक्य लेकर आते हो। देश-विदेश की सुन्दरियां — क्रय, विजय अथवा अपहरण कर लाते हो; और पुन: किसी युद्ध के लिए लौट जाते हो। लंका की सेनाएं अपराजेय हैं; अत: लंका के व्यापारियों के लिए विश्व के सारे मार्ग खुल गये हैं। उनके माध्यम से भी लंका में कम धन नहीं आता। लंका में इतना सारा धन संचित हो रहा है — लंका के राक्षस इसका क्या करेंगे, पुत्र ?''

''वे लोग धन का भोग करेंगे,'' इंद्रजित हंसा, ''इसके लिए चिंतित होने की क्या आवश्यकता है, मां ? धन सुख का पर्याय है। आज विश्व-भर का सुख लंका में संचित हो रहा है। यह हमारे लिए हर्ष की बात है, मां ! रक्षपति रावण के साम्राज्य के समान वैभवशाली राज्य सारे संसार में किसी का नहीं है।''

''तुम सत्य कह रहे हो, पुत्र !'' मंदोदरी शान्त स्वर में बोली, ''तुमने लंका में अपार वैभव एकत्रित कर दिया है; किन्तु कभी सोचा है कि इस वैभव का भोग कैसे होगा ?''... मंदोदरी ने मेघनाद के उत्तर की प्रतीक्षा नहीं की, ''स्वर्ण, रत्न, मणि-माणिक्य स्वयं में कोई सुख नहीं हैं — सुख वे द्रव्य हैं, जो इनके माध्यम से खरीदे जाते हैं। आज लंका के राक्षस सुखी हैं क्योंकि लंका ने अपने वैभव-प्रदर्शन के लिए असंख्य मदिरालय, द्यूतालय और वेश्यालय खोल दिए हैं। राजपुत्रों, सामंत-पुत्रों और राजपुरुषों को कुछ करना नहीं पड़ता है। उनका जीवन अर्जन का नहीं, भोग का जीवन है। भोग के लिए धन व्यय करना पड़ता है; और व्यय के लिए उनके पास पुष्कल धन है। संध्या समय वे अपने प्रासादों से निकलते हैं और मदिरालयों में जा बैठते हैं। मदिरा पीते हैं, द्यूत खेलते हैं और नारी-शरीर की खोज में निकल पड़ते हैं। वेश्यालयों में भीड़ लग जाती है। लंका में यह प्रचलन बहुत बढ़ गया है; इसलिए वारवनिताओं की मांग भी बढ़ गयी है। परिणामत: अपहरण अधिक हो गये हैं, बलात्कार बढ़ गये हैं, दासियों का क्रय-विक्रय बढ़ गया है।''

''किन्तु मां ! इससे अक्ष का क्या सम्बन्ध ?'' मेघनाद चकित था।

''क्यों ? क्या वह इसी वातावरण में नहीं पल रहा; या उसके पास पर्याप्त मात्रा में धन नहीं है ?'' मंदोदरी का स्वर कुछ तीव्र हो गया।

''किन्तु वह राजकुमार है। उसे शस्त्र-विद्या सीखनी चाहिए।''

मंदोदरी का स्वर वक्र हो उठा, ''वह कुटनी यमजिह्वा की युवती पुत्री मदालसा से काम- विद्या सीख रहा है; और विश्वविजेता भाई तथा पिता का लाया हुआ धन ढो-ढोकर उस वेश्या के घर में भर रहा है। इस पुण्य से अवकाश पायेगा तो शस्त्र-विद्या भी सीख लेगा।''

मेघनाद चुपचाप मां को देखता रहा। मंदोदरी मौन ही रही तो जैसे निष्कर्ष रूप में बोला, ''उसे ऐसा नहीं करना चाहिए। अभी उसका वय इस योग्य नहीं है।''

मंदोदरी का तेज जैसे भभककर फूटा, ''पिता संसार-भर में से सुन्दरियों का अपहरण करता फिरेगा तो पुत्र अपने नगर की एक वेश्या के पास भी नहीं जायेगा ? तुम्हारे पिता ने कभी यह सोचा है कि उनका वय किस योग्य है कि उनका पुत्र यह सोचेगा ?''

''मां !'' मेघनाद का स्वर भी कुछ ऊंचा हुआ, ''जगद्विजेता, राक्षसेन्द्र, राजाधिराज रावण के विषय में ऐसा कहना तुम्हें शोभा नहीं देता। वे आपके पति हैं। राक्षसेन्द्र के लिए यह कोई नयी बात तो नहीं।''

''पुरानी बात उचित ही होती है क्या ?'' मंदोदरी का तेज तनिक भी फीका नहीं पड़ा, ''तुम कब इस परम्परा का अनुसरण करने वाले हो ? मैं सुलोचना-प्रमिला से कह रखूं कि वह अपने कुछ पुराने वस्त्र संभाल रखें और दासी कर्म के लिए तैयार रहें।''

''मां !'' मेघनाद क्रुद्ध स्वर में बोला।

''क्यों ? बुरा लगा ?'' मंदोदरी का स्वर व्यंग्यपूर्ण था, ''जब तुम्हारे पिता ने मेरी उपस्थिति में, अपहृता वैदेही के सम्मुख यह प्रस्ताव रखा कि वे महारानी मंदोदरी को उसकी प्रधान दासी नियुक्त कर देंगे; तो तुम्हारी मां को कैसा लगा होगा, पुत्र ?''

मेघनाद चुप रहा।

''बोलते क्यों नहीं ? इन पकते हुए केशों के वय में, महारानी मंदोदरी को भोग के लिए लायी गयी नवागत युवतियों की दासी बनाकर विश्वविजेता वीर की जननी का अभिनन्दन किया जा रहा है क्या ?''

''नहीं, मां ! यह बात नहीं है।''

''तो क्या बात है ?''

''पिताजी ने सीता का मन जीतने के लिए प्रलोभन दिया होगा।''

कई क्षणों तक मंदोदरी अपने पुत्र को देखती रहीं और सहसा उनके मुख से करुण स्वर फूटा, ''तेरे जैसा पितृभक्त पुत्र भी मैंने नहीं देखा, इंद्रजित ! तुझे पाकर तेरे पिता फूले नहीं समाते होंगे; पर मैं सोचती हूं कि तू इतना पितृभक्त न होता तो शायद तेरे पिता का कल्याण होता। जा, पुत्र ! मैं हतभागी सुलोचना को उसका भविष्य बता दूंगी।''

इंद्रजित ने कोई उत्तर नहीं दिया। वह प्रणाम कर मंदोदरी के कक्ष से निकल गया।

मंदोदरी पछाड़ खाकर पलंग पर औंधी जा पड़ीं।

दूसरा खण्ड

1

हनुमान प्रातः से ही सतर्क तथा किंचित् उद्वेलित-से थे; किन्तु उन्होंने सुग्रीव से कुछ नहीं कहा। व्यायाम, सामूहिक शस्त्राभ्यास तथा अल्पाहार हो जाने के पश्चात् ही वे बोले, ''युवराज ! एक महत्त्वपूर्ण सूचना है।''

हनुमान का व्यवहार कुछ इतना असाधारण था कि सुग्रीव ही नहीं, नल-नील तथा तार भी जैसे अतिरिक्त रूप से सजग होकर उन्हें देखने लगे।

''क्या बात है, हनुमान !'' सुग्रीव बोले, ''सूचनाएं तो प्रतिदिन आती-जाती रहती हैं; किन्तु इतने अस्थिर तो तुम कभी नहीं हुए।''

''आज की सूचना ही कुछ ऐसी है, युवराज !'' हनुमान ने सिर झुका लिया, मानो वे सुग्रीव का सामना न कर पा रहे हों।

''कहो, हनुमान ! जो भी है, कहो। क्या वाली ने रुमा का वध कर दिया ?''

''नहीं !'' हनुमान सिहर उठे। उनके व्यवहार ने सुग्रीव के मन में कितनी अनर्थकारी संभावनाओं को जन्म दिया है, ''नहीं, युवराज ! युवराज्ञी के विषय में कोई सूचना नहीं है। चरों ने सूचना दी है कि पंपा सरोवर के तट पर एक वृद्ध तापसी शवरी की कुटिया में कुछ प्रवासियों का एक दल टिका था। प्रवासी दल के नेता तपस्वी वेश में हैं; किन्तु न केवल वे शस्त्रबद्ध हैं, वरन् उनके साथ एक पूरा शस्त्रागार है, जिसे वे अपने कंधों पर ढो रहे हैं। उनके नेता राम नामक अयोध्या के निर्वासित राजकुमार हैं; साथ ही उनके छोटे भाई लक्ष्मण हैं। वे लोग क्रमशः इसी ओर बढ़ रहे हैं...।''

सुग्रीव का रंग पीला पड़ गया। उनके मन में अंगद द्वारा शिल्पी के माध्यम से भिजवाई गयी सूचना गूंज गयी।...

''वे लोग अपराध व्यवसायी तो नहीं हैं ?'' सुग्रीव असमंजस में थे।

''नहीं।'' हनुमान शीघ्रता से बोले, ''मेरा तात्पर्य यह नहीं था। यदि युवराज को स्मरण हो तो... मेरा अनुमान है कि ये वे ही लोग हैं, जिन्हें वह अपहृत स्त्री पुकार रही थी, जिसने मार्ग में वस्त्र तथा आभूषण गिराये थे।''

''हां !'' सुग्रीव की चिन्ता कुछ कम हुई, ''वह स्त्री राम और लक्ष्मण को ही पुकार रही थी। वे ही होंगे।''

''मेरा भी यही अनुमान है, युवराज !'' हनुमान का स्वर गम्भीर था, ''किन्तु यह अनुमान मात्र ही है। मेरे मन में उन लोगों को लेकर बहुत सारा ऊहापोह है।'

सबने प्रश्नचावक दृष्टि से हनुमान की ओर देखा।

''यदि ये वे ही लोग हैं'', हनुमान बोले, ''तो निश्चित रूप से वे पीड़ित और असहाय हैं। वे लोग उस स्त्री की खोज में होंगे। उनको सहायकों की आवश्यकता होगी,

जो अपहरणकर्ता का पता-ठिकाना खोजने तथा उस स्त्री को लौटा लाने में उनके लिए उपयोगी हो सकें। यदि उनका संपर्क वाली से हो गया, उससे मैत्री हो गयी, तो वाली उनकी सहायता कर सके या न कर सके, वे वाली की सहायता अवश्य ही कर सकेंगे। उनके पास एक पूरा शस्त्रागार है और उनका प्रमुख आयुध धनुष है, युवराज !''

इस बार सुग्रीव के साथ-साथ नल, नील तथा तार के चेहरे भी चिन्तित हो उठे — हनुमान सच कह रहे थे।

''यदि वे लोग साधारण शस्त्र-व्यवसायी हैं,'' हनुमान पुनः बोले, ''और संयोग से इस ओर बढ़ रहे हैं, तो भी हमारे लिए वे दो रूपों में संकट का कारण हो सकते हैं — वे स्वयं हमसे युद्ध करना चाहें, अथवा वाली की प्रसन्नता प्राप्त करने के लिए हमारा वध करना चाहें...''

''क्या बात है, आज हनुमान का सारा चिंतन ही हमारे विरुद्ध जा रहा है।''

नल अधीरतापूर्वक बोले, ''भला प्रवासियों की कोई मंडली हमारी वैरी ही क्यों होगी ?''

''मेरा आशय यह नहीं था।'' हनुमान बोले, ''किन्तु हम विपत्ति में हैं; असहाय हैं। छिपे होने पर भी शत्रुओं से घिरे हुए हैं। इसलिए प्रत्येक नयी घटना हमारे मन में सोये हुए भयभीत मृगशावक को जगा देती है। हमारी स्थिति ऐसी नहीं है कि हम बिना भरपूर खोज और परीक्षण के किसी भी अपरिचित आगंतुक को अपना मित्र मान लें।''

''ठीक कहते हो, हनुमान।'' इस बार तार बोले, ''किन्तु मेरा विचार है कि ये दोनों आर्य राजकुमार वे ही राम और लक्ष्मण हैं, जिनकी राक्षसों के साथ हुई भिड़ंतों के संबंध में हमें उड़ती-उड़ती सूचनाएं मिलती रही हैं।''

''बुरा हो इस अज्ञातवास का।'' सुग्रीव झल्लाकर बोले, ''कोई सूचना ही ठीक ढंग से नहीं मिल पाती।'' सहसा वे संभले, ''पर नील की बात ठीक है, हमें इस विषय के धनात्मक पक्ष पर भी सोचना चाहिए। यदि वे लोग शस्त्रबद्ध हैं, तो वे हमारे सहायक भी हो सकते हैं। क्या हम उनके शस्त्रों का प्रयोग वाली के विरुद्ध नहीं करवा सकते?''

''यदि उनकी स्त्री का अपहरण हुआ है,'' नील ने कहा, ''तो उन्हें सहायकों की आवश्यकता होगी। ऐसे में वे लोग हमारी ओर से वाली के विरुद्ध क्यों लड़ेंगे ? एक तो वैसे ही राक्षसों से उनकी शत्रुता होगी, ऊपर से वाली से युद्ध कर वानरों को भी अपना शत्रु बना लें ?... वे तो उसकी ओर से लड़ना चाहेंगे, जो उनकी सहायता करे। वाली की तुलना में हम उनकी क्या सहायता कर सकेंगे ?''

''यदि हम यही मानकर चल रहे हैं कि वे ही आर्य राजकुमार हैं, जिन्होंने दंडक वन में स्थान-स्थान पर राक्षसों का विरोध किया है और वह स्त्री भी उनकी ही आत्मीय थी, जिसका राक्षसों द्वारा हरण हुआ है, तो ऐसे में हमारे लिए कुछ आशा हो सकती है।'' हनुमान बोले, ''वे लोग तेजस्वी हैं, तो स्वयं पीड़ित होने के कारण पीड़ितों की ही सहायता करेंगे। उन्होंने न्याय का पक्ष लेकर राक्षसों का विरोध किया है तो अपने

स्वार्थ के कारण भी, वे लोग राक्षसों के मित्र वाली की मैत्री स्वीकार नहीं करेंगे। दूसरी ओर, वाली भी राक्षसों के विरुद्ध इन निर्वासितों की सहायता कर, रावण का विरोध आमंत्रित करने की मूर्खता नहीं करेगा।''

''हनुमान ठीक कह रहा है।'' सहसा सुग्रीव उत्साहित हो उठे, ''हनुमान एकदम ठीक कह रहा है। यदि ये वे ही लोग हैं तो न वे वाली से मैत्री करना चाहेंगे, न वाली उनकी सहायता करेगा।'' जिस आकस्मिकता से उनका उत्साह जागा था, उसी आकस्मिकता से वह बिखर भी गया। ''किंतु उन्हें सहायकों की आवश्यकता है और हम उनकी कोई सहायता नहीं कर सकते।''

''कर सकते हैं।'' हनुमान का स्वर अत्यंत संयत, सन्तुलित तथा गम्भीर था, ''पहली बात तो यह है कि उस स्त्री के विषय में हम उन्हें कुछ निश्चित प्रमाण दे सकते हैं। और तब, यदि वे हमारी सहायता कर वाली को किष्किंधा के राज्य से अपदस्थ कर दें और युवराज को किष्किंधा के सिंहासन पर बैठा दें, तो फिर हम उनकी सहायता ही सहायता कर सकते हैं।''

''उल्टी बात !'' नील बोले, ''वे हमसे सहायता चाहेंगे और हम उनसे कहें कि पहले हमारी सहायता करो तो हम तुम्हारी सहायता करेंगे।''

''उल्टी बात नहीं है।'' हनुमान कुछ उत्तेजित होकर बोले, ''वे हमारी सहायता करें तो हम उसकी सहायता करेंगे। हम स्वयं राक्षसों से पीड़ित हैं और उनके अनाचार को समाप्त करना चाहते हैं। किंतु वाली राक्षसों के विरुद्ध उनकी कोई सहायता नहीं करेगा — न पहले, न पीछे। उन्हें यदि राक्षसों के विरुद्ध सहायक चाहिए, तो उनके पास कोई विकल्प नहीं है। वे हमारा समर्थन नहीं करेंगे तो अपने एकमात्र मित्र को शत्रु के हाथों में सौंपकर, स्वयं अपने प्रति शत्रुता का निर्वाह करेंगे।''

''हनुमान ! तुम पहले कही गयी अपनी ही बात का विरोध नहीं कर रहे ?'' सुग्रीव जैसे सहसा किसी नींद से जागकर बोले।

''नहीं, युवराज !'' हनुमान सहज होकर बोले, ''मेरा मत न पहली बात में था, न अंतिम बात में। मैंने तो पहले ही कहा था, मेरे मन में बहुत ऊहापोह है। मत स्थिर करने के लिए ही तो यह विवाद चलाया है।''

''ठीक कहते हो, हनुमान !'' तार बहुत देर के पश्चात बोले, ''हमें सर्वपक्षीय चिंतन करना चाहिए।... किन्तु एक बात मैं भी कहूंगा।'' तार कुछ तनकर बैठ गये, ''वाली उनकी सहायता नहीं करेगा — यह बात भी तो उन लोगों को समझानी होगी। यदि वे लोग पहले वाली के सम्पर्क में आ गये तो हमारे विरुद्ध वाली उनका उपयोग तो कर ही लेगा, बाद में उनकी सहायता करे या न करे।''

''इस दृष्टि से तो हमें अपने स्थान पर बैठे रहकर उनके आने की प्रतीक्षा करने के बदले, आगे बढ़कर उनका स्वागत करना चाहिए। उनसे सम्पर्क कर, उनकी ओर मैत्री का हाथ भी बढ़ाना चाहिए।''

''किंतु एक और बात...'' सुग्रीव बहुत गम्भीर थे, ''ऐसा न हो कि हम उनकी शस्त्र-शक्ति को वास्तविकता से अधिक आंककर उन्हें अपना मित्र बना लें और उससे वाली को अपने प्रति और भी क्रूर होने के लिए प्रेरित करें।''

''उनकी सहायता तो हमें वैसे भी करनी चाहिए, युवराज !'' हनुमान बोले, ''वे न्याय के पक्ष में हैं और पीड़ित हैं... और पीड़ितों के संगठन से ही शोषण का अन्त हो सकता है।''

''मैं तुमसे पूर्णतः सहमत हूं, हनुमान !'' सुग्रीव का स्वर उदास हो गया, ''स्त्री के अपहरण की पीड़ा मुझसे अधिक और कौन समझ सकता है; और अपहृत स्त्री की सहायता न कर पाने की असमर्थता का दंश भी और किसके वक्ष में इतना गड़ा होगा... उनकी सहायता तो हमें करनी ही चाहिए। इस कष्ट में तो वे मुझे अपने सहोदर भाई-से लगते हैं। हमारा न्याय भी एक है और स्वार्थ भी... किंतु इस संकट की घड़ी में हमें आपद्धर्म का निर्वाह करना होगा। हम उन्हें ऐसी मैत्री न दें, जिससे हमें और उनको हमारे क्रूर शत्रुओं का क्रोध नष्ट कर दे।''

''पर पहले मालूम तो हो कि वे हैं कौन ?'' सुग्रीव के चुप होते ही तार बोले।

''वह तो आवश्यक है ही।'' हनुमान ने उत्तर दिया, ''किंतु यह निश्चय तो पहले ही हो जाना चाहिए कि उनकी वास्तविकता मालूम हो जाने पर उनके प्रति हमारा व्यवहार कैसा होगा।''

''तो ऐसा करो, हनुमान !'' सुग्रीव बोले, ''तुम किसी प्रकार यह ज्ञात करो कि वे लोग कौन हैं। यदि वस्तुतः ये वे ही राक्षस-विरोधी आर्य राजकुमार हैं और वह स्त्री इन्हें ही पुकार रही थी, तो तुम उन्हें मित्रतापूर्वक यहां ले आओ। उनकी शस्त्र-शक्ति की परख यहां हो जाएगी और तब आगे का कार्यक्रम बन जाएगा; किंतु...'' सुग्रीव का स्वर कुछ कांप-सा गया, ''यदि वे कोई अन्य शस्त्रधारी हैं और वाली द्वारा हमारी टोह लेने के लिए भेजे गये हैं, तो...''

''ऐसी स्थिति में किसी एकांत स्थान में घेरकर हमें उनका वध करना होगा।'' तार बाले, ''यदि वे शत्रु-भाव से आये हैं, तो हमारे गुप्त ठिकाने को देख लेने के पश्चात उनका जीवन हमारी मृत्यु के समान है।''

''यह ठीक है।'' हनुमान ने समर्थन किया, ''मेरा मत है, युवराज ! आप मलय पर्वत पर अपनी गुप्त गुफा में चलें जाएं। जब तक हमें इन आगंतुकों का पूर्ण तथा वास्तविक परिचय नहीं मिल जाता, तब तक आप वहीं निवास करें।''

''हमारा जीवन तथा सम्मान अब तुम्हारे हाथ में है, हनुमान !'' सुग्रीव की आंखों में अश्रु थे तथा स्वर भर्रा आया था।

हनुमान सुग्रीव को बुलाने चले गये तो राम, लक्ष्मण तथा उनके बीस जन-सैनिकों ने अपने आयुध कंधों से उतार लिये। एक छायादार वृक्ष देखकर, कुछ अस्त्र-शस्त्र उसके

तने के साथ टिका दिये और कुछ उसकी छाया में संजोकर रख दिए। कुछ शिलाखंडों को स्वच्छ कर तथा कुछ वृक्षों की टूटी सूखी शाखाओं को व्यवस्थित कर बैठने का प्रबंध कर लिया गया।

हनुमान से सारी सूचनाएं पाकर, राम के मन में नये सिरे से एक चिंतन-प्रक्रिया चल पड़ी थी — जिस व्यक्ति की खोज में वे यहां तक आए थे, उस व्यक्ति ने स्वयं ही न केवल उन्हें ढूंढ़ निकाला था, वरन् अपने मंत्री के माध्यम से मैत्री का संदेश भी भिजवा दिया था। इससे अधिक सुखद स्थिति और क्या हो सकती थी ? किंतु मैत्री का इच्छुक वह व्यक्ति स्वयं कष्ट में था। उसकी स्थिति स्वयं राम के समान कष्टप्रद तो थी ही, कुछ अंशों में उनसे भी अधिक बीहड़ थी।

राम ने अपनी इच्छा से निर्वासन स्वीकार किया था, किंतु सुग्रीव को बलात् किष्किंधा से निष्कासित कर दिया गया था। राम वन में स्वच्छंद जीवन व्यतीत कर रहे थे और सुग्रीव को अज्ञातवास करना पड़ रहा था। राम की पत्नी को रावण नामक सम्पूर्ण मानवता का शत्रु, दुष्ट राक्षस हरकर ले गया था और सुग्रीव की पत्नी का स्वयं उनके बड़े भाई ने अपहरण किया था। राम अपने शत्रु को खोजकर, उसे दंडित कर प्रतिशोध लेने तथा सीता को लौटा लाने का साहस रखते थे; और सुग्रीव असहाय-सा, अपने शत्रु से मुख छिपाता फिर रहा था...

राम और उनके साथियों ने दूर से सुग्रीव को आते देखा। हनुमान कुछ आगे-आगे चल रहे थे और शेष कुछ लोगों ने सुग्रीव को घेर रखा था। सुग्रीव बहुत आश्वस्त होकर नहीं चल पा रहे थे। यद्यपि सुग्रीव के साथी उन्हें एक नृप के संपूर्ण आदर के साथ ला रहे थे, तो भी सुग्रीव के डग भरने में आत्मविश्वास का पूर्ण अभाव था। वे आशंकित मन तथा अस्थिर पगों से चल रहे थे।

निकट आकर वे राम के सम्मुख खड़े हुए तो उन्होंने हाथ जोड़कर राम का अभिवादन किया।

राम ने देखा — सुग्रीव के चेहरे की कांति नष्ट हो चुकी थी। आतंकपूर्ण वातावरण तथा अनिश्चित परिस्थितियों में रहने के कारण उनकी आंखों में भय स्थायी रूप से जम गया था तथा होंठों की भंगिमा से हताशा का भाव अभिव्यक्त होता था।

राम ने आगे बढ़कर सुग्रीव को गले लगा लिया, ''सुग्रीव ! आज से हम-तुम बंधु हुए। तुम मुझे लक्ष्मण के समान प्रिय रहोगे। एक-दूसरे के सुख-दुःख में हम सहभागी होंगे। तुम्हारा मित्र मेरा भी मित्र होगा और तुम्हारा शत्रु मेरा भी शत्रु होगा।''

सुग्रीव ने अपने होंठों पर सायास एक भीत मुसकान प्रकट की, ''आर्य राम ! कहीं आप बिना सोचे-समझे तो वचन नहीं दे रहे। यद्यपि हनुमान ने आपको मेरे विषय में सब कुछ बताया होगा — फिर भी वह मेरा मित्र तथा सचिव है। क्या आपको इस प्रकार हमारा विश्वास कर लेना चाहिए ?''

राम का विश्वास कुछ अधिक मुखर होकर उनके चेहरे पर झलका, ''सुग्रीव ! तुम्हारा चेहरा मेरे अपने हृदय का दर्पण है। स्त्री के अपहरण की पीड़ा और अपमान को जितना मैंने अपनी अनुभूति से जाना है, उतना ही तुम्हारे मुखमंडल से भी जाना है। तुम्हारे दु:ख के सामने तो मुझे अपना दु:ख भी छोटा लगने लगा है। अब तुम्हारे विषय में और क्या जानना है ?''

''यदि मैं आपके किसी काम न आऊं या आपसे विश्वासघात करूं ?'' सुग्रीव भीरू स्वर में बोले।

लक्ष्मण अट्टहास कर हंसे, ''किसी की अक्षमता उसका दोष नहीं होता, सुग्रीव! और विश्वासघात...''

लक्ष्मण ने अपना वाक्य अधूरा छोड़, हाथ से उस वृक्ष की ओर इंगित किया, जिसके नीचे उनका शस्त्रागार पड़ा था।

सुग्रीव ने वृक्ष की ओर देखा और सिहर उठे — उन शस्त्रों में विभिन्न प्रकार के धनुष पड़े थे।... और सारी किष्किंधा में एक भी धनुर्धारी नहीं था।

उन्होंने राम की ओर देखा — वे सहज आश्वस्त ढंग से मुसकरा रहे थे। ''यद्यपि हमारी शस्त्र-शक्ति इसलिए नहीं है कि उससे हम किसी को आतंकित करें,'' राम बोले, ''ये आत्म-रक्षा अथवा न्याय-रक्षा के साधन मात्र हैं; किंतु विश्वासघाती को दंड देना भी न्याय ही है।''

सुग्रीव का भी साहस कुछ बढ़ा। उनका स्वर कुछ ऊंचा हुआ। आंखें कुछ अधिक खुल आयीं, ''आपका शस्त्र-भंडार अद्‌भुत है, भद्र राम ! हमारे पास वैसे शस्त्र नहीं हैं। मान लीजिए कि आपको हमारी ओर से कोई भय और आशंका न हो; किंतु आपने मेरे शत्रुओं को अपना भी शत्रु माना है। मेरा सबसे बड़ा शत्रु इस समय मेरा अपना भाई और किष्किंधा का राजा वीरवर वाली है, जिसके भय से मैं भीत चूहे के समान अपने बिल में छिपा बैठा हूं। वह विकट वीर है। उसका शारीरिक बल और युद्ध-कौशल इस क्षेत्र में किंवदंतियों का रूप ले चुका है। उसने दुंदुभी जैसे वन्य भैंसे को सम्मुख-युद्ध में अपने गदा के प्रहार से धराशायी कर दिया था। मय के पुत्र मायावी का द्वन्द्व-युद्ध में वध किया था। आपको उसकी शत्रुता महंगी पड़ सकती है।''

''तुम्हारे मन में यदि वाली के साथ मेरे द्वन्द्व-युद्ध की कल्पना है, मित्र !'' राम बोले, ''तो निश्चित जानो कि मैं द्वन्द्व-युद्ध अपने शस्त्र से करता हूं। मेरा शस्त्र गदा नहीं, धनुष है। दूसरे व्यक्ति के शस्त्र से द्वन्द्व-युद्ध मेरे युद्ध-शिक्षण का अंग नहीं है। इस धनुष के सम्मुख वाली की गदा व्यर्थ हो जाएगी। और सुग्रीव !''

राम का स्वर और भी मधुर हो गया। ''राक्षसों ने जंबूद्वीप के इस संपूर्ण खंड को अपने शस्त्र-बल से ही प्रकंपित कर रखा है। वानरों अथवा अन्य जातियों के पास शस्त्र नहीं हैं। जो शस्त्र हैं भी, वे धनुष की समकक्षता नहीं कर सकते। अत: वाली मेरी दृष्टि में उतना विकट योद्धा नहीं रह जाता, जितना कि तुम उसे माने बैठे हो।''

''वाली का शरीर द्वन्द्व-युद्ध में भयंकर गदा का आघात सहने का अभ्यस्त है, राम !''

राम ने शांत दृष्टि से सुग्रीव को देखा, ''मैं आत्मश्लाघा का समर्थक नहीं हूं, न ही दर्पोक्तियां मेरी प्रकृति के अनुकूल पड़ती हैं; किंतु मित्र ! तुम्हारा आत्मबल जगाने के लिए कुछ करना ही होगा।'' वे घूमे, ''लक्ष्मण ! मेरा धनुष तथा तूणीर ले आओ।''

सुग्रीव तथा उनके साथी स्तब्ध रह गए — क्या करेंगे राम धनुष-बाण का ? कहीं वे सुग्रीव से रुष्ट होकर उसे दंडित तो नहीं करना चाहते ?... किंतु उनके स्वर में सुग्रीव के प्रति कोई रोष तो था ही नहीं।

लक्ष्मण ने राम का धनुष और तूणीर लाकर उनके सम्मुख रख दिया। ''वाली के पराक्रम का सबसे बड़ा प्रमाण क्या है, सुग्रीव ?''

सुग्रीव ने राम को देखा — वे उनसे रुष्ट नहीं थे; अपने मित्र के संतोष के लिए अपनी शक्ति की परीक्षा देने को तैयार खड़े थे। सुग्रीव ने मन-ही मन क्षणभर सोचा और सामने एक पंक्ति देने को तैयार खड़े साल के सात वृक्षों की ओर इंगित किया, ''भद्र राम ! वाली के शरीर में इतनी शक्ति है कि वह यदि इन सात वृक्षों को पकड़कर झकझोरें तो उनका एक-एक पत्ता झड़कर पृथ्वी पर आ पड़ेगा।''

राम अपनी आश्वस्त मुसकान अधरों पर लिये मुसकराते रहे। उन्होंने वहीं खड़े-खड़े अपने धनुष पर एक तीक्ष्ण लौह-फलक वाला बाण चढ़ाया; प्रत्यंचा को कान तक खींचा और बाण छोड़ दिया।

सुग्रीव तथा उनके साथियों ने आश्चर्य से देखा — राम का बाण एक-एक कर सातों साल वृक्षों को छेद गया था। अद्‌भुत था राम का लक्ष्यभेद, बल तथा कौशल !

''क्या विचार है, मित्र ?''

सुग्रीव अभिभूत थे, ''समझ गया, भद्र ! वाली को तो निकट जाकर अपने हाथों से बारी-बारी सातों वृक्षों को हिलाना पड़ता है। राम अपने स्थान पर खड़े-खड़े, एक ही बाण से, एक ही साथ सातों वृक्षों को छेद सकते हैं।... तुम समर्थ हो, मित्र ! और तुम्हारे कारण, आज मैं भी वाली से अधिक समर्थ हूं।''

सुग्रीव अपने आह्लाद में द्रवीभूत आगे बढ़े और राम को उन्होंने अपने वक्ष से लगा लिया।

प्रातः अभी पूरी तरह उजाला भी नहीं हुआ था कि सहसा ही सारा मतंग वन जाग उठा। प्रहरी तथा सूचना देने वाले चर इधर-उधर भागते दिखायी देने लगे और अनेक लोगों का आवागमन आरंभ हो गया, मानो बड़ी-बड़ी सैनिक टुकड़ियों का स्थानांतरण हो रहा हो।

ऋष्यमूक पर सुग्रीव की गुफा के सम्मुख सभा जुड़ी हुई थी। सुग्रीव, राम, लक्ष्मण, नल, नील तथा तार वहां हनुमान की प्रतीक्षा में बैठे हुए थे।

थोड़ी देर में हनुमान आते दिखायी दिये। उनके साथ-साथ ऋक्षों के यूथपति जाम्बवान भी थे।

सुग्रीव ने अपने स्थान से उठकर जाम्बवान को गले लगाया, ''ऋक्ष यूथपति ! आप ?''

''हां, युवराज !'' जाम्बवान ने थके किंतु उल्लसित स्वर में कहा, ''किष्किंधा तथा वाली को छोड़, आपकी शरण में आ गया हूं। अकेला नहीं आया हूं। यूथ के सदस्य तथा सेनानायक भी मेरे साथ हैं। अब जीवन-मरण सब आपके हाथ है। जो आज्ञा होगी, उसका पालन होगा। मुझे हनुमान के समान ही अपना अनुचर समझें।''

जाम्बवान ने समर्पण के प्रमाणस्वरूप अपना सिर झुका दिया।

''किंतु आपको हमारे ठौर-ठिकाने का पता कहां से चला ? क्या हमारा स्थान अब गुप्त नहीं रहा ?'' सुग्रीव के स्वर में हलकी आशंका थी।

''यही समझें, युवराज !'' जाम्बवान निष्कंप स्वर में बोले, ''किंतु उसमें भय का कोई कारण नहीं है। किष्किंधा की प्रजा आज प्रायः जानती है कि युवराज मतंग वन में ही हैं। और प्रजा यह भी जानती है कि वाली अकेला अथवा अपनी सेना के साथ मतंग वन में प्रवेश करने का साहस नहीं करेगा।''

सुग्रीव ने चिंतित दृष्टि से हनुमान की ओर देखा, ''यह गोपनीयता कैसे भंग हो गयी, हनुमान ?''

'युवराज ! आर्य राम तथा लक्ष्मण का आगमन गोपनीय नहीं रखा जा सकता।'' हनुमान स्थिर वाणी में बोले, ''हम अपनी चिंताओं में उलझे रहने के कारण अधिक नहीं जान सके; किंतु इस क्षेत्र की सारी जनता जैसे इन जन-नायकों के आगमन की प्रतीक्षा में थी। वह वृद्ध शवरी तक जानती थी कि राम पंचवटी में थे और वहां से इस ओर आ रहे हैं।''

''किंतु सुरक्षा !...'' तार ने कहना चाहा।

''सुरक्षा ! इस प्रचार के कारण हम और अधिक सुरक्षित हो गये हैं।'' हनुमान मुसकराये, ''वाली पहले मतंगों के भय से इधर आने का साहस नहीं कर रहा था; अब उसे ज्ञात हो गया है कि राम, लक्ष्मण, उनके जन-सैनिक और उनका शस्त्रागार भी यहां है। उसके भेजे हुए गुप्तचरों का मतंग वन में प्रवेश करते ही जन-सैनिक प्रहरियों के बाणों से स्वागत हुआ है। उससे वाली का मनोबल पर्याप्त क्षीण हुआ है तथा प्रजा का मनोबल बढ़ गया है। उसका पहला प्रमाण तात जाम्बवान का किष्किंधा छोड़कर हमारे पास आ जाना है।''

''मुझे बहुत पहले ही वाली तथा किष्किंधा को छोड़कर आपके पास आ जाना चाहिए था।''

जाम्बवान सहज मुसकान के साथ बोले, ''किंतु अपनी वृद्धावस्था के कारण साहस नहीं कर पा रहा था।... किष्किंधा में दैनन्दिन जीवन क्रमशः अधिक अपमानजनक तथा

अन्यायपूर्ण होता जा रहा है, युवराज। वहां रहना असह्य हो रहा था। नगर का प्रत्येक लुच्चा राज-परिषद् का सदस्य हो गया है और प्रत्येक ईमानदार व्यक्ति सत्ता द्वारा प्रताड़ित, आतंकित, असहाय तथा निरीह जीव। एक ओर से वाली धक्के मार रहा था और दूसरी ओर से आर्य राम के आपके पास आ पहुंचने का समाचार मिला। इन दो शक्तियों के मिलने की सूचना ने मेरा भयावृत तेज झकझोरकर जगा दिया। मैं छिपकर नहीं आया हूं। खुल्लम-खुल्ला आया हूं — घोषित रूप से। अपने साथ अदमनीय जन-शक्ति लाया हूं। आप मतंग वन को एक दुर्ग में परिवर्तित कर दें। आप देखेंगे, अब नित्य-प्रति प्रजा-जन, वानर यूथ तथा अनेक सेनानायक आपकी शरण में आते जाएंगे। बहुत शीघ्र यह स्थान सैनिक स्कंधावार में बदल जाएगा। आप चाहें तो कुछ ही दिनों में वाली को अपदस्थ कर, किष्किंधा में सम्राट के सिंहासन पर अपना अभिषेक करा सकते हैं।''

उपस्थित लोगों ने अपना हर्ष प्रदर्शित किया।

''सुनो, मित्र सुग्रीव !'' सारे वार्तालाप में राम पहली बार बोले, ''यह तो निश्चित है कि हमारा लक्ष्य क्या है; किंतु अभी तक हमने वाली को अपदस्थ करने की पद्धति पर तनिक भी विचार नहीं किया है।''

सुग्रीव कुछ क्षणों तक राम को देखते रहे, जैसे मन की बात कहने से पहले राम को तौल रहे हों और फिर धीरे से बोले, ''अपदस्थ करने की पद्धति पर नहीं, वध की पद्धति पर।''

राम चौंककर अनायास ही उठ खड़े हुए।

''क्यों ? क्या हुआ ?'' सुग्रीव मानो राम से इसी प्रकार की प्रतिक्रिया की अपेक्षा कर रहे थे।

''मेरे लिए वाली एक अपराधी मात्र है। शेष अपराध इस समय छोड़ भी दिए जाएं, तो रुमा के अपहरण के लिए वाली को वही दंड मिलना चाहिए, जो सीता के अपहरण के लिए रावण को मिलेगा।'' राम बोले, ''... किंतु सुग्रीव ! वाली तुम्हारा भाई है।''

''संबंध की दृष्टि से वाली मेरा भाई है,'' सुग्रीव का स्वर अत्यन्त गंभीर था, ''किंतु अपने कृत्यों से वह मेरा ही नहीं, सारी वानर-जाति का शत्रु हो गया है। एक भाई द्वारा, अपने भाई के वध के प्रस्ताव पर आपका चकित होना स्वाभाविक ही है। इस विषय में मैं स्वयं भी अनेक चिंताओं से घिरा हुआ हूं। यदि मैं वाली के वध का माध्यम बनता हूं तो मेरा प्रिय सहयोगी अंगद अपने पिता के हत्यारे के विषय में क्या सोचेगा; यह तार अपनी बहन को विधवा करने वाले सुग्रीव से कैसा व्यवहार करेगा; स्वयं भाभी तारा के मन में मेरे प्रति जो स्नेह है, वह क्या कहेगा; और वृद्ध सुषेण मेरे प्रति क्या धारणा रखेंगे ? किंतु आज मैं ऐसे दोराहे पर खड़ा हूं, जहां मुझे अपने स्नेह-संबंधों और न्याय में से एक को चुनना है। दोनों मुझे नहीं मिल सकते...।'' सुग्रीव क्षण-भर के लिए मौन रहकर पुन: बोले, ''मैं यदि अपने प्रति किये गये वाली के अत्याचारों को भुला भी दूं तो क्या किष्किंधा की प्रजा तथा वानरों के यूथ उसके अत्याचारों को क्षमा कर देंगे?''

''नहीं।'' जाम्बवान दृढ़ स्वर में बोले, ''वाली को कोई क्षमा नहीं करेगा। इतना ही नहीं, वाली को क्षमा करने वाले को किष्किंधा की प्रजा क्षमा नहीं करेगी।''

''मैं वाली को क्षमा करने का प्रस्ताव नहीं कर रहा।'' राम मुसकराते हुए बोले, ''किंतु वह व्यक्ति, जो आपका अपना आत्मीय है, आप में से अनेक लोगों का संबंधी है, किष्किंधा का सम्राट रहा है — उसे मृत्युदंड देने से पूर्व भली प्रकार सोच-समझ लेना चाहिए।'' राम ने रुककर, एक बार सबको देखा, ''वाली ने जो कुछ किया, अथवा वह जो कुछ कर रहा है, वह 'व्यक्ति-वाली' के रूप में नहीं, 'सम्राट-वाली' के रूप में ही संभव है। यदि हम वाली को किष्किंधा के सम्राट पद से अपदस्थ कर देते हैं तो उसका वह डंक ही नष्ट हो जाएगा, जिससे वह सारी वानर-जाति को पीड़ित कर रहा है। तब उसके जीवित रहने में आपको क्या आपत्ति है ?''

''भद्र राम !'' हनुमान बोले, ''आप हमसे अधिक बुद्धिमान भी हैं, अनुभवी भी और कदाचित् अधिक उदार भी। इसीलिए आप वाली को केवल अपदस्थ कर छोड़ देने की बात कह रहे हैं। किंतु आर्य ! वाली के विषय में जो कुछ मैं जानता हूं, उसके आधार पर कुछ कहना चाहूंगा।''

''कहो।''

''जीवित रहते वाली को सम्राट पद से अपदस्थ नहीं किया जा सकता। वह किसी भी अवस्था में उसे संभव नहीं होने देगा।'' हनुमान गंभीर और स्थिर वाणी में बोले, ''और यदि आपने वाली को प्राणदान दिया तो उसके सहयोगी-अनुचरों को भी प्राणदान देना होगा — जो हत्यारे, दुष्ट, पामर, पापी और अत्याचारी हैं। वे सब लोग हमारे समाज में रहेंगे। क्षमा कर दिये जाने पर वे समाज में स्वतंत्र रूप से अपने संचित धन के बल पर सम्मानित ढंग से रहने का अधिकार तो पा जाएंगे; किंतु समाज के प्रति अपने दायित्व का तनिक भी निर्वाह नहीं करेंगे। वे अपनी पराजय को नहीं भूलेंगे तथा समाज में सदा विष फैलाएंगे। नये शासन की अवमानना करेंगे और आदर्शों को अपने पैरों से ठुकरायेंगे। उनके रहते हुए समाज में नवनिर्माण का कार्य नहीं हो सकता । इसलिए उन्हें जीवित छोड़ देना अपने ही लक्ष्य के प्रति विश्वासघात होगा।'' हनुमान ने मुसकराकर राम को देखा, ''मैं अनावश्यक रक्तपात का समर्थक नहीं हूं, भद्र राम ! न मैं व्यक्तिगत प्रतिहिंसा में विश्वास करता हूं; किंतु अपराधियों को उनके अपराध के ही अनुपात में दंडित करने तथा सामाजिक निर्माण के विघ्नों के उन्मूलन में मेरा विश्वास बद्धमूल है।''

''आप लोगों का क्या मत है ?'' राम ने अन्य लोगों की ओर देखा।

''हनुमान ठीक कहते हैं।'' सम्मिलित स्वर में समर्थन आया।

लक्ष्मण के मुख पर संतुष्टि का उल्लास प्रकट हो गया।

''तो फिर ऐसा ही हो।'' राम बोले, ''मैं आप लोगों के समर्थन से दो घोषणाएं करना चाहता हूं। प्रथम, हम इसी क्षण से मित्रवर सुग्रीव को वानरों का सम्राट घोषित करते हैं; तथा द्वितीय, वाली के अपराधों पर विचार करते हुए उसे मृत्युदंड देते हैं।''

"हम सहमत हैं। हम सहमत है।" सब ओर से स्वर आये।

राम ने सुग्रीव का हाथ पकड़कर, उन्हें एक ऊंची-शिला पर बैठाया और पंपा सरोवर के जल से उनका अभिषेक कर, उनके हाथ में शस्त्र दे दिया। इस बार वे लोग राज-परिषद की मर्यादा से बैठे।

"किष्किंधा पर सैनिक अभियान संबंधी प्रस्तावों पर विचार आरंभ किया जाए।" सुग्रीव ने अनुमति दी।

सबसे पहले जाम्बवान बोले, "मेरे साथ मेरा सारा यूथ है। उसके अतिरिक्त अनेक सेनानायक हैं। आर्य राम एवं लक्ष्मण हैं। स्वयं सम्राट, वीरवर हनुमान, नल, नील तथा तार हैं। फिर हमें सोचने की क्या आवश्यकता है। हम सब रण-सज्जित होकर इसी क्षण चलें और वाली तथा उसकी सेना का सामना करें। जहां तक मेरा अपने तथा वाली के पक्ष का मूल्यांकन है — युद्ध दो घड़ी भी नहीं चल पाएगा। बहुत सारे सेनानायक अपने सैनिकों के साथ आरभ में ही हमारे साथ आ मिलेंगे और शेष सेना को हम देखते-देखते नष्ट कर देंगे।"

"तात जाम्बवान अपने अप्रशिक्षित, असैनिक यूथ जनों को किष्किंधा की राजकीय सेना से लड़ाना चाहते हैं — यह अनुचित है।" लक्ष्मण बोले, "आपके पास कितने भी वीर सेनानायक हों, आप निहत्थे जनसमूह को सेना से लड़वाकर निरीह हत्याओं के भागी बनेंगे। मैं ऐसी युद्ध-नीति का समर्थन नहीं कर सकता।"

"लक्ष्मण ठीक कहते हैं।" जाम्बवान ने मुसकराकर अपने विरोध का समर्थन कर दिया, "किंतु कदाचित् वे किष्किंधा की राजकीय सेना की स्थिति नहीं जानते। किष्किंधा की सेना के पास गिनती के खड्गधर हैं, धनुर्धारी तो हैं ही नहीं। सेना की मुख्य शक्ति गदाधर टुकड़ियां हैं। हमारे यूथ के युवक, वीर सेना-नायकों के शस्त्रों के समर्थन से सहज ही उनका सामना कर लेंगे। और तब भी यदि कुमार को यह निरीह हत्याओं का ही आयोजन लगता है, तो इन यूथजनों को सैनिक प्रशिक्षण देने तथा किसी-न किसी प्रकार के आयुधों से सज्जित करने तक इस अभियान को स्थगित रखा जा सकता है।"

"यदि प्रशिक्षण और शस्त्रों की ही बात है," अनिन्द्य अपने संकोच को सायास पीछे धकेलकर बोला, "तो हम दंडक वन से अपनी जन-सेना को लाकर इस अभाव की तत्काल पूर्ति कर सकते हैं।"

"यह ठीक है।" सुग्रीव असाधारण रूप से उल्लसित हो उठे, "सत्य यह है कि वाली की शक्ति इतनी आतंकपूर्ण है कि मैं किसी भी बात को संयोग पर नहीं छोड़ना चाहता। इसलिए हमें अधिक-से अधिक तैयारी के साथ वाली पर आक्रमण करना चाहिए। सेनानायक हमारे पास हैं। जाम्बवान अपने यूथ के माध्यम से हमें जन-बल प्रदान कर रहे हैं तथा अनिन्द्य के प्रस्ताव के अनुसार दंडक वन की जन-शक्ति तथा शस्त्र-शक्ति दोनों उससे जुड़ जाती हैं। यदि हम इस पूर्ण तैयारी के साथ किष्किंधा पर सैनिक अभियान करेंगे तो हमारी पराजय की तनिक भी संभावना नहीं है।"

सुग्रीव ने रुककर राम की ओर देखा — वे अपने चिंतन में लीन थे।

सहसा राम ने सिर उठाया, ''क्या विचार है, लक्ष्मण ?''

''भैया !'' लक्ष्मण का स्वर द्वंद्वरहित नहीं था, ''ऐसे में दंडक वन के पुनः आरक्षित हो जाने की संभावना है। ऐसा न हो कि उस संगठन का जितना लाभ हम यहां उठाएं; जन-सेना के हट जाने के कारण उससे अधिक क्षति दंडक वन में हो जाए।''

''मैं सौमित्र से सहमत हूं।'' राम गंभीर स्वर में ठहर-ठहरकर बोले, ''वस्तुतः हमें अपनी दृष्टि तनिक दूरगामी रखनी पड़ेगी। हम इस समय एक व्यापक युद्ध के आमने-सामने हैं। ये छोटे-छोटे युद्ध उस व्यापक युद्ध के स्थानीय व्यूह हैं। हमारा युद्ध इस सर्वग्रासी, अन्यायी, शोषक तथा अत्याचारी राक्षसी वृत्ति से है। वाली का विरोध भी उसकी इसी राक्षसी वृत्ति के कारण ही है। वह इस समय रावण का ही एक मोहरा बना हुआ है। हम वाली के साथ युद्ध को इतना महत्त्वपूर्ण नहीं मान सकते कि रावण को भूल जाएं।''

''पर रावण को कौन भूल रहा है ?'' सुग्रीव बोले, ''यदि दंडक वन की जन-सेना को वहां से हटाने पर दंडक वन असुरक्षित हो जाता है, तो उस सेना को वहीं रहने दें।''

''बात केवल जन-सेना को हटाने या न हटाने की नहीं है।'' राम बोले, ''यदि रावण की राक्षसी सेना के साथ होने वाला अंतिम युद्ध आप लोगों के ध्यान में है, तो मुझे बताइए — उस युद्ध में हमारे सैनिक कौन होंगे ?''

''क्यों !'' सुग्रीव बोले, ''किष्किंधा की राजकीय सेना लड़ेगी।''

''हमारे यूथ लड़ेंगे।'' जाम्बवान बोले।

''और दंडक वन की जन-सेना लड़ेगी।'' अनिन्द्य ने जोड़ा।

''ठीक ! मेरा भी यही विचार है।'' राम बोले, ''इसलिए आवश्यक है कि इन तीनों की रक्षा की जाए; किंतु वानर-सम्राट सुग्रीव की योजना के अनुसार किष्किंधा पर सैनिक अभियान किया जाए तो यूथजन तथा जन-सैनिक एक ओर होंगे, किष्किंधा की राजकीय सेना दूसरी ओर। वह एक प्रकार का गृह-युद्ध होगा, जिसमें दोनों पक्षों की सम्मिलित हानि राक्षस-विरोधी सेना की हानि है; अतः हम स्वयं ही अपनी शक्ति के नाश की योजना बना रहे हैं।'' राम रुककर बोले, ''हमें गृह-युद्ध के इस विनाश को रोकना होगा।''

''तो फिर युद्ध कौन रकेगा और किससे करेगा ?'' हनुमान ने चकित होकर पूछा। राम कुछ नहीं बोले। वे मौन रहकर एक-एक व्यक्ति को देखते रहे, मानो उनसे उस प्रश्न का उत्तर मांग रहे हों।

''एक बात और भी है,'' सबको चुप देखकर राम पुनः बोले, ''यदि वाली से युद्ध करने के लिए हम एक प्रशिक्षित सेना तैयार करने का प्रयत्न करेंगे तो उसमें पर्याप्त समय लगेगा। इसका अर्थ यह हुआ कि उतने दिनों तक वाली का अत्याचार भी चलता रहेगा और वह अपनी सैनिक शक्ति भी बढ़ाता रहेगा। सम्भव है कि इस बीच वह राक्षसों

से कोई सैनिक-संधि करने में भी सफल हो जाए।''

''आपके मन में कोई समाधान है, भद्र राम !'' हनुमान बहुत कोमल स्वर में बोले, ''तो आप ही बताएं।''

राम मुसकराए, ''वाली के अत्याचारों को तत्काल समाप्त करने, रुमा तथा उसी के समान अन्य अपहृत तथा बंदी स्त्री-पुरुषों को वाली के चंगुल से मुक्त कराने, उसे शीघ्र दंडित करने तथा अपनी वर्तमान तथा भावी शक्ति के अपव्यय को रोकने के लिए मेरे पास एक ही समाधान है कि मैं स्वयं वाली को ललकारकर उसके साथ द्वन्द्व-युद्ध करूं।''

''नहीं !'' सुग्रीव ने राम की बात बीच में ही काट दी। उनका स्वर आवेश से भरा था। सहसा ही वे बहुत अस्थिर हो उठे थे।

''क्या हुआ, सम्राट ?'' हनुमान उनके निकट आ गये।

राम उन्हें शांत भाव से देखते रहे और फिर उन्होंने मुसकराकर पूछा, ''क्या हुआ, मित्र ?''

जिस आकस्मिकता से सुग्रीव आवेश में आए थे, उसी आकस्मिकता से वे शांत हो गये। प्रयत्नपूर्वक वे मुसकराए, ''कुछ विशेष नहीं, राम !... यह युद्ध हमारा, सबका है। उसमें आप अकेले जोखिम क्यों उठायें ? आप हमारे अतिथि हैं। हम यह कैसे सहन करेंगे कि हम सुखपूर्वक अपनी गुफाओं में बैठे रहें और आप हमारे लिए अपने प्राणों को संकट में डालें।''

राम खुलकर मुसकराए, ''औपचारिक दृष्टि से तो तुम्हारा कथन शिष्टाचार के अनुकूल है, मित्र ! किंतु हमने अपनी मैत्री में एक-दूसरे के सुख-दुःख को अपना मानने की शपथ ली है। अब वाली तुम्हारा ही नहीं, मेरा भी — हम सबका शत्रु है। यदि आज तुम्हारे लिए मेरा अपने प्राणों को संकट में डालना उचित नहीं है तो कल मेरे लिए तुम्हारा अपने प्राणों को संकट में झोंकना भी उतना ही अनुचित हो जाएगा।''

सुग्रीव संकुचित हो उठे, ''मेरा यह तात्पर्य नहीं था, राम !''

''तो अपना तात्पर्य स्पष्ट कहो, मित्र !'' राम बोले, ''अपना संकोच तथा औपचारिक व्यवहार त्याग दो।''

सुग्रीव कभी राम को देखते और कभी अन्य उपस्थित लोगों को। वे कुछ बोले नहीं।

''बोलो, सुग्रीव ! मन की बात कहो।'' राम स्नेह-युक्त स्वर में बोले।

''सत्य ही कहना होगा, राम !'' अंततः सुग्रीव बोले, ''मैं वाली से बहुत भयभीत हूं और बहुत कातर मनस्थिति में हूं। इस समय मेरा एकमात्र अवलंब आप हैं।... आपने यूथपति जाम्बवान के मुख से सुना ही है कि आपके आते ही वानरों का मनोबल जाग उठा है और वे वाली के विरुद्ध मेरे पक्ष में खड़े होने की बात सोचने लगे हैं। ऐसे में आपके खोने की तनिक-सी संभावना देखते ही मेरे प्राण तड़प उठते हैं।''

''आप भैया की शक्ति को भली प्रकार परखकर भी उसे बहुत क्रम आंक रहे हैं, वानर सम्राट !'' लक्ष्मण अत्यंत दृढ़ स्वर में बोले, ''युद्ध का परिणाम कितना भी अनिश्चित क्यों न हो; भैया और वाली के द्वन्द्व-युद्ध में भैया की पराजय की रंचमात्र भी संभावना नहीं है।''

''मेरा अर्थ यह नहीं था।'' सुग्रीव घबराकर बोले, ''मैं भद्र राम की शक्ति को तनिक भी कम नहीं आंक रहा। मैं राम के पराजित होने की भी बात नहीं सोच रहा...।''

''तो फिर क्या है तुम्हारे मन में ?'' राम के अधरों पर उनकी कमनीय मुसकान आकर ठहर गयी, ''सत्य बोलने में संकोच मत करो, मित्र ! बोलो।''

सुग्रीव राम की वाणी और मुसकान में बंध गए। उनका आत्मनियंत्रण शिथिल हो गया, ''राम ! मुझे भय है कि आपको देखते ही वाली तत्काल आपसे मैत्री की घोषणा कर देगा। वह कह देगा, उसकी आपसे कोई शत्रुता नहीं है। वह आपकी शरण में आ जायेगा। वह सीता को खोजने में आपकी सहायता का वचन देगा। वह सारी वानर सेना को सीता की खोज में लगा देगा...'' सुग्रीव का स्वर कांपने लगा, ''फिर आप उसका वध कैसे करेंगे, राम ? और यदि आप उसका वध नहीं करेंगे तो कौन उसे दंडित करेगा? रुमा को कौन लौटा लायेगा ? सुग्रीव के प्राणों को वाली के भय से कौन मुक्त करेगा? और किसमें इतनी शक्ति है कि वह किष्किंधा और वानर यूथों को वाली के चंगुल से मुक्त कराये...''

लगा, वानर सम्राट की आंखों से अश्रु बहने लगेंगे।

राम अपने स्थान से उठकर सुग्रीव के सम्मुख आ खड़े हुए। उन्होंने उन्हें कंधों से पकड़कर उठाया और अपने वक्ष से लगा लिया। ''कातर मत हो, सुग्रीव ! राम का वचन स्वयं अपने-आप में प्रमाण होता है। मैंने रुमा और वानरों की मुक्ति का वचन दिया है; मैंने वाली को मृत्यु-दंड और तुम्हें किष्किंधा का राज्य दिया है।''

''मुझे इसमें कोई संदेह नहीं, राम !'' सुग्रीव बोले, ''किन्तु वाली धूर्त है और मेरा मन अत्यंत भीरु तथा कातर है।'' सुग्रीव ने राम के कंधे से सिर उठाकर उनकी आंखों में देखा, ''जहां इतने वचन दिये हैं, वहां एक वचन और दो, मित्र !''

''मांगो, सुग्रीव !''

सुग्रीव घड़ी-भर राम को देखते रहे; और फिर जैसे संशय-भरे स्वर में बोले, ''वाली के जीवित होते, आप या लक्ष्मण उसके सम्मुख नहीं पड़ेंगे।''

''यही होगा, मित्र !'' राम बोले किंतु उनका स्वर चिन्ताशून्य नहीं रह गया था।

उसके पश्चात और विचार-विमर्श नहीं हो सका। सुग्रीव की मनःस्थिति ऐसी नहीं थी कि युद्ध की योजनाओं तथा व्यूहों की व्यवस्था में अपना मन लगा सकते। नल, नील तथा तार उन्हें उनकी गुफा तक ले गये। राम भी एकांत चिन्तन के लिए अपनी गुफा में चले आए। हनुमान, लक्ष्मण, जाम्बवान तथा अनिन्द्य मतंग वन को सैनिक स्कंधावार

का रूप देने में जुट गये।

जाम्बवान की बात अक्षरश: सत्य सिद्ध हुई। थोड़े-थोड़े समय के अंतराल से छोटे-बड़े यूथपतियों, सेनानायकों तथा सामान्य-जन के सुग्रीव की शरण में आ जाने की सूचनाएं आ रही थीं। लगता था, जाम्बवान के साहस ने अन्य लोगों के मन में राख के नीचे दबी साहस की चिनगारी को भी प्रज्वलित कर दिया था।... नयी-नयी टुकड़ियों और जन-समूहों के आने से उनकी व्यवस्था की समस्या जटिल होती जा रही थी। सुग्रीव, हनुमान, नल, नील अथवा तार में से किसी को भी आभास नहीं था कि इतनी बड़ी संख्या में लोग इस प्रकार खुल्लम-खुल्ला वाली से विद्रोह कर, उनके पक्ष में आ खड़े होंगे।... दो-एक दिनों की बात होती, तो फिर भी उनके रहने और भोजन की व्यवस्था हो सकती थी; किंतु लम्बे समय तक सबके आवास तथा भोजन की व्यवस्था असंभव-सी दीख रही थी। साथ-ही-साथ उनकी सुरक्षा की भी समस्या थी। जिन मतंगों के भय से वाली इस वन में प्रवेश नहीं कर रहा था, वे अन्य लोगों के लिए भी संकट का कारण बन सकते थे।

सुग्रीव तक हनुमान एक-एक सूचना पहुंचा रहे थे। इतने सारे लोगों के आगमन के समारोह तथा उनकी व्यवस्था संबंधी समस्याओं में उलझकर बीच-बीच में सुग्रीव, अपने चिंतन के कूप से उबरकर ऊपर आ जाते थे और अपनी चिंताओं को भूल जाते थे; किंतु सामने से हनुमान के हटते ही वे समस्याएं धूमिल हो जाती थीं; और वे पुन: अपनी चिंताओं में डूबने-उतराने लगते थे।

उन्होंने अपने मन का वास्तविक भय स्पष्ट कर राम को कह दिया था। राम ने उन्हें वचन दिया था, और राम के वचन पर अविश्वास करने का कोई प्रत्यक्ष कारण भी नहीं था... किंतु सुग्रीव अपने उस मन का क्या करते, जो बार-बार भीरु मृग-शावक के समान आशंकित होकर अपनी सुरक्षा के लिए अपने ही स्थान पर खड़ा-खड़ा कूदने लगता था या शश-शावक के समान बिना कुछ सोचे-समझे किसी भी दिशा में दौड़ लगा देता था और अपनी नादानी में पहले से भी बड़ी चिंता की किसी कंटीली झाड़ी में जा उलझता था। चिंता-कंटकों से स्थान-स्थान से आहत होकर रक्त बहा-बहा, उनके मन का भी जैसे श्वास टूटने लगा था...

वाली के लिए कितना सुगम था राम और लक्ष्मण से मैत्री कर लेना ! अन्तत: वे चाहते क्या हैं — सीता की खोज ! वाली के पास उसके लिए साधन सहज उपलब्ध हैं। राम तथा लक्ष्मण आराम से किष्किंधा के प्रासादों में टिके रहें और वाली सीता की खोज-खबर ला देगा। कोई प्रतिबन्ध नहीं, कोई शर्त नहीं — राम और लक्ष्मण को कुछ नहीं करना पड़ेगा। न किसी को दंडित करना होगा, न किसी को मुक्त करना होगा, न किसी को सम्राट बनाना होगा...

और एक बार ऐसा हो गया तो न केवल सुग्रीव की सुरक्षा स्वप्न हो जाएगी; वरन वाली पहले से कहीं अधिक शक्तिशाली हो जाएगा। वाली की अपनी शक्ति का कोई

प्रतिकार नहीं है; यदि राम और लक्ष्मण भी उससे जा मिले तो सुग्रीव क्या करेंगे — वे उनकी शस्त्र-शक्ति, युद्ध-कौशल तथा संगठन का जोड़ा कहां से लाएंगे...

सुग्रीव का मन निराशा के तल तक जा पहुंचा और हताश अवस्था में बड़ी देर तक पड़ा रहा। अन्ततः स्वयं ही उसकी प्रतिक्रिया आरंभ हो गयी और स्वयं ही अपने मन को प्रताड़ित करने लगे — राम तथा लक्ष्मण के प्रति इतने अविश्वास का कारण? आज तक उन्होंने इन दोनों भाइयों के विषय में जो कुछ सुना था, उससे क्या सुग्रीव ने उनके विषय में यही धारणा बनायी थी कि वे सुख और सुविधाओं के लिए अन्याय से समझौता करते फिरते हैं ? वे इतने ही सुविधाजीवी होते तो अयोध्या का राज्य ही क्यों छोड़ते ? और यदि बलात् वन में धकेल ही दिये गये थे तो समर्थ राक्षसों तथा असमर्थ जन-सामान्य एवं बुद्धिजीवियों में से वे शोषित तथा असमर्थ लोगों का पक्ष क्यों लेते ?

धिक्कार है, सुग्रीव, तुझ पर ! तूने राम तथा लक्ष्मण की सद्भावना पर विश्वास नहीं किया, उनके चरित्रों को इतना दुर्बल माना और उनकी वीरता पर संदेह किया... मूर्ख ! बहुत चतुर बनते-बनते तू अपना ही नाश कर बैठा। यदि राम तथा लक्ष्मण, वाली के जीवित रहते उसके सम्मुख नहीं पड़ेंगे, तो वाली से लड़ने क्या तू जाएगा ?... यह क्या किया सुग्रीव तूने...

राम बड़ी देर तक बैठे सोचते रहे — कैसी विचित्र परिस्थितियों में घिर गये थे वे। वाली से वे लड़ें, यह सुग्रीव नहीं चाहता; और सुग्रीव की सेना वाली की सेना से लड़े, यह राम नहीं चाहते। न सेना लड़े, न व्यक्ति, तो वाली का वध कैसे होगा ?...

वानरों में गृह-युद्ध तो किसी भी स्थिति में नहीं होना चाहिए। ये निरीह हत्याएं हैं। उनका कोई प्रयोजन नहीं। पराजय वाली की हो अथवा सुग्रीव की — वानर जाति दोनों रूपों में निर्बल होगी। इस युद्ध का प्रयोजन तो केवल वाली के वध से सिद्ध हो जाएगा।... हां, यदि वाली का वध न हुआ, वह इसी प्रकार सत्ता में बना रहा तथा अत्याचार करता रहा, तो वानर निश्चित रूप से दो पक्षों में युद्ध-सज्जित होते रहेंगे; और अंततः उनमें परस्पर जो रक्तपात होगा, वह अत्यंत भयंकर होगा। उस रक्तपात से वानरों को बचाने के लिए आवश्यक है कि वाली का अत्याचार शीघ्रातिशीघ्र समाप्त हो; और उसका एक ही मार्ग है — वाली का वध।

वाली के द्वन्द्व-युद्ध के लिए कौन ललकारे ?... जब उनके अथवा लक्ष्मण के वाली के साथ द्वन्द्व-युद्ध की कोई संभावना नहीं है, तो फिर सबसे उपयुक्त व्यक्ति स्वयं सुग्रीव ही हैं। वह वानरों के विद्रोही पक्ष का नेता है, वानरों की दृष्टि से सर्वाधिक शस्त्रबद्ध है और आयुधों के संचालन में भी कुशल है... और सबसे महत्त्वपूर्ण तथ्य यह है कि वाली ने उसी की पत्नी का अपहरण किया है... इस पाप के प्रतिकार का सर्वाधिक अधिकार सुग्रीव को ही है...

अपने स्थान पर बैठे रहना राम के लिए अनावश्यक था। उन्होंने अपनी गुफा से बाहर निकलकर देखा — लक्ष्मण तथा अनिन्द्य अभी तक नहीं लौटे थे। वे हनुमान के साथ गये थे; कहीं किसी व्यवस्था में लगे होंगे... एक ओर मुखर के वध तथा दूसरी ओर सीता का अपहरण हो जाने के कारण राम और लक्ष्मण पहले की तुलना में अधिक समय तक परस्पर एक-दूसरे के साथ रहे थे; किंतु अनिन्द्य के साथ भी लक्ष्मण का काफी समय बीता था। उससे सौमित्र की मुखर जैसी मैत्री तो नहीं हुई थी; किंतु फिर भी वे एक-दूसरे को काफी समझने लगे थे... किंतु राम को सीता के अपहरण के पश्चात जो अकेलापन मिला था, वह उनकी आत्मा से ऐसा चिपक गया था कि अनेक लोगों की संगति में भी जैसे भीतर से वे अकेले ही रहते थे।... जाने सीता कहां होंगी और किस स्थिति में होंगी या रावण द्वारा मार डाली गयी होंगी... जीवित भी होंगी तो बंदिनी होंगी, शारीरिक तथा मानसिक यातनाएं सह रही होंगी, अपमानित होंगी... राम विलंब नहीं कर सकते...

राम द्रुत गति से सुग्रीव की गुफा तक आए।

''सुग्रीव !''

सुग्रीव गुफा से बाहर निकले। राम उन्हें देखकर चौंक उठे — वह अपनी गुफा में बैठा रोता रहा है क्या ? चेहरे का वर्ण पीला पड़ा हुआ... आंखों में भय, त्रास, हताशा, उलझन और अनेक अनजाने भावों के गुंजलक !... यह सुग्रीव कैसे लड़ेगा दर्पोद्धत वाली से ! यह तो वाली को देखते ही भाग जाएगा। कैसे असंभव कार्य की बात सोच रहे हैं राम ! कभी मेमना भी सिंह से लड़ा है क्या ?... तत्काल राम ने स्वयं ही अपने विचारों को झटक दिया — यह सुग्रीव की प्राकृत दशा नहीं है। ...सीता के अपहरण के पश्चात वे स्वयं कितने विचलित और अस्थिर हो गये थे। तब क्या स्वयं उनको देखकर कहा जा सकता था कि राम कभी युद्ध भी कर सकते हैं... सिद्धाश्रम, चित्रकूट तथा दंडक वन की राक्षस-त्रस्त, भीत तथा भीरु प्रजा को देखकर क्या कोई कल्पना कर सकता था कि वे लोग नियमित जन-सेना में सज्जित हो जाएंगे, और राक्षसों को उनके सम्मुख मुंह की खानी पड़ेगी।... सुग्रीव के भीतर प्राकृत योद्धा को जगाना पड़ेगा...

''सुग्रीव !''

''मैं बड़ी उलझन में हूं, भद्र राम !''

''मैं समझ सकता हूं, मित्र !'' राम मुसकराए, ''इसीलिए एकांत में तुम्हारे पास आया हूं। सभा में सारी बातें तो नहीं हो सकतीं।''

''इस विश्वास और स्नेह के लिए...''

''इन बातों को छोड़ो।'' राम के अधरों पर स्निग्ध मुसकान थी, ''इतने आर्त मत रहो। तुम मेरी शरण में आए हो और मैं तुम्हारी शरण आया हूं। तुम्हें मेरी आवश्यकता है और मुझे तुम्हारी। मेरे बिना तुम्हारा कार्य रुका पड़ा है और तुम्हारे बिना मेरा।... और

फिर यह मात्र स्वार्थ का गठबंधन नहीं है — अन्याय के प्रतिकार तथा अत्याचारी को दंडित करने के लिए युद्धोन्मुख होना है। ऐसी स्थिति में तुम उलझन में रहोगे; चिंतित, पीड़ित तथा कातर रहोगे; तो युद्ध कैसे होगा, मित्र ? अत्याचारी दंडित कैसे होंगे ?''

''आप ठीक कहते हैं, राम !'' सुग्रीव धीमे स्वर में बोले, ''किंतु मैं अपने मन का क्या करूं ? वाली के आतंक से मेरे हाथ का खड्ग भी कांपकर गिर जाता है। आपको तथा लक्ष्मण को वाली के सम्मुख जाने देने का भी मेरा साहस नहीं होता। वाली का वध कैसे होगा ? उससे युद्ध कौन करेगा ?''

''वाली से युद्ध तुम करोगे, सुग्रीव !''

सुग्रीव का सारा शरीर सिहर उठा। राम का स्वर जैसे अपनी लाखों प्रतिध्वनियों के साथ उनकी शिराओं में झनझना रहा था। उन्होंने आश्चर्य से राम की ओर देखा। राम मुसकरा रहे थे — शांत, स्निग्ध तथा मोहक मुसकान। सुग्रीव ने अनुभव किया, राम जब इस प्रकार मुसकराते हैं तो देखने वाले में आत्मविश्वास का संचार होता है। तभी तो राम जान-बूझकर इस प्रकार मुसकराते हैं।

''वाली का वध मेरे हाथों संभव होता, तो मैं वह कब का कर चुका होता।'' सुग्रीव धीरे से बोले, ''यदि वाली से युद्ध करने की क्षमता मुझमें होती तो मैं आज तक ऋष्यमूक की गुफाओं में भीत मूषक के समान क्यों छिपता फिरता ?... आप मेरा उपहास न करें, राम ! मैं आपकी दया का पात्र हूं।''

''मैं उपहास नहीं कर रहा, सुग्रीव !'' राम पुनः मुसकराए, ''मैं तुम्हें तुम्हारी क्षमता का स्मरण करा रहा हूं। तुम वीर हो, योद्धा हो, तेजस्वी हो; और सबसे महत्त्वपूर्ण बात यह है कि तुम्हारा पक्ष न्याय का पक्ष है। न्याय के लिए लड़ने वाला भी कभी दुर्बल हुआ है, सुग्रीव ?''

सुग्रीव ने अत्यंत कातर दृष्टि से राम को देखा, ''मेरा न्याय वाली की गदा से टकराता है तो उसका चूर्ण बन जाता है; और वाली की गदा पर प्रहार का चिह्न भी नहीं छूटता। मेरी वीरता और रण-दक्षता वाली को सामने पाते ही भाग जाती है। बताओ, मैं क्या करूं, राम ! यदि आप मुझे वाली से लड़ने के लिए बाध्य करेंगे तो मैं यही मानूंगा कि आप वाली के हाथों मेरा वध करवाना चाहते हैं।''

''नहीं !'' राम खुलकर हंसे, ''ऐसा मत सोचना, मित्र ! सत्य यह है कि मैं तुम्हें उस पापी से लड़वाऊंगा और तुम्हें वचन देता हूं कि तुम्हें मरने नहीं दूंगा।''

''यह आपका अंतिम निर्णय है ?''

''अंतिम ! दृढ़ तथा अपरिवर्तनीय !'' राम बोले, ''लड़ना तुमको ही पड़ेगा, क्योंकि पीड़ित तुम हो। प्रतिशोध तुम्हें ही लेना होगा, क्योंकि अपराध तुम्हारे प्रति किया गया है।... गुरु विश्वामित्र ने कहा था — जो पीड़ित लड़ता नहीं है, उसका उद्धार संभव नहीं है।''

''पर...''

''पर क्या, सुग्रीव !'' राम बोले, ''शत्रु की प्रहारक शक्ति यदि तुम्हें श्रेष्ठतर लगती है तो तुम भी अपनी प्रहारक शक्ति बढ़ाओ। उसके शारीरिक बल का प्रतिकार तुम अपने शस्त्र-बल से करो।''

''वाली शस्त्रों से युद्ध करता ही नहीं।'' सुग्रीव धीरे से बोले, ''उसके साथ तो शारीरिक शक्ति का ही युद्ध है — मल्ल-युद्ध और मुष्टि-युद्ध।''

''तो उन्हीं का अभ्यास करो।'' राम बोले, ''शक्ति का प्रतिकार कौशल से तो हो ही सकता है।''

''मैं साहस नहीं कर पाता, भद्र राम !''

''तुम्हारा साहस तो मैं हूं, सुग्रीव !'' राम ने स्नेहयुक्त हाथ सुग्रीव के कंधे पर रखा, ''मैं वहीं उपस्थित रहूंगा। तुम्हें दिये गये वचन के अनुसार, वाली के सम्मुख नहीं आऊंगा; विपत्ति में देखते ही तुम्हारी सहायता करूंगा।... मेरा वचन याद रखना — तुम्हें मरने नहीं दूंगा।''

लक्ष्मण तथा अनिन्द्य, हनुमान के साथ लौटे तो उन्हें संदेश मिला कि 'राम प्रस्रवणगिरि पर उनकी प्रतीक्षा कर रहे हैं। हनुमान और लक्ष्मण तत्काल वहां पहुंचें।' पीछे का दायित्व अनिन्द्य को सौंपकर, लक्ष्मण हनुमान के साथ प्रस्रवणगिरि पर जा पहुंचे।

वहां उन्होंने जो कुछ देखा, वह अद्भुत था। राम सुग्रीव को मल्ल-युद्ध के नये दांव-पेंच सिखा रहे थे; और सुग्रीव बड़े मनोयोग से उनका अभ्यास कर रहे थे।

''यह क्या, भैया ?'' लक्ष्मण ने विस्मय से पूछा।

''वाली से युद्ध की तैयारी। सुग्रीव वाली से मल्ल-युद्ध करेंगे।'' राम ने बताया।

''शस्त्र-युद्ध क्यों नहीं करते ?'' लक्ष्मण बोले, ''हनुमान बता रहे थे कि शारीरिक बल में वाली वानरराज सुग्रीव पर सदा भारी पड़ेंगे।''

''वाली शस्त्र-युद्ध नहीं करेगा। अतः सुग्रीव मल्ल-युद्ध ही करेंगे; किंतु शारीरिक बल की कमी को युद्ध-कौशल से पूरा करेंगे।'' राम तनिक रुककर बोले, ''मैंने तुम दोनों को इसलिए बुलाया है कि तुम लोग सुग्रीव को अभ्यास में सहायता करो; कल प्रातः ही सुग्रीव वाली को ललकारेंगे।''

''कल प्रातः ?'' लक्ष्मण चकित थे, ''इतनी जल्दी ?''

''वाली के वध में जितना विलंब होगा, स्थितियां उतनी ही जटिल होती जाएंगी।'' सहसा राम चुप हो गये।

लक्ष्मण, सुग्रीव तथा हनुमान— तीनों ही राम को प्रश्नवाचक दृष्टि से देखने लगे।

''यह बात तो पहले मेरे ध्यान में ही नहीं आयी।'' राम का स्वर चिंतित था।

''क्या ?''

''मैं किसी भी नगर में प्रवेश न करने के लिए वचनबद्ध हूं।'' राम धीरे से बोले,

''सुग्रीव वाली को ललकारने के लिए किष्किंधा में प्रवेश करें और वाली के सैनिक उन्हें घेरकर पकड़ने का प्रयत्न करें तो... ऐसे में सुग्रीव की रक्षा के लिए भी सेना को किष्किंधा में प्रवेश करना पड़ेगा और ऐसी स्थिति में पुनः यह दो सेनाओं का युद्ध हो जाएगा।''

''नहीं ! यह स्थिति नहीं आएगी। कदाचित् आप वाली की मनःस्थिति से परिचित नहीं हैं।'' हनुमान बोले, ''अपने भय के कारण वाली मतंग वन में वानरराज सुग्रीव पर झपटता नहीं है; किंतु मतंग वन के बाहर, किष्किंधा के निकट उनके होने का समाचार पाते ही वह अविलम्ब युद्ध के लिए आ उपस्थित होगा। उसका अपने गुप्तचरों को कठोर आदेश है कि जैसे ही उन्हें वानरराज का पता चले, तत्काल उसे सूचित किया जाए — चाहे दिन हो अथवा रात, वह सो रहा हो अथवा जाग रहा हो। सूचना पहुंचाने में प्रमाद के लिए मृत्युदंड पूर्व-घोषित है। किष्किंधा के नगर-द्वार के बाहर भी प्रहरियों द्वारा वानरराज का पहचान लिया जाना ही पर्याप्त है। वाली स्वयं ही युद्धार्थ प्रस्तुत हो जाएगा।''

''अर्थात् वाली सुग्रीव को अपने सैनिकों द्वारा पकड़वाने का भी प्रयत्न नहीं करेगा?'' लक्ष्मण बोले।

''किष्किंधा के सैनिक मुझे पकड़ने का साहस नहीं कर सकते।'' सुग्रीव धीरे से बोले, ''और वैसे भी वाली स्वयं अपने हाथों मेरा वध करना चाहता है।''

राम चिंतित दृष्टि से सुग्रीव को देखते रहे; सुग्रीव के मन से वाली का भय नहीं मिट रहा था।

''अच्छा, सौमित्र ! तुम और हनुमान वानरराज को अभ्यास करवाओ।'' राम बोले, ''कल वाली का वध अवश्य होगा।''

रात-भर सुग्रीव को नींद नहीं आयी — कल प्रातः वे वाली से द्वन्द्व-युद्ध करने जाएंगे। और सुग्रीव ने जब-जब अपने मन से पूछा, 'क्या वे इस द्वन्द्व-युद्ध के इच्छुक थे?' उन्हें एक बार भी स्वीकारात्मक उत्तर नहीं मिला। यदि वे वाली से द्वन्द्व-युद्ध के इच्छुक होते, तो फिर इतने दिनों तक वनों तथा पर्वतों में छिपे रहने की क्या आवश्यकता थी? तब राम का आश्रय पाने की क्या उतावली थी? जब लड़ना स्वयं सुग्रीव को ही है तो फिर राम का क्या श्रेय? उनकी सहायता कैसी? उनका संरक्षण कैसा?... किंतु इसमें राम का क्या दोष है... उन्होंने तो स्वयं ही द्वन्द्व-युद्ध करने का प्रस्ताव रखा था। तब अपनी मूर्खतावश सुग्रीव ने उन्हें उनके वचन में ऐसा बांध दिया कि अब वे चाहें भी तो वाली से युद्ध नहीं कर सकते... अब लड़ना होगा सुग्रीव को।... राम के आने से पूर्व, सुग्रीव के पास लड़ने और न लड़ने का तो विकल्प था; किंतु अब परिस्थितियों ने जो मोड़ ले लिया है, उसमें वह विकल्प भी उनके पास नहीं है। अब सारे निर्णय राम के हाथ में हैं, और राम ने यह निर्णय किया है कि सुग्रीव वाली से युद्ध करें... पर क्या राम देख नहीं पा रहे कि सुग्रीव में वाली का सामना करने का सामर्थ्य नहीं है। सदा से वाली

से डरा हुआ सुग्रीव उससे आंखें मिला भी पाएगा क्या ?... राम ने मल्ल-युद्ध के जो दांव सिखाये हैं, वे अत्यंत महत्त्वपूर्ण हैं। संभवत: वाली ने उनके विषय में कभी सुना भी न हो; किंतु उनके बल पर क्या वाली की असीम शक्ति का प्रतिकार किया जा सकता है ?...

जैसे-जैसे उषाकाल निकट आता जा रहा था, सुग्रीव का मन व्याकुल होता जा रहा था। वे स्वयं अपने मन की भावनाओं को समझ नहीं पा रहे थे। वे भयभीत थे, घबराए हुए थे या रुष्ट थे, तो किससे — वाली से? राम से ? अपने आप से ? अथवा अपने मित्रों से ?... कभी मन में आता, झगड़ पड़ें — अपने साथियों से, सहयोगियों से, अपने मंत्रियों से और राम से भी। क्या उन लोगों को इतनी-सी बात समझ में नहीं आ रही कि द्वन्द्व-युद्ध के व्याज से, वे सुग्रीव की हत्या का प्रबंध कर रहे हैं... पर राम कहते हैं कि वे सुग्रीव को मरने नहीं देंगे... तो सुग्रीव युद्ध से पीछे कैसे हट सकते हैं ? वानरराज ऐसे जाल में फंस गये हैं, जिसे काटना असंभव है... उन्हें वही कार्य करना पड़ेगा, जिसके लिए वे स्वयं ही प्रस्तुत नहीं हैं।

प्रात: वे सायास विलंब कर, अपनी गुफा से निकले। उन्होंने पूजा में अधिक समय लगाया; सामूहिक व्यायाम के पश्चात भी उन्होंने अतिरिक्त समय लिया, शास्त्राभ्यास में भी अपनी दिनचर्या का अतिक्रमण किया; और अल्पाहार से उठने की उनकी इन्छा ही नहीं हो रही थी।

उधर राम क्रमश: जाने की तैयारी करते जा रहे थे। सुग्रीव के साथ-साथ राम तथा लक्ष्मण के अतिरिक्त हनुमान, नल, नील तथा तार भी जाने वाले थे।

पीछे की व्यवस्था अधिकांशत: जाम्बवान तथा अनिंद्य के हाथों में थी।... राम ने सुग्रीव के इस अभियान को अधिक-से अधिक प्रचारित करवा दिया था, ताकि वाली को पहले ही सूचना मिल जाए।

सुग्रीव का मस्तिष्क तपते-तपते जैसे जड़ हो गया था। उनमें से सारी भावनाएं निष्क्रमण कर गयी थीं। अब वे जैसे कुछ अनुभव ही नहीं कर पा रहे थे। किसी जड़ यंत्र के समान अन्य लोगों के कहने पर हाथ-पैर हिला रहे थे। मन में युद्ध के लिए किसी प्रकार का उत्साह नहीं था।... कभी-कभी वे स्वयं अपने-आप में तटस्थ होकर सोचने लगते... जब आधी रात को वे किष्किंधा से भागे थे, तो अगले दिन रुमा के अपहरण की सूचना पाकर वे वाली से लड़कर मर जाने के लिए किष्किंधा लौटना चाहते थे; किन्तु आज उन्हें क्या हो गया था। वे अपने-आपको समझ नहीं पा रहे थे...

सुग्रीव जितने जड़ होते जा रहे थे, राम में उसी अनुपात से सक्रियता बढ़ती जा रही थी। उन्होंने अपनी देख-रेख में लक्ष्मण को शस्त्र-सज्जित करवाया था और स्वयं भी बड़े समारोह से आयुध बांध रहे थे।

जब किसी भी प्रकार सुग्रीव और विलंब न कर सके तो उनका प्रयाण आरंभ हुआ।

''मैं इससे एक प्रहर पूर्व चलना चाहता था।'' राम ने सिर पर चढ़ आये सूर्य को देखा।

सुग्रीव कुछ नहीं बोले। जानते थे, यदि उन्होंने जान-बूझकर विलम्ब न किया होता तो वे लोग एक प्रहर पूर्व ही चल पड़ते। किंतु उल्लास तथा उत्साहपूर्वक किसी समारोह में सम्मिलित होने के लिए जाते हुए तथा गुरु के पास पहुंचाने के लिए पिता द्वारा बलात् घसीटे जाने वाले बालक में अंतर होता है...

ऋष्यमूक से नीचे उतरकर वन में प्रवेश करते ही हनुमान सबसे आगे हो गये। उनके पीछे सुग्रीव तथा राम थे। लक्ष्मण-राम साथ लगे-लगे थे; और सबसे पीछे नल-नील तथा तार चल रहे थे।... यह कदाचित् सुग्रीव की रक्षा की दृष्टि से किया गया था... किंतु सुग्रीव को यह सारा आयोजन ही व्यर्थ लग रहा था। जो सुग्रीव स्वयं अपने पैरों से चलकर मृत्यु के मुख में समाने जा रहे थे, अब उनकी सुरक्षा का क्या अर्थ... सहसा सुग्रीव की दृष्टि आगे-आगे चलते हुए हनुमान पर पड़ी। कैसे आत्मविश्वास और वीर-दर्प से चल रहा था हनुमान। आज तक किसी के मन में हनुमान के वाली के साथ द्वन्द्व-युद्ध की बात क्यों नहीं आयी।... वय में हनुमान छोटा है। उसमें ऊर्जा भी अधिक है। शरीर से भी सुग्रीव की अपेक्षा अधिक सुदृढ़ है। मल्ल-युद्ध में तो वह संपूर्ण वानर-जाति में सर्वोपरि माना जाता है... किंतु युद्ध के लिए जा रहे हैं सुग्रीव...

साथ-साथ चलते हुए राम और लक्ष्मण मार्ग की जानकारी पाने के लिए अनेक प्रश्न कर रहे थे। कहीं वे लोग प्रकृति के सौन्दर्य पर मुग्ध हो रहे थे; कहीं गुफाओं तथा वृक्षों के झुरमुट को वे सामरिक दृष्टि से परख रहे थे; कहीं उनकी जिज्ञासा वनस्पति के सम्बन्ध में थी; कहीं उन्हें कोई स्थान आश्रम के उपयुक्त लग रहा था।

किंतु उनका वार्तालाप सुग्रीव में तनिक भी रुचि नहीं जगा पा रहा था।

अंगद को सूचना मिली और वे निःस्पंद रह गये — स्थिति यहां तक आ पहुंची है। सुग्रीव और वाली का द्वन्द्व-युद्ध ! और द्वन्द्व-युद्ध का अर्थ होता है— दो योद्धाओं में से एक की मृत्यु। पर पिता तथा गुरु समान अपने चाचा में से वे किसकी मृत्यु के प्रति निरपेक्ष हो सकते हैं ! पिता की मृत्यु का अर्थ होता है — एक स्नेह-संबंध की पीड़ादायक समाप्ति, मां का वैधव्य, चाहे कैसे भी हों, पर पिता तो हैं — उस पिता का सिर से उठ जाना।

और यदि पिता की विजय हुई तो अंगद के लिए उसका अर्थ है, मित्र सम स्नेही चाचा से विछोह; गुरु तथा मार्गदर्शक नेता का लोप !... और किष्किंधा ही नहीं, सम्पूर्ण वानर-जाति के लिए उसका अर्थ होगा, निकट-भविष्य में मुक्ति की संभावनाओं की निश्चित मृत्यु ! स्वतंत्रता, समता तथा न्याय का अकाल देहांत। अंधकारमय, अपमानजनक, शोषक, स्वार्थी, भ्रष्ट सत्ता की निर्विरोध दृढ़ स्थापना।

किसकी विजय की कामना करें अंगद ? किसका पक्ष लें ? और यदि वे किसी

का भी पक्ष नहीं ले सकते, तो जाकर उनसे कहें कि वे दोनों न लड़ें... किसी प्रकार का कोई समझौता कर लें। क्या किसी प्रकार के समझौते की कोई संभावना है ?... पर समझौता हो सकता तो यह स्थिति ही क्यों आती ?... यह तो होना ही था। दोनों भाइयों की वृत्तियां जिस प्रकार एक-दूसरे की विरोधिनी थीं — उनके सह-अस्तित्व की कल्पना भी कैसे की जा सकती है। वाली को प्रजा -पालन का तनिक भी ध्यान नहीं था और सुग्रीव पूर्णतः उसी ओर उन्मुख थे। फिर यह दो भाइयों का झगड़ा कहां रहा? ये दोनों तो दो विरोधिनी शक्तियों के प्रतीक मात्र थे, जिनका भिड़ना अनिवार्य है...

कदाचित् सुग्रीव स्वयं वाली से द्वन्द्व-युद्ध का साहस न करते। कर सके होते, तो इतने लंबे अंतराल तक शांत क्यों पड़े रहते ?... जब से राम और लक्ष्मण अपने कुछ साथियों के साथ उनसे आ मिले हैं, तब से उनका ही साहस नहीं बढ़ा है; अनेक वानर यूथपतियों, सेनानायकों तथा सामान्य जन का भी साहस बढ़ गया है। तभी तो जा-जाकर वे लोग सुग्रीव से मिल गये हैं।... अन्य लोगों का ही साहस नहीं बढ़ा, स्वयं अंगद के सिर का बोझ भी हल्का हो गया है। राम तथा लक्ष्मण के आ मिलने से सुग्रीव अब असुरक्षित नहीं रहे — अंगद ने भी मान लिया था... किंतु यदि राम के संरक्षण में सुग्रीव पूर्णतः सुरक्षित है तो वे इस द्वन्द्व-युद्ध में भी पूर्णतः सुरक्षित ही होंगे। ऐसा संभव नहीं है कि सुग्रीव, राम के परामर्श के बिना अथवा उनको साथ लिये बिना ही वाली से लड़ने के लिए चल पड़े हों; और यदि राम तथा लक्ष्मण को साथ लेकर सुग्रीव लड़ने आये हैं, तो वाली की मृत्यु निश्चित है...

अंगद के शरीर का सारा रक्त, उनके मस्तिष्क की ओर दौड़ चला... उन्हें जाकर पिता को सावधान करना चाहिए; मां को बताना चाहिए। ऐसे पिता की रक्षा नहीं हो पाएगी... किंतु दूसरे ही क्षण वह रक्त उल्टी दिशा में दौड़ पड़ा — यदि वाली को सुग्रीव के आक्रमण से बचाना ही अंगद का अभीष्ट था, तो फिर सुग्रीव को बचाने के लिए आधी रात को शिल्पी को भेजने का क्या अर्थ था ? अंगद ने अपना सिर पकड़ लिया... कैसे विरोधों में फंस गये हैं वे; न दाएं जा सकते हैं, न बाएं। वे न मां को विधवा होते देखना चाहते हैं, न रुमा चाची को बंदिनी और अपमानित होते। न वे चाचा को पिता के पगों के नीचे तड़प-तड़पकर मरते देखना चाहते हैं; न पिता को राम के वाणों से आहत होकर प्राण देते...।

क्या कर सकते हैं अंगद ! अब तो उनके हाथ में कुछ भी नहीं रहा।

वाली ने पग नगर-द्वार के बाहर रखा ही था कि सुग्रीव सामने खड़े दिखायी दिये। वाली की आंखों में रक्त छलका — उस दिन तो आधी रात को पत्नी को सोती छोड़ घर से भाग निकला था और आज आया है ललकारने ! नीच ! कायर !... वाली के किष्किंधा से बाहर जाते ही सिंहासन पर जमकर बैठ गया, जैसे वाली की मृत्यु हो गयी हो... और स्वयं मरने से इतना डरता है कि अपनी पत्नी भी वाली के लिए छोड़कर भाग

गया।

वाली के जी में आया, पूछे कि क्या पाने की इच्छा से लड़ने आया है — किष्किंधा का राज्य चाहिए या रुमा ?... पर दूसरे ही क्षण वाली के मन में स्पष्ट हो गया, वह सुग्रीव को इन दोनों में से कुछ भी लौटाने को प्रस्तुत नहीं है। किष्किंधा का राज्य देने का तो कोई अर्थ ही नहीं है... रुमा ! पहले रुमा की ओर वाली ने कभी विशेष ध्यान नहीं दिया था... किंतु अब रुमा के साथ इतने दिन रह लेने के पश्चात वाली ने उसका मूल्य पहचाना है... वाली उसे नहीं लौटा सकता।

वाली से कुछ भी वापस मांगने वाला जीवित नहीं रह सकता... सुग्रीव तो एकदम ही नहीं... वाली के लिए अब रुकना संभव नहीं था। वह झंझावात के समान भागा और उसने सुग्रीव की नाक पर मुक्के से प्रहार किया।... सुग्रीव जाने किस विचार में खड़े थे कि न उन्होंने वाली के मार्ग से हटने का प्रयत्न किया, न प्रहार रोकने का। वाली के मुष्टि-प्रहार से जब वे दूर जा पड़े, तब जैसे उनकी चेतना लौटी — वे राम के कहने पर वाली से लड़ने के लिए आ गए थे और वाली के आतंक से जड़ीभूत, मूर्ति के समान खड़े हो गये थे।... ऐसी विकट स्थिति में भी वे स्पष्ट देख रहे थे कि उनका मन वाली से इतना आतंकित तथा उसके बल से इतना अभिभूत था कि उस पर स्वयं प्रहार कर विजयी होने की बात उनके लिए कल्पनातीत थी... किंतु उनके सम्मुख यह भी स्पष्ट था कि वाली इस बार उन्हें जीवित नहीं छोड़ेगा।... वाली पर प्रहार करें या न करें, विजयी हों या न हों; किंतु उन्हें अपनी रक्षा तो करनी ही होगी। वाली उनसे कितना भी अधिक शक्तिशाली हो, किंतु इतने निरीह तो सुग्रीव भी नहीं हैं कि वे चुपचाप पड़े पिटते रहें और शत्रु के प्रहारों से अपने प्राण निकलने की प्रतीक्षा करते रहें।... उनकी दृष्टि वाली पर पड़ी, वह पुनः प्रहार करने के लिए झपट रहा था; किंतु जब तक सुग्रीव संभलते, वाली ने दूसरी चोट कर ही दी थी।... सुग्रीव भूमि पर जा गिरे। वाली ने उन्हें उठने का अवसर नहीं दिया। वह पुनः झपट पड़ा।... सुग्रीव उसके चंगुल से निकलने का प्रयत्न कर रहे थे और वाली था कि उन्हें भूमि पर रगेदता भी जाता था और पीटता भी जाता था।

सुग्रीव ने अपनी संपूर्ण शारीरिक शक्ति तथा मनोबल का आह्वान कर वाली को परे धकेला। निमिष-भर के लिए वाली का दबाव हल्का पड़ा कि सुग्रीव उठ खड़े हुए; किंतु उनसे कहीं अधिक स्फूर्ति से वाली भी उठा और जब तक सुग्रीव संभलें, वाली ने भयंकर मुष्टिका-प्रहार किया। सुग्रीव की नाक पर वाली का यह दूसरा मुक्का लगा था। पीड़ा से कराहते हुए सुग्रीव भूमि पर लोटते हुए, दूर जा गिरे... लेटे-लेटे सुग्रीव ने अपनी नाक पर हाथ रखा। उनका हाथ तरल, उष्ण रक्त से रंग गया। वाली उन्हें घूरता हुआ अपने स्थान पर खड़ा, श्रम के कारण हांफता हुआ भी, जैसे पुनः झपटने की तैयारी में था।... सुग्रीव का मस्तिष्क बड़ी तेजी से सोच रहा था — इस बार के आक्रमण में संभव है, वाली उन्हें उठाकर दे मारे, उनका हाथ या पैर मरोड़कर तोड़ दे अथवा उखाड़

ही डाले, या मस्तक को ही चकनाचूर कर दे... उनके अपने शरीर में इतनी क्षमता नहीं बची थी कि वे वाली के प्रहार को संभाल पाते... और राम उनकी सहायता नहीं करेंगे... क्यों करेंगे? शक्तिशाली किष्किधापति वाली के विरुद्ध, कोई भी व्यक्ति निष्कासित, असमर्थ, असहाय, निरुपाय सुग्रीव की सहायता क्यों करेगा? क्या मिलेगा किसी को सुग्रीव की सहायता करके... कोई तेरी सहायता नहीं करेगा, सुग्रीव ! उठ! भाग !... अपने प्राण बचा...

सुग्रीव उठकर खड़े हुए और वाली पर झपटने के स्थान पर, सहसा पलटकर उल्टी दिशा में वन की ओर भागे...

ऋष्यमूक पर पहुंचने पर राम को सुग्रीव अपनी गुफा के सम्मुख अपने सहायकों के साथ बैठे दिखाई दिये। उन्होंने अपने घावों को अभी धोया-पोंछा भी नहीं था। वे जिस स्थिति में वहां पहुंचे होंगे, उसी स्थिति में बैठे हुए थे — पूर्णतः निराश, हताश तथा टूटे हुए। हनुमान, नल, नील, तार और जाम्बवान भी मुंह लटकाये हुए बैठे थे।

हनुमान ने राम और लक्ष्मण की ओर इंगित कर सुग्रीव से कुछ कहा। कदाचित् उनके आने की सूचना दी हो। किंतु सुग्रीव ने मुंह उठाकर उनकी ओर देखा तक नहीं।

राम जाकर सुग्रीव के सम्मुख खड़े हो गये, किंतु सुग्रीव ने अपना चेहरा दूसरी ओर फेर लिया।

राम मुसकराए, ''मुझसे रुष्ट हो, मित्र सुग्रीव ?''

सुग्रीव तड़पकर घूमे, जैसे उन पर कशाघात हुआ हो, ''कौन किसका मित्र है, राम ! क्या मैत्री इसी को कहते हैं...'' उनका आक्रोश हताशा में बदल गया और उनकी आंखों से आंसू बह निकले, ''मैं क्या जानता नहीं था, या मैंने स्वीकार नहीं किया था, कि वाली मुझसे कहीं अधिक शक्तिशाली है। फिर भी मैं तुम्हारी मैत्री और बल का संबल पाकर, तुम्हारे आदेश से यम सरीखे अपने उस शत्रु से लड़ने के लिए गया। मैंने उसे ललकारा था, अपने बल और साहस के भरोसे नहीं, तुम्हारी शक्ति और युद्ध-क्षमता के सहारे। और तुम मुझे वास्तविक मर्कट मानकर मेरे पिटने को अपनी क्रीड़ा समझते रहे। मैं वहां पिटता रहा, घाव खाता रहा, मेरा रक्त बहता रहा; और तुम दोनों भाई धनुष-बाण लिये, वृक्ष के पीछे खड़े तमाशा देखते रहे कि दो असम योद्धाओं को भिड़ा, निर्बल को पिटते देखने में कैसा बीभत्स रस मिलता है।... जला दो अपने धनुष-बाण ! ये या तो शोभा के लिए हैं, या नाटक के लिए।''

''सुग्रीव !'' लक्ष्मण क्रुद्ध होकर बोले, ''अनर्गल प्रलाप बंद करो। क्या अधिकार है तुम्हें यह सब कहने का ?''

''एक तो इतना बड़ा छल किया,'' सुग्रीव तड़पकर बोले, ''और अब शिकायत भी नहीं करने दोगे।''

''कहने दो, सौमित्र !'' राम मुसकराए, ''वानरराज इस समय क्रोध में हैं। कहो,

बंधु ! क्या कहना है ?''

''मुझे क्या कहना है !'' सुग्रीव ने राम की ओर देखा, ''मैं तो स्वयं यहां सुनने के लिए बैठा हूं। तुमने मेरे साथ छल क्यों किया ?''

''मैंने तनिक भी छल नहीं किया, मित्र !'' राम की मुसकान लुप्त हो गयी, ''मैंने तो सचमुच यही चाहा था कि हम तुम्हें समर्थ बनाएं, ताकि तुम स्वयं अपने हाथों अपने शत्रु का वध कर, अपना प्रतिशोध लो और वीरत्व का यश पाओ।''

''पर मैं वाली से लड़ नहीं सकता।'' सुग्रीव झल्लाकर बोले।

''केवल अपने मित्रों से झगड़ सकते हो !'' लक्ष्मण ने तीखे स्वर में कहा।

''शांत हो जाओ, सौमित्र !'' राम मुसकराए, ''क्रोध में कही गयी मित्र की बात का क्या बुरा मानना।'' वे सुग्रीव की ओर मुड़े, ''वह तो मैंने भी देखा है, सुग्रीव! तुम्हारा शरीर कितना अक्षम है, यह कहना कठिन है; तुम्हारी चेतना वाली से इतनी पराभूत है कि तुम उसके सम्मुख खड़े नहीं हो सकते। इसीलिए कहूंगा कि तुम वाली से लड़ने अवश्य गये थे; किंतु तुम लड़े नहीं।''

''लड़ा नहीं तो अपना यह रक्त ऐसे ही बहा आया ?'' सुग्रीव आक्रोशपूर्ण स्वर में बोले।

''लड़ना एक बात है,'' राम मुसकराए, ''और खड़े-खड़े पिटते रहकर भाग आना दूसरी बात है। तुमने लड़ने का तनिक भी प्रयत्न नहीं किया, मित्र ! न देखा, वाली प्रहार कैसे कर रहा है, न देखा तुम्हें अपना बचाव कैसे करना चाहिए; तुमने न मल्ल-युद्ध किया, न मुष्टिका-युद्ध। तुमने एक बार भी उन दांवों के प्रयोग का प्रयत्न नहीं किया, जो तुम्हें सिखाए थे। तुम तो झुंझलाए हुए बच्चे के समान वाली से बचने का प्रयत्न करते रहे; और जब तक मैं समझूं कि तुम्हारे मन में क्या है, तुम भाग भी चुके थे !''

''आपने यहां तो सात ताल-वृक्ष छेद दिये थे, वहां बाण क्यों नहीं चलाया ?'' सुग्रीव बोले, ''आपने वचन दिया था, आप वाली का वध करेंगे।''

''तुमने मुझे वाली से द्वंद्व-युद्ध करने दिया होता, तो मैंने उसका वध भी कर दिया होता। जिस औघड़ स्थिति में तुमने मुझे डाल दिया है, उसमें मैंने यही कहा था कि वाली का वध तुम ही करोगे। हां ! मैं वाली को तुम्हारा वध नहीं करने दूंगा।''

''तो ?''

''तो यह कि अपने मन में हमारे प्रति आया अविश्वास दूर करो। राम पर सामान्य स्थिति में भी अविश्वास करने का कोई कारण नहीं है।'' राम का स्वर अधिक मैत्रीपूर्ण हो उठा, ''और इस समय तो सीता की खोज और सुरक्षा के लिए हम तुम्हारी शरण में आये हुए हैं। हम तुम्हारे साथ छल कैसे कर सकते हैं ?''

''मेरी समझ में कुछ नहीं आ रहा है। ''सुग्रीव का स्वर आक्रोशशून्य हो गया, ''मुझे अपने ऊपर तनिक भी भरोसा नहीं है; और आप मेरे ही हाथों वाली का वध करवाना चाहते हैं।''

''शांत मन से मेरी बात समझने का प्रयत्न करो, सुग्रीव !'' राम बोले, ''यह मान बैठना सर्वथा निरर्थक है कि कोई व्यक्ति, समाज अथवा जाति से निश्चित रूप से अधिक शक्तिशाली है। हमारे पास इसके अनुभव-सिद्ध प्रमाण हैं। सिद्धाश्रम से लेकर पंचवटी तक राक्षस अपराजेय शक्ति माने जाते थे; किंतु जहां-जहां लोग संगठित होकर उठ खड़े हुए — वहां-वहां वे राक्षसों से अधिक शक्तिशाली हो गये।''

''पर मैं लोग नहीं; एक व्यक्ति हूं,'' सुग्रीव बीच में ही बोले; ''मैं अपना संगठन कैसे करूं ?''

''वही बता रहा हूं।'' राम बोले, ''युद्ध के संदर्भ में शक्ति का अर्थ है, प्रहारक शक्ति। प्रहारक शक्ति कई प्रकार से बढ़ाई जा सकती है — शारीरिक बल बढ़ाकर, युद्ध-कौशल की वृद्धि कर, शस्त्र-शक्ति प्राप्त कर अथवा संगठन से। वाली के साथ युद्ध के संदर्भ में तुम अपनी शारीरिक शक्ति नहीं बढ़ा सकते। शस्त्र-युद्ध तुम्हें करना नहीं है। एक व्यक्ति अपना संगठन कैसे करेगा ! अतः तुम्हें अपना युद्ध-कौशल ही बढ़ना होगा।''

सुग्रीव कुछ नहीं बोले, अवाक् राम को देखते रहे।

''आओ, सौमित्र !'' राम बोले, ''तुम भी आओ, हनुमान !''

राम बड़ी देर तक लक्ष्मण तथा हनुमान की सहायता से सुग्रीव को अभ्यास कराते रहे। अपराह्ण और संध्या के बीतने का पता ही नहीं चला। किन्तु, धीरे-धीरे सुग्रीव का आत्मबल जागता जा रहा था। उनका विश्वास बढ़ता जा रहा था। मन पर जमी हताशा की परतों में दरकें पड़ गयी थीं; और विजय की आशा का संचार होता जा रहा था... विजय ! वह भी वाली पर... क्या यह सम्भव है ? कितना बड़ा काम होगा... यश और गौरव... राम ठीक ही तो चाहते थे कि सुग्रीव स्वयं वाली से लड़ें।... और पहली बार सुग्रीव ने अनुभव किया कि राम किस प्रकार निर्जीव मन और शरीर में प्राण फूंकते हैं... जब अपने नवार्जित कौशल के प्रभाव का प्रत्यक्ष प्रमाण उन्हें कई लोगों के माध्यम से मिल चुका, तो उन्होंने कहा, ''मैं वाली से लड़ने को प्रस्तुत हूं, मित्र राम !''

राम मुसकराती आंखों से उन्हें देखते रहे, ''थोड़ा अभ्यास और करो, वानरराज! अब कल प्रातः ही किष्किंधा चलेंगे।''

''नहीं !'' सुग्रीव के स्वर में हठ का अंश स्पष्ट था, ''वाली द्वारा पीड़ित, प्रताड़ित तथा आहत होने की वेदना इतनी उग्र है कि मैं रात्रि-भर तो क्या, एक घड़ी भी प्रतीक्षा नहीं कर सकता।''

''किन्तु तुम्हारी इच्छानुसार तत्काल भी चल पड़ें तो किष्किंधा पहुंचते-पहुंचते एक प्रहर रात्रि बीत जायेगी।'' राम बोले, ''दिन-भर चलने वाला युद्ध भी रात को रुक जाता है; और तुम रात को ही युद्ध आरम्भ करना चाहते हो।''

''राम ! या तो मुझे समर्थ बनाया न होता।'' सुग्रीव बोले, ''अब जब सामर्थ्य

का भाव जगाया है तो टाल-मटोल मत करो। प्रतीक्षा मेरे लिए असह्य है।''

''तो चलो, सुग्रीव !'' राम ने अपना धनुष उठा लिया, ''किन्तु चलने से पूर्व वचन दो कि इस बार कुछ भी हो जाए, तुम युद्ध छोड़कर भागोगे नहीं। इतना भरोसा मेरे वचन पर रखो कि यदि वास्तविक संकट की घड़ी आयी तो मैं हस्तक्षेप करूंगा और युद्ध रुकवाकर तुम्हें जीवित निकाल लाऊंगा।''

''मैं वचन देता हूं, राम !'' सुग्रीव भरपूर आत्मविश्वास के साथ बोले, ''इस बार चाहे मर भी जाऊं, युद्ध से पलायन नहीं करूंगा।''

''धन्य वीर, धन्य !'' राम ने सुग्रीव का कंधा थपथपाया, ''तुम अवश्य विजयी होगे।'' वे लक्ष्मण की ओर मुड़े, ''सौमित्र ! उस गजपुष्पी लता की एक पुष्पित शाखा तोड़ लाओ।''

लक्ष्मण ने शाखा राम के हाथ में पकड़ायी तो राम ने उसे वृत्ताकार बनाकर, सुग्रीव के गले में माला के समान पहना दिया, ''यह जयमाला है, वीर ! मैं अभी से तुम्हारी विजय की घोषणा कर रहा हूं। अब हम प्रस्थान कर सकते हैं।''

प्रातः के ही समान पुनः किष्किंधा की ओर यात्रा आरम्भ हुई। आगे-आगे हनुमान थे; उनके पीछे-पीछे सुग्रीव, राम तथा लक्ष्मण प्रायः साथ-साथ चल रहे थे। सब के अन्त में नल, नील तथा तार थें। किन्तु प्रातःकाल की मनःस्थिति के सर्वथा विपरीत इस समय सुग्रीव अपनी इच्छा से ललकपूर्वक, उत्साह से भरे हुए चल रहे थे। उनके मन की सारी आशंकाएं, भय तथा त्रास जाने कहां जाकर सो गए थे। इतने हल्के मन से, इतने आत्मविश्वास के साथ वाली से युद्ध करने के लिए जाना, स्वयं उनके अपने लिए आश्चर्यजनक था।

प्रातः आगे-आगे चलते हुए हनुमान, सुग्रीव और वाली के विषय में सोच रहे थे; किन्तु इस समय उनके मन में केवल राम की बातें घुमड़ रही थीं। अभी परसों संध्या समय राम सुग्रीव से मिले थे; और रात-भर में किष्किंधा के लोगों के साथ-साथ वानरों के अनके यूथपतियों और सेनानायकों के मन से वाली का आतंक वाष्प बनकर उड़ गया था। कल सुग्रीव की क्या मनःस्थिति थी, आज प्रातः ही सुग्रीव इसी मार्ग पर पैर घसीटते हुए किष्किंधा की ओर गये थे और बुरी तरह पिटकर तथा अपमानित होकर युद्ध छोड़कर भाग आये थे; और वही सुग्रीव इस समय किस उत्साह के साथ वाली से लड़ने जा रहे हैं; जैसे वाली अत्यन्त शक्तिशाली वानर सम्राट न होकर, एक साधारण-सा असैनिक वानर हो... कौन-सी युक्ति है राम के पास ? कैसा प्रभाव है उनका ?... अहंकार उनमें नहीं है। गर्वोक्तियां करना उनका स्वभाव नहीं है। किसी का श्रेय स्वयं लेना नहीं चाहते, अन्यथा सुग्रीव को वाली से लड़वाकर उन्हें ही यश देना क्यों आवश्यक था ?... कैसे वे स्थिति का विश्लेषण करते हैं, कैसे दुर्बलता तथा दोष खोजते हैं। और कैसे उनका समाधान करते हैं। सुग्रीव के साथ तो उन्होंने वह किया है, जो शैया पर

पड़े किसी रोगी का उपचार कर कोई वैद्य उसे दौड़ने-भागने योग्य कर दिखा देता है... अद्‌भुत हैं राम !

परिचारिका ने द्रुतगति से प्रवेश कर तारा को अभिवादन किया, ''देवि ! नगर-द्वार का प्रहरी-नायक सूचना लाया है कि नगर-द्वार पर खड़े सुग्रीव सम्राट को युद्धार्थ ललकार रहे हैं।''

''समाचार सम्राट तक पहुंच गया है क्या ?'' तारा झपटकर उठ खड़ी हुई।

''अब तक पहुंच गया होगा, देवि !''

तारा परिधान-परिर्वतन के लिए भी नहीं रुकीं। वे भागती हुई अपने कक्ष से बाहर निकलीं।... आधी रात होने को थी और इस समय सुग्रीव युद्ध के लिए आह्वान कर रहा है तो अवश्य ही कोई विशेष बात हो गयी है। आधी रात के समय देवर ने नगर-द्वार के बाहर अपने भाई के वध के लिए जाल बिछाया है, अथवा अपने साथियों को लेकर आया है... अंगद कह भी रहा था...

वाली ने अपने कक्ष से बाहर पग रखा ही था कि तारा सामने जा खड़ी हुई, ''आधी रात के समय कहां जा रहे हैं, प्रिय ?''

मायावी को मारकर लौटने के पश्चात, अलका को किष्किंधा में न पाकर, वाली के मन में तारा के प्रति कुछ-कुछ आकर्षण लौटा था; किन्तु फिर भी वाली के मन की वितृष्णा पूर्णतः समाप्त नहीं हुई थी। अपने क्षोभ के इस क्षण में तारा को सम्मुख देखना वाली को तनिक भी सुखद नहीं लगा।

''सुग्रीव ने युद्ध के लिए पुकारा है।'' स्वयं को संयत करने का प्रयत्न करते हुए वाली ने कहा।

''इस समय ?''

''समय कोई हो। युद्धाह्वान को सुनकर वाली रुक नहीं सकता।''

''पर रात को आने के पीछे, सुग्रीव की कोई चाल भी हो सकती है। प्रातः तक रुक जाएं। मेरी इच्छा है, आप अकेले न जाएं। अंगद तथा कुछ सेनानायकों को साथ ले जाएं।''

''युद्ध के संदर्भ में तुम्हारी इच्छा मेरे लिए कब से मान्य होने लगी ?'' वाली का स्वर रुक्ष था, ''यह मेरा और उस कायर सुग्रीव का द्वन्द्व-युद्ध है। इसमें और किसी का क्या काम ?''

वाली ने पग बढ़ाया...

तारा ने झपटकर वाली का हाथ थाम लिया, ''मेरी बात तो सुन लो, प्रिय !''

''क्या है ?'' वाली ने उसे रुष्ट दृष्टि से देखा।

''मुझे अंगद ने बताया था कि सुग्रीव की मित्रता दो आर्य राजकुमारों से हो गयी है। उनके पास भयंकर शस्त्र हैं। उन्होंने आपके वध का वचन सुग्रीव को दिया है...''

"तभी तो प्रात: सुग्रीव पिटकर चिल्लाता हुआ भाग गया था।" वाली का स्वर व्यंग्यात्मक हो उठा, "ऐसी निराधार कल्पनाओं पर मेरा कोई विश्वास नहीं है, रानी। मैंने भी सुना है कि राम की पत्नी का हरण हो गया है और वह उसे खोजता फिर रहा है। यदि इसमें तनिक भी सत्य होता तो राम अपनी प्रार्थना लेकर मेरे पास आया होता। इस भगोड़े सुग्रीव की मित्रता से उसे क्या मिलेगा !... हटो ! मुझे जाने दो।"

वाली ने अपना हाथ छुड़ा लिया और आगे बढ़ गया।

तारा जड़-सी अपने स्थान पर खड़ी रह गयी — कैसे वाली को समझाएं वे! सहसा उनके मन में जैसे साहस का स्रोत फूटा और भागकर उन्होंने पुन: वाली को रोक लिया, "राम आए हों या न आए हों; किन्तु आप दोनों भाइयों के झगड़े से अनिष्ट-ही-अनिष्ट होगा। प्रियतम ! आप सुग्रीव को क्षमा कर दें। उसे किष्किंधा में लाकर उसका युवराज्याभिषेक कर दें और रुमा उसे लौटा दें।"

वाली ने तारा को झटककर अपना हाथ छुड़ा लिया, जैसे तारा का स्पर्श विषैला दंश हो। मुक्त होते ही वह द्रुतगति से आगे बढ़ गया और तारा के देखते-देखते प्रासाद से बाहर जाने वाले मार्ग के मोड़ों में ओझल हो गया।

तारा जानती थीं कि वाली पर अब उनका कोई प्रभाव नहीं था। यदि वाली ने उनकी बात तनिक भी सुनी होती तो यह स्थिति ही नहीं आती, जिसमें दोनों भाई परस्पर एक-दूसरे के रक्त-पिपासु हो उठते। जब तक मायावी और उसके द्वारा लायी गयी अलका बीच में नहीं थी, तब तक इस कुटुम्ब में मतभेदों के होते हुए भी ऐसी कटुता नहीं थी। किन्तु मायावी के आते ही वाली तारा से दूर होते चले गये; और दोनों भाइयों में तो जैसे विष-बीज ही बो दिया गया था... जब तक वाली, मायावी के वध के संदर्भ में किष्किंधा से विलुप्त रहे, तारा ने वह अवधि सौभाग्य तथा वैधव्य की मध्यवर्ती स्थिति के रूप में काटी थी; किन्तु वाली के लौटते ही किष्किंधा में रक्तपात, अपहरण, बलात्कार, कारागार तथा अंधकूपों का युग आरम्भ हो गया था... वाली तारा का तनिक भी कहा मानते तो सुग्रीव की चाहे हत्या कर देते, किन्तु रुमा के साथ ऐसा दुर्व्यवहार कभी न कर पाते; परन्तु अपने क्रोध में वाली अन्धे हो गये थे और तारा सर्वथा असहाय होकर देखती रही कि उनका पति अन्य सामान्य-जनों के समान ही अपनी अनुज-वधू के साथ भी अत्याचार कर रहा है... तारा किस अधिकार से जाकर सुग्रीव को कहें कि वह अपने भाई के प्रति द्रोह त्याग दे, उनके विरुद्ध कोई षड्यंत्र न करे।... इन सबके बदले सुग्रीव यदि इतनी-सी ही मांग उनके सम्मुख रख दे कि वे रुमा को मुक्त करा उसे सौंप दें, तो तारा उसकी तनिक भी सहायता कर सकेंगी क्या ?... वाली अपने अहंकार, विलास, हिंसा तथा उन्माद के बंदी हो चुके हैं, वे किसी की बात नहीं मानेंगे। तो फिर तारा कर ही क्या सकती हैं...

राम ने वृक्ष की ओट में से देखा।

नगर–द्वार से बाहर निकलकर वाली ने सुग्रीव को ढूंढ़ने के लिए अंघरे में अपनी दृष्टि घुमाई। उसे अधिक प्रयत्न नहीं करना पड़ा। अर्द्धरात्रि के अंधकार में भी चांदनी में नहाए, एकदम सम्मुख खड़े सुग्रीव पर तत्काल उसकी दृष्टि पड़ी। लगा, वह तत्काल झपट पड़ेगा; किन्तु किसी अज्ञात कारण से निमिष–भर के लिए वह अप्रतिभ खड़ा रह गया। कदाचित् सुग्रीव का यह अपूर्व आत्मविश्वास उसके लिए अप्रत्याशित था।

किन्तु वाली अधिक देर तक रुका नहीं रहा।

''तू फिर आ गया, नीच !'' पहला प्रहार इस बार भी वाली ने ही किया, ''इस बार तू जीवित बचकर नहीं जायेगा।''

किन्तु, वाली के प्रहार को सुग्रीव ने बड़ी शांति से देखा और झपटकर आते हुए वाली के मार्ग से एक ओर हटकर वाली को ईषत् कोण से धक्का दिया। उनके धक्के से वाली गिरा नहीं; किन्तु उसका वार खाली चला गया। सुग्रीव अपने स्थान पर और भी दृढ़ होकर खड़े हो गये। वाली क्रोध में जोर से हुंकारा; किन्तु सुग्रीव न उससे डोले और न उसकी प्रतिक्रिया में उन्होंने कोई शब्द किया।

सुग्रीव का आत्मविश्वास देखकर राम को भी बल मिला।

वाली ने पुनः प्रहार किया; किन्तु सुग्रीव ने उसकी भुजा को कर्तरी के आकार में अपनी पकड़ में ले लिया। राम ने उन्हें यह दांव विशेष रूप से सिखाया था। वाली का सारा आवेश, भाटा के साथ पीछे हटती हुई झाग के समान बैठता दिखायी दिया। उस अन्धकार में भी वाली के चेहरे पर से आक्रोश और क्रोध के भावों के बीच से यातना के चिह्न उभरते दिखायी पड़े।

राम का मन आश्वस्त हुआ।

किन्तु वाली अधिक देर तक उस मुद्रा में नहीं रहा। उसने किसी अज्ञात विधि से अथवा मात्र अपनी शारीरिक शक्ति के बल पर स्वयं को मुक्त कर लिया; और इससे पहले कि सुग्रीव संभलते और अगली विधि के लिए स्वयं को तैयार करते, वाली ने भरपूर मुष्टि–प्रहार सुग्रीव की नाक पर किया... सुग्रीव जैसे बलिष्ठ व्यक्ति के लिए भी वाली का प्रहार भारी था। वे उससे डोल गए। किन्तु पुनः संभलकर वाली से गुंथ गये।

राम की भृकुटी चिन्ता में वक्र हो उठी। सुग्रीव को वाली से गुंथना नहीं चाहिए था।

किन्तु तब तक वाली ने सुग्रीव को अपनी भुजाओं में बांधकर विभिन्न युक्तियों से इतना पीड़ित किया कि सुग्रीव बिलबिला उठे। लगा, मल्ल–युद्ध का सारा विधि-विधान, सारी युक्तियां, दांव–पेंच उनकी बुद्धि से निकल गए। अपने शरीर के समस्त बल का आह्वान कर, वे छिटककर वाली की पकड़ से निकले और लड़खड़ाकर गिर पड़े। राम समझ नहीं सके कि यह मात्र संयोग था कि सुग्रीव का हाथ पास के किसी वृक्ष से टूटकर गिरी हुई एक सूखी शाखा पर पड़ गया, अथवा उन्होंने सायास उसे प्राप्त किया था। शाखा पकड़कर खड़े होते ही जैसे वे आविष्ट हो उठे। उन्होंने अपनी सम्पूर्ण शक्ति तथा अद्भुत

स्फूर्ति से वाली पर आघात करने आरम्भ किये। इन विकट आघातों के सम्मुख वाली की गति अवरुद्ध हो गयी और वह कुछ क्षणों तक पिटता ही दिखायी पड़ा। कई स्थानों से उसकी त्वचा फट गयी थी और रक्त बह रहा था।... सहसा शाखा वाली की पकड़ में आ गयी। उसने झटके से शाखा खींची। न केवल वह शाखा सुग्रीव के हाथों से निकल गयी, वरन् वे औंधे मुंह भूमि पर आ गिरे। वाली ने वह शाखा घुमाकर दूर फेंकी और जब तक कि सुग्रीव सीधे हों, वह कूदकर उनके वक्ष पर जा चढ़ा और उसने घूंसों, मुक्कों, थप्पड़ों से पीटना आरम्भ किया। सुग्रीव नीचे पड़े पिटते रहे।

"यह युद्ध अब बन्द करवाना होगा।" राम धीरे से बोले।

"मैं जाऊं क्या ?" लक्ष्मण ने पूछा।

किन्तु तब तक सुग्रीव वाली को अपने ऊपर से हटा चुके थे।

"रुक जाओ।" राम ने कहा।

तभी वाली सुग्रीव पर कूदा और उसने अपना घुटना सुग्रीव के वक्ष पर रख अपने बलिष्ठ पंजों से सुग्रीव का गला दबाना आरम्भ किया, "मैं तुझे मार डालूंगा !"

सुग्रीव का प्रतिरोध टूटता दिखायी दिया।

"भैया !..." लक्ष्मण ने कुछ कहना चाहा।

पर, तब तक राम का बाण चल चुका था, "अब तो युद्ध रुकवाने का भी समय नहीं रहा, सौमित्र !"

बाण वाली के वक्ष में लगा और वाली उलटकर भूमि पर आ गिरा।

सुग्रीव फुर्ती से उठकर खड़े हुए और अपने कंठ को टटोलने लगे।

"आओ, सौमित्र !" राम ने कहा, "वाली का खेल समाप्त हो गया।"

राम और लक्ष्मण के वृक्षों की ओट से निकलते ही हनुमान, नल, नील तथा तार भी प्रकट हो गये। दूसरी ओर, वाली को बाण के आघात से गिरते देख नगर-द्वार के प्रहरी तथा वाली-पक्ष के कुछ सैनिक प्राचीर के भीतर विलुप्त हो गये...

राम वाली के निकट आए।

असाधारण रूप से बलिष्ठ शरीर का स्वामी वाली पृथ्वी पर निष्क्रिय पड़ा था। उसके वक्ष से रक्त बह रहा था और उसके चेहरे तथा आंखों में यातना के चिह्न स्पष्ट थे। अपनी जिह्वा से वह बार-बार होंठों को गीला कर रहा था...

"तो तुम हो राम !" वाली कराहते-से स्वर में बोला, "सुना था कि तुमसे सुग्रीव की मैत्री हो गयी है।" सहसा उसका स्वर आक्रोशपूर्ण हो उठा, "यह कौन-सा न्याय है तुम्हारा ? किसी अन्य व्यक्ति से लड़ते हुए तुमने छिपकर मुझे मारा। क्या इसी को वीरता कहते हैं ?"

"न्याय की बात करने का अधिकार तुमको नहीं है, पापी !" राम तेजोद्दीप्त स्वर में बोले, "असहाय, निरीह रुमा का अपहरण तुमने किस न्याय और वीरता से किया था ?" राम क्षणभर रुके, "अत्याचारियों द्वारा अपनी सुविधा के लिए किये गये उद्घोषों

के समूह का नाम न्याय नहीं है। तुमने अपनी निरीह प्रजा पर जो अत्याचार किये हैं, उनके पीछे कौन-सा न्याय था ?... न्याय सदा जनहित में होता है। मैं तुम्हारे द्वारा परिभाषित न्याय और वीरता के जड़ स्वरूप को प्रमाणित करने के लिए, तुम्हारे हाथों, तुम से दुर्बल सुग्रीव को मरते हुए देखता रहता तो वह न्याय होता ?... तुम जैसे पापियों को तो न्याय मांगने का अधिकार भी नहीं है। तुम्हारा न्याय तुम्हारी मृत्यु ही है।''

सहसा वाली के वक्ष में पीड़ा का वेग बढ़ा। उसने अपनी पीड़ा में हाथ-पैर पटके और धीमे-से स्वर में बोला, ''तुमने मुझसे कहा होता, राम ! मैं तुम्हारी पत्नी की खोज ही नहीं करवा देता, रावण से छीनकर उसे तुम्हारे सम्मुख उपस्थित कर देता।''

राम के अधरों पर एक कटु मुसकान उभरी, ''एक अपहरणकर्त्ता अन्य अपहरणकर्त्ता का क्या विरोध करता ! एक रावण दूसरे रावण से सीता को कैसे मुक्त कराता !'' राम का स्वर कठोर हो गया, ''और तुम कर भी देते, तो भी तुम्हारी सहायता मेरे लिए वांछनीय नहीं थी। मेरी सहायता कर तुम अपने समस्त पापों, अत्याचारों तथा अनाचारों के होते हुए भी, मेरे बाणों से सुरक्षित हो जाते। ... राम अपनी सुविधा तथा लाभ के लिए भी अत्याचारियों की संगति नहीं चाहता। तुम चाहे कितना सद्भाव और सौहार्द लेकर मेरे पास आते, तुम्हारा और मेरा संबंध केवल एक ही हो सकता था — विरोध का।''

वाली पुनः तड़पा, ''मेरे वक्ष से बाण खींच लो, राम ! इस पीड़ा से मुझे मुक्त करो। इतनी कृपा तो कर ही दो।''

''पीड़ा से मुक्त करना ही राम का लक्ष्य है।'' राम शांत स्वर में बोले, ''किंतु बाण के निकलते ही बहुत अधिक मात्रा में तुम्हारा रक्त बह जाएगा और तुम्हारी मृत्यु हो जाएगी। मृत्यु से पूर्व यदि किसी को देखना चाहते हो — पुत्र को, पत्नी को अथवा किसी और को तो उनके आने तक यह पीड़ा सहो।''

''अंगद को देखना चाहता था, किंतु यह पीड़ा नहीं सही जाती।'' वाली पीड़ा से छटपटाता हुआ बोला, ''अंगद को मैं तुम्हें सौंपता हूं, राम ! इतने ही न्यायी हो तो देखना, सुग्रीव उसका कोई अनिष्ट न करे...''

पीड़ा के कारण वाली का शरीर भूमि से ऊपर उठ आया, ''इस बाण को निकालो, राम !''

राम ने आगे बढ़, बाण को उसके पृष्ठ भाग से पकड़, क्षणभर के लिए साधा और झटके से बाहर खींचा। बाण का फल ऋजुतापूर्वक निकल आया — मांसपेशियां अथवा अंतड़ियां उसके साथ नहीं आयीं; रक्त का स्रोत फूट निकला।

वाली ने पूरी खुली आंखों से राम को देखा; उनके निकट खड़े लक्ष्मण और तनिक हटकर खड़े सुग्रीव, हनुमान, नल, नील तथा तार को देखा।... वे सब वाली को इसी प्रकार रक्त तथा धूल में लोटता हुआ देखने की आकांक्षा लेकर आये होंगे; उनके प्राण इसी दृश्य को देखने के लिए टंगे होंगे; उन्होंने इस लक्ष्य को प्राप्त करने के लिए कितने

दिन परिश्रम किया होगा, कितनी रातों की नींद को उनींदा किया होगा — किंतु इस समय वे दु:खी लग रहे थे; उन सबके चेहरे उतरे हुए थे।... वाली के शरीर की पीड़ा समाप्त हो गयी थी। शरीर में जैसे कोई संवेदन-शक्ति ही शेष नहीं बची थी। केवल मस्तिष्क जाग रहा था। किंतु यह स्थिति भी दो क्षणों से अधिक नहीं रही। मस्तिष्क जैसे सो रहा था, आंखों के सम्मुख अंधकार छा रहा था... पृथ्वी घूम रही थी, या कदाचित् आकाश ही चक्कर खा रहा था। नहीं, दोनों ही घूम रहे थे... और अब सब कुछ स्थिर हो गया था।

...वाली निष्प्राण हो चुका था।

सुग्रीव ने चीत्कार कर वाली के वक्ष पर अपना सिर टेक दिया, ''भैया !''

राम ने सुग्रीव की बांह पकड़कर उन्हें उठाया, ''उठो, सुग्रीव ! शोक करने का समय नहीं है। तत्काल किष्किंधा में जाओ। रुमा को मुक्त कर, उसे सम्मानपूर्वक ग्रहण करो। अपहरण से वह दूषित नहीं मानी जा सकती।... और वाली के वध की घोषणा कर, सत्ता ग्रहण करो। अंगद को युवराज-पद दो तथा न्यायपूर्ण प्रजा का पालन करो।'' राम रुककर, लक्ष्मण की ओर मुड़े, ''सौमित्र ! तुम भी साथ जाओ। देखना, अनावश्यक हिंसा न हो। दोषी और अपराधी बन्दी हों; किंतु प्रतिहिंसा का जन्म न हो।''

''और आप, भैया ?''

''मैं अपने शत्रु के सम्मान की रक्षा के लिए यहीं रुकूंगा।'' राम बोले, ''व्यवस्था कर शीघ्र लौटो। अपने साथ अंगद और तारा को भी लेते आना।''

2

वर्षा की बूंदें सघन हो गयीं, तो राम शिला से उठकर गुफा के भीतर आ खड़े हुए। अपने स्थान से खड़े-खड़े उन्होंने देखा — सारा-का-सारा प्रस्रवण-गिरि वर्षा में भीग रहा था। अब तो नियमित वर्षा-ऋतु आरम्भ हो गयी थी। प्रहर-प्रहर भर वर्षा होती रहती थी। आठ प्रहरों में से तीन प्रहर वर्षा के होते ही थे।... दूर-दूर तक फैली इस पर्वत श्रेणी के अन्य शिखर — ऋष्यमूक तथा मलयगिरि तो इन मेघों के मारे दिखायी भी नहीं देते थे।

राम के चारों ओर इस समय ऐसे ही सघन मेघ छाये हुए हैं, जिनके पार वे देख नहीं पा रहे। अपने निकट-पास की वस्तुएं और व्यक्ति भी कहीं खो गये हैं और राम उन तक पहुंच नहीं सकते। मुखर ने वीरगति पायी, जटायु ने भी सीता को बचाने के लिए रावण से लड़ते-लड़ते अपने प्राण दे दिये... और सीता जाने कहां खो गयी। जीवित हैं, या वे भी इस लोक में नहीं हैं... यदि उनकी मृत्यु हो गयी है तो कैसे हुई ? उस दुष्ट रावण ने वध कर दिया, या व्याकुल होकर स्वयं वैदेही ने ही ऋषि शरभंग के समान आत्मदाह कर लिया; अथवा अपनी असहायता, दु:ख और क्षोभ में घुट-घुटकर प्राण दे

दिये ?... कैसे असहाय हैं राम भी ! जटायु ने सीता के अपहरणकर्त्ता का नाम बताया।... सुग्रीव के पास सुरक्षित सीता के आभूषणों से पुष्टि हो गयी कि रावण इसी मार्ग से गया है... किंतु नीले आकाश-सा विस्तृत, निराकार प्रश्न आज भी वैसा-का-वैसा ही है — सीता कहां हैं ? यदि वे जीवित हैं तो किस स्थान पर छिपा रखा है उस दुष्ट ने उन्हें? जब तक सीता का निश्चित पता-ठिकाना मालूम न हो जाए, रावण से युद्ध की नीति भी तय नहीं हो सकती... रावण के अड्डों, शिविरों, स्कंधावारों तथा अधीनस्थ क्षेत्रों का दूर-दूर तक एक जाल-सा फैला हुआ है।... राम को लगता है कि उन्हें नीले आकाश के सम्मुख खड़ा कर, कहा गया है कि वे खोज लें कि सीता किस ग्रह-नक्षत्र पर छिपायी गयी हैं। जहां सारा आकाश तक देखना संभव न हो, बड़े-बड़े नक्षत्र तक आंखों से दिखायी न पड़ते हों, वहां वे कैसे खोज लें कि सीता किस ग्रह-नक्षत्र पर बंदिनी हैं... यदि जानकी जीवित हैं तो रावण से प्रतिशोध लेने के पूर्व जानकी की सुरक्षा और मुक्ति अधिक आवश्यक है... आक्रमण वहीं होना चाहिए, जहां सीता हों; ताकि न सीता का वध हो सके और न उन्हें स्थानांतरित किया जा सके।

सुग्रीव किष्किंधा के शासन की व्यवस्था में व्यस्त हैं। स्थान-स्थान पर विरोधी शक्तियां सिर उठाती रहती हैं; और सामान्य जनता के दैनिक जीवन की असंख्य उलझी हुई गांठें हैं। जाने कब से गांठें उलझाई-ही उलझाई गयी हैं, उन्हें सुलझाने का कोई प्रयत्न नहीं किया गया।... और, लोग भी कैसे-कैसे होते हैं।... अब तक शिकायत को विरोध माना जाता था और प्रत्येक विरोध को दंडनीय अपराध। तब तो किसी के मुख से स्वर तक नहीं फूटा; परिवाद तो कोई क्या करता। हनुमान कहता है कि असाधारण प्रयत्नों के साथ वाली को सुना-सुनाकर उसकी प्रशंसा की जाती थी।... और अब, जब सुग्रीव ने उनके कष्टों, समस्याओं तथा परिवादों की ओर ध्यान दिया है तो चारों ओर शिकायतें-ही-शिकायतें हैं। इस किष्किंधा में शताब्दियों से जो परिवर्तन नहीं हुए, उन परिवर्तनों को अब लोग एक दिन में पूरा होते देखना चाहते हैं।... यह किष्किंधा को उन्नत तथा आत्मनिर्भर होते देखने की उनकी हार्दिक इच्छा है, अथवा सुग्रीव को कलंकित करने का प्रयत्न मात्र ?...

सुग्रीव के विरोधी बहुत शक्तिशाली नहीं हैं; किंतु धूर्त अवश्य हैं। वे खुलकर उपद्रव नहीं करते; किंतु अवसर मिलने पर चूकते भी नहीं हैं। कुछ तो वे अपने पिछले कृत्यों के कारण, जन-सामान्य से भयभीत हैं, और दूसरी ओर वे प्रस्रवणगिरि को नहीं भूल पाते। प्रस्रवणगिरि पर राम और लक्ष्मण अपने जन-सैनिकों के साथ ठहरे हुए हैं।... और वे सुग्रीव के मित्र हैं।... वानरों में एक-से-एक बढ़कर योद्धा हैं। उनके युवक कैसे परिश्रमी, हृष्ट-पुष्ट तथा उद्यमी हैं... किंतु सैनिक प्रशिक्षण तथा शस्त्रों के अभाव में वे सदा पिटते ही रहे हैं। अधिकांश वानरों ने धनुष कभी देखा ही नहीं है। उनके लिए धनुष अत्यंत भयंकर दिव्यास्त्र है, जिसके एक वार ने उनके पराक्रमी सम्राट वाली को धराशायी कर दिया था... किंतु सैनिक-कर्म के प्रति उनमें उत्साह है। सामान्य वानर युवक विलासी

अथवा आलसी नहीं हैं, अतः वे अच्छे सैनिक बन सकते हैं।

सैनिक-प्रशिक्षण का कार्य तो सुग्रीव ने सत्ता संभालते ही आरंभ कर दिया था। वानर युवकों ने बड़े उत्साह से उसमें भाग लिया है। नगर-प्राचीर के साथ-साथ लगते अनेक केंद्रों में उनको शस्त्र-शिक्षा दी जा रही है। नये-नये शस्त्रों से उनका परिचय कराया जा रहा है और उस शस्त्रों के निर्माण की विधि सिखायी जा रही है। किंतु शस्त्र-निर्माण के मार्ग में सबसे बड़ी बाधा धातु-उद्योग का अभाव है। जब तक धातु-उद्योग विकसित नहीं होगा, तब तक शस्त्रास्त्रों के लिए धातुएं कहां मिलेंगी...

अनिन्द्य के ग्राम तथा ज्ञानभृत्य के आश्रम से कुछ धातुज्ञानी और धातु-कर्मी किष्किंधा में आये हैं। वे लोग प्रयत्न कर रहे हैं; किंतु भूगर्भित धातुओं की खोज, खानों के विकसित होने तथा धातुओं के शुद्ध होकर शस्त्र-उद्योग के लिए उपलब्ध होने में भी समय लगता है...

और इधर इस वर्षा के मारे मार्ग अवरुद्ध हो गये हैं। नदी-नाले जल से भर गये हैं। पहाड़ों पर कीचड़ और फिसलन है। वर्षा के कारण, बिना आश्रय के कहीं रुका नहीं जा सकता।... सीता की खोज के लिए सुग्रीव अपने साथियों को भेजें भी तो कैसे... अब कोई मार्ग नहीं है, कोई विकल्प नहीं है... वर्षा ऋतु की समाप्ति तक रुकना ही होगा... वर्षा के समाप्त होते ही पथों और मार्गों के निर्माण की ओर भी ध्यान देना होगा। वानरों की परिवहन तथा यातायात व्यवस्था का निर्माण भी शून्य से आरंभ होगा...

खर और दूषण की सेना को पराजित करने के पश्चात्, शत्रु के आक्रमण के संबंध में जब विचार-विमर्श हो रहा था, तब एकमत से सबने स्वीकार किया था कि वर्षा-ऋतु की समाप्ति से पूर्व रावण अपनी ऐसी युक्ति खोज निकालेगा कि उसे अपनी सेना लंका के बाहर लानी ही न पड़े, स्वयं राम अपनी पत्नी को खोजते-खोजते इधर-उधर भटकते फिरें। उनकी जन-सेना पड़ी की-पड़ी रह जाए और उनके किसी भी काम न आए। वह वर्षा-ऋतु जो रावण को रोकने वाली थी, आज राम को रोके बैठी है। राम अपनी गुफा में से वर्षा को देखते खड़े हैं... और उनकी जानकी यदि जीवित हुई तो अपने वीर पति तथा देवर की बाट देख रही होंगी, कि शायद वे लोग उन्हें खोजकर रावण के कारागार से मुक्त करें...

राम का मन कल्पना में खो गया — जब मुक्त हो जाएंगी तो कैसे भागती हुई आकर वे राम के कंठ से लग जाएंगी। राम बार-बार सीता को देखेंगे, आलिंगन में भर लेंगे; और स्वयं को विश्वास दिलाने का प्रयत्न करेंगे कि सीता अभी जीवित ही नहीं हैं, स्वतंत्र भी हैं और उनके पास भी।... फिर सीता उन्हें बताएंगी कि कैसे उनका रावण ने हरण किया। कैसे उन्होंने संघर्ष किया। कहां-कहां उन्होंने अपने आभूषण गिराये। रावण ने उनसे क्या-क्या कहा। डराया, धककाया, लुभाया, अपमानित किया... सीता की बातों का अंत नहीं होगा। वे अपने एक-एक क्षण की धड़कनों की कहानियां उन्हें सुनाना

चाहेंगी। सही हुई पीड़ा को शब्द में दोहराते हुए, उसके स्मरण से ही रो उठेंगी। राम का रक्त खौल-खौल उठेगा... दुष्ट रावण... !... आवश्यक नहीं है कि सीता सदा दीन ही रही हों। यदि उनके हाथ कोई शस्त्र लग गया होगा तो संभव है उन्होंने युद्ध का भी प्रयत्न किया हो। किंतु शत्रु नगरी में अनेक राक्षस महारथियों से घिरी हुई अकेली सीता क्या कर लेंगी... कहीं ऐसा न हो कि किसी ऐसे ही जोखिम के काम में उनके प्राण ही चले जाएं, या उनका अंग-भंग हो जाए।... राम लंबी तैयारी के पश्चात विश्व के आतंक को समाप्त भी करें और उनके अपने मन की शांति भी खो जाए... पर नहीं ! राक्षस सीता का वध नहीं करेंगे। कोई कितना ही हृदयहीन क्यों न हो, उस रूप को देखने के पश्चात इतनी क्रूरता नहीं कर सकता... सीता का वध कोई नहीं कर सकता। वध ही करना होता तो रावण पंचवटी में ही उनका वध कर देता... अपहरण का जोखिम ही क्यों उठाता? उसने मुखर का वध किया, जटायु का वध किया... वह सीता का भी वध कर सकता था... किंतु नहीं। वह व्यभिचारी कामुक राक्षस ऐसी सुन्दरी नारी को अपने वश में पाकर, उसकी हत्या नहीं कर सकता... वाली ने रुमा तक की हत्या नहीं की, जो सुग्रीव की सूचना के अनुसार उसे कभी नहीं भायी थी... तो रावण सीता का वध किस हृदय से करेगा...

कैसा संयोग है सुग्रीव तथा राम की मैत्री ! दोनों का चिंतन एक समान, दोनों का लक्ष्य एक ही; और अंतत दोनों का संकट भी एक ही... सौमित्र ने बताया था कि जब वे लोग वाली के प्रासाद के प्रहरियों को हटाकर भीतर पहुंचे थे तो सूचना पाकर रुमा दौड़ती हुई गलियारे में आ गयी थीं। सुग्रीव को देखते ही वे उनकी ओर लपकी थीं, किंतु कंठ से लग जाने के पूर्व ही रुक गयी थीं — मूर्तिवत् ! सुग्रीव सोचते ही रह गये कि रुमा रुक क्यों गयीं कि रुमा ने झुककर उनके पैर पकड़ लिये थे, "मेरा कोई दोष नहीं है, स्वामि ! मैं बाध्य थी। हर रात मेरे शरीर पर सैकड़ों बिच्छु रेंगते रहे, मुझे दंशित करते रहे, मेरे शरीर को विषाक्त करते रहे; किंतु मैं सर्वथा बाध्य थी, स्वामि! मेरी तनिक भी सहमति नहीं थी। मैं असहाय थी।"

सुग्रीव ने रुमा को उठाकर वक्ष से लगा लिया था, "दोष तुम्हारा नहीं था, रुमा! दोष तो मेरा था। मैं ऐसा कायर और निर्बल न होता तो तुम्हें इतना क्यों सहना पड़ता। वाली तुम्हें नहीं, मुझे दंडित करता रहा। जब-जब उसने तुम्हें अपने आलिंगन में लिया होगा, तब-तब स्वयं को बार-बार याद दिलाया होगा कि तुम मेरी पत्नी हो और तुम्हारे माध्यम से वह मुझे पीड़ित कर रहा है, मुझसे प्रतिशोध ले रहा है... दोष मेरा है, रुमा! मैं तुम्हारी रक्षा का समुचित प्रबंध नहीं कर सका।"

... और राम के मन में बार-बार प्रश्न उठता है कि क्या जब सीता मुक्त होंगी, तो वे भी इसी प्रकार आकर अपनी निर्दोषिता, बाध्यता और असहायता का विश्वास दिलाएंगी।... अथवा वे राम और लक्ष्मण को दोषी ठहराएंगी कि वे लोग उन्हें असुरक्षित छोड़कर चल दिये... या वे बताएंगी कि उन्होंने रावण से शस्त्र मांगा था और उसका

प्रतिरोध किया था; शरीर पर घाव खाये थे और क्षोभ की आग की जलन सही थी; कष्ट सहे थे और वीरतापूर्वक उनका सामना किया था।

... पर सुरक्षा का पूरा प्रबंध न कर पाने के कारण क्या सुग्रीव दोषी है ?... पुरुष-प्रधान समाज में, जहां नारी को सौन्दर्य और मर्यादा ने नाम पर इतना कोमल तथा सुकुमार बना दिया गया है, वहां जब तक वह आत्मरक्षा में समर्थ नहीं हो जाती, उसकी रक्षा का दायित्व पुरुष पर ही है।

रुमा को वाली ने सुग्रीव से वियुक्त कर दिया था, फलत: सुग्रीव ने तारा को सदा के लिए वाली का वियोग दिया। कैसा स्पष्ट प्रतिशोध है... राम की आंखें वह दृश्य भूल नहीं सकतीं — अपने खुले बालों को चेहरे और कंधे पर बिखेरे हुए, छाती पीटती, हाहा खाती हुई तारा आयी थी और वाली के शव पर लोट गयी थी — ''अंतत: तुम्हारी कामुकता तुम्हारे सारे कुटुम्ब को खा गयी। मैं अब उपालंभ भी दूं तो किसे दूं ?'' वह चिल्लाकर रोयी थी, ''सुग्रीव तुम्हारी मृत्यु का निमित्त बना। पर मैं उसे दोष नहीं दे सकती। जब मैं उसे उसकी रुमा नहीं दिला सकी तो उससे तुमको वापस कैसे मांगू ?... राम के बाण ने तुम्हारे प्राण ले लिये, पर राम का क्या दोष ! पत्नी के अपहरण की पीड़ा का प्रतिशोध लेने वाला बाण कोमल तो नहीं हो सकता।''

सिर पटक-पटककर रोयी थी तारा अपने पति के शव पर, '' ... अंहकारी थे, कामुक थे, स्वार्थी थे... मुझसे रुष्ट थे... पर मेरे पति तो तुम ही थे...'' और अंत में उसने राम से कहा था, ''या तो अपने बाण से मेरे भी प्राण ले लो या फिर मेरे पति का शव मुझे सौंप दो। मैं उनके साथ ही सती हो जाऊंगी।''

किंतु अंगद ने आगे बढ़कर मां को उठाकर कंठ से लगा लिया था, ''धैर्य रखो, मां ! प्रत्येक शोक धैर्म और विवेक से ही टाला जा सकता है। पिताजी के साथ तुम भी सती हो गयीं, तो तुम्हारा अंगद किसके सहारे जियेगा। पति के लिए ही नहीं, मां ! नारी को कभी-कभी पुत्र के लिए भी जीना पड़ता है।''

अंगद ने तारा को मना लिया था। अधिक बखेड़ा नहीं किया था तारा ने... वाली के शव के निकट मिले थे अंगद और सुग्रीव। कैसी विचित्र स्थिति थी — सुग्रीव के मन में ग्लानि थी और अंगद तथा तारा, सुग्रीव का दोष जानते हुए भी उसे दोषी नहीं मान रहे थे... कैसे गिड़गिड़ाकर सुग्रीव ने तारा से कहा था, ''भाभी ! इसमें मेरा कोई दोष नहीं है। मैंने कभी नहीं सोचा था कि मैं भ्रातृ-हंता बनूंगा, किंतु भैया ने मेरे लिए कोई विकल्प ही नहीं छोड़ा था... बताओ, मैं क्या करता, भाभी ! मेरे और रुमा के साथ जो व्यवहार भैया ने किया, उसके बदले में मैं और कर ही क्या सकता था। यदि फिर भी मेरा दोष मानो तो अंगद के हाथ में खड्ग दो, वह मेरा वध कर दे — मैं अपना सिर भी नहीं उठाऊंगा।''

राम के सम्मुख चित्रकूट में उनसे मिलने आए भरत का रूप उभर आया था — कैसे रो-रोकर उन्होंने अपनी बात कही थी — ''निमित्त मैं अवश्य बना हूं, भैया! किंतु

मेरी उसमें तनिक भी सहमति नहीं थी। मैंने कभी निमिष-भर के लिए भी अपने मन में ऐसी इच्छा को स्थान दिया हो तो आप मेरा वध करवा दें... पर फिर भी वन तो आप मेरे ही कारण आए, भैया ! मैं इस कलंक को कैसे मिटाऊंगा ?''

भरत रोते जाते थे और कैकेयी के मुख पर यातना के चिह्न प्रकट होते जाते थे। राम को बार-बार लगा है कि माता कैकेयी भी यही कहना चाहती थीं, ''निमित्त तो मैं ही बनी, राम ! पर इच्छा मेरी भी यह नहीं थी...'' किंतु कैकेयी ने कहा कुछ नहीं। सिर झुकाए चुपचाप खड़ी रहीं। केवल जाते-जाते कह गयी थीं, ''इस विश्वास को लेकर जा रही हूं, राम ! कि चाहे भरत भी मेरे मन को न समझे, पर मेरा राम अवश्य समझ रहा होगा !''

राम तो समझ ही रहे थे... तब भरत और कैकेयी के मन को समझ रहे थे, अब सुग्रीव अंगद और तारा के मन को समझ रहे थे... समझ नहीं रहे थे तो केवल रुमा के मन को। वह क्या- क्या सोचती होगी... और क्या सीता भी वही सब सोचती होंगी?...

वर्षा कुछ धीमी हो गयी थी और सामने से हनुमान के साथ लक्ष्मण आ रहे थे। वे दोनों ही पूरी तरह भीगे हुए थे, जैसे वर्षा में भी इधर-उधर घूमते रहे हों।

''सौमित्र को कहां-कहां घुमा लाए, हनुमान !'' राम ने मुसकराकर पूछा।

''आर्य ! मुझे इतना ज्ञान कहां है कि मैं सौमित्र को घुमाऊं।'' हनुमान अत्यंत नम्र स्वर में बोले, ''मैं तो केवल उनकी आज्ञाओं का पालन करता घूम रहा था।''

''क्यों ? इस सारे क्षेत्र का ज्ञान तुमसे अधिक और किसे होगा ? मैंने तो सुना है कि यहां के भूगोल के सैद्धांतिक तथा व्यावहारिक ज्ञान में तुम पारंगत हो।''

''भूगोल का ज्ञान तो मुझे है।'' हनुमान ने अत्यन्त शालीन भाव से उत्तर दिया, ''किंतु मेरी शिक्षा ने उस भूगोल का उपयोग मुझे नहीं सिखाया। वह तो सौमित्र ही बता रहे थे। शिक्षा, सेना, उद्योग, व्यापार, कृषि तथा नव-निर्माण के संदर्भ में, उनकी जिज्ञासाओं के अनुसार, उन्हें विभिन्न स्थान दिखा रहा था।''

राम का ध्यान हनुमान के हाव-भावों, वाणी की मृदुलता तथा उनके व्यवहार की शालीनता की ओर कई बार गया था। इतने कठोर शरीर का यह व्यक्ति अपने व्यवहार में इतना मृदु तथा कोमल था कि आकार तथा व्यवहार का यह भेद देखने वाले को चौंकाए बिना नहीं रहता था। निश्चित रूप से यह हनुमान के कठोर आत्मसंयम का ही परिणाम था।

''भैया ! शिक्षा-संस्थान तो पहले ही बना हुआ था; उसमें वाली ने वेश्यालय तथा मदिरालय स्थापित कर दिये थे।'' लक्ष्मण बोले, ''वह भवन तो शिक्षा-संस्थान को वापस मिल गया है। किंतु यहां की समस्याएं और आवश्यकताएं बड़ी जटिल हैं।''

''आओ ! बैठो तुम लोग।'' राम एक शिला की ओर बढ़े।

वे तीनों बैठ गये। यद्यपि हनुमान का राम के सम्मुख बैठने का संकोच अत्यन्त

स्पष्ट था, किंतु राम के प्रत्येक वाक्य को वे आदेश के रूप में ही ग्रहण करते थे।

''दंडक वन में जिस समाज का निर्माण करना था, वह सारा समाज एक-सार और एकरूप था। उसमें एक ही वर्ग के लोग थे।'' लक्ष्मण बोले, ''वे सब-के-सब अभावग्रस्त थे, उसमें किसी के पास कुछ नहीं था। किसी से कुछ लेना नहीं था — जो कुछ लेना था, प्रकृति से ही लेना था। उनके लिए केवल निर्माण करना था, ध्वंस की आवश्यकता नहीं थी। उनके शत्रु उनके समाज से बाहर थे, भीतर का शत्रु अपवाद था।'' लक्ष्मण रुके, ''यहां का समाज मिश्रित है। इसमें विभिन्न स्तर हैं। अनेक वर्ग हैं। विभिन्न सामाजिक, आर्थिक तथा शैक्षणिक वर्गों का इतना अन्तर्मिश्रण है इस समाज में कि एक का कल्याण दूसरे के लिए हानि का कारण बन जाता है और किसी एक वर्ग की ओर से उसका विरोध आरंभ हो जाता है। परिणामतः कल्याण के उस विचार को निःसंकोच कर्म-रूप में परिणत नहीं किया जा सकता... उसमें अनावश्यक द्वन्द्व उठते हैं, अतः अनावश्यक विलंब होता है।''

''मैं समझ रहा हूं।'' राम सोच में थे, ''यहां ध्वंस से बिना निर्माण हो नहीं सकेगा। और ध्वंस के लिए अभी सुग्रीव प्रस्तुत नहीं होंगे। क्यों, हनुमान !''

''आर्य ! हनुमान क्या कहें।'' हनुमान अपने कोमल ढंग से बोले, ''हनुमान के पास तो न धन है, न भूमि, न स्वर्ण, न भवन। अतः किसी वस्तु का मोह नहीं है; किंतु वाली के ही प्रिय सभासद अब सम्राट सुग्रीव के भी सभासद हो गये हैं। वे पहले भी स्वामिभक्त थे, अब भी हैं। सम्राट अपने स्वामिभक्त सभासदों के विरुद्ध नहीं जा सकते, उन्हें रुष्ट नहीं कर सकते। और वे सभासद, मंत्री, सामंत, यूथपति, सेनानायक अपनी इच्छा से न अपने अधिकार छोड़ना चाहते हैं, न अपनी संपत्ति।''

''ठीक कहते हो, हनुमान ! जहां मात्र सत्ता का हस्तांतरण हो और प्रशासन का ढांचा वही रहे, वहां इस प्रकार की समस्याएं होंगी ही । सुग्रीव को उन लोगों के साथ कुछ कठोर होना पड़ेगा।''

''वे भी इस बात को समझते हैं; किंतु ऐसा लगता है कि अब वे कठोर हो नहीं पाएंगे।'' हनुमान दूसरी ओर देख रहे थे, सहसा वे मुड़े, ''आर्य ! सम्राट हमारे पथ-प्रदर्शक और नेता रहे हैं। मैं उनकी शिकायत नहीं कर रहा, किंतु मुझे लगता है कि भाई के वध से उनमें कुछ परिवर्तन-सा आ गया है। अब वे कठोर होना नहीं चाहते। कदाचित वाली के वध के पश्चात अभी तक वे ग्लानिमुक्त नहीं हो पाए हैं; उनका अपराध-बोध मिट नहीं रहा।''

''निराश मत हो, हनुमान !'' राम का स्वर अधिक सावधान और कोमल था, ''सर्जक मन का सबसे बड़ा दोष यह है कि उसमें वितृष्णा बहुत जल्दी जागती है। तनिक-सी बाधा से वह अपना मोर्चा छोड़ भागता है। तुम अपने मन को अपने मोर्चे पर लगाये रखो — राम सुग्रीव की शिथिलता के हाथों तुम्हारे सपनों को चूर नहीं होने देगा। सुग्रीव यदि अपने पथ से भटका तो राम उसे लौटा लायेगा।'' राम रुके, ''मुझे बताओ, सैनिक

प्रशिक्षण की क्या नयी व्यवस्था की गयी है ? मैंने सुना है कि सुग्रीव नये शस्त्रों, युद्ध-कौशल तथा सैनिक संगठन के लिए बहुत लालायित थे... और हनुमान ! सुग्रीव रावण से लड़ना चाहें, न चाहें; वर्षा ऋतु की समाप्ति पर राम चाहेगा कि सीता की खोज आरंभ की जाए। और सीता का पता मिल जाने पर, सेना के निर्माण के लिए राम रुका नहीं रहेगा।... सेना के निर्माण का कार्य अभी से आरंभ होना चाहिए।''

''मुझे इस बात का पूरा ध्यान है, आर्य !'' हनुमान ने अपना सिर झुकाकर कहा, ''मुझे पूरा विश्वास है कि आपको मुझसे निराशा नहीं होगी।'' सहसा हनुमान रुक गये, क्षणभर असमंजस में राम को देखते रहे कि कहें या न कहें; और फिर जैसे कहने का निर्णय कर, धीरे-धीरे बोले, ''सम्राट के प्रासाद में आज एक छोटा-सा समारोह है। उन्होंने इच्छा प्रकट की है कि यदि आप अपनी उपस्थिति से उन्हें कृतज्ञ कर सकें...''

राम के अधरों पर विषादयुक्त मुसकान उभरी, ''हनुमान ! सम्राट से कहना, अपने वनवास की अवधि में मैं किसी नगर में प्रवेश नहीं करूंगा, और सम्राट का प्रासाद नगर से बाहर नहीं हो सकता...'' राम के स्वर में हल्का-सा आवेश घुल गया, ''और सम्राट को याद दिला देना कि उन्हें रुमा मिल गयी है, किंतु मुझे अभी सीता की खोज-खबर तक नहीं मिली।''

''अच्छा, भद्र !'' हनुमान खड़े होकर धीरे-से बोले, ''मैं पहले ही समझ रहा था कि ऐसा निमंत्रण युक्तियुक्त नहीं है। और सत्य तो यह है कि यह समारोह ही अपने आप में एक भूल है।''

हनुमान ने हाथ जोड़ दिए और मुड़कर पर्वत की ढलान की ओर बढ़ गये।

संध्या समय जन-सेना के लोग अपने काम से लौटकर आए तो प्रस्रवणगिरि पर राम की गुफा के सम्मुख एक सभा जुट गयी।

सुग्रीव के राज्याभिषेक के पश्चात राम तथा लक्ष्मण के रहने के स्थान और व्यवस्था का प्रश्न भी सुग्रीव के सम्मुख आया था। उन्होंने बहुत चाहा था कि राम और लक्ष्मण भी उनके साथ किष्किंधा में चलें तथा उन्हीं के प्रासाद में, अथवा किसी अन्य सुन्दर प्रासाद में रहें; किंतु राम ने अपने वनवास की बात कहकर किष्किंधा में प्रवेश अस्वीकार कर दिया था। राम को छोड़कर लक्ष्मण का कहीं अन्यत्र जाना तो संभव ही नहीं था; जन-सैनिकों ने भी राम से अलग होने में अपनी अरुचि ही प्रकट की थी।

तभी प्रस्रवणगिरि को राम के आश्रम के रूप में चुना गया और राम अपने शस्त्रागार, लक्ष्मण तथा जन-सैनिकों के साथ वहीं निवास कर रहे थे। सुग्रीव तथा उनके साथियों ने बहुत चाहा कि राम की सेवा में राजकीय परिचारिकाएं नियुक्त कर दी जाएं; और यदि राम को यह स्वीकार्य न हो तो वानरों के जन-संगठनों के स्वयंसेवक उनकी सहायता के लिए वहां वर्तमान रहें। पर, राम को इनमें से कोई भी प्रस्ताव मान्य नहीं था। उन्होंने अपने जन-सैनिकों के साथ अपना स्वतंत्र आश्रम बना रहने देने की इच्छा प्रकट की थी।

प्रातः वे सब लोग सामूहिक व्यायाम, शस्त्राभ्यास तथा अल्पाहार करते थे। उसके पश्चात लक्ष्मण किसी-न किसी कार्य के लिए वन में विभिन्न प्रशिक्षण-केंद्रों में, शस्त्र-निर्माताओं की भट्ठियों अथवा कार्य-स्थानों पर चले जाया करते थे। जन-सैनिकों के भी दो दल हो गये थे। आधे व्यक्ति अनिन्द्य के नेतृत्व में मधुप की सहायता करने चले जाते थे। मधुप ज्ञानभृत्य के आश्रम से आया हुआ भूगर्भशास्त्री था, जो इस क्षेत्र में धातुओं की खोज कर रहा था। अन्य जन-सैनिक भूलर के नेतृत्व में किष्किंधा से लगते ग्रामों में कृषि-संबंधी सहायता तथा शिक्षा का प्रचार करने चले जाते थे।

किंतु कोई भी दिनचार्य स्थायी नहीं हो पायी थी। एक सप्ताह में ही सैनिक प्रशिक्षण केन्द्रों ने आरंभिक शस्त्र-शिक्षा के पश्चात कुछ लोगों को आयुध-ज्ञान के लिए प्रस्रवणगिरि पर भेज दिया। उन आगंतुकों की संख्या क्रमशः बढ़ती जा रही थी। धीरे-धीरे कुछ यूथपति भी अपने यूथों के चुने हुए सैनिकों के साथ प्रस्रवणगिरि के चरणों में शिविर लगाकर रहने लगे थे। वे भी इस प्रशिक्षण में सम्मिलित हो जाते थे। परिणामतः प्रातः शस्त्र-शिक्षा की, विभिन्न स्तरों के अनुसार अनेक कक्षाएं लगती थीं और बीसियों जन-सैनिकों के साथ-साथ राम तथा लक्ष्मण पृथक-पृथक कक्षाओं में विभिन्न प्रकार की जानकारी देते तथा अभ्यास कराते रहते थे।

प्रातः के प्रशिक्षण के पश्चात सबके अपने-अपने कार्यक्रम हो जाते थे। प्रायः राम ही शास्त्रागार के निकट आश्रम में रहते थे। एक तो उन्होंने स्वयं ही आश्रम से बाहर जाना बहुत कम कर रखा था; दूसरे दिन-भर अनेक संदर्भों में विभिन्न प्रकार के लोग उनसे मिलने के लिए आते रहते थे। अपने साथियों से फिर वे संध्या-समय ही मिल पाते थे।

शाम की सभा जुटी तो सबसे पहला प्रश्न भूलर ने किया, "आज भोजन-व्यवस्था किस टुकड़ी की है ?"

भोजन के नाम पर राम का ध्यान सीता की ओर चला गया। सीता के अपहरण के पश्चात से भोजन का स्थायी नियंत्रण समाप्त हो गया था। भोजन-व्यवस्था की दृष्टि से तीन-तीन व्यक्तियों की टुकड़ियां थीं, जो प्रतिदिन बदलती थीं। इन दिनों राम का आश्रम आश्रम कम, सैनिक शिविर ही अधिक था। उसमें से कौटुंबिक वातावरण लुप्त हो चुका था और सैनिक व्यवस्था ही शेष रह गयी थी।

"आज बड़ी भूख लग रही है तुम्हें !" मधुप ने भूलर से कहा।

"तुम्हें नहीं लगी ?" भूलर बोला, "हां, भाई ! तुम्हें अब भूख क्यों लगेगी !"

"क्यों ? मधुप को क्या हुआ ?" लक्ष्मण ने पूछा, "इसके यकृत में कोई दोष आ गया है ?"

"नहीं, सौमित्र !" भूलर ने बताया, "आज मधुप ने भूमि के नीचे का धातु भंडार खोज निकाला है। कल से वहां खुदाई होगी।"

''अच्छा !'' राम की भी रुचि जाग गयी, ''यह तो तुमने बहुत अच्छा समाचार दिया है, भाई। मैं इस धातु को लेकर कुछ अधिक ही चिंतित था। पिछले दिनों से जो कुछ मैंने देखा है, उससे तो लगता है कि जन-शक्ति की यहां कोई कमी नहीं है। सुग्रीव की राजकीय सेना के साथ-साथ यूथपतियों की स्वतंत्र सेनाएं हैं। कदाचित् राक्षसों की सारी सेनाओं से भी अधिक सैनिक सुग्रीव की एक आज्ञा पर तैयार हो जाएंगे; किंतु उसके साथ-ही-साथ, राक्षस-विरोधी भावनाओं के कारण, सारा जन-सामान्य युद्ध के लिए उठ खड़ा होगा। पर शस्त्र...! जब तक धातु की खोज नहीं होगी, शस्त्र कैसे बनेंगे?'' राम ने रुककर मधुप की ओर देखा, ''यह धातु किस श्रेणी की हो सकती है, मधुप?''

''अभी से कुछ निश्चित कहना कठिन है, राम !'' मधुप बोला, ''पर कल से खुदाई आरंभ हो जाए, तो सप्ताह-भर में हम धातु का सर्वांगीण परीक्षण कर आपको ठीक-ठीक बता सकेंगे। वैसे मुझे आशा है कि यहां धातु का बहुत बड़ा भंडार है, और कदाचित् धातु अच्छी श्रेणी की ही होगी।''

''यह कार्य तुम कर लो।'' राम बोले, ''उसके पश्चात किष्किंधा के शिक्षा-संस्थान में तुम्हें शिक्षक नियुक्त कर दिया जाए। किष्किंधा राज्य के पास कोई अच्छा भूगर्भशास्त्री नहीं है। क्यों, सौमित्र ?''

लक्ष्मण राम के कथन से उत्साहित नहीं हुए। धीमे-से स्वर में बोले, ''प्रस्ताव तो अच्छा है। यह विषय उपयोगी भी है। किंतु किष्किंधा का शिक्षा-संस्थान स्थापित तो हो ले !''

''क्यों ? शिक्षा-संस्थान को क्या हुआ ?'' राम ने चकित होकर पूछा।

तभी उन लोगों के सम्मुख भोजन परोस दिया गया।

लक्ष्मण ने पत्तल को अपनी ओर सरकाया और बोले, ''अपराह्न में हनुमान ने संकेत किया था, कदाचित् आपका ध्यान उधर नहीं गया।''

''ध्यान गया तो था।'' राम ने उत्तर दिया, ''किंतु हनुमान और तुम — दोनों ही मुझे कुछ उदास-से लगे थे, इसलिए मैंने बात को अधिक कुरेदा नहीं। तुम लोग शिक्षा-संस्थान को लेकर ही उदास हो ?''

''उदास क्या होना।'' लक्ष्मण सायास हल्के-से हंसे, ''पर उसी से हम दोनों विचलित हो गये थे।... बात यह है कि उस शिक्षा-संस्थान के सारे आचार्यों और अध्यापकों ने वाली के सम्मुख अपमानजनक समर्पण किया था। अब, जबकि संस्थान की पुनर्स्थापना हो रही है, उन अध्यापकों ने अपनी पुनर्नियुक्ति की मांग की है। अंगद, हनुमान, नल तथा नील उनकी नियुक्तियों के पक्ष में नहीं हैं।

''उनका विचार है कि जिन लोगों ने तनिक-सा संकट आते ही अपनी वास्तविकता प्रकट कर दी; जो अपने व्यवसाय के आदर्शों की तनिक भी रक्षा नहीं कर सके; जिनमें अकल्याणकारी अन्यायी शक्तियों के विरोध का तनिक भी साहस नहीं है, वे लोग इस दायित्व के योग्य नहीं हैं। उन लोगों के हाथों में अपनी अगली पीढ़ी का भविष्य सौंपना

तनिक भी समझदारी का काम नहीं है।''

''तो उनके पक्ष में कौन हैं ?'' राम ने पूछा।

''एक तो कटाक्ष ही है। कुछ उसके साथी हैं।'' लक्ष्मण बोले, '' ... और थोड़े-बहुत स्वयं सुग्रीव भी हैं।''

''ये सुग्रीव भी मुझे बहुत ढीले आदमी लगते हैं।'' अनिन्द्य बोला, ''हर काम में टाल-मटोल कर रहे हैं।''

''तो तुम्हें भी सुग्रीव से शिकायत है ?'' राम बोले, ''पर तुम यह क्यों नहीं सोचते कि उनके मार्ग में कुछ व्यावहारिक कठिनाइयां होंगी।''

''व्यावहारिक कठिनाइयां तो अपनी नीतियों की जड़ता में बंध जाने से होती हैं।'' अनिन्द्य ने उत्तर दिया।

''तुम ठीक कह रहे हो, अनिन्द्य !'' लक्ष्मण बोले, ''कटाक्ष तथा उसके साथी उन अध्यापकों का समर्थन अपनी वाली-भक्ति तथा निहित स्वार्थों के कारण कर रहे हैं; और सुग्रीव व्यावहारिक कठिनाई नामक जड़ता में फंसे हैं।''

''देखो ! जैसे-जैसे सौमित्र का क्षोभ अभिव्यक्त होता जाता है, उनकी वाणी का प्रवाह सधता जाता है।'' राम मुसकराए, ''नहीं तो प्रातः से ही एकदम चुप बैठ थे।''

मैं सच कह रहा हूं, भैया !'' लक्ष्मण बोले, ''सुग्रीव की व्यावहारिक कठिनाई यह है कि यदि वे उन अध्यापकों को नियुक्त नहीं करेंगे तो लोग कहेंगे कि सुग्रीव भी वाली के ही समान अपने विरोधियों को आतंकित कर रहे हैं; और सुग्रीव कलंकित होना नहीं चाहते। वे अपनी प्रजा को विश्वास दिला देना चाहते हैं कि वे अपने शत्रु और मित्र को एक ही दृष्टि से देखते हैं। वे अपने राज्य में न्याय की स्थापना करेंगे। न्याय का अर्थ है कि वे मित्रों की कोई बात नहीं मानेंगे और शत्रुओं का विरोध नहीं करेंगे।'

''सुग्रीव न्याय का ठीक-ठीक अर्थ समझ नहीं रहा।'' राम ने जैसे अपने-आप से कहा, ''जब व्यक्ति इस बात की चिंता औचित्य से अधिक करने लगता है कि लोग क्या कहेंगे तो वह वस्तुतः स्वयं को अपने ही बंधनों में बांधता चलता है और अंततः निष्क्रिय जड़-पत्थर हो जाता है।''

''स्थिति यह है, भैया !'' लक्ष्मण पुनः बोले, ''कि न तो वे पुराने अध्यापकों को नियुक्त कर पा रहे हैं, न नयी नियुक्तियां हो रही हैं। फिर शिक्षा-संस्थान अपना कार्य कैसे करें ?''

''इस प्रकार तो ये लोग शिक्षा की कोई व्यवस्था ही नहीं कर पाएंगे।'' भूलर बोला।

''लगता तो मुझे भी यही है।'' लक्ष्मण अपने प्रवाह में कहते गये, ''और केवल एक यही समस्या नहीं है। एक शिक्षा संस्थान सारी वानर-जाति के लिए पर्याप्त नहीं है। इन्हें और बहुत-से आचार्य और अध्यापक चाहिए। वानरों में एक तो पढ़े-लिखे युवक-युवतियां कम हैं। जो हैं, उनमें अध्यापक बनने की न योग्यता है और न इच्छा। कुछ युवक जो दूसरे राज्यों में गये हुए हैं, उन्हें वापस नहीं बुलाया जा सकता, क्योंकि एक

तो उनको उतनी भारी-भरकम वृत्तियां देने के लिए वानर राज्य के पास धन नहीं है; दूसरे, वे लोग जो धन वहां कमा रहे हैं, वानर राज्य उस धन से वंचित नहीं होना चाहता। यदि अन्य जातियों के अध्यापकों को बुलाने का प्रस्ताव रखा जाता है तो यह कहकर विरोध किया जाएगा कि इतर जातियों के अध्यापकों के कारण वानरों का धन अन्य राज्यों में चला जाएगा तथा वे अध्यापक हमारे युवकों में मानसिक दासता के बीज बोएंगे।''

''यह तो अच्छा-खासा षड्यंत्र है।'' मधुप बोला, ''ऐसे तो वानर सदा के लिए अशिक्षित रह जाएंगे और अंततः किसी अन्य जाति के दास हो जाएंगे।''

''सुग्रीव यदि अपने अनिर्णय से मुक्त न हो पाए तो संकट की स्थिति आ जाएगी।'' राम धीरे से बोले।

प्रातः हनुमान, अंगद और नील — तीनों ही राम से मिलने आए।

राम ने मुसकराकर उनका स्वागत किया, ''शिक्षा-संस्थान की नियुक्तियों की समस्या ही तो तुम्हें परेशान नहीं कर रही ?''

''वह परेशानी तो है ही।'' हनुमान अपने शालीन स्वर में बोले, ''कदाचित् हम उसके विषय में भी आपका परामर्श चाहेंगे; किंतु कल संध्या से अब तक एक नया बवंडर उठ खड़ा हुआ है।''

''क्या हुआ ?''

लक्ष्मण, अनिन्द्य, भूलर, मधुप तथा आस-पास उपस्थित अन्य जन-सैनिक भी समीप आ गये।

''इतने दिनों के अथक परिश्रम के पश्चात कल हमारे भूगर्भशास्त्री ने जिस भूमि में धातु-भंडार का अन्वेषण किया है,'' अंगद बोले, ''वह वृद्ध यूथपति असिगुल्म की भूमि है; और वे अपनी भूमि राज्य को देने के सर्वथा विरुद्ध हैं।''

''फिर वही बात !'' लक्ष्मण आवेश में बोले।

''वह भूमि उनकी कैसे है ?'' राम का स्वर शांत था।

''स्वर्गीय सम्राट ऋक्षराज ने उनकी सेवा के प्रतिदान में वह भूमि उन्हें दान-स्वरूप दी थी।'' अंगद बोले।

''और वे उसे राज्य को देना क्यों नहीं चाहते ?''

''उनकी इच्छा! वे अपनी भूमि से प्रेम करते हैं।'' नील खीझे हुए स्वर में बोले।

''ऐसे तो अनर्थ हो जाएगा।'' मधुप घबराए हुए स्वर में बोला, ''हमारा परिश्रम तो व्यर्थ जाएगा ही, उस बूढ़े यूथपति को कदाचित् यह ज्ञात ही नहीं है कि वह किष्किंधा राज्य की कितनी क्षति कर रहा है तथा अपनी सेनाओं को कितना दुर्बल बना रहा है।''

''ठहरो, मधुप !'' राम का स्वर अब भी शांत था, ''चिंतित मत हो। तुम्हारी आशंकाएं सत्य नहीं होंगी।'' वे अंगद की ओर घूमे, ''अपनी धरती से प्यार सभी को होता है; किंतु किसकी धरती पर हल नहीं चलता या उसकी खुदाई नहीं होती। मूल कारण

कुछ और होना चाहिए।''

''मूल कारण बड़ा सीधा है, आर्य !'' हनुमान बोले, ''जब तक किष्किंधा-राज्य में अपना धातु-उत्पादन नहीं होगा, तब तक अपने उपयोग के लिए धातुएं हम राक्षस-व्यापारियों से खरीदेंगे। अपना माल बेचने के लिए राक्षस व्यापारी यूथपति असिगुल्म को उत्कोच के रूप में पुष्कल धन अर्पित करेंगे; क्योंकि अन्य राज्यों से वस्तुओं के क्रय-विक्रय के अधिकारी यूथपति असिगुल्म हैं; तथा अपने पुत्र के नाम से धातु खरीदकर, राज्य को बेचने में लाभ अलग कमाएंगे।''

''कैसे-कैसे देशभक्त हैं यहां !'' लक्ष्मण ने टिप्पणी की।

''क्या सुग्रीव इस बात को नहीं जानते ?'' राम ने पूछा।

''जानते हैं, पर विधान से बंधे हैं।'' नील ने उत्तर दिया

''विधान क्या कहता है ?''

''किष्किंधा के शासन की परम्पराओं के अनुसार राजा द्वारा दी गयी भूमि राजाज्ञा से लौटायी नहीं जा सकती !'' अंगद बोले।

''इस विधान को सुग्रीव अपनी राजाज्ञा से बदल नहीं सकते क्या ?'' राम ने पुनः प्रश्न किया।

''उनका विचार है कि यह अनुचित होगा।''

''विधान और औचित्य पर्याय नहीं हैं।'' राम के स्वर में आवेश फूटा, ''जिन लोगों के पास न्याय की मौलिक कल्पना नहीं है, वे लोग रूढ़ियों के जड़ अनुचर ही हो सकते हैं। एक बूढ़ा स्वार्थी पशु अपनी लोलुपता में एक पूरी जाति को आगे बढ़ने से रोक रहा है और औचित्य के नाम पर सुग्रीव उसका समर्थन कर रहा है। उसे धरती दी गयी थी, धरती के नीचे का राष्ट्रीय धन नहीं। उससे कहो कि उस धरती के बराबर अन्य कोई भी धरती ले ले।''

''राजपरिषद् के अधिकांश पार्षद राज्य को यह अधिकार देने के लिए तैयार नहीं हैं।'' हनुमान धीरे से बोले, ''उन सबके पास धरती के विशाल खंड निजी संपत्ति के रूप में पड़े हैं। कहीं वन-संपदा है, कहीं कृषि-संपदा। अब भूगर्भ-संपदा की संभावनाएं भी जाग रही हैं।'' हनुमान मुसकराए, ''आज यदि राज्य को यह अधिकार दे दिया जाता है और वह यूथपति असिगुल्म से उनकी धरती उनकी इच्छा के विरुद्ध ले लेता है, तो कल राज्य अन्य लोगों की भूमि भी उनसे उनकी इच्छा के विरुद्ध ले लेगा। अतः पार्षद इस अधिकार तथा इस मत का समर्थन नहीं करते।''

''विकट स्थिति है !'' राम चिंतित हो उठे, ''सुग्रीव से ऐसी जड़ता की आशा नहीं थी। उन्होंने अपनी राजपरिषद् में जाति और राज्य के शत्रु ही भर रखे हैं क्या ?''

''वे उन लोगों से उनके पद छीन क्यों नहीं लेते ?'' लक्ष्मण बोले, ''यह प्रतिदिन की बाधा दूर हो।''

''विरोधियों को हटाने में उन्हें अपयश का भय है।'' नील बोले, ''इन दिनों उन्हें

अपने सुयश की बहुत चिंता है।''

''सुनो, मित्रो !'' राम का स्वर धीमा था, ''सुग्रीव हमारे मित्र हैं। हममें से एक हैं। उनके विचार, आदर्श और लक्ष्य हमारे अपने हैं। इसलिए हमें उनके विरुद्ध धारणा बनाने में शीघ्रता नहीं करनी चाहिए। संभव है कि शासन की आरम्भिक अवस्था तथा इन जटिल परिस्थितियों में उनके सम्मुख वास्तविक व्यावहारिक कठिनाइयां हों और वे कुछ शिथिल पड़ गये हों। इसलिए हमें इतनी जल्दी उनके प्रति सहानुभूतिशून्य नहीं हो जाना चाहिए। किंतु हम इन तथ्यों के प्रति असावधान भी नहीं हो सकते। हमारा मूल दायित्व राजा, अपने मित्र अथवा व्यक्ति सुग्रीव के प्रति नहीं है — हमारा दायित्व असंख्य जनसाधारण के प्रति है। जन-सामान्य के हित का शत्रु हमारा भी शत्रु है। इसलिए हमें सुग्रीव को सावधान करना होगा।''

''और यदि कोई सावधान न होना चाहे तो ?'' लक्ष्मण बोले।

''तो उसके विरुद्ध जनता का दबाव बनाना होगा, बनाए रखना होगा।''

राम बोले, ''इस विषय में कोई भ्रांति नहीं होनी चाहिए। सत्ता प्राप्त कर लेने के पश्चात हमारे जन-संगठन अनावश्यक नहीं हो जाते। तुम लोग देख ही रहे हो कि अनेक बार अपने भीतरी विरोधों के कारण शासन कितना असमर्थ हो जाता है। और दूसरी बात यह है कि जन-संगठनों का समर्थन प्राप्त न हो तो शासन कोई निर्माण-कार्य कर भी नहीं पाएगा।''

''तो ?'' अंगद पूछ रहे थे।

''शासन के माध्यम से निर्माण-कार्य का तुम्हारा आयोजन असफल रहा।'' राम बोले, ''वापस अपने जन-संगठनों में लौटो। उन्हें प्रबल तथा प्रभावी बनाओ। उनके द्वारा शासन पर जनहिताय निर्माण के लिए दबाव डालो तथा स्वयं उनके माध्यम से निर्माण-कार्य आरम्भ करो। शासन शिक्षा-संस्थान स्थापित नहीं कर पाता तो तुम गली-गली अपने विद्यालय खोल दो। संगठन और सैनिक-प्रशिक्षण अपने हाथ में ले लो; और कल से भूगर्भशास्त्री मधुप की देख-रेख में धातु प्राप्त करने के लिए खुदाई का कार्य आगे बढ़ाओ।''

''यदि सम्राट आपत्ति करें ?''

''जन-न्याय सम्राट के न्याय से बड़ा होता है।'' राम बोले, ''जड़ परिस्थितियों में गति लाने के लिए जन-न्याय को सम्राटों के लिए भी आदर्श स्थापित करने पड़ते हैं।''

3

सुग्रीव का दिन झगड़ों से ही आरम्भ हुआ।

राजपरिषद् में जाने से पूर्व ही प्रतिहारी ने सूचना दी कि प्रजाजनों का एक शिष्ट-मंडल उनसे मिलने आया है। इन दिनों किसी भी शिष्ट-मंडल से मिलने में सुग्रीव की कोई रुचि नहीं थी; किंतु आगंतुकों में सबसे ऊपर स्वर्गीय मंत्री मलयवन की पत्नी सुपताका

का नाम था। वाली के हाथों मलयवन की यातनापूर्ण मृत्यु को सुग्रीव भूल नहीं सकते थे; न ही वे इस तथ्य की उपेक्षा कर सकते थे कि सुग्रीव के मंत्री होने ही के कारण मलयवन को इस प्रकार की मृत्यु और उसके परिवार को यातना तथा अपमान मिला।

उन्हें शिष्ट-मंडल से मिलने की अनुमति देनी पड़ी।

शिष्ट-मंडल के लोग आकर सम्राट के सम्मुख खड़े हो गये। केवल सुपताका को एक छोटे मंच पर बैठा दिया गया।

प्राय: प्रत्येक व्यक्ति ने सम्राट का अभिवादन करते हुए, उनके स्वास्थ्य के विषय में जिज्ञासा प्रकट की और उसके लिए मंगल-कामना की।

'मेरे सम्राट बन जाने के पश्चात लोगों को मेरे स्वास्थ्य की बहुत चिंता रहने लगी है।' सुग्रीव सोच रहे थे।

''आप लोग अपना प्रयोजन कहिए।'' सुग्रीव ने उन्हें मूल बात की ओर प्रेरित किया।

''सम्राट ! देवी सुपताका आपको यह याद दिलाने के लिए आयी हैं कि आपका पक्ष ग्रहण करने के कारण स्वर्गीय सम्राट वाली के हाथों हमें अनेक कष्ट सहने पड़े हैं। लोगों ने अपने प्राणों का बलिदान किया है; कारागार तथा अंधकूप की यंत्रणाएं सही हैं। अनके लोगों को धन की हानि उठानी पड़ी है। अनेक लोगों के भवन भूमिसात और अग्निसात हुए हैं। सम्राट से निवेदन है कि वे अपने अनुचरों को विस्मृत न करें।''

''विस्मृत करने का प्रश्न ही कहां उठता है।'' सुग्रीव बोले, ''जब कभी सोचता हूं तो एक-एक कर उन सब लोगों के चेहरे मेरी आंखों के सम्मुख घूम जाते हैं। वस्तुतः उन लोगों ने कितना कष्ट सहा है मेरे लिए। मेरे मित्र, समर्थक तथा सहचर होने का कैसा विकट मूल्य चुकाया है लोगों ने।''

''मूल्य तो हम लोगों ने चुकाया है, सम्राट !'' शिष्ट-मंडल का एक सदस्य बोला, ''और फल उन लोगों को मिल रहा है, जो आपके उन यातनापूर्ण दिनों में भी न केवल अपने पर्यंकों पर सोये हुए थे, वरन आपके समर्थकों को पीड़ित करवाने में अगुआ बनकर पुरस्कार-रूप में धन-संपत्ति और सुविधाएं प्राप्त कर रहे थे।''

''मैं समझा नहीं।'' सुग्रीव चौंक उठे, ''आप लोगों का मंतव्य क्या है ?''

''सम्राट ! अपने उन शत्रुओं को उनके पदों से हटाएं, जिन्होंने आपके अनुचरों पर अत्याचार किये हैं। उन लोगों के अधिकार छीन लिये जाएं, जिन्होंने आपके मित्रों और समर्थकों पर अत्याचार करने के पुरस्कार के रूप में अधिकार तथा ऐश्वर्य प्राप्त किया है।''

''अर्थात् मैं भी अपने विरोधियों के साथ वही व्यवहार करूं, जो वाली ने अपने विरोधियों के साथ किया था !'' सुग्रीव कुछ आवेश में बोले, ''तो फिर मुझमें और वाली में अन्तर ही क्या होगा ?''

सुग्रीव मौन हो गये। वे चुपचाप उन लोगों को देखते रहे।

''आर्य मलयवन का परिवार यदि आज भी गली-गली बिलखता फिरे तो हम कैसे

मान लें कि अब वाली का राज्य नहीं रहा।'' सुपताका ने पहली बार अपना मुख खोला।

''तुम लोग ठीक कह रहे हो !'' सुग्रीव कुछ सोचते हुए बोले, ''मुझे विचार-विमर्श और चिंतन-मनन के लिए थोड़ा-सा समय दो। मुझे अपने साथियों से भी पूछना पड़ेगा कि इस विषय में हम क्या कर सकते हैं।''

''सम्राट ! हम आपके सम्मुख कुछ प्रस्ताव रखना चाहेंगे !'' एक व्यक्ति बोला, ''निर्णय का अधिकार आपका है; किंतु आशा है, हमारे प्रस्ताव-ज्ञापन पर आपको कोई आपत्ति नहीं होगी।''

''बोलो।'' सुग्रीव ऊबे-से स्वर में बोले।

''सम्राट ! जिन लोगों ने पिछले दिनों कष्ट सहे हैं, उनकी क्षतिपूर्ति की जाए। जिनके धन की हानि हुई है, उनके लिए राज्य की ओर से उस हानि की भरपाई हो। जिनके भवन गिराये गये हैं, अथवा जलाये गये हैं, उनके लिए भवनों का निर्माण हो। जिनके परिवारों के जन की हानि हुई है, उन परिवारों के लिए वृत्तियों, राजकीय सेवाओं, व्यापार-सुविधाओं तथा अन्य सुविधाओं से उस जन-हानि की यथासंभव पूर्ति की जाए।... और सम्राट ! आपकी विपत्ति के दिनों में जिन्होंने आपका विरोध किया, आपके समर्थकों पर अत्याचार किया तथा अन्य प्रकार से लाभ उठाया — उन लोगों को दंडित किया जाए।''

अवाक् सुग्रीव उनकी बात सुनते रहे, 'इनके सारे प्रस्ताव मान लिये जाएं तो सारे राज्य को सिर के बल खड़ा कर देना होगा।'

''अच्छा ! आप लोग जाएं।'' अंततः सुग्रीव धीरे-से बोले, ''आपके प्रस्तावों पर विचार किया जाएगा।''

राजपरिषद् की कार्यवाही आरम्भ ही हुई थी कि वृद्ध यूथपति असिगुल्म उठकर खड़ा हो गया, ''सम्राट ! दुहाई है। मैं न्याय की मांग करता हूं।''

''आपके साथ क्या अन्याय हो गया, यूथपति ?'' सुग्रीव ने अपने खीझे हुए मन को संतुलित करने का प्रयत्न किया।

''सम्राट ! किष्किंधा के निकट वनों में जो भूमि सर्वथा अनुपजाऊ तथा मूल्यहीन समझकर स्वर्गीय सम्राट ऋक्षराज ने मुझे दान में दी थी; आज किष्किंधा के कुछ उपद्रवी तत्त्व उसे भी मुझसे छीन लेना चाहते हैं।''

''क्या आपकी भूमि पर किसी अन्य व्यक्ति ने आधिपत्य स्थापित कर लिया है?'' सुग्रीव को स्मरण हो रहा था कि इसी भूमि की चर्चा अंगद और हनुमान दोनों ही उनसे कर चुके थे।

''आधिपत्य तो स्थापित नहीं किया गया, सम्राट !'' वृद्ध यूथपति बावेला मचाने के-से ढंग से बोला, ''आधिपत्य कोई क्यों स्थापित करेगा ? संसार जानता है कि वह पथरीली, वंध्या तथा अनुपजाऊ भूमि है। किन्तु मुझे क्लेश पहुंचाने के लिए उसकी खुदाई आरम्भ कर दी गयी है। मेरे यूथ के दंडधर उस भूमि की रक्षा के लिए गये तो उन उपद्रवियों

ने उन्हें पीटा भी है। दुहाई है सम्राट की। मेरी भूमि की रक्षा की जाए। मेरे दंडधरों की रक्षा राजकीय सेना करे अथवा मुझे अनुमति मिले कि मैं अपने यूथ की सेनाओं द्वारा अपनी रक्षा करूं।''

असमंजस में फंसे सुग्रीव कुछ क्षण मौन रहे — क्या कहें, क्या करें सुग्रीव? सहसा किसी निष्कर्ष पर पहुंचते हुए, शान्त स्वर में बोले, ''कोटपाल ! क्या आपने इस घटना की जांच की है ?''

इससे पहले कि कोटपाल कोई उत्तर देता, अंगद अपने स्थान पर खड़े हो गये, ''सम्राट ! यदि अनुमति हो तो मैं इस विषय में विस्तार से कुछ कहना चाहता हूं। मेरा विचार है कि कोटपाल इस विषय में विशेष जानकारी देने में असमर्थ होंगे।''

सुग्रीव ने कोटपाल की ओर देखा।

कोटपाल ने सिर झुकाकर कहा, ''युवराज का विचार सत्य है, सम्राट ! वह स्थान किष्किंधा की प्राचीर से बाहर है; अतः मेरा अधिकार-क्षेत्र वहां तक व्याप्त नहीं है।''

सुग्रीव ने अंगद की ओर दृष्टि घुमाई, ''युवराज ही कहें।''

''सम्राट ! यूथपति असिगुल्म पर मेरा आरोप है कि उन्होंने जान-बूझकर तथ्यों को छिपाया है और एकांगी जानकारी देकर सम्राट तथा राजपरिषद् को भ्रमित करने का प्रयत्न किया है।''

''युवराज अपना आरोप प्रमाणित करें।'' सुग्रीव बोले।

''सम्राट इस बात से अनभिज्ञ नहीं हैं कि सैनिक तथा असैनिक उद्देश्यों की पूर्ति के लिए किष्किंधा राज्य को धातुओं की कितनी भीषण आवश्यकता है। अपने पास कोई भूगर्भशास्त्री न होने के कारण हमने अपने मित्र आश्रमों से अनुरोध कर कुछ भूगर्भ-विशेषज्ञ आमंत्रित किये हैं। उन लोगों ने अपने अथक परिश्रम से जिस स्थान पर धातु का पता लगाया है, वह क्षेत्र यूथपति असिगुल्म की भूमि में पड़ता है। अब एक देशभक्त तथा कर्तव्यनिष्ठ नागरिक के समान वह भूमि राज्य को अर्पित करने के स्थान पर यूथपति ने अपनी जाति को उस सम्पदा से वंचित रखने के लिए अनेक प्रकार के पाखंड आरम्भ कर रखे हैं...''

''हम इस प्रकार के निराधार आरोपों का विरोध करते हैं।'' कटाक्ष खड़ा हो गया, ''आरोप लगाने से पूर्व उनका आधार भी प्रस्तुत किया जाना चाहिए। आरोप लगाने वाले चाहे स्वयं युवराज ही क्यों न हों।''

''मैं बीच में बोलना नहीं चाहता था, सम्राट !'' हनुमान बोले, ''किंतु आर्य कटाक्ष के व्यवहार के पश्चात मैं भी निवेदन करना चाहता हूं कि सम्राट से अनुमति प्राप्त कर, युवराज इन आरोपों को प्रमाणित ही कर रहे थे, जब आर्य कटाक्ष ने विघ्न डाला है। यह सम्राट की भी अवहेलना है और युवराज की भी।''

सुग्रीव ने हाथ के संकेत से हनुमान को बैठने का आदेश दिया, ''युवराज अपनी बात कहें।''

''मैं कह रहा था, सम्राट ! कि यूथपति असिगुल्म जाति की सम्पत्ति जाति को देने से इनकार कर रहे हैं। वह भूमि यूथपति की अवश्य है, किंतु उस भूमि के नीचे की सम्पदा या तो किष्किंधा राज्य की है, अथवा वानर जाति की। इस सम्पदा को अपना बताना राजद्रोह भी है और जातिद्रोह भी। इसके लिए यूथपति असिगुल्म को दंडित किया जाए, ऐसा अनुरोध है।''

असिगुल्म अपने स्थान पर बैठा ऐंठ रहा था। कुछ कहने और न कहने का द्वन्द्व उसके चेहरे से स्पष्ट लक्षित हो रहा था।

''यूथपति इस विषय में क्या कहना चाहते हैं ?'' सुग्रीव से पूछा।

''सम्राट !'' असिगुल्म को बोलना ही पड़ा, ''मेरी भूमि के नीचे जाति अथवा राज्य की सम्पदा है या नहीं, इसका निर्णय कौन करेगा। कोई समझदार आदमी इस बात को प्रमाणित कर दे तो और बात है; ऐसे ही किसी राह चलते कंगले ब्रह्मचारी के कह देने से मैं अपनी भूमि नहीं छोड़ सकता।''

''यूथपति किसके द्वारा इस तथ्य को प्रमाणित करवाना चाहते हैं ?'' हनुमान ने पूछा।

''कोई भी विद्वान हो — लंका का, अशिमपुर का, भोगपुर का।'' असिगुल्म कटु स्वर में बोला, ''ऐसा नहीं होना चाहिए कि कुछ शोहदे किष्किंधा की संकीर्ण गलियों की गंदी झुग्गियों में बच्चों को बैठाकर उनका नाम विद्यालय रख दें; और कल इन्हीं गंदी झुग्गियों के वे आवारा बच्चे हमारे भाग्य का निर्णय करने बैठ जाएं।''

सुग्रीव को लगा, हनुमान तमतमाकर कोई बहुत कठोर बात कह बैठेंगे। असिगुल्म तर्क छोड़कर अब जनविद्यालयों और उनमें पढ़ने वाले बच्चों का अपमान करने पर उतर आया था। किंतु हनुमान ने अद्‌भुत आत्मसंयम का परिचय दिया। वे अत्यन्त मृदु स्वर में बोले, ''वृद्ध यूथपति की भाषा घृणा का प्रचार करने वाली, शब्द सामान्य जन के लिए अपमानजनक तथा वाक्य सर्वथा तर्कशून्य हैं। यदि मैं यह कहूं कि साफ कपड़े पहनकर ऊंचे महलों में बैठने वालों को क्या अधिकार है कि वे किसी जाति अथवा राज्य के भविष्य का निर्णय करें, जबकि उनके मस्तिष्क सड़े हुए हैं और आत्माएं दुर्गन्ध फैला रही हैं।''

''सम्राट ! हनुमान हमारा अपमान कर रहे हैं।'' दुर्मुख चीत्कार कर उठा, ''कृपया इसे आदेश दें कि यह तनिक संयम सीखे।''

''मेरा विचार है, मेरे पुत्र से बढ़कर संयम सारी किष्किंधा में और किसी में नहीं है।'' वृद्ध यूथपति केसरी सारे विवाद में पहली बार बोले।

''होगा।'' दुर्मुख अपनी बात आगे बढ़ा ले गया, ''गली-गली खुलने वाले इन विद्यालयों के प्रति मैं भी सम्राट को सावधान करना चाहता हूं। इस राज्य में ज्ञान का स्तर गिराने का एक घृणित षड्यंत्र रचा जा रहा है। जिन परिवारों से ये गंदे, अस्वस्थ तथा नासमझ बच्चे आ रहे हैं, और जैसे मूर्ख अध्यापक उन्हें पढ़ा रहे हैं, उससे ज्ञान

का प्रचार नहीं हो रहा है। अयोग्य लोगों को योग्य बनाने का पाखंड किया जा रहा है। कल ये ही लोग उन बच्चों से योग्यता की समकक्षता का दावा करेंगे — जो पुष्कल धन व्यय कर, अच्छे अध्यापकों से ज्ञान अर्जित कर रहे हैं। अतः निवेदन है कि इन विद्यालयों को बन्द किया जाए।''

''इतनी ही नहीं, सम्राट !'' कटाक्ष पुनः उठ खड़ा हुआ, ''विद्यालयों के नाम पर ये लोग सार्वजनिक स्थानों, भवनों, मन्दिरों तथा समाधियों पर अपना आधिपत्य स्थापित कर रहे हैं। यह षड्यंत्र साधारण लोग नहीं कर रहे हैं। इसके पीछे शासन के बड़े-बड़े अधिकारी हैं, जिनमें से कुछ तो आपकी राजपरिषद् के सदस्य भी हैं।''

''जब बात यहां तक आ ही गयी है तो मैं भी कुछ स्पष्ट बातें कहने की अनुमति चाहूंगा।'' नील उठकर खड़े हो गये।

सुग्रीव ने बोलने का संकेत किया।

''सम्राट !'' नील बोले, ''हमारे सामने एकाधिक बातें गड्डमड्ड रूप में प्रस्तुत की गयी हैं। स्पष्टता की मांग है कि उन्हें पृथक-पृथक कर दिया जाए।

''पहली बात है यूथपति असिगुल्य की भूमि, दूसरी है खनिज पदार्थों सम्बन्धी ज्ञान देने का अधिकार, तीसरी नगर अथवा सारे राज्य में जन-विद्यालय खोलने का अधिकार, और चौथी बात है सार्वजनिक स्थानों पर विद्यालय खोलने का अधिकार। कृपया इन बातों पर पृथक-पृथक निर्णय लिये जाएं। सर्वप्रथम हम यूथपति की भूमि की समस्या सुलझा लें। यूथपति का आरोप है कि कुछ उपद्रवी तत्त्व बलात् उनसे उनकी भूमि छीन रहे हैं और युवराज का यूथपति पर आरोप है कि वे राज्य और जाति को उसकी सम्पदा देना नहीं चाहते, अतः राजपरिषद् तथा सम्राटों को भ्रमित कर रहे हैं। परिषद से निवेदन है कि पहले इसका दो-टूक निर्णय कर, फिर किसी अन्य विषय पर विचार करें।''

नील अपनी बात समाप्त कर बैठ गये।

''सम्राट अपना निर्णय देने से पहले मेरी बात सुन लें।'' वृद्ध यूथपति पुनः बोला, ''यदि मेरी भूमि के गर्भ में खनिज-सम्पदा निकल भी आए, तो यह खोज किसी उपयुक्त अधिकारी के आदेश से होनी चाहिए। मेरी भूमि पर खुदाई किसके आदेश से आरम्भ हुई ? प्रस्रवणगिरि पर बैठे निष्कासित राजकुमारों के बहकावे...''

''यूथपति !'' सुग्रीव पहली बार कठोर स्वर में बोले, ''आर्य राम तथा लक्ष्मण के सम्मान के विरुद्ध कोई बात नहीं सुनी जाएगी। अपनी मर्यादा पहचानिए। वे सम्राट के मित्र तथा राज्य के अतिथि हैं... हां ! यह प्रश्न पूछा जा सकता है कि आपकी भूमि में खुदाई किसके आदेश से आरम्भ हुई ?''

''मेरे आदेश से, सम्राट !'' अंगद बोले, ''और धातु-अनुसंधान के अधिकार स्वयं सम्राट ने मुझे दिये थे। धातु-अनुसंधान-मंडल के अध्यक्ष के रूप में मैं राज्य के किसी भी स्थान की खुदाई का आदेश दे सकता हूं।''

''तो क्या युवराज को यह अधिकार है कि वे किसी का भी घर खोदकर फिंकवा

दें ?'' कटाक्ष ने पूछा।

''नहीं ! नहीं ! नहीं !'' उनके साथियों ने आवाजें लगायीं।

''मुझे यह अधिकार है कि धातु-अनुसंधान के लिए किसी भी भूमि की खुदाई का आदेश दूं।'' अंगद एक-एक शब्द चबाकर बोले, ''हां ! यदि वहां धातु न निकले और उस भूमि के स्वामी की यदि कोई क्षति हुई हो, तो उसकी भरपाई करना मेरा कर्तव्य है।''

''वंध्या और बंजर भूमि की खुदाई से भूमि के स्वामी को जो लाभ होगा, खनिज-पदार्थ न मिलने पर उस लाभ का मूल्य उससे वसूल किया जाना चाहिए।'' नल ने टिप्पणी की।

''नहीं !'' असिगुल्म ने सहसा अपना तर्क बदला, ''प्रश्न यह है कि यदि सम्पदा निकल आयी, तो वह किसकी है ? जिसका खेत होता है, उपज उसकी होती है। उसी प्रकार जिसकी भूमि है, खनिज सम्पदा उसी की है। शासन को हस्तक्षेप करने का क्या अधिकार है ? विधान की दृष्टि से किसी सम्राट द्वारा दान की गयी भूमि शासन द्वारा लौटाई नहीं जा सकती। यदि वर्तमान सम्राट इस विधान का उल्लंघन करना चाहते हैं तो न्याय के नाम पर मेरा निवेदन है कि उस भूमि का उचित मूल्य चुकाया जाए; किंतु ध्यान रखा जाए कि वस्तु का मूल्य वही मान्य होता है, जो विक्रय करने वाला लगाता है। क्रय करने वाला उतना मूल्य न देना चाहे तो क्रय न करे।''

''सम्राट ! मैं इन प्रस्तावों का विरोध करता हूं।'' हनुमान ने अपना तर्क प्रस्तुत किया, ''सम्राट किसी को भूमि दान करते हैं, तो वह मात्र उस भूमि का ही स्वामी हो सकता है; अत: उसे इतनी ही भूमि अन्यत्र देकर उसकी क्षतिपूर्ति की जा सकती है। भूमि की उपज एक भिन्न विषय है। प्रथम तो भूमि का दान करते हुए सम्राट जानते हैं कि वह भूमि उपज के योग्य है और उसमें उपज होगी। दूसरे, वह उपज कृषक के अपने श्रम से पैदा होती है। यहां स्थिति यह नहीं है। स्वर्गीय सम्राट ऋक्षराज ने जिस समय यह भूमि यूथपति को दान की थी, उन्हें यह ज्ञात नहीं था कि इस भूमि के नीचे खनिज संपदा है और वह कितनी मूल्यवान है। दूसरी बात यह है कि यह संपदा न तो यूथपति ने अपने श्रम से उत्पन्न की है और न अपने उद्यम से खोजी है। अत: विधान की आड़ में वे राज्य और जाति को उनकी संपत्ति से वंचित नहीं कर सकते। जैसे-जैसे मनुष्य का ज्ञान विकसित होगा, वैसे-वैसे न्याय का स्वरूप भी बदलेगा। न्याय कोई जड़ वस्तु नहीं है, वह जीवन्त अवधारणा है, जो समय के साथ विकसनशील है।''

''यह हमारे सम्राटों के विधान का अपमान है।'' दुर्मुख बीच में ही खड़ा होकर बोला।

साथ ही उनके अनेक साथी भी शोर मचाने लगे, ''अपमान है ! अपमान है !''

राजपरिषद् में ऐसा कोलाहल अभूतपूर्व था। सुग्रीव ने दो बार कुछ कहने का प्रयत्न किया, किंतु उस कोलाहल में उनका स्वर किसी ने सुना नहीं। अंततः सुग्रीव ने कोष

में से अपना खड्ग खींच लिया।

परिषद् में शांति हो गयी।

''विधान का निर्णय बाद में होगा।'' सुग्रीव बोले, ''किंतु एक निर्णय अभी दे रहा हूं — सम्राट का अपमान विधान के अपमान के ही समान दंडनीय है।''

मौन और भी सघन हो गया।

सुग्रीव ने भी स्वयं को संयत किया। ''विधान परिवर्तनशील है अथवा नहीं, इस विषय में सोचने का मुझे कुछ समय दें। ऐसे महत्त्वपूर्ण विषय में तत्काल निर्णय नहीं हो सकता।'' सहसा सुग्रीव रुक गये, उन्होंने सारी परिषद् पर एक दृष्टि डाली और धीरे-से बोले, ''शेष विचार-विमर्श फिर होगा। सभा की कार्यवाही यहीं स्थगित की जाती है।''

सभा से उठकर आने के पश्चात सुग्रीव का मन कुछ अधिक ही विचलित हो गया था। प्रातः का वह शिष्ट-मंडल। वे लोग चाहते थे कि उन लोगों को अधिक-से-अधिक लाभ और सुविधाएं दी जाएं। और उसके विपरीत राजपरिषद् का यह विवाद ! अभी तो उन्होंने विवाद आगे चलने नहीं दिया था, नहीं तो संध्या भी बीत जाती। पता नहीं, ये लोग इतना विवाद क्यों करते हैं... विवाद वे करते हैं और जान सुग्रीव की फंसती जा रही है।... आज यदि सुग्रीव विधान बदलने की अनुमति दे दें तो उनके विरोधी उन्हें कलंकित करना आरंभ कर देंगे कि सुग्रीव प्रजा की चिंता नहीं करता, विधान की चिंता नहीं करता — वह अहंकारी है, स्वेच्छाचारी है, अन्यायी है; उसके और वाली के शासन में कोई अंतर नहीं है। उसने अपने भाई का वध इसलिए नहीं करवाया कि वह अन्याय को समाप्त कर, प्रजा को न्यायपूर्ण शासन देना चाहता था। उसे तो अपने भोग-विलास के लिए शासन का अधिकार चाहिए था, इसलिए भाई पर झूठे आरोप लगाकर उसकी हत्या करवा दी... वह भ्रातृ-हंता, सत्तालोभी और हत्यारा है...

सुग्रीव जब भी अंगद को देखते हैं अथवा तारा के समक्ष पड़ जाते हैं, तो बार-बार उनकी आंखों में झांककर देखते हैं — क्या है उनके मन में ? क्या वे सचमुच सुग्रीव को निर्दोष मानते हैं अथवा उनके मन में कहीं सुग्रीव के प्रति कोई संदेह है ? सुग्रीव किसी भी क्षण भूल नहीं पाते कि यह सत्ता उन्होंने अपने भाई की हत्या करवाकर प्राप्त की है....

और यदि वे अपने विरोधियों के प्रचार को शांत करने के लिए उनकी बात मान लेते हैं तो किष्किंधा में नव-निर्माण नहीं हो सकेगा। प्रजा को न्याय नहीं मिल सकेगा। वे अपने सहयोगियों द्वारा ही देशद्रोही मान लिये जाएंगे। तब अंगद और हनुमान यह पूछेंगे कि यदि प्रजा का पालन नहीं करना था तो भाई का वध क्यों करवाया ?... वाली को न्याय के मार्ग की बाधा माना था, तो अब न्याय क्यों नहीं करते ? भाई का वध कर सत्ता हथियाने भर का शौक था...

इन्हीं सब चिंताओं से सुग्रीव के मस्तिष्क की शिराओं का तनाव इतना बढ़ जाता

है कि वे सोचने-समझने के अयोग्य हो जाते हैं। ऐसे क्षणों में उनका मन पागलों के समान अंधाधुंध चीत्कार करने लगता है, ''मुझे समय दो। मुझे सोचने दो।...''

सोच-सोचकर सिर में पीड़ा होने लगी तो सुग्रीव का ध्यान इधर-उधर भटकने लगा। किष्किंधा के नगरश्रेष्ठि ने अपने प्रासाद में एक समारोह का आयोजन किया था। नगर के सारे व्यापारियों ने मिलकर सम्राट से समारोह में पधारने की प्रार्थना की थी। मन में आया, वहीं चले चलें। इन राजनीतिक उलझनों से तो मुक्ति मिलेगी।... व्यापारी लोग राजनीति-संबंधी वार्तालाप में रुचि नहीं रखते... किंतु वहां भी उन लोगों ने क्रय-विक्रय, भीतरी व्यापार, बाहरी व्यापार, करों में कटौती — या ऐसे ही विषयों में सुविधाएं मांगनी आरम्भ कर दीं तो... सुग्रीव को लगा, वे वहां भी स्थिरचित नहीं रह पाएंगे... फिर वहां जाने का क्या लाभ ?

किंतु अपने समय से नगरश्रेष्ठि उन्हें लिवा ले जाने के लिए आ गया।

''आज मेरी इच्छा नहीं है, नगरश्रेष्ठि !'' सुग्रीव ने उसे टालना चाहा, ''यदि मैं न जाऊं तो तुम्हारे समारोह में कोई न्यूनता तो नहीं आएगी ?''

''सम्राट कैसी बात कहते हैं।'' नगरश्रेष्ठि ने हाथ जोड़ दिये, ''आकाश पर चंद्रमा न हो तो तारों की सभा फीकी कैसे नहीं पड़ेगी। आप विश्वास कीजिये, सम्राट ! आपका मन वहां अवश्य बहल जाएगा। ऐसी कोई बात नहीं होगी, जो आपकी इच्छा के प्रतिकूल हो।''

कदाचित् नगरश्रेष्ठि को भी सम्राट की चिंताओं की सूचना थी।

सुग्रीव का मन कुछ संभला — यह व्यक्ति कितना मीठा बोलता है।

''वहां कोई विचार-विमर्श तो नहीं होगा, कोई विवाद... ?'' सुग्रीव का विचार-विचलित मन अपने भीरु स्वर में बोला।

''नहीं, सम्राट ! कदापि नहीं।'' नगरश्रेष्ठि ने अपनी जिह्वा को दांतों से काटा और कानों को हाथ लगाये, ''यह तो सहमिलन का उत्सव मात्र है।''

''कोई प्रस्ताव ?''

''नहीं, सम्राट !''

''कोई मांग ?''

''नहीं, सम्राट !''

''किसी की निंदा ? किसी की शिकायत ?''

''नहीं, सम्राट !''

सुग्रीव चलने के लिए तैयार हो गये। देखें, क्या सचमुच वह स्थान इतना निर्दोष है ? क्या आज की विचलित परिस्थितियों में भी किष्किंधा में कोई ऐसा स्थान है, जहां सुख और शांति हो ? सत्य ही वहां मन बहल जाएगा क्या ?

समारोह में सब कुछ नगरश्रेष्ठि के वचनों के ही अनुकूल था। विभिन्न व्यापारी छोटी-छोटी टुकड़ियों में वार्तालाप कर रहे थे। प्रत्येक व्यक्ति सम्राट के सम्मुख पड़ते ही मौन हो जाता था और हाथ जोड़कर उन पर अपना माथा टिका देता था। किसी ने कोई शिकायत नहीं की। सब ओर सम्राट की प्रशंसा ही प्रशंसा थी। किसी ने कुछ मांगा नहीं, उलटे बहुत डरे-डरे लोगों ने प्रस्ताव किये कि यदि सम्राट अनुचित न समझें तो वे लोग धन से देशी-विदेशी चित्रकारों और मूर्तिकारों द्वारा सम्राट के चित्र और मूर्तियां बनवाकर अपने भवनों पर लगवा लें। उनका कहना था कि किसी सुंदर भवन में सम्राट की मूर्तियां और चित्र न हों, तो भवन बड़ा सूना-सूना लगता है।

सुग्रीव को लगा, जैसे किसी ने उनके उत्ताप पर चंदन का लेप कर दिया हो। वे कहां-कहां भटकते रहे और क्या-क्या सोचते रहे। उन्हें तो ऐसी जगह की आवश्यकता थी। यहां आना चाहिए था उन्हें... घर-घर में, वीथियों और चतुष्पदों पर निजी और सार्वजनिक स्थानों पर उनके चित्र टांगे जाएं, उनकी मूर्तियां स्थापित की जाएं। लोगों के मन में उनके लिए श्रद्धा और पूज्य भाव होगा। कोई उनसे प्रश्न न करे, कोई उन पर अविश्वास न करे, कोई उनका विरोध न करे, कोई उनसे कुछ न मांगे... ऐसा ही तो चाहते हैं वे... कोई उन्हें परेशान न करे... ! यहां सब कुछ कितना सुखद था !

सारे व्यापारी सम्राट से भेंट कर चुके तो खान-पान आरम्भ हुआ।

नगरश्रेष्ठि परिचारक द्वारा दो बड़े-बड़े थाल उठवाकर लाया। एक में फल तथा मिठाइयां थीं तथा दूसरे में पशु मांस के अनेक व्यंजन।

सुग्रीव ने खाने के प्रति अनिच्छा प्रकट की, तो नगरश्रेष्ठि चिंतित हो उठा, ''यह तो हमारे लिए सुखद नहीं है, सम्राट ! इस यौवन में, इतना परिश्रम करने पर भी सम्राट को खाने के प्रति अरुचि है। सम्राट को थोड़ी-सी माधवी पीनी चाहिए...।''

''वह क्या है ?'' सुग्रीव के मुख से अनायास निकल गया, जैसे जानते ही न हों कि माधवी क्या होती है — पर जब मुख से निकल ही गया था तो उसका परिहार करने की क्या आवश्यकता थी...

''थके मन का आहार, सम्राट !''

सुग्रीव के मन में मायावी जीवित हो उठा — उसने भी वाली से कहा था कि उसका अपराध है थके हुए मन को विश्राम देना। तो क्या यह नगरश्रेष्ठि भी मायावी का ही कोई नया संस्करण है ?

''मदिरा ?''

जाने क्यों सुग्रीव का मन अज्ञान का अभिनय कर रहा था — जैसे उनका मन आज विवेक से मुक्त हो, अपनी स्वतंत्र क्रीड़ा कर रहा हो।

''नहीं, सम्राट !'' नगरश्रेष्ठि ने अपने अभ्यास के अनुसार दांतों से जीभ काटी और कानों को हाथ लगाये, ''यह हल्का-सा मद्य है — थके मन का आहार। इससे व्यक्ति न उग्र होता है, न हिंस्र। इससे व्यक्ति हल्की-सी तंद्रा का अनुभव करता है और

मन के ऊहापोह से बच जाता है।''

सुग्रीव का मन ललक उठा। वे यही तो चाह रहे थे। कदाचित् वाली का मन भी ऐसा ही थक गया हो... पर सुग्रीव को तीव्र मदिरा नहीं चाहिए... वे वाली नहीं बनना चाहते... किंतु मानसिक तनाव से मुक्ति उन्हें भी चाहिए...

उन्होंने माधवी का एक चषक ले लिया। पीते ही उन्हें कुछ आराम मिला। उन्होंने दूसरा चषक भी ले लिया।

थोड़ी देर सुग्रीव वहां और बैठे और व्यापारियों के मुख से अपनी प्रशंसा सुनते रहे और माधवी पीते रहे। उनका मन अब पूर्णतः शांत था। सारा तनाव मिट गया था और उन्हें हल्की-हल्की नींद आ रही थी।

रुमा आज उन्हें बहुत ही सुंदर लगी थी — ऐसी, जैसी वह विवाह के समय थी। तन्वंगी, चपल और चंचल किशोरी। कितना तड़पे थे रुमा के बिना सुग्रीव अपने निष्कासन के दिनों में। क्या जीवन था वह कि वनों-पर्वतों पर मारे-मारे फिर रहे थे। न खाने की व्यवस्था थी, न आराम करने की। न माधवी और न रुमा।... जीवन तो यह है। वास्तविक जीवन। स्त्री कितनी सुंदर होती है और कितना सुख देती है पुरुष को !... जितनी अधिक स्त्रियां होंगी, सुख भी उतना ही अधिक मात्रा में मिलेगा...। व्यर्थ ही जा बैठते हैं वे राजपरिषद् में। अनावश्यक खींचतान, वाद-विवाद, पक्ष-विपक्ष, आपत्ति-विपत्ति, विरोध-शिकायत... माथे में पीड़ा होने लगे और छाती पर जैसे कोई बड़ी-सी शिला रख दे... राजपरिषद् में बैठने से तो अच्छा है कि सुग्रीव व्यापारियों के समारोह में चले जाएं... या... या रूमा के पास पहुंच जाएं... जीवन कितना सुखी होता है... पति-पत्नी... पति और पत्नी... पत्नी और पति... कोई कभी किसी से अलग न हो... सुग्रीव रुमा से अलग हुए थे... अब तारा बिछुड़ गयी है वाली से... तारा को यह दुःख नहीं मिलना चाहिए था... तारा को भी पति-सुख मिलना चाहिए... सुग्रीव ने ही उसे पति से विलगाव का दुःख दिया है... सुग्रीव के लिए उचित है कि उसे पति-सुख भी दें... कितनी सुंदर हैं तारा भाभी... नहीं, तारा... केवल तारा... वाली ने कभी उसका महत्त्व ही नहीं समझा... अभागा वाली !

अंगद को मालूम हुआ तो उन्हें अच्छा नहीं लगा। वे स्वयं समझ नहीं पा रहे थे कि उन्हें क्यों अच्छा नहीं लगा। यदि मां की यही इच्छा थी और चाचाजी को भी यही स्वीकार्य था, तो अंगद को उसमें क्या आपत्ति है ?... कोई नयी बात तो है नहीं, न ही इससे वानरों की मर्यादा और परम्परा का कोई अतिक्रमण हुआ है। वानरों में विवाह-विच्छेद भी होते हैं, पुनर्विवाह भी और बहुविवाह भी।... फिर अंगद को अच्छा नहीं लगने की क्या बात है ?

अंगद अपने ही मन का विश्लेषण नहीं कर पाते... क्या है यह सब ? मां का वय ही क्या है... चालीस वर्ष की विधवा महिला को क्या पुनर्विवाह नहीं करना चाहिए? यदि उसे सौ वर्ष जीना है, तो शेष साठ वर्ष वह अकेली ही काट दे ?... पर मां अकेली हैं क्या ? एक पिता ही तो नहीं रहे।... पति के ही बिना तो स्त्री अकेली हो जाती है... बाईस वर्ष का एक बेटा होने से स्त्री क्या अकेली नहीं हो जाती ?... हां ! यदि वह चाहती तो अंगद के सहारे अपना जीवन काट सकती थीं। स्त्रियां अपने बच्चों के पालन-पोषण में जीवन नहीं काट देतीं क्या ? और जब मां, पिता के शव के साथ, सती होने जा रही थीं, तो अंगद ने उन्हें यही कहकर तो रोका था कि स्त्रियां पति के लिए ही नहीं, पुत्र के लिए भी जीवित रहती हैं। मां को अंगद के लिए जीवित रहना चाहिए था... कल अंगद का विवाह होगा... घर में बहू आएगी, संतान होगी... मां के लिए एक भरा-पूरा परिवार नहीं हो जाएगा क्या ?

पर वह परिवार तो अंगद का होगा। मां का उसमें क्या होगा ? यदि मां अंगद को देखकर अपना जीवन काटना चाहें और अंगद क्रमशः अपनी पत्नी और बच्चों का होता जाए, तो क्या मां फिर अकेली नहीं हो जाएंगी ? अंगद क्या मां के लिए अच्छा साथी हो सकेगा ? कोई भी बेटा अपनी मां के लिए अच्छा साथी हो सकता है क्या?... शायद नहीं। अंगद को मां की बातों में रुचि नहीं होगी, उनकी संगति अंगद के लिए सरस नहीं होगी। वह तो क्रमशः अपनी पत्नी और बच्चों की ओर झुकता जाएगा... मनुष्य का जीवन तो नदी की धारा के समान है। वह आगे ही बढ़ता जाता है, पीछे लौटकर नहीं देखता... मां पिछली पीढ़ी हैं, अंगद अपनी पीढ़ी के साथ जीना चाहेगा, वह लौटकर मां के साथ नहीं चल सकता...

तो फिर मां को क्यों यह अधिकार नहीं है कि वे अपना मार्ग स्वयं चुनें... अपने साथी चुनें... अपनी जीवन-पद्धति चुनें...

क्यों नहीं है अधिकार ! मां को पूरा अधिकार है। अंगद मां के इस अधिकार का तिरस्कार नहीं कर सकता... उसका तर्क मां के अधिकार को स्वीकार करता है; पर उसका हृदय नहीं मानता... उसे अच्छा नहीं लगता...

ऐसी स्थितियों में मन कुछ आदर्शों और सिद्धांतों की ओर आकृष्ट होता है... यदि मां ने अपना सुख न देखा होता, अपनी सुविधा न देखी होती, वह स्वयं को अपने पुत्र और उसके भावी परिवार में ही कहीं खपा देतीं, अपने पौत्र-पौत्रियों को ही अपने बच्चों के समान गले से लगा लेतीं तो क्या मानव-स्वभाव के बहुत प्रतिकूल होता ? नहीं ! ऐसा तो नहीं है... यदि मां ऐसा कर पातीं तो अंगद के मन में उनके प्रति कितना सम्मान होता; किष्किंधा की प्रजा, सारी वानर जाति, उन पर कितनी श्रद्धा करती... भौतिक सुख-सुविधाओं को छोड़ यदि मां इन सूक्ष्म उपलब्धियों की ओर बढ़तीं... पर शायद स्थूल का ग्रहण सरल है। स्थूल को त्याग सूक्ष्म की ओर बढ़ना कठिन है। मां ने भी सरल मार्ग चुना है... और सरल मार्ग भौतिक सफलता तो देता है, सूक्ष्म उपलब्धियां उससे

नहीं होतीं। न मानसिक सुख मिलता है, न श्रद्धा, न सम्मान, न यश !

कुछ संबंध हैं, जिन्हें अंगद ने अपनी चेतना के पहले दिन से देखा और स्वीकार किया है, मां और पिता का संबंध। उन दोनों को उसने एक इकाई के रूप में देखा है। उन दोनों का संबंध उसके लिए नैसर्गिक था... पिता कोई 'पुरुष' नहीं थे, जिनकी पत्नी के रूप में उसने अपनी मां को देखा हो... पर अब वह 'चाचा' की पत्नी भी होंगी... माता-पिता के यौन-संबंधों के विषय में उसके मन में कभी कोई बात नहीं उठी थी... किंतु अब अंगद बड़ा हो गया है, सोचता-समझता है, जानता है... उसकी दृष्टि चाचा और मां के यौन-संबंधों पर भी पड़ेगी... और यह उसे अच्छा नहीं लगेगा... 'मां' के विषय में बच्चे के मन में भी कभी ये बातें नहीं आतीं, नहीं आनी चाहिए... किंतु अंगद की आंखों के सम्मुख 'मां' की गरिमा भंग हो रही है... वह मां को कामिनी बनी चाचा के पास जाती देखेगा, उसकी शृंगार-चेष्टाओं को समझेगा... चाचा को देखते ही उसे स्मरण आ जाएगा कि इस पुरुष के उसकी मां के साथ कैसे संबंध हैं... कैसा अनुचित-सा लगता है उसे, जैसे अवैध संबंध हों...

पर इन संबंधों की आवश्यकता ही क्यों पड़ी ? कामासक्ति के कारण ? किसको किसकी आवश्यकता थी ?... मां को चाचा की ? या चाचा को मां की ? अंगद को ये दोनों ही स्थितियां अच्छी नहीं लगतीं। अपने मन को कहां ले जाए अंगद ?...

यह भी तो संभव है कि चाचा ने भाई के वध की आत्मग्लानि से बचने के लिए यह प्रस्ताव किया हो। इन संबंधों के पश्चात मां के लिए वे परपुरुष नहीं रह गये, अतः चाचा को मां के सम्मुख लज्जित होने की कोई आवश्यकता नहीं रहेगी... पर यह भी तो हो सकता है कि मां को सम्राट की पत्नी बने रहने का मोह अब भी हो... क्यों यह सम्भव नहीं हो सकता... साम्राज्ञी के अपने विशिष्ट अधिकार हैं, अनेक सुविधाएं हैं। मां उन सुविधाओं की अभ्यस्त रही हैं — पति के देहांत के पश्चात वे अभाव खले होंगे। क्या मात्र उन सुविधाओं के लिए मां नें चाचा को अपने पति के रूप में स्वीकार कर लिया है ?

किंतु रुमा चाची ने तो संकट के उस काल में भी पिता को अपने पति के रूप में स्वीकार नहीं किया था। रुमा चाची के प्राण संकट में थे — ऐश्वर्य तो दूर, जीवन की सामान्य सुविधाएं भी उन्हें उपलब्ध नहीं थीं। इतनी यातना में थीं चाची... बंदिनी... फिर भी चाची ने कोई समझौता नहीं किया। दिखावे के लिए भी, झूठे मुंह नाटक तक नहीं किया... रुमा चाची को साम्राज्ञी बन जाने का मोह क्यों नहीं हुआ... ? किसमें अंतर है — पिता ऐसे व्यक्ति नहीं थे, जिन्हें कोई पर-स्त्री स्वेच्छा से स्वीकार कर सके, अथवा रुमा चाची ऐसी स्त्री हैं, जो किसी पर-पुरुष को कभी स्वीकार नहीं कर सकतीं... चाचा में ऐसे गुण हैं कि अन्य स्त्रियां भी उन्हें स्वीकार कर सकें, अथवा मां ही ऐसी स्त्री हैं, जो अन्य पुरुषों की ओर आकृष्ट हो जाती हैं...

... अंगद को लगा, इस नये संबंध के विषय में जैसे वे सोच रहे हैं, संभवतः

रुमा चाची भी सोच रही हों... इन नये संबंध से वे भी अंगद के ही समान प्रभावित होंगी... क्या सोचती होंगी वे ? इस संबंध को वे सहर्ष स्वीकार करेंगी ? बहु-पत्नीत्व की प्रथा वानरों में बहुव्याप्त है। चाचा ने कोई नयी बात नहीं की है। रुमा चाची को मां से विरोध भी क्या होगा... पिता ने चाची के साथ अत्याचार अवश्य किया था, किंतु चाचा के प्राण बचाने में मां के इस पुत्र का हाथ था। यदि अंगद ने समय से सूचना न भिजवायी होती, तो चाचा अवश्य ही बंदी होते। उनके बंदी होने का अर्थ था, उनका वध ! चाचा का वध हो जाता तो चाची को पिता के चंगुल से कौन मुक्त कराता ? सारा जीवन वे पिता के शोषण का पात्र बनी रहतीं और जब मुक्त होतीं तो जीवन का कोई अर्थ शेष नहीं रह जाता।... चाची अवश्य ही अंगद तथा अंगद की मां के प्रति कृतज्ञ होंगी। फिर चाचा मां के वैधव्य के निमित्त कारण थे... चाची को मां से सहानुभूति भी होगी... किंतु क्या उसका प्रतिकार वे इस रूप में करने को सहमत थीं ?...

चाची की प्रतिक्रिया क्या रही होगी ? क्या मां के प्रति उनके मन में आक्रोश नहीं जागा होगा कि अब, जब चाची के अच्छे दिन आये थे, वे उनकी सौत बनकर आ गयीं और साम्राज्ञी के समस्त अधिकार हस्तगत कर लिये ? क्या चाचा के प्रति उनके मन में क्षोभ नहीं जागा होगा कि अब जब अपनी दुखिनी पत्नी को कुछ सुख देने का समय आया है — उन्होंने नया विवाह रचा लिया और उन्हें पुनः उपेक्षा के गर्त में धकेल दिया।... पर अपने आक्रोश और क्षोभ का क्या करेंगी चाची ? वे चाचा को किसी बात के लिए बाध्य नहीं कर सकतीं। चाचा पुरुष हैं, उनके पति हैं, और फिर सम्राट हैं। मां, जिनका पिता पर इतना प्रभाव था, वे उनसे अपनी एक बात न मनवा सकीं तो चाची क्या कर सकेंगी — सरल, निरीह तथा अमहत्त्वाकांक्षिणी चाची ! इस समाज में स्त्री कर ही क्या सकती है ? एक ही मार्ग है — अपनी बाध्यता को समझकर, अपने अधिकारों की कटौती कर, अपने पति से एक नया समझौता कर, पुनः प्रार्थना करें कि उस पर दया कर उसके रहे-सहे अधिकार भी उससे न छीने जाएं... यही रुमा चाची करेंगी... और कोई विकल्प उनके पास नहीं है...

किंतु अंगद किस-किस से समझौता करेगा ? मां और चाचा के एक हो जाने से वह अंगद जो पहले दोनों का था, अब किसी का भी नहीं रहा... जो केवल उसके थे, वे पिता तो अब रहे नहीं... चाचा को अब वह पिता कहा करेगा, किंतु वे उसके लिए सदा एक अन्य पुरुष रहेंगे, जिन्होंने उसके पिता का ही वध नहीं किया, उससे उसकी मां भी छीन ली है, और सुग्रीव उसे अपना पुत्र मानते हुए भी यह कभी नहीं भूलेंगे कि वह एक अन्य पुरुष का पुत्र है... जब-जब अंगद के मन में ये भाव जागेंगे, उसके मन में सुग्रीव के प्रति दुर्भावना जागेगी... कदाचित् चाचा के मन में भी अंगद के लिए बार-बार संशय जागेगा। संभव है, वह संशय कभी विरोध में भी बदल जाए... ओह ! यह क्या किया, मां, तुमने ? अपने इस नये विवाह से तुमने नये संबंध नहीं जोड़े — पुराने संबंधों को भी तोड़ दिया...

पर क्या अंगद सुग्रीव के विरोधी पक्ष में खड़े होंगे ?... नहीं ! ये तो व्यक्तिगत संबंध हैं... उनसे ऊपर सामाजिक और राजनीतिक संबंध हैं... उसके पिता के हत्यारे होने पर भी राम ने वानर-जाति को पूर्ण सुरक्षा दी है... राम से सुग्रीव का भी संबंध है और अंगद का भी। अंगद सुग्रीव के विरोधी कैसे हो सकते हैं... अभी तो राम के साथ मिलकर वानर-जाति के लिए एक नये समाज का निर्माण करना है... और स्वयं आर्य राम का निजी काम... देवी सीता की खोज तथा समस्त मानवता का सामूहिक काम — रावण के साथ युद्ध...

प्रातः ही हनुमान ने सुग्रीव को सूचना दी, ''सम्राट ! नगर में आपके द्वारा बनवाये गये श्रमिकों के जो आवास वाली द्वारा तुड़वा दिये गये थे, उनके निर्माण के लिए अभी तक शासन की ओर से कुछ नहीं किया गया है। श्रमिक परिवार खुले आकाश के नीचे पड़े हैं और उनमें उत्कट असंतोष है। इससे पहले कि कोई भयंकर बवंडर उठ खड़ा हो, आपको कोई-न-कोई सार्थक प्रयत्न करना चाहिए। ऐसा न हो कि वे सारे श्रमिक, जिनका आज तक आप में विश्वास बना हुआ है, आपको जन-शत्रु मानकर आपके विरुद्ध हो जाएं।''

''मैं इस विषय में सोच रहा हूं।'' सुग्रीव ने उन्हें टाल दिया, ''दो-एक दिनों में आदेश दूंगा।''

हनुमान इस सरलता से टल जाएंगे — सुग्रीव को ऐसी आशा नहीं थी; पर हनुमान के बिना कुछ कहे लौट जाने से सुग्रीव को लगा — कदाचित् हनुमान उनके पास कोई आशा लेकर ही नहीं आए थे — वे तो सूचना भर देने आए थे और सूचना देकर चले गये। शायद वे सुग्रीव से निराश हो चुके थे, पर फिर भी अपना कर्तव्य निभाये चल रहे थे — हनुमान की कर्तव्यपरायणता... यह हनुमान का अन्यतम गुण है... गुण कहें या विशेषता मात्र... क्योंकि इसके भी दोनों पक्ष हैं... जब तक सुग्रीव किष्किंधा के सामान्य जन के लिए एक नये समाज के सपने को साकार करने के लिए संघर्षशील थे, वाली का अदमनीय दमन-चक्र चल रहा था — हनुमान अपनी इसी कर्तव्यपरायणता के कारण सुग्रीव के अन्यतम सहायक थे; किंतु इधर सुग्रीव ने कई बार अनुभव किया है कि अपनी इसी कर्तव्यपरायणता के कारण हनुमान क्रमशः उनसे दूर और राम के निकट होते गये हैं... सुग्रीव जानते हैं कि हनुमान ही नहीं —अंगद, नल तथा नील भी नियमित रूप से राम के आश्रम में जाते हैं। वे लोग अपनी कोई बात राम से नहीं छिपाते। अपनी योजनाएं उन्हें बताते हैं, उनसे विचार-विमर्श करते हैं, उनका परामर्श प्राप्त करते हैं... यहां की सूचनाएं भी देते हैं... संभव है कि सुग्रीव की शिकायतें भी करते हों...

तो क्या राम उन लोगों के लिए सुग्रीव से भी बढ़कर हो गये हैं ?... सुग्रीव चौंक उठे... यदि ये सब लोग उनके विरुद्ध राम से मिल गये और राम उनसे रुष्ट हो गये, तो वे लोग एक क्षण में सुग्रीव से सत्ता छीन लेंगे... नहीं ! सुग्रीव वैसी स्थिति नहीं आने

देंगे... उन्हें कुछ-न-कुछ करना ही होगा... उन्हें किष्किंधा की समस्याओं को सुलझाना ही होगा...

हनुमान तो चले गये; किंतु सुग्रीव न उस समस्या को सुलझा पाये, न अपने मस्तिष्क से निकाल पाए। राजपरिषद् में वैसे ही क्या कम कोलाहल होता है कि वे अपने लिए एक और संकट खड़ा कर लें। वे आवास जिस भूमि पर बने थे, वह भूमि वाली ने अपने कुछ प्रिय सामंतों को दे दी थी। अब उस भूमि को पुन: प्राप्त करना उतना ही बड़ा संकट है।... किस विपत्ति में फंस गये हैं सुग्रीव के प्राण।... जब तक वाली सम्राट था, तब तक सुग्रीव जानते थे कि वे क्या चाहते हैं, अथवा उनका पक्ष क्या है, उनके मित्र कौन हैं, उन्हें किसकी बात माननी है। विपक्षी यदि अप्रसन्न होते थे तो उन्हें चिंता नहीं थी... किंतु सम्राट बनकर तो अद्‌भुत स्थिति हो गयी है उनकी। अब उनका कोई पक्ष नहीं रहा है। उनसे न्याय की नहीं, निष्पक्ष न्याय की अपेक्षा की जाती है। बिना किसी पक्ष के भी न्याय होता है क्या ? विरोधी पक्षों का न्याय परस्पर-विरोधी नहीं होता क्या ? न्याय का आधार बदल देने से न्याय नहीं बदल जाता ?... जब से वे सम्राट हो गये हैं, वे यह मानकर नहीं चल सकते कि हनुमान, अंगद, नल, नील और तार या ऐसे ही अन्य लोग उनके साथी हैं, अत: वे उन्हीं की बात मानेंगे। उन्हें उन लोगों की भी बात सुननी और माननी पड़ती है, उनके प्रति भी न्याय करना पड़ता है, जो वाली के समर्थक थे और निश्चित रूप से सुग्रीव तथा उनके साथियों के विरोधी थे; और कदाचित् आज भी हैं। उनको हवा का ठंडा झोंका भी लगता है तो वे चीत्कार कर उठते हैं कि उनके साथ अत्याचार हो रहा है। कभी-कभी तो सुग्रीव को यहां तक लगता है कि ये लोग जान-बूझकर उग्र हो रहे हैं, ताकि सुग्रीव उनका कुछ भी अनिष्ट करने में संकोच करें; और यदि उनके विरुद्ध कुछ हो ही जाए, तो वे अनुतापरहित कोलाहल कर सम्राट के स्वेच्छाचारी, अत्याचारी तथा अहंकारी होने का ढिंढोरा पीट सकें... दूसरी ओर यह एक और वर्ग उत्पन्न हो गया था, जिसने आजकल स्वयं ही अपने बलिदानों की गौरव-गाथा का बखान आरंभ कर रखा था। उस वर्ग को अब प्रत्येक प्रकार की उचित-अनुचित सुविधा चाहिए। उनको सुविधाएं देने के लिए अन्य लोगों की सुविधाओं का अपहरण अनिवार्य है। जिनकी सुविधाएं छिनेंगी, वे अपना विरोध प्रकट करेंगे ही... और फिर क्या प्रमाण है कि इन लोगों की सचमुच क्षति हुई है और अब नित नयी सुविधाओं की मांग, उनकी अवसरवादिता और लोलुपता नहीं है... ये लोग वाली के उन समर्थकों से कहां और कैसे भिन्न हैं, जो वाली के राज्य-काल में प्रजा को लूटकर अपना घर भर रहे थे। आज ये लोग भी तो उसी प्रकार प्रजा का शोषण कर अपने लिए सुख-सुविधा और विलास के साधन एकत्रित कर लेना चाहते हैं। यदि सुग्रीव इन दोनों वर्गों के युद्ध में किसी एक का पक्ष लेते अथवा उनके बीच में पड़कर कोई न्यायपूर्ण निर्णय करने का प्रयत्न करते हैं, तो वे एक भंयकर दलदल में फंसते जाते हैं — जहां से निकल आना उनके वश का नहीं है... दूसरी ओर उनका और उनके साथियों का निर्माण-कार्य, नये प्रकार की सामाजिक व्यवस्था, युग-

युगों से पददलित लोगों के उत्थान का स्वप्न... कहां छूट गया वह सब ? उन स्वप्नों के साथ-साथ सुग्रीव के अपने साथी भी जैसे उनसे छूटते जा रहे हैं... और सुग्रीव भली प्रकार जानते हैं कि यदि ये साथी उनसे छूट गये तो वे सर्वथा अकेले पड़ जाएंगे और कोई भी कार्य नहीं कर पाएंगे...

एक विचित्र द्वन्द्व में फंस गये हैं सुग्रीव !... व्यक्ति यह जानता हो कि क्या करना उसका धर्म है, वह अपना धर्म निभाना भी चाहता हो और फिर भी कर्म का साहस न जुटा पाए, तो कैसी पीड़ा होती है उसे ! कई बार सुग्रीव के मन में आया कि वे भूल जाएं कि उन्होंने कुछ सपने पाले थे, वे नये समाज के निर्माण का कार्य भूल जाएं और केवल अपना शासन चलाएं — न्याय-अन्याय, औचित्य-अनौचित्य को भूलकर अपना स्वार्थ देखें, अपना सुख, अपनी सुविधा, अपना विलास...

पर उनका मन यह भी तो नहीं कर पाता... वे एक ओर नहीं हो पाते, वे द्वन्द्व में फंसे हैं... और तब उन्हें लगता है कि बहुत दिनों तक वे सुख से वंचित रहे हैं, उन्हें सुख चाहिए, केवल सुख। वह सुख, जो व्यापारियों के उत्सवों में मिलता है, जो अपना समर्थन और अपनी प्रशंसा सुनने में मिलता है, अपनी मूर्तियों, चित्रों और अपनी जय-जयकार में मिलता है, माधवी में मिलता है, या रुमा अथवा तारा के पास मिलता है...

4

राम नील को पर्वत से नीचे उतरते हुए देखते रहे, जैसे क्रमशः दूर होती जाती उस आकृति में वे अपनी समस्याओं का समाधान ढूंढने का प्रयत्न कर रहे हों।

राम को अब चिंता होने लगी थी। प्रस्रवणगिरि पर रहते हुए उन्हें कई मास हो गये थे। वर्षा ऋतु आरम्भ हुई, अपने यौवन पर आयी और क्रमशः मंद होकर समाप्त हो गयी। अपनी गुफा के द्वार पर बैठे हुए राम मेघाच्छन्न आकाश तथा मेघाच्छादित पर्वत-शिखरों को देखते रहे थे। पर्वत की ऋतु का कुछ पता नहीं चलता था — कब मेघ घिर आएंगे और कब वर्षा हो जायेगी। पर्वतों पर पानी ठहर नहीं पाता था, अतः स्थान-स्थान पर जलधाराएं दिखायी पड़ती थीं।... घिरते मेघों, बरसते पानी, इठलाती धाराओं के बीच राम कभी सीता की खोज के विषय में सोचते, कभी सैनिक अभियानों के विषय में। कभी अपने विषय में सोचते, कभी लक्ष्मण के विषय में।... और सुग्रीव तक आते ही चिंतनधारा अवरुद्ध हो जाती थी।

सुग्रीव के सम्राट बन जाने के पश्चात किष्किंधा की स्थिति कुछ विचित्र-सी हो गयी थी। वाली के राज्य के विषय में राम ने जो कुछ सुना था, उससे स्पष्ट था कि वाली क्या चाहता था और वह वानरों को किस मार्ग पर चलाना चाहता था... किंतु सुग्रीव! सुग्रीव से जो बातें हुई थीं; और हनुमान, अंगद, नील इत्यादि से भी बातें होती रहती थीं — उनसे यह तो स्पष्ट था कि सुग्रीव वाली की अपेक्षा राजनीतिक दृष्टि से कहीं अधिक

जागरूक थे। उनके मन में अपनी प्रजा के लिए प्रेम भी था। उनके मन में 'मानवता' की कल्पना 'समता' से भिन्न नहीं थी। दलितों, शोषितों तथा पीड़ितों के उत्थान के लिए उनके मन में अनेक स्वप्न थे। निर्माण के क्षेत्र में भी वे अत्यन्त महत्त्वाकांक्षी थे... किंतु किष्किंधा में हो क्या रहा है ? सुग्रीव के सम्राट बन जाने पर भी जन-सामान्य के जीवन में कहीं कोई प्रसन्नता प्रकट नहीं हुई थी। उनकी सुविधाओं के लिए जिन निर्माण-योजनाओं की चर्चा थी — वह चर्चा ही रह गयी है, उस पर कहीं भी कार्य आरंभ नहीं हुआ... राम स्वयं कभी किष्किंधा के भीतर नहीं गये हैं... और सुग्रीव का भी बहुत दिनों से इधर आना नहीं हुआ है। अपने सम्राटत्व के आरंभिक काल में वे प्रतिदिन राम से मिलने आया करते थे। पर राम भी जानते थे कि यह व्यावहारिक नहीं था। यह आवश्यक भी नहीं था। राम वनवास कर रहे थे, अपनी अपहृता पत्नी के संधान के लिए यहां रुके हुए थे, वर्षा के कारण उनके मार्ग अवरुद्ध थे... किंतु सुग्रीव वानरों के सम्राट थे, उन पर पूरे राज्य का तथा समस्त वानर-यूथों का दायित्व था। राम कैसे यह अपेक्षा कर सकते थे कि सुग्रीव नित्य उनसे मिलने आया करें... उससे तो कहीं आवश्यक था कि जन-कल्याण के लिए सुग्रीव ने जो संकल्प किये थे, वे उन्हें ही पूरा करते...

पर हनुमान, अंगद, नल, नील, तार तथा जाम्बवान यदा-कदा राम के पास आते ही रहते थे। लक्ष्मण भी उन लोगों से मिलते ही रहते थे — किष्किंधा नगरी के भीतर कम, किष्किंधा के बाहर इन पर्वतों और वनों में ही अधिक। उन लोगों ने मिलकर राम के अनेक स्वप्न पूरे किये थे। अनेक आर्य आश्रमों से विभिन्न विषयों के विद्वान आचार्यों को किष्किंधा में आमंत्रित किया गया था। उन लोगों ने अपने-अपने क्षेत्रों में अनेक निर्माण-कार्य आरम्भ कर दिये थे। वानरों की भूमि में धातुओं का संधान उनका पहला कार्य था। अंगद ने अपने उत्साह में खनिजों के लिए खुदाई आरम्भ करवा दी थी... उसने आकर राम को असिगुल्म की भूमि के झगड़े के विषय में बताया था। राम को सुग्रीव की राजपरिषद् में हुए विवाद की सूचना भी मिली थी। सुग्रीव ने उस विषय में भी अभी अपना निर्णय नहीं दिया था; किन्तु अंगद अपनी धुन का पक्का था। वह अपना काम करता जा रहा था...

शिक्षा की स्थिति भी किष्किंधा में काफी सुधर गयी थी, किंतु उसमें भी सुग्रीव का कोई योगदान नहीं था। उस विषय में हनुमान बहुत उत्साही था। सारी जन-पाठशालाएं उसी के उद्यम और उत्साह से चल रही थीं। लोगों में जागृति आ रही थी। हनुमान की विभिन्न व्यायामशालाओं से वानर-युवक आकर प्रस्रवणगिरि की तलहटी में स्थापित शिविरों में राम, लक्ष्मण तथा जन-सैनिकों से सैनिक-प्रशिक्षण प्राप्त करते थे। अब तक इन प्रशिक्षण-शिविरों ने सैकड़ों युवकों को विभिन्न प्रकार के शस्त्रों के परिचालन का ज्ञान दिया था। किंतु उनके लिए शस्त्रों की व्यवस्था सुग्रीव अभी नहीं कर पाये थे।

नल ने बताया था कि सार्वजनिक लाभ के विभिन्न निर्माण-कार्यों के लिए धन उपलब्ध नहीं हो रहा है। उसके विषय में सम्राट अभी निर्णय नहीं कर पाये हैं। विभिन्न

स्रोतों से यह बात भी राम तक पहुंची थी कि सुग्रीव विकट अनिर्णय की अवस्था में सर्वथा निष्क्रिय पड़े हैं। उनके सम्मुख उठायी गयी प्रत्येक समस्या के उत्तर में वे सोचने का समय चाहते हैं और समय की वह अवधि समाप्त होने पर ही नहीं आ रही है। इस अनिर्णय के कारण किष्किंधा की शासन-व्यवस्था में सुखद परिवर्तन की अपेक्षा करने वाले लोगों का सुग्रीव संबंधी विश्वास डोल रहा था। उनके मन में निराशा तथा हताशा बढ़ रही थी और कोई बड़ी बात नहीं थी कि कुछ दिनों में वे सुग्रीव का प्रत्यक्ष विरोध करने लगें।... दूसरी ओर जन-हितकारी योजनाओं के विरोधी सामंत और पार्षद क्रमशः निर्भीक तथा उद्दंड होते जा रहे थे। उनका मत था कि सुग्रीव में उनके विरुद्ध कोई कठोर कार्यवाही करने का साहस ही नहीं था। तो फिर भय किस बात का ! उनका शोषण-चक्र और अधिक क्रूर होता जा रहा था। और अनेक सूचनाओं से तो ऐसा अनुमान हो रहा था कि सुग्रीव क्रमशः अनेक देशी और विदेशी व्यापारियों के जाल में फंसते जा रहे हैं।... व्यापारियों ने अभी तक राज्य से कोई विशेष सुविधा नहीं मांगी थी। अभी तक तो वे वानर सम्राट को अपना निर्बाध समर्थन ही दे रहे थे। उनके प्रयत्नों से किष्किंधा की वीथियों और चतुष्पथों पर सुग्रीव की प्रस्तर मूर्तियां स्थापित हो गयी थीं।... किष्किंधा में इन दिनों चित्रकारों की संख्या भी बहुत बढ़ गयी लगती थी और उनके पास सस्ते दामों में सुग्रीव के विभिन्न प्रकार के चित्र उपलब्ध हो रहे थे। उन चित्रकारों का आश्रयदाता और उनके चित्रों का ग्राहक वर्ग भी किष्किंधा का व्यापारी समुदाय ही था... और परिणाम यह था कि किष्किंधा के हाटों-पण्यों में सुग्रीव के चित्रों के सिवाय शेष प्रत्येक वस्तु महंगी होती जा रही थी...

राम को सूचनाएं मिलती थीं। उनके मन में विभिन्न प्रतिक्रियाएं उठती थीं... क्या कर रहे हैं सुग्रीव ? पता चलता कि वे माधवी-सेवन के रसिक हो गये हैं... उन्हें रुमा से बहुत प्रेम हो गया है, अतः दिन का बहुत सारा समय अपनी पत्नी के पास व्यतीत करते हैं... तारा से उन्होंने विवाह कर लिया है, अतः कुछ समय वहां भी बीतता है...

और राम का मन अपने ही द्वन्द्वों से उलझता रहता।

राम ने जब सुग्रीव की रक्षा करने के लिए वाली का वध किया था और सुग्रीव को सम्राट बनने में सहायता की थी तो यह नहीं सोचा था कि सुग्रीव एक अन्य प्रकार का वाली बन जाएगा। किष्किंधा का धनाढ्य वर्ग और अधिक सम्पन्न होता जाएगा और निर्धन वर्ग और अधिक धनहीन। प्रजा पशुओं का-सा जीवन व्यतीत करने को बाध्य होती रहेगी और सम्राट माधवी पीकर अपनी पत्नियों के पास पड़ा रहेगा।

...किंतु क्या राम को हस्तक्षेप करने का अधिकार है ? यदि वे सुग्रीव पर कोई दबाव डालें, तो क्या वह यह नहीं कहेगा कि यह वानरों का अपना आंतरिक मामला है। वह प्रभुसत्ता-सम्पन्न सम्राट है और उसे अपनी स्वतंत्र नीतियां चलाने का पूर्ण अधिकार है।... सुग्रीव को ही नहीं, अन्य वानर यूथपतियों को भी यह आपत्ति हो सकती है। आज जो राम वानरों के सहायक और मित्र माने जा रहे हैं, तनिक-सी भ्रांति अथवा भ्रमित प्रचार

से वे आक्रांता, अन्य राज्यों की भूमि पर आधिपत्य जमाने के इच्छुक और मित्र के वेश में बैठे हुए अमित्र के रूप में देखे जा सकते हैं। अभी तक वानरों के किसी भी वर्ग की ओर से सुग्रीव के अन्यायी, अत्याचारी अथवा अनाचारी होने की कोई शिकायत नहीं आयी है। यदि राम से सहायता की इच्छा ही नहीं की जाएगी तो वे किसकी सहायता करने जाएंगे...पर जब सुग्रीव ने उनसे सहायता मांगी थी, तो मित्र के रूप में उनकी भी पूरी सहायता करने का वचन दिया था... मित्र की सहायता का यह कौन-सा रूप है कि सुग्रीव माधवी पीकर अपनी पत्नियों के महलों में पड़ा रहे और राम इस प्रस्रवणगिरि की गुफाओं में अपनी पत्नी के संधान की प्रतीक्षा में निष्क्रिय बैठे हुए, अपनी असहायता को कोसते रहें। जाने कहां होंगी सीता — जीवित होंगी अथवा विपरीत परिस्थितियों में आत्मरक्षा करती हुई आततायियों के हाथों मारी गयी होंगी। जीवित भी होंगी तो जाने किन परिस्थितियों में होंगी ! अपमानित... पीड़ित...

सहसा राम का तेज जाग उठा। कब तक वे धैर्य धारण करें ? कब तक वे सुग्रीव के कर्तव्य-बोध के जागने की प्रतीक्षा करें ? कब तक वे ऐसे ही असहाय-निष्क्रिय बैठे रहें ?... वर्षाकाल समाप्त हो चुका है। मार्ग प्राय: सूख रहे हैं। आवागमन सरल और सहज होता जा रहा है। राम सुग्रीव के भरोसे यहां बैठे रहेंगे, सीता किसी अज्ञात स्थान पर पीड़ा और अपमान के घूंट पीती रहेंगी, और रावण अपनी सेनाएं लेकर, जनस्थान पर आक्रमण कर न केवल जनस्थान और पंचवटी, वरन् दंडक वन के समस्त आश्रमों को नष्ट करने का प्रयत्न करेगा... राम का आवेश अपने ही विरुद्ध जागा। यह क्या किया राम ने ? एक अपरिचित व्यक्ति के वचन पर इतना भरोसा कर लिया कि सारी वर्षा ऋतु अकर्मण्यता में, आकाश के मेघों, वर्षा की फुहारों और बहते हुए जल की धाराओं को देखने में व्यतीत कर दी। कितना जानते हैं राम सुग्रीव को ? किस संकट में उन्होंने परख की है अपने इस मित्र की ? संकट सुग्रीव का था — उसमें राम की परख हुई है। राम ने सुग्रीव की सहायता के लिए अपने प्राणों को दांव पर लगाया था। उसमें सुग्रीव की परख कैसे हुई ! सुग्रीव भी यदि अपने भाई के ही समान कामुक, आलसी और विलासी निकाला तो ? यदि वह भी उन लोगों के समान निकला, जिन्हें अपने मुख से उच्चरित शब्दों की सार्थकता का बोध नहीं होता ?... यदि सुग्रीव के लिए अपने मुख से उच्चरित शब्दों का कोई महत्त्व नहीं है, यदि वह मैत्री के नाम पर भ्रम पालने का अभ्यस्त है, यदि प्रजा के चीत्कार की ध्वनि उसके कानों तक नहीं जाती, यदि अत्याचारी यूथपति उसके भी वैसे ही मित्र हैं जैसे कि वे वाली के मित्र थे, तो राम को हस्तक्षेप करना ही पड़ेगा, सुग्रीव को उसका कर्तव्य स्मरण कराना ही होगा...

और अब नील उन्हें बताकर गया था कि सारी किष्किंधा नगरी में भंयकर तनाव बना हुआ था। किसी भी समय दंगा होने की पूरी संभावना थी। वाली जब मायावी से युद्ध करने के लिए गया था, तब सुग्रीव ने अपने शासनकाल में किष्किंधा के श्रमिकों के

लिए अनेक आवास बनवाए थे। उस भूमि को लेकर नगर के अनेक प्रभावशाली और धनाढ्य लोगों ने कोलाहल मचाया था। वे लोग उस भूमि पर अपना आधिपत्य भी मानते थे और नगर के मुख्य और महत्त्वपूर्ण स्थानों पर श्रमिकों के लिए आवासगृह बनाये जाने की योजना को भी वे पचा नहीं पा रहे थे। किंतु सुग्रीव की दृढ़ता के सम्मुख उनकी एक नहीं चली थी।... पर वाली ने लौटते ही उनको तुड़वाकर वह भूमि अपने यूथपतियों के हवाले कर दी थी... तब से आज तक उन श्रमिकों को आवास के लिए न अपनी पुरानी भूमि मिली थी, न उसकी स्थानापन्न कोई अन्य भूमि।

नील ने बताया था कि सब ओर से हताश होकर वे श्रमिक पुन: अपनी उसी पुरानी भूमि पर पहुंच गये हैं और वे अब दृढ़प्रतिज्ञ हैं कि यदि राज्य उनकी सहायता नहीं करता तो वे स्वयं इसी भूमि पर अपने आवास बनाएंगे।... दूसरी ओर जिन यूथपतियों को वह भूमि मिली थी, वे अपने दंडधरों के बल पर उन श्रमिकों की हत्याओं की तैयारी कर रहे हैं... यह भी सुनने में आया था कि अनेक यूथपतियों ने आगामी झगड़े के अवसर के लिए, सम्राट की अनुमति लिये बिना, गोपनीय रूप से अपनी यूथ सेनाओं की विभिन्न टुकड़ियों को, सामान्य नागरिकों के वेश में नगर के भीतर और नगर की प्राचीर के निकट ही ठहरा रखा था। यदि श्रमिकों ने इस भूमि पर बलात् अधिकार जमाने का प्रयत्न किया तो यूथ सेनाओं की ये टुकड़ियां, यूथपतियों के दंडधरों के साथ मिलकर, श्रमिकों का संपूर्ण नाश कर देंगी... श्रमिकों के पक्ष से भी पूरी तैयारी थी। उनमें से अधिकांश, राम तथा उनके जन-सैनिकों द्वारा स्थापित विभिन्न प्रशिक्षण शिविरों में सैनिक प्रशिक्षण ले चुके थे और युद्ध-विद्या तथा शस्त्र-परिचालन से पूर्णत: अभिज्ञ न थे। यूथ सेनाओं का आतंक उनके मनोबल को क्षीण करने में तनिक भी प्रभावकारी सिद्ध नहीं हुआ था... श्रमिक संगठनों को पूर्ण विश्वास था कि यदि सचमुच युद्ध की स्थिति आयी तो हनुमान के समस्त जन-संगठन तथा अखाड़े उनके पक्ष से लड़ेंगे...

नील बता गया था कि इस झगड़े की आशंका से हुनमान और अंगद भी बहुत चिंतित थे... किंतु वे कुछ कर नहीं पा रहे थे। इस समय यह अनिवार्य था कि सम्राट सुग्रीव सचेष्ट हों और उस भूमि पर श्रमिकों का एकाधिकार घोषित कर दें और यूथपतियों को प्रताड़ित करने के साथ-साथ उन्हें यूथ सेनाओं को उनके मूल स्थानों पर वापस भेज देने की आज्ञा दें।... यदि सम्राट तुरंत सचेष्ट नहीं होते तो यह संघर्ष अवश्यम्भावी था; और संघर्ष में कितनी जन-क्षति होगी, यह कहना कठिन था।

राम स्पष्ट देख रहे थे कि यदि सुग्रीव ऐसे ही निश्चेष्ट रहे और किष्किंधा की स्थिति नहीं सुधरी तो किष्किंधा का यह प्रथम भीतरी संघर्ष अपने आप में ही समाप्त नहीं हो जाएगा। इसके पश्चात यूथ सेनाओं के बल के कारण, यूथपतियों तथा उनके सहायक धनाढ्य वर्ग का साहस और बढ़ेगा। वे अन्य स्थानों पर भी अपना नियंत्रण दृढ़ करना चाहेंगे। श्रमिकों तथा जन-संगठनों तथा अन्य वर्गों को बाध्य होकर अपने अधिकारों के लिए लड़ना पड़ेगा... किष्किंधा के पथों-वीथियों में अनवरत युद्ध होंगे... वानर-राज्य

अपने आंतरिक संघर्षों में उलझ जाएगा। एक ओर साधनहीन निहत्थे लोगों की असंख्य निरीह हत्याएं होंगी और दूसरी ओर रावण वानरों की ओर से निश्शंक होकर अपने क्रूर हाथ-पैर और अधिक पसारने लगेगा...

और सीता ?

राम के सम्मुख अनेक प्रश्नचिह्न थे। सुग्रीव की जड़ता के कारण, राम इस प्रकार निश्चेष्ट होकर बैठे रहें ?... वानर जाति को परस्पर लड़कर मरने दें ? अथवा सारा वानर राज्य इन राक्षस-मित्र यूथपतियों के पेट में समा जाने दें ? सीता यदि जीवित हैं, तो उन्हें सदा के लिए रावण की बंदिनी अथवा दासी बने रहने दें ?

राक्षसत्व के अंधकार द्वारा संसार के समस्त ज्योतिर्कणों को निगले जाते हुए अवाक् खड़े देखते रहें ?

यदि यही होना है तो धिक्कार है राम की वीरता को... उनके शस्त्रों को, उनके संकल्पों को, उनकी संगठन-शक्ति को !

तो क्या करें राम ?...

•

हनुमान को शिखर की चढ़ाई चढ़ते देखकर, राम का चिंतन-प्रवाह थम गया। हनुमान आ रहा है — कोई आवश्यक काम होगा। एक यह ऐसा व्यक्ति है, जो सदा आशावान और सक्रिय है। ऐसे-ऐसे साथी हैं सुग्रीव के पास और फिर भी सुग्रीव अनिर्णय, जड़ता और भ्रांतियों की दलदल में धंसता जा रहा है।... और उसी की जड़ता के कारण उसके सारे साथी निस्तेज, प्रभावशून्य होते जा रहे हैं। उनकी ऊर्जा उनके अपने ही भीतर ऐंठ-ऐंठकर दम तोड़ती जा रही है... क्या हनुमान, क्या अंगद, क्या नल-नील और क्या तार और जाम्बवान...

पर उन सबके साथ-ही साथ राम की ऊर्जा भी तो उनके भीतर ऐंठ ही रही है। पंचवटी में क्या राम इस प्रकार पराङ्मुखी थे ? क्या उन्हें सोचना पड़ता था कि कोई सुग्रीव सक्रिय तथा सचेष्ट हो और राम का कार्य करे... वह जो किष्किंधा पुरी के भीतर अपने प्रासाद के विश्राम-कक्ष में माधवी के पात्र में बंदी है। कितने बंधन हैं सुग्रीव के चारों ओर ! राम किस-किस बंधन से उन्हें मुक्त करेंगे... कितना स्वतंत्र और स्वावलम्बी जीवन था पंचवटी में ! राम के समस्त साथी सदा उन्हें लभ्य थे और उन लोगों के लिए राम सदा उनकी पहुंच के भीतर थे।... यहां तो राम को इस पर्वत शिखर पर अपने वचनों का बंदी बनाकर एक सम्राट अपने प्रासाद और प्रमाद में खो गया है... कैसे विवश हैं राम ? क्यों फंसे वे राज्यों और सम्राटों के षड्यंत्र में... उन्हें क्या सामान्य जन की शक्ति पर विश्वास नहीं था ?...

हनुमान ने निकट आकर उन्हें प्रणाम किया।

''कैसे हो, हनुमान !'' राम ने उन्हें बैठने का संकेत किया, ''मैं आज दिनभर तुम्हारे सम्राट के विषय में सोचता रहा हूं। बीच-बीच में तुम्हारे विषय में भी कई बातें

मन में आयीं।''

हनुमान ने हाथ जोड़े और संकुचित-से होकर बैठ गये, ''आर्य ! कोई विशेष प्रयोजन था ?''

''मैं सुग्रीव के प्रमाद से दु:खी हो रहा हूं, हनुमान !''

हनुमान ने लज्जित-सी दृष्टि से राम की ओर देखा, ''सम्राट की मन:स्थिति ठीक नहीं है।'' उनका स्वर अत्यंत मृदु था, ''किंतु उसके कारण आपका कोई कार्य नहीं रुकेगा, भद्र राम !'' स्वर को कुछ अधिक आश्वस्त बनाते हुए वे बोले, ''आप मुझे आदेश दें।''

राम हंस पड़े, ''तुम्हारे जैसा साथी भी मैंने नहीं देखा, हनुमान ! सब ओर सुग्रीव की जड़ता और प्रमाद की चिंता हो रही है; किंतु तुम अपने मुख से कभी स्वीकार नहीं करोगे।''

''आर्य ! आप जानते हैं,'' हनुमान अत्यंत शालीन स्वर में बोले, ''वे हमारे साथी हैं, मार्ग-निर्देशक हैं, सम्राट हैं। तनिक-सा प्रमाद हो जाने पर हम उनका साथ तो नहीं छोड़ सकते। उनका मन भ्रातृवध की ग्लानि से पीड़ित है; अकस्मात ही अनेक अनपेक्षित समस्याएं उनके सम्मुख आ खड़ी हुई हैं; दीर्घकाल तक कष्टकर तथा रसहीन जीवन व्यतीत करने के पश्चात् उनके घबराए हुए अस्थिर मन के सम्मुख अनेक प्रलोभन आ उपस्थित हुए हैं। ऐसे में यदि सम्राट अस्थायी रूप से अपना संतुलन खो बैठे हैं, तो हमें उनके प्रति इतना कठोर नहीं हो जाना चाहिए, आर्य !''

''ये सारी बातें मैंने भी सोची हैं, हनुमान !'' राम का स्वर कोमल था, ''सुग्रीव की इस मानसिक अवस्था के कारण यदि किष्किंधा में इतनी जटिलताएं न उठ खड़ी होतीं तो कदाचित् हम सुग्रीव का मानसिक संतुलन लौटने के लिए अधिक समय तक धैर्यपूर्वक प्रतीक्षा कर सकते थे।'' राम ने रुककर हनुमान को देखा, ''किंतु क्या तुम्हारा ध्यान इस ओर नहीं गया कि एक-एक क्षण हमारे लिए कितना मूल्यवान है। सुग्रीव का विलास, उनकी व्यक्तिगत बात न रहकर, आज हमारे सामूहिक कल्याण का घातक शत्रु हो गया है। एक-एक दिन के बीतने पर स्थितियां जटिल से जटिलतर होती जा रही हैं। यदि सुग्रीव सचेष्ट नहीं हुए तो उनकी निष्क्रियता ही अपने-आप में किष्किंधा ही नहीं, संपूर्ण वानर-राज्य के लिए घातक वज्र बनकर गिरेगी। किष्किंधा के पथों-वीथियों में वानर ही वानरों का रक्त बहाएंगे और एक नये समाज के निर्माण के तुम्हारे सारे स्वप्न चूर-चूर हो जाएंगे, हनुमान !'' राम के कंठ में कुछ फंसता-सा लगा, ''जब वानर आपस में जूझ-जूझकर मर रहे होंगे, तो मेरी वैदेही की खोज करने के लिए कौन जाएगा... कभी-कभी तो मेरे मन में आता है, हनुमान ! कि मैं वापस पंचवटी लौट जाऊं और वहीं से अपने साथियों की टोलियां भेज-भेजकर सीता का संधान करूं।''

हनुमान का संकोच पूर्णत: विलीन नहीं हुआ था, किंतु फिर भी उनका कंठ अपेक्षाकृत कुछ अधिक मुक्त हो गया, ''आर्य ! मैं आपकी बात से असहमत तो नहीं

हूं। स्थिति वस्तुत: अत्यंत शोचनीय है। किंतु आप देवी वैदेही की खोज को लेकर इतने निराश न हों। सम्राट ने जिन दक्ष खोजियों को विभिन्न वानर-यूथों से बुलवाया था, प्राय: वे सब अब किष्किंधा में उपस्थित हैं। एक बार उन्हें सम्राट का आदेश मिल जाए तो देखिये, ये वानर रावण के राज्य के किस कोने में नहीं जा पहुंचेंगे... मैं तो स्वयं देवी की खोज में जाने के लिए अत्यन्त व्यग्र हूं, राम ! किंतु सम्राट की मन:स्थिति तथा यहां की परिस्थितियों को देखते हुए उनकी आज्ञा के अभाव में किष्किंधा को छोड़ना मुझे उचित नहीं लगता...''

''ठीक कहते हो, हनुमान !'' राम एक तिक्त मुसकान अपने अधरों पर ले आये, ''विलंब तो केवल तुम्हारे सम्राट की आज्ञा का ही है। पर यदि वे आज्ञा दें तो...''

''आर्य ! मैं प्रयत्न करूंगा कि सम्राट इस विषय में शीघ्र आज्ञा जारी करें।'' हनुमान उठ खड़े हुए, ''अनुमति दें। मैं यहां से सीधा सम्राट के पास ही जाऊंगा।''

राम सहज होकर हंसे, ''तुम तो उठ भागे, हनुमान ! अभी तक तुमने अपने आने का प्रयोजन तो कहा ही नहीं।''

''कुछ विशेष नहीं है, भद्र !'' हनुमान खड़े-खड़े ही बोले, ''किष्किंधा तथा सम्राट की मन:स्थिति के विषय में सोचते-सोचते व्यग्र होकर आपके पास चला आया था कि आपसे चर्चा कर यदि कोई समाधान मिल सके।''

''पर वह चर्चा तो हुई ही नहीं।'' राम बोले, ''तुम तो उसके पूर्व ही चल दिये, फिर समाधान कहां से मिलेगा ?''

''मिल गया, राम ! समाधान मिल गया।''

''क्या ?''

''सम्राट की मन:स्थिति के स्वत: संतुलित हो जाने की प्रतीक्षा करना भूल है।'' हनुमान बोले, ''उनके शुभेच्छुओं का कर्तव्य है कि वे उन्हें परिस्थितियों के प्रति सजग करें। वही करने का प्रयत्न करूंगा।''

हनुमान ने हाथ जोड़कर प्रणाम किया और जाने के लिए मुड़ गये।

हनुमान के जाने के पश्चात भी राम उन्हीं के विषय में सोचते रहे। सुग्रीव की समस्या कहीं पीछे छूट गयी थी। सुग्रीव तो फिर अपने निजी कारणों से बाध्य थे; किंतु हनुमान कैसे हो रहे हैं। वे जानते हैं क्या ठीक है, क्या गलत। वे जानते हैं, दुर्बलता कहां है; कहीं सुग्रीव की अकर्मण्यता में हनुमान भी बंध गये हैं और अन्य लोग भी।... वर्षा रुक गयी है, जल बह गया है और कीचड़ सूख गया है... हनुमान बता गये हैं कि खोजियों के दल भी किष्किंधा में आ गये हैं; पर सब कुछ रुका पड़ा है — सुग्रीव के कारण। सुग्रीव को खोज के लिए आदेश देने तक का अवकाश नहीं है... अवकाश नहीं है, या होश नहीं है ?...

राम को लगा, उनके मन में सुग्रीव के विरुद्ध आक्रोश संचित हो रहा है — कैसा नीच और स्वार्थी है यह व्यक्ति ! जब स्वयं कठिनाई में था तो कैसे घिघियाता

था। मैत्री के पक्ष में कैसी-कैसी बातें कही थीं उसने। तब उसकी पत्नी रुमा वाली के वश में थी और सुग्रीव के प्राणों को वाली की ओर से विकट संकट था... किंतु वाली के वध के पश्चात रुमा ही नहीं, किष्किंधा का राज्य और तारा के रूप में उसे एक अतिरिक्त पत्नी भी मिल गयी थी। और अब यह व्यक्ति भूल गया कि राम की पत्नी सीता भी रावण के वश में है, राम के प्राणों को भी राक्षसों की ओर से विकट संकट है...

राम को लगा, उनका आक्रोश इसी प्रकार स्फीत होता रहा तो सुग्रीव से उनकी मैत्री अधिक समय तक नहीं टिक पाएगी। पर ऐसा कार्य अकस्मात ही बिना सोचे-समझे, आक्रोश के ज्वार में नहीं होना चाहिए। ऐसी मैत्री का त्याग तो ठंडे मस्तिष्क से सोच-समझकर, भली प्रकार, विचार-विवेचन करने के पश्चात होना चाहिए... कहीं ऐसा न हो कि उनका व्यक्तिगत स्वार्थ इतना प्रबल हो उठे कि वे अपने मित्र की समस्या को समझ ही न पाएं। वह वस्तुत: अपने मानसिक ऊहापोह, अपनी भौतिक परिस्थितियों, विभिन्न शक्तियों के संतुलन की समस्या में उलझा हुआ हो और राम अपने आग्रह से उसे और अधिक पीड़ित कर दें... राम अपने मित्र की उलझनों में वृद्धि नहीं करना चाहते... वे नहीं चाहते कि वानरों के राज्य में अभी-अभी सत्ता में आयी जन-समर्थक राज-शक्ति किसी भी कारण से दुर्बल हो जाए...

किंतु कहीं राम सचमुच ही तो भ्रमजाल में नहीं फंस गए हैं। यदि वस्तुत: ही सुग्रीव इतना प्रमादी हो कि वह अपने विलास में सब कुछ भुला बैठा हो, तो राम की यह शिथिलता और सीता की खोज में होने वाला यह विलंब अत्यंत हानिकारक हो सकता है... कौन-सी समस्या बड़ी है — किष्किंधा के जन-जीवन की प्रशासनिक समस्याएं अथवा सीता की खोज ?...

राम का मन कोई निर्णय नहीं कर पाता...

लक्ष्मण के आने का आभास, प्रतिदिन के समान, आज भी उनके साथियों में होते हुए वार्तालाप की ध्वनियों से ही हुआ। किंतु आज उनका वार्तालाप चिंताविहीन, उन्मुक्त तथा हास-विलास का-सा भाव लिये हुए नहीं था। स्वर अतिरिक्त रूप से गहरे और गंभीर थे, जैसे सामान्य वार्तालाप न हो, कोई गंभीर चर्चा चल रही हो।

लक्ष्मण के साथ अनिन्द्य, भूलर तथा अन्य लोग थे। मधुप उनके साथ नहीं था। कदाचित् आज वह किसी और दिशा में अन्य लोगों के साथ अथवा अकेला गया हुआ था।

आश्रम में पहुंचते ही लक्ष्मण ने शिला पर बैठते हुए यह नहीं पूछा कि आज भोजन का दायित्व किस टुकड़ी का है; न ही वे इस प्रकार आए, जैसे दिनभर का कार्य समाप्त कर, संध्या समय थके हुए अपने डेरे पर लौटे हों। वे लोग तो इस प्रकार राम की ओर बढ़े, जैसे किसी कार्यवश उनसे ही मिलने आये हों।

''क्या बात है, सौमित्र ?'' राम ने विस्मय से पूछा।

''बात बड़ी गंभीर है, भैया !'' लक्ष्मण और उनके साथी राम के सम्मुख अर्द्ध वृत्ताकार रेखा में बैठ गये।

''सुग्रीव की राजपरिषद का संघर्ष अब वानरों की राजकीय सेना में पहुंच गया है।''

''स्पष्ट कहो।'' राम कुछ चिंतित हुए।

''सुग्रीव के अनेक यूथपतियों ने, जिनमें असिगुल्म, धूम्र और दुर्मुख प्रमुख हैं, राजकीय सेना में अपना प्रभाव बढ़ा लिया है। उनकी अपनी यूथ सेनाएं तो किष्किंधा के निकट आ ही गयी हैं, राजकीय सेना का भी एक बड़ा भाग उनके कहने में आ गया है।''

राम कुछ बोले नहीं, चुपचाप लक्ष्मण की ओर देखते रहे।

''उन लोगों ने सेना में प्रचार किया है कि हनुमान, अंगद, नल, नील, तार और जाम्बवान इत्यादि लोग राम के प्रभाव में हैं और अपने निजी स्वार्थों की सिद्धि के लिए सम्राट सुग्रीव पर इतना दबाव डाल रहे हैं कि सम्राट विक्षिप्त हो गये हैं और कोई कार्य नहीं कर पा रहे। राम को उनके पिता ने अपने राज्य से निष्काषित कर दिया है, इसलिए राम वानरों के इस राज्य पर आधिपत्य जमाने के लिए यहां शिविर लगाये बैठे हैं। वाली का वध तो उन्होंने कर ही दिया है, अब वे किसी दिन सुग्रीव की भी हत्या कर देंगे; और अंगद तथा हनुमान को अपने मंत्री बनाकर वे किष्किंधा के सम्राट बन जाएंगे।''

''और सुग्रीव की सेना उसको सच मान बैठी है ?''

''सारी सेना तो नहीं, किंतु एक काफी बड़ा भाग इस प्रकार की बातों के प्रभाव में आ गया है। यह भाग न केवल हमें, हमारी जन-सेना तथा हनुमान इत्यादि को अपना शत्रु मान बैठा है, वरन् हमारे सैनिक शिविरों में प्रशिक्षित राजकीय सेना की टुकड़ियों को भी अपना शत्रु समझता है।''

''सैनिक टुकड़ियों में इस प्रकार का विरोध और द्वेष स्पृहणीय नहीं है।'' राम जैसे अपने आप से बोले।

''इसमें जो भयंकर बात है, वह तो मैंने अभी बताई ही नहीं।''

''क्या ?'' राम सहसा अपने चिंतन से उबरे।

''सेना के इन दोनों दलों में युद्ध की संभावना...''

''एक ही सेना के दो दलों में युद्ध की संभावना !'' राम चकित थे, ''पर क्यों?' उससे किसको लाभ होगा ?''

''असिगुल्म और उसके साथियों का विचार है कि हनुमान तथा अंगद की अनुचर सैनिक टुकड़ियों पर आक्रमण कर, उनके नेताओं का वध कर सैनिकों को अपने साथ मिला लेने से, किष्किंधा में हमारा समर्थक कोई नहीं रहेगा। तब वे सुग्रीव को भी अपने प्रभाव में कर लेंगे। परिणामत: किष्किंधा में आरंभ की गयी अनेक जनहितकारी योजनाएं

तो अपनी मौत अपने आप ही मर जाएंगी, मधुप तथा उनके साथियों द्वारा खोजी गयी खनिज संपदा भी उनके अधिकार में चली जाएगी। किष्किधा के उद्योग-धंधों पर उनका स्वामित्व स्थापित हो जाएगा। भीतरी तथा बाहरी व्यापार तो अभी भी उन्हीं के हाथों में है।''

''अपने विरोधी सैनिकों पर आक्रमण की यह योजना तथ्य है, या यूं ही किसी के मन की निराधार कल्पना ?'' राम अतिरिक्त रूप से गंभीर थे, ''यदि यह सत्य है तो हमारे ही सम्मुख नहीं, संपूर्ण वानर जाति के सम्मुख यह एक विकट समय है; और यदि यह कल्पना मात्र है, तो बड़ी विषैली कल्पना है — हमें उसका भी प्रतिकार करना होगा।''

''यह तथ्य है, राम !'' अनिन्द्य बोला, ''इसमें तनिक भी कल्पना नहीं है। हमारे पास इसके प्रमाण ही नहीं हैं — असिगुल्म की समर्थक टुकड़ियों द्वारा तैयार की गयी पूरी योजना की जानकारी भी हमारे हाथ लग गयी है।''

राम आश्चर्य से अनिन्द्य की ओर देखते रहे, जैसे उन्हें विश्वास ही न हो रहा हो; और फिर धीरे से बोले, ''वे मूर्ख यह नहीं समझ पा रहे हैं कि यह आत्महत्या है...''

कोई कुछ नहीं बोला।

सहसा राम ने पूछा, ''हनुमान को इस बात की सूचना है ?''

''हां, भैया !'' लक्ष्मण बोले, ''हनुमान भी जानते हैं और अंगद भी। हनुमान आपके पास आये भी थे, पर जाने क्यों उन्होंने आपके साथ बात नहीं की।''

राम को हनुमान का संकोची चेहरा याद हो आया। वे आये थे और सुग्रीव संबंधी कुछ चर्चा कर लौट गये थे। कदाचित् सुग्रीव का प्रमाद उन्हें इतना अधिक खल रहा होगा कि उसके बाद सुग्रीव के संबंध में राम से कोई सहायता...

''तो इस स्थिति का प्रतिकार क्या है ?''

''मेरा तो विचार है, भद्र राम !'' भूलर पहली बार बोला, ''इससे पूर्व कि असिगुल्म-समर्थक टुकड़ियां, हनुमान तथा अंगद समर्थक टुकड़ियों पर प्रहार करें, हमें असिगुल्म-समर्थक टुकड़ियों पर आक्रमण कर देना चाहिए। आक्रमण अपने बचाव का सबसे सक्षम रूप है।''

''सिद्धांत तो ठीक है,'' राम गंभीर स्वर में बोले, ''किंतु यहां तो स्थिति यह है कि प्रहार बायां हाथ करे या दायां, वानरों के लिए यह दोनों ही रूपों में आत्महत्या है।''

''आत्महत्या होती है तो होती रहे।'' भीखन बोला, ''हत्या तो नहीं होगी न!''

''अन्य किसी उपाय के न होने पर, तुम्हारी योजना ही उत्तम मानी जाएगी।'' राम बोले, ''किंतु क्या आक्रमण का क्षण आ पहुंचा है ?''

''नहीं !'' लक्ष्मण बोले, ''अभी दो-तीन दिन शांति रहेगी, फिर वे आक्रमण करेंगे। इतना समय हमारे पास भी है कि हम यह निश्चय कर सकें कि हम प्रतिरक्षात्मक युद्ध लड़ेंगे अथवा आक्रमण।''

सहसा राम मुसकराए, ''एक बात मेरी मान लो।''

''क्या ?''

''चुनाव प्रतिरक्षात्मक अथवा आक्रामक युद्ध में से न होकर, अयुद्ध तथा आक्रामक युद्ध में से होना चाहिए।''

''अयुद्ध की स्थिति अब अधिक दिन नहीं रह सकती, भद्र राम !'' अनिन्द्य बोला, ''युद्ध अनिवार्य है।''

''युद्ध अनिवार्य है तो वह आक्रामक युद्ध ही हो।'' राम बोले, ''प्रातः तक का समय मुझे दो और इस चिंतन को यहीं छोड़ दो। रातभर के लिए इन विचारों से तुम्हारी मुक्ति।''

लक्ष्मण मुसकराए, ''भैया के मन में कुछ है, पर बताएंगे अब प्रातः ही।''

''यही समझ लो।''

सब लोग मुसकरा पड़े।

रात के भोजन के पश्चात् राम अकेले ही एक ओर चल पड़े।

दिनभर उन्होंने अपने इस आश्रम को नहीं छोड़ा था — कुछ शस्त्रागार की सुरक्षा के विचार से, कुछ अभ्यागतों से भेंट-वार्ता के विचार से और कुछ आश्रम के अन्य कार्यक्रमों के कारण।... किंतु इस समय अब और किसी के आने की संभावना नहीं थी और शस्त्रागार की रक्षा के लिए लक्ष्मण तथा जन-सैनिकों की पूरी टुकड़ी थी।

... प्रातः हनुमान भी कदाचित् यही कहने आए थे — सुग्रीव अपनी उलझनों में बंदी होकर जड़ हो गये थे और इस जड़ता को भूलने का एकमात्र उपाय उन्होंने विलास में खोज निकाला था। सम्राट की इस जड़ता के कारण उनके सहयोगी अनुपयोगी हो गये थे, और उनके शत्रु बल पकड़ते जा रहे थे। उस समय राम के मन में आया था कि इस प्रक्रिया को यदि यहीं नहीं रोका गया तो अंततः जन-समर्थक शक्तियों के हाथों में आयी यह नवागत सत्ता उनके हाथों से निकल जाएगी। किंतु इस प्रक्रिया को रोकने का उपाय ?...

पहले तो उन्होंने यही सोचा था कि वे अपनी व्यक्तिगत उतावली में ऐसा कोई काम न कर बैठें, जिससे उनके मित्र सुग्रीव के लिए कोई विघ्न-बाधा उपस्थित हो जाए, अथवा उनकी चिंताओं में किसी प्रकार की वृद्धि हो। उनके मन में द्वन्द्व इस बात को लेकर था कि पहले सीता की खोज हो अथवा वानरों की अपनी प्रशासनिक समस्याएं सुलझाई जाएं ?... किंतु अब तो स्थिति बदलती जा रही थी। यदि राम निष्क्रिय बैठे प्रतीक्षा करते रहे, और सुग्रीव अपनी जड़ता तथा प्रमादवश अपने विलास में डूबा रहा तो सीता का संधान न केवल टलता जाएगा; वरन् शनैः-शनैः कठिन होता जाएगा और अंततः कदाचित् असंभव ही हो जाएगा... व्यक्तिगत रूप से वंचित तथा अपमानित होकर क्रमशः राम का समस्त तेज भी नष्ट हो जाएगा; अन्याय के विरुद्ध अभी तक किया संघर्ष व्यतीत

होते हुए समय के साथ क्षीण होकर, अंततः शून्य में परिणत हो जाएगा... जिन वंचितों, शोषितों तथा असहायों के भविष्य को लेकर उन्होंने अनेक स्वप्न देखे हैं और जिन स्वप्नों के प्रति उन जातियों में चेतना और आकांक्षा जाग उठी है, वे सारे स्वप्न अकालमृत्यु को प्राप्त होंगे... और दूसरी ओर अदंडित रावण इसे अपनी सफलता मानकर और भी प्रोत्साहित होगा। लंका के रावण के समान ही प्रत्येक राज्य में अपने-अपने रावण पैदा होंगे। प्रत्येक गली-मुहल्ले में मनुष्य के रूप में ऐसे पशु न केवल पनपेंगे, वरन् शक्तिशाली होकर अपनी उद्दंडता और उच्छृंखलता से, अपने पापों और अत्याचारों से समस्त मानवता को पीड़ित करेंगे... नहीं ! राम यह नहीं होने देंगे...

यही नहीं ! कल तक के वानरों के मित्र राम को आज आक्रांता तथा आधिपत्य का इच्छुक बताकर, उनके विरुद्ध प्रचार किया जा रहा है... ऐसे में राम का तनिक-सा भी हस्तक्षेप इस प्रचार को बल देगा और यह भावना सारे वानरों में दावानल के समान प्रचंड हो उठेगी... सुग्रीव के शत्रु सचमुच राजनीतिक धूर्तताओं में पगे हुए हैं, वे युद्ध के साथ-साथ राजनीति के हथकंडे भी जानते हैं। वे ऐसा जाल रच रहे हैं कि राम प्रस्रवणगिरि पर बैठे भी रहें तो बद्धहस्त व्यक्ति के समान कुछ कर भी न सकें।

और यदि राम बद्धहस्त बैठे रहें तो चाहे असिगुल्म-समर्थक सैनिक आक्रमण करें, अथवा हनुमान तथा अंगद समर्थक सैनिक, वानरों की सेना में युद्ध आरम्भ हो जाएगा। अपनी परम्परा के अनुसार इस अथवा उस पक्ष का समर्थन करते हुए वानर-यूथ युद्ध में भाग लेंगे और अंततः वानरों का यह गृह-युद्ध समस्त वानर जाति को ग्रस लेगा... राम चुपचाप बैठे यह देखते रहेंगे क्या ?... जिन वानरों से उन्होंने मैत्री स्थापित की, जिन्हें उन्होंने अपमानजनक और शोषित स्थिति से मुक्ति दिलानी चाही, जिनसे स्वयं उन्हें सहायता की आशा है — उस संपूर्ण जाति को वे षड्यंत्र और मूर्खता की ज्वाला में जलकर क्षार हो जाने देंगे क्या ? राक्षसों के हाथों वध से उनकी रक्षा के प्रयत्न में लगे राम, अब उन्हें आत्महत्या करते देखते रहेंगे ?...

नहीं ! राम यह नहीं होने देंगे...

तो क्या करें राम ?

ऐसा क्या हो कि राम को वानरों के किसी भी वर्ग से युद्ध न करना पड़े। राम को कोई वानर-शत्रु न कह सके।... वे वस्तुतः स्वयं को वानर-मित्र सिद्ध कर सकें। और ऐसा क्या हो कि वानरों का यह आसन्न गृह-युद्ध भी रुक जाए।

राम चलते-चलते रुक गये... वे अपने आश्रम से काफी दूर निकल आए थे। गजपुष्पी की वह लता उनके सामने थी, जिसकी छाया उन्हें अत्यन्त प्रिय थी। राम उसी के निकट एक शिला पर बैठ गये।

सहसा राम का मन भीत हरिण के समान चौंक उठा।... क्या हो रहा है राम के जीवन में... वे कौन-सा लक्ष्य लेकर चले थे और क्या हो रहा है यहां ? संसार में इतने व्यापक रूप में हो रहे अत्याचार तथा व्यक्ति रूप में अपनी क्षति और अपमान को भूलकर,

वे वानर-राजनीति की वंचना में फंसते जा रहे हैं... क्या राम के जीवन का यही लक्ष्य था कि वे आदर्शों, सिद्धांतों, न्याय-अन्याय के विचारों को भूलकर एक राज्य के विभिन्न वर्गों के द्वेषवश होने वाले षड्यंत्रों की दलदल में फंसकर रह जाएं... कदापि नहीं !... राम यह भी नहीं होने देंगे...

राम उठ खड़े हुए। उन्हें इस दलदल से निकलना होगा और उसके लिए आवश्यक है कि सुग्रीव की जड़ता टूटे, उनका प्रमाद नष्ट हो... यदि सुग्रीव की जड़ता नहीं टूटी तो राम इस दलदल में गहरे-से-गहरे धंसने के लिए बाध्य हो जाएंगे... अब वे और प्रतीक्षा नहीं कर सकते... हनुमान ने ठीक ही कहा था, ''सम्राट की मन:स्थिति के स्वत: संतुलित हो जाने की प्रतीक्षा करना भूल है। यह उनके शुभेच्छियों का कर्तव्य है कि वे उन्हें परिस्थितियों के प्रति सजग करें। वही करने का प्रयत्न करूंगा...'' ठीक कहा था हनुमान ने, सुग्रीव को जगाना होगा। उनके शुभेच्छियों का कर्तव्य है कि वे उन्हें जगाएं, जैसे भी हो, जिस भी प्रकार।

राम अपने आश्रम की ओर लौट पड़े।

नहा-धोकर लक्ष्मण आश्रम में लौटे तो उन्होंने राम को देखा — वे बहुत पहले से ही तैयार होकर वहां बैठे लग रहे थे... या तो वे रातभर सोये ही नहीं हैं, या फिर आधी रात से ही उठकर बैठे हुए हैं। रातभर जागरण करने के चिह्न भी उनके चेहरे पर नहीं थे... वे पर्याप्त स्वस्थ, जागरूक तथा स्फूर्तिपूर्ण लग रहे थे।

''आज अपना कोई कार्यक्रम मत बनाना, सौमित्र !'' राम बोले, ''या इससे पूर्व ही तो निश्चित नहीं कर लिया ?''

''नहीं, भैया !'' लक्ष्मण ने आश्चर्य से राम की ओर देखा — उनके चेहरे पर कुछ कौतुक का-सा आभास था, ''आपने कल संध्या ही प्रात: तक कुछ न करने अथवा सोचने का आदेश दिया था। आपने कुछ सोच लिया है क्या ?''

''सोचा तो है।'' राम बोले, ''किंतु उसे कार्यान्वित करने का दायित्व तुम्हारा ही है।''

''कहिए !''

राम ने अब तक निकट आ गये अन्य आश्रमवासी जन-सैनिकों की ओर देखा, ''सारे आश्रमवासी उपस्थित हैं या कोई अन्यत्र गया हुआ भी है ?''

निरीक्षण हुआ। सारे आश्रमवासी उपस्थित थे।

''मेरी बात सुनो, बंधुओ !'' राम बोले, ''और यदि तुम लोगों को मेरा प्रस्ताव स्वीकार्य लगे तो उसे कार्यान्वित करने के लिए तत्काल प्रस्थान करो। हमारे पास समय बहुत कम है।''

''आप आदेश दें, भद्र राम !'' अनिन्द्य बोला।

''मुझे लगता है कि कर्म का क्षण आ गया है। अब तनिक भी विलंब अथवा असावधानी घातक है।'' राम बोले, ''अत: तुम सब लोग सौमित्र के साथ जाओ। जितने

शस्त्रास्त्र संभव हों, अपने साथ ले जाओ। उन शस्त्रों का जितना अधिक प्रदर्शन कर सको, करो। और तुम लोग जाकर सुग्रीव का राजप्रासाद घेर लो। तुममें से कोई भी रंचमात्र भय अथवा संकोच प्रकट न करे। यदि मार्ग में तुम्हें कोई रोकने का प्रयत्न करे तो उसे बलात् मार्ग से हटा दो। राजप्रासाद में तुम्हारे जाने से जितना आतंक फैल सके, तुम उतने ही सफल माने जाओगे। सब लोग प्रासाद के बाहर रुक जाएं। अकेले सौमित्र प्रासाद के भीतर प्रवेश करें। किसी का निषेध न मानें और किसी का वर्जन न सुनें। सौमित्र सीधे सुग्रीव के सम्मुख उपस्थित हों और अधिक-से अधिक उग्र रूप में उस तक मेरा संदेश पहुंचाएं कि 'जिस मार्ग से वाली गया था, वह मार्ग अभी बंद नहीं हुआ है'।''

कुछ क्षणों तक सब लोग चुप रहे, जैसे राम की बात को मन-ही-मन तोल रहे हों।

''मैं प्रस्तुत हूं।'' लक्ष्मण ने आश्वस्त स्वर में कहा।

''एक शंका मेरे मन में है, भद्र राम !'' भीखन बोला। राम ने भीखन की ओर देखा।

''कहीं ऐसा न हो कि इस प्रकार के व्यवहार से हम सुग्रीव की मैत्री से वंचित हो जाएं ?''

''संभव है, ऐसा ही हो।'' राम बोले, ''वस्तुतः बहुत सोचने के पश्चात् मैं इसी निष्कर्ष पर पहुंचा हूं कि किन्हीं कारणों से सुग्रीव की जड़ता ऐसी स्थिति तक जा पहुंची है कि हितैषियों द्वारा समझाया-बुझाया जाना उन पर कोई प्रभाव नहीं डालेगा। हनुमान सुग्रीव के व्यवहार से कितने चिंतित हैं, यह मैं निजी रूप से जानता हूं। नील कल ही परिवाद के रूप में अनेक बातें कहकर गया है। पिछले कुछ दिनों से अंगद से मेरी भेंट नहीं हुई, पर तुम लोगों की उसके संबंध में भी यही धारणा है। अन्य लोग चिंतित नहीं होंगे — यह स्वीकार नहीं किया जा सकता। प्रश्न है, क्या इन लोगों ने सुग्रीव को समझाया नहीं होगा ?... मैं समझता हूं कि प्रत्येक व्यक्ति ने सुग्रीव को भरसक समझाया होगा। पर सुग्रीव क्रमशः हम सबसे असंपृक्त होता जा रहा है। न केवल वह हमारी कोई सहायता नहीं कर पा रहा, वरन् वह वानर-जाति तथा अपने लिए भी उपयोगी नहीं रह गया है। ठीक-ठीक मूल्यांकन किया जाए तो सत्य यह है कि वह वानरों की प्रगति के मार्ग में बाधा-स्वरूप अड़ गया है और उनके गृह-युद्ध का कारण बन गया है। ऐसे में मैंने उसकी मैत्री को दांव पर लगाने का निश्चय किया है।''

''पर मैत्री टूटने का परिणाम ?''

''पहली बात तो यह है कि सुग्रीव मैत्री तोड़ने का साहस नहीं करेगा।'' राम बोले, ''यदि हमें उसकी आवश्यकता है, तो उसे भी हमारी आवश्यकता है। यद्यपि वाली का वध हो चुका है और सुग्रीव वानरों के सम्राट के रूप में प्रतिष्ठित है; पर यह नहीं कहा जा सकता कि उसे अब किसी ओर से कोई भय नहीं है। असिगुल्म तथा वाली के अनेक यूथपति उसके विराधी हैं। राक्षस-विरोधी नीतियों के कारण, राक्षस लोग उसके शत्रु हैं।

और समय तथा अवसर देखकर, वे लोग अपनी घात अवश्य लगाएंगे। और..." राम क्षणभर के लिए रुके, "जिस अंगद ने कल तक सुग्रीव की नीतियों के कारण, अपने पिता के विरुद्ध भी उसका साथ दिया, उन नीतियों के त्यागने के कारण, अंगद सुग्रीव का विरोधी भी हो सकता है। मैं तो यहां तक कहने को प्रस्तुत हूं कि यदि सुग्रीव ने अपना यह प्रमाद नहीं छोड़ा, तो उसके अन्य साथी भी उसे छोड़ जाएंगे।" राम तनिक रुककर बोले, "इसलिए सुग्रीव इतनी सुविधा से हमारी मैत्री का त्याग नहीं कर सकता। और यदि ऐसा कुछ हुआ भी तो हम सैनिक शक्ति तथा जन-समर्थन की दृष्टि से किष्किंधा में उससे दुर्बल नहीं पड़ेंगे।"

"आपने युद्ध तक की स्थिति की बात सोच डाली है ?" भूलर आश्चर्य से बोला।

"हां, भूलर !" राम मुसकराए, "सुग्रीव मुझसे अथवा लक्ष्मण से द्वन्द्व नहीं करेगा। सेना सहित युद्ध करना चाहेगा तो वह केवल असिगुल्म-समर्थक टुकड़ियों को ही अपने पक्ष में पाएगा। मैं कह नहीं सकता कि वे लोग भी उसका साथ देंगे अथवा नहीं।"

और कोई आपत्ति न होते देख राम ने पूछा, "सब लोग सहमत हैं ?"

"सहमत हैं।" एक स्वर से सबने कहा।

5

रुमा को अपने पति में एक स्पष्ट परिवर्तन दिखायी पड़ रहा था — सुग्रीव ऐसे नहीं थे। उसका वह सहज प्रेमी पति अब कैसा हो गया था। सुग्रीव अब पहले से कहीं अधिक समय अपने प्रासाद में व्यतीत करते थे; सत्य तो यह है कि अब वे बाहर बहुत कम जाते थे। यदि कहीं कोई भव्य पान-गोष्ठी होती, तो ही वे बाहर निकलते थे, अन्यथा माधवी में डूबे प्रासाद में ही पड़े रहते थे। अपने भाई के राज्यकाल में जो व्यक्ति संपूर्ण वानर-राज्य में मदिरा को वर्जित पदार्थ घोषित करवाने के लिए अपने प्राणों पर खेल रहा था, अब वही व्यक्ति सदा माधवी में डूबा दिखायी पड़ता है।

रुमा का मन बार-बार रोने को हो आता था; वही पति पहले अपनी राजनीतिक-सामाजिक गतिविधियों की भाग-दौड़ में से कुछ समय छीन-झपटकर घर आता था तो घर में कैसी चहल-पहल हो जाती थी। उनके एक-एक शब्द में से प्यार टपकता था। इतनी कम अवधि के लिए पति के साथ रहकर भी रुमा को लगता था कि सुग्रीव कितना प्रेम करते थे उससे। अब सुग्रीव प्राय: आठों प्रहर प्रासाद में ही पड़े रहते हैं। हां ! प्रासाद में उनकी उपस्थिति को 'रहना' मात्र नहीं कहा जा सकता था, वह 'पड़ा रहना' ही था। जो व्यक्ति उठ न सके, बैठ न सके, चल-फिर न सके — पलंग पर बस औंधा-सीधा लेटा रहे, उसे पड़ा रहना ही तो कहा जाएगा।... अब वे रुमा को देखते ही प्रेम-निवेदन कर बैठते हैं, उसे बांहों में भर लेते हैं, सदा स्वयं को उस पर न्यौछावर कर देने की बातें करते रहते हैं; किंतु रुमा को उन शब्दों में प्रेम का तनिक भी आभास नहीं

मिलता, उनमें कामुकता की तीव्र गंध होती है।

वह अच्छी-भली प्रिया थी अपने प्रिय की, पत्नी थी अपने पति की; और अब वह एक कामुक की भोग्या मात्र रह गयी है। क्या कहे रुमा इस परिवर्तन को, इस प्रक्रिया को और इस व्यक्ति को...

कैसे-कैसे स्वप्न थे सुग्रीव के मन में, एक नये समाज के निर्माण के लिए — किंतु तब उनके पास अधिकार नहीं था... अब क्या नहीं है उनके पास ? किंतु वे स्वप्न ही कहीं खो गये हैं। उनके साथी आते हैं और उनकी स्थिति देखकर बिना कुछ कहे लौट जाते हैं। सुग्रीव के पास किसी की बात सुनने का अवकाश नहीं है... क्या हो गया है उन्हें ? क्या यह सब कुछ मात्र विलास की इच्छा और कामलिप्सा ही है ? क्या वाली के भय से ऋष्यमूक पर जो वंचित जीवन बिताना पड़ा यह उसी की प्रतिक्रिया है ? यह भूखे व्यक्ति का, नाना व्यंजनों को उपलब्ध जानकर, उन पर टूट पड़ना है, या...

या यह परिवर्तन रुमा के अपहरण के कारण हुआ है ? सुग्रीव को बहुत प्रेम था रुमा से। रुमा के बिना वे जीवित नहीं रह सकते थे।... तो क्या रुमा के छिन जाने से उनका मस्तिष्क असंतुलित हो उठा है ?... किंतु नहीं ! ऐसी बात होती तो रुमा के अपहरण के पश्चात् ही सुग्रीव को असंतुलित हो जाना चाहिए था; पर ऋष्यमूक पर अपने प्रवास की अवधि में उन्होंने अपनी मानसिक विकृति का तनिक भी आभास नहीं दिया। वे पूर्व कौशल से अज्ञातवास करते रहे; वाली के गुप्तचरों, खोजियों से छिपते ही नहीं रहे, उनमें से कुछ का तो उन्होंने वध ही कर डाला था... क्या कोई विकृत-मस्तिष्क व्यक्ति राम जैसा सहायक ढूंढकर ला सकता था ? इतनी राजनीतिक चतुराई... इतनी दूरदर्शिता...एक ऐसा सहायक ढूंढ लेना, जो स्वयं उसी कष्ट से पीड़ित था जिससे सुग्रीव पीड़ित थे। राम को वाली से क्या सहानुभूति होती ? राम के मन में तो वाली के प्रति कदाचित् उतना ही आक्रोश जागा होगा, जितना आक्रोश उनके मन में रावण के प्रति रहा होगा; या यह भी संभव है कि रावण के प्रति उनके मन में जमी समस्त घृणा वाली की ओर मुड़ गयी हो...

कितनी सफलता से सुग्रीव ने अपने शत्रु को समाप्त करवा दिया था... तब तो मानसिक विकृति नहीं थी कहीं... तो क्या रुमा के मन का संदेह सत्य है ?

वाली के वध के पश्चात् जब सुग्रीव प्रासाद में आये थे तो रुमा अपने प्रेम तथा स्वतंत्रता की मिश्रित भावनाओं की ऊर्जा में दौड़ी थी कि सुग्रीव के वक्ष से जा लगे। किंतु वक्ष से लगने से पूर्व ही वह ठिठक गयी... अब स्थिति पहले-जैसी नहीं थी, सुग्रीव और उसका संबंध मात्र पति-पत्नी का नहीं था — थे तो वे अब भी पति-पत्नी ही; किंतु बीच में एक घटना आ खड़ी हुई थी। वह सुग्रीव की पत्नी ही नहीं थी, घर्षिता पत्नी थी। वाली ने उसका अपहरण कर, इतने दिनों तक बलात् उसका भोग किया था... वह वाली की भोग्या रह चुकी थी... क्या सुग्रीव उसे अंगीकार करेंगे ?...

रुमा ने सुग्रीव के वक्ष से लगने का विचार त्याग दिया था, वह उनके पैरों में गिर पड़ी थी।

सुग्रीव ने उसे अंगीकार कर लिया था, पर क्या रुमा को अपनी बांहों में लेते ही सुग्रीव को याद नहीं आ जाता कि यह वही रुमा है, जिसका वाली ने हरण किया था... अपने विवेक के तर्क के हाथों बाध्य होकर उन्होंने रुमा को अंगीकार किया था, किंतु पुरुष की ईर्ष्या से आहत होकर बिना माधवी में डूबे, वे रुमा के निकट भी नहीं आ सकते थे... क्या वे रुमा के प्रति अपनी घृणा को धोने में असमर्थ होकर; उसे माधवी में डुबोने का प्रयत्न कर रहे हैं ?

लगता था, सुग्रीव भीतर से कहीं टूट गये हैं और अपने टूटे हुए खंडों को माधवी से जोड़ने का प्रयत्न कर रहे हैं; पर ऐसा भी कहीं हुआ है...

और तारा के साथ विवाह ?... यह क्या था — तारा के पति आकर्षण ? वाली के प्रति अपनी शत्रुता का निर्वाह ? अंगद के मन में पितृ-हत्या की भावना को धोने का प्रयत्न ?... या रूमा के प्रति जुगुप्सा से भर जाने के कारण अपनी कामुकता की संतुष्टि के लिए एक अन्य पात्र की खोज ?...

रुमा की दृष्टि कक्ष में प्रवेश करती हुई प्रतिहारिणी पर पड़ी।

''देवी ! आर्य हनुमान द्वार पर खड़े हैं।'' अभिवादन कर प्रतिहारिणी बोली, ''कहते हैं, बहुत आवश्यक कार्य है।''

''बुला लाओ।''

प्रतिहारिणी चली गयी और रूमा के विचार हनुमान की ओर मुड़ गये — हनुमान के सारे आवश्यक कार्य सम्राट की इस मन:स्थिति के कारण रुके पड़े हैं।

किंतु रुमा क्या कर सकती है...

हनुमान ने कक्ष में प्रवेश कर अभिवादन किया।

''बैठो, हनुमान !''

''बैठने का अवकाश नहीं है, साम्राज्ञी !'' हनुमान खड़े-खड़े ही बोले, ''किष्किंधा की प्राचीर के बाहर की सैनिक चौकियों से समाचार आया है कि राम के छोटे भाई लक्ष्मण अपने जन-सैनिकों के साथ, द्रुतगति से किष्किंधा की ओर बढ़ते देखे गये हैं। वे सब-के सब सशस्त्र हैं और उन लोगों की मुद्रा आक्रामक है। उनका यह कृत्य असाधारण है, देवि !... वे सम्राट के मित्र हैं, अत: हम नहीं जानते कि उनका किष्किंधा में इस प्रकार सशस्त्र प्रवेश रोका जाना चाहिए अथवा नहीं। कृपया आप सम्राट से इस विषय में कोई आदेश प्राप्त करें, अन्यथा अनर्थ हो जाएगा।''

''किंतु राम और लक्ष्मण से भयभीत होने का कोई कारण तो नहीं है, हनुमान?'' रूमा चकित होकर बोलीं।

''वैसे तो कोई कारण नहीं।'' हनुमान धीरे-से बोले, ''कल ही मैं आर्य राम से

मिला भी था, तब तक ऐसी कोई बात नहीं थी। पर, देवि ! हमने उनकी पत्नी की खोज के लिए अभी तक कुछ नहीं किया है। यह अपने दिये हुए वचन का उल्लंघन है।''

रुमा ने हनुमान की ओर देखा — हनुमान यह नहीं कह रहे थे कि सम्राट ने अपना वचन-भंग किया है, वे 'हम' शब्द का प्रयोग कर रहे थे।

''आओ, हनुमान !'' रुमा आगे चली।

सुग्रीव अपने पलंग पर औंधे पड़े सो रहे थे। दो परिचारिकाएं व्यजन से हवा कर रही थीं और उनके पलंग के निकट ही माधवी का एक खाली भांड तथा अनेक चषक रखे हुए थे। कदाचित् सुग्रीव ने यह भांड अभी-अभी ही खाली किया था।

रुमा ने उनके कान के पास मुख ले जाकर धीरे-से कहा, ''प्रिय ! सम्राट !''

किंतु सुग्रीव की ओर से कोई प्रतिक्रिया नहीं हुई। वे प्रगाढ़ निद्रा में सोये लग रहे थे।

रुमा ने उनके कंधे पर हाथ रखकर धीरे-से हिलाया और पुकारा, ''प्रिय, सुनो! हनुमान आये हैं।''

सुग्रीव ने रुमा का हाथ झटक दिया और करवट बदल ली।

ये ही सुग्रीव थे — रुमा के मन में आया — जिन्हें वाली के आक्रमण से पूर्व सावधान करने के लिए अंगद ने शिल्पी को भेजा था; और एक हल्की-सी आवाज से आधी रात को उठकर वे बाहर चले गये थे।... आज अभी दिन आरम्भ ही हुआ है और वे माधवी की ऐसी प्रगाढ़ निद्रा में हैं कि उठाये नहीं उठते। इस बार तो उन्होंने रुमा का हाथ ही झटका है। यदि जगाने का और अधिक प्रयत्न किया गया और वे रुष्ट हो गये तो जाने सम्राट की क्या इच्छा हो...

रुमा ने निराश दृष्टि से हनुमान की ओर देखा।

हनुमान भी कदाचित् कुछ ऐसे ही निष्कर्ष पर पहुंचे थे।

वे दोनों चुपचाप कक्ष से बाहर निकल आये।

''यदि लक्ष्मण इधर आयें तो मेरा विचार है कि सम्राट के स्थान पर आप ही उनसे बात कर लें।'' हनुमान कुछ सोचते हुए बोले, ''ऐसा नहीं हो सकता कि बिना किसी संवाद के लक्ष्मण आक्रमण आरम्भ कर दें।''

''हनुमान ! यदि तुम ही बात कर लो तो... ?''

तभी अंगद प्रायः भागते हुए-से आए, ''सम्राट कहां हैं ?''

''क्या बात है, युवराज ?''

''लक्ष्मण !'' अंगद अधिक नहीं कह पाए।

''कहां हैं ?''

''उनके सशस्त्र जन-सैनिक प्रासाद के चारों ओर फैल गये हैं और वे स्वयं बाहरी

ड्योढ़ी पर खड़े धनुष टंकार रहे हैं।''

''हमारे द्वारपाल ?''

''सब भयभीत होकर भाग गये हैं।''

''ऐसा करो, अंगद !'' रुमा बोलीं, ''तुम बहन तारा से कहो, वे जाकर लक्ष्मण का स्वागत करें और उन्हें भीतर लिवा लाएं। तब तक मैं सम्राट को जगाती हूं।''

अंगद तारा को बुलाने के लिए भागे और रूमा सुग्रीव के कक्ष की ओर बढ़ गयीं। हनुमान वहीं खड़े-के-खड़े रह गये। क्या करें हनुमान ? वे तो कब से अपने मन में इसी प्रकार की आशंकाएं पाल रहे थे और डर रहे थे कि कहीं सचमुच ही ऐसी स्थिति न आ जाए कि जिन्हें वे अपने मित्र मानते हैं, जिनके प्रति उनका मन श्रद्धा तथा विश्वास से आप्लावित है, उन्हीं से विरोध की स्थिति आ जाए।... आज प्रायः वही स्थिति आ गयी है। लक्ष्मण द्वार पर खड़े धनुष टंकार रहे हैं और कोई नहीं जानता कि उनके मन में क्या है।... धनुष टंकारना प्रेम का संकेत तो है नहीं। ऐसे में हनुमान का क्या कर्तव्य है ? यदि लक्ष्मण ने सचमुच ही सुग्रीव पर आक्रमण किया तो क्या करेंगे हनुमान ? क्या वे लक्ष्मण का विरोध करेंगे ?... ऐसे समय में लक्ष्मण के विरोध का अर्थ था उनसे द्वन्द्व-युद्ध ! सशस्त्र संघर्ष ! अपने सम्राट की रक्षा के लिए लक्ष्मण से युद्ध !...पर दोष सरासर सम्राट का है। राम और लक्षमण ने कुछ भी अनुचित नहीं किया है। वाली के आतंक की समाप्ति तथा किष्किधा के निर्माण में कितनी सहायता की है उन्होंने। फिर लक्ष्मण के वैर का क्या अर्थ ? और बिना वैर के युद्ध कैसा ?... और यदि हनुमान लक्ष्मण से युद्ध नहीं करेंगे तो उसका अर्थ होगा — निष्क्रिय खड़े-खड़े, स्वयं अपनी आंखों के सम्मुख, अपने प्रिय सम्राट की हत्या का पीड़ादायक युद्ध देखना...

यह कैसे सह सकेंगे हनुमान ?

सम्राट दोषी ही सही ! पर क्या हनुमान इस प्रमाद के लिए अपने सम्राट की हत्या होने देंगे ?... और नहीं तो क्या सम्राट को बचाने के लिए लक्ष्मण की हत्या करेंगे ?...

युद्ध-रत दोनों पक्ष ही अपने मित्र हों तो क्या करे कोई ?...

तारा का मस्तिष्क मधुपान और रात्रि-जागरण से तंद्राग्रस्त था। उनकी इच्छा हो रही थी कि थोड़ी देर के लिए निर्विघ्न शांतिपूर्ण नींद मिल जाए। थोड़ी-सी नींद ले लें तो मन कुछ सोचने-समझने योग्य हो सकेगा।

किंतु अंगद के मुख से ड्योढ़ी पर खड़े, धनुष टंकारते, लक्ष्मण के क्रुद्ध आक्रामक रूप की चर्चा सुनते ही उनके मन से मधु का मद और निद्रा की तंद्रा — सब कुछ उड़ गया।... उन्होंने आज तक लक्ष्मण अथवा राम — दोनों में से किसी को भी धनुष से प्रहार करते नहीं देखा था। उन्होंने उनका क्रुद्ध नहीं, सौम्य रूप ही देखा था, किंतु वक्ष में राम का बाण खाये वाली को तारा नहीं भूल सकतीं।... तब राम क्रुद्ध हुए थे, आज लक्ष्मण क्रुद्ध होकर आए हैं। अंगद कह रहा है कि उनके हाथ में धनुष है और

वे धनुष की प्रत्यंचा को टंकार रहे हैं... तो क्या आज सुग्रीव के वक्ष में बाण लगेगा?...

तारा ने अपने विवेक को साधा और डगमगाते पगों से अंगद के साथ चल पड़ीं। मार्ग में स्थान-स्थान पर घबरायी हुई परिचारिकाएं, प्रतिहारिणियां, भयभीत दंडधर, प्रहरी तथा अंगरक्षक अस्त-व्यस्त खड़े मिले। तारा को लगा, लक्ष्मण ने जान-बूझकर ऐसी मुद्रा धारण कर रखी है, जिससे सब लोग आतंकित तो हों; किंतु लक्ष्मण ने अब तक न तो किसी पर प्रहार किया है और न ही उन्होंने बलात् प्रासाद में प्रवेश कर सुग्रीव तक पहुंचने का प्रयत्न किया है।

कदाचित् लक्ष्मण अपना तथा अपने भाई का रोष जताने ही आये हैं।

लक्ष्मण ने तारा को आज दूसरी बार देखा था — पहली बार वाली के वध के अवसर पर विलाप करती हुई तारा, वाली के शव पर पछाड़ खा-खाकर गिरी थी। तब उसके केश खुले हुए, अस्त-व्यस्त थे। आंखों से अनवरत अश्रु बह रहे थे; और कंठ से रह-रहकर चीत्कार फूटता था। उस मनःस्थिति और वेश में भी तारा के व्यक्तित्व की गरिमा और रूप का आकर्षण सर्वथा अदृश्य नहीं था। किंतु आज उसके चेहरे पर शोक की वह छाया नहीं थी। आंखों में मद की लाली थी और अधरों पर एक कौतुकपूर्ण हास्य था। वेश में परिष्कार तथा संभ्रांतता दोनों ही थीं और यद्यपि वह श्रृंगार करके नहीं आयी थी — कदाचित् उसका अवकाश ही नहीं मिला था; किंतु रात्रि के प्रसाधन का अवशेष अब भी था। केश-विन्यास में कलात्मकता तथा सुरुचि स्पष्ट झलक रही थी, यद्यपि उसमें शैथिल्य आ चुका था।... यह थी उनके सहायक अंगद की मां, जो अब सुग्रीव की पत्नी भी थीं। अंगद जैसे तरुण की मां की दृष्टि से तारा का वय अधिक दिखना चाहिए था; किंतु उसे प्रौढ़ युवती ही कहना होगा, युवती के वय को वह पार कर चुकी थी। किंतु सुग्रीव के वय के पुरुष के लिए वह अब भी कदाचित् अत्यन्त आकर्षक स्त्री थी।

तारा को सम्मुख देख लक्ष्मण ने अभिवादन तो नहीं किया, किंतु अपने आक्रोश को अप्रकट रखने के लिए अपनी आंखें अवश्य झुका लीं।

तारा की आशंकाएं कुछ शिथिल हुईं। उतने भय की बात नहीं थी, जितना वे समझ बैठी थीं। लक्ष्मण क्रोध में अवश्य थे, उन्होंने धनुष टंकार कर चेतावनी भी दी थी; किंतु वे प्रहार करने नहीं आए थे। अपना रोष जताने के लिए उन्होंने सहास अभिवादन नहीं किया था, किंतु अपना विरोध जताने के लिए कोई अपशब्द भी नहीं कहा था।

"क्या बात है, राजकुमार ?" तारा सायास मुसकराई, "आपने हमें एक मधुर स्वागत का भी अवसर नहीं दिया ?"

"मैं सम्राट से मिलने आया हूं।" लक्ष्मण शुष्क-रुक्ष स्वर में बोले।

"सम्राट से मिलने आने के लिए अपने चेहरे को इतना कठोर बनाकर विकृत करना अनिवार्य तो नहीं है, कुमार !" तारा की वाणी और आंखों में चंचलता के पीछे कहीं ममता थी, "यद्यपि हम अधिक नहीं मिले हैं, किंतु सारी किष्किंधा जानती है कि आर्य

राम तथा कुमार लक्ष्मण सम्राट के परिवार के सदस्य-से हैं ! फिर भृकुटियां कुंचित कर, धनुष टंकारने की क्या आवश्यकता थी, सौमित्र ?''

तारा को लगा, लक्ष्मण की आंखों का तेज कुछ अधिक उग्र हो उठा है — कदाचित् वे कोई कठोर बात कहने से स्वयं को रोक रहे थे। तारा का वार लक्ष्य से कुछ आगे जा पड़ा था।

तारा स्नेह और मैत्री के भाव से बोलीं, ''अंगद सदा आपकी चर्चा एक वरिष्ठ मित्र के रूप में करता है और सम्राट सदा आपको अपने छोटे भाई के रूप में याद करते हैं।'' उसने रुककर लक्ष्मण के भावों को टटोला, ''मुझे आप बड़ी भाभी की मर्यादा देंगे न, कुमार !''

लक्ष्मण कुछ नहीं बोले, चुपचाप खड़े उसे देखते रहे।

''बड़ी भाभी ! जो संबंध प्रदत्त पद से ही नहीं, वय की दृष्टि से भी आपसे बहुत बड़ी है,'' तारा पुनः बोली, ''वात्सल्य का भाव रखने वाली, मां के समान भाभी !''

लक्ष्मण के माथे की रेखाएं कुछ कम हुईं — क्या कहते वे इस गौरवमयी सुंदरी नारी से, जो उनसे देवर का सम्बन्ध जोड़, परिहास का अधिकार भी पा लेना चाहती है और मां का-सा रूप बनाकर श्रद्धा भी मांग रही है। पर क्या गलत कहा तारा ने ! लक्ष्मण ने मैत्रियां भी तो वैसी ही पाली हैं — अंगद के सम्बन्ध से उन्हें तारा को मां का-सा भाव देना होगा और सुग्रीव के सम्बन्ध से बड़ी भाभी का... किंतु वह दुष्ट सुग्रीव...

''देवि !'' लक्ष्मण का स्वर कोमल, किंतु सधा हुआ था, ''सम्बन्ध तो हमारा कुछ ऐसा ही है, स्पृहणीय भी यही है; किंतु इस सम्बन्ध को क्या कहें कि भैया राम और मैं प्रस्रवणगिरि पर बैठे देवी वैदेही की खोज की प्रतीक्षा में एक-एक क्षण गिन-गिनकर व्यतीत कर रहे हैं और भाई कहलाने वाला सम्राट, यह दुष्ट सुग्रीव माधवी पी-पीकर केलि-क्रीड़ा में आकंठ डूबा अपनी सुध-बुध खो बैठा है।''

''ठीक कहते हो, कुमार !'' तारा का स्वर कुछ गंभीर हो गया, ''यह सम्राट का प्रमाद है। उनके इस व्यवहार का अनुमोदन कोई नहीं करेगा।'' तारा का स्वर कुछ और गहरा हुआ, ''वस्तुतः हम सब ही इस विषय में बहुत चिंतित हैं — मैं, अंगद, रुमा, हनुमान — सब ही लोग।''

''तो फिर, देवि ! आप सम्राट को समझातीं क्यों नहीं ?'' लक्ष्मण का रोष पुनः उभरा।

क्षणभर तारा अवाक्-सी उन्हें देखती रह गयी; फिर जैसे स्वयं को सायास संभालकर मुसकरायीं, ''आइए ! आप भीतर तो आइए। यह तो आप नहीं ही चाहेंगे कि माधवी में डूबे, अचेत सम्राट को उठाकर हमें यहां तक लाना पड़े।''

''हां ! भीतर तो आइए, कुमार !'' अंगद पहली बार बोले; किंतु उनका स्वर सदा के समान सुहृद का-सा न होकर, भय और औपचारिकता लिये हुए था।

''तुम चलो, अंगद ! वहां हनुमान अकेले हैं।'' तारा ने कहा और अंगद तेजी

से अंत:पुर की ओर चले गये।

लक्ष्मण ने जैसे अपने विरोध को बलात् दबाकर आगे बढ़ने के लिए पग उठाया।

"आपने सम्राट को समझाने की बात कही है।" तारा का स्वर अत्यन्त आत्मीय था, जैसे अपने किसी प्रियजन के सम्मुख अपनी व्यथा-कथा खोल बैठी हों, "बड़ा द्वन्द्व है, कुमार, मेरे मन में।"

लक्ष्मण ने प्रश्नसूचक दृष्टि से तारा की ओर देखा।

"आपसे क्या छिपाना; वरन् आप न आते तो कदाचित् मुझे ही आपके आश्रम तक जाना पड़ता।" तारा बोलीं, "अपने भाई से द्वेष हो जाने के कारण बहुत कष्ट में दिन बिताये थे सम्राट ने। राजप्रासाद से दूर वन में, अपनी पत्नी से वंचित, आठों प्रहर मृत्यु के त्रास से पीड़ित, आखेटक कुत्तों से घबराए हुए मृग के समान समय काटा था उन्होंने। कदाचित् यही कारण है कि अब विलास के लिए इतनी तृषा जागी है उनके भीतर कि वे कोई मर्यादा ही नहीं मानते। अपना संतुलन तक खो बैठे हैं। सम्राट बनने से पूर्व वे कदापि ऐसे नहीं थे। जिन दिनों वाली मायावी की खोज में गये हुए थे और सुग्रीव किष्किंधा के सम्राट बनाये गये थे, तब उन्होंने विलास की ओर कोई प्रवृत्ति नहीं दिखायी थी। तब उन्होंने अपना संतुलन नहीं खोया था...।"

"आपको चाहिए कि यह सब आप उन्हीं से कहें।" लक्ष्मण बोले।

"चाहिए तो।" तारा सहज स्वर में बोली, "वैसे भी मैं घर में बड़ी हूं। रुमा बेचारी बड़ी भीरु है और सम्राट से डरती भी बहुत है। अपने अपहरण के बाद तो वह जाने कैसी हो गयी है। स्वयं को सर्वथा अपदार्थ ही मान बैठी है। जाने कैसे-कैसे ऊहापोह हैं उसके मन में।"

"और आप ?"

"मैं !" तारा झेंप भरे स्वर में बोलीं, "मेरे सम्मुख भी कुछ संकट हैं, कुमार! मैं परिवार में बड़ी अवश्य हूं; किंतु मैं सम्राट की नव-विवाहिता हूं।... मेरे निषेध अथवा अनुशासन को जाने वे किस रूप में ग्रहण करें। आप अविवाहित हैं, कुमार ! कामासक्ति की दुर्निवार शक्ति से अपरिचित हैं, और सम्राट इस समय कामासक्ति की अधम स्थिति तक पहुंचे हुए हैं।... मैं उनकी नव-परिणीता हूं। इस समय वे रुमा से भी अधिक मेरा ध्यान रखते हैं। आज रात भी वे मेरे ही साथ थे... किंतु कुमार ! उन्होंने वाली की हत्या कर, मुझे प्राप्त किया है।... कामासक्त में डूबे विकृत मस्तिष्क को मेरा उपदेश जाने कैसा लगे...।" वे क्षणभर मौन रहीं, "हमारा परिवार इस समय सम्बन्धों के एक विचित्र तनाव में संचरण कर रहा है।... परिवार में जो कुछ हुआ है, वह सहज नहीं था। किंतु उन परिस्थितियों में कदाचित् वही अनिवार्य था... अत: हम सबने उसे स्वीकार कर, परस्पर सद्‌भाव बनाये रखने का प्रयत्न किया है। परिणामत: प्रत्येक व्यक्ति अतिरिक्त रूप से सजग है कि वह किसी का मन न दुखाये।"

"ऐसी बात है तो आपकी सहायता मैं करूंगा।" लक्ष्मण का स्वर वक्र हो गया,

''सम्राट को मैं समझाऊंगा।''

''अवश्य !'' तारा भी कौतुक से मुसकराई। लगता था, अब तक उनका सारा भय समाप्त हो चुका था, ''यदि यह प्रस्ताव आपकी ओर से न आता तो कदाचित् हमें ही निवेदन करना पड़ता।'' तारा का स्वर कुछ अधिक कोमल हो गया, ''किंतु कुमार! समझाते हुए यह न भूलियेगा कि आप अपने भाई को ही समझा रहे हैं; यद्यपि वह प्रमाद और शैथिल्य का अपराधी है।''

चलते-चलते लक्ष्मण रुक गये, ''देवि ! यह सारा भ्रातृत्व हम पर ही क्यों आरोपित किया जा रहा है ? आपने सम्राट को क्यों नहीं समझाया कि उनका एक वंचित और अपमानित भाई प्रस्रवणगिरि पर उनकी सहायता की अपेक्षा में चार मास से बैठा है।''

''उसकी ओर से सम्राट पूर्णत: असावधान नहीं हैं।'' तारा ने चलने के लिए पग बढ़ाया, ''सम्राट ने वानरों के विभिन्न यूथों तथा अंचलों से अच्छे खोजियों को बुलवाया था। उनमें से अधिकांश तो किष्किंधा में आ भी पहुंचे हैं। देवी वैदेही की खोज में उन्हें तत्काल भेजा जा सकता है।''

लक्ष्मण मौन ही रहे — यह सूचना उन्हें राम से मिल चुकी थी।

''क्यों ? कुमार को विश्वास नहीं होता ?'' तारा ने एक भीत मुसकान के साथ पूछा।

''नहीं ! अविश्वास की कोई बात नहीं है।'' लक्ष्मण धीरे से बोले, ''किंतु समझ नहीं पा रहा हूं कि खोजियों को किष्किंधा में बुलवाने के लिए सम्राट के प्रति कृतज्ञता का प्रदर्शन करूं, अथवा खोजियों को बुलवाकर, उन्हें खोज के लिए जाने का आदेश न देने के प्रमाद पर अपना रोष प्रकट करूं।''

''नहीं ! कृतज्ञता की कोई बात नहीं है, सौमित्र !'' तारा का स्वर अत्यंत शालीन था, ''किष्किंधा का राजपरिवार आप दोनों भाइयों के आभार से इतना दबा है कि आपके लिए कुछ भी कर पाने से हम धन्य होंगे।''

सुग्रीव का कक्ष आ गया था। द्वारपालों ने एक ओर हटकर भीतर जाने का मार्ग दे दिया।

तारा ने पहले प्रवेश किया और फिर एक ओर हटकर लक्ष्मण को भीतर आने के लिए मार्ग देते हुए, उनके स्वागत का-सा अभिनय किया।

लक्ष्मण प्रविष्ट हुए।

सुग्रीव अपने पलंग पर लेटे थे और रुमा उनकी भुजा को अपने कंधे पर रख, बलात् उन्हें उठाने का प्रयत्न कर रही थीं। सुग्रीव स्वयं तो नहीं ही उठ पा रहे थे, रुमा को ही बार-बार बलात् पलंग पर घसीट लेते थे। अनेक परिचारिकाएं, हनुमान तथा अंगद खड़े असहाय-से देख रहे थे।

लक्ष्मण के शरीर का रक्त उनके मस्तिष्क की ओर झपटा। तारा के समस्त निवेदन तथा सम्बन्धों की मृदुलता उनके मन में से तिरोहित हो गयी। उनके मस्तिष्क में केवल

एक ही विचार अंगारे के समान दहक रहा था — इस सुग्रीव के लिए राम ने वाली का वध किया और यह कृतघ्न मदिरा पीकर अपनी कामासक्ति का निर्लज्ज प्रदर्शन कर रहा है। उसे इतना भी चेत नहीं है कि वह कहां है; उसके आस-पास कितने लोग खड़े हैं; वह अपनी पत्नी से कैसा व्यवहार कर रहा है, जैसे वह मनुष्य न होकर वस्तुत: शाखामृग हो, जिसकी मर्यादा तो कोई है ही नहीं, उसमें संकोच और लज्जा की भी कोई चेतना ही न हो।

सहसा लक्ष्मण का हाथ उठा और उन्होंने अपने धनुष को जोर की टंकार दी। धनुष की टंकार सुनते ही रुमा तड़प उठीं और सिर झुकाकर, संकुचित-सी खड़ी हो गयीं। परिचारिकाएं और दासियां भयभीत-सी कक्ष की दीवारों से जा लगीं। हनुमान और अंगद के चेहरों पर असमंजस के भाव कुछ और गहरे हो गये। तारा का आश्वस्त चेहरा पुन: भयभीत हो उठा। किंतु सबसे अधिक प्रभाव स्वयं सुग्रीव पर हुआ। इस ध्वनि को जाने उन्होंने क्या समझा कि चौंककर उस दिशा में देखा, जिधर से ध्वनि आयी थी। वे उठकर बैठ गये और क्रोध में पलंग के निकट रखी चौकी पर पड़े माधवी के रक्त भांड तथा चषक उठाकर कुट्टिम फर्श पर पटक दिये और फिर डोलते-डगमगाते-से शरीर से यथासंभव तनकर खड़े होते हुए उनके हाथों ने अपने गले में पड़ी, सद्य:विकसित पुष्पों तथा मणियों से पिरोई हुई दीर्घ माला को पकड़कर तोड़ डाला। फर्श पर बिखरते हुए पुष्पों तथा मणियों की ओर से दृष्टि हटाकर उन्होंने लक्ष्मण की ओर देखा और कुछ कहने के लिए मुख खोला...

उसी क्षण लक्ष्मण ने पुन: अपने धनुष को टंकारा और कड़कते हुए स्वर में कहा, ''वानरराज सुग्रीव !''

इस बार की टंकार और लक्ष्मण के स्वर का सुग्रीव पर अद्‌भुत प्रभाव हुआ। कुछ कहते-कहते उनके अधर रुक गये, जैसे वे लक्ष्मण को पहचान गये हों और उनके स्वर के क्रोध को समझ रहे हों। फिर उन्होंने पलकें झपकाकर लक्ष्मण को देखा, जैसे पहचान की पुष्टि करना चाहते हों और धीरे-से फुसफुसाए, ''सौमित्र लक्ष्मण!...''

''हां, मैं हूं।'' लक्ष्मण क्रोधपूर्वक बोले, ''अग्नि को साक्षी रख, तुमसे मैत्री करने वाले आर्य राम का भाई। निर्लज्ज मद्यप ! आज तुझे हमें पहचानने में भी असुविधा हो रही है। भूल गया, जब तू वाली के भय से वृकों द्वारा प्रताड़ित भयभीत मृग के समान अपने प्राणों की रक्षा के लिए मारा-मारा फिरता था। भैया राम ने तेरी सहायता न की होती तो वाली ने तुझे भूमि पर पटककर अपने पगों की ठोकरों से निर्जीव मांस का लोंदा बना दिया होता और तेरी बोटियां चील-कौवों को खिला दी होतीं।... कृतघ्न ! तेरा वही मित्र अपनी पत्नी के वियोग में वंचित और अपमानित, प्रस्रवणगिरि पर तेरी सहायता की बाट जोह रहा है। तेरे मित्र और सहायक असिगुल्म तथा उसके साथियों के सैनिकों के भय से त्रस्त हैं। तेरी प्रजा वाली के आतंक से मुक्ति पाकर नये जीवन की राह देख रही है, और तू मदांध और कामुक बना, अपने प्रासादों में पड़ा है। नीच ! तेरी रक्षा और

सहायता करने वाले तेरे उसी मित्र आर्य राम ने कहलवाया है कि 'सुग्रीव ! जिस मार्ग से वाली गया था, वह मार्ग अभी बन्द नहीं हुआ है। तू सावधान नहीं हुआ, तो बहुत शीघ्र ही तुझे भी वहीं पहुंचा दिया जाएगा'...।''

लक्ष्मण मौन हुए तो उनका सारा शरीर क्रोध और आवेश से थर-थर कांप रहा था।

सुग्रीव के मन की विचित्र स्थिति थी।

उन्होंने सम्राट बनकर न अपनी प्रजा के साथ न्याय किया था, न अपने साथियों के साथ और न अपने मित्र इस राम के साथ ! उन्होंने सब का भला करना चाहा था, किंतु उलझनों के बीच से कोई राह नहीं खोज पाये थे... और आज वे ही मित्र राम कहलवा रहे हैं कि जिस राह से वाली गया था... वाली किस राह पर गया था !... मायावी ने वाली को यह राह दिखायी थी। वाली ने मदिरा पीनी आरम्भ की थी... वाली मदिरा के साथ-साथ प्रत्येक विलास की राह पर बढ़ता चला गया था।... कामुकता प्रमुख थी उसमें। अलका के पीछे वाली का मायावी से विरोधी हुआ... अपनी विलासिता के कारण वाली किष्किंधा के वानरों के लिए कुछ नहीं कर सका, किसी का भला नहीं कर सका... अंततः उसका अपना सगा भाई सुग्रीव ही वाली का विरोधी हो गया... कैसे बढ़ाता गया विरोध ?... अंततः वाली मारा गया।

सुग्रीव भी उसी मार्ग पर बढ़ रहे हैं... ठीक कहलवाया है राम ने — वाली जिस मार्ग से गया है, वह मार्ग अभी बन्द नहीं हुआ है... कहां बन्द हुआ है वह मार्ग ? सुग्रीव भी माधवी में डूबकर सब कुछ भूल गये हैं — प्रजा, मित्र, साथी, राज्य। यदि सुग्रीव इसी मार्ग पर बढ़ते गये तो वे भी अपने स्वार्थ, विलास, कामुकता, लंपटता इत्यादि के सिवाय और कुछ नहीं साध पाएंगे... वे अपने स्वार्थों के लिए अपनी प्रजा के शत्रु हो जाएंगे, उनके अपने मित्र और साथी उनके वैरी हो जाएंगे... ये ही अंगद और हनुमान उनका वध कर डालेंगे अथवा करवा डालेंगे...

राम ने कहलवाया है कि जिस मार्ग से वाली गया है, वह मार्ग अभी बन्द नहीं हुआ ?... क्या राम ने उस मार्ग की ओर संकेत किया है, जिसके द्वार उनके बाण खोलते हैं ?... शक्तिशाली वाली, जो वज्र का आघात हंसकर झेलता था, राम के एक बाण को नहीं सह पाया... एक ही बाण से वह यम के द्वार तक जा पहुंचा... राम के बाण अभी समाप्त नहीं हुए, राम की शक्ति कम नहीं हुई... यदि अपने मित्र की पत्नी को लौटा लाने के लिए वे वानरराज वाली का वध कर सकते हैं; तो अपनी पत्नी की खोज में विघ्न-स्वरूप अड़ गये सुग्रीव को वे जीवित छोड़ देंगे क्या ?... और जब राम के बाण से वाली की रक्षा नहीं हो सकी, तो सुग्रीव की रक्षा कौन करेगा !

सुग्रीव को लगा, उन्हें किसी ने पुनः एक बार उठाकर उनके अतीत में ला पटका है। पहले जैसे आधी रात के समय, अपनी पत्नी को अकेली और निस्सहाय छोड़कर वे एक लंबे समय तक वनों और पर्वतों की गुफाओं में भटकते फिरे थे, वैसे ही वे फिर

एक बार राम के बाणों के भय से भूखे-प्यासे असहाय वन-वन भटकते फिरेंगे। वाली के विरुद्ध तो अनेक लोगों ने उनका साथ दिया था, इस बार शायद कोई उनका साथ भी न दे... तब उनमें न्याय के पक्ष का आत्मबल तो था, आज वह भी नहीं है। राम से त्राण पाने के लिए, उनके विरुद्ध सुग्रीव को उन लोगों का संबल ग्रहण करना पड़ेगा, जिनसे उन्होंने सदा घृणा की है... रावण-जैसे लोग...

सुग्रीव को लगा, उनके मस्तिष्क में कहीं कण भर भी माधवी का मद नहीं रह गया है। सारा प्रमाद जाने कहां उड़ गया है। वे वस्तुस्थिति को आमने-सामने देख रहे हैं। वे किष्किंधा के सम्राट हैं। यह उनका प्रासाद है और उनका अपना कक्ष है। उनकी अपनी दोनों पत्नियां उनके समीप खड़ी हैं। अंगद जैसा वीर और समर्थ पुत्र तथा हनुमान जैसा बलशाली साथी — दोनों विद्यमान हैं। उनके अंगरक्षक, द्वारपाल, सेवक, परिचारक सब हैं... और उन सब के बीच निर्भीक खड़े लक्ष्मण, 'नीच' तथा 'कृतघ्न' जैसे विशेषणों से उन्हें संबोधित कर रहे हैं और युद्ध की चुनौती-स्वरूप अपना धनुष टंकार रहे हैं...

राम और लक्ष्मण के बाणों से वे तनिक भी सुरक्षित नहीं हैं... सुग्रीव का शरीर भय से कांप उठा। उन्हें लगा, उनका मस्तिष्क अपना कर्तव्य निश्चित नहीं कर पा रहा है...

लक्ष्मण की फटकार से तारा भी पर्याप्त विचलित हो गयी थीं। उन्हें लगा कि अब तक लक्ष्मण के साथ हुई वार्ता के कारण, लक्ष्मण के व्यवहार में उत्पन्न हुई कोमलता नष्ट हो चुकी है और उसका कोई प्रभाव लक्ष्मण के हाव-भाव पर शेष दिखायी नहीं दे रहा... लक्ष्मण ने यह तो कहा था कि यदि सुग्रीव को कोई समझा नहीं सकता, तो लक्ष्मण उन्हें समझाएंगे; किंतु समझाने का ढंग इतना कठोर होगा, यह तारा ने नहीं सोचा था।... यहां तक भी कोई हानि नहीं है, किंतु यदि लक्ष्मण ने सुग्रीव का और भी अपमान किया, अथवा जिस धनुष को वे बार-बार टंकार रहे हैं, उस पर बाण चढ़ा लिया, तो समझाने की वह पद्धति अत्यधिक क्रूर हो जाएगी। लक्ष्मण की फटकार के उत्तर में सुग्रीव कुछ सोचते-से चुप खड़े थे। वह मौन मद के कारण नहीं, किसी अन्य चिंता के कारण लग रहा था।

सुग्रीव की ओर से कोई उत्तर नहीं आया तो अन्ततः तारा ही बोलीं, "कुमार ! सम्राट से प्रमाद अवश्य हुआ है; किंतु उनका अपराध इतना गम्भीर नहीं है कि उनकी मर्यादा की चिंता किये बिना — उनकी प्रजा के सम्मुख उनका अपमान किया जाए। वे वानरों के सम्राट हैं।" तारा रुकीं, किंतु इससे पूर्व कि लक्ष्मण कुछ कहते, वे पुनः बोलीं, "किसी वस्तु से वंचित हो जाने के कारण उसके प्रति सामान्यतः हमारा आकर्षण बढ़ जाता है। कठोर प्रवास के पश्चात् यदि सुग्रीव के मन में विलास के प्रति आसक्ति जाग ही गयी है, तो सम्राट से कोई अक्षम्य अपराध नहीं हो गया। राम ने यदि सुग्रीव

की सहायता की है तो सुग्रीव भी राम की सहायता करेंगे। विभिन्न वानर यूथों से सम्राट ने जो खोजी बुलवाये हैं, वे उन्हें आज ही देवी जानकी की खोज में विभिन्न दिशाओं में भेजेंगे। और...'' तारा का स्वर कुछ आवेशपूर्ण हो उठा, ''इतने पर भी यदि राम समझते हैं कि उन्हें अब सुग्रीव की आवश्यकता नहीं है, तो वे आकर सुग्रीव का वध कर दें। किंतु इतनी बात मेरी सुनते जाओ, राजकुमार ! कि संसार में ऐसा कोई मनुष्य नहीं है, जिसे किसी अन्य व्यक्ति की सहायता की आवश्यकता नहीं है। मैं भी लंका नहीं गयी हूं; किंतु मैंने वीरवर वाली से सुन रखा है कि रावण की राक्षस सेनाओं की गणना भी संभव नहीं है। उस सेना से युद्ध कोई हंसी-खेल नहीं है। यदि राम चाहें तो सुग्रीव को अपना मित्र मानें — सुग्रीव अपनी समस्त वानर सेनाओं के साथ, उनके पक्ष से रावण के विरुद्ध युद्ध करेंगे; अन्यथा राम सुग्रीव का वध कर, अपनी पत्नी की खोज में इन वनों, पर्वतों तथा समुद्र की लहरों पर अपना कपाल पटकने को पूर्णतः स्वतंत्र हैं।''

तारा की बात ने लक्ष्मण को अप्रभावित नहीं छोड़ा। अपना आक्रोश प्रकट कर चुकने के पश्चात अब वे उतने कठोर भी नहीं रह गये थे। तारा के तर्क ने उन्हें और भी कोमल कर दिया। बोले, ''हम हत्याओं के व्यापार करने वाले क्रूर और हिंस्र जीव नहीं हैं, साम्राज्ञी ! और न ही पूज्य-पूजन के अयोग्य हैं। किंतु सम्राट ने न केवल अपने शैथिल्य से हमें व्याकुल किया है, वरन अपने राज्य में अनेक संकटों को जन्म दिया है। यदि इन्होंने अब भी सक्रियता न दिखायी तो विभिन्न वानर-यूथ परस्पर ही लड़कर नष्ट हो जाएंगे। तब कहां रहेगा वानर-राज्य और कहां रहेंगे वानर सम्राट !''

लक्ष्मण को मित्र-भाव से बोलते देख, सुग्रीव के शरीर में भी प्राण लौटे। वे संकोचपूर्वक लक्ष्मण के निकट आए और बहुत धीमे स्वर में बोले, ''तुम ठीक कहते हो, सौमित्र ! मैंने अपने प्रमाद और शैथिल्य से अपने हितैषियों तथा प्रजा के प्रति अपराध किया है। न केवल मैं अपनी प्रजा के प्रति अपने धर्म को भूल गया था, वरन् अपने प्रति किये गये आर्य राम के उपकार को भी विस्मृत कर बैठा था। तुम मुझे क्षमा करो, सौमित्र!'' सुग्रीव का स्वर ग्लानि-विगलित हो उठा, ''और आर्य राम से भी क्षमा प्राप्त करने में मेरी सहायता करो। तुम्हारे कठोर शब्दों तथा व्यवहार के प्रति मेरे मन में तनिक भी प्रतिवाद नहीं है। यदि तुमने ऐसा कठोर व्यवहार न किया होता, तो कदाचित् मेरा प्रमाद भी न मिटता... व्याधि जितनी गम्भीर होगी, औषधि भी उतनी ही कटु होगी। मुझे लगता है कि मैं एक लंबी मोह-निद्रा से जगा हूं।'' सुग्रीव ने रुककर कहा, ''देवी जानकी के संधान के लिए खोजियों के प्रस्थान के लिए मैं शीघ्र व्यवस्था करूंगा।''

''पहले अपनी किष्किंधा की व्यवस्था तो कर लो, सम्राट ! अपने खोजियों को अपनी सेना और यूथों की शांति की खोज में भेज लो।'' लक्ष्मण का स्वर पुनः कटु हो गया, ''देवी जानकी के संधान के लिए हमने चार मास प्रतीक्षा की है। एक दिन और कर लेंगे; किंतु तुम्हारे यूथों और वाहिनियों में यदि गृह-युद्ध आरम्भ हो गया तो देवी जानकी की खोज में जाने वाला कोई खोजी बचेगा भी नहीं।''

''गृह-युद्ध ?'' सुग्रीव साकार प्रश्नचिह्न बने हुए थे।

''सम्राट !'' उत्तर हनुमान ने दिया। अपने सम्राट को फिर से जागा हुआ पाकर वे अत्यन्त प्रफुल्लित लग रहे थे, ''यूथपति असिगुल्म-समर्थक सैनिक आपकी अनुचर वाहिनियों पर आक्रमण कर उन्हें अपने अधीन करने अथवा नष्ट करने की योजनाएं बना रहे हैं।''

सुग्रीव का पुराना तेज उनके चेहरे पर लौटा, ''हनुमान ! तत्काल कुछ आदेश प्रचारित करवा दिये जाएं। राजद्रोह के अपराध में यूथपति असिगुल्म को अपने समस्त पदों से पदच्युत किया जाता है और उनकी समस्त चलाचल संपत्ति राजकोष में सम्मिलित की जाती है। कोटपाल को मेरा आदेश दो कि वे असिगुल्म को तत्काल बन्दी करें।... बहुत हो चुका, अब मैं अपने अन्तर्द्वन्द्व की जड़ता के कारण वानरों को नष्ट नहीं होने दूंगा।'' सुग्रीव जैसे अपने-आपसे बोले, ''युवराज ! खनिज-पदार्थों वाली भूमि के स्वामियों को उचित मूल्य देकर उन भूमियों की तत्काल खुदाई आरम्भ की जाए; और यदि भूपति राजपुरुषों के कार्य में बाधा डालें तो सशस्त्र वाहिनी की सहायता से उन्हें उचित दंड दिया जाए। साथ ही नल और नील को मेरा आदेश दो कि वे विवादास्पद भूमि पर श्रमिकों का ही अधिकार स्वीकार करें और वहां उनके आवासों के निर्माण का कार्य तत्काल आरम्भ करवा दें।''

''जो आज्ञा, सम्राट !''

''चंचला !'' सम्राट ने एक नये प्रकार के आवेश में, अंतःपुर की प्रधान परिचारिकों को आदेश दिया, ''राजप्रासाद में जहां भी कहीं, किसी भी प्रकार, जाति तथा श्रेणी की मदिराएं हों, उन्हें नष्ट कर दिया जाए। मदिरा के भांड और चषक भंग कर दिये जाएं। अब से राजप्रासाद में मदिरा अथवा अन्य कोई भी मादक पदार्थ प्रवेश नहीं पा सकेगा।'' वे पुनः हनुमान की ओर मुड़े, ''हनुमान महेन्द्र, हिमवान, विंध्य, कैलास, मंदराचल, अंचल पर्वत, मेरु पर्वत तथा अन्य, पर्वतों की गुफाओं अथवा अन्य दुर्गम स्थानों में प्रच्छन्न रूप से वास करने वाले वानरों के पास शीघ्रगामी दूत भेजो ! उन्हें मेरा संदेश दो कि राक्षसों के अत्याचारों से पीड़ित होकर अपने स्थान को छोड़, सुरक्षित स्थानों की खोज में गये वानरों को सुग्रीव का आह्वान है कि अब रावण का भय मानने की आवश्यकता नहीं है। अब कहीं भी कोई राक्षस उन्हें व्याकुल करने का साहस नहीं करेगा। अब हम निरीह प्राणी बनकर, राक्षसों के अत्याचारों से डरकर मारे-मारे फिरने वाले, विभिन्न जातियों, राज्यों अथवा पृथ्वी के दुर्गम स्थानों से अपनी सुरक्षा के लिए शरण मांगने वाले भीरु लोग नहीं हैं। अब आचार्य राम और लक्ष्मण जैसे वीर योद्धा और प्रशिक्षक हमारे सहायक हैं। सुग्रीव उन सभी प्रवासी वानरों को किष्किंधा राज्य में लौट आने के लिए आमंत्रित करता है। हम राक्षसों से उनके अब तक के अत्याचारों का प्रतिशोध लेंगे। अब किसी को प्राण-रक्षा के लिए अपना मूल स्थान छोड़कर भागना ही हुआ तो राक्षस भागेंगे। हम आक्रामक युद्ध करेंगे और राक्षसों द्वारा होने वाले वानरों के विभिन्न अंचलों, क्षेत्रों और

यूथों के शोषण को सदा के लिए समाप्त कर देंगे। अपनी जाति या राज्य पर होने वाले अत्याचार के विरुद्ध लड़ने वाले प्रत्येक वानर का वानरराज सुग्रीव किष्किंधा में स्वागत करेगा।'' सुग्रीव ने क्षणभर रुककर अपने अधरों को जिह्वा से गीला किया, ''और जो लोग वीरवर वाली के आतंक से भयभीत होकर वानर यूथों तथा वानर क्षेत्रों को छोड़कर चले गये हैं, उन्हें भी अपने क्षेत्रों और यूथों में लौट आने के लिए आमंत्रित करो। उनसे कहो, अब किष्किंधा में जन-कल्याणकारी राज्य की स्थापना कर दी गयी है। अब हम परस्पर नहीं लड़ेंगे, एकजुट होकर अपने शत्रुओं से लड़ेंगे; एक मनुष्य दूसरे मनुष्य का शोषण नहीं करेगा, हम सब मिलकर अपने लिए आवश्यक वस्तुओं का प्रकृति से अर्जन करेंगे।... उनसे भी लौट आने के लिए कहो, जो आजीविका के अभाव में अपना स्थान छोड़कर देश-विदेश में भटक रहे हैं। उन वानरों से कहो कि उन्हें अपना पेट भरने के लिए विदेशों में अपमानजनक जीवन व्यतीत करने की आवश्यकता नहीं है — वानर-राज्य अब समस्त वानरों के लिए अपना घर है और अपने घर में मिलने वाली समस्त सुविधाएं उन्हें अब मिलेंगी।''

सुग्रीव के चारों ओर उल्लास का वातावरण था, जैसे मृत सम्राट फिर से जीवित हो उठा हो। हनुमान, अंगद, तारा, रुमा — सब ही लोग जैसे कोई अद्‌भुत चमत्कार देख रहे थे। कुछ क्षण पहले तक जो लक्ष्मण उनके लिए आतंक बनकर आए थे, वे अब कैसे प्रिय और आत्मीय लग रहे थे। एक बार अपने बाण से वाली का वध कर राम ने सुग्रीव को जीवन-दान किया था; और आज लक्ष्मण ने अपनी उग्रता से सुग्रीव के प्रमाद की हत्या कर उन्हें पुनर्जीवन दिया था।

और लक्ष्मण हैरान थे कि सचमुच सुग्रीव में कोई अब तक मूर्च्छित प्रेत जाग उठा था, या वे उन्हें प्रसन्न करने के लिए बिना सोचे-समझे, राम और लक्ष्मण के भय में आविष्ट, आदेश देते जा रहे थे। पर सत्य यही था कि वे आदेश दे रहे थे।

''सम्राट !'' अंततः सस्मित लक्ष्मण सौहार्दपूर्ण स्वर में बोले, ''इन समस्त आज्ञाओं की प्रतीक्षा हम लंबे समय से कर रहे थे, इसलिए हमारे लिए आज महोत्सव का दिन है। किंतु इतनी सारी कठोर आज्ञाएं एक साथ देने से पूर्व इस विषय में विचार कर लें कि कहीं कल आपके आलोचक यह न कहें कि ये सारी आज्ञाएं राम की धमकी से भीत होकर सुग्रीव ने आत्मरक्षा के भाव से प्रेरित होकर दी हैं। ऐसा न हो कि निकट भविष्य में इन आक्षेपों के कारण आपके लिए कोई समस्या खड़ी हो जाए।''

''यदि मेरे मित्र हो तो मुझे पुनः उस संकट में न डालो, सौमित्र !'' सुग्रीव अत्यन्त दीन स्वर में बोले, ''तेजस्वी पुरुष अपने तेज के साथ ही सहज होकर जी सकता है। जब इस प्रकार के ऊहापोह, अन्तर्द्वन्द्व और चिंतन-मनन उसकी तेजस्विता को बंदी बनाने लगते हैं तो उसका दम घुटने लगता है। मैंने यह राज्य अपने भाई का वध करवाकर पाया है — इस विचार ने मेरी स्वतंत्र विचार-शक्ति को ग्रस लिया था। मैंने अपनी अन्तरात्मा से आदेश लेने बंद कर, यही सोचना आरंभ कर दिया था कि मेरे किस कार्य

की आलोचना किस रूप में होगी; और उस आलोचना से बचने के विचार से स्वयं को पूर्वाग्रह-रहित, पक्षपात-शून्य तथा स्वतन्त्र विचारक सिद्ध करने की चिंता में मैं अपनी तेजस्विता का दम घोंटता रहा तथा अपनी पीड़ा से बचने के लिए विलास के गर्त में गहरे-से-गहरे उतरता रहा।... किसी के समझाने-बुझाने और उपदेश का मुझ पर कोई प्रभाव नहीं हुआ। अब, जब तुमने मेरे प्राणों के लिए भय उत्पन्न कर दिया तो मेरी आत्मा अपने समस्त बंधन तोड़कर जाग उठी है; अब पुनः उसे अनिर्णय की ओर मत धकेलो।''

''आपने सत्य कहा, वानरराज ! तेजस्वी पुरुष अपने तेज से जाज्वल्यमान होकर न जी सके तो उसकी आत्मा कुंठित होने लगती है। भीतर-भीतर घुटना लक्ष्मण का भी स्वभाव नहीं है...'' लक्ष्मण उन्मुक्त मन से हंसे, ''इसलिए मैं आपसे भी इस प्रकार जीने को नहीं कहूंगा। जीना तो अपनी प्रकृति के अनुकूल ही होकर जीना है, अपनी अन्तरात्मा के संकेत पर।'' लक्ष्मण ने रुककर विषय बदला, ''तो सम्राट ! यदि आप स्वस्थ हों और किष्किधा के बाहर निकल सकते हों तो कृपया प्रस्रवणगिरि पर पधारने का कष्ट करें और अपने मित्र की व्याकुलता कम करें।''

''तुम चलो, सौमित्र !'' सुग्रीव का पूर्ण आत्मविश्वास उनके स्वर में बोल रहा था, ''मैं आवश्यक व्यवस्था कर थोड़ी ही देर में उपस्थित होता हूं।''

''जैसी आपकी इच्छा, आर्य !'' लक्ष्मण बोले, ''इस जागरण-प्रक्रिया में मुझसे जो अनुचित कहा गया हो; आपके प्रति जो अभद्र व्यवहार हुआ हो, उसके लिए क्षमा कीजिएगा। आपका अपमान करना मेरा लक्ष्य नहीं था।''

''तुम धन्य हो, मित्र !'' सुग्रीव हंसे, ''मैं तो न कभी तुम्हारे हृदय की कठोरता को पा सका और न कोमलता को।''

राम ने सारा विवरण सुना।

सब कुछ कितना विचित्र था। ऋष्यमूक पर मिलने वाला सुग्रीव कितना भयातुर था। उसके साथियों ने बताया था कि मायावी की खोज में गये वाली की अनुपस्थिति में सुग्रीव ने अद्‌भुत जन-समर्थक नीतियों को अपनाया था और थोड़े ही समय में किष्किधा का रूप बदल दिया था। और वाली के वध के पश्चात सम्राट बनते ही कैसा आलसी, जन-विमुख, कामुक और विलासी हो गया था सुग्रीव।... और अब... उसके विषय में राम की धारणा ठीक थी। प्रकृति से नीच नहीं है सुग्रीव। नीच व्यक्ति को उदात्त कार्य करने से पीड़ा होती है और उदात्त व्यक्तित्व अपनी प्रकृति के अनुकूल कार्य न कर सकने के कारण तड़पता है।... पिछले दिनों जब सुग्रीव के सभी साथी और स्वयं राम अपने मन में सुग्रीव के विरुद्ध अनेक धारणाएं पाल रहे थे कि वह कामुक और विलासी हो गया है — उन दिनों सुग्रीव अपने मन की यातना को माधवी से धोने का प्रयत्न कर रहा था... अर्थात् यह व्यक्ति केवल तेजस्वी निर्णय ले सकता है, और तेजस्वी बनकर जी सकता है। आत्ममंथन की यातना सहने का सामर्थ्य नहीं है सुग्रीव में। जीवन की विघ्न-

बाधाओं तथा संसार के छल-छंद से कभी आत्ममंथन का अवसर आया तो यह व्यक्ति टूटने लगेगा। इसके सम्मुख विकल्प आने ही नहीं चाहिए। उसे केवल सीधा मार्ग दिखाई पड़ना चाहिए, जिस पर वह अपनी पूर्ण गति से बढ़ता जाए, जहां दोराहा आया कि यह व्यक्ति वहां बैठकर अपना सिर धुनने लगेगा।

राम की दृष्टि प्रस्रवणगिरि के चरण प्रदेश पर गयी। वानरों की अनेक सैनिक टुकड़ियां उनके आश्रम की ओर आ रही थीं। उनकी संख्या इतनी अधिक थी कि इस असाधारणता के कारण, राम के माथे पर भी चिंता की दो-एक रेखाएं खिंच आयीं।

''प्रातः हमारे जन-सैनिकों ने सुग्रीव के प्रासाद को घेरा था, भैया। यह उसी का प्रतिकार तो नहीं है !''

''सुग्रीव इतना मूर्ख नहीं हो सकता।''

''किंतु हमें सावधान तो रहना ही चाहिए।''

लक्ष्मण ने अनिन्द्य को संकेत किया। पलक झपकते ही समस्त आश्रमवासी शस्त्रबद्ध हो गये। किंतु, संशय की स्थिति अधिक देर तक नहीं टिक पायी। वे टुकड़ियां वानर सैनिकों की ही थीं, किंतु उनमें से किसी के भी हाथ में कोई शस्त्र नहीं था। फिर, वे टुकड़ियां आश्रम के बाहर ही, कुछ दूरी पर रुक गयी थीं। लगा, जैसे वे लोग किसी की प्रतीक्षा कर रहे हैं। थोड़ी ही देर में प्रस्रवण के पग-प्रदेश में एक शिविका आकर रुकी और उसमें से सुग्रीव उतरे। लक्ष्मण को दिये अपने वचन के अनुसार वे आ पहुंचे थे।

पर्वत के ऊपर सुग्रीव पैदल ही चढ़े और सबसे पहले उन्होंने आश्रम में प्रवेश किया। उनके पीछे-पीछे नीचे रुक गयी वानर टुकड़ियों ने भी आश्रम में प्रवेश किया। वे सारे सैनिक, सुग्रीव के ही समान, राम के सम्मुख हाथ जोड़कर खड़े हो गये।

''यह क्या कर रहे हो, वानरराज ?'' राम ने कुछ विस्मय के स्वर में कहा।

''आर्य ! मेरी श्री, कीर्ति और सदा से चला आने वाला वानरों का यह राज्य प्रायः नष्ट हो चुका था। आप तथा आपके वीर भाई के प्रताप से इन सबकी पुनर्प्रतिष्ठा हुई है। कृतज्ञता तथा उपकार को न मानने वाला मनुष्य पशु है। मैं अपने प्रमाद में ग्रस्त होकर अब तक जो पाप कर चुका हूं, आपसे उसकी क्षमा-याचना करने तथा अब यथासंभव आपकी सेवा करने के लिए उपस्थित हुआ हूं।''

सुग्रीव राम के सम्मुख घुटनों के बल बैठ गये और अपने जुड़े हुए हाथों पर उन्होंने अपना माथा टेक दिया।

राम तत्काल आगे बढ़े और उन्होंने कंधों से पकड़कर सुग्रीव को उठाया और हृदय से लगा लिया, ''मैं सौमित्र से सब कुछ सुन चुका हूं, मित्र ! आत्मग्लानि से अपने तेज को क्षीण मत करो। मैत्री समानता के आधार पर होती है। हम दोनों मित्र हैं। यदि इस प्रकार दीन व्यवहार करोगे, तो मैत्री टिक नहीं पाएगी।''

सुग्रीव प्रकृतस्थ होकर राम के निकट एक शिला पर बैठ गये, ''राम ! मैं दो कार्य साथ-साथ करना चाहता हूं — एक देवी जानकी की खोज में विभिन्न दिशाओं में खोजियों को भेजना और दूसरे वानर-यूथों को आसन्न राक्षस-युद्ध में रावण की सेनाओं से युद्ध कर सकने योग्य प्रशिक्षण देना।''

''तीन कार्य एक साथ करो, मित्र !'' राम सस्मित बोले, ''दो जो तुमने कहे हैं और तीसरा — प्रजा के हित कल्याण-कार्यों को पूर्णता की ओर बढ़ाना।''

''हां, वह भी !'' सुग्रीव बोले, ''किंतु देवी जानकी की खोज के लिए विभिन्न दिशाओं में भेजे जाने वाले वानरों का चयन महत्त्वपूर्ण कार्य है।'' वे निमिष भर रुककर बोले, ''मेरा ऐसा विचार है कि हम संधान-टोलियों को यथासंभव प्रत्येक दिशा में भेजें; किंतु अधिक संभावना यही है कि जानकी को रावण लंका में ही ले गया होगा। ऐसा मैं दो कारणों से समझता हूं — एक तो लंका की सुरक्षा-व्यवस्था की दृष्टि से और दूसरे, रावण सीता को अपने निकट ही रखना चाहेगा। इस समय उसके लंका में ही होने की संभावना अधिक है; क्योंकि अन्यत्र कहीं से भी उसके किसी उत्पात के समाचार नहीं आ रहे हैं। इसलिए सबसे महत्त्वपूर्ण संधान-दल लंका की ओर ही जाना चाहिए और उसमें सबसे योग्य व्यक्ति सम्मिलित होने चाहिए। मेरे विचार से हनुमान, अंगद नील, तार, जाम्बवान, सुहोत्र, शरारि, शरगुल्म, गज, गवाक्ष, गवय, वृषभ, मैंद, द्विविद, गंधमादन, उल्कामुख तथा असंग को इस दल में होना चाहिए।''

''जैसी तुम्हारी इच्छा।'' राम ने सहमति प्रकट की, ''मेरे विचार से भी दक्षिण दिशा की ही अच्छी प्रकार खोज होनी चाहिए; और उसमें भी विशेष रूप से लंका की। जनस्थान से भागकर शूर्पणखा भी वहीं गयी थी। रावण भी सीता का हरण कर किष्किंधा के निकट से होकर गया है, तो संभवतः लंका ही गया होगा। लंका की भली प्रकार खोज हो, मित्र! किंतु इस दल में तुमने अनेक प्रिय जन रखे हैं। विचार कर लो, इन्हें शत्रुओं के घर में घुसकर जानकी का अन्वेषण करना है। यह न हो कि ये लोग किसी कठिनाई में फंस जाएं।''

''वह मैंने सोच लिया है।'' सुग्रीव बोले, ''मुझे चिंता उस बात की नहीं है। चिंता इस बात की है कि यदि ये सब लोग अन्वेषण के लिए चले गये, तो पीछे से राक्षस-युद्ध के लिए सेना-निर्माण का कार्य कौन करेगा ?''

''सैनिक-प्रशिक्षण का कार्य मेरा, सौमित्र का और मेरे जन-सैनिकों का है।'' राम आश्वस्त स्वर में बोले, ''मेरे ये जन-सैनिक अब तक सैन्य-प्रशिक्षण में इतने अनुभवी हो चुके हैं कि उनसे श्रेष्ठ प्रशिक्षक कदाचित् ही कहीं मिलें।''

''तो फिर यही हो ! देवी जानकी के अन्वेषण का दायित्व मुझ पर रहा और राक्षसों को सम्मुख-युद्ध में पराजित करने में समर्थ वानर-सेना के निर्माण और प्रशिक्षण का कार्य आपका।'' सुग्रीव बोले और वे प्रधान चर की ओर मुड़े, ''नीचे जाकर मुख्य यूथपतियों तथा समस्त पार्षदों को आश्रम में बुला लाओ।''

राम का आश्रम सुग्रीव के यूथपतियों और पार्षदों से भर गया। राम को ऐसा आभास नहीं था कि सुग्रीव इस प्रकार पूर्ण तैयारी के साथ आये हैं।

''अंगद !'' सुग्रीव बोले, ''मेरे पुत्र और युवराज होने के नाते, मेरे दायित्वों के निर्वाह का सर्वाधिक बोझ तुम्हारे ऊपर है, इसलिए देवी जानकी के अन्वेषण में मैं सबसे अधिक दायित्व का कार्य तुम्हें सौंप रहा हूं। मैं और आर्य राम प्राय: सहमत हैं कि रावण सीता को लंका में ही ले गया होगा। अत: तुम लंका की दिशा में ही जाओ। तुम्हारे साथ हनुमान, जाम्बवान, तार, नील, सुहोत्र, शरारि, शरगुल्म, गज, गवाक्ष, गवय, वृषभ, मैंद, द्विविद, गंधमादन, उल्कामुख तथा असंग होंगे। खोजियों की एक पूरी टोली तुम्हारे साथ जाएगी, जो तुम्हें मार्ग खोजने, मार्ग की वनस्पतियों, जीव-जंतुओं इत्यादि के विषय में सूचनाएं देने, मार्ग में रुकने की व्यवस्था करने तथा अन्य प्रकार की कठिनाइयों में सहायता पहुंचाएगी। यदि चाहो तो अपने साथ सशस्त्र वाहिनियां भी ले जा सकते हो।'' सुग्रीव रुके, ''मुझे पूर्ण विश्वास है कि देवी जानकी लंका में ही होंगी, अत: उन्हें खोजने का पूर्ण दायित्व तुम्हारा ही है, पुत्र ! राक्षस लोग बलवान और मायावी हैं; और मार्ग तुम्हारे लिए अनजाना है, इसलिए सावधान होकर जाना। हनुमान, जाम्बवान, तार तथा नील तुमसे अधिक अनुभवी हैं, अत: उनके परामर्श का पूरा लाभ उठाना; किंतु युवराज होने के नाते दल के नायक तुम्हीं रहोगे। निर्णय का अधिकार तथा अन्वेषण का दायित्व तुम्हारा ही होगा।''

अंगद ने हाथ जोड़ दिये, ''आपकी आज्ञा का अक्षरश: पालन होगा, सम्राट !''

''और पुत्र ! एक बात का ध्यान रखना।'' सुग्रीव का स्वर कुछ आर्द्र हो उठा, ''तुम इकलौते पुत्र हो मेरे। और वानर राज्य के युवराज को अपने प्राणों की रक्षा पूर्ण चतुराई से करनी होगी। लंका में प्रवेश के लिए समुद्र पार करना होगा। ऐसे स्थान से समुद्र पार मत करना, जहां से राक्षसों का आवागमन होता हो; अथवा जहां निकट ही उनका जलपत्तन हो। उनकी दृष्टि तुम लोगों पर पड़ गयी तो हमारे लिए संकट खड़ा हो जाएगा। सारा अन्वेषण गोपन रीति से हो और एक मास के भीतर वापस लौटकर अपनी खोज की सूचना दो। एक मास की अवधि के पश्चात असफल लौटने वाले दल के लिए मैं मृत्यु-दंड प्रस्तावित कर रहा हूं... समझ रहे हो न ?''

''सम्राट की आज्ञा पूरी होगी।''

''जाओ, पुत्र ! अपने साथियों को सूचना दे दो और आर्य राम से आवश्यक निर्देश लेकर यथाशीघ्र प्रस्थान करो।''

अंगद के पश्चात् सुग्रीव ने किष्किंधा के प्रसिद्ध योद्धा-वैद्य तथा तारा के पिता सुषेण को बुलाया, ''आर्य ! पश्चिम दिशा में देवी जानकी के अन्वेषण का दायित्व आप ग्रहण करें। आप अपने साथ अपने मंत्रियों को ले लें। खोजियों का एक दल आपके साथ भी जाएगा ही। आवश्यक समझें तो अपनी इच्छानुसार सशस्त्र वाहिनियों को भी साथ ले लें। एक मास के भीतर आकर अपनी खोज की सूचना दें।''

''सम्राट की इच्छा पूरी होगी।'' सुषेण बोले।

''पश्चिम दिशा में पड़ने वाली राक्षस बस्तियों, रावण के शिविरों और स्कंधावारों, उसके अधीनस्थ राजाओं के प्रासादों तथा राक्षस नगरों को अच्छी प्रकार देखिएगा। और जहां भी आपको देवी जानकी के छिपाये जाने की संभावना दिखे, उस स्थान का पूर्ण परीक्षण कीजिएगा।''

''अपनी क्षमता भर मैं पूर्ण अन्वेषण करूंगा, सम्राट !''

पूर्व दिशा में जाने वाले दल का नायकत्व सुग्रीव ने विनत तथा उत्तर में जाने वाले दल का नायकत्व शतबलि को सौंपा।

सम्राट का आदेश पाकर चारों दलों के नायक राम के सम्मुख उपस्थित हुए।

राम ने उन्हें जाने को प्रस्तुत देखा तो उनका मन भर आया। आर्द्र स्वर में बोले, ''मित्रो ! इस समय आप लोग मुझे अपने भाइयों से भी बढ़कर हैं। जो कार्य मैं स्वयं नहीं कर सका, सौमित्र नहीं कर सके — वह कार्य करने के लिए आप लोग जा रहे हैं। मेरे इस कथन में तनिक भी अतिरंजना नहीं है कि मेरा मानापमान ही नहीं, सीता की उपलब्धि और उसके माध्यम से मेरे प्राणों की रक्षा आपके इस अनुसंधान-कार्य पर निर्भर है। मेरे मन में इस समय आप लोगों के प्रति क्या भाव है, यह मैं शब्दों में अभिव्यक्त नहीं कर सकता।'' क्षणभर के लिए वे रुके, जैसे अपने स्वर की थरथराहट को साध रहे हों, ''यद्यपि अधिक संभावना इसी बात की है कि दक्षिण की ओर जाने वाला दल ही कदाचित् सीता तक पहुंच पायेगा; फिर भी यह निश्चित नहीं है कि आपमें से कौन लक्ष्य तक पहुंचेगा। जो भी सीता को खोज पाये और उन तक पहुंच पाये, उसे चाहिए कि वह उन्हें विश्वास दिलाये कि उन्हें मुक्त कराने के लिए हम कटिबद्ध हैं और उनकी सूचना मिलते ही उनकी मुक्ति के लिए सैनिक अभियान आरंभ कर देंगे। उसके लिए आवश्यक होगा कि सीता को कोई ऐसा प्रमाण दिया जाए कि उन तक पहुंचने वाला दूत मेरी ओर से ही आया है।''

राम ने रुककर लक्ष्मण की ओर देखा।

लक्ष्मण उठकर राम की गुफा के भीतर गये और अगले ही क्षण मुट्ठी में कुछ दबाये हुए बाहर आये। वह वस्तु उन्होंने राम की फैली हुई हथेली पर रख दी।

राम ने अपनी मुट्ठी बंद नहीं की। सबने देखा — वे किसी विशिष्ट घास की बनायी हुई चार मुद्रिकाएं थीं।

''वनवास की अवधि में मेरे पास कोई आभूषण नहीं रहे। एक वनवासी के समान मैंने सदा गवद घास की ऐसी मुद्रिकाएं बना-बनाकर समय-समय पर सीता को पहनाई थीं। अपनी प्रिया से वियुक्त होकर भी उसकी बहुत याद आने पर मैं अपने एकांत क्षणों में घास की मुद्रिकाएं बनाता रहा हूं। घास की मुद्रिका, उसकी विशिष्ट बनावट तथा अत्यन्त छोटे अक्षरों में मेरे हस्तलेख में लिखे हुए 'राम' को पढ़कर सीता को अवश्य विश्वास

हो जाएगा कि उन तक पहुंचने वाला दूत इस वनवासी राम के द्वारा ही भेजा गया है।''

राम का गला भर आया और उनका स्वर थम गया। उन्होंने संधान-दलों के नायकों की ओर अपनी हथेली बढ़ा दी।

चारों नायकों ने आगे बढ़कर एक-एक मुद्रिका उठा ली।

''इस घास का कोई मूल्य नहीं है।'' राम पुनः बोले, ''किंतु सीता तक यदि मेरा संदेश न पहुंचा और उन्होंने मुक्ति की संभावना से निराश होकर, हताशा में अपने प्राण दे दिये तो अनर्थ हो जाएगा। इस दृष्टि से ये मुद्रिकाएं बहुमूल्य हैं। इन्हें संभालकर ले जाइये।''

चारों नायकों ने राम को प्रणाम किया और जाने के लिए मुड़ गए।

राम उन्हें जाते हुए तब तक देखते रहे, जब तक वे लोग अपने दलों के साथ मिलकर, दृष्टि से ओझल नहीं हो गये।

''राम !'' सुग्रीव के संबोधन ने उनका ध्यान भंग किया, ''एक कार्य आरम्भ हो चुका; अब दूसरे की ओर ध्यान दो, मित्र !''

राम मुड़े।

राम और सुग्रीव एक ही शिला पर बैठ गये। लक्ष्मण राम के निकट खड़े थे; और उनके पीछे आश्रमवासी समस्त जन-सैनिक थे।

इससे पूर्व कि सुग्रीव कुछ कहते, किष्किंधा का कोटपाल उनके सम्मुख हाथ जोड़कर आ खड़ा हुआ।

''क्या बात है ?''

''सम्राट !'' कोटपाल अपराधी मुद्रा में खड़ा था, ''यह जन भूतपूर्व यूथपति असिगुल्म को बंदी करने में असफल रहा।''

''क्यों ?'' सुग्रीव की भृकुटियां तन गयीं।

''मैं कह नहीं सकता, सम्राट ! मेरे पहुंचने से पूर्व ही उन तक, उनके बंदी किये जाने के आदेश की सूचना कैसे पहुंच गयी। वे अपना प्रासाद छोड़कर भाग गये हैं। उनके परिवार के सदस्यों को भी उनके विषय में कोई सूचना नहीं है।''

सुग्रीव थोड़ी देर तक सोचते रहे, ''जाओ ! उसके राज्य-निष्कासित किये जाने के आदेश को प्रचारित करवा दो। समस्त सीमा-चौकियों को यह सूचना भिजवा दो। राज्य के भीतर जहां कहीं असिगुल्म देखा जाए, उसे बन्दी किया जाए। स्वयं खेती कर भरण-पोषण के लिए पर्याप्त भूमि उसके परिवार के लिए छोड़कर, शेष सारी चल और अचल संपत्ति राज्य द्वारा अधिकृत कर ली जाए।''

कोटपाल प्रणाम कर लौट गया।

सुग्रीव ने अन्य उपस्थित यूथपतियों को राम के निकट प्रस्तुत होने का संकेत किया।

''राम ! ये हनुमान के पिता कपिश्रेष्ठ यूथपति केसरी हैं। ये भयंकर पराक्रमी महाराज गजाक्ष हैं। ये अत्यन्त वेगशाली धूम्र हैं। ये यूथपति पनस हैं। ये यूथपति सवय हैं। ये वानरों

के बलवान यूथप दरीमुख हैं। ये तेजस्वी और बलवान रुमण्वान हैं। ये वीर यूथपति इंद्रजानु हैं। ये रंभ हैं। ये यूथपति दुर्मुख हैं। ये महापराक्रमी नल हैं — इन्हें आप जानते ही हैं। ये दधिमुख हैं। ये शरभ, कुमुद, वह्नि और रंह हैं। ये लोग अपनी समस्त वाहिनियों के साथ उपस्थित हैं। किष्किंधा में केवल राजकीय सेना है। इनकी वाहिनियां किष्किंधा के निकट के वन-पर्वतों में अपने स्कंधावार डाले पड़ी हैं। हम सब आपकी सेवा में तत्पर हैं। आप आदेश दें और जिस प्रकार चाहें हमारा उपयोग करें।''

''बैठो, मित्रो !'' राम ने सबको बैठने का संकेत किया और सुग्रीव की ओर देखकर मुसकराए, ''इस सहायता के लिए कृतज्ञ हूं। पहले मेरे मन में जो कुछ भी रहा हो, किंतु आज स्पष्ट देख रहा हूं कि तुमने मेरे कार्य को सर्वथा अपना ही कार्य समझा है।''राम कुछ रुके और फिर सबसे संबोधित होकर बोले, ''आज सम्पूर्ण जंबुद्वीप उस राक्षस-शक्ति द्वारा पीड़ित और शोषित है, जिसका केंद्र लंका में है और जिसका नायक रावण है। आर्यावर्त्त में वह शक्ति बहुत प्रबल नहीं हो पायी है; किंतु विंध्य के नीचे-नीचे उनके अत्याचार अपनी चरम सीमा पर थे। यहां आकर मुझे मालूम हुआ कि यद्यपि वानरों का इतना बड़ा और विस्तृत अपना राज्य है, जन-बल तथा साहस एवं शौर्य की आपमें कोई कमी नहीं है — फिर भी यह राज्य तथा वानर ही नहीं; ऋक्ष, गरुड़, गृध्र तथा अन्य जातियां, राक्षसों की पशु-शक्ति के कारण सदा अपने सम्मान; धन, सम्पत्ति तथा जन की हानि सहती आ रही हैं क्योंकि उनके पास संगठित युद्ध-तंत्र नहीं है। जन-स्थान में जन-सामान्य तथा आश्रमवासी मिलकर संगठित हो गये थे, अतः राक्षसी सेना पराजित हुई। अब भी जैसे ही सीता-विषयक कोई समाचार मिलेगा, हमारा सैनिक अभियान आरंभ हो जाएगा। यह युद्ध लंका में भी हो सकता है और राक्षसों के किसी अन्य राज्य अथवा नगर में भी। इस बार हमें एक अद्भुत युद्ध करना है। इसमें हमें जनस्थान के उस समस्त क्षेत्र की भी रक्षा करनी है, जो राक्षस-शून्य हो चुका है; किष्किंधा राज्य तथा नगर में भी रक्षा करनी है कि कहीं अपने बचाव के लिए राक्षस हम पर पीछे से आक्रमण न कर दें; और हमें राक्षसों के राज्य में घुसकर आक्रामक युद्ध भी करना है।''

राम ने रुककर अपने सामने बैठे लोगों के चेहरों की ओर देखा — वहां एक प्रकार की निःस्तब्धता छायी हुई थी — जैसे वे राम की योजना की थाह न पा सकने के कारण शून्य में टंग-से गये हों।

''वस्तुतः आज तक हमने राक्षसों से जो छोटे-बड़े युद्ध किये हैं, वे प्रायः प्रतिरक्षात्मक युद्ध थे। वे हमने अपनी भूमि, अपनी जनसंख्या तथा अपने व्यूह के अनुसार किये हैं। किंतु अब जिस युद्ध की संभावना है, वह आक्रामक युद्ध होगा; राक्षसों की धरती पर, उनकी पक्ष-समर्थक जनसंख्या के बीच होगा। संभवतः हम अपनी इच्छानुसार समय और व्यूह भी नहीं चुन पाएंगे। और सबसे बड़ी बात यह है कि जिस युद्ध की हम तैयारी कर रहे हैं, वह युद्ध उस सेना और सैनिक नेतृत्व से है; जो अपने युद्ध-कौशल तथा प्रहारक शक्ति के लिए विश्वविख्यात है। अतः हमें सोच-समझकर चलना है। किसी

प्रकार का कोई संकोच हो तो अभी बता दें !''

''भद्र राम !'' यूथपति दरीमुख बोला, ''जन-बल और वीरता की हमारे पास कमी नहीं है, यह आपने भी स्वीकार किया है। आज तक हम राक्षसों से सदा पीड़ित और अपमानित हुए हैं, यह भी ठीक है। फिर भी आज तक हमने राक्षसों से कभी कोई छोटा-मोटा युद्ध भी नहीं जीता है — वीरवर वाली के द्वन्द्व-युद्धों की बात अलग है। ऐसी स्थिति में लंका पर आक्रमण करना...''

''दरीमुख !'' सुग्रीव का क्रुद्ध स्वर गूंजा।

राम ने सुग्रीव के कंधे पर हाथ रख उन्हें शांत किया, ''सम्राट ! यह युद्ध-परिषद् है; अतः अपना विचार प्रकट करने की सबको पूरी स्वतंत्रता है।... आप रुष्ट न हों। यह दरीमुख की कायरता नहीं, एक युद्ध-वीर की सावधानी है।''

दरीमुख ने सहमति में सिर हिला दिया।

''यह असिगुल्म का प्रभाव-शेष भी हो सकता है।'' सुग्रीव के स्वर में अब फुफकार थी।

''यह बात आज सदा के लिए स्पष्ट हो जानी चाहिए, सम्राट !'' दरीमुख विनीत किंतु दृढ़ स्वर में बोला, ''यदि आप अनुमति दें तो अपने सभी साथियों की ओर से निवेदन कर दूं कि अपने मन में हमारे प्रति संशय न रखें। असिगुल्म का प्रभाव असिगुल्म के साथ गया। अब आप हमें अपने प्रिय साथियों के समान ही विश्वसनीय समझें तो युद्ध में सम्मिलित करें, अन्यथा परस्पर का यह संदेह किसी भी समय अनर्थ कर सकता है।''

''तुम्हारा कहना ठीक है, दरीमुख !'' सुग्रीव से पहले राम बोले, ''परस्पर का संदेह अनर्थ कर सकता है; अतः सम्राट से निवेदन है कि वे अपने संदेह का शमन करें और यूथपति दरीमुख के वचन को एक वीर का वचन मानकर उसका विश्वास करें, किंतु...'' राम का स्वर कुछ कठोर हो गया, ''यह भी स्पष्ट रूप से समझ लिया जाए कि विश्वासघाती को कभी क्षमा नहीं किया जाएगा।''

सुग्रीव ने सहमति में सिर हिला दिया।

राम का स्वर पुनः सहज हो गया, ''वस्तुतः हमें बात यहीं से आरंभ करनी चाहिए कि अब तक वानर राक्षसों से पराजित क्यों होते रहे हैं — क्या इसलिए कि उनमें वीरता अथवा शौर्य की कमी थी ?''

''नहीं !'' सबने एक स्वर में कहा।

''क्या उनके पास जन-बल नहीं था ?''

''नहीं !''

''क्या वे अपनी विरोधी जनसंख्या के मध्य लड़ रहे थे ?''

''नहीं !''

''क्या युद्ध-क्षेत्र की प्रकृति और भूगोल उनके विरुद्ध था ?''

''नहीं !''

"तो फिर क्या कारण था ?" राम बोले, "वस्तुतः युद्ध तो जन-बल से ही जीते जाते हैं; किंतु कुछ अन्य उपकरण भी होते हैं, जिनसे जय-पराजय का निर्णय होता है। उनमें से एक है — शस्त्र-बल, शस्त्रों की जानकारी, शस्त्र-परिचालन का कौशल। उसके लिए आवश्यक है शस्त्र-उद्योग।... युद्ध एक विद्या है, अतः व्यूहों की योजना भी अत्यन्त महत्त्वपूर्ण पक्ष है। सैनिक नेतृत्व की दक्षता भी युद्धों की जय-पराजय का निर्णय करती है। इसके साथ आवश्यक है — खाद्य-सामग्री तथा यातायात के साधन।" राम निमिष भर रुककर बोले, "आपके साधारण सैनिकों के पास कौन-से शस्त्र हैं — दंड तथा गदा। आपके सैनिकों के पास साधारण असि, परशु तथा धनुष-बाण तक नहीं — जबकि राक्षसों के पास इन साधारण शस्त्रास्त्रों के साथ-साथ भयंकर दिव्यास्त्र भी हैं। उनके पास अश्व तथा रथ हैं।"

"तो क्या हम इनके बिना लड़ ही नहीं सकते ?" सुग्रीव के मुख से अनायास निकला।

"नहीं ! ऐसी बात नहीं है।" राम बोले, "मैंने जो कुछ कहा है, वह आप लोगों को निराश अथवा भयभीत करने के लिए नहीं है। युद्ध जीतने के लिए सबसे महत्त्वपूर्ण उपकरण आत्मबल है; और मुझे आप लोगों में उसका अभाव नहीं दीखता। फिर भी हमें युद्ध करना है, आत्महत्या नहीं; अतः युद्ध में जाने से पूर्व हमें अपनी और अपने शत्रु की शक्ति को भली प्रकार तौलना होगा; अपने और शत्रु के अभावों, कमियों और दुर्बलताओं को जानना होगा; साथ ही अपने अभावों को अन्य उपकरणों की सहायता से यथासंभव पाटना होगा, ताकि हमारे पक्ष के जन-बल की हानि कम-से कम हो।"

"आप ठीक कह रहे हैं, आर्य !" इस बार भी दरीमुख ही बोला।

"अतः मेरी योजना बहुमुखी है।" राम पुनः बाले, "मधुप ने आपकी भूमि में पर्याप्त खनिज पदार्थ खोज निकाले हैं। यहां हमारे पास अनिन्द्य है, जो खानों की खुदाई में दक्ष है। लक्ष्मण की देख-रेख में शस्त्र-निर्माण होगा। धनुर्विद्या का अभ्यास यहां हमारे आश्रम में होगा और अन्य लौकिक शस्त्रों का प्रशिक्षण तथा अभ्यास, गिरि-तल के सभी आश्रमों में तथा हनुमान द्वारा स्थापित समस्त अखाड़ों में होगा। किष्किंधा में स्थापित किये गये जन-विद्यालयों की देख-रेख अंगद और हनुमान की अनुपस्थिति में मुनि आनन्दसागर करेंगे तथा किष्किंधा में आवासों, पथों तथा सेतुओं का निर्माण नल के अधीन होगा; और वानरराज सुग्रीव समग्र रूप से इन सारे कार्यों के निदेशक होंगे।"

"ठीक है।" सुग्रीव ने अपनी सहमति प्रकट कर दी।

"एक बात और है।"

सबने राम की ओर देखा।

"प्रस्रवणगिरि पर हमारे प्रवास के पिछले इन चार महीनों में वानर युवकों का पर्याप्त सैनिक प्रशिक्षण हुआ है। अभी एक मास का समय हमारे पास और है। मुझे आशा है कि इस अवधि में हम एक शक्तिशाली, सुगठित सेना का निर्माण करने में सफल होंगे।

किंतु हमें यह स्मरण रखना होगा कि यह युद्ध शत्रु से एक-आध झड़प में समाप्त होने वाला नहीं है। यह युद्ध एक-आध दिन का भी नहीं है। यदि जानकी लंका में ही हुई; और यह युद्ध लंका में ही हुआ तो हमें यहां से सागर-तट तक यात्रा करनी होगी। सागर को पार कर लंका में पहुंचने के लिए, कुछ दिन सागर-तट पर रुकना भी पड़ सकता है; फिर युद्ध की अवधि के बीच हमें अन्न की आवश्यकता भी पड़ेगी। मैं नहीं जानता कि किष्किंधा राज्य के पास अन्न का कितना भंडार है। किंतु यदि पर्याप्त भंडार नहीं है, तो हम एक मास में अन्न उपजा नहीं सकते। उसके लिए हमें जनस्थान में आदित्य से संपर्क करना होगा। वहीं से अन्य आश्रमों से भी संपर्क होगा। मुझे पूरा विश्वास है कि हमें आवश्यकतानुसार पर्याप्त अन्न मिल जाएगा। अन्न की पर्याप्त मात्रा बहुत आवश्यक है, अन्यथा हमारे सैनिक भूख मिटाने के लिए व्यर्थ की लूटपाट कर सामान्य जन को पीड़ित करेंगे और अपने लिए अनावश्यक जटिलताएं उत्पन्न करेंगे।''

''आर्य का कहना सर्वथा उचित है।'' नल ने अनुमोदन किया।

राम ने देखा — अन्य यूथपतियों के चेहरों पर नल के समान सहज अनुमोदन नहीं था। उनके भाव को विरोधी भी नहीं कहा जा सकता; वह कदाचित् उनका विस्मय-भाव था। उन्होंने शायद पहले इस प्रकार के युद्ध की कल्पना नहीं की थी, जहां सेना मार्ग में पड़ने वाले ग्रामों को लूटने के बदले अपने लिए आवश्यक सामग्री स्वयं ढोए।

''हमें शल्य-चिकित्सकों की भी आवश्यकता होगी।'' सहसा राम का स्वर कुछ भारी-सा होता गया, ''अनिन्द्य ! किसी को गुरु अगस्त्य के पास भेजो। मैं जानता हूं, इस युद्ध में स्वयं आर्या प्रभा साथ नहीं जा सकतीं; किंतु उनके शिष्य शल्य चिकित्सकों की टोली भी आ जाए तो यथेष्ट होगा।''

''युद्ध के लिए तो बहुत सारा प्रबंध करना पड़ता है, राम !'' सुग्रीव परिहास तथा गंभीरता की बीच की स्थिति में थे।

राम समझ रहे थे कि युद्ध के लिए इस प्रकार की व्यवस्थाएं वानरराज को भी विस्मित कर रही थीं।

6

पिछले कई दिनों से अंगद और उनके साथी लगातार चलते जा रहे थे। मार्ग में पड़ने वाले वनों में जहां कहीं मनुष्य के बसने की संभावना होती, उसी के आस-पास वे लोग खोज करने लगते। किंतु किसी मनुष्य से पूछताछ करने से पूर्व उन्हें भली प्रकार यह देख लेना पड़ता था कि कहीं वह व्यक्ति राक्षसों से ही तो संबद्ध नहीं है। सुग्रीव का निर्देश उन्हें स्मरण था कि सारी खोज पर्याप्त गोपनीय रीति से होनी चाहिए। ऐसा न हो कि राक्षसों को ज्ञात हो जाने पर वे लोग उनके किसी षड्यंत्र में फंसकर या तो अपने मार्ग से भटक जाएं या फिर अपने प्राण गंवा बैठें। यह भी संभव था कि उन्हें कोई

सूचना-सूत्र मिले; किंतु रावण को इस संधान दल का ज्ञान हो जाए और वह सीता को कहीं अन्यत्र स्थानांतरित कर दे।

फिर भी, जहां कहीं कोई ग्राम, बस्ती, आश्रम, पुरवा, टोला — यहां तक कि कोई कुटीर भी मिला; बिना उसका सूक्ष्म निरीक्षण किये हुए, वे लोग आगे नहीं बढ़े। यह पद्धति समय-साध्य तो थी; किंतु उसके बिना खोज पूरी नहीं हो सकती थी।

अंगद अपने साथ खोजियों का एक दल तो लाये थे, किंतु न तो वे अपने साथ सशस्त्र वाहिनी लाये थे और न ही खाद्य सामग्री। उनके मन में आरंभ से ही स्पष्ट था कि अन्वेषण-दल में जितने अधिक व्यक्ति होंगे, उसकी गति उतनी ही मंथर होती जाएगी। खाद्य-सामग्री साथ लाने का भी यही अर्थ होता कि विभिन्न लोग उसे बारी-बारी ढोते; और अन्न का यह परिवहन भी उनकी तीव्र गति में बाधा बनता।... किंतु अन्न साथ न लेकर चलने के कारण, बीस व्यक्तियों के दल के लिए खाद्य-सामग्री और जल जुटाने के लिए भी काफी समय नष्ट करना पड़ता था। दल के सभी सदस्य हृष्ट-पुष्ट तथा स्वस्थ जीव थे। थोड़े से फलों से उनका पेट भी नहीं भरता था। मार्ग में भूख मिटाने के लिए उन्हें वृक्षों को ढूंढते देखकर कई बार अंगद के मन में आया था कि वे लोग सीता की कम, फलों से लदे वृक्षों की ही अधिक खोज कर रहे हैं।... इस प्रकार समय नष्ट होने की समस्या की चिंता में केवल हनुमान ही अंगद के सहभागी थे; शेष लोग इस विषय में तनिक भी चिंतित प्रतीत नहीं होते थे।

आठ व्यक्तियों का वह खोजी दल भी अंगद को कोई विशेष सहायतापूर्ण प्रतीत नहीं हो रहा था। उनका अपना उपयोग अवश्य था — वे लोग समस्त प्रचलित मार्गों से पूर्णतः परिचित थे। उन्हें उस क्षेत्र के भूगोल का अच्छा ज्ञान था। वनस्पतियों तथा वनवासी पशु-पक्षियों की अच्छी जानकारी थी। किंतु उन्हें इन जानकारियों से सीता की खोज तनिक भी सरल नहीं हो रही थी — वे लोग पूर्व-परिचित निश्चित लक्ष्य तक पहुंचाने में तो सहायता कर सकते थे; किंतु इस प्रकार के एक अनिश्चित अन्वेषण में, जिसमें प्रचलित मार्गों पर चलना तनिक भी लाभदायक नहीं था — खोजियों का दल उपयोगी सिद्ध नहीं हो रहा था। जैसे ही वे लोग प्रचलित मार्ग छोड़कर, वन की अनजान पगडंडियों के जाल में भटकने के लिए उतरते, खोजियों का सारा ज्ञान अनावश्यक हो जाता था; और वे लोग व्यर्थ का एक बोझ भासित होने लगते थे।

वनों को पार कर जब वे पर्वत-प्रदेश में पहुंचे, तो अंगद को लगा कि उनकी कठिनाई बढ़ गयी है। वन में रहने के लिए तो मनुष्य को अपने लिए किसी-न किसी प्रकार का आवास बनाना ही पड़ता था; और वह आवास दूर से ही दिखायी भी पड़ जाता था। किंतु पर्वतों में प्रकृति की बनायी हुई इतनी गुफाएं थीं कि बिना उन गुफाओं में प्रवेश किये हुए यह अनुमान करना भी कठिन हो जाता था कि कहां मनुष्य का वास है और कहां नहीं।

पर्वतों के ऊबड़-खाबड़ मार्गों तथा प्रकृति द्वारा निर्मित इन असंख्य बेढब गुफाओं

की व्यर्थ, निष्फल खोज से दल के लोगों का उत्साह भी क्षीण होता जा रहा था। साथ ही समय भी ऐसे हाथ से खिसकता जा रहा था, जैसे मुट्ठी में पकड़ने के प्रयत्न में जल निकल जाये।

अब तो सामान्यत: यह स्थिति हो गयी थी कि किसी पर्वत-कंदरा के निकट पहुंचते ही जाम्बवान और तार जैसे समर्थ लोग भी किसी छायादार स्थान पर इस मुद्रा में बैठ जाते थे कि जिसे ढूंढ़ना हो ढूंढ लो — इन पत्थरों में भी कहीं जानकी हो सकती है क्या !

एक हनुमान थे, जिनका उत्साह तनिक भी क्षीण नहीं हुआ था। जब सब लोग पर्वत के पतगल पर ही बैठ जाते थे, वे अकेले ही पर्वत पर चढ़ जाते और इधर-उधर भटकते फिरते। गुफाओं और कंदराओं का अवलोकन करते। कहीं जलाशय दिख जाता तो उसके आप-पास देखते, कहीं अग्नि अथवा धुएं का आभास मिलता तो उसके विषय में अपनी जिज्ञासा शांत करने चल पड़ते।

''यह हनुमान व्यर्थ ही पत्थरों और दूहों में हमारा समय नष्ट करा रहा है। यह ऐसे ही भटकते-भटकते एक मास बिता देगा और हम सबका वानरराज के हाथों वध करवायेगा।'' हनुमान के जाने के बाद द्विविद ने दबे स्वर में कहा।

''इतने उत्साही लोग भी हितकर नहीं होते।'' गंधमादन ने उसका अनुमोदन किया, ''आधा समय तो व्यतीत भी हो चुका है; और दूर-दूर तक लंका का कहीं पता ही नहीं है। आखिर हमें वापस लौटने में भी तो समय लगेगा।''

''तुम क्या समझते हो, हनुमान !'' उनके लौटने पर गंधमादन ने उन्हें छेड़ा, ''कि रावण जानकी को यहां छोड़ गया होगा और वे यहां बैठी अपना भोजन पका रही होंगी, जो तुम कहीं भी आग अथवा धुएं का आभास पाते ही भाग निकलते हो।''

''नहीं ! ऐसी बात नहीं है।'' शरारि ने कटाक्ष किया, ''केसरीकुमार का विचार है कि अपनी सोने की लंका छोड़कर, रावण भी वनवासी हो गया है और यहीं कहीं सीता के साथ बस गया है !''

हनुमान की आंखों में वह पीड़ा उभरी, जो गंभीर तथा ईमानदार प्रयत्न के प्रति हलके परिहास के कारण उत्पन्न होती है, ''मैं इन दोनों बातों में से कुछ भी नहीं सोचता।'' हनुमान का स्वर गंभीर था, किंतु उन्होंने सायास अपने रोष को उसमें मिश्रित नहीं होने दिया था, ''आग, धुआं या जल, अपने आस-पास बसने का आभास देते हैं। मैं यह तो नहीं मानता कि देवी सीता को रावण ने यहां रख छोड़ा होगा; किंतु मेरी यह मान्यता अवश्य है कि रावण जहां कहीं से भी सीता को लेकर गया होगा, कहीं-न कहीं किसी-न-किसी व्यक्ति ने उसे देखा होगा। किसी ने तो वैदेही का चीत्कार सुना होगा अथवा किसी को तो उनका कोई आभूषण पड़ा मिला होगा, जैसे ऋष्यमूक पर निवास करते हुए हमें मिला था।'' हनुमान कुछ रुककर पूरे उत्साह से बोले, ''यदि कोई ऐसा व्यक्ति हमें मिल जाए, तो हम निश्चिंत होकर आगे बढ़ सकते हैं कि हम ठीक मार्ग पर जा

रहे हैं — व्यर्थ भटककर अपना समय नष्ट नहीं कर रहे।... वन के पशु बोल नहीं पाते, नहीं तो मैं उनसे भी पूछता कि क्या उन्होंने ऐसा कुछ देखा है।''

हनुमान की गंभीरता का प्रभाव सारे दल पर हुआ। उनकी बात का उत्तर किसी ने नहीं दिया। कदाचित् इस उत्तर के पश्चात् परिहास आगे नहीं बढ़ सकता था और गंभीर चर्चा के लिए वे लोग प्रस्तुत नहीं थे।

अंगद हनुमान की मन:स्थिति समझ रहे थे। उनकी भावना के साथ अंगद पूर्णत: सहमत थे। दल के नेता का दायित्व भी उन पर था — जब कोई भी हनुमान का साथ नहीं देता था, तब भी अंगद हनुमान के साथ-साथ कुछ दूर तक जाते थे। दो-एक क्षेत्रों का निरीक्षण भी करते थे; किंतु वे स्वयं भी अनुभव कर रहे थे कि हनुमान जैसा उत्साह और लगन उनके भीतर कहीं जाग नहीं रही थी। कदाचित् मन-ही-मन कहीं बहुत गहरे इस अभियान के निस्सार सिद्ध होने की भावना उनके उत्साह का दम घोंट रही थी...

''भूख-तो-भूख, अब तो प्यास के मारे तनिक भी चला नहीं जाता।'' वृद्ध जाम्बवान ने कहा और रुक गये।

आज प्रात: से उन्हें कहीं भी खाद्य पदार्थ अथवा जल नहीं मिला था। पिछले कुछ दिनों से खाने-पीने की व्यवस्था अधिक-से अधिक अनियमित होती गयी थी। किंतु आज प्रात: से उन्हें कुछ भी नहीं मिला था; और उन लोगों ने इस आशा पर अपनी यात्रा आरंभ कर दी थी कि मार्ग में कहीं कुछ-न कुछ मिल जाएगा। किंतु चलते-चलते प्रहर-भर बीत गया था, सूर्य आकाश पर दो बांस ऊपर चढ़ आया था, पर अभी तक कहीं जल भी दिखायी नहीं पड़ा था...

इससे पूर्व कि कोई कुछ कहता, वे एक वृक्ष के तने से पीठ लगाकर, उसकी छाया में बैठ गये।

जाम्बवान का बैठना जैसे अन्य लोगों के लिए संकेत था। सुहोत्र, शरारि तथा शरगुल्म तत्काल उनके निकट ही बैठ गये। देखते-देखते अन्य लोग भी बैठ गये। केवल अंगद, हनुमान तथा नल खड़े रह गये।

''क्यों, मित्र ! क्या विचार है ?'' अंगद ने हताश-से स्वर में पूछा।

''युवराज ! अब तो चलना ही कठिन है।'' असंग ने कहा, ''अब या तो भोजन और जल का कोई समुचित प्रबंध हो, अथवा अपने खड्ग से हमारा वध कर दो।''

अंगद को लगा, जितनी दूर तक वे समझ रहे थे — निराशा उससे आगे बढ़ चुकी थी। उन्होंने हनुमान की ओर प्रश्नवाचक दृष्टि से देखा।

हनुमान की आंखों में रुद्ध क्रोध और विवशता के भाव थे, पर देखते-ही-देखते वे जैसे अपने क्रोध को गटक गये और अपने चेहरे पर बलात् मुसकान लाकर बोले, ''निष्फल वृक्ष के तने से लगकर बैठ जाने से तो मुख में खाद्य पदार्थ आ नहीं पड़ेगा। न ही अभी कोई वर्षा होने वाली है कि बैठे-बैठे आपके मुंह में मेघ जल टपका जाएंगे। खाने-पीने को कुछ चाहिए, तो उठो, कुछ उद्यम करो।''

''उद्यम से क्या होगा ?'' मैंद खीज-भरे स्वर में बोला, ''यह वृक्ष अपना रूप बदलकर केले का वृक्ष बन जाएगा, अथवा यह शिला जलाशय में परिणत हो जायेगी? उद्यम कोई वहां करता है, जहां उसे आशा दीखे। तुम्हारे समान धैर्य हम कहां से लायें, भाई ! तुम तो कहोगे कि शिलाएं तोड़कर हम यहां खेत बनाएंगे और उनमें अन्न बोएंगे। वह उगेगा, फलेगा, पकेगा तो हम खाएंगे। यहां तो इतना ही पर्याप्त है कि उस खेत के लिए कुछ बीज ले आओ; हमें वे बीज ही खिला दो।''

हनुमान के जी में आया कि मैंद को भुजा पकड़, घसीटकर उसे खड़ा कर दें और धकेलते हुए ले चलें। किंतु उसके सूखे हुए होंठ, जल्दी-जल्दी उठता-गिरता वक्ष, तेजी से चलती सांस बता रही थी कि वह सचमुच बहुत पीड़ित और निढाल है। उस समय तनिक-सी असावधानी से शेष लोग भी उसके पक्ष में हो जाएंगे। तब समस्या और भी जटिल हो जाएगी।

कुछ क्षणों के लिए हनुमान असहाय-से खड़े रह गये, फिर कुछ सोचकर बोले, ''यहां पर अन्न उपजाने की स्थिति तो नहीं है; किंतु इस प्रकार बैठ जाने या लेट जाने से क्या होगा। आस-पास कुछ पक्षियों के स्वर सुनाई पड़ रहे हैं। मेरा विचार है कि यदि हम खोज करें तो हमें कोई-न कोई उपयोगी वस्तु अवश्य मिल जायेगी।''

''क्या ? उन पक्षियों का अन्न-भंडार ?'' तार उपहास करते हुए-से हंसकर बोले।

''हां ! पक्षियों का अन्न-भंडार ?'' हनुमान गंभीर स्वर में बोले, ''आखिर वे पक्षी भी तो कुछ-न कुछ खाते ही होंगे। संभव है कि आस-पास ही फलों के कुछ वृक्ष भी हों।''

''पक्षी खाते हैं कीड़े-मकोड़े।'' असंग ने उत्तर दिया, ''अब हनुमान चाहेंगे कि हम लोग पहले उन पक्षियों को खोजें। फिर देखें कि वे लोग अपना भोजन पाने के लिए कहां चोंच मारते हैं; और फिर वहीं से उन कीड़ों को चुन-चुनकर हम भी खाएं।''

न चाहते हुए भी हनुमान कुछ खीझ उठे, ''बुद्धि तो तुम लोगों की चंचल हरिण के समान कुलांचें भर रही है; और शरीर तनिक नहीं हिलता। उठकर सब लोग थोड़ा इधर-उधर घूमो। पास के थोड़े-से क्षेत्र में फैलकर ढूंढो — और कुछ नहीं तो कोई जलाशय तो होगा ही। पक्षी भी जल तो पीते ही हैं।''

''हनुमान ठीक कह रहा है।'' जाम्बवान उठकर खड़े हो गये, ''इस प्रकार बैठे-बैठे तो भूख मिटेगी नहीं।'' सहसा वे असंग और मैंद की ओर घूमे, ''मैं वृद्ध हूं, इन्द्रियों में इतनी सहनशीलता नहीं रही, इसलिए थककर बैठ गया। तुम लोगों को क्या हुआ, युवको ! सराहो अपने मित्र हनुमान को, जो तुम लोगों का साहस बनाये रखता है; नहीं तो तुम लोग कहीं भी समाधि लगाकर बैठ जाओगे।''

जाम्बवान ने आगे बढ़कर तार की भुजा पकड़कर झटका दिया, ''उठो, तुम भी बच्चा-बनकर बैठ गये। तुम्हें सम्राट ने इसलिए साथ भेजा था कि युवराज का उत्साह बनाये रखो, या इसलिए भेजा था कि उनके साहस और धैर्य की परीक्षा लेते रहे और

उनका रहा-सहा उत्साह भी नष्ट कर दो।''

जाम्बवान की इस फटकार का सब लोगों पर अच्छा प्रभाव पड़ा। एक-एक कर, जैसे-तैसे सब उठकर खड़े हो गये।

हनुमान का साहस जाग उठा और मुख उल्लसित हो गया। उन्होंने कृतज्ञता-भरी दृष्टि से जाम्बवान की ओर देखा और बोले, ''हम लोग दो-दो व्यक्तियों की टोलियों में आस-पास के क्षेत्र का निरीक्षण करें। जिसे भी खाद्य-पदार्थ अथवा जल का कोई आभास मिले, वह टोली यहीं आकर इस वृक्ष के नीचे से अन्य लोगों को पुकारे।''

दो-दो व्यक्तियों की दस टोलियां बन गयीं और वे लोग अपने पांव घसीटते हुए इधर-उधर बिखर गये। कुछ लोगों मे मन में सचमुच आशा जाग उठी थी कि यहां यदि कोई भी जीव है तो खाद्य मिले-न मिले, जल तो मिलेगा ही; किंतु शेष लोग इसे अब भी हनुमान के उत्साह का अतिरेक ही मान रहे थे। फिर भी इतना तो निश्चित था कि एक व्यक्ति के अनुत्साह से शेष लोगों में भी अनुत्साह ही जागता था — और अनुत्साह से कोई लाभ नहीं था।

उस पर्वत के विभिन्न भागों में घूमते-घूमते जब प्रहर भर बीतने को आया और फिर प्यास से थक-हारकर उनके बैठे जाने की संभावना जागने लगी, तभी उन्हें जाम्बवान के पुकारने का-सा स्वर सुनाई पड़ा। किंतु उनका स्वर उस वृक्ष की दिशा में से नहीं आ रहा था, जहां से खोज आरंभ हुई थी और कुछ मिल जाने पर जहां से पुकारना निश्चित हुआ था।

अन्य किसी स्थान से पुकारने का क्या अर्थ ? — हनुमान ने सोचा — क्या वृद्ध जाम्बवान किसी कठिनाई में फंस गये हैं ? किंतु उनके आह्वान में संकटग्रस्त होकर, असहायता में पुकारने के स्थान पर, कुछ उपलब्धि का-सा ही आभास था।

''मुझे लगता है कि जाम्बवान ने कुछ पा लिया है।'' हनुमान बोले।

''मेरा भी यही अनुमान है।'' अंगद ने सहमति प्रकट की।

वे दोनों झपटते हुए-से उसी दिशा में चले।

जाम्बवान और तार एक बड़ी-सी गुफा के सम्मुख खड़े थे। उनकी आंखों में विस्मय और उपलब्धि का भाव था। थोड़ी-थोड़ी देर में वे लोग अपने साथियों को पुकार लेते थे; और फिर उसी प्रकार चकित भाव से उस गुफा की ओर देखने लगते थे। दल के कुछ अन्य लोग भी आकर उनके निकट उसी मुद्रा में खड़े थे।

''क्या बात है, तात जाम्बवान ?'' अंगद ने आगे बढ़कर पूछा।

''वह गुफा, युवराज !'' जाम्बवान ने, बिना अंगद की ओर देखे ही, तर्जनी से उस गुफा की ओर इंगित कर दिया।

''गुफाएं तो इस पर्वत में भरी पड़ी हैं।'' अंगद कुछ रोष से बोले, ''आप हम लोगों को गुफा देखने के लिए बुला रहे हैं क्या ?''

जाम्बवान कुछ सचेत हुए। उन्होंने आंखें झपकाकर अंगद को देखा, जैसे स्वयं को संतुलित न कर पा रहे हों। किंतु उनके कुछ बोलने से पूर्व ही तार ने कहा, ''नहीं, युवराज ! तुम्हें गुफा देखने के लिए नहीं बुला रहे। हमने इस गुफा में से अनेक पक्षी उड़कर बाहर आते देखे हैं। उनमें से चक्रवाकों का एक जोड़ा ऐसा भी था, जिनके पंख जल से भीगे हुए थे। और हमारा तो विचार है उनके पंखों पर कमल का पराग भी अवश्य छिटका हुआ था।''

अंगद ने हनुमान की ओर देखा।

''आप लोगों ने ठीक-ठीक देखा है न, तात !'' हनुमान गंभीरता और विनोद की मध्य स्थिति में थे, ''ऐसा तो नहीं कि अपनी प्यास की पीड़ा आपको पक्षियों के पंख भीगे हुए दिखा रही हो।''

''नहीं, हनुमान ! हमने ठीक-ठीक देखा है।'' जाम्बवान अब पर्याप्त स्थिर लग रहे थे, ''मेरे साथ आओ।''

जाम्बवान के पीछे-पीछे वे लोग गुफा के मुख के निकट आ गये। जाम्बवान झुककर मिट्टी में कुछ खोज रहे थे। उन्हें अधिक खोजना नहीं पड़ा। थोड़ी देर में ही वे तनकर सीधे खड़े हो गये और तर्जनी से उन्होंने एक विशिष्ट स्थान की ओर संकेत किया, ''यह देखो !''

हनुमान और अंगद — दोनों ने झुककर देखा — निश्चित रूप से वहां पानी की दो-चार बूंदें टपकी थीं, जिन्हें मिट्टी ने सोख तो लिया था, किन्तु बूंदों के चिह्न अभी मिटे नहीं थे।

अब तक उनके दल की दसों टोलियां वहां एकत्रित हो चुकी थीं, प्रायः सभी सहमत थे कि धरती पर के वे चिह्न पानी की बूंदों के ही चिह्न थे, अतः जाम्बवान और तार ने ठीक ही देखा था कि उस गुफा में से भीगे पंखों वाले चक्रवाक अवश्य निकले होंगे। ऐसी स्थिति में गुफा के भीतर कहीं जलाशय भी होना चाहिए।

थोड़े-से विचार-विमर्श के पश्चात, वे लोग जल-संधान के लिए गुफा में प्रवेश करने को सहमत हो गये; किंतु गुफा के भीतर सघन अंधकार था। जाने गुफा कितनी लम्बी थी और उसमें किस प्रकार के जीव-जंतु निवास करते थे।

''यदि यह गुफा किसी जलाशय तक ले जाती है,'' सहसा शरगुल्म ने कहा, ''तो वह इस गुफा के उस पार होगा। क्यों न हम पर्वत के ऊपर चढ़कर दूसरी ओर उतर जाएं और वहां जलाशय को खोजें ?''

हनुमान को लगा, यदि फिर इस प्रकार के विकल्पों की चर्चा होने लगी तो अनेक लोगों के मन में अनुत्साह जागने लगेगा और गुफा में प्रवेश धरा-का-धरा रह जाएगा।

''और यदि वह जलाशय, पृथ्वी से फूटने वाले जल के किसी उत्स का परिणाम हुआ और वह उत्स गुफा के मध्य में ही हुआ तो हमें दूसरी ओर से भी इस अंधकारमय गुफा में प्रवेश तो करना ही पड़ेगा; उलटे पर्वत लांघने का अतिरिक्त परिश्रम भी उठाना

पड़ेगा। फिर यह भी संभव है कि यह गुफा दूसरी ओर से खुली हुई न हो। ऐसी स्थिति में हम पर्वत लांघकर दूसरी ओर तो जाएंगे ही, गुफा का दूसरा द्वार न खोज पाने की असफलता से थक-हारकर पुनः पर्वत को लांघकर इस ओर वापस लौटेंगे और फिर इसी गुफा में ऐसे ही प्रवेश करेंगे।

''तुम्हारी बात तो ठीक है, हनुमान !'' असंग बोला, ''किंतु गुफा सर्वथा प्रकाशशून्य है। उसके भीतर हिंस्र तथा घातक जंतुओं के होने की पूरी संभावना है। संभव है कि विषधर सर्प इत्यादि भी हों।''

''संभावनाएं तो सब प्रकार की हैं — भली भी और बुरी भी।'' हनुमान ने उत्तर दिया, ''प्रवेश न करने पर अहितकर संभावनाओं से तो हम मुक्त रहेंगे ही, किंतु हितकर संभावनाओं का भी लाभ नहीं उठा सकेंगे। क्यों, युवराज ?''

अंगद ने कुछ कहा नहीं, किंतु वे हनुमान से सहमत प्रतीत हो रहे थे।

''मेरा प्रस्ताव है कि हम सब लोग एक-दूसरे का हाथ पकड़कर गुफा में प्रवेश करें।'' हनुमान बोले, ''यदि युवराज की अनुमति हो तो, सबसे पहले मैं प्रवेश करूंगा। इससे हम अंधकार में एक-दूसरे का सहारा भी ले सकेंगे; अपने अनुभव का लाभ भी दे सकेंगे और परस्पर निकट भी बने रहेंगे।''

''उत्तम प्रस्ताव है।'' जाम्बवान ने अपनी सहमति प्रकट कर दी।

हनुमान ने अंगद की ओर देखा।

''स्वीकार है।'' अंगद ने संक्षिप्त-सा उत्तर दिया।

सबसे पहले हनुमान ने प्रवेश किया। उसका हाथ पकड़कर उसके पीछे अंगद गये। अंगद का हाथ नील ने पकड़ा, नील का तार ने। तार के बाद जाम्बवान आए। फिर तो एक-एक कर सब लोग आ गये। अब खोजियों का स्वतंत्र महत्त्व समाप्त हो चुका था। यह क्षेत्र उनके लिए सर्वथा अपरिचित ही था। वे भी अन्य लोगों के ही समान हाथ पकड़े गुफा में प्रवेश कर गये।

आरंभ में हल्का-हल्का दिखायी देता रहा; किंतु कुछ आगे बढ़ने पर पूर्णतः अंधकार छा गया।

पैरों के नीचे शुष्क और कठोर धरती थी, जिसमें स्थान-स्थान पर कंकड़ भी थे। ऐसा नहीं लगता था कि इस कठोर धरती में आस-पास कहीं कोई जल-स्त्रोत भी होगा। थोड़ी दूर चलने पर हनुमान का सिर नीचे झुक आयी किसी शिला से टकराया। वे धरती तो पैरों से टटोल-टटोलकर आगे बढ़ रहे थे अतः गति बहुत ही धीमी थी। सिर में अधिक चोट नहीं आयी।

''क्या हुआ ?'' उन्हें रुकते देख अंगद ने पूछा।

''यहां से गुफा या तो संकरी हो गयी है,'' हनुमान बोले, ''या फिर उसका स्वरूप कुछ बदला है।''

''तुम्हें कैसे मालूम ?''

''मेरा सिर ऊपर टकराया है, युवराज !'' हनुमान धीरे से बोले। वे अपने एक हाथ से ऊपर की शिला को टटोल रहे थे।

''क्या हुआ ?'' अनेक लोगों का जिज्ञासामय स्वर गुफा में गूंजा।

''कोई सर्प तो नहीं है ?'' एक स्वर आया।

''नहीं ! कुछ नहीं है।'' हनुमान उच्च स्वर में उनकी आकांक्षाओं का निवारण करते हुए बोले, ''यहां गुफा सीधी न रहकर कुछ आड़ी हो गयी है। यहां से अपना सिर तिरछा करके निकलना।

एक-दूसरे का हाथ पकड़े वे अंधकार में बढ़ते जा रहे थे।

मार्ग में कोई हिंस्र पशु अथवा अन्य कोई बाधा नहीं थी। बस, एक अंधकार ही अंधकार था। उनकी आंखें कुछ अभ्यस्त हो गयीं तो अंधकार भी उतना कष्टकर नहीं रहा; किंतु पूरी तरह सब कुछ देख पाना तब भी संभव नहीं था।

बीच-बीच में अपने किसी साथी को कोई अनुदेश देते हुए किसी का कोई स्वर सुनायी पड़ जाता था; अन्यथा कोई बात भी नहीं कर रहा था। सब एक प्रकार से दम साधे, अपनी इस यात्रा के परिणाम देखने को मन-ही मन व्यग्र आगे बढ़ते जा रहे थे।

हनुमान बार-बार अपने एक हाथ से गुफाओं की शिलाओं को छू-छूकर देख रहे थे और अनुमान लगाने का प्रयत्न कर रहे थे कि यह गुफा प्रकृति-निर्मित है अथवा मानव-निर्मित ? प्रकृति द्वारा निर्मित गुफाएं इतनी लंबी नहीं होतीं; और सामान्यतः वे दूसरी ओर से बंद भी होती हैं। पर्वतों की शिलाओं में एक ओर से बंद गुफा प्रायः वन्य पशुओं की मांद बन जाती है। कहीं-कहीं उसमें मनुष्य भी रहने लगता है। उस गुफा में उन्हें न तो अभी तक कोई पशु अथवा मनुष्य ही मिला था और न यह गुफा ऊपर अथवा नीचे से विशेष ऊबड़-खाबड़ ही थी। सिवाय इसके कि यह गुफा आड़ी थी और व्यक्ति को यदि यह ज्ञात न हो और वह सीधा चलने का प्रयत्न करे तो उसे बार-बार सिर पर चोट लगेगी — अन्य कोई विशेष बाधा नहीं थी... वे पक्षी भी कैसे इस अंधकार में बिना शिलाओं से टकराकर आहत हुए सीधे निकल गये थे।... अवश्य ही निर्माण में मानव का हाथ लगा होगा।

''क्या विचार है, युवराज ?'' हनुमान धीरे से बोले, ''क्या यह गुफा प्रकृति-निर्मित लगती है ?''

''यदि प्रकृति-निर्मित है तो अद्‌भुत है।'' अंगद बोले और अपने विचारों में खो गये।

सहसा हनुमान को लगा कि गुफा में कुछ प्रकाश-सा भासित हो रहा है, किंतु आगे से गुफा खुली नहीं थी। तो फिर यह प्रकाश कहां से आ रहा है? विचित्र बात थी, जहां तक गुफा थी, वहां तक अंधकार था; और जहां गुफा रुद्ध हो रही थी, वहां प्रकाश का

आभास था।... और अकस्मात ही बात हनुमान की समझ में आ गयी। गुफा यहां से मुड़ रही थी और मोड़ के आगे निश्चित रूप से गुफा का द्वार था। वे अपने मन की बात अंगद से कहने ही जा रहे थे कि उनके पैरों के नीचे की मिट्टी की नमी ने उनका ध्यान अपनी ओर आकृष्ट कर लिया। मिट्टी इतनी गीली थी कि आप-पास कहीं-न कहीं कोई जल-स्रोत अवश्य होना चाहिए था।

"हनुमान !" अंगद उनसे पहले ही उल्लसित स्वर में बोले, "यहां की मिट्टी गीली है।"

"हां, युवराज ! मैं भी अनुभव कर रहा हूं।" हनुमान ने उत्तर दिया, "मुझे भी ऐसा लग रहा है कि गुफा के इस मोड़ के निकट ही कहीं इसका द्वार भी है।"

तब तक वे लोग मोड़ तक आ चुके थे और अनेक लोगों का ध्यान उस प्रकाश की ओर चला गया था।

अनेक कंठों ने एक साथ ही हर्ष-ध्वनि की।

सबसे पहले हनुमान गुफा से बाहर निकले और बाहर का दृश्य देखते ही ठगे-से खड़े रह गये।

एक-एक कर सब लोग बाहर आये और सबकी स्थिति हनुमान की-सी ही हुई।

गुफा का अंत किसी वन में नहीं हुआ था। जहां वे लोग खड़े थे, वह किसी भव्य प्रासाद का मानव-विकसित उपवन प्रतीत हो रहा था। अनेक प्रकार के फलों तथा फूलों के पेड़-पौधे पूंजीभूत रूप से वहां वर्तमान थे और उनके मध्य स्वच्छ जल की एक पुष्करिणी विद्यमान थी। भूख तथा प्यास से संज्ञाशून्य-से होते हुए वानरों ने अपना चिंतन स्थगित कर, पुष्करिणी में से थोड़ा-थोड़ा जल पिया और तब वे फलों के वृक्षों की ओर उन्मुख हुए।

सूर्य पूरी प्रखरता से चमककर पश्चिम की ओर झुक चला था। हनुमान ने आकाश की ओर देखकर सोचा — वे लोग कम-से कम डेढ़ प्रहर उस गुफा को पार करने में लगे रहे थे।

खा-पीकर जब मन कुछ स्वस्थ हुआ और चिंतन-मनन की प्रवृत्ति जागी तो इस उपवन के विषय में उनकी जिज्ञासा जागी। यह प्राकृत वन नहीं था, इतनी बात निश्चित थी। उस समय उसका स्वरूप ऐसा नहीं था, जिससे यह समझा जाता कि उपवन की देख-भाल ठीक से की जा रही है; किंतु उसे संवारने में कभी-कभी मनुष्य की बुद्धि और हाथ सहयोग अवश्य देते हैं, यह स्पष्ट था। पुष्करिणी के नीचे कहीं जल का उत्स भी रहा होगा, क्योंकि पुष्करिणी जल से आप्लावित थी और अतिरिक्त जल अनेक छोटी-छोटी धाराओं के रूप में विभिन्न दिशाओं में बह रहा था।

"यहां निकट ही कोई प्रासाद भी होना चाहिए।" अंगद धीरे से बोले।

"मेरा भी ऐसा ही विचार है, युवराज !"

"यदि यहां प्रासाद हो तो उसमें देवी वैदेही को छिपाकर रखने की भी सम्भावना

हो सकती है।'' नील ने अपना विचार प्रकट किया, ''इससे अधिक उत्तम और गोपनीय स्थान कौन-सा हो सकता है।''

''सम्भावना हो तो सकती है।'' जाम्बवान बोले, ''क्योंकि इतने गोपनीय स्थान पर बनाया गया प्रासाद इस प्रकार के कार्यों के लिए उपयुक्त समझा जा सकता है। किंतु मेरे मन में एक शंका है।''

''क्या ?''

सबकी दृष्टि जाम्बवान पर टिक गयी।

''यदि रावण ने देवी वैदेही को यहां बंदिनी बनाकर रखा होता, तो वह स्वयं भी यहां निकट ही कहीं वर्तमान होता। इन दोनों ही स्थितियों में यह स्थान इस प्रकार असुरक्षित न छोड़ा गया होता।''

''दोनों ही सम्भावनाओं में कुछ-न कुछ तथ्य प्रतीत होता है।'' अंगद बोले, ''पर हम पहले प्रासाद तो खोज लें।''

''युवराज ठीक कहते हैं।''

वृक्षावलियों के बीच में से होते हुए वे आगे बढ़े। वृक्षों का आरोपण निश्चित योजनानुसार हुआ था। प्रत्येक झुरमुट के साथ कुछ पुष्पलताएं लगी थीं और फूलों की कुछ क्यारियां थीं। ऊंचे-ऊंचे वृक्षों की पंक्तियों की प्राचीर के पीछे विभिन्न प्रकार के फूलों के पौधे थे... और उनके केन्द्र में सचमुच एक बहुत बड़ा प्रासाद खड़ा था।

वानरों के पग थम गये। इस एकांत में, इतने गोपनीय ढंग से बनाया गया, जाने यहां किसका इतना भव्य प्रासाद था; और वे लोग बिना जाने-बूझे, बिना किसी की अनुमति के भीतर घुस आए थे। सम्भव है कि प्रासाद का स्वामी शत्रुपक्ष का हो। उसकी सैनिक शक्ति का भी उन्हें कोई आभास नहीं था। कहीं ऐसा न हो कि स्वयं से कहीं अधिक समर्थ और शक्तिशाली शत्रु के अवरोध में पड़कर वे यहां बंदी हो जाएं और किष्किंधा में किसी को उनकी स्थिति की कोई सूचना ही न हो।

अंगद कुछ चिंतित दीखने लगे थे। वे दल के नायक थे। दल के प्रत्येक निर्णय और कर्म के लिए वे उत्तरदायी थे। दल की सुरक्षा का बोझ उन्हीं के कंधों पर था, ''बिना जाने-बूझे हमें इस प्रकार भीतर नहीं घुस आना चाहिए था।''

''आप यहां ठहरें, युवराज !'' हनुमान बोले, ''मैं प्रासाद के भीतर जाकर देखता हूं।''

''नहीं !'' अंगद बोले, ''अब तो जो एक का भाग्य है, वही सबका है। हम सब इकट्ठे ही जाएंगे।''

आगे-आगे हनुमान और अंगद थे; दो-दो की पंक्तियों में शेष लोग उनके पीछे। उन्होंने प्रासाद के भीतर प्रवेश किया।

प्रासाद निर्जन पड़ा था — कहीं कोई मनुष्य अथवा पशु दिखायी नहीं पड़ रहा

था। इतना बड़ा प्रासाद और सर्वथा मानव-शून्य। न कोई वहां बसने वाला, न प्रतिहारी, रक्षक अथवा दास-दासियां। टूटा-फूटा, खंडित प्रासाद होता तो वे लोग मान लेते कि खंडहर समझकर स्वामी द्वारा उसका परित्याग कर दिया गया होगा, किंतु वह खंडहर नहीं था...

सहसा हनुमान और अंगद रुक गये। उनके साथ ही सारी पंक्तियां थम गयीं।

उनके सामने थोड़ी दूर पर तपस्विनी वेश में एक स्त्री बैठी थी। उसने वल्कल और मृग-चर्म धारण कर रखे थे। उसकी आंखें ध्यान में मुंदी हुई थीं।

"क्या ये वैदेही हैं ?" अंगद ने धीरे से पूछा।

"नहीं !" हनुमान बोले, "यह तो कोई वृद्धा तापसी है।"

तापसी का ध्यान भंग हो गया। उसके मुंदे नेत्र खुल गये।

"आओ, वत्स ! कौन हो तुम लोग ?" स्त्री ने सहसा उनका स्वागत किया, "यह स्थान तो अत्यन्त गोपनीय है, तुम लोग यहां तक कैसे पहुंच गये ?"

साहस कर हनुमान आगे बढ़े। हाथ जोड़कर उन्होंने तापसी को प्रणाम किया और सादर बोले, "माता, यदि प्रवेश वर्जित है तो हम अपराधी हैं। हमें क्षमा करना। वन में भटकते हुए हम लोग भूख और प्यास से पीड़ित होकर, मार्ग-भ्रष्ट हो, इधर चले आए हैं।"

स्त्री ने क्षणभर कुछ विचार किया और बोली, "इतने लोगों के लिए भोजन तत्काल उपलब्ध नहीं हो सकेगा। हां, फलाहार पर्याप्त है। तुम लोग फलों और जल से अपनी व्याकुलता मिटा लो; तब तक मैं भोजन का प्रबन्ध करा देती हूं।"

"आप चिंतित न हों, माता !" अनपेक्षित स्वागत पा हनुमान उल्लसित होकर बोले, "अपनी व्याकुलता के कारण, हम आपकी अनुमति पाने तक धैर्य नहीं रख सके... यत्किंचित मात्रा में कुछ-न कुछ खा-पी चुके हैं। अब यदि आपका परिचय मिल जाता..."

"एक व्यग्रता मिटा चुके, दूसरी मिटाने का प्रयत्न कर रहे हो।" तापसी के वृद्ध अधरों पर एक वात्सल्यपूर्ण मुसकान आ विराजी, "मैं इस प्रासाद की संरक्षिका, मेरुसावर्णि की कन्या, स्वयंप्रभा हूं।"

"और यह प्रासाद किसका है, माता ?"

"यह प्रासाद किसी समय मय दानव ने अपनी संपूर्ण विद्या के चमत्कार से अपने निवास के लिए निर्मित किया था। वस्तुतः वनों तथा पर्वत-श्रेणियों की ओट में यह उसकी विचार-स्थली थी। सागर-तट पर यह सुंदर प्रासाद कदाचित् उसने स्वयं को गुप्त रखने के लिए ही बनाया हो। यहां वह अपनी अप्सरा पत्नी हेमा के साथ रहा करता था; किंतु हेमा के कारण ही इंद्र से उसका विग्रह हुआ। हेमा यहां से चली गयी। मय भी अधिक दिन यहां नहीं रहा। अपने बच्चों को लेकर जाने कहां चला गया। मैं उन दोनों के समय की इस प्रासाद की संरक्षिका हूं। उन दोनों में से कोई भी अब तक इस ओर नहीं लौटा है और मैं इस प्रासाद की संरक्षिका बनी, उनके आने की प्रतीक्षा कर रही हूं।"

हनुमान ने आश्चर्य भरी दृष्टि पहले रावण के श्वसुर मय दानव द्वारा बनाये गये उस प्रासाद पर डाली और पुनः स्वयं को प्रासाद की संरक्षिका कहने वाली उस तपस्विनी पर !

''आप अकेली...''

वृद्धा ने निर्मल अट्टहास किया, ''कोई अकेला कैसे रह सकता है, पुत्र ! मेरा पूरा कुटुंब है। वे लोग प्रासाद की प्राचीर के साथ पर्वत श्रेणी के बीच बसे गांव में रहते हैं।''

''आप लोग...''

''तुम तो विकट जिज्ञासु हो, भाई !'' वृद्धा पुनः हंसी, ''अब थोड़ी देर तुम लोग विश्राम करो। मैं ग्राम में जाकर तुम्हारे भोजन का प्रबंध कराती हूं। शेष प्रश्न वहीं पूछ लेना; और हां ! मुझे भी तुम्हारा परिचय जानना है। वह सब भोजन कराकर ही पूछूंगी।''

उन्हें अवाक्-सा वहीं खड़ा छोड़, अपनी सधी चाल में वृद्धा एक ओर निकल गयी।

''हम किसी षड्यंत्र में तो नहीं फंस गये ?'' वृद्धा.के दूर निकल जाने पर असंग धीरे से बोला, ''ऐसा न हो कि हमें भोजन का प्रलोभन देकर, यहां ठहरा, स्वयं सैनिकों को बुलाने गयी हो।''

वैसे इतना तो उसने स्वीकार कर ही लिया है कि यह रावण के श्वसुर का प्रासाद है।'' शरगुल्म ने कहा, ''हम वस्तुतः शत्रु के घर के भीतर घुस आए हैं।''

''आप किष्किंधा से इसी कार्य के लिए चले थे।'' जाम्बवान का स्वर कुछ वक्र हो उठा था, ''आपको प्रसन्न होना चाहिए कि आप अपने लक्ष्य पर पहुंच गये हैं।''

''मेरा अभिप्राय यह नहीं था, तात जाम्बवान !''

''तुम्हारा अभिप्राय मैं भली प्रकार समझ रहा हूं, वत्स !'' जाम्बवान मुसकराये, ''वैसे यह स्थान लंका से अत्यन्त निकट होना चाहिए; क्योंकि हेमा के वियोग से अत्यन्त पीड़ित होकर, मय दानव यहीं से मंदोदरी को लेकर रावण के पास गया था।... इसलिए हमें प्रसन्न ही होना चाहिए कि हम लंका के निकट पहुंच गये हैं। यदि यह वृद्धा तापसी इतनी कृपा करे कि लंका तक का कोई सरल और सीधा मार्ग बताकर इस मायालोक में से बाहर निकलने में हमारी सहायता करे तो उसका पर्याप्त उपकार मानना चाहिए।... फिर भी एक षड्यंत्र में तो हम फंस ही गये हैं।''

''कैया षड्यंत्र ?''

''काल का षड्यंत्र, पुत्र !'' जाम्बवान गंभीर हो गये, ''विभिन्न व्याकुलताओं और उत्तेजनाओं में कदाचित् तुम लोगों का ध्यान इस ओर नहीं गया कि वानरराज सुग्रीव की दी हुई एक मास की अवधि आज समाप्त हो रही है।''

''क्या ?'' अंगद जैसे निद्रा में से जागे।

''हां, पुत्र !'' जाम्बवान अपने धीर स्वर में बोले, ''और अवधि के पश्चात हमें किसी भी अवस्था में असफल नहीं लौटना है। अवधि के पश्चात असफल लौटने के अपराध का दंड क्या निर्धारित किया गया है, ज्ञात है न ?''

सबके चेहरों के रंग उड़ गये — सचमुच उन लोगों ने इस ओर ध्यान नहीं दिया था।

अपने साथियों की व्याकुलता देखकर हनुमान भी विचलित हो गये।

''तात जाम्बवान ! आप आधी बात पर बल दे रहे हैं।'' वे बोले, ''अवधि समाप्त हो रही है, यह ठीक है; किंतु वानरराज ने अवधि के पश्चात असफल लौटने पर दंड-विधान किया है। हम यदि कार्य पूरा कर, अवधि के पश्चात भी लौटें, तो सम्राट हमसे प्रसन्न ही होंगे।''

''हनुमान ठीक कह रहे हैं।'' अंगद भारी स्वर में बोले, ''अब हमें कार्य पूरा करके ही लौटना है, अन्यथा लौटने का कोई अर्थ नहीं है।''

''आप हताश न हों, युवराज !'' हनुमान बोले, ''हम अवश्य ही सफल-काम होकर लौटेंगे।''

अंगद कुछ नहीं बोले।

हनुमान स्पष्ट रूप से देख रहे थे कि युवराज के मन में चिंता घर कर गयी है। अंगद के साथ-ही साथ तार भी उन्हें असाधारण ढंग से गंभीर लगे।

प्रासाद में प्रवेश करने का उल्लास क्रमशः समाप्त हो गया था और सारे दल पर, अवधि के बीत जाने के साथ-साथ, इस प्रासाद में घिर जाने की चिंता भी व्याप्त हो गयी थी। जाने वह वृद्धा तापसी कौन थी और कहां गयी थी। जाने वह कोई षड्यंत्र न भी कर रही हो, तो भी इस प्रासाद-रूपी कारागार से निकलने का मार्ग जाने वह जानती भी है या नहीं। आस-पास की पर्वतश्रेणियां तथा वन इस प्रकार एक-दूसरे में गुंथे हुए थे कि एक बार भटक जाने पर मार्ग पाना सहज नहीं था।

दल के नायक, युवराज अंगद की चिंता, अब खीझ का रूप ले चुकी थी। दल के साथ आये हुए खोजियों के प्रति वे अपनी खीज अनेक प्रकार से प्रकट कर चुके थे — ''विचित्र प्रकार के खोजी हैं ये। ये लोग वही मार्ग जानते हैं, जो पूर्व-ज्ञात और पूर्व-प्रचलित है। तो फिर खोजी क्या हुए भाई तुम। जो सबको मालूम है, वही आपको भी मालूम है और तिस पर आप खोजी कहलाते हैं। इन्हीं के किष्किंधा-आगमन तक वानरराज ने वैदेही की खोज स्थगित कर रखी थी !''

''खोज तो वर्षा ऋतु के कारण स्थगित थी।'' हनुमान धीरे से बोले।

''हां-हां ! वर्षा के कारण ही स्थगित थी।'' अंगद बोले, ''क्योंकि वर्षा के जल के कारण वे मार्ग लुप्त हो गये थे, जो इन खोजियों को मालूम थे। अरे, कुछ ऐसे मार्ग भी तो रहे होंगे, जो वर्षा के जल में विलुप्त नहीं हुए थे; किंतु वे मार्ग इन खोजियों को

ज्ञात तो हों। इनसे तो हम वैसे ही अच्छे थे। मार्ग के वनवासियों को पूछ-पूछकर इनसे अधिक ज्ञान हो जाता हमें इन पथों और मार्गों का। इस अभियान से यदि हम सकुशल किष्किंधा लौट गये और किसी कारणवश सम्राट ने हमारा वध नहीं किया तो हम सब खोजी-पद के अधिकारी हो जाएंगे।''

''खोजी-पद कोई ऐसा ऊंचा पद तो नहीं है, जिसके लिए हम में से कोई अभिलाषी हो, युवराज !''

''न सही ऊंचा पद।'' अंगद बोले, ''सम्राट ने इन्हें सिर पर तो चढ़ा रखा है न। इनके बिना कोई अन्वेषण दल कहीं नहीं जाएगा। और इनसे पूछो, इन वृक्षों के पीछे से कोई मार्ग है या नहीं; तो ये कहेंगे कि ये वृक्ष कनेर के हैं, या जामुन के हैं, या ताड़ के हैं। अरे बाबा! तुमसे हम मार्ग के विषय में पूछ रहे हैं, और तुम हमें बनस्पतिशास्त्र पढ़ा रहे हो। अच्छे खोजी हो तुम !''

सामने से वह वृद्धा तापसी लौटती दिखायी दी तो अंगद का प्रलाप सहसा थम गया।

किंतु हनुमान की चिंता कम नहीं हुई। युवराज के मन में कोई चिनगारी सुलग रही थी; यदि वह बुझी नहीं तो निश्चित रूप से भयंकर विस्फोट करेगी। क्या अवधि समाप्त हो जाने के कारण ही वे इतने चिंतित हो उठे हैं ? पर अवधि तो क्रमशः बीतती रही है और एक-एक दिन के साथ सबको आभास होता रहा है कि अवधि का कितना समय शेष रह गया है।... वैसे सम्राट द्वारा दंड-विधान का यह अर्थ भी नहीं था... वह तो अन्वेषण-दलों को असावधानी से बचाने के लिए...

''चलो, वत्सगण ! भोजन तैयार है।'' वृद्धा ने निकट आकर कहा, ''आशा है कि तुम लोग इतना सुस्ता चुके होगे कि थोड़ी दूर तक चल सको। वैसे भी अब संध्या उतरने वाली है। भोजन कर, विश्राम ही करना है।''

''कितनी दूर तक चलना होगा, माता ?'' हनुमान ने पूछा।

''अधिक नहीं, रे। पास ही मेरा ग्राम है, वहीं तक।'' वृद्धा ने हनुमान को स्नेहमिश्रित स्वर में धमकाया, ''इतना दीर्घकाय होकर भी चलने से डरता है, रे। कैसा युवक है तू ! मुझ वृद्धा से भी गया-बीता।''

''नहीं, माता ! यह बात नहीं है।'' हनुमान भी अपनी गंभीरता छोड़कर हंस पड़े, ''भोजन की जल्दी है।''

''अच्छा, चल ! वह भी देखूंगी, कितना खा सकता है तू।''

स्वयंप्रभा उन्हें पर्वतों के बीच घिरे एक छोटे-से गांव में ले आयी। दस-बारह घरों से अधिक जनसंख्या नहीं थी। स्वयंप्रभा उन सबको अपना कुटुम्ब ही बता रही थी। पांच-सात कुटीर थे और शेष परिवार प्राकृतिक गुफाओं में ही रह रहे थे। इस दल के पहुंचने पर, अनके स्त्री-पुरुष और बच्चों ने अपनी उत्सुकता में उन्हें घेर लिया। संकोचवश बात

किसी ने भी नहीं की।

उन्हें देखकर मन-ही मन पाली गयी सबकी आशंकाएं स्वतः विलीन हो गयीं। वे लोग योद्धा नहीं थे। न उनके पास कोई शस्त्र थे। वे अल्पतम उपकरणों के साथ, प्रकृति के बीच रहने वाले साधारण वनवासी थे।

भोजन तैयार था। आधे से अधिक फल और कच्ची शाक-सब्जियां थीं; और पत्तों को तिनकों से जोड़कर बनाये गये पत्तलों पर भात परोसा गया था।

"माता ! तुम सब लोग यहां रहते हो ?" हनुमान ने पुनः बात आरंभ की।

"तुझे अब भी कोई संदेह है ?" वृद्धा पोपले मुख से हंसी, "तू ये कुटीर देख रहा है; गुफाएं देख रहा है; मेरे कुटुम्ब के लोगों को देख रहा है; हमारे घर में भोजन कर रहा है; फिर भी पूछता है कि हम यहीं रहते हैं क्या ?"

"नहीं ! मेरा तात्पर्य यह नहीं था।" हनुमान तनिक झेंपकर मुसकराए, "मैं तो यह पूछ रहा था कि नगर बराबर फैला हुआ प्रासाद तुम्हारे पास है; फलों के इतने उद्यान और उपवन हैं; जल की बावलियां, पुष्करिणियां और सरोवर हैं — फिर तुम लोग यहां क्यों रहते हो ? वहां जाकर क्यों नहीं रहते ?"

इस बार वृद्धा गंभीर हो गयी, "वह प्रासाद हेमा अप्सरा का है, या चाहे तो कह ले कि मय दानव का भी है। हम तो इन वनों में इससे भी निरीह जीवन व्यतीत कर रहे थे। उसने हमें निकट बुलाकर यहां हमारा ग्राम बना दिया। अपनी देख-रेख में इन पर्वतों के बीच धान के कुछ खेत बनवा दिये। फलों के वृक्ष लगवा दिये। हम यहां बस गए। इस कुटुम्ब की वृद्धा होने के कारण उसने मुझे अपने प्रासाद की संरक्षिका नियुक्त कर दिया। अब तू हमसे यह अपेक्षा तो मत कर कि हम उसके उपकार भुलाकर, कृतघ्नों के समान उसकी संपत्ति पर आधिपत्य जमाकर उसका भोग करेंगे।"

"इसमें कृतघ्नता कहां है, माता ?" हनुमान बोले, "वह प्रासाद खाली पड़ा है; और तुम्हारा सारा कुटुम्ब कितनी असुविधा में जी रहा है। तुम किसकी प्रतीक्षा कर रही हो, माता ? मय दानव अथवा हेमा अप्सरा में से कोई नहीं लौटेगा। मय के जामाता रावण ने जब से वारुणेयों को पराजित किया है, हेमा और मय से पुनः मेल हो गया है और वे दोनों उरपुर में सुख से रह रहे हैं। वैसे भी अब वे इतने वृद्ध हो गये हैं कि उन्हें किसी गुप्त विहार--स्थली की आवश्यकता नहीं है। मय का पुत्र मायावी वानरराज वाली के हाथों मारा जा चुका है। मय की पुत्री मंदोदरी रावण की पट्टमहिषी बनी लंका में बैठी है — वह सोने की लंका छोड़ यहां वन में क्या करने आएगी ? मय दानव का दुंदुभी नामक एक और पुत्र होना चाहिए; किंतु उसके विषय में कभी कुछ सुना नहीं गया। वानरराज वाली ने दुंदुभी नामक एक अरण्य-भैंसे का आखेट अवश्य किया था... पर भैंसे और मनुष्य में भेद होना चाहिए — नाम एक हो तो क्या हुआ ?... अब वह प्रासाद तुम्हारा ही है, माता। उसके खंडहर हो जाने की प्रतीक्षा मत करो। खंडहर हो गया तो तुम्हारी आने वाली पीढ़ियां उस खंडहर की रक्षा में अपना जीवन व्यतीत कर देंगी। प्रासाद मनुष्य

के वास के लिए होते हैं — मनुष्य को खंडहर बनाने के लिए नहीं।''

''हम तपस्वी लोग हैं, रे !'' वृद्धा ने हनुमान की बात बीच में ही काटकर कहा, ''हम प्रासादों में क्यों रहें ?''

''अपने सारे कुटुम्ब को इस कष्ट और असुविधा में रखकर, उस सुंदर प्रासाद के खंडहर हो जाने की प्रतीक्षा में अपना जीवन बिताना पुण्य नहीं, पाप है, माता !''

''अच्छा-अच्छा ! तू अपनी वाचालता छोड़।'' वृद्धा परिहास के स्वर में बोली, ''मान गयी, तू बड़ा उपदेशक है, पर बूढ़ा सुग्गा कभी उपदेश ग्रहण नहीं करता। तेरे पास सूचनाएं भी बहुत हैं। तू मय और हेमा के सारे कुटुम्ब के इतिहास से परिचित है। यहां तो कोई आता-जाता नहीं, वत्स ! इसलिए हमें कोई सूचना नहीं मिलती। तूने बताया कि मंदोदरी रावण की पट्टमहिषी है। मायावी मारा गया और दुंदुभी का पता नहीं।'' वृद्धा से अट्टहास किया, ''वह अरण्य-भैंसा, जो वाली के हाथों मारा गया, वह मय का ही पुत्र रहा होगा। मुझे याद है, वह अपने बालपन से ही अरण्य-भैंसा था, रे। इधर-उधर फुफकारता फिरता था।'' वृद्धा सहसा रुक गयी, ''अब तू मुझे बता, तू कौन है और तेरे साथ कौन-कौन हैं ? तुम लोग यहां क्या करने आए हो ?''

प्रश्न इतनी आकस्मिकता से आया था कि हनुमान के सम्मुख विकट मानसिक संकट खड़ा हो गया। अपना और अपने अभियान का परिचय वे लोग अब तक अत्यन्त गुप्त रखे हुए थे... उनका लक्ष्य और गंतव्य प्रकट हो जाने पर हानि भी हो सकती थी... इन लोगों का निकट का न सही, दूर का कोई-न कोई संबंध रावण से बनता ही था। यदि इस अनुसंधान दल की सूचना इनके माध्यम से राक्षसों तक पहुंच गयी ?... वे लोग सरल-साधारण वनवासी हैं। किसी लालच अथवा लाभ की अपेक्षा में किसी को कुछ बताने न भी जाएं तो भी किसी व्यक्ति की असावधानी अथवा अज्ञान से यह सूचना गलत हाथों में पड़ सकती है। तो क्या इस प्रश्न को टाल जाएं या कोई काल्पनिक परिचय दे दें ?

किंतु वृद्धा की सरलता तथा तत्परता उन्हें असत्य बोलने से रोक रही थी... और फिर सत्य बताने से वृद्धा से करुणा-विगलित हो, जिस सहायता की अपेक्षा थी, वह असत्य-कथन से प्राप्त नहीं हो सकती थी।

इस प्रकार आमने-सामने बैठकर प्रश्न का उत्तर वे अधिक समय तक टाल भी नहीं सकते थे, और अपने साथियों से इस संदर्भ में विचार-विनिमय भी नहीं कर सकते थे... सारा दायित्व हनुमान पर ही था — उन्हीं का निर्णय, उन्हीं का कर्म और परिणाम के लिए वे ही उत्तरदायी !

हनुमान को लगा, द्वन्द्व में सत्य कथन उनके लिए अधिक उपयोगी होगा... वैसे भी इतने सरल लोगों से क्या दुराव...

हनुमान ने संक्षेप में अपना और अपने साथियों का परिचय दिया और अपने अभियान के विषय में भी बताया।

वृद्धा गंभीर हो गयी। उसकी परिहास-मुद्रा विलीन हो गयी, ''तो मेरी हेमा का जामाता यह प्रतापी रावण परस्त्रीगामी है ! वह दूसरों की स्त्रियों का हरण करता फिरेगा तो मंदोदरी कैसे सुखी रहेगी ?''

''हम रावण को खोजकर उसे ठीक मार्ग पर लाने के लक्ष्य से ही इन वनों-पर्वतों में भटक रहे हैं, माता !'' हनुमान आत्मीयता से बोले। वे अनुभव कर रहे थे कि उनका सत्य बोलने का निर्णय दोनों पक्षों के लिए हितकर ही था, ''हम पर केवल इतनी कृपा कर दो कि कोई ऐसा सीधा और सरल मार्ग बता दो, जो हमें इस मायानगरी से तो बाहर निकाल ही दे, लंका के निकट के किसी सागर-तट पर भी पहुंचा दे।''

वृद्धा मन खोलकर हंसी, ''तू इसे मायानगरी कहता है, रे ! दो-चार चक्कर लग गये तो यह मायानगरी हो गयी। मायावी तो तुम लोग हो, जो इस गोपनीय स्थान में भी घुस आए।'' वह रुकी, ''अच्छा, भोजन कर लो। सीधे सागरतट तक जाने वाला मार्ग दिखा दूंगी।''

मार्ग बता देने के आश्वासन का सारे दल पर स्पष्ट प्रभाव पड़ा। अब तक का सारा वार्तालाप स्वयंप्रभा या हनुमान में ही हुआ था। दोनों ओर से अन्य किसी भी व्यक्ति ने इसमें भाग लेने की उत्सुकता नहीं दिखायी थी। तापसी के कुटुंबवालों ने कदाचित् अपने संकोच के कारण और हनुमान के साथियों ने अपनी चिंताजन्य अरुचि के कारण... किंतु इस आश्वासन के बाद अन्य लोग भी थोड़ा बहुत बोलने लगे थे।

भोजन समाप्त करते ही अंगद ने चलने की इच्छा प्रकट की। वृद्धा पुनः हंसी, ''क्यों रे ! भागने की बड़ी जल्दी है ?''

''हमें देवी वैदेही का पता लगाकर शीघ्र किष्किंधा लौटना है।'' अंगद वृद्धा के समान हंस नहीं सके, ''देवी ! आप यदि हमें मार्ग...''

''मुझे देवी क्यों कहता है!'' वृद्धा ने कुछ उग्र स्वर में कहा, ''माता क्यों नहीं कहता ? तू युवराज है, इसलिए ?''

''नहीं, माता !'' अंगद वृद्धा के रोष से तरल हो उठे, ''तुम सचमुच माता हो वात्सल्यमयी ! मुझे क्षमा करना।''

''अच्छा, चल ! तुझे मार्ग दिखाऊं।'' वृद्धा बोली, ''तू बहुत ही उतावला हो रहा है। किंतु अंधकार घिर रहा है। कहीं मार्ग में भटक गये तो यह उतावली महंगी पड़ेगी।''

अंगद के साथ अन्य लोगों का भी ध्यान समय की ओर गया। सूर्यास्त हो चुका था और अंधकार में इन अनजाने तथा भ्रांति-तत्पर मार्गों पर यात्रा अनावश्यक थी।

थोड़े से विचार-विमर्श के पश्चात उन्होंने रात को वहीं विश्राम करने का निश्चय किया।

उनका निश्चय सुनकर वृद्धा जोर से हंसी, ''क्यों रे हनुमान ! विश्राम मेरे गांव में करेगा या हेमा के प्रासाद में। तेरा मन उस प्रासाद में रहने को बहुत ललचाता है न!''

हनुमान किंचित संकुचित हुए, किंतु अंततः अपनी गंभीर वाणी में बोले, ''माता!

यदि अपने कुटुंब के साथ तुम उस प्रासाद में रहना स्वीकार कर लो, तो मैं प्रासाद में विश्राम करूंगा; किंतु तुम लोगों को यहां छोड़कर मुझसे प्रासाद में सोया नहीं जाएगा।''

''तो फिर आज रात अपनी इस निर्धन माता के कुटुंब का ही आतिथ्य ग्रहण कर।'' वृद्धा प्रसन्नवदन बोली।

प्रातः हल्के-से अल्पाहार के पश्चात यात्रा के लिए तत्पर हो वृद्धा ने मुड़कर अपने कुटुंब की ओर देखा और बिना किसी विशेष व्यक्ति को संबोधित किये कहा, ''मैं इन्हें मार्ग बताकर अभी आती हूं।''

वह आगे-आगे चली और दल का नेतृत्व करते हुए अंगद उसके पीछे-पीछे चलते गये। वृद्धा ने उन्हें शिलाओं के अनेक घुमावदार मोड़ पार कराये, दो-एक छोटी-छोटी गुफाएं भी मार्ग में आयीं और वह रुक गयी, ''इन दो पहाड़ियों के बीच का मार्ग तुम्हें सीधे सागर-तट तक पहुंचा देगा। नयन मूंदे, सीधे चलते जाना। जहां मोड़ सहज लगें, वहां भी मत मुड़ना। यदि एक भी मोड़ ले लिया, तो पुनः इसी मायानगरी में भटकते फिरोगे।''

दल के सारे सदस्यों ने हाथ जोड़कर वृद्धा को प्रणाम किया और आगे बढ़ गये।

स्वयंप्रभा ने ठीक कहा था। मार्ग में उन्हें अनेक सहज लगने वाले मोड़ मिले, यदि उन्हें पहले से सावधान न किया होता, तो वे लोग कहीं-न कहीं अवश्य मुड़ गये होते। कदाचित् मय दानव ने सायास ऐसे भ्रांति-तत्पर मोड़ बनाये थे। रात को स्वयंप्रभा के ग्राम में रुक जाना भी सार्थक ही था। यह मार्ग ऐसा नहीं था, जिस पर अंधकार में यात्रा की जा सके। भ्रामक मोड़ों के साथ-साथ अनेक आकस्मिक आरोह तथा अवरोह भी थे। वे लोग स्वयंप्रभा के निर्देशों के अनुसार धैर्यपूर्वक चलते रहे और वह मार्ग उन्हें सीधे सागर-तट पर ले गया। अनेक गुफाओं में से होती हुई उस पगडंडी को समाप्त कर, जब वे पहाड़ों से बाहर खुले आकाश के नीचे पहुंचे, तो उनके पांव सागर-तट की छोटी-बड़ी शिलाओं पर थे और सामने अथाह-अनन्त सागर लहरा रहा था। एक के बाद एक मदांध लहर आती थी और चट्टानों पर पछाड़ खाकर गिरती थी तथा असंख्य बूंदों में विभाजित होकर कहीं जल और कहीं फेन के रूप में बिछ जाती थी।

अंगद थोड़ी देर तक खड़े, चिंतित दृष्टि से उन लहरों को देखते रहे। लहरों में कोई समाधान न पाकर उन्होंने दृष्टि घुमायी और दूर तक कुछ खोजने का प्रयत्न करते रहे। अन्य लोग भी आस-पास की भूमि और सागर का निरीक्षण कर रहे थे।

थोड़ी ही देर में अंगद के चेहरे पर हताशा के भाव उभर आए।

''इस वृद्धा तापसी ने हमें कहीं का नहीं रखा।'' वे अत्यन्त उदास स्वर में बोले, ''कहां है लंका ? यह तो अथाह सागर है। अब इस सागर में हम लंका को कहां खोजें?''

''सागर-तट पर आ गये हैं, तो लंका भी खोज लेंगे !'' हनुमान अपने आशावान स्वर में बोले, ''आप इतने हताश क्यों हैं, युवराज ?''

"उधर देखो !" अंगद ने चट्टानों के पीछे उगे एक वृक्ष की ओर संकेत किया, "देख रहे हो, हनुमान ! वृक्ष पर फूल खिल रहे हैं; अर्थात् शरद ऋतु बीतने को है। किष्किंधा लौटने की अवधि समाप्त हो गयी है। मैंने तुम्हारी बात मान ली थी कि सफलकाम होकर किष्किंधा लौटने में कोई संकट नहीं है; किंतु अब तो सफलता की भी कोई आशा नहीं है।"

"युवराज ! एक तो अभी से हताश होने का मैं कोई कारण नहीं देखता। दूसरे, यदि अपने संपूर्ण प्रयत्न के पश्चात भी हम असफल ही रहे तो अपने निष्कपट प्रयत्न की सच्चाई बताकर हम सम्राट से दया की आशा कर सकते हैं। हम उनके सच्चे और उपयोगी अनुचर हैं तथा वानरराज सुग्रीव दयालु और धर्म पर चलने वाले राजा हैं।"

"सुग्रीव और दयालु !" अंगद का मुख क्रोध और भय से विकृत हो उठा, "सुग्रीव जैसा क्रूर व्यक्ति देखा है कभी तुमने ? जिसने राज्य के लिए अपने भाई का वध करवा दिया, उसे दयालु कहते हो तुम ! जो अपने परोपकारी मित्र का कार्य भुलाकर, माधवी पीकर कामासक्ति में पड़ा रहा — उसे धर्मरत राजा कहते हो !... मैं तो पहले ही समझ रहा था कि सुग्रीव ने मेरे साथ धूर्त्तता की है।... वह जानता था कि दक्षिण दिशा में कितनी कठिनाइयां हैं, इसलिए मुझे इस दल का नेता बना दिया और मामा तार को भी साथ कर दिया। वह तो चाहता ही था कि इन बीहड़ वनों और पर्वतों में भटक-भटककर, हम अवधि का समय व्यतीत कर असफल किष्किंधा लौटें, ताकि वह हमारा अपराध सिद्ध कर, हमारा वध कर सके। मेरा सदा का वैरी सुग्रीव !"

"युवराज !" हनुमान अपने मन की आशंका सत्य होते देख चिंतित हो गये; किंतु शीघ्र ही स्वयं को संभालकर बोले, "वानरराज आपसे प्रेम करते हैं। उन्होंने आपको युवराज बनाया है। आपने उनके निष्कासन के समय उनकी सहायता की थी। फिर आपने यह वैर की बात कैसे सोच ली ?"

"युवराज मुझे सुग्रीव ने नहीं बनाया !" अंगद तमतमाकर बोले, "युवराज मुझे बनाया राम के अपराध-बोध ने; नहीं तो सुग्रीव मुझ शत्रु-पुत्र को युवराज क्यों बनाता। मैंने उसके निष्कासन के समय अपने पिता के विरुद्ध सुग्रीव की सहायता की, यह मेरी मूर्खता थी। सुग्रीव को तब सहायता की आवश्यकता थी, इसलिए वह मेरा कृतज्ञ हुआ। किंतु वह कभी नहीं भूला कि मैं वाली का पुत्र हूं। तभी तो सम्राट बनते ही मेरी माता को अपनी पत्नी बना लिया। मुझे कहीं का नहीं छोड़ा सुग्रीव ने। एक तो हृदय से क्रूर, फिर राजा के पद पर अधिष्ठित और अब अवधि की सीमा बनाकर मुझे अपराधी बना दिया।... मेरा किष्किंधा जाना व्यर्थ है। मैं अपना वध करवाने के लिए किष्किंधा जाना नहीं चाहता।... मैं यहीं उपवास कर अपने प्राण त्याग दूंगा।"

"सुनो युवराज !" सहसा तार ने कहा, "मैं भी तुमसे सहमत हूं कि किष्किंधा लौटना वस्तुतः एक अपमानजनक मृत्यु को प्राप्त होना है। इसीलिए किष्किंधा जाने के पक्ष में मैं भी नहीं हूं; किंतु उपवास कर प्राण देना भी आवश्यक नहीं समझता।"

''तो ?'' अंगद के साथ-साथ अन्य वानरों ने भी जिज्ञासा से तार की ओर देखा।

''मेरा प्रस्ताव है,'' तार ने उत्तर दिया, ''कि हम लोग मय दानव के उस प्रासाद में लौट जाएं। उस प्रासाद पर अधिकार जमाने से हमें रोकने वाला कोई नहीं है। प्रासाद की संरक्षिका उस वृद्धा तापसी के कुटुम्ब में एक भी व्यक्ति ऐसा नहीं है, जो हमसे युद्ध कर सके। उनके पास कोई शस्त्र भी मुझे नहीं दिखा। उपवास कर आत्महत्या करने की हमें क्या आवश्यकता है। उस प्रासाद में हम आपका राज्याभिषेक करेंगे और आपकी प्रजा बनकर रहेंगे। वहां न अन्न की कमी होगी, न जल की और न फलों की। यदि आवश्यक होगा, तो प्रजा भी इकट्ठी कर ली जाएगी। उस नगरी की रक्षा तनिक भी कठिन नहीं है। एक तो वहां हमें कोई खोज ही नहीं पाएगा; और यदि खोज भी लेगा तो उन गुफाओं और पर्वत-श्रेणियों के भीतर हमसे युद्ध नहीं कर पाएगा।''

तार की बात सुनकर हनुमान अत्यन्त विचलित हो उठे। तार का तो यह मत था ही, अन्य लोग भी उससे सहमत प्रतीत हो रहे थे। कोई भी उसका विरोध नहीं कर रहा था। प्राणों के भय से इन लोगों की बुद्धि भ्रष्ट हो गयी है। इन्हें इस समय न राक्षसों का अत्याचार स्मरण रह गया है, न अपने अभियान का लक्ष्य। ये लोग सर्वथा भूल गये हैं कि इन्हीं के भरोसे, किष्किंधा में सुग्रीव अपना वचन पूरा करने का विश्वास लिये बैठे हैं। राम और लक्ष्मण इन्हीं की सूचनाओं के आधार पर, राक्षसों से युद्ध कर, न केवल सीता का उद्धार, वरन् राक्षसी आतंक के सार्वभौम अंधकार को नष्ट करने की तैयारी कर रहे हैं... और ये चंचल-चित्त मूर्ख वानर, अपनी सारी बुद्धि अपने कर्तव्य से भागने के लिए व्यय कर रहे हैं।... इतना ही नहीं, अपनी जड़ता के कारण जिस विषैली राजनीति को ये जन्म दे रहे हैं — उसके परिणाम के प्रति पूर्णतः अनभिज्ञ बैठे हैं... किसी ने ठीक ही इस जाति को 'वानर' नाम दिया है।... सीता का अन्वेषण और राक्षसों के विरुद्ध युद्ध की क्या बात, ये तो पारस्परिक आंतरिक कलह से किष्किंधा के वानर-राज्य का भी ध्वंस करेंगे...

... अंगद के मन में सुग्रीव की ओर से अनेक आशंकाएं हैं। सुग्रीव ने तारा से विवाह कर भयंकर भूल की है। अंगद के मन में तभी से सुग्रीव के विरोध का शूल चुभ गया है। वयस्क पुत्र, किसी भी अन्य पुरुष से अपनी माता का दाम्पत्य संबंध स्वीकार नहीं कर पाता। सुग्रीव लाख अंगद को अपना पुत्र मानें; किंतु अंगद उन्हें अपने पिता के रूप में कैसे स्वीकार करेगा... बात परस्पर संबंधों तक रहती तो विशेष संकट नहीं था, पर तार तो उसे राजनीति में घसीट रहा है। वह यहां अंगद का राज्याभिषेक कर, एक अन्य वानर-राज्य की नींव डाल रहा है। निश्चित रूप से इससे अंगद और सुग्रीव के मन में छिपी आशंकाएं तल के ऊपर आ जाएंगी और वे खुलकर शत्रुता का रूप ले लेंगी। दोनों पक्ष स्वयं को शक्तिशाली बनाना चाहेंगे। सुग्रीव की शक्ति और कैसे बढ़ सकती है — पर असिगुल्म तथा उसके साथी अपनी वाहिनियों के साथ अंगद के पक्ष में हो जाएंगे। वाली का पुत्र होने के नाते लोगों को अंगद किष्किंधा का न्याय-

संगत राज लगेगा। अंगद को जन-सामान्य की सहानुभूति जीतने में समय ही कितना लगेगा... और फिर युद्ध हुआ तो विजयी चाहे अंगद हो अथवा सुग्रीव — वानर जाति की शक्ति ध्वस्त हो जाएगी। तब राक्षसों का नाश बहुत दूर की बात हो जाएगी; राक्षसों से किष्किंधा को बचाना भी संभव होगा क्या ?...

थोड़ी देर हनुमान अपने मन में नीति निर्धारित करते रहे, फिर धैर्यपूर्वक बोले, ''युवराज ! आप दल के नायक हैं। आप अपनी इच्छानुसार जो उचित समझें, निश्चय कर सकते हैं। पर एक बात मेरी भी सुन लें।''

अंगद ने अपनी हताश आंखें हनुमान की ओर फेरीं।

''आज ये लोग आपको वानरराज के विरुद्ध भड़काकर, आपका उनसे विरोध करा, आपके राज्याभिषेक का प्रलोभन दे रहे हैं।'' हनुमान शब्दों को चबा-चबाकर बोले, ''इनकी चंचलता क्या इसी से सिद्ध नहीं है कि ये लोग अपने राजा को दिया गया वचन भूलकर नये राज्य की स्थापना का स्वप्न देख रहे हैं। कल, जब इन लोगों को अपनी पत्नी, संतानों तथा परिवार के अन्य सदस्यों की याद आयेगी तो क्या इनकी चंचलता पुनः नहीं उभरेगी ? इनके अपराध के कारण जब वानरराज सुग्रीव इनके परिवारों को अंधकूप में डलवा देंगे, तो ये लोग न केवल आपको छोड़कर भाग जाएंगे; वरन वानरराज के पास जाकर आप पर राजद्रोह का आरोप सिद्ध कर उसका दंड देने के लिए उनकी सेनाओं को मार्ग बताते हुए स्वयं यहां तक ले आएंगे।... इतना ही नहीं, युवराज ! ये लोग आपको प्रासादों के पीछे छिपे रहने की कायरता सिखा रहे हैं। यह मत समझिए कि आप यहां छिपकर बैठ जाएंगे, तो सुरक्षित हो जाएंगे। राम और लक्ष्मण के बाण इन प्राचीरों को खंड-खंड कर देंगे... और तब देवी जानकी का अन्वेषण त्याग, मार्ग में छिपकर बैठ जाने का परिणाम सामने आयेगा। अब भी यदि आप यही चाहते हैं तो क्षमा कीजियेगा, मैं, नील, तात जाम्बवान तथा महाकवि सुहोत्र आपका साथ नहीं दे पाएंगे, क्योंकि मैं नहीं समझता कि इस दल के साथ में भेजकर वानरराज ने हमारे वध का षड्यंत्र रचा है। मैं समझता हूं कि हमें अपना योग्य तथा सामर्थ्यवान साथी समझकर उन्होंने हमें एक आवश्यक और भरोसे का कार्य सौंपा है।''

हनुमान ने नील, सुहोत्र तथा जाम्बवान की ओर देखा। वे लोग उनसे सहमत प्रतीत हो रहे थे।

अंगद ने कोई उत्तर नहीं दिया। वे कुछ सोचते हुए मौन बैठे रहे। हनुमान की बात सुनकर तार भी कुछ चिंतित दिखायी पड़ने लगे थे।

हनुमान को यह अवसर उपयुक्त जंचा — लोहा गर्म था, यदि दो-एक घन और पीट दिये जाएं, तो बात बन जाएगी।

''और युवराज ! सफल या असफल — हम जब किष्किंधा पहुंचेंगे, तो मैं नहीं समझता कि आपको वानरराज से भयभीत होने का कोई कारण है। आपके अतिरिक्त उनका कोई पुत्र नहीं है। वे आपसे कितना स्नेह करते हैं। आपकी माता साम्राज्ञी तारा

कहा करती थीं कि आप सम्राट वाली के इतने निकट कभी नहीं रहे, जितने तब युवराज सुग्रीव के निकट थे। वानरराज आपकी माता का प्रत्येक प्रिय करने को सदा तत्पर रहते हैं। मैं तो समझ ही नहीं पा रहा कि आपके मन में ये आशंकाएं ही क्यों हैं ?''

''हनुमान ठीक कहते हैं।'' अंगद का स्वर सामान्य नहीं था, ''यदि मैं किष्किधा लौटा तो क्रूर राजा सुग्रीव के हाथों मारा जाऊंगा; और यदि मय दानव के उस परित्यक्त प्रासाद में शरण लेने गया तो राम और लक्ष्मण के बाणों से अपने पिता के समान मारा जाऊंगा। मैं इन दोनों को अपने लिए अपमानजनक समझता हूं।'' सहसा अंगद के स्वर में आवेश की मात्रा बढ़ गयी, जैसे वे अपने आपे में नहीं रहे, ''मैं प्रतिज्ञापूर्वक आप लोगों को कह रहा हूं कि दल के नायक के रूप में मैं आप लोगों को आपके कर्तव्य से मुक्त कर रहा हूं तथा स्वयं मरणांत उपवास आरम्भ कर रहा हूं।''

इससे पूर्व कि कोई कुछ कहता, अंगद अपने स्थान से उठ खड़े हुए। वे द्रुतगति से चलकर कुछ दूर तक जल के भीतर चले गये। समुद्र का जल अंजलि में लेकर आचमन किया और लौटकर दक्षिणाभिमुख होकर अपने प्राण देने के लिए पद्मासन लगाकर बैठ गये।

सब ओर निःस्तब्धता छा गयी, जैसे सबके मन में मृत्यु का आतंक प्रत्यक्ष होकर जा बैठा हो।

सबसे पहले तार ने मौन तोड़ा, ''मैं भी युवराज के साथ प्रायोपवेशन कर रहा हूं। आमरण उपवास।''

देखते-देखते अनेक वानर उसी प्रकार शिला पर बैठते चले गये।

हनुमान को लगा, यदि यही क्रम चला तो उनका धैर्य भी डोल जाएगा।

7

बड़ी देर से संपाति निष्क्रिय पड़े थे। वे स्वयं ही समझ नहीं पा रहे थे कि वे अचेत हैं या सचेत। बीच-बीच में लम्बे अन्तराल के लिए या तो वे सो जाते थे, या संज्ञाशून्य हो जाते थे। कभी वे पूर्णतः संवेदनाशून्य हो जाते और कभी लगता कि उनकी आत्मा उनके शरीर से निकलकर जाने कहां-कहां उड़ती चलती है। नये लोक, नये लोग, नयी भाषा, नये-नये रीति-रिवाज। ऐसे लोक तो न उन्होंने देखे, न सुने, फिर यह सब क्या है ?...

ये सब उनके दुर्बल मन की कल्पनाएं थीं, या सत्य ही उनके प्राण निकल रहे थे... ये प्राण भी इस शरीर के साथ पिशाच के समान चिपक गये थे — न रहते थे, न निकलते थे। यह जीवन भी कोई जीवन है — न जीवितों में, न मृतकों में... पेट था कि भूख-भूख चिल्लाता था और शरीर में इतनी शक्ति नहीं थी कि उठकर अपने लिए खाद्य का कोई प्रबंध कर सकता। पता नहीं, भगवान उन्हें किस पाप का दंड दे रहा था...

उसी अर्द्ध–चेतनावस्था में निकट ही कहीं कुछ लोगों के वाद–विवाद के स्वर उनके कानों में पड़े थे। पता नहीं, वस्तुतः कोई था, या यह भी उनके मरते हुए मस्तिष्क से उनकी इंद्रियों का विरोध था... कैसे–कैसे स्वर उनके कानों में आ रहे थे, जैसे कोई प्रतिज्ञापूर्वक प्रायोपवेशन करने बैठा हो... संपाति अपने अर्द्ध–चेतन मस्तिष्क से हंसे — वे निराहार मरने को बाध्य थे, तो उन्हें अन्य लोग भी प्रायोपवेशन करते सुनाई पड़ते हैं...

''कौन है रे यहां, जो प्रायोपवेशन कर रहा है ?'' वे पड़े–पड़े चिल्लाए, ''यदि मर ही रहे हो तो मेरे निकट आकर मरो, ताकि तुम्हें खाकर मैं जी उठूं।''

''आप कौन हैं, आर्य ? क्या आप नर–भक्षी हैं ?'' उन्हें नीचे की शिलाओं से एक भीरु–सा स्वर सुनाई दिया।

... अरे, यहां तो वस्तुतः कोई हैं... उनकी चेतना की लौ जाग उठी। बोले, ''नर–भक्षी तो नहीं हूं किंतु भूख से मर रहा हूं। सोचा, तुम्हें अपना शरीर नहीं चाहिए, तो मेरा ही भला करते जाओ।''

नीचे का वार्तालाप बंद हो गया, जैसे वे लोग सोच में पड़ गये हों। ''अच्छा, किसी को नहीं खाऊंगा, भाई !'' संपाति ने हंसने का प्रयत्न किया, ''तुम लोग हो कौन ? मुझे तनिक नीचे तो उतारो।''

नीचे कुछ हलचल हुई और दो–तीन उनके निकट आए। उन्होंने सहारा देकर संपाति को नीच उतारा।

''आप कौन हैं, आर्य ?''

''एक वृद्ध, जो अपने शरीर की असमर्थता के कारण अपना भोजन नहीं जुटा पा रहा और भूख से मर रहा है। शरीर निरोग है, इसलिए मर नहीं रहा; और ऊर्जा नहीं है, इसलिए जी नहीं रहा।''

''आप कुछ खाएंगे ?'' अंगद ने पूछा।

''है कुछ तुम्हारे पास ?''

''कुछ फल और थोड़ा–सा जल।''

''खिला दो।''

अंगद अपना स्थान छोड़कर उठ गये और वृद्ध के मुख में थोड़ा–सा जल टपकाने के पश्चात छील–छीलकर फल खिलाने लगे। ये फल तथा जल वे लोग अपने साथ स्वयंप्रभा के प्रासाद से ले आए थे।

यदि वह गुफा न मिल गयी होती, अथवा भीगे हुए वे चक्रवाक पक्षी दिखायी न पड़ जाते — अंगद सोच रहे थे — तो उनकी तथा उनके साथियों की भी कदाचित् यही दशा होती... वृद्धावस्था भी कैसा अभिशाप है। कैसा दंड है यह। शरीर में प्राण तो हों, पर प्राण–शक्ति न हो, तो जीवन ऐसे ही यातनामय हो जाता है।

''आपका कोई पुत्र नहीं है, आर्य ?''

''पुत्र तो है।'' संपाति बोले, ''किंतु पुत्र कम है, कलंक अधिक है। न होता तो

मैं मान लेता कि मेरा कोई नहीं है और शांति से मर जाता। पर वह है...''

जल पी लेने और कुछ खाद्य-पदार्थ पेट में चले जाने से उनके शरीर में कुछ ऊर्जा आ गयी थी, ''शरीर चलता नहीं, वत्स ! पर मेरा मस्तिष्क अब भी बहुत दौड़ता है। इसीलिए पुत्र की कायरता और स्वार्थ-लोलुपता — दोनों से ही बहुत पीड़ित हूं।''

अंगद ने चौंककर देखा — वृद्ध उन्हें ही तो नहीं सुना रहा।... यदि वे किष्किंधा नहीं लौटे तो अपनी वृद्धावस्था में सुग्रीव उन्हें भी इसी प्रकार नहीं कोसेंगे क्या ?

''आपका परिचय, तात ?''

संपाति संभलकर बैठ गये, ''पहले अपना परिचय कहो, वत्स ! नहीं तो कहोगे कि वृद्ध अत्यन्त वाचाल है — अपनी ही कहता है, दूसरों की सुनता ही नहीं।''

अंगद मुसकराए। वृद्ध उनसे अत्यन्त गोपनीय प्रश्न पूछ रहे थे; किंतु अब गोपनीयता का क्या प्रयोजन। जो व्यक्ति प्रायोपवेशन कर, प्राण देने को दृढ़प्रतिज्ञ हो — उसे अब गोपनीयता-अगोपनीयता से क्या...

अंगद ने निर्द्वन्द्व भाव से अपना और अपने साथियों का परिचय दिया और अपने अभियान का लक्ष्य भी बता दिया।

''जानकी का हरण कहां से हुआ, वत्स ?'' इन नामों तथा घटनाओं से विशेष अपरिचय प्रकट नहीं किया।

''पंचवटी से, आर्य !''

''पंचवटी !'' संपाति कुछ याद करते हुए-से बोले, ''जटायु भी तो इसी स्थान के आप-पास कहीं रहता था।''

''आर्य जटायु !'' हनुमान अनायास ही बोले पड़े ''आप आर्य जटायु को जानते हैं क्या ?''

''तुम भी उसे जानते हो क्या ?'' संपाति मुसकराए।

''आर्य जटायु और राम का पक्ष एक ही था। उन्होंने राक्षसों के विरुद्ध युद्ध किया था और अनेक घाव खाए थे। अंततः उन्होंने सीता-हरण के समय, रावण से लड़ते हुए अपने प्राण दे दिये। उन्होंने...''

''जटायु मारा गया ?'' संपाति का स्वर भर्रा आया।

''हां, आर्य ! रावण ने उनका वध कर दिया।''

''रावण ! दुष्ट रावण ! धिक्कार है तुझ पर, सुपार्श्व ! धिक्कार है !''

सहसा ही संपाति का सारा व्यक्तित्व जैसे बदल गया। वार्धक्य की उस दीनता के स्थान पर, एक प्रकार का आहत आक्रोश जागा। जीवन के प्रति उदासीनता के भाव पर गहरी आसक्ति का रंग छा गया, जैसे उनका बहुमूल्य जीवन संघर्ष के दाव पर लगा हो।

सारा वानर दल चकित होकर संपाति को देख रहा था... क्षण में ही इस मृतप्राय दीन वृद्ध के भीतर से ये अग्नि-स्फुलिंग कहां से जल उठे ?

''क्या बात है, आर्य ?'' हनुमान से साहस कर पूछा।

''वत्स !'' आक्रोश के अवरोह के पश्चात् संपाति की आंखों में पीड़ा के अश्रु भर आये, ''जटायु मेरा छोटा भाई था। मैं उस वीर का अभागा बड़ा भाई हूं।''

किसी ने कोई उत्तर नहीं दिया; सब के सब अवाक् खड़े रह गये।

''मैं बड़ा अभागा हूं, वत्स !'' थोड़ी देर के पश्चात संपाति स्वयं ही बोले, ''धन्य है मेरा वह वीर भाई। मेरा तो सारा जीवन ही व्यर्थ चला गया।'' वे रुककर थोड़ी देर सिसकते रहे, ''जनस्थान में ही हमारी जाति की भी कुछ बस्तियां थीं, पुत्र ! एक छोटा-सा राज्य भी था। हमारी गृध्र जाति शरीर से हृष्ट-पुष्ट थी और भावना से शूरवीर मानी जाती थी। मैंने और जटायु ने देवासुर-संग्राम में दशरथ के पक्ष से युद्ध भी किया था; किंतु हम क्रमशः वृद्ध होते गये, जनस्थान के राक्षस बल पकड़ते गये और हमारी जाति हतवीर्य होती गयी। राक्षसों के बल के सम्मुख स्वयं को सर्वथा असमर्थ पा, मैंने वहां से हट जाने का प्रस्ताव जटायु के सम्मुख रखा था। वह मुझसे छोटा था; उसके शरीर में सामर्थ्य भी था और लगता है, जिजीविषा भी मुझसे अधिक थी। वह मुझसे सहमत नहीं हुआ। वहा क़िसी-न किसी रूप में राक्षसों के विरुद्ध संघर्ष चलाये रखने के पक्ष में था। मैं अभागा उसको छोड़कर, इधर सागर-तट पर चला आया। यहां अपेक्षाकृत शांति थी। यद्यपि यह स्थान राक्षसों के केंद्र लंका के पर्याप्त निकट है — किंतु यहां जनसंख्या नहीं के समान है। दूर-दूर कहीं कोई आश्रम अथवा पुरवा-टोला है। आस-पास फलों के कुछ वृक्ष हैं। समुद्र-तट पर मछली मिल ही जाती है। अपना पेट भरता रहा और जीवन का शेष समय किसी-न किसी प्रकार नष्ट करता रहा। मेरे एकमात्र पुत्र ने भी कुछ दूरी पर अपना आश्रम बना रखा है।'' उन्होंने रुककर दम लिया, ''जब तक मैं सक्षम था, अपनी आवश्यकता से अधिक अर्जित करता था और अपने पुत्र को कुछ लाभ पहुंचा सकता था, तब तक सुपार्श्व मेरे ही साथ रहा। किंतु जब स्थिति ऐसी हो गयी कि मैं उसके लाभ के लिए कुछ भी करने में असमर्थ हो गया तो वह तपस्या करने के बहाने मुझसे अलग हो गया और अपना आश्रम बनाकर बैठ गया। यह कैसी तपस्या है, वत्स! मैं आज तक नहीं समझ सका — जो स्वार्थ साधती है और अपने कर्तव्य से आंखें चुराती है। पर वह ऐसा ही तपस्वी है...'' वृद्ध संपाति कुछ श्रम और कुछ आवेश से हांफ-से गये थे।

हनुमान ने उनकी पीठ पर हाथ फेरकर उन्हें कुछ आराम देने का प्रयत्न किया। अंगद ने उनके मुख से जल का पात्र लगाया। उन्होंने दो-तीन घूंट पानी पिया, कुछ गहरी सांसें लीं और पुनः बोले, ''वत्स ! मुझे अपने पुत्र का व्यवहार बहुत अपमानजनक लगा। तब मैं ऐसा असमर्थ भी नहीं था। सोचा, अपने भर को तो फिर भी कुछ-न-कुछ कर ही लूंगा। ऐसा तो अपाहिज नहीं हो आया हूं। पुत्र की इच्छा के विरुद्ध, क्यों उस पर भार बनकर रहूं ? यद्यपि मुझमें अकेला, स्वतंत्र रूप से रहने का सामर्थ्य नहीं था, तो भी अपने आहत स्वाभिमान के कारण मैं पुत्र से अलग रहा; और किसी प्रकार कच्चे-

पक्के फल तथा कभी कच्ची और कभी भुनी हुई मछलियां खाकर पिशाचों के समान जीवित रहा।'' संपाति पुनः रुके, ''फिर एक समय ऐसा आया, पुत्र ! कि मैं कुछ भी करने में सर्वथा असमर्थ हो गया। मन तो नहीं मानता था, किंतु शरीर पूरी तरह हार गया था। किंतु यह जठराग्नि तब भी मुझे जलाये जा रही थी। लगता था अंतड़ियां जल जाएंगी। तब सोचा, किसी से निवेदन करूं कि इस अपंग वृद्ध के मुख में भी दो कौर डाल जाया करे। किससे निवेदन करता ! यहां था ही कौन ! तब मैं भी तुम्हारे समान प्रायोपवेशन का संकल्प कर, सागर-तट की शिलाओं पर लेट गया था, पुत्र ! किसी ने जाकर मेरे उस पुत्र सुपार्श्व को सूचना दे दी कि मैं यहां पड़ा-पड़ा मर रहा हूं। जाने उसके मन में कोई सुविचार जागा या जाने कोई स्वार्थ ही हो — उसने सोचा हो कि मरते हुए पिता की सेवा कर थोड़ा पुण्य अथवा थोड़ा-सा यश ही कमा ले। वह आया और मुझे अपने साथ अपने आश्रम में ले गया।... किंतु मैं रोगी तो था नहीं, भूख से ही मर रहा था। खाने को मिला तो फिर से जी उठा। यद्यपि काम कोई नहीं कर सकता था, किंतु मेरा मस्तिष्क पूरे चैतन्य से सब कुछ सोचता था और जठराग्नि पूरी दाहकता के साथ जलाती थी। मेरी इच्छा के विरुद्ध कुछ होता, मुझे बुरा लगता तो मेरी जिह्वा चल निकलती। मैं सुपार्श्व पर भी टीका-टिप्पणी करने से स्वयं को नहीं रोक पाता था।... थोड़ा जल दो।'' वे रुक गये।

जल पीकर संपाति पुनः बोले, ''तब मैंने जाना कि मेरा पुत्र तो यह सोकर मुझे अपने आश्रम लाया था कि मैं दो-चार दिन ही जीवित हूं — किसी प्रकार वह समय वह मेरे साथ काट लेगा और फिर मेरी अंत्येष्टि कर अपने पितृ-ऋण से मुक्ति पा लेगा किंतु मैं तो जी उठा था और निकट भविष्य में मेरे मरने की कोई संभावना नहीं थी। अनिश्चितकाल के इस बोझ से वह घबरा उठा। मेरे प्रति उसके व्यवहार में रुक्षता और उपेक्षा होने लगी।... मेरी बात समझ रहे हो न, पुत्र ?'' उन्होंने पूछा और उत्तर की प्रतीक्षा में रुक गये।

''हां, तात ! समझ रहे हैं।'' अंगद और हनुमान प्रायः साथ-साथ ही बोले।

''एक दिन सुपार्श्व बाहर गया — कदाचित् भोजन का ही प्रबंध करने गया हो।'' संपाति बोले, ''उसे लौटने में बहुत विलंब हो गया; पीछे से भूख के मारे मेरी अंतड़ियां टूटने लगीं... मैंने कहा न, मेरा शरीर जितना असमर्थ था, मेरी भूख उतनी ही प्रबल थी। कभी-कभी तो जिह्वा की तृष्णा औचित्य का भी उल्लंघन कर जाती थी। वृद्धावस्था में यदि इंद्रिया सक्रिय हों, तो उन पर नियंत्रण पाना कठिन होता है, पुत्र !... तो उस दिन भूख से मैं अत्यंत व्याकुल हो उठा। बड़ी देर के पश्चात जब सुपार्श्व कुटिया में लौटा तो मैंने उसे डांटा कि वह अपने वृद्ध पिता का तनिक भी ध्यान नहीं रखता। मुझे भूख से बिलबिलाता छोड़ स्वयं कहां-कहां मनोरंजनार्थ भ्रमण करता रहता है।... उसका उत्तर मेरी बात से भी अधिक कठोर था। उसने कहा कि वह मेरी इन असंगत बातों से तंग आ गया है। मुझे अपनी मर्यादा में रहना चाहिए। और फिर उसने बताया कि वह भोजन

की ही खोज में उस दिन महेन्द्र गिरि तक चला गया था। वह जब पके फलों के वृक्षों की खोज में इधर-उधर भटक रहा था तो उसने एक असाधारण दृश्य देखा कि प्रौढ़ वय का एक असाधारण बलशाली श्यामवर्ण राजपुरुष एक गौरवर्णा, अत्यंत असाधारण सुंदरी युवती स्त्री को बलात् अपने कंधे पर लादे लिये जा रहा था। वह जलमार्ग से आया था और अब आगे जाने के लिए सुंदरी को निकट खड़े अपने रथ की ओर ले जा रहा था। वह सुंदरी अपनी सामर्थ्य भर उस पुरुष की पकड़ से मुक्त होने के लिए संघर्ष कर रही थी और सहायता के लिए अनवरत पुकार रही थी। वह बार-बार दाशरथि राम और सौमित्र लक्ष्मण का आह्वान कर रही थी...।''

''देवी वैदेही ?'' हनुमान के मुख से अनायास ही निकल गया।

''हां, वत्स ! यह तो मैं आज ही समझ पाया हूं।'' संपाति बोले,''और वह पुरुष रावण था, जिसके खड्ग से अभी कदाचित् मेरे भाई जटायु का रक्त सूख भी न पाया हो...।'' उन्होंने रुककर अपने अश्रु पोंछे, ''पर तब मैं यह नहीं समझ पाया था। फिर भी मैंने सुपार्श्व से पूछा था कि उसने उस सुंदरी की सहायता क्यों नहीं की ! तो जानते हो, उसने क्या उत्तर दिया ?''

''क्या ?''

''उसने कहा कि वह उस पुरुष का मार्ग रोककर खड़ा हो गया था; किंतु उस पुरुष ने अत्यंत दीन भाव से उससे मार्ग छोड़ देने का अनुरोध किया और कहा कि उसने सुपार्श्व की कोई हानि नहीं की है, अतः सुपार्श्व मार्ग से हट जाए।''

''और वह मार्ग से हट गया ?''

''हां ! उसका कहना था कि कोई व्यक्ति इतनी दीनता और शालीनता से प्रार्थना करे तो उससे युद्ध कैसे किया जा सकता है ?''

''वह व्यक्ति चाहे कितना ही बड़ा अनर्थ क्यों न कर रहा हो ?''

''यही प्रश्न मैंने भी अपने युवक पुत्र से किया था, किंतु वह बार-बार उस पुरुष के अत्याचार से हटकर, उसके शिष्टाचार की बात करने लगता था।'' संपाति बोले, ''पर वास्तविक बात तो मैं आज समझा हूं, पुत्र ! उसने कदापि रावण का मार्ग नहीं रोका होगा। जो व्यक्ति अपने पिता के प्रति अपने कर्तव्य का बोझ उठाने को तैयार नहीं है, वह एक अपरिचित-अनजान युवती के प्रति अपने कर्तव्य को क्या समझेगा ! उसने रावण का भयंकर रूप, क्रूर मुख और घातक शस्त्रों को देखा होगा और भय से पीला पड़कर किसी झाड़ी में छिप गया होगा; या संभव है, संज्ञाशून्य होकर कहीं गिर पड़ा हो और वहीं पड़ा रह गया हो। इसी में उसे इतना विलंब हो गया था।'' संपाति पुनः कुछ सोचते हुए रुक गये, ''उस दिन मैंने यह सब नहीं समझा था, नहीं तो अपनी उस अवस्था में भी कदाचित् मैं इतना निष्क्रिय न रहता। किंतु फिर भी मैंने अपने उस कपूत को इस प्रमाद के लिए बहुत ताड़ना दी और कहा कि मैं ऐसे कायर पुत्र का मुख भी नहीं देखना चाहता...।'' संपाति अप्राकृतिक ढंग से हंसे, ''वह मेरी ताड़ना से लज्जित नहीं हुआ,

न उसने अपनी भूल स्वीकार की। उसने भी मेरे ही स्वर में कहा कि वह मेरे-जैसे वाचाल और पंगु वृद्ध से तंग आ गया है, जो न अपना सामर्थ्य समझता है, न अपनी मर्यादा। मैंने उसी रोष में उससे कहा कि यदि ऐसी ही बात है तो वह अपने इस वृद्ध पिता को अपनी इस कुटिया से निकालकर समुद्र-तट की किसी शिला पर डाल क्यों नहीं आता। लगता है कि वह तो मुझसे मुक्ति पाने को किसी उपयुक्त अवसर की प्रतीक्षा-भर कर रहा था। उसने मेरी आज्ञा का शत-प्रतिशत पालन किया और स्वयं अपने कंधे पर उठाकर अपने आश्रम से इतनी दूर, इस शिला पर डाल गया, जहां से उसके आश्रम तक, मुझ मुमुर्षु का चीत्कार भी न जा सके।... और मैं यहां पड़ा हुआ अपने इन प्राणों को कोसता रहा कि ये लोलुप इस असमर्थ शरीर से क्यों चिपके हैं। क्यों नहीं इसे ये इस यातना से मुक्त कर देते।'' सहसा संपाति के चेहरे पर कोई पुराना तेज जागा, ''पर आज समझ गया हूं कि पिछले चार महीनों से ये प्राण इस शरीर से इस प्रकार मरते-जीते क्यों चिपके हैं... वस्तुतः अभी इन प्राणों को इस शरीर से कुछ काम लेना है।'' उन्होंने रुककर वानर-दल के एक-एक सदस्य को बारी-बारी देखा, ''मुझमें इतना सामर्थ्य नहीं, पुत्रो ! कि तुम्हारे साथ सागर पार कर लंका में जाकर पापी रावण का अपने हाथों से वध कर अपने भाई की हत्या का प्रतिशोध ले सकूं। पर तुम्हें यह निश्चित सूचना अवश्य दे सकता हूं कि सीता का हरण रावण ने ही किया है और वह उसे लेकर लंका में ही गया है। तुम लोग यदि सागर पार करने का पराक्रम कर सको तो लंका में सीता को अवश्य पा सकोगे।'' संपाति रुककर पुनः कुछ सोचने लगे।

''क्या बात है, तात ?'' हनुमान ने तनिक विचलित स्वर में पूछा।

''कुछ नहीं, पुत्र ! सोच रहा था कि तुम लोग सागर कैसे पार करोगे ?''

''राक्षस इसे कैसे पार करते हैं, आर्य ?'' अंगद ने प्रश्न किया।

''उनकी अपनी परिवहन व्यवस्था है। उनके जलपत्तन हैं। उनकी नौकाएं और जलपोत चलते हैं।'' संपाति बोले, ''किंतु तुम उनमें यात्रा नहीं कर सकते। उन्हें तनिक भी संदेह हो जाने पर वे तुम्हारा वध कर देंगे। तुम्हें तो किसी निर्जन तट से तैरकर समुद्र पार करना पड़ेगा, जहां तुम पर किसी की दृष्टि न पड़े। यदि लंका में किसी को तनिक-सा संदेह हो गया कि सीता का अन्वेषण करने के लिए कोई लंका की ओर आया भी है तो सीता का संधान पाना असंभव हो जायेगा। राक्षसों की शासन-व्यवस्था तथा शक्ति को कदाचित् तुम नहीं जानते।... तुम सब लोग तो नहीं जा सकोगे। सबका जाना उचित भी नहीं है। यदि एक या दो व्यक्ति जा सको तो बहुत अच्छा है।'' वे क्षणभर के लिए रुके, ''तुम्हें एक स्थान मैं बता सकता हूं। यहां से दक्षिण में थोड़ी दूर पर एक उपयुक्त स्थान है। वहां से सागर-संतरण में अनेक बाधाएं हैं। मार्ग में मैनाक पर्वत है, स्थान-स्थान पर जल-मग्न शिलाएं हैं, भयंकर जल-जंतु और सर्प हैं — किंतु इन्हीं सब बाधाओं के कारण वहां राक्षसों का आवागमन नहीं है और वह स्थान सर्वथा निर्जन है। तुममें सामर्थ्य, शक्ति और साहस हो तो अपने अभियान पर आगे बढ़ो, नहीं तो सुपार्श्व के पड़ोस में

एक-एक कुटिया तुम भी डाल लो।'' अपनी बात समाप्त करते ही संपाति ने आश्चर्यजनक ढंग से अपनी शक्ति का प्रदर्शन किया। वे बिना किसी का सहारा लिये, अपने ही बल पर अपने पैरों पर उठकर खड़े हो गये।

''आप...'' हनुमान ने कुछ कहना चाहा।

''इतना सब जान और सुनकर मैं निष्क्रिय मर जाने के लिए यहां पड़ा नहीं रह सकता, वत्स।'' संपाति बोले, ''मेरा मनोबल जाग उठा है और तुम्हारे दिये भोजन से मेरे शरीर में कुछ जान भी आ गयी है। मैं जा रहा हूं, जहां तक यह शरीर ले जाए। सुपार्श्व से तो मुझे कोई आशा नहीं है; किंतु गृध्र जाति के अन्य युवकों को टेरूंगा और यथासंभव रावण के विरुद्ध युद्ध के लिए उन्हें प्रेरित करूंगा। प्रयत्न करूंगा कि जब भी कभी कोई सेना रावण से लड़ने जाए, उसमें कुछ सैनिक गृध्र जाति के भी हों।'' संपाति ने डगमगाते हुए दो पग धरे और बोले, ''अच्छा, अब मुझे विदा दो। भगवान तुम्हें सफल करें।''

वे उत्तर पाने के लिए नहीं रुके, न ही उन्होंने पलटकर पीछे देखा। वे अपने डगमगाते पगों से आगे बढ़ते चले गये।

संपाति के चले जाने के पश्चात कुछ समय तक नीरवता छायी रही — जैसे प्रत्येक व्यक्ति मन-ही मन कुछ सोच रहा हो। किंतु अब पहले जैसा हताशा का वातावरण एकदम नहीं था, जो संपाति के आने से पूर्व था; और न ही कोई पुनः प्रायोपवेशन के लिए प्रतिज्ञापूर्वक बैठने का संकल्प दिखा रहा था।

दूर जाते हुए वृद्ध संपाति के डगमगाते शरीर को अंगद तब तक देखते रहे, जब तक कि वह आंखों से ओझल ही नहीं हो गया। उन्हें लग रहा था कि संपाति का इस प्रकार सब कुछ कह जाना मात्र संयोग नहीं था। संपाति ने सारा वक्तव्य सायास दिया था और अंगद को सुनाते हुए ही दिया था...

आखिर सुपार्श्व से अंगद किस प्रकार भिन्न हैं ?... सुग्रीव का अपना कोई पुत्र नहीं है और उन्होंने आज से नहीं, अपने युवराज-काल से ही जब अभी वाली से उनका कोई विग्रह भी नहीं हुआ था, अंगद को अपना पुत्र माना था।... कल वही सुग्रीव वार्धक्य पाकर संपाति के समान असमर्थ हो जाएंगे तो उनकी भी वही दुर्दशा होगी, जो आज संपाति की हो रही है। तब क्या अंगद को उसी प्रकार नहीं कोसेंगे, जिस प्रकार आज संपाति ने सुपार्श्व को कोसा है... और सुग्रीव ही क्यों, माता तारा को क्या अंगद की याद नहीं आयेगी ? क्या उन्हें अंगद की आवश्यकता नहीं होगी ? तब वे भी अपने कपाल पर हाथ मार-मारकर पछताएंगी कि उन्होंने अंगद को अपनी वृद्धावस्था का सहारा क्यों माना था ?

क्या करने जा रहे थे अंगद ?

वे यहां बैठकर प्रायोपवेशन करें तो किसकी कौन-सी समस्या सुलझ जायेगी ?

क्या वे भी सुपार्श्व के समान, रावण को अत्याचार करते देख भयभीत होकर अपनी आंखें बंद कर रहे हैं ? जब रावण जैसे अत्याचारी संसार-भर में लूट, हत्या, अपहरण और बलात्कार का अभियान चला रहे हों, तो अंगद जैसे युवकों का कर्तव्य क्या प्रायोपवेशन करना है ? यदि इतने ही उदासीन हैं अंगद न्यायान्याय से, औचित्यानौचित्य से — तो फिर पिता के विरुद्ध सुग्रीव का साथ देने की क्या आवश्यकता थी ?... क्यों सुग्रीव की रक्षा का प्रयत्न किया ? तब ही वाली के हाथों सुग्रीव का वध हो जाने दिया होता... जब अपने पिता का ही अत्याचार उन्हें सह्य नहीं था, तो आज रावण के अत्याचार की उपेक्षा क्यों करने जा रहे हैं...

हनुमान ठीक कहते हैं, सुग्रीव ने सफल होकर लौटने वालों के लिए कोई अवधि निर्धारित नहीं की है। उनके लिए कोई दंड प्रतीक्षा नहीं कर रहा। जो वैदेही की खोज में सफल होकर लौटेगा, इच्छा होने पर भी सुग्रीव उसका वध नहीं कर पायेंगे। उसे सम्मानित करना होगा, उसे यश, मान और पुरस्कार देना होगा। वह व्यक्ति राम और लक्ष्मण का भी प्रिय होगा... तो अब अंगद को भय किसका है ?... संपाति ने निश्चित सूचना दी है कि वैदेही लंका में हैं। अंगद लंका में जाएंगे तो उन्हें खोज ही निकालेंगे — रावण उन्हें कहीं भी छिपाकर क्यों न रखे...। ऐसी निश्चित सफलता भी क्या कभी किसी को पुकारती है ?... राम और सुग्रीव ने भी यही कहा था कि दक्षिण दिशा में ही और विशेषकर लंका में ही सीता को छिपाकर रखने की संभावना है, तभी तो सुग्रीव ने हनुमान, तार, जाम्बवान और नील के होते हुए भी अंगद को इस दल का नायक बनाया। वैसी निश्चित अफलता उन्होंने अंगद के हाथ में रख दी थी और अंगद थे कि सुग्रीव के प्रेम और अपने प्रति उनके पक्षपात को नहीं समझ सके... वाह रे, अंगद ! तुमने सुग्रीव को अपना शत्रु समझा...

अंगद ने अपने साथियों की ओर देखा, "क्या सोचा है, मित्रो ?"

"इतना सोच लिया है कि अब प्रायोपवेशन नहीं करना होगा।" जाम्बवान दृढ़ और स्पष्ट स्वर में बोले, "जब सीता का लंका में होना निश्चित है तो हम थोड़ा पौरुष कर, उनका अन्वेषण करने के स्थान पर अपने प्राण क्यों दें ! सीता का अन्वेषण, हम सबके प्राणों की सुरक्षा का निश्चित प्रमाण है। हमें वही करना होगा। चलो, उठो। हम दक्षिण दिशा में उस स्थान को ढूंढ़ें, जिसके निकट महेन्द्र गिरि है, जिसका संकेत आर्य संपाति कर गये हैं।"

पूरे दल में से किसी ने भी जाम्बवान के प्रस्ताव का विरोध नहीं किया। स्वयं जाम्बवान को आश्चर्य हो रहा था कि संपाति के साथ वार्तालाप के पश्चात् सारा-का-सारा दल इतना उत्साही कैसे हो गया था... अंगद, जो प्रायोपवेशन कर, अपने प्राण देने पर तुले हुए थे, इस समय सहर्ष सबसे आगे-आगे चल रहे थे। सागर-तट पर उस स्थान को खोजने में उन्हें तनिक भी कठिनाई नहीं हुई, जिसकी चर्चा संपाति कर गये थे। सामने कुछ दूरी पर महेन्द्र पर्वत था और दूर तक अथाह सागर फैला हुआ था। वह समुद्र कहीं

तो तरंगहीन एवं शांत होने के कारण सोया हुआ-सा जान पड़ता था। अन्यत्र, जहां छोटी-छोटी लहरें उठ रही थीं, क्रीड़ा करता-सा प्रतीत होता था। कुछ दूरी पर जहां उत्ताल तरंगें उठती थीं और जलराशियों के पर्वतों-के-पर्वत उठा-उठाकर एक-दूसरे पर पटक, उन्हें पीसने का प्रयत्न करता हुआ भयंकर दिखाई पड़ता था।

अंगद ने देखा — आधे से अधिक वानरों का उत्साह समुद्र के स्वरूप को देखते ही फेन के समान बैठ गया था और वे सागर पार कर लंका पहुंचने के अभियान के प्रति उत्सुक प्रतीत नहीं हो रहे थे। वे लोग इधर-उधर छिटककर, आकाश-पाताल, सागर अथवा क्षितिज को देखते हुए विभिन्न शिलाओं पर जा बैठे... किंतु अंगद का उत्साह इस बार तनिक भी क्षीण नहीं हुआ। उनकी अन्यमनस्कता से अंगद को क्या लेना-देना! सारे दल को लंका जाना नहीं था। संपाति की बात ठीक थी। एक या दो लोगों को ही जाना था। और कोई नहीं जायेगा, तो अंगद तो तैयार हैं ही...

सागर का भली प्रकार निरीक्षण हो चुका तो अंगद पुनः अपने साथियों से संबोधित हुए, "अब हम निर्णय कर लें कि कौन-कौन सागर-संतरण कर लंका पहुंचकर, देवी वैदेही का समाचार लायेगा। कौन है, जिसका पराक्रम हमारे प्राणों का रक्षा-कवच बनेगा और जिसके संबल से हम सब किष्किंधा में अपने परिवारों से जा मिलेंगे ?"

अंगद अपनी बात समाप्त कर आश्चर्य से अपने साथियों को देख रहे थे। किसी ने भी स्वेच्छा से स्वयं को इस कार्य के लिए प्रस्तुत नहीं किया था। यहां तक कि हनुमान भी, किष्किंधा के तैराकी के सिरमौर, जो अब तक इतने आशावादी और उत्साही लग रहे थे, इस समय अनमने-से हुए, दूर एक शिला पर बैठे सागर की गहराइयों में जाने क्या झांक रहे थे।

अंगद ने थोड़ी देर तक उत्तर की प्रतीक्षा की; किंतु जब मौन लंबा हो गया और किसी ने आगे बढ़कर चुनौती स्वीकार नहीं की, तो वह पुनः बोले, "दल के नायक के रूप में, वैसे भी मेरा कर्तव्य है कि किसी अन्य साथी से अपेक्षा करने से पूर्व मैं स्वयं उस कार्य के लिए प्रस्तुत रहूं। इसलिए मैं ही सागर-संतरण कर लंका जाऊंगा और देवी वैदेही का अन्वेषण कर लौटूंगा। आप लोग मेरे आने तक यहीं मेरी प्रतीक्षा करें।"

अंगद के प्रस्ताव को सुनते ही जाम्बवान चौंके — अंगद सम्राट के पुत्र और युवराज हैं। उनके बल-विक्रम तथा समझदारी में जाम्बवान को कोई संदेह नहीं; किंतु दुर्घटना किसी के भी साथ हो सकती है। इतना लंबा सागर है, अंगद कहीं थककर हार गये; सागर में असंख्य जल-जंतु हैं — उनमें से अनेक शक्तिशाली और घातक भी हैं। यदि किसी ने अंगद का आखेट कर लिया तो ? लंका में भी वे अपने असंख्य शत्रुओं में अकेले होंगे। तनिक-सी असावधानी से वे किसी संकट में पड़ सकते हैं... ऐसे में किष्किंधा पहुंचकर वे लोग सम्राट और साम्राज्ञी को क्या उत्तर देंगे कि वे लोग युवराज की बलि देकर स्वयं सुरक्षित लौट आए हैं... ऐसे में सम्राट उन लोगों को क्षमा कर देंगे क्या ?

और अंगद के उत्साह का क्या भरोसा है। अभी थोड़ी देर पहले तक वे हताश मन:स्थिति में प्रायोपवेशन करने के लिए दृढ़-प्रतिज्ञ थे। इस समय उनका उत्साह सागर की लहरों के समान आरोह पर है, लंका में किसी भी समय यह उत्साह अवरोह की स्थिति में आ गया तो उन्हें लंका किष्किंधा से अधिक सुरक्षित लगने लगेगी; रावण उन्हें वाली के मित्र के रूप में सुग्रीव से अधिक प्रिय लगने लगेगा — नहीं ! अंगद को भेजना उचित नहीं है...

''युवराज !'' जाम्बवान अत्यन्त स्नेह और सम्मान से बोले, ''हमें आपके सामर्थ्य और पराक्रम पर पूरा भरोसा है। नायक के रूप में आपका दायित्व-बोध भी श्लाघ्य है। आप जायेंगे तो निश्चय ही कार्य पूर्ण कर, सफलकाम होकर लौटेंगे। किंतु आप हमारे नायक हैं। आप चले गए तो पीछे हम सब असंगठित तृणों के समान परिस्थितियों के वात्याचक्र में उड़ जाएंगे। दल के नेतृत्व के लिए उसे दिशा प्रदान करने के लिए नायक के रूप में आपका यहां रहना अत्यन्त आवश्यक है। नायक अन्य लोगों को अभियान पर भेजता है, स्वयं अभियान पर नहीं जाता। आपकी सुरक्षा हमारी सुरक्षा के लिए अत्यन्त आवश्यक है; अत: आप स्वयं न जाकर किसी और व्यक्ति को भेजें।''

अंगद ने जाम्बवान की बात पर विचार किया और बोले, ''मैंने तो पहले ही पूछा था कि जाने को कौन प्रस्तुत है !''

जाम्बवान ने दूर बैठे हनुमान को संबोधित किया, ''केसरीकुमार ! तुम क्यों इतनी दूर जाकर अन्यमनस्क-से बैठ गये हो, जैसे तुम में सागर-संतरण की योग्यता न हो। मेरा दृढ़ मत है कि तुम दस बार इस सागर को तैर कर लंका जाकर लौट सकते हो। मैं तो यह भी समझता हूं कि वानरराज सुग्रीव ने तुम्हें विशेष रूप से तुम्हारी योग्यता के कारण ही इस दल में रखा है।''

हनुमान अपने स्थान से उठकर आए और जाम्बवान के निकट खड़े हो गये, ''आप आदेश दें, तात जाम्बवान ! मैं योग्य होऊं, न होऊं — प्रयत्न अवश्य करूंगा।''

''तुम न केवल सागर-संतरण में समर्थ हो।'' जाम्बवान का स्वर पूर्णत: प्रशंसात्मक था, ''तुम लंका में पहुंचकर अपनी रक्षा, सीता के अन्वेषण तथा अकस्मात् उत्पन्न किसी भी विपत्ति का सामना करने तथा सफलतापूर्वक उसमें से बच निकलने में भी समर्थ हो। तुम्हें ही लंका जाना चाहिए।''

''मैं प्रस्तुत हूं, ऋक्षराज !'' हनुमान ने सहज रूप में स्वीकार कर लिया।

''तो तुम्हीं जाओ, हनुमान !'' अंगद ने हनुमान को मुग्ध दृष्टि से देखा, ''तुम्हीं हमारे रक्षा-कवच बनो। सीता का अन्वेषण कर सफलकाम हो लौटो। जब तक तुम लौटकर यहां नहीं आओगे, हम पंजों के बल खड़े होकर तुम्हारी बाट देखेंगे।''

''आशा है, मैं आपको निराश नहीं करूंगा, युवराज !''

''जाने से पूर्व कुछ खा लो, हनुमान !'' शरगुल्म ने धीरे से कहा, ''अन्यथा बीच सागर में भूख सताएगी।''

इस मैत्रीपूर्ण सुझाव पर हनुमान मुसकराए... भोजन की असुविधा ने कितना विचलित कर दिया है इन लोगों को !

"खाकर तैरना असुविधाजनक होगा, मित्र !"

शरगुल्म ने कोई उत्तर नहीं दिया।

हनुमान ने अपनी गदा अंगद के सम्मुख भूमि पर रख दी। अपने वस्त्र कसे और दल के सभी सदस्यों से विदा लेकर समुद्र की ओर मुड़ गये।

सहसा अंगद ने उन्हें पुकारा, "केसरीकुमार !"

हनुमान रुक गये — कहीं अंगद के मन में कोई नया विचार तो नहीं आया ?

अंगद निकट आए, "चल तो दिये, हनुमान ! पर यदि देवी वैदेही मिल गयीं तो उन्हें इस बात का क्या प्रमाण दोगे कि तुम आर्य राम के ही दूत हो ?"

हनुमान असमंजस में पड़ गये।

"लो !" अंगद ने अपनी हथेली उनके सम्मुख फैला दी। हथेली पर राम की दी हुई गवद घास की मुद्रिका थी। "इसे संभालकर ले जाना, अन्यथा जानकी तुम्हारे वचनों का विश्वास तो नहीं ही करेंगी; उल्टे तुम्हें कपटी तथा धूर्त समझकर दुत्कार भी दें तो कोई बड़ी बात नहीं।"

हनुमान ने सावधानी से मुद्रिका उठा ली। उसे भली प्रकार एक वस्त्र में लपेटा और कमर में खोंस लिया।

"मैं भले ही कहीं खो जाऊं, यह मुद्रिका नहीं खोएगी।" हनुमान मुसकरा रहे थे।

वे पुनः मुड़े और अंगद उन्हें देखते ही रह गये — किस सहजता से जा रहे हैं हनुमान, जैसे किसी दैनिक कार्य के लिए जा रहे हों। इतना महत्त्वपूर्ण तथा जोखिम का काम है; और इस व्यक्ति के चेहरे पर न तनिक-सी उत्तेजना है, न उद्विग्नता। जाने किस मिट्टी का बना है यह हनुमान !

8

हनुमान एक ऊंची शिला पर खड़े थे। बीच आकाश में सूर्य चमक रहा था। सामने शिला के पगों से टकराता हुआ, वैदूर्य मणि के रंग का सागर का जल था। शिला पानी से कोई पांच हाथ ऊंची थी; किंतु पानी कितना गहरा था ? कहीं ऐसा न हो कि पानी उथला हो और ऊपर से कूदने पर चोट आ जाए। किंतु अन्य उपाय भी कोई नहीं था। कूदना तो होगा ही।

हनुमान के शरीर पर उत्तरीय नहीं था। बहुत आवश्यक होने पर ही वे उत्तरीय लेते थे, अन्यथा काम-काज में बाधा मानकर, उससे मुक्त ही रहते थे। धोती को यद्यपि उन्होंने कस रखा था; किंतु तैरने में कदाचित् वह विघ्नकारक हो, सोचकर उन्होंने उसे घुटनों से भी ऊपर समेटकर, कमर में भली प्रकार कस लिया। हाथ से टटोलकर देखा —

राम की दी हुई मुद्रिका सुरक्षित थी।

मुड़कर उन्होंने अपने साथियों की दिशा में हाथ हिलाकर अपने जाने का संकेत किया और जल में छलांग लगा दी। पानी जोर से उछला और हनुमान को उसने अपने भीतर छिपा लिया। कुछ क्षणों के पश्चात दस हाथ आगे जाकर हनुमान जल से ऊपर उभरे। उनकी गर्दन और कंधे पानी के ऊपर दीख रहे थे और लंबी-लंबी भुजाओं से पानी को परे धकेलते हुए वे धनुष से छूटे बाण के समान लपके जा रहे थे।

जल बहुत ठंडा नहीं था। गहरा भी बहुत अधिक नहीं था; किंतु व्यक्ति को डुबो देने भर को पर्याप्त था। यहां पानी में तरंगें नहीं थीं — जल जैसे सोया हुआ-सा हो।... सौ हाथ तक जाते-जाते ही एक बात हनुमान के मन में स्पष्ट हो गयी — यहां कोई बड़ा और घातक जल-जंतु नहीं था, जिससे गंभीर रूप में आहत होने अथवा प्राण गंवाने का संकट हो; पानी के नीचे बिछी छोटी-बड़ी अनेक शिलाओं, छोटे-छोटे दूहों तथा पहाड़ियों के कारण यह स्थान बहुत सुरक्षित भी नहीं था। इस प्रकार के जल में अत्यन्त सावधान रहकर चलने की आवश्यकता थी, अन्यथा जल को धकेलने के लिए फेंका गया हाथ अथवा पैर, अपने ही वेग में पूरे बलपूर्वक किसी शिला से टकराकर, आहत हो सकता था। सागर का यह क्षेत्र, कदाचित् इन्हीं जलमग्न शिलाओं के कारण, परिवहन के लिए सुविधाजनक नहीं था। अनुपयोगी समझकर ही, राक्षसों ने इस ओर अपना आवागमन नहीं रखा होगा। तभी तो यह क्षेत्र निर्जन है। संपाति इस तथ्य से परिचित थे, इसीलिए उन्होंने यहां से यात्रा करने का निर्देश किया होगा।

क्रमशः शिलाओं के ऊंचे उठते जाने के कारण जल उथला होता गया। कदाचित् महेन्द्र पर्वत का क्षेत्र आरंभ हो गया था। जल्दी ही हनुमान अपने पैरों को शिलाओं का स्पर्श करते हुए पाने लगे। जल की गहराई बहुत कम जानकर, उन्होंने तैरना अनावश्यक समझ, शिला पर पैर टिका, खड़े होने का प्रयास किया ही था कि वे फिसलकर गिर पड़े। यदि वे इतने सावधान न रहे होते तो वे उन ऊबड़-खाबड़ और स्थान-स्थान से नुकीली शिलाओं पर बड़े बेढब ढंग से गिरते और कदाचित् कोई-न-काई बड़ा घाव अवश्य लगता... किंतु उन्होंने अभी पूरी तरह अपना बोझ पैरों पर नहीं डाला था, इसलिए पुनः तैरने की मुद्रा में आ गए।... हनुमान समझ नहीं पा रहे थे कि अपनी स्थिति पर वे हंसें या शौक मनाएं। यहां शिलाओं के ऊपर दो हाथ भी पानी नहीं था, जहां वे तैरने का प्रयत्न कर रहे थे। काई जमी, फिसलन भरी उन शिलाओं पर पैर रखकर वे खड़े नहीं हो सकते थे; और दो हाथ गहरे जल में वे खुलकर हाथ-पैर भी नहीं चला सकते थे।

पन्द्रह-बीस हाथ की दूरी हनुमान ने बड़ी जोखिमपूर्ण स्थिति में पार की। उनकी इच्छा हो रही थी कि किसी प्रकार वे महेन्द्र पर्वत के मुख्य भाग के निकट पहुंच जाएं और किसी वृक्ष की झुकी हुई डाली, अथवा ठोस चट्टान के सहारे सूखे क्षेत्र पर उतरें। किंतु पन्द्रह-बीस हाथों की दूरी को पार करने में ही युग बीत गये।... महेन्द्र पर्वत पर पैर पड़ते ही उन्हें लगा, जैसे वे किसी असाधारण जोखिम को पार कर आए हों।

उन्होंने तत्काल स्वयं को संभाला। अभी तो यात्रा का आरंभ मात्र था और यह संकट कोई इतना बड़ा संकट भी नहीं था। अभी तो सागर का मुख्य भाग आरंभ भी नहीं हुआ था और उन्हें एक लंबा मार्ग पार करना था। वे इतनी-सी बात से घबरा जाएंगे, तो आगे क्या करेंगे। इन संकटों का तो अभ्यस्त होना ही पड़ेगा।

महेन्द्र गिरि, सागर के बीच में उठा हुआ एक पर्वत-खंड था और पर्याप्त हरा-भरा था। वनस्पति तथा अन्य जीव-जन्तुओं को देखते हुए लगता था कि यह पर्वत-खंड असाधारण रूप से उपजाऊ क्षेत्र था। विभिन्न प्रकार के विशाल वृक्षों के बीच स्थान-स्थान पर धूप में लेटकर सुस्ताते हुए मगर, कछुए तथा सर्पों की इतनी बड़ी संख्या हनुमान के लिए आश्चर्य का विषय थी। यदि वे आरंभ से ही सावधान न रहे होते, तो किसी सोये हुए नगर को सूखी भूमि समझकर, उस पर पांव रख देने की भूल की कुछ अधिक ही संभावना थी। छोटे-बड़े सर्पों की तो जैसे वह क्रीड़ा-भूमि ही थी। सहज और उन्मुक्त रूप से विचरण करते उन सर्पों को देखकर लगता था कि उनकी पशु-बुद्धि में जैसे अपने किसी शत्रु की संभावना ही नहीं थी। वे सारे जीव-जन्तु अपने बीच आए इस दीर्घाकार हृष्ट-पुष्ट नवागंतुक के कारण तनिक भी विचलित नहीं थे। हनुमान के पैर से ठोकर खाकर कोई कंकड़-पत्थर उनके अधिक निकट चला जाता अथवा उनके शरीर से छू जाता तो वे सिर उठाकर एक बार इधर-उधर देख अवश्य लेते थे। किंतु शत्रुता के भाव से हनुमान पर आक्रमण करने की बात उनमें से किसी ने नहीं सोची... कदाचित् मानव से शत्रुता का संबंध उन्हें अभी ज्ञात नहीं था।

हनुमान भी इस स्थिति से संतुष्ट थे... मगर तथा सर्पों का विचलित न होना ही उनके लिए श्रेयस्कर था। यदि वे विचलित हो जाते तो मार्ग में एक अनावश्यक बाधा खड़ी हो जाती; जिसका अर्थ था समय का अपव्यय और अतिरिक्त जोखिम ! उचित यही था कि इन जीवों से कतराकर निकल जाते और समय रहते त्रिकूट पर्वत पर पहुंच जाते। अंधकार के पश्चात सागर में रहना हितकर नहीं था।

महेन्द्र गिरि को हनुमान ने शीघ्रतापूर्वक पार किया और उसके दक्षिण खंड पर आकर खड़े हो गये।... पानी से निकले इतनी देर हो चुकी थी कि शरीर का जल सूख गया था और उसके नमक का प्रभाव शरीर के विभिन्न अंगों पर एक हल्की-सी जकड़न के रूप में प्रकट हो रहा था; किंतु वहां न तो कहीं स्वच्छ जल उपलब्ध था कि हनुमान अपने शरीर को धो लेते, न इतना समय ही था कि वे जल खोजने निकलते। फिर उसका लाभ भी क्या था — क्षणभर में तो पुनः उन्हें खारे सागर में छलांग लगा देनी थी।

अब फिर उनके सम्मुख वही लहराता सागर था और मन में उसे पार कर जाने की चुनौती ! इस बार हनुमान ने छलांग लगायी तो उन्हें लगा कि यहां का जल कुछ अधिक ताजा तथा स्वच्छ था। कदाचित् यह भाग एक वृहत् क्षेत्र का अंग था और यहां का पानी, पिछले भाग के समान स्थिर नहीं था। इस जल में गति थी, किंतु वह उसके मार्ग की बाधक नहीं थी। हल्की-हल्की लहरें उन्हें आगे बढ़ने में सहायता ही दे रही

थीं। लगता था कि अनुकूल दिशा में चलकर वायु उनकी सहायता कर रही थी। जल को हटाकर आगे बढ़ने के लिए उतना श्रम नहीं करना पड़ रहा था। सूर्य का आतप भी अब प्रखर नहीं था। लगता था, आकाश पर तीसरे प्रहर का तापरहित सूर्य चमक रहा है; सूर्य तथा जल का तापमान मिलकर शरीर को एक प्रकार का गुनगुनापन ही दे रहे थे। हनुमान को लग रहा था कि यदि इतने कम श्रम से इतनी सुविधापूर्वक तैरा जा सकता है तो वे कई दिनों तक लगातार तैरते ही जा सकते हैं।

किंतु इस सुगमता ने बहुत दूर तक उनका साथ नहीं दिया। आधा प्रहर बीतते-बीतते ही, जल कुछ ठंडा होने लगा और जल के भीतर जीव-जंतु तैरते दिखाई देने लगे। हनुमान समझ नहीं सके कि सहसा ही जल-जंतुओं की संख्या इतनी बढ़ कैसे गयी। क्या उनके जन्म तथा विकास के लिए यह जल-क्षेत्र पिछले जल-क्षेत्र से अधिक अनुकूल था ?

उनके हाथों के थपेड़ों से झटके जाते हुए जल के साथ अनेक छोटे-छोटे जीव, बलात् पीछे की ओर धकेले जाते हुए वे स्वयं देख रहे थे। छोटी मछलियां तो जल में होती हुई अपरिचित हलचल के कारण स्वतः ही उनसे विपरीत दिशाओं में मुड़ जाती थीं। पानी के स्पंदन जैसी, हल्की लहरों को दूर-दूर से सूंघकर ही जैसे अपने लिए किसी संकट का संकेत मिल जाता था।... किंतु अनेक धृष्ट जंतु भी उनके आस-पास मंडरा रहे थे और हनुमान निरंतर सचेत थे कि उनमें से कोई भी किसी भी क्षण उनके अत्यंत निकट आ सकता है, उनके शरीर को छू सकता है, उनसे लिपट सकता है। और इतनी बड़ी संख्या में से यह पहचानना अत्यंत कठिन था कि उनमें से कौन-सा जंतु मनुष्य के लिए घातक हो सकता है और कौन-सा सर्वथा निरीह था। नये प्रकार के जंतुओं को पहचानना तो दूर — यहां पहचानी हुई वस्तुओं में भेद कर पाना कठिन हो रहा था। विषैले तथा विषहीन सर्पों में भेद कर पाना तो पृथक, सर्पों तथा मत्स्यों का अंतर मालूम नहीं हो रहा था। मछलियां अपनी नवीनता, विचित्रता और कभी-कभी अपनी दुर्मुखता के कारण सर्प मालूम होने लगती थीं और सर्प अपनी सरलता तथा निरीहता के कारण मछली जैसे लगते थे। या कौन जाने, वे जंतु सर्प अथवा मत्स्य में से कुछ भी न हों। पृथ्वी के समान, जल में भी असंख्य प्रकार, जातियों तथा वर्गों के प्राणी होंगे — उन्हें केवल मत्स्य तथा सर्प — दो ही वर्गों में विभाजित करना तो असंभव था।... सागर-तट के भूगोल, वनस्पति तथा जीव-जंतुओं में तो हनुमान ने प्रायः रुचि ली थी और उनके विषय में जानने का प्रयत्न भी किया था। उन्होंने बहुधा सोचा था कि समुद्र-तट के विषय में विभिन्न दृष्टिकाणों तथा आयामों से सोचना तथा उनका अध्ययन करना लाभदायक हो सकता है। अनेक वानर-यूथ सागर की नाक पर रहते थे; सागर-तट की संपदा का ज्ञान उनके लिए लाभदायक हो सकता है। किंतु, सागर के भीतर के भूगोल, वनस्पति तथा प्राणीशास्त्र के विषय में उन्होंने न कभी सोचा था, न जाना था। कदाचित् उसका एक कारण अधिकांश आर्य-आश्रमों का सागर से असंपर्क था। जंबूद्वीप के आर्य प्रायः

भूमि से ही बंध गये थे। आर्यावर्त्त के आर्यों का तो सागर से और भी कम संपर्क था। वे अपने आस-पास की नदियों में तो फिर भी रुचि लेते थे, किंतु सागर से अपनी भौतिक दूरी के कारण सर्प मालूम होने लगती थीं और सर्प अपनी सरलता तथा निरीहता के कारण सागर उनके लिए प्राय: अपरिचित ही था। उन्हें सागर के भीतर की संपत्ति से कोई विशेष प्रयोजन नहीं था। हनुमान तथा उनके साथियों ने भी ज्ञान की दिशाएं इन्हीं आश्रमों से ही ग्रहण की थीं, अत: उनकी भी इस दिशा में विशेष गति नहीं थी।

सहसा उन्होंने देखा कि उनसे पांच-छह हाथों की दूरी पर सर्प जैसे अनेक जंतुओं का एक भयंकर गुंजलक, जल के ऊपरी तल पर निश्चित सोया पड़ा था। या, कदाचित् वह गुंजलक सोया हुआ नहीं था, मात्र निष्क्रिय पड़ा था। अनेक जंतु परस्पर उलझे हुए गुंजलक मारे पड़े थे; या वह एक ही जंतु था जिसके शरीर से असंख्य शिराएं निकलकर परस्पर गुंथी हुई थीं — यह समझना भी हनुमान के लिए कठिन था। उन्हें अपने लिए सुरक्षित मार्ग यही लगा कि वे उससे कतराकर निकल जाएं। किंतु इतना निकट जाकर कतराना शायद संभव नहीं था... हनुमान ने सांस रोकी और जल के भीतर डुबकी लगा दी।

वे अधिक देर तक जल के भीतर नहीं रह सके। भीतर का संसार उनके लिए और भी अधिक अपरिचित था। जल के भीतर जिसे उन्होंने जड़ वस्तु समझकर हाथ लगाया था, उसने अपनी समाधि तोड़, हाथ-पैर निकाल, चलना आरंभ कर दिया। वैसे भी जल के भीतर अधिक देर तक बने रहने का उन्हें अधिक अभ्यास नहीं था। ऊपर तो आना ही था। किंतु ऊपर आने से पहले जो कुछ उन्होंने देखा, वह अद्भुत था। यदि उन्होंने उस अनोखे गुंजलक से बचने के लिए डुबकी न लगायी होती, तो कदाचित् सामने आने वाले एक भयंकर संकट की ओर उनका ध्यान न गया होता और वे सिर के बल उससे टकरा गये होते। उनके सम्मुख एक विराट जलमग्न पर्वत था। उन्हें ठीक याद नहीं था, किंतु कहीं-न कहीं उन्होंने इस पर्वत के विषय में सुना अवश्य था। यह अवश्य ही मैनाक पर्वत होगा — एक पूरी-की-पूरी पर्वत-श्रेणी, जो अपने पूरे विस्तार, समस्त शृंगों, वनस्पति तथा जीव-जंतुओं के साथ जलमग्न थी। जल के ऊपर तैरते हुए हनुमान यह कल्पना तक नहीं कर सकते थे कि जल के भीतर इतना बड़ा समग्र पर्वत किसी अहंकारमुक्त व्यक्ति के समान इस प्रकार स्वयं को छिपाये हुए होगा। यह तो अच्छा हुआ कि उस गुंजलक से बचने के लिए उन्होंने जल में डुबकी लगा दी थी... किंतु मैनाक पर्वत उस जंतु के समान एक सामान्य-सा गुंजलक नहीं था, जिससे वे कतराकर निकल जाते, या जिससे बचने के लिए जल की सतह की दृष्टि से कुछ नीचे या ऊपर हो जाते। एक पूरा पर्वत उनका मार्ग रोके खड़ा था; उसकी जड़ें सागर की थाह से भी नीचे तक गयी हुई थीं। उसके शृंग यद्यपि जल के भीतर थे, किंतु निर्भीक होकर अपना सिर ऊपर उठाये हुए थे। योजनों तक फैली उसकी श्रेणियां, कहीं से भी वायु के निकलने भर को भी स्थान देती दिखाई नहीं पड़ती थीं। सारे सागर को अवरुद्ध किये खड़ा वह मैनाक हनुमान

का भी मार्ग रोके खड़ा था।

हनुमान ने क्रमशः ऊपर उठना आरंभ किया — ऊपर... और ऊपर ! किंतु मैनाक पर्वत तो जैसे मायावी था। जल के प्रत्येक थपेड़े के साथ, प्रत्येक हल्की लहर के साथ, लगता था कि मैनाक का कोई न-कोई शृंग जैसे ऊपर उठ रहा हो। वह पर्वत तो जैसे जीवित प्राणी था, प्राणवत्ता तथा चेतना से युक्त। और इस समय वह हनुमान से शत्रुता साधे बैठा थे — जैसे लुका-छिपी खेल रहा हो। वे जिस दिशा और मार्ग से आगे बढ़ना चाहते थे, वह जैसे उछलकर वहीं खड़ा हो जाता था — दाएं-बाएं, ऊपर-नीचे, दिक्संधियों में... वह तो प्राचीर थी पूरी-की-पूरी, पवन-संचार को भी रोक देने वाली।... या मैनाक कह रहा था, ''आ, मुझ पर विश्राम कर ले ! रुक जा ! थम जा !'' पर जलमग्न पर्वत पर कोई क्या विश्राम करेगा — जिस पर न कोई बैठ सके, न खड़ा हो सके, न चल सके, न थम सके। कैसी विडंबना थी ! हनुमान परेशान हो उठे...

मैनाक के ऊंचे-ऊंचे जलमग्न शृंगों पर दीर्घाकार सर्प विश्राम कर रहे थे। इतने बड़े सर्प इस यात्रा में उन्हें अभी तक दिखाई नहीं दिये थे। तैरते हुए हनुमान किसी शृंग से छू भी गये तो शायद पत्थर से होने वाले आघात से बच भी निकलें; किंतु कोई सर्प उनसे लिपट गया तो हनुमान के लिए अंग-संचालन भी कठिन हो जाएगा। नाग-पाश में बांधकर समुद्र में डाल दिये गये व्यक्ति के समान निष्क्रिय-निःस्पंद डूबते जाने के सिवाय उनके सामने कोई उपाय नहीं रह जाएगा।

किंतु हनुमान रुक नहीं सकते थे, दम साधकर पूर्व-अर्जित वेग के साथ वे बहते-से चले गये। गति बहुत धीमी हो गयी थी और बैल के सींगों के समान उठे हुए मैनाक के शृंगों के आधा हाथ ऊपर से हनुमान जैसे सरकते हुए निकल गये। एकदम ही थम न जाएं, इसलिए हाथ-पैर हिलाते ही दो-एक स्थानों पर उनके पैर, ऊपर उठने में जल से होड़ करते हुए शृंग से छू गये। सम्मोहन की-सी अवस्था में हनुमान ने सांस तक रोक ली।... अगले ही क्षण उन्होंने देखा — शृंग को छू जाने पर भी वे आगे बढ़ आए थे और अब मैनाक उनके सम्मुख मानो घुटने टेक रहा था। उसके शृंग क्रमशः अधिक-से-अधिक नीचे होते जा रहे थे...

यद्यपि मैनाक पीछे छूट गया था, किंतु पर्वत से जा टकराने की दुष्कल्पना हनुमान के मस्तिष्क से जैसे चिपक गयी थी। कितनी ही देर तक स्वच्छ और साफ-सुथरे जल में भी उन्हें बड़ी-बड़ी पर्वताकार शिलाएं तैरती हुई आभासित होती रहीं। लगता था, या तो वे परस्पर टकराकर जल में बवंडर उत्पन्न कर देंगी, या फिर वे सीधी आकर उन्हीं से टकरा जाएंगी। कहीं-कहीं सागर-गर्भ में से पर्वत-शृंग ऐसे उगते हुए दिखाई देते, जैसे भूमि में से नारियल अथवा ताड़ के पेड़ उगते हैं — सीधे, गोल और तने हुए। वे स्वयं समझ नहीं पा रहे थे कि यह मैनाक का ही इतना भयावह प्रभाव उनके मस्तिष्क पर पड़ा था; शरीर की थकान के कारण उनकी आंखों के सम्मुख शून्य में से नयी सृष्टि उत्पन्न हो रही थी; अथवा जल पर खेलती हुई सूर्य-रश्मियों का यह कोई मायाजाल अथवा

मृग-मरीचिका थी। जो कुछ भी था, उनके लिए अच्छा नहीं था — मन और शरीर, दोनों ही ऐसी कल्पनाओं से थर्रा जाते थे।

मैनाक का शिला-संसार पीछे छूट गया था, किंतु उसकी जीव-सृष्टि वहीं समाप्त नहीं हुई थी। या फिर अब बड़े जन्तुओं का क्षेत्र ही आरम्भ हो गया था। मैनाक के शृंगों पर सर्प जैसे जो दीर्घाकार जन्तु हनुमान ने देखे थे, वैसे अनेक जंतु अब उनके आस-पास क्रीड़ा करते दिखाई दे रहे थे। या तो वे अपने भीतर के किसी सुख में इतने आत्मलीन थे कि अपने परिवेश की घटनाओं में कोई आकर्षण दिखाई नहीं देता था, या हनुमान का वहां होना, हाथ-पैरों से फेंके गये जल की धाराएं अथवा उनके कारण सागर में उत्पन्न हलचल इतनी नगण्य बात थी कि उनकी ओर उनका ध्यान खिंचा ही नहीं था... हनुमान सोच रहे थे... या फिर यह भी संभव है कि ये जंतु अन्य जीवों की ओर केवल अपनी भूख के कारण ही आकृष्ट होते थे और इस समय वे भूखे नहीं थे। हनुमान को लग रहा था, जैसे वे किसी साफ-सुथरे पथ से निकले जा रहे हों, और ये जंतु उस पथ के दोनों ओर लगे वृक्षों के समान अचंचल सृष्टि हों, पथिक के प्रति उदासीन !

पर थोड़ी ही दूर जाकर एक पर्वताकार सर्प, उन्हें ठीक अपने सामने इस प्रकार पड़ा मिला, जैसे कोई वृक्ष उखड़कर, टूटकर अथवा कटकर पथ के बीचोंबीच आ पड़ा हो। उसके कारण उनका मार्ग अवरुद्ध हो गया लगता था। इतना ही नहीं कि वह सर्पाकार जंतु असाधारण रूप से दीर्घकाय था, जैसे मैनाक ही पुनः सर्प का शरीर धारण कर उनका मार्ग रोककर पड़ गया हो — उसने हनुमान को देख भी लिया था और वह उनकी ओर से उदासीन भी नहीं रहा था।... हनुमान को लगा, अभी-अभी वे सोच रहे थे कि कदाचित् ये सर्प भूखे नहीं हैं, और अभी ही यह भयंकर जल-दानव अपनी भूख जताने को उनके सम्मुख आ बैठा था।

उनका मस्तिष्क बड़ी तीव्रता से सोच रहा था। वे उसके निकट जाना नहीं चाहते थे; किंतु यदि वह उनकी ओर बढ़ा तो ? उसका आकार ऐसा नहीं था, जिसे बिना किसी शस्त्र के प्रहार के, आक्रमण करने से विमुख किया जा सके। ऐसे समय में गदा उनके पास होती, तो... पर गदा लेकर इतना लंबा संतरण-मार्ग... इस समय तो गदा नहीं है...

सर्प ने वर्तुलाकर एक ऐंठन-सी ली और हनुमान के ठीक सामने आकर मानो उन्हें निगलने के लिए अपना मुख खोल दिया। हनुमान स्तब्ध रह गये... यह नागमाता सुरसा के आकार का विराट सर्प भूखा ही नहीं, आक्रामक भी था... यह तो युद्ध के लिए चुनौती दे रहा था... वे बचकर निकल जाना चाहें तो क्या वह निकल जाने देगा?...

हनुमान ने आगे चलने के स्थान पर, बायीं ओर बढ़ना आरम्भ कर दिया। किंतु वह सर्प अपने स्थान पर ही टिका नहीं रहा, उसने सायास अपनी सक्रियता बायीं ओर फेर दी और दो ही क्षणों में वह पुनः हनुमान के सम्मुख पहले के ही समान अपना मुख खोले खड़ा था।... हनुमान की चिंता कुछ बढ़ी... इतने बड़े सर्प से युद्ध के लिए शस्त्र न हो और युद्ध किये बिना वह जाने न दे; तो क्या हनुमान को सर्प की ही इच्छा पूरी

करनी होगी ?... लंका पहुंचकर देवी वैदेही की खोज करने के स्थान पर इस जल-दानव के पेट में समाकर उसकी भूख मिटानी होगी ?...

हनुमान ने पुनः अपनी दिशा बदली — इस बार वे जल्दी-जल्दी दाहिनी ओर बढ़ रहे थे... सर्प ने भी क्षणभर के निरीक्षण से उनकी दिशा पहचान, पहले जैसा ही वर्तुलाकार चक्कर लिया और वह पुनः आकर उनके सम्मुख खड़ा हो गया। इस बार उसने अपना मुख फाड़ा तो हनुमान को लगा कि वह मानो उस क्षेत्र के सारे जल के साथ ही उनको निगल जाने के लिए तत्पर बैठा है... हनुमान वापस लौटे... किंतु सर्प को भी अपनी ओर बढ़ते देख, उन्हें अपनी भूल का भान हुआ। दाएं और बाएं चलने से सर्प इन दिशाओं में मुड़ने के स्थान पर एक लंबा वर्तुलाकार चक्कर काटता था और सामने जाकर खड़ा हो जाता था। उसमें उसे थोड़ा-सा समय लगता था, किंतु पीछे लौटने पर तो उसे केवल सीधे बढ़ना पड़ता था, जो उसके लिए तनिक भी कष्टसाध्य नहीं था।... अब यदि हनुमान स्वयं आगे बढ़ते तो उसके और भी निकट पहुंच जाते... वे पुनः बायीं ओर मुड़े... सर्प दैत्य ने वैसे ही वर्तुलाकार चक्कर लिया और मुख फाड़कर सामने खड़ा हो गया।

हनुमान के मन में एक विचार कौंधा... यह सर्प सुविधा से केवल आगे बढ़ सकता था, वह भी क्षिप्र गति से नहीं, मंथर गति से। दाएं-बाएं मुड़ने में उसे असुविधा होती थी। पीछे पलटना तो उसके लिए और भी कठिन था... फिर वह स्वयं आगे बढ़कर दंश करने, प्रहार करने अथवा निगलने का प्रयत्न नहीं करता था। वह ठीक सामने आकर मुंह खोलकर बैठ जाता था कि शिकार जल-प्रवाह के साथ-साथ स्वतः उसके मुख में चला जाए... यह तो बड़ा धैर्यवान आखेटक था।

हनुमान बार-बार अपने तैरने की दिशा बदल रहे थे। वे थोड़ी दूर तक बायीं ओर बढ़ते, और सर्प जब वर्तुलाकार चलकर सामने खड़े होने की तैयारी कर रहा होता, तो वे दायीं ओर बढ़ जाते; सर्प पुनः अपनी समाधि भंग कर अपनी प्रक्रिया दुहराता... हनुमान के मन में यह तथ्य अत्यन्त स्पष्ट हो चुका था कि इस बुद्धिहीन जल-दैत्य से वे केवल अपनी स्फूर्ति के ही कारण बच पाएंगे। युद्ध का प्रश्न नहीं था, युद्ध का प्रयत्न करते ही वे उसके मुख में समा जाते; अथवा वह उन्हें अपने लंबे शरीर में लपेटकर दो-चार ऐंठनों में उनके शरीर की सारी हड्डियां तोड़ देता। सीधे-सीधे तैरते हुए भी उससे बच निकलने का कोई मार्ग उन्हें दिखाई नहीं देता था — क्योंकि वह आखेट के लिए तत्पर बैठा था।... स्फूर्ति ही हनुमान की रक्षा का साधन हो सकती थी।

हनुमान ने थोड़ा जोखिम उठाने का निर्णय किया अन्यथा कदाचित् उन्हें भी स्वयं को थकाकर, अंततः हारकर, स्वयं को उस नागमाता सुरसा की कृपा पर छोड़ देना पड़ता...

उन्होंने तीन-चार बार अपनी दिशाएं बदलकर उस दैत्य को भी उतने ही वर्तुलाकार चक्कर लगवा दिये। अधिक चक्कर लगाने से उसकी गति और भी मंथर होती दिखाई पड़ी। फिर एक बार हनुमान दायीं दिशा में बढ़ते ही चले गये। लगा कि सर्प निश्चिंत

है कि इस बार वे अपनी दिशा नहीं बदलेंगे और निरंतर उसी एक दिशा में ही बढ़ते जाएंगे। उसने भी एक बड़ा-सा वर्तुलाकार चक्कर लिया और ठीक सामने जाकर बैठ गया। उसने अपना विराट मुख फाड़ा और प्रचुर मात्रा में जल निगल गया। फिर उसने अपनी आंखें बन्द कर लीं और निगला हुआ वह सारा जल उगलने लगा, जैसे कोई फव्वारा चला रहा हो।... हनुमान को यही उपयुक्त समय लगा — सर्प की मुद्रा से यही आभास मिल रहा था कि इस बार वह निश्चिंत होकर बैठ गया था और अब कदाचित् जल्दी नहीं हिलेगा। हनुमान सीधे बढ़ते चले गये। जल-दैत्य की खुली आंखों ने हनुमान को अपनी ओर बढ़ते देखा। उसने तृप्ति की मुद्रा में अपनी आंखें भींचीं और मुख को और भी अधिक फाड़ दिया।... हनुमान धनुष से छूटे बाण के समान उसके खुले मुख के निकट से होते हुए, उसके पार निकल गये...

सर्प थोड़ी देर तक अपनी ध्यान-मुद्रा में मुख फाड़े बैठा, हनुमान को अपने मुख में समा जाने की प्रतीक्षा करता रहा; किंतु जब उसकी उपेक्षा से अधिक विलंब हो गया तो उसने अपनी आंखें खोलीं और इधर-उधर देखा। कहीं कुछ दिखाई नहीं दिया तो उसने जैसे कुछ सोचते-सोचते टहलते हुए-से एक वैसा ही वर्तुलाकार चक्कर लिया और दूर निकल गये हनुमान को देखा।

हनुमान भी थोड़ी-थोड़ी देर के पश्चात पलटकर उसकी ओर देख रहे थे। उसके चक्कर काट लेने पर उनकी स्थिति संकटपूर्ण हो गयी थी। अब यदि वह सीधा आगे बढ़ता तो दो-चार क्षणों में वह फिर उनके निकट पहुंच सकता था; किंतु सर्प ने दूर जाते हुए हनुमान को उदास आंखों से देखा और अपनी आंखें पुनः बन्द कर लीं।

हनुमान की जान में जान आयी। उन्हें लगा कि वे जैसे उस सर्प के मुख में से होकर निकले हैं; और यदि सर्प अपनी इच्छा से संतुष्ट होकर न बैठ जाता तो जाने अभी उन्हें और कितना पीड़ित और व्याकुल होना पड़ता। अंततः परिणाम क्या होता — यह भी क्या कहा जा सकता है। यहां न उनकी शारीरिक शक्ति ही सार्थक लग रही थी, न उनकी वीरता ही उनके काम आती — यह तो धैर्य और विवेक ही था, जिसने उन्हें बचा लिया था... या शायद संयोग भी...

किंतु अभी भी जल-दानवों का वह भयंकर क्षेत्र समाप्त नहीं हुआ था। हनुमान अभी बहुत दूर नहीं गये थे कि उन्हें पुनः एक और वैसा ही सक्रिय और तत्पर जल-जंतु दिखायी पड़ा। किंतु न तो वह सर्प था, न पिछले सर्प जैसा विराटकाय ही था। उसकी मुखाकृति बता रही थी कि वह सर्प नहीं था। किंतु वह क्या था — हनुमान समझ नहीं पा रहे थे। उसका मुख विकट चौड़ा और भयंकर था — जैसे प्रकृति ने जीव का विद्रूप प्रस्तुत किया हो। उसकी आंखों में तीव्र और मुखर घृणा और हिंसा को देखकर कोई भी समझ सकता था कि वह आक्रामक मुद्रा में था और भक्षण के लिए व्यग्र हो इधर-उधर भटक रहा था। न तो उसकी गति मंथर थी और न उसे मुड़ने और उलटने-पलटने में कोई विशेष असुविधा प्रतीत हो रही थी। उसकी स्फूर्ति देखते ही हनुमान समझ गये

थे कि उससे भिड़न्त अनिवार्य है। वैसे भी पिछले इतने सारे श्रमसाध्य व्यायाम और इस लंबी तैराकी के पश्चात उनमें धैर्य कुछ कम रह गया था और मन में उग्रता आ रही थी।... यदि उस सिंहिका ने आक्रमण किया तो फिर हनुमान स्वयं को रोक नहीं पाएंगे।

कदाचित् वह सिंहिका भी अपने मन में आक्रमण की ही योजना बना रही थी। जिस प्रकार हनुमान के लिए वह एक नये प्रकार का अद्‌भुत जंतु थी, जिसे उन्होंने पहले कभी नहीं देखा था; उसी प्रकार उसके लिए भी हनुमान एक नये प्रकार के आखेट थे, जिसे उसने पहले कभी नहीं खाया था। भूख से व्याकुल उस जल-राक्षसी को इतना बड़ा जीव अनायास ही भक्षणार्थ मिल रहा था। अत्यन्त घातक तथा हिंस्र बना देने वाली उसकी भूख का समाधान उसके सामने था। ऐसा अवसर चूक जाना उचित नहीं था।

सिंहिका झपटकर हनुमान के सम्मुख आ गयी। उसकी गति और स्फूर्ति को देखते हुए, हनुमान के मन में अपनी गति की मंथरता तथा थकावट दोनों ही अत्यन्त मुखर होकर उभरीं और साथ ही खीझ का भी उन्होंने अनुभव किया... अधिक सोचने-समझने अथवा बचाव-पद्धति का अन्वेषण करने का समय नहीं था। सिंहिका निरन्तर उनके निकट आ रही थी... अगले ही क्षण उसने अपना मुख फाड़ा और उन पर झपट पड़ी।

एक क्षण के लिए तो हनुमान को लगा, जैसे उसने उन्हें पकड़ ही लिया है और उनकी गति सर्वथा अवरुद्ध हो गयी है। उन्होंने अपने सहज बचाव के लिए, उसके शरीर के मध्य भाग पर अपनी खुली हथेली का भरपूर प्रहार किया... सिंहिका को उस आघात ने कुछ पीड़ा पहुंचाई और वह उन्हें छोड़कर पलट भी गयी; किंतु हनुमान स्वयं अनुभव कर रहे थे कि इस प्रकार का युद्ध उनके लिए अधिक हितकर नहीं था।... जल के भीतर उन्हें अपनी शक्ति तथा संतुलन को — स्वयं को डूबने से बचाने के लिए प्रेरित किये रखना पड़ता था। फिर जो आघात उन्होंने किया था, उसका आधे से अधिक प्रहारक बल तो स्वयं जल ने सहन कर क्षीण कर दिया था। उससे इस जल-राक्षसी को कितनी चोट लगी होगी ? ऐसी पीड़ा से भला इतना बड़ा जंतु क्या विचलित होगा। उसके लिए तो कोई निर्णायक प्रहार होना चाहिए। और ऐसा प्रहार पानी के भीतर कैसे होगा ?...

तभी सिंहिका पुनः हनुमान पर झपटी। उसने अपना मुख और भी विकरालता से खोल रखा था, मानो मुख फाड़ने के ही आकार-प्रकार से वह उन्हें डरा देना चाहती हो... सहसा हनुमान के मन में एक विचार आया। जोखिम तो अवश्य था, किंतु दांव चल गया तो इस जल-राक्षसी से पूर्ण मुक्ति मिल जाएगी...

हनुमान स्वयं ही उसकी ओर बढ़े। उन्होंने अपने हाथ-पैर समेटकर, मंडूकाकार हो स्वयं को लघु बना लिया और जल के साथ-साथ स्वयं ही सिंहिका के मुख में प्रवेश कर गये... अब स्फूर्ति और शक्ति — दोनों का ही परीक्षण था। इस बात को कदाचित् सिंहिका ने भी समझ लिया था। उसने तत्काल अपना मुख बन्द करने का प्रयत्न किया और हनुमान उतनी ही त्वरा से पलटे; बाहर की ओर चेहरा कर अपने हाथ-पैर खोले तथा अपने पूर्ण आकार में आने का प्रयत्न किया। सिंहिका, अपने दोनों जबड़ों को दबाकर

हनुमान को पीस देने के प्रयत्न में थी और हनुमान सीधे खड़े हो, अपने हाथ-पैरों को अकड़ाकर उसके जबड़ों को चीर देना चाहते थे... स्फूर्ति की परीक्षा में हनुमान जीत चुके थे। अब शक्ति-परीक्षण था — यदि सिंहिका अपना मुख बंद करने में सफल हो जाती तो हनुमान उसके बन्द मुख में भोजन के एक कड़े ग्रास के रूप में स्वत: चबाए जाते; और यदि हनुमान अपने हाथ-पैरों को सीधा कर, उनकी पूरी दूरी तक अकड़ाकर फैलाने में सफल हो जाते तो सिंहिका का मुख, बीच से चिरकर, दो भागों में बंट जाता...

एक क्षण के लिए हनुमान को लगा कि सिंहिका के जबड़ों का बल उन पर भारी पड़ रहा है... कदाचित् वे अपने हाथ और अधिक फैला तो नहीं पाएंगे, उसके पहाड़ जैसे जबड़े के दबाव में उनकी भुजाएं झुककर सिमट भी सकती हैं... ऐसी संभावना का विचार-मात्र ही उन्हें ऐसा विचलित कर गया, जैसे ब्रह्मांड ही चूर-चूर हो रहा हो... हनुमान ने अपने हाथों के नख सिंहिका के ऊपरी जबड़े में धंसा दिये और अपने दाहिने पैर से उसके कंठ पर भीषण प्रहार किया। इस आकस्मिक आघात से सिंहिका भी विचलित हो गयी। उसके जबड़ों का दबाव कुछ ढीला पड़ा... हनुमान के लिए इतना ही समय पर्याप्त था। उनके हाथ-पैर अकड़कर पूरी लंबाई तक फैल गये।

सिंहिका का शरीर ढीला पड़ गया... उसके दोनों जबड़ों के बीच की हड्डियां कड़कड़ा गयीं और मांस के फटते ही रक्त की धारा बह निकली।

हनुमान तत्काल बाहर निकले और उस जल-राक्षसी के रक्त से लाल हुए पानी को पार करते हुए, क्षिप्र गति से आगे बढ़ गये।

यांत्रिक ढंग से तैरते हुए जब वह उस भयावह राक्षसी के पर्याप्त दूर निकल गये और उसके पुन: झपट पड़ने की संभावना जब उनके मन से पूर्णत: निकल गयी, तो मन में उल्लास भरे उनकी आंखों ने अपने आस-पास के दृश्य को देखा। सहसा ही जल-जंतु कहीं विलीन हो गये थे। जल के बहाव का दबाव बहुत क्षीण हो गया था, जैसे वे पुन: सोये हुए जल के क्षेत्र में प्रवेश कर रहे हों। उन्होंने दृष्टि को सामने फेंका — सामने कुछ दूरी पर अनेक वृक्षों के झुंड-के झुंड दिखाई पड़ रहे थे, जैसे कोई वन-श्रेणी खड़ी हो।

तो क्या यात्रा संपन्न हुई ?

हनुमान का मन अत्यन्त हल्का हो गया। उन्होंने प्राय: असंभव कार्य को संभव कर दिखाया था।... वे जब चले थे तो ऊपर से कुछ भी कहते, उनका मन पूरे विश्वास से यह नहीं कह पा रहा था कि वे सफलकाम होंगे... किंतु अब घटनाएं सिद्ध कर रही थीं कि सागर-संतरण में वे सफल हुए थे... सामने वन-श्रेणी थी, उसके पीछे त्रिकूट पर्वत था और उस पर लंका बसी हुई थी।

हनुमान ने धरती पर पैर रखा तो उनका शरीर थककर चूर-चूर हो चुका था; किंतु मन में इतना उल्लास था कि जैसे दस बार इस सागर को पार कर जाएंगे, तो भी नहीं थकेंगे।

उन्होंने अपने मन का उल्लास समेटा और एक वृक्ष के तने से टिककर, सुस्ताने के लिए पैर फैला दिये। अपनी फैली हुई टांगों पर उनकी दृष्टि पड़ी और फिर वही दृष्टि ऊपर की ओर यात्रा करती हुई अपनी धोती, पेट, वक्ष और भुजाओं से कंधों तक का निरीक्षण कर गयी। सारे शरीर पर सागर के खारे पानी का नमक जमा हुआ था और शरीर पर एक विचित्र प्रकार की भुरभुरी-सी सफेदी छायी हुई थी। धोती तो जाने सागर के किन-किन तत्त्वों से कौन-सा रंग ग्रहण कर चुकी थी...

उन्होंने अपने हाथों से मलकर, कुछ रगड़कर शरीर से सागर का क्षार उतारने का प्रयत्न किया। सूखा नमक भुरभुराकर गिरा भी; किंतु इतने से शरीर स्वच्छ तो नहीं हो सकता था। उसके लिए आवश्यक था कि वे किसी स्थान पर ठहरकर निर्मल जल से अच्छी प्रकार स्नान करते... पर ठहरने का समय किसके पास था... संध्या ढल रही थी...

हनुमान उठकर खड़े हो गये।

इतनी लंबी जल-यात्रा के पश्चात पृथ्वी पर पैर जैसे सीधे नहीं पड़ रहे थे। तलुवे कठोर भूमि का स्पर्श भूल गये थे और टांगों को शरीर का बोझ उठाने का अभ्यास नहीं रह गया था। हनुमान मुसकराए — कैसा होता है यह मनुष्य का शरीर भी।

रेतीली भूमि से वे कुछ अधिक कठोर भूमि पर आ गये। वृक्ष पीछे छूट गये और खुला मैदान आ गया। उसके पश्चात कुछ ऊंची भूमि आरम्भ हो गयी थी... कदाचित् इसी को त्रिकूट पर्वत कहा जाता हो... उसके ऊपर बने अनेक ऊंचे-ऊंचे भवन दिखाई पड़ रहे थे... पथ आए और फिर नगर का परकोटा भी दिखायी देने लगा।

प्रदोष काल था और मुख्य द्वार से अनेक लोग नगर में प्रवेश कर रहे थे। भीड़ में अनेक प्रकार के लोग थे, और जाने वे कहां से आ रहे थे।

हनुमान ने एकांत स्थान ढूंढ़कर अपनी भुजाओं के अंगद तथा गले का कंठहार उतारकर अपनी धोती में खोंस लिये। अब उनके शरीर पर कोई आभूषण नहीं था। विशिष्ट वस्त्र तो कोई था ही नहीं। घुटनों से ऊपर तक की बंधी हुई, मैली-कुचैली-सी नाना-वर्णा धोती थी, जिसका मूल रंग खोज पाना अब संभव नहीं था।

भीड़ के पीछे-पीछे हनुमान भी चल पड़े। तोरण के पश्चात अनेक मार्ग आरम्भ हो जाते थे और वे अनेक छोटे-छोटे द्वारों के भीतर चले जाते थे। हनुमान उन फाटकों के निकट से चलते गये। प्रत्येक फाटक पर सशस्त्र प्रहरी खड़े थे और वे विभिन्न लोगों से विभिन्न प्रकार के प्रश्न पूछ रहे थे। हनुमान उन फाटकों को पीछे छोड़ते गये। अंतिम फाटक को झांककर देखा। लगा, वहां कोई नहीं है। न कोई प्रवेश करने वाला और न कोई पूछताछ करने वाला। उन्होंने सिर झुकाया और चुपचाप प्रवेश कर गये।

किंतु वह फाटक भी सर्वथा अरक्षित नहीं था। कदाचित् वह विशिष्ट जनों के प्रवेश के लिए था, अतः सर्वसाधारण वहां भीड़ लगाये नहीं खड़े थे।

हनुमान के प्रवेश करते ही किसी ने उन्हें टोक दिया, ''ऐ, कहां जा रहा है ?''

हनुमान ने गर्दन उठाकर देखा — प्रहरी। किंतु शायद वह पुरुष नहीं था, स्त्री

थी। स्त्री प्रहरी। तो लंका में स्त्रियां भी प्रहरियों का काम करती हैं !

''आंखें फाड़कर मेरी ओर क्या देख रहा है ?'' वह पुनः बोली, ''मैं पूछ रही हूं, कहां जा रहा है ?''

''लंका में ?''

''क्या काम है ?''

''घूमने-फिरने आया हूं।'' हनुमान ने बात बनायी, ''सुना है लंका में ऊंचे-ऊंचे प्रासाद तथा लंबे-चौड़े पथ हैं। उन्हें ही देखने आया हूं। देखकर लौट जाऊंगा।''

''देखकर लौट नहीं जाएगा तो क्या उन्हें साथ ले जाएगा !'' वह बोली, ''तू सैलानी है ?''

''हां !'' हनुमान ने स्वीकृति में सिर हिला दिया।

प्रहरी ने घूरकर हनुमान को ऊपर से नीचे तक देखा, ''तू सैलानी है ! तेरे-जैसे लोग कब से घूमने-फिरने के लिए लंका में आने लगे ? तेरा बाप उरपुर का नगर-श्रेष्ठि है क्या, जो तू भ्रमण करने चला आया ? हैं ? कौन है तू ? कहां से आया है ?''

हनुमान चिंतित हो गये... यह अति साधारण व्यक्ति का वेश उपयुक्त नहीं था। वे क्या जानते थे कि लंका-प्रवेश में यही वेश बाधक बन जाएगा।... यदि इसने अपने सहायक बुला लिये और उन्होंने उनका निरीक्षण किया तो उनके अंगदों तथा कंठहार के साथ-साथ, राम की मुद्रिका भी पकड़ी जाएगी... यदि पहचान लिये गये तो संकट उपस्थित हो जाएगा... न पहचाने गये तो स्वर्णाभूषणों की चोरी के आरोप में धर लिये जा सकते हैं... राम की मुद्रिका ही छिन गयी तो सीता को विश्वास दिलाना ही कठिन हो जाएगा। सब क्रिया-धरा बेकार चला जाएगा...

''कौन है तू ?'' स्त्री ने पुनः धमकाकर पूछा, ''धूर्त ! मुझे धोखा देना चाहता है — नगर-रक्षिका, लंका-राक्षसी को। दिन-भर में तेरे जैसे यहां सहस्रों आते हैं। बोल, कौन है तू ?''

और लंका-राक्षसी ने अपने पौरुषपूर्ण हाथ का भरपूर वार हनुमान के मुख पर किया।

हनुमान कुछ विचलित हुए। यह थी तो स्त्री; किंतु प्रहरी-कर्म कर रही थी और शरीर से बलवान थी। वह इसी प्रकार प्रहार करती रही, अथवा उसके सहायक आ गये तो ?

इससे पूर्व कि लंका दूसरा प्रहार करती, हनुमान ने झपटकर उसकी भुजा पकड़ी और उसे ऐंठते चले गये।

लंका ने कराहकर सिसकी भरी — उसकी भुजा में कदाचित् पीड़ा होने लगी थी, ''क्या कर रहा है रे, देहाती ?'' वह धीरे से बोली, ''तुझे नगर में प्रवेश करना है तो जा, चला जा। तेरे जैसे कितने ही कंगले यहां रोटियां कमाते हैं... मेरी बांह क्यों तोड़ रहा है !''

हनुमान कुछ नहीं बोले। उन्होंने उसकी बांह कुछ और ऐंठ दी।

"अरे, छोड़ भी, मूर्ख !" वह फिर कराही।

"किसी को पुकारोगी तो नहीं ?"

"नहीं ! मुझे अपनी आजीविका खोनी है क्या ? वे लोग पहले ही मेरी पदोन्नति नहीं कर रहे कि स्त्रियों से प्रहरी-कर्म नहीं होता। अपनी असमर्थता जताकर क्या मिलेगा मुझे ?... छोड़ मुझे और भाग !"

हनुमान ने उसे जोर का धक्का दिया और पूरी शक्ति से नगर की ओर भागे... कुछ दूर निकल गये तो थककर एक वृक्ष के पीछे छिप गये। झांककर देखा — उनके धक्के से लंका भूमि पर गिर पड़ी थी। वह चुपचाप उठी और अस्फुट-सा कुछ बड़बड़ाती हुई हाथ-पैर झाड़कर अपने स्थान पर बैठ गयी। उसने किसी को पुकारने अथवा सूचना देने की आवश्यकता नहीं समझी।

हनुमान निश्चिंत होकर नगर की ओर मुड़ गये।

युद्ध-2

प्रथम खण्ड

1

हनुमान लंका के एक चतुष्पथ पर खड़े सोच रहे थे कि वे क्या करें ? कहां जाएं और किससे पूछें ? जब तक लंका में प्रवेश नहीं किया था, तब तक तो यही लगता था कि सागर-संतरण ही सबसे बड़ी समस्या है। सागर पार किया नहीं कि सीधे वहां जा पहुंचेंगे जहां सीता होंगी। उनके दर्शन कर, उनकी कुशलता तथा व्यथा संबंधी वार्तालाप कर तत्काल लौट जाएंगे।... तब यह कहां सोचा था कि लंका नगरी स्वयं अपने आप में एक अथाह सागर है जिसका कोई ओर-छोर नहीं है। जिस ओर निकल जाओ, कोई अन्त नहीं, कोई सीमा नहीं। जाने कितनी किष्किंधा नगरियां इस एक लंका में ही समा जाएं। राजमार्गों का सीमाहीन जाल बिछा हुआ है। जिस मार्ग पर निकल जाओ, बड़े-बड़े उद्यान मिलते हैं। उसके पश्चात् ऊंची-ऊंची अट्टालिकाएं हैं, प्रासाद हैं, महानिलय हैं, महालय हैं। उनके ऊंचे-ऊंचे विशाल फाटक हैं, ऊंची-ऊंची प्राचीरें हैं। सब ओर पहरे का प्रबंध है। बाहर से भीतर का समाचार जानना असंभव है।...

हनुमान ने बहुत सारे राज्य और राजधानियां देखी थीं, किंतु लंका जैसा नगर पहले कभी नहीं देखा था... प्रासादों की पंक्तियों के परे, राजमार्गों से कुछ हटकर साधारण भवन थे। उन भवनों की भी जैसे अपनी पुरियां बसी हुई थीं... और सबसे अन्त में कच्चे घर थे, कुटीर, झुग्गियां, झोंपड़ियां... सागर-तट की दुर्गंध, कीच तथा अन्य प्रकार की गंदगी में बसे वे लोग... लगता था यह मानव-यातना का एक पृथक् सागर था। निर्धनता, असुविधा, शोषण, वंचना, क्रूरता और अज्ञान में पले ये लोग देखने वालों की आंखों को कष्ट देते थे। मन में उनके प्रति करुणा न हो तो उनके प्रति घृणा और विरोध जागता था कि इतने साफ-सुथरे नगर में ये गन्दे लोग कहां से आ गए; और उन्हें भी मनुष्य मानकर उनके प्रति मन में करुणा और ममता रखकर देखो तो स्पष्ट दिखाई पड़ने लगता था कि वे धन के विषम तथा अन्यायपूर्ण वितरण के षड्यन्त्र में फंसे, कष्ट पाते हुए दुःखी लोग थे, जो अपनी असुविधाओं के विरुद्ध लड़ते हुए भी व्यवस्था के क्रूर रक्षकों के द्वारा अभावों में जीने के अभ्यस्त बनाए जा रहे थे... वाली के राज्य-काल में किष्किंधा में भी कुछ ऐसा ही घटित हो रहा था, किन्तु वहां निर्धनता के साथ-साथ वैभव का इतना विराट् प्रदर्शन नहीं था। लंका में इतनी अट्टालिकाओं की पृष्ठभूमि में सागर-तट

पर धूप और कीचड़ में जीने वाले ये लोग अधिक वंचित और पीड़ित लगते थे।

क्षमता भर, लंका में इधर-उधर घूमकर, हनुमान पुनः इस चतुष्पथ पर आकर खड़े हो गए थे। अब तक वे यही निश्चय नहीं कर पाए थे कि सीता की खोज कहां से आरंभ करें ?... सीता का अपहरण रावण ने किया था... यथासंभव वह उनकी हत्या नहीं करेगा। हत्या ही करनी होती, तो पंचवटी से उठाकर लंका तक लाने की क्या आवश्यकता थी ? हत्या तो पंचवटी में भी हो सकती थी। फिर रावण तो अपनी लंपटता के लिए प्रसिद्ध था। सुन्दर स्त्री की हत्या वह कदाचित् ही करेगा... अधिक संभावना इसी बात की है कि उसने देवी वैदेही को कहीं बंदी कर रखा होगा और संभवतः उन्हें मानसिक और शारीरिक यातनाएं दे रहा होगा... सीता का अपहरण यदि रावण ने अपने लिए किया है तो उन्हें मुख्य नगर से दूर, समुद्र-तट की गंदी बस्तियों में नहीं रखेगा। वह उन्हें अपने निकट, अपने वैभव के बीच बंदिनी रखेगा...

किंतु किससे पूछें हनुमान ! चारों ओर राक्षसों का जन-पारावार है। लोग ही लोग। राजमार्ग से तनिक हटकर खड़े हो जाओ तो ऐसा लगता है जैसी किसी सरिता-तट पर खड़े हों, जिसमें जलकणों के स्थान पर मानव बह रहे हों। पता नहीं कहां से इतने लोग एक ही नगर में एकत्रित हो गए हैं और कहां आ-जा रहे हैं इतने लोग ? क्या करते हैं इतने लोग ? किंतु हनुमान इनमें से किसी से कुछ नहीं पूछ सकते। सीता का नाम मुख पर आते ही उन पर संदेह किया जा सकता है। इन राक्षसों के मन में रावण के प्रति भक्ति भी होगी ही। किसी को भी संदेह हुआ तो तत्काल राजपुरुषों को सूचना हो जाएगी... और यह तो हनुमान ने देख ही लिया था कि प्रत्येक राजमार्ग पर अनेक राजपुरुष तथा सैनिक घूमते हुए दिखाई दे जाते थे। वे सैनिक साधारण दंडधर नहीं थे — वे सशस्त्र सैनिक थे। उनके हाथों में सामान्यतः शूल या पट्टिश थे; कुछ चतुष्पथों पर धनुर्धारियों की टुकड़ियां भी देखी थीं। बीच-बीच में अश्वारोहियों की टोलियां भी दिखाई पड़ जाती थीं...

हनुमान उनसे भयभीत नहीं थे। युद्ध की बात और है; किंतु यहां तो वे जानकी का संधान करने आए थे। राक्षसों को संदेह हो गया और बात सैनिकों तक जा पहुंची तो अकेले हनुमान इतने शस्त्रधारी सैनिकों के साथ कैसे लड़ेंगे ! यदि वे बंदी हो गए या उनका वध हो गया तो जानकी का संधान कौन करेगा ? वे राक्षसों की पकड़ में न आए और लंका से निकल भागने में सफल हो भी गए तो सीता का संधान तो नहीं ही हो पाएगा, उल्टे कुछ अनिष्ट हो सकता है... नहीं ! हनुमान को बहुत सावधान रहना होगा।

झुटपुटा अंधकार में परिणत होता जा रहा था। एक ओर हनुमान की चिंता बढ़ती जा रही थी कि अंधकार में जानकी की खोज कहां करेंगे और दूसरी ओर उनके मन में आशा का संचार भी हो रहा था कि अंधेरे में वे कुछ अधिक स्वतंत्रता से इस लंका में घूम-फिर सकेंगे। इस समय तो कहीं भी जाने पर उनके पहचान लिये जाने की संभावना थी...

सहसा राजमार्ग के दोनों ओर लगे हुए राजकीय दीपक जलने आरंभ हो गए। अनेक सेवक उल्काओं तथा सीढ़ियों के साथ प्रकट हो गए थे और स्तंभों के साथ सीढ़ियां लगा, उल्काओं की सहायता से उन दीपकों को प्रकाशित करते जा रहे थे। गोधूलि वेला के समय जो छिटपुट-सा अंधकार छा गया था, दीपक के प्रकाशित होने से अब वह अंधकार भी नहीं रह गया था। हनुमान की अपेक्षा के अनुसार मार्गों पर यातायात तनिक भी कम नहीं हुआ लग रहा था। अन्तर मात्र इतना ही था कि पहले मार्गों पर कामकाजी लोगों की भीड़ थी और अब मनोरंजनार्थ घूमने-फिरने वाले सैलानियों का बाहुल्य हो गया था। पहले भार ढोने वाले पशु तथा यात्रा करने वाले रथ मार्गों पर दौड़ते फिर रहे थे और अब जैसे-जैसे रात अधिक घिरती जाती थी, बहुमूल्य घोड़े वाले, सुन्दर काम किए हुए, ऐश्वर्यपूर्ण रथों की संख्या बढ़ती जा रही थी। कुछ रथ चारों ओर से पूर्णतः बन्द थे, कुछ आधे खुले और कुछ पूरी तरह खुले थे। उनमें बैठे हुए राक्षस स्त्री-पुरुषों को भली प्रकार देखा जा सकता था। उनके वस्त्र बहुमूल्य थे। उनके शरीरों पर विभिन्न प्रकार के अंगरागों, चंदन तथा कस्तूरी का लेप था। सारी देह पुष्पों तथा स्वर्णाभूषणों से ढंकी हुई थी। स्त्रियों के शरीर से सुगंधों की लपटें उठ रही थीं। एक रथ निकल जाता तो घड़ी भर तक के लिए वायु-सुगंधित हो उठती थी। हनुमान अनुमान लगा रहे थे — जितना धन एक स्त्री ने अपने शरीर को सुगंधित करने में व्यय किया था, उतने में निश्चित रूप से एक निर्धन परिवार के एक समय का भोजन खरीदा जा सकता था।

निरीक्षण करते हुए हनुमान मार्ग पर चलते गए। मार्ग पर आते-जाते लोगों की भीड़ के साथ ही साथ सशस्त्र प्रहरियों की संख्या भी बढ़ गयी थी। दिन के समान ही, रात को भी लोग निर्द्वन्द्व होकर घूम रहे थे... वरन् आश्चर्यजनक बात यह थी कि दिन के समय फिर भी मार्गों पर कुम्भकर, श्रमिक तथा विभिन्न लोग दिखाई पड़ जाते थे; रात के समय तो उन्हीं मार्गों पर जैसे लंका का वैभव ही बिखर आया था। लगता था, नगर के समस्त सम्पन्न लोग, अपने सर्वश्रेष्ठ परिधान धारण किए हुए अपनी सम्पूर्ण प्रसाधन-क्षमता का उपयोग कर प्रदर्शन के लिए बाहर निकल आए थे। आवश्यकता की छोटी-मोटी वस्तुओं की दुकानें तो बन्द हो गयी थीं, किन्तु बहुमूल्य आभूषणों और प्रसाधनों के बड़े-बड़े हाट खुले थे, जहां राक्षस स्त्री-पुरुषों की भीड़ लगी हुई थी। साथ ही हनुमान ने आश्चर्य से देखा, दिन के प्रकाश में या तो उनका ध्यान इस ओर नहीं गया था, या दिन के समय बंद थे, रात्रि के साथ ही सब ओर अनेक भोजनालय दिखाई पड़ने लगे। भोजनालय बहुत भली प्रकार सज्जित और प्रकाशित थे। उनमें विभिन्न प्रकार के व्यंजन बनाए जा रहे थे, जिनकी गंध का आभास मार्ग चलते व्यक्ति को भी हो जाता था। मांस के भुने और तले जाने की तीव्र गंध सब ओर व्याप्त थी। मदिरा के भांड़ प्रमुखता से प्रदर्शित किए गए थे और अनेक भोजनालयों से नृत्य और गायन का भी स्वर आ रहा था।

बहुत सारा नगर घूम लेने पर सहसा हनुमान ठिठककर खड़े हो गए। ऐसे व्यर्थ

घूमते रहने का लाभ ? इस नगर के लोग तो लगता है कि रात-भर खाते-पीते और घूमते रहेंगे। उनके लिए प्रकाश तथा सुरक्षा की व्यवस्था इतनी अधिक थी कि कदाचित् वे देर रात गए तक अपने आमोद-प्रमोद और विलास में मग्न रहेंगे। कदाचित् इसीलिए उन्हें निशाचर कहा जाता है। किन्तु हनुमान क्यों व्यर्थ ही स्वयं को थका रहे हैं ? इन पथों में घूमने तथा भोजनालयों में झांकने से तो जानकी का संधान नहीं होगा। वे इन राक्षसों के समान भोजन करने के लिए यहां नहीं आएंगी और न कभी रावण ही अपहृताओं को लेकर यहां आता होगा... उन्हें अपनी खोज को सार्थक दिशा में मोड़ना चाहिए।

भूख का विचार मन में जग रहा था। प्रातः ही अपने साथियों के साथ स्वयंप्रभा के ग्राम में जो भोजन किया था, उसके पश्चात् से न उन्हें उसका विचार ही आया था और न उन्हें अवसर ही मिला था। चलते समय शरगुल्म ने अवश्य याद दिलाई थी, किन्तु वह उपयुक्त अवसर न था। पर इस समय भोजन कहां करेंगे ? सर्वसाधारण का जो वेश उन्होंने बनाया था, वह एक ही संध्या में दूसरी बार आड़े आ रहा था। इन भोजनालयों में केवल धनाढ्य वर्ग के ही लोग आ-जा रहे थे। वे इन राक्षसों में सर्वथा भिन्न दिखाई पड़ेंगे। किसी को संदेह हो गया तो इतना उद्यम कर, इतनी दूर लंका में आकर भी सीता का संधान नहीं हो पाएगा। भोजन की ऐसी क्या बात है, हनुमान के शरीर में इतनी क्षमता तो है ही कि एक-आध समय बिना भोजन के भी रह सकें... और फिर कहीं सुरक्षित ढंग से भोजन मिल भी गया तो उसके पश्चात् निद्रा की समस्या सताएगी।... नहीं ! आज की रात न भोजन, न निद्रा... आज तो केवल जानकी का संधान...

पण्यों और हाटों को पीछे छोड़ते हुए, हनुमान आगे बढ़ते चले गए — उधर, जिधर उन्होंने बड़ी-बड़ी अट्टालिकाएं देखी थीं... किंतु सहसा उनके पग रुक गए। ऐसे ही बढ़ते जाने का क्या अर्थ हुआ ? किसी से पता तो कर लें कि रावण का महामहालय है किस ओर; अन्यथा यदि उसकी विपरीत दिशा में ही बढ़ते चले गए तो लौटने में ही उषाकाल हो जाएगा।

उन्हें इस प्रकार स्तंभित-से खड़े देख, सहसा एक सशस्त्र राजपुरुष आकर उनके सम्मुख रुक गया, ''ए वानर ! यहां क्या कर रहा है ?''

हनुमान कुछ चकित हुए। बिना कोई प्रश्न किए ही उस राजपुरुष ने उन्हें पहचान लिया था। इसका अर्थ यह हुआ कि ये लोग वानर जाति के व्यक्ति को अलग से पहचान लेते हैं। तो वानर यहां आते-जाते रहते होंगे। पर उस राजपुरुष के स्वर में तनिक भी शिष्टता नहीं थी।

''मैं एक निर्धन परदेसी हूं, भाई !''

''वह तो देख रहा हूं।'' राक्षस कठोर स्वर में बोला, ''इस समय यहां व्यर्थ डोलते मत फिरो। चोरी के आरोप में धरकर कोई दास बना लेगा, तो सारा जीवन उसकी सेवा में हड्डियां घिसते रहोगे।'' उसने रुककर अंगुली से एक ओर इंगित किया, ''जाओ उधर, सागर-तट पर निर्धनों और दासों के मुहल्ले में कहीं पड़कर रात काट लो। इस समय

यह स्थान लंका के धनाढ्य निशाचरों के विलास का है।''

हनुमान को लगा, वे तत्काल टल नहीं गए तो बात बढ़ जाएगी और वह राजपुरुष शस्त्र निकाल लेगा।

वे चुपचाप आगे बढ़ गए। वे तो स्वयं ही किसी से कुछ पूछने की सोच रहे थे और यहां बिना पूछे ही स्थिति यह हो गयी है कि एक स्थान पर रुकने में भी खतरा लगता था। यदि हनुमान के मन में एक लक्ष्य न होता, यदि वे सीता के संधान की दृष्टि से यहां न आए होते, तो उन्हें इन राक्षसों से तनिक भी घबराहट न होती। इस राजपुरुष को भी उन्होंने उपयुक्त पाठ पढ़ाया होता... किन्तु उनके सामने अपना लक्ष्य है। वे न तो अपने लक्ष्य से तनिक भी हट सकते हैं और न ही किसी भी ऐसे काम में उलझना चाहते हैं, जिससे लक्ष्य-प्राप्ति में व्यवधान उपस्थित होने की संभावना हो। जीवन में अपना लक्ष्य लेकर चलने वाला व्यक्ति इधर-उधर के स्फुट आकर्षणों तथा संघर्षों में नहीं उलझता। वह तो वन्य-शूकर के समान सिर झुकाए चलता है और सीधा अपने लक्ष्य पर प्रहार करता है। बात बड़ी सीधी है — या तो छोटे-मोटे झंझटों को सुलझाते चलो, या फिर सीधे अपने महान् लक्ष्य तक पहुंचो। दोनों बातें एक साथ तो संभव नहीं हैं...

अनेक कंठों के सम्मिलित हास्य की ध्वनि से हनुमान चौंके।

वे एक दीवार के साथ-साथ चले जा रहे थे। हास्य ही ध्वनि उस दीवार की दूसरी ओर से आ रही थी। दीवार बहुत दूर तक चलती चली गयी थी। हनुमान ने रुककर इधर-उधर देखा — कहीं कोई नहीं था। पथ निर्जन था। हनुमान ने उचककर दीवार पर अपनी अंगुलियां जमाई और भुजाओं के बल अपने शरीर को ऊपर उठाया। वे भीतर का दृश्य देखने में सफल हो गए। अंदर एक बहुत विस्तृत उपवन था। रात के इस समय भी वहां उल्काओं के बल पर दिन का-सा प्रकाश जगमगा रहा था। सैकड़ों स्त्री-पुरुष, सुन्दर वस्त्राभूषण पहने, परस्पर हास-विलास में मग्न थे। उनके हाथों में या तो चषक थे या कुछ नये प्रकार के पात्र। प्रत्येक व्यक्ति कुछ-न कुछ खा-पी रहा था। अनेक दास विभिन्न प्रकार के व्यंजन लिये, परोसने का कार्य कर रहे थे।

हनुमान नीचे उतर आए।

क्या यह रावण का प्रासाद है ?

सामने से किसी के आने के आभास से उनका ध्यान भंग हुआ। सिर उठाकर देखा — आगंतुक अपनी वेशभूषा से किसी का भृत्य अथवा दास दिखाई पड़ता था। उससे पूछने में हानि की कोई संभावना नहीं थी। वह न राजपुरुष था, न सैनिक।

''क्यों भाई !'' हनुमान ने नम्रतापूर्वक उसे पुकारा, ''यह क्या सम्राट् का निवासस्थान है ?''

''नहीं !'' वह व्यक्ति हंसा, ''यह तो एक श्रेष्ठि का उद्यान है, भाई। इतने छोटे-से प्रासाद में कहीं राजाधिराज रहते हैं !''

''ये लोग इस समय यहां एकत्रित होकर क्या कर रहे हैं ?''

''खान-पान। हास-विलास।'' वह मुसकराया।

''ये लोग भोजनालयों में नहीं जाते ?'' हनुमान ने निरर्थक ही पूछा।

''भोजनालयों में साधारण लोग जाते हैं, भाई।'' वह व्यक्ति रस लेकर बोला, ''ये बड़े लोग हैं। भोजनालय इनके घर आते हैं।''

ओह, हनुमान ने सोचा — वे तो भोजनालय में जाने वालों को ही धनाढ्य वर्ग मान बैठे थे।

''तो सम्राट का प्रासाद कहां है ?''

''महामहालय प्रासाद ?'' वह व्यक्ति बोला, ''थोड़ा पीछे लौट जाओ और बायीं ओर मुड़कर सीधे चलते जाना। अपने-आप उसके सामने पहुंच जाओगे।''

हनुमान ने उस व्यक्ति को सर्वथा आपत्तिशून्य पाया। उसने न तो उनकी जिज्ञासा को संदेह की दृष्टि से देखा था, न उनके विषय में जानना चाहा था और न ही यह पूछा था कि वे सम्राट् के प्रासाद के विषय में क्यों पूछ रहे हैं।

प्रश्न में हानि न देख, उन्होंने पुनः पूछा, ''उस प्रासाद को मैं पहचानूंगा कैसे ?''

''अरे, अपने आप पहचान जाओगे।'' वह बोला, ''बहुत बड़ा प्रासाद है। बहुत सारी सीढ़ियां चढ़कर प्रवेशद्वार तक पहुंचा जाता है। बहुत ऊंचा तोरण है। प्रासाद के चारों ओर गहरी परिखा है और फिर बहुत ऊंची प्राचीर है। असंख्य रक्षक खड़े हैं। बहुत पूछ-पड़ताल है — कौन हो ? क्या कर रहे हो ? खड़े क्यों हो ? चल क्यों रहे हो ? यहां क्यों आए हो ? इस दिशा में क्यों चल रहे हो ? इसकी विपरीत दिशा में क्यों नहीं चल रहे ? इसी समय क्यों आए ? किसी और समय क्यों नहीं आए ?... वह रुककर मुसकराया, ''अब भी पहचान पाओगे या नहीं ?''

''पहचान लूंगा, भाई।'' हनुमान ने बहुत नम्रता से उसे नमस्कार किया और चल पड़े।

दो-तीन बार मुड़कर उन्होंने उस व्यक्ति को देखकर पुष्टि कर ली कि उसे उन पर संदेह तो नहीं हुआ; वह उनके पीछे-पीछे तो नहीं आ रहा, रुककर उनका निरीक्षण तो नहीं कर रहा... पर वह अपने मार्ग पर आगे बढ़ गया था। हनुमान उस व्यक्ति के निर्देश के अनुसार बायीं ओर मुड़ गए तो उसका दिखाई पड़ना भी बंद हो गया।

उस व्यक्ति की सूचना एकदम ठीक थी।

महामहालय प्रासाद को पहचानने में हनुमान को तनिक भी कठिनाई नहीं हुई। उसका ऊंचा तोरण, ऊंचा प्राचीर, असाधारण प्रकाश तथा रक्षा के लिए सन्नद्ध खड़े धनुर्धारी तथा परिभ्रमण करती सशक्त सैनिक टुकड़ियां... दूर से ही सारे लक्षण एक साथ ही दिखाई पड़ने लग गए थे।

हनुमान सतर्क हो गए। प्रायः आधी रात बीत गयी थी, किंतु वहां सुरक्षा का इतना अधिक प्रबंध था कि पक्षी भी पास न फटक सके। रक्षा-व्यवस्था रावण जैसे सम्राट् के

महामहालय के ही अनुकूल थी — हनुमान सोच रहे थे — पर यह भी तो संभव था कि रावण ने सीता को लाकर यहीं बंदी कर रखा हो... इसलिए सुरक्षा-व्यवस्था पर इतना अधिक बल हो, अन्यथा सुरक्षा के लिए तो यह परिखा और प्राचीर ही पर्याप्त थी।

अब तो चाहे कितना ही कठिन क्यों न हो, इस प्राचीर के भीतर जाकर देखना ही होगा कि जानकी विषयक कोई सूचना मिल सकती है या नहीं।

हनुमान महामहालय के निकट नहीं गए। निकट जाना जोखिम का काम था। प्रहरियों की दृष्टि अवश्य ही उन पर पड़ जाती। जब हाट में एक निर्धन व्यक्ति का वर्तमान होना राक्षसों के लिए संदेहास्पद तथा आपत्तिजनक था, तो यह तो सम्राट का प्रासाद था। यहां तो उनकी दृष्टि में आते ही हनुमान अवश्य धर लिये जाएंगे।

वे वापस मुड़े और दूसरी दिशा में घूमकर, महामहालय के पिछले भाग की ओर लौटे। पिछले भाग में न तो उतना प्रकाश था, न उतनी रक्षा-व्यवस्था। किन्तु इधर न कोई प्रवेशद्वार था, न कोई गवाक्ष। कदाचित् इसीलिए यहां रक्षा-व्यवस्था की आवश्यकता नहीं समझी गयी थी।

दूर-दूर तक टिमटिमाते हुए कुछ दीपक उन्हें दिखाई पड़ रहे थे, किन्तु उनका प्रकाश वहां कुछ देखने में सहायक नहीं था। हां, चन्द्रमा का प्रकाश इतना तो दिखा ही जाता था कि इस ओर परिखा अपेक्षाकृत अधिक चौड़ी थी और प्राचीर कुछ अधिक ऊंची। परिखा की गहराई का अनुमान उसमें उतरे बिना नहीं लगाया जा सकता था। किन्तु हनुमान के सम्मुख संकट परिखा की गहराई का नहीं था। जो व्यक्ति समुद्र को तैरकर पार कर आया था, वह परिखा की गहराई से क्या डरेगा ! किन्तु जल में उतरने से यदि शब्द हुआ और ऊपर प्राचीर पर यदि शब्द-वेधी बाण छोड़ने वाले धनुर्धारी बैठे हों तो सचमुच संकट की बात होगी। परिखा में मानव-भक्षी जंतु भी छोड़े गए हो सकते हैं... वैसे वहां की स्तब्धता देखकर तो वह स्थान निर्जन ही लगता था। न प्राचीर पर मानवों की हलचल थी, न जल में जंतुओं की।

हनुमान धीरे से परिखा में उतर गए। जल ठंडा और बदन को चुभने वाला था, किन्तु इतना ठंडा भी नहीं था कि सहा ही न जा सके। वे परिखा पार कर प्राचीर के निकट जा पहुंचे; किन्तु प्राचीर में अथवा उसके साथ लगता हुआ ऐसा कोई स्थान नहीं था, जिस पर वे खड़े हो सकते, अथवा जिसे पकड़कर प्राचीर के ऊपर तक पहुंचने का प्रयत्न करते।

वे प्राचीर के साथ-साथ तैरते चले गए और हाथों तथा दृष्टि की सहायता से परीक्षण करते गए कि कहीं कोई ऐसा स्थान हो, जहां से प्राचीर के ऊपर चढ़ने का प्रयत्न किया जा सके। तैरते-तैरते वे काफी आगे निकल गए और सहसा उनकी दृष्टि दूर टिमटिमाते हुए प्रकाश और उसमें दिखाई पड़ने वाले सैनिकों पर पड़ी। उनके हाथ-पैर थम गए... इसका अर्थ यह हुआ कि वे महामहालय के तोरण की ओर चले आए हैं। वे तत्काल पलटकर, पुनः पीछे की ओर तैरने लगे।

हनुमान का मन उदास हो गया — यदि सब स्थानों से यह परिखा और प्राचीर ऐसी ही है तो वे कदापि प्रासाद के भीतर प्रवेश नहीं कर सकेंगे। सीता की खोज के लिए यदि वे महामहालय के भीतर नहीं घुस सके तो सागर-संतरण का पराक्रम भी व्यर्थ ही जाएगा। क्या विडम्बना है कि जो व्यक्ति इतनी दूर से सागर और पर्वतों को पार कर आया हो, वह एक परिखा और प्राचीर के सम्मुख विवश होकर असफल सिद्ध हो रहा है... सुग्रीव द्वारा दी गयी अवधि के समाप्त हो चुकने के बहुत बाद वापस किष्किंधा पहुंचकर, वे यह सूचना देंगे कि वे लंका में तो प्रविष्ट हो गए थे; किन्तु रावण के महामहालय प्रासाद में प्रवेश करने में असमर्थ रहे, राम पर क्या प्रभाव पड़ेगा ? कहां खोजेंगे वे सीता को ? उन्होंने तो सुग्रीव को दिया गया अपना वचन तत्काल पूरा कर दिया; किन्तु सुग्रीव अपना वचन कैसे पूरा करेंगे ? राम के मन में सुग्रीव का क्या सम्मान रह जाएगा ? इस समय हनुमान पर मात्र अपनी सफलता-असफलता का ही बोझ नहीं है। सुग्रीव का सम्मान, राम का प्रतिशोध, संसार में से राक्षसी अनाचार का नाश, सीता का उद्धार, वानरों की राक्षसों के शोषण से मुक्ति... सबका बोझ आज हनुमान के कंधों पर है। हनुमान इतनी सरलता से हार नहीं मान सकते।

सहसा हनुमान को लगा कि कदाचित् भूख, थकान तथा नींद से भी उनका उत्साह मंद पड़ रहा है... अन्यथा वे इतनी जल्दी हार मानने वाले नहीं हैं। वे मारुति हनुमान हैं, जो पराजय के पश्चात भी हतोत्साहित नहीं होते, आज वे पराजय की संभावना से ही उत्साहशून्य हो रहे हैं।

हनुमान में पुनः ऊर्जा का संचार हो गया। वे तैरते-तैरते पुनः वहीं लौट आए, जहां से उन्होंने अपना अभियान आरंभ किया था। वे आगे बढ़ते गए। उनकी इच्छा विपरीत दिशा में तब तक प्रयत्न करते जाने की थी, जब तक कि तोरण के प्रकाश में रक्षकों द्वारा देख लिये जाने की सीमा नहीं आ जाती।

सहसा अंधकार में ही उनके हाथ प्राचीर के साथ लगे ऊबड़-खाबड़ पत्थर के स्पर्श से चौंके। यह क्या ? उन्होंने टटोलकर देखा... वह पत्थर प्राचीर का ही एक भाग था और परिखा के जल-स्तर के बराबर ऊंचाई पर था। या तो प्राचीर बनाते समय ही, उसे काटकर बराबर करने का परिश्रम बचाने के लिए राज उसे वैसा ही छोड़ गए थे; या फिर प्राचीर के इस खंड का कभी जीर्णोद्धार हुआ होगा; और यह पत्थर अभी काटकर बराबर नहीं किया था।... यह भी संभव है कि जल का स्तर सदा उस पत्थर से ऊंचा रहता हो और उस पर कभी किसी की दृष्टि न पड़ी हो...

हनुमान ने हाथ फेरकर अच्छी प्रकार उसके क्षेत्रफल को देखा-परखा, उस पर बड़ी कठिनाई से मात्र दो पंजे टिकाए जा सकते थे।... उन्होंने उचककर अपने पैरों के पंजे उस पर टिकाए और प्राचीर के सहारे उठकर खड़े होते गए। उन्हें लगा, यदि खड़े रहना भर होता तो उन्हें कोई विशेष कठिनाई नहीं थी। वे घड़ी-आधा घड़ी तक सरलता से खड़े रह सकते थे। किंतु अंधकार में वहां मूर्तिवत् खड़े-खड़े ठिठुरने की क्या सार्थकता

थी। उन्हें तो प्राचीर पर चढ़ना था और वैसा कर पाने का कोई मार्ग दिखाई नहीं दे रहा था। उस पत्थर पर टिके-टिके अंधकार में जितना संभव था, उन्होंने हाथों से टटोल-टटोलकर प्राचीर को परखा था; किंतु वह समतल ही नहीं, चिकनी भी थी। उसमें कहीं कोई ऐसा स्थान नहीं था, जिससे ऊपर चढ़ने में सहायता मिलती... अब एक ही उपाय था कि वे उस अंधकार में ही उछाल मारकर, प्राचीर की मुंडेर को पकड़ने का प्रयत्न करते।

सोचने-विचारने में उन्होंने अधिक समय नष्ट नहीं किया। वे अनिश्चित काल तक उस पत्थर पर खड़े नहीं रह सकते थे, और फिर किसी भी समय कोई व्यक्ति आ सकता था।... उन्होंने पंजों पर एक बार अपने शरीर को तौला और हाथों को आकाश की ओर सीधे तानकर स्वयं को ऊपर की ओर उछाल दिया।... ऋष्यमूक पर अज्ञातवास के दिनों में, पर्वतों की शिलाओं पर उतरने-चढ़ने का उन्होंने कठिन अभ्यास किया था। रस्सी के बिना, नीचे खड़े होकर, ऊपर की चट्टानों तक पहुंचने के लिए, उन्होंने स्वयं को इस प्रकार उछालने का अच्छा अभ्यास किया था।

उनके हाथ प्राचीर की मुंडेर को पकड़ते-पकड़ते फिसल गए... पता नहीं चला कि प्राचीर का यह भाग पहले से ही भुरभुराया हुआ था या उनकी पकड़ और बोझ से भुरभुरा गया। वे जिस प्रकार सीधे ऊपर उछले थे, उसी प्रकार सीधे परिखा के जल में जा गिरे — छप्प-छपाक्।

उनकी जैसे सांस ही रुक गई — ऐसा शब्द। दूर-दूर तक सुना जा सकने वाला शब्द — छप्प-छपाक्। इस ध्वनि को सुनकर कोई भी समझ सकता था कि कोई पानी में कूदा है। और महामहालय की परिखा में कोई क्यों कूदेगा ? यदि रक्षकों ने यह शब्द सुन लिया तो उल्काएं लेकर अवश्य ही दौड़ पड़ेंगे।... हनुमान कुछ क्षणों तक दम साधे पड़े रहे... किंतु नहीं। शायद किसी ने नहीं सुना था। 'छप्प' का शब्द, उनके अतिरिक्त सावधान मन में ही कदाचित् बहुत जोर से ध्वनित हुआ था। संभव है कि वह स्वयं में नगण्य-सा ही शब्द हो, जिसकी ओर किसी का ध्यान ही न गया हो। यह भी संभव है कि रावण के रक्षक मदिरा पीकर धुत्त हों और उनके कानों में धीमा या जोर का... कोई भी शब्द न जाता हो।

हनुमान के मस्तिष्क का तनाव कुछ कम हुआ तो उनका ध्यान अपने शरीर की ओर गया — दाएं हाथ की अंगुलियों के पोरों में से दो-तीन स्थानों पर थोड़ी त्वचा छिल गई थी। यह भुरभुरी प्राचीर के साथ रगड़ खाने के कारण हुआ था... और कदाचित् दोनों टांगों के घुटने भी थोड़ी या अधिक मात्रा में छिले हुए थे। उनका पता ही नहीं चला कि वे किस वस्तु से रगड़ खा गए थे। पीड़ा उनमें अब भी नहीं थी। पता नहीं, घाव ही अधिक नहीं था, या ठंडे जल के कारण पीड़ा की संवेदना समाप्त हो गयी थी।

उन्होंने प्राचीर के उसी उभरे हुए पत्थर को खोजने के लिए पुनः हाथों से टटोलना आरंभ किया। उसे खोजने में अधिक कठिनाई नहीं हुई। वे पुनः उस पर चढ़कर खड़े

हो गए। पहले के ही समान पंजों पर स्वयं को तौला, हाथ सीधे कर आकाश की ओर उठाए और द्रुम साध, स्वयं को उछाल दिया।... अगले ही क्षण उन्हें लगा कि प्राचीर का सिरा उनके हाथों में आ गया है, किन्तु प्राचीर भुरभुरा रही है और निमिष-भर में ही यह सिरा उनके हाथों से छूट जाएगा तथा वे पुनः परिखा में आ गिरेंगे। बिना कोई सोच-विचार किए, हनुमान ने हाथ फैलाए और उनके सहारे उचककर प्राचीर के ऊपर जा चढ़े। ऊपर पहुंचते ही उन्होंने नीचे जल में कुछ गिरने का शब्द सुना। जहां से प्राचीर भुरभुरा रही थी, कदाचित् वहीं से कुछ टूटकर नीचे गिरा था।

पर उस शब्द की भी कोई प्रतिक्रिया नहीं हुई। कदाचित् आस-पास कहीं कोई नहीं था। प्रासाद की रक्षा-व्यवस्था करने वालों ने शायद यह मान लिया था कि इधर कभी कोई नहीं आएगा और यदि आ भी जाए तो इस परिखा और प्राचीर को कभी पार नहीं कर सकेगा...

हनुमान ने अपनी दृष्टि भीतर की ओर डाली। इस अंधकार में उन्हें भीतर उतरने के लिए कोई सीढ़ी दिखाई नहीं दे रही थी। किंतु कहीं-न कहीं सीढ़ियां होंगी अवश्य। प्रासाद के रक्षक कभी-न कभी तो इस प्राचीर पर भी चढ़ते ही होंगे; अथवा बाहर से सैनिक आक्रमण की स्थिति में उनका सामना करने के लिए राक्षस सैनिकों के प्राचीर पर चढ़ने की व्यवस्था होगी ही या राक्षसों ने सोच लिया है कि इस प्रासाद पर बाहर से आक्रमण हो ही नहीं सकता।... इस समय हनुमान के पास इतना अवकाश नहीं था कि इन सब बातों पर विचार करते अथवा सीढ़ियां खोजने का प्रयत्न करते... वे दीवार पर बैठ गए और प्रासाद की ओर पीठ कर, प्राचीर के सिरे को हाथों से पकड़, प्राचीर पर से पैरों के सहारे खिसकते हुए नीचे लटक गए। जाने भूमि कितनी नीचे थी, किंतु और कोई उपाय नहीं था। हनुमान ने हाथ छोड़ दिए... पैर भूमि पर लगे तो उन्होंने अनुमान किया कि उनके लटके हुए पैरों से धरती दो हाथों से अधिक दूर नहीं रही होगी।

कुछ क्षणों तक स्तब्ध खड़े रहकर निरीक्षण किया — किसी ने उन्हें कूदते देखा तो नहीं ?...

कहीं कोई आहट नहीं थी।

हनुमान स्फूर्तिपूर्वक निःशब्द प्रासाद की ओर बढ़ गए।

प्रासाद बहुत बड़ा था। इतने कक्ष कि जैसे प्रासाद न हो, कोई पुरी ही हो। कक्षों में बड़े-बड़े गवाक्ष थे। द्वार भी खुले थे। चौखटों में तिरस्करणियां झूल रही थीं। प्रासाद के भीतर रहने वालों को खुले द्वारों और गवाक्षों में से किसी के आने की आशंका तनिक भी नहीं लगती थी। सुरक्षा का जैसा प्रबंध हनुमान ने बाहर, महामहालय के तोरण पर देखा था, वैसी कोई व्यवस्था भीतर नहीं थी। हनुमान को कहीं भी कोई निःशस्त्र अथवा सशस्त्र पुरुष प्रहरी दिखाई नहीं पड़ा। स्त्री प्रहरियों की तो जैसे सेना ही नियुक्त थी। वे सब सशस्त्र थीं। उनके हाथों में या तो कुंत थे अथवा कटि में खड्ग बंधे हुए थे। किंतु उनमें से कोई भी जाग नहीं रही थी। वे सब सोयी हुई थीं। कुछ तो अपने कार्यस्थान

पर अर्थात् कक्षों के चौखटों के साथ सिर टेके सो रही थीं और कुछ को हनुमान ने विभिन्न स्थानों पर भूमि पर अस्त-व्यस्त सोए हुए पाया। कुछ सोयी हुई रक्षिकाओं के पास मदिरा के चषक और कहीं-कहीं छोटे भांड देखकर, हनुमान के सम्मुख बात स्पष्ट हो गयी। वस्तुत: ये रक्षिकाएं रक्षा से अधिक शोभा की वस्तुएं थीं। शायद उनसे यह अपेक्षा ही नहीं थी कि वे रात को जागकर पहरा दें। सारे वातावरण में सुरक्षा तथा आश्वस्ति का भाव इतना अधिक था कि रक्षिकाओं को जागने की आवश्यकता ही नहीं थी।

कक्षों के भीतर अधिकांशत: एक स्त्री पलंग पर सोयी हुई थी और अनेक दासियां उसे घेरकर कुट्टिम फर्श पर सो रही थीं। यदि कोई पलंग तक पहुंचने का प्रयत्न करता तो दासियों में से किसी-न किसी की नींद अवश्य उचट जाती और उसके पुकारने पर रक्षिकाएं आ जातीं।

कुछ कक्षों में हनुमान ने पलंग पर स्त्रियों के साथ पुरुषों को भी सोते हुए पाया। वे लोग आलिंगनबद्ध सुख से सो रहे थे, किंतु उन कक्षों में भी उन्हें घेरकर अनेक दासियां कुट्टिम फर्श पर सोयी हुई थीं तथा खुले द्वार के बाहर, अन्य कक्षों के ही समान रक्षिकाएं निद्रा-ग्रस्त थीं। उन कक्षों में मदिरा के भांड तथा चषक अनिवार्य रूप से वर्तमान थे। लगता था कि सोने से पूर्व उन स्त्री-पुरुषों ने अवश्य ही मदिरा-पान किया है... मदिरा का वहां बहुत व्यापक प्रयोग भासित हो रहा था और वह उनके विलास का अनिवार्य अंग लगती थी। मदिरा-विहीन प्रेम का स्वरूप कदाचित् इन लोगों के मस्तिष्क में था ही नहीं। यह भी संभव था कि राक्षसों में नारी-पुरुष का संबंध, प्रेम का सम्बन्ध न होकर, विलास का ही सम्बन्ध हो। स्त्री के लिए पुरुष धन और वैभव, सत्ता और सुविधा का प्रतीक हो, पुरुष के लिए स्त्री मात्र एक भोग्या।... किंतु इन संबंधों में भी कितना खुलापन है ! क्या अपने प्रेम अथवा विलास — इन युगलों में जैसा भी संबंध हो — के लिए इन्हें एकांत की कामना नहीं होती ? दासियों के बीच घिरे, तिरस्करणियों के पार रक्षिकाओं की उपस्थिति में, अपने काम-संबंधों की अभिव्यक्ति और तृप्ति में ये लोग लज्जा का अनुभव नहीं करते... निर्लज्ज। अथवा दासियां तथा रक्षिकाएं इनके लिए मनुष्य न होकर निर्जीव पदार्थ हैं। अपने वर्ग की न होने के कारण, क्या ये उन्हें मनुष्य ही नहीं समझते... धन के कारण वर्ग-भेद बहुत तीखा, गहरा तथा उग्र लगता था।

और ये दासियां भी जाने कैसा जीवन व्यतीत करती थीं। उनकी क्या स्थिति थी यहां ? विभिन्न रानियों-स्वामिनियों तथा इन प्रेम अथवा विलासी युगलों को घेरकर सोयी हुई ये अर्द्ध-नग्न नारियां, मनुष्य कम, इन विलासियों के विलास में उद्दीपन-तत्त्व अधिक दिखाई पड़ता था। रातभर वे इन कक्षों में सोती हैं तो इनका अपना पारिवारिक जीवन क्या होगा — उनके माता-पिता, भाई-बहन, अथवा पति एवं संतानें... क्या इनका कोई नहीं है ? या उन सब के होते हुए भी ये लोग इस प्रकार के कर्तव्यों के लिए बाध्य हैं ? आर्थिक दबाव के कारण अथवा सत्ता की शक्ति के सम्मुख असमर्थ होने के कारण? समस्त कक्षों में अनेक दासियां सोयी थीं... किंतु मनुष्य के समान सोने का समुचित प्रबंध

कर, आस्तरण पर नहीं — पशुवत्, नींद आ जाने पर बाध्य होकर भूमि पर ही...

हनुमान के मस्तिष्क में, राक्षस सेनाओं द्वारा आक्रमण कर अपहृत की गई कन्याओं की समस्त कहानियां साकार होने लगीं। ये वे ही स्त्रियां होंगी जो लंका में या तो सम्राट् को उपहार-स्वरूप भेंट की गई होंगी अथवा सम्राट् ने उन्हें क्रय किया होगा अथवा स्वयं सम्राट् ने ही उनका अपहरण किया होगा।... और तब उनके वय, रूप-वैभव तथा यौवन-संपदा के अनुसार विभिन्न कार्यों में उन्हें नियुक्त किया गया होगा... या फिर ये निर्धन जातियों तथा राज्यों की वे कन्याएं होंगी, जो अपनी आजीविका की खोज में इस वैभवशालिनी लंका में आयी होंगी; और यहां स्वयं को इस प्रकार बेचने को बाध्य हुई होंगी...

हनुमान का मन वितृष्णा से भर गया — कैसे पशु हैं ये राक्षस ! पशुओं से भी निकृष्टतर। ये सृष्टि का अभिशाप हैं या मानव-जाति के साथ विधाता का परिहास।... पशु से भी मनुष्य वही कार्य लेता है, जो उसके उपयुक्त होता है। इन राक्षसों ने मनुष्य को पशु बना दिया है। मानव शरीर क्या केवल दासत्व और भोग के लिए है ? यह तो बहुमूल्य मणियों से पथ में पड़े साधारण रोड़े का कार्य लेने की पद्धति है।... ये पशु न अपनी आत्मा का विकास करते हैं और न अन्य मानवों के भीतर छिपी असंख्य शक्तियों और संभावनाओं का विकास होने देते हैं... मनुष्य को मात्र एक शरीर, मात्र इंद्रियां मान बैठे हैं ये। इन अनिवार्य पाशविक गुणों के पार उनमें कहीं विवेक भी है, आत्मा भी है, उसका एक सूक्ष्म भावनात्मक जीवन भी है — जिसमें त्याग, बलिदान, ममता, समता का भी स्थान है... ये बातें इन राक्षसों ने कभी नहीं सोचीं...

सहसा हनुमान का चिंतन-प्रवाह रुक गया।

वे जिस कक्ष के सम्मुख खड़े थे, वह कुछ विशिष्ट था। यह कक्ष अन्य कक्षों की अपेक्षा आकार में बहुत बड़ा था तथा उनसे कहीं अधिक सुसज्जित था। उसकी छत और दीवारों पर बहुत कलात्मक किंतु शृंगारिक एवं अत्यन्त उत्तेजक चित्र बने हुए थे।... यहां आकर कला भी पशुत्व की चेरी हो गई थी। पता नहीं प्रकृति ने ही, इन चित्रों को बनाने वाले कलाकारों को चित्रकार के हाथ और पशु का मन दे दिया था; इस राक्षस साम्राज्य ने कलाकार की बाध्यता का लाभ उठाकर बलात् उससे यह पशु-कर्म करवाया था; अथवा कलाकार का महत्त्वाकांक्षी और लोलुप मन धन-बल के हाथों बिककर पशुता को ही गौरवान्वित करने पर तुल गया था।... उस सारे कक्ष में ऐश्वर्य और वैभव बिखरा पड़ा था, किंतु उदात्तता कहीं नाम को नहीं थी...

अन्य कक्षों के ही समान, इसके भी मध्य में दो अत्यन्त मूल्यवान पलंग बिछे थे, जिनके आस्तरण भी अद्भुत थे।... जाने किस देश से ये वस्त्र लाए गए थे — हनुमान ने वैसे वस्त्र पहले कभी नहीं देखे थे।... एक पलंग पर प्रौढ़ वय का एक हृष्ट-पुष्ट सांवला पुरुष सोया हुआ था। उसके शरीर पर इतने अलंकार थे कि शरीर उनसे ढंक-सा गया था। सोने से पूर्व उसने कुछ आभूषण उतारे भी होंगे।... हनुमान ने अब तक लंका में जितने भी पुरुष देखे थे, उनमें से किसी के भी शरीर पर इतने अधिक अलंकार

नहीं थे। किंतु यह विपुलालंकारधारी पुरुष कोमल शरीर का स्वामी नहीं था। उसका आकार, पुष्ट मांसपेशियां तथा शरीर की कठोरता उसके द्वारा व्यायाम अथवा शस्त्र-परिचालन के अभ्यास में बहाए गए स्वेद का परिचय दे रहे थे; उसके चेहरे का गौरव उसकी अधिकार-सम्पन्नता की घोषणा कर रहा था।... कहीं यह स्वयं रावण तो नहीं? संभवत: वही हो... हनुमान ने आज तक रावण को नहीं देखा था; किंतु इस प्रासाद के भव्यतम कक्ष में, अधिकतम शारीरिक तथा आलंकारिक शोभा वाला यह पुरुष रावण ही होगा...

हनुमान ने कुछ अधिक निकट होकर ध्यान से देखा। इस समय उसके चेहरे की भाव-भंगिमा तनिक भी क्रूरता लिये हुए नहीं थी। वहां कुछ तेज था, कुछ आत्मगौरव, और यदि हनुमान ठीक से देख और समझ पा रहे थे तो कुछ चिंता और उद्विग्नता भी... उसे देखकर कौन कह सकता है कि यही वह मनुष्य है, जो सारे संसार में राक्षसी अत्याचार का उद्घोषकर्ता भी है और संरक्षक भी। इस एक व्यक्ति ने ऐसा तंत्र फैलाया है कि संसार की समस्त पाशविक वृत्तियां इसको आवृत किए हुए एकत्रित हो गयी हैं और संपूर्ण मानवता का नाश करने पर तुल गयी हैं। इसके हाथ इतने लंबे हो गए हैं कि लोग इसकी बीस भुजाओं की किंवदंतियां फैलाने लगे हैं; वे मानने लगे हैं कि व्यापक, प्रबल तथा पाशविक राक्षसी तंत्र फैलाने वाले व्यक्ति के कंधों पर एक नहीं, दस मस्तिष्क होने चाहिए... हनुमान के मन में आया कि तत्काल झपट पड़ें और निरीह पड़े इस रावण को उठाकर भूमि पर दे मारें... अथवा कहीं से कोई शस्त्र लेकर अभी नींद में ही इसका वध कर दें... सारी सृष्टि का क्लेश मिट जाए...

किंतु अगले ही क्षण हनुमान ने स्वयं को रोक लिया। उन्हें बिना सोचे-समझे, बिना अपने सांथियों से परामर्श किए, इस प्रकार का कोई उग्र कार्य नहीं करना चाहिए।... वे अकेले हैं, शस्त्रहीन हैं, और लंका में ही नहीं, रावण के निजी प्रासाद में खड़े हैं... सोए हुए शत्रु पर प्रहार करना वैसे भी वीरता नहीं है; और यदि रावण जाग गया या किसी अन्य व्यक्ति की आंख खुल गई तो वे लोग किसी भी प्रकार हनुमान को जीवित किष्किंधा लौटने नहीं देंगे... और अभी तो सीता की खोज...

अपने लक्ष्य के प्रति सचेत होते ही अन्य बातें उनके मस्तिष्क से निकल गयीं। वे आगे बढ़ गए। साथ के पलंग पर यह सुंदरी कौन है ? उसका वर्ण गोरा था। उसका परिधान अत्यंत मूल्यवान तथा भव्य प्रतीत हो रहा था। शरीर पर आभूषण भी अनेक थे। वह असाधारण सुंदरी थी। चेहरे पर अधिकार की भावना भी पर्याप्त मात्रा में थी।... क्या ये ही जानकी हैं ? हनुमान के मन में प्रश्न उठा... साथ ही उनके माथे पर गहरे विषाद की रेखा खिंच गयी।... क्या यह संभव है कि सीता ने रावण को पति के रूप में अंगीकार कर लिया हो और संसार भर के सुख-वैभव का भोग कर रही हों ?... और इन्हीं के विरह में, उधर राम क्षणभर भी शांति का अनुभव नहीं कर पाते।... क्या ऐसा भी संभव है कि एक पक्ष प्रेम में अपने जीवन को दाव पर लगाए, आकाश-पाताल एक कर देने पर तुला बैठा हो और दूसरा पक्ष वैभव का सुख और सत्ता का अधिकार देखते ही अपने

प्रेम को भुला दे ?... पर इसमें अस्वाभाविक ही क्या है ? राजप्रासादों में पली सीता को तेरह वर्षों के दीर्घ तथा कठोर वनवासी जीवन के पश्चात् लंका का यह अभूतपूर्व वैभव अपने चरणों पर लोटता हुआ मिला होगा तो वे इस प्रलोभन को रोक न पायी होंगी... साथ ही उन्होंने रावण की सत्ता और शक्ति देखी होगी, राम के यहां आने, रावण के साथ युद्ध, जय-पराजय तथा अपने उद्धार की संभावनाओं पर भी विचार किया होगा... उन्हें स्पष्ट दिखाई पड़ा होगा कि रावण की बात मान लेने में लाभ ही लाभ है। असंभव की आशा लगाए बैठे रहने और उसकी प्रतीक्षा में कष्ट सहन करने में कोई समझदारी नहीं है।

समझदारी ! और हनुमान का मन दूसरी ओर बह निकला।... राम जैसे पति को छोड़कर, रावण को पति-रूप में स्वीकार करने में कौन-सी समझदारी है। समझदारी की भी तो अपनी-अपनी अवधारणा है — प्रत्येक व्यक्ति अपने-अपने धरातल पर ही तो जीता है। कोई पशु बनने में ही समझदारी मानता हो... किंतु जानकी की प्रकृति के विषय में जो कुछ भद्र राम ने बताया था, वह कुछ और ही था। देवी जानकी तो राम के लिए अयोध्या का साम्राज्य छोड़कर वन में आयी थीं... उन्हें तो लंका के समग्र वैभव को एक साथ ही ठुकरा देना चाहिए था... वे रावण के शयनागार में इस प्रकार निश्चिंत तथा अधिकारपूर्वक कैसे सो सकती हैं ?

हनुमान कुछ निकट आए। उन्होंने संशयपूर्वक उस स्त्री को देखा। किंतु इस स्त्री का वय वह नहीं है, जो देवी जानकी का होना चाहिए। यद्यपि यह स्त्री भी आसाधारण सुंदरी है; किंतु इसका वय प्रौढ़ था। संभव है, यह मंदोदरी हो...

हनुमान के मन का विषाद धुल गया।

यह मंदोदरी ही होगी। मय दानव की पुत्री... अप्सरा हेमा की जायी... मेघनाद की मां। हां, यह मंदोदरी ही है। हनुमान कैसे धोखा खा गए ? सीता इस प्रकार यहां कैसे हो सकती हैं... किंतु मंदोदरी के चेहरे पर खिन्नता का भाव था। रावण भी उद्विग्न दिखाई पड़ रहा था। संभव है कि सोने से पहले किसी प्रकार की कलह हुई हो उन दोनों में... अन्य कक्षों के विलासरत युगलों से उनकी कोई समानता नहीं थी...

हनुमान ने एक दृष्टि फर्श पर सोयी हुई दासियों पर भी डाली और कक्ष से बाहर निकल आए। रावण के कक्ष में सोयी हुई दासियां भी अन्य दासियों की अपेक्षा अधिक सुन्दर और वैभवशालिनी लग रही थीं... किंतु जानकी ? देवी जानकी कहां थीं ?

एक अलिंद को पार कर, हनुमान प्रासाद के एक अन्य खंड में पहुंच गए। यह खंड पिछले खंड से पर्याप्त भिन्न था। इसमें न तो बड़े-बड़े कक्ष थे और न उनके द्वार और गवाक्ष खुले हुए थे। अनेक छोटी-छोटी कोठरियों की एक लंबी पंक्ति थी। कुछ के द्वार बाहर से बंद थे, कुछ के भिड़े हुए थे। एक भिड़े हुए द्वार को हल्के-से खोलकर हनुमान ने देखा — उस कठोरी में छोटी-छोटी कटी हुई सूखी लकड़ियों के ढेर थे; कदाचित् यह ईंधन की कोठरी थी। इसी प्रकार अन्य दो-एक कोठरियां देखने पर उनमें

भी खाद्य-पदार्थों का ही भंडार मिला। कदाचित् यह खंड रसोई-खंड ही था। बंद कोठरियां भी भंडार-कोठरियां ही होंगी। ये कोठरियां किसी जीव के रहने योग्य थीं भी नहीं। उनमें न वायु के आवागमन की व्यवस्था थी, न प्रकाश की।

आगे चलकर एक बड़ा-सा कक्ष था। उसमें बड़े-बड़े चूल्हे जल रहे थे और उन पर दीर्घाकार भांड रखे हुए थे। विभिन्न प्रकार के मांसों के पकने की गंध आ रही थी। यह पता लगना तो कठिन था कि मांस किस-किस जीव और किस-किस प्रकार का था; किंतु यह स्पष्ट था कि पकने वाले मांस की मात्रा साधारण नहीं थी।

हनुमान कुछ सावधान हो गए; रात के इस तीसरे प्रहर में, सोये हुए महामहालय प्रासाद में यह पहला कक्ष था, जहां उन्हें किसी गतिविधि का आभास हुआ था। कदाचित् इस महामहालय के वासियों को प्रातः ही भूख लगती होगी और तब उन्हें उनका खाद्य तैयार मिले; इसलिए आधी रात के पश्चात् से ही पाकशाला का कार्य आरम्भ हो जाता होगा।

सहसा हनुमान को अपनी भूख भी याद आ गयी। उन्होंने भी स्वयंप्रभा के ग्राम को छोड़ने के पश्चात् से कुछ नहीं खाया था... किंतु उनके पास खाने के लिए समय नहीं था... वे मांस खाते भी नहीं थे।... यहां जो कुछ भी था, उनके लिए अखाद्य ही था।

अत्यन्त सावधानी से, उन्होंने एक गवाक्ष में से झांककर देखा — उन्हें कोई व्यक्ति दिखाई नहीं दिया। उन्हें आश्चर्य हुआ। यह कैसे संभव था कि पाकशाला में सम्राट् के लिए भोजन पक रहा हो और वहां कोई व्यक्ति उपस्थित न हो... वे दबे पांव आगे बढ़कर द्वार के पास आए। कपाट की ओट से उन्होंने देखा — तीन दीर्घाकार स्त्रियां, चूल्हे के निकट, सिर के नीचे अपनी भुजाएं दिए सो रही थीं। उनके वस्त्र मैले-कुचैले थे और रूपाकृति से भी वे आकर्षक नहीं थीं। चूल्हे की आंच से, उनके चेहरों पर स्वेदकण काफी स्पष्ट थे, किंतु वे लोग गहरी नींद में थीं।

कार्य करते-करते ही सो गई होंगी — हनुमान सोच रहे थे — विचित्र लोग हैं ये। एक ओर तो इतना वैभव बिखरा पड़ा है, जैसे धन बह रहा हो; और दूसरी ओर अपने लिए काम करने वाले श्रमिकों को ये इतने अभावों में रखते हैं। इन तीनों स्त्रियों को इतना भी अवकाश नहीं है कि वे अपना कार्य समाप्त कर, अपने घर जाकर विश्राम करें।... या कौन जाने उनके लिए घर की व्यवस्था करना भी आवश्यक न समझा गया हो... वैभव में डूबा आदमी दूसरों की आवश्यकताओं की ओर से कैसे अंधा हो जाता है...

हनुमान बाहर निकल आए।

उन्हें न कहीं जानकी दिखी थीं, न उनके कहीं होने का संदेह हुआ था। तो क्या रावण ने जानकी की हत्या कर दी है ?... हनुमान का हृदय इस विचार से ही स्तब्ध हो गया... राम को यदि जानकी की हत्या का समाचार दिया जाएगा, तो उनकी क्या

अवस्था होगी ?... क्या उसके पश्चात् भी उनके मन में लंका पर आक्रमण कर, रावण से युद्ध करने का उत्साह रह पाएगा ?... यदि राम ही कहीं हतोत्साहित हो गए तो राम के हाथों रावण-वध के परिणामस्वरूप, राक्षसों के शोषण और आतंक से वानरों की जिस मुक्ति का स्वप्न हनुमान और उनके साथियों ने देखा है — उसका क्या होगा ?...

हताश-से हनुमान, मंथर गति से चलते हुए महामहालय के उद्यान को पार कर, प्राचीर तक चले गए। अपनी उस मानसिक जड़ता की-सी स्थिति में भी उन्हें एक स्थान पर प्राचीर के ऊपर तक चढ़ने के लिए बनी हुई सीढ़ियां दीख गईं। हनुमान चुपचाप ऊपर चढ़ गए। प्राचीर पर पहुंचकर वे हाथों के सहारे नीचे लटक गए। परिखा को यांत्रिक ढंग से पार कर किनारे पर आए।... अनायास ही उनकी दृष्टि आकाश की ओर उठ गई। उन्हें लगा, पूर्व दिशा में अंधकार कुछ हल्का पड़ गया था और उसमें अनेक स्थानों पर दरक दिखाई पड़ रही थी।

हनुमान का सिर भारी हो रहा था और आंखें जल रही थीं।

2

''उठ ! अरे, उठ !'' राक्षस सैनिक ने हनुमान को झकझोर दिया, ''यहां क्या कर रहा है ? यह तेरे बाप का प्रासाद है कि आराम से सोया खर्राटे ले रहा है !''

हनुमान उठ बैठे। सहसा ही उनको सब कुछ याद हो गया। रावण के महामहालय की प्राचीर फांदकर जब वे बाहर निकले थे तो अत्यन्त हताश थे। शरीर को भूख, नींद और थकान मथे जा रही थी और मस्तिष्क था कि असफलता की भावना से जल-फुंक रहा था। कितना बड़ा उद्यम किया था हनुमान ने ! पहले सागर-संतरण किया और फिर रावण के महामहालय में घुसकर, खोज-बीन कर सुरक्षित बाहर भी निकल आए। किन्तु जानकी का कहीं कोई पता ही नहीं चला। उनके वध की आशंका बार-बार मन में आती है; किन्तु उनका तर्कशील मस्तिष्क उस बात को स्वीकार नहीं कर पाता। सीता के वध से रावण को कोई लाभ नहीं था। और रावण जैसा लंपट पुरुष सीता जैसी सुन्दरी का वध कर भी नहीं सकता था। उसे अपनी कामेच्छा पूर्ण करने... अपने शत्रु को अपमानित कर, स्वयं को गौरवान्वित, अथवा राम के साथ अपनी इच्छानुकूल किसी भी प्रकार की संधि करने के लिए सीता को जीवित रखना ही चाहिए और यदि सीता जीवित हों तो उन्हें बंदी बनाए रखने के लिए लंका से अधिक सुरक्षित स्थान और कौन-सा होगा; तथा लंका में सब से अधिक सुरक्षित रावण का अपना महल है...

किंतु सीता वहां नहीं हैं... हनुमान न केवल सीता को खोज पाए, वरन् उनके संबंध में उन्हें किसी प्रकार की सूचना तक नहीं मिली थी। न सीता के जीवित अथवा मृत होने की; न लंका में वर्तमान होने अथवा न होने की। हनुमान का लंका में आना, न आना एक समान हो रहा था। यहां आकर भी उनके पास उतनी ही सूचनाएं थीं जितनी कि

किष्किंधा में बैठे हुए थीं।

इसी हताशा की अवस्था में थके-हारे, वे इस उद्यान में चले आए थे। इस वृक्ष के तने के साथ पीठ लगाकर बैठे थे... कदाचित् बैठे-बैठे ही उन्हें नींद आ गयी थी। और अब आकर, इस राक्षस सैनिक ने उन्हें जगाया है। हो सकता है, यह यहां का चौकीदार हो। सूर्य भी तो सिर पर चढ़ आया था। लगता है कि सारा प्रात:काल उन्होंने सोकर बिता दिया था।

उन्होंने पग बढ़ा दिए।

''कहां जा रहा है ?'' राक्षस सैनिक ने टोका।

''तुम ही बताओ, कहां जाऊं ?'' हनुमान अत्यन्त उदासीन ढंग से बोले।

''पहले तू बता, तू है कौन ?'' वह सैनिक रोबदार स्वर में बोला, ''और यहां क्या कर रहा है ?''

''एक साधारण वानर हूं...''

''यहां आजीविका की खोज में आया होगा।'' सैनिक ने उसकी बात काट दी। हनुमान को उसकी सूझ भा गयी। बोले, ''हां।''

''जिसे देखो, वही चला आ रहा है।'' सैनिक ने अपनी खीझ प्रकट की, ''यह तुम्हारे बाप का देश है ! यहां क्यों आए, कहीं और क्यों नहीं गए ?''

हनुमान की इच्छा हुई, उसका कंठ पकड़कर मरोड़ दें — अभी लंका के इस स्वामी की बुद्धि ठिकाने आ जाए। पर सारे शरीर पर एक प्रकार की जड़ता-सी छा रही थी। फिर अपनी असफलता से मन वैसे ही हताश हुआ बैठा था; अभी कोई और झंझट न खड़ा हो जाए।

''संसार में और आजीविका है कहां ?'' हनुमान बड़े दयनीय ढंग से बोले।

''तो हमने ठेका ले रखा है ?'' सैनिक की खीझ बढ़ती जा रही थी, जंगलों में पैदा हो गए और चल दिए लंका की ओर। सारे हाट-बाजार पट गए लंका के तुम जैसे कंगले वानरों की भीड़ से। कोई घूमने आ रहा है, कोई आजीविका के लिए आ रहा है, कोई दास के रूप में आ रहा है। और कुछ नहीं सूझता तो अपना रक्त-मांस ही बेचने चले आ रहे हैं।'' सहसा उनका चिंतन-प्रवाह दूसरी ओर मुड़ गया, ''आजीविका के लिए आए हो, तो यहां खर्राटे क्यों ले रहे हो ? तुम राजाधिराज हो या राजकुमार, या कोई सामंत कि रातभर गणिका-भवन में विलास के पश्चात् प्रात: सोने के अभ्यस्त हो ? श्वसुर आएंगे आजीविका कमाने और काम का समय निकाल देंगे सोने में !'' वह झल्लाया-सा बोला, ''चलो ! भागो अब।''

हनुमान अभी दो डग ही बढ़े थे कि वह फिर चिल्लाया, ''रात कहीं चोरी तो नहीं की कि रात को जागता रहा हो और प्रात: आकर सो गया हो।''

''नहीं, नायक। ऐसी बात नहीं है।'' हनुमान ने चाटुकारिता का अभिनय किया, ''देख लो, मेरे पास तो कुछ भी नहीं है।''

''चोरी का धन कहीं छिपा तो नहीं आया ?''

अब तक हनुमान का मस्तिष्क जाग उठा था। उन्होंने कौतुक से उस राक्षस सैनिक को देखा — कैसा व्यक्ति है यह ? मुसकराकर बोले, ''धन और धन छिपाने का स्थान होता तो तुम्हारी झिड़कियां खाने के लिए यहां उद्यान में आकर क्यों लेटता ? आराम से पलंग पर सो रहा होता।''

''अच्छा ! तो तू उनमें से है, जो निरीह बने उद्यानों में लेटे रहते हैं और एकांत पाते ही दूसरों को लूट लेते हैं ? बोल, तू उनमें से है ?'' धमकाता-सा वह सैनिक हनुमान के निकट आ खड़ा हुआ।

''मैंने तुमसे कहा न, नायक !'' हनुमान धीमे स्वर में बोले, ''मैं निर्धन और परदेसी हूं। चोर, लुटेरा अथवा उठाईगीरा नहीं हूं। श्रमिक हूं। परिश्रम कर अपनी आजीविका कमाना चाहता हूं।''

किन्तु सैनिक ने कुछ नहीं सुना। वह अपने प्रवाह में बोलता ही चला गया, ''यह मत सोचना कि लंका में चोरियां बहुत होती हैं अथवा दस्युवृत्ति का प्रचलन बहुत हो गया है, तो प्रत्येक कंगाल वानर धनी बनने के लिए यहीं चला आए। यहां कपट-व्यवहार की भी नियमित पद्धति है। चौकी में उत्कोच दिया नहीं और चले हैं लोगों को लूटने। उहं ! भाग यहां से !'' सैनिक ने अपनी छड़ी से हनुमान को धमकाया।

हनुमान ने जाने के लिए पुनः पग बढ़ा दिए, किन्तु उनकी अपेक्षा के अनुसार उस सैनिक ने पुनः पुकारा, ''चल तो दिया, पर जाएगा कहां ?''

हनुमान थम गए, ''कहीं भी चला जाऊंगा। जहां कोई काम मिले।''

''तो जा सागर-तट पर, पत्तन में। वहां जाकर सामान ढो।'' सैनिक झुंझलाए-से स्वर में बोला, ''या जहां तेरी इच्छा हो, जा। मेरी ओर से तू तपते भाड़ में जा। पर अब पलटकर इस उद्यान में मत आना। यह मेरे पहरे का क्षेत्र है। मैं यहां किसी कंगाल की सूरत नहीं देखना चाहता। और हां...'' वह कुछ रुका, ''अशोक वाटिका की ओर भी मत जाना, वहां दंडधरों का नहीं, सशस्त्र सैनिकों का पहरा है।''

''क्यों ? वहां क्यों पहरा है ?'' हनुमान के कान खड़े हो गए।

''राजाधिराज चाहते हैं, इसलिए पहरा है !'' सैनिक बोला, ''अब यह मत पूछना, वह है कहां ? जहां सैनिक पहरा हो, वही अशोक वाटिका है। बस, अब भाग जा।''

हनुमान फिर चल पड़े। दस-बारह डग भर चुके और तब भी सैनिक ने नहीं पुकारा तो उन्होंने मुड़कर देखा, सैनिक पलटकर दूसरी ओर चल पड़ा था। इसका अर्थ था कि वह अब पुनः नहीं पुकारेगा और हनुमान निश्चिंत होकर अपने मार्ग पर जा सकते थे।

सैनिक से हुई बातें उनके मस्तिष्क में घूम रही थीं — यहां अनेक निर्धन वानर आजीविका के लिए आते हैं, कुछ दास बनकर आते हैं, कुछ अपना रक्त और मांस बेचने आते हैं। लंका में चोरी और दस्युवृत्ति बढ़ गयी है, और रक्षक लोग उत्कोच लेकर चोरी करने की छूट दे देते हैं। जलपत्तन में हनुमान को आजीविका मिल सकती है। अशोक

वाटिका में दंडधरों का नहीं, सशस्त्र सैनिकों का पहरा है।

हनुमान का मन अटक गया... वाटिका में सशस्त्र पहरा क्यों है ? रावण की इच्छा से। किन्तु रावण की इच्छा क्यों हुई... ?

हनुमान का मन उद्विग्न हो उठा।

हनुमान नगर भर में घूमते फिरे — एक वाटिका से दूसरी वाटिका तक; पर न तो उनको कहीं सशस्त्र सैनिकों का पहरा दिखाई दिया और न सीता ही कहीं दिखाई पड़ीं। रह-रहकर उनके मन में उस सैनिक की बातों के विषय में संदेह जन्म लेने लगा। वह तो वैसे ही लबाड़िया लग रहा था। संभव है, उसने यूं ही बेपर की उड़ाई हो, और हनुमान हैं कि उसके कथन को अक्षरश: सत्य मानकर अशोक वाटिका को खोजने चल दिए, जैसे वस्तुत: उसका अस्तित्व हो और रावण ने सीता को वहीं बंदी कर रखा हो... उस सैनिक की बातों से तो वैसे ही स्पष्ट था कि वह समस्त वानरों को घृण्य और उपहास का पात्र मानता है; ऐसे में यदि उसने हनुमान से यह बात लीलावश ही कही हो तो इसका अर्थ यह तो नहीं है कि हनुमान भूखे-प्यासे, सारी लंका में निरर्थक इधर-उधर घूमते फिरें...

किन्तु जैसे ही हनुमान को अपनी भूख याद आती, वे और भी तल्लीनता से खोज में लग जाते। भोजन का न अवसर था, न अवकाश। काम में लगे रहने से भूख विस्मृत रहती थी। इसलिए उन्हें चलते रहना चाहिए, आंखों से देखते जाना चाहिए और मस्तिष्क से सोचते जाना चाहिए। कौन-सा ऐसा स्थान है, जहां सीता के होने की रत्ती भर भी संभावना हो सकती है... और कौन-सी ऐसी स्त्री है, जो सीता हो सकती है... सहसा हनुमान को स्वयं अपने-आप पर हंसी आ गयी। विचित्र हैं वे भी। वे एक ऐसी स्त्री को खोज रहे हैं, जिसको वे पहचानते तक नहीं। कल संध्या से अब तक लंका में उन्होंने सहस्रों स्त्रियां देखी हैं। उनमें प्रत्येक वय की असंख्य स्त्रियां थीं। उनमें सैकड़ों असाधारण सुंदरियां भी थीं... संभव है कि उन्हीं में से कोई सीता भी रही हो। वे क्यों यह मानकर चल रहे हैं कि सीता जहां कहीं भी होंगी, बंदिनी ही होंगी — वे निरंतर रो-पीट ही रही होंगी... क्या यह संभव नहीं है कि प्रतिदिन की पीड़ा और यातना से तंग आकर और अपनी मुक्ति की संभावना से निराश होकर, उन्होंने भाग्य से समझौता कर लिया हो। वे रावण के अंत:पुर में किसी भी रूप में वर्तमान हो सकती हैं — रानी से दासी तक, किसी भी रूप में... तो वे किसी से पूछ क्यों नहीं लेते ? ऐसे ही व्यर्थ भटकने का लाभ ? पूछ लें ? यदि किंसी को संदेह हो गया तो... ऐसा भरोसे का आदमी कहां मिलेगा ? पूछ ही सकें, तो यह क्यों न पूछ लें कि अशोक वाटिका किधर है ? चल, हनुमान, चल। पूछने के पश्चात् कहीं इस भटकन का अंत रावण के कारागार में न हो ?'

वे पुन: चल पड़े।

कल संध्या समय उन्होंने राक्षसों का विलास देखा था; आज मध्याह्न में वे राक्षसों

के दासों का श्रम देख रहे थे। स्थान-स्थान पर उन्हें पशुओं के समान, बोझ खींचते हुए दास दिखाई पड़ जाते थे। एक ओर बहुमूल्य वस्त्रों, अलभ्य सुगंधियों तथा मणि-माणिक्य के आभूषणों से लदे चर्बी के पर्वत के समान दिखने वाले राक्षस, रथों और दुकानों की गद्दियों पर बैठे थे और दूसरी ओर फटे-चीथड़े पहने हुए, बोझ खींचते हुए दास और श्रमिक...

सहसा हनुमान का ध्यान एक बालक की ओर चला गया। वेशभूषा से वह बालक किसी धनाढ्य परिवार का ही लगता था। वह एक वृद्ध का हाथ पकड़कर उसे एक दिशा में खींच रहा था। वृद्ध उसे बार-बार रोक रहा था और बालक बार-बार उधर ही जाने का आग्रह कर रहा था।

हनुमान उनके कुछ निकट आ गए। बालक ने क्या कहा, वे सुन नहीं पाए, किन्तु वृद्ध की बात उन्होंने स्पष्ट सुनी।

''तुम समझते क्यों नहीं, वत्स !'' वृद्ध कुछ खीझ और कुछ अनुनय के स्वर में कह रहा था, ''वह अशोक वाटिका है और वहां जाने की राजाधिराज की ओर से मनाही है।''

हनुमान को सहसा झटका लगा — तो वह लबाड़िया सैनिक ठीक ही कह रहा था...

''पहले तो हम प्रतिदिन वहां जाते थे।'' बालक अपने हठ पर अड़ा हुआ था।

''पहले की बात और थी।'' वृद्ध ने उसे समझाया, ''अब राजाधिराज ने निषेधाज्ञा लगा दी है। हम उधर नहीं जा सकते हैं।''

''मैं पिताजी से कहकर राजाधिराज की पिटाई करवा दूंगा।''

''तू हमें शूल-विद्ध कराकर ही रहेगा।'' वृद्ध ने घबराकर इधर-उधर देखा। हनुमान को निकट खड़े देख, कुछ चाटुकारिता के स्वर में बोला, ''अबोध बालक है।'' फिर जैसे हनुमान को दिखाने के लिए बोला, ''नहीं, वत्स ! ऐसा नहीं कहते।''

इस सूचना से हनुमान के वक्ष में ऐसा भीषण उद्वेलन आरम्भ हो गया कि उनके लिए वहां खड़े रहना असंभव हो गया। वृद्ध उनकी ओर से जितना आशंकित था, उससे कहीं अधिक वे उससे आशंकित थे।

हनुमान को लगा, उनके मस्तिष्क में जैसे प्रश्नों और उनके समाधानों में होड़ मची हुई है।... अशोक वाटिका में यह बालक जाया करता था। अब राजाधिराज ने निषेधाज्ञा लगा दी है। क्यों ? अब वहां ऐसा क्या हो गया है कि स्वयं राजाधिराज को निषेधाज्ञा लगानी पड़ी है... और कितना भयभीत था वह वृद्ध ! एक अबोध बालक के वाक्य से अप्रसन्न होकर राजाधिराज सारे परिवार को शूल-विद्ध करवा देंगे। वाह रे रावण !

हनुमान पवन-गति से आगे बढ़ते जा रहे थे। कुछ और घट जाए, उससे पहले ही उन्हें अशोक वाटिका में पहुंच जाना चाहिए। यदि सचमुच ही कहीं वहां सीता बंदिनी हैं, तो उन तक पहुंचकर, हनुमान को उनसे कुछ वार्तालाप कर लेना चाहिए। ऐसा न

हो कि विलंब करते रहें और जानकी को वहां से हटा, रावण कहीं और छिपा दे...

वाटिका खोजने में न तो हनुमान को अधिक समय लगा और न कठिनाई हुई। राजमार्ग से ही अशोक वाटिका दिखाई पड़ रही थी और मुख्य द्वार पर स्थित सैनिक चौकी भी दूर से ही देखी जा सकती थी। यदि अशोक वाटिका के संकेत न मिले होते और सशस्त्र सैनिकों की चौकी न दिखाई पड़ती, तो हनुमान दूर से उसे वाटिका अथवा उद्यान के स्थान पर कोई सघन वन ही समझते। दूर से, न तो वहां फलों का कोई वृक्ष दिखाई देता था, न फूलों के पौधे अथवा लताएं। जाने क्यों वहां इतने वृहदाकार और सघन वृक्ष लगाए थे ?

हनुमान सीधे चलते हुए वाटिका के मुख्य द्वार से आगे निकल गए और फिर एक अन्य मार्ग से उसके पीछे की ओर लौटे। यहां महामहालय प्रासाद की सुरक्षा-व्यवस्था से अधिक सावधानी बरती गयी थी। यहां परिखा और प्राचीर नहीं थी, इसलिए पीछे की ओर भी सैनिक चौकी थी। वाटिका के आस-पास घूमते रहने पर किसी का संदेह जगाने की आशंका, हनुमान के मन में बराबर बनी हुई थी; किन्तु अन्य कोई उपाय भी नहीं था। वाटिका की सुरक्षा-व्यवस्था को अच्छी प्रकार देखने के लिए उन्हें वाटिका के चारों ओर का एक चक्कर लगाना ही पड़ा... वाटिका से बाहर चार स्थानों पर सैनिक चौकियां थीं, किन्तु सैनिकों द्वारा परिक्रमा की कोई व्यवस्था हनुमान को दिखाई नहीं पड़ी। यह एक शुभ लक्षण था। यदि चौकियों के बीच सैनिक परिक्रमा की व्यवस्था होती तो उनकी आंख बचाकर वाटिका में प्रवेश करना कठिन ही होता... पर वे सैनिक कितने सावधान थे, यह देखने के लिए तो चौकियों के निकट से होकर जाना ही पड़ेगा। फिर चाहे जो हो...

हनुमान ने चौकियों के निकट से एक चक्कर लगाया। प्रत्येक चौकी में पांच-पांच सैनिक थे। उनके पास धनुष, शूल तथा खड्ग थे; अर्थात् वे भली प्रकार शस्त्रबद्ध थे। किन्तु उनमें चौकसी अथवा सतर्कता का कोई लक्षण हनुमान को दिखाई नहीं दिया। उनमें से किसी ने भी हनुमान की ओर ध्यान नहीं दिया। वे लोग अपने ही कार्यों में बहुत तल्लीन थे। दो चौकियों में तो चार-चार सैनिक, अपने शस्त्रों को एक ओर रखकर द्यूतक्रीड़ा में तल्लीन थे। पांचवां सैनिक खेल तो नहीं रहा था, किन्तु अपने शस्त्र लिये हुए खेल देखने में निमग्न था। एक चौकी में एक सैनिक किसी घटना का वर्णन कर रहा था और शेष चार उत्सुकता और जिज्ञासा से आंखें फाड़े हुए उसकी बात सुन रहे थे। चौथी चौकी में सैनिकों के मध्य में एक स्त्री बैठी हुई थी और सैनिकों का ध्यान पूरी तरह से उसमें रमा हुआ था। वेशभूषा एवं हाव-भाव से वह स्त्री कोई राह चलती वेश्या लगती थी; उसके प्रति सैनिकों का व्यवहार भी इस अनुमान की पुष्टि कर रहा था...

हनुमान वाटिका की पिछली ओर चले गए। उन्होंने दो चौकियों के मध्य का स्थान चुना। एक स्थान को झाड़कर, वृक्ष के नीचे लेटे रहे। वे विश्राम करने का अभिनय कर

रहे थे, किन्तु उनकी आंखें और मस्तिष्क दोनों ही अत्यन्त क्रियाशील थे।... उन्होंने थोड़ी देर प्रतीक्षा की; न कोई पूछताछ करने के लिए उनके पास आया और न किसी ने उनकी ओर ध्यान ही दिया। इस ओर से निश्चिन्त होकर, हनुमान ने लेटे ही लेटे, वाटिका के भीतर की ओर रेंगना आरम्भ किया। कठिन परिश्रम था... किन्तु खड़े होकर चलने में जोखिम था।... थोड़ी देर तक लगातार रेंगने के पश्चात् उन्होंने पुनः निरीक्षण किया। सब कुछ यथावत् था, कहीं कोई हलचल नहीं थी। तब उन्होंने वाटिका की ओर देखा — वे वृक्षों की दो पंक्तियों के भीतर आ चुके थे और अब बाहर से उनका देखा जाना असंभव ही था। किन्तु, वाटिका के भीतर की सुरक्षा-व्यवस्था का उन्हें तनिक भी ज्ञान नहीं था... उन्होंने लेटे-लेटे ही दृष्टि उठाकर ऊपर देखा — उनके सम्मुख दूर तक केले के वृक्ष लगे हुए थे, जो अपने फल के बोझ से एक ओर झुके हुए लग रहे थे।

हनुमान की भूख जाग उठी। केले पूरी तरह से पके नहीं थे, किन्तु भूख इतनी चमक उठी थी कि कच्चे-पके का विचार मस्तिष्क से लुप्त हो रहा था। वे उठ खड़े हुए और केले के वृक्ष की ओर बढ़े... किन्तु तत्काल उनके विवेक ने उन्हें सावधान किया। वे क्या करने जा रहे हैं ? तनिक भी धैर्य नहीं है हनुमान में ? वे सफलतापूर्वक अशोक वाटिका में प्रविष्ट हो गए हैं। अब तक के लक्षणों को देखते हुए, इस वाटिका में जानकी के होने की पूरी संभावना है... और ऐसे समय में वैदेही की खोज करने के स्थान पर उन्हें अपनी भूख मिटाने की सूझ रही है। यदि केले तोड़ने के शब्द से अथवा किसी अन्य हलचल से किसी का ध्यान इस ओर आकृष्ट हो गया, तो सारे किए-धरे पर पानी फिर जाएगा।... वैसे भी संध्या का समय हो रहा है। वे खाने में मग्न हो गए और यह समय हाथ से निकल गया तो अभी थोड़ी देर में अंधकार छा जाएगा। यह रावण का महामहालय प्रासाद तो है नहीं कि यहां रात को भी प्रकाश होगा। अंधकार में क्या करेंगे वे...

हनुमान ने खाने का विचार छोड़ दिया। ऐसा अनिष्टकारी भोजन करने की आवश्यकता नहीं है।

वे घुटनों के बल रेंगते कुछ और आगे बढ़ गए। अब वाटिका में पंक्तिबद्ध वृक्षों की प्राचीर समाप्त हो गयी थी, और विभिन्न प्रकार की क्यारियां तथा लता-गुल्म भी दिखाई देने लगे थे। किन्तु साथ ही उन्हें आभास हुआ कि निकट ही कहीं अनेक लोग हैं और उनमें वार्तालाप चल रहा है।... हनुमान रुक गए। उन्होंने सावधान होकर सुनने का प्रयत्न किया...

उनका अनुमान सत्य था। कुछ दूरी से स्त्री-कंठों के अनेक स्वर आ रहे थे। शब्द स्पष्ट नहीं थे, जैसे वार्तालाप में संयम न रह गया हो। चकित-से बैठे हनुमान सोचते रह गए कि सशस्त्र सैनिकों से रक्षित इस वाटिका में ये कौन-सी स्त्रियां हो सकती हैं — क्या ये रावण के राजकुल की महिलाएं हैं, अथवा सीता यहीं बंदिनी हैं ?...

किन्तु और आगे बढ़ना उनके लिए हानिकारक भी हो सकता था। वृक्षों की ओट

सर्वथा छोड़कर वे उन स्त्रियों के निकट जाकर उनकी बातें तो सुन सकेंगे, कदाचित् उन्हें देख भी पाएं; किन्तु यदि किसी की दृष्टि उन पर पड़ी गयी — जिसकी संभावना बहुत अधिक थी तो वे तत्काल ही पकड़ लिये जाएंगे।

उन्होंने इधर-उधर दृष्टि फेरी — निकट ही अशोक के सघन वृक्षों का एक झुरमुट-सा था।... इस वाटिका में अशोक वृक्षों के ऐसे अनेक झुरमुट होंगे — उन्होंने सोचा — तभी तो इस वाटिका का नाम अशोक वाटिका रखा गया है। छिपे रहने के लिए यह वृक्ष बहुत अच्छा आश्रय है।

हनुमान तत्काल उस झुरमुट में जा घुसे और बिना आहट किए, स्त्रियों के स्वरों की दिशा वाले सिरे के अंतिम वृक्ष के ऊपर चढ़कर बैठ गए। स्वयं को भली प्रकार छिपाकर और सब ओर से संतुष्ट होकर उन्होंने उस दिशा में दृष्टि डाली... वहां तो सब कुछ अद्‌भुत था... थोड़ी दूरी पर एक छोटी-सी कुटिया थी, उसके द्वार पर एक अशोक वृक्ष था, जिसके चारों ओर ईंटों का एक वृत्ताकार चबूतरा बना हुआ था और उस पर कोई स्त्री बैठी हुई थी। उसने एक साधारण श्वेत साड़ी पहन रखी थी। सिर को उसने उसी साड़ी से भली प्रकार ढंक रखा था; किन्तु इधर-उधर से कुछ केश बाहर निकले हुए थे — समझना कठिन था कि उसने एक वेणी कर रखी थी या सारे केश खुले थे। उसने सिर झुका रखा था, अत: उसके चेहरे के भावों को देखना कठिन था... अनेक स्त्रियों ने उसे घेर रखा था और चख-चख मचा रखी थी। उन सम्मिलित स्वरों में कोई-कोई शब्द ही सुनाई पड़ रहा था — पूरी बात स्पष्ट नहीं थी।

कहीं ये देवी वैदेही तो नहीं ?... हनुमान का मन गेंद के समान उछलने लगा। उन्होंने वृक्ष की डाली को कसकर पकड़ लिया; कहीं अपने संधान की सफलता की संभावना से चक्कर खाकर ही न गिर पड़ें...

सहसा कुछ पुरुष प्रहरियों ने प्रवेश किया। वे सब के सब सशस्त्र और सन्नद्ध थे — ये उन प्रहरियों जैसे नहीं थे, जिन्हें हनुमान ने बाहर की सैनिक चौकियों में देखा था।... आगन्तुक प्रहरियों ने किसी से कुछ कहा नहीं। एक दूरी-सी बनाए वे लोग अपने शस्त्रों सहित सावधान होकर खड़े हो गए।

स्त्रियों ने भी उनकी ओर देखा। उनका कोलाहल कुछ धीमा हुआ और एक अकेला कंठ स्पष्ट शब्दों में बोला, ''देखो, प्रहरी आ गए हैं। घड़ी-भर में महाराजाधिराज भी पधारेंगे। अपने आदेश का पालन न हुआ देखकर वे बहुत क्रुद्ध होंगे। तुम शायद नहीं जानतीं कि उनका दंड कितना कठोर होता है।...''

''जानती हूं।'' मध्य में बैठी उस स्त्री ने सिर उठाया। उस मलिन वेश में भी उसके सौन्दर्य के विषय में कोई भ्रम नहीं हो सकता था और उसका मुख तेज से जाज्वल्यमान था, ''प्रत्येक दुष्ट राजा कठोर-भाषी और क्रूर कर्मी होता है और तुम्हारा राजाधिराज तो दुष्ट ही नहीं, नीच भी है।''

''यह तो ऐसे ही बकवाद करती जाएगी।'' एक चीखता-सा कर्कश स्वर आया, ''सखी त्रिजटा ! मेरी बात मानो। पकड़ो इसके हाथ-पांव। मैं अभी बलात् इसका शृंगार कर देती हूं। हमें राजाधिराज की आज्ञा का पालन करना है, अथवा इस सिरफिरी की चिरौरी करनी है...''

लगा, वे सब झपटकर उसे पकड़ लेंगी; किन्तु तभी वह पहली स्त्री, जिसे अन्य द्वारा त्रिजटा कहकर संबोधित किया गया था, बोली, ''नहीं ! राजाधिराज की यह आज्ञा नहीं है कि देवी की इच्छा के प्रतिकूल कुछ भी किया जाए।'' उसने रुककर पूछा, ''बोलो देवि ! क्या इच्छा है ?''

केन्द्र में बैठी स्त्री ने कोई उत्तर नहीं दिया। उसने फिर पहले के समान, अपने घुटनों पर अपना सिर टेककर मुख छिपा लिया।

''चलो, पीछे हट जाओ।'' त्रिजटा ने अपनी सखियों को आदेश के-से स्वर में कहा, ''इसे अधिक पीड़ित मत किया करो। जिस दिन यह महाराजाधिराज के अनुकूल हो गयी, उस दिन तुम लोगों से सारा वैर निकाल लेगी... और वैसे भी अब महाराजा आने ही वाले होंगे।''

वे लोग कुछ पीछे हट गईं। उनका वृत्त बड़ा हो गया; किन्तु दूर खड़े पुरुष प्रहरियों के समान इन्होंने भी केन्द्र तक पहुंचने के लिए मार्ग छोड़ रखा था।

तो यह स्त्री महाराजाधिराज के अनुकूल नहीं है — हनुमान सोच रहे थे — अर्थात् यह अपहरण अथवा किसी अन्य उपाय से बलात् यहां लायी गयी है। महाराजाधिराज अर्थात् रावण इसे शृंगार करने का आदेश दे रहा है और स्वयं यहां आने वाला है... निश्चय ही ये देवी जानकी हैं। कैसी सुन्दर हैं और कैसा तेज है मुख पर... इन्होंने इतने प्रहरियों के सम्मुख इस असहायावस्था में भी रावण को दुष्ट और नीच कहा है...

तभी दासियों की एक टोली प्रविष्ट हुई। ये स्त्रियां प्रहरी अथवा सैनिक कर्म करने वाली नहीं लगती थीं। उनकी आकृति-प्रकृति मृदुल-कोमल थी। देह-यष्टि भी बलिष्ठ नहीं थी। वेश भी वैसा नहीं था और उनका रूप भी सुन्दर था। वे लोग यंत्रवत पुरुष-प्रहरियों और पूर्व-उपस्थित स्त्री प्रहरियों के बीच घेरा बनाकर चुपचाप खड़ी हो गयीं... उनके पश्चात् कुछ उल्का वाहिकाएं आयीं और विभिन्न कोणों में इस प्रकार खड़ी हो गयीं, जिससे उस सारे क्षेत्र में पर्याप्त प्रकाश हो सके।

हनुमान ने आकाश की ओर देखा — आकाश नीले से काला पड़ता जा रहा था। थोड़ी देर में पूर्णत: अंधकार छा जाने की संभावना थी...

तभी महाराजाधिराज रावण की जय-जयकार के बीच रावण आया। केन्द्र में बैठी उस स्त्री को छोड़कर, शेष सभी उपस्थित जन सम्मान प्रकट करने के लिए झुक गए।

हनुमान रावण को पहचान रहे थे — यह वही पुरुष था, जिसे उन्होंने पिछली रात महामहालय प्रासाद के सब से भव्य कक्ष में सोते हुए देखा था। उसके साथ वही स्त्री थी, जो पिछली रात रावण के साथ वाले पलंग पर सोयी हुई थी, जिसे उन्होंने मंदोदरी

माना था। आज भी उन दोनों के चेहरे कुछ तनावपूर्ण थे। उनके पीछे-पीछे अत्यन्त सुन्दर वेश में अनेक नारियां थीं, जो संभवतः अंतःपुर की स्त्रियां अथवा दासियां थीं।

रावण का वेश इस समय शौर्य और शृंगार — दोनों के ही उपयुक्त लग रहा था। उसके शरीर पर अनेक बहुमूल्य सुगन्धित पदार्थों का लेप था और मणि-माणिक्यों से टांका हुआ उत्तरीय उसकी शोभा बढ़ा रहा था। शरीर पर अनेक रत्नजड़ित आभूषण थे। हनुमान को तो उन आभूषणों के नाम तक मालूम नहीं थे। इस प्रकार के शृंगार-प्रसाधन तथा साज-सज्जा से उनका दूर का भी संबंध नहीं था... किन्तु रावण ने कटि में एक विकराल खड्ग बांध रखा था और आंखों में भी कुछ-कुछ आवेश का भाव था।

वह चबूतरे के निकट आकर रुका। मंदोदरी उसके साथ खड़ी थी।

''वैदेही !'' रावण बोला।

हनुमान का मन पुनः गेंद के समान उछलने को हुआ। उन्हें लगा, उनके शरीर का सारा रक्त जैसे उनके मुख की ओर दौड़ रहा है... तो ये देवी वैदेही ही हैं। उन्हें मन ही मन जैसे विश्वास ही नहीं हो रहा था... क्या सत्य ही वे अपने लक्ष्य तक आ पहुंचे हैं और उन्होंने देवी वैदेही को खोज निकाला है। जिन्हें ढूंढ़ने के लिए सैकड़ों वानर विभिन्न दिशाओं में फैले हुए, दिन-रात परिश्रम कर रहे हैं — उन देवी वैदेही को अंततः हनुमान ने ही खोज निकाला है।... जब वे किष्किंधा से चले थे, जब उन्होंने सागर-संतरण किया था और लंका में स्थान-स्थान पर सीता को खोज रहे थे, तब भी जैसे उनका मन भीतर से यही मानता था कि सीता की खोज संभव नहीं है। भला रावण के इस विकराल संगठन में से कैसे किसी को खोजा जा सकता है। किन्तु आज असंभव भी संभव हो गया था... हनुमान अपने भीतर की हलचल को स्वयं ही नियंत्रित नहीं कर पा रहे थे — जैसे स्वयं सर्वदा हिल्लोलित सागर ही उठकर उनके वक्ष में आ बैठा था।

''वैदेही !'' रावण पुनः बोला। इस बार उसका स्वर कुछ कोमल हो आया था, ''तुम्हारा कंगला राजकुमार अपनी असमर्थता पर लज्जित होकर किसी नदी-नाले में डूब मरा होगा। देखो, तुम्हारे सम्मुख लंका का राजाधिराज रावण खड़ा है।...''

सीता ने झटके से सिर उठाकर रावण को देखा; किन्तु कुछ बोलीं नहीं। उनकी आंखों में दयनीयता नहीं थी, वहां एक स्पष्ट फुफकार थी।

''वैदेही ! मैं तुमसे संबोधित हूं।'' रावण बोला।

''किन्तु मेरी तनिक-सी भी इच्छा तुमसे संबोधित होने की नहीं है।'' सीता सपाट स्वर में बोलीं।

हनुमान को लगा, रावण खिन्न हो उठा है और मंदोदरी के चेहरे का भाव कुछ उल्लसित हो उठा है।

''वैदेही ! तुम मुझे और मेरी शक्ति को जानती हो।''

''शक्ति नहीं। चोर-कला कहो !'' सीता ने उसकी बात काट दी, ''शक्ति का

तो कोई प्रमाण तुमने दिया ही नहीं। मैं तो कब से कह रही हूं कि राम से युद्ध का साहस नहीं है तो मुझे ही शस्त्र दो और द्वन्द्व-युद्ध कर देखो।''

रावण कुछ इस भाव से हंसा, जैसे किसी बालक की अनुचित बात से रुष्ट होकर भी वह उसे टाल रहा हो, ''मैं जानता हूं, तुम आत्महत्या की बात सोच रही हो। तुम जानती हो कि राम यहां नहीं आ सकता, तुम यहां से मुक्त नहीं हो सकतीं, इसलिए तुमने आत्महत्या का यह उपाय सोचा है। तुम मुझसे द्वन्द्व-युद्ध कर निश्चित मृत्यु चाहती हो, किंतु जानकी...'' रावण के स्वर में लंपटता की सरसता मुखर हो उठी, ''मैं तुम्हें मरने नहीं दूंगा। यह वय और यह रूप-सौन्दर्य नष्ट होने अथवा करने के लिए नहीं है। तुम उस संन्यासी के साथ रहकर जीवन के सुखों को भूल गयी हो — मैं तुम्हारे सम्मुख असंख्य सुखों का असीम संसार प्रस्तुत कर रहा हूं। एक बार स्वेच्छा से मेरी शैया पर आरूढ़ हो जाओ, राक्षसों का यह सम्पूर्ण साम्राज्य तुम्हारा है। जैसे चाहो, इसका भोग करो। जो चाहो, अपने भाई-बंधुओं को भेजो, अथवा उन्हें यहां बुलाकर, सब कुछ उन्हें समर्पित कर दो। अपने वृद्ध माता-पिता को भी एक बार दिखला दो कि ऐवर्श्य कहते किसे हैं।''

''रावण !'' सीता सतेज स्वर में बोलीं, ''सारे संसार में तेरा क्या एक भी हितू नहीं है, जो तुझे समझा सके कि यह तेरे नाश का मार्ग है। क्या कोई तुझे नहीं बताता कि जिस ऐश्वर्य पर तू इतरा रहा है, उसके भोग का तुझे ही नहीं, तेरे परिजनों को भी बहुत शीघ्र मूल्य चुकाना पड़ेगा। कोई तुझे समझाता नहीं, या तू किसी की सुनता नहीं।''

''जानकी ! इन बातों में क्या रखा है।'' रावण सीता की बातों की उपेक्षा कर बोला, ''मानव-जन्म बार-बार नहीं मिलता। इस शरीर के माध्यम से जो सुख प्राप्त हो सकते हैं, उन्हें भोगो। राक्षसों का समग्र साम्राज्य अपनी हथेली पर लिये रावण जैसा पुरुष तुमसे प्रणय की याचना कर रहा है।''

''मैं भी तुम्हें यही बता रही हूं, रावण !'' सीता का स्वर कुछ शांत था कि मानव-शरीर पाकर भी उससे तू केवल पशु-सुख का भोग कर पाया है। मानव का सुख सूक्ष्म है, अभौतिक है और अलौकिक है। वह ग्रहण में नहीं, त्याग में है। दूसरों के सुख के लिए स्वयं को खपाकर पाया गया सुख ही मानव-सुख है। अभी भी अवसर है कि तू अविवेकी हठ छोड़ दे, मुझे मेरे राम को सौंप दे और उनके चरणों में गिरकर उनसे क्षमा मांग।

रावण ने अट्टहास किया, ''वन में रहकर तूने कंगले तापसों से त्याग का अच्छा पाठ पढ़ा है, जानकी। भिखारियों को राम के सम्मुख हाथ जोड़ते देख, तूने समझा कि राक्षसों का राजाधिराज भी उसके सम्मुख याचक बनकर जाएगा। जानकी ! मैं तेरे सम्मुख याचक बनकर खड़ा हूं। मेरी बात सुन, तू इस रावण को अंगीकार कर तो महारानी मंदोदरी जैसी स्त्रियां तेरी दासियां नियुक्त कर दूंगा।''

हनुमान को लगा, जैसे सीता और मंदोदरी दोनों ने ही कुछ अवांछित सुन लिया

हो। मंदोदरी का उल्लसित चेहरा कुछ संकुचित हो आया। फिर चेहरे पर कठोरता उभरी और भृकुटियां वक्र हो उठीं। किन्तु रावण ने उसकी ओर ध्यान नहीं दिया। वह सीता की ओर देख रहा था।

सीता ने रावण को तीखी दृष्टि से देखा और फिर कुछ उच्च स्वर में बोलीं, ''तू समझता है कि महारानी मंदोदरी को मेरी दासी नियुक्त करने का प्रस्ताव रख, तू मेरा गौरव बढ़ा रहा है। तेरी नीचता की भी कोई मर्यादा है अथवा नहीं। जो अपनी पट्ट-महिषी के सम्मान की रक्षा नहीं कर सकता, वह अन्य लोगों का सम्मान क्या करेगा ! तेरी बात को तो किसी वनचारी, बुद्धिविहीन पशु के निरर्थक गर्जन-तर्जन से अधिक महत्त्व नहीं दिया जाना चाहिए।''

रावण का मुख क्रोध से विवर्ण हो उठा। अनायास ही उसका दाहिना हाथ अपने खड्ग की मूठ पर पड़ा।

हनुमान का शरीर जैसे अग्नि की लपटों में जलने लगा — यदि यह दुष्ट उनके सम्मुख ही जानकी का वध करेगा तो क्या वे यहां छिपकर बैठे देखते रहेंगे ? लौटकर भद्र राम को सूचना देंगे कि मैंने अपौरुषेय उद्यम कर दिखाया है। सीता का संधान पाकर वहां पहुंचा, अपनी आंखों के सम्मुख उनका वध होते देखा है।

किन्तु उनके पास कोई शस्त्र नहीं था; और उधर न केवल रावण स्वयं ही सशस्त्र था, वरन् उसके अनेक सशस्त्र सैनिक भी पास ही खड़े थे। बाहर सैनिक चौकियां भी थीं, घड़ी भर में यहां सैनिक ही सैनिक हो जाएंगे... तो क्या करें हनुमान ? अपने सम्मुख वे देवी सीता की निरीह हत्या हो जाने दें, और आत्मरक्षा की आड़ में चुपचाप बैठे देखते रहें ?

बड़ा विकट क्षण था। हनुमान के हाथों ने कसकर, अशोक वृक्ष की डाल पकड़ ली थी, जैसे वे अभी ही एक छलांग में रावण तक जा पहुंचेंगे और उसका खड्ग छीन लेंगे। उनका मस्तिष्क था कि ऊहापोह में उलझा हुआ, अब भी बार-बार उनसे पूछ रहा था कि क्या यह क्षण उनके प्रकट होने का है ? यदि राक्षसों ने उन्हें घेरकर उनकी हत्या कर दी, तो अपने प्राणों से तो जाएंगे ही, न देवी वैदेही को बचा पाएंगे और न ही राम को सीता संबंधी कोई समाचार दे पाएंगे। तभी मंदोदरी ने हल्के ढंग से रावण की भुजा को अपनी अंगुलियों से स्पर्श किया। रावण ने मंदोदरी को देखा और जैसे रक्त का घूंट पीकर रह गया। उसने खड्ग पर से अपना हाथ हटा लिया। अपनी क्रुद्ध, आरक्त आंखों से उसने एक बार सीता को देखा, एक बार मंदोदरी को; और फिर जैसे अनिर्णय की यातना से तड़पकर आकाश की ओर देखा।

हनुमान को रावण की विवशता समझ नहीं आयी। उस समय वह क्रोध से फुफकारता हुआ विषधर सर्प के समान था, जो दंश न कर सकने की बाध्यता में अपने ही विष से जल रहा था।

''ठीक है, वैदेही !'' रावण पुनः सीता से संबोधित हुआ, ''आज फिर निराश और

असफल लौट रहा हूं। दो मास की अवधि और है। एक मास के पश्चात् पुनः याचना करने आऊंगा। तब भी तुम न मानीं, तो अवधि समाप्त होने पर स्वयं अपने हाथों से तुम्हारा वध करूंगा।''

रावण फुफकारता हुआ आगे बढ़ गया।

मंदोदरी ने क्षणभर को सीता की ओर देखा। सीता के चेहरे पर भी हल्की-सी मैत्रीपूर्ण मुसकान उभरी। किन्तु बोला कोई भी नहीं — न मंदोदरी, न सीता। मंदोदरी भी बढ़ीं। साथ-साथ सारा अंतःपुर बढ़ा और उन्हें घेरे हुए दासियों भी चल पड़ीं।

हनुमान ने पलटकर देखा — यद्यपि मंदोदरी रावण के साथ-साथ चल रही थीं, किन्तु उन्होंने अपने तनाव को शिथिल नहीं होने दिया; किन्तु कुछ अन्य स्त्रियां रावण के आस-पास इस भंगिमा में मंडरा रही थीं, जैसे रावण का विरोध दूर होते ही उसके कंठ से लग जाएंगी।

हनुमान ने पुनः अपनी दृष्टि सीता की ओर घुमाई। वे अब भी शांत-सतेज भाव से अपने स्थान पर स्थिर बैठी थीं। इस बीच पुरुष प्रहरी भी अपने शस्त्र समेटकर जा चुके थे और अब वहां वे ही स्त्री प्रहरी रह गयी थीं, जिन्हें हनुमान ने सबसे पहले वहां देखा था। उन लोगों ने सीता को घेर रखा था और किटकिटाए ढंग से उन्हें कोस रही थीं।

''यह पता नहीं कैसी कुलच्छनी है। इसकी समझ में कोई बात ही नहीं आती। भला एक स्त्री चाहती क्या है ? महाराजाधिराज में कौन-सी न्यूनता है — सुदर्शन हैं, स्वस्थ हैं, शक्तिशाली हैं और फिर महाराजाधिराज हैं। धन, सम्पत्ति, सत्ता, वैभव, ऐश्वर्य — सब कुछ है। उस कंगले तपस्वी के पीछे पागल हुई पड़ी है। स्वयं भी दुःखी है और हमें भी पीड़ित कर रखा है।''

''अरे, न हो जिसके भाग्य में राज-सुख, वह कहां से भोग लेगी। उसे देखा, उस धान्यमालिनी को। महाराजाधिराज के कंठ में बांहें डालने को कितनी आतुर थी। प्रासाद तक पहुंचने का भी धैर्य उसमें नहीं था। यहीं उनके गले में झूल रही थी। और एक यह है अभागिन कि महाराजाधिराज बार-बार याचना करते हैं और यह दुष्टा उन्हें पैरों से ठुकराती है। वह तो कहो कि महाराजाधिराज पर इसके सौन्दर्य का जादू चल गया है, नहीं तो कब से काटकर डाल दिया होता इसे।''

''ऐसी तो कोई सुन्दर भी नहीं है। महाराजाधिराज को पता नहीं, इस बार क्या हो गया है। केशों से पकड़कर घसीट ले जाएं अपनी शैया पर; नहीं तो कर दें इसका वध।''

''तुझे जल्दी किस बात की पड़ी है, बहना !'' हंसता हुआ एक स्वर आया, ''लक्षण बड़े स्पष्ट हैं। अंत में इसके टुकड़े ही होंगे। तुम मदिरा तैयार कर रखो।''

''वह तो होना ही है। पर जितना विलंब होता जा रहा है, उतना ही इसका मांस सूखता जा रहा है। पता नहीं इसका वह कंगला तापस कैसा है, जिसके विरह में यह

ऐसे सूख रही है। ऐसे ही दो मास और बीत गए, तो यह एकदम खंखाड़ हो जाएगी। सूखा छिछाड़ मांस खाने में क्या आनन्द आयेगा... जब यह आयी थी तो कैसा गुदगुदा शरीर था इसका।''

''ऐसा करो ! इसका तो सूखा छिछाड़ मांस ही खा लेना और जब इसका वह कंगला तपस्वी यहां आएगा तो उसका गुदगुदा मांस भी खा लेना।''

''अरे, छोड़ो ! कौन खाने देगा उसका गुदगुदा मांस तुमको। उसके लिए घात लगाए वह बैठी नहीं है क्या।''

''कौन ?''

''महाराजाधिराज की बहन — शूर्पणखा !''

''वह ! वह उसे भी ऐसे ही बंदी करके रखेगी। प्रतिदिन प्रेम की याचना करेगी। पता नहीं, वह उसे मारने भी देगी, या वह बेचारा सूख-सूखकर ही मर जाएगा।''

''चलो ! जो भी हो। तुम मदिरा तैयार रखो। इसका वध होगा तो निकुंभला देवी की पूजा करेंगे और मदिरा के साथ मानव-मांस का स्वाद लेंगे।''

''सुनो-सुनो ! मेरी बात सुनो।''

हनुमान ने पहचाना, यह उस राक्षसी का स्वर था, जिसे त्रिजटा कहा गया था।

''मैंने एक स्वप्न देखा है।''

''कब ?''

''कल रात !''

''क्या देखा है ?''

''मैंने राजाधिराज को मुड़मुड़ाए, तेल में डूबा हुआ देखा है और इस सीता के पति को श्वेत पुष्पों की माला पहने, श्वेत वस्त्र धारण किए हुए, शिविका में आते देखा है।'' त्रिजटा बोली।

''इसका क्या अर्थ हुआ, विनता ?''

''इसका अर्थ तो भयंकर है।'' उत्तर देने वाली शायद विनता ही थी, ''इसका अर्थ है, इसके पति की विजय और राधाधिराज की मृत्यु। यह त्रिजटा तो सदा ऐसे ही सपने देखती रहती है।''

''इसमें मेरा क्या दोष है ?'' त्रिजटा अनुनय-सी करती हुई बोली, ''मैंने जो देखा था, तुम्हें बता दिया। मुझे तो इसका अर्थ भी मालूम नहीं था। यह तो अभी विनता ने बताया है; नहीं तो क्या मैं अपने राजाधिराज की मृत्यु चाहूंगी।''

''छोड़ो ! इसने तो सारा स्वाद ही बिगाड़ दिया।'' विनता का स्वर आया, ''अब नींद भी आ रही है। लाओ, किसी ने मदिरा छिपा रखी हो तो दो घूंट पी लें और सोएं। यह चुड़ैल तो जाने कब तक ऐसे ही हमारी छाती पर बैठी मूंग दलती रहेगी।''

''अभी से सो जाओगी क्या ?'' त्रिजटा ने पूछा।

''अभी क्या और तभी क्या।'' विनता बोली, ''यह भागकर कहां जाएगी ? बाहर

निकलते ही जाने किसके हाथ जा पड़े। हर पुरुष प्रेम की याचना नहीं करता । हां !''... वह रुकी, ''वैसे भी भीतरी चौकी वाले सैनिक आ ही गए होंगे। पर अभी तक उनकी बकवाद सुनाई नहीं पड़ी।''

''बकवाद क्यों कहती हो भला।'' कोई नया स्वर सुनाई दिया, ''तुम्हारे कानों में तो वह अमृत-रस बनकर टपकता है। कभी-कभी तुम्हारा नायक भी होता है उसके साथ।''

''तूने भी चोंच खोली, मेरी नन्ही मैना !'' विनता बोली, ''मुझे भी प्रघसा समझ रखा है क्या ? यहां किसी नायक को घास नहीं डालती। अपना हिसाब सीधा है। जिसके पास स्वर्णमुद्रा हो, वह आ जाए। स्वर्णमुद्रा नहीं है तो अपना प्रेम अपने पास रखो। स्वर्णमुद्रा से कम में कोई बात नहीं।

''अच्छा, अब सो जाओ।'' त्रिजटा बोली, ''जाने कब कोई स्वर्णमुद्रा वाला आ जाए और तुम्हें जगाना पड़े।''

''स्वर्णमुद्रा के लिए जागने में बड़ा सुख है, सखी। मैं राजाधिराज की बहन नहीं हूं कि स्वर्ण भी दूं, राज्य भी और स्वयं अपने आपको भी।''

''चलो, अब अपने-अपने स्थान पर।''

राक्षसियां उठीं। उन्होंने उस अशोक वृक्ष और सीता के कुटीर को घेरते हुए एक बड़ा-सा वृत्त बनाया और अपने लिए व्यवस्था कर लेट गयीं।

''अच्छा भाई ! अब कोई बोले नहीं।'' विनता बोली, ''चाहे किसी का नायक आए या राजपुत्र। मुझे नींद आ रही है।''

''देख, विनता ! लड़ना नहीं है, तो अब बकवाद बंद कर।'' यह शायद प्रघसा थी, ''तूने अनेक बार नायक का उपालंभ मुझे दिया है। मैं कुछ कहती नहीं, तो इसका यह अर्थ नहीं है कि तू बढ़ती जाए। तेरे पास कोई नायक आता है, तो तू भी बुला ले। वह स्वर्णमुद्रा नहीं देता तो क्या हुआ, पदोन्नति तो कर ही सकता है।''

''अच्छा, अब लड़ो मत। सो जाओ।'' त्रिजटा ने उच्च स्वर में आदेश दिया।

उनका वार्तालाप अकस्मात् ही बंद हो गया। अंधकार में हनुमान देख नहीं सके कि वे सो गयी थीं, या वैसे ही चुप हो गयी थीं... किंतु अब सीता से बात कर सकने की संभावना हनुमान के मन में जाग रही थी। यदि वे सोयी नहीं हैं, तो सो जाएंगी। यदि ये राक्षसियां सचमुच सो जाएं तो वे वृक्ष से उतरकर सीता को राम का संदेश तो दे ही सकते हैं। उन्हें थोड़ी-बहुत सांत्वना भी दे सकते हैं... वैसे तो इन विषम परिस्थितियों में भी सीता ने जो धैर्य, साहस और तेज दिखाया था, वह अद्‌भुत था। फिर यदि उन्हें यह सूचना दी जा सके कि हनुमान जाकर राम को बताएंगे कि सीता यहां हैं और राम उन्हें मुक्त कराने के लिए, किष्किंधा से ससैन्य चल पड़ेंगे, तो निश्चित रूप से उनका आत्मबल और भी बढ़ेगा।

प्रहरी राक्षसियों के वार्तालाप का कोई शब्द सुनाई नहीं पड़ रहा था। बीच-बीच में कभी-कभी किसी के खर्राटे का स्वर आ जाता था। वृक्षों के पीछे से कुछ लोगों के आने और उनके परस्पर संवाद की थोड़ी ध्वनि हुई थी — वे कदाचित् भीतरी चौकी वाले वे सैनिक थे, जिनकी चर्चा उन राक्षसियों ने की थी। पर उनकी ध्वनियां भी शीघ्र ही शांत हो गयीं। या तो वे भी सो गए थे, या अलसाकर चुपचाप पड़े थे। उनके कहीं चले जाने का कोई अर्थ ही नहीं था।

बैठे-बैठे बहुत देर हो गयी, तो हनुमान ने सीता को ओर देखा — अब उनका वह तेजस्वी रूप कहीं विलीन हो गया था। वे अत्यन्त दीन और विह्वल लग रही थीं। रावण के जाने के बाद से वे एक शब्द भी नहीं बोली थीं। राक्षसियों ने उन्हीं के विषय में इतना वार्तालाप किया था, उन्हें अनेक अपशब्द भी कहे थे; किन्तु सीता ने उनकी ओर तनिक भी ध्यान नहीं दिया था, जैसे उन्होंने सुना ही न हो... किन्तु उनकी यह दीनता, यह हताशा जैसे आवेश के ज्वार का भाटा हो। क्या सोच रही होंगी सीता ? कदाचित् रावण की धमकी तथा इन दुष्ट प्रहरी राक्षसियों के वार्तालाप ने उन्हें इतना अवसादग्रस्त और हताश कर दिया था...

सहसा सीता ने एक हल्की-सी सिसकी भरी और फुसफुसाते-से स्वर में उनके मुख से निकला, 'मेरे राम !'

हनुमान के मन में आया, तुरंत वृक्ष से कूद पड़ें और जाकर उनके सामने खड़े हो जाएं... किन्तु दूसरे ही क्षण उनके विवेक ने उन्हें रोक दिया। कहीं कोई राक्षसी जागी हुई हो तो ? या उनकी आहट से ही किसी की नींद टूट गयी या सहसा एक अपरिचित पुरुष को इस प्रकार सामने देखकर स्वयं सीता ही चौंककर चीख पड़ीं... हनुमान को सावधान रहना चाहिए... कुछ समय पूर्व तक उन्हें अपनी सुरक्षा एवं स्वतंत्रता इसलिए आवश्यक लग रही थी, क्योंकि उन्हें सीता का संधान करना था; और अब वह इसलिए महत्त्वपूर्ण हो उठी थी, क्योंकि उन्होंने सीता को खोज लिया था। यह सूचना राम तक पहुंचनी ही चाहिए थी... यदि सीता के लंका में बंदिनी होने की निश्चित सूचना राम तक पहुंच जाए, तो फिर कदाचित् उन्हें लंका में आने से कोई नहीं रोक पाएगा। हनुमान ने उनके बाणों की शक्ति देखी है; उनका नेतृत्व तथा संगठन-कौशल देखा है... एक राम ही हैं, जो रावण के समग्र विरोध का नेतृत्व कर पाएंगे। संभवतः उन्हीं के विरोध से रावण का वध हो सके और संसार की समस्त दुर्बल जातियों का, समस्त शोषित लोगों का त्राण हो पाए। हनुमान का सुरक्षित किष्किंधा तक लौटना बहुत आवश्यक था...

किन्तु कब तक प्रतीक्षा करें हनुमान ? वे प्रतीक्षा ही करते रहें और सीता उठकर, कुटिया में जाकर सो जाएं ? सोयी हुई राक्षसियों में से ही कोई जाग जाए ? अथवा कोई परिक्रमा टुकड़ी इधर आ निकले ? अथवा कोई राजपुरुष निरीक्षण के लिए आ उपस्थित हो। ऐसे बैठे-बैठे तो सारी रात बीत जाएगी; और एक बार उषा का प्रकाश छा गया तो फिर वैदेही से बात करने का अवसर नहीं मिल पाएगा।

विकट द्वंद्व था हनुमान के मन में। इतना भारी दायित्व था उनके कंधों पर, और इस क्षण के कठिन निर्णय का बोझ भी एकमात्र उन्हें ही उठाना था... इस समय कोई सहायक नहीं था, कोई परामर्शदाता अथवा निर्देश देने वाला नहीं था। और उनकी तनिक-सी असावधानी से संसार-भर के दलितों का भविष्य सदा के लिए अंधकारमय हो जाने वाला था।

सहसा सीता अपने स्थान से उठीं। वे अत्यन्त व्याकुल दीख रही थीं। वे इधर-उधर कुछ खोजती फिरीं। कुछ वृक्षों के निकट जाकर भी उन्होंने कुछ ढूंढ़ा; पर शायद उन्हें अपनी अभिलषित वस्तु मिल नहीं रही थी। कभी वे धरती की ओर ताकतीं, कभी आकाश की ओर। उनका बायां हाथ अपने कंठ पर था... उनका गला सूख रहा था, या कंठ अथवा ग्रीवा में कोई कष्ट था — हनुमान समझ नहीं पा रहे थे...

किंतु सीता के इस प्रकार व्याकुल हो, इधर-उधर घूमने पर भी किसी राक्षसी ने कोई आपत्ति नहीं की। क्या वे सब सो गयीं ? यदि वे सब सो गयी हैं तो देवी यहां से निकलने का प्रयत्न क्यों नहीं करतीं?

हनुमान ने देखा — सीता कभी अपने वस्त्र को अपने कंठ में लपेटकर उसे खींचने का प्रयत्न कर रही थीं और कभी अपनी वेणी को। हनुमान के मन में विचार कौंधा — यह कंठ अथवा ग्रीवा में कष्ट के कारण नहीं था। यह तो स्पष्ट रूप से जीवन की यातना से तंग आकर आत्महत्या का विचार था... देवी वैदेही जैसी साहसी, आत्मविश्वासमयी तथा जिजीविषापूर्ण महिला भी यदि जीवन से ऊब गयी हैं तो अवश्य ही उनकी यातना असहनीय हो गयी है।

''देवी वैदेही !'' हनुमान के मुख से अनायास ही निकल गया।

मुख से शब्द निकलते ही वे सावधान हो गए; कहीं इसकी कोई प्रतिकूल प्रतिक्रिया न हो।

लगा, सीता तक उनका शब्द पहुंच गया है। उन्होंने चौंककर इधर-उधर देखा और फिर जैसे उस स्वर को खोजती-सी चल पड़ीं।

हनुमान उत्कंठित व्यग्रता से सीता के अपने वृक्ष के निकट पहुंचने की प्रतीक्षा कर रहे थे। उन्होंने राम की मुद्रिका निकालकर अपने हाथ में ले ली थी। वार्तालाप से पूर्व उन्हें राम के दूत होने का प्रमाण देना था।

वे निकट आयीं तो हनुमान ने पुनः धीरे-से पुकारा, ''देवी वैदेही !''

सीता चकित, ठगी-सी रुक गयीं — कहां से आ रहा है यह स्वर ? कौन पुकार रहा है ? सीता ने जैसे ही ऊपर की ओर देखा, हनुमान ने मुद्रिका डाल दी।

सीता ने देखा, वृक्ष पर कोई अपरिचित पुरुष छिपा बैठा है और उसने कोई वस्तु गिराई है। कैसा है यह पुरुष ? इसकी आकृति मुखर से कुछ-कुछ मिलती है... पर नहीं। यह मुखर नहीं है। इसका आकार मुखर से बड़ा है। इसके मुख के भाव भी मुखर से भिन्न हैं... या शायद अंधकार के कारण वे ठीक से देख नहीं पा रहीं... पर सीता धोखा

नहीं खा सकतीं — यह मुखर नहीं है, पर इसमें और मुखर में कुछ-न-कुछ साम्य अवश्य है। कदाचित् यह भी वानर जाति का ही है... पर इसने कुछ कहने के स्थान पर कुछ गिराया है... क्या गिराया है ?

थोड़ा-सा प्रयत्न करने पर वह वस्तु उन्हें मिल गयी। उन्होंने अंधकार में उसे देखा-परखा। कुछ समझीं और कुछ नहीं समझीं। मुद्रिका लेकर उसकी पूर्ण परीक्षा करने के लिए वे अपनी कुटिया में चली गयीं। उन्होंने दीपक के प्रकाश में मुद्रिका को भली-भांति देखा... एकदम वैसी ही मुद्रिका थी... यह तो खेल था, उनके और राम के बीच। जब कभी एकांत होता, तो सीता कहा करतीं, ''वन के सम्राट अपनी साम्राज्ञी को कोई आभूषण प्रदान नहीं करेंगे क्या ?'' और राम उन्हें पुष्पों तथा गवद घास के अनेक आभूषण बना-बनाकर दिया करते थे। घास की बनाई हुई अनेक प्रकार की मुद्रिकाओं में से सीता ने जब से यह मुद्रिका पसन्द की थी, तब से राम इसी प्रकार की मुद्रिकाएं बना-बनाकर उन्हें पहनाया करते थे... तो क्या यह व्यक्ति राम के पास से आया है ? संदेश लाया है ?

सीता बाहर जाने के लिए झपटीं; किन्तु तत्काल रुक गयीं — यह भी कोई माया ही न हो, कोई षड्यंत्र... कहीं यह व्यक्ति रावण का ही भेजा हुआ न हो, जो अपनी माया से उन्हें विश्वास दिलाने आया हो कि अब राम नहीं रहे... राम के पास से इतनी दूर कौन आ सकता है... किसे पता है कि वे यहां हैं; और फिर इतना बीहड़ मार्ग, समुद्र का इतना बड़ा व्यवधान, लंका की ऐसी विकट रक्षा-व्यवस्था... राम स्वयं ही आएं तो आएं, अन्य कोई व्यक्ति कैसे आ सकता है...

सीता ने पुनः मुद्रिका को देखा — वही घास थी। वैसी ही बनावट थी और... उन्होंने उसे दीपक के निकट ले जाकर ध्यान से देखा... हां, राम के हस्ताक्षर भी थे, यद्यपि जल में से होकर आने के कारण उसकी मसी धुल गयी थी, किन्तु हस्ताक्षर के चिह्न अभी भी थे... इतनी माया कौन कर सकता है !

और यदि माया भी हो, तो सीता को उस व्यक्ति की बात तो सुन ही लेनी चाहिए। देखें तो सही कि वह कहता क्या है ?

सीता कुटिया से बाहर निकलीं। सावधानी से उन्होंने इधर-उधर देखा और सीधी चलती हुई अशोक के उसी वृक्ष के नीचे आकर बैठ गयीं, जिसकी ऊपर से मुद्रिका गिराई गयी थी।

उन्होंने सावधानी से ऊपर देखा, ''कौन हो तुम ?''

''मैं रामदूत हनुमान हूं, माता !''

सीता ने ध्यान से देखा — वह 'माता' कहकर सम्बोधन कर रहा था। मुखर होता तो 'दीदी' कहता। और फिर यह अपना नाम हनुमान बता रहा था।

''हनुमान कौन ? मैं तो तुम्हें नहीं जानती।''

''माता ! मैं किष्किंधा के वानर-सम्राट सुग्रीव का मंत्री हूं। भद्र राम ने वानरराज

का महान उपकार किया है; अतः राम तथा वानरराज में प्रगाढ़ मैत्री हो गयी है। राम और सौमित्र इस समय किष्किंधा में हैं और रावण से युद्ध के लिए वानरों की विकट सेना तैयार कर रहे हैं। मैं आपका अन्वेषण करने आया हूं। लौटकर आपका समाचार दूंगा तो तत्काल सैनिक अभियान आरंभ होगा। आप धैर्य बनाए रखें।''

इसमें कोई माया नहीं हो सकती, कोई षड्यंत्र नहीं हो सकता — सीता ने सोचा — माया होती तो राम के विरुद्ध रावण के पक्ष में होती। उन्हें निराश और हताश करने का प्रयत्न किया जाता; किन्तु यह व्यक्ति तो उनका उत्साह बढ़ा रहा है, राम और लक्ष्मण द्वारा सैन्य-संगठन का समाचार दे रहा है और उन्हें धैर्य बनाए रखने को कह रहा है... यह सचमुच ही राम का दूत है... उनके राम ने उन्हें विस्मृत नहीं किया है, न वे निराश और हताश हुए हैं... उन्होंने सीता को खोज निकाला है... जब खोज निकाला है तो वे आएंगे भी। अवश्य आएंगे और ससैन्य आएंगे... सीता को भयभीत होने की आवश्यकता नहीं है। जब दुख की अंधियारी रात कट जाएगी... उनका राम से मिलन होगा।

सीता को रोमांच हो आया।

''मेरा धैर्य प्रायः समाप्त हो चला था, हनुमान !'' सीता बोलीं, ''अब अपने प्रिय का समाचार मिला है, तो स्वयं को समझाऊंगी। यदि तुम यहीं थे तो तुमने सुना होगा, हरण के पश्चात रावण ने मुझे एक वर्ष की अवधि दी है, अपने पति को भूलने के लिए। तब तक मैं सुरक्षित हूं। स्वयं मंदोदरी, रावण का भाई विभीषण और रावण का मंत्री अविन्ध्य मेरी रक्षा के लिए प्रयत्नशील हैं। किन्तु अवधि के समाप्त होने पर कोई भी मेरी रक्षा नहीं कर पाएगा। रावण की इच्छा तो कभी भी पूरी नहीं होगी; अतः या तो वह स्वयं मेरी हत्या कर देगा, अथवा मैं स्वयं तंग आकर आत्महत्या कर लूंगी। राम से कहना, इस अवधि के भीतर यदि वे यहां पहुंच जाएंगे तो उन्हें सीता जीवित मिलेगी।''

''वे पहुंच जाएंगे, माता !''

''पूर्णतः आश्वस्त हों ?''

''पूर्णतः।''

''रावण की शक्ति देखी है ?''

''देखी है, माता।''

''वानर लड़ लेंगे ?''

''हम लंका को ध्वस्त कर देंगे।''

''पूरा विश्वास है तुम्हें ?''

''कुछ ही दिनों की बात है। आप स्वयं देखेंगी।''

सीता थोड़ी देर मौन रहीं, फिर उन्होंने पूछा, ''मुखर और जटायु कैसे हैं ?''

''दोनों का तभी देहांत हो गया था।''

सीता का मुख उदास हो गया। वे मौन रह गयीं।

''माता !'' हनुमान बोले, ''यदि आपकी इच्छा हो तो आप मेरे साथ चली चलें।

हम बहुत शीघ्र किष्किंधा पहुंच जाएंगे।''

''कैसे आए हो ?''

''सागर में तैरकर।''

''नहीं जा सकेंगे। यह व्यावहारिक नहीं है। तुम जाकर राम को ही सेना सहित भेजो...।'' सहसा सीता का स्वर भीरु हो गया, ''अब तुम जाओ, हनुमान। थोड़ी देर में उजाला होने वाला है। किसी भी क्षण कोई आ सकता है। तुम पकड़े गए तो...।''

क्षणभर मौन रहा। फिर हनुमान बोले, ''माता ! आपसे भेंट का कोई प्रमाण जो आर्य राम को दे सकूं।''

सीता कुछ देर तक सोचती रहीं। फिर उन्होंने पोटली में से चूड़ामणि निकालकर हनुमान की ओर बढ़ा दी।

हनुमान वृक्ष से नीचे उतर आए। उन्होंने चूड़ामणि ले ली।

''राम को कहना शीघ्र आएं। विलंब घातक हो सकता है।''

''आप निश्चित रहें, माता ! मेरे पहुंचते ही सेना का प्रयाण होगा।''

''लंका की रक्षा-व्यवस्था देखी है ?''

''देख ली है।'' हनुमान सस्मित बोले, ''वानरों का बल, राम तथा सौमित्र के शस्त्र और उनका नेतृत्व राक्षसों का काल बनकर आएगा।''

''अच्छा ! तुम जाओ। संभलकर जाना। अपनी सुरक्षा का ध्यान रखना। अनावश्यक जोखिम मत उठाना।''

हनुमान ने प्रणाम किया और वृक्षों के पीछे की ओर निकल गए। कुछ देर सावधानी से चलते रहे; और जब निश्शंक हो गए तो गति बढ़ा दी।

उनका मन बल्लियों उछल रहा था — जब वे किष्किंधा पहुंचकर राम को बताएंगे कि सीता कहां हैं और कैसी हैं, उनसे क्या-क्या बातें हुईं तो राम कितने प्रसन्न होंगे। सौमित्र के मन में कैसा उत्साह जागेगा और संपूर्ण वानर सेना कैसे हुंकार उठेगी...

उन्होंने आकाश की ओर देखा — अभी उजाला नहीं हुआ था, रात का अंतिम प्रहर ही दीखता था। जल्दी ही सवेरा होगा।... पर अनिद्रा के कारण हनुमान का सिर कैसा भन्ना रहा था... कभी लगता था सिर घूम रहा है, कभी कुछ पीड़ा का-सा अनुभव होता था और कभी सुन्न ही हो जाता था... आंखें भी तो कभी बंद हो रही थीं, कभी जल रही थीं और कभी धुंधला रही थीं...

सहसा हनुमान की दृष्टि सामने खड़े कदली-वन पर पड़ी। केले के इतने बड़े-बड़े पेड़ और वे भी फल से लदे हुए।... हनुमान को अपनी भूख याद आ गयी।... अंतिम बार उन्होंने मय दानव के प्रासाद में, वृद्धा तापसी स्वयंप्रभा द्वारा दिया गया भोजन किया था। उस मायानगरी से निकलकर, सागरतट पर उन लोगों ने वृद्ध संपाति को तो भोजन करवाया था; किन्तु स्वयं कुछ भी नहीं खाया था। सागर में तैरते हुए तो खाने का प्रश्न ही नहीं था। लंका की धरती पर उतरकर भी उनके पेट में कुछ नहीं गया था — पहली

रात वे रावण के महामहालय में भटकते रहे थे। कल का सारा दिन कुछ उपवन में सोने और कुछ भटकने में बीत गया। आज की रात भी इस अशोक वृक्ष पर टंगे-टंगे ही निकल गयी... अब भूख असह्य थी। अब तक अपने कार्य में वे भूले बैठे थे; किंतु अब कार्य भी संपन्न हो गया था और केले जैसा प्रिय और पका हुआ फल इस प्रचुर मात्रा में सामने लटका हुआ उन्हें आमंत्रित कर रहा था...

हनुमान के विवेक ने उन्हें रोका — सावधान, हनुमान ! कहीं केले खाने के चक्कर में यहीं अटक गए और कोई प्रहरी इधर आ निकला, तो सारा बना-बनाया काम बिगड़ जाएगा... किन्तु साथ ही उनकी बुद्धि ने एक दूसरा तर्क उछाल दिया। बिना खाए भी तो काम बिगड़ सकता है। भूख सहन करने की भी कोई सीमा होती है। दो दिन और दो रातें बीत रही हैं और उन्होंने कुछ खाया नहीं है। ऐसा न हो कि फिर वही दशा हो जाए, जो स्वयंप्रभा के पास पहुंचने से पहले हो गई थी। फिर हनुमान दीन-हीन होकर, किससे भोजन मांगते फिरेंगे ? इस समय तो केलों की कांदियां सामने लटक रही हैं... न किसी से मांगने की आवश्यकता है, न कुछ कहने-सुनने की। निश्चित को छोड़, अनिश्चित की ओर लपकने वाला व्यक्ति मूर्ख कहलाता है। इस समय केलों से अधिक निश्चित और क्या है ? भविष्य तो सारा अनिश्चित है... फिर, अभी तो सारा सागर तैरकर लौटना है। तैरने के लिए भी शरीर में शक्ति चाहिए और मार्ग में पड़ने वाले उन बेढब जीव-जंतुओं से युद्ध करने के लिए भी। भूखे शरीर से कैसे कुछ हो पाएगा... नहीं। और अधिक भूखे रहने का जोखिम वे नहीं उठा सकते...

हनुमान के हाथ अनायास बढ़ गए और उन्होंने एक कांदी घसीट ली।

... वृक्ष के बीच कहीं सोए हुए पक्षियों की निद्रा का सुख भंग हो गया और वे चीत्कार करते हुए उड़ गए। हनुमान ने एक बार आश्चर्य से उनको देखा — पक्षी ?... भूख और नींद से भन्नाए हुए उनके मस्तिष्क ने भी समझ लिया कि यद्यपि वे इस समय भोजन करने के लिए तत्पर हो रहे हैं, किंतु सामान्य जीव-जन्तुओं के लिए यह भोजन का नहीं, शयन का समय है और इस समय उनको जगा देना, समय की दृष्टि से उचित नहीं है... किंतु वे क्या करते ? उनकी अपनी स्थिति असाधारण थी। दो दिन और दो रातें बीत गई थीं, उन्होंने कुछ खाया नहीं था।... उस उपवन में, जहां उस वाचाल सैनिक ने आकर उन्हें उठाया था, उन्होंने नींद कितनी ली थी — वे स्वयं नहीं जानते। अब ऐसे में इन सोये हुए पक्षियों को थोड़ा कष्ट होता भी है, तो हनुमान क्या कर सकते हैं। बहुत होगा तो ये पक्षी एक वृक्ष से उड़कर दूसरे वृक्ष पर चल जाएंगे और वहां सो रहेंगे... इन्हें कौन-सी चारपाई उठानी है, या बिस्तर झाड़ना है, जाकर सो ही तो रहना है। वैसे वर्षा ऋतु में कई बार मेघ आकर खुले आकाश के नीचे सोये हनुमान को भी जगा देते हैं। चारपाई और बिस्तर समेत भी उठना पड़ता है। तब कोई इस प्रकार तो नहीं चिल्लाता, कोई मेघों से लड़ता नहीं, उन्हें गालियां नहीं देता। चुपचाप जाकर पुनः सो जाता है। तो फिर हनुमान ने शाखा को तनिक-सा हिला दिया तो कौन-सा अनर्थ हो

गया !

केले बड़े स्वादिष्ट थे और भूख भयंकर हो उठी थी। जब तक ये केले नहीं मिले थे, तब तक बात और थी — कदाचित् भूख भी सोयी हुई थी और जिह्वा को केलों का स्वाद भी स्मरण नहीं था। किंतु अब खाकर, वे समझ रहे थे कि ऐसे केले सामान्य उपवनों में नहीं होते। कदाचित् यह केलों की कोई विशिष्ट जाति थी। किष्किंधा के राजाओं के लिए आरक्षित मधुवन में भी इसी प्रकार के केले होंगे...

हनुमान की भूख अंगड़ाइयां ले-लेकर जागती जा रही थी और पेट भरने के साथ-साथ मस्तिष्क सोता जा रहा था... ऐसे केले राक्षस ही क्यों खाते रहें... उन्होंने उछलकर वृक्ष के तने पर पाद-प्रहार किया। हों तो इस जाति के केले सबके लिए हों, या फिर किसी के लिए न हों... यह क्या हुआ कि सामान्य जन तो निकृष्ट फल खाएं और राजा लोग उत्तम कोटि के... राजा चाहे किष्किंधा का हो, चाहे लंका का हो... हनुमान ने दो केले और खाए... पर केले ही खाते जाएंगे क्या ? कोई और फल भी तो होना चाहिए।... उन्होंने केले के दूसरे वृक्ष को उसके शीर्ष से पकड़कर मोड़ दिया...

बीसियों पक्षी चीत्कार करते हुए एक साथ उड़े और विभिन्न दिशाओं में फैल गए... उन्हें लगा कि दूर कहीं अन्य जन्तुओं का भी स्वर जागा है... हनुमान को हंसी आ गई — केले के एक पेड़ के ध्वंस पर इतना कोलाहल ? वानर तो सारी लंका को ध्वस्त करने की सोच रहे हैं... राक्षसों ने क्या कम ध्वंस किया है ? जातियों की जातियां और राज्यों के राज्य नष्ट कर दिए। पीढ़ियों की पीढ़ियां पंगु करके धर दीं... जिन राक्षसों के कारण संसार भर में कोई स्वतन्त्रता और सम्मान से जी नहीं सकता — उन राक्षसों को तो ध्वस्त होना ही चाहिए...

हनुमान आगे बढ़ गए।

यह किस फल का वृक्ष है ? वे निकट गए... नहीं। फलों का वृक्ष नहीं है... यह तो शायद अशोक वृक्ष है... अशोक। अशोक कैसा हुआ, जो शोक नहीं हर सकता... और शोक तो होता है जठराग्नि का। पेट की भूख न मिटा सके तो अशोक कैसा ? व्यर्थ का नाम और व्यर्थ का वृक्ष। इससे तो अच्छा था, आम का वृक्ष लगाया होता, न सही आम, नारियल का लगाया होता... व्यर्थ ही अशोक-अशोक लगा दिया... नाम बड़े और दर्शन छोटे... नाम है अशोक और है पत्तों और लकड़ियों का पुंज। खाने को एक छोटा-सा फल भी नहीं। धत्त ! इसकी ऐसी की तैसी...

हनुमान जोर से उछले और जिस किसी शाखा पर हाथ पड़ा, उसी को थाम लिया। उनके बोझ से शाखा झुकी और कड़कड़ाई...

सहसा हनुमान सजग हुए... यह क्या कर रहे हैं वे ? पक्षियों की चीत्कार अलग। शाखा के टूटने की ध्वनि... ऐसे तो प्रहरी जाग जायेंगे...

उन्होंने सावधान होकर इधर-उधर देखा। समझ गए कि विलम्ब हो चुका था... जो भूल होनी थी, हो चुकी थी; और उसका जो दुष्परिणाम होना था, वह भी सामने था।

न केवल सीता को घेरकर सोयी हुई राक्षसियां जाग उठी थीं; वरन् अनेक वृक्षों के पीछे उन्हें सशस्त्र पुरुष सैनिक भी दिखाई पड़ रहे थे। अब अंधकार भी उतना सघन नहीं रह गया था...

यह क्या किया तुमने, हनुमान ?... वे सोच रहे थे... दो दिन और दो रातें लंका में गुप्त रूप से व्यतीत कर दीं, किसी को कानोंकान सूचना नहीं हुई। सब जगह बचते रहे, छिपते रहे कि कहीं किसी को उनकी गन्ध न मिल जाए। कहीं उनके लक्ष्य तक पहुंचने में कोई विघ्न न आ जाए। और अब, जब कार्य संपन्न हो चुका था, लौटना भर शेष था, यह दुर्घटना हो गई... सचमुच यह भूख बड़ी राक्षसी है... उसी ने तो करवा दिया यह कांड।... पर भूख को क्यों कोसें ? उन्होंने चुपचाप पेट भरकर केले खा लिये होते तो यह सब कुछ भी न होता। न करते उत्पात। इन गोपनीय क्षणों में राजाओं के एकाधिकार के विरुद्ध अभियान कर कदलीवन का ध्वंस क्या आवश्यक था ? और अशोक वृक्ष को उसकी फलहीनता के अपराध का दंड देना... क्या अत्यधिक अनिद्रा के कारण उनका मस्तिष्क सो गया था ?...

ये सैनिक जो उन्हें घेर रहे थे, कदाचित् अशोक वाटिका के रक्षक थे। वे उन्हें घेर तो रहे थे, पर लगता था कि पास आने से घबरा भी रहे थे... यह संभव है कि इन्होंने और सहायता मंगवाई हो और उसके आने की प्रतीक्षा कर रहे हों... पर ये लोग संख्या में बहुत अधिक थे। इतने लोगों को एक निहत्थे व्यक्ति को पकड़ने के लिए यदि सैनिक कुमुक की आवश्यकता पड़े, तो इन लोगों को बहुत वीर नहीं समझा जा सकता। हनुमान की इच्छा हुई कि जोर की एक किलकारी मारें और इन लोगों पर झपट पड़ें। ये डरे हुए तो हैं ही; उन्हें और भी डरा दें।

सहसा उनके मन में कौंधा कि वे खुले स्थान में खड़े हैं और चारों ओर से घिरे हुए हैं। शत्रुओं को भयभीत करने की योजना बनाने के लिए यह गलत स्थान और रीति है।

वे झपटते हुए-से तत्काल उसी अशोक वृक्ष पर चढ़ गए, थोड़ी देर पहले जिसकी वे शाखा तोड़ रहे थे... इस रूप में तो वह 'अशोक' हो ही सकता था। यहां वे शाखाओं के बीच सुरक्षित भी रहेंगे और ऊपर से यह भी देख सकेंगे कि उनके आस-पास कितने और कैसे लोग हैं। फिर पूरी तरह उजाला होने से पहले ही निकल जाएं, तो अच्छा है...

वृक्ष पर चढ़ते हुए उन्होंने देखा — उसी वृक्ष के तने से लगे, छिपे हुए कुछ लोग छिटककर इधर-उधर भाग गए थे। निश्चित रूप से उन लोगों ने हनुमान को घेर रखा था; किन्तु जाने क्यों वे लोग न तो उन पर प्रहार कर रहे थे और न ही उन्हें बन्दी करने का प्रयत्न कर रहे थे...

तभी उन्होंने एक और व्यक्ति को अपनी ओर आते देखा। वह बहुत वेग से चलकर, उन्हीं की ओर आ रहा था और अनेक सशस्त्र सैनिक उसे घेरकर चल रहे थे।

वह आकर उस वृक्ष से कुछ दूर ही रुक गया, ''कौन हो तुम ? यहां क्या कर

रहे हो ?''

तो इस 'प्रश्नवाचक' मनुष्य के आने की प्रतीक्षा कर रहे थे ये लोग। हनुमान ने सोचा — यह प्रश्न तो कोई भी पूछ सकता था, इसके लिए इसी का आना क्यों आवश्यक था ?... लंका के लोग, कदाचित् पदों और अधिकारों — दोनों के ही प्रति बहुत सजग हैं। एक जरा-सा प्रश्न पूछने के लिए इस 'प्रश्नाधिकारी' को सोते से जगाकर लाए होंगे।

किन्तु उनके विनोद की मुद्रा अधिक देर तक टिक नहीं सकी। वह हनुमान से उनका परिचय पूछ रहा था। बताएं या न बताएं ? यदि बता देते हैं तो रावण और भी अधिक सतर्क और सावधान हो जाएगा। देवी वैदेही के लिए परिस्थितियां और भी जटिल और कठोर हो सकती हैं। लंका की सुरक्षा-व्यवस्था को और भी सशक्त बनाया जा सकता है... और यदि अपने विषय में नहीं बताते, तो वे लोग उन्हें एक साधारण वानर-युवक मानकर न तो उनसे भयभीत होंगे और न ही उचित व्यवहार करेंगे।... हनुमान सर्वथा अकेले थे और शत्रुओं की नगरी में घिरे हुए थे। ऐसे में यदि युद्ध हो तो शत्रुओं को भयभीत करना हनुमान के लिए लाभकारी होगा। उसके लिए उन्हें आत्मपरिचय देना होगा...

''कौन हो तुम ?'' उस अधिकारी ने पुनः पूछा, ''यहां क्या कर रहे हो ? और यहां तुम पहुंचे कैसे ?''

''तीन में से कितने प्रश्नों का उत्तर देना अनिवार्य है ?'' हनुमान ने किलकारी मारी।

''क्या अभिप्राय है तुम्हारा ?'' वह व्यक्ति अपनी उपेक्षा से क्रुद्ध हो उठा, ''एक तो महाराजाधिराज की वाटिका में अनधिकृत प्रवेश किया, वृक्षों का ध्वंस किया और अब वृक्ष पर चढ़ा पूछता है, कितने प्रश्नों के उत्तर अनिवार्य हैं। अरे, तू पेड़ की शाखा पर बैठा है या किसी परीक्षा-भवन में...''

''क्रुद्ध क्यों होते हो, प्रश्नाधिकारी !'' हनुमान का मस्तिष्क बड़ी क्षिप्रता से अपने निकलने का कोई मार्ग खोज रहा था, ''यदि तुम्हें मेरा यहां आना अच्छा नहीं लगा तो मैं चला जाता हूं।''

हनुमान ने उसकी प्रतिक्रिया जानने के लिए, वृक्ष से नीचे उतरने का-सा अभिनय किया।

''जाता कहां है तू !'' वह अधिकारी चिल्लाया, ''पहले बता कि तू कौन है और तूने महाराजाधिराज की वाटिका में अनधिकृत प्रवेश क्यों किया ? बताता क्यों नहीं तू?''

तो इसका अर्थ यह हुआ कि ये लोग हनुमान को यूं ही नहीं जाने देंगे। पहले तो उनका परिचय जानने का प्रयत्न करेंगे; परिचय न भी मालूम हुआ तो कदाचित् बंदी तो कर ही लेंगे। इस सर्वथा संरक्षित स्थान में किसी का भी प्रवेश कदाचित् सामान्य बात नहीं मानी जाएगी।... वे इसका कोई-न कोई गंभीर अर्थ ढूंढ़ने का प्रयत्न अवश्य करेंगे।

''धैर्य रखकर, एक-एक कर प्रश्न पूछ, तो तुझे उत्तर भी दूं।'' वे बोले, ''बाणों की झड़ी के समान प्रश्न पूछेगा तो व्यक्ति उनसे आहत होगा या उनके उत्तर देगा ?''

''तू कौन है ?'' अधिकारी ने किसी प्रकार स्वयं को संयत किया।

''बड़ा कठिन प्रश्न है, अधिकारी।'' हनुमान बोले, ''तू जानता है कि तू कौन है ? तेरा स्वरूप क्या है ? जन्म से पहले तू कहां था और मृत्यु के पश्चात् तू कहां जाएगा ?''

''मैं कहां जाऊंगा, मुझे मालूम नहीं है।'' अधिकारी पुनः क्रुद्ध हो उठा, ''पर तू बंदी होकर कहां जाएगा, यह मुझे ज्ञात है। तू निगड़बद्ध हो, भूगर्भ कारागार में जाएगा।''

''तुम तो भविष्यवक्ता मालूम होते हो, प्रश्नाधिकारी !'' हनुमान ने अपनी व्याकुलता को छिपाया, ''तनिक ऊपर आ जाओ और मेरे भविष्य के विषय में कुछ और भी बताओ। इतने भर से मेरा संतोष नहीं हुआ।''

अधिकारी की समझ में आ गया कि उसके अधीनस्थ कर्मचारियों के सम्मुख ही उसका विद्रूप बन रहा है।

वह चिल्लाकर बोला, ''यह प्रलाप बंद कर और बता, तूने राजाधिराज की वाटिका में अनधिकृत प्रवेश क्यों किया ?''

हनुमान को निकल भागने का कोई मार्ग नहीं दिख रहा था। युद्ध अनिवार्य हो गया था। उस स्थिति में रावण को भी सूचना मिल सकती थी और असंख्य सशस्त्र सैनिक आ सकते थे। सागर पार स्थित अपनी प्रतीक्षा करते हुए अन्वेषण दल तक यदि वे एक बार जानकी से हुई अपनी बातचीत की सूचना पहुंचा सकते, तो फिर उन्हें अपने बंदी अथवा हताहत होने में भी कोई भय नहीं था...

''बोलता क्यों नहीं ?'' अधिकारी पुनः चिल्लाया।

''राजाधिराज की वाटिका में प्रवेश इसलिए किया, क्योंकि तुम्हारी वाटिका इतनी सुन्दर नहीं थी; और अनधिकृत प्रवेश इसलिए किया, क्योंकि अधिकार कहां मिलता है, मुझे मालूम नहीं था।''

''इसे बंदी करो।'' सहसा अधिकारी कड़ककर बोला।

हनुमान सावधान हो गए — अब सिवाय संघर्ष के और कोई उपाय नहीं था। अधिकारी की आज्ञा के पश्चात्, इधर-उधर छिपे हुए अनेक सशस्त्र प्रहरी प्रकट हो गए थे और योजनाबद्ध रूप से घेरकर, उन्हें बंदी करने के लिए आगे बढ़ रहे थे।

अकस्मात् ही हनुमान ने एक शाखा पकड़कर छलांग लगाई और अधिकारी को धकियाते हुए, पास के एक दूसरे वृक्ष पर चढ़ गए। प्रहरियों की घेराबंदी तत्काल टूट गई और वे हनुमान को भूलकर, अपने अधिकारी की ओर झपटे। हनुमान को यह उपयुक्त अवसर लगा। वे वृक्षों की ओट लेते हुए, अंधेरे क्षेत्र की आड़ में, बाहर की ओर झपटे... किंतु तब तक उस अधिकारी की दृष्टि उन पर पड़ गई थी।

''मूर्खो ! मुझे छोड़ो। उसे पकड़ो।'' वह चिल्लाया, ''वह भाग गया तो फिर क्या उत्तर दोगे ?''

यह तो उलूक का भाई निकला... हनुमान सोच रहे थे... इसे अंधेरे में भी दिखाई

पड़ गया।

आंख-मिचौनी का खेल आरंभ हो गया। हनुमान वृक्षों और लताओं में कहीं छिप जाते और प्रहरी उन्हें खोजते फिरते। किसी की दृष्टि उन पर पड़ती तो वह चिल्ला उठता। वे सब उन्हें घेर, उन पर झपटते और हनुमान किसी को पीटते, किसी को ठेलते, किसी को धकेलते, किसी को आहत करते, किसी पर किसी शाखा से प्रहार करते, किसी को अपनी मुष्टि का बल दिखाते, यह जा, वह जा हो जाते।

खोज नये सिरे से आरंभ हो जाती...

ऐसी चार-छह मुठभेड़ों में ही अनेक क्यारियां रौंदी जा चुकी थीं, अनेक झुरमुट नष्ट हो चुके थे, अनेक लताएं टूट चुकी थीं और अनेक वृक्षों की शाखाएं भग्न हो चुकी थीं। अब तक अशोक वाटिका पर्याप्त शोकपूर्ण हो चुकी थी... उसमें सारा दोष हनुमान का ही नहीं था। उनको पकड़ने के लिए झपटते हुए राक्षस सैनिक वाटिका को हनुमान से भी अधिक उजाड़ रहे थे। उस झुटपुटे अंधेरे में हनुमान जहां नहीं भी होते, वहां भी दिखाई पड़ जाते थे और अनेक बार तो हनुमान के भ्रम में उन भयभीत प्रहरियों के हाथों अनेक सुन्दर लता-गुल्म ही पिट गए...

अंधकार क्रमशः क्षीण हो रहा था और प्रकाश फैलता जा रहा था। झुटपुटे का लाभ उठाकर खेली जाने वाली आंख-मिचौनी अधिक देर तक नहीं चल सकती थी। हनुमान को शीघ्रातिशीघ्र यहां से निकल चलना चाहिए था। यहां घिरे रहने का कोई अर्थ नहीं था। जितना विलंब होगा, समय अधिक बीतेगा, उसका लाभ हनुमान को नहीं, राक्षसों को मिलेगा। हनुमान का कोई साथी अथवा सहायक आने वाला नहीं है, जबकि समय के साथ-साथ राक्षसों के सहायक बढ़ते ही जाएंगे।

हनुमान अब युद्ध अथवा प्रहार से अधिक अपने बच निकलने का प्रयत्न कर रहे थे। उसमें अधिक परेशानी नहीं थी। किसी एक वृक्ष को हिलाकर, अथवा कहीं कोई शब्द कर वे विपरीत दिशा की ओर निकल जाते थे। वाटिका-रक्षक दल उन्हें उस वृक्ष अथवा उस शब्द-स्थान के आस-पास अत्यन्त प्रयत्नपूर्वक खोजता रहता...

सहसा हनुमान को अपने सामने ही वाटिका फाटक दिखाई दिया। यही ठीक था। वे एक बार फाटक के पार हो जाएं, तो वे उस सीमित स्थान से बाहर निकल जाएंगे...

हनुमान भागते हुए, फाटक से बाहर निकल गए...

किंतु स्थिति उनके पक्ष में इतनी नहीं थी, जितनी पहली दृष्टि में लगी थी... पहले तो उनका ध्यान सामने खड़ी धनुर्धारियों की दो टोलियों की ओर गया और फिर सामने से आती राक्षसों की सशस्त्र सेना ने उनका ध्यान आकृष्ट किया... उन्हें विलंब हो गया था। निश्चित रूप से उनके यहां होने की सूचना ऊपर के अधिकारियों तक पहुंचा दी गई थी और वाटिका की रक्षा तथा हनुमान के वध के लिए सेना भेज दी गई थी। अन्यथा वाटिका की रक्षा अथवा एक व्यक्ति को बंदी करने के लिए सशस्त्र सेनाओं का क्या अर्थ... हनुमान के साथ ही धनुर्धारी टोलियों का ध्यान भी आने वाली सेना की ओर चला

गया...

"किंकर आ गए ! किंकर आ गए !" धनुर्धारी चिल्ला रहे थे।

हनुमान को लगा, वे घिर गए हैं — सामने से किंकरों की सेना है... पता नहीं, किंकर एक व्यक्ति है... इनका सेनापति है... या इस टोली का नाम है... या इन राक्षसों की जाति है... और यदि हनुमान पीछे लौटते हैं, तो वहां वाटिका-रक्षक हैं। साथ ये धनुर्धारी टोलियां भी हैं। ये कदाचित् उन चौकियों के लोग होंगे, जिन्हें कल संध्या समय वाटिका में प्रवेश करने से पूर्व उन्होंने देखा था।

किंकरों की सेना निकट आ गई थी। उनके पास शस्त्रों का बाहुल्य था। किसी एक प्रकार के शस्त्रों से सज्जित टोली होने के स्थान पर, वह विभिन्न प्रकार के शस्त्रों से सम्पन्न सैनिकों की भीड़ थी। वे लोग अनियंत्रित भीड़ के समान कोलाहल कर रहे थे तथा अपने शस्त्र उठा-उठाकर अपना आक्रोश प्रकट कर रहे थे... अब तक सूर्य का प्रकाश इतना फैल गया था कि उनके शस्त्रों को देखकर पहचान पाना तनिक भी कठिन नहीं था। उनके पास कूट मुद्‌गर, गदा, परिघ, प्रास, तोमर, पट्टिश, शूल इत्यादि शस्त्र थे। कुछ धनुर्धर भी उनके साथ थे। पहले से उपस्थित धनुर्धरों की टोलियां भी अब उनसे जा मिली थीं।

स्वयं को चारों ओर से घिरता देखकर हनुमान वाटिका के फाटक के छज्जे के ऊपर चढ़ गए। इस प्रकार वे शत्रुओं की दृष्टि में तो आ गए थे, किंतु निकट आए हुए प्रत्येक सैनिक के शस्त्र की मार से ऊपर हो गये थे।...

किंकरों की सेना उन्हें घेरकर खड़ी हो गयी।

"कौन है तू ? यहां क्या कर रहा ?" एक सैनिक अधिकारी आगे बढ़ आया।

अब आत्मविश्वास और साहस प्रदर्शित करने का समय था — हनुमान ने सोचा — उनके लिए इन सैनिकों को आतंकित करना भी आवश्यक था।... यदि अब भी उन्होंने अपना परिचय नहीं दिया, तो उन्हें घेरकर किंकर उनका वध भी कर सकते हैं... वध से तो बचना ही होगा, अभी सीता-अन्वेषण की सूचना राम तक नहीं पहुंची है...

"महान् पराक्रमी, रघुनन्दन श्री रामचन्द्र की जय हो ! महान धनुर्धर सौमित्र लक्ष्मण की जय हो ! श्रीराम द्वारा संरक्षित किष्किंधा के वानर-सम्राट सुग्रीव की जय हो !" हनुमान ने निर्भय गर्जना की, "मेरा नाम हनुमान है और मैं अनायास महान् पराक्रम करने वाले श्रीराम का दूत हूं। मेरे साथ युद्ध करना हो तो अपने समाट् को भेजो।"

हनुमान की गर्जना का अनुकूल प्रभाव हुआ। राक्षस सैनिक परस्पर बातों में उलझ गए। जाने वे क्या बातें कर रहे थे, किंतु थोड़ी देर पहले वाला उनका आवेश उनके चेहरों पर नहीं था।

हनुमान ने पुनः भयंकर गर्जन किया और इससे पूर्व कि कोई उन पर आक्रमण करता, उन्होंने अपने निकट के सैनिकों पर छलांग लगा दी। इस प्रकार के आक्रमण के लिए सर्वथा अप्रस्तुत सैनिक, इस आकस्मिकता से घबराकर, जब तक संभलें — तब

तक हनुमान ने उनमें से एक से एक लौह परिघ छीन लिया और दूसरे से एक शूल। उन्होंने बिना एक भी क्षण खोये इतने भयंकर और त्वरित प्रहार किए कि उनके निकट के सैनिकों में दरार पड़ गयी... किंतु हनुमान अपने स्थान से आगे नहीं बढ़े।

वे पुन: फाटक की मुंडेर पर चढ़ गए थे। उनके एक हाथ में परिघ था और दूसरे में शूल। दोनों ही शस्त्रों पर शत्रु का रक्त लगा हुआ था।

हनुमान की इच्छा पूरी हुई थी — राक्षस सेना पर उनका आतंक छा गया था। स्थिति पहले जैसी नहीं रह गयी थी। प्रत्येक सैनिक उन पर प्रहार करने के लिए आगे नहीं झपट रहा था। पहले जहां सागर की लहरों के समान, आगे बढ़ने के लिए एक पर एक चढ़ता आ रहा था, वहां अब वे उनके निकट धरती में उगे वृक्षों के समान खड़े थे। लगता था जैसे उन्हें वहां बांधकर खड़ा कर दिया गया था, उनका अपना वश चलता तो भागकर हनुमान से अधिकतम दूरी पर चले जाते। सारी सेना में त्रास का कोलाहल फैल गया था।

''अरे, यह तो कोई बावला है। धनुर्धारियों से कहो, इसे मार गिराएं।'' सेना में से कोई चिल्लाया।

''और क्या !'' किसी और ने उसका समर्थन किया, ''अपने सैनिकों को इसके हाथों व्यर्थ मरवाने का क्या लाभ !''

''है तो बावला ही।'' एक और समर्थन आया, ''पता नहीं किस-किसकी जय बोल रहा है। जिनका हमने कभी नाम भी नहीं सुना, स्वयं को उनका दूत बता रहा है। दूत का काम संदेश देना है, या लड़ना-भिड़ना। मारो इसे।''

हनुमान चौंके — यदि सचमुच ही इन लोगों ने दूर ही दूर से शूलों और बाणों से प्रहार किया तो वे बड़ी कठिनाई में पड़ जाएंगे। न तो उन्होंने कवच ही पहन रखा था और न उनके पास ढाल ही थी।

तभी बाणों की एक बौछार आयी। उस बौछार में से केवल एक बाण भटककर हनुमान के एक पांव को हल्का-सा घायल कर गया, अन्यथा शेष बाण उनसे दूर ही दूर रहे।... इसका अर्थ यह था कि या तो ये धनुर्धारी अपने लक्ष्य-भेद में दक्ष नहीं थे — वे विरोधी सेनाओं पर सामूहिक रूप से बाण फेंकना भर जानते थे; या फिर इस समय ये लोग आशंकित मन तथा भयभीत हाथों से धनु-संचालन कर रहे थे...

''सुनो !'' हनुमान उच्च स्वर में बोले, ''मैं श्रीराम का दूत हूं और दूत अवध्य होता है। मेरा वध करोगे तो श्रीराम की रोषाग्नि की दाहकता का अनुभव तो करोगे ही; अपने राजाधिराज के कोप से भी बच नहीं पाओगे। तुम्हारे राजाधिराज के प्रति अभी मैंने अपना संदेश नहीं कहा है।''

सेना में एक आकस्मिक हलचल हुई और शांति छा गयी। कदाचित् वे अपने राधाधिराज के कोपभाजन बनने से डर गए थे।

''तो आओ मेरे साथ !'' किंकर सेनापति आगे बढ़ आया, ''मैं तुम्हें राजाधिराज

के पास ले चलता हूं। राजाधिराज से अपना संदेश कहना और फिर उनके आदेश का पालन करना।''

हनुमान ने अट्टहास किया, ''जाकर अपने राजाधिराज से कहो कि श्रीराम का दूत यहां खड़ा है, वह आकर उनका संदेश सुन जाएं।''

सेनापति ने रोषपूर्ण आंखों से उन्हें देखा और अपना खड्ग निकाल लिया, ''तू ऐसे नहीं मानेगा, वानर ! मैं तेरा वध कर, तेरा सिर ले जाकर राजाधिराज के चरणों में चढ़ा दूंगा। फिर कह लेना, जो संदेश तुझे कहना है।''

हनुमान ने देखा — सेनापति उनसे आतंकित नहीं था और वह युद्ध को तत्पर था — निश्चित रूप से वह अपना कहा पूरा करने के संकल्प के साथ आगे आया था...

सेनापति हनुमान से अधिक फुर्तीला निकला। जब तक कि हनुमान संभलते, वह फाटक पर चढ़ आया था और पहला वार भी उसी ने किया था। हनुमान के बाएं कंधे से रक्त टपक आया।... स्थिति की भयंकरता को समझते ही हनुमान का अदम्य आक्रोश जागा। पहले उन्होंने अपने बाएं हाथ में पकड़ा शूल आगे बढ़ाया। किंकर सेनापति स्वयं को बचाने के लिए एक ओर झुका तो हनुमान ने परिघ का आघात कर दिया। परिघ का वार उनके वक्ष पर पड़ा था — हनुमान की आसाधारण शक्ति से चलाए गए लौह-परिघ का आघात सहना किंकर सेनापति के सामर्थ्य से बाहर था। वह लड़खड़ाया और मुंडेर से नीचे जा गिरा।

सेनापति के गिरते ही सारी सेना अस्त-व्यस्त हो गयी। उनकी आक्रामक मुद्रा कहीं विलीन हो गयी। किन्तु, जैसा कि हनुमान चाहते थे, वैसा नहीं हुआ। सैनिक लोग एक घड़ी के लिए भी घबराकर भाग गए होते तो हनुमान को यहां से हट जाने का अवसर मिल जाता... हनुमान समझ नहीं पाए कि यह किसकी योजना थी — वाटिका-राक्षसों की, वाटिका की सैनिक चौकियों की अथवा स्वयं किंकरों की। उन्होंने अपनी घेराबंदी ध्वस्त नहीं होने दी थी।... वे लोग उसी प्रकार हनुमान को घेरे हुए, नाकाबंदी किये खड़े रहे। युद्ध हो भी रहा था और नहीं भी हो रहा था। हनुमान जिस ओर बढ़ जाते, उधर से सैनिक काई के समान फट जाते; किंतु उसका अर्थ इतना ही था कि उस दिशा में उनका घेरा पीछे चला जाता और किसी अन्य दिशा से आगे बढ़ आता।

हनुमान को लगा, वे किसी भूल-भुलैया में भटक गए हैं। वे जिस ओर देखते, उधर ही उन्हें मार्ग दिखाई पड़ने लगता था; किंतु थोड़ा-सा ही आगे बढ़ने पर सैनिकों की कोई-न-कोई दीवार आड़े आ जाती। किसी वृक्ष अथवा झुरमुट या दीवार के पीछे छिपकर बैठे सैनिकों के शस्त्रों की सामूहिक बौछार से बचने के लिए हनुमान को या तो पीछे हट जाना पड़ता, या अपनी दिशा बदल देनी पड़ती...

हनुमान अपने लिए मार्ग बनाने का प्रयत्न कर ही रहे थे कि गधों जैसे आकार के घोड़ों

से जुता हुआ एक रथ वहां आ पहुंचा। रथारूढ़ योद्धा ने लाल वस्त्र तथा लाल पुष्पों की माला धारण कर रखी थी। उसके कानों में सुन्दर कुंडल थे और वह धनुष लिये हुए था।

सेना ने उत्साह से जयघोष किया — 'प्रहस्त-पुत्र जंबुमाली की जय ।'

जंबुमाली ने न वार्तालाप की आवश्यकता समझी, न प्रश्नोत्तर की। कदाचित् उसे हनुमान का परिचय मिल चुका था और उसकी पुष्टि में उसकी तनिक भी रुचि नहीं थी। उसने उचित दूरी पर रथ रोका और अपना धनुष उठा लिया।

हनुमान ने फाटक के छज्जे पर पुनः अपना मोर्चा बांधा। जंबुमाली ने हनुमान पर अर्द्धचंद्र, कर्णी और नाराचों से प्रहार किया। हनुमान के बहुत बचाने पर भी उनका मुख, मस्तक तथा भुजाएं आहत हो गईं।

विलम्ब घातक था। जंबुमाली इसी प्रकार प्रहार करता रहा तो कोई भी बाण हनुमान के लिए प्राणांतक हो सकता था। उसे रोकने के लिए, उस तक जाना ही होगा। हनुमान ने छलांग लगाई और तीव्र वेग से उसके रथ की ओर बढ़े। सदा के समान, सैनिक उधर से फट गए। कोई भी उनका वार झेलने के लिए सम्मुख नहीं आया; दूर ही दूर से कुछ शूल उन पर अवश्य उछाल दिए गए।... हनुमान जंबुमाली के रथ तक नहीं पहुंच सके। रथ और उनके बीच सात मंत्रिपुत्र तथा पांच सेनापति — विरुपाक्ष, यूपाक्ष, दुर्धर, प्रघस तथा भासकर्ण आ पहुंचे थे। वे साधारण सैनिक नहीं थे कि हनुमान की हुंकार से भयभीत होकर पीछे हट जाते। कदाचित् उन सबने मिलकर हनुमान से सम्मुख-युद्ध की योजना बनाई थी। यदि वे इस प्रकार हनुमान को रोक लेते तो जंबुमाली सुविधा से उन पर प्रहार कर सकता था।

किंतु हनुमान जैसा योद्धा भी कदाचित् उन्होंने पहले नहीं देखा था। इतना भारी लौह-परिघ हनुमान ऐसे चला रहे थे, जैसे वह लकड़ी का साधारण-सा दंड हो। परिघ के वेग और प्रहार के सामने उनके अपने शस्त्र पार नहीं पा रहे थे और परिघ के आघात को झेल जाने का उनके पास कोई उपाय नहीं... एक ही मार्ग था कि हनुमान को किसी प्रकार आहत कर उनके विवश हो जाने पर, उनसे वह परिघ छीन लिया जाए।

तभी हनुमान ने प्रघस के सिर पर आघात किया। वह तत्काल धराशायी हो गया।... हनुमान का वेग और भी अधिक हो गया। वे शत्रुओं की नीति और दुर्बलता, दोनों ही जान गए थे। हनुमान के रुकते ही वे लोग उन पर आघात करेंगे; और उनसे कुछ दूरी होते ही जंबुमाली बाण मार देगा... हनुमान की इच्छा हुई कि बीभत्स युद्ध में अट्टहास कर उठें... जंबुमाली के इन सहायकों ने आकर, स्वयं जंबुमाली को ही निरस्त कर दिया था...

हनुमान को उन योद्धाओं में से किसी के खड्ग का एक घाव लगा और हनुमान ने झल्लाकर विरुपाक्ष को पीस डाला।... अपने दो साथियों को गिरते देख राक्षस योद्धाओं का उत्साह शिथिल पड़ गया। साथ ही हनुमान का आवेश बढ़ गया। वे किसी शक्तिशाली

यंत्र के समान, परिघ घुमाए जा रहे थे। एक-एक कर, उनके विपक्षी गिरते गए और हनुमान ने परिघ को घुमाकर, जंबुमाली पर दे मारा। जंबुमाली न तो परिघ का वार बचा पाया, न उसे झेल पाया। वह रथ में ही एक ओर लटक गया और उसका सारथी रथ हटा ले गया...

जंबुमाली, उसके साथी मंत्रिपुत्र तथा सेनापति मारे गए थे; किन्तु परिघ को फेंककर मारने से हनुमान के पास एक शूल मात्र रह गया था। उस युद्ध में शूल बहुत उपयोगी शस्त्र नहीं था। वे स्वयं को एक प्रकार से शस्त्रहीन ही पा रहे थे। इससे पूर्व कि कोई अन्य योद्धा आ जाता, उन्हें कोई-न कोई शस्त्र अवश्य प्राप्त कर लेना था।... वे जानते थे, शस्त्रहीन अवस्था में वे इस घेराबंदी को तोड़कर मुक्त नहीं हो सकते थे और जो व्यवस्था यहां दिखाई पड़ रही थी।, उसमें तत्काल ही किसी अन्य योद्धा का आ उपस्थित होना प्राय: निश्चित था।

तभी तपे हुए स्वर्ण की लाली से युक्त, वेगशाली घोड़ों से जुता, एक रथ सेना में धंसता चला आया। रथ पर पताका फहरा रही थी और उसका ध्वजदंड रत्नों से विभूषित था। रथ में बाणों से भरे हुए तूणीर रखे थे। अगले भाग में आठ खड्ग बंधे हुए थे। रथ के पिछले भाग में शक्ति, तोमर तथा अन्य शस्त्र रखे हुए थे। योद्धा के पीछे-पीछे विशाल सेना चली आ रही थी।

यह अवश्य ही कोई अत्यन्त महत्त्वपूर्ण व्यक्ति है — हनुमान सोच रहे थे — स्वर्ण और रत्नजड़ित रथ से तो यह राजपरिवार का ही कोई व्यक्ति होना चाहिए...

रथ आकर उनके सामने रुक गया और सेना ने जयकार किया, ''महाराजाधिराज-पुत्र महाबली अक्षकुमार की जय !''

तो यह राजकुमार है — अक्षकुमार। वानर-राज्य में भी कभी-कभी उसका नाम सुना जाता है... किन्तु वीरता के लिए नहीं, उसके विलास के लिए। विशेष रूप से वेश्यागामिता की प्रसिद्धि के कारण... तो यह योद्धा भी है...

अक्षकुमार का शरीर उसके युद्ध-विमुख, विलासी तथा सुविधाजीवी जीवन का प्रमाण दे रहा था... रावण ने इसे क्यों भेज दिया मरने के लिए — हनुमान ने सोचा — रावण अपने पुत्र की प्रकृति तथा सामर्थ्य को नहीं जानता अथवा वह हनुमान की शक्ति को इतना कम आंक रहा है ?...

अक्षकुमार ने कंठ में सुवर्ण-निष्क, बांहों में बाजूबंद तथा कानों में कुंडल धारण कर रखे थे। उनका वेश युद्ध के उपयुक्त नहीं था। युद्ध-वेश धारण करने का या तो उसे समय ही नहीं मिला था, या फिर उसने वह आवश्यक नहीं समझा था।

रथ के रुकते ही उसने स्वर्णमय पंखों से युक्त सुन्दर अग्रभाग वाले तथा पत्रयुक्त तीन भयंकर बाण हनुमान के मस्तक पर दे मारे। तीनों बाण प्राय: एक ही साथ लगे। हनुमान रक्त से नहा उठे और उनका मस्तक घूमने लगा... तो यह उतना कोमल नहीं है, जितना कि हनुमान ने उसे समझा था... शत्रु को कभी भी दुर्बल नहीं मानना चाहिए...

वे सोच रहे थे... ऐसा न हो कि जिसे वे कोमल और सुकुमार मान रहे थे, वही उनका वध कर, विजयी बना घूमता फिरे।

तभी अक्षकुमार का एक और बाण हनुमान के वक्ष के मध्य में आकर लगा।

यह तो मारे ही जा रहा है... हनुमान का तेज जागा — किन्तु शस्त्र तो उनके पास था ही नहीं। सिवाय उसके रथ पर जा कूदने के और कोई उपाय नहीं था। किन्तु रथ अभी दूर था। वे फाटक के छज्जे से नीचे कूद आये तो इस शस्त्रहीन स्थिति में ही सेना के बीच धंसना पड़ेगा... यह कोई उचित युक्ति नहीं थी...

हनुमान ने रही-सही ओट भी छोड़ दी और अक्षकुमार के एकदम सामने आकर खड़े हो गए। उन्हें बिना आड़ के शस्त्रहीन स्थिति में एकदम सामने खड़े देखा तो अक्षकुमार ने रथ और भी आगे बढ़ा दिया। वह कदाचित् हनुमान के एकदम निकट आ जाना चाहता था...

हनुमान के लिए इतना ही पर्याप्त था। उन्होंने उसके बाणों की चिन्ता किए बिना, उसके रथ पर छलांग लगा दी।

अक्षकुमार के अंगरक्षक हनुमान की इच्छा समझ गए। वे लोग झपटते हुए, दोनों के बीच में आए; किन्तु तब तक देर हो चुकी थी। हनुमान रथ में पहुंच गए थे। निकट आने वाले अंगरक्षकों को उन्होंने अपने विकट पाद-प्रहारों से नीचे धकेल दिया और अक्षकुमार का धनुष छीन लिया। अक्षकुमार अपने बचाव के लिए उनसे गुंथ गया। एक-दूसरे से गुंथे हुए वे दोनों रथ से नीचे आ गिरे।... जब तक अक्षकुमार अपनी चेतना को संभाले, हनुमान उठ खड़े हुए। उन्होंने झपटकर अक्षकुमार को उसकी दोनों टांगों से पकड़ा और उसे वायु में चार-पांच चक्कर दे दिये।

अक्षकुमार सर्वथा असहाय-सा, अपने प्राण बचाने के लिए, संकट में पड़े किसी व्याकुल बच्चे के समान चिल्ला रहा था। कभी वह अपनी सहायता के लिए अपने साथियों को बुला रहा था; कभी हनुमान को धमका रहा था और कभी अपने प्राणों की भिक्षा की याचना कर रहा था...

सहसा हनुमान ने पूरे वेग से उसे पृथ्वी पर ला पटका... अक्षकुमार का सिर फट गया था और शरीर के अनेक भाग आहत हो गए थे। उसने मुख से भयंकर वमन किया और दम तोड़ दिया।

राक्षस सेना पहली बार विचलित हो त्राहि-त्राहि कर भाग उठी।

हनुमान के मन में आशा जागी... कदाचित् अब वे इस घेरेबन्दी से मुक्त हो सकें...

किन्तु हनुमान की यह आशा अधिक देर तक नहीं टिक सकी। एक-के-पश्चात् एक सेनापतियों का वध उन्होंने किया; किन्तु एक सेनापति के मरने और दूसरे सेनापति के आने के बीच के अंतराल में एक बार भी सेनाओं की व्यवस्था इतनी शिथिल नहीं हो पायी थी कि वे उनके घेरे में से निकल भागते... हनुमान समझ नहीं पाए कि यह इन सैनिकों का पूर्व-प्रशिक्षण था या इसी समय वे लोग इस प्रकार का व्यवहार कर

रहे थे... जब तक उनका कोई सेनापति युद्ध कर रहा होता था, वे आक्रामक होते थे, किन्तु सेनापति के हटते ही उनके आक्रमण शिथिल हो जाते थे और वे प्रतिरक्षात्मक युद्ध आरम्भ कर देते थे; किन्तु हनुमान को घेरा तोड़ निकल भागने का उन्होंने एक भी अवसर नहीं दिया था...

दूसरी ओर उनके नये सेनापति के आने में इतना विलम्ब एक बार भी नहीं हुआ था कि यह समझा जाता कि कोई चर युद्धक्षेत्र से जाकर उपयुक्त अधिकारियों को सेनापति के देहान्त की सूचना देता है और तब वहां से नया सेनापति भेजने की व्यवस्था होती है। संभवत: एक सेनापति को भेजकर उसी क्षण अगले सेनापति की घोषणा कर दी जाती थी और वह प्रस्थान के लिए तैयार ही रहता था...

हनुमान राक्षसों की नीति-कुशलता की बात सोच ही रहे थे कि राक्षस सेना में एक नया स्फूर्तिपूर्ण ज्वार उठा। उनके चारों ओर एक नया कोलाहल आरम्भ हो गया था और राक्षस सैनिकों का उत्साह अभूतपूर्व हो उठा था।... हनुमान के मन में आशंका जागी... संभव है, इस बार बहुत बड़ी सेना लेकर स्वयं रावण आया हो... अकेले और प्राय: निहत्थे हनुमान राक्षसों की इतनी बड़ी प्रशिक्षित तथा युद्ध-कुशल सेनाओं तथा रण-दक्ष सेनापतियों के घेरे से जीवित कैसे निकल पाएंगे ?... जाने किस उम्माद में उन्होंने अशोक-वाटिका के वृक्षों को दंडित करने का अभियान आरम्भ किया था... यदि हनुमान यहां से जीवित बचकर निकल नहीं पाए तो उनके इस अद्‌भुत पराक्रम का उपयोग क्या होगा ?... राम को सूचना नहीं मिल पायी...

दूस से भयंकर शब्द करता हुआ, वायु-वेग से एक रथ भागा चला आ रहा था। सैनिकों का ध्यान उस ओर चला गया था। हनुमान ने भी दृष्टि गड़ाकर देखा... केवल एक रथ आ रहा था, उसके साथ सेना नहीं थी... क्या हुआ ? लंका की सेना चुक गयी क्या ? या यह नया आनेवाला सेनापति सेनाओं को अनावश्यक समझता है... वैसे उपयोग भी क्या था ? राक्षस सैनिक या तो मरे थे, या भागे थे...

'युवराज इंद्रजित मेघनाद की जय !' राक्षस सैनिकों ने भयंकर कोलाहल किया।

हनुमान सावधान हो गए। मेघनाद के विषय में उन्होंने बहुत कुछ सुन रखा था। राक्षस साम्राज्य को इस समय रावण से भी अधिक मेघनाद पर भरोसा था। जब से उसके नाम के साथ 'इंद्रजित' विशेषण जुड़ा था, तब से वह और भी भयंकर हो उठा था। उसके आने का समाचार सुनते ही राक्षस सैनिकों में जैसे नये प्राण पड़ गए थे।... मेघनाद सामान्य शस्त्रास्त्रों का दक्ष योद्धा तथा दिव्यास्त्रों का निपुण संचालक माना जाता था। ब्रह्मा का तो वह प्रपौत्र ही था, अपनी निष्ठा के बल पर उसने पिता के ही समान महादेव शिव से भी अच्छा सम्पर्क स्थापित कर लिया था और उनकी कृपा के वरदानस्वरूप उनसे अनेक दिव्यास्त्र प्राप्त कर चुका था... वह किसी निकुंभला देवी का भी विकट भक्त था। देवराज इंद्र की सेना को पराजित कर उसने उनसे भी अनेक दिव्यास्त्र छीने थे...

मेघनाद का रथ निकट आ गया था और हनुमान उसके आत्मविश्वास से पर्याप्त

प्रभावित लग रहे थे।.... वह सर्वथा एकाकी आया था... किन्तु उसका रथ असाधारण था। ऐसा रथ हनुमान ने पहले नहीं देखा था। उसे देखकर हनुमान के मन में एक ही शब्द उभरा था — कवच-रक्षित रथ। चारों ओर लोहे की सघन जालियां लगी थीं। शत्रु द्वारा फेंके गए शस्त्र उन्हीं जालियों में उलझकर रह जाएंगे और मेघनाद को खरोंच भर नहीं आएगी। किन्तु स्थान-स्थान पर बने हुए गवाक्षों के माध्यम से वह अपनी सुविधानुसार शस्त्र-प्रहार कर सकता था। रथ का आकार भी अन्य रथों से बड़ा था। लगता था, रथ में ही अनेक कक्ष बने हुए हैं, जिनमें विभिन्न शस्त्रास्त्र रखे हुए थे। मेघनाद अपने साथ बृहद् शस्त्रागार लेकर चलता था।...

मेघनाद के प्रवेश करते ही युद्धक्षेत्र का रूप बदल गया। हनुमान ने उचककर देखा — सारी राक्षस सेना सम्मुख-युद्ध छोड़कर पीछे हट चुकी थी। उन लोगों ने कुछ दूर जाकर वृत्ताकार घेरा डाल लिया था, जैसे वृत्त के भीतर मेघनाद हनुमान का आखेट करने वाला था और वे लोग मात्र दर्शक थे। किन्तु हनुमान जानते थे कि राक्षस सैनिक दर्शक मात्र नहीं थे। जब कभी भी हनुमान इंद्रजित के प्रहारों से बचने के लिए वृत्त से बाहर निकलना चाहेंगे, दर्शकों का यही वृत्त उनके लिए लौह-प्राचीर बन जाएगा। वस्तुत: उन लोगों ने हनुमान को वीर के समान सम्मुख युद्ध में नहीं, एक पशु के समान आखेट में मारने का संकल्प किया था। चारों ओर दर्शकों का वृत्त न होकर, आखेट के लिए हांका करने वालों का घेरा था।

यह सब कुछ अकस्मात् ही हो गया। या तो यह पूर्व-निश्चित व्यवस्था थी, या फिर मेघनाद ने कोई गुप्त आदेश दिया था। अब हनुमान और मेघनाद आमने-सामने थे। मेघनाद का विशाल रथ उन पर झपट रहा था और आकार में साधारण बाणों से बड़े तथा भारी बाण हनुमान का पीछा कर रहे थे। उन्हें कुछ सोचने-समझने का भी अवसर नहीं मिल रहा था। युद्ध-विद्या से सर्वथा अनभिज्ञ व्यक्ति के समान वे उन बाणों की मार से भागे-भागे फिरे रहे थे। सहसा उन्होंने अपने हाथ का शस्त्र मेघनाद के रथ पर उछाल दिया — किन्तु वह पूर्वचिंतित परिणाम के अनुसार ही रथ के कवच से टकराकर भूमि पर आ गिरा। हनुमान बिना किसी योजना के ही एक स्थान पर वृत्त को तोड़ने के लिए सैनिकों की भीड़ में जा धंसे। किन्तु यह पग भी उन्हें महंगा पड़ा। उनके शरीर में तीन-चार स्थानों पर राक्षसों के नुकीले शस्त्र घाव कर गए थे।

हनुमान का मस्तिष्क अब अपनी जड़ता तोड़कर, कुछ सहज हुआ था। अपने झपटने की प्रक्रिया में उन्हें कुछ घाव तो लगे थे, किंन्तु इसी बीच उन्होंने उन राक्षस सैनिकों से एक खड्ग तथा एक शूल छीन लिया था। उन्होंने यह भी देखा था कि भीड़ में धंस जाने के कारण मेघनाद के चलाए हुए बाण कुछ राक्षस सैनिकों को ही हताहत कर गए थे।... उस भाग-दौड़ में ही हनुमान का मन कुछ अन्य निष्कर्षों पर भी जा पहुंचा था... उनकी गति ही उनका रक्षा-कवच थी। उपयुक्त शस्त्रों के अभाव से रण-दक्ष मेघनाद से सम्मुख-युद्ध का प्रश्न नहीं उठता था। पर यदि वे अपना स्थान और दिशा इस स्फूर्ति

से बदलते रहे कि मेघनाद उन पर शस्त्र-संधान न कर पाए तो मेघनाद को थका सकेंगे। उनका इस प्रकार राक्षस-सैनिकों की भीड़ में जा धंसना भी व्यर्थ नहीं गया था। अपने खड्ग और शूल के साथ वे जिस किसी स्थान पर धावा बोलेंगे — राक्षस कितने भी दृढ़ संकल्प क्यों न हों — मार्ग दे ही देंगे। और राक्षसों की भीड़ में घिरे हनुमान पर मेघनाद प्रहार नहीं कर पाएगा।...

किन्तु तभी आश्चर्यचकित हनुमान ने देखा कि मेघनाद ने न केवल अपना धनुष-बाण समेट लिया, वरन् वह अपने रथ समेत घेरे से बाहर निकल गया... वह रण छोड़कर भाग रहा हो, या उसने हनुमान को बंदी करने का विचार त्याग दिया — यह संभव ही नहीं हो सकता। निश्चित रूप से उसने इस बीच कोई और भयंकर योजना बना ली थी...

हनुमान का सोचना गलत नहीं था। अगले ही क्षण जैसे किसी पूर्व-निश्चित योजना के अनुसार उस वृत्त की परिधि के विभिन्न बिन्दुओं पर अनेक मल्ल प्रकट हो गए, जिनके हाथों में मोटी-मोटी रस्सियां थीं। हनुमान चकित-से उन्हें देखते रहे — क्या वे कोई कौतुक करने जा रहे हैं ?... उनका कौतुक हनुमान के लिए बहुत भयंकर था... उन मल्लों ने एक साथ ही वे रस्सियां हनुमान की ओर उछाल दीं; और तब हनुमान ने देखा, वे रस्सियां मात्र नहीं थीं — वे फंदे थे। उनके मस्तिष्क में सारी योजना बिजली के समान कौंधी — वे शस्त्रास्त्रों से वश में नहीं आए तो उन्हें फंदे में फांसा जा रहा था। यह तो ब्रह्मास्त्र था...

बहुत बचाने पर भी दो-तीन फंदे हनुमान के कंठ से नीचे उतर ही गए और जब तक कि वे उनसे मुक्त होने का प्रयत्न करते — फंदों की दूसरी खेप आ गयी।... अब बीसियों फंदों ने उनके शरीर को जकड़ रखा था, जो क्रमशः और भी कसते जा रहे थे।

हनुमान समझ गए — वे बंदी हो चुके थे।

3

अभी पूरी तरह दिन का उजाला भी नहीं हुआ था।

अपने शयन-कक्ष से बाहर निकलते ही विभीषण को लंका की सेना के साथ अशोक वाटिका में हो रहे हनुमान के संघर्ष की सूचना मिली।

विभीषण समझ नहीं पाए कि क्षणभर में ही उनके मन में क्या-क्या और कितना घटित हो गया।... अशोक वाटिका में बंदिनी सीता के पास, हनुमान नाम का कोई व्यक्ति पहुंचा है और उसने स्वयं को राम का दूत बताकर राम, लक्ष्मण तथा सुग्रीव की जय-जयकार की है...

विभीषण को लगा, सहसा ही जैसे उनका मन उत्फुल्लित हो उठा है... राम, लक्ष्मण तथा सुग्रीव की एक साथ जय-जयकार करने का अर्थ क्या हुआ ? क्या राम तथा सुग्रीव

का पक्ष एक ही है ? राम वानरों से मिल गए हैं और वानर उनके सहायक हो गए हैं?... पर वाली? वाली की जय-जयकार हनुमान क्यों नहीं कर रहा ? और वाली के होते हुए सुग्रीव की जय-जयकार का क्या अर्थ ?

सहसा विभीषण के मन में एक विचार कौंधा... कहीं सुग्रीव ने राम की सहायता से वाली का वध तो नहीं कर दिया ? ऐसा ही हुआ होगा... राम जैसा शस्त्रधारी सुग्रीव का सहायक हो जाए तो वाली अपनी संपूर्ण मल्लता के होते हुए भी क्या करेगा ? सम्भव है, ऐसा ही हुआ हो... राम और सुग्रीव दोनों ही पीड़ित थे... दोनों मिल गए होंगे। नहीं तो अपमानित-निष्कासित-प्रताड़ित सुग्रीव की जय-जयकार का क्या अर्थ?... पर कितना समझदार है यह हनुमान, जिसने अपनी एक जय-जयकार से ही अनेक परिस्थितियां संप्रेषित कर दीं...

किष्किंधा में इतना कुछ घटित हो गया और विभीषण को तनिक-सा आभास भी नहीं मिला... विभीषण को सूचनाएं नहीं मिलीं, क्योंकि कदाचित् लंका में किसी को भी इन घटनाओं की सूचना नहीं है... कैसा है रावण का गुप्तचर विभाग... सारे अधिकारी मदिरा पीकर धुत पड़े रहते हैं... कहां से आएंगी सूचनाएं... शूर्पणखा भी जब जनस्थान से रोती हुई लौटी थी तो उसने रावण के मुख पर ही चीख-चीखकर कहा था कि वह मदिरा पीकर बेसुध पड़ा रहता है और राज्य के भीतर-बाहर होने वाली घटनाओं की उसे कोई सूचना नहीं होती। यही प्रमाद किसी दिन इस साम्राज्य को ले डूबेगा... इतना विकसित, उन्नत और समर्थ राष्ट्र... किंतु अपने प्रमाद में आंखें बंद किए बैठा है। विलास ने इस साम्राज्य का विवेक समाप्त कर दिया है, बस उन्माद ही उन्माद रह गया है।

राम का दूत सीता तक आ पहुंचा है; अर्थात् उसे ज्ञात हो गया है कि सीता कहां हैं... उसने सीता के कुछ वार्तालाप भी किया है। उसने सीता को राम का कोई संदेश दिया होगा।... क्या राम ने सीता को मुक्त कराने की कोई योजना बनाई है और उसकी सूचना सीता तक पहुंचाई गयी है ? या हनुमान से सीता को सांत्वना मात्र ही दी है... ऐसी स्थिति में सांत्वना भी क्या हो सकती है ?... विभीषण को यह सब जानकर करना भी क्या है ? उन्हें तो इतने से ही संतुष्ट हो जाना चाहिए कि अब राम न सीता के बंदी होने के स्थान से अनभिज्ञ हैं और न वे उन्हें मुक्त कराने की ओर से निष्क्रिय हैं... सीता की मुक्ति की संभावनाएं सर्वथा समाप्त नहीं हो गयी हैं। यदि राम इतने ही सक्रिय, उद्यमी तथा साधन-संपन्न व्यक्ति हैं तो वे अवश्य ही सीता को मुक्त कराकर दम लेंगे। उनकी क्षमताओं में विभीषण को अब कोई संदेह नहीं था। सुग्रीव के साथ मिलकर हनुमान को यहां भेजना... कदाचित् राम के पुरुषार्थ के कारण ही विभीषण अपने अपराध-बोध से मुक्त हो सकेंगे। ... वे देख रहे हैं कि उनकी आंखों के सम्मुख अनर्थ हो रहा है और वे प्रभावशाली ढंग से उसका विरोध भी नहीं कर पा रहे — यह किसी भी संवेदनशील, भावप्रवण तथा न्यायप्रिय व्यक्ति को अपराध-बोध से दंशित करने के लिए पर्याप्त नहीं क्या ?

किन्तु अगले ही क्षण विभीषण चौंक उठे — वे किस बात से इतने संतुष्ट हो रहे हैं ? यह उत्फुल्लता किस कारण से ? राम की उद्यमशीलता तथा साधन-संपन्नता से उनका दूत यहां तक पहुंच तो गया है — लंका की सुदृढ़ रक्षा-व्यवस्था के होते हुए भी वह लंका में घुस आया है; रावण की समस्त गोपनीयता का उल्लंघन करते हुए उसने सीता को खोज भी निकाला है, संदेशों का आदान-प्रदान भी कर आया है — इस समय लंका के सैनिकों से युद्ध भी कर रहा है... किन्तु, वह अकेला है, शस्त्रविहीन है, शत्रु-नगरी में है, दूर-दूर तक उसका कोई सहायक नहीं है। कितनी देर तक प्रतिरोध कर पाएगा वह ? देर-सवेर लंका के सैनिक उसे पराभूत करेंगे। या तो उसका वध होगा अथवा वह बंदी किया जाएगा।... बंदी होने की स्थिति में भी वह अधिक काल तक जीवित नहीं रह पाएगा। वह सीता नहीं है, जिसे रावण अशोक वाटिका में अवरोध में रख, प्रत्येक दूसरे-चौथे दिन उससे प्रेम-याचना करेगा। सुन्दरी युवतियों का यह विशेषाधिकार हनुमान को नहीं मिलेगा। युद्ध में यदि उसका वध नहीं हुआ और वह जीवित पकड़ लिया गया तो भी या तो अंधकूप में डाला जाएगा अथवा लंका के किसी चतुष्पथ पर उसका वध होगा...

हनुमान लौटेगा ही नहीं तो राम को कौन बताएगा सीता कहां हैं ? हनुमान मारा जाएगा; सीता बंदिनी बनी रहेंगी — अंततः आत्मसमर्पण करेंगी या उनका वध होगा — और राम अपने अपमान की पीड़ा तथा पत्नी के विरह में बिलख-बिलखकर प्राण दे देंगे। ऐसी स्थिति में लंका में स्त्रियों के अपहरण का प्रचलन समाप्त हो जाएगा क्या?

किस बात से प्रसन्न हो रहे हैं विभीषण ? सीता की मुक्ति के लिए किया जा रहा प्रयत्न असफल होने को है और विभीषण प्रसन्न हो रहे हैं ? सीता की मुक्ति के लिए तो वह कुछ नहीं कर सके; किन्तु जो यह प्रयत्न कर रहा है, उस हनुमान की कुछ सहायता तो उन्हें करनी चाहिए... स्वयं में सत्कर्म की क्षमता न हो तो सत्कर्म के प्रति सक्रिय सहानुभूति हो होनी ही चाहिए...

क्या करें विभीषण ?

अपने मंत्रियों तथा सहायक सैनिकों के साथ हनुमान की सहायता के लिए पहुंचें... हनुमान के पक्ष से लंका की सैनिक शक्ति के विरुद्ध सशस्त्र युद्ध करें ?... किन्तु विभीषण की बुद्धि कह रही थी कि ऐसे प्रयत्न का परिणाम सिवाय आत्मघात के और कुछ नहीं हो सकता।... लंका की भूमि पर ही, विश्वविजयी रावण की समस्त सैनिक शक्ति के विरुद्ध सम्मुख-युद्ध करना कहां की समझदारी है ? संभव है कि ऐसी आत्महत्या को बलिदान की संज्ञा दी जाए। मरकर विभीषण का पाप-बोध मिट जाए, यह भी संभव है... किन्तु, उससे क्या सचमुच हनुमान की सहायता हो सकेगी ? क्या सीता की मुक्ति के प्रयत्न को कुछ बल मिल सकेगा ? स्त्रियों के अपहरण का प्रचलन रुक जाएगा ?... उससे अधिक उपयोगी तो बौद्धिक युद्ध है...

यथाशीघ्र विभीषण बाहर जाने के लिए प्रस्तुत हो गए। जब तक कि परिचायक

यह समझ पाएं कि विभीषण को क्या चाहिए, सरमा यह पूछ सके कि वे कहां जा रहे हैं अथवा कला यह जिज्ञासा प्रकट कर सके कि उनके उद्वेग का कारण क्या है, विभीषण स्वयं अपना रथ हांकते हुए, द्रुत वेग से मंत्री अविंध्य के प्रासाद की ओर चले जा रहे थे।

अविंध्य तक भी सारी सूचनाएं पहुंच रही थीं और कदाचित् इस विषय में वे कुछ सोच भी रहे थे। उनके मन में भयंकर ऊहापोह था। विभीषण से मिलकर विचार-विमर्श की इच्छा भी उनके मन में टक्करें मार रही थी। संभव था कि विभीषण यदि थोड़ी देर और न आते तो वे स्वयं ही उनके प्रासाद में जा पहुंचते। आरंभ में तो हनुमान और लंका के सैनिकों में होने वाले संघर्ष के ही समाचार आते रहे थे; किन्तु विभीषण के पहुंचने से थोड़ी देर पहले मेघनाद द्वारा हनुमान को बंदी कर लेने का भी समाचार आ गया था।

विभीषण का स्वागत कर, उन्हें ससम्मान आसन देकर, परिचारकों को बाहर भेज, पूर्णतः एकांत पाकर बात आरंभ करते हुए उन्होंने अपने मन का द्वन्द्व विभीषण के सम्मुख रख दिया।

''सीता की मुक्ति तो ठीक है; किन्तु हम हनुमान की सहायता क्यों करना चाहते हैं ? इसलिए कि लंका के अनेक सैनिकों का वध कर, वह बिना कोई दंड पाए यहां से सुरक्षित निकल जाने में सफल हो जाए ?'' वे बोले, ''और यदि ऐसा हो गया तो वह लौटकर अपने साथियों के पास जाएगा। वे लोग सीता की मुक्ति का पुनः प्रयत्न करेंगे। आज तो हनुमान अकेला आया है। भविष्य में जाने वह कितने लोगों को लेकर अपने अभियान पर आए। वे लोग चाहे छिपकर घात लगाएं अथवा सम्मुख युद्ध करें। वे पुनः हमारे सैनिकों का वध करेंगे और हम पुनः उनकी सहायता करना चाहेंगे।'' उन्होंने रुककर विभीषण को देखा, ''क्या आपको ऐसा नहीं लगता, राजकुमार ! कि सीता की मुक्ति का समर्थन तो हम एक शुभकर्म के रूप में कर रहे हैं; किन्तु अपने राज्य, शासन और राजा के शत्रुओं की सहायता कर अपने पक्ष के जन-बल ही हानि अपराध भी है और पाप भी !''

विभीषण ने व्यथित हो अविंध्य की ओर देखा — कैसे असमय में उनके मन में द्वन्द्व जन्मा है। बौद्धिक ऊहापोह भी कैसी दुष्ट प्रक्रिया है ! कर्म के समय, व्यक्ति को अपंग कर, यह कौन-सा हित साधेगी किसी का ? इतना विश्वसनीय तथा पूर्व-परीक्षित सहायक अविंध्य अपनी इस ऊहापोह में, अपने शत्रु-पक्ष के साथ खड़ा होता हुआ दिखाई पड़ रहा है — यह सीता की मुक्ति भी चाहता है और रावण का अहित भी नहीं करना चाहता। ऐसा भी हुआ है कि कोई सत्कर्म का सहायक भी हो और दुष्कर्म का विरोधी भी न हो ?

''मेरी बात समझने का प्रयत्न करो, अविंध्य !'' विभीषण ने मन में उभर आए अपने आवेश को दबाते हुए कहा, ''सदा आदर्शों और सिद्धांतों की चर्चा करने वाले उस

व्यक्ति को क्या कहोगे जो उन सिद्धांतों की सफलता के लिए कर्म का अवसर आने पर स्वयं को किसी अन्य बौद्धिक विवाद में फंसाकर अपने सिद्धांतों के साथ विश्वासघात करता है ?''

विभीषण की बात समझकर अविंध्य कुछ संकुचित-से हुए, ''नहीं ! मुझे उन लोगों में मत गिनिए। मेरा तात्पर्य यह था कि रावण से चाहे हमारा कितना भी सैद्धांतिक मतभेद क्यों न हो; किन्तु वे हमारे राजाधिराज हैं। लंका की भूमि हमारी भूमि है; इस भूमि तथा इसके राजाधिराज का पक्ष लेकर लड़ने वाले सैनिक हमारे सैनिक हैं। अब यह स्थिति ही कुछ ऐसी आ गयी है कि चाहे वह हमारे राजाधिराज के दोष के ही कारण हो। हनुमान ने हमारे सैनिकों का वध किया है।... तो क्या हनुमान का पक्ष हमारे शत्रु का पक्ष नहीं हो जाता ? उनका समर्थन अपने राजाधिराज के विरुद्ध अपने शत्रु का समर्थन नहीं है ?''

विभीषण को लगा, वे अपना आवेश संभाल नहीं पाएंगे... किंतु तत्काल ही उन्हें सीता के अपहरण को लेकर रावण से अपनी प्रथम मुठभेड़ याद हो आयी... जब पहली बार उन्होंने पहचाना था कि अपने सिद्धांतों की रक्षा के लिए वे अपने भाई का अहित भी कर सकते हैं, तो वे स्वयं कैसे चौंके थे... आज कदाचित् अविंध्य की भी वही मनः स्थिति है...

''सुनो, अविंध्य !'' विभीषण गंभीर स्वर में बोले, ''जब हम रावण के सिद्धांतों से सहमत नहीं हैं तो निश्चित रूप से हमें उनसे अपना तादात्म्य करने की आवश्यकता नहीं है। रावण का प्रत्येक शत्रु हमारा शत्रु नहीं है; और रावण का प्रत्येक मित्र हमारा मित्र नहीं है।'' विभीषण ने रुककर अविंध्य के चेहरे पर अपनी बात का प्रभाव देखा, ''लंका हमारी भूमि है। यहां के निवासी हमारे बंधु हैं। हम तनिक तटस्थ होकर सोचें तो हमें रावण की नहीं, लंका तथा लंका-निवासियों की रक्षा तथा प्रसन्नता को अपना लक्ष्य मानकर चलना चाहिए। यदि रावण की रक्षा लंका की रक्षा की विरोधिनी हो जाए और रावण का हित लंकावासियों के हित के विपरीत पड़े, तो हमें रावण का पक्ष लेना है, अथवा लंकावासियों का ?''

अविंध्य ने शीघ्रता में दो-चार बार अपनी पलकें झपकायीं और विभीषण को देखा, ''किंतु रावण और लंका में विरोध कैसे हो गया ?''

''यही तो इस स्थिति का विरोधाभास है, या कह लो कि स्थिति अत्यंत भ्रामक है।'' सारी बातचीत में विभीषण पहली बार मुसकराए, ''यह विरोध तो प्रत्येक पग पर है, पर इस समय उस विस्तार में मत जाओ।'' वे तनिक रुककर बोले, ''यदि रावण सीता को बंदिनी बनाए रखता है और उनकी मुक्ति के छोटे-मोटे प्रयत्न विफल कर देता है, तो क्रमशः वह अपने विरोध को स्फीत करेगा। मान लो कि कोई मार्ग न पाकर अंततः राम तथा लक्ष्मण, वानरों की सहायता से लंका पर आक्रमण करते हैं और राक्षस सेना उनसे युद्ध करती है तो विजय चाहे राम की हो अथवा रावण की — उस युद्ध

में असंख्य लंकावासी काल के गाल में समा जाएंगे। शूर्पणखा के चौदह सहस्रों सैनिकों का वध इस राम ने किया था। वह यहां आएगा तो क्या यहां के सैनिक सहस्रों की संख्या में नहीं मारे जाएंगे ?..."

विभीषण ने रुककर अविंध्य की ओर देखा।

"आप ठीक कह रहे हैं, राजकुमार !" अविंध्य ने अपनी सहमति प्रकट कर दी, "किंतु क्या राम के ससैन्य लंका पहुंचने की कोई संभावना है ?"

"पहले बात तो यह है कि यदि विरोध की संभावना नहीं है तो हम अनाचार को सहन करते जाएं ?" विभीषण बोले, "और दूसरी बात, यदि अनाचार बढ़ता जाएगा तो विरोध भी बढ़ेगा ही। सीता लंका में नहीं आयी थीं तो हनुमान भी लंका में नहीं पहुंचा था। सीता के अपहरण के कारण, सागर-संतरण कर हनुमान लंका में आया है। अब यदि सीता मुक्त नहीं हुईं तो राम भी आ सकता है और उसकी सेना भी आ सकती है।"

"आप ठीक कह रहे हैं।"

"और मान लो सीता मुक्त होकर राम के पास पहुंच जाएं," विभीषण बोले, "तो क्या तब भी इतना जोखिम उठाकर राम लंका में आएगा या उसकी सेना आएगी क्या?"

"नहीं ! तब इतना जोखिम कौन उठाएगा।"

"ऐसी स्थिति में यदि हम सीता की मुक्ति के प्रयत्नों की सहायता करते हैं तो हम लंका और लंकावासियों का हित साध रहे हैं या अहित ?"

"हित साध रहे हैं, मित्र !"

"एक बात और है, अविंध्य !" विभीषण का स्वर अनिश्चित-सा भाव लिये हुए था, "इन दिनों मेरी अपनी मनःस्थिति भी मेरी समझ से बाहर है।... एक ओर तो मन में आता है कि मैं इस लंका में कोई भी अनुचित कार्य नहीं होने दूंगा, चाहे उसके पीछे स्वयं रावण ही क्यों न हो; किंतु दूसरे ही क्षण लगता है कि प्रत्येक अनौचित्य-विरोध अंततः रावण-विरोध है — तो भाई का मोह भी आड़े आ जाता है। सोचता हूं, भाई के प्रेम का कोई भी मूल्य नहीं है क्या ? क्या उसके लिए मुझे तनिक भी नहीं झुकना चाहिए ? क्या सिद्धांतों के धरातल पर थोड़ा-सा समझौता नहीं कर लेना चाहिए ?... पर फिर मैं कुछ अन्य लोगों के प्रेम की ओर देखता हूं। इस समय राजाधिराज को लगता है कि सिवाय उनके पुत्र मेघनाद के और कोई उनसे प्रेम नहीं करता, यहां तक कि महारानी मंदोदरी भी नहीं !"

"क्यों ?" राजाधिराज के पारिवारिक रहस्य को सुनकर अविंध्य चौंके।

"क्योंकि सिवाय मेघनाद और शूर्पणखा के, परिवार का कोई अन्य सदस्य सीता के अपहरण का समर्थन नहीं करता।" विभीषण बोले, "और मेघनाद के इस समर्थन को राजाधिराज अपने प्रति प्रेम मान बैठे हैं। वह अमर्यादित समर्थन उनके अहंकार को स्फीत कर रहा है, उनकी औचित्यानौचित्य-बुद्धि को भ्रमित कर रहा है और उन कार्यों

के लिए प्रेरित कर रहा है, जो अंततः उनके लिए अनर्थकारी सिद्ध होंगे।'' विभीषण तनिक रुककर बोले, ''इस समय राजाधिराज, राक्षस-साम्राज्य तथा लंका-निवासियों का सबसे भयंकर शत्रु मेघनाद का सीमाहीन, अमर्यादित रावण-समर्थन है। यह समर्थन रावण तथा राक्षस-साम्राज्य का काल बनेगा।''

विभीषण मौन हो गए।

अविंध्य अवाक्-से विभीषण को देखते रहे। वे तो अपने मित्र से, एक सामान्य नवागंतुक वानर के विषय में साधारण-सी नीति-चर्चा करने बैठे थे; उन्हें तनिक भी आभास नहीं था कि इस चर्चा की जड़ें इतनी गहरी जा उतरेंगी।

विभीषण ने अविंध्य की मुद्रा देखी तो स्वयं को संभाला और अपनी बात भी समेटी, ''इन चर्चाओं को अभी यहीं रहने दो, अविंध्य !'' उन्होंने अविंध्य को संभलने का अवसर दिया, ''इस समय हमें हनुमान की सहायता करनी है। प्रयत्न यह होना चाहिए कि एक तो उसे मृत्युदंड न मिलने पाए; दूसरे, यदि संभव हो तो वह किसी प्रकार मुक्त कर दिया जाए।''

अविंध्य ने तत्काल कुछ नहीं कहा। थोड़ी देर तक चिंतन की मुद्रा बनाए चुपचाप बैठे रहे; फिर बोले, ''राम तक सीता का संदेश पहुंचाने के लिए यह आवश्यक है। कदाचित् यह सीता की मुक्ति के लिए सहायक भी होगा। किंतु...''

''किंतु क्या ?'' विभीषण की आंखों में कुछ प्रसन्नता आ गयी।

''मेघनाद अपने बंदी को सरलता से छोड़ता नहीं। हनुमान पर तो अनेक सैनिकों ही नहीं, राजकुमार अक्ष के वध का भी आरोप है।''

''राजकुमार अक्ष।'' क्षणभर के लिए विभीषण का ह्रदय भी कसक उठा, ''सचमुच यह हनुमान तो उनके भतीजे का भी हत्यारा है...।''

किंतु अगले ही क्षण वे स्थिर हो गए... युद्ध करने के लिए अक्षकुमार ही सेना लेकर गया था। वह हनुमान की हत्या का प्रयत्न कर रहा था तो आत्मरक्षा के लिए हनुमान क्या करता... ऐसे में हनुमान को हत्यारा कैसे कहा जा सकता है ! युद्ध में अपने शत्रु का वध करने वाला तो सदा वीर ही कहलाता आया है — हनुमान को इसलिए तो हत्यारा नहीं कहा जा सकता, क्योंकि उसका शत्रु विभीषण का भतीजा था।... संबंधों के इस मोह को तो त्यागना ही पड़ेगा, अन्यथा वे किसी भी अनुचित कृत्य का विरोध नहीं कर पाएंगे।... संबंध और सिद्धांत साथ-साथ नहीं निभते। इन दोनों में से, विभीषण को एक का त्याग तो करना ही पड़ेगा। और जब एक का त्याग करना ही है, तो वे संबंधों का त्याग करेंगे, सिद्धांतों का नहीं।

''वह तो ठीक है।'' विभीषण बोले, ''हनुमान कोई साधारण हत्यारा नहीं है। वह युद्धवीर है तथा राम एवं सुग्रीव का दूत है। दूत का वध नीति नहीं है।''

''राजाधिराज इस बात को मान जाएंगे क्या ?''

''हमें उन पर दबाव डालना चाहिए।''

''दबाव के लिए राजपरिषद में आपका बहुमत होना चाहिए। वहां दबाव कौन डालेगा।'' अविंध्य ने अपना मुंह बिचकाया। विभीषण को लगा, अविंध्य पहली बार अपनी सहज मुद्रा में आए हैं, ''राजाधिराज के मंत्रियों, सामंतों तथा सेनापतियों से तो कोई अपेक्षा ही नहीं है। वे सब या तो राजाधिराज के अंधभक्त हैं अथवा अपना स्वार्थ सिद्ध करने में चतुर — मूर्ख एवं कायर। राजाधिराज ने 'विद्वत् परिषद्' में जिन लोगों को मनोनीत किया है, उनसे आशा की जाती है कि वे अपने स्वार्थों से निरपेक्ष होकर राजाधिराज को उचित एवं न्यायसंगत परामर्श देंगे। किंतु वह कवि है न, उष्णीष !'' अविंध्य के चेहरे की वितृष्णा अत्यन्त मुखर हो गयी, ''उससे तो इस घटना के संदर्भ में मेघनाद के शौर्य की विरुदावली लिखवा लो। राजाधिराज पर दबाव डालने के लिए उसमें मत कहो। वह आजकल राजाधिराज की प्रशस्तियां लिखने में लगा हुआ है। पता नहीं शतक लिखकर ही रुक जाएगा या सप्तशती लिखने का विचार है।'' अविंध्य का स्वर कुछ उदासीन-सा भासित हुआ, ''अब कवियों, मनीषियों और चिंतकों को न्याय कम और राजाधिराज से मिल सकने वाली संभावित वृत्ति, पदवी अथवा पुरस्कार-राशि अधिक दिखायी पड़ने लगी है। ऐसे में वे राजाधिराज की इच्छा के विरुद्ध परामर्श नहीं देते। सत्ता की प्रशस्ति गाते हैं तथा मदिरा एवं नारी में व्यस्त रहते हैं...।''

विभीषण मुसकराए, ''उष्णीष से इतना रुष्ट होने से क्या होगा, मित्र ! समाज में रहने वाले ये कवि-मनीषी बड़े दयनीय जीव हैं। जब तक संबंध काव्य से होता है, इनकी वाणी में ओज होता है जिससे उच्च सिद्धांत झरते हैं; किंतु व्यक्तिगत लाभ की संभावना उपजते ही इनके पैर सत्य और न्याय की भूमि से फिसलने लगते हैं। कवि तो वही सौभाग्यशाली है, मित्र ! जिसके सम्मुख व्यक्तिगत लाभ की कोई संभावना उठी ही नहीं !''

''तो और कौन इस विषय में आपका साथ देगा ! मुझे तो सारी सभा में एक भी व्यक्ति ऐसा दिखायी नहीं देता, जो रावण के विरुद्ध आपका साथ दे।... हां, राजकुमार कुंभकर्ण को सभा में लाया जा सके और वे अपना संतुलन बनाए रख सकें, तो बात और है।''

''कुंभकर्ण !''

अविंध्य ने मानो विभीषण के मन के किसी पुराने घाव को छील दिया था। अत्याचारी और अनाचारी रावण का विरोध करते हुए भी विभीषण के मन में बार-बार भ्रातृ-प्रेम और कर्तव्य का द्वन्द्व जागता है; और कुंभकर्ण का संपूर्ण जीवन नष्ट करके भी रावण कभी एक क्षण के लिए भी संकुचित नहीं हुआ।... रावण ने कुंभकर्ण को रोका न भी होता; किंतु उसके मदिरापान के लिए इतनी सुविधाएं उपलब्ध न करायी होतीं, तो क्या कुंभकर्ण की यह अवस्था होती।... आज कोई भी व्यक्ति किसी भी समय कुंभकर्ण के पास जाए तो या तो वह मदिरा पीकर धुत्त-बेहोश पड़ा होता है, अथवा यदि पी-पीकर अचेत न हो गया हो तो मदिरा पी रहा होता है, तथा मांस खा रहा होता है। उस समय

अपने भोजन और मदिरा पीने की लालसा में वह इतना उग्र होता है कि किसी से संतुलित व्यवहार नहीं कर पाता... निरंतर मदिरापान करने वाला व्यक्ति कितनी देर संतुलित व्यवहार करेगा और कितनी देर सचेत रहेगा... आज सारी लंका में प्रसिद्ध है कि कुंभकर्ण छह मास सोता है और एक दिन जागता है; और जिस दिन वह जागता है, उस दिन केवल भक्षण करता है।

इसमें असत्य भी क्या है ? प्रजा उसे और क्या कहेगी, जो या तो अचेत पड़ा रहता है, या सचेत होते ही महिष-मांस और मदिरा का भांड लेकर पुनः अचेत होने तक अपने खान-पान में जुटा रहता है।

रावण चाहता भी यही है। तभी तो उसने बड़ा भाई होते हुए भी आज तक कभी कुंभकर्ण का इस अनवरत मदिरापान के लिए तिरस्कार नहीं किया; उलटे सदा अबाध मदिरा-आपूर्ति का प्रबंध किया... रावण ने यही शूर्पणखा के साथ किया। पहले उसके प्रेमी विद्युज्जिह्व से उसके विवाह का निषेध कर, उसके प्रति शूर्पणखा की कामना को उग्र से उग्रतर किया। जब शूर्पणखा ने भाई के अनुशासन से विद्रोह कर उससे विवाह कर लिया तो रावण ने उसका वध स्वयं अपने हाथों किया।... पति से उसका आजीवन विच्छेद करा, शूर्पणखा को अपने महामहालय के वासनामय, विलासी वातावरण में रखकर, उसकी वासना की अग्नि को प्रचंड रूप देकर, उन्मुक्त विलास की अनुमति के साथ सर्वसत्तासंपन्न बनाकर उसे जनस्थान में भेज दिया। जाने कितने युवकों के यौवन तथा जीतन का भक्षण किया है शूर्पणखा ने।... और जब अपनी इच्छा का एक पुरुष — राम — नहीं मिला, तो उसी से वह अमानुषी हो उठी। असंतुलित, अव्यवस्थित, असहज विकट अमानुषी... पिशाची। क्या अधिकार था राम और लक्ष्मण पर उसका ! यदि वे उसे अंगीकार नहीं करना चाहते थे, उनके मन में उसके प्रति प्रेम, वासना अथवा लोलुपता नहीं जागी तो वह पिशाची-सी सीता की हत्या कर, उन वीर तथा सच्चरित्र पुरुषों के साथ बलात्कार करने को उतावली हो उठी... इस सारे परिवार को नष्ट करने के लिए दोषी कौन है ? रावण का स्वार्थ तथा अहंकार ही तो। उसने अपने विवेक की हत्या की और स्वार्थ-प्रेरित होकर अपने भाई-बहनों के जीवन का नाश किया... और आज उसका अपना पुत्र उसी के मार्ग पर चलकर, अपने स्वार्थवश अपने पिता को मृत्यु की ओर धकेल रहा है।... सारा वातावरण ऐसा भ्रष्ट हो गया है कि विभीषण की उचित बात भी उन्हें संगत नहीं लगती और रावण की अनुचित बातें भी सबके सिर चढ़कर बोल रही हैं...

''नहीं ! कुम्भकरण से हमें कोई सहायता नहीं मिल सकती। हमें जो कुछ करना है, अपने ही बल पर करना है।'' विभीषण का स्वर उदास था।

अविंध्य ने कुछ व्यथित मुद्रा में विभीषण को देखा, ''राजकुमार ! सारी राजपरिषद् में आप अकेले पड़ जाएंगे।''

''हां।'' विभीषण ने कुछ चकित भाव से अविंध्य को देखा, ''मैं तुम्हारी स्थिति

भी समझता हूं।''

अशोक वाटिका के द्वार पर बंदी कर, राक्षस सैनिकों ने हनुमान को अनेक स्थानों पर भटकाया था। बंदी करने के पश्चात् यद्यपि मेघनाद ने उन्हें सैनिकों को सौंप दिया था, किंतु किसी-न किसी रूप में वह निरन्तर उनके आस-पास बना हुआ था। हनुमान को कुछ आश्चर्य भी हुआ कि एक साधारण बंदी के लिए लंका के युवराज को इस प्रकार अपनी निद्रा का बलिदान करने की क्या आवश्यकता है; किन्तु शायद मेघनाद ने उन्हें साधारण बंदी नहीं माना था। साधारण बंदी वे थे भी नहीं — हनुमान समझ रहे थे — उन्होंने अनेक सैनिकों, मंत्रिपुत्रों तथा एक राजपुत्र का वध किया था और साथ-ही साथ स्वयं को राम का दूत घोषित किया था... किन्तु उन्हें बंदी कर लेने के पश्चात् तो युवराज विश्राम कर ही सकता था...

उन्हें बंदी कर एक ही स्थान पर क्यों नहीं रखा गया — यह भी वे समझ नहीं पाए।... इन स्थानांतरों की अवधि में ही अंधकार क्षीण होता गया और प्रभात हो गया।... अशोक वाटिका में किए गए फलाहार के कारण भूख अब अपनी कष्टप्रद भूमिका छोड़ चुकी थी — किंतु निद्रा अपना बल दिखाती तो उनका सिर भारी हो जाता था। बार-बार हनुमान की इच्छा होती थी कि वे राक्षस सैनिक उन्हें किसी कारागार में डालकर कुछ क्षण आराम कर लें, ताकि हनुमान भी एक नींद ले सकें... आज का दिन जाने किन परिस्थितियों में बीते और उन्हें कितने बल और उद्यम की आवश्यकता पड़े। ऐसे किसी समय में निद्रा ने अपना प्रभाव दिखाया और उनका मस्तिष्क अथवा शरीर अलसा गया तो ऐसा न हो कि समय पर उन्हें उपयुक्त बात न सूझे अथवा उनकी स्फूर्ति उन्हें धोखा दे जाए... किंतु ये सैनिक थे कि उन्हें टिकने ही नहीं दे रहे थे। पहले आदेश का पालन भर होता कि दूसरा आदेश आ जाता। रक्षक सैनिकों की टोली बदल जाती। हनुमान का स्थान बदल जाता और ऐसे ही किसी नये स्थान पर मेघनाद पुनः अपनी उपस्थिति का आभास दे जाता।

पता नहीं राक्षसों का कौन-सा अधिकारी इस समय भी अपने कार्यालय में सन्नद्ध बैठा निरंतर सोच रहा था और आदेश देता जा रहा था। क्या ये आदेश स्वयं मेघनाद ही दे रहा था ? और थोड़ी-थोड़ी देर के पश्चात् वह स्वयं यह देखने आता था कि उसके आदेशों का पालन हो रहा है या नहीं ? पर वह हनुमान को एक स्थान पर टिकने क्यों नहीं देता ?... क्या इसलिए कि हनुमान उस स्थान को निरख-परखकर वहां से अपने भागने का कोई मार्ग न खोज लें ? सैनिक इसलिए बदल दिए जाते थे कि हनुमान उनसे मित्रता न कर ले ?... इस राक्षसों की कार्य-पद्धति वे समझ नहीं पा रहे थे...

एक और चिन्ता हनुमान के मस्तिष्क में अनवरत चल रही थी... उनका बंदी होना एक बात थी, किन्तु राक्षसों का यह जान लेना कि उन्होंने सीता से संदेश का आदान-प्रदान किया है — अच्छा नहीं हुआ।... उन्होंने स्वयं ही तो घोषणा कर दी थी कि वे

राम के दूत हैं। इससे सीता के प्रति राक्षसों का व्यवहार और भी कठोर हो सकता है। वे पहले ही बहुत दु:खी हैं, जाने अब राक्षस उन्हें और क्या-क्या यातनाएं दें। किन्तु हनुमान सर्वथा असहाय थे। इस समय तो वे अपनी रक्षा में भी सक्षम नहीं थे, सीता की रक्षा क्या करते।... उन्हें लग रहा था कि तात्कालिक रूप से उनकी अपनी मुक्ति सीता की मुक्ति से भी अधिक आवश्यक थी। वे मुक्त नहीं हो पाए तो कौन जाकर राम को सीता का समाचार देगा...

सहसा हनुमान का ध्यान सागरतट पर उनकी प्रतीक्षा में बैठे अपने साथियों की ओर चला गया। वे लोग कब तक उनकी प्रतीक्षा करेंगे ? सप्ताह-भर की प्रतीक्षा पर्याप्त है। एक सप्ताह तक हनुमान उनके पास न पहुंचे तो वे लोग समझ जाएंगे कि हनुमान या तो सागर में डूब गए, या राक्षस के हाथों मारे गए, अथवा बंदी बनाकर कारागार या अंधकूप में डाल दिए गए... ऐसे में क्या करेंगे वे ? क्या उनमें से कोई और सागर-संतरण का साहस करेगा, अथवा वे लोग वापस किष्किंधा लौट जाएंगे ? अंगद यदि सागर-संतरण का साहस करें तो अच्छा ही है... कोई साहस न भी करे, तो भी यदि वे लोग संपाति द्वारा दी गई सूचना राम तक पहुंचा देते हैं, तो राम अवश्य ही लंका पर आक्रमण करेंगे...

सहसा हनुमान का चिंतन थम गया... वे अब तक केवल आशापूर्ण संभावना के विषय में ही सोच रहे हैं। निराशा की बात तो उन्होंने सोची ही नहीं। यदि कहीं फिर से युवराज अंगद में हताशा का आवेग बढ़ा और उन्होंने निश्चय किया कि वे लोग सीता के संधान में असफल हुए हैं, अत: किष्किंधा नहीं जाना है... तो ? यदि यह दल किष्किंधा लौटा ही नहीं तो राम को कौन बताएगा ?... बड़ी भूल हुई हनुमान से। सागर-संतरण से पहले उन्हें अपने दल के अन्य सदस्यों के साथ विचार-विमर्श करके, यह निर्णय करके आना चाहिए था कि यदि वे एक निश्चित अवधि में न लौटे तो दल के सदस्यों का क्या कर्तव्य होगा...

रक्षक सैनिकों में पुनः हलचल मच गयी थी और वे सावधान तथा सन्नद्ध दिखाई पड़ रहे थे। कदाचित् उन्हें फिर से कोई नया आदेश मिला था। अगले ही क्षण मेघनाद भी वहां आ उपस्थित हुआ। सैनिकों की सन्नद्धता का कारण हनुमान की समझ में आ गया था।

मेघनाद के आदेश से, उसी की संरक्षता में, हनुमान को बांधकर, पैदल चलाकर तथा स्थान-स्थान पर धकेले और घसीटे जाते हुए, राजसभा में लाया गया। राजसभागार अधिक दूर नहीं था। कदाचित् पहले से ही हनुमान को निकट के किसी भवन में लाकर रखा था। दिन काफी चढ़ आया था; किन्तु मार्ग पर अभी भीड़भाड़ अधिक नहीं थी।... हनुमान के मन में रात गए देर तक हाट की चहल-पहल घूम गयी। निशाचर लोग उषाकाल में ही कैसे उठ पाएंगे।

किंतु राजसभा के भीतर की स्थिति कुछ और ही थी। सभागार में प्रवेश करते ही हनुमान का ध्यान भवन के उत्कृष्ट स्थापत्य, उसके भव्य अलंकरण तथा सभासदों की भीड़ की ओर एक साथ आकृष्ट हुआ।... वानरों की सीमित साधनो की मार्यादा के होते हुए भी हनुमान ने कुछेक राजप्रासाद तथा राजसभागर देखे थे; किंतु लंका का यह सभागार तो अद्‌भुत था। ऐसा कोई भवन तो हनुमान ने देखा ही नहीं था। उसकी शोभा, वानरों जैसे अविकसित राज्य के प्रतिनिधि के लिए अविश्वसनीय थी। निश्चित रूप से विश्व-भर का धन लंका की ओर प्रवाहित हो रहा था। अन्य देशों को वंचित करके ही किसी देश का राजसभागार इस प्रकार सुशोभित हो सकता था... सभासदों का तो एक विशाल वन ही था। प्रतिदिन इतने सभासद एकत्रित होते हैं... या इतनी प्रातः इतने सभासद एकत्रित करने के लिए रातभर कोई कार्यालय कार्य करता रहा होगा... या फिर उनकी कार्य-पद्धति ही भिन्न होगी... अधिक कार्य-कुशल, अधिक सक्षम...

सभा के भीतर आकर, बंदी की रक्षा का भार सैनिकों पर छोड़, मेघनाद ने स्वयं युवराज-पद के अनुकूल आसन ग्रहण कर लिया था।

रावण ने एक बार दृष्टि उठाकर हनुमान को देखा — यह व्यक्ति तनिक भी सुदर्शन नहीं था। मैला-कुचैला, भूखा और हताश। चेहरे पर न ऊर्जा, न तेजस्विता। जाने कहां-कहां का धूल-धक्कड़ उसके मुख पर जमा था। शरीर पर आभूषण तो दूर, वस्त्र तक नहीं थे। घुटनों से ऊपर तक की एक मैली-मटमैली धोती, जैसी निर्धन वानर पहना करते थे। इच्छा होती थी कि ऐसे गंदे व्यक्ति को राजसभा में लाने के अपराध में सैनिकों को दंड दिया जाए। किन्तु इसे बन्दी कर मेघनाद राजसभा में लाया था। पता नहीं युवराज ने इसे नहलाने-धुलाने का आदेश क्यों नहीं दिया ?... किन्तु इसका शरीर आकर्षक था। ऐसे हृष्ट-पुष्ट तथा कठोर मांसलता वाले शरीर कभी-कभी ही देखने को मिलते हैं। लगता था, इस व्यक्ति ने आवश्यकता से अधिक कभी नहीं खाया तथा शरीर से सदा परिश्रम कर उसे ठोस बनाए रखा है... किन्तु चेहरा कहता था कि वह भूखा है और थका हुआ है... संभव है कि कुछ खाने-पीने की इच्छा से अशोक वाटिका में जा घुसा हो।... रावण को बताया गया था कि केले खाने के उपक्रम में उसने कुछ वृक्ष भी नष्ट किए थे...

भूखा आदमी चिड़चिड़ा और झगडालू हो ही जाता है; किन्तु यह व्यक्ति हिंस्र तथा भंयकर था। उसने अनेक सैनिकों तथा राजकुमार अक्ष का वध किया था... हत्यारा! रावण की आंखों में रक्त-लालिमा तथा रक्त-तृष्णा — दोनों ही एक साथ उतर आयीं। यह रावण के पुत्र का हत्यारा था। इसके इस सुन्दर शरीर के तत्काल टुकड़े कर घृणित जीवों के सम्मुख डाल दिए जाने चाहिए। इसे सभा में अपना पक्ष उपस्थित करने का भी अधिकार नहीं होना चाहिए। यह ऐसा जीव नहीं है, जिसे राजसभा में प्रवेश अथवा राजाधिराज से संबोधित होने का अवसर दिया जाए। इसे तो बंदी करते ही नष्ट कर दिया जाना चाहिए था।

किन्तु यह सीता से मिला है — रावण के मन में कोई फुफकारा — जाने इसने

उसे किस षड्यंत्र का पाठ पढ़ाया है। क्या इसने सीता को यहां से निकाल ले जाने की कोई व्यवस्था करने का प्रयत्न किया था ?... रावण को लगा, उसका हृदय नीचे की ओर धसक रहा है।... सीता ! जानकी ! वैदेही ! यह गंदा आदमी उससे वैदेही को छीनने आया था... इसकी हत्या तो होनी ही चाहिए। किन्तु यह भी ज्ञात होना चाहिए कि यह कौन है और वैदेही से इसका क्या वार्तालाप हुआ है। इसके मिलने के पश्चात् सीता के वस्त्रों में से रक्षिकाओं ने घास की बनी एक मुद्रिका खोज निकली थी, जिस पर 'राम' अंकित है। क्या है वह मुद्रिका ? राम का चिह्न ? उसका संदेश ? अथवा कोई तांत्रिक यंत्र ? उससे सीता को सम्मोहित करने का प्रयत्न किया गया है ताकि वह रावण की ओर उन्मुख न हो, अथवा उसमें रावण के लिए राम द्वारा मारण-यंत्र भेजा गया है ?... यह व्यक्ति स्वयं को राम का दूत कहता है। उस कंगले वनवासी का ऐसा ही दूत हो सकता है — गंदा और नंगा।... पर कौन-सी शक्ति है इनमें, जो इन अभावों में भी इनके घुटने नहीं झुकने देती। ये रावण के तलवे नहीं चाटते... वह वैदेही है जिसे रावण का संपूर्ण वैभव नहीं जीत सका, न उसे रावण का बल भयभीत कर सका। और यह नंगा और गंदा कंगला खड़ा है, जो इतना वैभव देखकर भी राम को छोड़, रावण की शरण में नहीं आया।... इन लोगों ने सुख को जीत लिया है क्या... ऐसा ही है वह विभीषण भी... उसे सरमा छोड़ दूसरी कोई स्त्री नहीं भाती... किन्तु रावण सुख को जीतना नहीं चाहता, उसका भोग करना चाहता है। यह व्यक्ति रावण का सुख छीनने आया था... यह सीता का अपहरणकर्ता और अक्ष का हत्यारा है...

रावण ने अपनी आंखें हनुमान की ओर से हटा लीं और प्रहस्त की ओर देखा, ''इससे पूछो, यह कौन है। और यहां क्या करने आया है ?''

प्रहस्त ने उच्च स्वर में रावण की इच्छा की घोषणा की।

विभीषण के प्राण उनके कानों में समा गए — हनुमान का भविष्य उसके उत्तर पर निर्भर करता था। क्या उत्तर देगा यह व्यक्ति ? उनकी आंखें अविंध्य के चेहरे पर जा टिकीं। वे भी बड़ी तन्मयता से हनुमान की ओर देख रहे थे।

हनुमान बोले तो उनका स्वर स्पष्ट, गंभीर तथा निर्भीक था —

''मैं किष्किंधापति सुग्रीव का सचिव और उनके मित्र भद्र राम का दूत, केसरीपुत्र हनुमान हूं। मैं भद्र राम की ओर से लंका के राजाधिराज के लिए सन्देश लाया हूं — 'राजा का कार्य प्रजा का पालन करना है। यदि राजा पर-स्त्रियों का अपहरण करेगा तो प्रजा की रक्षा कौन करेगा !' लंका के राजाधिराज को चाहिए कि वे आर्य राम की पत्नी को उन्हें ससम्मान लौटा दें और अपने इस पाप-कर्म के लिए आर्य राम के चरणों में क्षमा-याचना करें।''

''वानर !'' रावण का अहंकार उसके शोक पर आच्छादित हो गया। वह भूल गया कि हनुमान से सीधे संभाषण की उसकी इच्छा नहीं थी, ''अपनी मर्यादा पहचान!''

''मैंने तो अपने राजा के मित्र का संदेश मात्र कहा है, राजाधिराज !'' हनुमान बोले,

''दूत की मर्यादा उसके राजा की मर्यादा होती है; और मैंने ऐसा कुछ भी नहीं कहा, जो मेरे राजा की मर्यादा का अतिक्रमण करता हो।''

तुच्छ वानर और दूत की मर्यादा... रावण सोच रहा था... इसे दूत की मर्यादा दी तो उस कंगले निर्वासित राजकुमार को भी राजा की मर्यादा देनी पड़ेगी।

''दूती को चाहिए कि आकर राजसभा में अपना संदेश कहे।'' रावण कठोर स्वर में बोला, ''उसे रात के अंधकार में राजाधिराज की वाटिका में प्रवेश कर अवरोध-स्थित सीता से वार्तालाप करने की क्या आवश्यकता थी ?''

''मैं तो राजसभा में ही आना चाहता था, राजाधिराज !'' हनुमान अत्यन्त भोले-स्वर में बोले, ''किंतु लंका का प्रत्येक प्रहरी मुझे बंदी करने को उद्यत था।... और देवी जानकी मेरे नायक की पत्नी हैं। उनके लिए भी मैं आर्य राम का संदेश लाया था।''

''क्या संदेश ?'' रावण का हृदय उत्कंठा से फटने-फटने को हो रहा था।

''यदि रावण ने अपनी इच्छा से देवी को ससम्मान मुक्त नहीं किया तो रावण का वध कर देवी को मुक्त कराया जाएगा।''

''वानर !'' रावण की आंखें क्रोध से जल रही थीं।

''यही संदेश था, राजाधिराज !'' हनुमान के स्वर में रंचमात्र भी भय नहीं था।

''संदेश ही लेना था तो मेरे पुत्र का वध क्यों किया ?''

''आत्मरक्षा के लिए, राजाधिराज। राजकुमार मेरी हत्या को उद्यत था।''

रावण ने हनुमान के उत्तर पर विचार करने की आवश्यकता नहीं समझी, ''इस दुष्ट वानर को बाहर ले जाकर, प्रथम चतुष्पथ पर इसका वध कर इसके शरीर का मांस शवभक्षक पशु-पक्षियों को खिला दो।''

विभीषण धक् रह गए। उन्हें इसी बात का भय था। रावण तर्क नहीं सुनेगा और हनुमान को मृत्युदंड दे देगा।

अब ?

''राजाधिराज !'' विभीषण अपने आसन से उठ खड़े हुए।

रावण ने विभीषण को खड़े होते देखा तो उसका क्रोध एक प्रकार के हठ तथा दुष्ट चातुरी में बदल गया... हनुमान का तर्क सुनना आवश्यक नहीं था, किन्तु विभीषण का तर्क तो सुनना ही पड़ेगा। विभीषण बंदी और प्रवासी वानर नहीं हैं, जिसके तर्कों की उपेक्षा कर दी जाए। विभीषण राक्षस वंश का, राजवंश का सदस्य है; राजाधिराज का भाई है, राजसभा का सम्मानित सदस्य है।... और ऐसे विषयों पर तो विभीषण रावण का विरोध करेगा ही। उसने प्रत्येक अपहरण के लिए रावण की निन्दा की है; सीता के अपहरण के अवसर पर भी राजसभा में उसने राजाधिराज का उद्दंड विरोध किया था। वह हनुमान का समर्थन करेगा ही। कल राम लंका में आ जाए, तो यह उसका भी समर्थन करेगा। यह राक्षस कुल-कलंक... क्या इसके मन में एक बार भी नहीं उठता कि अक्ष इसका

भतीजा था ? क्या इसने सुख के साथ-साथ ममता को भी जीत लिया है ? यह पुत्र-सम भतीजे के हत्यारे का पक्ष ले रहा है... नीच...

''तुम विभीषण के तर्कों से डरते हो।'' उसके मन में बैठा प्रतिरावण हंसा, ''इसीलिए तुम पहले से ही विभीषण-विरोधी मन बना बैठे हो। तुम में भी साहस हो और विभीषण की-सी बुद्धि हो तो उनके तर्कों का उत्तर दो।''

''हां ! दूंगा मैं उसके तर्कों का उत्तर।'' उसने प्रतिरावण को डांटा, ''अधिक क्रोध न दिला...''

प्रतिरावण ने अट्टहास किया, ''मेरा तर्क नहीं सुन सकते।''

रावण ने कुछ नहीं कहा। बहुत दिनों के पश्चात जागा था प्रतिरावण और बड़े ही अनुपयुक्त समय पर जागा था। विभीषण के रावण-विरोध, पुत्र के शोक, प्रतिशोध के आवेश तथा हनुमान के षड्यंत्र के कारण सीता की संभावित मुक्ति — सबने मिलकर रावण को भयंकर रूप से उद्वेलित कर रखा था...

रावण ने विभीषण की ओर देखा।

''राजाधिराज !'' विभीषण ने अत्यन्त संयत और शालीन स्वर में कहा, ''यह वानर दूत है और दूत अवध्य होता है।''

''दूत अवध्य होता है।'' रावण क्रुद्ध स्वर में बोला, ''पर वह वधिक भी होता है क्या ? मैं दूत को नहीं, राजकुमार अक्ष के हत्यारे को मृत्युदंड दे रहा हूं।''

रावण ने मौन होकर विभीषण की ओर देखा... इच्छा हो रही थी कि वह विभीषण को कसकर फटकारे और कहे, ''नराधम ! तुझे अपने भतीजे की हत्या का तनिक भी शोक नहीं है... कल कोई व्यक्ति तेरी पुत्री की हत्या कर देगा, तो क्या रावण उस हत्यारे का पक्ष लेगा ?... पर रावण का अहंकार आड़े आ गया। राजाधिराज रावण, विभीषण से इस प्रकार की करुणा की भीख नहीं मांगेगा। इस समय विभीषण उसका भाई नहीं, सभासद है; तो वह उससे सभासद का-सा व्यवहार करेगा। यदि विभीषण अपना संबंध भूल गया है तो रावण भी उसे याद नहीं दिलाएगा...

''हत्यारे को मृत्युदंड उचित ही है।'' विभीषण ने पुनः अपने स्वर को साधा, ''किन्तु आत्मरक्षा में किसी का वध करना हत्या नहीं है। युद्ध में शत्रु का संहार वीरता कहलाता है और प्रशंसित होता है।''

''तो तुम्हारा विचार है कि मैं इस नंगे और कंगले वानर की यह कहकर प्रशंसा करूं कि इसने मेरे पुत्र का वध कर बहुत वीरता का कार्य किया है; उसके लिए मैं इसे पुरस्कृत करना चाहता हूं ?''

विभीषण का लगा, बात इस दिशा में तनिक भी बढ़ी तो रावण असंयत हो उठेगा। उसके उस उन्माद की स्थिति में हनुमान की रक्षा नहीं हो सकेगी।

''नहीं, राक्षसराज !'' विभीषण का स्वर धीमा हो गया, ''यह मैं कैसे चाहूंगा! मैंने तो एक साधारण-सी नीति की बात कही है। दूत अवध्य होता है। उसके लिए अन्य

कोई दंड प्रस्तावित किया जा सकता है। कारावास अथवा अंग-भंग... वध ही करना हो तो उनका किया जाए, जिन्होंने इस दूत को भेजा है।''

''बोल ! बोल ! दे उत्तर।'' प्रतिरावण पुनः जाग उठा था, ''वध करना है तो उनका कर, जिन्होंने इसे भेजा है।''

पर इस बार रावण तनिक भी व्यग्र नहीं हुआ। वह मन-ही मन मंद-मंद मुसकान पीता रहा और विभीषण तथा प्रतिरावण को इस भाव से देखता रहा, जैसे वे अबोध बच्चे हों और समझ नहीं पा रहे हों कि वे जिसे चेतावनी दे रहे हैं, वह उनसे कहीं अधिक क्षमतावान है।

''तुम्हारी ही बात रही, विभीषण !'' रावण के मुख पर एक धूर्त मुसकान उभरी, ''मैं तुम्हारे भतीजे के हत्यारे को प्राणदण्ड नहीं दे रहा, क्योंकि वह किसी का दूत है। अपने बेटे तथा सैनिकों के हत्यारे को मैं प्राणदंड नहीं दे रहा, ताकि राक्षसराज को कोई नीतिविहीन न कहे... पर मैं उसे दंडित अवश्य करूंगा।''

विभीषण ने उत्कंठित रावण की ओर देखा — कौन-सा दंड प्रस्तावित होगा ?

रावण के अधरों पर विषैली मुसकान थी, ''तुमने कहा है कि दोषी पाए जाने पर दूत को कारावास का दंड दिया जा सकता है। मैं उसे कारावास का भी दंड नहीं दे रहा।''

विभीषण समझ रहे थे कि उदारता की आड़ में रावण कोई निहित दुष्टता करने जा रहा है...

''तुमने अंग-भंग को नीतियुक्त कहा है, पर मैं उसका वास्तविक अंग-भंग भी नहीं कर रहा।'' रावण रुका, ''उसे केवल प्रतीकात्मक दंड दिया जाएगा, जैसा कि उस कंगले राजकुमार के छोटे भाई ने शूर्पणखा को दिया था।''

विभीषण रावण की ओर देख नहीं सके। उन्होंने हनुमान की ओर देखा — किस धैर्य से खड़ा है यह वानर, जैसे यह दंड किसी और के लिए प्रस्तावित हो रहा हो।

''यह वानर है तो इसकी पूंछ भी होनी चाहिए।'' विभीषण को देखकर रावण दुष्टतापूर्वक मुसकराया, ''इसलिए वस्त्रों तथा अन्य ज्वलनशील पदार्थों से इसकी एक पूंछ बनाकर, इसे पहले वास्तविक वानर का रूप दिया जाए; और जब यह वास्तविक वानर बन जाए तो इसे लंका के गली-मुहल्ले, चतुष्पथों-बाजारों में घुमाकर लंका की जनता को इसके दर्शन कराए जाएं और जब सब लोग इसका वास्तविक वानर रूप भली-भांति देख लें तो इसकी पूंछ पर अच्छी प्रकार तेल छिड़ककर उसे आग लगा दी जाए।'' रावण ने थमकर विभीषण की ओर देखा, ''कोई बात नीति-विरुद्ध तो नहीं हुई, धर्मात्मा विभीषण ?''

विभीषण ने रावण की ओर देखा — कैसा धूर्त है यह रावण ! कह रहा है कि मैं केवल प्रतीकात्मक दंड दे रहा हूं और इसने हनुमान की मृत्यु का पूरा प्रबंध कर दिया है। पूंछ के बहाने हनुमान के शरीर को घी-तेल सने वस्त्रों से लपेटकर उसे आग

लगा दी जाएगी, ताकि या तो वह उस अग्नि में जल मरे अथवा उसका शरीर इतना झुलस जाए कि वह पूर्णतः पंगु होकर मृत्यु से भी भयंकर यातना सहे... पर अब रावण का विरोध नहीं हो सकता था। उसने विभीषण को उन्हीं के वचनों में बांध दिया था...

''लंकेश्वर का निर्णय नीतियुक्त है।''

''ले जाओ इसे।'' रावण का स्वर अब भी आक्रोश-शून्य नहीं था, ''लंका की कोई गली न छूटे, जहां के निवासी इसका वास्तविक वानर रूप न देख लें।... और पूंछ भी इतनी लंबी बनाना, जिसमें अग्नि धधककर जले।''

4

हनुमान ने सारी कार्यवाही धैर्यपूर्वक देखी और सुनी थी। स्वयं उनके अपने लिए समझना कठिन था कि उनके मन में क्या-क्या घटित हुआ था। एक बार तो ऐसा लगा था कि जैसे वे सर्वथा संवेदनशून्य ही हो गए हैं। उनके सम्मुख उनके मृत्युदंड का आदेश दिया जा रहा है और वे उससे प्रभावित ही नहीं हो रहे। उनके मन में कोई प्रतिक्रिया ही नहीं हो रही... क्या वे अपनी मृत्यु के भय से जड़ हो गए थे ? नहीं ! इस प्रकार के भय का अनुभव उन्होंने नहीं किया था। कदाचित् मस्तिष्क यहां आकर रुक गया था कि अधिक-से अधिक मृत्युदंड ही तो मिलेगा... या मन मृत्युदंड के लिए प्रस्तुत हो गया था...

हनुमान के लिए उस क्षण अपने मन का विश्लेषण करना कठिन हो रहा था।... पर अब मन उस जड़ावस्था से बाहर निकल आया था। वह सोचने-समझने लगा था... हनुमान समझ रहे थे कि विभीषण ने उन्हें बचा लिया था।... अशोक वाटिका में देवी वैदेही ने उन्हें बताया था कि विभीषण तथा अविंध्य उनकी रक्षा के लिए प्रयत्नशील हैं। पर विभीषण का सारा व्यवहार बता रहा था कि वे केवल देवी वैदेही की सुरक्षा के लिए ही सचेष्ट नहीं थे; वे सिद्धांततः रावण के इन कृत्यों के विरोधी थे और उसके अन्याय और अत्याचार के भरसक प्रतिकार के लिए व्यावहारिक रूप से सक्रिय थे। विभीषण ने हनुमान को बचा लिया था...

पीछे से किसी ने हनुमान को धक्का दिया, ''चल !''

हनुमान के पग उठे, किन्तु उनकी दृष्टि विभीषण पर टिक गयी। विभीषण उन्हीं की ओर देख रहे थे। उनकी आंखें कितनी वाचाल थीं इस समय। कितना कुछ एक साथ ही कह रही थीं... कितनी करुणा थी उनमें, सद्भावना और चेतावनी भी...

सभागार से बाहर निकलकर हनुमान ने स्वयं को एक नये लोक में पाया। रावण, मेघनाद, विभीषण तथा अन्य लोग पीछे छूट गए थे। अब हनुमान थे और राक्षस सैनिकों का पूरा एक गुल्म। हनुमान के शरीर में केवल उनके पैर ही मुक्त थे, जिनसे वे चल पा रहे थे; अन्यथा सारा शरीर रस्सियों से जकड़ा हुआ था। रस्सियों के अनेक फंदों ने

उनके शरीर को कस रखा था, जिनके सिरे उनके पीछे-पीछे चल रहे सैनिकों के हाथों में थे। टुकड़ी का नायक उनके साथ-साथ चल रहा था और लगातार कोई-न कोई आदेश देता चल रहा था। हनुमान को लगा कि वे रथ में जुते घोड़े के समान हैं, जो सारथी की अनुमति से केवल निर्देशित दिशा में भाग सकता है...

सहसा उनकी कल्पना में विदा के समय विभीषण की आंखों मे जागा भाव पुनः साकार हो आया। लगा, हनुमान जो तब नहीं समझे थे वह अब समझ रहे हैं। कितना खुलकर कह रही थीं विभीषण की आंखें, ''हनुमान ! मैंने तेरे जीवन की रक्षा कर दी है। अब यह तेरी बुद्धि पर निर्भर है कि तू इन सैनिकों से मुक्त हो सकता है, या इनके हाथों मारा जाता है...।''

हनुमान का मस्तिष्क उल्लास से जगमगा उठा — अभी तक कुछ नहीं बिगड़ा था...

एक बार हनुमान के मन में आया कि वे यदि अकस्मात् ही वेगपूर्वक भाग निकलें तो ये रस्सियां इन सैनिकों के हाथों से निकल जाएंगी और वे मुक्त हो सकेंगे... किन्तु अगले ही क्षण उन्होंने यह विचार भी त्याग दिया।... उनके पैर मुक्त थे किन्तु भुजाएं तथा शरीर बंधा हुआ था। सैनिकों ने बाणों का प्रहार किया तो वे क्या करेंगे ?... और दिन का समय था। चारों ओर आवागमन सघन हो रहा था। और सैनिक बुलाने तथा बद्ध हनुमान को घेरकर पकड़ने में उन्हें कितना समय लगेगा ?

सैनिक उन्हें निर्विघ्न चलने नहीं दे रहे थे। थोड़ी-थोड़ी देर के पश्चात् वे उन्हें धक्का अथवा ठोकर मार देते थे। कभी-कभी हाथ में पकड़ी रस्सियों के सिरों से वे कशा का काम लेते थे। मारने का कोई विशेष कारण हनुमान की समझ में नहीं आया। चलने की गति अथवा मुड़ने की दिशा से उसका कोई संबंध नहीं था। अपना अधिकार अथवा आक्रोश दिखाने के लिए अपनी इच्छानुसार वे अपना हाथ अथवा हाथ में पकड़ी रस्सी फटकार देते थे। कदाचित् यह हनुमान को अपमानित करने अथवा रात के युद्ध का प्रतिशोध लेने के लिए भी हो सकता था।

सैनिकों ने अब स्थान-स्थान पर रुककर घोषणाएं करनी आरम्भ कर दी थीं। अपनी घोषणाओं में वे हनुमान के अपराध तथा रावण द्वारा दिए गए दंड के आदेश का प्रचार कर रहे थे। राह चलते लोग अब केवल रुक-रुककर उन्हें देख ही नहीं रहे थे, कुछ लोग उनके साथ-साथ चलने भी लगे थे। साथ लगी भीड़ में बालकों तथा किशोरों की ही संख्या अधिक थी। एक-आध वृद्ध भी यदा-कदा थोड़ी दूर तक साथ चल लेता था। युवक तथा प्रौढ़ लोग घोषणाएं सुनकर अपनी राह चले जाते थे। कदाचित् इस कौतुक के लिए उनके पास समय नहीं था।

''घोषणा क्या कर रहे हो।'' एक मनचला रुककर बोला, ''इसकी पूंछ बनाओ भी तो। राजाधिराज ने आदेश दे दिया और तुम उस आदेश की घोषणा करते फिर रहे हो। उसका पालन कौन करेगा ?''

''पालन भी करेंगे !'' नायक ने कुछ उग्र स्वर में कहा; किन्तु स्पष्ट था कि मन-ही मन वह अपनी भूल स्वीकार कर रहा था।

अगले ही मोड़ पर वे हनुमान को एक दंडधर चौकी में ले गए।

चौकी के अधिकारी ने नायक ही बात सुनी और बिफर गया, ''वे तो आदेश देकर भूल गए; अब हम उसके पालन के लिए वस्त्र कहां से लाएं ? यह दंडधर चौकी है, राजाधिराज का भंडारगृह नहीं।''

गुल्म का नायक कुछ क्षणों तक चुपचाप कुछ सोचता रहा, फिर धीरे-से बोला, ''दंडधरों के परिवारों के पास फटे-पुराने कुछ वस्त्र तो होंगे ही। जिन अपराधियों को निगड़बद्ध करते हो, उनके वस्त्र भी तो उतारकर इधर-उधर कर देते हो। उन्हें तुम राजाधिराज के भंडारगृह में जमा करवाने तो नहीं जाते।''

अधिकारी ने वितृष्णा से मुख बिचकाया, पर कुछ वस्त्र मंगा ही दिए। उन्होंने हनुमान की कमर में एक रस्सी बांधी और उसे बटकर उस पर पुराने वस्त्र लपेट उनकी दुम बना दी। इस बार जब वे बाहर निकलकर चौराहे पर आए तो लोगों के लिए हनुमान एक विदेशी बंदी वानर मात्र नहीं थे — अब वे मनोरंजन की एक वस्तु हो गए थे। अपने मनोरंजन में क्रमशः वह भीड़ क्रूर हो उठी थी। जब-तब कोई व्यक्ति कोई ढेला दे मारता था। कोई बहुत निकट आ गया व्यक्ति पीछे से थप्पड़ अथवा मुक्के का प्रहार भी कर देता था।

सहसा एक मनचला आकर हनुमान के ठीक सामने खड़ा हो गया, जैसे किसी अद्‌भुत वस्तु का निरीक्षण कर रहा हो। सैनिकों को भी किसी लक्ष्य तक पहुंचने की जल्दी नहीं थी। उन्हें तनिक भी आपत्ति नहीं थी कि दर्शक हनुमान के साथ कैसा व्यवहार करते हैं। दर्शक यदि उनके साथ दुर्व्यवहार करते थे और उन्हें आगे बढ़ने से रोकते थे, तो उन्हें और भी सुविधा होती थी। उनका भी मनोरंजन होता था और आगे बढ़कर घोषणा करने की भी आवश्यकता नहीं होती थी... और यह मनचला तो अपनी वेशभूषा से कोई अत्यन्त समृद्ध व्यक्ति मालूम हो रहा था।

उस मनचले ने हनुमान की परिक्रमा भली प्रकार की, उन्हें अच्छी प्रकार निरखा-परखा और नायक से बोला, ''इतना बड़ा वानर और इतनी छोटी-सी पूंछ ?''

हनुमान समझ नहीं पाए कि वे इस विद्रूप के लिए मनचले से रुष्ट हों, या उसके निरीक्षण की प्रशंसा करें।

नायक ने भी मनचले की ओर कुछ मिश्रित भाव से देखा, ''ठीक कहते हो, युवक ! बड़े वानर की पूंछ बड़ी ही होनी चाहिए, यद्यपि प्रकृति का यह अनिर्वाय नियम नहीं है।''

''प्रकृति का नियम न सही। अनुपात भी तो कोई वस्तु है।'' वह बोला, ''सौंदर्यबोध का तो कुछ विचार किया होता।''

इस बार नायक कुछ रुष्ट स्वर में बोला, ''कहते तो ठीक हो; पर हमें केवल

आदेश मिला है, आदेश पूरा करने के उपकरण नहीं मिले। वस्तु कहां है, जिनसे तुम्हारी अपेक्षानुकूल पूंछ बनायी जा सके ?''

मनचले की इच्छा इतने पर भी अवरुद्ध नहीं हुई।

''अच्छे राजा को आदेश देने चाहिए और अच्छी प्रजा को उसका पालन करना चाहिए।'' वह बोला, ''इसी से तो राजा के प्रति प्रजा की निष्ठा प्रमाणित होगी।''

''निष्ठा तो ठीक है,'' नायक बोला, ''पर राजा के प्रति अपनी निष्ठा जताने के उपक्रम में इसकी पूंछ बनाने के लिए मैं अपनी पत्नी की साड़ियां जला दूंगा तो मेरी पत्नी मुझे जीवित जला देगी।''

''तुमसे कुछ नहीं बनेगा।'' मनचले ने रोष का-सा अभिनय किया, ''राजा से भी डरते हो और अपनी पत्नी से भी। तुम विभाजित निष्ठा के रोगी हो !''

मनचला रुक गया। उसने घूमकर चारों ओर घिर आयी भीड़ को देखा। हनुमान ने भी उसकी बातों से मुक्त होकर जैसे पहली बार लोगों को भी देखा और उस स्थान को भी। चारों और ऊंची-ऊंची अट्टालिकाएं थीं। कोई अत्यन्त समृद्ध मुहल्ला प्रतीत होता था। लोगों की वेशभूषा भी इसी प्रकार के प्रमाण प्रस्तुत कर रही थी... किसी को कहीं आने-जाने की जल्दी भी नहीं थी। सबको अवकाश था और सब मनोरंजन के लिए आ जुटे थे... हनुमान के मन में आया कि इस वृद्धावस्था में भी वे अपने पैरों के प्रहारों से इन दुष्टों को समझा दें कि अपने जैसे मनुष्य के साथ पशु का-सा व्यवहार करने का क्या परिणाम होता है।... किन्तु उनके विवेक ने उन्हें रोका। कदाचित् यह आक्रोश भी उनकी भूख और निद्रा का ही परिणाम था... अशोक वाटिका में भी भूख और निद्रा के ही वश में होकर वे इस अपमानजनक स्थिति को पहुंचे थे। इस बार चूक हो गयी तो इससे भी अधिक दुर्गति होगी। उन्हें अपनी इस कष्टप्रद तथा अपमानजनक स्थिति में धैर्य नहीं खोना चाहिए। मुक्ति के अवसर बार-बार नहीं आते...

चारों ओर खड़े लोगों को आंखों ही-आंखों में परखकर मनचले ने ललकारा, ''क्यों लंकावासियो ! तुम लोग अपनी राजनिष्ठा का प्रमाण नहीं दोगे ? राजाज्ञा को पूर्ण करने के साधन नहीं जुटाओगे ? क्या हम लोग दो-दो, चार-चार वस्त्रों का भी त्याग नहीं कर सकते कि इस वानर को वास्तविक वानर बनाकर, इसे जीवित जलाया जा सके। तनिक गंभीरता से देखो कि इतना सस्ता मनोरंजन अन्यत्र संभव है क्या ? दो-चार वस्त्र देकर एक जीवित मनुष्य के जलने का दृश्य देखना — ऐसी क्रीड़ा इतने कम मूल्य में हो सकती है क्या ?...''

मनचले की बात ने अनेक लोगों की जड़ता को तोड़ा। अनेक लोग एक साथ ही बोल पड़े थे। –

मनचला फिर उच्च स्वर में बोला, ''हमें राजाधिराज का संकेत और अभिप्राय समझना चाहिए। वे चाहते तो इस वानर का तत्काल वध करवा सकते थे। किन्तु उन्होंने अपने प्रजाजन के मनोरंजनार्थ इसे हमें सौंप दिया है। कितना उदार मन है हमारे राजाधिराज

का। कितना संयम ! अपने बेटे के हत्यारे का वध करने के लोभ का संवरण कर गए और हमारे मनोरंजनार्थ हमें एक जीवित प्राणी सौंप दिया। आप थोड़े-थोड़े वस्त्रों का त्याग करें और फिर आंच में जीवित मानव-मांस के भुनने की गंध लें, इसके रक्त का वाष्प बनता देखें, इसकी हड्डियों को भस्म होते देखें। और इस सारी प्रक्रिया में जब इसकी बोटी-बोटी तड़पेगी, आप इस पर ईंट-पत्थरों का प्रहार कर सुख लूटें।''

कैसी बीभत्स कल्पना है — हनुमान सोच रहे थे — ये भी मनुष्य हैं क्या? पशु भी इतना क्रूर नहीं होता। वह अपना पेट भरने के लिए जीव-हत्या करता है। ये अपने मनोरंजन के लिए अपने ही जैसे एक मनुष्य को यातनापूर्ण मृत्यु देना चाहते हैं... इन्हें मनुष्य कहलाने का कोई अधिकार है क्या... जिन मनुष्यों को किसी को पीड़ा में देखते ही तड़पकर उसकी सहायता को पहुंचना चाहिए, वे मनुष्य अपने मनोरंजन के लिए जीवित मांस जलाएंगे... हनुमान अब तक जिसे एक राह चलता मनचला समझ बैठे थे, उसका यह पाशविक रूप रह-रहकर उनका रक्त जला रहा था...

किन्तु राक्षसों की भीड़ ने उस मनचले की बात को बहुत गम्भीरतापूर्णक ग्रहण किया था। आस-पास की अट्टालिकाओं से विविध प्रकार के वस्त्रों और परिधानों की वर्षा होने लगी थी। उन वस्त्रों को देख-देखरकर हनुमान की आंखें फटती जा रही थीं। वे वस्त्र न तो साधारण सूती वस्त्र थे और न ही घिसे हुए अथवा फटे-पुराने थे। बहुमूल्य तथा बढ़िया प्रकार के वस्त्रों का वहां ढेर लग गया था... हनुमान उदास दृष्टि से देख रहे थे — इन सारे वस्त्रों से उनकी पूंछ बनाई जाएगी और फिर उस पूंछ को आग लगा दी जाएगी... हनुमान के प्राण तो उनके शत्रु के दूत के प्राण हैं; किन्तु ये वस्त्र तो उनके अपने हैं। कैसे लोग हैं ये... अपने ही धन को इस निर्दयता से फूंक रहे हैं... कहीं इतने सारे वस्त्र किसी निर्धन वानरयूथ में बांट दिए जाते तो उनका महोत्सव हो जाता।... और तो और, इन वस्त्रों को देखकर किष्किंधा के धनाढ्य वर्ग की लार भी टपकने लगेगी। किष्किंधा में ऐसे महीन, कोमल और सुन्दर वस्त्र नहीं बनते थे... हनुमान कल्पना कर रहे थे... यदि इन वस्त्रों का ऐसा ही एक ढेर किष्किंधा के मुख्य चतुष्पथ पर लगा दिया जाता तो बड़े-बड़े सामंत तथा उनकी पत्नियां इन वस्त्रों को उठाकर ले जाते और बड़े अभिमान के साथ उन्हें धारण करते...

किन्तु सहसा हनुमान का भाव बदला... ये लोग मनुष्य नहीं हैं, ये राक्षस हैं। अपने विलास के लिए ये इन दुर्लभ वस्त्रों को अग्निसात कर सकते हैं, किन्तु किसी निर्धन का तन ढकने को इन वस्त्रों का त्याग नहीं कर सकते। सचमुच अपने 'स्व' तक सीमित हो जाने वाला व्यक्ति स्वार्थी और अंहकारी ही नहीं, राक्षस हो जाता है, राक्षस। अपनी एक सनक के पीछे स्वर्ण-मुद्राएं बहा सकता है और दूसरे के प्राण बचाने के लिए एक कौड़ी नहीं दे सकता... वैसे भी यह धन उन्होंने अपने श्रम से उत्पन्न नहीं किया था। यह लूट और शोषण से प्राप्त किया गया धन था। उसको इस प्रकार फूंकने में उन्हें क्या पीड़ा हो सकती थी...

उन लोगों ने हनुमान की उस कृत्रिम पूंछ को बढ़ाने का कार्य आरम्भ कर दिया था। हनुमान ने कुछ अतिरिक्त रुचि से देखा कि नायक तथा अन्य सैनिक पृष्ठभूमि में सुस्ता रहे थे; और भीड़ ने सक्रिय होकर रावण के आदेश के पालन का कर्तव्य अपने हाथ में ले लिया था। अब यह सारा प्रसंग पूर्णतः असैनिक हो उठा था। सैनिक अनुशासन के स्थान पर अब भीड़ की मनोवृत्ति काम कर रही था... पूंछ लम्बी से लम्बी होती जा रही थी। उसके आकार के साथ-साथ उसका रूप भी सुदर्शन होता जा रहा था। उसमें इतने प्रकार के विभिन्न रंगों के वस्त्र लगे थे कि हनुमान द्वारा अब तक देखी गयी समस्त वस्तुओं में वह सबसे अधिक रंगीली वस्तु हो गयी थी।... किन्तु साथ-ही साथ बड़ी होती जाने के कारण उसका सिरा उनके शरीर से बहुत दूर चला गया था और हनुमान सोच रहे थे कि यदि इस पूंछ को उनके शरीर के चारों ओर लपेटकर आग लगाई गयी तो उनके प्राण अधिक देर नहीं बचेंगे; किन्तु यदि रस्सी के समान दूर तक फैली इस पूंछ के एक सिरे पर आग लगा दी गयी तो उनकी विशेष हानि होने की संभावना नहीं है। पूंछ बनाने की इस प्रक्रिया में सैनिकों ने वे रस्सियों भी छोड़ दी थीं, जिनके फंदों में हनुमान बंधे थे... यह उनकी मुक्ति का बहुत अच्छा संयोग हो सकता था...

मनचले ने दृष्टि भरकर इस नवनिर्मित पूंछ को देखा और संतुष्ट होकर भीड़ से पूछा, ''क्यों, मित्रो ! अब ठीक है ?''

''अब तो पूंछ वानर से भी बड़ी हो गयी है।'' किसी ने कहा

''तो लाओ अब तेल।''

''इतनी लम्बी पूंछ को स्नेहयुक्त करने के लिए काफी तेल चाहिए होगा।'' मनचला बोला, ''मैं पांच कनस्तर तेल दूंगा...'' वह पलटा, ''जा बे, पांच कनस्तर तेल ले आ।'' उसने भीड़ में किसी को आदेश दिया।

तभी एक अत्यन्त स्थूलकाय और घनी मूंछों वाला व्यक्ति भीड़ में से आगे आ गया, ''पांच-सात कनस्तरों का काम नहीं है, मित्रवर। इस वानर को इसकी पूंछ के साथ धकियाकर मेरे भंडारगृह तक ले चलो। इस विकट क्रीड़ा के लिए सौ-दो सौ कनस्तर तेल मैं दे दूंगा।''

हनुमान स्तंभित-से खड़े उनकी बातें सुन रहे थे। एक व्यक्ति को जीवित जलाना उनके लिए क्रीड़ा थी; और वह इतनी मनोरंजक थी कि उसके लिए यह व्यक्ति सौ-दो सौ कनस्तर तेल निःशुल्क दे सकता था... दो सौ कनस्तर तो सारी किष्किंधा की आवश्यकताओं के लिए सप्ताह-भर के लिए पर्याप्त थे...

''हां। यह ठीक है।'' मनचला व्यक्ति बोला, ''सेठ तिक्तजिह्व ने बहुत मीठी बात कही है; किन्तु मेरे पांच कनस्तर तो आएंगे ही। अन्य लोग भी जो योगदान करेंगे, उसे अस्वीकार नहीं किया जाएगा।''

''मुझे कोई अपत्ति नहीं।'' स्थूलकाय सेठ तिक्तजिह्व ने सेना के नायक को संकेत किया।

लम्बी पूंछ में बंधे-से हनुमान की यात्रा पुनः आरम्भ हुई। किन्तु यह यात्रा लम्बी नहीं थी। हनुमान के लिए सुखद आश्चर्य यह था कि राक्षसों ने उन्हें यह विराटकाय, भारी-भरकम कृत्रिम पूंछ घसीटने के लिए बाध्य नहीं किया। जाने क्यों पूंछ को भीड़ ने स्वयं ही घसीटकर ले जाना उचित समझा।

इस बार जिस वीथि में वे लोग मुड़े थे, वह इसी प्रकार के भंडार-गृहों की गली प्रतीत होती थी। खुले फाटकों के माध्यम से हनुमान ने विस्तृत अहातों में विभिन्न प्रज्वलनशील पदार्थों के भंडार देखे थे। कहीं सहस्रों की संख्या में तेल के कनस्तर थे और कहीं ईंधन की सूखी लकड़ी के पर्वताकार ढेर लगे हुए थे। कहीं विस्फोटक पदार्थों की गंध आ रही थी। एक स्थान पर हनुमान को कपास के बोरों के भी ढेर दिखाई दिए... कदाचित् यह इसी प्रकार की वस्तुओं के व्यापार की मंडी रही होगी...

सहसा हनुमान की चेतना ऊर्ध्वमुखी होकर जाग खड़ी हुई — इस क्षेत्र में लाकर ये मूर्ख हनुमान की उस पूंछ को आग लगाना चाहते हैं। इन्हें क्या अग्निकांड का तनिक भी भय नहीं है ? या इस समय अपने राक्षसी सुख के विध्वंसक उन्माद में यह भूल गए हैं कि वे जो क्रीड़ा करने जा रहे हैं, वह उनके लिए भी कितनी घातक हो सकती है...

हनुमान को लगा, यह उनकी मुक्ति का अद्‌भुत अवसर था... इससे चूक जाना भयंकर भूल होगी और फिर हनुमान के लिए सिवाय चुपचाप यातनापूर्ण मृत्यु का आलिंगन करने के और कोई मार्ग शेष नहीं रहेगा... किन्तु साथ ही हनुमान अनिद्रा और भूख से अर्द्ध-विक्षिप्त अपनी चेतना और थके हुए शरीर की ओर से भी सशंक थे...

सेठ तिक्तजिह्व ने हनुमान को एक खुले स्थान में खड़े करने का संकेत कर अपने दासों को तेल के कनस्तर लाने का आदेश दिया। दासों ने कनस्तर खोलकर हनुमान के निकट लाकर रखे तो भीड़ में एक हिंस्र उन्माद छा गया। तब तक मनचले द्वारा मंगाए गए पांच कनस्तर भी आ गए थे। अन्य लोगों का योगदान भी पहुंचना आरम्भ हो गया था... फिर भीड़ को जैसे पागलपन का दौरा पड़ा। अब किसी पर किसी का नियंत्रण नहीं था। जिसके मन में जैसे आ रहा था, वह वैसे ही तेल से हनुमान की वस्त्र-निर्मित कृत्रिम पूंछ को भिगो रहा था... और सहसा बिना किसी योजना के पूंछ को अनेक स्थानों पर आग लगा दी गयी।

हनुमान खड़े-खड़े वह संहारलीला देखते रहे। वस्त्रों तथा रुई की बटी हुई वह रस्सी, जिसे वे लोग हनुमान की पूंछ कह रहे थे, अनेक स्थानों से पूरी प्रचंडता के साथ जल रही थी और हनुमान के शरीर को अभी उसकी आंच भी नहीं लगी थी।... उनका शरीर अब भी रस्सियों से बंधा था; अन्यथा वे मुक्त थे। सहसा हनुमान एक प्रचंड हुंकार के साथ स्वयं ही अग्नि की ओर बढ़े, जैसे उसमें कूदने जा रहे हों... राक्षसों की भीड़ ने जोर की हर्ष-ध्वनि की।

हनुमान ने एक ही धक्के में तेल के बीसियों कनस्तर लुढ़का दिए। आस-पास

खड़ी भीड़ समझ नहीं पायी कि वे क्या करने जा रहे हैं। किन्तु उन्हें समझने में अधिक देर नहीं लगी।... हनुमान ने आग से बचने का अभिनय करते हुए, भयंकर भाग-दौड़ा मचाई और विभिन्न स्थानों पर गिराए गए तेल तक जलती हुई पूंछ पहुंचा दी। उस बाड़े में अनेक स्थानों पर छोटी-बड़ी अग्नियां प्रज्वलित हो गई थीं और भीड़ में से अनेक सशंक भी हो उठे थे।

''यह वानर मेरा भंडारगृह न जला डाले।'' सेठ तिक्तजिह्व ने अजाने ही कहा।

''वह आग से बचने के लिए तड़पता फिर रहा है, आप समझ रहे हैं कि वह गोदाम में आग लगा रहा है।'' मनचला बोला, ''और फिर एक जीवित व्यक्ति के जलने का तमाशा देखने के लिए एक भंडारगृह का फुंकना बहुत मंहगा है क्या ?''

तिक्तजिह्व की चिन्ता कम नहीं हुई। उसने उच्च स्वर में अपने दासों तथा कर्मचारियों को, तेल को अग्नि से दूर रखने के आदेश देने आरम्भ कर दिए।

कुछ लोग जलते हुए हनुमान को देखने के लिए उचक-उचककर आगे आने का प्रयत्न कर रहे थे; कुछ लोग आग से दूर रहने के लिए पीछे हट रहे थे। तिक्तजिह्व के कर्मचारी अलग भाग-दौड़ मचाए हुए थे... यह धक्का-मुक्की, घबराहट और असावधानी का वातावरण हनुमान को अपने अनुकूल लग रहा था। वे आग से बचने का अभिनय करते हुए बार-बार सायास आग के पास जा रहे थे... उनके उस अभिनय को देखकर दर्शकों में अनेक लोग खिलखिलाकर हंस रहे थे...

दो-चार चक्करों में ही हनुमान ने अनुभव किया कि उनके शरीर पर बंधी रस्सियां आग से झुलसकर ढीली पड़ चुकी थीं। शरीर भी कुछ स्थानों पर झुलस गया था और आंच का ताप अनुभव कर रहा था; किन्तु कोई गंभीर क्षति नहीं हुई थी। उन्होंने बल-प्रयोग किया तो रस्सियां अपने स्थान से सरकती मालूम पड़ीं और अगले ही क्षण उनके हाथ मुक्त हो गए थे। हनुमान ने निमिष-भर भी समय नहीं खोया। अपने शरीर की रस्सियां खोलीं; कृत्रिम पूंछ को अपने शरीर से अलग कर, उसका एक सिरा हाथ में पकड़, उसे हिलाते हुए वे राक्षसों की भीड़ पर लपके। लगा, जैसे एक विशाल अग्नि-सर्प राक्षसों की भीड़ पर चढ़ दौड़ा हो। भीड़ में विकट हलचल हुई और अनेक लोगों के कंठों से चीत्कार फूट पड़ा। हनुमान अनुमान लगा रहे थे कि कुछ लोग आग से डर गए होंगे, कुछ लोग भीड़ के धक्के से गिर गए होंगे... हो सकता है कि कोई किसी के पैरों तले आकर कुचला भी गया हो... एक कोने में वह स्थूलकाय तिक्तजिह्व विक्षिप्त-सा मुंह बाए खड़ा था...

हनुमान ने अनुभव किया कि उनके शत्रुओं ने अपनी मूर्खता में न केवल उन्हें पूर्णतः मुक्त कर दिया था, वरन् इस अग्निदग्ध कृत्रिम पूंछ के रूप में उनके हाथ में एक सशक्त और प्रभावकारी शस्त्र दे दिया था। वे विस्फोटक और प्रज्वलनशील पदार्थों के भंडारों के बीच में खड़े थे।... कदाचित् अभी राक्षसों को इस स्थिति की भयावहता का आभास भी नहीं था।

हनुमान ने उस अग्निपुंज के साथ बार-बार भीड़ पर झपटने का अभिनय किया और जब उन्हें लगा कि लोगों की घबराहट इतनी बढ़ गई है कि वे उन्हें बंदी करने के स्थान पर अपनी सुरक्षा के लिए अधिक चिंतित हो उठे हैं, तो हनुमान ने पूंछ का एक बड़ा-सा जलता हुआ टुकड़ा तेल के कनस्तरों पर फेंका और शेष पूंछ को लेकर वे उचककर बाड़े की दीवार पर जा चढ़े। साथ ही रुई का भंडारगृह था। हनुमान ने अनेक छोटे-बड़े जलते हुए वस्त्र रुई के बोरों पर फेंक दिए और उस बाड़े में से भी निकल भागे... उन्होंने पलटकर देखा तो तेल और रुई के भंडारगृह धू-धू जल रहे थे... उनके मन में स्थिति अत्यन्त स्पष्ट थी।... थोड़ी ही देर में राक्षस सेना उनको पकड़ने के लिए झपटती हुई आएगी। अशोक वाटिका में उनका व्यवस्था-कौशल वे देख ही चुके थे। इसलिए आवश्यक था कि वे इतने अधिक स्थानों पर, इतना मात्रा में आग लगा दें कि लंका राज्य की सारा व्यवस्था-कौशल आग बुझाने पर ही केन्द्रित होता जाए और हनुमान की उनको याद भी न रहे...

अधिकांश भीड़ इधर-उधर छिटक गई थी। भंडारगृहों में लगी अग्नि इतनी प्रचंड हो चुकी थी कि लोग आग लगाने वाले को भूलकर अग्नि से ही त्रस्त हो उठे थे। स्थान-स्थान पर स्त्रियों और बच्चों के रोने तथा पुरुषों के क्रुद्ध चीत्कारों की ध्वनियां, आग के साथ-साथ बढ़ती जा रही थीं। लगता था कि अग्नि भंडारगृहों से आगे बढ़कर, लोगों के आवासों तक जा पहुंची थी। अपना घर न जल रहा होता तो चीत्कार इतने यातना से भरे तथा याचनापूर्ण न होते...

भागते हुए हनुमान उचककर एक बाड़े की दीवार पर जा चढ़े। उनके सामने पशुओं के खाने के सूखे भूसे के ढेर लगे थे।... कुछ लोग हनुमान की ओर बढे; किन्तु हनुमान अपनी अग्नि के साथ उन्हीं पर जा कूदे। हनुमान ने यह ढंग अनेक स्थानों पर अपनाया था। कुछ उनकी शारीरिक शक्ति तथा कुछ अग्नि का त्रास तो था ही — किन्तु उन्हें लग रहा था कि अशोक वाटिका की घटनाओं तथा इस अग्निकांड के समाचार के साथ-साथ उनके नाम का आतंक भी फैल रहा होगा। रावण के आदेश में बंधी हुई सेना आए तो, सामान्य जन उनको पकड़ने का साहस नहीं करेंगे...

सूखे भूसे के ढेर को आग लगाकर, हनुमान ईंधन की सूखी लकड़ी के भंडार में जा घुसे।... स्थान-स्थान पर आग की लपटें फेंकते हुए उनका मस्तिष्क अत्यन्त सजग हो उठा था।... काफी विलंब हो चुका था। अब राक्षसों की सेना आ ही रही होगी। उन्हें अधिक देर रुकना नहीं चाहिए था।... ऐसा लगता था, वे एक भंडारगृह से दूसरे भंडारगृह और एक भवन से दूसरे भवन तक उड़े चले जा रहे हैं। उनकी वह वस्त्र-निर्मित कृत्रिम पूंछ, स्थान-स्थान पर खंड-प्रखंड फेंकने के कारण क्रमशः छोटी होती गई थी; और अब वे अधिक देर तक आग को फैला भी नहीं सकते थे; किन्तु जब पलटकर उन्होंने पीछे देखा था, उन्हें अग्नि का भयंकर तांडव दिखाई दिया था।

एक विचित्र प्रकार से आतंकित भीड़ उनके पीछे लगी हुई थी। न तो वह उन्हें

पकड़ना चाहती थी, न छोड़ना। वस्तुत: वह भीड़ उन्हें खदेड़ती जा रही थी। खदेड़ने की इस प्रक्रिया में हनुमान को भीड़ का कुछ-न कुछ निर्देश मानना ही पड़ता था। लगता था, उसके भागने का दिशा-निर्देश भीड़ के ही हाथ में था; और जाने-अनजाने वह भीड़ उन्हें एक विशेष दिशा में खदेड़ रही थी।

सहसा हनुमान ने स्वयं को समुद्र-तट के विशाल भवन की दीवार पर पाया। भवन का प्रांगण विचित्र प्रकार की गंध से भरा हुआ था। यह भवन तथा उसका अहाता समुद्र से इस प्रकार सटा हुआ था, जैसे यह जलपत्तन का ही अंश हो और जलपत्तन पर उतारा गया सामान, आगे जाने से पहले यहां रखा जाता हो। किन्तु वह सारा भवन भीतर से निर्जन पड़ा हुआ था। संभवत: आज अवकाश का दिन हो। हो सकता है कि बाहर फाटक पर रक्षा-चौकी या रक्षक लोग हों, वे भी इस समय उनके पीछे आयी भीड़ में गुम गए होंगे।... अब हनुमान भी भीड़ का कुछ-कुछ मनोविज्ञान समझ रहे थे। अग्निकांड से घबराकर भीड़ ने उन्हें समुद्र-तट की ओर खदेड़ा था... उनकी आग बुझाने के लिए... या उन्हें सागर में डुबोकर मार देने के लिए... शासन के समान भीड़ ने उन्हें पकड़ने का तनिक भी प्रयत्न नहीं किया था।

दीवार के ऊपर बैठे हनुमान के पास बहुत थोड़ी-सी अग्नि बची थी और नीचे विभिन्न प्रकार के पदार्थ, विभिन्न आकार-प्रकार के डिब्बों, कनस्तरों तथा पेटियों में पड़े थे। निर्णय करने का समय नहीं था। हनुमान ने बिना किसी लक्ष्य के जलते हुए वस्त्र का अन्तिम टुकड़ा उछालकर मन-ही मन कहा, ''विदा, मेरी पूंछ!''

किन्तु उस अग्नि का प्रभाव हनुमान द्वारा सोचे गए भयंकर से भयंकर परिणाम से भी अधिक विकट था। वहां जाने इन राक्षसों ने कैसे-कैसे प्रज्वलनशील तथा विस्फोटक पदार्थ रखे थे कि आग की लपट पड़ते ही वहां जैसे अग्नि का सागर लहरा उठा और लपटों की उत्ताल तरंगें लपलपाने लगीं... उस अग्निकांड को देख, हनुमान को अपनी सुरक्षा की भी चिन्ता होने लगी थी।... उनका मस्तिष्क सोने-सोने को हो रहा था... वे मस्तिष्क की स्तब्धावस्था में ही दीवार पर भागे और समुद्र के जल में कूद पड़े।

समुद्र में तैरते हुए बहुत दूर तक लंकावासियों की चीत्कारों ने उनका पीछा किया। हनुमान ने थोड़ी-थोड़ी देर के पश्चात मुड़कर पीछे देखा भी कि कहीं उनको बंदी बनाने के लिए उनका पीछा तो नहीं किया जा रहा; किन्तु लगता था कि राक्षसों को अपनी लंका को बचाने से ही अवकाश नहीं था। हनुमान को कदाचित् वे लोग भूल चुके थे...

हनुमान को इतना ही समय चाहिए था, जितने में सागर के उस बीहड़ भाग में पहुंच जाएं, जहां राक्षसों के जलपोत उनका पीछा न कर सकें।

5

हनुमान आंखों से ओझल हो गए तो पीछे एक सन्नाटा-सा छा गया। अंगद बड़ी देर तक

एक शिला पर बैठे समुद्र में जाने क्या देखते रहे। वे स्वयं ही समझ नहीं पा रहे थे कि वे कुछ सोच भी रहे हैं या नहीं। मन और शरीर पर जैसे तंद्रा-सी छा गई थी। समुद्र उनके सामने था भी और नहीं भी था। वे स्वयं वहां शिला पर बैठे भी थे और नहीं भी बैठे थे।

सारे दल में सबसे पहले जाम्बवान सक्रिय हुए।

''युवराज !''

अंगद की आकृति पर कुछ जीवन्त भाव उभरे। उन्होंने दो-चार बार सायास आंखें झपककर स्वयं को अपने वर्तमान परिवेश के प्रति जागरूक बनाया। उनकी प्रश्नभरी दृष्टि जाम्बवान की ओर उठी।

''युवराज ! हनुमान चला गया है।'' जाम्बवान बड़े धीमे स्वर में बोले, ''अब जब तक वह लौट नहीं आता, तब तक न वह हमारी कोई सहायता कर पाएगा, न हम उसकी।''

''ठीक है, तात जाम्बवान !'' अंगद पूर्णत: सजग हो उठे, '''यद्यपि दल का नेता मैं हूं; किन्तु अब तक नेतृत्व हनुमान ही कर रहे थे।''

''मेरा अभिप्राय यह नहीं था, युवराज !''

''न भी रहा हो,'' अंगद मुसकराए, ''किन्तु सत्य यही है। कोई कुछ नहीं सोचता था तो भी हनुमान कुछ-न कुछ सोच लेते थे। कोई कुछ नहीं करता था तो भी हनुमान कुछ-न कुछ कर ही लेते थे। मैं आपका महत्त्व कम नहीं कर रहा, तात जाम्बवान !...''

''मैं समझ रहा हूं, युवराज !'' जाम्बवान मुसकराए, ''मेरा महत्त्व कम होता हो या अधिक, किन्तु सत्य यही है।''

''अब ?''

''हम राक्षसी शासन के केन्द्र के बहुत निकट हैं।'' जाम्बवान धीरे-से बोले, ''और हमें कुछ अधिक समय तक यहां टिकना भी पड़ सकता है। हम हाथों पर हाथ धरे नहीं बैठे रह सकते।''

अंगद उठ खड़े हुए, ''आप ठीक कह रहे हैं। लंका तक पहुंचने में जाने हनुमान को कितना समय लगे। यदि रात से पूर्व पहुंच भी जाएं तो रात-भर वहां विश्राम करेंगे। कल खोज पर निकलेंगे। रात को फिर विश्राम कर चलें तो परसों संध्या तक यहां पहुंचना चाहिए।''

''हां।'' जाम्बवान बोले, ''चरम सफलता की स्थिति में इतना ही समय लगना चाहिए।''

अंगद कुछ नहीं बोले। उन्होंने चुपचाप अपने शेष साथियों की ओर पग बढ़ा दिए। जाम्बवान उनके पीछे चल पड़े।

अपने विचारों में लीन अंगद चुपचाप एक शिला पर जा बैठे। उन्हें आया देख अन्य लोग भी आस-पास घिर आए।

''और यदि चरम सफलता की स्थिति न हुई ?'' सहसा अंगद ने जाम्बवान की

ओर देखा।

''अशुभ बोलने के लिए मुझे क्षमा किया जाए, युवराज !'' जाम्बवान संकुचित स्वर में बोले, ''किन्तु ऐसे अभियानों के संदर्भ में संभावनाओं के प्रत्येक पक्ष पूर्व-चिन्तन कर हमें संभावित परिणामों का साक्षात्कार करने के लिए प्रस्तुत रहना चाहिए।''

''जाम्बवान ठीक कह रहे है।'' नील ने अपनी सहमति प्रकट की।

''कहिए, तात !'' अंगद का स्वर कोमल, किन्तु चिन्ता में डूबा हुआ था, ''चरम असफलता की स्थिति तक की समस्त संभावनाओं के लिए हमें प्रस्तुत रहना चाहिए।''

''चरम असफलता की स्थिति भी हो सकती है, युवराज !'' जाम्बवान धीमे स्वर में बोले, ''हनुमान की शक्ति समाप्त हो जाए तो वे समुद्र के तल में समा सकते हैं। कोई भयंकर जल-जीव उनका भक्षण कर सकता है। राक्षसों के साथ युद्ध में वे वीरगति को प्राप्त हो सकते हैं। उन्हें बन्दी कर राक्षस उनका वध भी कर सकते हैं...''

''ऐसी स्थिति में हमें क्या करना होगा ?'' तार ने पूछा।

''ऐसी स्थिति में भी हमें स्वयंप्रभा द्वारा संरक्षित नगरी की ओर नहीं लौटना होगा।'' अंगद का स्वर कुछ कठोर था, ''यदि हनुमान के देहावसान की निश्चित सूचना मिल जाए तो सागर को तैरकर मैं स्वयं देवी वैदेही की खोज में जाऊंगा।''

''धन्य हैं युवराज !'' नील ने हर्ष प्रकट किया, ''हमें आज यह संकल्प करना चाहिए कि इस प्रकार की चरम असफलता की स्थिति में हम में से कोई भी किष्किंधा लौटने का प्रयत्न नहीं करेगा, न कोई स्वयंप्रभा की नगरी अथवा किसी भी अन्य सुरक्षित स्थान पर अज्ञातवास करने का प्रयत्न करेगा।''

''तो क्या करना होगा ?'' शरगुल्म कुछ उत्तेजित स्वर में बोले, ''यहीं बैठकर प्रायोपवेशन के माध्यम से अपनी देह त्यागनी होगी ?''

''नहीं !'' नील बोले, ''मेरा मत है कि हम सब संकल्प करें कि असफलता की स्थिति में, हम सब बारी-बारी सागर-संतरण कर, लंका पहुंच देवी जानकी की खोज का प्रयत्न करेंगे। प्रायोपवेशन कर प्राण देने से तो उचित है कि हम अपने अभियान की सफलता के लिए प्रयत्न करते हुए प्राण दें। यदि हम मान लें कि इन प्रयत्नों में हम सब के प्राण चले भी जाएंगे, तो भी कर्तव्य-पूर्ति का संतोष तो हमें मिलेगा। हमारी अगली पीढ़ियां हमारी चर्चा गर्व से कर सकेंगी। हममें से यदि एक भी व्यक्ति सफल हो गया तो हम सब उज्ज्वल मुखों के साथ अपने सम्राट् के सम्मुख उपस्थित होंगे।''

''नील ने मेरे मन की बात कही है।'' अंगद उत्साहित हो उठे, ''सचमुच हमें ऐसा ही संकल्प करना चाहिए। यह भी तो एक प्रकार का युद्ध है। इसमें भी यह निश्चित होना चाहिए कि सेनापति के मरते ही, शेष सैनिकों में से एक सेनापति चुनकर युद्ध आगे बढ़ाया जाएगा।''

''किन्तु चरम सफलता और चरम असफलता के बीच की भी एक स्थिति होती है, युवराज !'' जाम्बवान बोले, ''हमें उसके लिए भी तत्पर रहना चाहिए।''

अंगद ने अपनी मौन दृष्टि जाम्बवान के चेहरे पर टिका दी।

''हमें एक लंबे समय तक यहां अपने रहने की व्यवस्था करनी होगी — भोजन तथा आवास।'' जाम्बवान स्थिर वाणी में बोले, ''राक्षसों से, अपने अन्य संभावित शत्रुओं तथा हिंस्र पशुओं से अपनी रक्षा के लिए सन्नद्ध रहना होगा। सागर-संतरण के लिए गए हुए अपने साथी की ओर से भेजे गए किसी भी प्रकार के संकेत अथवा संदेश को प्राप्त करने के लिए तत्पर रहना होगा। संभव हो तो आवश्यकता के समय उसे सहायता पहुंचाने का प्रयत्न करना होगा। सागर-तट के बड़े-से बड़े क्षेत्र पर अपनी गुप्त पर्यवेक्षण चौकियां स्थापित करनी होंगी ताकि जाते अथवा लौटते हुए अपने साथी के साथ अधिक-से अधिक समय तक अपना संपर्क बनाए रख सकें।''

''तात जाम्बवान ने बहुत ठीक और बहुत दूर तक सोचा है।'' अंगद के मुख पर कर्म का उत्साह जागा, ''यहां निष्क्रिय बैठे रहने और आकस्मिक विपत्तियों द्वारा नष्ट कर दिए जाने की अक्रिय प्रतीक्षा बुद्धिमत्ता नहीं है।'' अंगद क्षण-भर के लिए रुके, ''मेरा विचार है, हमें अपनी विभिन्न व्यवस्थाओं के लिए अलग-अलग टोलियां बांटकर अपने दायित्व का विभाजन कर लेना चाहिए।''

अंगद ने गवय, वृषभ, मैंद तथा द्विविद की टोली को खाद्य-सामग्री का प्रबंध करने का कार्य सौंपा। वे तत्काल उस कार्य के लिए चल दिए। उन्हें निर्देश था कि वे लोग तत्काल खाए जा सकने वाले ताजा फल इतनी ही मात्रा में तोड़ें, जो एक दिन के भोजन की आवश्यकता से अधिक न हों। किन्तु, उस स्थानों को खोजें और चिह्नित करें, जहां से आवश्यकता पड़ने पर तत्काल ताजा फल मिल सकें। साफ-सुथरे पेय जल के स्रोतों को भी उन्हें खोजना था। दीर्घ काल तक टिक सकने वाले फल तथा अन्य खाद्य पदार्थ उपलब्ध हों, तो उन्हें अधिक मात्रा में भी संचित किया जा सकता था।

भोजन की व्यवस्था के लिए उस दल को भेजकर अंगद शेष साथियों के साथ स्वयं सागर-तट का सर्वेक्षण करने के लिए निकले। आपसी विचार-विमर्श में पहले यह बात उठी थी कि वे लोग अपने लिए कुछ अस्थायी गुप्त आवासों का प्रबन्ध कर लें और उसके पश्चात् सागर-तट पर सर्वेक्षण चौकियों की स्थापना की ओर ध्यान दें। किन्तु अंगद के मन में राम के जन-सैनिकों से सुना हुआ पंचवटी का युद्ध बार-बार कौंध रहा था। जब पहली बार उन्होंने यह सारा विवरण सुना था, तब ही उन्हें वह अद्‌भुत लगा था। सैनिक के घर तथा व्यूह का एकाकार हो जाना उनके लिए युद्ध-कौशल का नया ज्ञान था। और आज अपने लिए आवास और निरीक्षण-चौकियों को एकाकार कर देने की बात उनके मन में आयी थी। यहां उनके आवास भी गुप्त होने चाहिए और निरीक्षण चौकियां भी। इतनी गोपनीयता यहां संभव भी होगी या नहीं — कहना कठिन था। फिर आवास तथा चौकियां अलग-अलग होने से, आवास में विश्राम कर रहे व्यक्ति चौकियों से दूर हो जाएंगे; परिणामत: निरीक्षकों की संख्या भी कम होगी तथा आवश्यकता के

समय एक-दूसरे से मिलने में भी बाधा संभावित थी। इसलिए आवास तथा निरीक्षण चौकियां एक साथ ही होनी चाहिए थीं। अपनी निरीक्षण चौकियों में ही अपने आवास का प्रबंध कर लेना, सैनिक जीवन के लिए कोई बहुत कठिन काम नहीं था।

उन लोगों ने आधा दिन व्यतीत कर सागर-तट पर फैली हुई पहाड़ियों और शिलाखंडों में कुछ गुफाओं को खोज निकाला, जिनमें बैठकर स्वयं को गुप्त रखकर भी सागर-तट पर दृष्टि रखी जा सकती थी। उन गुफाओं को कुछ विशेष चिह्नों से चिह्नित किया गया, ताकि अपनी चौकियों को शिलाखंडों के उस वन में से खोजकर निकाला जा सके। अंगद ने दो-दो की टोलियों में अपने साथियों को एक-एक चौकी में नियुक्त कर दिया।

तब उनका निरीक्षण और प्रतीक्षा का समय आरंभ हुआ। बारी-बारी वे लोग परिक्रमा करने भी जाते थे। अपने साथियों से संपर्क कर सूचनाओं का आदान-प्रदान तथा उनकी सुविधाओं के विषय में जानकारी भी प्राप्त करते थे।

तीसरे दिन की संध्या के झुटपुटे में नील को लगा जैसे दूर, दृष्टि की सीमा पर सागर की प्राकृतिक लहरों के बीच कुछ छोटी-छोटी-सी कृत्रिम लहरें भी उठ रही हैं, जैसे कोई व्यक्ति तैर रहा हो। नील ने अधिक ध्यान देकर देखने का प्रयत्न किया — कोई जलचर है, अथवा कोई मनुष्य तैर रहा है ? यदि मनुष्य है तो हनुमान ही होना चाहिए। इतने दिनों से तो इस सागर में और किसी मनुष्य को तैरते हुए नहीं देखा है...

नील ने अपने पीछे बैठे, विश्राम कर रहे जाम्बवान को दिखया।

"लगता है, हनुमान ही लौट रहा है।" जाम्बवान उठकर खड़े हो गए, "मैं युवराज को सूचित करता हूं। तुम तैरकर हनुमान तक पहुंचने का प्रयत्न करो। मैं कुछ और लोगों को भी भेजता हूं। हनुमान थक गया होगा। संभव है, उसे सहायता की आवश्यकता हो।"

अंगद, नील और गवय प्रायः एक ही साथ हनुमान के निकट पहुंचे। हनुमान के थके चेहरे पर मुसकान उभर आयी। वे बोले कुछ नहीं। बोलने की स्थिति में नहीं थे। थकान इतनी अधिक थी कि साथियों का आ मिलना उनके लिए सहारा हो गया था। अंगद और नील उनके दाएं-बाएं तैरते हुए उनके एकदम निकट आ गए। गवय पीछे-पीछे आ रहा था।

तट पर खड़े साथियों का हाथ पकड़कर हनुमान बाहर आए और निकटतम शिला पर लेट गए। उन्होंने अपनी एक मुस्कान से अपने साथियों के स्वागत और अभिनन्दन का उत्तर दिया और अपनी चढ़ी हुई सांस को नियमित करने का प्रयत्न करते रहे।

जाम्बवान के संकेत पर गंधमादन और उल्कामुख ने उनकी भुजाओं को चांपना और सहलाना आरम्भ किया। वृषभ और मैंद ने उसी प्रकार टांगों को आराम देने का प्रयत्न किया। वे लोग समझ नहीं पा रहे थे कि इससे हनुमान के शरीर को आराम मिल रहा था अथवा यह मात्र उनका मानसिक संतोष था कि वे अपने साथियों में लौट आए हैं। किन्तु इतने थके होने पर भी वे प्रसन्न तो दिखायी पड़ ही रहे थे...

थोड़ी देर में हनुमान उठकर बैठ गए। अब उनकी सांस नियमित थी और नियंत्रण में थी। वे पहले से कुछ अधिक आश्वस्त दिखायी पड़ रहे थे। उन्होंने अपनी धोती टटोली और फिर टेंट में से निकाल, अपनी हथेली पर रख, चूड़ामणि सबके सम्मुख प्रदर्शित कर दी।

''यह क्या है ?'' अंगद पूछे बिना नहीं रह सके।

''देवी सीता से मिलकर आने का प्रमाण।'' हनुमान बहुत धीमे स्वर में बोले, ''यह उन्हीं की चूड़ामणि है।''

अनेक वानरों के मुख से हर्ष-ध्वनि फूट निकली।

अंगद ने उन्हें अनुशासित करने वाली दृष्टि से देखा, ''हमें अभी स्वयं को प्रकट नहीं करना है।''

सब ओर मौन छा गया।

''चलो, उठो। हनुमान चल न सकें, तो उन्हें सहारा देकर किसी गुप्त स्थान पर ले चलो। शेष वार्तालाप वहीं होगा।''

कुछ विश्राम और भोजन कर लेने पर हनुमान ने उन्हें प्रमुख घटनाएं सुना दीं। अंगद और जाम्बवान ने हनुमान की भूरि-भूरि प्रशंसा की।

''तुमने हम सबके प्राणों और सम्मान की रक्षा की है, केसरीकुमार !'' अंगद बोले, ''अब रात-भर विश्राम करो। प्रात: हम किष्किंधा की ओर प्रस्थान करेंगे। अब समय खोने का कोई अर्थ नहीं है। और हां।'' अंगद ने एक दृष्टि सब पर डाली, ''जहां जो भी घटित हुआ है और हम सबका किसी भी स्थिति में परस्पर जो वार्तालाप हुआ है — उनमें से सुनाने योग्य बातें किष्किंधा में सुनायी जाएं।''

''यह बात अत्यन्त महत्त्व की है।'' जाम्बवान बोले, ''किष्किंधा जाकर अनर्गल बातें करने का कोई अर्थ नहीं है।''

''तो ठीक है। अब सब लोग भोजन कर विश्राम करें।'' अंगद ने आदेश दिया, ''कल हमें प्रात: ही चलना है। उन खोजियों से कह दो, हमें किसी छोटे मार्ग से शीघ्रातिशीघ्र किष्किंधा ले चलें।''

हनुमान को विश्राम करते थोड़ा-सा ही समय हुआ था। वे अभी पूरी तरह सोये भी नहीं थे कि गुफा के द्वार पर किसी के आने की आहट हुई। उन्होंने करवट बदलकर, साथ सोये नील की ओर देखा। नील अपने स्थान पर लेटे थे। द्वार पर कोई और ही था।

हनुमान से पहले ही नील उठ बैठे, ''तुम विश्राम करो, हनुमान ! मैं देखता हूं, कौन है।''

तब तक अंगद और जाम्बवान गुफा में आ गए थे, ''सो गए क्या, हनुमान ?'' अंगद ने धीमे स्वर में पूछा।

''नहीं,'' हनुमान उठ बैठे, ''आइए, युवराज !''

अंगद ने नील की ओर देखा, ''आप गुफा-द्वार पर रहें, तात नील ! किसी को इधर न आने दें। मुझे एकांत में हनुमान से कुछ बातें करनी हैं।''

हनुमान सतर्क हो गए — ऐसी गोपनीयता किस बात की है ?

''हनुमान ! मेरे मन में एक बात आयी है, किन्तु वह मैं सबके बीच में नहीं कहना चाहता।'' अंगद बोले, ''हमने वानरराज द्वारा दी गयी अवधि का पर्याप्त उल्लंघन किया है। फिर हताशा और निराशा की स्थिति में हमने बहुत सारी अनुचित बातें भी कही हैं। यद्यपि मैंने सबके बीच में संकेत कर दिया है कि उनकी चर्चा किष्किंधा में न की जाए, किंतु फिर भी चपलता के किसी क्षण में किसी के मुख से कुछ बातें निकल सकती हैं।'' अंगद क्षण-भर के लिए रुके, ''अपराध-बोध की इस ग्लानि को दूर करने के लिए ही मेरे मन में कुछ अद्‌भुत करने की बात आयी है।''

''क्या बात है, युवराज ?''

''यद्यपि हम संख्या में बहुत थोड़े हैं, फिर भी एक दुस्साहस करने की इच्छा जाग रही है।''

आगे सुनने की मुद्रा में हनुमान अंगद की ओर देखते रहे।

''क्या यह संभव है कि हम खोजियों को वापस किष्किंधा भेज दें और स्वयं सागर-संतरण कर लंका जा पहुंचें तथा मुख्य-मुख्य राक्षसों को सम्मुख रण में मारकर देवी वैदेही का उद्धार कर, उन्हें आर्य राम के पास ले चलें ?''

''मुझे इसमें आपत्ति है। वानरराज ने हमें देवी सीता की केवल खोज की आज्ञा दी है। यदि हम इस आज्ञा से आगे बढ़कर कुछ करने का प्रयत्न करते हैं और उसमें असफल होकर क्षति-ग्रस्त होते हैं, तो हमारे अपराध का परिमार्जन नहीं होगा — वह और बढ़ जाएगा।'' जाम्बवान गंभीर स्वर में बोले, ''और दूसरी बात यह है कि आर्य राम ने स्वयं अपने शत्रु का वध कर अपनी पत्नी का उद्धार करने की प्रतिज्ञा की है। यदि हम युवराज की योजना पर कार्य करते हैं और सफल हो जाते हैं तो आर्य राम को अपनी प्रतिज्ञा पूरी करने का अवसर ही नहीं मिलेगा।''

हनुमान चिंतन की मुद्रा में कुछ देर चुपचाप बैठे रहे, फिर सिर उठाकर उन्होंने बारी-बारी अंगद और जाम्बवान को देखा, ''मैं इस समस्या का तीसरा पक्ष प्रस्तुत करना चाहता हूं।''

''कहो।''

''सागर-संतरण कठिन काम है। संभव है, हमारे कुछ साथी यह कार्य न कर सकें और दम टूटने के कारण मार्ग में ही रह जाएं।'' हनुमान बोले, ''किंतु अधिक महत्त्वपूर्ण दूसरी बात है।''

''क्या ?''

''लंका की रक्षा-व्यवस्था।'' हनुमान बोले, ''लंका केवल दंडधरों से रक्षित नहीं

है। प्राचीर के बाहर और भीतर सशस्त्र सैनिक हैं। धनुर्धर टुकड़ियां राजमार्गों पर परिक्रमा करती हैं। और सबसे महत्त्वपूर्ण तथ्य यह है कि राक्षस सेनाओं को सूचना पहुंचने की व्यवस्था अद्‌भुत है। उन सेनाओं के घटना-स्थल पर पहुंचने में तनिक भी विलंब नहीं होता।'' हनुमान क्षण-भर रुककर बोले, ''हम अपने शस्त्र साथ ले जाने में सफल हो भी जाएं तो भी उनकी तुलना में निःशस्त्र ही कहलाएंगे। संख्या हमारी इतनी थोड़ी है कि गुप्त युद्ध की भी मुझे कोई संभावना नहीं दीखती। मेरी दृष्टि में यह कार्य मात्र आत्महत्या के सिवाय और कुछ नहीं होगा।''

अंगद ने कुछ नहीं कहा। मन-ही मन तर्क-वितर्क करते रहे, जैसे दोनों पक्षों को तौल रहे हों।

''तो फिर आप ही लोगों की राय रही।'' वे अंत में बोले, ''हमें किष्किंधा ही लौट चलना चाहिए।''

हनुमान और जाम्बवान ने अपने से मौन सहमति प्रकट की।

''तो ठीक है।'' अंगद ने खड़े होते हुए कहा, ''इस बात को भी यहीं भूल जाओ, जैसे यह बात मैंने कही ही न हो।''

लौटते हुए खोजियों के दल की सहायता कुछ सार्थक दिखाई पड़ी थी। सफलकाम होने के कारण, उन लोगों में उत्साह भी पर्याप्त था। गति में क्षिप्रता भी रही थी और भूख-प्यास की बात भी अधिक नहीं हुई थी। किन्तु किष्किंधा के निकट पहुंचते-पहुंचते वानरों में अधैर्य और थकावट के लक्षण प्रकट होने लगे थे। अंगद, हनुमान और जाम्बवान किसी-न किसी प्रकार सारे दल को आगे धकियाते चल रहे थे।

किष्किंधा से दो योजन इधर सुग्रीव के प्रिय उपवन 'मधुवन' के निकट पहुंचते ही वानरों में एक विचित्र प्रतिक्रिया हुई। अब तक का धैर्य और वेग जैसे क्षीण होने लगा था और आत्मबल से दबाई गई सारी दुर्बलताएं उभर-उभरकर ऊपर आने लगी थीं।

शरगुल्म ने सबसे पहले अपनी इच्छा व्यक्त की, ''मुझे भूख लगी है।'' लगा, जैसे उसने सबके मन की बात कह दी हो।

''वैसे भी हम एक बड़े अभियान में सफल होकर लौटे हैं।'' तार एक वृक्ष की छाया में बैठ गए, ''हमें कुछ विश्राम और पुरस्कार मिलना चाहिए।''

''अब हम राक्षसों से बहुत दूर और किष्किंधा के बहुत निकट है।'' मैंद ने कहा, ''विश्राम कर लेने में कोई हानि नहीं है। मधुवन सामने है। थोड़ा-सा जलपान भी हो जाए।''

''यह वानरराज सुग्रीव का सुरक्षित उपवन है।'' जाम्बवान धीरे-से बोले, ''यहां के फल तोड़ने पर वे कुपित हो सकते हैं।''

अब तक अंगद स्वयं को संयमित करने का प्रयत्न कर रहे थे, किन्तु जाम्बवान के वाक्य का कुछ वैसा ही प्रभाव हुआ जैसा उचित दिशा में बढ़ते हुए गज पर शूल

के आघात का होता है। उनका मन कड़वा गया, '' ...सुरक्षित उपवन ! राजा का सुरक्षित उपवन ! राजाओं के विलास का प्रतीक। सब कुछ राजाओं के लिए सुरक्षित रहेगा क्या... यदि अच्छी भूमि, अच्छे उपवनों तथा प्राकृतिक भंडारों पर राजाओं का निजी अधिकार ही रहना है तो वाली और सुग्रीव में क्या भेद हुआ। वाली के वध से व्यवस्था में क्या अन्तर आया...''

''राज्य की सारी उपजाऊ भूमि, श्रेष्ठ वनस्पति तथा खनिज-गर्भा खानों पर राजा, सामंत अथवा किसी भी व्यक्ति के आधिपत्य के विरुद्ध कितना संघर्ष किया है अंगद ने। और वे आज सुन रहे हैं कि श्रेष्ठ फलों का उत्पादक यह मधुवन राजा सुग्रीव का सुरक्षित उपवन है। फल ही नहीं, वानरों के प्रिय खाद्य मधु के सैकड़ों छत्ते इस मधुवन में लगे हुए हैं। यह संपत्ति सारे वानर-समाज की है। यह राजा के एकांत आधिपत्य में नहीं रह सकती।... इस प्रवृत्ति का प्रतिरोध होना चाहिए... और आज से अच्छा अवसर फिर कब आएगा। अपनी सफलता के मद में उन्मत्त वानर आज सुग्रीव का भय नहीं मानेंगे...''

''मामा तार ने ठीक कहा है। हम एक बड़ा काम कर दूर से आए हैं। सब को ही विश्राम, खाद्य पदार्थ तथा पुरस्कार चाहिए।'' अंगद धीरे-से बोले, ''सामने मधुवन है। उसमें जिसकी जहां इच्छा हो, विश्राम करे। जिसकी इच्छा जो फल खाने की हो, खाए। जिसकी इच्छा जिस छत्ते से मधुपान की हो, वह मधुपान करे।''

जाम्बवान और हनुमान ने आश्चर्य से अंगद की ओर देखा, ''युवराज !''

''हां ! युवराज की ओर से सबको अनुमति है।''

''किन्तु यह सुरक्षित उपवन है ?'' जाम्बवान बोले।

''इसका दायित्व आप मुझ पर छोड़ दें।''

जाम्बवान समझ गए, अंगद के मन में फिर सुग्रीव का विरोध जागा है। वानर यूथपति साधारण छोकरों के समान मधुवन में घुस गए। फल तोड़े, फूल तोड़े। यहां तक कि पत्ते और शाखाएं भी तोड़ डालीं। विभिन्न स्थानों पर मधु के छत्तों में हाथ डाला। मधुमक्खियों को भगाया और छत्तों में से कुछ पी गए और कुछ फेंक दिया...

हनुमान एक ओर खड़े-खड़े सब कुछ देख रहे थे — कैसी अनुमति दी है अंगद ने। और ये वानर यूथपति कैसा व्यवहार कर रहे हैं। सहसा उन्हें लगा, दल के सदस्य इस अभियान के आरम्भ से ही बहुत अनुशासनबद्ध रहे हैं, विभिन्न प्रकार के संकटों से आशंकित रहे हैं और जोखिमों से जूझते रहे हैं। फिर सफलता का मद भी उनके भीतर उद्दाम लहरें उठाता रहा होगा, जिन्हें अब तक अभिव्यक्ति नहीं मिली है। यदि ये लोग यहां उच्छृंखलता नहीं करेंगे तो कदाचित् आत्मदमन से इनका दम घुट जाएगा। युवराज ने कदाचित् बहुत उचित निर्णय लिया है कि किष्किंधा पहुंचने से पहले ही इनका सारा मद यहां झर जाने दिया जाए...

वानर यूथपति क्रमशः अधिक-से-अधिक उच्छृंखल होते गए। पहले तो लगा कि

वे अपनी भूख मिटा रहे हैं, फिर लगा जैसे मर्यादा को ढील देकर कोई उत्सव मना रहे हैं। और अंततः लगने लगा, जैसे वे मदांध हो गए हैं; मानो उन्होंने मधुपान न किया हो, मद्यपान किया हो। वे लोग अपनी चेतना खो बैठे थे और विध्वंस पर उतारू थे।

दंडधरों से सूचना पाकर मधुवन का रक्षक दधिमुख स्तंभित रह गया — राजा सुग्रीव के मधुवन को उजाड़ने का साहस कौन कर रहा है ? क्या राजा का भय किसी को नहीं रह गया है ? जब राजा का मधुवन इस प्रकार दिन-दहाड़े उजाड़ा जा सकता है, तो साधारण आदमी की संपत्ति का क्या होगा ? क्या वानर-राज्य में अब कोई विधि-विधान, नियम-व्यवस्था नहीं रह गयी है ?...

''कौन लोग हैं ?'' दधिमुख ने पूछा।

''युवराज अंगद, हनुमान, जाम्बवान, यूथपति तार...''

दधिमुख की समझ में नहीं आया कि हंसें या रोएं... जिन लोगों पर राज्य की व्यवस्था निर्भर करती है, वे लोग राज्य के विधान को भंग करने पर तुले हुए हैं। जब युवराज, मन्त्री और यूथपति ही राज्य के नियमों को भंग करेंगे, तो राजा की शक्ति कहां रह गयी। राजदंड अर्थहीन हो गया... प्रजा के सामने क्या आदर्श रह गया... उन्हें कोई दंड नहीं देगा तो प्रजा भी क्यों इसी ओर प्रवृत्त नहीं होगी...?

किन्तु सहसा दधिमुख का तेज जगा — अपराधी चाहे राज्य का कितना भी बड़ा अधिकारी क्यों न हो, उसे दंडित किया जाना चाहिए। मधुवन का अधिकारी दधिमुख है। उसे अधिकार है कि वह मधुवन में उपद्रव करने वाले लोगों को दंडित करे। अंगद यदि सुग्रीव का पुत्र है तो दधिमुख भी सुग्रीव का मामा है।

दधिमुख आकर अंगद के सामने खड़े हो गए। अंगद उस समय एक बड़ी-सी शाखा पकड़कर, बालकों के समान झूलने की तैयारी में थे।

''युवराज !''

अंगद ने जैसे दधिमुख को पहचाना ही नहीं। उसी प्रकार शाखा पकड़े-पकड़े झूल गए। सामने, मार्ग रोके खड़े दधिमुख को अंगद के बलिष्ठ शरीर का धक्का लगा और वे एक ओर लुढ़क गए। यह दधिमुख के लिए सर्वथा अप्रत्याशित था। अंगद कितने उन्माद में हों, पर क्या वे अपने पिता के मामा को इस प्रकार धकियाकर गिरा देंगे ?...

क्रुद्ध दधिमुख उठते ही झपट पड़े। उन्होंने अंगद को दो-तीन चांटे लगा दिए। किन्तु अंगद कोई मर्यादा मानने को तैयार नहीं थे, उन्होंने एक घूंसा वृद्ध दधिमुख की नाक पर जमाया और उच्च स्वर में बोले, ''हनुमान ! नाना और इसके दंडधरों को किष्किंधा की राजसभा तक छोड़ आओ।''

हनुमान समझ गए, अंगद अपने हाथों दधिमुख को और पीटना नहीं चाहते। उन्होंने आगे बढ़कर दधिमुख का हाथ पकड़ लिया और बलात् उन्हें घसीटते हुए बाहर ले चले। दधिमुख के दंडधरों को कुछ कहने की आवश्यकता नहीं पड़ी। वे स्वयं ही भयभीत

होकर इधर-उधर भाग गए थे।

''इस उच्छृंखलता का दंड तुम्हें दिलवाकर रहूंगा।'' हनुमान की पकड़ में विवश दधिमुख दांत पीस-पीसकर अंगद को सुना रहे थे, ''बड़े लोगों के बेटे होने का यह अर्थ नहीं है कि तुम लोगों के सारे अपराध क्षमा कर दिए जाएंगे। तुम लोग अपने आपको बहुत सुरक्षित समझते हो न कि सिर पर बाप बैठा है, वह बचा ही लेगा। पर मैं यह नहीं होने दूंगा। इस राज्य में धनाढ्य-पुत्रों के अपराध क्षमा नहीं किए जाएंगे...।''

उपवन के बाहर आकर हनुमान ने दधिमुख को छोड़ दिया, ''नाना ! स्वयं ही किष्किंधा की राजसभा में चले जाओ, नहीं तो मुझे छोड़ने जाना पड़ेगा।''

दधिमुख ने तनिक भी विलंब नहीं किया। जितने वेग से उनके लिए संभव था, वे किष्किंधा की ओर चल पड़े।

6

रात के अन्तिम प्रहर में ही उनकी तैयारियां आरम्भ हो गयी थीं और प्रभात के पहले संकेत के साथ ही सेना का प्रयाण आरम्भ हो गया। सबसे आगे राम, लक्ष्मण, सुग्रीव, अंगद, हनुमान तथा जाम्बवान थे। उनके दाएं-बाएं धनर्धारी टुकड़ियां थीं। इन टुकड़ियों में वे ही सैनिक थे जिन्हें द्वन्द्व-युद्ध का अभ्यास नहीं था। वनों में अब तक वे दूर से ही पत्थर अथवा किसी अन्य प्रकार का अस्त्र फेंककर अपने शत्रुओं से अपनी रक्षा करने अथवा शिकार करने के अभ्यस्त थे। प्रशिक्षण की अवधि में राम ने देखा था कि इस पृष्ठभूमि से आए हुए सैनिक खड्ग अथवा अन्य किसी शस्त्र के सम्मुख-युद्ध में उतने कुशल नहीं थे। धनुष-बाण उनकी प्रकृति के अनुकूल पड़ता था। वे लोग लक्ष्य-संधान में अधिक कुशल थे। जिन शस्त्रों के लिए लक्ष्य-संधान से अधिक शारीरिक बल अथवा युद्ध-कौशल की आवश्यकता थी — वे शस्त्र उनको नहीं दिए गए थे।

उनके पीछे गदाधर टुकड़ियां थीं। ये टुकड़ियां अधिकांशत: किष्किंधा की राजकीय सेना की गदाधर टुकड़ियां ही थीं। ये सैनिक द्वंद्व-युद्ध के अभ्यस्त थे। शरीर से हृष्ट-पुष्ट तथा शक्तिशाली थे। यद्यपि वे भी गदा-युद्ध में प्रशिक्षित थे, फिर भी उनका अधिक बल अपनी शारीरिक शक्ति के कारण शत्रु पर प्रबल प्रहार करने पर था। उन सैनिकों के शस्त्रों अथवा युद्ध-पद्धति में परिवर्तन का प्रयत्न राम ने नहीं किया था। उन्हें केवल कुछ नयी युक्तियां सिखाई गयी थीं और गदा-युद्ध में मल्ल-युद्ध का मिश्रण कर दिया गया था। युद्ध में किसी समय उनके अपने हाथ से गदा गिर जाने, छिन जाने अथवा उसके टूट जाने पर उन्हें मल्ल-युद्ध की युक्तियों के प्रयोग का आदेश था। हाथ में शस्त्र रहने पर भी, यदि मल्ल-युद्ध की युक्तियों से उन्हें शत्रु को पराजित करने में सहायता मिलती हो तो उन्हें उनके प्रयोग का निदेश था।

गदाधरों के पीछे-पीछे खड्गधर चल रहे थे। खड्गधर टुकड़ियों में शारीरिक शक्ति

से अधिक, शारीरिक स्फूर्ति पर बल था। अंग-संचालन में चपल तथा अधिक देर तक युद्ध कर सकने में समर्थ सैनिकों को उन टुकड़ियों में नियुक्त किया गया था। इनमें कुछ सैनिक किष्किंधा की राजकीय सेना के थे तथा कुछ विभिन्न यूथों के ऊर्जावान तथा स्फूर्ति-सम्पन्न युवक थे।

खड्गधारियों के पीछे शूलधारी टुकड़ियां थीं। राक्षसों में शूल का बहुत प्रचलन था। उनमें यह प्रचलन कदाचित् रावण के महादेव शिव के साथ सम्पर्क के कारण हुआ था। शिव का त्रिशूल आर्य सेनाओं के प्रिय शस्त्रों में नहीं था; किन्तु राम ने विचार कर देखा था कि यह शस्त्र अपने-आप में कितना भयंकर था। शत्रु के शरीर में प्रवेश करते हुए वह उसके स्नायुओं को काटता जाता था और वापस खींचने पर अंतड़ियां तक शरीर से खींच लाता था। कौशलपूर्वक उसका प्रयोग करने से यह शस्त्र अत्यन्त घातक हो सकता था। शूलधारी टुकड़ियों में ही कुछ त्रिशूलधारी सैनिक भी सम्मिलित किए गए थे।

इनके पश्चात् आपूर्ति-टुकड़ियां थीं। इनके सैनिक भी शस्त्रों से सज्जित थे; किन्तु उनका मुख्य कार्य अन्न, जल तथा शस्त्रों की आपूर्ति का था। सारी सेना में केवल इन टुकड़ियों के पास वाहन थे। वानर सेना ने पहली बार अपने साथ पशुओं द्वारा खींचे जाने वाले वाहन देखे थे। अश्व नहीं होने के कारण रथ नहीं बन पाए थे... वाहनों में अन्न के बोरे, जल भरकर रखने के लिए भोजन तथा शस्त्रों की लदान लदी थी। उसके पीछे मार्ग प्रशस्त करने वाली तथा आवास का प्रबन्ध करने वाली टुकड़ियां थीं। इनके मुख्य शस्त्र बड़े-बड़े हथौड़े, फावड़े, सब्बल, गहंते तथा आरियां थीं। वे शिलाओं को तोड़ने, वृक्षों को कुल्हाड़े से काटने तथा भूमि को काट-पीटकर मार्ग बनाने का कार्य करते थे। संदेशवाहकों तथा धावकों की टोलियां उनके भी पीछे थीं, जो एक स्थान से दूसरे स्थान तक समाचार तथा संदेश ले जाने का कार्य करती थीं। इन सारी टुकड़ियों को मिलाकर एक वाहिनी का निर्माण हुआ था। एक यूथपति के अधीन एक-एक वाहिनी रखी गयी थी।

एक ऊंचे स्थान पर पहुंचकर राम रुक गए। उन्होंने पलटकर देखा — दूर-दूर तक सेना की टुकड़ियां-ही टुकड़ियां दिखाई पड़ रही थीं। विभिन्न वाहिनियों ने कहीं-कहीं अपने लिए अलग-अलग मार्ग भी चुन लिये थे। इतनी ऊंचाई और दूरी से देखा जाए तो इस समय यह वानर-सेना भी वर्षा ऋतु में, उस क्षेत्र में फैली हुई जल-धाराओं के समान चल रही थी। कहीं कोई वाहिनी मुख्य धारा से मिल रही थी और कहीं उससे अलग हो रही थी।

सुग्रीव आकर राम के साथ खड़े हो गए।

''इतनी संगठित, प्रशिक्षित तथा शस्त्र-सम्पन्न वानर-सेना आज तक के वानरों के इतिहास में कभी सुनी नहीं गयी।''

राम ने सुग्रीव को देखा — सुग्रीव के चेहरे पर राम के प्रति श्रद्धा के साथ-साथ, एक प्रकार के आत्म-गौरव का भाव भी था।

''सचमुच यह सेना अद्भुत है; पर तुम्हारा लक्ष्य भी अभूतपूर्व है, मित्र।'' राम कोमल स्वर में बोले, ''आओ, चलें।''

वैसे तो इस सेना के निर्माण के कार्य का सूत्रपात राम के आगमन से पूर्व ही सुग्रीव और हनुमान के हाथों हो चुका था; किन्तु जाम्बवान के अपने यूथ सहित, उनसे आ मिलने से, यह अभियान बल पकड़ता गया था। और फिर... राम याद कर रहे थे — सीता के संधान के लिए चारों दिशाओं में खोजी दल भेजकर राम ने इस ओर विशेष रूप से ध्यान दिया था।... वे रावण के घर पर आक्रमण करने की सोच रहे थे। आक्रामक युद्ध के लिए अधिक समय सेना की आवश्यकता होती है।... अब तक के लड़े गए युद्ध प्रतिरक्षात्मक ही थे, या फिर अपनी सुविधा से अपने भूगोल के अनुकूल लड़े गए थे। यह युद्ध जाने कहां लड़ना पड़े। निश्चित रूप से इसे रावण की अनुकूल परिस्थितियों में ही लड़ना पड़ेगा...

और राम यह देख-देखकर चकित थे कि सैन्य-संग्रह के लिए उन्हें अधिक प्रयत्न की आवश्यकता नहीं पड़ी थी। उनके लिए तो स्वयं रावण सैनिक बना रहा था। जहां-जहां राक्षस अत्याचार करते थे, वहीं के वानर युवक अपने-आप राम के सैनिक बनते जाते थे। जहां-जहां सूचना पहुंचती थी कि किष्किंधा में रावण से लड़ने के लिए सेना तैयार हो रही है — वहीं के युवक उठकर किष्किंधा की ओर चल पड़ते थे।

लक्ष्मण को अपने काम में अत्यन्त लगन के साथ व्यस्त रहते राम ने सदा ही देखा था; किन्तु वह सारा काम वे अपने आनन्द और मस्ती में करते थे। किष्किंधा में लक्ष्मण के मुख पर वह मस्ती राम को दिखाई नहीं पड़ी थी। उनके चेहरे पर सदा एक शुष्क उग्रता और आवेश छाया रहता था। अंगद और हनुमान के खोजी दल में चले जाने के कारण लक्ष्मण पर काम भी अधिक आ पड़ा था। अनिन्द्य, भीखन, भूलर, धर्मभृत्य तथा आनन्द सागर भी प्रशिक्षण में विकट तन्मयता से जुटे हुए थे। सुग्रीव अपना सारा उन्माद तथा विलास छोड़कर सेना के निर्माण में लग गए थे। वस्तुतः किष्किंधा नगर तथा उसके आस-पास का सारा क्षेत्र एक विराट सैनिक-प्रशिक्षण-केन्द्र तथा स्कंधावार में बदल गया था।

सीता की स्मृति के उग्र होते ही राम की व्यस्तता और भी बढ़ जाती थी। सुग्रीव द्वारा दी गयी अवधि का एक मास इसी सैनिक व्यस्तता में न जाने कहां खो गया।... पहला व्याघात तब हुआ, जब उत्तर की ओर गए हुए शतबलि और उसके साथी लौट आए। सीता संबंधी कोई भी सूचना लाने में वे सर्वथा असफल रहे थे।... उस दिन राम के उत्साह में अवरोह आया था... उनकी चिंतनधारा की दिशा ही बदल गयी थी। उन्हें लगा, जैसे उन्होंने बिना सोचे-समझे ही इतने बड़े सैनिक अभियान का समारोह खड़ा कर दिया है। ये निर्धन, पीड़ित और सताए हुए लोग सत्य का पक्ष लेकर लड़ने के लिए

जाने कहां-कहां से अपने घरों और परिवारों को छोड़कर उनके पास आए हैं। वे निश्चित माने बैठे हैं कि उन्हें एक उचित नेतृत्व मिल गया है। सीता की खोज होते ही युद्ध होगा और राक्षसों को उनके आज तक के समस्त अत्याचारों का दंड दिया जाएगा।... किन्तु आज राम समझ रहे हैं कि बात इतनी सरल नहीं है। शतबलि के ही समान यदि अन्य टोलियों के नेताओं ने भी आकर यही सूचना दी कि वे अपने अभियान में असफल रहे हैं, तो युद्ध का रूप क्या होगा... राम ने बड़ी कठिनाई से स्वयं को संभाला था — अभी तो केवल एक ही दल लौटा था। अभी तीन दल शेष थे। और राम के अपने अनुमान के अनुसार भी सीता को दक्षिण दिशा में ही होना चाहिए था, तो फिर उत्तर दिशा से लौटा हुआ दल उनका पता कैसे देता ?... किन्तु एक-आध दिन के अन्तराल से पूर्व और पश्चिम दिशा में गए दल भी लौट आए। उनके नेताओं — विनत और सुषेण ने भी यही सूचना दी कि उन्हें सीता का संधान नहीं मिला है।

राम का मन हताश हो गया। कई बार मन में आया कि सब कुछ छोड़-छाड़कर कहीं भाग जाएं। सेना और सैनिक तैयारियों की ओर देखते तो लगता जैसे वे सब उनका परिहास कर रहे हैं... देखो ! यह राम है, जो रावण से लड़ने का दुस्साहस करने का इच्छुक है। इतना तो खोज नहीं पाया कि सीता है कहां... स्वयं पहाड़ की चोटी पर अपनी गुफा में आराम से बैठा है और चाहता है कि कोई उसकी पत्नी को खोजकर इसे पता ला दे... जब राम स्वयं आराम से यहां बैठे हैं, सौमित्र को भी उन्होंने नहीं भेजा है, तो वानरों में से किसी को क्या आवश्यकता है कि वे अपने प्राणों पर खेल, सीता का संधान करें। सीता का क्या संबंध है उनसे ? जिनका अपमान हुआ है, जो एक क्षण भी सीता के बिना रह नहीं सकते — वे तो आराम से यहां अपनी गुफा में बैठे हैं; तो वानरों को क्या पड़ी है कि विश्व-भर में धक्के खाते फिरें, कठिनाइयों और जोखिमों से जूझते फिरें और सीता का संधान करें...

उन दिनों लक्ष्मण का उग्र उत्साह ही राम का सहारा था। वे इस प्रकार दृढ़ और कठोर होकर उनके साथ खड़े न हुए होते तो राम के टूट जाने की बहुत संभावना थी।

अब सारी आशाएं दक्षिण दिशा की ओर गए हुए दल पर टिकी हुई थीं... उनके वापस न लौटने से कुछ आशा बंधती थी कि शायद उन्हें कोई संधान मिला हो और वे उसी दिशा में आगे बढ़ रहे हों। दूसरी ओर यह भी लगता था कि वे मार्ग से भटक गए होंगे, सागर में डूब गए होंगे, शत्रुओं के हाथ पड़कर बंदी हो गए होंगे, अथवा मार डाले गए होंगे... राम स्वयं अपने-आपको ही समझा नहीं पा रहे थे... उनके मन में जैसे एक दुराशा बद्धमूल हो गयी थी... राम कभी सफल-काम नहीं हुए, राम का कोई काम पूर्ण नहीं होता। उनके जीवन में बाधाएं, असफलताएं तथा निराशाएं ही कदाचित् पूर्वनियोजित हैं, हतभाग्य राम... किन्तु फिर भी उनकी हठपूर्वक संघर्ष करने की भावना हार मानने को तैयार नहीं थी। एक मन जैसे अनवरत अपनी पराजय का विलाप कर रहा था; और एक और मन अपनी आस्था पर आसन जमाए शांति से थमा बैठा था; कार्य पूर्ण नहीं

होते तो क्या राम प्रयत्न छोड़ दें। प्रयत्न ही तो फलता है... किन्तु इस सारी अवधि में राम ने लक्ष्मण को कभी विचलित होने नहीं दिया।

कल अपराह्न में सुग्रीव से सूचना भिजवाई थी कि दक्षिण दिशा में अंगद के नेतृत्व में गया दल भी लौट आया है। राम के मन इससे पूर्व लौटे हुए तीनों दलों के परिणाम जागकर उठ खड़े हुए... क्या समाचार लाया है यह दल — 'हां' या 'न' ? किन्तु सुग्रीव ने वैसा कोई संकेत नहीं दिया था।

थोड़ी देर में सुग्रीव स्वयं आ पहुंचे थे। राम ने आशा-भरी दृष्टि से सुग्रीव की ओर देखा।

"राम !" सुग्रीव बोले, "अंगद अपने दल के साथ किष्किंधा के निकट पहुंच गया है।"

"किष्किंधा नहीं पहुंचा ?"

"मधुवन के रक्षक मामा दधिमुख, थोड़ी देर पहले अंगद के दल के विरुद्ध परिवाद लेकर आए थे कि वे लोग न केवल मधुवन के फल तोड़कर खा रहे हैं, मधु पी रहे हैं, वरन् वृक्षों को भी नष्ट कर रहे हैं..."

राम प्रश्न-भरी दृष्टि से सुग्रीव की ओर देखते रहे — इसका क्या अर्थ ? अवधि व्यतीत हो जाने के इतने दिनों बाद लौटने पर भी वे सीधे किष्किंधा नहीं लौटे। मार्ग में रुककर मधुवन को उजाड़ने में लगे हैं...

"इसका क्या अर्थ हो सकता है, राम ?" सुग्रीव पूछ रहे थे।

"मैं भी यही जानना चाह रहा हूं, किष्किंधा-नरेश !"

"मेरा अनुमान है कि वे लोग सफल होकर लौटे हैं; अन्यथा वे ऐसा उत्पात नहीं कर सकते थे।"

"तो सफल व्यक्ति को उत्पात की अनुमति है ?" राम ने पूछा।

"अनुमति तो नहीं है!" सुग्रीव कुछ संकुचित स्वर में बोले, "किन्तु मैं अपनी जाति की प्रवृत्ति पहचानता हूं।"

"यदि वे सफल होकर लौटे हैं तो यह बहुत प्रसन्नता का विषय है।" राम की विह्वलता छिप नहीं रही थी, "किन्तु इस प्रवृत्ति का भी विरोध करना होगा, सुग्रीव ! सफलता और उत्पात मिलकर रावण जैसा राजा उत्पन्न करते हैं।"

तब सुग्रीव ने उन्हें बताया था कि उन्होंने दधिमुख के साथ कुछ और लोगों को भी भेजा है और अंगद को आदेश दिया है कि वे लोग किष्किंधा में जाने से पूर्व, सीधे मलय पर्वत पर आकर राम से मिलें।... और उसी क्षण से राम साक्षात् प्रतीक्षा बने बैठे थे।

अंगद के दल ने आने में विलंब नहीं किया था। वे लोग एक दूरी पर आकर रुक गए; किन्तु दल के नेता रूप में अंगद आगे नहीं आए। दल से पृथक् हो, थोड़ा-सा आगे

बढ़, हनुमान ने हाथ जोड़कर राम को प्रणाम किया। उन्होंने कुछ कहा नहीं; वे पुनः आगे बढ़े और राम के सम्मुख आ घुटनों के बल बैठकर उन्होंने प्रणाम की मुद्रा में जुड़े अपने हाथ खोल दिए। उनकी जुड़ी हुई हथेलियों पर सीता की चूड़ामणि चमक रही थी।

मणि को पहचानने में राम को तनिक भी समय नहीं लगा। उनकी आंखों में विस्मय का भाव जागा। किन्तु तत्काल ही वे गंभीर हो गए, ''इसका क्या अर्थ है, हनुमान ?''

''आर्य ! यह देवी सीता की चूड़ामणि है।''

''यह सत्य है।'' राम का स्वर अब भी गंभीर था, ''किन्तु हमारे ऋष्यमूक पर्वत पर पहुंचते ही तुमने सीता के अनेक आभूषण दिखाए थे; किन्तु सीता यहां नहीं थीं।''

हनुमान के चेहरे पर विनम्र मुसकान उभरी, ''आर्य ! मैंने स्वयं देवी के दर्शन किए हैं, उनसे वार्तालाप किया है और प्रमाणस्वरूप उन्होंने मुझे यह मणि दी है।''

राम के चेहरे पर उल्लास झलका; फिर उनकी आंखें गीली हो उठीं। वे अपने स्थान से उठे और उन्होंने हनुमान को उनके कंधों से पकड़कर उठा लिया; क्षण-भर उनकी आंखों में झांका और फिर गले से लगा लिया।

भाव-विह्वल राम हनुमान को गले से लगाए स्वयं को संतुलित करने का प्रयत्न करते रहे। उनके मन में एक और सीता का निश्चित संधान पा जाने का उल्लास इतना विकट कोलाहल कर रहा था और दूसरी ओर हनुमान के प्रति कृतज्ञता की उत्ताल तरंगें उठ रही थीं — हनुमान ने ही तो सीता का संधान किया; अन्यथा सीता के जीवित होते हुए भी, राम उन तक पहुंच नहीं पाते...

''कैसी हैं देवी ?'' राम ने स्वयं को संभालकर अलग किया।

''सकुशल तो हैं; किन्तु बंदिनी हैं और अत्यन्त दुःखी हैं।''

''बैठो, हनुमान !'' राम ने एक शिला की ओर संकेत किया, ''मुझे विस्तार से सब कुछ बताओ।''

थके हुए होने पर भी हनुमान ने अत्यन्त विस्तार से अपनी यात्रा, सीता की खोज, सीता से वार्तालाप, राक्षसों से संघर्ष और वापसी की अपनी यात्रा के विषय में बताया। इन सूचनाओं के तत्काल पश्चात, वहीं बैठकर सैनिक अभियान की योजना बनाई गयी और अगले दिन प्रातः ही प्रयाण का निश्चय किया गया।

हनुमान तथा अंगद को साथियों सहित विदा करने के पश्चात राम अकेले हुए तो सीता को पुनः प्राप्त करने के उल्लास तथा रावण के साथ सम्मुख-युद्ध के उत्साह के साथ-साथ, बार-बार एक प्रश्न राम के मन में उठता था — अंगद और उसके साथियों ने सुग्रीव का मधुवन क्यों उजाड़ा ?

अपनी भूख मिटाने के लिए।

अपनी सफलता के उन्माद में।

अथवा, किसी अन्य कारण से।

भूख मिटाने के लिए मधुवन का उजाड़ना आवश्यक नहीं था। यदि यह उत्पात उन्होंने अपनी सफलता के उन्माद में मचाया है तो यह उचित नहीं है। सीता का संधान तो छोटी सफलता है। यदि ये लोग रावण का वध कर लंका-विजय में सफल हो गए तो कितना उत्पात मचाएंगे ? सफलता के पश्चात व्यक्ति को और भी विनम्र होना चाहिए; सफलता का उन्माद तो व्यक्तित्व की दुर्बलता है। अंगद और हनुमान जैसे लोगों में यह दुर्बलता नहीं होनी चाहिए...

राम का ध्यान भंग हुआ। उनके पग धीमे होकर थम गए। उनके साथ ही अन्य लोग भी रुक गए। यूथपतियों तथा अन्य नायकों ने अपने पीछे आने वाले सैनिकों को रुकने का संकेत कर दिया।

थोड़ी दूरी पर मार्ग में अनेक लोगों का जमाव था, जैसे वे लोग मार्ग रोके खड़े हों... किन्तु वे लोग न तो सैनिक वेश में थे और न उनके पास शस्त्र ही दिखाई पड़ रहे थे। सेना के अग्रिम धावकों ने भी किसी बाधा की सूचना नहीं दी थी।

सेना के रुकते ही उस भीड़ में से दस-बारह लोगों की एक टोली आगे बढ़ आयी। वे लोग वय से अधेड़ और वृद्ध थे। युवक उनमें कोई नहीं था। उन लोगों ने हाथों को जोड़, माथे से लगा, नम्रतापूर्वक प्रणाम किया, ''हम लोग आर्य राम से मिलना चाहते हैं।''

राम मुसकराए, ''मैं ही राम हूं। आदेश करें, मैं आपके किस काम आ सकता हूं ?''

उन लोगों ने पुनः प्रणाम किया, ''भद्र राम ! हम जाति से साधारण वानर हैं। इस मार्ग के आस-पास के वनों में हमारे ग्राम बसे हैं। हम महाराज सुग्रीव की प्रजा हैं; किन्तु इस सेना के महानायक होने के कारण आपसे ही एक निवेदन करना चाहते हैं।''

''हमारी सेना तुम्हारे ग्रामों को क्षति नहीं पहुंचाएगी।'' सुग्रीव बोले, ''यह उच्छृंखल राक्षस सेना नहीं, राम के नेतृत्व में चलने वाली अनुशासित वानर सेना है।''

''नहीं, महाराज ! यह बात नहीं है।'' एक वृद्ध ने अत्यन्त संकोच से कहा, ''हमें इस सेना से किसी प्रकार की क्षति की आशंका नहीं है। हमारे पास कुछ ऐसा हो, जो इस सेना के काम आ सके तो उसे हम सहर्ष दे डालेंगे।''

''तो क्या बात है ?'' सुग्रीव बोले।

''महाराज ! संध्या हो गयी है। थोड़ी देर में रात हो जाएगी। फिर आप लोग कहीं-न-कहीं विश्राम करेंगे ही।'' वृद्ध के स्वर में अब भी संकोच था, ''हम चाहते हैं कि आज रात आप कोस-दो कोस के भीतर ही अपना पड़ाव डालें।''

''उससे क्या होगा ?'' सुग्रीव ने पुनः पूछा।

''हम लोग रात-भर जागकर आपकी चौकसी करेंगे, ताकि आप लोग आराम की नींद सो सकें।''

''उससे तुम्हें क्या लाभ होगा, बाबा ?'' राम मुसकराए।

''लाभ !'' वृद्ध ने एक क्षण सोचा, ''क्या जीवन का प्रत्येक कार्य लाभ और हानि में ही तोला जाना चाहिए, राम ?''

''नहीं, बाबा।''

''तो भद्र ! इस कार्य से हमें आत्मसंतोष होगा कि हम इस सेना के किसी काम आए।'' वृद्ध ने कहा, ''और इसमें गौरव अनुभव करेंगे कि अत्याचार का विरोध करने वाली तथा मानवता की समता के लिए लड़ने वाली इस सेना के साथ हमारा भी कोई सम्बन्ध है... भद्र !...'' वृद्ध ने अपने साथियों की ओर देखकर कहा, ''हम थोड़ा-सा अन्य और कुछ सूखे फल भी सैनिक भंडार में देना चाहते हैं...''

राम ने अपने साथियों की ओर देखा, ''विश्राम तो हमें करना ही है।''

''ठीक है।'' हनुमान सब से पहले बोले, ''हमें इनके अनुरोध की रक्षा करनी चाहिए।''

''सब लोग सहमत हैं ?'' राम ने पुनः अपने साथियों की ओर देखा। किसी ने आपत्ति नहीं की।

''तो ठीक है, बाबा !'' राम बोले, ''हम लोग सुविधानुसार स्थान देखकर अपना स्कंधावार स्थापित करेंगे।''

''तुम्हारे दल में कोई युवक नहीं दीखता, बाबा।'' लक्ष्मण बोले।

''वे लोग तो कब से आपके शिविरों में प्रशिक्षण पाकर, इस सेना में सम्मिलित हो चुके हैं, भद्र।'' वृद्ध बोला।

''अच्छा, बाबा।'' राम मंद स्वर में बोले, ''रात को तुम लोग जितनी चौकसी चाहो करना; किन्तु सैनिक अनुशासन तथा आवश्यकताओं के अनुसार हमारे संतरी भी अपना कार्य करते रहेंगे। उससे यह मत समझना कि हमें तुम पर विश्वास नहीं है।''

''नहीं ! नहीं ! हम आपके नियमों को भंग करना नहीं चाहेंगे।'' वृद्ध हंसा, ''हम इतने से ही प्रसन्न हैं कि आपने हमें इतने सहयोग का अवसर दिया है।''

वृद्ध ने हाथ जोड़ दिए और अपने साथियों की ओर लौट गया।

''लो, वानरराज ! हमारी आधी विजय हो चुकी।'' राम मुसकराए, ''जिस सेना से प्रजा प्यार करे, वह सदा जीतती है।''

''मैं भी अपने जीवन में पहली बार ही देख रहा हूं, राम !'' सुग्रीव बोले, ''कि किसी मार्ग से होकर इतनी बड़ी सेना जा रही हो और जहां के निवासी अपना घर-बार छोड़ भयभीत होकर भागें नहीं; सेना के निकट आकर उसे आमंत्रित करें।''

समुद्र का जल दिखाई पड़ते ही राम की गति मंथर हो गई। उनके साथ-साथ सुग्रीव और लक्ष्मण के पग भी धीमे हुए और एक पंक्ति पीछे आने वाले हनुमान, अंगद, जाम्बवान तथा तार भी सावधान हो गए। पीछे आने वाली टुकड़ियों को इंगित कर दिया गया। इंगित एक से दूसरी टुकड़ी तक होता हुआ सारी सेना में यात्रा करता चला गया।

सागर के तट पर, जल के निकट आकर राम रुक गए। नल अपनी टुकड़ी के साथ आगे आए और तत्काल केन्द्रीय शिविर की स्थापना कर दी। केन्द्रीय शिविर सेना का मुख्यालय था, जहां स्वयं राम रहते थे। पीछे आने वाली टुकड़ियां बहते आते हुए जल के समान दाएं और बाएं फैलती जा रही थीं और सागर-तट पर अपने-अपने शिविर की स्थापना करती चल रही थीं।

राम अपने शिविर के निकट एक ऊंचे स्थान पर खड़े अपनी सेना को स्कंधावार स्थापित करते देख रहे थे। उनके मन में सागर का बिम्ब था — एक ओर जल का सागर और दूसरी ओर सैनिकों का सागर। ऐसा लगता था जैसे एक सागर के तट पर दूसरे सागर की लहरें आ-आकर अपना बसेरा कर रही हैं। पता नहीं जल का सागर कितना विस्तृत था और यह वानर सेना उसे कहां तक घेर पाएगी; किन्तु जिस गति से यह सेना स्वयं को फैला रही थी, उससे लगता था कि यह मानव-सागर जल-सागर पर छा जाएगा...

नये-नये शिविर स्थापित होते जा रहे थे। उनके नायक अपनी प्रगति के विषय में सूचनाएं भेजते जा रहे थे। टुकड़ियों और उनके नायकों की स्थिति का विवरण नील तथा उनके साथी अधिकारियों के पास था।... पहले तो निर्जन सागर तट पर शिविर-स्थापना की ही सूचनाएं आती रहीं; किंतु थोड़ी ही देर में जन-संपर्क की सूचनाएं भी आने लगी थीं। आरम्भ में तो वानर सेना की टुकड़ियां कुछ साधारण मछुआरों तथा निषादों के ही संपर्क में आयीं, जो सेना को देखते ही इधर-उधर भाग गए थे; किन्तु उसके पश्चात् राक्षस सेना की कुछ तटवर्ती सैनिक चौकियां भी मार्ग में पड़ीं। युद्ध वहां भी नहीं हुआ। वे लोग अपनी चौकियों को छोड़ अपनी बड़ी-बड़ी नौकाओं के साथ सागर में पीछे हट गए थे। वानर सेना न तो उनसे कोई संवाद स्थापित कर पायी थी, न उनमें से किसी को बन्दी ही कर पायी थी कि उनसे कुछ पूछताछ की जा सकती। आगे बढ़कर वानर सेना को राक्षसों का एक जलपत्तन भी मिला था, जो अब सर्वथा जन-शून्य था।

नील से ये सूचनाएं राम को मिल रही थीं और राम के मन में चिंतन का ताना-बाना सघन से सघनतर होता जा रहा था।... वानर-सेना के पहुंचने से पूर्व राक्षसों का सुविधापूर्वक पीछे हट जाना इस बात का प्रमाण था कि उन्हें वानर-सेना की गतिविधि की सूचना मिल रही थी। वे लोग यहां से हटकर लंका पहुंचे होंगे, और रावण तक भी यह समाचार पहुंचा होगा। ऐसी स्थिति में रावण की लंका पर इतना आकस्मिक और द्रुत आक्रमण नहीं हो सकता कि रावण की सेना को असावधानी में घेरा जा सके। यह भी सम्भव है कि रावण ही पहले आघात कर दे।... राम को प्रत्येक स्थिति के लिए तैयार रहना चाहिए।

सहसा राम ने दूर से आती हुई अनेक मिले-जुले स्वरों की अनियंत्रित-सी भनभनाहट सुनी। यह सैनिकों के बात करने का ढंग नहीं था और न राम ने पिछले दिनों अपने सैनिकों को इस प्रकार कोलाहल करते हुए सुना था। यह तो ऐसा कोलाहल था, जैसा राम के

विभिन्न आश्रमों में निकट के ग्रामवासियों के अपनी किसी समस्या का समाधान पाने के लिए आने पर हुआ करता था।

कोलाहल निकट आता जा रहा था; और वह आकर राम के शिविर के द्वार पर थम गया।

राम ने दृष्टि उठाकर देखा — सबसे आगे हनुमान थे और उनके पीछे साधारण ग्रामवासियों की एक भीड़ थी। निश्चय ही वे सैनिक नहीं थे। भीड़ इतनी बड़ी थी कि राम के कुटिया जैसे इस शिविर में उनके लिए स्थान नहीं था। राम स्वयं ही शिविर से बाहर निकल आए।

''क्या बात है, हनुमान ?''

भीड़ शांत हो गई थी।

''आर्य ! ये लोग साधारण ग्रामवासी हैं।'' हनुमान अपने स्थिर और स्पष्ट स्वर में बोले, ''ये चाहते हैं कि इन्हें भी सेना में सम्मिलित कर लिया जाए।'' हनुमान रुके, ''मैंने इन्हें समझाने का बहुत प्रयत्न किया है कि अप्रशिक्षित साधारण ग्रामवासी अथवा वनवासी इस युद्ध के लिए बहुत उपयोगी नहीं होंगे। यहां हमारे पास प्रशिक्षण की सुविधाएं भी नहीं हैं। इनके पास शस्त्र भी नहीं। फिर भी ये लोग लौटने के लिए सहमत नहीं होते।''

राम ने उन्हें देखा — उनमें से अधिकांश वय से युवक थे। दो-चार चेहरे ही प्रौढ़ दिखाई पड़ रहे थे। शरीर से वे लोग हृष्ट-पुष्ट थे। सामान्य निर्धन देहाती वानरों के समान, वस्त्र के नाम पर उनके शरीर पर घुटनों से ऊंची एक धोती थी। किंतु उनके चेहरों पर उल्लास-मिश्रित उत्साह था।

''रावण से मेरी शत्रुता है, इसलिए मैं उससे युद्ध करने जा रहा हूं।'' राम धीमे और शांत स्वर में बोले, ''तुम लोग इस युद्ध में प्राणों का जोखिम क्यों उठाना चाहते हो ?''

वे लोग खिसियाए-से एक-दूसरे का चेहरा देखने लगे, जैसे यह प्रश्न उनके लिए सर्वथा अप्रत्याशित ही न हो, उनके लिए बाधा भी हो। किन्तु एक प्रौढ़ चेहरा कुछ और प्रौढ़ हो उठा।

''बोलो !'' राम ने कहा।

''हमसे भूल हुई।'' वह प्रौढ़ चेहरा बोला, ''हम तो यह मानकर आए थे कि यह युद्ध सारी प्रजा का है; हमें क्या पता था कि राम केवल अपना युद्ध लड़ रहे हैं।''

राम ने प्रशंसा-भरी आंखों से उस प्रौढ़ चेहरे को देखा, ''तुमसे भूल नहीं हुई है। फिर भी पूछना चाहूंगा कि तुम्हें क्यों नहीं लगता कि यह युद्ध मेरी और रावण की व्यक्तिगत शत्रुता का परिणाम है ? और यह शत्रुता इसलिए है, क्योंकि उसने मेरी पत्नी का हरण किया है।''

''हम तो समझे थे कि न्याय का युद्ध सबका सामूहिक युद्ध होता है।'' वही प्रौढ़ व्यक्ति बोला, ''पर आप कह रहे हैं तो हम मान लेते हैं कि यह रावण से मात्र आपका

युद्ध है। किन्तु स्त्रियों का अपहरण तो हमारे ग्राम से भी किया गया है। रावण ने नहीं किया, उसके सैनिकों-सेनापतियों ने किया है। किस ग्राम से स्त्रियों का अपहरण नहीं हुआ ?''

विस्मित खड़े राम उस भीड़ को देखते रहे। ये ग्रामीण चेतना-शून्य नहीं थे। वे न्याय-अन्याय की बात जानते थे। अपने विरुद्ध हुए अत्याचारों के प्रति जागरूक थे। प्रवृत्ति से या शायद परिस्थितियों के मारे संघर्षशील और जुझारू थे। उन्हें सेना में सम्मिलित होने का पूर्ण अधिकार था...

''किन्तु तुम्हारे शस्त्र कहां हैं ?''

''हमारे पास शस्त्र नहीं हैं।''

''बिना शस्त्रों के कैसे लड़ोगे ?''

''ऊंह !'' एक युवक तनिक रोष और उपेक्षा से बोला, ''जब तक राम ने आकर वानरों के हाथ में शस्त्र नहीं थमाए थे, वानर क्या लड़ते नहीं थे !''

राम उनके अदम्य उत्साह से अप्रभावित नहीं रह सके। हनुमान से बोले, ''इन्हें किष्किंधा में अनिन्द्य के प्रशिक्षण शिविर में नहीं भेजा जा सकता तो यहीं इनके प्रशिक्षण की व्यवस्था करो।''

हनुमान ने संकोच-भरी दृष्टि से राम को देखा — कहें या न कहें...

''क्या बात है ?'' राम ने पूछा।

''सेना में सम्मिलित होने के इच्छुक लोगों की संख्या बहुत बड़ी है।'' वे धीरे-से बोले।

''कोई बात नहीं।'' राम बोले, ''कोई व्यवस्था तो करनी ही होगी। इनका कोई प्रबंध कर तुम मेरे पास आओ।''

हनुमान के लौटने तक राम ने संदेश भेजकर लक्ष्मण, सुग्रीव, जाम्बवान, अंगद, नल, नील, तार इत्यादि को भी बुला लिया था। हनुमान ने आकर उनके सामने समस्या को पूरे विस्तार से रखा, ''जो लोग अब तक हमसे सम्पर्क कर चुके हैं, उन्हीं की संख्या सहस्रों में है। ग्राम के ग्राम खाली हो गये हैं और सेना में सम्मिलित होने के लिए आ गए हैं। यह ठीक है कि उनके साथ स्त्रियां, वृद्ध और बालक नहीं हैं। वे लोग हृष्ट-पुष्ट हैं और प्रशिक्षण के पश्चात् अच्छे सैनिक भी बन सकते हैं। किन्तु समस्या यह है कि यदि हम उन्हें सेना में सम्मिलित कर लेते हैं तो उनके भोजन, वस्त्र, आवास तथा शस्त्रास्त्रों का प्रबन्ध हमें करना पड़ेगा।''

''पहले यह सोचो कि हमें उनकी आवश्यकता भी है या नहीं ?'' जाम्बवान बोले, ''यदि है तो उनकी समस्याओं और उनका समाधान भी ध्यान देने योग्य है, अन्यथा नहीं।''

''जाम्बवान ठीक कह रहे हैं।'' सुग्रीव बोले, ''यदि हमारा विचार यह है कि हमें और सैनिकों की आवश्यकता नहीं है, हमारी सेना रावण से लड़ने के लिए पर्याप्त और

सक्षम है तो हम और सैनिकों को लेकर अपना बोझ क्यों बढ़ाएं। उन्हें अपनी सेना में सम्मिलित करने पर न केवल उन सारी समस्याओं को लेकर सोचना होगा, जिनकी चर्चा हनुमान ने अभी की है, वरन् लंका तक पहुंचने के लिए परिवहन की भी व्यवस्था करनी होगी।''

''एक संदेह मेरे मन में भी है।'' तार ने कहा।

''कहिए।'' राम धीरे-से बोले।

''एक नहीं, वरन् दो संदेह कहना चाहिए।'' तार ने अपनी बात आरंभ की, ''पहला यह कि उन लोगों की वास्तविकता को जाने बिना उन्हें क्या सेना में सम्मिलित करने की बात सोचना उचित भी है ? कल्पना कीजिए कि वे लोग रावण के पक्ष की प्रेरणा से हमारे पास आए हों। हम उन्हें स्वयं में सम्मिलित कर लेते हैं और ठीक युद्ध के समय वे लोग रावण से जा मिलते हैं; या हमारी सैनिक पंक्तियों में उत्पात मचाते हैं तो उन्हें संभालना ही कठिन हो जाएगा — तब हम शत्रु से क्या लड़ेंगे।'' तार तनिक रुके, ''और दूसरी बात यह है कि यह प्रदेश अत्यन्त निर्धन, शोषित, अविकसित और पिछड़ा हुआ है — बेकारों की संख्या यहां निश्चित रूप से बहुत अधिक होगी। यदि हमारे सेना के आगमन को उन्होंने अपने लिए मात्र अजीविका का अवसर मानकर यह प्रस्ताव रखा है तो मुझे लगता है कि न तो ऐसे सैनिक विश्वसनीय हो सकते हैं और न ही उनकी भूख की बाध्यता से लाभ उठाना ही न्यायोचित है।''

''मैं असहमत हूं।'' लक्ष्मण ने कहा, ''ये बातें अवश्य ही विचारणीय हैं। किन्तु ये सारी संभावनाएं ऋण-पक्ष की हैं। इस प्रश्न का धन-पक्ष भी है।'' उन्होंने रुककर एक दृष्टि हनुमान पर डाली, ''दंडकवन के अनेक छोटे-बड़े युद्धों के अनुभव के आधार पर मैं कह सकता हूं कि जिस क्षेत्र की प्रजा शोषित, पीड़ित और सतायी हुई होती है — वह जन-वाहिनी के बनने अथवा वहां पहुंचने पर उसके साथ हो लेती है। उसमें उसका दृष्टिकोण मात्र आत्मरक्षा अथवा न्याय के युद्ध में अपना योग देने का होता है। वह अपने शोषण का प्रतिशोध चाहती है। उनकी प्रेरणा भविष्य के लिए एक न्यायपूर्ण व्यवस्था के निर्माण की इच्छा होती है। उन लोगों ने कभी वृत्ति अथवा वेतन नहीं मांगा है। इसलिए यह मानना कि लोग अपनी आजीविका पाने मात्र के लिए हमारी सेना में सम्मिलित होना चाहते हैं — उचित नहीं है।''

''इतनी खोज तो करनी ही होगी कि उनके आने के पीछे राक्षसों की प्रेरणा तो नहीं है।'' जाम्बवान बोले, ''यदि वे लोग राक्षसों की प्रेरणा से नहीं आए और यदि उनका लक्ष्य आजीविका कमाना मात्र नहीं है तो उन्हें अपनी सेना में सम्मिलित करने में मैं कोई हानि नहीं देखता।''

''मेरा भी कुछ ऐसा ही विचार है।'' जाम्बवान के चुप होने पर राम बोले, ''सामान्यत: आजीविका के लिए युद्ध-वृत्ति अपनाने वाला सैनिक भी बुरा नहीं माना जाता। साम्राज्यों की वेतनभोगी सेनाएं इसी कोटि में आती हैं। किन्तु हमारी सेना इस अर्थ में

किष्किंधा की वेतनभोगी सेना नहीं है। न हमारे पास इतना धन है कि उसके बल पर हम सेनाएं संगठित कर लें और न वह हमारा लक्ष्य है। हमारी सेना इस प्रकार की आत्म-निर्भर जन-सेना है, जो अन्याय के नाश और न्याय की स्थापना के लिए लड़ रही है। यदि ये नवागंतुक इसी रूप में सेना का अंग बनना चाहें तो मुझे इसमें कोई दोष दिखाई नहीं पड़ता।... एक बात और है," राम तनिक रुके, "अनुकूल जनसंख्या के बीच रहकर युद्ध करने में हमें भी सुविधा ही रहेगी। यदि हम उनकी इच्छा के विरुद्ध उनको स्वयं से पृथक् कर देते हैं, तो उसका प्रतिकूल प्रभाव भी हो सकता है। वे लोग हमसे असहयोग भी कर सकते हैं। मैं यह नहीं कह रहा कि उनके असहयोग की आशंका से भयभीत होकर हम उनकी प्रत्येक उचित-अनुचित इच्छा पूरी करें; किन्तु अपने मित्रों को अपनी नासमझी में स्वयं से दूर भगा देना तो बुद्धिमानी नहीं है।"

"किन्तु उनकी व्यवस्था ?" तार कुछ आवेश में बोले, "उनका भोजन, वस्त्र, आवास, शस्त्र... ?"

"हां। ... इस विषय में भी सोचना होगा।" राम धीरे-से मुसकराए, "किन्तु उसके पहले यह स्पष्ट कर दूं कि उन लोगों को नियमित सैनिक के रूप में ग्रहण करने की बात मैं नहीं कह रहा हूं। उन्हें हम सहायक सैनिक के रूप में ही अंगीकार करें। यथासंभव वे अपने ग्रामों में रहें, यथासंभव अपना कार्य भी करें। इस प्रकार भोजन, आवास तथा वस्त्रों के संदर्भ में आत्मनिर्भर रहें। हमारे प्रशिक्षक उनके ग्रामों में ही उन्हें यथासंभव सैनिक प्रशिक्षण दें और जहां तक संभव हो उन्हें शस्त्र दिए जाएं अथवा शस्त्र-निर्माण का कार्य सिखाया जाए। यथासंभव उन्हें सैनिक कार्यों के स्थान पर सैनिक सहायता के कार्य दिए जाएं। पर उनमें जो अच्छे सैनिक सिद्ध हों, उन्हें नियमित सैनिक का पद दिया जाए और आवश्यकता.पड़ने पर उन्हें बचावपूर्ण संघर्ष का दायित्व भी सौंपा जा सकता है। वे लोग इस क्षेत्र में हमारे प्रहरी हो सकते हैं, हमारे सूचना चर अथवा संदेशवाहक हो सकते हैं, हमारी भूमि और हमारे मार्गों के रक्षक हो सकते हैं, शक्ति-प्रदर्शन में हमारे सहायक हो सकते हैं, व्यूह-निर्माण में हमारा अंग हो सकते हैं तथा समय आने पर आवश्यक सामग्री लाने-ले जाने का भी कार्य कर सकते हैं।"

"इससे किसी को कोई असहमति नहीं हो सकती।" सुग्रीव बोले, "यदि हमें सैनिक-असैनिक कार्यों के लिए सहायक मिल जाते हैं, और उनसे हमारा बोझ भी नहीं बढ़ता तो हमें क्या आपत्ति हो सकती है।"

सुग्रीव की सहमति के पश्चात्, किसी ने भी असहमति प्रकट नहीं की और राम की योजना सर्वसम्मति से स्वीकार कर ली गयी।

7

रावण ने आश्चर्य से शार्दूल की ओर देखा — इसे मतिभ्रम तो नहीं हो गया है?

''राजन !'' शार्दूल अपनी बात कहता जा रहा था, ''जो कुछ हुआ है, वह हम सबके लिए अभूतपूर्व है। राम की सेना कहूं या सुग्रीव की सेना — वह सेना नहीं है, वह तो एक और समुद्र है, जो किसी बाधा को नहीं मानता। उसकी लहरें आ-आकर जल के सागर के साथ टकराती हैं और वहीं शिविर कर लेती हैं। जैसे जल को आगे जाने का मार्ग न मिले तो वह दाएं-बाएं फैलने लगता है, वैसे ही यह सेना भी सागरतट के साथ-साथ दाएं-बाएं फैलती जा रही है। मैं नहीं जानता कि इतने मनुष्य राम ने कहां से एकत्रित किए हैं। उनके वेतन और भोजन का वह क्या करेगा ? हमारी दृष्टि से तो वानरों में सैनिक बनने की क्षमता बहुत कम लोगों में है। वे लोग भीरु भी होते हैं और उच्छृंखल भी। वे न युद्ध कर सकते हैं, न अनुशासन में रह सकते हैं...''

''हमारे सैनिक स्कंधावार का क्या हुआ ?'' रावण ने उत्तेजित स्वर में पूछा।

''उन्होंने युद्ध नहीं किया।'' शार्दूल बोला, ''वस्तुतः उस सेना से युद्ध करना मूर्खता होती। हमारे सैनिक अपना स्कंधावार छोड़कर लंका में लौट आए हैं।''

''और जलपत्तन ?''

''जलपोत लंका के तट पर आ लगे हैं। जलपत्तन खाली कर दिया गया है।''

''और वे राक्षस व्यापारी — सागर ?''

''उनके विषय में मुझे कोई सूचना नहीं है, राजाधिराज !'' शार्दूल धीरे-से बोला, ''केवल इतना ही निवेदन करना चाहता हूं कि अब उस तट पर न कोई राक्षस सैनिक है, न राक्षस चौकी। उस तट पर राम की सेना का पूर्ण आधिपत्य है। वे जब वहां तक आ गए हैं तो सागर पार कर लंका में भी आ जाएंगे। आप लंका की रक्षा का प्रबंध कीजिए...''

''सुन लिया।'' रावण ने हाथ उठाकर शार्दूल को मौन कर दिया। उसने अपने मंत्रियों और सभासदों की ओर देखा, ''मैं तो अभी उस दुष्ट वानर हनुमान के अपराधों के लिए उसे समुचित रूप से दंडित करने के लिए आप लोगों की मंत्रणा चाहता था; और यह वानरों की उस सेना का मुझे भय दिखा रहा है जिसका नेतृत्व वे कंगले तापस राजकुमार कर रहे हैं। जिन सैनिकों के शरीर पर वस्त्र नहीं हैं, पैरों में जूते नहीं हैं, हाथों में शस्त्र नहीं हैं — यह मुझे उनका भय दिखा रहा है और लंका की रक्षा की व्यवस्था करने का परामर्श दे रहा है !...'' क्षण भर को रुककर रावण ने एक दृष्टि शार्दूल पर डाली, ''मैं नहीं जानता कि ऐसे गुप्तचर का क्या उपयोग है, जो सदा पराजय की सूचना लाता है और शत्रुओं की प्रशंसा करता है।''

शार्दूल सिहर उठा। रावण के इस एक वाक्य ने उसका भविष्य निर्धारित कर दिया था।... अब शार्दूल की समझ में आया था कि लंका के गुप्तचर विभाग के अधिकारी शत्रु-संबंधी सूचनाएं एकत्रित करने के स्थान पर वेश्यालयों, मदिरालयों में समय बिताना क्यों अच्छा समझते थे।

सहसा प्रहस्त उठ खड़ा हुआ और दंभपूर्वक बोला, ''राजाधिराज ! पहले की बात

ओर थी, जब हनुमान नाम का वह वानर आया और लंकावासियों को पीड़ित कर गया। तब हम असावधान थे। अब वैसी स्थिति नहीं है। न केवल हम सावधान हैं, वरन् हमारे पास भयंकर मार करने वाले ऐसे शस्त्रास्त्र हैं, जिनका वानरों ने कभी नाम भी नहीं सुना होगा।'' उसने रुककर एक बार सारी सभा को देखा और फिर उसकी दृष्टि आकर रावण पर रुक गयी, ''आपको स्वयं कोई कष्ट करने की आवश्यकता नहीं है, आप हमें युवराज के नेतृत्व की अनुमति मात्र प्रदान कर दें। हम इन दोनों कंगले राजकुमारों के सिर काटकर ला, आपके चरणों में डाल देंगे। उनका वध होने से वानर तो कभी पलटकर लंका की ओर देखने का भी साहस नहीं करेंगे। वैदेही भी राम की मृत्यु के विषय में जानकर सदा के लिए आपकी हो रहेगी।''

अपना सारा अस्तित्व अपनी आंखों में टिकाए विभीषण रावण की ओर देख रहे थे — शार्दूल द्वारा दी गयी तथ्यात्मक सूचना को पाकर चिंतित होने के स्थान पर रावण कुपित हो गया था। यह व्यक्ति अपनी शक्ति के दम्भ में ऐसा अंध-बधिर हो गया है कि सिवाय अपनी जय-जयकार के और कुछ नहीं सुन सकता। तथ्यों को इसने सुना नहीं और प्रहस्त की इस निर्लज्ज बकवाद से प्रसन्न हो रहा है। कितनी जल्दी यह रावण भूल गया है कि हनुमान बीच लंका में घुसकर इसके पुत्र अक्ष का वध कर गया था। यह प्रहस्त जो आज सभा में खड़ा गाल बजा रहा है — इसका पुत्र जंबुमाली जब हनुमान के हाथों मारा गया था, तब क्यों नहीं इसकी वीरता जागी थी और क्यों नहीं इसने हनुमान से अपने पुत्र-वध का प्रतिशोध लिया था !

प्रहस्त की गर्वोक्ति का रावण पर स्पष्ट प्रभाव पड़ा था। शार्दूल की सूचना से कटुता की जो रेखाएं रावण के मुख पर खिंची थीं, वे अब पूर्णतः धुल चुकी थीं और वह पहले जैसा ही सहज, आत्मविश्वस्त और उल्लसित रावण लग रहा था।

''तुमने ठीक कहा, प्रहस्त !'' रावण ने अपने मंत्री के प्रति प्रशंसा-भाव व्यक्त किया, ''सीता को पाने का मुझे यही एक विश्वसनीय मार्ग दिखायी पड़ रहा है — राम का वध। मुझे लगता है कि वह कंगला तापस मेरी भूल सुधारने आ रहा है।''

सभा में निस्तब्धता छा गयी — क्या कह रहे हैं महाराजाधिराज ? किस भूल की ओर संकेत है उनका ?

''सीता का हरण करते हुए, जाने किन-किन लोगों की बातों में आ, राम और लक्ष्मण को मैं जीवित छोड़ आया था। मुझे उनका तब ही वध कर देना चाहिए था।'' रावण का स्वर दंभपूर्ण हो उठा, ''तब भूल हो गयी, सो हो गयी। अब नहीं होगी। वह स्वयं ही आ रहा है तो उसे आने दो। मुझे कहीं जाने की भी आवश्यकता नहीं पड़ेगी। उन दोनों भाइयों के कटे मुंडों का उपहार चढ़ाऊंगा, तभी तो देवी वैदेही प्रसन्न होकर मेरी मनोकामना पूरी करेगी।''

लगा, रावण जोर का अट्टहास करेगा; किंतु वह उसके पहले ही रुक गया। दुर्मुख

ने खड़े होकर अभिवादन किया और बोला, ''राक्षसराज ! मैं तो यह जानने को अत्यन्त उत्कंठित हूं कि राम के परामर्शदाताओं में कौन हमारा ऐसा हितैषी है, जो हमारा कार्य सरल करने के लिए राम को बढ़ावा देता हुआ लंका में ला रहा है।''

''सुग्रीव ! सुग्रीव !'' सभा में कोलाहल हो उठा। सभा का सारा अनुशासन भंग हो गया और सभासद भूल गए कि वे रावण के सम्मुख बैठे हैं।...

''हां ! वही होगा।'' वज्रदंष्ट्र उच्च स्वर में बोला, ''वही उस कंगले तापस के साथ वानर-चाल खेल रहा होगा। राम जब तक जीवित रहेगा, उसे याद दिलाता रहेगा कि किष्किंधा का राज्य उसी ने उसे दिलाया है। सुग्रीव के मन में उससे छुटकारा पाने की इच्छा जगी होगी; और छुटकारे का इससे अच्छा मार्ग और क्या हो सकता है कि उसे लंका की ओर धकेला जाए।''

सभा में जोरदार अट्टहास गूंज उठा।

यह मूर्खता, चापलूसी और दम्भ का वातावरण विभीषण से देखा नहीं गया। वे तड़पकर उठे और बोले, ''यदि राम का वध करवाना ही सुग्रीव का उद्देश्य है तो इतनी विशाल वानर सेना साथ लाने का क्या अभिप्राय है ?...''

किन्तु विभीषण की बात किसी ने नहीं सुनी। उनका स्वर उस कोलाहल में खो गया। रावण ने उपेक्षा-भरी एक दृष्टि असहाय-से खड़े विभीषण पर डाली और आंखें फेर लीं। सभा को शांत करा, विभीषण की बात सुनने की आवश्यकता उसने नहीं समझी।

खिन्न मन विभीषण, निरर्थकता की अनुभूति लिये, अपने स्थान पर बैठ गए।

''किन्तु मुझे भय है, राक्षसराज !'' वज्रदंष्ट्र पुनः बोला, ''कि जिस भ्रम को मन में लिये हुए, वह राम चला आ रहा है, जिस क्षण वह भ्रम टूटेगा, जिस क्षण उसे राक्षस सेनाओं, हमारे सेनापतियों तथा हमारे राजाधिराज के बल-विक्रम की भनक मिलेगी, वह अपना कमंडल इत्यादि छोड़ कहीं भाग न जाए।''

सभा में एक और जोर का ठहाका पड़ा और फिर वहां अनेक स्वरों का मिश्रित कोलाहल छा गया।

''किन्तु उपायशील मनुष्य सदा अपना काम साध सकता है।'' कोलाहल मंद पड़ने पर वज्रदंष्ट्र असावधान-से उच्च स्वर में पुनः बोला, ''हमें चाहिए कि हम आर्यों की सेना के वेश में एक बड़ी सेना लेकर राम के पास जाएं और उससे कहें कि हमें उसके भाई भरत ने उसकी सहायता के लिए अयोध्या से भेजा है। उनकी ओर से लड़ने का वचन देकर, उसे घेरकर हम लंका में ले आएं और यहां आकर उसे बताएं कि हम उसकी कैसी सहायता करना चाहते हैं।''

विभीषण झल्लाए बैठे थे। उनकी समझ में नहीं आ रहा था कि ये कैसे लोग थे। इतनी गंभीर सूचना को ये लोग कैसे हंसी में उड़ा रहे थे। न अपने बल का सम्यक् मूल्यांकन करने को तैयार थे, न शत्रु के वास्तविक बल को देखना चाहते थे। किसी राजा के आस-पास जब ऐसे चाटुकार सभासद हों तो उसे वास्तविकता का ज्ञान ही कैसे हो सकता

है। वह तो अपने मित्रों द्वारा बनाए गए काल्पनिक लोक का बंदी होकर रह जाएगा और अंततः धोखा खाएगा... किंतु इसमें सभासदों का भी क्या दोष था — वे तो वही कर रहे थे जो राजा चाहता था। शार्दूल के साथ किया गया व्यवहार ये सभासद कैसे भूल सकते हैं ?

विभीषण के मन में आया कि वे खड़े होकर रावण के सम्मुख यथार्थ स्थिति स्पष्ट करें। उसे बताएं कि सभासदों का लबाड़ियापन किसी भी राजा के लिए हितकर नहीं होता। किन्तु रावण उसकी बात सुनेगा क्या ?...

विभीषण सोचते ही रह गए और कुम्भकर्ण का पुत्र निकुंभ उठकर खड़ा हो गया।

"राक्षसपति ! मेरा अनुरोध है कि इस बार आप मुझे अवसर दें। आपको या भाई इंद्रजित को कष्ट करने की कोई आवश्यकता नहीं है। मैं इन समस्त कंगलों को एक बार ही नष्ट कर आऊंगा। मुझे लगता है कि सीता-हरण तो एक आड़ मात्र है। ये भुक्खड़ वानर, वैसे भी धन की तृष्णा में, जब कभी अवसर मिले, लूटपाट करने को तत्पर रहते ही हैं। मैं सोचता हूं कि एक बार उन्हें ऐसा पाठ पढ़ा दूं कि फिर ये लोग धनी और सम्पन्न राज्यों की ओर आंख उठाकर भी न देखें।" वह तनिक रुककर बोला, "सुग्रीव नया-नया राजा बना है। और राजा बनकर ही उसे ज्ञात हुआ होगा कि राजा बन जाने मात्र से जीवन के भोग उपलब्ध नहीं होते। उसके लिए धन की आवश्यकता पड़ती है; और धन किष्किंधा राज्य के पास नहीं है। तभी तो वह विश्व-भर के कंगलों और भुक्कड़ों को एकत्रित कर उनकी सेना बना लंका की ओर बढ़ रहा है। उसको भी यह स्पष्ट हो जाना चाहिए कि राजा हो अथवा याचक — जीवन का सुखभोग वानरों के लिए नहीं है। वे वानर हैं और वानर रहेंगे। और जहां तक सीता का प्रश्न है, वह जहां के योग्य थी, वहां पहुंच गयी है... वह लौटायी नहीं जा सकती।"

विभीषण की चिन्तन-प्रक्रिया पुनः चल पड़ी — कैसे लोग हैं ये ! अन्य जातियों और राज्यों का धन छीनकर धनाढ्य बन, अब मान बैठे हैं कि जीवन के सुखभोग इन्हीं के लिए हैं। इन्हें न प्रकृति के नियमों का ज्ञान है और न मानव-मन और मानव-समाज के। ये क्यों नहीं सोचते कि वानरों में भी अपने अधिकार की चेतना जाग रही है और यह शोषण-चक्र अब और नहीं चल सकेगा...

वज्रहनु ने निकुम्भ का प्रबल समर्थन किया और रावण से युद्ध में जाने की अनुमति मांगी। और देखते-ही-देखते निकुंभ, रभस, सूर्यशत्रु, सुप्तघ्न, यज्ञकोप, महापार्श्व, महोदर,अग्निकेतु, रश्मिकेतु, इंद्रजित, प्रहस्त, विरूपाक्ष, वज्रदंष्ट्र, धूम्राक्ष, अतिकाय, दुर्मुख तथा ऐसे ही अनेक लोग अपने-अपने शस्त्र चमकाते हुए युद्ध के लिए अनुमति मांगने लगे...

विभीषण को लगा, वे अब भी नहीं बोले, तो फिर बहुत देर हो जाएगी। उन्हें अपनी बात इन लोगों को सुनानी ही पड़ेगी, चाहे कोलाहल हो या अव्यवस्था...

वे उठकर अपने स्थान पर खड़े हो गये; किन्तु रावण के चेहरे पर उनके लिए

स्वागत का भाव नहीं था। फिर भी विभीषण को अपनी बात तो कहनी ही थी।

''तात !'' विभीषण उच्च स्वर में रावण से संबोधित हुए, ''यह अत्यंत हर्ष का विषय है कि लंका में ऐसे-ऐसे वीर हैं, जो शत्रु को अपने द्वार पर खड़े देखकर भयभीत नहीं होते, वरन् युद्ध के लिए उत्साहित होते हैं। मैं इन वीरों का अभिनन्दन करता हूं और कामना करता हूं कि वे लोग शुभ काम के लिए युद्ध करते हुए अपना वीरत्व प्रदर्शित करें और विजयी हों।''

सभासदों ने जोर से तालियां पीटकर अपनी प्रसन्नता व्यक्त की।

''किन्तु इस समय प्रश्न यह है,'' विभीषण कोलाहल के शांत होने की प्रतीक्षा में रुके नहीं, ''कि जिस युद्ध की हम तैयारी कर रहे हैं, क्या यह युद्ध नीतिसंगत भी है ?''

विभीषण ने रुककर सभासदों पर अपनी दृष्टि फेरी, ''यह युद्ध लंका की रक्षा के लिए नहीं है; यह युद्ध किसी सिद्धांत की रक्षा के लिए भी नहीं है, यह युद्ध अपने प्रति किए गए किसी अपराध के परिमार्जन के लिए भी नहीं है; स्वाभिमान और सम्मान की रक्षा के लिए भी नहीं है। यह युद्ध-नीति का शासन स्थापित करने, प्रजा को अभयदान करने, नये देश जीतने, किसी राजा के गर्व को खंडित करने के लिए भी नहीं है। यह युद्ध अपने राजा के अपराध की रक्षा करने के लिए है।''

''विभीषण !'' रावण चेतावनी के स्वर में बोला, ''शब्द को मुख से बाहर निकालने से पहले कुछ तो सोच लो। अनर्गल प्रलाप तुम्हारे लिए हितकर नहीं है।''

''यह अनर्गल प्रलाप नहीं है, राजन् !'' विभीषण की तेजस्विता कुछ और मुखर हो उठी, ''राम आपका राज्य छीनने नहीं आ रहा है। उसका क्या अपराध था कि आप उसकी पत्नी का हरण कर लाए ?''

''मैं तुम्हारे प्रश्नों का उत्तर देने को बाध्य नहीं हूं।'' रावण उग्र होता जा रहा था, ''फिर भी तुम्हें समझाने के लिए कह रहा हूं कि शूपर्णखा तुम्हारी भी बहन है। राम ने उसका अपमान किया है। खर-दूषण तुम्हारे भी भाई थे। राम ने उनका वध किया है। मैंने प्रतिशोध की भावना से शत्रु-पत्नी का हरण किया है। यह अपराध नहीं है, हमारी नीति है।''

''शूर्पणखा मेरी बहन है और खर-दूषण मेरे भाई थे; किन्तु सम्बन्धी होने भर से ही तो उनके कृत्य न्यायसंगत नहीं हो जाते।'' विभीषण बोले, ''शूर्पणखा ने बलात् राम को प्राप्त करना चाहा था और सीता की हत्या का प्रयत्न किया था। खर-दूषण सेना लेकर राम से युद्ध करने गए थे। राम ने जो कुछ भी किया, अपने स्वाभिमान और प्राणों की रक्षा के लिए किया है। और अब भी वह अपने अपमान के प्रतिकार तथा अपनी पत्नी को पुनः प्राप्त करने के लिए सैनिक अभियान कर रहा है। उसके लिए उसे दोषी नहीं ठहराया जा सकता।''

''तो फिर दोषी किसे ठहराया जाएगा ? मुझे ?''

"हां। आपको, राजन !" विभीषण का निर्भीक स्वर सभा में गूंजता चला गया, "जिसने शत्रु के साथ युद्ध कर उसका वध नहीं किया, कामुकता के कारण एक निरीह और असहाय स्त्री का अपहरण किया और अब आप उस स्त्री पर अपना अनैतिक, अनाधिकृत आधिपत्य बनाए रखने के लिए लंका की सेनाओं को युद्ध की भट्ठी में झोंक रहे हैं।"

"विभीषण !" रावण का स्वर अत्यन्त उग्र था, "तुम बार-बार भूल जाते हो कि रावण लंका का राजा भी है और तुम्हारा बड़ा भाई भी। मैं बार-बार तुम्हें क्षमा करता हूं और तुम बार-बार अपनी मर्यादा का उल्लंघन करते हो।" उसने अपनी भंगिमा बदली, "हां। सीता के रूप और यौवन में मेरी आसक्ति है। मैंने कामेच्छा से बलात् उसका हरण किया है। मेरे लिए यह कोई नयी बात नहीं है। जिस स्त्री के रूप ने मेरी कामाग्नि को प्रज्वलित किया है, मैंने सदा उसे प्राप्त किया है; और जिस किसी ने मेरा विरोध किया है उसका मैंने वध किया है। और आज भी यही कहता हूं। रावण का यह विश्वास है कि भोग केवल शक्तिशाली के लिए है। जो मेरा विरोध करता है, वह मेरे खड्ग को देख ले — चाहे वह राम हो या विभीषण। रावण युद्ध में समर्थ है, अतः वह युद्ध से नहीं डरता।"

रावण चुप हुआ तो लगा कि अब सभा में कोई नहीं बोलेगा। किन्तु उस स्तब्धता को विभीषण ने ही पुनः तोड़ा। इस बार उनका स्वर तेज से भरा-पूरा नहीं था। न ही वे उग्रता से अपनी बात कह रहे थे। वे समझाते हुए-से, शांत स्वर में बोले, "राजन् ! मुझे आपके सामर्थ्य में संदेह नहीं है। किन्तु मैं लंकावासियों के हित के लिए ही कह रह हूं। आप मेरी नीति-संबंधी बात चाहे न सुनें, युद्ध-नीति संबंधी बात तो सुनें।"

"कहो।" रावण उपेक्षापूर्ण स्वर में बोला।

"तात् ! जो शत्रु असावधान हों, जिन पर उनके शत्रुओं ने आक्रमण कर रखा हो, जो महारोग से ग्रस्त हों, दैव से ही मारे गए हों — भली-भांति विचार कर उन्हीं पर विधिपूर्वक किए गए पराक्रम सफल होते हैं," विभीषण बोले, "राम असावधान नहीं है। वह विजय की इच्छा से आ रहा है। उसके साथ वानरों की भयंकर सेना है। उससे युद्ध में लंका को कोई लाभ नहीं होगा।"

"तो क्या किया जाए ?"

"वैदेही लौटा दी जाए।"

"असंभव !" रावण अपने आसन से उठ खड़ा हुआ, "अपने जीते-जी रावण सीता को नहीं लौटा सकता।"

रावण दृढ़तापूर्वक पग रखता हुआ, सभाभवन से बाहर निकल गया। सभा स्वतः ही विसर्जित हो गयी।

—

—

विभीषण भी अपने प्रासाद में चले आए; किन्तु उनकी चिन्ता कम नहीं हुई। रावण ने

अपने स्वार्थ-भोग के सामने, आज पहली बार प्रत्येक तर्क का तिरस्कार नहीं किया था। यह तो उसकी प्रकृति थी; किन्तु रावण की दृढ़ता के पीछे हल्की-सी चिंता की रेखा विभीषण ने पहली बार ही देखी थी। किस बात से चिन्तित था रावण ? राम की सेना की शक्ति से ? अथवा सीता के छिन जाने की आशंका से ?...

प्रात: ही विभीषण रावण के महामहालय में पहुंचे। आज सभासदों की अनुपस्थिति में वे अकेले रावण को — अपने भाई को — समझाने का प्रयत्न करेंगे। किन्तु आश्चर्य की बात थी कि आज इस समय भी रावण अकेला नहीं था। उसके अनेक मन्त्री उसके आप-पास बैठे थे; और उनके मध्य एक ऊंचे आसन पर बैठा वह अपनी राजसभा में ही बैठा प्रतीत हो रहा था।

विभीषण ने अभिवादन किया तो उसने अत्यन्त शान्त स्वर में उत्तर दिया और विभीषण को बैठने के लिए एक मंच की ओर संकेत किया।

''तात् !'' विभीषण बोले, ''कल राजसभा के विचार-विमर्श में कुछ उत्तेजना अवश्य आ गयी थी, किन्तु मेरा मन्तव्य आपका विरोध करने का नहीं है। आपके भाई के रूप में जो बात आपके और लंका के हित में समझता हूं, वही कहता हूं। निवेदन है कि आप मेरी बात शांत मन से सुनें और उस पर विचार करें।''

''कहो, विभीषण !'' रावण की आंखों में उभर आयी अशांति की छाया को उसकी वाणी की स्थिरता ने दबा दिया।

''तात् ! जब से आप सीता का हरण कर उसे लंका में लाए हैं, तब से लंका में अनेक नयी-नयी बातें हो रही हैं।''

''क्या नयी बातें हो रही हैं ?'' रावण की भृकुटि ऊपर की ओर उठी।

''राजकुल की एकता खंडित हो गयी है।'' विभीषण बोले, ''बाहर से आए अनेक लोगों के माध्यम से राम और उसकी सेना के विषय में विभिन्न प्रकार की बातें सुनने में आ रही हैं। मैं नहीं जानता कि यह राम कैसा मायावी पुरुष है, जिसका दूत सागर-संतरण कर लंका में आ सकता है और अपने पीछे भूकम्प का-सा प्रभाव छोड़कर जा सकता है।'' क्षणभर के लिए विभीषण रुके, ''लगता है कि लंका के आस-पास रहने वाले पशु-पक्षी भी सजग होकर राम की सेना में जा मिले हैं। राम ने मिट्टी में प्राण फूंककर उसमें से ऐसी दुस्साहसी सेना गढ़ ली है, जो लंका पर आक्रमण करने के लिए सागर-संतरण का पराक्रम करने को तैयार है।... भैया, मेरा आपसे नम्र निवेदन है कि आप इस विषय में गम्भीरता से सोचें कि यदि यह वानर-सेना किसी प्रकार लंका में आ गयी तो विजय चाहे किसी की हो — लंका की कितनी क्षति होगी। आज मैं आपसे धर्म-अधर्म की बात नहीं कर रहा, नीति-अनीति की बात नहीं कर रहा — आज तो मैं केवल लंका की रक्षा की बात कर रहा हूं। यदि केवल सीता को लौटा देने से लंका की यह भूमि सुरक्षित रहती है, राक्षसों की सम्पदा अक्षुण्ण बनी रहती है और सहस्रों सैनिकों के प्राण बच जाते हैं तो इसमें आपकी क्या हानि है ? आपके अन्त:पुर में स्त्रियों

की कोई कमी नहीं। एक सीता के नहीं रहने से क्या होगा !'' विभीषण ने निमिष-भर रुककर रावण को देखा, ''राम की सेना के भय से भाग-भाग लंका में आ पहुंचे अनेक लोगों से उस सेना के विषय में सुन-सुनकर लंका में जो भय और त्रास फैल गया है; आपके विरुद्ध जन-मन में जो विरोध संचित हो रहा है — उसके विषय में आपके मन्त्री आपको सूचना देने में संकोच करते हैं। किन्तु मैं यथार्थ को आप तक पहुंचाए बिना नहीं रह सकता।''

रावण ने उसी शांत दृष्टि से विभीषण को देखा। विभीषण चकित थे कि उनकी ये सारी बातें रावण को तनिक-सा भी उत्तेजित करने में सर्वथा असमर्थ रही थीं — क्या रावण सचमुच यथार्थ के प्रति सचेत हो रहा है ?...

''मैं तुम्हारी बातों पर विचार करूंगा, विभीषण !'' रावण बोला, ''और आज राजसभा में मन्त्रियों से मंत्रणा और विचार-विमर्श भी करूंगा। वहीं अपनी नीति की घोषणा भी करूंगा।''

रावण ने विभीषण की बात सुन ली थी और अपना उत्तर दे दिया था। उसके मन्त्री अभी मन्त्रणा के लिए बैठे हुए थे... स्पष्टतः यह विभीषण के लिए जाने का संकेत था।...

विभीषण ने सभागार में प्रवेश करते ही अनुभव किया कि आज सभा का विशेष रूप से आयोजन किया गया था। रावण की राजसभा वैसे भी जन-संकुल थी। सभा के आयोजन की सूचना पाकर कोई भी अनुपस्थित रहने का साहस नहीं कर सकता था; फिर भी कुछ लोग थे, जो इस नियम के अपवाद थे। किन्तु आज वे भी उपस्थित थे। सभा में बहुत कम दिखाई पड़ने वाला कुंभकर्ण भी आज उपस्थित था। विभीषण समझ नहीं पाए कि इसे मात्र संयोग माना जाए कि आज कुंभकर्ण मदिरा में धुत्त, संज्ञाशून्य नहीं था, इसलिए सभा में चला आया था, अथवा आज उसे विशेष रूप से सभा में उपस्थित किए जाने की व्यवस्था की गयी थी। किन्तु कुम्भकर्ण को विशेष रूप से उपस्थित रखने का आयोजन करने का क्या कारण हो सकता है ? रावण का ऐसा कौन-सा हित है, जो कुंभकर्ण की उपस्थिति से ही सध सकता है ?... या रावण ने कुंभकर्ण को इसलिए बुलाया है कि वह विभीषण की काट हो सके। एक भाई रावण का विरोध करे तो दूसरा भाई समर्थन कर उस विरोध की तीव्रता को नष्ट कर दे।... या फिर आज रावण को सभा में अपना पूर्ण समर्थन चाहिए। वैसे तो रावण की भृकुटि को देखते ही सभा में उसका समर्थन-ही-समर्थन होने लगता है, फिर भी कुंभकर्ण के समर्थन का अपना ही महत्त्व है। और विभीषण भली प्रकार जानते हैं कि कुछ भी हो जाए, कुंभकर्ण रावण का समर्थन ही करेगा।

रावण ने सभा में प्रवेश किया तो सभा अनुशासित हो गयी। किन्तु विभीषण ने देखा कि रावण आज प्रातः के समान शांत नहीं था। उसकी व्याकुलता उसके मुख पर स्पष्ट दिखाई दे रही थी। प्रातः की भेंट और इस समय के बीच में ऐसा क्या हो गया

था ? क्या राम के अभियान के विषय में कोई नई सूचना मिली है, या सीता-संबंधी कोई समाचार मिला है, अथवा लंका के भीतर से ही कोई ऐसा विरोध उठ खड़ा हुआ है, जिससे रावण चिंतित है ?

सिंहासन पर बैठकर रावण ने एक दृष्टि सम्पूर्ण सभा पर डाली और प्रहस्त पर आकर उसकी दृष्टि रुक गयी, ''व्यवस्था हो गयी, सेनापते ?''

''हां, राजन् !'' सेनापति प्रहस्त ने कुछ अतिरिक्त शालीन, औपचारिकता से उत्तर दिया, ''मैंने तत्काल व्यवस्था कर दी थी। इस समय लंका के सभी द्वारों पर अस्त्र-विद्या में पारंगत रथियों तथा अश्वारोहियों से संरक्षित हमारी सेनाओं के सशस्त्र गुल्म नियुक्त कर दिए गए हैं। सभी प्रमुख मार्गों पर वाहिनियां परिक्रमा कर रही हैं। प्रजा में गुप्तचर लोग अपना काम कर रहे हैं और स्कंधावारों में सेनाएं युद्धार्थ सन्नद्ध होने के आदेशाधीन हैं।'' प्रहस्त ने क्षणभर रुककर विषय बदला, ''बाहर से कोई सेना लंका में प्रवेश नहीं कर सकती। राम की सेना के भय से भागकर आए हुए शरणार्थियों को लंका में घुसकर त्रास फैलाने नहीं दिया जाएगा। लंका के भीतर प्रजा को विद्रोह नहीं करने दिया जाएगा। और राजन् ! लंका के निर्धन लोगों में से सैनिकों और संपन्न घरों से सैनिक अधिकारियों की भर्ती आरंभ कर दी गयी है।''

चकित होकर विभीषण कभी रावण को देख रहे थे, कभी प्रहस्त को। ये सारी सैनिक व्यवस्थाएं लंका में क्यों की जा रही हैं; और इन्हें इस प्रकार समारोहपूर्वक राजसभा में घोषित क्यों किया जा रहा है ? इसके मूल में क्या है ?

रावण ने एक सिंह-दृष्टि चारों ओर डाली और बोला, ''यह सभा मैंने विशेष प्रयोजन से बुलाई है। जब कभी कोई राजनैतिक, सैनिक अथवा नैतिक संकट आया है, मैंने सदा आपका परामर्श चाहा है। आज भी एक ऐसा ही संकट मुझ पर आया है।'' रावण का स्वर गर्विष्ठ हो उठा, ''राक्षसों की विचरण-भूमि दंडकारण्य में से मैं उस कंगले तापस राम की सुंदरी पत्नी सीता हरण कर लाया हूं। मेरी दृष्टि में सीता सारे विश्व में सर्वश्रेष्ठ सुन्दरी है। उसे देखते ही मेरा हृदय और शरीर कामाग्नि से दग्ध होने लगता है। मैं आपसे स्पष्ट कह दूं कि किसी भी स्थिति में, किसी के भी परामर्श अथवा विरोध के भय से मैं सीता को लौटाने को प्रस्तुत नहीं हूं। राम वानरों की सेना लेकर लंका पर आक्रमण करने आ रहा है। युद्ध में जय हो अथवा पराजय, मैं सीता का त्याग नहीं कर सकता।'' रावण ने रुककर विभीषण को देखा, ''सीता मेरी शैया पर आरूढ़ होना नहीं चाहती। मेरे अपने परिवार में से सीता-हरण को लेकर मेरा विरोध हो रहा है। किन्तु मैं सीता का त्याग नहीं कर सकता। मैं अपनी वासना में दग्ध हो रहा हूं, कामाग्नि में जल रहा हूं...''

सहसा कुम्भकर्ण उठकर अपने स्थान पर खड़ा हो गया। उसका चेहरा क्रोध से तमतमाया हुआ था, ''आप कामाग्नि में जल रहे हैं तो क्या सारे राक्षसों को युद्धाग्नि में जला डालेंगे ? आपने बिना किसी से परामर्श किए यह अनुचित कार्य कर डाला है।

किसी की पत्नी के हरण का क्या अर्थ ?''

''कुम्भकर्ण !'' रावण के स्वर में याचना थी, ''तुम राक्षस होकर भोग का विरोध करते हो। हमारी नीति तो हमारा बल है। मैंने सदा तुम्हारे सुख और भोग की सामग्री तुम्हें उपलब्ध कराई और आज तुम अपने ही बड़े भाई के सुख-भोग में नैतिकता की अड़चन खड़ी कर रहे हो।''

कुम्भकर्ण के चेहरे का भाव बदल गया, ''किया तो आपने अनुचित ही है; पर चलिए, यदि आपकी इच्छा है, यदि आपको सुख मिलता है, तो ऐसा ही हो।'' उसका स्वर तेजोद्दीप्त हो गया, ''मैं आपके समस्त शत्रुओं का नाश करूंगा; चाहे वे लंका के बाहर हों, चाहे लंका के भीतर। आप अपने शत्रुओं को मेरे लिए छोड़कर अपनी मनोकामना पूरी कीजिए। मैं राम का वध कर, सीता को सदा के लिए आपकी बना दूंगा।''

''साधु, कुम्भकर्ण !'' रावण का मुख उल्लसित हो उठा, ''आप लोग यह न समझें कि मैं राम अथवा उसके वानरों से डर गया हूं। राम एक साधारण कंगला तपस्वी है, जिसे उसके छोटे भाइयों ने राज्य से निष्कासित कर रखा है। वह मूर्ख वानरों को चाहे जितना फुसला ले, युद्ध में मेरे सम्मुख टिक नहीं पाएगा। उसके वानर सैनिक ऐसे वन-पशु हैं, जिन्हें शस्त्र पकड़ना भी नहीं आता। वे लोग लंका की देव-विजयिनी, उन्नत शस्त्रों से सज्जित, प्रशिक्षित सेना के सम्मुख कैसे टिक पाएंगे; और फिर उनके और हमारे बीच सर्पों तथा भयंकर जलचरों से भरे हुए सागर की प्राचीर है। सागर को पार करने के प्रयत्न में वह सारे वानरों को उसमें डूबो देगा। मैं राम और उसकी सेना से तनिक भी भयभीत नहीं हूं।'' रावण ने क्षणभर रुककर उच्च स्वर में कहा, ''मैं इसलिए रण-सज्जित हो रहा हूं कि याचक को युद्ध-दान करना वीरों का धर्म है। मैं विजय के लिए रण-सज्जित हो रहा हूं। इस युद्ध में असंख्य वानर मारे जाएंगे और तब उनका विशाल राज्य हमारा होगा, उनकी धन-संपत्ति हमारी होगी, उनकी सुन्दरी स्त्रियां हमारी शैयाओं पर आरूढ़ होंगी। युद्ध तो हम करेंगे ही।''

''तो ठीक है, महाराज !'' महापार्श्व ने रावण का समर्थन किया, ''हम राम की सेना से युद्ध करेंगे। सागर को पार कर, वह बेचारा लंका में तो आ नहीं सकेगा। उसकी बुद्धि को उचित मार्ग पर लाने के लिए हम ही सागर के उस पार जाएंगे।'' वह हल्के-से मुसकराया, ''आपको कष्ट करने की आवश्यकता नहीं है। युद्ध हम संभाल लेंगे। आप अपनी कामना पूरी कीजिए। आप उस विश्व-सुन्दरी सीता के साथ रमण कीजिए। वह आपकी शैया पर आरूढ़ होना नहीं चाहती तो राक्षस-धर्म के अनुसार उसके साथ बलात्कार कीजिए। उसके केश पकड़कर, उसे घसीटकर अपनी शैया पर ले आइए...।''

विभीषण को लगा, महापार्श्व के शब्द सुनकर उनका संपूर्ण अस्तित्व ही जैसे जल उठा हो। यह राजसभा अब उनके लिए असह्य हो उठी थी। रावण का भय उनके मन में से जैसे निकल गया।

अग्नि के-से तपते शब्द उनके मुख से अनायास ही बहते चले गए, ''कैसी राजसभा

है यह, जहां मंत्री अपने राजा को पर-स्त्रियों के साथ बलात्कार करने की मंत्रणा देते हैं। उचित-अनुचित का ध्यान तुम्हें नहीं है तो अपना स्वार्थ तो पहचानो। राम ने इन्हीं वानरों की छोटी-सी सेना से तुम्हारा जनस्थान का स्कंधावार ध्वस्त किया था। उसकी पत्नी का हरण हुआ तो वह सारे विश्व के वानरों को सैनिक रूप देकर, तुम्हारी लंका के द्वार खटखटा रहा है। उसकी पत्नी के साथ बलात्कार हुआ तो वह तुम लोगों को क्षमा कर देगा क्या ?'' विभीषण उग्र से उग्रतर होते जा रहे थे, ''लंका का एक-एक परिवार नष्ट हो जाएगा। तुम्हें वानरों की सुंदरी स्त्रियों का प्रलोभन दिया जा रहा है; किन्तु तुम्हें अपनी स्त्रियों का ध्यान नहीं है। कभी सोचा है कि प्रतिशोध की भावना से भरी वानर सेना, तुम्हारी स्त्रियों के साथ कैसा व्यवहार करेगी ?''

''राजकुमार विभीषण भय के मारे आत्मविश्वास खो चुके हैं।'' प्रहस्त हंसकर बोला, ''ये राम की सेना से डर गए हैं; किन्तु हम किसी से नहीं डरते। हमारी सेनाओं ने देवों, यक्षों, गंधर्वों, नागों, दैत्यों, दानवों, असुरों — सभी को परास्त किया है, ये बेचारे तो साधारण वानर हैं।''

विभीषण का तेज कुछ और भी उग्र हो उठा, ''सेनापति प्रहस्त ! भयभीत होने की बात अभी रहने दो। युद्ध-विद्या और सेना के बलाबल का कुछ ज्ञान मुझे भी है। मैं कह रहा हूं कि एक तो महाराजाधिराज रावण स्वयं ही वाणी और दंड की कठोरता, धन के अपव्यय, मदिरापान, स्त्री, मृगया और द्यूत जैसे व्यसनों के वशीभूत हैं और उनके कारण नीति-अनीति का संतुलन उनके हाथ से छूट जाता है — ऊपर से राक्षसों के सत्यानाश के लिए तुम-जैसे शत्रु-तुल्य मित्र उनकी सेवा में उपस्थित रहते हैं। तुम लोगों से यह तो होता नहीं कि राजा को न्यायोचित परामर्श दो। उलटे राजा की कृपा-प्राप्ति के लिए चाटुकारिता कर उनके दुर्गुणों को बढ़ावा देते हो। धिक्कार है तुम जैसे स्वार्थी, लोभी तथा चाटुकार मंत्रियों पर !''

सहसा विभीषण की दृष्टि रावण पर जा पड़ी। लगा कि रावण की अप्रसन्नता उस सीमा तक जा पहुंची है, जहां वह इस द्वन्द्व में होता है कि मुख से कठोर शब्द निकाले अथवा कोष से खड्ग...

विभीषण चुप हो गए।

किन्तु उनके मौन होते ही मेघनाद उठ खड़ा हुआ। उसने विभीषण से कुछ नहीं कहा। वह सीधे रावण से संबोधित हुआ, ''महाराजाधिराज ! मेरा विचार है कि युद्ध की बात इस प्रकार खुली राजसभा में नहीं होनी चाहिए। उससे अनेक लोग डर जाते हैं और अनर्गल प्रलाप करने लगते हैं।'' उसने मुड़कर एक दृष्टि विभीषण पर डाली और बोला, ''राजन् ! मेरे छोटे चाचा राजकुमार विभीषण आसन्न युद्ध से भयभीत होकर अपना मानसिक संतुलन खो बैठे हैं। मेरा अनुरोध है कि अपने कुल में उनका जन्म होने पर भी उन्हें युद्ध के अयोग्य तथा भीरु मानकर, युद्ध-संबंधी कोई कार्य न सौंपा जाए।''

मेघनाद की मुसकान, विभीषण के वक्ष को ऊपर से नीचे तक चीर गयी। ओह !

कितना विषैला है यह मेघनाद ! इंद्र को पराजित कर, कैसा उद्दंड हो गया है !...'

''तुम उद्दंड और अविनयी हो, मेघनाद !'' विभीषण क्रुद्ध स्वर में बोले, ''नीति का पक्ष लेकर यदि तुमने अपने पिता के अनैतिक कार्यों का विरोध किया होता तो मैं समझता कि तुम विवेकी पुरुष हो और अपने पिता का हित चाहते हो। किन्तु तुम अपने पिता को विनाश की ओर धकेलने में सहायक हो रहे हो। तुम पुत्र होकर भी अपने पिता और वंश के विनाश का कारण बन रहे हो — तुम मोह तथा स्वार्थवश पिता की हां में हां मिलाकर, ऊपर से मित्र दिखते हुए भी, महाराजाधिराज रावण से शत्रुता कर रहे हो।''

विभीषण शायद अभी कुछ और भी कहते किन्तु तब तक रावण की आंखें क्रोध से तप्त अंगारों के समान दहक उठीं। अपने प्रति कहे गए शब्द उसने फिर भी सहन कर लिये थे, किन्तु पुत्र के प्रति इस प्रकार की ताड़ना ने उसकी सहनशीलता समाप्त कर दी थी, ''बस ! बहुत हो चुका, विभीषण ! शत्रु अथवा कुपित विषधर के साथ रहना पड़े तो व्यक्ति रह ले, किन्तु उस भाई के साथ कदापि न रहे, जो मित्र कहलाकर भी शत्रु की सेवा कर रहा हो।'' और सहसा रावण के धैर्य का भी बांध टूटा, ''मेरा अभ्युदय, सुख और विलास नहीं देखा जाता, विभीषण ! कुटुम्बीजन ऐसे ही होते हैं। तुम्हें आज तक मैंने व्यर्थ अपना भाई मानकर तुम्हारे सुख, सम्मान और रक्षा के लिए स्वयं को चिंतित किया। तुमसे स्नेह की आशा व्यर्थ है। मैं बहुत दिनों से तुम्हारे मन में पलते विष का आभास पा रहा हूं; किन्तु उदारतावश क्षमा करता आया हूं। तुमने जो कुछ कहा है, यदि किसी और ने कहा होता तो उसका मुंड धरती पर लोट रहा होता। तुम्हें आज मैंने फिर क्षमा किया। जाओ, चले जाओ और यथाशीघ्र लंका से बाहर निकल जाओ। लंका में तुम जीवित नहीं रह पाओगे।'' उसने रुककर विभीषण को देखा, ''जाने से पहले लंकेश्वर का प्रसाद लेते जाओ। यहां आओ।''

यंत्रवत् विभीषण, रावण के निकट आकर खड़े हो गए।

''जिसका पक्ष लेते तुम नहीं थकते,'' रावण बोला, ''जिसे तुम अपना प्रिय मानते हो, उस राम ने मेरी बहन शूर्पणखा को दंडस्वरूप खड्ग से चिह्नित किया था। मैं तुम्हें खड्ग के योग्य नहीं मानता। तुम इसके योग्य हो !''

और इससे पूर्व कि कोई समझ पाता कि रावण के मन में क्या है, उसने सिंहासन से उठकर विभीषण को लात दे मारी...

विभीषण स्तब्ध खड़े रह गए।

जो कुछ हुआ था, वह अप्रत्याशित ही नहीं, कल्पनातीत था। ऐसी स्थिति में विभीषण क्या करें ? रावण से उनके संबंध बिगड़ते जा रहे थे — यह वे देख रहे थे। वे दोनों परस्पर-विरोधी पक्षों से सज्जित हो रहे हैं, यह भी वे जान रहे थे। अपने भाई का विरोध उन्हें करना होगा; संभवतः किसी समय अपने भाई को छोड़ना भी पड़ेगा — यह भी

कहीं-न-कहीं उनके मन में था। किन्तु उनके कल्याणकारी आग्रह पर भरी सभा में रावण उन पर पाद-प्रहार करेगा — यह उन्होंने नहीं सोचा था। इतना ही नहीं, उसने उन्हें लंका छोड़कर चले जाने के लिए कहा था। न भी कहा होता, तो भी इतने अपमानित होकर लंका में रहना विभीषण के लिए संभव नहीं था।...

विभीषण की जड़ता टूटी। राजसभा में मूर्ति के समान खड़े रहना, प्रत्येक सभासद की सकरुण अथवा घृणामयी दृष्टि का पात्र बने रहना तो उनकी समस्या का समाधान नहीं था। किन्तु वे क्या करें ? रावण का विरोध करें ? क्या वे रावण से कह दें कि वे लंका छोड़कर कहीं नहीं जाएंगे। उन्हें लंका से निकालने का रावण को कोई अधिकार नहीं है। विभीषण ने कोई अपराध नहीं किया है... किन्तु अपराध तो सीता ने भी कोई नहीं किया था। अपराध किया था रावण ने और वही दूसरों को दंड दे रहा था। उसमें तर्क और न्याय की बात कहां थी ? और यदि विभीषण लंका में रहना चाहेंगे तो किसके बल पर रहेंगे ? अपने सहायकों के बल पर अज्ञातवास वे कर सकते हैं; उसका क्या लाभ ? रावण की सैनिक शक्ति के विरुद्ध लड़कर लंका में वे प्रकट रूप से नहीं रह सकते...

लंका में नहीं रहेंगे तो जाएंगे भी कहां ?... सरमा और कला को साथ लेकर यदि वे लंका से बाहर निकलना चाहें तो कैसे निकलेंगे और कहां जाएंगे ?...

...राजसभा इन सब चिंताओं का समाधान पाने के लिए उपयुक्त स्थान नहीं था।... उन्होंने एक दृष्टि रावण पर डाली — उसकी आंखों में अभी भी अग्नि धधक रही थी। विभीषण को लगा कि यदि वे रावण के सम्मुख वर्तमान रहे तो रावण पुनः प्रहार कर सकता है; और इस बार यह प्रहार खड्ग का भी हो सकता है... यदि रावण सचमुच उन्हें द्वन्द्व-युद्ध के लिए ललकारता तो बात और थी; तब शायद युद्ध की चुनौती को स्वीकार करने में विभीषण को संकोच न होता; किन्तु रावण के सेनाध्यक्षों में घिरकर, रावण के हाथ से बद्ध पशु के समान मारा जाना उनके लिए गौरव की बात नहीं हो सकती थी।

विभीषण के पग द्वार की ओर उठ गए। उनके मुख से एक शब्द भी नहीं निकला।... क्या कहते कि वे रावण की बात मानकर, लंका छोड़कर जा रहे हैं, या यह कहते कि वे उसकी आज्ञा मानने को बाध्य नहीं हैं — उसकी जो इच्छा हो कर ले। या यह कहते कि उसने भाई के साथ, न्यायसंगत बात कहने पर उचित व्यवहार नहीं किया।... कुछ भी कहने का कोई अर्थ नहीं था... और उनका अपना ही मन कहां जानता था कि वे क्या करना चाहते हैं, और क्या कर सकते हैं...

रथ चला और ठंडी हवा उनके चेहरे से टकराई। लगा कि मस्तिष्क कुछ शांत हुआ है और उनकी सोचने-समझने की शक्ति लौट रही है... और तभी उन्होंने अनुभव किया कि लंका में रह सकने का अधिकार पाने का अंतिम अवसर भी उन्होंने खो दिया है... राजसभा से चुपचाप निकल आने के स्थान पर यदि उन्होंने रावण के पैर पकड़

लिये होते, उससे क्षमा मांगी होती, रोए और गिड़गिड़ाए होते, तो रावण कदाचित् उन्हें क्षमा कर देता।

विभीषण का मन हुआ, वे इस कठिन घड़ी में भी ठहाका मारकर हंस पड़ें। अपनी सुरक्षा और यथास्थिति बनाए रखने से कितना मोह होता है मनुष्य को।... कितने वर्षों से भीतर-ही-भीतर वे रावण का विरोध कर रहे हैं। उसके विपक्ष में जनमत तैयार कर रहे हैं। उसका अहित करने को भी तैयार बैठे हैं। उसके शत्रुओं को किसी सीमा तक अपना मित्र मान बैठे हैं... और तब भी चाहते हैं कि रावण उन्हें अपनी नाक के नीचे लंका में एक बड़े प्रासाद में राजसी ठाट से रहने दे।... विरोध का पुरस्कार चाहते हैं? विरोध का मूल्य चुकाना नहीं चाहते ?... विरोध करते रहने पर भी रावण से चिपके रहना चाहते हैं ?... आज जब स्वयं रावण ने उन्हें अवसर दिया है कि वे उससे अलग होकर अपने विरोध को गंभीर कर्म के धरातल पर व्यक्त करें तो वे उससे क्षमा मांगने और उसके चरण पकड़ने की बात सोचते हैं... बुद्धि की वह स्तब्धता ही वंदनीय है, जिसने उन्हें कुछ क्षण पूर्व यह सब सोचने-समझने नहीं दिया। यदि कहीं पहले सूझ गया होता, तो क्या पता वे सचमुच ही क्षमा-याचना कर बैठते...

सरमा ने विभीषण का चेहरा देखा तो धक् रह गई — अवश्य ही राजसभा में कोई गम्भीर बात हो गई है; अन्यथा विभीषण इस प्रकार चिंतित दिखाई न पड़ते।

''क्या हुआ ?'' विभीषण के बैठने के पश्चात् सरमा ने उनके कंधे पर कोमलता-पूर्वक हाथ रखकर मधुर स्वर में पूछा।

विभीषण ने संक्षेप में सब कुछ बता दिया।

''तो ?''

''लंका छोड़कर जाना है।''

''कहां ?''

''यही प्रश्न तो मुझे मथे जा रहा है।'' विभीषण का स्वर धीमा भी था और चिंतित भी, ''कुछ समझ में नहीं आता कि कहां जाऊं। सिवाय इस प्रासाद के मेरा और कोई ठिकाना नहीं है। लंका से बाहर जाने की सोचता हूं तो सारे राज्य दो पक्षों में बंटे दिखाई पड़ते हैं — एक रावण के पक्ष में, दूसरे विपक्ष में। रावण का विरोधी होकर मैं रावण के मित्र राज्यों में प्रवेश नहीं पा सकता; और रावण का भाई होकर मैं रावण-विरोधी राज्यों में सुरक्षित नहीं रह सकता। अपनी सुन्दरी पत्नी और तरुणी-पुत्री के साथ वनवास करने की बात मैं सोच नहीं सकता...'' विभीषण ने सरमा को देखा, जैसे उससे सहायता मांग रहे हों।

''हमारी चिंता छोड़ो, प्रियतम !'' सरमा का स्वर चिंतित किन्तु स्थिर था, ''राक्षसराज ने केवल आपको लंका छोड़ने को कहा है। हमारे लिए ऐसा कोई आदेश नहीं है। हम दोनों यहां, इसी प्रासाद में सुरक्षित रहेंगे। राक्षसेन्द्र हमसे कुछ नहीं कहेंगे। और यदि ऐसी

कोई स्थिति आयी तो मैं मंदोदरी भाभी की शरण में चली जाऊंगी। वे मुझे अपमानित नहीं होने देंगी।''

''ठीक कहती हो, सरमे !'' विभीषण कुछ शान्त हुए, ''किन्तु पूर्णत: निरापद यह भी नहीं है। ऐसी स्थिति में मेरे प्रति सारा आक्रोश रावण तुम पर उतारेगा। वाली ने सुग्रीव की पत्नी के साथ जो कुछ किया, उसे मैं भूल नहीं सकता। और यदि रावण इतनी नीचता न भी करे, तो भी सोचता हूं कि मैं तुम दोनों की सुरक्षा के लिए तुम्हें यहां छोड़ जाऊं तो कहीं वह तुम लोगों को बंधक न बना ले। ऐसी स्थिति में मैं लंका से बाहर रहकर भी राक्षसराज के आदेशों का बंदी बना रहूं... ।''

सरमा कुछ कहना ही चाहती थी कि किसी ने कपाट खटखटाए।

''कौन है ?'' विभीषण ने पूछा।

''मैं हूं, पिताजी !'' कला कपाट खोलकर भीतर आ गयी।

''क्या बात है ?'' उसने माता-पिता, दोनों को ध्यान से देखा, ''आप लोगों के चेहरे इतने उतरे हुए क्यों हैं ?''

विभीषण से सरमा की ओर देखा।

''थोड़ी देर हमें अकेले छोड़ दो, बेटी !'' सरमा शांत स्वर में बोली।

कला का मन हुआ कि मचलकर वहीं बैठ जाए। ऐसी कौन-सी चर्चा है, जो उसके माता-पिता उसके सामने नहीं करना चाहते। वह अब बच्ची नहीं है। किन्तु मां के स्वर में कुछ ऐसा था कि कला प्रतिवाद नहीं कर सकी। चुपचाप उलटे पैरों लौट गयी।

''मैं अपने और कला के विषय में नहीं, आपके विषय में चिंतित हूं।'' सरमा ने बात नये सिरे से आरम्भ की।

''तुम लोग यहां सुरक्षित रहो तो मेरी क्या चिन्ता !'' विभीषण बोले, ''मैं कहीं भी चला जाऊंगा।''

''कहां चले जाएंगे ?'' सरमा बोली, ''उस पार के समुद्रतट पर राम की सेना बिछी पड़ी है। प्रत्येक घाट पर उनके सैनिक गरज रहे हैं। ऐसे में आप कहां जाएंगे ? सागर पार करते ही उनके हाथों में पड़ गए तो बन्दी बना लिये जाएंगे। आप उन्हें लाख विश्वास दिलाएं कि आप रावण के किसी कृत्य से सहमत नहीं हैं — वे आपको राक्षसेन्द्र का भाई मानकर काट खाएंगे।''

विभीषण ने सरमा की बात का कोई उत्तर नहीं दिया। वे जैसे किसी और ही लोक में खो गए थे।

सरमा एकटक अपने पति की ओर देखती रही, किंतु उनके चिन्तन में बाधा नहीं डाली।

''मैं सोच रहा था।'' थोड़ी देर के पश्चात् विभीषण स्वयं ही बोले, ''सिद्धांतत: मैं सदा रावण का विरोधी और परिणामत: राम का समर्थक रहा हूं; किंतु भाई के संबंध के मोह में मैं रावण का त्याग कभी नहीं कर सका। आज यदि रावण ने स्वयं मुझे इसका

अवसर दिया है तो मैं उससे व्याकुल क्यों हो उठा हूं ?'' वे रुके, ''मुझे कहीं और जाने की आवश्यकता ही क्या है, मैं सीधा राम के ही पास क्यों नहीं जाता। वहां वह वानर हनुमान भी होगा। वह साक्षी देगा कि मैंने रावण के द्वारा घोषित मृत्युदंड से उसकी रक्षा की थी।''

तभी फिर किसी ने कपाट पर थाप दी। इस बार थाप कुछ अधिक जोर से दी गयी।

विभीषण ने कुछ आश्चर्य तथा कुछ रोष के साथ जोर से बजते हुए उन कपाटों की ओर देखा — आज जब वे स्वयं इतने उद्विग्न हैं, कला यह कैसा व्यवहार कर रही है ?

किंतु उनके कुछ बोलने से पूर्व ही एक कपाट हल्के-से इतना भर खुला कि उसमें से एक चेहरा झांक सके। चेहरा कला का था। उसने धीमे तथा शांत स्वर में कहा, ''अविंध्य काका आए हैं।''

''आने दो।'' विभीषण के मुख से अनायास ही निकल गया। इस बार चकित होने की बारी सरमा की थी।

किंतु विभीषण का ध्यान उस ओर नहीं गया। वे उत्सुकता से अविंध्य के आने की राह देख रहे थे।

अविंध्य अकेला नहीं था। उसके साथ विभीषण के चारों सचिव — अनल, पनस, संपाति तथा प्रमति — भी थे।

''आपने क्या सोचा है ?'' अविंध्य ने बैठते ही पूछा।

''अभी तो सोच ही रहा हूं।'' विभीषण बोले, ''समझ नहीं पा रहा कि क्या करूं।''

''आप लंका छोड़ने की सोच रहे हैं ?''

''न छोडूं तो क्या करूं। लंका में तो अब मैं रह नहीं सकता।'' विभीषण बोले, ''किंतु कहां जाऊं ? और मेरे जाने के पश्चात् मेरी पत्नी, मेरी बच्ची...''

''आपने केवल अपने परिवार और अपने विषय में सोचा है।'' अविंध्य ने उनकी बात पूरी नहीं होने दी, ''आपने लंका और लंकावासियों के विषय में कुछ नहीं सोचा...।''

''लंका के विषय में ?''

''हां ! आपके जाने के बाद लंका की क्या स्थिति होगी ?''

सचमुच विभीषण का ध्यान उधर नहीं गया था — विभीषण के चले जाने के पश्चात् लंका में रावण को रोकने या बांधने वाला कोई नहीं रह जाएगा। लंका की प्रजा रावण की दया पर होगी। रावण सेनाओं पर सेनाएं तैयार करेगा और युद्ध पर युद्ध करेगा। लंका की यह समस्त प्रजा उसके अहंकार की अग्नि के प्रदीप्त रखने के लिए ईंधन मात्र बन जाएगी।... और फिर इस समय सागर तट पर राम की सेना पड़ी है। युद्ध तो होना ही है... कुछ को रावण मारेगा, कुछ को राम की सेना मार डालेगी। रावण की विजय हुई तो लंका में और भी अत्याचारी, उच्छृंखल शासन स्थापित होगा और प्रजा उसकी

हवि बनेगी; राम की विजय हुई तो लंका पराधीन हो जाएगी, या तो सुग्रीव का शासन होगा या राम का। विदेशी शासन...

''संकट की इस घड़ी में लंका का उद्धार रावण नहीं कर सकता।'' अविंध्य ने कहा, ''चाहे वह राजाधिराज हो या जगद्विजेता।''

विभीषण ने आंखें उठाकर अविंध्य की ओर देखा — क्या वह भी वही सोच रहा है, जो विभीषण के मन में है ?

''यदि स्थिति सामान्य होती,'' अविंध्य के पुनः कहा, ''तो मैं आपसे यही कहता कि आप अपने परिवार सहित किसी सुरक्षित स्थान पर चले जाइए। किन्तु इस समय लंका की चिन्ता सबसे पहले करनी होगी।''

''क्या है तुम्हारे मन में, अविंध्य ?'' विभीषण बात स्पष्ट कर लेना चाहते थे।

''इस स्थिति में लंका के सामने दो ही विकल्प हैं — पीड़ा — रावण के हाथों या राम के हाथों...''

अविंध्य के मन में भी वही है... विभीषण सोच रहे थे।

''और हमें ये दोनों ही स्वीकार नहीं हैं।''

''तो ?''

''हम रावण से कोई समझौता नहीं कर सकते।'' अविंध्य का स्वर निश्चयात्मक था, ''क्योंकि हम जैसे तिरस्कृत और अपमानित सामान्य जन — जिन्हें महाराजाधिराज अपना विरोधी मानते हैं — से राक्षसराज कोई समझौता नहीं करेंगे। पर... शायद राम से आपका समझौता हो जाए...।''

विभीषण ने चकित होकर अविंध्य की ओर देखा। वे अपनी समस्या में ऐसे उलझ गए थे कि उनका ध्यान इस ओर गया नहीं था। पर अविंध्य ने ठीक ही सोचा था...

''और पीछे ?'' विभीषण कुछ सोचते हुए बोले, ''राम से समझौता हुआ तो हमें रावण के विरुद्ध लड़ना पड़ सकता है। युद्ध-क्षेत्र में मेरे हाथों रावण के किसी प्रियजन का वध हो सकता है। ऐसी स्थिति में मेरा परिवार ?''

''पीछे मैं हूं। हमारा संगठन है। सहायक हैं।'' अविंध्य ने उत्तर दिया, ''और कुछ नहीं हो सका तो रानी और राजकुमारी के लिए अज्ञातवास की व्यवस्था तो हम कर ही सकते हैं।''

''तो मैं निश्चिन्त हो जाऊं ?''

''इस ओर से निश्चिन्त ही रहिए।''

''तो फिर हमारे लिए किसी अच्छी नौका का प्रबन्ध कर दो और कोई गुप्त अज्ञात घाट... अच्छे माझी...''

8

"लंका-निष्कासित मैं, राक्षसराज रावण का भाई विभीषण हूं। मेरे साथ मेरे चार सचिव — अनल, पनस, संपाति तथा प्रमति हैं।" विभीषण ने अपना परिचय दिया, "हम लंकावासियों की ओर से आपकी शरण में आए हैं।"

विभीषण के तट पर पहुंचते ही वानर सैनिकों ने उनकी नौका को अपने अधिकार में ले लिया था और उन्हें तथा उनके सचिवों को निःशस्त्र कर, पहरे में राम के सम्मुख प्रस्तुत किया था।

राम ने विभीषण को देखा — यह उनके शत्रु का भाई था, जो उनकी शरण में आ गया था। हनुमान के माध्यम से सीता ने सूचना भेजी थी कि विभीषण और उनका परिवार सीता की सहायता कर रहा था। हनुमान को भी इसी विभीषण ने मृत्युदंड से बचाया था। रावण से उसका भेद बढ़ गया लगता है...

विभीषण और उनके सचिव वीर वेश में थे, यद्यपि उनके शस्त्र तट-सैनिकों ने उनसे ले लिये थे। विभीषण ऊंचे-लंबे, हृष्ट-पुष्ट शरीर के स्वामी थे। उनका रंग गेहुंआ था और आंखों में स्वच्छता, सरलता तथा स्वाभिमान का भाव था; यद्यपि इस समय अनिश्चय के कारण संकोच का भाव उनके सारे व्यक्तित्व पर छाया हुआ था।

राम ने मुसकराकर विभीषण के कंधे पर हाथ रख, उन्हें हल्के-से दबाया, "आपका स्वागत है, बंधुवर विभीषण ! मैं स्वयं अयोध्या से निष्कासित हूं। सुग्रीव से जब मेरी मित्रता हुई थी, वे भी किष्किंधा से निष्कासित थे।"

विभीषण हल्के-से मुसकराए, किन्तु कुछ बोले नहीं।

पुनः राम ही बोले, "इस दृष्टि से हममें सम धरातल पर मैत्री हो तो अधिक अच्छा है; शरणागत होकर आना आपके लिए शोभनीय नहीं होगा।" राम रुके, "आपको राक्षसराज की ओर से कोई आशंका है ?"

विभीषण के अधरों पर एक गंभीर मुसकान उभरी, "मैं अपनी सुरक्षा के लिए आपकी शरण में नहीं आया। मैंने पहले ही निवेदन किया है कि मैं लंकावासियों की ओर से आपकी शरण में आया हूं।"

"स्पष्ट कहो, विभीषण !"

"आर्य राम ! इतना तो आप स्वीकार करेंगे ही कि राक्षसराज रावण जो कुछ भी कर रहा है — आवश्यक नहीं कि लंका का प्रत्येक निवासी उससे सहमति ही रखता हो।"

"नहीं ! आवश्यक नहीं।" राम सहज भाव से बोले, "स्वेच्छाचारी राजा अनेक बार अपनी इच्छा अपनी प्रजा पर बलात् आरोपित करता है।"

"मेरा तात्पर्य भी यही है, आर्य !" विभीषण बोले, "आपका शत्रु रावण है, लंका की प्रजा नहीं।"

राम मुसकराए, ''मैंने किसी भी राज्य की प्रजा को कभी भी अपना शत्रु नहीं माना।''

''ऐसी स्थिति में अपनी बात स्पष्ट कह सकूंगा।'' विभीषण बोले, ''रावण की स्वेच्छाचारिता ने लंकावासियों पर अनेक युद्ध थोपे हैं। वे युद्ध न तो लंकावासियों ने आत्मरक्षा में लड़े हैं, न अपने किसी अन्य लाभ के लिए। ये युद्ध लंका का राजा अपने विलास, अपने अहंकार की स्फीति तथा अपने साम्राज्य के विस्तार के लिए करता रहा है। किन्तु वे युद्ध अधिकांशतः लंका की भूमि से दूर लड़े गए हैं। आज पहला अवसर आया है कि लंका किसी सेना द्वारा इस प्रकार घेरी जा रही है और यह युद्ध कदाचित् लंका की भूमि पर ही हो।''

''शायद ऐसा ही है।'' राम बोले।

''लंका मेरी जन्मभूमि नहीं है।'' विभीषण पुनः बोले, ''हमारे परिवार में से किसी की जन्मभूमि नहीं है। संसार जानता है कि रावण ने अपने सैनिक बल से यक्षपति धनेश से लंका छीनी है और रक्ष-चिन्तन के समर्थकों को सारे विश्व में से बुलाकर लंका पर उनका शासन स्थापित किया है। इस समय लंका के शासनाधिकार रावण, उसके कुटुम्ब तथा उसके सम्बन्धियों के हाथों में हैं। प्रजा को शासन सम्बन्धी कोई अधिकार नहीं है।'' विभीषण ने रुककर राम की ओर देखा, ''फिर भी जो लोग लंका में रह रहे हैं, वे उसे अपनी भूमि मानते हैं। मुझे भी लंका से अपनी जन्मभूमि का-सा प्यार है, इसलिए मैं लंका का अहित नहीं चाहता।''

''यह असम्भव है।'' सुग्रीव बोले।

विभीषण ने राम की ओर देखा, किन्तु राम कुछ नहीं बोले।

''मुझे गलत न समझें।'' विभीषण पुनः बोले, ''मैं लंका का अहित नहीं चाहता, किन्तु रावण और लंका पर्याय नहीं हैं।''

राम मंद-मंद मुसकराए, ''अपना अभिप्राय कहो, विभीषण !''

''हम आपकी सहायता के माध्यम से रावण से लंकावासियों की रक्षा करना चाहते हैं।''

''आप लोग रावण के विरुद्ध लड़ेंगे ?'' लक्ष्मण ने पूछा।

''यदि आप लंका की रक्षा का वचन दें तो आपका और हमारा पक्ष एक होगा। हम रावण के विरुद्ध लड़ेंगे।'' विभीषण बोले, ''मुझे कोई रावण-विरोधी कहे तो मैं उसे प्रशंसा के रूप में स्वीकार करूंगा; किन्तु मैं देशद्रोही नहीं कहलाना चाहता।''

राम मंद-मंद मुसकराते हुए विभीषण को देखते रहे, जैसे कुछ सोच रहे हों। फिर धीरे-से बोले, ''आपको कोई देशद्रोही नहीं कह सकेगा, मित्र विभीषण ! आपने सचमुच लंका की रक्षा कर ली है। अब वानर-सेना लंका का नाश नहीं करेगी, वह युद्ध में आयी हुई केवल रावण-समर्थक सेनाओं का संहार करेगी। आपको मैं शरणागत नहीं मानता। आप समानता के आधार पर हमसे संधि कीजिए। संधि की आधारभूत प्रतिज्ञाएं स्पष्ट कह दीजिए।''

''आप सच कह रहे हैं, राम ?'' विभीषण ने आश्चर्य से पूछा।

''राम पर अविश्वास का कोई कारण नहीं है।'' राम मुसकराए।

''आप मुझे अपने शत्रु का असहाय भाई मानकर मेरा अनादर तो नहीं करेंगे ?'' विभीषण बोले, ''लंका को शत्रु नगरी मानकर उसका तिरस्कार तो नहीं करेंगे ?''

''नहीं !'' राम बोले, ''अपने मन की आशंकाएं निकाल दो, संदेह भुला दो; और अपनी आधारभूत प्रतिज्ञा कहो।''

विभीषण मौन ही रहे, जैसे अभी भी संशय में हों कि क्या सचमुच राम उनकी बात मान जाएंगे। मौन लंबा हो गया तो बोले, ''युद्ध की अनिवार्य स्थितियों को छोड़कर, लंका तथा लंकावासियों का नाश नहीं किया जाएगा; और विजय के परिणामस्वरूप लंका को न दंडित किया जाएगा, न उस पर कोई बाहरी शासन आरोपित किया जाएगा। यह युद्ध रावण को उसके पापों का दंड देने तथा लंका को उसके अत्याचारों से मुक्त करने का साधन होगा।...''

''इसमें ऐसी कोई बात नहीं, जो हमारे मन के प्रतिकूल हो।'' राम का स्वर शान्त था, ''हमारा युद्ध लंका से नहीं, रावण से है। लंका को हस्तगत कर उस पर आधिपत्य जमाने की न मेरी इच्छा है, न वानरपति सुग्रीव की। हम सैनिक तंत्र के माध्यम से अन्य राज्यों, समाजों अथवा जातियों का वैभव लूटने वाले लुटेरे नहीं हैं। अनावश्यक हत्याओं अथवा किसी भी प्रकार के नाश में हमारी कोई रुचि नहीं है। हम युद्ध को केवल युद्ध मानते हैं और उसे युद्ध-क्षेत्र तक ही सीमित रखते हैं। हां ! युद्ध की आवश्यकता की दृष्टि से, शत्रु की शक्ति नष्ट करने के लिए किसी समय नगर के किसी स्थान पर भी आक्रमण करना पड़ सकता है। कुछ स्थानों को नष्ट करना पड़ सकता है। मैं मित्र विभीषण की प्रतिज्ञाओं को स्वीकार करने के पक्ष में हूं। किसी को कोई आपत्ति हो तो कृपया अपनी बात कहें।''

राम ने एक-एक कर अपने सभी साथियों को देखा, उनकी युद्ध-परिषद् के सदस्य तथा सैन्य-संचालनाधिकारी वहां उपस्थित थे। किसी ने भी कोई आपत्ति नहीं की।

''तो मैं अपने पक्ष की ओर से आपकी प्रतिज्ञाएं स्वीकार करता हूं, मित्र विभीषण !'' राम का स्वर और अधिक दृढ़ हो गया था, ''किन्तु इसका अर्थ यह होगा कि आप हमारी सेना के अंग हुए। अब हमारे विरुद्ध युद्ध-क्षेत्र में आए अपने किसी कुटुम्बी की रक्षा का न केवल प्रयास नहीं करेंगे, वरन् उनके वध का सक्रिय प्रयत्न करेंगे। शत्रु-पक्ष से युद्ध-क्षेत्र में आए हुए अपने किसी परिजन के प्रति आपकी ममता नहीं जागेगी। उनके पूर्ण नाश के लिए आप हममें से एक होंगे।''

क्षणभर के लिए विभीषण भी स्तब्ध रह गए; किन्तु स्वयं को संयत करने में उन्हें अधिक समय नहीं लगा। निष्कंप स्वर में बोले, ''मुझे स्वीकार है। किन्तु...''

''किन्तु क्या, मित्र ?''

''किन्तु विजय के पश्चात् लंका का शासन...''

राम के अधरों पर उनकी मोहक मुसकान आ विराजी, ''लंका की विजय के पश्चात, उसके शासक आप होंगे, मित्रवर !'' राम लक्ष्मण की ओर मुड़े, ''सौमित्र ! सागर का जल और कुछ पुष्प मंगवा दो। इसी क्षण मित्र विभीषण का, लंकापति के रूप में अभिषेक होगा। हमारी भविष्य की नीति को लंकावासी भी जान लें।''

विस्मय से विभीषण के अधर खुले के खुले रह गए।

राम ने आगे बढ़कर विभीषण को गले से लगा लिया।

विभीषण का अभिषेक हो चुका तो युद्ध-परिषद् फिर से विचार-विमर्श के लिए एकत्रित हुई।

''लंकापति !'' राम ने विभीषण को संबोधित किया, ''राजनीति अथवा युद्ध सम्बन्धी कोई भी चर्चा करने से पूर्व एक प्रश्न आपके परिवार की सुरक्षा के विषय में करना चाहता हूं।''

''वे प्रायः सुरक्षित हैं।'' विभीषण ने उत्तर दिया।

''पर कैसे ?'' राम आश्वस्त नहीं थे, ''युद्ध यदि आर्य आदर्शों के अनुरूप हो रहा होता, तो आपकी बात मानने में मुझे कोई आपत्ति नहीं होती। उसमें असैनिकों का वध नहीं होता। किन्तु रावण उन आदर्शों पर नहीं चलता है। उसे जब मालूम होगा कि आपका अभिषेक लंकापति के रूप में हो चुका है और आप हमारे पक्ष से युद्ध कर रहे हैं तो वह आपकी पत्नी तथा पुत्री को जीवित रहने देगा क्या ? युद्ध के उन्माद में उसे अपने सम्बन्ध और सम्बन्धी याद नहीं रहते, अन्यथा वह विद्युज्जिह्व की हत्या नहीं करता।''

विभीषण ने मुग्ध दृष्टि से राम को देखा, ''अभी हमारी भेंट हुई है, अभी हमारी मित्रता हुई है और अभी ही आपने मुझे लंका का राज्य दे दिया है। और फिर आपको मेरे परिवार की इतनी चिन्ता है... ऐसा मित्र तो मैंने पहले कभी नहीं देखा, राम !''

राम मुसकराए, ''मेरा प्रश्न यह तो नहीं था, मित्र !''

''मैं भावना में बह गया था।'' विभीषण कुछ संकुचित हुए, ''रावण की प्रकृति को देखते हुए तो सरमा और कला तनिक भी सुरक्षित नहीं हैं; किन्तु आप उन परिस्थितियों पर विचार कीजिए; जिनमें आर्या सीता अभी तक वहां सुरक्षित हैं। यह रावण की अपनी इच्छा से नहीं हो रहा। उसी प्रकार लंका में ऐसी शक्तियां हैं, जो सरमा और कला की भी रक्षा करेंगी। जहां तक मेरी समझ काम करती है; बहुत रुष्ट होने पर रावण उन्हें अवरोध में तो रख सकता है, उन पर पहरा बैठा सकता है, पर उनकी हत्या नहीं कर सकता।''

''फिर भी वे कौन-सी शक्तियां हैं ?''

विभीषण कुछ देर सोचते रहे, फिर धीरे-से बोले, ''आरम्भ से ही मेरा रावण से नीति-सम्बन्धी विरोध था। मुझे उसका विस्तारवादी, साम्राज्यवादी, उच्छृंखल, अत्याचारी

रूप तनिक भी पसंद नहीं था। समय-समय पर मैं अपना विरोध प्रकट भी करता रहा हूं। मेरे कुछ प्रत्यक्ष-अप्रत्यक्ष समर्थक भी थे, किन्तु रावण ने उसकी कभी चिन्ता नहीं की।''

''वह राक्षस साम्राज्य के विस्तार का काल था। सारे विश्व का धन, सुख विलास, सत्ता-अधिकार लंका में एकत्रित हो रहा था, तो सामान्य राक्षस रावण का विरोध क्यों करते अथवा मेरा साथ क्यों देते ? मंदोदरी भाभी को भी रावण द्वारा ब्याही, हरी या खरीदी गयी सुन्दरियों के कारण कोई विरोध नहीं था, क्योंकि उनके लिए सुख के साधन भी बढ़ रहे थे और उनका रूप और सौन्दर्य उनके अपने अधिकारों की रक्षा के लिए पर्याप्त था। फिर वे अपने पति पर पूर्णतः आश्रित थीं — उनका अपना बल कोई नहीं था। किन्तु क्रमशः राक्षस-व्यवस्था के सुखों की सीमा आ गयी और उसके दोषों का रूप प्रकट होने लगा। मेघनाद बड़ा होता गया और अपनी अमर्यादित महत्त्वाकांक्षाओं में रावण के अनुचित कामों में न केवल उसका समर्थक होता चला गया, वरन् स्वयं भी पिता के पद-चिह्नों पर आगे बढ़ता गया और अपने पिता को अनौचित्य की ओर धकेलता चला गया। रावण भी मेघनाद का बल पाकर और अधिक अहंकारी और क्रूर होता गया।''

''यह सारा समय मेरे लिए भीषण अन्तर्द्वन्द्व का समय रहा है। मैं वस्तुतः लंका की प्रजा और अपनी जाति से प्रेम करता हूं और उनका तनिक भी अहित नहीं चाहता। किन्तु मुझे आरम्भ से ही लगता रहा है कि यह अनिष्ट का मार्ग है। इससे लंका के धनाढ्य वर्ग को अब भी लाभ पहुंच रहा है। शासन धनी और सम्पन्न हो रहा है, किन्तु सामान्य जन अधिक पीड़ित होता जा रहा है। प्रत्येक पुरुष किसी भी प्रकार धनाढ्य होना चाहता है और अन्य पुरुषों को दास तथा स्त्रियों को वेश्या बना देना चाहता है। समग्रतः यह मार्ग विनाश का मार्ग है।''

''कुम्भकर्ण रावण द्वारा प्रस्तुत की गयी मदिरा तथा भोग सामग्री के कारण एक प्रकार की अक्रिय तटस्थता अपनाए बैठा है, और मैं रावण से सदा असहमत रहा हूं। हमारी एकमात्र बहन शूर्पणखा जिस बीभत्स रूप को प्राप्त हुई है, उसके लिए भी दोषी स्वयं रावण है और अब वह भी रावण के रक्त की प्यासी है। हम सबसे निराश हो, रावण की सारी महत्त्वाकांक्षाएं अपने अन्य पुत्रों के साथ-साथ मेघनाद पर आ टिकी हैं। प्रत्येक महत्त्वपूर्ण पद पर वह मेघनाद को ही प्रतिष्ठित करना चाहता है। रावण द्वारा मेघनाद का यह बलात् आरोपण अन्य लोगों के लिए पर्याप्त दमनमूलक है। पिता-पुत्र पूर्ण अधिनायकत्व प्राप्त कर, शासन-पद्धति तथा विधान की सर्वथा उपेक्षा कर निर्द्वन्द्व शासन-नीति चलाए चल रहे हैं।''

''मैंने अनेक अवसरों पर रावण का विरोध किया था, किन्तु खुले विद्रोह का साहस कभी नहीं कर सका। लंका की परिस्थितियों में विद्रोह आत्महत्या के समान होता। यदि रावण वस्तुतः क्रुद्ध हो जाता और वह मुझे अपने लिए संकटपूर्ण मान लेता तो प्रत्यक्ष

अथवा गोपनीय ढंग से मेरा वध करवा, मेरे अनुचरों, मित्रों, सम्बन्धियों तथा मन्त्रियों की हत्याएं करवा देना उसके लिए तनिक भी कठिन नहीं था। मैं इस प्रकार की निरर्थक आत्महत्या के लिए तैयार नहीं था।''

''सीता-अपहरण का प्रसंग प्रजा तथा राजपार्षदों के लिए दमन की पराकाष्ठा भी था और अन्याय की चरम सीमा भी। इस कृत्य के पश्चात् उसके साथ निर्वाह करना मेरे लिए बहुत कठिन हो गया था। इधर आपकी सेना के आगमन से लंका पर पड़े दबाव से जो स्थिति उत्पन्न हो गयी थी, उसमें मैं कुछ खुलकर कह सकता था। मैंने प्रयत्न किया; किन्तु रावण ने मेरी बात नहीं सुनी और परिणाम आपके सामने है।''

''परिणाम शुभ ही है, लंकापति !'' राम मुसकराए।

''कामना तो यही है।'' विभीषण भी तनिक-सा मुसकराए और गंभीर हो गए, ''मैं लंका छोड़ आया हूं, किंतु मुझे पूरा विश्वास है कि इस युद्ध के लिए लंका में रावण को बहुत समर्थन नहीं मिलेगा। जैसे ही राक्षसी सेनाओं का नाश आरम्भ होगा, रावण के प्रति विरोध भड़केगा और उस पर सारी दिशाओं से धिक्कार बरसने लगेगा। ऐसी स्थिति में उसने यदि सरमा और कला के साथ कठोरता बरती तो लंका में खुल्लमखुल्ला विद्रोह भी हो सकता है।''

राम का चेहरा गम्भीर था। वे विभीषण को देखते रहे और लंका-विषयक उनके विश्लेषण पर विचार करते रहे; और सहसा जैसे किसी निष्कर्ष पर पहुंचते हुए बोले, ''मनुष्य देख पाए या न देख पाए, किन्तु प्रकृति के अपने निश्चित और अपरिवर्तनीय नियम हैं। वे ही प्राकृतिक सत्य हैं। सारी दृष्टि उन्हीं सत्यों के आधार पर चलती है और उन्हीं से प्रकृति का संतुलन बना रहता है।'' उन्होंने रुककर विभीषण को देखा, ''बन्धुवर ! जब कोई नयी सभ्यता उत्पन्न होती है तो वह अपने विकास के आरम्भिक चरणों में संसार को बहुत कुछ नया देती है — अतः उससे लाभान्वित होने वाले प्रजाजन के द्वारा उसका स्वागत भी होता है। किन्तु, अपने विकास की चरम सीमा पर पहुंचकर, जब वह कुछ धनात्मक देने में असमर्थ हो जाती है तो जीवन के कुछेक पक्षों पर अतिरिक्त तथा असंतुलित बल देने के कारण प्रकृति के संतुलन को बिगाड़ने लगती है; अतः अनेक अन्तर्विरोधों को जन्म देती है। देव सभ्यता ने भी विलास पर अतिरिक्त बल दिया और अपने ही अन्तर्विरोधों के कारण नष्ट हो गयी। राक्षस सभ्यता भी अपने ही अन्तर्विराधों के कारण अब भीतर से खोखली हो चुकी है। अतः उसके नाश का समय आ गया है। यदि किसी सभ्यता के अपने अन्तर्विरोध उसे भीतर से खोखला न कर चुके हों, तो बाहरी आक्रमण उसकी अधिक क्षति नहीं कर पाता।...''

राम की बात समाप्त होने पर सम्भवतः चर्चा आगे बढ़ती, किन्तु थोड़ी दूर से आते हुए कोलाहल ने उन सबका ध्यान अपनी ओर आकृष्ट कर लिया।

कोलाहल निकट आया तो सबने देखा कि चार वानर प्रहरी एक व्यक्ति को पकड़े हुए घसीटे ला रहे हैं और वह व्यक्ति बार-बार चिल्ला रहा था कि उसे वानरराज सुग्रीव

से मिलना है, कंगले तपस्वी राम से उसका कोई काम नहीं है। और वानर थे कि बार-बार उसे डांटकर चुप करा रहे थे।

विभीषण ने ध्यान से उस व्यक्ति को देखा तो अनायास ही उनके मुख से निकला, ''शुक।''

''कौन है यह ?'' सुग्रीव ने पूछा।

''यह रावण का विशेष दूत है।'' विभीषण बोले, ''यह व्यक्ति अपनी कूटनीति और धूर्तता के लिए प्रसिद्ध है। जब रावण अपनी सैनिक शक्ति का प्रयोग नहीं करता, तो इसका प्रयोग करता है। इस समय इसका यहां आना विशेष रूप से अर्थपूर्ण है।''

तब तक वानरों ने शुक को लाकर राम के सम्मुख खड़ा कर दिया था, ''आर्य राम को प्रणाम करो।''

किन्तु शुक के चेहरे का भाव तनिक भी शालीन नहीं हुआ। वह अपने चेहरे पर कुछ और वितृष्णा और घृणा ले आया, ''मैंने तुम्हें कह दिया है कि मैं राक्षसराज लंकेश्वर महाराजाधिराज रावण का दूत हूं और उनका संदेश लेकर आया हूं। कंगले तपस्वियों से मेरा कोई अभिप्राय नहीं है। एक नृप का संदेश किसी नरेन्द्र को ही दिया जा सकता है। मैं किष्किंधापति वानरराज सुग्रीव के लिए राज-संदेश लाया हूं। उस कंगले...''

एक वानर प्रहरी का हाथ उठा, कदाचित् वह शुक को एक थप्पड़ लगा देता।

''ठहरो !'' राम ने उसे बीच में ही रोक दिया, ''यद्यपि अब हम रावण को लंकेश्वर नहीं मानते; लंकापति विभीषण हैं; फिर भी यदि यह किष्किंधापति वानरराज सुग्रीव के सम्मुख कुछ निवेदन करना ही चाहता है तो इसकी इच्छा पूरी करो। वह स्वयं को दूत बता रहा है तो उसे दूत की मर्यादा दो।''

राम की मुसकान अत्यन्त मोहक थी।

प्रहरियों ने शुक को सुग्रीव के सम्मुख खड़ा कर दिया। इस बार शुक का व्यवहार अत्यन्त बदला हुआ था। उसने पूरे राजसी आडंबर के साथ सुग्रीव का अभिवादन किया और अत्यन्त शालीनतापूर्वक निवेदन किया, ''यह जन किष्किंधापति वानरराज सुग्रीव की सेवा में राक्षसराज लंकेश्वर रावण का संदेश निवेदित करने की अनुमति चाहता है।''

सुग्रीव के सम्मुख आज पहली बार यह संकट आया था, जबकि राम की उपेक्षा कर, उनको इतना महत्त्व दिया जा रहा था। महत्त्व पाना सुग्रीव के लिए संकट का विषय नहीं था, किन्तु भरी सभा में, प्राय: सभी प्रमुख सेनापतियों तथा मन्त्रियों के सम्मुख यह दूत उनको सम्मान देने के बहाने राम की जो अवमानना कर रहा था, वह निश्चित रूप से स्थिति को बहुत ही विकट बना रही थी। किन्तु स्वयं राम ने शुक को यह अनुमति दी थी और इसमें कोई संदेह नहीं था कि वानरों के राजा सुग्रीव ही थे — राम नहीं। इसके लिए दूत को कुछ कहा भी नहीं जा सकता था।

''अनुमति है।'' सुग्रीव ने एक भीत दृष्टि अपने साथियों पर डाली। वे देख रहे थे कि दूत के वचनों द्वारा उत्पन्न कर दी गई यह स्थिति किसी के लिए भी सुखद नहीं

थी।

''वानरराज ! राक्षसराज ने कहा है कि,'' शुक असाधारण शालीनता से बोला, ''हमारे दोनों राज्यों की मैत्री आपके पिता सम्राट ऋक्षराज के समय से ही चली आ रही है। वाली मेरा मित्र था। उसके हाथों अपने परिजन मायावी के वध के पश्चात् भी मैंने उसका विरोध नहीं किया। इस दृष्टि से तुम मेरे भाई के समान हो। तुम्हारा मैंने कभी कोई उपकार नहीं किया तो कभी कोई अपकार भी नहीं किया। तुमसे मेरी शत्रुता नहीं है। ऐसे में एक बाहरी व्यक्ति, जिसका न अपना राज्य है, न सेना है, वानर जिसकी न जाति के हैं, न गोत्र के — तुम्हें फुसलाकर मेरे विरुद्ध लड़ने के लिए ले आया है। शत्रुता किसी की और युद्ध में प्राण देने कोई और आया है। यदि मैंने राम की पत्नी का हरण किया है तो उसमें तुम्हें मुझ जैसे मित्र के विरुद्ध युद्ध करने की क्या आवश्यकता है ? इस युद्ध में विजय वानरों की हो या राक्षसों की — राज्य या मेरा जाएगा या तुम्हारा, सेनाएं मेरी नष्ट होंगी या तुम्हारी, परिजन मेरे मरेंगे या तुम्हारे — इस युद्ध में इस कंगले राम का कुछ भी दांव पर लगा हुआ नहीं है। उस कंगले परदेसी के बहकावे में क्यों आते हो ? तुम्हें कुछ चाहिए तो मुझसे कहो। युद्ध में सिवाय अपने और अपनी जाति के विनाश के तुम्हें और कुछ हाथ नहीं लगेगा।''

लक्ष्मण का हाथ अपने खड्ग पर था और हनुमान चिंतित दृष्टि से सुग्रीव की ओर देख रहे थे। अंगद, जाम्बवान, तार, नल, नील, गय, गवाक्ष, मैंद, द्विविद — सबके ही चेहरे गम्भीर हो गए थे — जाने इस संदेश का सुग्रीव पर क्या प्रभाव पड़े।

एक राम ही अत्यन्त शांत तथा प्रकृतिस्थ दिखाई पड़ रहे थे।

आरम्भ में सुग्रीव भी अत्यन्त शांत बने रहे थे, किन्तु क्रमशः उनकी व्यग्रता उनके चेहरे पर प्रकट होती दिखाई दी। अंत तक आते-आते लगा कि यदि दूत मौन नहीं हो गया होता तो सुग्रीव उसे मौन कर ही देते।

दूत के चुप होने तक सुग्रीव का धैर्य जैसे समाप्त हो चुका था। वे वानरराज की मर्यादा भूलकर अत्यन्त क्रुद्ध व्यक्ति के समान फूट पड़े, ''आज रावण को याद आया है कि वह राक्षसराज है और मैं वानरराज हूं; इसलिए हममें मैत्री ही नहीं, भ्रातृत्व का सम्बन्ध है। वह भूल गया कि आज तक समस्त नृपों को वह अपना दास बनाने के लिए सैनिक अभियान करता आया है। उसने नृपों को अपना मित्र नहीं; दास माना है। वह नृप होकर भी पर-धन पर अधिकार और पर-स्त्रियों का हरण करता आया है, और जिसे वह बार-बार उपेक्षा और अवहेलना से कंगला, निर्धन और तपस्वी कहता आया है वह स्वत्वहीन आर्य राम मुझ और विभीषण जैसे अपमानित, अवमानित, निष्कासित असहाय मित्रों को साम्राज्यदान करते आए हैं। जब मेरी पत्नी का अपहरण कर, मुझे किष्किंधा से निष्कासित किया गया था और मैं अपने प्राणों की रक्षा के लिए वनों-पर्वतों में छिपा फिरता था, तब रावण को याद नहीं आया था कि मैं उसका भाई हूं।'' सुग्रीव ने रुककर शुक को देखा और पूरे आक्रोश से बोले, ''रावण से कहना कि मैं और वह कैसे भाई

हैं, इसे वह भूल जाए; किन्तु विभीषण और रावण कैसे भाई हैं, इसे याद रखे। यह संदेश उसने अपने सहोदर भ्राता विभीषण को क्यों नहीं भेजा कि वे उससे मिलकर अपना मतभेद दूर कर लें। और दूत !'' सुग्रीव का स्वर और भी ऊंचा हो गया, ''अभी तक कोई नहीं भूला कि रावण लंका का निवासी नहीं है — वह बाहर का व्यक्ति है। रावण की राजसभा में एक भी सभासद लंका का मूल निवासी नहीं है। और जहां तक जाति की बात है, राम मेरी जाति के नहीं हैं; किन्तु वे सब दीन-हीन, निराश्रित-दुर्बल लोग, जिन्हें रावण की राक्षसी सेनाएं मारती, काटती, पीटती, लूटती तथा पीड़ित करती रही हैं — वे सब मेरी ही जाति के हैं। राम की जाति को रावण नहीं जानता। राम की जाति मानवता की जाति है, यह बात तुम्हारे उस रावण की समझ में नहीं आएगी... तुम अब जाओ, अन्यथा तुम्हारा कोई अनिष्ट हो जाए तो मैं उत्तरदायी नहीं होऊंगा।''

किन्तु शुक वहां से टला नहीं। वह धृष्टतापूर्वक वहीं खड़ा रहा।

''एक निवेदन और है, सम्राट् !'' वह अत्यन्त वक्र वाणी में बोला, ''यदि आप राम और लक्ष्मण को बंदी कर राक्षसराज को सौंप दें तो वे आपको समस्त वानर जातियों का एकछत्र सम्राट् स्वीकार कर लेंगे; अन्यथा...'' वह चुप हो गया।

''अन्यथा ?'' सुग्रीव ने पूछा।

''अन्यथा,'' वह एक विषैली मुसकान अपने अधरों पर ले आया, ''अन्यथा स्वर्गीय सम्राट वाली के न्यायोचित उत्तराधिकारी युवराज अंगद को वानरों के सम्राट् के रूप में प्रतिष्ठित कर, आपको भ्रातृवध के अपराध के दंडस्वरूप मृत्युदंड...''

शुक की बात अभी पूरी नहीं हुई थी कि अंगद उस पर झपट पड़े। उससे पहले कि कोई उन्हें रोकता, उन्होंने शुक के मुख पर तीन-चार मुष्टि-प्रहार कर डाले। वह मुख से रक्त थूक रहा था कि राम ने आगे बढ़कर अंगद की बांह पकड़ ली।

अंगद का शरीर, राम के स्पर्श से जैसे बंध गया किन्तु उनकी जिह्वा चल निकली, ''नीच ! तू यहां अपनी धूर्तता दिखाने आया है। हममें फूट का विष-वृक्ष बोना चाहता है। तेरा राजाधिराज क्या सारे विश्व का न्यायनियंता है ? उसने किस न्याय से कुबेर की लंका छीनी थी तथा अन्य लोगों के राज्यों, धन तथा स्त्रियों का हरण किया था। जा, जाकर उसे कह दे कि वह राजनीति की चिंताएं अब छोड़ दे। हम स्वयं लंका में आ रहे हैं उसके अपराधों और पापों के लिए उसे मृत्युदंड देने और लंका के हेमसिंहासन पर न्यायोचित उत्तराधिकारी को बैठाने...''

''शांत हो जाओ, युवराज !'' राम मधुर स्वर में बोले, ''इस व्यक्ति पर क्रोध करना अनावश्यक है। यह तो दूत मात्र है।'' वे शुक की ओर मुड़े, ''दूत ! यद्यपि रावण ने मुझसे सम्बोधित होना अपने लिए अवमानना माना है, फिर भी जब कभी रावण के पास पहुंच सको, उसे मेरा एक संदेश दे देना।'' वे थमकर बोले, ''मेरे पास न राज्य है, न सत्ता, न सेना — मैं निर्धन, कंगाल तथा निष्कासित वनवासी हूं; किन्तु मेरे पास अपने इन मित्रों के रूप में जो धन है, रावण के साम्राज्य पर भी भारी पड़ेगा।'' वे मुसकराए,

''अब जाओ ! इससे पहले कि हमारे सैनिक यह जान पाएं कि तुमने यहां क्या विष-वमन किया है, तुम्हें सुरक्षित स्थान पर भेज रहा हूं — सैनिक कारागार में। उचित समय आने पर मुक्त कर दिया जाएगा। यदि तुमने भागने का प्रयत्न किया तो कदाचित् तुम्हारी सुरक्षा के लिए हम कुछ भी न कर सकें।''

वानर प्रहरी शुक को शीघ्रतापूर्वक वहां से निकाल ले गए; अन्यथा साधारण वानर सैनिक तो कदाचित् बाद में ही कुछ करते, स्वयं सुग्रीव का आक्रोश इतना बढ़ता जा रहा था कि संदेह होता था कि कहीं वे ही उसके वध का आदेश न दे दें।

शुक के जाने के पश्चात् वहां एक अटपटा-सा मौन छा गया। सब लोग स्वयं को संयत तथा संतुलित करने का प्रयत्न कर रहे थे।

उस मौन को सबसे पहले राम ने ही तोड़ा, ''मित्रो ! शस्त्र-युद्ध तो बाद में होगा, कूटनीतिक युद्ध पहले ही आरम्भ हो गया है। रावण का यह पहला प्रहार था। इसका अर्थ यह भी है कि वह हमारी शक्ति से भयभीत है और यह भी कि वह समझता है कि हमारी एकता इतनी दृढ़ नहीं है, जिसे खंडित न किया जा सके।'' राम कुछ सोचते रहे, ''ये सारी बातें जो आज कही गयी हैं, बार-बार कही जा सकती हैं। कहा जा सकता है कि मैं एक बाहरी व्यक्ति हूं। यह युद्ध मेरा और रावण का युद्ध है — भला उसमें वानरों और भालुओं को अपने प्राण देने की क्या आवश्यकता है। अंगद के पिता का वध मेरे हाथों हुआ है और विभीषण की बहन लक्ष्मण के हाथों अपमानित हुई है...।''

''मुझे क्षमा कीजिएगा, आर्य राम !'' हनुमान अपना संकोच छोड़, कुछ आवेश में बोले, ''आपकी बात बीच में ही काट रहा हूं। यदि हमारी सद्भावना इतनी ही कच्ची है तो न केवल हमें यह सब कहा जा सकता है; आपको भी समझाया जा सकता है कि आप अयोध्या के राजकुमार हैं। भावी सूर्यवंशी सम्राट हैं। आपको इन वानर-भालुओं जैसी पिछड़ी, पशु-सरीखी जातियों से मैत्री करने की क्या आवश्यकता है। यदि आपकी पत्नी का हरण हो ही गया है तो आप अयोध्या से सेनाएं मंगवाएं, इन्द्र, ब्रह्मा और शिव से सहायता मांगें। और यदि जीत सकें तो सारे जंबुद्वीप पर अपना अक्षुण्ण राज्य स्थापित करें।... किंतु आप जानते हैं कि,'' हनुमान रुके, ''हमारे सम्बन्ध स्वार्थ पर नहीं, सिद्धांत पर आधृत हैं। यह युद्ध न्याय और अन्याय का युद्ध है। यह युद्ध शोषितों के द्वारा शोषकों के विरुद्ध लड़ा जा रहा है। हम आपके लिए नहीं, अपने लिए लड़ रहे हैं। शताब्दियों में पहली बार ये पिछड़ी जातियां इतनी आत्मविश्वासी हो सकी हैं कि उन्होंने लंका की विपरीत दिशा में भागने के स्थान पर, लंका के सागर के तट पर, आक्रमण के लक्ष्य से अपना पड़ाव डाला है... यह किसी का व्यक्तिगत युद्ध नहीं है। भद्र राम ! यह तो पीड़ित मानवता का अन्याय और अत्याचार के विरुद्ध अपना स्वातन्त्र्य युद्ध है। राक्षसों के घरों में पशुओं के समान पिसते दास-वानर, लंका के हाटों में जीवित तथा मृत वानरों का बिकता मांस और अस्थियां, वानर बस्तियों पर राक्षसों के आक्रमण, हमारी स्त्रियों का अपहरण, हमारी अगली पीढ़ियों को पंगु बनाने का उनका प्रयत्न, नदी के समान

समुद्र में गिरने जैसी हमारी सम्पत्ति का लंका की ओर प्रवाहित होना... हम यह सब भूल जाएंगे क्या ?'' हनुमान का स्वर भावावेश से कांप रहा था, ''यदि आप हमारे लिए बाहरी और पराए हैं, तो हमारा अपना कौन है ?''

''तुम ठीक कहते हो, हनुमान !'' विभीषण का स्वर चिंतन में डूबा हुआ था, ''रिश्ते-नाते रक्त-मांस से भी होते हैं; किन्तु वास्तविक सम्बन्ध तो सिद्धांत, लक्ष्य और गंतव्य की एकता का है।''

विभीषण के चुप होने के पश्चात् चर्चा आगे नहीं चली। कुछ क्षणों के मौन के पश्चात् इस चर्चा को यहीं समाप्त मान, सुग्रीव ने विभीषण को सम्बोधित किया, ''रक्षराज विभीषण हम सागर के इस पार बैठे रहें और रावण अपनी सेनाओं के साथ अपनी राजधानी में बैठा रहे तो उसकी कोई विशेष हानि हो नहीं पाएगी। इसलिए आवश्यक है कि हमारी सेनाएं सागर पार करें। हममें से केवल एक हनुमान सागर-संतरण कर, लंका होकर आया है। कहते हैं कि सागर पार करने लिए वह कोई सरल स्थान है; फिर भी इतना सरल नहीं है कि हमारा प्रत्येक सैनिक तैरकर सागर पार कर जाए।''

विभीषण की आंखें अनायास ही दृष्टि की सीमा तक फैले हुए वानर-सेना के स्कंधावार का एक सर्वेक्षण कर आयीं। बोलने से पहले उन्होंने सुग्रीव को भी देखा, ''वानरराज ! इस समय आप लंका में तो नहीं हैं; किन्तु लंका तक पहुंचने का सारा सागर-तट आपने घेर रखा है। इससे भी लंका की सेनाओं और लंका के व्यापारियों की गतिविधि पर अत्यन्त विपरीत प्रभाव पड़ेगा।... फिर भी यह पर्याप्त नहीं है। यदि इस नाकाबंदी से रावण तंग आ गया तो वह सागर पार कर हम पर इस ओर ही आक्रमण करेगा। किन्तु उसकी सम्भावना बहुत कम है। इसलिए आवश्यक यही है कि हम उस पर आक्रमण करें, और उसके लिए समुद्र को पार करना आवश्यक है।''

''पर कैसे ?'' हनुमान ने पूछा।

''लंका पहुंचने के लिए सागर पार करने के अनेक निश्चित स्थान हैं, जहां नौकाएं और जलपोत सुविधा से चल सकते हैं। हनुमान ने सागर कहां से पार किया था, यह मैं नहीं जानता। हो सकता है कि वह हनुमान जैसे तैराक के लिए कोई सरल मार्ग हो; किन्तु जल परिवहन के साधनों के लिए निश्चय ही वह स्थान सुविधाजनक नहीं होगा, अन्यथा लंका का शासन उस स्थान को इस प्रकार उपेक्षित नहीं छोड़ देता। किन्तु, मैं जिन स्थानों की चर्चा कर रहा हूं, वे स्थान राक्षसों के सैनिक तथा व्यापारिक जलपत्तन हैं। वहां जल-परिवहन सुविधा से होता है।... हमें उन्हीं स्थानों से सागर पार करने का प्रयत्न करना चाहिए।''

''किंतु सैनिक और व्यापारिक जलपत्तन तो खाली हो चुके हैं।'' हनुमान बोले, ''वहां एक नौका तक नहीं है, न कोई मनुष्य ही है। जलयानों के बिना जलपत्तन सागर पार करने के लिए कोई उपयोगी स्थान नहीं है।''

विभीषण कुछ चिंतित हो गए; सचमुच बिना जलयानों के जलपत्तनों का क्या होगा? किन्तु सहसा उन्हें कुछ सूझ गया, "जलयान नहीं हैं तो कोई बात नहीं। सैनिक जलयान तो लंका की ओर पीछे हट गए होंगे। किन्तु व्यापारिक जलयानों के स्वामी अपनी बस्ती में ही होंगे। आप मेरे साथ चलिए।"

सबने एक-दूसरे की ओर देखा — कौन साथ जाएगा ?

"एक तो मैं चल रहा हूं।" राम बोले, "मेरे साथ अंगद, नल और नील चलें। पीछे की व्यवस्था सुग्रीव, लक्ष्मण, हनुमान तथा जाम्बवान देखें।"

विभीषण उन्हें सागर-तट पर से ले चले। विभीषण के साथ उनके चारों मंत्री भी थे। यह सारी यात्रा वानर-सेना के स्कंधावार के मध्य में से ही थी। इसलिए अपनी यात्रा के साथ-साथ राम विभिन्न शिविरों की व्यवस्था भी देखते जा रहे थे। विभिन्न टोलियों के नायकों से उनकी कठिनाइयां भी पूछते जा रहे थे। यत्र-तत्र सैनिक पड़ाव की आरंभिक समस्याएं उन्हें दिखाई पड़ीं; किंतु ऐसी कोई विशेष कठिनाई नहीं थी, जिसके लिए विशेष चिन्ता अथवा विचार-विमर्श करने की आवश्यकता हो। इन शिविरों के साथ-साथ राम, प्रत्येक स्थान पर सागर-तट का निरीक्षण भी कर रहे थे। सागर के कितने रूप थे। अयोध्या में बैठे राजाओं ने कभी कल्पना भी नहीं की थी कि सागर क्या होता है। कदाचित् राजा सगर ने किसी समय सागर-तट की यात्रा कर सागर को खोज निकाला हो। इसीलिए उसे सगर के नाम पर सागर कहा गया। यह भी संभव है कि किसी स्थान पर भूमि के किसी खंड को खुदवाकर उन्होंने अपने किसी लक्ष्य-विशेष से सागर के जल को आगे बढ़ने में सहायता की हो। कहते हैं परशुराम ने सागर को पीछे धकेलकर, अपने रहने के लिए उससे भूमि छीन ली थी; और सगर ने अपनी आवश्यकतानुसार भूमि देकर सागर को आगे बढ़ाया था। भगीरथ हिमालय में भटक जाने वाली गंगा की धारा में आया अवरोध दूर कर उसकी धारा को पुनः मैदानी क्षेत्र में उतार लाए थे... प्रकृति के साथ मनुष्य कितना संघर्ष करता है और अंततः प्रकृति को अपने अनुकूल बना लेता है — प्रकृति का अनुकूलन भी प्रकृति के नियमों के अनुसार ही होता है। उन नियमों को खोजना पड़ता है। ये सारे ऋषि, मुनि, आचार्य उन्हीं नियमों को खोजने में लगे हुए हैं — भौतिक संसार के क्षेत्र में, मानव समाज के क्षेत्र में, अध्यात्म के क्षेत्र में। प्रत्येक क्षेत्र का अन्वेषक अपने क्षेत्र के नियमों को ही सत्य मानता है; उसे सोचना चाहिए कि सत्य वही नियम हो सकता है, जो प्रत्येक क्षेत्र के अनुसंधान से सत्य प्रमाणित हो। एक क्षेत्र सत्य यदि दूसरे क्षेत्र में जाकर असत्य हो जाता है, तो वह पूर्ण सत्य नहीं हो सकता...

किन्तु अयोध्या में बैठे हुए राम ने कब सोचा था कि उन्हें सागर की प्रकृति, नियमों तथा स्वरूप को जानने की आवश्यकता पड़ेगी।... युद्ध में किसी भी भूभाग के भूगोल का कितना महत्त्व है। रावण का दुर्ग, लंका का परकोटा, उसके वीर और योद्धा सेनापति तथा सैनिक उसकी उतनी रक्षा नहीं कर रहे, जितनी कि यह सागर कर रहा है। यदि

बीच में यह सागर न होता तो वानरों की यह सेना आज यहां पड़ाव डालने के स्थान पर लंका नगरी की प्राचीर को फांदकर रावण के महामहालय में घुस गयी होती।... किंतु बीच में सागर है — कहीं गहरा, कहीं उथला, कहीं गम्भीर, कहीं चंचल, कहीं जलचरों से भरा हुआ, कहीं उनसे सर्वथा शून्य, कहीं जलमग्न पर्वतों वाला, कहीं गम्भीर शीतल जल वाला... हनुमान के तैरकर लंका पहुंचने से सागर के उस क्षेत्र के विषय में बहुत जानकारी मिल गयी थी; किंतु सागर वहीं तो नहीं था — सागर तो लंका के चारों ओर फैला हुआ था। राक्षसों को निश्चित रूप से उसकी प्रकृति का ज्ञान वानरों से कहीं अधिक होगा। वानरों ने सागर का उस सीमा तक उपयोग कभी नहीं किया। ऋषि अगस्त्य ने उन्हें सागर-परिवहन की आरम्भिक शिक्षा दी है। बहुत होगा तो सुरक्षित और शांत तटों पर वे ठहरे जल में नौकाएं चलाते होंगे; किन्तु राक्षसों ने सैनिक तथा व्यावसायिक आवश्यकताओं के अनुकूल जलपत्तन स्थापित किए हैं। उनके जलपोत चलते हैं, उनकी सेनाओं का आवागमन होता है...

सहसा उन लोगों की गति रुक गयी।

विभीषण ने पलटकर राम की ओर देखा। उनकी दृष्टि का अनुसरण किया। वहां सैनिक शिविर अभी ठीक से स्थापित नहीं हो पाया था। बीच में कुछ झोंपड़ियां थीं और कुछ ग्रामीण वानर सेना के नायक से उलझे हुए लग रहे थे।

राम को देखकर नायक सावधान हो गया, ''भद्र राम ! ये लोग सागर-तट के मछुआरे हैं। इनकी यह छोटी-सी बस्ती हमारे शिविर के बीच में आ रही है। कुल बीस घर हैं। ये लोग यहां से हटना नहीं चाहते।''

राम खड़े-खड़े सोच रहे थे — अपने स्थान से कौन हटना चाहता है...

''तुम इन्हें हटाना क्यों चाहते हो ?'' राम मुसकराए, ''इनकी झोंपड़ियां यहीं बनी रहें, तो भी तो तुम्हारा शिविर सुविधापूर्वक स्थापित हो सकता है।''

नायक तनिक संकुचित हुआ, ''नहीं ! मेरी इच्छा इनके लिए असुविधा उत्पन्न करने की नहीं है, आर्य! मैं तो इन्हीं की सुरक्षा के लिए कह रहा हूं। हम अपनी ओर से तो इनकी रक्षा ही करेंगे; किंतु राक्षसों से भिड़ंत होने पर ये बेचारे निहत्थे लोग बीच में घिर जाएंगे। वैसे भी सैनिक आवागमन के इस कोलाहल में सारी मछलियां इधर-उधर भाग जाएंगी। इनका सारा व्यवसाय नष्ट हो जाएगा। हम इन्हें किसी सुरक्षित तथा सुविधाजनक स्थान तक पहुंचाने में सहायता ही तो करना चाहते हैं।''

विभीषण विस्मय-भरी दृष्टि से उस नायक और मछुआरों के उस झुंड को देखते रहे; कहीं यहां राक्षसों की सेना आयी होती तो न मछुआरे इस प्रकार शांतिपूर्वक खड़े उनसे विवाद कर रहे होते और न वह नायक उनकी सुरक्षा और सुविधा की बात कर रहा होता। अब तक उनकी झोंपड़ियों को अग्निसात् कर दिया गया होता, उनका सामान — यदि कुछ होता तो — लूट लिया गया होता। उनकी स्त्रियां उनसे छीन ली गयी होतीं। पुरुष या तो भाग गए होते, दास बना लिये गए होते अथवा मार डाले गए होते...

"तुम लोग यहां से हटना क्यों नहीं चाहते, भाई ?" राम मछुआरों से संबोधित हुए।

उन लोगों ने एक व्यक्ति-विशेष की ओर देखा, जैसे उत्तर देने का दायित्व उसी का हो। कदाचित् वह उनका मुखिया था। वह कुछ अटपटाया-सा राम को देख रहा था। कुछ कहे या न कहे...

राम ने मुसकराकर उसे देखा, "बताओ, भाई !"

उसने अपना साहस बांधा. "भद्र राम ! हम आपके मार्ग की बाधा नहीं बन रहे।" फिर जैसे उसका प्रवाह सध गया, "हम सैनिक तो नहीं हैं; किन्तु हम आपकी सहायता करना चाहते हैं। सागर का प्रसंग है, हमारे पास नौकाएं हैं, हम मछुआरे हैं। आपको कुछ चाहिए हो, आपके सैनिकों को जल-मार्ग से कहीं जाना हो..."

राम मुसकराए, "तुम लोग यहीं रहो। यह सेना तुम्हारी अपनी है। ये तुम्हारी रक्षा करेंगे, तुम इनकी सहायता करना। किन्तु युद्ध-काल में नायक का आदेश बिना किसी आनाकानी के मानना। युद्ध की अपनी कुछ आवश्यकताएं होती हैं।"

"तो हम आपके किसी उपयोग के नहीं हैं ?" मुखिया के स्वर में हताशा का भाव था।

राम हंसे, "नहीं, ऐसी बात नहीं है। हर व्यक्ति की अपनी उपयोगिता होती है। तुम स्वयं को इस सेना का ही एक अंग समझो। जहां तुम्हारा उपयोग होगा, तुम्हीं से कहा जाएगा।"

राम आगे बढ़ गए।

"ये निर्धन तथा उपकरणविहीन मछुआरे हैं।" विभीषण बोले, "ये वृक्षों के तनों को खोखला कर अथवा दूसरे प्रकार से हल्की नावें बनाकर बहुत उथले जल में कुछ मछलियां पकड़कर अपनी आजीविका का प्रबंध करते हैं। जो बड़ी नौकाएं हैं, वे राक्षस व्यावसायियों की हैं। वे नौकाएं यहां से हट गयी हैं। इन मछुआरों की नौकाएं सैनिक दृष्टि से सर्वथा व्यर्थ हैं।"

आगे चलकर विभीषण ने उन्हें राक्षसों का सैनिक जलपत्तन दिखाया। नल ने उसमें सब से अधिक रुचि दिखाई। इस स्थान पर जल कदाचित् अधिक गहरा तथा प्रवहमान था। नल का विचार था कि यह जलपत्तन पूर्णतः प्राकृतिक नहीं था। राक्षसों ने अपनी आवश्यकता के अनुसार अनेक स्थानों पर खोदकर उसे गहरा भी किया था और उसके कगारों को काटकर सीधा भी किया था।

विभीषण ने आश्चर्य से नल को देखा — "तुम ठीक कह रहे हो, नल ! किन्तु तुम्हें यह सब कैसे ज्ञात हुआ ? मेरा विचार है, वानरों में अभी सिंधु-विद्या का तनिक भी विकास नहीं हुआ है।"

अंगद पहली बार बोले, "वानरों में सिंधु-विद्या का विकास तो अभी नहीं हुआ, किन्तु दो व्यक्तियों की इस विषय में कुछ गति है। वे हैं — एक हनुमान और एक

नल। हनुमान की रुचि तैरने के कारण है और नल की निर्माण के कारण। कदाचित् ये जलपत्तनों के निर्माण का भी अध्ययन करते रहे हों।''

नल के अधरों पर एक उदास-सी मुसकान उभरी, ''बात हमारी गति और अगति की नहीं है। वस्तुत: विद्याध्ययन, ज्ञान-विस्तार, शोध तथा इस प्रकार के अन्य विषयों का संबंध राजनीतिक सत्ता की रुचि-अरुचि के साथ जुड़ा हुआ है। हम जिस समाज में रहे हैं, वहां के शासकों को जलपत्तनों, जल-परिवहन, सेतु-निर्माण अथवा इस प्रकार के कार्यों में कोई रुचि नहीं थी। अभी तक हमारे शासक अपने विलास के उपकरणों के निर्माण में तो रुचि लेते रहे हैं — सार्वजनिक उपयोगिता की इन वस्तुओं का उनके लिए कोई महत्त्व नहीं रहा है। ऐसे में मेरा अथवा नील का ज्ञान भोंथरा गया है, उसमें विकास तनिक भी नहीं हुआ।''

''विकास हो सकता था,'' बात का सूत्र अंगद ने पकड़ लिया, ''यदि ये लोग किष्किंधा छोड़ किसी विकसित राज्य में चले जाते। पर पता नहीं इन्हें क्या सूझी, ये किष्किंधा के विकास के लिए ही अड़े रहे। परिणामत: अपने ज्ञान और निर्माण का क्षेत्र छोड़कर इन्हें राजनीति में उलझना पड़ा।''

''सब जगह राजनीति आड़े आ जाती है, अंगद।'' राम धीर-गम्भीर स्वर में बोले, ''अन्यथा अपने सपनों के निर्माण के लिए, सुग्रीव के लिए अपने भाई का वध क्यों आवश्यक था ! विभीषण को अपने समाज में नीति तथा मर्यादा स्थापति करने के लिए अपने भाई के वैरी के साथ मैत्री क्यों करनी पड़ती !''

''यह भी तो हो सकता है कि ज्ञानी, राजा को समझाए कि मेरे ज्ञान का लाभ राज्य तथा समाज इस प्रकार उठा सकता है।'' प्रमति धीरे-से बोला।

''स्थितियां तो कई हो सकती हैं।'' विभीषण बोले, ''राजा ऋषि को खोजकर लाए और उससे कहे कि अपने ज्ञान का लाभ समाज को दो। यह भी हो सकता है कि ऋषि राजा से निवेदन करे कि मेरे ज्ञान का लाभ समाज के लिए प्राप्त करो। पर यदि राजा कहे कि मुझे सेतु-निर्माण नहीं, मदिरा-निर्माण ही प्रिय है; विदेशों से ज्ञान नहीं, सुन्दरियां लाओ — तो ऐसे राजा की सभा में ऋषि स्वयं को अपमानित ही पाता है।''

''विभीषण ठीक कहते हैं।'' राम ने विभीषण का समर्थन करते हुए भी बात को दूसरी ओर मोड़ा, ''किन्तु बंधुओ ! क्षमा करना, मेरे मन में एक प्रश्न उठ रहा है — जब रावण के पास ऐसा सैनिक जलपत्तन था, सैनिक जलपोत भी थे, उसे हमारे आने की सूचना भी मिल गयी थी तो उसने युद्ध क्यों नहीं किया ? वह अपनी सेना पीछे क्यों हटा ले गया ?''

सबकी दृष्टि विभीषण पर टिक गयी।

''रावण के मन की बात तो रावण ही जाने।'' विभीषण धीरे-से बोले, ''पर मुझे इसमें दो बातें लगती हैं — एक तो यह कि जन-स्थान में खर-दूषण की पराजय के पश्चात् से रावण, राम ने नेतृत्व में लड़ने वाली सेना से सम्मुख, युद्ध करने में संकोच

कर रहा है। संभवत: वह सैनिक युद्ध की अपेक्षा कूटनीतिक युद्ध की ओर अधिक उन्मुख है। सीता-हरण के पीछे रावण की काम-लोलुपता तो है ही, पर वह इसके माध्यम से राम का आत्म-बल भी नष्ट करना चाहता था। और..." विभीषण तनिक रुके, "इस बार भी वह सैनिक प्रहार से अधिक सहारा सागर-रूपी इस प्राचीर से ले रहा है। वह यह जानता है कि वानर-सेना के पास सागर-संतरण का कोई माध्यम नहीं है। इसलिए लंका में वानर-सेना पहुंच ही नहीं सकती। आज तक रावण ने सारे युद्ध आक्रांता के रूप में ही लड़े हैं। रावण ने जहां चाहा है, वहां धावा मारा है। ऐसा कभी नहीं हुआ कि कोई अपनी सेना लेकर रावण पर आक्रमण करने आया हो।"

"तो इसका अर्थ हुआ कि यदि हम सागर पार न कर पाएं तो रावण हमारी चुनौती को अनसुना कर भीत मूषक के समान लंका-रूपी अपने बिल में घुसा छिपा बैठा रहेगा?" अंगद बोले।

"इस विषय में मैं कुछ नहीं कह सकता।" विभीषण बोले, "संभव है कि वह अवसर देखकर घात लगाए। हमें असावधान देखकर हम पर आक्रमण कर दे... या प्रतीक्षा करे कि सागर-संतरण के प्रयास में हमारी सेना अपनी आंशिक क्षति कर ले..."

"लगता है कि सागर-संतरण का कार्य हमें ही करना होगा।" राम का स्वर असाधारण रूप से गम्भीर था, "उसके इस ओर आने की आशा मुझे नहीं है।"

"क्यों ?" नल ने पूछा।

"सागर पार करने में स्वयं को असमर्थ पा हम लौट जाएं और युद्ध न हो तो यह रावण की विजय होगी।" राम बोले, "इस निश्चित विजय को छोड़कर वह युद्ध कर अनिश्चित विजय-पराजय के द्वन्द्व में क्यों पड़ेगा ?"

"पर क्या हम इस जलपत्तन का लाभ नहीं उठ सकते ?" नील ने अत्यन्त भोलेपन से पूछा।

"क्यों नहीं उठा सकते ?" न चाहते हुए भी विभीषण का स्वर कुछ वक्र हो उठा, "यदि हम जलपोत प्राप्त कर सकें तो..."

राम ने विभीषण को स्थिर दृष्टि से देखा, "क्या यह असंभव है, राक्षसराज ?"

विभीषण थोड़ा संकुचित हुए — सम्भवत: उनका मन अनायास ही वानरों के पिछड़ेपन और साधनहीनता पर व्यंग्य कर बैठा था। किन्तु, इस वानर-सेना का नेतृत्व इस समय राम कर रहे थे। और अच्छा नेतृत्व स्वयं अपने-आप में कितना बड़ा साधन होता है, यह राम ने अपने अनेक कृत्यों से सिद्ध कर दिया था। ऐसा न होता तो इस समय रावण लंका में छिपा न बैठा होता — वह सिंह के समान दहाड़कर इस वानर-सेना को कब का नष्ट कर चुका होता... और अब तो स्वयं विभीषण राम के भरोसे पर हैं, फिर यह भावना...

"नहीं ! असम्भव तो नहीं है।" विभीषण का स्वर कोमल भी हो गया और आत्मविरोधी भी, "कठिन अवश्य है; वैसे मैं उसी के प्रयत्न में निकला हूं।"

राम ने विभीषण की बात का उत्तर नहीं दिया। वे अंगद की ओर मुड़े, ''युवराज! इस पत्तन को अपने अधिकार में ले लो। चारों ओर अपनी धनुर्धारी टुकड़ियों को नियुक्त कर दो। हमें जलपोत मिलें या न मिलें; हम इसका उपयोग कर पाएं या न कर पाएं, किन्तु अब रावण इसका उपयोग किसी भी रूप में न कर पाए। रावण के जलपोत दिखाई पड़ते ही हमारी धनुर्धारी टुकड़ियां तत्काल उन पर उल्काएं बरसाने लगें।''

आज्ञा-पालन के लिए अंगद तत्काल चल पड़े।

विभीषण मौन रह गए। राम का तेज उन्होंने पहली बार देखा था। निश्चित रूप से विभीषण के एक वाक्य से, उनके मन में कहीं बद्धमूल वानरों की अवहेलना, राम ने देख ली थी; और उनका यह तेजस्वी रूप जाग उठा था।... विभीषण के मन में राम के लिए श्रद्धा जागी... इस बार रावण का पाला साधारण व्यक्ति से नहीं पड़ा है। राम का आत्मबल निश्चित रूप से असाधारण था...

''आर्य राम !'' विभीषण धीरे-से बोले, ''राक्षस व्यापारियों से बात करने के लिए मैं आपको विशेष उत्साहित नहीं पा रहा। यदि आप अनुमति दें तो ही हम राक्षस व्यापारियों से बातचीत करें, अन्यथा वापस लौट चलें।''

राम ने तत्काल कोई उत्तर नहीं दिया, जैसे मन-ही-मन विचार कर रहे हों।

''क्या बात है ?'' विभीषण पुनः बोले, ''क्या आप उनसे सहायता लेना नहीं चाहते ?''

''नहीं ! ऐसी बात नहीं है।'' राम मुसकराए, ''यदि आपको इसकी कोई संभावना दिखाई पड़ती हो तो आप बात कर लें।''

विभीषण राम के मन की बात समझ रहे थे — कदाचित् उन्हें राक्षस व्यापारियों से सहायता की कोई आशा नहीं थी। फिर भी वे स्पष्ट निषेध नहीं कर रहे थे; कदाचित् बिना परीक्षण के वे किसी भी सम्भावना का निषेध नहीं करेंगे।

विभीषण ने अस्तमान सूर्य की ओर देखा। थोड़ी देर में अंधकार हो जाएगा। राक्षसों का व्यावसायिक जलपत्तन अभी दूर था। चलते समय विभीषण का ध्यान इस ओर नहीं गया था किन्तु समय खोना उचित नहीं था।

''अंधकार होने वाला है। आप अपने शिविर में लौटें।'' विभीषण बहुत कोमल स्वर में बोले, ''मैं उन व्यापारियों से सम्पर्क करने का प्रयत्न करता हूं।''

''ऐसे नहीं, बंधुवर !'' राम उत्साहपूर्वक मुसकराए, वस्तुतः अंधकार होने में अधिक समय नहीं है। कदाचित् हम पूरा समय लेकर नहीं चले। इस समय सब लोग लौट चलो। रात-भर में हमारे स्कंधावार की व्यवस्था भी पूरी हो जाएगी। कल प्रातः ही चलेंगे। मैं साथ चलूंगा — कुछ अन्य सेनापति भी चलेंगे।''

विभीषण का मन कुछ स्थिर हुआ। राम इस ओर से सर्वथा ही उदासीन नहीं थे। उन्हें चाहे आशा की किरण दिखाई नहीं दे रही, किन्तु वे आधे मन से काम करने के

पक्षधर नहीं थे।... अकेले विभीषण जाकर उन व्यापारियों से बातचीत करेंगे तो उन पर क्या प्रभाव पड़ेगा... रावण के द्वारा पदाघात कर लंका से निकाल दिए गए असहाय विभीषण की बात कौन सुनेगा... और यदि स्वयं राम साथ होंगे, उत्साह और उल्लास से भरी हुई इस वानर सेना के महासेनापति ! तो बात ही कुछ और होगी... राम ठीक ही कह रहे हैं...

''और अब अकेले तथा असुरक्षित कहीं मत जाना, मित्र !'' राम स्निग्ध स्वर में बोले, ''तुम्हारी वीरता में मुझे रंचमात्र भी संदेह नहीं है; किंतु तुम हमारी सेना के लिए कितने मूल्यवान हो — कदाचित् इस ओर तुम्हारा ध्यान नहीं गया।''

विभीषण ने श्रद्धा से राम की ओर देखा। उनकी आंखों में कृतज्ञता के जलकण चमक आए।

9

लौटते हुए राम मछुआरों की उस बस्ती के निकट वाले मार्ग से ही होकर निकले। उस समय मछुआरों और सैनिकों में अनबन का कोई लक्षण नहीं दिख रहा था। अपने सेनापतियों को आते देख सैनिक टोलियां सावधान हो गयी थीं। इसी से मछुआरे भी सतर्क हो गए थे। राम के दल के निकट आने पर वे लोग भी अपनी झोंपड़ियों से बाहर निकल आए।

''अब ठीक है ?'' राम ने पूछा।

''अब हम सैनिक मछुआरे हैं।'' उनके मुखिया ने कुछ दीप्त होकर उत्तर दिया, ''इसलिए सब ठीक ही है।''

राम कुछ चौंके और फिर मुसकराए, ''सैनिक मछुआरों का अर्थ समझते हो, मीता?''

''हां, आर्य !'' मुखिया आत्मविश्वास के साथ बोला, ''आवश्यकता पड़ने पर प्राण भी देंगे।''

राम गहरी दृष्टि से उनके चेहरों को टटोलते रहे, फिर जैसे किसी निर्णय पर पहुंचकर बोले, ''यदि आदेश मिले कि अपनी नौकाओं में भारी-भारी शिलाएं भरकर सागर के किसी विशिष्ट स्थान पर ले जाओ और अपनी नौकाओं समेत वहां डूब जाओ।''

मुखिया निमिष-भर के लिए हतप्रभ हो गया, किन्तु तत्काल ही संभलकर बोला, ''आदेश का पालन होगा।''

राम का चेहरा स्नेह, उल्लास तथा उदार वीर-दर्प से उद्‌भासित हो उठा। उन्होंने आगे बढ़कर मुखिया के कंधों पर हाथ रखकर उसकी आंखों में देखा, ''तुम जैसे वीर बंधु मिल गए तो विजय हमारी ही होगी।''

नल, नील तथा विभीषण ने कुछ चमत्कृत-से होकर राम को देखा — ऐसे कठिन

प्रश्न क्यों पूछ रहे हैं राम ? मात्र साहस देखने के लिए ? विभीषण कुछ समझ नहीं पाए। नल को लगा, वे राम के मन का हल्का-सा आभास पा रहे हैं...

आधी रात तक व्यवस्था का कार्य चलता रहा। सैनिक टुकड़ियों के नायक अपनी-अपनी प्रगति की सूचनाओं और समस्याओं को लेकर उपस्थित होते रहे। लक्ष्मण, सुग्रीव, हनुमान, अंगद, तार, जाम्बवान, गय, गवाक्ष, केसरी, सुषेण, मैंद, द्विविद, ऋषभ, गंधमादन तथा अनेक सेनापतियों को अपनी-अपनी बात कहनी थी। विभीषण, नल और नील स्वयं राम के साथ थे ही।... सेना के शिविर लग गए थे, सागर-तट पर बहुत दूर तक आधिपत्य स्थापित हो गया था, विभिन्न कार्य बांट लिये गए थे। शस्त्रों का निरीक्षण हो चुका था, खाद्य तथा जल की व्यवस्था कर ली गयी थी, संदेशवाहकों का आवागमन अबाध चल रहा था — उनका प्रधान किष्किंधा का प्रसिद्ध धावक शिल्पी था; वह स्वयं भी कम भाग-दौड़ नहीं कर रहा था... किन्तु राक्षस-सेना के साथ मुठभेड़ होने अथवा उनसे किसी भी प्रकार का आमना-सामना होने की कोई सूचना नहीं मिली थी।

रावण ने अपना एक भी सैनिक सागर के इस ओर नहीं छोड़ा था। वह सैनिक-जलपत्तन भी खाली कर गया था... क्या है रावण के मन में ? राम की चिंता बढ़ती जा रही थी।... उसने राम की सेना को कहीं भी रोकने का प्रयत्न नहीं किया था। अपनी सैनिक चौकियां और जलपत्तन पर अधिकार बनाए रखने का रंचमात्र भी प्रयत्न नहीं किया था। क्या वह लंका में इतना सुरक्षित है ? वह समझता है कि राम की सेना कभी भी सागर पार नहीं कर पाएगी ? वानर-सेना सागर में डूब मरेगी ? सागर-तट पर पड़ी-पड़ी सागर पार करने के साधनों की प्रतीक्षा में अन्न-जल समाप्त होने पर तड़प-तड़पकर प्राण दे देगी ? प्रायोपवेशन करने को बाध्य होगी अथवा निराश होकर लौट जाएगी ?... इतना कठिन है क्या सागर पार करना ?...

या रावण लंका में किसी विकट व्यूह की रचना कर रहा है ? यदि राम अपनी सेना-सहित लंका में जा पहुंचें तो उसके तैयार किए जाल में तो नहीं जा फंसेंगे ? या अवसर पाकर उनकी असावधानी में उन पर आक्रमण करना चाहता है ?

रावण ने अपना चर भेजा था — शुक ! शुक ने सेना के परम अधिपति राम से कुछ नहीं कहा, वह सुग्रीव से संबोधित हुआ। उसने सुग्रीव को याद दिलाया कि वह राजा है और राम कंगला, निर्वासित तापस ! उसने सुग्रीव के मन में भेद उत्पन्न करना चाहा है। वह सफल नहीं हुआ; किन्तु किसी समय रावण की यह चाल चल भी सकती है। यदि सुग्रीव अपने राजत्व के दंभ में सेना का नायकत्व अपने हाथ में ले ले ? यदि लंका-विजय का श्रेय वह स्वयं लेना चाहे ? यदि वह लंका का राज्य हस्तगत करना चाहे ?

...केवल सुग्रीव ही क्यों ? रावण किसी भी समय अंगद को याद दिला सकता है कि उसके पिता का वध राम के हाथों हुआ है... तार का बहनोई था वाली और सुषेण का जामाता। युद्ध के किसी महत्त्वपूर्ण क्षण में रावण, विभीषण को फुसलाकर ले जाए...

कैसे-कैसे जोखिम हैं इस सेना के संगठन में !... रावण सरलता से सफल नहीं होगा — राम जानते हैं — राम के लिए सुग्रीव के मन में भय भी है और स्नेह भी। सुग्रीव ने आज तक उन्हें अपने वरिष्ठ मित्र का सम्मान दिया है। वह राम और लक्ष्मण की शस्त्र-शक्ति को जानता है... और वह जानता है कि राम से टूटते ही उसके अपने घर में उसके विरुद्ध विद्रोह हो सकता है। वह यह भी समझता ही होगा कि रावण कभी विश्वसनीय मित्र नहीं हो सकता...

हनुमान, नल और नील कभी राम का साथ नहीं छोड़ेंगे। हनुमान को राम ने जितना पहचाना है, उस दृष्टि से वह सुग्रीव को छोड़ सकता है, राम को नहीं।... अंगद ने भी कभी कोई ऐसा लक्षण नहीं दिखाया। अंगद अपनी मां के कारण सुग्रीव के विरुद्ध नहीं जा सकता, तो राम के विरुद्ध कैसे जाएगा ! विभीषण यदि रावण के जीवित रहते लंका में लौट गया तो उसका वध भी हो सकता है...

नहीं ! राम के ये मित्र उन्हें छोड़ नहीं सकते। उनकी प्रकृति ऐसी नहीं है। उन पर संदेह करना व्यर्थ है... फिर रावण का विरोध और भय उन्हें एक साथ बांधे रखेगा...

सहसा राम का ध्यान सेनापतियों तथा सेनाधिपतियों से भटककर उन ग्रामीण वानरों की ओर चला गया, जो प्रातः रावण के विरुद्ध अभियान की बात सुनकर, उनकी ओर से लड़ने के लिए आए थे.... और वे मछुआरे, जिन्होंने अपनी नौकाओं सहित सागर में डूब जाने के आदेश के पालन का आश्वासन दिया था।... लगता था, सारा जन-सामान्य रावण के विरुद्ध रोष और आक्रोश से उबल रहा था — उन्हें तो बस नेतृत्व चाहिए था। राम इसका माध्यम बन गए थे। यदि सेनापतियों ने आनाकानी की भी तो जन-सामान्य उन्हें व्यर्थ और अनुपयोगी वस्तुओं के समान परे हटा देगा और अपना युद्ध स्वयं लड़ेगा। कोई व्यक्ति धोखा दे जाए, जन-सामान्य धोखा नहीं करेगा... चिन्ता व्यर्थ थी।

किन्तु सागर-तट पर पहुंचे आज एक पूरा दिन बीत गया था। इस विघ्न को पार करने का न कोई साधन उपलब्ध हो रहा था और न कहीं से कोई संभावना दिखाई पड़ रही थी। विभीषण ने कल राक्षस-व्यापारियों से बात करने के लिए चलने को कहा है... किन्तु राम का मन इसमें कोई अर्थ नहीं देख पाता। शत्रु-पक्ष के व्यापारियों से एक निर्धन जन-सेना किसी प्रकार की सहानुभूति की आशा कैसे कर सकती है ?... किन्तु प्रयत्न तो प्रत्येक दिशा में करना होगा...

सहसा राम की आंखों के सम्मुख वृद्ध ऋषि अगस्त्य की छवि आ विराजी।... सागर को पी जाने वाले ऋषि ने राम को सक्षम समझकर भेजा था। अगस्त्य-आश्रम से जल-युद्ध करने वाले सैनिकों की एक टुकड़ी राम के साथ है; शल्य-चिकित्सकों का एक दल भी आया है। अगस्त्य का आशीर्वाद राम के साथ है... तो वे हताश क्यों हो रहे हैं ?... इस सागर से निबटने का कोई-न कोई मार्ग तो निकल ही आएगा... पर उन्होंने बड़ी भूल की है, उन्हें अगस्त्य से सागर-संतरण के संबंध में भी कुछ ज्ञान अर्जित करना चाहिए था... और ऋषि लोपामुद्रा का वचन।... पर राम की सेना की एकमात्र शल्य-

चिकित्सक सीता का हरण हो गया है और राम ने अपनी सेना में नये शल्य-चिकित्सक तैयार नहीं किए...

विभीषण प्रात: राम के शिविर में आए तो नल, नील और हनुमान भी साथ चलने के लिए तैयार हो गए। उन तीनों की ही सागर में अथाह रुचि थी। वे सागर के सम्बन्ध में कुछ जानकारी दे भी सकते थे और अपना ज्ञान बढ़ाने के लिए वे सागर-तट के अधिक-से-अधिक विस्तार को देखना भी चाहते थे। राम ने उन्हें साथ ले चलने में आपति नहीं की। लक्ष्मण, सुग्रीव, अंगद तथा जाम्बवान इत्यादि सेनापति पीछे की व्यवस्था संभाल ही सकते थे।

उन्होंने सारी यात्रा सागर-तट के साथ लगे-लगे ही की। विभीषण और राम युद्ध की विभिन्न स्थितियों की बातें करते रहे। हनुमान का ध्यान उनकी बातों में भी था और सागर के विभिन्न क्षेत्रों के विभिन्न चेहरों की ओर भी। उनकी विचित्र स्थिति थी। उनके तैराकी के आकर्षण तथा सागर-संतरण के अनुभव ने उन्हें समुद्र के साथ बांध रखा था। जैसे ही नल या नील सागर-सम्बन्धी किसी नयी बात की ओर उनका ध्यान खींचते, वैसे ही हनुमान सागर की ओर आकृष्ट हो जाते और दूसरी ओर जब विभीषण लंका की रक्षा-व्यवस्था और रावण की सेना की शक्ति और सीमाओं का विश्लेषण करते तो हनुमान अपनी देखी हुई लंका के आधार पर उसका अनुमोदन करने लगते। किंतु नल और नील का सारा ध्यान सागर की ओर था। वे लोग स्थान-स्थान पर जल के वर्ण, लहरों की गति तथा ऊपर से दिखाई पड़ जाने वाले जलचरों के माध्यम से उस स्थान पर सागर की प्रकृति तथा उसमें परिवहन की संभावना की चर्चा करने लगते थे।

राक्षस व्यापारियों की बस्ती तक पहुंचते-पहुंचते सूर्य काफी ऊपर उठ आया था, जैसे मध्याह्न का सूर्य हो। उनकी सेना की चौकियां पीछे छूट गई थीं और यह आशंका भी होने लगी थी कि कहीं भी राक्षस सेना से आमना-सामना हो सकता था। किंतु राम को उसकी विशेष चिंता नहीं थी। वे सब लोग सशस्त्र थे और अपनी रक्षा करने में सक्षम थे।

राक्षस व्यापारियों की बस्ती दूर से ही दिखाई देने लगी थी। वह बस्ती नहीं, पूरी नगरी थी। सागर-तट की ऊबड़-खाबड़ पहाड़ियों को पीछे छोड़ते ही ऊंची-ऊंची अट्टालिकाएं दिखाई देने लगती थीं।

राम ने अयोध्या और जनकपुरी का वैभव देखा था, किन्तु सागर-तट पर बनी ऐसी नगरी की कल्पना उनके मन में नहीं थी। दूर से देखने पर लगता था कि नगरी सागर-तट पर नहीं बनी, सागर के भीतर बसी हुई थी। कहीं-कहीं तो सागर उन अट्टालिकाओं का आंगन धोता दिखाई पड़ता था...

राम के मुख पर विस्मय का भाव उदय हुआ।

''इनके पीछे ही व्यापारिक जलपत्तन है।'' विभीषण ने बताया, ''उसी के कारण

इस स्थान का महत्त्व बहुत बढ़ गया है। यह स्थान यद्यपि लंका से बाहर है, किंतु सुंदर सागर-तट तथा जलपत्तन के नैकट्य के कारण इसकी भूमि लंका के शासन के लिए बहुत लाभकारी रही है। इन व्यापारियों ने प्राय: स्वर्णमुद्राएं बिछा-बिछाकर रावण से यह भूमि ली है। उन्हें यहां व्यापार और विलास की सुविधा है। जबकि सहस्रों योजन सागर-तट निर्जन पड़ा है अथवा निर्धन वानरों की झोंपड़ियों अथवा एकाकी तपस्वियों से ही बसा हुआ है — यह स्थान धनाढ्य राक्षसों के लिए भी स्वप्न है।..." और सहसा विभीषण का स्वर कुछ चिंतित हो उठा, "मुझे पहले से ही सोचना चाहिए था..."

"क्या हुआ ?" हनुमान ने पूछा।

"इन व्यापारियों के निजी दंडधरों के साथ-साथ तो यहां लंका की सेना की धनुर्धर टुकड़ियां भी रहती हैं। वे लोग छिपकर घात लगा सकते हैं।" विभीषण की चिन्ता बढ़ती जा रही थी।

"मुझे इसकी कोई संभावना नहीं दीखती।" हनुमान निर्द्वन्द्व स्वर में बोले, "जो लोग अपना सैनिक जलपत्तन छोड़कर भाग गए हैं, वे लोग इन व्यापारियों की रक्षा के लिए बैठे रहेंगे !"

"तुम ठीक कहते हो।" विभीषण की चिन्ता कुछ कम हुई, "फिर भी हमें सावधान रहना चाहिए।"

नगरी के निकट पहुंचकर उन्हें एक और आश्चर्य का सामना करना पड़ा। बस्ती के चारों ओर अवरोध की-सी स्थिति थी। एक अनघड़-सी सैनिक भीड़ ने सारी नगरी को घेर रखा था। सैनिक अपने हाव-भाव और मुद्रा से ही सैनिक कर्म करते दिखाई पड़ते थे, अन्यथा न उनके पास शस्त्र थे और न कोई निश्चित अनुशासन ही दिखाई पड़ रहा था।

राम के दल को देखते ही उनमें से अनेक सैनिक आगे बढ़ आए, "कौन हैं आप लोग ?"

राम ने देखा, उन लोगों की उग्र दृष्टि विभीषण की राजसी वेशभूषा पर टिकी हुई थी, यद्यपि सैनिक-सी भीड़ के पास शस्त्र नहीं थे, फिर भी वे निर्भीक ही नहीं, आक्रामक भी दीख रहे थे।

तभी भीड़ में से किसी ने हनुमान को पहचान लिया, "अरे, ये तो केसरीकुमार हनुमान हैं।"

हनुमान ने सबका परिचय दिया। भीड़ की भंगिमा अत्यन्त शालीन हो गयी।

"आप लोग कौन हैं ?" राम ने पूछा।

"हम आपके सैनिक हैं।"

"हमारी टुकड़ियां यहां तक कैसे पहुंच गयीं ?" राम ने चकित होकर हनुमान को देखा, "और यह तो प्रशिक्षित टुकड़ी जैसी नहीं है।"

उत्तर उस व्यक्ति ने दिया, जिसने हनुमान को पहचाना था, "नहीं, भद्र ! हमें

आपसे प्रशिक्षण प्राप्त करने का सौभाग्य प्राप्त नहीं हुआ। हम भावना से आपके सैनिक हैं। हमें जब आपके आने की सूचना मिली और पता चला कि राक्षस सैनिक यहां से भाग गए हैं तो हमने इस नगरी को घेर लिया कि कहीं सागर भाग न जाएं।''

''सागर भाग न जाएं ?'' नील ने आश्चर्य से पूछा।

''हां, भद्र !'' उस व्यक्ति ने उत्तर दिया, ''सागर में व्यापार करने वाले इन व्यवसायियों को इस क्षेत्र में 'सागर' ही कहा जाता है। ये अत्यन्त धनाढ्य लोग हैं, जिन्होंने अपने धन का उत्कोच देकर, राक्षस सैनिकों के माध्यम से हमारी यह भूमि हमसे छीन ली थी।'' वह व्यक्ति रुका, ''इनके रक्षक भाग गए हैं और ये लोग स्वयं शरीर से इतने कोमल हैं कि एक मृग से भी लड़ नहीं सकते। हमने इन्हें आपके लिए बंदी कर रखा है। अब आप जो आदेश दें।''

''यह सब तो अद्‌भुत है।'' राम मंथर स्वर में बोले, ''हमारी सेना इतनी विस्तृत और इतनी विशाल है, यह तो मुझे मालूम ही नहीं था।''

''प्रत्येक पीड़ित, शोषित और निर्धन व्यक्ति आपका सैनिक है, राम !'' वह व्यक्ति बोला।

''चाहे मैं तुम्हें शस्त्र न दे सकूं, वेतन न दे सकूं ?''

वह हंसा, ''आप हमें सम्मान तो दे सकते हैं; हमारे अधिकार तो दे सकते हैं।''

राम मुसकराए, ''तुमने अपने अधिकार अपने बल पर स्वयं प्राप्त किए हैं; और अधिकारों से संपन्न व्यक्ति स्वयं ही सम्मानजनक हो जाता है।''

राम, हनुमान, नल तथा नील नगरी के बाहर ही ठहर गए। विभीषण अकेले ही नगरी में गए और थोड़ी देर में राक्षस व्यापारियों, जिन्हें एकत्रित भीड़ ने 'सागर' कहा था, के मुखिया को लेकर लौटे। मुखिया का परिधान तथा आभूषण बहुमूल्य थे, किन्तु उसका चेहरा कुछ अधिक ही म्लान था। भय, थकान और घबराहट के स्पष्ट लक्षण उसके चेहरे से व्यक्त हो रहे थे।

राम ने उठकर उसका स्वागत किया।

उसने एक भीत दृष्टि आस-पास घिर आयी उस भीड़ पर डाली, जिसने स्वत: ही स्वयं को राम की सेना घोषित कर दिया था।

''इनसे आप भयभीत न हों।'' राम ने आश्वासन दिया, ''ये लोग आपको हानि नहीं पहुंचाएंगे !''

''हानि !'' सागर-प्रमुख ने अपने होंठों पर जीभ फेरी, ''कल से इन्होंने हमें ऐसा घेर रखा है कि हम घर से बाहर झांक तक नहीं सकते। राजकुमार विभीषण अभयदान नहीं देते तो मैं यहां तक आने का साहस ही नहीं कर सकता था।''

''आप लोगों ने इन्हें घर से निकाल दिया, इन्होंने तो आपको घर में बंदी ही किया है।'' राम बोले, ''पर आप चिन्ता न करें, राक्षसराज विभीषण के अभयदान की रक्षा

होगी।''

सागर-प्रमुख कुछ नहीं बोला। मुख में जैसे कोई तिक्त-सा स्वाद लिये बैठा रहा।

''सागर-प्रमुख !'' राम शांत तथा स्थिर स्वर में बोले, ''आपको एक विशेष प्रयोजन से बुलाया गया है।''

''कहिए।'' वह निर्जीव-से स्वर में बोला।

''आप जानते हैं कि यह सेना किस प्रयोजन से यहां आयी है ?''

''जी। कुछ आभास तो है।''

''हमें सागर पार कर लंका पहुंचना है।'' राम बोले, ''सागर पार करने में आप हमारी सहायता कर सकेंगे ?''

सागर-प्रमुख ने अत्यन्त चिन्तित दृष्टि से राम को देखा — मन में आयी बात कहे या न कहे ?

''कहिए। जो आपके मन में हो, निःसंकोच कहिए।'' राम का स्वर और भी कोमल हो गया, ''लंकापति विभीषण ने आपको अभय दिया है।''

''हम सैनिक नहीं हैं, आर्य राम !'' सागर-प्रमुख बोला, ''जाति से राक्षस हैं, अतः आपके शत्रु-पक्ष...''

''यह आपकी भ्रांति है।'' राम ने उसकी बात बीच में ही काट दी, ''हमारा विरोध रावण के क्रूर शासन तथा उसके लिए उत्तरदायी लोगों से है। राक्षस प्रजा से हमारा कोई विरोध नहीं है, अन्यथा विभीषण मुझे भाई के समान प्रिय कैसे होते ?''

''वह तो ठीक है।'' सागर-प्रमुख का स्वर अब भी संकुचित था, ''हम व्यापारी लोग हैं। हम युद्धों में किसी एक अथवा दूसरी सेना का पक्ष नहीं ले सकते।''

''यदि रावण ने तुमसे यही अनुरोध किया होता तो तुम क्या करते ?'' विभीषण कुछ उग्र स्वर में बोले, ''तुम उसके सम्मुख भी व्यापारियों की निष्पक्षता की चर्चा करते?''

सागर-प्रमुख का चेहरा और भी निरीह हो गया।

''बोलो !'' विभीषण का स्वर ऊंचा हो गया।

''देखिए।'' वह थूक गटककर बोला, ''ऐसी स्थिति में आप जो सहायता चाहें, ले सकते हैं। हमारे जलपोत ले सकते हैं, हमारा धन ले सकते हैं, हमारे प्राण ले सकते हैं....''

''नहीं।'' राम बोले, ''अभी उसकी आवश्यकता नहीं है। आप अपनी बात कहिए।''

सागर-प्रमुख कुछ आश्वस्त हुआ, ''सच तो यही है, आर्य राम, कि हम व्यापारी हैं। शांति में भी अपना स्वार्थ देखकर किसी का पक्ष ग्रहण करते हैं — युद्ध की तो बात ही क्या।''

स्वतः घोषित राम की सेना आगे बढ़ आयी। उनका अवरोध संकीर्ण हो गया। उसी अनुपात में सागर-प्रमुख का चेहरा भी पीला पड़ गया।

''किन्तु इस समय मैं दूसरी बात कह रहा हूं।'' वह शीघ्रता से बोला, ''इस समय

हम पूर्णत: आपके वश में हैं। आप हमारे जलपोतों का जो भी उपयोग चाहें, कर सकते हैं। किन्तु उसमें जो संकट है — वह आपको बता दूं।''

''बोलो।'' राम का स्वर शांत था।

''हमारे जलपोत सैनिक कार्यों के लिए नहीं हैं। उन पर सैनिक जलपोतों के समान कवच नहीं हैं और शत्रुओं के आक्रमण से बचाने का कोई उपकरण नहीं है।'' वह धीरे-से बोला, ''यदि आपकी सेना इन जलपोतों में सागर-संतरण का प्रयत्न करती है और बीच सागर में रावण के जलपोत उन पर अग्निबाण अथवा उल्काएं छोड़ते हैं तो इन जलपोतों की रक्षा नहीं हो सकेगी। आपकी सेना सहित ये जलपोत सागर में डूब जाएंगे...''

''तुम झूठ बोल रहे हो !'' भीड़ में से एक व्यक्ति झपटकर आगे आया, ''तुम शपथपूर्वक कह सकते हो कि रावण की सेनाएं तुम्हारे जलपोतों के माध्यम से कभी यहां नहीं उतरीं।''

सागर-प्रमुख ने भीत दृष्टि से राम को देखा — उनके मुख पर रोष नहीं था। वह आश्वस्त हुआ।

''रावण की सेनाओं ने अनेक बार हमारे जलपोतों का उपयोग किया है।'' वह कुछ दृढ़ स्वर में बोला, ''किन्तु एक तो उनके सैनिक जलपोत सदा हमें घेरकर चलते रहे हैं, ताकि आक्रमण की स्थिति में हमारी रक्षा कर सकें। फिर इस क्षेत्र में रावण की सेना पर आक्रमण होने की कोई संभावना नहीं थी।'' सागर-प्रमुख रुककर धीरे-से बोला, ''और रावण को अपने सैनिकों के डूब मरने की कोई चिन्ता नहीं थी।... यदि आप भी इन संकटों को उठा सकते हों तो ये जलपोत ले जाइए। हम अपने नाविक भी साथ भेज देंगे।''

राम ने विभीषण की ओर देखा। विभीषण ने स्वीकृति में सिर हिला दिया।

''ऐसी स्थिति में हम इन जलपोतों का उपयोग नहीं कर सकते।'' राम बोले, ''हम अपने सैनिकों के प्राण निरर्थक जोखिम में नहीं डाल सकते।''

सबने राम का मूक अनुमोदन किया। कोई कुछ नहीं बोला।

राम ही पुन: बोले। उन्होंने भीड़-सेना के नायक को संबोधित किया, ''नायक! क्या नाम है तुम्हारा ?''

''तेजधर।''

''तो नायक तेजधर !'' राम स्निग्ध मुसकान के साथ बोले, ''तुम्हारा दायित्व अब बढ़ गया है। तुम्हारे ये सागर भाग न जाएं, इसका ध्यान रखना। इनके जलपोत अपने स्थान से न हिलें, इसका भी ध्यान रखना। और यदि राक्षस-सेना इस जलपत्तन पर उतरने का प्रयत्न करे तो हमें सूचित करना। उनसे युद्ध मत करना।'' राम ने उसके कंधे पर हाथ रखा, ''कल तक हमारी सेना की नियमित टुकड़ियां यहां आ जाएंगी। वे तुम्हारी सहायता के लिए होंगी। वे सशस्त्र हैं और प्रशिक्षित हैं, इसलिए राक्षस-सेना से सम्मुख-युद्ध कर सकेंगी। उनके आने से न तुम्हारी उपयोगिता कम होगी, न दायित्व।'' राम की

मोहक मुसकान उनके अधरों पर आयी, ''ठीक है, नायक तेजधर ?''

''ठीक है, आर्य !''

''और सागर-प्रमुख !'' राम पुन: बोले, ''विभीषण के अभय की रक्षा हमारे सैनिक तभी तक करेंगे, जब तक तुम हमारे प्रतिकूल नहीं जाते। वैसे तुम्हारे प्राण पूर्णत: सुरक्षित हैं।''

राम उठ खड़े हुए। उनके साथ ही अन्य लोग खड़े हो गए। अब यहां रुकने का और कोई प्रयोजन नहीं था। दिन आधे से अधिक बीत चुका था और उन्हें अपने शिविर में भी लौटना था। फिर जिस आशा में वे लोग इतनी दूर आये थे, उसका एक अंश भी पूरा नहीं हुआ था। सागर-संतरण की समस्या पहले से भी अधिक जटिल हो गयी थी।

''अब ?'' राम ने विभीषण की ओर देखा।

''मेरी तो बुद्धि कोई काम नहीं कर रही है।'' विभीषण निराश स्वर में बोले, ''सागर-संतरण के बिना तो कोई भी कार्य संभव नहीं है।''

मार्ग में विभीषण बहुत अनमने रहे। राम की चिन्ता भी निरन्तर प्रगाढ़ होती गयी। हनुमान सहज भाव से कुछ सोचते हुए चल रहे थे। केवल नल और नील, जिनका ध्यान अब भी पूर्णत: सागर में ही लगा हुआ था, वे सागर के विभिन्न क्षेत्रों को देखते, उसके जल को छूते, उसके वर्ण और तरंगों को देखते, उसके जलचरों को परखते हुए चल रहे थे।

वानर-सेना निरन्तर आगे बढ़ रही थी और अपने शिविरों की व्यवस्था करती चल रही थी। नियमित सेना के साथ-साथ अब अप्रशिक्षित, नि:शस्त्र युवा वानरों की भीड़ को सैनिकों के समान कर्म करते देखना आश्चर्य की बात नहीं रह गयी थी। स्थान-स्थान पर उनके भी शिविर स्थापित हो चुके थे और उनके नायक भी पूर्ण दायित्व के साथ सैनिकों के साथ ही विभिन्न प्रकार के कार्यों में लगे हुए थे।

राम अपने सैनिक-असैनिक साथियों का उत्साह देखते तो उनका मन भर-भर आता था। यह सारी तैयारी, या सारा परिश्रम और यह सारा पराक्रम किस काम आएगा, यदि उनके और रावण के बीच इसी प्रकार सागर लहराता रहा ? क्या इतना सारा समारोह उनको हास्यास्पद बनाने के लिए ही है ? क्या वे अपने इन सारे साथियों के साथ निराश लौट जाएंगे और सीता सदा के लिए रावण की बंदिनी होकर रह जाएंगी... राम जीवित रहेंगे, इतनी बड़ी जन-सेना के अधिपति होंगे और सीता रावण के अवरोध में छटपटाती रहेंगी; और रावण सगर्व सिर ऊंचा उठाए घूमता रहेगा...

थोड़ी-थोड़ी देर में राम का मन अपनी असहायता पर सिर धुनने को होता और फिर समुद्र के विरुद्ध उनका आक्रोश संचित होने लगता... उनका वश चलता तो वे सागर को पी जाते, जैसे अगस्त्य ने पिया था... किन्तु साथ ही साथ वे यह भी जानते थे कि इस आक्रोश से कुछ नहीं होगा। जब तक समाधान उपलब्ध नहीं होते, तब तक सागर-संतरण नहीं होगा...

शिविर में लौटे तो लक्ष्मण तथा सुग्रीव उनकी प्रतीक्षा बड़ी व्यग्रता से कर रहे थे।

''भैया !'' राम के बैठते ही लक्ष्मण बोले, ''कुछ आवश्यक सूचनाएं हैं।''

''बोलो, सौमित्र !'' राम ने लक्ष्मण को देखा। उनके चेहरे पर शिथिलता का कोई भाव नहीं था।

''हमारे चर यह सूचना लाए हैं कि यहां सागर तट से कुछ दूर एक छोटा-सा द्वीप द्रुमकुल्य है। वह जल-दस्युओं का द्वीप है। उनके पास अपने जलपोत हैं। वे आते-जाते जलपोतों पर आक्रमण कर उन्हें लूट लेते हैं... मनुष्यों की हत्या कर देते हैं और नौकाओं तथा जलपोतों को या तो छीन लेते हैं या आग लगा देते हैं।''

राम के मन में सागर-प्रमुख की बातें पुनर्जीवित हो उठी थीं। वह अपने जलपोतों के लिए कदाचित् इसी प्रकार के संकटों की बात कर रहा था...

''सूचना मिली है कि वे लोग हमें असावधान पाकर हमारी सेना पर धावा बोलने की योजना बना रहे हैं।''

''क्या वे इतनी बड़ी सेना से लड़ पाएंगे ?''

''वे जल-दस्यु हैं। युद्ध उनका लक्ष्य नहीं है।'' लक्ष्मण बोले, ''कदाचित् हमारी किसी असावधान टुकड़ी के शस्त्र छीन ले जाने का प्रलोभन ही उन्हें इस अभियान के लिए उकसा रहा है।''

''और ?''

''जो मछुआरे हमारी सेना में सम्मिलित हुए हैं, उनके मुखिया सागरदत्त ने पुनः सागर-संतरण का एक प्रस्ताव रखा है।''

''क्या प्रस्ताव है ?''

''उसने बताया है कि जब राक्षस सेनाओं, व्यापारियों अथवा लंका के मछली पकड़ने वाले जलपोतों का आवागमन सागर में बहुत बढ़ जाता है और उसके यूथ के लिए अपनी डोंगियां सागर में ले जाना भी असंभव हो जाता है तो वे लोग यहां से कुछ योजन की दूरी पर छोटी पहाड़ियों, शिलाओं और घाटों से घिरे एक स्थान पर चले जाते हैं। सागर का वह क्षेत्र ऐसा है, जहां आज तक किसी का कोई जलपोत अथवा बड़ी नौका नहीं पहुंची।''

''तो ?''

''उसका कहना है कि उस क्षेत्र का जल शांत और सोया हुआ है। वहां जलमग्न शिलाएं भी बहुत हैं। उसका विचार है कि वस्तुतः वह क्षेत्र वास्तविक सागर न होकर खाड़ी का जल है, जो किसी समय सागर की उथल-पुथल के कारण उफनकर उधर चला आया है। उसे वे 'स्तिया' कहते हैं, जिसका अर्थ है अप्रवाही जल।''

राम की दृष्टि लक्ष्मण से हटकर नल की ओर चली गयी। वह आंखें फाड़े तथा मुख खोले, लक्ष्मण के मुख से निकला हुआ एक-एक शब्द ऐसे सुन रहा था, जैसे बहुत महत्त्व का कोई असाधारण समाचार सुन रहा हो। इस व्यक्ति का सागर-आकर्षण भी

अद्‌भुत था।

''सागरदत्त का प्रस्ताव क्या है ?'' राम ने पूछा।

''उनका प्रस्ताव है कि उसके यूथ की डोंगियों की सहायता से, उस स्थान से हमारी सेना सागर-संतरण करे।''

''उसकी कल्पना में ही यह नहीं समा सकता कि हमारी सेना कितनी बड़ी है।'' राम धीरे से बोले, ''फिर जहां पानी गहरा नहीं है, जलमग्न शिलाएं हैं, अन्य लोगों द्वारा उसे असुरक्षित स्थान माना जा रहा है — वहां से अपनी सेना को सागर पार कराना उचित है क्या ?''

''रक्षपति विभीषण !'' नल ने पूछा, ''क्या ऐसा कोई स्थान है ?''

''मैं ठीक-ठीक नहीं कह सकता।'' विभीषण बोले, ''कि यह कौन-सा स्थान है और उसके विषय में सागरदत्त के ये निष्कर्ष कितने वास्तविक हैं; किन्तु इतना अवश्य जानता हूं कि ऐसे कुछ स्थान अवश्य हैं, जिन्हें राक्षस नाविकों ने परिवहन के सर्वथा अयोग्य माना है। वहां राक्षस सेना की न चौकियां हैं, न जलपत्तन। वहां आजीविका का कोई साधन नहीं है। इसी से वे क्षेत्र निर्जन हैं। संभव है कि सागरदत्त ऐसे ही किसी स्थान के विषय में कह रहा हो।''

''कहीं यह वही स्थान तो नहीं, जहां से मैंने सागर पार किया था ?'' हनुमान ने पूछा और फिर स्वयं ही बोले, ''यदि यह वही स्थान है, तो इतना मैं निश्चित रूप से कह सकता हूं कि उसमें जलमग्न पर्वत अवश्य थे, कहीं-कहीं जल उथला और ठहरा हुआ भी था; किन्तु वह वास्तविक सागर था — वह सागर ने उफनकर किसी स्थान पर ठहर जाने वाला अप्रवाही जल नहीं हो सकता।''

''आर्य राम !'' नल बोला, ''यदि आपकी अनुमति हो तो मैं, हनुमान और सागरदत्त उस स्थान का निरीक्षण कर लें ?''

''मुझे तुम्हारी सागर-रुचि पर विस्मय होता है, नल !'' राम मुसकराए, ''निरीक्षण में मुझे क्या आपत्ति हो सकती है; किन्तु यदि स्थितियां वे ही निकलीं, जो सागरदत्त कह रहा है तो वहां से अपनी सेना के सागर-संतरण के पक्ष में मैं नहीं हूं।''

नल और हनुमान सागरदत्त के साथ निरीक्षण के लिए विदा हो गए तो सुग्रीव पहली बार बोले, ''द्रुमकुल्यों अथवा वैसे ही जलदस्युओं के विषय में क्या सोचा है, राम ?''

''सोचना क्या है, मित्र !'' राम का स्वर शांत था, ''जो युद्ध करने आएगा, उससे युद्ध किया जाएगा। उन जल-दस्युओं को भी रावण की सेना का ही अंग मान लिया जाए।'' राम तनिक रुककर बोले, ''सागर के निकटतम शिविरों में धनुर्धरों की टोलियां अवश्य रखो और उन्हें सावधान कर दो।''

सुग्रीव चले गए तो उदास मन विभीषण ने भी विदा ली।

अपने शिविर में राम और लक्ष्मण अकेले रह गए। राम ने स्निग्ध दृष्टि से लक्ष्मण की

ओर देखा — लक्ष्मण के चांचल्य और वाक्-पटुता का भी सीता-अपहरण के साथ ही हरण हो गया था। इस सारे युद्ध-उद्यम ने जैसे लक्ष्मण को अपने वय से बड़ा कर दिया था — उनकी प्रकृति को पहले से अधिक गंभीर और जुझारू बना दिया था। उनके जीवन का रस जैसे सूख गया था; आग ही आग रह गयी थी... चेहरे पर पहले जैसी खेलती ललित मुसकान का स्थान एक प्रकार की गंभीर रुक्षता ने ले लिया था।

''क्या सोचा है, भैया ?''

''किस विषय में, सौमित्र ?''

''सागर-संतरण के विषय में।''

राम की चिंता पुनः उभर आयी, ''आज दूसरा दिन व्यतीत हो रहा है, सागर-तट पर भटकते हुए। कोई मार्ग नहीं मिल रहा। वस्तुतः ऋष्यमूक से प्रस्थान के समय कदाचित् मेरे मन में भी सागर की विराटता का रूप स्पष्ट नहीं था। जैसे-जैसे सागर-तट पर भटकता फिरा हूं — यह समस्या और जटिल होती जा रही है। सोचा था, शायद विभीषण के पास इसका कोई समाधान हो; किन्तु वे भी पूर्णतः निरुपाय हो गए दीखते हैं।'' राम ने रुककर लक्ष्मण को देखा, ''वस्तुतः इसमें दोष किसी का नहीं है, सौमित्र! हम क्यों यह मानकर चले आए कि हमारी सेना को सागर-पार उतारने के लिए राक्षस अपने जलपोत हमें दे जाएंगे ?... संभवतः कोई और हमारी सहायता कर भी देता, यदि कुछ ही लोगों को पार जाना होता। जब इतनी बड़ी सेना को इतने विस्तृत सागर से पार उतारना है तो उसके लिए उतना ही महान उपक्रम भी करना होगा। वह उपक्रम कैसा हो — अभी सोच नहीं पाया हूं, किन्तु साधारण ढंग से यह कार्य नहीं होगा, इतना जानता हूं।''

लक्ष्मण चुपचाप बैठे, राम के चेहरे को पढ़ने का प्रयत्न करते रहे। फिर धीरे से बोले, ''आप निराश तो नहीं हो रहे ?''

राम हंस पड़े, ''तुम्हें निराश दीखता हूं।''

''नहीं ! इस समय तो निराश नहीं लग रहे।'' लक्ष्मण हंस नहीं सके, ''ऐसे ही कह दिया। वस्तुतः भाभी के हरण के पश्चात् से आप में निराशा और आक्रोश के आवेग अपेक्षाकृत जल्दी उठ खड़े होते हैं।'' लक्ष्मण ने रुककर अपनी बात की प्रतिक्रिया देखनी चाही, फिर बोले, ''यद्यपि वे आवेग अस्थायी होते हैं।... यह चर्चा मैंने जान-बूझकर छेड़ी है, भैया ! मुझे लग रहा है कि हमारी सेना में अधैर्य जाग रहा है। यदि उन्हें तनिक-सा भी आभास मिला कि स्वयं आर्य राम निराश हो रहे हैं तो सेना का मनोबल संभालना कठिन हो जाएगा।''

राम को लगा, वे एक नये लक्ष्मण को देख रहे हैं — यह लक्ष्मण केवल अत्यन्त गंभीर, दृढ़ तथा परिपक्व ही नहीं थे; वे वय में भी राम के बराबर हो गए थे। अब लक्ष्मण समानता के धरातल पर उनसे बात कर सकते हैं, उन्हें परमर्श दे सकते हैं, उन्हें चेता सकते हैं... तैंतालीस वर्ष के वय के राम और इकतीस वर्ष के सौमित्र के बीच का वय-

भेद इस संघर्षशील जीवन ने समाप्त कर दिया था...

''तुम निश्चिंत रहो, सौमित्र !'' राम बोले, ''मेरा मनोबल इस सागर से भी नहीं हारेगा। और कुछ न भी हो तो सीता की स्मृति मुझे शांत नहीं बैठने देगी।''

10

रात के दो पहर बीतते ही सागर-तट के निकट कुछ जलपोतों की गतिविधि की सूचना राम को दी गयी; किन्तु अभी यह स्पष्ट नहीं था कि वे जलपोत राक्षस सेना के थे, द्रुमकुल्यों के अथवा वैसे ही किन्हीं अन्य जलदस्युओं के। इतना अवश्य स्पष्ट था कि जो भी थे, मित्र नहीं थे और उनकी गतिविधियां वानर-सेना के लिए घातक भी हो सकती थीं। उनके जलपोतों में प्रकाश नहीं था। वे लोग अंधकार में ही आगे बढ़ रहे थे।

लंका की सेना के आने की अधिक सम्भावना राम को नहीं लग रही थी। वे लोग यदि सागर के इस तट पर ही युद्ध करना चाहते तो अपने जलपत्तन और व्यापारियों की अपनी इतनी धनाढ्य जनसंख्या को इस प्रकार असहाय छोड़कर क्यों चले जाते। फिर भी इतनी सम्भावना तो थी ही कि वे राम की सेना के मनोबल को तोड़ने के लिए, उसे व्याकुल करने का प्रयत्न करेंगे...

युद्ध-परिषद् एकत्रित हो गयी थी। संदेशवाहक आ और जा रहे थे। अनवरत रूप से सूचनाएं पहुंच रही थीं और आदेश प्रेषित हो रहे थे।

किन्तु सहसा सूचना मिली कि वे जलपोत तट से दूर ही जल में ठहर गए हैं और उन्होंने वहीं से तट पर अग्निबाण और उल्काएं फेंकनी आरम्भ कर दी हैं। सम्मुख-युद्ध अथवा स्थल-युद्ध का मंतव्य उनका नहीं था। इस जल-युद्ध से वे वानर सेना की हानि तो कर सकते थे, किन्तु स्थल पर उतरे बिना उन्हें कोई लाभ नहीं हो सकता था।

राम जब घटना-स्थल पर पहुंचे, उन्हें सूचना दी गयी कि यह आक्रमण छह स्थलों पर एक साथ हो रहा था। दोनों ओर से बाण चल रहे थे; किन्तु यह जानने का कोई साधन नहीं था कि वानर-सेना के बाण उन जलपोतों तक पहुंच भी रहे थे अथवा मार्ग में ही ध्वस्त हो रहे थे।

इस प्रकार का युद्ध व्यर्थ था — अंधेरे में बाण मारने का कोई लाभ नहीं था... राम सोच रहे थे... कोई निश्चित कार्य होना चाहिए...

सहसा उन्होंने नल की ओर देखा, ''सागरदत्त कहां है ?''

''अपने शिविर में।''

''बंधु सुग्रीव !'' राम बोले, ''जब तक मैं न लौटूं, तुम मेरे स्थान पर यहीं रहना और सेना के अधिपति का कर्तव्य संभाले रहना। और हनुमान !'' उन्होंने हनुमान की ओर देखा, ''यदि ये जलपोत इस ओर तट से आ लगें तो तत्काल बड़ी संख्या में सैनिक

लेकर उन पर धावा बोल देना। किसी आदेश की प्रतीक्षा मत करना। किन्तु प्रयत्न यही करना कि जलपोतों को क्षति न पहुंचे। आओ, लक्ष्मण !... और नील, तुम भी।''

राम, नील और लक्ष्मण बाहर चले गए।

विभीषण ने सुग्रीव की ओर देखा।

''कोई गुप्त अभियान !'' सुग्रीव धीरे से बोले।

राम ने सागरदत्त को जा जगाया।

''सागरदत्त ! तुम्हें अपना वचन याद है ?''

''कौन-सा वचन, आर्य ?'' सागरदत्त कुछ सोचता रहा, फिर हंसा, ''वचन याद हो या न हो, आप आदेश दें, पालन होगा।''

''तुमने कहा था कि आदेश मिलने पर अपनी नौकाओं में पत्थर भरकर उन्हें सागर में डुबो दोगे...।''

''कहिए आर्य, कहां डुबोनी हैं ?''

राम ने विस्मय से देखा, सागरदत्त और उसके साथियों के चेहरे पर चिन्ता अथवा अप्रसन्नता की एक भी रेखा नहीं उभरी थी।... किस मिट्टी के बने हैं ये लोग !

राम हंस पड़े, ''नहीं, नावें डुबोनी नहीं हैं; किन्तु काम उतने ही जोखिम का है।''

सागरदत्त भी हंसा, ''हम जानते हैं, भद्र ! आप हमें नहीं डुबोएंगे। और जहां तक जोखिम का प्रश्न है, वह तो हमारे जीवन के साथ ही लगा हुआ है। आप आदेश दें।''

''तुम देख रहे हो, सागरदत्त ! कि यहां एक छोटा-सा जल-युद्ध चल रहा है। हम नहीं जानते कि वे कौन हैं और क्या चाहते हैं। अनुमान है कि वे द्रुमकुल्य नामक जल-दस्यु हैं।'' राम बोले, ''तुम लोगों को अपनी नौकाएं सैनिकों से भरकर उन जलपोतों की पिंछली ओर ले जानी हैं। वहां से हम आक्रमण करेंगे। बाणों, अग्निबाणों तथा उल्काओं की वर्षा होगी। नौकाएं नष्ट हो सकती हैं। प्राण जा सकते हैं। बोलो, तैयार हो ?...''

सागरदत्त हंसा, ''लगता है, अभी आपको हमारी धातु की परख नहीं हुई।'' वह अपने साथियों की ओर मुड़ा, ''नौकाएं जल में उतार दो।''

राम ने लक्ष्मण की ओर देखा, ''अगस्त्य आश्रम से आए उन धनुर्धारियों को ले आओ, जो नौका-युद्ध में प्रशिक्षित हैं।''

राम ने अपनी नौकाओं को छह टुकड़ियों में बांटा। दो टुकड़ियों का नेतृत्व उन्होंने स्वयं संभाला और दो-दो लक्ष्मण और नील को सौंप दीं। एक-एक टुकड़ी को एक-एक जलपोत पर आक्रमण करना था। आक्रमण का पहला संकेत स्वयं राम देने वाले थे।

उस अंधकार में, अथाह सागर में निःशब्द यात्रा करनी थी। फिर भी राम को द्रुमकुल्यों के जलपोतों के पीछे पहुंचने में कोई असुविधा नहीं हुई। सागरदत्त के साथ जितने साहसी और दक्ष नाविक थे, जल-दस्यु उतने ही असावधान थे। वे सागर-तट पर अपने अस्त्र

फेंकने में इतने व्यस्त थे और जल में खड़े पोतों की सुरक्षा को लेकर इतने आश्वस्त थे कि उन्होंने जलपोतों की पिछली ओर अपना कोई संतरी भी नहीं रखा था।

जलपोतों के निकट पहुंचकर राम ने अपनी नौकाएं ठहरा लीं। यदि वे चाहते तो नौकाएं जलपोत के साथ लगाकर प्रवेश भी कर सकते थे; किन्तु वे जल-दस्युओं की संख्या से अनभिज्ञ थे। यदि वे जलपोत में प्रवेश कर जाते और दस्युओं की संख्या उनके अनुपात में बहुत अधिक होती तो निकट युद्ध में एक ओर उनके धनुर्धारी वैसे ही अक्षम हो जाते और दूसरी ओर वे घिरकर, अपनी इच्छानुसार पीछे भी नहीं हट सकते थे। जलपोत में बंदी हो जाना समझदारी नहीं थी।

किन्तु जिस दूरी पर उनकी नौकाएं खड़ी थीं, वे भी बहुत सुरक्षित नहीं थीं। जलपोत यदि इस दिशा में चल पड़ते, तो उनसे हटाए गए जल के वेग में उनकी नौकाएं निश्चित रूप से बह जातीं।... किन्तु उस आपात्काल में राम को यही मार्ग उचित जंचा था।

लक्ष्मण तथा नील को संकेत देने के लिए राम ने एक उल्का छोडी और अंधेरे में ही जलपोत पर बाणों की बौछार आरंभ कर दी। अग्निबाण अथवा उल्काओं का आक्रमण अधिक भयानक हो सकता था, किन्तु उससे एक तो प्रकाश हो जाता, जिसमें नौकाओं को देखा जा सकता था; दूसरे, जलपोतों के अग्निसात् होकर नष्ट होने की संभावना बढ़ सकती थी, जो राम को इष्ट नहीं था। वे जलपोतों को ठीक अवस्था में हस्तगत करने के इच्छुक थे।

उनके आकस्मिक आक्रमण का उत्तर जलपोतों ने अपनी घबराहट से दिया। जलपोतों से कुछ अग्निबाण नौकाओं की ओर फेंके गए; किन्तु अंधकार में छिपी छोटी-छोटी नौकाओं की ठीक स्थिति ज्ञात न होने के कारण वे जल में इधर-उधर गिर पड़े। उनकी घबराहट लक्षित होने लगी तो राम ने दूसरा आक्रमण किया। उसके उत्तर में जलपोतों से बाण नहीं आए। जलपोतों में कुछ गति उत्पन्न हो गयी। उनकी गति की दिशा स्पष्ट नहीं थी। जलपोत हिचकोले खा रहे थे। लगता था कि वे एक के पश्चात् दूसरी दिशा में जाने का प्रयत्न कर रहे हैं... अब राम को निर्णय लेना ही था। वे अपनी नौकाओं को और भी निकट ले आए। उनके बाणों की बौछार और भी तीव्र हो गयी और उनके कुछ सैनिक तैरकर रस्सी के फंदों की सहायता से जलपोत में जा भी चढ़े थे। लगा, दूसरी ओर से भी उनके सैनिक, तट के निकट आया जानकर, नौकाओं में जलपोतों की ओर चल पड़े थे।

दोतरफा आक्रमण से घबराकर दस्युओं ने चौतरफा युद्ध छेड़ दिया, किन्तु वे अधिक देर टिक नहीं सके। उनकी संख्या अधिक नहीं थी। वानरसेना सब ओर से जलपोतों में जा चढ़ी और अपनी नगण्य-सी क्षति के साथ उसने जलपोतों पर आधिपत्य स्थापित कर लिया। अधिकांश दस्यु सम्मुख-युद्ध में मारे गए। जो बचे, उन्हें बंदी कर लिया गया।

उधर आकाश पर अरुण की किरणें फूटीं और इधर सागरदत्त के नाविकों ने जलपोतों को तट पर ला लगाया। बंदियों को युद्ध-परिषद के सम्मुख उपस्थित किया गया, किन्तु उनसे कोई विशेष बात ज्ञात नहीं हुई। वे साधारण जल-दस्यु थे और लूटपाट उनका व्यवसाय

था। वे लोग इसी आशा में यहां आए थे कि स्वयं जल में सुरक्षित खड़े रहकर, यदि संभव हो तो इस सेना के किसी भाग के शस्त्र तथा अन्न-भंडार लूट लिये जाएं। इस दुस्साहस का मूल कारण उनकी यह सूचना थी कि राम की सेना में न तो प्रशिक्षित सैनिक हैं और न उनके पास जल-परिवहन के साधन हैं। उन्होंने समझा था कि राम ने वनवासियों को एकत्रित कर, उन्हें शस्त्र देकर सेना का एक आडम्बर खड़ा कर लिया है, जिसे भयभीत करना कठिन नहीं होगा।

युद्ध-बंदियों को सागरों की बस्ती के किसी भवन में बंदी कर रखने का आदेश देकर राम ने भेज दिया तो नल उनके सम्मुख एक अनुरोध के साथ उपस्थित हुए।

''भद्र राम ! शत्रुओं से हस्तगत किए गए जलपोतों में से एक यदि इस अधिकार के साथ मुझे प्रदान किया जाए कि चाहूं तो उसे नष्ट भी कर सकूं, तो मैं सागरदत्त के कथन की परीक्षा कर सकूंगा कि उस स्थान पर वास्तविक सागर है अथवा खाड़ी का जल...''

अपनी प्रतिक्रया व्यक्त करने में राम को कुछ समय लगा — वे समझ नहीं पा रहे थे कि सागर संबंधी ज्ञान के प्रति नल के इस समर्पित भाव की प्रशंसा करें; अथवा इस संकट की घड़ी में थोड़े-से अमूल्य जलपोतों में से एक को नष्ट करने के प्रस्ताव का विरोध !

किन्तु नल के अनुरोध का कुछ तो करना ही था। धीमे स्वर में बोले, ''वह खोज हमारी सेना के लिए हितकर होगी, किन्तु वर्तमान स्थिति में संयोग से हाथ में आ गए जलपोतों में से एक को नष्ट करना मुझे उचित नहीं लगता।... पर यह मेरा व्यक्तिगत विचार है, परिषद् का मत मुझे भी मान्य होगा।''

''मैं स्वयं जलपोतों को नष्ट करने के पक्ष में नहीं हूं।'' सुग्रीव बोले।

लक्ष्मण, अंगद, विभीषण, हनुमान — सबका यही मत था। यहां तक कि नील ने भी नल का समर्थन नहीं किया। नल का प्रस्ताव अमान्य हो गया।

''अच्छा, बंधुओ !'' राम बोले, ''आज तीसरा दिन है और हमें अभी तक सागर-संतरण का कोई उपाय नहीं सूझा है। यही स्थिति रही तो हमें अन्न अथवा किसी अन्य आवश्यक वस्तु के अभाव में पीछे हट जाना होगा।''

युद्ध-परिषद में सन्नाटा छा गया। इतने बड़े उपक्रम का यह अन्त वस्तुत: घोर निराशाजनक था। किंतु राम भी ठीक कह रहे थे, संतरण के उपाय के अभाव में यहां पड़े रहने का कोई अर्थ नहीं था।

''अब मैं कुछ-कुछ समझ रहा हूं कि राक्षस लोग अपने जलपत्तनों को छोड़कर क्यों चुपचाप पीछे हट गए।'' लक्ष्मण बोले, ''मुझे लगता है कि वे लोग हमारी दुर्बलता से परिचित हैं। संभव है कि यह भी उनकी युद्ध-नीति का ही अंग हो कि हमें यहां पड़े-पड़े सड़ते हुए देखें, बीच-बीच में द्रुमकुल्यों जैसे दस्युओं के माध्यम से हमें पीड़ित करें और अंत में जब हम हतोत्साहित हो जाएं तो वे लोग हम पर आक्रमण कर हमें समाप्त

कर दें।''

''यदि हम कोई मार्ग नहीं खोज पाए, तो ऐसी संभावना भी हो सकती है।'' विभीषण बोले।

''तो फिर हम इन्हीं छह जलपोतों में ही अपनी सेना के परिवहन का प्रयत्न क्यों नहीं करते ?'' अंगद बोले।

''मैं इसके पक्ष में नहीं हूं।'' हनुमान धीरे से बोले, ''ये जलपोत छोटे हैं। एक प्रकार से ये बड़ी नौकाएं मात्र हैं। इनमें एक खेप में जितने सैनिक उस पार उतरेंगे, राक्षस बड़ी सुविधा से उन्हें नष्ट कर सकते हैं। इस प्रकार हमारी प्रत्येक खेप, हमारे अपने सैनिकों की हत्या करवाने का माध्यम बन जाएगी और राक्षसों से युद्ध का अवसर कभी नहीं आएगा।''

राम ने विभीषण की ओर देखा।

''हनुमान ठीक कह रहे हैं।'' विभीषण ने स्वीकार किया।

''नहीं, मित्रो ! हम यह नहीं कर सकते।'' राम का स्वर गंभीर था, ''मुझे एक दिन का समय और दो। आज संध्या तक मुझे प्रयत्न करने दो। यदि तब तक सागर ने हमें मार्ग नहीं दिया तो...''

लक्ष्मण ने तमककर राम की ओर देखा — आज भैया के स्वर में क्या था ! ऐसा आक्रोश और ऐसी दृढ़ता। भैया के स्वर में विनाश की कैसी ध्वनि थी... क्या सोच रहे हैं भैया ...

सारा दिन राम सागर-तट पर भटकते रहे — कभी अकेले, कभी लक्ष्मण के साथ, कभी विभीषण, नल अथवा सागरदत्त के साथ। अनेक टोलियां बनाकर विभिन्न दिशाओं में भेजकर विभिन्न स्थानों की जांच-परख की। जिस किसी व्यक्ति के विषय में सूचना मिली कि वह इस विषय में कोई सहायता कर सकता है, उसे खोजकर बुलाया गया।

किंतु संध्या तक कोई मार्ग दिखाई नहीं पड़ा। राम का धैर्य क्रमशः क्षीण हो रहा था और उनका आक्रोश बढ़ता जा रहा था।... अत्याचारी रावण अपने सारे पापों के साथ सुरक्षित बैठा रहेगा, क्योंकि राम इस सागर के सामने असहाय हो रहे हैं ?... ब्रह्मा का प्रपौत्र है रावण। शिव का परम भक्त है, प्रिय शिष्य ! बड़े-बड़े लोगों की सहायता है रावण को, पापी और अत्याचारी रावण को। विश्व के समस्त सागरों पर जिसके जलपोतों का एकछत्र साम्राज्य माना जाता है, वह वरुण भी राम की सहायता को नहीं आया है।... ये देव शक्तियां अपने सीमित स्वार्थों, ईर्ष्या-द्वेष तथा संकुचित दृष्टि के कारण नष्ट हो जाएंगी... नहीं चाहिए राम को किसी की सहायता ! सामर्थ्य इन महाशक्तियों का ही एकाधिकार नहीं है। राम इस पिछड़ी हुई मानवता को ही समर्थ बनाकर छोड़ेंगे...

राम ने अपने शिविर में युद्ध-परिषद बुलायी। आज राम के चेहरे का तेज और आत्मविश्वास उनकी उग्रता के नीचे छिप गया था। राम का ऐसा रूप तो पहले कभी

किसी ने नहीं देखा...

''मित्रो ! तीन दिनों से कोई मार्ग पाने के लिए इस सागर-तट पर हम भटक रहे हैं।'' राम का तेजस्वी स्वर गूंजा, ''किंतु यह सागर वस्तुत: जड़ है, जो केवल शक्ति-प्रयोग की भाषा समझता है। जिन लोगों के पास सागर-संतरण के उपाय हैं, उनसे किसी प्रकार की सहायता की आशा हमें नहीं है। अब हमें अपने ही साधनों पर भरोसा करना होगा...।''

''पर मित्र ! हमारे पास साधन हैं ही कौन से ?'' सुग्रीव धीरे से बोले।

''मानव-शक्ति !'' राम का स्वर अत्यन्त दृढ़ था, ''मेरी प्रार्थना है कि आप मुझे इस मानव-शक्ति के समस्त सामर्थ्य के उपयोग की अनुमति दें।''

''भैया! आप करना क्या चाहते हैं ?'' लक्ष्मण ने चकित स्वर में पूछा।

''मैंने पहले की कहा था, सौमित्र कि किसी असाधारण कार्य के लिए महान् उपक्रम करना पड़ता है। आज मैं भी हठ पकड़ गया हूं कि सिद्ध कर दूं कि मानव का प्रयत्न और उद्यम, प्रकृति की किसी भी बड़ी-से-बड़ी शक्ति से प्रबलतर है।''

''पर कैसे ?''

''हमारे सैनिक, सहायक सैनिक तथा मित्र जनसंख्या असंख्य है। हम सब मिलकर शस्त्र छोड़ सागर के साथ युद्ध करेंगे। राम का मुख उग्र से लाल हो गया, ''प्रात: मैंने नल के प्रस्ताव का विरोध किया था। इस समय मैं स्वयं आपसे अनुरोध कर रहा हूं कि आप मुझे छह के छह जलपोत नष्ट करने की अनुमति दें।''

''क्या कह रहे हैं, आर्य राम !'' जाम्बवान धीरे से बोले, ''हमारे पास छह ही तो जलपोत हैं।''

''क्या करेंगे हम उनका ?'' राम का आक्रोशमय स्वर गूंजा, ''जब हम उनकी सहायता से अपने सैनिक उस पार नहीं उतार सकते।''

''पर क्या करेंगे आप ?'' विभीषण बोले।

''अपने बाहुबल से सागर से भूमि छीनूंगा।'' राम बोले, ''जैसे परशुराम ने छीनी थी।''

उपस्थित लोग स्तब्ध रह गए — हां, परशुराम ने सागर के जल को धकेलकर अपने लिए नयी भूमि का निर्माण किया था...

''मैं ये सारे पहाड़ खोदकर सागर में डालने का प्रस्ताव कर रहा हूं।'' राम बोले, ''जिसे यह असंभव लगता हो, वह लौट जाए। राम अब सागर-तट पर और भटकना नहीं चाहता, न अपने साथियों को भूखा मरते देखना चाहता है।''

राम की मुट्ठी अपने धनुष पर कस गयी।

लक्ष्मण चकित दृष्टि से राम को देख रहे थे — इतना आवेश...

''यदि आप सहमत हैं तो मैं यह प्रस्तावित कर रहा हूं कि यूथपतियों तथा सेनानायकों के साथ की छोटी सैनिक टुकड़ियों को छोड़कर सब लोग अपने शस्त्र रखकर हथौड़ियां,

फावड़े तथा कुल्हाड़ियां उठा लें। आस-पास की समस्त पहाड़ियों तथा शिलाओं के पत्थरों को तोड़कर उन छ: जलपोतों को आकंठ भरकर उन्हें उस स्थान पर डूबों दें, जहां सागरदत्त के नाविक सागर न मानकर स्तिया मानते हैं।''

''मैं भी यही चाह रहा था, भद्र राम !'' नल बीच में बोला।

''तुम्हारे ही प्रस्ताव से मेरे मन में यह योजना आयी है, मित्र !'' राम का स्वर अपेक्षाकृत शांत था, ''किन्तु तुम एक जलपोत डुबोना चाहते थे, मैं छह के छह डुबो रहा हूं। अब स्वयं को सुरक्षित रख युद्ध करने का समय नहीं रहा। अब पीछे हटने और लौटने की बात मन में मत रखो। राम इस सागर को पार करके ही रहेगा।''

राम ने अपनी दृष्टि उपस्थित लोगों पर डाली, ''किसी को कोई आपत्ति हो तो कहें।''

लगा, राम की आंखों ने सबको बांध लिया है। उन आंखों की दृढ़ता ने सब में आत्मबल जगा दिया है। असहमति का स्वर कहीं से नहीं उठा।

''आपत्ति की कोई बात नहीं।'' सबसे पहले हनुमान बोले, ''और सत्य यह है कि अब लौटने का कोई अवकाश भी नहीं है।''

''लौटने की कोई आवश्यकता भी नहीं है।'' नल ने कहा, ''मुझे पूरा विश्वास है कि हम अपने कार्य में सफल होंगे और सागर से अपने लिए मार्ग छीन लेंगे।''

नील की आंखें अपने भाई के चेहरे पर कुछ ढूंढ़ रही थीं... निश्चित रूप से नल के चेहरे पर ऐसा भाव उसने पहले कभी नहीं देखा था। नल के चेहरे पर दायित्व का बोझ नहीं था, चिंता नहीं थी, सफलता-असफलता का द्वन्द्व नहीं था। उसे देखकर लगता था जैसे उसका जीवन भर का कोई स्वप्न पूरा हो रहा है। आज जैसे वह पूर्णकाम हो रहा था।... अवश्य ही उसके मन में कोई निश्चित योजना थी...

''यदि आप सब सहमत हैं,'' राम पुन: बोले, ''तो इस योजना को पूर्णतया त्रुटिहीन बनाने के लिए एक कार्य और करना चाहता हूं।''

सबने राम की ओर देखा।

''लंकापति विभीषण !'' राम का स्वर तेजपूर्ण और स्थिर था, ''आप राक्षस-व्यापारियों की नगरी में जाकर अपने नाविकों की सहायता से उनके सारे जलपोत ले आइए। उनसे स्पष्ट कह दीजिए कि हम उनके जलपोतों में शिलाएं डालकर उन्हें सागर में डुबा देंगे। उनके सारे जलपोत नष्ट होंगे। इस युद्ध के लिए उन्हें यह मूल्य देना होगा। और यदि कोई आनाकानी करे...'' राम के स्वर में वज्रपात की-सी कड़क थी, ''तो उन्हें राम के धनुष का स्मरण करा दीजिएगा। उन्हें कह दीजिएगा कि राम धनुष ताने बैठा है। सागर-संतरण के मार्ग में रत्ती मात्र भी विघ्न उत्पन्न करने वाले पर राम का बाण मृत्यु का दूत बनकर टूटेगा।''

विभीषण ने स्तब्ध दृष्टि से राम को देखा — निश्चित रूप से, राम जो कह रहे थे, उसे पूरा करने से तनिक भी पीछे नहीं हटेंगे।

''आपकी इच्छा पूर्ण हो, राम !'' विभीषण ने कहा और तत्काल अपने मंत्रियों के साथ प्रस्थान किया।

बात की बात में आदेश प्रचारित हो गए। सेना का स्वरूप बदल गया। यूथपतियों के अधीन रक्षक तथा प्रहरी टुकड़ियों के सिवाय, सारी सेना पहाड़ियों, शिलाओं तथा वृक्षों से युद्ध करने को तत्पर हो गयी। मार्ग प्रशस्त करने वाली टुकड़ियों के हथौड़े, कुल्हाड़े, फावड़े, सब्बल, गहंते तथा आरे — बाणों और खड्गों के समान चलने लगे। उपकरण उतनी संख्या में नहीं थे, जितनी संख्या में उनकी आवश्यकता थी। इसलिए एक-एक उपकरण पर चार-चार व्यक्ति काम कर रहे थे। एक हथौड़ा चलाता तो शेष तीन पत्थरों को ढोने का काम करते। जब हथौड़ा चलाने वाला थक जाता तो दूसरा व्यक्ति हथौड़ा पकड़ लेता और पहला व्यक्ति पत्थर ढोने का कार्य करने लगता।...

सागर-तट पर पड़ाव डालने के पहले ही दिन जो लोग सेना में सम्मिलित होने की इच्छा से आए थे, उन सहायक सैनिकों को भी संदेश भिजवा दिया गया था। वे लोग अपने गांव के गांव को लेकर अपने हथौड़ों और फावड़ों के साथ वानर-सेना की सहायता को आ गए थे। सेना का रूप युद्धक सेना का न रहकर श्रमिक सेना का हो गया था, जो अपना मार्ग बनाने के लिए अपने शस्त्रों से प्रकृति के विरुद्ध युद्ध कर रही थी।

अंधकार हो जाने पर भी काम रुका नहीं। स्थान-स्थान पर अग्निकाष्ठ और उल्काएं जला ली गयीं। लोग बारी-बारी भोजन, विश्राम और काम कर रहे थे। इससे काम की गति अवश्य कुछ धीमी हो गयी थी; किंतु न तो लोगों का उत्साह कम हुआ लगता था और न कार्य-शैथिल्य दिखाई पड़ता था।

आधी रात के लगभग जब विभीषण लौटे तो शिलाओं, पत्थरों, वृक्षों की शाखाओं पर लदे चार जलपोतों की पहली खेप ले जाने के लिए राम, लक्ष्मण, नल और सागरदत्त तैयार थे। हनुमान की भी साथ जाने की बहुत इच्छा थी, किन्तु राम ने उन्हें पीछे की देख-भाल के काम सौंप दिए थे।

''आपका और सौमित्र का जाना तनिक भी आवश्यक नहीं है, राम !'' सुग्रीव कह रहे थे, ''नल को सागरदत्त के साथ जाने दीजिए।''

''मैं तुम्हारी बात समझता हूं, मित्र !'' राम मुसकराए, ''किन्तु जोखिम का काम दूसरों को सौंपकर मैं यहां सुरक्षित बैठा रहना नहीं चाहता। इससे मेरे साथियों पर अच्छा प्रभाव नहीं पड़ेगा।''

''व्यापारियों के जलपोत हमारे जलपत्तन में आ गए हैं, आर्य राम !'' विभीषण ने सूचना दी।

''कितने हैं ?''

''बीस।''

''ठीक।'' राम चिन्तन की मुद्रा में थे, ''उन्होंने आपत्ति तो नहीं की ?''

''आपत्तियां तो उन्हें बहुत थीं। अंत में बाध्य होकर जलपोत देने को तैयार हुए

तो अपने मनोनुकूल शुल्क की मांग भी उन्होंने की।'' विभीषण हंसे, ''किन्तु राम के धनुष और बाणों की चर्चा ने उनके कस-बल ढीले कर दिए।''

''दूसरा कोई उपाय नहीं था।'' राम बोले, ''अच्छा ! अब तुम लोग पीछे का काम संभालो। मैं पहली खेप के साथ जा रहा हूं। मेरा विचार है कि सफलता अथवा असफलता का आभास इसी खेप के साथ मिल जाएगा।''

राम को इस प्रकार जाते देख, सुग्रीव और विभीषण दोनों का ही उत्साह कुछ मंद होता लगा; किन्तु राम को रोकना संभव नहीं था।

राम ने सागरदत्त की ओर देखा, ''तैयार ?''

''तैयार।'' सागरदत्त मुसकराया।

''सारा कार्य योजना के अनुसार होना चाहिए।'' राम का स्वर आदेशात्मक था, ''बिना आदेश पाए कोई परिवर्तन मत करना। अपने साथियों को भी समझा दो।''

''ऐसा ही होगा, आर्य।'' सागरदत्त उत्साह के साथ मुसकराया, ''चाहे यम आकर सामने खड़े हों, आपकी आज्ञा पाए बिना कोई अपने स्थान से नहीं डिगेगा।''

पहले जलपोत पर स्वयं राम तथा सागरदत्त थे। जलपोत में उसकी पूरी क्षमता भर, छोटे-बड़े पत्थर भरे हुए थे। उसके दोनों ओर एक-एक खाली नौका चल रही थी, जिसे सागरदत्त के साथी मछुआरे नाविक खे रहे थे।

जलपोत चल पड़ा। उसे चलाने वाले मछुआरे नाविकों ने पहले कभी इतने बड़े जलपोत नहीं चलाए थे, किन्तु उसे चलाने में उन्हें कोई विशेष कठिनाई नहीं हो रही थी। वे अपने सामूहिक दायित्व के भरोसे उसे चलाए लिये जा रहे थे। चलने के पश्चात् से राम एक शब्द भी नहीं बोले थे। वे या तो आगे आने वाले जल को देखते जा रहे थे; या उन्होंने दो-तीन बार पीछे मुड़कर दूसरे जलपोत को देखा था; जो उनके आदेश से ही अपने स्थान पर रुका हुआ था और चलने के लिए उनके संकेत की प्रतीक्षा कर रहा था। उस पोत में लक्ष्मण और नल थे। उसके भी दोनों ओर एक-एक नौका साथ चलने को तैयार खड़ी थी...

जब पहला जलपोत दूसरे से इतना आगे निकल गया कि उन दोनों की गति का एक-दूसरे पर प्रभाव पड़ने की संभावना नहीं रही, तब राम ने पिछले पोत को चलाने का संकेत किया।

अब पहला पोत स्थिर गति से अपने लक्ष्य की ओर बढ़ रहा था। आधे प्रहर तक गहरे पानी में चलने के पश्चात वह अपेक्षाकृत उथले पानी में आ गया था और उस सोए हुए अप्रवाही जल की ओर बढ़ रहा था, जिसे सागरदत्त के साथी 'स्तिया' कहते थे। क्रमशः पोत की गति धीमी होती गई और उसे चलाने के लिए नाविकों को अधिक परिश्रम करना पड़ रहा था। यह स्पष्ट संकेत था कि पानी की गहराई और भी कम होती जा रही थी।

''नीचे जलमग्न शिलाएं आनी आरंभ हो गयी हैं।'' सहसा सागरदत्त ने राम से कहा, ''हमारी नौकाओं के चप्पू छोटे होते हैं, इसलिए ये शिलाएं हमारे लिए बाधा नहीं बन पातीं; किन्तु पोत के चप्पू अड़ने लगे हैं।''

राम का मुख पहले से कुछ प्रसन्न दीखा, ''भय तो नहीं लगेगा, सागरदत्त ?''

''कैसी बात करते हैं, आर्य आप !'' वह हंसा, ''हमने आपको वचन दे रखा है कि आपके आदेश पर हम स्वयं को अपनी नौकाओं समेत सागर में डुबो देंगे।''

''आज तुम्हें वैसा ही आदेश दे रहा हूं।'' राम के स्वर का माधुर्य विलीन हो गया। वे आकर नाविकों के बीच में खड़े हो गए, ''साथियो ! अब जोखिम का क्षेत्र आरम्भ हो रहा है। जलमग्न शिलाएं हमारे चप्पुओं को रोकने लगी हैं। थोड़ी देर में वे तुम्हारे जलपोत को भी रोकेंगी। पर हमारा जलपोत रुकना नहीं चाहिए। एक बार रुक गया तो हमें कठिनाई होगी। हमें पोत को इतने वेग से चलाना है कि वह जलमग्न पर्वत-खंड से न केवल टकरा जाए, वरन् उस पर जा चढ़े और इस घर्षण में टूट जाए। हमारे पोत के सारे पत्थर उस जलमग्न पर्वत पर दूसरा पर्वत बना सकें।... स्वीकार है ?''

''स्वीकार है।'' नाविकों ने उत्तर दिया।

''तो चलो !'' राम ने एक चप्पू पकड़ा और जाकर सबके आगे बैठ गए, ''किन्तु याद रखना, पोत के डूबने से पहले तनिक भी नहीं डिगना है; और पोत के टकराते ही स्वयं अपनी रक्षा करनी है। साथ चलने वाली नौकाओं तक पहुंचना है। पोत को बचाने का तनिक भी प्रयत्न नहीं करना है। उसे हम स्वयं नष्ट कर रहे हैं।''

पोत पहले से भी अधिक वेग से बढ़ा और अभी पचास हाथ भी नहीं गया होगा कि उसका कोई भाग कठोर वस्तु से जा टकराया और सारा पोत डोल गया।

''बढ़ते चलो !'' राम ने उच्च स्वर में कहा।

लगा, जैसे पोत डगमगाया न हो, अपने लक्ष्य को पा गया हो। नाविकों का उत्साह और भी बढ़ गया और साथ ही पोत की गति भी। दूसरी टक्कर लगने में अधिक समय नहीं लगा। वस्तुतः इस बार टक्कर का-सा अनुभव ही नहीं था। किसी ने पोत को नीचे से पकड़कर जैसे रोक लिया था, या पोत किसी पहाड़ी पर जा चढ़ा था और रुक गया था।

कुछ क्षणों तक कोई भी नहीं समझ सका कि क्या हो गया है और उन्हें क्या करना है। किन्तु स्थिति स्पष्ट होने में अधिक समय नहीं लगा। जलपोत अनेक स्थानों से भंग हो चुका था और जल बड़े वेग से पोत में प्रवेश कर रहा था। उसे डूबने में अधिक समय नहीं लगने वाला था...

''नौकाओं पर चलो !'' राम ने उच्च स्वर में आदेश दिया और स्वयं भी जल में उतर गए। उन्होंने पोत का एक चक्कर लगाया और नाविकों को नावों में चढ़ते हुए देखकर स्वयं भी एक नौका में आ गए।

''सागरदत्त ! अपनी नौकाओं को पिछले पोत के मार्ग में से हटा लो।''

राम ने अपने डूबते हुए पोत को देखा। वह अपने भारी पत्थरों के साथ क्रमशः जल में धंस रहा था। थोड़ी देर में पोत डूब गया, किन्तु स्तिया पर उसका कोई प्रभाव नहीं पड़ा।

पीछे-पीछे दूसरा जलपोत भी आ पहुंचा था। राम ने उसे भी उसी स्थान पर ले जाने का संकेत किया, जहां पहला पोत जल में डूबा था। दूसरे पोत के साथ भी वही हुआ, जो पहले के साथ हुआ था। किन्तु सबने आश्चर्य से देखा कि दूसरा जलपोत पूरा नहीं डूब पाया है। उसके मस्तूल अब भी ऊपर दिखाई पड़ रहे थे...

''मैं कहता था न !'' नल ने गर्व से राम को ओर देखा

''हमारा अनुमान ठीक है।'' सागरदत्त ने कहा।

''मैं तुम्हारे अनुमान से कुछ सहमत तो हूं, इसलिए दो जलपोत इस स्थान पर डुबोए हैं।'' राम चिन्तापूर्ण स्वर में बोले, ''किन्तु हमें एक बात का ध्यान रखना चाहिए कि कहीं हम अपनी इच्छा का ही तो प्रतिबिम्ब नहीं देख रहे हैं। यहां कोई जलमग्न पहाड़ी भी हो सकती है।'' राम क्षणभर रुककर बोले, ''यदि यह पहाड़ी है तो हमारे किसी काम नहीं आएगी और यदि सचमुच यह सागर की मर्यादा है तथा आगे का जल स्तिया है, तो हम अपने परिश्रम के बल पर सागर से अपना मार्ग छीन लेंगे।''

''उसके लिए आवश्यक है, राम !'' नल ने कहा, ''कि हमें कुछ और जलपोत भी डुबोने की अनुमति मिले।''

''हमारे पास जितने भी जलपोत हैं, तुम्हें उन्हें डुबो देने की अनुमति है।'' राम बोले, ''अब इस निश्चय से पीछे हटना मेरे लिए संभव नहीं है।''

''तो ठीक है, राम ! मैं इस सरल रेखा में चार पोत और डुबोऊंगा।'' नल बोले, ''यदि उनका परिणाम भी यही हुआ, जो इन जलपोतों का हुआ है, तो आप निश्चित जानिए कि सागर की सीमा यहां समाप्त होती है और आगे का जल स्तिया मात्र है, अतः मात्र एक भ्रम है। ऐसी स्थिति में इसी रेखा के साथ-साथ भूमि को उभार कर ऊंचा कर देने से ये दोनों जल अलग हो जाएंगे और बीच का सेतु, हमारी सेनाओं को पार उतारने के लिए एक विशाल मार्ग बन जाएगा।''

''तुम्हारी कामना पूर्ण हो, नल !'' राम भावनापूर्ण स्वर में बोले, ''हमारा सारा अभियान अब तुम्हारी इसी योजना पर टिका हुआ है।''

11

राम अपने शिविर में लौटे तो सुग्रीव ने उन्हें सूचना दी कि राक्षस-व्यापारियों — सागरों — की नगरी में कुछ उत्पात हुआ है। वहां की सैनिक चौकी से सूचना आयी थी कि उन्हें अपना अनुशासन मनवाने के लिए छोटा-मोटा युद्ध करना पड़ा है, जिसमें कुछ लोगों का वध भी हुआ है। सुग्रीव ने अंगद को वहां की स्थिति देखने के लिए भेजा

था और अब उसके लौटने की प्रतीक्षा में थे।

अंगद के लौटने की प्रतीक्षा राम को भी करनी ही थी, किन्तु इस अवधि में शिविर में निष्क्रिय बैठे रहने की कोई सार्थकता नहीं थी। नींद उन्हें आ नहीं रही थी... राम बाहर निकल आए। चारों ओर हथौड़ों की धमक और छेनियों की खनक गूंज रही थी। सैनिक, जनसैनिक, सहायक सैनिक तथा सामान्य जन जिस तन्मयता और तत्परता से पहाड़ों और शिलाओं को तोड़ रहे थे, उसे देखकर स्वयं राम को भी आश्चर्य होता था। ये लोग जैसे वर्षों से यही काम करते आए हों... और भावना का कितना तादात्म्य है राम के साथ कि उनकी इच्छा को पूरा करने के लिए अपने पूरे अस्तित्व को उसमें डुबो देते हैं। या, यह राम की नहीं, इस सारे समुदाय की इच्छा है। राम ने ही अपनी इच्छा का तादात्म्य इस जनसमुदाय के साथ कर दिया है। यह सारा समुदाय — इस क्षेत्र की समस्त मानवता चाहती है — राक्षसों का नाश ! सीता का अपहरण तो एक बहाना हो गया। यह न होता तो कोई और घटना कारण बन जाती और यह सारा जन-समुदाय इसी प्रकार एकजुट हो जाता; पहाड़ खोदता और सागर में डाल देता... राक्षसों का नाश कर डालता...

यह कार्य जिस तत्परता से हो रहा था, उसके लिए किसी को कुछ कहने-सुनने की आवश्यकता नहीं थी। लोग बारी-बारी पत्थरों को तोड़ रहे थे, ढो रहे थे और जलपोतों में लाद रहे थे। लद जाने पर जलपोत नल के पास भेज दिया जाता था। द्रुमकुल्यों से छीने गए पोत जा चुके थे और अब सागरों के जलपोतों में लदान चल रही थी।

राम पुनः अपने शिविर में लौटे तो सवेरा हो रहा था। अंगद लौट आए थे और उनके साथ तेजधर और सागर-प्रमुख भी थे।

"नायक तेजधर ! कैसे हो ?"

रात्रि-जागरण तथा कुछ अन्य कारणों से तेजधर का थका और मुरझाया हुआ चेहरा उल्लसित हो उठा, "आपने मुझे पहचान लिया, आर्य !"

"अपने सेनानायकों को नहीं पहचानूंगा, तो सैन्य-संचालन कैसे करूंगा, भाई !" राम मुसकराए, "और आप कैसे हैं, सागर-प्रमुख ?"

सागर-प्रमुख प्रसन्न नहीं था। उसके चेहरे पर थकान के साथ-साथ कुछ भय भी था। तनिक रुष्ट-स्वर में बोला, "आर्य ! आपने अपने वचन की रक्षा नहीं की।"

"किस वचन की ?"

"राजकुमार विभीषण के अभय की।" वह बोला, "आपने भी हमारी प्राण-रक्षा की बात कही थी; किन्तु आपके इस सेनानायक ने हमारे कितने ही लोगों का वध कर दिया है।"

राम ने तेजधर की ओर देखा।

"आर्य ! आपके इस सेनानायक ने आपके वचन की पूर्ण रक्षा की है।" तेजधर पूर्ण आत्मविश्वास के साथ बोला, "आपने कहा था कि आपके सैनिक तभी तक इनकी रक्षा करेंगे, जब तक ये हमारे प्रतिकूल नहीं जाते। और ये लोग सरासर हमारे प्रतिकूल

जा रहे थे।''

''क्या किया था इन लोगों ने ?''

तेजधर ने उत्तर देने के स्थान पर अंगद की ओर देखा। अंगद अब तक चुपचाप खड़े थे। तेजधर को उत्तर देने के लिए अपनी ओर देखते पाकर वे आगे बढ़े। उन्होंने एक भोजपत्र राम की ओर बढ़ा दिया।

राम ने भोजपत्र थाम लिया। एक ही दृष्टि में वे उस पर लिखा संदेश पढ़ गए। संदेश राक्षसराज रावण के नाम था और उसमें कहा गया था कि राम की सेना उनके जलपोत बलात् छीनकर ले गयी है और कहा जाता है कि वह उनको जलमग्न कर लंका तक पहुंचने का कोई मार्ग खोजने का प्रयास कर रही है।

''इसका क्या अर्थ है ?'' राम ने सागर-प्रमुख की ओर देखा।

''मैं नहीं जानता, आर्य !'' सागर-प्रमुख धृष्ट भाव से बोला, ''किसी दायित्वहीन और महत्त्वशून्य व्यक्ति ने यह संदेश लिख दिया तो उससे हम सब अपराधी हो गए क्या ?''

''झूठ मत बोलो, सागर-प्रमुख !'' तेजधर तड़पकर बोला, ''आर्य !'' वह राम की ओर मुड़ा, ''जो व्यक्ति यह संदेश लेकर जा रहा था, वह सागर-प्रमुख का निजी सेवक था।...''

''इसका क्या प्रमाण है ?'' सागर-प्रमुख फिर धृष्टतापूर्वक बोला।

''बीच में मत बोलो।'' राम का स्वर कठोर था, ''यह तुम्हारा राक्षसी न्यायाधिकरण नहीं है, जहां झूठ, हठ, औपचारिक प्रमाणों तथा धन के आधार पर न्याय होता हो।''

सागर-प्रमुख पहली बार हतप्रभ हुआ।

''हां ! नायक तेजधर !''

''आर्य ! ये लोग उस व्यक्ति को लंका भेज रहे थे। जाने की सुविधा तो कोई थी नहीं, उलटे संकट-ही-संकट था। ये लोग स्वयं न जाकर उसे बलात् भेज रहे थे; और वह अपने प्राणों के संकट के भय से जाना नहीं चाह रहा था। ऐसी बात न होती तो हमें उस पर संदेह ही न होता।... संदेह होने पर हमने उसे पकड़ लिया। हमें उसके वस्त्रों में यह भोजपत्र मिला। हममें से कोई भी साक्षर नहीं है, इसलिए हम जान भी नहीं पाए कि इसमें क्या है। किन्तु इस सागर-प्रमुख ने यह देखकर कि इनका संदेहवाहक पकड़ा गया है, अपने घरों में छिपाकर रखे गए किसी दिव्यास्त्र से हम पर बाणों की झड़ी लगा दी। ये हममें से किसी का वध तो नहीं कर पाए। कदाचित् बाण चलाने का इन्हें अभ्यास नहीं था। किन्तु हमारे कई व्यक्ति घायल अवश्य हो गए। तब हमें ज्ञात हुआ कि ये हमारे कितने प्रतिकूल हैं और हम कितने संकट में हैं। तभी हमें इस संदेश का महत्त्व भी ज्ञात हुआ।'' तेजधर एक क्षण के लिए रुका, ''हमने यह भोजपत्र संभाल लिया और इनसे वे दिव्यास्त्र छीनने का प्रत्यन किया तो भिड़ंत हो गयी, जिसमें हमारे कुछ और लोग घायल हुए और इनके तीन व्यक्ति मारे गये। हमने सैनिक चौकी से सहायता

मांगी और मुख्यालय को संदेश भेज दिया। हमें भय था कि यह लोग कुछ और भी उत्पात करेंगे; किन्तु तब तक युवराज अंगद पहुंच गए और उन्होंने स्थिति संभाल ली।''

राम ने अंगद की ओर देखा।

''हम लोग जब वहां पहुंचे तो दोनों दलों में पूर्णतः युद्ध की स्थिति थी।'' अंगद बोले, ''नायक तेजधर से यह भोजपत्र मुझे मिल गया। उसका संदेश पढ़कर मुझे उसका महत्त्व ज्ञात हुआ और तब मैंने पाया कि सागरों ने अपने भवनों की आड़ में व्यूह रच डाला है। हमने भी व्यूह रचा और धनुर्धरों की टोलियां नियुक्त कर दीं। जब सागरों ने देखा कि अब उनका सामना नियमित सेना से है तो उन्होंने यह कहकर आत्मसमर्पण कर दिया कि वे तो आर्य राम और विभीषण के अनुचर हैं और उन्हें आपका अभयदान प्राप्त है। मैंने व्यूह रचने वाले लोगों के भवनों की छान-बीन कर उपलब्ध शस्त्र अपने अधिकार में कर लिये हैं। कह नहीं सकता कि सारे शस्त्र हमारे अधिकारों में आ गए हैं या कुछ शस्त्र इन्होंने छिपाकर रखे हुए हैं।''

''अब कहो, सागर-प्रमुख ! तुम्हें क्या कहना है ?'' राम ने सागर-प्रमुख की ओर देखा।

''आप मेरी बात का विश्वास करेंगे ?'' सागर-प्रमुख पुनः धृष्ट हो चुका था।

''सच बोलोगे तो करूंगा।''

''ये दोनों व्यक्ति झूठ बोल रहे हैं।'' सागर-प्रमुख बोला, ''इनसे कहिए, अपना कहा प्रमाणित करें।''

''उसका न हमें अवकाश है,'' राम उदासीनता से बोले, ''न आवश्यकता। सैनिक न्यायालय इस विलास में नहीं पड़ सकता।'' राम अंगद की ओर मुड़े, ''युवराज ! समस्त सागरों को उनके भवनों से निकालकर एक शिविर में युद्ध-बंदियों के रूप में रखो। इनकी चौकसी नियमित सैनिक करेंगे। इनमें से कोई भागने का प्रयत्न करे, कहीं सूचना भेजने का प्रयत्न करे अथवा कोई अन्य उत्पात करे तो तत्काल उसका वध कर दिया जाए।'' राम ने तेजधर को देखा, ''सहमत हो, नायक ?''

''पूर्णतः, आर्य !'' तेजधर मुसकराया, ''सक्षम न्याय तो आज हमने पहली बार देखा है। हमारा संघर्ष और परिश्रम पूर्णतः सफल हुआ है।''

''निश्चित रूप से सफल हुआ है।'' राम के अधरों पर सम्मोहित करने वाली मुसकान उभरी, ''अन्यथा इन्हें अभय देकर जो भूल हमने की थी, उसका हमें बहुत बड़ा मूल्य चुकाना पड़ता।'' राम ने तेजधर के नंगे कंधे पर थपकी दी, ''तुमने पुरस्कार-योग्य कार्य किया है, नायक ! इसे कोई सेनापति नहीं भुला सकेगा।''

प्रायः मध्याह्न के समय लक्ष्मण, राम के पास आए।

वे हांफ रहे थे, किन्तु बहुत थके होने पर भी वे अत्यन्त प्रसन्न दिखाई पड़ रहे थे। एक लंबे अन्तराल के पश्चात राम ने लक्ष्मण को इतना प्रसन्न देखा था।

''भैया !''

राम ने प्रश्न भरी दृष्टि से देखा।

''भैया ! नल ने अनेक जलपोत डुबो दिए हैं; किन्तु उन्होंने मार्ग पा लिया है।''

''स्पष्ट कहो, सौमित्र !'' राम कुछ उद्विग्न दिखाई पड़े, ''मार्ग पाने का क्या अर्थ है ?''

''उन्होंने बहुत दूर तक सागर और स्तिया के बीच की सीमा को खोज लिया है।'' लक्ष्मण बोले, ''डुबोई गयी शिलाओं से मर्यादा ऊंची उठ आयी है और सागर तथा स्तिया के बीच सेना के चलने के लिए एक मार्ग उत्पन्न हो गया है।''

उल्लास की उत्तेजना में राम उठ खड़े हुए, ''तुमने स्वयं देखा है, सौमित्र ? क्या सचमुच उस पर से सेना पार हो सकती है।''

''वहीं से आ रहा हूं, भैया !'' लक्ष्मण बोले, ''चाहे कितनी बड़ी सेना क्यों न हो, राजमार्ग के समान उस पर से चलती हुई निकल सकती है।''

''चलो मेरे साथ।''

राम, लक्ष्मण, सुग्रीव, अंगद, हनुमान, विभीषण, नल तथा जाम्बवान — सब को प्रसन्न मुद्रा में एक साथ जाते देख, सेना में समाचार फैल गया कि अवश्य ही कुछ-न-कुछ अद्भुत घटित हुआ है। राम ने इस भावना के प्रसार को रोकना आवश्यक नहीं समझा। अच्छा ही था, उससे सैनिकों का उत्साह बढ़ेगा।

लक्ष्मण उन्हें सेतु-निर्माण-स्थल पर ले गए। सबने अपनी आंखों से देखा — नल ने अद्भुत कार्य कर डाला था। जल के बीच में से सचमुच एक राजमार्ग जा रहा था, जिसके एक ओर सागर के जल की जीवित लहरें आ-आकर टकरा रही थीं और दूसरी ओर स्तिया का शांत, सोया हुआ, निःस्पन्द जल।...

राम ने उल्लसित होकर नल को गले लगा लिया, ''सागर-ज्ञान के विषय में तुम्हारा अनुराग आज सफलकाम हुआ, मित्र ! निश्चित रूप से तुम्हारी दृष्टि सागर के गर्भ में झांक रही थी। तुम धन्य हो, मित्र !''

सबने बारी-बारी नल का साधुवाद किया। सुग्रीव तथा नील ने भी उन्हें गले से लगा लिया।

नल ने नतमस्तक होकर प्रशंसा स्वीकार की और शालीन स्वर में बोले, ''भद्र राम! यदि इसी गति से काम चलता रहा; पीछे से शिलाएं, पत्थर, मिट्टी, लकड़ियां इसी प्रकार आते रहे तो संध्या तक हमारा सेतु लंका तक जा पहुंचेगा। यदि कठिनाई न हो, तो एक सहस्र व्यक्ति यहां भेज दें — जो इस पथ को आकार देकर समतल करेंगे; और आप सेना को संध्या के पश्चात् प्रयाण का आदेश भी दे सकते हैं। रात हम सागर के उस पार व्यतीत कर सकते हैं।''

''तुम ठीक कह रहे हो, बंधु !'' राम पुलकित स्वर में बोले, ''एक सहस्र व्यक्ति अभी यहां आ जायेंगे। किन्तु...'' राम चुप हो गए।

"किन्तु क्या, राम ?" सुग्रीव बोले।

"सेना के प्रयाण के विषय में सोचना होगा।" राम का स्वर गंभीर था, "अभी तक राक्षसों ने हमसे कोई छेड़-छाड़ नहीं की है। इसका अर्थ यह है कि उन्हें हमारी गतिविधि का कोई ज्ञान नहीं है। वे लोग निश्चिंत हैं कि उनके और हमारे बीच का यह सागर इसी प्रकार बना रहेगा और हम कभी भी उन तक नहीं पहुंच पाएंगे।... किन्तु सागर के उस तट पर उनकी सैनिक चौकियां अवश्य होंगी। यदि नल इसी प्रकार अपना सेतु-निर्माण करते हुए वहां तक जा पहुंचे, राक्षस-सेना सावधान हो गयी तो वे हमारी सेना की अग्रिम टुकड़ियों को भारी क्षति पहुंचाएंगी। यह भी संभव है कि राक्षस सेतु के पूर्ण होने में बाधा डालें।"

"तो ?" सुग्रीव बोले।

"पहले सेतु बने या पहले सेना उतरे ?" विभीषण ने पूछा।

"इसी समस्या की ओर मैं आपका ध्यान आकृष्ट कर रहा हूं।" राम बोले, "मेरा विचार है कि सेतु के अंतिम चरण का निर्माण रात्रि के अंधकार में किया जाए। सेतु के अंतिम चरण के निर्माण के समय जितने संभव हों, उतने सैनिक नौकाओं से उस पार उतार दिए जाएं। संभव हो तो वे वहां की सीमा-सुरक्षा-चौकियों को अपने अधिकार में कर लें। युद्धवेश में सजी अग्रिम सैनिक टुकड़ियां ही सेतु का अन्तिम चरण पूरा करें। निश्चित रूप से उस स्थान पर जल बहुत गहरा नहीं होगा। सेना को रात्रि के अंधकार में जितनी शीघ्रता से संभव हो, आकस्मिक रूप से सागर के उस पार उतार दिया जाए।"

"मैं राम से पूर्णतः सहमत हूं।" विभीषण बोले, "नौकाओं से लंका में उतरने वाली अग्रिम टुकड़ियों के आगे-आगे मैं चलूंगा।"

"मैं तो सोच रहा था कि लंका की भूमि पर सबसे पहले पग मैं रखूंगा।" लक्ष्मण बोले, "किंतु लंकापति की इच्छा का विरोध कैसे करूं ?"

राम मुसकराए, "प्रश्न इच्छा का नहीं है। हमें युद्धनीति देखनी होगी। मित्रवर विभीषण को सबसे पहले जोखिम के मुख में मैं नहीं जाने दूंगा। लंका की भूमि पर वे हमारे सबसे महत्त्वपूर्ण मार्ग-निर्देशक और परामर्शदाता होंगे। उनके लिए जोखिम उठाने के अनेक अवसर आएंगे।"

"यदि अनुमति हो, भद्र !" हनुमान धीरे से बोले, "तो सीमा-रक्षा-चौकियों पर छापा मारने का काम मैं करूं ?"

"मेरा विचार है, हनुमान उचित ही कह रहे हैं।" सुग्रीव ने अपना मत प्रकट किया, "वह छापा आकस्मिक और शत्रुओं के लिए स्तब्धकारी होना चाहिए। हनुमान स्फूर्ति में अद्वितीय हैं। फिर लंका जलाकर लौटने वाले व्यक्ति का वहां आतंक भी पर्याप्त होगा। उन्हें देखकर राक्षस सैनिक स्तब्ध रह जाएंगे।"

"मैं सहमत हूं।" राम बोले, "यह कार्य हनुमान ही करें। किन्तु अग्रिम टुकड़ियों के विषय में मेरी योजना है कि लंका की भूमि पर टुकड़ियों के रूप में नहीं, वाहिनियों

के रूप में उतरा जाए।''

''तो ?''

''बायीं ओर से जितना संभव हो, उतना फैलकर सौमित्र, अंगद और नील उतरें। दाहिनी ओर से वैसे ही गवय, गवाक्ष और गंधमादन उतरें; सेतु के अंतिम चरण का निर्माण कर लंका की भूमि पर उतरने वाली वाहिनी मेरे साथ रहेगी। सेतु के मध्य भाग में जाम्बवान रहेंगे। सेतु के आरम्भ में सुग्रीव और विभीषण रहें। तार और केसरी सारी सेना को पार उतार, पीछे की देखभाल करते हुए आएं। सेतु की रक्षा, इस ओर के सागर-तट की रक्षा जन सैनिक करें। किष्किंधा से संपर्क बनाए रखने के लिए उत्तरदायी शिल्पी हों। शेष यूथपति अपनी-अपनी वाहिनियों के साथ यथाशीघ्र आएं।''

''यद्यपि मैं भी आगे जाना चाहता था,'' सुग्रीव बोले, ''किन्तु सेना के महासेनापति की योजना उत्तम है। ऐसा ही हो, ताकि लंका में उतरते ही हमारे पांव उस भूमि पर जम जाएं और मुंह की खाकर लौटने की बात न सोचनी पड़े।''

''तो फिर यही हो।'' लक्ष्मण का स्वर गंभीर था, ''तत्काल इस योजना पर कार्य आरम्भ किया जाए।''

द्वितीय खण्ड

1

रात आधी से अधिक बीत चुकी थी।

लंका के मुख्य द्वार बंद हुए दो प्रहर हो चुके थे। चौकसी के लिए परकोटे पर नियुक्त संतरी भी कई परिक्रमाएं कर अब शिथिल हो चुके थे। सामान्य स्थिति में अब तक वे सो चुके होते किन्तु इधर गुप्तचरों की गतिविधियां बढ़ गयी थीं। उनमें से जाने कोई कब आ टपके। वे बाहर से आ भी सकते थे और बाहर जाने के इच्छुक भी हो सकते थे। इन गुप्तचरों के मारे संतरियों की रात की नींद में भयंकर विघ्न आ उपस्थित हुआ था।

तोरणों के बंद हो जाने के पश्चात् जब तक नगर में कोई कार्य-कलाप चलता रहता था; कहीं से प्रकाश और कहीं से ध्वनि आती रहती थी — तब भी संतरियों को जागते रहने का एक बहाना होता था; किन्तु जब नगर के भीतर का भी सारा कोलाहल सो जाए. तब संतरी किसके सहारे जागें।

कुछ समय पूर्व तक लंका को किसी से भय नहीं था। यद्यपि नगर के बाहर परिखा थी, जिसमें जल भरा था, फिर ऊंचा और चौड़ा परकोटा था, जिस पर संतरियों की टोलियां पहरा देती थीं; तोरणों पर अनेक यंत्र लगे थे, जो शत्रुओं पर पत्थरों और बाणों की वर्षा करते थे। फिर भी प्रत्येक व्यक्ति जानता था कि यह सब अनावश्यक था। रावण के

आधिपत्य के पश्चात् शत्रु लंका से दूर भागे थे, लंका की ओर कभी कोई नहीं आया। किन्तु हनुमान के आने के पश्चात् स्थिति बदल गयी थी।... फिर सूचना आयी कि राम अपनी सेना लेकर सागर के उस पार पहुंच गया है। उससे लंका की प्रजा में तो कम खलबली मची; रावण के अपने घर में कलह आरम्भ हो गयी। लंका में सुना जाता था कि विभीषण जाकर राम से मिल गया है। वानरों का राजा सुग्रीव पहले ही उसके साथ था।

''आ, थोड़ी देर विश्राम कर लेते हैं।'' एक संतरी ने दूसरे से कहा।

''अब विश्राम कहां है।'' दूसरा बोला, ''थोड़ी देर में नायक आ धमकेगा। सुना है कि कल एक संतरी को द्यूत खेलने के अपराध में दंडित किया गया है। वह बेचारा तो सो भी नहीं रहा था। राम की सेना क्या आयी; लंका का सार्वजनिक खेल अपराध बन गया।''

''तू नया है, इसलिए बहुत डरता है।'' पहले ने कहा, ''हम सब निर्भीक हैं। लंका में कोई काम नहीं करता, बस पैसा काम करता है।''

''मैं तो डरता ही हूं, क्योंकि नया-नया काम मिला है,'' दूसरा बोला, ''किन्तु तुम्हारा राजाधिराज क्यों डरता है ?''

''राजाधिराज और भय ! तू नशे में तो नहीं है ?''

''नहीं। नशे में तो तुम हो। अपने राजाधिराज की शक्ति के मद में भूले हो।'' दूसरा बोला, ''इतनी-सी बात नहीं सोच सकते कि रावण डरता नहीं है तो अपनी सेना ले, सागर के उस पार जाकर राम से लड़ता क्यों नहीं ? किस बात की प्रतीक्षा में बैठा है, गवाक्ष और द्वार बंद करके ? लंका के चारों द्वारों पर पहरा क्यों बढ़ाया गया है ? नगर में सैनिक परिक्रमा क्यों करते रहते हैं ? अरे, न होता उस पार, सागर के इस पार ही व्यूह बांधता।''

''तू अकिंचन-सा संतरी, लगा है राजाधिराज की आलोचना करने। इतनी ही राजनीति समझता था तो यहां चाकरी करने क्यों आया ! कोई मंत्री-पद संभाल...''

इससे पहले कि दूसरा कोई कटु उत्तर देता, उन्हें लगा कि उन्होंने दूर कहीं बहुत सारी ध्वनियां सुनी हैं। शब्द बहुत धीमा था; किन्तु जैसे सहस्रों शब्द एक साथ हो रहे थे। वे दोनों ही सावधान हो गए — कैसा शब्द है यह ?

उन्होंने अंधेरे में आंखें फाड़-फाड़कर देखने का प्रयत्न किया। अपनी उल्काएं उठा-उठाकर देखा — किन्तु कुछ भी स्पष्ट नहीं हुआ। पर था कुछ-न-कुछ अवश्य। कोई बहुत बड़ी हलचल...

एक भागता हुआ प्राचीर की सीढ़ियां उतर गया और उसने अपने अधिकारी को सूचना दी। अधिकारी को अपनी नींद में यह विघ्न प्रिय नहीं लगा।

''क्या बात है ?'' उसने आधी आंखें खोलकर बुरा-सा मुंह बनाया, ''लगता है तुम्हें वृत्ति आवश्यकता से अधिक मिलने लगी है।''

''नहीं, प्रभु !'' संतरी ने हाथ जोड़ दिए, ''सागर-तट पर बड़ी हलचल है, जैसे सहस्रों लोग कुछ कर रहे हों।''

''ठीक है। ठीक है।'' अधिकारी ने अप्रसन्नता में अपना हाथ झटका, ''वहां तट-सुरक्षा वाले कुछ कर रहे होंगे। तुम्हारे पेट में क्यों मरोड़ उठ रहे हैं ? जाओ, अपना काम करो।''

''नहीं, नायक !'' संतरी टला नहीं, ''तट-चौकी पर इतने लोग कभी नहीं होते।''

''तो हमारी सेनाएं युद्ध के लिए जा रही होंगी।'' नायक उठने के लिए तैयार नहीं था।

''नायक !'' संतरी पुनः बोला, ''हमारी सेनाएं होतीं तो हमारे तोरण सें निकलकर गयी होतीं। वह तो बाहर से आयी कोई सेना लगती है।''

इस बार नायक उछलकर खड़ा हो गया, ''कहीं वानरों को लेकर राम ही तो नहीं आ गया !''

वह भागता हुआ आया और परकोटे पर चढ़ गया। उसने देखा — संतरी की सूचना ठीक थी। वे सहस्रों नहीं, लक्ष-लक्ष लोग थे और अंधकार में सागर की लहरों के समान बढ़कर खाली धरती पर फैलते जा रहे थे... अनेक स्थानों पर उल्काएं भी जल उठी थीं — कदाचित् वे अपने शिविर स्थापित कर रहे थे...

''लगता है वही आ गया।'' नायक का मुख भय से पीला पड़ गया, ''अच्छा-भला शांति से जीवन कट रहा था, पर हमारा यह राक्षसराज...''

''नायक !'' संतरी बोला, ''अधिकारियों को सूचना भेजनी चाहिए।''

''भेजो ! भेजो !'' नायक बोला, ''मैं तो लुट गया।''

''क्या हुआ, नायक ?'' दूसरे संतरी ने पूछा।

''होना क्या है, रे ! मैं लुट गया।'' नायक जैसे अपने-आपसे कह रहा था, ''एक वानर आया था तो क्या नहीं हुआ था। अब वानर-सेना आयी है तो क्या होगा। नगर घिर जाएगा। न कोई नगर में आ सकेगा, न बाहर जा सकेगा। नगर की व्यवस्था भंग हो जाएगी। दंगे होंगे। लूट-मार होगी। मेरे भवन के पास तो वे कंगले श्रमिक वानर रहते हैं, अवसर पाते ही मेरा घर लूट लेंगे। मैंने तो नया-नया विवाह किया है, रे... !''

संतरियों का धैर्य समाप्त हो गया था। वे सूचना देने के लिए दोनों ओर दौड़ पड़े थे।

रावण उग्र दृष्टि से शुक को देख रहा था, ''कहां थे अब तक तुम ?''

शुक ने सिर झुका लिया, ''आपकी आज्ञा से सागर पार, राम की वानर सेना में गया था। उन्होंने मुझे बंदी कर लिया था। सागर पार कर अपना स्कंधावार स्थापित कर, राम की आज्ञा से मुझे मुक्त कर दिया गया है।''

रावण ने उसे संदेह-भरी दृष्टि से देखा, ''कोई और बहाना नहीं मिला तुम्हें। यदि

इतने समय तक तुम्हें बंदी कर रखा था तो अब क्यों मुक्त कर दिया ?''

''सत्य यही है, राक्षसराज !'' शुक भीत स्वर में बोला, ''मुक्त क्यों कर दिया, कह नहीं सकता। कदाचित् राम अपने लंका में पहुंच जाने की सूचना भेजना चाहता था।''

''सूचना मुझे मिल चुकी है।'' रावण का स्वर कटु हो उठा, ''तुम्हें सूचना लाने के लिए भेजा गया था।... तुमने सुग्रीव को मेरा संदेश दिया था ?''

''दिया था।''

''क्या कहा उसने ?''

''वे सब मुझे मारने को दौड़े, महाराजाधिराज !'' शुक बोला, ''यदि राम ने मेरी प्राण-रक्षा न की होती तो मैं जीवित न बच पाता।''

''उसके आभारी हो ?'' रावण की आंखों से क्रोध झलकने लगा।

''नहीं !'' शुक रीढ़ की हड्डी तक कांप उठा, ''केवल सूचनावश निवेदन किया है, महाराजाधिराज !... उन लोगों में फूट डालना असंभव है। वानर राम के ऐंसे अनुयायी हैं कि यदि उन्हें शिलाएं न मिली होतीं, तो वे अपने शरीरों से सागर को पाटकर राम को सागर पार करा देते।''

''क्यों ? राम में ऐसा क्या है ?'' रावण की वाणी में विद्रूप उतरा और उसकी कल्पना में सीता आ बैठीं... राम का सम्मोहन...

''मैं क्या कहूं, स्वामि !'' शुक धीरे से बोला, ''राम में उदारता है, समता है, वीरता है, न्याय है, अंहकार नहीं...।''

''तुम वहीं क्यों नहीं रह गए ?'' रावण की वाणी उग्र हो गयी।

''मंत्रिवर !'' रावण ने प्रहस्त की ओर देखा, ''गुप्तचर भेजकर पता लगाओ कि राम की सेना ने कहां स्कंधावार डाला है ? उस सेना की क्षमता क्या है ?... यदि उन मूर्ख वानरों ने सागर-तट पर स्कंधावार स्थापित किया है तो उन्हें सागर का खारा जल पीने दो, अन्यथा चरों को भेजो कि उनके आसपास के पेय जल के स्रोतों में विष मिला आएं।''

''राक्षसराज !'' प्रहस्त के स्वर में उनका आत्मविश्वास अनुपस्थित था, ''वानर-सेना के आने की सूचना मिलने पर मैंने सारण को भेजा था। वह स्वयं निवेदन करेगा।''

सारण ने आकर रावण को प्रणाम किया, ''राजन् ! उस सेना में घुसना बहुत कठिन है। विभीषण और उनके मंत्री प्रायः हमारे सारे गुप्तचरों को पहचानते हैं। मुझे भी देखते ही उन्होंने पहचान लिया।''

''विभीषण !'' रावण ने दांत पीसे।

''तेरा भाई राम की अगवानी कर उसे लंका में ले आया है।'' उसके मन में प्रतिरावण ने अट्टहास किया, ''तूने शूर्पणखा को अश्मपुरी भेज दिया। यदि वह आज यहां होती तो जयमाला लेकर राम का स्वागत लंका के मुख्य द्वार पर करती। तुम भाई-बहनों में परस्पर अद्‌भुत प्रेम है।...''

''निबटूंगा विभीषण से भी।'' रावण ने अपना सिर झटककर सोचा, ''वह भाग गया तो क्या हुआ। उसकी पत्नी और पुत्री तो यहीं हैं...।''

''विभीषण का वध मैं अपने इस खड्ग से करूंगा।'' वह उच्च स्वर में बोला, ''तुम बताओ, तुम्हारे साथ क्या हुआ ?''

''विभीषण के संकेत पर वानरों ने मुझे पकड़ लिया और बहुत पीटा।''

''दिख रहा है।'' रावण के स्वर में व्यंग्य अत्यन्त मुखर था।

''राम के आदेश पर ही मेरी रक्षा हुई...''

रावण की भृकुटियां वक्र हो गयीं।

सारण धीरे-से बोला, ''राम ने मुझसे कहा कि यदि मैंने अपने स्वामी के आदेशानुसार कार्य कर लिया हो तो कुशलतापूर्वक लौट जाऊं। कार्य पूरा न हुआ हो तो विभीषण इसमें मेरी सहायता कर देंगे। उसने कहा कि मुझे अपने प्राणों का भय नहीं करना चाहिए, क्योंकि एक तो मैं दूत हूं, दूसरे शस्त्रहीन हूं।''

''तो राम अपनी सैनिक शक्ति की सूचना मुझ तक पहुंचाना चाहता है ?''

''कुछ ऐसा ही प्रतीत होता है, लंकापति !''

''तुमने क्या देखा ?''

''वानर सेना मुख्यतः सुवेल पर्वत पर ठहरी है; किन्तु उसने स्वयं को विभिन्न पर्वत शिखरों, झरनों के आसपास गुफाओं में, सागर-तट तथा वनों में इस प्रकार स्थापित किया है कि लंका उनके अवरोध में है।''

''वानर सेना को देखकर तुम्हारा क्या विचार बना ?'' रावण का स्वर कठोर था, ''हमें क्या करना चाहिए ?''

सारण ने असमंजस भरी आंखों से रावण को देखा — राक्षसराज क्या सुनना चाहता है ?

''युद्ध !...'' और स्पष्ट निर्णय न कर पाने के कारण, सारण बोला, ''या फिर सीता को लौटा दें...''

रावण का रोष फूटा, ''तुम दोनों वानरों से पिटकर अपना विवेक खो बैठे हो। तुम भूल रहे हो कि राजा निग्रह और अनुग्रह दोनों करने में समर्थ होता है। उसके सहारे आजीविका चलाने वाले व्यक्तियों को ऐसी बात नहीं कहनी चाहिए, जो उसे अप्रिय लगे। तुम्हें क्या मृत्यु का भय नहीं है ?...,''

शुक और सारण दोनों ही ने धरती पर माथा टेक दिया।

''तुम कृतघ्न हो।'' रावण बोला, ''जाओ, अब कभी मुझे अपना मुख न दिखाना।''

''शार्दूल !'' रावण ने शुक और सारण की ओर से मुख फेर लिया, ''राम की सेना व्यूहबद्ध है क्या ?''

शार्दूल ने भयभीत दृष्टि से एक बार उस द्वार को देखा, जहां से अभी-अभी शुक और सारण बाहर गए थे और फिर वही दृष्टि रावण पर डाली। वह रावण की ओर देख

नहीं सका। उसकी आंखें झुक गयीं, ''स्वामि ! वानर सेना पुरुष-व्यूह बांधकर स्थित है। जो सुचनाएं मुझे मिली हैं, उसके अनुसार अंगद और नील हृदय-स्थान में हैं, दाहिने पार्श्व में ऋषभ नामक यूथपति है, वाम पार्श्व में गंधमादन है। स्वयं राम और लक्ष्मण व्यूह के मस्तक-स्थान पर हैं। जाम्बवान, सुवेण और वेगदर्शी कुक्षि भाग में हैं। स्वयं सुग्रीव उसके पिछले भाग की रक्षा कर रहे हैं।...''

''पुरुष-व्यूह !'' रावण कुछ सोचता हुआ सिंहासन से उठ खड़ा हुआ। सभा भंग हो गयी।

रावण का रथ चलता जा रहा था।

तो राम सागर पार कर ही आया... रावण सोच रहा था... विभीषण उस पार गया, राम को लिवा लाने।... और रावण आज समझ पा रहा था कि उसके मन में सीता के प्रति कामासक्ति जगाने के पीछे शूर्पणखा का क्या उद्देश्य था। सम्मान और प्रतिशोध की बातें तो बहाना मात्र थीं। वह यही चाहती थी कि सीता को खोजता हुआ राम लंका में आए और शूर्पणखा के चंगुल में फंस जाए... आज शूर्पणखा लंका में होती तो सचमुच जयमाला लेकर राम का स्वागत करती। ओह ! रावण के ये छोटे भाई-बहन ! कैसा-कैसा सुख-आराम, यश-मान नहीं दिया रावण ने उन्हें ! और आज वे स्वतंत्र हो गए हैं। स्वयं को रावण से अधिक बुद्धिमान मानते हैं। अपने हित और स्वार्थ के पीछे बड़े भाई का इस प्रकार विरोध कर रहे हैं... यह विरोध सामान्य नहीं है। अब भाई-बहन का कोई संबंध नहीं। शूर्पणखा का लंका-प्रवेश पूर्णतः निषिद्ध करना होगा; और विभीषण का तो अपने हाथों ही वध करना होगा...

पर वे दोनों वस्तुतः रावण से चतुर निकले। उन्होंने राम की क्षमता को ठीक आंका है। वे जानते थे कि राम सैन्य-संगठन कर सकता है। सागर पार कर सकता है।... और राम सचमुच आ गया। रावण ने कभी नहीं सोचा था कि यह संभव होगा... उसके मंत्री और सेनापति भी यही कहते रहे। मूर्ख... किसी ने रावण को सूचना नहीं दी — बहुरक्षित सागरों ने भी नहीं। गुप्तचरों ने भी नहीं। सैनिक चौकियों ने भी नहीं। तट-रक्षकों ने भी नहीं...

राम ने सागर पार कर लिया... राम ने क्या पार किया, विभीषण ने सुझाया होगा — कुलकलंक ने। वह लंका के सारे भेद जानता है। अब एक-एक कर राम को बताता रहेगा। सबसे पहले उसी का वध करना होगा... विभीषण की पत्नी और पुत्री... विभीषण के लिए यही दंड उचित होगा। उसकी पत्नी और पुत्री का वध ! सरमा और कला का वध !...

रावण का चिंतन रुक गया... एक परिजन विद्युज्जिह्व का वध कर रावण आज तक उसकी क्षतिपूर्ति ही कर रहा है। विभीषण का अपमान किया तो वह राम को सागर पार ले आया।... अब यदि सरमा और कला का वध किया तो... लंका में विभीषण के

अनेक अनुयायी हैं... अन्तर्विद्रोह हो सकता है। फिर कुम्भकर्ण ? वह इस बात को तनिक भी पसन्द नहीं करेगा। कहीं वह रुष्ट न हो जाए। रावण के लिए वह बहुत महत्त्वपूर्ण है। भाइयों में से एक वही तो उसका समर्थक रह गया है।... रावण उसे अप्रसन्न नहीं कर सकता... सरमा और कला का वध उपयुक्त समय पर होना चाहिए। अभी तो वे अवरोध में ही रहें...

ये सब लोग रावण से सीता को छीनना चाहते हैं। कितना सरल है कहना — सीता को लौटा दो !... सागर पार कर वन में षड्‌यंत्र कर अकेली सीता को रावण क्या इसलिए हरकर लाया था कि कोई कहे और वह सीता को लौटा दे...

'नहीं ! रावण सीता को क्यों लौटाएगा।' उसके मन में प्रतिरावण पुनः हंस रहा था, 'वह तो अपने सारे वंश का नाश करवाएगा। अपने प्राण देगा...।'

'कौन जन्मा है रावण के प्राण लेने वाला और उसके वंश का नाश करने वाला?' रावण ने प्रतिरावण को डांटा, 'हां ! ठीक है कि रावण अपने प्राण दे देगा, किंतु सीता जैसी सुन्दरी को लौटाएगा नहीं। पर कौन लेगा रावण के प्राण ! रावण एक-एक करके इन सब के प्राण ले लेगा — राम, लक्ष्मण, सुग्रीव, हनुमान... और विभीषण के भी। किन्तु सबसे पहले वह सीता को प्राप्त करेगा।...'

रावण और प्रतिरावण दोनों ही चुप हो गए। रावण कुछ सोचता रहा, और सहसा ही किसी निश्चय पर पहुंचकर बोला, ''सारथे ! रथ को अशोक वाटिका की ओर मोड़ लो।''

2

प्रातः से ही सीता को लग रहा था कि वातावरण कुछ बदला हुआ था। कुछ भी स्पष्ट नहीं था कि क्या हो रहा है; किन्तु कुछ-न-कुछ हो अवश्य रहा था। उनको अपने चारों ओर पहले-सी चौकसी दिखाई नहीं पड़ रही थी। वातावरण में व्यस्तता और अस्त-व्यस्तता दोनों ही दिखाई पड़ रही थीं। नगर की दिशा में रथों के आने-जाने और सैनिक आवागमन का भी आभास हो रहा था।

दिन कुछ चढ़ आया तो नगर के बाहर वाले प्रांतर का कोलाहल कुछ उग्र होता-सा लगा। किंतु वह कोलाहल इतनी दूरी पर था कि उसके स्वरूप का अनुमान लगाना भी कठिन था। पर, इतना तो पता लग ही रहा था कि वह शब्द असंख्य कंठों का सम्मिलित स्वर था। इतने लोग इकट्ठे होकर क्या कर रहे हैं ? क्या कोई विराट उत्सव हो रहा है ? या कोई सैनिक अभियान है ? किन्तु रक्षिकाओं के हाव-भाव देखकर स्पष्ट था कि यह कोलाहल राक्षसों के लिए सुखकर नहीं था ऐसी स्थिति में कोई उत्सव अथवा समारोह नहीं हो सकता। सैनिक अभियान हो, तो भी उसमें उत्साह दिखाई नहीं पड़ रहा था। तो क्या कहीं राक्षसों पर आक्रमण हुआ है ? इन्हें भी अपनी इच्छा के विरुद्ध लड़ना

पड़ रहा है ?... कहीं राम की सेना तो नहीं आ गयी ?... हनुमान कह गया था, राम अपनी वानर सेना सजाए तैयार बैठे हैं... यदि यह राम की ही सेना है तो इसका अर्थ हुआ कि हनुमान अपने अभियान में सफल हुआ है और सकुशल राम के पास पहुंच गया है। हनुमान... मुखर जैसा हनुमान... मुखर...

कहां तक पहुंची होगी राम की सेना ? सागर के उस पार के तट तक ? लड़ने के लिए राक्षस लोग सागर पार जा रहे हैं क्या ? किन्तु सागर पार के युद्ध से क्या होगा? राम यदि विजयी हो भी जाएं तो क्या होगा ? पंचवटी के युद्ध में जनस्थान का सारा स्कंधावार नष्ट हो गया; किन्तु रावण की शक्ति कम हुई क्या ? उलटे वह उनके आश्रम में से उनका हरण कर लाया।... यदि यह सेना राम की हुई और राम विजय भी हो गए, तो भी रावण सागर के इस पार सुरक्षित बैठा रहेगा और सीता इसी प्रकार बंदिनी रहेगी।... राम को सागर-संतरण करना ही होगा... पर कैसे ?

सहसा सीता के मन में उमंग उठी — राम सेना-सहित सागर-पार तो नहीं कर आए, जो राक्षसों में घबराहट का-सा आभास हो रहा है। यदि राम सचमुच सागर पार कर आए हैं तो... सीता के मन में अनेक सुखद कल्पनाएं जागने लगीं। उन्हें लगा, पिछले कई महीनों में जो शारीरिक और मानसिक कष्ट उन्होंने सहे हैं — वे किसी दुस्वप्न के अंग थे। अब राम आ गए हैं तो वे अवश्य ही रावण का वध करेंगे और सीता को नुक्त कर अंगीकार करेंगे।... पर कैसी बाध्य हैं सीता भी। उनके प्रिय आकर लंका के द्वार पर खड़े हों और वे उनकी एक झलक भी नहीं पा सकतीं। राम मरणातंक युद्ध कर रहे हों और सीता उनके पार्श्व में खड़ी होकर लड़ नहीं सकतीं। उनके शरीर में पीड़ादायक, घातक बाण धंसे हों और सीता उन्हें खींच, घाव को धो, औषध लगाना तो दूर — स्नेह का एक स्पर्श भी नहीं दे सकतीं।

जिस आकस्मिकता से सीता का उत्साह जागा था, उसी आकस्मिकता से वह क्षीण भी होने लगा — यह केवल उनकी इच्छा-पूर्ति का चिंतन है। इतने बड़े सागर को सेना-सहित राम कैसे पार कर सकते हैं ? उनके पास ऐसे साधन ही कहां हैं ? बहुत प्रयत्न करेंगे तो कुछ नौकाएं जुटा लेंगे। सेना पार कैसे आएगी ? और फिर राक्षस बिना लड़े क्या सेना को सागर-संतरण करने देंगे ?... हनुमान का आना और बात थी। वह बिना किसी शस्त्र के, अकेला, निहत्था, समुद्र तैरकर आया था। वैसे तैराक कितने होंगे राम की सेना में ? और यदि तैराकों की सेना लेकर आएंगे, तो युद्ध क्या करेंगे ?... कोई और बात होगी राक्षसों की चिंता का कारण। सीता का ऐसा भाग्य कहां कि उनका कोई कार्य सरलता से हो जाए। यदि ऐसा ही भाग्य होता तो विधाता ऐसा जन्म क्यों देता कि उन्हें अज्ञात-कुलशीला कहलाना पड़ता। फिर जनक जैसे पिता और राम जैसे पति होते हुए भी वनवास और रावण द्वारा हरण !... ये क्या सौभाग्यशाली लोगों के लक्षण हैं...

पर किसी अज्ञातकुलशीला कन्या को जनक जैसे पिता और सम जैसे पति मिलें...

सामने से त्रिजटा आ रही थी। सीता ने उसके चेहरे पर कुछ पढ़ने का प्रयत्न किया।...

त्रिजटा कदाचित् कोई समाचार दे सके... उसके चेहरे पर कुछ-न-कुछ तो अपूर्व था ही, जैसे मन में कोई भेद छिपाए हो। क्या भेद होगा ? वही होगा, जो अन्य राक्षसों के मन में है।

त्रिजटा ने भेदभरी दृष्टि से कुछ अस्पष्ट-सा संकेत किया।

सीता समझ नहीं सकी कि वह कहना क्या चाहती है; किन्तु उसके चेहरे पर चिपके आश्वासन को सीता स्पष्ट पढ़ रही थी।

थोड़ी देर में त्रिजटा को अवसर मिल गया। अन्य रक्षिकाएं कुछ इधर-उधर हुईं तो वह सीता के पास चली आयी।

''आज बाल क्यों नहीं गूंथे ? वेणी क्यों नहीं बनाई ?'' उसने उच्च स्वर में कहा।

सीता ने चकित होकर देखा — आज फिर उनके श्रृंगार का कोई नया आदेश आया है क्या ?... किन्तु त्रिजटा के आक्रोश की कृत्रिमता देखकर वे आश्वस्त हुईं।

त्रिजटा आकर पास बैठ गयी।

''देवि ! क्षमा करना। आपसे कुछ बातें करनी हैं।'' वह धीरे-से बोली, ''आइए, आपके बाल सुलझा दूं।''

सीता उसके आगे, उसकी ओर पीठ कर बैठ गयी। त्रिजटा ने उनकी वेणी खोली और बालों में अंगुलियां फिराने लगी, जैसे बालों को सुलझा रही हो।

''आज शूर्पणखा लंका में होतीं तो आप दोनों के लिए अत्यधिक प्रसनन्ता का दिन होता।'' वह फुसफुसाकर बोली।

''ऐसा कौन-सा समाचार है, जो मेरे और शूर्पणखा के लिए समान रूप से सुखद है ?'' सीता के स्वर में जिज्ञासा भी थी और पीड़ा भी।

''आर्य राम का आना।''

सीता ने बड़ी कठिनाई से स्वयं को रोका, अन्यथा उनके मुख से प्रसन्नता की चीख निकल जाती और मुख सहसा त्रिजटा की ओर मुड़ जाता।

''वे आ रहे हैं या आ गए हैं ?''

''कल आधी रात को वे सागर पर सेतु बांध, सेना सहित सागर पार कर लंका के तट पर आ पहुंचे हैं।'' त्रिजटा धीरे से बोली, ''नगर में बहुत घबराहट है। सागर-तट उनके अधिकार में है। लंका घिर गयी है। न कोई बाहर से आ सकता है, न बाहर जा सकता है। बाहर से जलपोत नहीं आ रहे, अतः लंका के हाट-बाजारों से आवश्यक वस्तुएं अदृश्य हो गयी हैं। प्रत्येक वस्तु का मूल्य बढ़ गया है। साधारण जनता त्राहि-त्राहि कर उठी है।''

''युद्ध आरंभ हो गया है क्या ?''

''नहीं ! अभी आरंभ नहीं हुआ। दोनों ओर से तैयारी चल रही है।'' वह बोली, ''युद्ध आरंभ हुआ तो लंका में मांस बहुत सस्ता हो जाएगा।''

''कैसे ?''

''जो मरेंगे, उनमें से बहुत से सैनिकों का मांस कहीं मनुष्य के मांस के रूप में और कहीं पशु के मांस में मिलाकर बेचा जाएगा।''

सीता ने अपने कानों पर हाथ रख लिये — ''राक्षस अपने स्वार्थ के लिए क्या-क्या नहीं करते...''

रथ अशोक वाटिका के द्वार पर रुका। अंगरक्षकों की एक टुकड़ी आगे प्रवेश कर गयी, तो रावण ने भी अपना पग आगे बढ़ाया।

बिना पूर्व-सूचना के राजाधिराज के आ जाने से रक्षिकाओं में खलबली मच गयी थी।

रावण दृष्टि उठाकर कुछ देखे, उससे पूर्व ही प्रतिरावण का ठहाका गूंजा, 'बस! कर लिया निर्वाह मंदोदरी को दिए वचन का ? आज अकेले ही चले आए सीता से मिलने! न वे दासियां, न स्त्री रक्षिकाएं, न रानियों की शोभा-यात्रा, न वे भेंट-उपहार ! क्या सोचेगी सीता !'

रावण का सिर भन्ना गया। उसके राज्य और परिवार के भीतर क्या, यहां तो उसके अपने मस्तिष्क के भीतर उसका शत्रु घुसा बैठा था। पहले तो इसी का गला घोंटना होगा... पर तब तक प्रतिरावण स्वयं ही कहीं विलीन हो गया था। रावण जानता है, जब उसका क्रोध अथवा अहंकार उद्दाम हो उठता है, तो प्रतिरावण या तो चुपचाप सोया रहता है, या जागता भी है तो कुछ बोलता नहीं...

रावण ने सीता को देखा — निश्चय ही बिना किसी पूर्व-सूचना के रावण को इस प्रकार आया देख, वह चकित हो रही थी। भय, आश्चर्य, आशंकाएं — जाने कितने भाव उसकी आंखों में थे और उसके रूप को एक विचित्र भंगिमा प्रदान कर रहे थे। रावण की इच्छा हो रही थी — उसे देखता ही जाए... ऐसा रूप रावण ने कभी नहीं देखा, ऐसी गरिमा, ऐसा साहस और चारित्र्य रावण ने कभी नहीं देखा... रावण की रानियों, प्रेमिकाओं, रखैलों, भोग्याओं और दासियों में एक भी ऐसी स्त्री नहीं है... और इस स्त्री को उससे छीनने के लिए राम आया है...

रावण के शरीर का सारा रक्त उसके मस्तिष्क की ओर दौड़ चला... रावण सारे विश्व का नाश कर देगा, पर सीता नहीं देगा... पर तत्काल रावण के मन में प्रश्न उठा — क्या सीता को राम के आने का कोई आभास है ?... अवश्य होगा। चारों ओर इतना कोलाहल है। वानरों के स्वर आते होंगे। यहां के रक्षक-रक्षिकाओं में इसकी चर्चा होती होगी...

''सीता !'' रावण के स्वर में क्रूरता तथा माधुर्य का विचित्र मिश्रण था, ''तेरी भी प्रतीक्षा समाप्त हुई और मेरी भी। अपनी मुक्ति के लिए जिसकी प्रतीक्षा तुम कर रही हो, वह सागर पार कर लंका के द्वार तक आ गया था...।''

''राम !...''

''हां, राम ! कल रात तुमने सागर-तट से उठता कोलाहल सुना होगा। वह अपनी सेना लेकर आया था... बहुत प्रसन्न हो कि वह तुम्हें मुक्त कराकर अंगीकार कर लेगा।'' रावण ने अट्टहास किया, ''वह भी यहो समझकर आया था कि वह यहां अपनी सीता को प्राप्त कर लेगा।''

रावण ने पुनः अट्टहास किया और हंसता ही चला गया।

सीता आशंकित दृष्टि से रावण को देख रही थी — राम के लंका पहुंचने पर रावण हंस क्यों रहा है ? वह भयभीत क्यों नहीं है ? और उनके आने की चर्चा भूतकाल में क्यों कर रहा है ?

''तुम लोगों ने इसे बच्चों का खेल समझ रखा है क्या कि भागकर रस्सी को छू लेने वाला अपना पारितोषक पा जाएगा !'' रावण के चेहरे पर भंयकर क्रूरता खेल गयी, ''न तुम इस बात को समझीं कि तुम राम को काल के गाल में खींचने के लिए चुंबक मात्र हो और न राम इस बात को समझ पाया कि रावण इस सागर में सीता जैसी कामिनियों का चारा डालकर राम जैसे मत्स्यों का आखेट करता है !''

सीता की आंखें फट आयीं, मुख कुछ खुल गया और हाथ कानों तक चले गये।

''हां ! सागर पार करते-करते बेचारा बहुत थक गया था। युद्ध से पहले थोड़ा विश्राम कर लेना चाहता था; इसलिए सागर के दक्षिण तट पर सेना-सहित गहरी नींद सो रहा था। मैंने सोचा, प्रातः उठकर युद्ध करेगा तो पुनः थक जाएगा। इसलिए मैंने उसे वहीं चिरनिद्रा में सुला दिया है। अब वह कभी नहीं थकेगा... मैंने अपने हाथों से राम का वध किया है।'' रावण बोला, ''उसके जटाजूट को पकड़ अपने चंद्रहास खड्ग के एक वार से उसका सिर उसके शरीर से अलग कर दिया है। उसका सिर इस समय भी मेरे रथ में मेरे पैरों से ठुकराए जाने के लिए पायदान पर पड़ा है।'' रावण हंसा, ''तुम्हें भेंट देने के लिए ला रहा था, किन्तु फिर तुम्हारे कोमल मन का विचार कर रुक गया। सोचा, शायद तुम उसे न देख सको। वह चेहरा अब उतना सुदर्शन नहीं रहा। कटी हुई ग्रीवा का मांस कुछ विचित्र प्रकार का लाल है। उससे टपकता हुआ तुम्हारे प्रिय का लाल-लाल रक्त अब सूखकर काला हो गया है। हां ! कुछ शिराएं भद्दी रस्सियों के समान झूल रही हैं। उसकी आंखें पथरा गयी हैं। खुले होंठों पर मुसक़ान नहीं है — भय, याचना और दीनता का भाव है...।''

सीता ने हथेलियों से अपने कान भींच लिये और आंखें बंद कर लीं। पर रावण का अट्टहास उन भिंचे कानों में भी प्रवेश कर गया, ''नहीं सुन सकतीं। इसलिए वह सिर मैं तुम्हारे सामने नहीं लाया। उसे देखकर तुम्हें दुःख होगा और मैं तुम्हें दुःखी नहीं करना चाहता, जानकी। अपनी प्रिया को कौन दुःख देना चाहेगा !''

''मेरे प्रिय का वध कर अब मुझे ही बताने आया है, दुष्ट !'' सीता ने चीत्कार किया, ''मेरा भी वध कर दे। चला अपना चंद्रहास खड्ग। कर दे मेरा भी सिर धड़ से अलग !''

''हठ छोड़ो, सीते !'' रावण का स्वर कोमल हो गया, ''मेरे पास तुम्हारे लिए मृत्यु नहीं, जीवन का सुख और भोग है। मुझे अंगीकार करो। मुझ जैसा स्वामी पाकर तुम भी धन्य हो जाओगी।''

लगा, जैसे उसकी बात ने सीता के कानों में प्रवेश ही नहीं किया था। वह वैसे ही बिलख-बिलखकर रो रही थीं, ''तुझसे नहीं होता तो ला मुझे दे अपना खड्ग। मैं स्वयं आत्मघात कर लूंगी।''

''तुम इस वय में मरने के लिए नहीं बनी हो।'' रावण बोला, ''एक बार रावण के प्रेम का आस्वाद लो, फिर कभी मरना नहीं चाहोगी।''

सहसा सीता ने बिलखना बंद कर लिया; कानों पर से अपनी हथेलियां हटा लीं। उन्होंने सीधे रावण की ओर देखा। उनकी आंखों में अब नमी नहीं थी। नमी जमकर कठोर हो गयी थी। चेहरे पर भी एक दृढ़ संकल्प था, ''आज तक तुम एक शस्त्र की मांग तो पूरी नहीं कर सके, लंकेश्वर ! अपनी ओर से जो उपहार तुम लाए, वे मुझे स्वीकार्य नहीं थे। पर आज जो भेंट लाए हो, वह मुझे ग्राह्य है। यदि तुमने सत्य ही राम का वध कर लिया है तो मेरे प्रिय का सिर मुझे ला दो। मरने से पूर्व एक बार मैं उनके दर्शन कर लूं।''

सीता की आंखों में पुनः अश्रु आ गए थे।

रावण की आंखें फट गयीं — किस मिट्टी की बनी है यह स्त्री ? ऐसी स्त्री उसने सचमुच पहले कभी नहीं देखी।

इस बार प्रतिरावण ने जोर का अट्टहास किया और रावण को अपनी सकपकाहट छिपाने के लिए प्रयत्न करना पड़ा।

रावण पुनः क्रूरता से मुसकराया, ''उसके जटाजूट से पकड़, उसे झुलाता, उसका रक्त टपकता हुआ लाऊं या सोने के थाल में रेशमी वस्त्र से ढांपकर लाऊं ?''

''जैसे तुम्हारी इच्छा हो।''

''अपनी प्रिया को मैं उसका मनपसंद उपहार समारोहपूर्वक ही दूंगा।'' रावण के दांत भिंच गए, ''किन्तु दूंगा उपयुक्त अवसर पर ही।''

सहसा एक चर ने आकर अभिवादन किया, ''लंकापति ! अन्य मंत्रियों सहित महामंत्री प्रहस्त आपकी प्रतीक्षा कर रहे हैं। आवश्यक कार्य है।''

रावण की आंखें क्रोध से जल उठीं — प्रहस्त का यह साहस कि अपने प्रमदवन में सीता से बात करते हुए रावण को वह बुलाने का संदेश भेजे...

किन्तु रावण अपना क्रोध पी गया।... आजकल लंका की परिस्थितियां असाधारण थीं। संभव है कोई असाधारण कार्य ही हो।

रावण और अधिक रुक नहीं पाया।

प्रतिरावण हंस रहा था, 'स्वयं को बहुत चतुर समझते हो, राक्षसराज ! यहां तुम्हारी

माया भी नहीं चलेगी। माया वहां चलती है, जहां दुर्बलता होती है। और दुर्बलता तुममें है, सीता में नहीं।'

महामहालय में मंदोदरी रावण की प्रतीक्षा कर रही थी। मंत्रियों से मिलने से पूर्व रावण को उससे मिलना पड़ा।

''नाथ ! क्या सोचा है आपने ?''

''किस विषय में ?''

''सीता को लौटाने के विषय में ?''

रावण ने घूरकर मंदोदरी को देखा, ''उस विषय में तुमसे बहुत पहले निश्चित हो चुका है कि सीता के साथ मेरा व्यवहार क्या होगा।''

''किंतु उस संधि को आप भंग क्यों कर रहे हैं — आज आप सीता से मिलने के लिए अकेले क्यों गए थे ?'' मंदोदरी बोली, ''और फिर राम के ससैन्य आ पहुंचने से परिस्थितियां बदल नहीं गयीं क्या ?''

''सूचना मिल गयी तुम्हें !'' रावण ने दांत पीस लिये, ''मुझसे अच्छे गुप्तचर तो तुम्हारे पास हैं।''

''गुप्तचर आपके भी बुरे नहीं हैं।'' मंदोदरी शांत स्वर में बोलीं, ''किंतु आपकी मदांधता आपको सत्य सुनने नहीं देती।''

''रानी !''

''प्रमाण मिल गया न !'' मंदोदरी वक्रता से मुसकराई, ''आप मेरे मुख से निकला सत्य नहीं सुन सकते, तो गुप्तचरों से क्या सुनेंगे।''

''मंदोदरी !'' रावण कठोर स्वर में बोला, ''अपनी जिह्वा को नियंत्रण में ही रखो। ऐसा न हो कि मुझसे कुछ अवांछित हो जाए।''

''धमकाने का प्रयत्न मत कीजिए।'' मंदोदरी का स्वर दृढ़ हो गया, ''यदि आप अपनी पत्नी की हत्या कर राम पर विजय प्राप्त करने की बात सोच रहे हैं, तो गलत सोच रहे हैं। आपके तनिक से दुर्व्यवहार से आपका सगा भाई आपके शत्रु से मिल गया है। आपकी आंखें अब भी नहीं खुलीं क्या ?'' मंदोदरी रुकी, ''आपको पता भी है कि लंका में क्या हो रहा है ? आप कटु सत्य नहीं सुन सकते, इसलिए कोई मंत्री, कोई गुप्तचर आपको ठीक सूचना देने का साहस नहीं करता।''

''क्या हो रहा है लंका में ?''

''लंका नगरी की प्राचीर के बाहर रहने वाले समस्त निर्धन वानर-अवानर श्रमिक अपनी छेनी-हथौड़ी के साथ राम से जा मिले हैं। जो लंका में निर्माण करते थे, अब वे उसका नाश करेंगे।''

''श्रमिकों के पलायन से डर गयी हो ?'' रावण हंसा, ''युद्ध सैनिक लड़ता है, श्रमिक नहीं।''

''जानती हूं। पर क्या आप जानते हैं कि श्रमिक काम न करें तो सैनिक लड़ नहीं सकता'' मंदोदरी का स्वर कटु हो गया, ''और बात इतनी ही नहीं है। लंका के भीतर इतनी बड़ी संख्या में रहने वाले निर्धन लोग, राम की सेना के दबाव में घबराई हुई लंका में या तो लूट-पाट मचाने की तैयारी में हैं, या परकोटा फांदकर राम के पक्ष में जा मिलने की।''

''वे ऐसा नहीं कर सकते।'' रावण अविश्वास से बोला, ''वे यहां के नागरिक हैं। लंका उनकी अपनी मातृभूमि है।''

मंदोदरी उपहास करती हुई हंस पड़ी, ''आज याद आया है आपको कि वे लंका के नागरिक हैं। जब उनके नंगे-भूखे बच्चे बिना भोजन, आवास, शिक्षा और औषध के या तो पशुओं के समान जी रहे थे या मर रहे थे — तब आपने उन्हें नागरिक माना था क्या ?'' उसने घूरकर रावण को देखा, ''और जो आपके नागरिक थे, वे इसलिए थे, क्योंकि लंका में उनके लिए सुख-सुविधा थी, शांति और सुरक्षा थी। सैनिक आक्रमण जैसी आपत्ति बुलाने वाले राजा के नागरिक बनकर वे नहीं रहना चाहते। वे इस प्रयत्न में हैं कि किसी प्रकार वे लंका से निकलकर सागर-तट पर पहुंच जाएं और अपने परिवार और धन के साथ इस संकटग्रस्त क्षेत्र से दूर निकल जाएं।... आपको पता है, आज लंका में स्वर्ण-मुद्राओं में भी एक दिन के लिए रथ नहीं मिल रहा। किसी ने आपको बताया कि लंका का प्रत्येक नागरिक घबराया हुआ है कि एक वानर आया था तो लंका को अग्निसात् कर गया था; आज वानर-सेना आयी है तो क्या करेगी ?''

''तुम क्या चाहती हो ?''

''युद्ध टालने के लिए सीता लौटा दीजिए।''

''तुम मेरा पराभव चाहती हो।'' रावण बोला, ''यह नहीं होगा।''

रावण जाने के लिए मुड़ा।

''सुनिए !''

रावण ने उसकी ओर देखा।

''नाना माल्यवान आए हुए हैं। वे आपसे कुछ कहना चाहते हैं।''

रावण ने आश्चर्य से देखा — नाना आए हुए हैं और छिपे बैठे हैं क्या ? उन्होंने मंदोदरी के साथ हुआ सारा वार्तालाप सुना है क्या ?

''कहां हैं ?''

माल्यवान ने कक्ष में प्रवेश किया, ''वत्स ! मेरी बात सुनो।''

रावण की दृष्टि उधर घूमी।

''जिस राजा की शक्ति क्षीण हो रही हो, अथवा जो शत्रु के समान ही शक्ति रखता हो, उसे शत्रु के साथ संधि कर लेनी चाहिए। तुम्हारे प्रमाद से बढ़ा हुआ अधर्म-रूपी अजगर अब हमें निगल जाना चाहता है।... सीता को लौटा दो और राम से सम्मानजनक संधि कर लो।''

रावण की भंवें वक्र हो गयीं, ''किसका भय है आपको ? राम का ? जिसे पिता ने घर से निकाल रखा है और जो कुछ वानरों को घेरकर इकट्ठा कर लाया है।'' सहसा लगा, वह अपनी मर्यादा छोड़ बैठा है, ''इस राम और इसके वानरों को तो मैं लंका से जीवित लौटने नहीं दूंगा आपको यह भी बता दूं, जो द्वेषवश अथवा शत्रु-प्रेरित होकर मुझे हतोत्साहित करने का प्रयत्न करेगा, उसे भी जीवित नहीं छोड़ूंगा।''

''वत्स ! मैंने तुम्हारे हित की ही बात कही है।''

''संबंधियों द्वारा कही गयी हित की बातों का अर्थ मैं समझता हूं।'' रावण बोला, ''विश्व की अद्वितीय सुंदरी क़ो मैं वन से क्या इसलिए हर लाया था कि राम के भय से उसे लौटा दूं ! मेरे शरीर के दो टुकड़े हो सकते हैं, किन्तु मैं अपनी प्रकृति बदल नहीं सकता।''

रावण ने ताली बजाई।

द्वारपाल ने कक्ष में प्रवेश कर अभिवादन किया।

''महामंत्री प्रहस्त तथा अन्य मंत्रियों को यहीं बुला लो।'' मंत्रियों के आने तक रावण क्रोध से फुफकारता हुआ टहलता रहा। उसने एक बार भी न मंदोदरी की ओर देखा और न माल्यवान की ओर।

मंत्रियों सहित प्रहस्त ने प्रवेश कर अभिवादन किया तो रावण ने कठोर स्वर में पूछा, ''क्या कार्य है ?''

''महाराजाधिराज ! युद्ध सम्बन्धी चर्चा...''

''युद्ध के लिए प्रस्तुत हो ?'' रावण ने प्रहस्त को बात पूरी नहीं करने दी।

''जी।''

''तो व्यूह-रचना करो।'' रावण बोला, ''और लंका से निकल भागने वाले लोगों का तत्काल वध करो। नगर में घबराहट फैलाने अथवा लूटपाट मचाने वालों को क्रूरतापूर्वक मृत्युदंड दो।'' रावण ने एक दृष्टि मंदोदरी पर डाली, ''विभीषण के प्रासाद को सेना अपने अवरोध में ले ले। उसकी पत्नी सरमा और पुत्री कला पर सैनिक संतरी दृष्टि रखें।'' रावण तनिक रुककर बोला, ''लंका की सुरक्षा के लिए नये आदेश दिए जाएं। पूर्वी द्वार की रक्षा स्वयं मामा प्रहस्त करें। दक्षिणी द्वार पर महापराक्रमी महापार्श्व को नियुक्त किया जाए। पश्चिमी द्वार पर युवराज इंद्रजित मेघनाद रहेंगे। उत्तरी द्वार पर महोदर रहेंगे। मैं भी उत्तरी द्वार पर ही जाऊंगा। नगर के केन्द्र में स्थित सैनिक मुख्यालय में अन्य राक्षस सेनापतियों के साथ विरुपाक्ष स्थित रहेंगे।... जाओ !''

मंत्री अभिवादन कर चले गए।

रावण ने एक कठोर दृष्टि माल्यवान और मंदोदरी पर डाली और स्वयं भी कक्ष से निकल गया।

''यह अपने पाप के हाथों मारा जाएगा।'' माल्यवान ने कहा।

''मैं क्या करूं, नाना !'' मंदोदरी का स्वर आर्द्र हो उठा, ''मैं न राम की विजय

की कामना कर विधवा होना चाहती हूं, न राक्षसराज की विजय की इच्छा कर सीता उन्हें सौंप सदा के लिए अनाथ होना चाहती हूं।''

3

रावण झंझावात के समान आया और सीता के मन को झकझोरकर चला गया। सीता के मन में इतनी व्यथा थी कि इच्छा हो रही थी कि अपने प्राण दे दें। अब किस आशा पर वे जीवन धारण करें ? जब राम ही नहीं रहे तो मुक्ति और बंधन में भेद ही क्या रह गया ? मुक्त नहीं होंगी तो क्या करेंगी इस जीवन का ? और मुक्त होकर भी क्या करेंगी ? रावण की धर्षिता के रूप में जीवित रहने का क्या अर्थ ?

... कैकेयी आज सफलकाम हुई है। इसीलिए मांगा था उसने राम का वनवास!... जब अकेले सौमित्र अयोध्या लौटकर राम और सीता की मृत्यु का समाचार देंगे तो कैकेयी प्रसन्न हो सकेंगी ?... माता कौशल्या का क्या होगा ? बेचारी दुःख के मारे प्राण दे देंगी...

त्रिजटा कह रही थी कि युद्ध अभी आरंभ ही नहीं हुआ है। रावण भी यही कह रहा था। बिना युद्ध के ही आकस्मिक आक्रमण कर सोए हुए राम को छलपूर्वक मार डाला गया ? यह कैसी मृत्यु है ?... निद्रा में मृत्यु ! यह किसी वीर की मृत्यु नहीं है... पर यह कैसे संभव है ? राम जैसा योद्धा इस प्रकार कैसे मारा जा सकता है ? फिर उनके साथ सौमित्र हैं, सुग्रीव और हनुमान भी होंगे... वे सब-के-सब इतने असावधान कैसे हो सकते हैं ?... राम का वध हो गया है तो अब युद्ध कौन कर रहा है ?...

सीता के मन में अनेक संदेह उभरने लगे।

रावण ने राम का सिर लाकर उनके सामने क्यों नहीं डाल दिया ? क्या वह झूठ बोल रहा था ? क्या वह छल मात्र था ?... क्या वह सीता का मनोबल तोड़ने के लिए षड्यंत्र मात्र था ?... यदि राम का वध हो चुका है तो मंत्रियों को इतना आवश्यक कार्य क्या था ? रावण को जाने की इतनी त्वरा क्या थी ? उसने सीता के बार-बार कहने पर भी अपनी बात के प्रमाणस्वरूप राम का सिर लाकर क्यों नहीं दिया ?...

सीता जितना सोचती थीं, उनका द्वंद्व उतना ही स्फीत होता जाता था... उन्होंने रक्षिकाओं पर एक दृष्टि डाली — कदाचित् उनमें त्रिजटा हो और वह कुछ बता सके। किन्तु त्रिजटा वहां नहीं थी। इस बीच वह कहीं चली गयी थी।

अगले ही क्षण सीता का मस्तिष्क दूसरे पक्ष की ओर चल पड़ा... यदि रावण सच बोल रहा था, तो किसी को और क्या कहना है और यदि वह जान-बूझकर झूठ बोल रहा था, तो अपने राजाधिराज की इच्छा समझकर, कोई रक्षिका उसकी बात का खंडन करने का दुस्साहस कैसे करेगी और क्यों करेगी ?...

सीता की जिज्ञासा और द्वन्द्व, दोनों ही बढ़ते जा रहे थे; किन्तु कोई समाधान नहीं मिल रहा था। इस प्रकार एकांत अवरोध में बैठे-बैठे मन कैसे निर्णय कर सकता था कि रावण ने जो कुछ कहा है, वह झूठ था या सच। सीता ने चर्चाएं सुनी थीं कि ऋषि और ज्ञानी लोग समाधि लगाकर अपने स्थान पर बैठे-बैठे भी संसार के विभिन्न स्थानों पर घटित-घटनाओं को जान जाते हैं; किन्तु सीता ने ऐसी शक्ति का अनुभव कभी नहीं किया। न उनसे समाधि लगती है और न उनके पास कोई आध्यात्मिक शक्ति है। ऐसी आध्यात्मिक शक्ति होती तो फिर राम के विरह में इतना कष्ट पाने की क्या आवश्यकता थी ? हनुमान के आने तक प्रतीक्षा क्यों करनी पड़ती ? सीता मानवीय शक्तियों और सीमाओं से सम्पन्न साधारण नारी हैं। उनका कोई अनुभव, कोई क्रम, कोई शक्ति मानवीय अनुभव-क्षेत्र से बाहर की शक्ति नहीं है। उन्हें तो उस घटना की सच्चाई का पता किसी अन्य जानकार व्यक्ति द्वारा पुष्टि अथवा निषेध करने से हो सकता है।

किन्तु उनके आस-पास आज इतनी हलचल थी कि वे समझ ही नहीं पा रही थीं कि यह सब क्या हो रहा है। चर आ रहे थे, जा रहे थे — सूचनाओं का आदान-प्रदान हो रहा था। रक्षक और रक्षिकाएं बार-बार बदले जा रहे थे। कभी-कभी लगता था कि उनकी चौकसी को बहुत कठोर किया जा रहा है; और दूसरे क्षण लगता था कि वहां कोई रक्षक-रक्षिका है ही नहीं — जाने सब कहां चले गए हैं... सीता के मन में आता कि ऐसे में वे यहां से निकल भागें। अब तो सागर-संतरण की आवश्यकता ही नहीं है। बस लंका के परकोटे से बाहर भर निकलना है। वहां उनके राम हैं और उनकी सेना है। कोई जोखिम और संकट नहीं है...

पर दूसरे ही क्षण मन इन विचारों का विरोध करने लगता है। राक्षस इतने मूर्ख नहीं हैं कि जिसके लिए इतना बड़ा युद्ध होने जा रहा हो — उसकी ओर से इतने असावधान हो जाएं कि वह निकल भागे। आस-पास की रक्षिकाएं न भी दिखाई पड़ रही हों, तो भी बाहर पुरुष रक्षक होंगे। सैनिक चौकी होगी। वे निकल भागने का प्रयत्न करें और कोई सैनिक उनका अपमान करे, कोई धनुर्धारी बाण चला दे अथवा रावण ही क्रुद्ध हो उनका वध कर दे... अब जब राम इतने निकट आ गए हैं, सीता की इस प्रकार प्राण देने की इच्छा नहीं होती।... पर यदि सचमुच राम का वध हो गया है, तो सीता किसी संकट से आमना-सामना करने को प्रस्तुत हैं...

संध्या के आस-पास सीता ने सरमा को अपनी ओर आते देखा। उन्होंने घबराई हुई दृष्टि चारों ओर घुमाई। कहीं कोई रक्षिका दिखाई नहीं पड़ रही थी। दूर एक वृक्ष के नीचे अकेली त्रिजटा बैठी हुई थी।

''बधाई हो, बहन !'' सरमा ने निकट आते ही धीरे से कहा, ''राम अपनी सेना सहित सागर पार कर आए हैं। विभीषण उनके साथ हैं। आर्य राम ने मेरे प्राणनाथ को लंका का राजाधिराज घोषित कर, उनका राजतिलक कर दिया है।''

''पर...''

''पर क्या ?''

''प्रात: तुम्हारा जेठ कह गया है कि उसने राम का वध कर दिया है।''

''मेरा जेठ !'' सरमा दबे स्वर में हंसीं, ''वानर सेना के आ जाने से घबरा गया होगा बेचारा। उसी घबराहट में, शस्त्र से राम को जीतने के स्थान पर, मिथ्या बकवाद से सीता को जीतने चला आया।... अभी युद्ध आरंभ नहीं हुआ। राम पूर्णत: सकुशल हैं और युद्ध की तैयारी में संलग्न हैं।'' सरमा एक क्षण के लिए रुककर बोलीं, ''रावण और लंका की स्थिति यह है, मेरी बहना ! कि भाई को शत्रु पक्ष ने लड़ने आया देख, रावण ने हम मां-बेटी पर सैनिक पहरा बैठा दिया है। हमारा प्रासाद सैनिक अवरोध में है। किन्तु लंका में यह तथ्य भी बहु-प्रचारित है कि जिसके एक वानर ने आकर राजाधिराज के पुत्र का वध कर, अशोक वाटिका उजाड़, लंका जला दी थी, उसी राम ने विभीषण को लंकापति घोषित किया है।... युद्ध का परिणाम अभी अनिश्चित है; किन्तु यदि विजय राम की हुई तो विभीषण लंकापति होंगे। अत: उनके परिवार के साथ कठोर व्यवहार करने वाला लंका में सकुशल नहीं रह पाएगा। इसीलिए सैनिक अवरोध होने पर भी मैं अशोक वाटिका जैसे निषिद्ध स्थान पर आने में सफल हो गयी हूं... हां ! लंका से बाहर निकलना मेरे लिए भी असंभव है...।''

''तुम्हें भय नहीं लगता, बहन ?''

''पूर्ण निर्भय तो नहीं हो सकती।'' सरमा बोली, ''किन्तु भय भी कब तक करूं! अब तो जो होना होगा, वह होगा। तुम्हारा और मेरा भाग्य अब एक ही है — डूबेंगे तो एक साथ, तरेंगे तो एक साथ।''

''ठीक कहती हो, बहन !'' सीता मुसकरा पड़ीं, ''किन्तु लंका की प्रजा क्या सोचती है ?''

''शोषित जनता राम की सेना का स्वागत करने को तैयार बैठी है। शोषक जन शांति प्रियता के नाम पर लंका से निकल भागने के अवसर की खोज में हैं। रावण पर उसके परिवार के भीतर और बाहर से अनेक प्रकार के दबाव पड़ रहे हैं कि वह सीता को लौटाकर राम से समझौता कर ले। किन्तु वह कामासक्त है। तुम्हें लौटाएगा नहीं। युद्ध होगा।''

''जब रावण का इतना विरोध है तो लड़ेगा कौन ?''

''सेना लड़ेगी !'' सरमा का स्वर बाहर से आते कोलाहल में डूब गया, ''देखो, यह है सैनिक अभियान की तैयारी। रावण ने अपने सैनिकों तथा सेनापतियों को असाधारण सुविधाएं दे रखी हैं। जब-जब राक्षस सेनाएं बाहर गयी हैं, उन्हें लूटपाट में अपार धन तथा सुन्दरियां मिली हैं। रावण ने उन्हें लूटने अथवा अत्याचार करने से कभी मना नहीं किया। लंका की सेना ने कभी कष्ट नहीं पाया। विलास के साधनों में आकंठ डूबी इस सेना के मस्तिष्क को ताले लगे हुए हैं। न्याय-अन्याय का उसको पता नहीं। अच्छे-

बुरे का उन्हें ज्ञान नहीं। वे या तो युद्ध करते हैं या भोग। किन्तु वे सुविधापूर्वक लड़ने के अभ्यस्त हैं। कठिन परिस्थितियों में वे नहीं लड़ सकते।..." सहसा सरमा कुछ रुककर बोली, "अच्छा, मैं चलूं। त्रिजटा संकेत कर रही है। शायद कोई आ रहा है।"

सीता के उत्तर की प्रतीक्षा किए बिना, सरमा जल्दी-जल्दी पग बढ़ाती हुई वाटिका से निकल गयी।

"ओह, मेरे राम !" सीता का हाथ अपने हृदय पर चला गया और आंखें आनन्द से मुंद गयीं।

4

दिन का उजाला होने से पूर्व ही वानर सेना सन्नद्ध होकर लंका के चारों द्वारों पर खड़ी हो गयी। पूर्व द्वार पर नील, मैंद और द्विविद अपनी वाहिनियों को सजाए खड़े थे। दक्षिणी द्वार पर अंगद ने ऋषभ, गज, गवाक्ष और गवय की सहायता से व्यूह रचा हुआ था। पश्चिमी फाटक पर प्रमाथी और प्रघस के साथ हनुमान डटे हुए थे। उत्तरी फाटक पर स्वयं राम और लक्ष्मण थे। सुग्रीव, जाम्बवान और विभीषण सुरक्षित सेना के साथ पीछे खड़े थे। योजना यह थी कि यदि राक्षस सेनाएं फाटक खोलकर सम्मुख-युद्ध के लिए बाहर निकल आएं और लंका के द्वारों पर विकट युद्ध हो रहा हो तो सुग्रीव, जाम्बवान और विभीषण, अपनी सेना के साथ लंका में प्रवेश कर, नगर के केन्द्र में विरूपाक्ष के नेतृत्व में स्थित स्कंधावार पर आक्रमण करें।

सेनापतियों ने अपने व्यूह संभाल लिये और प्रत्येक सैनिक अपने स्थान पर पहुंच गया तो राम के अगले आदेश की प्रतीक्षा होने लगी। किन्तु तभी प्राचीर के भीतर, उत्तरी द्वार पर खड़ी राक्षस सेना ने रावण की जय-जयकार का विकट नाद किया। इस प्रकार का उत्साहपूर्ण प्रबल जय-जयकार लंका के भीतर से पहली बार सुनाई पड़ रहा था। राम चकित थे... ऐसा क्या हो गया कि भीतर पड़ी सेना में अकस्मात ही जैसे ज्वार आ गया... राम ने तत्काल चर दौड़ा दिए। शीघ्र ही सुग्रीव, विभीषण, हनुमान, अंगद, नील तथा जाम्बवान उनके पास आ गए।

"इस कोलाहल का कारण क्या हो सकता है, लंकापति ?" राम ने विभीषण की ओर देखा, "सागर पार करने के पश्चात से अब तक मैंने राक्षस सेना का ऐसा उत्साह नहीं देखा। और फिर यह कोलाहल केवल उत्तरी द्वार पर ही क्यों है ? अन्य द्वारों पर उनकी सेना इसी प्रकार उत्साहित क्यों नहीं हो रही ?"

"इसका अर्थ यह है कि इस द्वार पर नियुक्त सेना को कोई विशेष उपलब्धि हुई है," विभीषण चिंतनशील मुद्रा में बोले, "जो अन्य द्वारों की सेना को नहीं हुई।"

"युद्ध के पूर्व ही उन्हें कौन-सी उपलब्धि हो सकती है ?" हनुमान बोले।

सब लोग चुपचाप सोचते रहे। सहसा विभीषण बोले, "संभवतः इस द्वार की सेना

का नेतृत्व स्वयं रावण कर रहा है।''

''कदाचित् ऐसा ही है !'' राम विभीषण से सहमत प्रतीत हो रहे थे, ''यदि ऐसा है तो मैं चाहूंगा कि युद्धारंभ से पहले हम रावण को एक चेतावनी और दे दें।''

''अब चेतावनी किसलिए ?'' अंगद ने कहा, ''क्या हमारी सेना का सागर के इस पार उतरना उसके लिए पर्याप्त चेतावनी नहीं है ?''

''किस रूप में चेतावनी देना चाहते हैं आप ?'' जाम्बवान धैर्यपूर्वक बोले, ''एक चेतावनी वह भी है, जिसकी चर्चा युवराज कर रहे हैं।''

''इस द्वार पर यदि रावण स्वयं उपस्थित है तो मैं चाहता हूं कि दूत भेजा जाए, जो उससे कुछ बातें कह आए।'' राम शांत स्वर में बोले।

''मेरे विचार में यह स्थिति दूत भेजने की नहीं है।'' हनुमान बोले, ''जब मैं लंका में गया था, तब चारों ओर शांति थी, फिर भी मेरे बार-बार घोषित करने पर कि मैं आर्य राम का दूत हूं — उन्होंने मुझे पकड़ने का प्रयास किया था और सफल होने पर रावण ने मेरे वध का आदेश दिया था। मित्र विभीषण वहां न होते तो कदाचित् मेरे प्राण बच भी न पाते। इस समय चारों ओर युद्ध का वातावरण है। हमारी सेना के सागर के इस पार उतर आने से रावण के मन में उत्तेजना और घबराहट होगी। ऐसे में जो भी दूत जाएगा, उसे वे जीवित नहीं छोड़ेंगे। फिर बंद द्वारों के साथ लगी हुई उसकी सेना खड़ी है। दूत भीतर जाएगा कैसे ? अपना परिचय देकर दूत भीतर जा सके, इसकी संभावना मुझे दिखाई नहीं देती।''

''ये सब कठिनाइयां तो हैं ही।'' राम बोले, ''किन्तु फिर भी मैं चाहता हूं कि किसी प्रकार दूत जाकर रावण से इतना कह दे कि वह सीता को लौटा दे।''

''मान लीजिए कि अब रावण देवी वैदेही को लौटा ही दे।'' विभीषण ने राम की बात पूरी नहीं होने दी, ''तो क्या आप देवी को लेकर, युद्ध किए बिना ही लौट जाएंगे?''

राम ने जैसे मुग्ध भाव से विभीषण और लक्ष्मण को देखा और मुसकरा पड़े, ''ऐसे ही लौट जाऊंगा तो तुम्हें लंका के सिंहासन पर अभिषिक्त कैसे करूंगा, मित्र ? रावण को उसके दुष्कर्मों का दंड कैसे दूंगा ?''

''यही तो...'' हनुमान बोले, ''वानरों को उनकी मुक्ति कैसे मिलेगी ?''

''दूत यह कहे,'' राम कुछ सोचते हुए बोले, ''हम युद्ध को मानव मात्र के लिए एक अभिशाप मानते हैं। हम अकारण हिंसा नहीं चाहते। हम बिना कारण के किसी भी मनुष्य का रक्त बहाना नहीं चाहते, चाहे वह मनुष्य किसी भी जाति अथवा देश का क्यों न हो। लंकावासियों से हमारा कोई विरोध नहीं है, किन्तु रावण हमारा अपराधी है। रावण सीता को लौटा दे और अपने अपराधों का दंड ग्रहण करने के लिए, स्वयं को न्यायार्थ हमारे सम्मुख प्रस्तुत करे; अन्यथा युद्ध में हुई लंकावासियों की क्षति का दायित्व हम पर नहीं होगा।''

''ऐसा संदेश भेजने में मुझे कोई आपत्ति नहीं है।'' सुग्रीव बोले।

''इसका अर्थ यह तो नहीं माना जाएगा कि हम रावण की सैनिक शक्ति से भयभीत होकर संधि के लिए प्रयत्न कर रहे हैं ?'' नील धीरे से बोले।

''अपनी शर्तों पर संधि भय का नहीं, शक्ति का प्रमाण है।'' जाम्बवान ने अपना मत प्रकट किया।

''अब तनिक हनुमान की आपत्ति पर भी ध्यान दीजिए।'' लक्ष्मण गंभीर स्वर में बोले, ''किसी साधारण सैनिक को आप दूत बनाकर भेजेंगे नहीं और असाधारण सैनिक हो अथवा कोई यूथपति — हम किसी की भी इस प्रकार की अकारण मृत्यु नहीं चाहेंगे कि वह जाए और पकड़ा जाकर मार डाला जाए।''

''मेरा भी ऐसा ही विचार है कि हमारे दूत को राक्षस जीवित वापस नहीं लौटने देंगे।'' राम बोले, ''इसलिए दूत अद्भुत व्यक्ति होना चाहिए और दूत भेजने की पद्धति अपूर्व होनी चाहिए।''

''कौन जाएगा ?'' विभीषण ने पूछा; और फिर जैसे आत्मचिंतन-सा करते हुए बोले, ''मैं स्वयं चला जाता, किंतु मुझे देखते ही रावण आपे से बाहर हो जाएगा और वह मेरी एक भी बात नहीं सुनेगा।''

''नहीं, आपको जाने की आवश्यकता नहीं है, लंकापति !'' राम बोले, ''वैसे तो मैं हनुमान को ही भेजता, किंतु हनुमान एक बार हो आए हैं। बार-बार उन्हीं के जाने से राक्षस यह समझेंगे कि हमारी सेना में दूसरा कोई व्यक्ति ही नहीं है।''

''तो फिर कौन जाएगा ?'' सुग्रीव की दृष्टि एक-एक व्यक्ति पर रुककर उन्हें परख रही थी।

''यदि वानरराज को आपत्ति न हो,'' राम पुनः बोले, ''तो मैं युवराज अंगद को भेजना चाहूंगा।''

अंगद ने राम की ओर देखा — क्या है राम के मन में ? वे सचमुच इस सारी वानर सेना में हनुमान के पश्चात उन्हें ही इतना वीर पुरुष मानते हैं कि ऐसा दायित्व का काम उन्हें सौंप रहे हैं... या वे युद्ध से पहले वाली-पुत्र की अपने प्रति निष्ठा की परीक्षा कर रहे हैं... सहसा अंगद का मन उल्लसित हो उठा... यह हो ही जाए तो अच्छा है, अन्यथा बाद में किसी समय कोई कठिनाई उत्पन्न हो सकती है।... युद्ध की अवधि में यदि अंगद के कारण सेना की कोई क्षति हो जाए तो यह नहीं माना जाए कि वह उसने जान-बूझकर किया है। एक बार युद्ध के पूर्व ही वानर सेना के प्रति उन्हें अपनी निष्ठा प्रमाणित करनी होगी... अंगद ने सुना था कि राम से मैत्री स्थापित करने से पूर्व, सुग्रीव ने कई प्रकार से उनकी परीक्षा ली थी। अब बारी राम की थी। वे अंगद की परीक्षा ले रहे थे और एक प्रकार से सुग्रीव की भी।... क्या राम के लिए सुग्रीव अपने युवराज को मृत्यु के मुख में धकेल सकेंगे ?...

अंगद सहज ही मुसकरा पड़े, ''मैं प्रस्तुत हूं।''

''वानरराज को तो कोई आपत्ति नहीं ?'' राम ने पूछा।

''आपत्ति तो कोई नहीं है, किन्तु सावधानी बरतने को अवश्य कहूंगा।'' सुग्रीव धीरे से बोले।

''अवश्य।'' राम बोले, ''सावधान तो हमें रहना ही है।''

युद्ध परिषद का विचार-विमर्श समाप्त हो गया और सारे यूथपति अपने-अपने स्थान पर लौट गए। प्रत्येक द्वार पर व्यूह बन गए और वाहिनियां अपने नायकों के नेतृत्व में आक्रमण करने के लिए प्रहारक मुद्रा में आ गयीं। किन्तु उत्तरी द्वार पर राम ने अपनी सेनाएं पीछे हटा ली थीं। उनके सहायक सैनिक सहस्रों की संख्या में आकर आगे खड़े हो गए थे। उनके हाथ में शस्त्र नहीं थे। उन सबके हाथों में छोटे-बड़े पत्थर, शिलाओं के टुकड़े, वृक्षों की डालियां या वैसी ही कुछ वस्तुएं थीं। वे सारे सहायक सैनिक पचास-पचास व्यक्तियों की टुकड़ियों में बंटे हुए थे और योजनाबद्ध रूप से सैनिक अनुशासन में खड़े थे।

राम का संकेत पाते ही सहायक सैनिकों की एक टुकड़ी ने अपने हाथों के पत्थर लंका की प्राचीर की ओर उछाल दिए। पत्थर पड़ते ही कुछ राक्षस सैनिक प्राचीर के ऊपर प्रकट हुए; किंतु तब तक सहायक सैनिकों की पहली टुकड़ी पीछे हट गयी थी और उसका स्थान दूसरी टुकड़ी ने ले लिया था। पत्थरों की वर्षा फिर हुई। राक्षस सैनिक पत्थरों की बौछार का अर्थ समझ नहीं पाए और प्राचीर से नीचे उतर गए।

एक के पश्चात् एक सहायक सैनिक टुकड़ी आती रही और पत्थर बरसा कर और पत्थर लाने के लिए पीछे हट जाती रही। राक्षसों की ओर से इस पाषाण-आक्रमण का कोई स्पष्ट उत्तर नहीं आ रहा था। तभी राम ने पुनः संकेत किया और लक्ष्मण के नेतृत्व में सैनिक शिल्पी आगे बढ़ गए। ये शिल्पी अधिकांशतः वे ही लोग थे, जो वानर-सेना के आने से पूर्व, लंका में दैनिक श्रम के आधार पर भरण-पोषण करते थे।

शिल्पियों ने स्फूर्ति से आगे बढ़ पाषाण-वर्षा की छाया में परिखा पर एक अस्थायी-सा सेतु बनाया और उसकी सहायता से एक दीर्घाकार सीढ़ी प्राचीर के साथ टिका दी।

अंगद पहले से तैयार खड़े थे। सीढ़ी लगते ही वे भागते हुए प्राचीर पर जा खड़े हो गए। निहत्थे अंगद बीच में प्राचीर पर खड़े थे और प्राचीर के भीतर राक्षस सेना और बाहर वानर सेना खड़ी थी। इस समय दोनों ओर स्तब्धता थी। न वानर सेना पाषाण-वर्षा कर रही थी और न राक्षस सेना बाण-वर्षा।

अंगद ने दृष्टि उठाकर देखा — राक्षस सेना के आगे-आगे एक बहुमूल्य तथा असाधारण रूप से सुन्दर रथ खड़ा था।... निश्चय ही, यही रावण का रथ होगा। उसमें बैठा हुआ व्यक्ति अंगद को स्पष्ट नहीं दीख रहा था; किंतु उसकी आकृति-प्रकृति, वेश-भूषा तथा आस-पास के लोगों के उसके प्रति व्यवहार से यही अनुमान होता था कि वह रावण ही होगा।

''मैं राम-दूत, किष्किंधा का युवराज, तारा-पुत्र अंगद हूं।'' अंगद ने उच्च स्वर में अपना परिचय दिया, ''मैं रावण के लिए सेनानायक आर्य राम का संदेश लाया हूं।''

अंगद ने देखा, नीचे खड़ी सेना में कुछ अव्यवस्था फैल गयी थी। वे समझ नहीं पाए कि यह राम के दूत–मात्र का भय था या रावण के सैनिकों ने उन्हें हनुमान ही समझा था।

''प्राचीर पर क्यों खड़ा है ?'' रावण अपने रथ पर खड़ा हो गया, ''अपने पिता के उस हत्यारे राम को छोड़कर मेरे पास आ जा, मैं तेरे पिता की हत्या का प्रतिशोध लूंगा। वह मुझे भ्राता सम प्रिय था। किष्किंधा का तेरा राज्य तुझे दिलवा दूंगा और तेरी मां तारा को उस दुष्ट सुग्रीव के आधिपत्य से मुक्त करा दूंगा।''

''मुझे मालूम है, तू मुक्ति का क्या अर्थ समझता है।'' अंगद बोले, ''मुझे अपने लिए जो कुछ करना है, उसके लिए मैं स्वयं सक्षम हूं। मुक्त करना है तो देवी सीता को मुक्त कर। प्रतिशोध लेना है तो अक्षकुमार का प्रतिशोध ले और भ्रातृत्व जताना है तो विभीषण से जता।''

''वाचाल वानर ! अपने उस कंगले स्वामी का संदेश कह।'' रावण अंगद द्वारा चर्चित सारे प्रसंग टाल गया, ''क्या चाहता है तेरा कंगला स्वामी कि मैं उसका वध न करूं और उसे जीवित लंका से वापस लौट जाने देने की कृपा करूं ?''

''अपनी कृपा तू अपने पास रख।'' अंगद बोले, ''और राम हमारे स्वामी नहीं — नायक हैं। स्वामी-सेवक का संबंध हमारे समाज में नहीं है। हमने अपने नये समाज में इन संबंधों को समाप्त कर, परस्पर सहयोग और बंधुत्व का संबंध स्थापित किया है।''

''मुझे समाजशास्त्र मत पढ़ा। मुझे मालूम है, तुम लोगों ने एक विजातीय के हाथों में अपने मन–प्राण गिरवी रख दिए हैं।'' रावण बोला, ''अपना संदेश कह।''

''तो वही सुन।'' अंगद बोले, ''हमारी सेना के महानायक आर्य राम ने कहा है, हम युद्ध को मानव–मात्र के लिए एक अभिशाप मानते हैं। हम अकारण हिंसा नहीं चाहते। हम बिना कारण के किसी भी मनुष्य का रक्त बहाना नहीं चाहते, चाहे वह मनुष्य किसी भी जाति अथवा देश का क्यों न हो। लंकावासियों से हमारा कोई विरोध नहीं है; किंतु रावण हमारा अपराधी है। रावण देवी सीता को लौटा दे और अपने अपराधों का दंड ग्रहण करने के लिए स्वयं को न्यायार्थ हमारे सम्मुख प्रस्तुत करे; अन्यथा युद्ध में हुई लंकावासियों की क्षति का दायित्व हम पर नहीं होगा।''

''ऐसी बात है तो वह युद्ध क्यों नहीं करता ? बार–बार संदेश क्यों भेजता है?'' रावण उग्र स्वर में बोला।

''वे तो युद्ध के लिए तेरे द्वार पर आए खड़े हैं।'' अंगद मुसकराकर बोले, ''तू ही अवगुंठनवती के समान प्राचीर के भीतर छिपा बैठा है...।''

''इसका वध करो !'' रावण सहसा फूट पड़ा।

रावण के आदेश का तत्काल पालन हुआ। सैकड़ों बाण अंगद को लक्ष्य कर छूटे; किंतु अंगद उससे पहले ही कूदकर वापस अपनी सीढ़ी पर पहुंच गए थे और अत्यन्त स्फूर्ति से नीचे उतर रहे थे।

राम के सहायक सैनिकों ने फिर से पाषाण-वर्षा आरम्भ कर दी थी।

सहायक सैनिक पथराव करते जा रहे थे। परकोटे पर से राक्षस सैनिक नीचे उतर गए थे और भीतर से बाण अधिक संख्या में बाहर नहीं आ रहे थे। कदाचित् राक्षस सेनापति समझ नहीं पा रहे थे कि इस पथराव का क्या अर्थ है। युद्ध पत्थरों से नहीं, शस्त्रों से होता है और राम की सेना की ओर से अभी एक भी शस्त्र — साधारण-सा बाण भी — लंका के भीतर नहीं फेंका गया था। क्या इसे युद्ध माना जा सकता है ? और यदि वानर सेना पत्थरों से ही युद्ध करने आयी है तो पत्थरों का उत्तर किन शस्त्रों से दिया जाना चाहिए ? और यदि यह युद्ध नहीं है तो इसका क्या अर्थ हो सकता है ?...

प्राचीर के भीतर से शस्त्र नहीं आ रहे थे, अतः वानर सेना की स्थिति काफी सुरक्षित थी। फाटकों पर जोर का पथराव था इसलिए भीतर से फाटकों की सुरक्षा का प्रबंध किया जा रहा था।... राम ने संकेत किया और श्रमिकों तथा शिल्पियों की सेना आगे बढ़ आयी। उनके पास साल वृक्षों के अनेक तने थे, जिनकी सहायता से परिखा पर सेतु-निर्माण का कार्य आरम्भ हो गया। पलक झपकते ही अनेक स्थानों पर सेतु बनकर तैयार हो गए और श्रमिक तथा शिल्पी अपनी छेनी-हथौड़ी के साथ प्राचीर तक जा पहुंचे। अनेक स्थानों पर प्राचीर पर आघात होने लगे और ऊपर पहुंचने के लिए सीढ़ियां बन-बनकर तैयार होने लगीं।

राम खड़े देख रहे थे — जब-जब कोई असैनिक जन-समुदाय राम के पास आया था कि उन्हें भी सेना में सम्मिलित किया जाए, तब राम ने कभी नहीं सोचा था कि ये लोग युद्ध की स्थिति में सैनिक कर्म में भी इतने अधिक सहायक हो सकते हैं। आरम्भ में तो अनेक लोगों ने इनका विरोध भी किया था। पर राम ने यही माना था कि ये जन-समुदाय उनके सहायक भी होंगे। राक्षसों की शस्त्र-विद्या के विरुद्ध उनका एक ही तो शस्त्र था — जन-बल। जिस परिखा और परकोटे को रावण ने अपनी सेना की सुरक्षा का मुख्य उपकरण माना था, वह तो अनायास ही ध्वस्त होता दिखाई पड़ रहा था।... वैसे रावण को इतना तो सोचना ही चाहिए था कि जिस सेना को स्वयं सागर का विस्तार नहीं रोक सका, उसे यह छोटी-सी परिखा और पत्थरों को जोड़कर बनाया गया परकोटा कैसे रोक पाएंगे...

सहायक सैनिकों की पाषाण-वर्षा पूरे वेग से चल रही थी। श्रमिक-शिल्पी सेना के छेनी-हथौड़े-अभियान से परकोटे में अनेक स्थानों पर छेद होते दिखाई देने लगे थे। तभी नल, वीरबाहु, सुबाहु और पनस अपने सैनिकों के साथ परकोटे पर जा चढ़े। उनकी देखा-देखी अन्य स्थानों पर भी अनेक यूथपति अपने सैनिकों के साथ परकोटे पर चढ़ने का प्रयत्न करते दिखाई पड़ रहे थे।

तभी राक्षस सेना में भयंकर कोलाहल के साथ रावण का जय-जयकार हुआ और युद्ध-वाद्य अपने ओजपूर्ण स्वर में बजने लगे। द्वारों के सांकल खटके और अगले ही क्षण

राक्षस सेनाएं द्वार खोलकर बाहर निकल आयीं। उनके आगे-आगे रथ थे और पीछे-पीछे पैदल सेना।

वानर सेना के सम्मुख यह विकट घड़ी थी। इस समय उनके अधिकांश सैनिक परकोटे से दूर थे और सहायक सैनिक तथा श्रमिक-शिल्पी परकोटे के निकट थे। वे लोग सशस्त्र राक्षस सेनाओं के सम्मुख नहीं टिक सकते थे। वैसे भी राक्षसों के रथियों से पदाति युद्ध करना वानरों के लिए कठिन था।

राम ने अपने सहायक सैनिकों तथा श्रमिक शिल्पियों को तत्काल प्रत्यावर्तन की आज्ञा दी और सशस्त्र वाहिनियों को आगे बढ़ा दिया। राक्षस बड़े वेग के साथ बाहर निकले थे और उन्हें सशस्त्र युद्ध का अच्छा अभ्यास था। उनका मनोबल भी ऊंचा प्रतीत हो रहा था। परकोटे के भीतर की सेनाओं ने यत्र-तत्र परकोटे पर चढ़ आयी वानर टुकड़ियों को पीछे धकेल, परकोटे पर अपना आधिपत्य स्थापित कर लिया था और वे शस्त्र-वर्षा से प्राचीर से बाहर लड़ रही अपनी वाहिनियों की सहायता कर सकने की स्थिति में भी थे। वानरों ने राक्षस सेना की लाभप्रद स्थिति से घबराकर तितर-बितर हो जाने के स्थान पर साहसपूर्वक उनका सामना किया। वानर धनुर्धारियों ने बाणों की अपनी बौछारों से अपनी सेनाओं का मनोबल बराबर बनाए रखा।

अंगद मेघनाद के सामने जा डटे थे। हनुमान प्रजंघ और जम्बुमाली से भिड़ गए थे। नील निकुंभ से लड़ रहे थे। सुग्रीव और प्रघस में युद्ध हो रहा था। लक्ष्मण और रावणपुत्र विरुपाक्ष में शक्ति-परीक्षण चल रहा था। अग्निकेतु, रश्मिकेतु, सुप्रघ्न तथा यज्ञकोप के संयुक्त आक्रमण को स्वयं राम रोक रहे थे। मैंद और वज्रमुष्टि में युद्ध हो रहा था। द्विविद तथा अशनिप्रभ भिड़े हुए थे। नल तथा प्रतपन में संघर्ष हो रहा था और वृद्ध सुषेण विद्युन्माली को संभाले हुए थे।

युद्ध अत्यन्त वेग से आरम्भ हुआ था और क्रमशः बल पकड़ता जा रहा था। राक्षस योद्धाओं को शस्त्र-परिचालन का अच्छा अभ्यास था; किंतु वानर यूथपतियों में शारीरिक बल, युद्ध में डटे रहने का दम तथा मन की निष्ठा अधिक थी। युद्ध के वर्द्धमान वेग के साथ-साथ वानर अपनी आरम्भिक व्याकुलता पर नियंत्रण पाते जा रहे थे और राक्षसों की ऊर्जा क्षीण होती प्रतीत हो रही थी।

निकुंभ ने अपने आरंभिक आक्रमण में यूथपति नील को घायल अवश्य कर दिया था; किंतु वह लंबे समय तक नील के सम्मुख टिक नहीं सका। नील ने अपने खड्ग से भयंकर आक्रमण किया। परिणामतः निकुंभ को युद्ध से निरत हो जाना पड़ा। लक्ष्मण ने विरुपाक्ष को अपने निकट नहीं आने दिया था। उनमें धनुर्बाण का ही युद्ध चल रहा था। विरुपाक्ष ने बहुत प्रयत्न किया किंतु वह लक्ष्मण के सामने टिक नहीं सका और घायल होकर युद्ध-क्षेत्र छोड़ गया। अग्निकेतु, रश्मिकेतु, सुप्रघ्न तथा यज्ञकोप को आक्रमण करते ही अपनी भूल का अनुभव हो गया था। वे समझ गए थे कि राम अकेले भी उन चारों पर भारी पड़ेंगे। यदि उन्हें राम से लड़ना ही था तो धनुष-युद्ध उनके वश का नहीं

था। किंतु राम ने उन्हें इतना अवसर नहीं दिया कि वे अपना व्यूह अथवा अपना शस्त्र बदल सकें। एक-एक कर वे युद्ध में गिरते चले गए। कोई अन्य राक्षस योद्धा उनकी सहायता को नहीं पहुंच सका। मैंद ने वज्रमुष्टि, द्विविद ने अशनिप्रभ तथा सुषेण ने विद्युन्माली का वध कर दिया था। किन्तु अपनी मृत्यु से पूर्व विद्युन्माली वृद्ध सुषेण को शूल का गहरा घाव लगा गया था।

समग्र रूप से संध्या तक वानर सेना पर्याप्त प्रबल सिद्ध हुई थी किंतु संध्या होते-होते वे लोग थकने लगे थे। रथ के अश्वों की समता में दौड़ना और अपने से ऊंचाई पर रथ में सुरक्षित बैठे शत्रुओं के साथ लड़ना, अपनी क्षमता को अल्पकाल में ही व्यय कर देने की मांग करता था। सूर्यास्त होने तक वे लोग अपनी क्षमता-भर युद्ध कर चुके थे और अब रात्रि के लिए युद्ध स्थगित करने की इच्छा रखते थे। किंतु राक्षस सेनाओं की ओर से इस प्रकार का कोई संकेत नहीं मिल रहा था।

पूर्णत: अंधकार हो जाने पर भी युद्ध चलता था। वानर अंधकार में लड़ने के अभ्यस्त नहीं थे, किन्तु युद्ध स्थगित करना उसके हाथ में नहीं था। न तो दोनों पक्षों में ऐसा कोई समझौता होता दीख रहा था और न ही राक्षस-सेनाएं वापस नगर में लौटने की इच्छुक प्रतीत हो रही थीं। युद्ध तो वानरों को लड़ना ही था।

अंधकार के कारण राक्षसों की गति में कोई अंतर नहीं पड़ा था। ऐसा नहीं लगता था कि उन्हें तनिक भी असुविधा हो रही है, वरन् अंधकार में उनकी गति कुछ बढ़ गयी थी।

राम की चिन्ता बढ़ती जा रही थी। उन्हें लग रहा था कि दिन-भर के युद्ध से थकी हुई उनकी सेना, इस प्रकार अधिक देर तक नहीं टिक पाएगी। पता नहीं, अधंकार में राक्षस किस अभ्यास के आधार पर लड़ते थे। स्वयं को छिपाना तो सरल था, किन्तु शत्रु को ढूंढकर उस पर प्रहार करने का कोई विशिष्ट उपकरण उनके पास प्रतीत होता था। वानर सेना अग्निकाष्ठों की सहायता से युद्ध कर रही थी; किन्तु क्षीण प्रकाश में राक्षस सेना के व्यूहों और स्थितियों को समझ पाना संभव नहीं था... कदाचित् दिन-भर युद्ध करने वाली उनकी वाहिनियां इस अंधकार में लंका में लौट गयी थीं और उनका स्थान नयी वाहिनियों ने ले लिया था। नवगत वाहिनियां थकी हुई नहीं थीं, इसलिए वे पूर्ण वेग के साथ युद्ध कर रही थीं।

जब तक राम राक्षसों की युद्ध-नीति समझें और उसके अनुसार अपनी सेना में परिवर्तन कर सकें, यज्ञशत्रु, महापार्श्व, महोदर, महाकाय तथा वज्रदंष्ट्र ने उन पर सम्मिलित आक्रमण कर दिया। कुछ परे हटकर लक्ष्मण राक्षसों के एक व्यूह में उलझे हुए थे... राम अकेले पड़ गए थे। वानर सेना के किसी भी योद्धा के लिए युद्ध-क्षेत्र में राक्षसों की-सी गति सम्भव नहीं थी। राक्षस सेनानायकों के रथ एक स्थान से दूसरे स्थान पर भागते फिर रहे थे। रथों में पीछे रखे हुए शस्त्रागारों के कारण, न उन्हें शस्त्रों का अभाव होता था और न उनकी आपूर्ति में कठिनाई होती थी।

युद्ध-भूमि में अपने पैरों पर खड़े राम रथों में आए पांच राक्षस सेनापतियों से लोहा ले रहे थे।...

आक्रमण भयंकर था। वे लोग खुले रथों में आरूढ़ थे और धनुर्विद्या में पर्याप्त दक्ष प्रतीत हो रहे थे। अंधकार उनके लिए बाधा नहीं लग रहा था। राम इस समय शब्द-वेधी के अभ्यास से ही युद्ध कर रहे थे। शत्रु की स्थिति का पता उन्हें रथों तथा घोड़ों के स्वरों तथा धनुष की प्रत्यंचा की टंकार से ही होता था। थोड़ी देर के युद्ध से स्पष्ट हो गया कि आक्रमणकारी राक्षसों में घबराहट बढ़ने लगी थी। उनके बाण अपने लक्ष्य तक नहीं पहुंच रहे थे। किंतु अंधकार में ठीक-ठीक मालूम नहीं हो पा रहा था कि उनमें से कितने लोग हताहत हुए थे...

सहसा राम पर उनका आक्रमण रुक गया और उनके सारथी रथ कहीं अन्यत्र हांक ले गए। राम को ज्ञात नहीं हो सका कि लोग घायल होने के कारण युद्ध-क्षेत्र से बाहर ले जाए गए हैं या किसी अन्य व्यूह पर उनकी अधिक आवश्यकता थी।

किन्तु तभी राम को सूचना दी गयी कि अंगद के साथ द्वन्द्व-युद्ध में रावणि मेघनाद घायल हो गया है।... संभव है, वे लोग अपने युवराज की सहायता के लिए गए हों... राम ने सोचा... किंतु अब यह युद्ध वानर सेना के लिए क्रमशः कठिन होता जा रहा था। उनके पास उतने विविध शस्त्र नहीं थे, जितने राक्षसों के पास थे। रथ और अन्य युद्धक वाहन तो थे ही नहीं। अंधकार में शत्रुओं को देख पाने का भी कोई विशेष साधन नहीं था। उनके पास सुरक्षित सेनाएं भी नहीं थीं, जिन्हें बुलाकर वे अपनी थकी हुई वाहिनियों को कुछ विश्राम दे सकते...

सहसा राक्षस सेना में जय-जयकार का ज्वार उठा। वे लोग रावण के साथ-साथ युवराज इंद्रजित मेघनाद का भी जय-जयकार कर रहे थे...

अनेक रथ आकर राम के सम्मुख रुके। चारों ओर से अग्निकाष्ठ-वाहन वानर दौड़े। अग्निकाष्ठों के प्रकाश में राम ने देखा — ये रथ युद्ध में पहले आए हुए खुले रथों से भिन्न थे। ये चारों ओर से बंद रथ थे। इन पर ऊपर से किसी वन्य-पशु का बहुत कठोर चर्म मढ़ा हुआ था। कदाचित् ये ही राक्षसों के कवच-रक्षित रथ थे। इनमें छिपे हुए योद्धा न तो दिखाई पड़ते थे और न उनकी संख्या जान पाने का कोई साधन था। इनमें छिपे हुए योद्धाओं के शस्त्रों के विषय में ज्ञान प्राप्त करना भी कठिन था। कवच-रक्षित होने के कारण साधारण, तीक्ष्ण अथवा अग्निबाण भी उनका कुछ नहीं बिगाड़ सकते थे।

लक्ष्मण अपने व्यूह से मुक्त होकर, राम की सहायता के लिए आ गए थे। किन्तु तत्काल ही राम समझ गए कि लक्ष्मण के आ जाने से जहां एक ओर उनकी स्थिति कुछ सशक्त हुई थी, वहीं वे दोनों भाई एक ही स्थान पर घिर गए थे। कवच-रक्षित रथों के रूप में उनके सम्मुख एक दीवार खड़ी थी और उनके शत्रु उस दीवार के पीछे छिपे हुए थे। बार-बार मेघनाद के जय-जयकार से स्पष्ट था कि उस व्यूह का मुख्य योद्धा

मेघनाद ही था, जो प्रत्यक्ष युद्ध में अंगद के हाथों घायल होकर, इस प्रकार युद्ध में पुनः प्रकट हुआ था।

मेघनाद अदृश्य था और उसके बाण राम तथा लक्ष्मण को निरन्तर घायल करते जा रहे थे। उनके कवच क्रमशः विदीर्ण हो रहे थे... राम की आंखों में विवशता झांक रही थी। उनके बाण या तो रथों से टकराकर भूमि पर गिरे रहे थे या रथों के कवच को चीरकर पार निकल जाते थे; किन्तु शत्रु को देख पाने अथवा उस पर कोई सार्थक प्रहार करने का कोई मार्ग उन्हें दिखाई नहीं पड़ रहा था।

राम ने अंगद को संदेश भिजवाया, ''मेघनाद को खोजो, अन्यथा पराजय निश्चित समझो।''

सुषेण के दोनों पुत्र, नील, अंगद, शरभ, द्विविद, हनुमान, सानुप्रस्थ, ऋषभ तथा ऋषभस्कंध एक साथ ही अपने खड्ग और गदा लेकर मेघनाद की खोज में निकले। किन्तु प्रत्येक दिशा जैसे अंधी गली हो गयी थी। थोड़ी दूर जाकर सामने कवच-रक्षित रथ होता था और उसमें से बाणों की वर्षा हो रही होती थी। जाने एक-एक रथ में कितने योद्धा थे। वानर-योद्धाओं के शरीरों से रक्त बहता जा रहा था...

राम का कवच स्थान-स्थान से फट गया था। शरीर क्षत-विक्षत हो चुका था। शरीर का कोई ऐसा अंग नहीं था, जो रक्त से भीगा हुआ न हो। क्रमशः उन्हें अपना शरीर दुर्बल होता प्रतीत हो रहा था।... सहसा एक नया बाण आकर राम की दायीं भुजा में लगा... उन्हें लगा उनकी भुजा भारी हो रही है। उनकी दृष्टि बाण पर गयी... बाण सर्पाकार बना हुआ था... पर इस बाण से भुजा इस प्रकार पत्थर क्यों होती जा रही है ? भुजा ही क्यों, इससे तो सारा शरीर ही जैसे जड़ होता जा रहा है... यह बाण मात्र सर्पाकार ही नहीं था; इसे सर्प के विष में बुझाया भी गया होगा...

''सौमित्र !...'' राम अपनी बात कह नहीं सके। उन्हें मूर्च्छा आ गयी थी और वे चकराकर भूमि पर आ गिरे थे।

''भैया !'' लक्ष्मण ने राम को गिरते हुए देखा। उन्होंने अपना धनुष भूमि पर रखा और राम के वक्ष पर अपना कान लगा दिया... लक्ष्मण ने अपने जीवन में राम को आज पहली बार युद्ध में धराशायी होते देखा था...

तभी वैसा ही दूसरा सर्पाकार बाण आया और अपने भाई का परीक्षण करते हुए निःशस्त्र लक्ष्मण की भुजा में घुस गया। लक्ष्मण ने पलटकर प्रहार करने वाले को देखने का प्रयत्न किया, किन्तु वे पलट न सके। उठकर खड़े होना चाहा; किन्तु उठ नहीं सके और सहसा उन्हें लगा कि वे बैठे भी नहीं रह सकते। वे भी संज्ञा-शून्य होकर राम के पार्श्व में ही गिर पड़े...

सुग्रीव ने संकेत किया। अनेक वानर यूथपति अपना-अपना स्थान छोड़कर अपनी वाहिनियों के साथ राम और लक्ष्मण के चारों ओर घिर आए। अकस्मात् ही सहस्रों सहायक सैनिकों ने युद्ध-क्षेत्र में प्रवेश किया और राम तथा लक्ष्मण के चारों ओर एक अभेद्य

मानव-प्राचीर बना दी।

राक्षसों के कवच-रक्षित रथों से बाणों के स्थान पर अट्टहासों, उल्लास के मुखरित स्वरों और जय-जयकारों की वर्षा आरम्भ हो गयी। शनैः-शनैः एक-एक कर वे कवच-रक्षित रथ लंका के द्वारों की ओर बढ़ते हुए अंधकार में विलीन हो गए।...

युद्ध स्वतः ही रुक गया था।

5

वानर स्कंधावार में शोक के साथ-साथ हताशा के लक्षण भी अत्यन्त स्पष्ट थे। स्कंधावार की चौकसी और अधिक सावधानी से हो रही थी; किन्तु उसमें आत्मविश्वास के स्थान पर भय का भाव ही अधिक स्पष्ट था।

सुग्रीव के शिविर के मध्य में भूमि पर राम और लक्ष्मण के क्षत-विक्षत शरीर अचेत पड़े थे। इतना तो स्पष्ट ही था कि वे अभी जीवित थे; किन्तु उनके शरीर के घावों तथा उनकी सघन मूर्च्छा को देखते हुए उनके पुनर्जीवित हो उठने में संदेह होने लगता था। अगस्त्य-आश्रम से आए हुए वानर सेना के शल्य चिकित्सकों ने उन दोनों के शरीरों में से बाण निकालकर औषध लगा पट्टी कर दी थी; उनकी संज्ञा लौटाने के विषय में न कुछ कर पा रहे थे और न कुछ कह पा रहे थे...

सारे यूथपति चिंतित थे, किन्तु सुग्रीव की व्याकुलता उन्हें असंतुलित करती जा रही थी। युद्ध के पहले ही दिन इतनी बड़ी क्षति हो जाएगी, यह कौन जानता था। वर्तमान वानर सेना राम की ही बनाई हुई थी। उन्हीं के द्वारा प्रशिक्षित और उन्हीं के द्वारा शस्त्रबद्ध हो गयी थी। उन्होंने ही इसे युद्ध-रीति सिखाई थी और उन्हीं की युद्ध-नीति चल रही थी। यदि राम और लक्ष्मण ही नहीं रहेंगे तो इस युद्ध का क्या होगा ? पराजय तो होनी ही है — वानरों का चिर-शत्रु रावण अपना क्रूर प्रतिशोध लेगा। यह सारी वानर-सेना घेरकर लंका में ही मार डाली जाएगी... किस सांसत में फंसा दिया राम ने वानरों को...

किन्तु दूसरे ही क्षण सुग्रीव का मन उन्हें धिक्कारने लगा। राम का इसमें क्या दोष है। राम की पत्नी का हरण हुआ था। वे तो अपनी पत्नी को खोज रहे थे। सुग्रीव ने ही अपने स्वार्थवश उनसे मित्रता की। उनके शौर्य के बल से रुमा और किष्किंधा का राज्य प्राप्त किया। सुग्रीव ने ही उन्हें यह सारी सेना दी और साथ ही विश्वास दिलाया कि वानर राक्षसों से लड़ने में समर्थ हैं। आज जब युद्ध का अवसर आया तो राक्षसों को पराजित करना तो दूर, वानर सेना राम-लक्ष्मण की रक्षा तक करने में समर्थ नहीं हुई। असंख्य सैनिक और यूथपति, सेनापति, सेनानायक खड़े देखते रहे और मेघनाद राम और लक्ष्मण को क्षत-विक्षत कर चला गया... न दी होती सुग्रीव ने सेना, न दिलाया होता इतना भरोसा, तो क्या राम ऐसे ही रावण से लड़ने के लिए चल पड़ते ? सारी सेना में एक भी अच्छा शल्य चिकित्सक नहीं, कोई वैद्य नहीं जो राम और लक्ष्मण के घावों

पर औषध लगा, उनकी मूर्च्छा दूर कर सके; और सुग्रीव उन्हें रावण से लड़ने के लिए ले आए।... धिक्कार है, सुग्रीव, तुझ पर, धिक्कार है... अपने महत्त्व को कोई इस प्रकार बढ़ाकर आंकता है और अपने मित्रों को इस प्रकार संकट में डालता है? मित्र के साथ सुग्रीव ने कैसा शत्रु का-सा व्यवहार किया।... उन्हें यहां लाकर मृत्यु के मुख में धकेल दिया... अब वैदेही का उद्धार कैसे होगा ?...

सुग्रीव ने हताशा में अपना हाथ माथे पर मारा।

विभीषण ने सुग्रीव का उदास मुख देखा और हताशा में माथे पर हाथ मारने का अर्थ समझा।

''मित्र सुग्रीव !'' विभीषण धीरे से बोले, ''युद्ध का परिणाम सदा अनिश्चित होता है, चाहे योद्धा कोई भी हो। युद्ध-क्षेत्र में जाने से पूर्व स्वयं को जय और पराजय दोनों के लिए तैयार कर लेना चाहिए।...'' वे रुके, ''मेघनाद ने राम तथा लक्ष्मण को अवश्य ही मृत मान लिया है, अन्यथा वह युद्ध छोड़कर कभी लंका में प्रवेश न करता। उसने जाकर रावण को अपने विजयी होने तथा राम एवं लक्ष्मण के वध की सूचना दी होगी। समाचार पाकर रावण अत्यन्त प्रसन्न हुआ होगा। उसने मेघनाद का अभिनन्दन किया होगा। तत्काल सीता को राम के वध की सूचना भिजवाई होगी... अब वह देवी सीता को और भी क्लेश देगा। स्वयं को अंगीकार करने के लिए और भी दबाव डालेगा... और तुम यहां हताश होकर सिर पर हाथ मार रहे हो। बस इतना ही साहस और पुरुषार्थ था तुम्हारा? इसी आधार पर तुम रावण से लड़ने चले आए थे।'' विभीषण ने रोष से सुग्रीव को देखा, ''मैं इस प्रकार हताश होकर, सिर पर हाथ रखकर नहीं बैठ सकता... मेरी पुत्री और पत्नी लंका में हैं...'' विभीषण ने एक-एक शब्द चबाते हुए कहा, ''मैं लंका का अधिपति न भी बन सकूं, पर अपने परिवार को तो मुझे मुक्त कराना ही होगा। मैं युद्ध से विमुख नहीं हो सकता।''

सुग्रीव ने स्वयं को संभाला, ''युद्ध से तो मैं भी विमुख नहीं हो रहा, लंकापति!''

''युद्ध से विमुख होना और किसे कहते हैं !'' विभीषण कुछ आवेश में बोले, ''जो व्यक्ति केवल विजय की स्थिति में ही लड़ सकता है, अथवा तनिक आघात सहकर सिर थाम, हताश होकर बैठ जाता है — वह दूसरों का मनोबल भी क्षीण करता है। उसे युद्ध से विमुख हुआ ही समझो।''

सुग्रीव ने तत्काल कोई उत्तर नहीं दिया। वे जैसे स्वयं को संगठित करते रहे। उनके अन्तर्युद्ध के चिह्न उनके चेहरे पर स्पष्ट थे। बोले, ''अब ऐसा नहीं होगा, मित्र ! आगे का कर्तव्य कहो।''

सुग्रीव के इस वाक्य पर सब से मुखर प्रतिक्रिया हनुमान ने व्यक्त की, ''किष्किंधापति ! आप स्वस्थ हों तो आर्य राम और लक्ष्मण क उपचार का भी कुछ प्रयत्न किया जाए।'' उन्होंने रुककर इधर-उधर देखा, ''तात सुषेण कहां हैं ? वे उपचार क्यों नहीं करते ?''

दिन-भर के युद्ध से थके हुए वृद्ध सुषेण जैसे कुछ खीझते हुए-से बोले, ''समर्थ और वीर योद्धा युद्ध-क्षेत्र में स्त्रियों के समान विलाप करने बैठ जाएं तो मैं क्या करूं!''

किसी ने सुषेण की बात का उत्तर नहीं दिया। केवल सुग्रीव की आंखों में संकोच और उग्रता के भाव बारी-बारी झलके। बोले वे कुछ भी नहीं।

सुषेण ने आगे बढ़कर बारी-बारी राम और लक्ष्मण का नाड़ी-परीक्षण किया और उनके घावों को निरखा-परखा। उन्होंने निराशा में अपने सिर को अनायास ही दाएं-बाएं घुमाया और जैसे स्वगत ही बोले, ''कैसे-कैसे अस्त्र-शस्त्रों का प्रयोग किया है इस दुष्ट राक्षस मेघनाद ने। जब हमें इन दिव्यास्त्रों का ही ज्ञान नहीं तो उनकी औषधियां कहां से आएं ? हमारे युद्धों में या तो हड्डियां टूटती हैं या रक्त अधिक बह जाता है; किन्तु ऐसे घाव और यह मृत्यु-सरीखी मूर्च्छा...''

''क्या कोई आशा नहीं, नाना ?'' अंगद धीरे-से बोले।

''जब तक सांस, तब तक आस।'' सुषेण अस्पष्ट, फुसफुसाते-से स्वर में बोले, ''वैद्य के लिए निराशा पाप है। मेरी औषध-मंजुषा मंगवा दो।''

सुषेण के प्रयत्न से राम का श्वास कुछ स्थिर हुआ और उनकी बंद पलकें झपझपाईं। थोड़ी देर में राम ने आंखें खोल दीं।

''राम !'' सुषेण ने राम के कान में पुकारा।

सुग्रीव और विभीषण भी उन पर झुक गए और हनुमान, अंगद, जाम्बवान, नल, नील इत्यादि भी निकट घिर आए।

''राम !'' सुषेण ने पुनः पुकारा।

राम ने एक बार सब की ओर देखा, किन्तु उनकी आंखों में किसी के लिए भी पहचान नहीं थी। उनकी आंखों में एक विचित्र भाव था — खाली-खाली, शून्य... जैसे या तो कुछ दिख न रहा हो, या कुछ भी पहचाना न जा रहा हो...

सुषेण ने एक नयी तरल औषधि की कुछ बूंदें उनके मुख में टपका दीं और एक अन्य जड़ी उन्हें देर तक सुंघाते रहे...

क्रमशः राम की आंखों में कुछ जीवन्त भाव उभरे, जैसे वे अपने परिवेश को देख और समझ रहे हों, वे अपने साथियों को पहचान रहे हों। किन्तु साथ-ही-साथ उनके चेहरे पर असहनीय पीड़ा के भाव उभरे...

''राम !'' सुषेण ने पुनः पुकारा।

राम ने उनकी ओर देखा और उनके होंठों से अस्फुट-से शब्द फूटे, ''असहनीय पीड़ा है, तात। रक्त में आग लगी है। शरीर जैसे जकड़ा हुआ है। हाथ-पांव हिल नहीं पाते...'' उन्होंने अपने सूखे होंठों पर जीभ फेरी, '' .... और घावों में मृत्यु से बढ़कर पीड़ा।... ओह ! दुष्ट ने जाने कैसे अस्त्रों का प्रयोग किया है, जो प्राण नहीं लेते और मनुष्य को जीवित पीड़ा एवं मृत्यु बना देते हैं...'' उन्होंने अपनी पुतलियां घुमाईं और अपने निकट पड़े मूर्च्छित लक्ष्मण को देखा, ''लक्ष्मण !...'' वे आगे बोल नहीं सके, आंखों

की कोरों से दो अश्रु बह गए।

''बहुत पीड़ा है, राम ?'' सुषेण ने पुनः पूछा।

राम ने पुनः जीभ से अपने होंठ गीले किए, ''इतनी कि व्यक्ति के मन में मृत्यु-वरण की इच्छा जागे।''

सुषेण ने पुनः कोई आसव उनके मुख में टपकाया, ''पीड़ा में कोई न्यूनता आए तो बताना।''

राम ने अस्वीकार में अपना सिर हल्का-सा हिलाया और उनके कंठ से पीड़ा की सिसकारी निकल गयी।

''यह केवल घाव अथवा रक्त बह जाने के कारण नहीं है।'' सुषेण राम के पास से उठ खड़े हुए, ''यह तो मेघनाद के दिव्यास्त्रों में ही कोई तत्त्व है, जिसने शरीर में प्रवेश कर राम जैसे सहनशील और समर्थ पुरुष की यह स्थिति कर दी है।''

विभीषण की आंखें डबडबा आयीं, ''हम किसी भी प्रकार लंका की सेना से लड़ने में समर्थ नहीं हैं; न शस्त्रों की दृष्टि से, न सैनिक प्रशिक्षण की दृष्टि से, न चिकित्साशास्त्र की दृष्टि से।''

''यदि लंका का कोई वैद्य...'' हनुमान ने अपनी बात अधूरी ही छोड़ दी।

''हां ! यदि लंका में से कोई सैनिक वैद्य और शल्यचिकित्सक लाया जा सके।'' विभीषण बोले, ''तो कदाचित इन घावों का उपचार हो सके।''

''पर लंका से कोई वैद्य क्यों आएगा ?'' तार बोले।

''यदि समर्थ वैद्य का पता हो तो हम उसे बलात् उठा लाएंगे।'' अंगद बोले।

''व्यर्थ है।'' विभीषण ने कहा, ''लंका में घुसकर वैद्य को उठा लाना सरल नहीं है।''

''ऐसा दुस्साहस मत करना।'' सहसा अपनी यातना के बीच राम बोले, ''इस प्रकार का गुप्त आघात करने वाले दल के नेतृत्व के लिए तुम्हारे पास कोई समर्थ योद्धा नहीं है। तात सुषेण !...''

सुषेण उनके निकट आ गए।

''असहनीय पीड़ा...''

सुषेण ने पुनः उनके मुख में आसव टपकाया और घावों पर नयी औषध का लेप करने लगे।

किन्तु न राम की स्थिति में कोई सुधार हुआ, न लक्ष्मण की। लक्ष्मण की मूर्च्छा टूटने के स्थान पर और भी सघन होती प्रतीत हो रही थी। राम की असहनीय पीड़ा उन्हें बार-बार तड़पा उठती थी।

निराश होकर सुषेण ने असमर्थता में अपना सिर हिला दिया।

''हमें कुछ तो करना ही होगा।'' सुषेण को निराशा में सिर हिलाते देख हनुमान कुछ उग्र स्वर में बोले, ''आर्य राम और लक्ष्मण को हम इस प्रकार तड़पकर मरते नहीं

देख सकते।''

सुग्रीव ने हनुमान की ओर देखा — पिछले कई दिनों से उनके मन में यह विचार पल रहा था — हनुमान कदाचित् अपने हृदय से उनकी अपेक्षा भी राम के ही अधिक निकट हो गए थे। यह कुछ-कुछ वैसे ही था, जैसे अंगद वाली की अपेक्षा सुग्रीव के अधिक निकट आ गए थे। राम के व्यक्तित्व में हनुमान को जैसा मित्र, नेता और समर्थ परामर्शदाता मिला था — वह सब कुछ कदाचित् सुग्रीव उन्हें नहीं दे पाए थे। राम को पीड़ा में देख सबको कष्ट हो रहा था, किन्तु जो तड़प हनुमान के चेहरे पर दिखाई दे रही थी, वह अन्यत्र कहीं भी नहीं थी... भविष्य में यदि कभी राम और सुग्रीव में मतभेद हो जाए अथवा उनमें कोई विरोध जाग उठे तो हनुमान किसका पक्ष ग्रहण करेगा ?... राम का या सुग्रीव का ?

सहसा सुग्रीव ने अपना सिर झटका — कैसी-कैसी बातें सोचने लगे हैं वे... राम इतने कष्ट में हैं... मृत्यु की घड़ियां गिन रहे हैं... वानर सेना समुद्र पार कर, अपने विकट शत्रु — राक्षसों के शक्ति-केन्द्र के इतने निकट ऐसी असहाय अवस्था में पड़ी है और सुग्रीव के मन में अनुदार, स्वार्थी राजनीतिज्ञ जाग रहा है... कैसा नीच है, सुग्रीव, तू !

''क्या करना चाहते हो, हनुमान, तुम ?'' सुग्रीव ने पूछा।

''कुछ भी !'' व्यग्र स्वर में हनुमान बोले, ''कुछ भी। मैं हाथ पर हाथ धरे बैठा, राम और लक्ष्मण को इस निरीह और यातनापूर्ण मृत्यु मरते नहीं देख सकता।... मुझे कोई भी आदेश दीजिए। कहीं से भी कोई औषधि लानी है, कोई वैद्य, कोई शल्य चिकित्सक लाना है... कहीं से भी। चाहे लंका में ही धावा मारना पड़े।... मैं जाऊंगा।''

''इसे ऐसी अनुमति मत देना।'' राम अपनी पीड़ा में कुछ हांफते हुए बोले। उन्होंने अपने अधरों को दांतों से भींचकर मानो अपनी पीड़ा सही, ''इसका कोई लाभ नहीं होगा। उलटे हनुमान जैसे योद्धा से हाथ धो बैठोगे।... लंका से रावण का चिकित्सक आया तो वह कोई और क्षति कर जाएगा।'' उन्होंने पीड़ा सहने के प्रयास में अपनी आंखें मूंद लीं।

''धैर्य रखो, हनुमान !'' विभीषण स्निग्ध किन्तु स्थिर स्वर में बोले, ''विपत्ति के क्षणों में धैर्य से बढ़कर समर्थ मित्र और कोई नहीं होता। तुम्हारी भावना...''

''भावना नहीं, राक्षसराज ! कर्म।'' हनुमान का अधैर्य और भी मुखर हो उठा, ''मैं कर्म की बात कर रहा हूं।''

सहसा उन लोगों को एक विचित्र-सी हलचल का आभास हुआ। हनुमान की बात बीच में ही रह गयी। सब की दृष्टि उस हलचल की ओर घूम गयी।

वानर-सैनिक-प्रहरी कुछ अपरिचित लोगों को अवरोध में लिये बड़े सतर्क भाव से आगे बढ़ रहे थे।

''वानरपति !'' प्रहरी नायक बोला, ''ये लोग हमारी सेना में संदिग्ध रूप से घूमते तथा आर्य राम एवं लक्ष्मण के विषय में सूचनाएं एकत्रित करते हुए घूम रहे थे...''

नायक की बात भी अभी पूरी नहीं हुई थी कि अपरिचितों में से एक, जो कदाचित् उनका नायक था, वेगपूर्वक आगे बढ़ा और उसने राम की कलाई पकड़ उनकी नाड़ी पर अपनी उंगलियां रख दीं। क्षण भर वह नाड़ी-परीक्षण करता रहा और फिर उसने सिर उठाकर पूछा, ''ये आर्य राम हैं ?''

''हां!'' सुग्रीव बोले, ''पर तुम कौन हो?''

आगंतुक ने अपना परिचय देने की तत्परता नहीं दिखाई। उसने अपने एक साथी को संकेत किया। साथी ने अपने हाथ में पकड़ी पेटिका नीचे रखकर उसका ढक्कन उठा दिया। खुली पेटिका को देखकर कोई भी सुविधापूर्वक यह समझ सकता था कि उसमें विभिन्न प्रकार की औषधियां थीं।

आगंतुक ने उसमें से एक औषधि उठाकर उसकी कुछ बूंदें राम के मुख में टपकाईं और औषध के प्रभाव को देखने की प्रतीक्षा किए बिना लक्ष्मण की नाड़ी टटोलने लगा।

उसके थोड़े से प्रयास से राम तथा लक्ष्मण प्रायः नीरोग होकर उठ बैठे। रक्त-स्राव बंद हो गया, पीड़ा समाप्त हो गयी और अंगों की जकड़न भी दूर हो गयी। वे दोनों ही प्रसन्न तथा उत्साह से भरे-पूरे लग रहे थे।

इस बीच वहां पूर्ण स्तब्धता छायी रही। किसी ने आगंतुक से कुछ नहीं पूछा। उन्होंने भी कुछ नहीं बताया। चुपचाप अपना काम करते रहे।

राम ने स्वस्थ होकर देखा — आगंतुक लोग अन्य आहत सैनिकों और यूथपतियों का उपचार करने का प्रयत्न कर रहे थे। कुछ क्षणों तक राम उन्हें मुग्ध दृष्टि से देखते रहे और फिर उनके नेता के निकट आकर धीमे, मधुर स्वर में बोले, ''भद्र ! यदि आप अपना परिचय दे देते...''

''अभी आया, आर्य !'' वह धीरे से बोला।

उसने अपने साथियों को जल्दी-जल्दी कुछ निर्देश दिए। औषधियों की ओर संकेत किए और उन्हें काम करते छोड़, राम के पास आ गया।

''भद्र राम ! मैं गरुड़ हूं। सर्प-विष से बने शस्त्रों के घाव के उपचार के लिए देव जातियों का प्रसिद्ध वैद्य हूं।'' वह बोला, ''यद्यपि हमें आने में कुछ विलंब हुआ; किंतु मुझे प्रसन्नता है कि बहुत देर नहीं हुई। आपको जिन शस्त्रों से घायल किया गया था, उनमें भी सर्प-विष बहुत अधिक मात्रा में था। मुझे प्रसन्नता है कि हमारे आने तक विष औषध की मर्यादा के पार नहीं हुआ था। राम...'' गरुड़ ने रुककर राम को देखा, ''आप भयंकर जोखिम का युद्ध लड़ रहे हैं। आपके पास दिव्यास्त्रों का अभाव है। शल्य चिकित्सक आपके पास नहीं हैं। राक्षसों ने इधर कुछ नये शस्त्रों का प्रयोग आरंभ किया है, जिन पर विभिन्न प्रकार के विषैले तत्त्वों तथा मानव शरीर के लिए घातक तथा पीड़ादायक पदार्थों का लेप होता है। ये व्यक्ति को तड़पा-तड़पाकर मार डालते हैं। यद्यपि ये सब नियम-बद्ध युद्ध के विपरीत तथा मानवता-विरोधी आचरण हैं, किन्तु राक्षस इसकी चिन्ता नहीं करते। आपको इस पक्ष में भी सजग और जागरूक रहना होगा।''

"आप यहां कैसे चले आए, भद्र ?" राम ने पूछा।

"यह युद्ध मात्र आपका और रावण का ही युद्ध नहीं है, आर्य !" गरुड़ ने कहा, "यह युद्ध मात्र वानरों और राक्षसों का ही नहीं है। आज समस्त संसार की दृष्टि इस युद्ध पर लगी हुई है। भावी मानवता के स्वरूप का निर्णय भी इसी युद्ध में होगा। संसार की सब छोटी-बड़ी शक्तियां इस युद्ध से प्रभावित होंगी। यह दूसरी बात है, अयोध्या में बैठे तुम्हारे भाइयों को इस युद्ध की सूचना न हो; किन्तु देव महाशक्तियां ऐसी घटनाओं से अनभिज्ञ रहकर जीवित नहीं रह सकतीं। सारी महाशक्तियां कोई-न-कोई पक्ष ग्रहण करेंगी, किन्तु खुलकर नहीं...।"

"खुलकर क्यों नहीं ?" लक्ष्मण का स्वर गंभीर था।

"अनेक कारण हैं, सौमित्र !" गरुड़ मुसकराकर बोले, "राक्षस सेना के पास सामान्य राजाओं से अधिक दिव्यास्त्र हैं। फिर वे देवास्त्रों से हीन हैं। तुमने सीरध्वज जनक के प्रासाद में महादेव शिव का धनुष देखा था न !"

"हां, आर्य ! देखा था।"

"यदि आज कुछ देव शक्तियां प्रकट रूप से तुम्हारी ओर से लड़ेंगी तो यह मत भूलो कि रावण ब्रह्मा का प्रपौत्र तथा शिव का प्रिय भक्त है। शिव ने वैसे देवास्त्र रावण को दे दिए, उनका ईंधन तथा उनकी परिचालन विधि का ज्ञान दे दिया। रावण ने उन देवास्त्रों का प्रयोग तुम्हारे विरुद्ध किया; तो तुम्हारी सेना की क्या स्थिति होगी?"

"हमारी बहुत क्षति होगी।"

"इसीलिए देव शक्तियां प्रकट रूप से तुम्हारे पक्ष में नहीं आ सकतीं।" गरुड़ मुसकराए, "यथासमय गुप्त सहायता दोनों ओर से आएगी।... ये औषधियां भी उसी गुप्त सहायता का ही अंग हैं।" वे रुके, "मेरे साथियों ने तुम्हारे योद्धा वैद्य सुषेण को औषधियों का ज्ञान दे दिया होगा। वे उनका प्रयोग करेंगे।" उन्होंने मुसकराकर राम की ओर देखा, "अब हमें जाने की अनुमति दें..." वे रुके, "हमारा आना गोपनीय रहे तो शुभ है।"

"आप आश्वस्त रहें, भद्र !" राम ने कहा।

6

रावण का क्रोध बढ़ता जा रहा था। लंका के पश्चिमी द्वार पर धूम्राक्ष हनुमान के हाथों मार डाला गया था। वज्रदंष्ट्र का दक्षिण द्वार पर अंगद ने वध किया था। दुर्मुख ने समुन्नत को, जाम्बवान ने महानाद को, तार ने कुंभहनु को तथा नील ने प्रजन्य को सहज की नष्ट कर दिया था।

एक के पश्चात् एक सेनापति और सेनानायक के वध का समाचार आता; एक-एक कर वाहिनियों के नष्ट होने की सूचना मिलती और रावण अपने महाराजाधिराजत्व में बंधा, पृथ्वी पर पाद-प्रहार कर विवश घूमता अपना रक्त खौलाता रहता। पहले दिन

अपने कुछ वीर योद्धा खोकर भी राक्षस सेना विजयिनी रही थी। मेघनाद ने आकर राम और लक्ष्मण — दोनों के वध और वानर सेना के हताश होने का समाचार दिया था। रावण ने अपने वीर पुत्र का अभिनन्दन किया था और तत्काल राम और लक्ष्मण के वध का समाचार सीता तक पहुंचा दिया था। रावण ने सोचा था कि सीता दीन होकर आत्मसमर्पण कर देगी और रावण पूर्ण विजय का सुख-भोग करेगा। किंतु सीता ने यह कहकर इस सूचना का तिरस्कार कर दिया था कि रावण का क्या है, वह तो प्रतिदिन एक राम का वध करता है और प्रतिदिन एक नया राम जीवित होकर उठा खड़ा होता है...

कैसी मायाविनी है यह सीता ! इधर उसने यह बात कही और उधर वानर सेना के हर्ष-निनाद से लंका की प्राचीर कांप-कांप गयी। रावण चकित रह गया था। सेना के दो महासेनापतियों के वध के पश्चात् जिस सेना को या तो युद्ध-क्षेत्र से पलायन कर जाना चाहिए था, या रावण के सम्मुख आत्मसमर्पण कर देना चाहिए था; अथवा यदि वह सेना बहुत ही साहसी, दृढ़ और वीर थी तो उसे शोकाकुल होकर रुदन करना चाहिए था, उस वानर सेना को आधी रात के समय क्या मिल गया, जो वह हर्ष-निनाद कर रही है ?... और तब रावण को यह सूचना मिली थी कि राम और लक्ष्मण सचमुच जीवित हो उठे हैं... रावण चकरा गया था... कैसे मायावी हैं ये राम और लक्ष्मण, जो मर-मरकर जी उठते हैं। सच कहा था सीता ने, रावण प्रतिदिन एक राम का वध करता है और राम पुनः जीवित होकर उठ खड़ा होता है।

प्रतिरावण ने तब प्रबलतम अट्टहास किया था, ''राम मायावी नहीं है। मायावी तेरा पुत्र मेघनाद है। उसकी माया झूठ की माया है। तूने सीता को झूठ के बल पर ठगना चाहा था; तेरा पुत्र उसी झूठ के आधार पर तुझे ठग गया। तूने ही इस झूठ को सदा संरक्षण दिया है, रावण! अब तू ही इसे भुगत। जब तेरी बहन शूर्पणखा ने आकर तुझसे झूठ कहा था, तो तू उसे सच मानकर सीता का हरण करने चल पड़ा; क्योंकि झूठ तुझे अभीष्ट था। अब मेघनाद के झूठ को सच मान ले, वह भी तेरा अभीष्ट है।''

रावण को लगा, क्रोध से उसका दम घुट जाएगा।... क्या करे वह इस प्रतिरावण का ! उसने शूर्पणखा को लंका से निकाल अश्मपुरी में रोक रखा है, विभीषण को लंका से निकाल दिया है... किन्तु यह प्रतिरावण...

और अब एक-एक कर धूम्राक्ष, वज्रदंष्ट्र, दुर्कम्पन, समुन्नत, महानाद, कुंभहनु और प्रजन्य मारे जा चुके हैं।...

रावण के अपराजेय बल में लंकावासियों का विश्वास नहीं रहा। उसका विरोध बढ़ता जा रहा है। स्थान-स्थान पर लोग कहते फिरते हैं कि सीता को लौटाकर उसे राम से संधि कर लेनी चाहिए।... लंका को वानर सेना ने ऐसे घेर रखा है कि आवश्यक सामग्री की कमी होती जा रही है। लंकावासी कठिन जीवन जीने के अभ्यस्त नहीं हैं। विलास के बिना वे जी नहीं सकते। वे चाहते हैं युद्ध समाप्त हो, लंका में शांति हो ताकि विलास की अबाध धारा...

कैसा विवश हो गया था देवशत्रु महाराजाधिराज रावण। न सीता को लौटा सकता है, न उसका वध कर सकता है; और न बलात् उसे अपनी शैया पर खींच सकता है।... उसकी अपनी बहन उसकी विरोधिनी हो गयी, उसकी बाधा बनकर उसके मार्ग में खड़ी हो गयी है और उसका भाई उसके शत्रु के साथ जा मिला है...

'अपनी आसक्ति के कारण सीता का वध तो तू कर नहीं सकता,' प्रतिरावण का स्वर उसके मस्तिष्क में गूंजा, 'विभीषण से तो प्रतिशोध ले सकता है। सरमा और कला का वध कर दे...'

रावण का मन सिहर उठा — यह प्रतिरावण उसे विनाश की ओर धकेलकर ही छोड़ेगा। यदि रावण ने अपना नियंत्रण तनिक भी शिथिल किया तो प्रतिरावण उसे अपने प्रवाह में बहा ले जाएगा... और यदि रावण ने सचमुच सरमा अथवा कला के साथ कोई दुर्व्यवहार किया तो न केवल कुंभकरण उसका साथ छोड़ जाएगा; मंदोदरी और प्रबल होकर उसका विरोध करेगी; वरन् लंका के भीतर उपद्रव होने लगेंगे। विभीषण-समर्थक संगठन लंका की प्राचीर में भीतर से सेंध मारने लगेंगे। जो युद्ध लंका की प्राचीर के बाहर हो रहा है, वह लंका की वीथियों, पथों और चतुष्पथों पर होने लगेगा...

इस प्रतिरावण से भी उसे छुटकारा पाना है; किंतु राम ? पहले इस मायावी राम का प्रबंध करना होगा। इस दुष्ट ने इन नीच वानरों को आकाश पर चढ़ा दिया है।... इन्हें विश्वास दिला दिया है कि वे भी मनुष्य हैं और राक्षसों के समतुल्य हैं किन्तु रावण उन्हें अच्छी तरह समझा देगा कि उनकी नियति क्या है। वानर वानर ही रहेंगे और राक्षस राक्षस ही। राम अथवा वैसे ही लबाड़िये प्रचारकों की बातों का क्या है।... रावण यह सत्य प्रमाणित कर दिखाएगा कि वानर नीच होकर ही जन्मा है और नीच रहकर ही मरेगा। वे राक्षसों के सुख के साधन मात्र हैं। उन्हें वहीं रहना होगा...

किंतु यह एक के पश्चात् एक सेनापतियों की पराजय और उनकी मृत्यु। यह क्रम और नहीं चल सकता। रावण ने वानरों की शक्ति को कम आंका, इसलिए वह अभी युद्ध-क्षेत्र में नहों गया, अन्य सेनापतियों को भेजता रहा। पर यह क्रम और नहीं चल सकता। आज रावण स्वयं जाएगा और इन वानरों को पाठ पढ़ाएगा। साधारण अस्त्र-शस्त्रों से नहीं मरेंगे तो दिव्यास्त्रों का प्रयोग कर इनके सेनापतियों को मारना होगा... यदि राक्षस सेना को वानरों से एक भी पराजय और मिली तो लंकावासियों का विश्वास राजाधिराज से उठ जाएगा...

मेघनाद पिता से सहमत नहीं था। उसका विचार था कि अन्य सेनापतियों के रहते हुए, महाराजाधिराज का स्वयं युद्ध के लिए जाना शोभनीय नहीं था; किंतु पिता और महाराजाधिराज के अधिकार से रावण ने उसे लंका की रक्षा के लिए नियुक्त किया और स्वयं युद्ध के लिए द्वार से बाहर निकल आया।

रावण के साथ अकंपन, अतिकाय, महोदर, पिशाच, रावणि त्रिशिरा एवं नरांतक तथा कुंभकर्ण के पुत्र कुंभ और निकुंभ अपनी-अपनी वाहिनियां लिये चल रहे थे। राक्षस

सेना प्रलयकालीन ज्वार के समान हुंकार करती हुई बढ़ती चली जा रही थी। रावण ने कोई विशेष व्यूह न बनाकर वानर सेना पर सीधा आक्रमण किया था। उसके सेनापति जहां-तहां वानर यूथपतियों से उलझ गए थे।

सुग्रीव ने रावण को आते देखा। राम अपने व्यूह में अन्यत्र व्यस्त थे। वैसे भी इस समय राम का सीधे रावण से टकराना सुग्रीव को उचित नहीं लग रहा था। संभव है कि रावण को देखते ही राम अपना संयम छोड़ बैठें और अपने आक्रोश के कारण स्वयं को अनावश्यक जोखिम में डालें। यह न राम के हित में होगा, न वानर सेना के। उससे तो अच्छा है कि सुग्रीव स्वयं ही रावण को रोकें। उन्हें भी तो रावण से पुराना हिसाब चुकाना था...

रावण के रथ के सम्मुख अनेक घोड़े जुते थे। रथ के पहिए बड़े-बड़े थे। जंगली भैंसे के चर्म से बने कवच से रथ रक्षित था और अनेक प्रकार के शस्त्रास्त्रों से अंटा पड़ा था।

सुग्रीव को अपना धनुर्विद्या के अभ्यास का अभाव खला। रावण से लड़ने के लिए धनुष ही उपयुक्त शस्त्र था... किंतु सुग्रीव के पास तो गदा थी, गदा-कौशल था, शारीरिक बल था और मन में आक्रोशपूर्ण वीरता थी...

वानर सेना की धनुर्धारी टुकड़ियों ने बाणों की पहली बौछार की तो राक्षसों की पैदल सेना की गति रुद्ध हो गयी। रावण के रथ की गति मंथर हुई तो उसने अपने धनुष से सारथी को कोंचा, ''रथ को आगे निकालो।''

सुग्रीव को अपने लिए उपयुक्त अवसर दिखाई पड़ा। वे कूदकर रावण के रथ पर चढ़ गए; किंतु इससे पहले कि रावण पर वे अपनी गदा चलाते, रावण ने उनके वक्ष में एक शूल दे मारा। शूल इतने निकट से वेग से चलाया गया था कि सुग्रीव उसे संभाल नहीं सके। उन्हें चक्कर आ गया और वे रथ से नीचे खिसक पड़े...।

किंतु वानर सेना तनिक भी असावधान नहीं थी। सुग्रीव को गिरते देख, तत्काल व्यूह बदल गए। इससे पहले कि रावण अथवा कोई अन्य राक्षस सेनापति उन पर प्रहार कर सकता; गवाक्ष, गवय, सुषेण, ऋषभ, ज्योतिर्मुख और नल अपनी वाहिनियों के साथ रावण पर इस तीव्रता से झपटे कि रावण को सुग्रीव को भूलकर अपनी रक्षा के लिए प्रयत्नशील होना पड़ा।

रावण के सेनापति भी अपनी सेनाओं के साथ उसके आस-पास घिर आये। अकस्मात् ही युद्ध अत्यंत भयंकर हो उठा। लगा कि युद्ध के अन्य व्यूह निरस्त कर दिए गए हैं और प्रत्येक योद्धा इसी दिशा में बढ़ा चला आ रहा है। नील ने आते ही मूर्च्छित सुग्रीव को चिकित्सा-शिविर की ओर भिजवाया। सुषेण को उनके पीछे भेजा और स्वयं रावण के सम्मुख डट गए। नील के बाणों ने रावण को कुछ इस प्रकार पीड़ित किया कि रावण अपना धैर्य खो बैठा। उसकी दृष्टि अपने दिव्यास्त्रों पर घूम गयी। उसने आग्नेयास्त्र उठाकर अपने बाण के फल पर लगाया और पूरी शक्ति से धनुष की प्रत्यंचा खींचकर

बाण छोड़ दिए।

आग्नेयास्त्र को न नील काट सके और न उनका कवच उसे रोक पाया। उन्हें लगा जैसे कवच स्थान-स्थान से जलकर शिथिल हो गया है और उनके अंग-प्रत्यंग झुलस रहे हैं। नील का मस्तिष्क सोने-सोने को हो गया। वे मूर्च्छित हो गए थे।

नील के गिरते ही, तत्काल उनके स्थान पर लक्ष्मण आ खड़े हुए। बड़ी विकट स्थिति थी। इस समय तनिक-सी भी शिथिलता से रावण का रथ वानर सेना पर चढ़ आता। उसके शस्त्रास्त्रों और दिव्यास्त्रों से वानरों का भयंकर नाश होता और राक्षस सेना वानरों को पूर्णतः ग्रस लेती।

लक्ष्मण किसी कठोर शिला के समान रावण का रथ के सम्मुख खड़े क्षुर, अर्द्धचंद्र, उत्तमकर्णी तथा भल्ल बाणों की झड़ी लगाए हुए थे। दूसरी ओर उनका मस्तिष्क निरंतर अपने बाण चला रहा था — यही वह रावण है, जिसने मुखर का वध किया, सीता का हरण किया, जटायु को मारा... यही है वह अन्यायी, जिसने संसार के समस्त न्याय को ग्रस लिया है... इसके कारण संसार में शोषण का प्रकोप है... इसके कारण कोई सुरक्षित नहीं, सम्मानित नहीं... यह पाप है, अपराध है, शोषण है...

लक्ष्मण को देखकर रावण के मन में भी कुछ कौंधा — यह उन दो भाइयों में से एक है, जिन्होंने उसके आधिपत्य को सर्वत्र तोड़ा है। जिन लोगों ने स्वयं को कभी मनुष्य नहीं समझा, उन्हें इन्होंने समता, स्वतंत्रता, अधिकार और न्याय के लिए लड़ना सिखा दिया है।... यदि ये दोनों भाई जीवित रहे तो राक्षस-यंत्र नष्ट हो जाएगा, राक्षसों का आधिपत्य सर्वथा समाप्त हो जाएगा।...

रावण ने ब्रह्मबाण अपने धनुष पर चढ़ाया और लक्ष्मण पर चला दिया। बाण लक्ष्मण के वक्ष में लगा।... अपने धनुष पर लक्ष्मण की पकड़ ढीली हो गयी। उन्हें लगा कि उनके हाथ से धनुष खिसक रहा है और उनका सिर चकरा रहा है।... लक्ष्मण ने सिर को झटका। स्वयं को संतुलित किया और पुनः सन्नद्ध होकर खड़े हो गए। उन्होंने एक के पश्चात् एक कर, तीन बाण रावण पर चला दिए। रावण के धनुष की प्रत्यंचा कटकर झूल गई।

प्रतिरावण जोर से हंसा। 'बस, रावण ! इतनी ही-सी शक्ति थी तेरी !'

अपने आवेश में रावण सब कुछ भूल गया। उसे लगा, उस पर नाश का आवेश छा गया। इस समय उसके हाथ में जो भी भयंकर से भयंकर अस्त्र होता, वह उसी को चला देता।... मदांध रावण के मन में लक्ष्मण के साथ-साथ अपने प्रति भी क्रोध जागा।... क्या हो गया है उसे ! वह कल के इन छोकरों को भी उपयुक्त पाठ नहीं पढ़ा सकता। उसने ब्रह्मा का दिया हुआ दिव्य शर चलाया और यह छोकरा उसे झेल गया। व्यर्थ ही ब्रह्मा उसके पितामह और शंकर उसके गुरु कहलाते हैं।... शिव ने क्यों नहीं उसे वैसा धनुष दिया, जैसा सीरध्वज जनक के घर पर पड़ा था। अपनी भुजाओं की शक्ति से न चलाकर, यंत्र-परिचालित धनुषों से वह देवास्त्र प्रक्षेपित करता और विश्व को जलाकर

क्षार कर देता...

आवेश में रावण ने अपने रथ के पिछले भाग से अग्नि के समान लपलपाती हुई ब्रह्मशक्ति उठा ली। यह शक्ति ब्रह्मा ने उसे दी थी और आज तक अमोघ मानी जाती थी। रावण ने नये धनुष पर शक्ति चढ़ा, लक्ष्मण का लक्ष्य साध प्रत्यंचा छोड़ दी...

शक्ति वस्तुतः अमोघ थी। लक्ष्मण के बाण मार्ग में शक्ति को नहीं काट सके। शक्ति लक्ष्मण के वक्ष में लगी और लक्ष्मण के शरीर में भयंकर जलन उत्पन्न हो गई, जैसे कोई भयंकर विष उनके रक्त में पहुंचकर अग्निदाह कर रहा हो। यह ज्वाला असहनीय थी, असह्य।

लक्ष्मण मूर्च्छित होकर भूमि पर आ रहे थे।

रावण का रथ आगे बढ़ा और वानर सेना तितर-बितर हो गई। लक्ष्मण के धराशायी होने का समाचार दावानल के समान फैल गया। रावण ने सारथी को रुकने का संकेत किया।

रथ लक्ष्मण के मूर्च्छित शरीर के पास रुका... और सहसा वानर यूथपतियों की समझ में आया कि रावण के मन में क्या है।... रावण ने मूर्च्छित लक्ष्मण की भुजा पकड़ी ही थी कि असंख्य वानर रावण पर अपने अस्त्रों-शस्त्रों के साथ झपट पड़े। हनुमान ने अपनी गदा का एक भरपूर प्रहार रावण के वक्ष पर किया... लहर पर लहर के समान बढ़कर आते हुए वानरों ने रावण को विचलित कर दिया। लक्ष्मण के मूर्च्छित शरीर को वह उठा नहीं पाया। किंतु इस आपाधापी में वह एक स्थान पर टिक नहीं सका। हनुमान का प्रहार भी लक्ष्य-च्युत हो गया। कंधे पर हुए प्रहार के कारण रावण क्षणभर के लिए निश्चेष्ट हो गया।... उसके सारथी ने उसे सहारा देकर रथ में बैठाया और रथ मोड़ लिया।

हनुमान अद्‌भुत स्फूर्ति से आगे बढ़े। उन्होंने लक्ष्मण को अपने कंधे पर उठा लिया और मुख्य शिविर की ओर मुड़ गये। उधर वानर सेना राक्षसों के भयंकर आक्रमण के सम्मुख लौह प्राचीर के समान अविचलित खड़ी थी।

राम को सूचना मिली।

उन पर दोहरी प्रतिक्रिया हुई — रावण युद्ध-क्षेत्र में आया है और लक्ष्मण मूर्च्छित हुए पड़े हैं। राम द्वंद्व में थे — किधर जाएं ? पहले मूर्च्छित भाई की सुध लें, अथवा पहले अपने शत्रु को रण-निमंत्रण दें ?... रावण ने सुग्रीव, नील और अब सौमित्र को आहत कर मूर्च्छित कर दिया था... राम को वहीं जाना चाहिए।... कब से राम इस शत्रु को खोज रहे थे और वह अपनी सोने की लंका में सुरक्षित बैठा था। आज वह रण-क्षेत्र में आया है और वे उससे भेंट न करें तो धिक्कार है उनकी वीरता पर !

राम ने चरों को सुषेण के पास भेजा — सौमित्र के स्वास्थ्य की सूचनाएं निरन्तर भिजवाते रहें... अपना व्यूह उन्होंने अंगद को सौंपा और उस क्षेत्र में पहुंचे, जहां रावण का रथ खड़ा था।

रावण की निष्क्रियता नष्ट हुई तो उसने पुनः धनुष उठा लिया। किंतु इस बार उसके सामने लक्ष्मण नहीं था। उसने सारथी की ओर देखा।

''राम !'' सारथी ने बताया।

'यह वही कंगला राजकुमार है, जिसके भय से तू कभी उसके सामने नहीं पड़ा।' प्रतिरावण हंस रहा था।

राम ने रावण को देखा — प्रौढ़ वय का साधन-संपन्न हृष्ट-पुष्ट योद्धा। पर यह योद्धा कैसा ? यह तो चोर है — सीता का हरण करने वाला। दुष्ट, अत्याचारी और कायर !... पूरा शस्त्रागार अपने रथ में रख युद्ध करने आया है ताकि न्याय की हत्या कर अपने पापों से अपनी रक्षा कर सके... सारी मानवता का पीड़क... सीता को उनसे छीनने वाला...

''दुष्ट निशाचर ! तेरी प्रतीक्षा बहुत दिनों से थी।'' राम के जबड़े भिंच गए, ''आज पृथ्वी का पाप कट जाएगा।''

रावण ने सौन्दर्य और शौर्य के उस पुंज को देखा — शूर्पणखा यदि इसे देखकर अपना विवेक खो बैठी थी, तो उसने क्या गलत किया था। सीता यदि किसी दूसरे पुरुष को स्वीकार नहीं कर सकती तो उसका क्या दोष। राम के रहते हुए कोई भी स्त्री किसी अन्य पुरुष को कैसे अंगीकार कर सकती है।... यही है वह पुरुष, जिसने इस सारे जनपद में घास-फूस के समान चरी जा रही प्रजा के हाथ में शस्त्र देकर उन्हें सैनिक बना दिया है। और कैसे खड़ा है रावण के अस्त्र-शस्त्रों से अंटे हुए कवच-रक्षित रथ के सम्मुख! भूमि पर नंगे पांव, पदाति। शरीर पर एक कवच है — जाने कैसा पुराना-सा जीर्ण-शीर्ण कवच है। रथ के अभाव में अपने दोनों कंधों पर तूणीर लटकाए, कटि में खड्ग बांधे और हाथ में धनुष लिये...

सहसा रावण का आक्रोश उबला — जब तक यह जीवित है, सीता रावण की नहीं हो सकती... जब तक यह जीवित है, रावण जंबुद्वीप का अधिपति नहीं हो सकता... इसे मरना ही होगा, इसी क्षण...

रावण ने लक्ष्मण को मूर्च्छित करने वाली ब्रह्मशक्ति पुनः उठा ली और धनुष पर चढ़ा, राम के वक्ष पर छोड़ दी, किंतु राम ने अपने कौशल से शक्ति को मार्ग में ही नष्ट कर दिया।... रावण ने राम का अद्‌भुत रण-कौशल देखा — उसने ठीक ही सुना था कि इस व्यक्ति ने विश्वामित्र और अगस्त्य से दिव्यास्त्र प्राप्त किए हैं। लगता है कि रावण को देवास्त्रों के लिए पुनः महादेव शिव की शरण में जाना होगा...

भूमि पर नंगे पैर खड़े राम, रावण के शक्तिशाली दिव्यास्त्रों का निराकरण कर रहे थे। उनके विभिन्न अंगों में अनेक अस्त्र-शस्त्र चुभे थे। शरीर से रक्त बह रहा था। शरीर से टपके हुए रक्त ने उनके पांव भिगोकर लाल कर दिये थे। किंतु राम तनिक भी विचलित नहीं हुए थे।

राम के बाणों से रावण के रथ के अनेक घोड़े घायल होकर शिथिल हो रहे थे।

सारथी की भुजाएं आहत होकर वल्गा संभालने में बहुत दक्ष नहीं रह गई थीं; और सहसा राम के नाराच ने रावण के धनुष की प्रत्यंचा काट डाली।

रावण दूसरा धनुष लेने के लिए मुड़ा। उसने धनुष उठाकर साधा ही था कि राम ने एक के पश्चात् एक चार बाण उसके वक्ष में धंसा दिए। रावण की आंखों के सम्मुख अंधकार छा रहा था।

सारथी ने उपयुक्त समय जानकर रथ लंका के द्वार की ओर मोड़ दिया।

रावण का हर्ष और अभिमान दोनों ही खंडित हो चुके थे। जब वह लंका लौटा तो धनुष टूट गया था, रथ के घोड़े या तो मर गए थे, या मरने वाले थे; सारथी पंगु हो चुका था, किरीट खंडित था... विश्वविजेता महाराजाधिराज रावण अत्यन्त चिंतित था।

उसने सदा यही माना था कि वह उच्च है, श्रेष्ठ है, अधिक बुद्धिमान, शक्तिशाली और समर्थ है। वानर तथा अन्य जातियों को उसने अपने लिए उपकरण अथवा सामान्य पशुओं से अधिक महत्त्व नहीं दिया था। उन्हें मनुष्य मानने की कभी आवश्यकता नहीं पड़ी थी। उनकी भी कोई सेना अथवा सैनिक शक्ति हो सकती है — यह उसका मन कभी स्वीकार नहीं कर सका था। उसके पास धन था, साम्राज्य था, सेना थी, शस्त्र थे, ब्रह्मा और शिव जैसी महाशक्तियां उसकी रक्षा के लिए खड़ी थीं... उन वानरों के पास इनमें से कुछ भी नहीं था — किंतु राम की मानवता के प्रति आस्था ने उन्हें क्या से क्या बना दिया था... क्या था राम के पास, मानवता में अप्रतिम आस्था के सिवाय ? तो क्या मनुष्य धन, शक्ति, शस्त्र, पशुबल — सबसे बड़ा होता है ?... रावण ने माना था कि ये वानर पशु के समान जन्मे थे, पशु का-सा जीवन जिएंगे और पशुओं की-सी मृत्यु मर जाएंगे।... किंतु राम की आस्था ने उन्हें विश्व की इतनी बड़ी शक्ति सिद्ध कर दिया था,... मात्र मनुष्य शस्त्रों से बड़ा हो गया था...

किंतु दूसरे ही क्षण रावण सचेत हो गया। वह यह सब क्या सोच रहा है ? कहीं उसके भीतर का प्रतिरावण तो उसे बहकाने का प्रयत्न नहीं कर रहा है ?... शस्त्र शस्त्र हैं, मनुष्य मनुष्य... और रावण को लगा, उसके भीतर ब्रह्मा और शिव के विरुद्ध जमा हुआ आक्रोश फिर से खौलने लगा था... क्यों नहीं वे लोग उसे दिव्यास्त्रों से भी अधिक शक्तिशाली देवास्त्र दे देते ? एक बार रावण को देवास्त्र मिल जाएं तो वह इस पृथ्वी पर से पशु-सरीखे इन मनुष्यों का चिह्न तक मिटा देगा। ये लोग रावण का विरोध कर जीने के अधिकारी नहीं रहे... किंतु इतनी चिरौरी करने पर भी, प्रेम, निष्ठा और भक्ति प्रदर्शित करने पर भी न कभी ब्रह्मा पसीजे, न शिव, कि उसे देवास्त्र दे देते और रावण एक बार तो नाश का विकट तांडव करता... बस उसे दिव्यास्त्रों तक ही रोक दिया जाता है...

रावण का ध्यान देव महाशक्तियों से हटकर लंका की वर्तमान स्थिति पर आ गया... लंका की रक्षा कैसे हो ? यदि राक्षस सेना लंका के द्वारों से बाहर निकलकर

वानरों से लड़ने में तनिक असमर्थ सिद्ध हुई तो वानर सेना अपना अवरोध संकीर्ण करती हुई लंका की प्राचीर तक आ जाएगी, और फिर युद्ध-पूर्व स्थिति के समान वे छेनियों-हथौड़ियों से लंका की प्राचीर को छेदने लगेंगे। परिखा पर सेतु निर्माण कर परकोटों पर चढ़ जाएंगे। लंका के हाट-बाजारों में घुस जाएंगे। लंका के प्रासादों पर पथराव करेंगे...

अब शिथिलता का समय नहीं था। लंका के द्वारों पर विकट चौकसी रखनी होगी। पथों-चौराहों पर सैनिकों को रखना होगा। परकोटों पर प्रहरियों को नियुक्त करना होगा... किंतु सम्मुख युद्ध में सेनापति होकर अब कौन जाएगा ?...

रावण के अपने सेनापतित्व में राक्षस सेना को अपमानजनक पराजय मिली है। रावण के पुनः लौटने पर वानरों का मनोबल और बढ़ जाएगा। और हतबल राक्षस पराजय के और निकट होते जाएंगे। रावण स्वयं भी अभी लौटकर जाना नहीं चाहेगा... रावण को लगा, जनस्थान में राक्षस सेना की पराजय के पश्चात जो मनःस्थिति उसकी हुई थी, अब पुनः उसी मनःस्थिति में लौट आया है। तब भी वह राम से सम्मुख-युद्ध बचा जाना चाहता था, अब भी वह सम्मुख-युद्ध में राम के सम्मुख पड़ना नहीं चाहता। न केवल वह स्वयं सम्मुख-युद्ध से बचना चाहता है, उसके मन में कहीं-न-कहीं मेघनाद को भेजने का विरोध है। मेघनाद की पराजय से राक्षस सेना का मनोबल और भी गिर जायेगा। पिता-पुत्र, किसी के भी सेनापतित्व में राक्षसों का विश्वास नहीं रह जायेगा।... फिर कहीं यदि मेघनाद का वध हो गया, तो रावण का एक अनन्य अनुचर समाप्त हो जाएगा।... राम की सेना के दबाव ने लंकावासियों के चेहरों पर लगे नकली मुखौटे उतारकर रख दिये थे। भीतरी और बाहरी विरोध के इस संकटकाल में रावण को अपने समर्थकों को संजो-संजोकर रखना होगा।... नहीं। मेघनाद को इन मायावी तापसों से लड़ने के लिए नहीं भेजा जा सकता। वह उन्हें मारकर आ जाता है और वे पुनः जीवित हो उठते हैं... ऐसे लोगों से लड़ने के लिए मेघनाद को नहीं भेजा जा सकता... और हां, सेनापति कोई भी हो, उसे कहना होगा कि यदि वह इन कंगले संन्यासी राजकुमारों अथवा वानर यूथपतियों में से किसी को भी आहत अथवा मूर्च्छित करने में सफल हो जाए तो वह उनके शरीरों को अवश्य लंका में ले आये, ताकि उनका शिरोच्छेद कर उनकी मृत्यु को निश्चित बनाया जा सके। यदि मेघनाद पहले युद्ध में राम-लक्ष्मण के शरीरों को लंका में उठा लाता, अथवा स्वयं रावण आज सुग्रीव तथा लक्ष्मण के शरीरों को अपने साथ ला पाता तो उनकी मृत्यु को एक निश्चयात्मक तथ्य में बदल सकता।

सहसा रावण का ध्यान कुंभकर्ण की ओर चला गया — मदांध कुंभकर्ण ! वह मदिरा पीकर पड़ा होगा। इन दिनों लंका में घटने वाली घटनाओं की कोई सूचना उसे होगी भी या नहीं, कहा नहीं जा सकता। और यदि किसी ने सूचना दी भी होगी, तो उस पर कोई विशेष प्रभाव नहीं पड़ा होगा। मदिरा में एक बड़ा गुण है, वह व्यक्ति को कायर नहीं बनने देती। कुंभकर्ण ने यदि राम के शौर्य के विषय में सुना भी होगा, तो भी उससे भयभीत नहीं हुआ होगा।

और फिर प्रत्येक क्षण रावण के मन में यह चिन्ता होती है कि कहीं किसी बात से रुष्ट होकर विभीषण के समान कुंभकर्ण भी उसका विरोधी न हो जाए... कितना अच्छा अवसर है इस समय ! कुंभकर्ण को सेनापति का मान-सम्मान देकर, रावण उसे अपने प्रेम का विश्वास दिलाएगा। कुंभकर्ण राक्षस सेना की इस हतवीर्य स्थिति में यदि अपने पराक्रम से उसे उबार सका तो रावण के लिए गौरव ही गौरव है; और यदि यह पराजित होकर मारा गया तो रावण को आतंकित करने वाली लंका की भीतरी शक्तियों में से एक कम हो जाएगी... रावण को यह पहले क्यों नहीं सूझा ?... ऐसे सब लोगों को, जो किसी भी स्थिति में रावण के विरोध को किसी प्रकार का बल दे सकते हैं, अथवा रावण के विरुद्ध खड़े हो सकते हैं — एक-एक कर युद्ध में भेजना चाहिए। मंदोदरी के वे सारे पुत्र भी, जो पिता के विरुद्ध मां का पक्ष ग्रहण कर सकते हैं। इंद्रजित मेघनाद को बचाकर रखना चाहिए; वह रावण के विपक्ष में जा ही नहीं सकता, विपक्ष में चाहे स्वयं मंदोदरी ही क्यों न हो...

7

कुंभकर्ण को रावण ने बहुत दिनों के पश्चात देखा था; और शायद यह संयोग ही था कि उस समय वह पर्याप्त सजग-सचेत अवस्था में था। मदिरा उसने पी रखी थी, किन्तु मत्तावस्था में नहीं था।

रावण ने विभिन्न प्रकार के मांसों के विविध व्यंजनों का विराट आयोजन कर रखा था। भोजन पर बैठने से पूर्व, रावण के आदेश से सुन्दर युवती दासियों ने उसके शरीर पर चंदन का लेप किया और सुगंधित पुष्पों का उपहार दिया।

कुंभकर्ण ने भुने हुए मांस का टुकड़ा मुख में डालकर चबाना आरंभ किया तो रावण धीरे से बोला, ''तुम्हें इधर कुछ सूचनाएं तो मिली होंगी कि लंका इस समय भयंकर युद्ध की स्थिति में है ?''

''आज यह बहुत अच्छा भुना है।'' कुंभकर्ण बोला, ''न तो कहीं से कोमल रहा है, न जलाया गया है। इसे कहते हैं भली प्रकार तपाया गया कुरकुरा मांस।''

''युद्ध... !'' रावण ने पुनः कहा।

''हां, सुना है।'' कुंभकर्ण बोला, ''अच्छा रसोइया हो तो व्यक्ति जीवन का सुख उठा सकता है; अन्यथा पेट तो सभी भर लेते हैं।''

''हमारी सेना नष्ट हो गई है और राजकोष खाली हो गया है।'' रावण बोला, ''इस युद्ध में हमें शीघ्र विजय न मिली तो राक्षस साम्राज्य नष्ट हो जाएगा।''

कुंभकर्ण ने पहली बार, अपने हाथ में पकड़े हुए मांस-खंड से दृष्टि हटाकर विवेकपूर्ण ढंग से रावण को देखा, ''भैया ! जब भाभी मंदोदरी और विभीषण ने कहा था कि सीता को लौटा दो और युद्ध मत करो तो आपने उनकी एक नहीं सुनी। आपने

अपनी शक्ति के दंभ में किसी का परामर्श ही नहीं माना।''

रावण ने कुछ चौंककर कुंभकर्ण को देखा — उसकी चेतना आज कुछ अधिक ही जागरूक हो रही थी। इतने चैतन्य और जागरूक लोग रावण को पसंद नहीं आते। ऐसे लोग रावण के अनुकूल नहीं होते।

रावण ने एक पात्र में मदिरा डाली, ''यह मदिरा पीकर देखो। यह नयी आयी है। देवलोक और उरपुर में भी ऐसी मदिरा किसी ने नहीं चखी होगी।''

युद्ध की बात कुंभकर्ण भूल गया। उसने मदिरा का पात्र उठाया और तृषित मनुष्य के समान गटागट पीकर पात्र धर दिया। हथेली की पीठ से होंठ पोंछे और रावण को देखा, ''अच्छी है।''

''अच्छी लगी। अपने भाई की पसंद मैं नहीं समझूंगा तो और कौन समझेगा।'' रावण मुसकराया, ''इसीलिए मैंने इस मदिरा के अनेक भांड मंगवाने का आदेश दिया है। व्यक्ति मदिरा पिये तो अच्छी पिये और छककर पिये।'' रावण रुका, ''वैसे भी लोग पीते तो हैं — किन्तु उनमें अच्छे-बुरे का भेद करने का विवेक नहीं होता। मेरा विचार है, तुम जैसा मदिरा का पारखी लंका में दूसरा नहीं है।''

''मदिरा भी समर्पण चाहती है।'' कुंभकर्ण बोला, ''अपना संपूर्ण जीवन समर्पित करना पड़ता है, तब कहीं अच्छी-बुरी मदिरा की परख होती है। दो-चार पात्र पीकर कोई मदिरा-विशेषज्ञ नहीं बन सकता।''

''इधर साम्राज्य के कुछ बड़े सम्मन्न व्यापारी आये थे। मैंने उनसे कुछ वस्तुएं खरीदी थीं। देखो, शायद तुम्हारी रुचि उनमें हो।''

रावण के संकेत पर दासियां हाथीदांत की बनी अनेक पेटिकाएं ले आयीं जिनमें अनेक मणियां और रत्नजड़ित आभूषण थे। एक-एक कर उन्हें दासियों ने कुंभकर्ण के शरीर पर अलंकृत कर दिया। कुंभकर्ण मुग्ध दृष्टि से उन आभूषणों को देखता रहा, भुना हुआ कुरकुरा मांस खाता रहा और पात्र में रावण द्वारा ढाली गई मदिरा पीता रहा।

''तुम आज रुष्ट हुए पिता अथवा गुरु के समान मुझे उपदेश क्यों दे रहे हो ?'' अंत में रावण बोला, ''तुम मेरे प्रिय भाई हो। विभीषण मुझे छोड़ गया है। अब तुम मेरे एकमात्र भाई हो। संकट में तुम्हें मेरी सहायता करनी चाहिए अथवा मेरी त्रुटियां बताकर मुझे प्रताड़ित कर, मेरी कठिनाई और बढ़ानी चाहिए ?''

कुंभकर्ण की आंखों में से बड़े भाई के आदर का संकोच कहीं विलीन हो गया था, वहां न्याय और विवेक की चमक भी नहीं थी। वहां केवल मदिरा लहरा रही थी। उसने एक अमर्यादित अट्टहास किया, ''लंका में केवल राजा शेष है। कोष खाली हो गया है और सेना मार डाली गयी है।'' वह देर तक हंसता रहा, ''पर भैया ! आप चिन्ता न करें। कुंभकर्ण अभी जीवित है। मैं लड़ूंगा जाकर। किसी और को जाने की आवश्यकता नहीं है, सैनिकों को भी नहीं, सेनापतियों को भी नहीं। मैं अकेला जाऊंगा। इन नीच वानरों को मार डालूंगा और उन कंगले राजकुमारों के मुंड काटकर आपके चरणों में ला डालूंगा।

सीता सदा के लिए आपकी हो जाएगी। आपके सुख में बाधा देने वाले किसी जीव को मैं जीवित नहीं छोड़ूंगा।''

''तुम राम और लक्ष्मण की शक्ति से भयभीत तो नहीं हो, कुंभकर्ण ?'' रावण ने उसे उकसाया, ''भय लगता हो तो लड़ने मत जाओ।''

कुंभकर्ण ने निकट ही अब तक मौन बैठे महोदर की ओर देखा, ''यह महोदर डरता है, इसलिए यहां बैठा है; नहीं तो अब तक युद्ध-क्षेत्र में जाकर मर गया होता। मैं किसी से नहीं डरता। मैं आपको राम और लक्ष्मण के वध का वचन देता हूं, भैया।''

महोदर ने रावण की ओर देखा और फिर कुंभकर्ण की ओर, ''मैं उन लोगों से भयभीत नहीं हूँ, राजाधिराज ! पर यदि आप अनुमति दें तो कहना चाहूंगा कि मेरा प्रस्ताव है कि लंका की सेना का क्षय रोका जाये।''

''कैसे ?''

''यदि युक्ति से अपने कार्य की सिद्धि होती हो तो मैं युद्ध को अनावश्यक मानता हूं।'' महोदर स्पष्ट शब्दों में ठहर-ठहरकर बोला, ''मेरा प्रस्ताव है कि आप युद्ध के लिए लंका से बाहर सेना न भेजें। अपने सेनापतियों, पार्षदों तथा उच्च्व अधिकारियों को एक भोज पर आमंत्रित करें। खूब समारोह और उत्सव मनाये जायें। लंका में घनघोर प्रचार किया जाये कि वानर सेना हार गयी है और राम तथा लक्ष्मण का वध हो चुका है। इस प्रचार को सुनकर, लंका के समारोहों और विजयोत्सवों को देखकर सीता मान जायेगी कि राम जीवित नहीं है। वह अपने लिए कोई भी मार्ग न देखकर आपके सम्मुख आत्मसमर्पण कर देगी। और उसके आत्मसमर्पण का प्रमाण पाते ही राम या तो वापस चला जायेगा या आत्महत्या कर लेगा। सीता भी आपकी हो जाएगी और राक्षस-सेना की रक्षा भी हो जाएगी।''

''कायर !'' कुंभकर्ण ने उसे धिक्कारा, ''चाटुकार !''

महोदर ने अपने बचाव के लिए आहत दृष्टि से रावण की ओर देखा।

रावण ने कुंभकर्ण की ओर ध्यान नहीं दिया। उसने महोदर को कठोर दृष्टि से देखा, ''कल्पना-विलास का समय नहीं है, महोदर ! लंका की प्राचीर और परकोटों से टकराती वानर-सेना की जय-जयकार लंका के प्रासादों को हिला रही है। सीता न इतनी भोली है, न इतनी भीरु, जितनी तुम समझे बैठे हो, और न राम ही इतना कोमल है।'' रावण का स्वर कुछ और ऊंचा हुआ, ''वैसे भी हमारे बीच में से ही अनेक लोग सीता को सूचना दे रहे हैं। यथार्थ का सामना करो। आज युद्ध ही यथार्थ है। जाओ।''

''यही तो कह रहा हूं।'' कुंभकर्ण उठकर चल पड़ा।

कुंभकर्ण के सेनापतित्व में लंका की सेना द्वार से बाहर निकली तो उसकी पिछली पराजय का कोई चिह्न शेष नहीं था। सैनिकों का उत्साह अपनी पराकाष्ठा पर था। सेनापति कुंभकर्ण तनिक भी विचलित दिखाई नहीं पड़ता था। मदिरा ने उसका आत्मबल आकाश पर पहुंचा

रखा था। अपने शक्तिशाली कवचरक्षित रथ में, लोहे का कवच पहने, एक हाथ में लोहे का बना भयंकर त्रिशूल तथा दूसरे हाथ में लौह-गदा पकड़े, वह वानरों के लिए भीषण दुःस्वप्न-सा खड़ा था।

युद्ध-क्षेत्र में उसके प्रवेश करते ही वानर सेना में आतंक छा गया। नासीर सेना में हनुमान नियुक्त थे। उन्होंने आगे बढ़कर कुंभकर्ण को रोका किन्तु थोड़ी ही देर में स्पष्ट हो गया कि मदिरोन्मत्त कुंभकर्ण इस समय अमानवीय स्थिति में है। साधारण खड्गों तथा बाणों से लगे घावों का तो जैसे उसे आभास ही नहीं होता है। उसके कवच से टकरा-टकराकर बाण जैसे उसके चरणों में नत हो जाते हैं और वह उन सबसे निर्द्वन्द्व एक हाथ से त्रिशूल चला रहा था और दूसरे हाथ से गदा। उसका रथ जिस ओर बढ़ जाता था, उधर ही वानर सेना में एक खाई प्रकट हो जाती थी और वह किसी भी आक्रमण से अप्रभावित, अप्रतिहत, यंत्रचालित-सा आगे बढ़ता जा रहा था।

हनुमान ने और कोई उपाय न देख, दोनों हाथों में गदा पकड़, पूरे वेग से घुमाकर उसके रथ के पहिए पर कठोर प्रहार किया। रथ डगमगाया, किन्तु रुका नहीं। हनुमान ने अपने सैनिकों को कुचले जाने से बचाने के लिए पीछे हटाया और अगले घोड़े पर प्रहार किया। घोड़ा तड़पा और भूमि पर लेट गया।... किन्तु तब तक कुंभकर्ण का त्रिशूल हनुमान के कंधे तथा वक्ष के बीच एक गहरा घाव लगा गया।

हनुमान को व्याकुल होते देख ऋषभ, नील, गवाक्ष, शरभ तथा गंधमादन अपनी टुकड़ियों के साथ कुंभकर्ण का मार्ग रोककर खड़े हो गये थे। किंतु कुंभकर्ण को मार्ग में खड़ी कोई बाधा जैसे दिखती ही नहीं थी। उसका रथ सबको पीसता हुआ आगे बढ़ता जा रहा था। उसके प्रहारों से ऋषभ, नील और शरभ आहत होकर पीछे हट गये थे।

वानर सेना की भयंकर क्षति हो रही थी। कुंभकर्ण का रथ काल-चक्र के समान आगे बढ़ रहा था। अंगद को लगा, यदि इसकी गति तत्काल न रोकी गयी तो थोड़ी देर में वानर सेना युद्ध-क्षेत्र छोड़कर भागती दिखायी पड़ेगी; और एक बार पैर उखड़ जाएं तो सेना को लौटा लाना बड़ा कठिन होता है।

अंगद ने कुंभकर्ण को उलझाने का प्रयत्न किया; किन्तु उलझते हुए अंगद को एक ओर धकियाकर कुंभकर्ण का रथ आगे बढ़कर सुग्रीव से जा टकराया। सुग्रीव ने अपनी गदा के प्रहार से दो घोड़ों को आहत कर दिया। कुंभकर्ण ने भयंकर आक्रोश में अपना त्रिशूल सुग्रीव पर चला दिया; किन्तु घायल हनुमान ने उछलकर त्रिशूल पकड़ लिया और तत्काल अपनी गदा के प्रहार से उसके दो खण्ड कर दिए।

हनुमान उधर त्रिशूल को तोड़ने में लगे थे, इधर कुंभकर्ण ने गदा का भयंकर प्रहार सुग्रीव पर किया। भूमि पर खड़े सुग्रीव, रथ की ऊंचाई से हुए इस प्रहार को बचा नहीं पाये। सिर चकराया और वे मूर्च्छित होकर भूमि पर आ रहे।

''इसे पकड़ लो !'' कुंभकर्ण ने अपने सैनिकों को आदेश दिया और स्वयं भी कूदकर भूमि पर आ गया।

हनुमान उसका प्रयोजन समझते ही व्याकुल हो उठे।

''अपने राजा को बचाओ !'' हनुमान ने अपने सैनिकों को ललकारा और भयंकर वेग से अपनी गदा घुमाते हुए सुग्रीव के मूर्च्छित शरीर पर छा गये। जब तक वानर सैनिक मूर्च्छित सुग्रीव को संभालें, लक्ष्मण कुंभकर्ण से जा टकराये।

किन्तु तब तक कुंभकर्ण की दृष्टि, लक्ष्मण से कुछ हटकर, युद्ध करते हुए राम पर जा पड़ी थी। कुंभकर्ण अपने रथ में कूदा और उसने अपने सारथी को संकेत किया। सारथी ने रथ को तिरछा काटा और राम की ओर बढ़ गया।

''साहस है तो मुझे युद्ध दान कर !'' कुंभकर्ण का उन्मत्त स्वर गूंजा, ''क्या छोटे-मोटे राक्षसों पर अपनी शक्ति का प्रयोग कर रहा है।''

राम और कुंभकर्ण आमने-सामने थे; किन्तु इससे पहले कि बीच की दूरी पार कर कुंभकर्ण का रथ राम के ऊपर चढ़ आता, राम ने बाण पर रौद्रास्त्र रख, कुंभकर्ण के वक्ष पर प्रहार किया। बाण अपने लक्ष्य पर जा धंसा; और पीड़ा से व्याकुल होकर कुंभकर्ण ने उन्माद में अपने शस्त्र घुमाने आरंभ कर दिए। अपनी उन्मादावस्था में वह वानरों तथा राक्षसों तक में भेद नहीं कर रहा था, जैसे अपनी पीड़ा से अंधा होकर वह अपने निकट आए प्रत्येक मित्र अथवा शत्रु में भेद करने में असमर्थ हो गया था।

किन्तु तत्काल संभलकर उसने अपने रथ में से मुग्दर उठाकर राम पर दे मारा।

राम ने वायवास्त्र का संधान कर कुंभकर्ण की भुजा को लक्ष्य किया। कुंभकर्ण की हाथी की सूंड सदृश्य शक्तिशाली भुजा कटकर उसके शरीर से अलग हो गई। राम शिथिल नहीं हुए। उन्होंने तत्काल ही ऐन्द्रास्त्र का प्रयोग कर कुंभकर्ण की दूसरी भुजा भी काट दी। हाथों से विहीन कुंभकर्ण अपनी पूर्ण शक्ति से कंठ फाड़कर यातना में चिल्ला रहा था; और सहसा वह रथ से कूदकर राम की ओर भागा। राम ने अर्द्धचंद्राकार बाण मारकर उसके पैरों को नष्ट किया और अन्त में इंद्रास्त्र से उसके रुण्ड और मुण्ड अलग कर दिए।

8

चिकित्सा-शिविर में खड़े राम अपने सैनिकों को देख रहे थे।

सुषेण और उनके सहयोगी अग्निकाष्ठों और उल्काओं के प्रकाश में अत्यधिक व्यस्त थे। कुंभकर्ण के साथ हुए युद्ध में वानर सेना की क्षति अपेक्षा से कहीं अधिक हुई थी। राक्षसों के रथों, हाथियों और घोड़ों के सामने पदाति वानर पर्याप्त असुरक्षित थे। यह तो उनकी संख्या, उनका आत्मबल तथा उनके सेनानायकों का धैर्य एवं कौशल ही था, जो इस सेना को अब तक संभाले हुए था। कुंभकर्ण की मृत्यु के पश्चात रावण के पुत्र देवान्तक और त्रिशिरा युद्ध के लिए आये थे। हनुमान के हाथों उनका वध हुआ था। किन्तु सबसे भयंकर युद्ध किया था रावण के पुत्र अतिकाय ने। लगता था, जैसे कुंभकर्ण

ही पुन: जीवित होकर आ गया हो। वानर सेना त्राहि-त्राहि पुकार उठी थी। अन्तत: सौमित्र लक्ष्मण के हाथों उसने युद्ध में अपने प्राण खोए थे। किन्तु वह वानर सेना की भयंकर क्षति कर गया था।

विभीषण सूचना लाये थे कि अतिकाय की मृत्यु पर रावण बहुत हताश हुआ था। उसे कुंभकर्ण के ही समान अतिकाय के बल और शौर्य पर बहुत भरोसा था। कुंभकर्ण के वध के कारण वह राम से भयभीत भी हुआ था और क्रुद्ध भी। अब अतिकाय के वध के कारण उसके मन में यही भाव लक्ष्मण के प्रति भी थे। विभीषण यह भी सूचना लाए थे कि रावण अपनी जय-जयकार की चिंता किए बिना राम और लक्ष्मण का वध करवाने का प्रयत्न करेगा। यह वध युद्ध-क्षेत्र में भी हो सकता है और युद्ध-क्षेत्र से बाहर भी। इसलिए राम और लक्ष्मण अपनी सुरक्षा के लिए अतिरिक्त रूप से सावधान रहें।

विभीषण यह सूचना भी लाए थे कि अतिकाय की मां धान्यमालिनी ने राजपरिषद में रावण और उसके मंत्रियों के सम्मुख छाती पीट-पीटकर भयंकर विलाप किया था और रावण को बार-बार धिक्कारा था। उसने इस युद्ध-क्षेत्र के लिए प्रत्यक्ष रूप से रावण को दोषी ठहराया था। उसके कहे हुए वाक्य आज लंका के घर-घर में प्रचारित हो रहे थे — ''राम तुम्हारा सोने का सिंहासन छीनने को नहीं जूझ रहा। फिर वह लंकावासियों का शत्रु कैसे हुआ ? तुमने स्वयं अपने कर्म-दोष से अपने वंश को डुबोया है।''... धन्यमालिनी ने अपना मुंह-माथा पीट लिया था, ''... सीता को जलाने के लिए मैं उसके सम्मुख रावण के कंठ में अपनी भुजाएं डाल-डालकर झूली थी। उस दुष्टता का फल मुझे आज यह मिला है कि मैं रावण के कंठ से लगकर पुत्र-शोक में बिलख-बिलखकर रोना चाहती हूं; किन्तु रावण को पुत्र-शोक में रोने का भी अवकाश नहीं है...''

विभीषण और भी बहुत सारे समाचार लाए थे। रावण के प्रासादों में कुहराम मचा हुआ है। नित्य-प्रति रावण के किसी-न-किसी पुत्र अथवा भाई के वध का समाचार आता है और रावण की कोई पत्नी अथवा सौतेली मां अपने पुत्र का शोक मनाने को चीत्कार करने लगती है।... लंका की प्रजा में इस युद्ध का विरोध बढ़ता जा रहा था। यदि यह विरोध ऐसे ही बढ़ता गया तो रावण को लंका में से सैनिक इकट्ठे करने में भी कठिनाई का सामना करना पड़ सकता है।... सुना गया कि मंदोदरी ने भी रावण को बहुत धिक्कारा था कि उसने अपने समस्त पुत्रों और बंधु-बांधवों की चिताओं पर बैठकर सीता के साथ काम-क्रीड़ा का संकल्प किया है क्या ?...

राम जितना सोचते थे, उतना ही उन्हें लगता था कि इस युद्ध का लंका पर उनका मनोवांछित प्रभाव पड़ रहा है। किन्तु अब उनकी अपनी सेना की भी स्थिति बहुत संतोषप्रद नहीं थी। पिछले दिनों के युद्ध में वानर-सेना का भी बहुत क्षय हुआ शा। जब वीरगति प्राप्त करने वाले वानर-सैनिकों के घरों में यह समाचार पहुंचेगा तो उनकी पत्नियां और माताएं भी इसी प्रकार छाती पीट-पीटकर रोएंगी। संभव है वे राम को धिक्कारेंगी भी... संभव है वे भी यह उपालंभ दें कि राम ने अपनी पत्नी प्राप्त करने के लिए, उनके पुत्रों

और पतियों का वध करवा दिया... किन्तु यह तो प्रत्येक युद्ध में होता ही है... युद्ध चाहे न्याय के लिए लड़ा जाए अथवा स्वार्थ के लिए... युद्ध में विजय हो या पराजय... दोनों पक्षों की क्षति होती ही है। गोदें उजड़ती हैं, सिंदूर-बिन्दु मिटते हैं और मांगों में राख पड़ जाती है।... युद्ध निश्चित रूप से एक क्रूर सत्य है...

किन्तु वानर सेना ने अपने सेनानायक बहुत कम खोए थे... यह कदाचित् उनके परस्पर सहयोग के कारण था। वे राक्षसों के समान अपने लिए यश पाने के लिए एकाकी युद्ध नहीं करते थे। संख्या में सैनिक भी राक्षसों की अपेक्षा बहुत कम मरे थे। प्रमुख वीरों में से आहत अनेक हुए थे; किन्तु वीरगति अभी किसी ने भी नहीं पायी थी।...

सुषेण और उनके सहयोगी सैनिकों और सेनानायकों के शरीर में लगे अस्त्र-शस्त्र निकालकर, उनके घावों को धोकर उन पर औषध का लेप कर रहे थे।... सुग्रीव कुंभकर्ण के हाथों घायल हुए थे और अब तक पट्टियां बांधे बैठे थे। हनुमान के कंधे पर भी भारी घाव लगा था। स्वयं राम और लक्ष्मण के शरीर पर अभी पहले दिन के युद्ध-स्वरूप, मेघनाद द्वारा किए गए घाव पूरी तरह नहीं भरे थे। अतिकाय भी मरते-मरते लक्ष्मण की दाहिनी जांघ में एक बड़ा घाव दे गया था। हां, एक विभीषण अभी पूर्णत: सुरक्षित थे। उन्हें किसी विकट संकट का सामना करने के लिए राम ने नहीं भेजा था।

सुषेण को अपना काम करते देख, राम को सीता की बहुत याद आयी।... आहत शरीर में से शस्त्र खींचते हुए वृद्ध सुषेण का हाथ कभी-कभी कांप भी जाता था, कभी-कभी कठोर भी हो जाता था। पंचवटी में हुए युद्ध में यही काम सीता ने किया था। कैसे कोमल और सधे हाथों से शस्त्र खींचती थीं। आहत सैनिक कराहता तो स्निग्ध मुसकान के साथ कितने आकर्षक ढंग से पूछतीं, ''बहुत कष्ट है ?''... और आहत व्यक्ति का साहस, धैर्य और सहनशीलता कितनी बढ़ जाती थी... पता नहीं, इन दिनों सीता किस अवस्था में होंगी... उन्हें युद्ध का कोई समाचार मिलता होगा या नहीं... राक्षसराज की जय-जयकार तो उन्हें सुनाई ही जाती होगी, पर क्या कभी वानर सेना का प्रसन्न उल्लास भी उनके कानों तक पहुंचता होगा ?... क्या उन्हें मालूम है कि उनका राम लंका के द्वार पर खड़ा अपनी कांता को प्राप्त करने के लिए प्रतिक्षण अपना रक्त बहा रहा है... उसके साथी, बंधु-मित्र, ये असंख्य सैनिक और प्रजा सीता को प्राप्त करने के रूप में न्याय, सिद्धांत और सामान्य व्यक्ति के अधिकार के लिए अन्याय, निरंकुशता और शोषण के विरुद्ध लड़ रहे हैं...

''राम !'' सहसा सुषेण ने उन्हें संबोधित किया, ''आज का कार्य तो चल जाएगा, कदाचित् एक-आध दिन और भी चल जाए।''

''आप किस संदर्भ में कह रहे हैं, तात सुषेण ?'' राम समझ गए कि वे स्वयं में लीन थे और सुषेण अपने आप में।

''औषधियों की चर्चा कर रहा हूं।'' सुषेण बोले, ''सामान्य शस्त्रों के घावों के लिए हमारी अपनी औषधियां पर्याप्त मात्रा में हैं; किन्तु दिव्यास्त्रों से लगे घावों के उपचार

के लिए आर्य गरुड़ द्वारा दी गयी औषधियां समाप्त हो रही हैं। विशेष रूप से विशल्यकर्णी नामक औषधि, जो इस युद्ध में संजीवनी के रूप में हमारी सहायक है, सर्वथा समाप्त है। एक भी बड़ा युद्ध हुआ और इन कपटी राक्षसों ने अपने इन विनाशकारी दिव्यास्त्रों का प्रयोग किया और हमारे सैनिक अधिक संध्या में हताहत हुए तो हमारे पास उस विशल्यकर्णी का टोटा हो जाएगा।''

''यह बात तो अत्यंत गंभीर है।'' अंगद बोले, ''हमें कुछ लोगों को विशल्यकर्णी लाने के लिए भेजना चाहिए।''

''इस विषय में सावधानीपूर्वक सोच-विचार करना चाहिए और गोपनीय ढंग से इस अभियान पर लोगों को भेजा जाना चाहिए।'' विभीषण बोले, ''रावण की सेना इस समय जितनी हताश है, उस दृष्टि से कल ही उनका भयंकर आक्रमण होना चाहिए। ऐसे में हम अपने प्रमुख सेनापतियों में से किसी को भी लंबे समय के लिए दूर नहीं भेज सकते। फिर गोपनीयता भी अति आवश्यक है। संभवतः उन्हें ज्ञात हो जाने पर वे हमारे औषधि-प्राप्ति अभियान को भी नष्ट करना चाहेंगे।''

''विभीषण ठीक कह रहे हैं।'' सुग्रीव बोले, ''हमें इस विषय में भली प्रकार सोच लेना चाहिए। इस दृष्टि से कल का युद्ध भयंकर और निर्णायक होगा।''

''यदि कल का युद्ध निर्णायक और भयंकर होगा, तो हम किसी भी महत्त्वपूर्ण सेनापति अथवा यूथपति को युद्ध-क्षेत्र से दूर नहीं भेज सकते।'' राम बोले, ''ऐसी स्थिति में तात सुषेण के कार्य में बाधा पड़ेगी।''

''बाधा क्यों पड़ेगी ?'' सुषेण बोले, ''यदि प्रातः ही कुछ साधारण सैनिकों अथवा खोजियों को विशल्यकर्णी बूटी लाने के लिए भेज दिया जाए तो वे लोग परसों किसी भी हालत में लौट आएंगे।''

''तो ऐसे ही कीजिए। कल प्रातः युद्धारम्भ से पूर्व ही कुछ लोगों को आवश्यक औषधियां लाने के लिए भेज दीजिए।''

तभी एक नायक ने आकर राम को अभिवादन किया।

''कहो, तेजधर !'' राम मुसकराए, ''आज का कार्य कैसा रहा ?''

''जिस दिन युद्ध अधिक भयंकर होता है,'' तेजधर बोला, ''उस दिन हमारी उपलब्धियां उतनी ही अधिक होती हैं।''

तेजधर एक ओर हट गया। उसके संकेत पर उसके पीछे खड़े उसके साथियों ने आगे बढ़कर, अपने हाथों में पकड़े शस्त्र राम के सम्मुख खुली जगह पर रखने आरम्भ कर दिए। ये शस्त्रास्त्र युद्ध-क्षेत्र में पड़े हताहत योद्धाओं के थे, जिन्हें तेजधर और उसके साथी वहां से चुनकर लाए थे।

एक ढेर साधारण बाणों का था, दूसरा खड्गों का, तीसरा शूलों का। कुछ परिघ, शक्तियां और त्रिशूल भी थे। राम ने एक विचित्र प्रकार का त्रिशूल उठा लिया। उसका

भली प्रकार निरीक्षण कर बोले, ''महादेव शिव के लौकिक शस्त्र भी अद्‌भुत हैं। यह अकेला त्रिशूल तीन शूलों तथा खड्‌गों का सामूहिक कार्य करता है। शूलों के समान यह तीन घाव करता है, तीन खड्‌गों के समान मांसपेशियों को काटता है और वापस खींचने पर तंतुओं को खींचकर बाहर ले आता है। महादेव शिव की रावण पर इतनी कृपा न होती तो राक्षस सेना इतनी भयंकर और प्रहारक न होती।''

''मैं तो चाहता हूं कि महादेव उन्हें और अधिक शस्त्र दें।'' हनुमान का स्वर कटु भी था और उग्र भी, ''ताकि राक्षस सेना से होकर वे शस्त्र हमारे पास पहुंचें। हमारा तो शस्त्रागार ही राक्षस सेना है।''

''ठीक कहते हो, हनुमान !'' राम बोले, ''निर्धन जल-वाहिनियों के शस्त्रदाता प्रायः उनके धनाढ्य शत्रु ही होते हैं।''

शस्त्रों का निरीक्षण कर राम ने उन्हें शस्त्र-वितरण टोली को दे दिया।

''युद्ध-क्षेत्र में हमारा कोई हताहत सैनिक तो शेष नहीं है ?'' राम ने पुनः पूछा।

''नहीं, आर्य !'' तेजधर बोला, ''आहत सैनिक पहले ही चिकित्सा-शिविर में पहुंचाए जा चुके हैं। वीरगति पाने वाले सैनिकों के शरीरों का दाह-संस्कार किया जा रहा है।'' वह तनिक रुककर बोला, ''युद्ध-क्षेत्र में अब केवल राक्षस योद्धाओं के ही शरीर पड़े हैं। रावण की ओर से उनकी कोई व्यवस्था नहीं की जा रही है। सेनापतियों और राजकुमारों के शव तो वे उठा ले जाते हैं; साधारण सैनिकों के शव वहीं पड़े रह जाते हैं, या उन्हें समुद्र का जल बहाकर इधर-उधर फेंक देता है।''

''यदि विजय हमारी हुई, तेजधर ! तो उनका संस्कार भी हमें ही करना पड़ेगा।'' राम धीरे से बोले।

उनका वार्तालाप वहीं रुक गया। श्रमिक टोली के साथ लक्ष्मण अत्यन्त उत्साह में भरे हुए उनकी ओर आ रहे थे।... सीता-हरण के पश्चात् से लक्ष्मण के हाव-भाव, वार्तालाप, गति तथा अन्य क्रियाओं पर गंभीरता का एक गहन-आवरण छा गया था। बहुत प्रसन्नता तथा उत्साह के क्षणों में भी अब वे अपनी गंभीरता छोड़ चपल दिखाई नहीं पड़ते थे; किन्तु आज कुछ असाधारण हो गया था... उनके साथ आने वाले काष्ठ-शिल्पी भी अत्यन्त प्रसन्न दिखाई पड़ रहे थे...

''भैया ! हम सफल हो गए।'' निकट आकर लक्ष्मण बोले।

''क्या हुआ, सौमित्र ?''

''हमारे काष्ठ-शिल्पियों ने एक यंत्र बनाया है, भैया !'' लक्ष्मण ने अपने साथियों की ओर देखा, ''यंत्र अत्यंत सरल है, पर उसमें बड़ी-बड़ी शिलाएं रखकर झटके से शत्रुओं के रथों पर फेंकी जा सकती हैं। यंत्र चक्रों पर लगा है और खींचकर कहीं भी ले जाया जा सकता है। यदि हमारे शस्त्र-शिल्पी ऐसे अनेक यंत्र बना लें तो हमें शत्रुओं के रथों का उतना भय नहीं रह जाएगा।''

लक्ष्मण का उत्साह वहां उपस्थित लोगों में भी संचरण कर गया। प्रायः लोगों ने

हर्षध्वनि की।

''आओ, तुम्हारा यंत्र देखें।'' राम बोले, ''हमारे पहले दिन के युद्ध के आधार पर राक्षस पहले ही कह रहे हैं कि वानर सेना शस्त्रों से नहीं पत्थरों और काठ से युद्ध करती है। अब यदि इन यंत्रों से हमने उनके रथों पर शिलाएं फेंकीं तो वे इसका और अधिक प्रचार करेंगे।''

प्रातः इससे पहले कि किसी को औषधियां लाने के लिए भेजा जाता, राम को सूचना मिली कि राक्षस सेनाएं न केवल युद्ध के लिए लंका की प्राचीर से बाहर निकल आयी हैं, वरन् एक आकस्मिक आक्रमण में वानर सेना द्वारा समुद्र पर बनाए गए सेतु की दिशा में अपनी टुकड़ियां भेजकर वे अपना आधिपत्य जमाने का प्रयत्न कर रही हैं... वानर सेना के लिए वह सेतु जीवन-मरण का प्रश्न था। वे भी प्राण छोड़कर लड़ रहे थे। सेतु पर इस समय किसी का भी आधिपत्य नहीं था; किन्तु उस क्षेत्र में आवागमन संभव नहीं रह गया था। युद्ध अपने उग्रतम रूप में चल रहा था।

राम शेष सब कुछ भूल गए — याद रह गया केवल युद्ध। विभीषण की बात सत्य प्रमाणित हुई थी — आज भयंकर युद्ध होने जा रहा था।

युद्ध का शंख बजा दिया गया। युद्ध तो चल ही रहा था। प्रश्न केवल सैन्य-वितरण का था। राम ने गंधमादन, नल, मैंद तथा जाम्बवान को लंका के उत्तरी द्वार पर भेज दिया। नील, हनुमान, ऋषभ तथा द्विविद दक्षिणी द्वार पर नियुक्त हुए। सुग्रीव, सुषेण, वेगदर्शी और गवाक्ष ने पूर्वी द्वार पर व्यूह संभाला। अंगद, गवय, केसरी तथा कुमुद ने पश्चिमी द्वार पर युद्ध का नेतृत्व संभाला।

लक्ष्मण को केन्द्र में रखकर राम स्वयं सेतु-युद्ध में जाना चाहते थे; किन्तु लक्ष्मण ने पीछे केन्द्र में रहना सर्वथा अस्वीकार कर दिया। राम ने कुछ आश्चर्य से लक्ष्मण की ओर देखा — अब लक्ष्मण किसी भी सुरक्षित स्थान पर नहीं रहना चाहते थे। इस प्रकार की कोई स्थिति आने पर उसे तत्काल अस्वीकार कर, अधिक-से अधिक संकट वाले स्थान पर जाना चाहते थे।... संकट के प्रति यह आकर्षण सौमित्र का अतिरिक्त उत्साह था, अथवा किसी बात की प्रतिक्रिया — राम समझ नहीं पा रहे थे...

अंततः हरिलोमा, विद्युदंष्ट्र, तार, सूर्यानन, ज्योतिर्मुख, दधिमुख तथा पावकाक्ष को केन्द्र में छोड़कर राम-लक्ष्मण को साथ लेकर सेतु-क्षेत्र की ओर चले गए। विभीषण को उन्होंने पृष्ठ भाग की रक्षा के लिए पीछे छोड़ दिया था।

सेतु-क्षेत्र में राक्षसों के अनेक सेनापति एक साथ जूझ रहे थे। कुंभकर्ण के पुत्रों — कुंभ तथा निकुंभ — के साथ कंपन, प्रजंघ, द्विविद तथा शोणिताक्ष राक्षसराज रावण की जय-जयकार पुकार रहे थे। युद्ध में प्रवेश करते ही राम समझ गए कि आज राक्षस सेना किसी विशेष योजनाधीन युद्ध कर रही है। संभव है कि वे सेतु पर अधिकार कर, उसे भंग कर अथवा उसे अपने आधिपत्य में रख, वानर-सेना का संपर्क अपने पीछे के

सूत्रों से तोड़ देना चाहते हों।...

राम और लक्ष्मण के लिए राक्षस सेनापतियों की प्रगति को रुद्ध करना कठिन नहीं था। उनके बाणों के सम्मुख बाध्य होकर राक्षस सेना ने आगे बढ़ना तो स्थगित कर दिया; किन्तु पीछे हटने का उन्होंने तनिक भी प्रयत्न नहीं किया। उन्होंने अपने कवच-रक्षित रथ आगे बढ़ाकर उनकी ओट में अपने पैदल सैनिकों को कुछ सुरक्षा प्रदान कर रखी थी।

राम अपना व्यूह संभाले युद्ध कर रहे थे। उनके नेतृत्व में लड़ रहे वानर सैनिकों का आत्मबल काफी बढ़ गया था। उनका दबाव राक्षसों पर क्रमशः बढ़ रहा था। काष्ठ-शिल्पियों द्वारा बनाए गए शिला-प्रक्षेपक यंत्र के कारण राक्षसों के रथ अपने चक्रों से विनाश-लीला भी नहीं कर पा रहे थे...

किन्तु चारों द्वारा अनवरत लायी जाने वाली सूचनाएं गंभीर ही नहीं, भयावह थीं।

मेघनाद अनेक राक्षस वाहिनियों को लेकर लंका से बाहर निकला था। उसने युद्ध-भूमि के पत्तों के स्थान पर शस्त्र बिछाकर, बहेड़े की लकड़ी की समिधा डाल, लाल रंग का वस्त्र धारण कर लोहे की स्रुवा का प्रयोग करते हुए काले रंग के जीवित बकरे को यज्ञ में होम कर आभिचारिक यज्ञ किया था। फिर उसने ब्रह्मास्त्र का आह्वान किया और अपने रथ को मंत्र-अभिमंत्रित कर उसने युद्ध आरंभ किया था।

इस आभिचारिक यज्ञ ने युद्धारंभ से पहले ही चमत्कार कर डाला था। राक्षस पूर्णतः आश्वस्त थे कि आज के युद्ध की विजय मेघनाद को प्राप्त होगी और वानर उस यज्ञ के प्रभाव के विषय में सोच-सोचकर संकुचित हो रहे थे। बात इतनी ही नहीं थी... राम को यह भी सूचना मिली थी कि मेघनाद अपने रथ में कहीं ऐसे स्थान पर बैठा था, जहां से वह दिखाई नहीं पड़ रहा था। वह अदृश्य रहकर ही युद्ध कर रहा था। वह धनुष नहीं चला रहा था। उसके पास कोई यंत्र था, जिसे राक्षसों ने ब्रह्मास्त्र कहकर अभिनन्दित किया था। उस यंत्र में से अनवरत नालीक, नाराच, गदा, मूसल, परिघ, शक्ति, शूल, शतघ्नी इत्यादि शस्त्रों की वर्षा हो रही थी। जिस वेग और गति से, जिस संख्या और मात्रा में शस्त्र बरस रहे थे, सहस्रों मनुष्य मिलकर भी उतनी शस्त्र-वर्षा नहीं कर सकते थे। ब्रह्मा का दिया हुआ यह यंत्र अद्भुत था। यह दिव्यास्त्र नहीं, देवास्त्र था।

वानर सेना के पास कल ही बनाए गए कुछ शिल्प-प्रक्षेपण-यंत्र थे। राम ने वे सारे यंत्र, मेघनाद की गति बाधित करने के लिए भेज दिए थे; किंतु उनका कोई विशेष प्रभाव नहीं पड़ा था।

युद्ध अनवरत चलता रहा और एक के पश्चात् एक कर, राम को सूचनाएं मिलती रहीं। अदृश्य मेघनाद का ब्रह्मास्त्र निरंतर चल रहा था और वानर सेना त्राहि-त्राहि करती हुई नष्ट होती जा रही थी।... राम और लक्ष्मण, सेतु-क्षेत्र छोड़ नहीं सकते थे और मेघनाद किसी के रोके रुक नहीं रहा था।... गंधमादन, नल, मैंद, जाम्बवान, नील, सुग्रीव, ऋषभ, अंगद, द्विविद, हनुमान, सुषेण, वेगदर्शी, गवाक्ष, गवय, केसरी, हरिलोमा, विद्युदंष्ट्र, सूर्यानन,

ज्योतिर्मुख, पावकाक्ष तथा कुमुद के अत्यन्त घायल होने के समाचार आ चुके थे।

राम के मन में विकट द्वन्द्व चल रहा था। वे अपने साथियों की सहायता के लिए मेघनाद से लोहा लें या सेतु-क्षेत्र की रक्षा कर वानर सेना के प्राण बचाए रखें — दोनों ही स्थान उन्हें अत्यन्त महत्त्वपूर्ण लग रहे थे। यदि सेतु-क्षेत्र राक्षसों के अधिकार में चला गया तो वानर सेना को भी राक्षस अवरोध में ले सकेंगे और यदि उनके साथी एक-एक कर धराशायी होते गए तो जीता हुआ युद्ध पराजय में बदल जाएगा।

तभी राम को सूचना मिली कि मेघनाद का रथ उनकी दिशा में बढ़ रहा है। लक्ष्मण के संकेत पर शिला-प्रक्षेपण यंत्र-चालकों ने एक भारी शिला यंत्र की भुजा के सिरे पर रखी और दूसरे सिरे को पकड़कर अनेक लोग झूल गये। झटके के साथ शिला उछली और ठीक अपने लक्ष्य पर जा गिरी। मेघनाद के रथ का घोड़ा लहूलुहान हुआ, भूमि पर गिरा पड़ा था।

राम ने मुग्ध दृष्टि से अपने यंत्र-चालकों को देखा — वे लोग निश्चित रूप से साधुवाद के पात्र थे।

किंतु मेघनाद के सारथी ने मृतप्राय घोड़े को खोलकर रथ आगे बढ़ा दिया था।

राम ने देखा — रथ के मध्य में कोई बड़ा-सा यंत्र रखा था — इसे ही कदाचित् ब्रह्मास्त्र कहा जा रहा था। मेघनाद कहीं भी दिखाई नहीं पड़ रहा था। कहीं वह इस यंत्र के भीतर सुरक्षित बैठा हुआ ही तो यंत्र परिचालित नहीं कर रहा था ?...

तभी ब्रह्मास्त्र में से बाणों, नालीकों, नाराचों, मूसलों, परिघों, शक्तियों, शूलों, शतघ्नियों, खंगों और फरसों की वृष्टि होने लगी... राम विस्मय की मुद्रा में उस यंत्र को देख रहे थे।... अपने धनुष-बाण और खड्ग से कोई इस यंत्र का सामना कैसे करेगा?... इस बीच लक्ष्मण के धनुष से कुछ बाण छूटे और मेघनाद के रथ के कुछ और घोड़े घायल हो गए। राम का बाण खाकर उसका सारथी धराशायी हो गया था... किन्तु शस्त्रों की वह वर्षा...

''सौमित्र ! यह क्या है... ?''

राम का सारा शरीर शस्त्रों से विंध गया था। असंख्य स्थानों में रक्त की धाराएं बह रही थीं। मस्तक चकरा रहा था। उनके हाथ शिथिल हो गये। धनुष हाथ से गिर गया। संज्ञाशून्य होने से पूर्व उन्होंने देखा कि लक्ष्मण की भी उन्हीं की-सी दुर्दशा हो गयी थी और वे भूमि पर अचेत पड़े थे... उनके अचेत होते हुए मस्तिष्क ने यह भी देखा था कि तेजधर और उसके साथी सहायक सैनिक युद्ध-क्षेत्र में घुस आए थे और उन्हें तथा लक्ष्मण को घेर कर, मेघनाद से उनकी रक्षा करने का प्रयत्न कर रहे थे...

9

संध्या के झुटपुटे में हनुमान और विभीषण सेतु-क्षेत्र में हताश-से खड़े थे।

युद्धभूमि का यह क्षेत्र हताहत योद्धाओं के शरीरों से अंटा पड़ा था, जैसे कहीं कंकड़-पत्थरों के ढेर लगा दिए जाएं। एक के ऊपर एक योद्धा का शरीर पड़ा था।

"यहीं कहीं आर्य राम और लक्ष्मण को भी होना चाहिए।" हनुमान ने धीरे से कहा। उनके शरीर पर कई घाव लगे हुए थे। कुछ पर औषधि-लेपन हुआ था, कुछ पर वह भी नहीं हुआ था। गतिविधि में चपलता के स्थान पर एक थकान-सी थी और मुखड़ा विषण्ण प्रतीत हो रहा था।, "वे दोनों यहीं युद्ध कर रहे थे।"

"ऐसा तो नहीं कि वह दुष्ट मेघनाद उनके शरीर अपने साथ ही लेता गया हो?" विभीषण ने धीमे स्वर में पूछा।

विभीषण के शरीर पर कोई घाव नहीं था, उन्हें दिन भर के युद्ध में प्रत्यक्ष भाग लेने का अवसर नहीं मिला था। किंतु उनकी डबडबाई आंखें उनके मन की हताशा प्रकट कर रही थीं।

"नहीं !" पीछे की भीड़ में से सागरदत्त आगे बढ़ आया, "वह आर्य राम और लक्ष्मण के शरीरों को अपने साथ नहीं ले जा सका।" वह पूर्ण आत्मविश्वास के साथ बोल रहा था, "उन्हें गिरते हुए मैंने अपनी आंखों से देखा था। फिर यह भी देखा था कि उनके गिरते ही तेजधर के नेतृत्व में सहस्रों वानर, ब्रह्मास्त्र-प्रक्षेपित शस्त्रों की चिंता किए बिना, अपने हाथ में साधारण शस्त्र अथवा केवल शिलाखंड अथवा काष्ठ-खंड लेकर मेघनाद पर टूट पड़े। वे लोग आर्य राम तथा लक्ष्मण के शरीरों के चारों ओर अभेद्य प्राचीर बन गए थे। मेरा दृढ़ विचार है कि इसी क्षेत्र में जीवित-मृत शरीरों के इन्हीं ढेरों में कहीं आर्य राम और लक्ष्मण के शरीर भी पड़े होंगे।"

"तेजधर कहां है ?" हनुमान ने पूछा।

"वह भी यहीं कहीं धराशायी हुआ होगा।" सागरदत्त की आंखें छलछला आयीं, "किसी समय मैंने भी आर्य राम से यही कहा था कि उनके आदेश पर हम लोग अपने सहित अपनी नौकाओं को सागर में डुबो देंगे; किंतु हम वह कर नहीं सके। तेजधर महाप्राण था। उसने तथा उसके साथियों ने आर्य राम और लक्ष्मण के जीवित अथवा मृत शरीरों के सम्मान की रक्षा के लिए जिस प्रकार से अपने प्राण दिए हैं, उससे हम सब गौरवान्वित हो उठे हैं। आप मेरी बात समझ रहे हैं, लंकापति ! जिस ब्रह्मास्त्र के सामने सारी वानर सेना बिछ गयी, उस ब्रह्मास्त्र का मुख उन निहत्थे वानरों ने काष्ठ और पत्थरों से मोड़ दिया।"

"मेघनाद लौट क्यों गया ?" हनुमान जैसे अपने-आपसे पूछ रहे थे।

"ये सब बाद की चिंताएं हैं।" विभीषण ने अपने अश्रु पोंछ लिये, "संभव है, वह थक गया हो, उसने राम और लक्ष्मण को मृत मानकर युद्ध अनावश्यक समझा हो, ब्रह्मास्त्र की क्षमता समाप्त हो गयी हो; अथवा वह सहस्रों वानरों के निरीह बलिदान से भयभीत हो गया हो।" विभीषण रुके, "इस समय तो इन ढेरों में से जीवित योद्धाओं को पृथक् कर उनका उपचार करो, उन्हें सांत्वना दो।"

हनुमान ने सागरदत्त को संकेत किया। मुख से कुछ नहीं बोले।

उन्होंने उल्काएं प्रज्वलित कर लीं और सैकड़ों व्यक्ति एक-एक शरीर को उठाकर उसका परीक्षण करने लगे। इस क्षेत्र का युद्ध अत्यन्त भयंकर रहा होगा। मृतकों के ऐसे ढेर अन्यत्र नहीं मिले थे।

उन्हें ढेरों में से अनेक जीवित — किंतु मूर्च्छित अथवा मृत्यु की सीमा तक आहत शरीर उन्हें मिले थे। उन्हें उठा-उठाकर वे लोग चिकित्सा-शिविर में ले जा रहे थे। सुषेण स्वयं भी आहत और मूर्च्छित अवस्था में पाए गए थे। उनके कुछ अनुचर-सहयोगी ही आहतों तथा मूर्च्छितों का यथाशक्ति उपचार कर रहे थे। उनके पास गरुड़ द्वारा दी गयी दिव्य औषधियां भी अब समाप्त हो गयी थीं। अब वे साधारण औषधियों से ही काम चला रहे थे।

सागरदत्त ने ठीक कहा था, शरीरों के उन्हीं ढेरों में से राम और लक्ष्मण के शरीर भी मिल गए थे। उनकी मृत्यु नहीं हुई थी; किंतु वे मृतप्राय अवस्था में थे। शरीर पर अनेक घाव लगे हुए थे। अनेक बाण उनके कवचों को काटकर उनके शरीर में धंसे हुए थे। संज्ञा-शून्य और मूर्च्छित अवस्था में पहली दृष्टि में वे मृत ही दिखाई पड़ते थे।

हनुमान और विभीषण जब तक राम और लक्ष्मण को लेकर चिकित्सा-कुटीर में पहुंचे, तब तक वहां अनेक अन्य लोग भी आ चुके थे, या लाए जा चुके थे। सुग्रीव, अंगद और नील चैतन्य किंतु आहत अवस्था में थे और दुर्बलता के कारण कुछ कर नहीं पा रहे थे। सुषेण, केसरी, ऋषभ तथा द्विविद मूर्च्छितावस्था में थे। जाम्बवान अत्यन्त घायल थे। उनके शरीर से अधिक मात्रा में रक्त बह जाने के कारण वे बहुत क्षीण हो चुके थे।

जाम्बवान धरती पर हाथ टेककर अत्यन्त दुर्बल वृद्ध के समान उठे। मंथर गति से धीरे-धीरे चलकर राम के पास आए। उन्होंने पहले उनका नाड़ी-परीक्षण किया, फिर हृदय पर हाथ रखा। वक्ष पर कान लगाकर हृदय-गति को सुनने का प्रयत्न किया। उसी प्रकार लक्ष्मण का भी परीक्षण कर वे हनुमान की ओर घूमे।

''जीवित हैं, किंतु मृत्यु के बहुत निकट।'' जाम्बवान बोले, ''मैं वैद्य नहीं हूं, किंतु कुछ समय मैंने भी सुषेण की संगति में व्यतीत किया है। उसी ज्ञान और अपने अनुभव के आधार पर कह रहा हूं कि दोनों भाई कल का सूर्योदय नहीं देख पाएंगे।''

''क्या ?'' हनुमान का मुख खुला का खुला रह गया।

दुर्बल सुग्रीव और अंगद भी उठकर उनके पास आ गए। लगा, विभीषण को चक्कर आ गया। वे अपने स्थान पर ही भूमि पर बैठ गए।

''किंतु इस अवस्था में भी यदि कुछ उद्यम कर सको तो बात अभी पूर्णतः समाप्त नहीं हुई है।'' जाम्बवान धीरे से बोले।

''कैसा उद्यम ?'' सुग्रीव ने बड़े कष्ट से अपनी गर्दन घुमायी।

"कल सुषेण कह रहे थे कि हमें मृत संजीवनी विशल्यकरणी, सुवर्णकरणी तथा संधानी नामक औषधियां मंगा लेनी चाहिए।" जाम्बवान धीमे स्वर में बोले, "यदि तुम ये औषधियां यत्किंचित् मात्रा में ही सूर्योदय से पूर्व ला सको तो कदाचित् इनके साथ-साथ अन्य योद्धाओं के प्राण भी बच जाएं।"

"पर..." हनुमान के चेहरे पर चिंता थी।

"पर क्या ?" सुग्रीव ने हनुमान को देखा, "और कोई व्यक्ति इस समय सक्षम नहीं है, नहीं तो मैं, अंगद या नील में से कोई चला जाता... और संदेश भेजकर दूसरों पर छोड़, अनिश्चित काल तक प्रतीक्षा...।" सुग्रीव रुकते-रुकते बोले, "और तुम तो कभी कार्य करने में आनाकानी नहीं करते, केसरीकुमार !"

हनुमान के अधरों पर एक उदास मुसकान उभरी, "आनाकानी नहीं कर रहा हूं, सम्राट !... एक तो यह सोच रहा हूं कि इस अवस्था में आप लोगों को छोड़कर चला जाऊं और पीछे से राक्षसों का आक्रमण हो गया तो ? बहुत संभव है कि वे इस स्थिति में एक आक्रमण कर सरल विजय प्राप्त करना चाहें और..."

"और क्या ?"

"उन औषधियों की पहचान मुझे नहीं है। फिर कहां खोजूं मैं उन्हें ?"

"पीछे की चिंता आप न करें, तात हनुमान !" सागरदत्त विश्वासपूर्ण स्वर में बोला, "हम लोग सैनिक अथवा सेनापति नहीं हैं। हमारे पास शस्त्र भी नहीं हैं। हम राक्षसों से युद्ध नहीं कर सकते; किंतु हम उनके आक्रमण से वानर योद्धाओं की रक्षा का वचन आपको देते हैं।"

"कैसे ?" अंगद चकित थे, "कैसे करोगे वानर योद्धाओं की रक्षा ?"

"तेजधर के मार्ग पर चलकर !" सागरदत्त गंभीर स्वर में बोला, "हम राक्षसों के प्राण न ले सकें, तो भी हमें अपने प्राण देने से कोई नहीं रोक सकता। मैंने तेजधर के सहायक सैनिकों को राम तथा लक्ष्मण के शरीर की रक्षा के लिए अपने प्राण देते देखा है। यदि राक्षस आए तो आप विश्वास कीजिए कि आपकी यह वानर प्रजा सहस्रों की संख्या में, पत्थरों और वृक्षों की शाखाओं से लड़ेगी। नखों और दांतों से लड़ेगी। एक-एक जन अपने प्राण देकर भी वानर-योद्धाओं की रक्षा करेगा। आज ये वानर-योद्धा सारी मानवता के लिए एकमात्र आशा के प्रतीक हैं।"

"तुम इस युवक की बात का भरोसा कर सकते हो, हनुमान !" जाम्बवान बोले, "अब तुम शीघ्र जाओ और औषधियां ले जाओ। लंका और किष्किंधा के बीच के वनों में तुम्हें ये औषधियां मिल जाएंगी। लक्षण तुम्हें मैं बता देता हूं।"

हनुमान रात्रि के तीसरे प्रहर में लौटे। उन्होंने लौटकर देखा, उनके प्रस्थान से अब तक के बीच यथास्थिति बनी रही थी। उनकी अनुपस्थिति में राक्षसों का आक्रमण नहीं हुआ था। नये युद्ध का कोई प्रमाण वहां नहीं था; किंतु वानर योद्धा उसी प्रकार थके-हारे, टूटे और हताश मूर्च्छित राम और लक्ष्मण को घेरे हुए बैठे थे। उनके पीछे समय

जैसे रुका रहा था...

हनुमान को लौटा हुआ देखकर जाम्बवान के चेहरे पर उल्लास की एक हल्की-सी रेखा उभरी, ''कुछ मिला ?''

हनुमान ने अपने हाथ में पकड़ा वनस्पति का गट्ठर उनके सामने रख दिया और एक ओर हटकर खड़े हो गए। उनके पीछे आए हुए वानरों की टोली ने भी अपने हाथों में पकड़े गट्ठर हनुमान के ही समान भूमि पर रख दिए।

''तुम तो औषधियों का पर्वत ही उठा लाए।'' सुग्रीव बोले, ''इतनी वनस्पति इतने कम समय में कैसे उखाड़ लाए ?''

इस बीच हनुमान भूमि पर बैठ गए थे। उनका श्वास तेज-तेज चल रहा था। वे बहुत हांफ गए थे। निश्चय ही अपनी यात्रा का एक बड़ा भाग उन्होंने भागते हुए पूरा किया होगा। उनके पीछे बैठे उनके साथी भी बुरी तरह थके हुए थे।

''किष्किंधा के बाहर के वनों में ही मुझे आर्य राम के जन-सैनिकों का शिविर मिल गया था।'' हनुमान अपने श्वास को नियंत्रित करने का प्रयत्न कर रहे थे, ''अनिंद्य को यहां की स्थिति की सूचना दी तो शेष कार्य का प्रबंध उसने करवा दिया। ये साथी भी उसी ने दिए। इन औषधियों की खोज भी उसी ने की।... भागने-दौड़ने का बहुत सारा कार्य शिल्पी ने किया...'' हनुमान कुछ रुककर बोले, ''अनिंद्य ने अपने सभी केन्द्रों, शिविरों और आश्रमों में सूचना भिजवा दी है। संभव है प्रातः से पहले यहां राम की कुछ जन वाहिनियां पहुंच भी जाएं... अनिंद्य ने कहा था कि अब कई दिनों जन वाहिनियां पहुंचती रहेंगी।''

सुग्रीव ने स्नेहविह्वल दृष्टि से हनुमान को देखा, ''तुमने तो, हनुमान ! मृत सेना में प्राण डाल दिए।'' उन्होंने आगे बढ़कर हनुमान को गले से लगा लिया, ''तुम तो सचमुच मृत-संजीवनी लेकर आए हो।''

विभीषण से भी नहीं रहा गया। वे भी आगे बढ़कर हनुमान से गले मिले।

''अब इस पर्वत में से छांटकर विशल्यकरणी मुझे दो।'' जाम्बवान बोले, ''जब तक राम्-लक्ष्मण स्वस्थ नहीं होते, तुम्हारी संजीवनी अधिक उपयोगी नहीं हो पाएगी।''

अनके लोगों ने मिलकर विशल्यकरणी को अन्य औषधियों से पृथक् किया और उसे पीसकर जाम्बवान को दिया। जाम्बवान ने उसका रस राम और लक्ष्मण के मुख में टपकाया। उनकी नाक के पास औषधि रखकर उन्हें सुंघाया और रस निकल जाने के पश्चात् बची हुई पत्तियों को उनके घावों पर लगाया। इतना कर उन्होंने नाड़ी-परीक्षण किया और प्रसन्नता से सिर हिलाया, ''इन्हें थोड़ी हवा करो, हनुमान ! तब तक मैं अन्य लोगों को देखता हूं।'' सहसा वे रुके, ''तुम्हारे पिता केसरी का उपचार पहले नहीं किया, इससे रुष्ट तो नहीं होगे ?''

हनुमान मुसकराए, ''नहीं, नेता का उपचार पहले होना चाहिए।''

''ठीक है।''

जाम्बवान यूथपति केसरी की ओर बढ़ गए। उनके पश्चात् सुषेण, ऋषभ तथा द्विविद का उपचार किया। और उसके पश्चात् अनेक यूथपतियों तथा सैनिकों की चिकित्सा करते रहे। इसी बीच अनेक लोगों ने उसी प्रकार जाम्बवान से पूछ-पूछकर सुग्रीव, अंगद तथा नील का भी उपचार किया। स्वयं जाम्बवान के घावों पर भी औषधि-लेपन किया गया।

क्रमशः राम और लक्ष्मण का श्वास अपनी स्वाभाविक गति में आ गया और उनकी मूर्च्छा भंग हो गयी। दोनों की संज्ञा प्रायः साथ-साथ ही लौटी। वानर सेना ने हर्ष का चीत्कार किया। कुछ क्षणों में ही सारे स्कंधावार में सूचना फैल गयी कि राम और लक्ष्मण दोनों ही सचेत हो उठे हैं।

सचेत होते ही राम ने पूछा, ''तेजधर कैसा है ?''

सब के झुके हुए मस्तक तथा भिंचे हुए होंठ देखकर उन्हें अनुमान करने में कठिनाई नहीं हुई।

''उसने वीरगति पायी है ?''

सारगदत्त ने आकर उनका हाथ पकड़ा। सहारा देकर उठाया और बोला, ''आइए।''

तेजधर के शव के पास राम चुपचाप खड़े रहे। उसके चेहरे के उत्साह को देखते-देखते उनकी आंखों से दो अश्रु टपककर तेजधर के निर्जीव चेहरे पर जा गिरे।

''इस बालक ने अपने प्राण देकर मुझे और लक्ष्मण को बचाया है।'' राम रुद्ध कंठ से बोले, ''मैंने अचेत होते हुए इसकी वाहिनी का वीर दर्प देखा था।'' सहसा उनकी आंखें कठोर हो उठीं, ''कल ही मेघनाद को इसका मूल्य चुकाना होगा।''

तब तक लक्ष्मण भी आकर उनके निकट खड़े हो गए थे। उनके मस्तक में भयंकर पीड़ा थी। उन्होंने अपने दाहिने हाथ के अंगूठे और मध्यमा से अपने माथे को दबाया और बोले, ''यह कैसे होगा, भैया ? उसके ब्रह्मास्त्र का तोड़ हमारे पास नहीं है।''

''इस विषय में मुझे आपसे कुछ कहना है।'' विभीषण बोले, ''कृपया मेरी बात सुनें।''

''कहिए, लंकापति ! क्या कहना है ?''

''यदि इसी प्रकार सम्मुख युद्धों में आप मेघनाद के ब्रह्मास्त्र का सामना करने का प्रयत्न करते रहे तो नित्यप्रति आपकी सेना की वैसी ही दुर्दशा होगी, जैसी कि आज हुई है।''

''तो उपाय क्या है ?''

''उपाय !'' विभीषण के चेहरे पर क्रूरता उभरी, ''मुझे सूचना मिली है कि मेघनाद निकुंभिला देवी के मन्दिर में बैठा जप कर रहा है। अपना यज्ञ पूरा कर वह प्रातः पुनः युद्धभूमि में आकर हमारी सेना का ध्वंस करेगा। यदि उस नाश को रोकना है तो आप सूर्योदय से पूर्व, निकुंभिला देवी के मंदिर में यज्ञरत मेघनाद पर आक्रमण करें।''

राम ने विभीषण की ओर देखा, ''निःशस्त्र शत्रु पर?''

''वह नि:शस्त्र नहीं है।'' विभीषण बोले, ''उसके चारों ओर राक्षस सेना व्यूह बांधे खड़ी है और वह आभिचारिक यज्ञ कर रहा है। हां ! इस अर्थ में वह अवश्य निहत्था है कि उसके पास ब्रह्मास्त्र नहीं है।''

''किंतु धर्म...।'' सुग्रीव ने कुछ कहना चाहा।

''धर्म यह है कि आपके नि:शस्त्र सहायक सैनिकों पर मेघनाद ब्रह्मास्त्र से आक्रमण करे। वानरराज !'' विभीषण का स्वर ऊंचा उठ गया, ''धर्म का चिंतन मैंने भी बहुत किया है; किंतु धर्म अनिवार्यत: सुख नहीं देता। अधर्म से व्यक्ति पीड़ा ही नहीं पाता, अन्यथा रावण को नरक के सभी कष्ट मिलने चाहिए थे। धर्म तो कर्तव्य का नाम है। कर्तव्य क्या है ? आत्मरक्षा। आत्मरक्षा में असमर्थ होना मूर्खता है।'' उनका स्वर कुछ नम्र हुआ, ''कुछ अन्यथा कह गया होऊं तो क्षमा करें।... पर यदि आप नहीं जाना चाहते, तो सेना मुझे दें। मैं अकेला ही जाऊंगा।''

राम के अधरों पर एक क्षीण-सी दुर्बल मुसकान उभरी, ''लंकापति ! आपको अकेले जाने की आवश्यकता नहीं पड़ेगी, मैं आपके साथ जाऊंगा। सौमित्र पीछे रहकर सेना की रक्षा करेंगे।''

''नहीं !'' लक्ष्मण ने अपना दुखता हुआ मस्तक छोड़ दिया, ''भैया ! आपकी यह आज्ञा नहीं मानूंगा।''

''क्यों, सौमित्र ?''

''पंचवटी के युद्ध में आपने मुझे सुरक्षित स्थान पर रखा और स्वयं विकट जोखिम का युद्ध किया। पुन: मुझे आश्रम में छोड़कर आप मारीच के पीछे गए और भाभी को यह संदेह हुआ कि मैं जान-बूझकर संकट के समय पीछे रह जाता हूं। यदि यह न हुआ होता तो भाभी का हरण न हुआ होता। ऐसी दुर्घटना अब नहीं होने दूंगा। आप सेना के अधिपति हैं। आप पीछे रहें और सेना की रक्षा करें। मेघनाद का वध मैं करूंगा।''

''तो फिर ऐसा ही हो, सौमित्र !'' राम बोले, ''लंकापति विभीषण तुम्हारे साथ जाएंगे। सेना भी जितनी चाहो, ले जाओ। सूर्योदय से पहले मेघनाद का वध कर लौटो। तेजधर की अंत्येष्टि भी तभी होगी।'' वे विभीषण की ओर मुड़े, ''मित्र विभीषण ! इस अभियान पर जाने से पूर्व अपनी पत्नी और पुत्री के सुरक्षित अज्ञातवास का प्रबंध कर लो। मेघनाद के वध में तुम्हारा सहयोग जानकर रावण अनियंत्रित हो उठेगा।''

''वैसा संदेश मैं भिजवा चुका हूं, राम !'' विभीषण बोले, ''ऐसी आशंका मुझे पहले से ही हो रही थी।''

उसी क्षण अनिंद्य ने आकर अभिवादन किया, ''आर्य राम ! आपकी जन वाहिनियां और प्रतीक्षा नहीं कर सकीं। हनुमान का संदेश पाकर किष्किंधा, पंचवटी, अगस्त्य आश्रम, धर्मभृत्य आश्रम, आनन्दसागर आश्रम, भीखन ग्राम, अग्निजिह्व आश्रम, सुतीक्ष्ण आश्रम, शरभंग आश्रम तथा अन्य सभी शिविरों को युद्ध का आह्वान भेज दिया गया है। सूचना

पाते ही सब शिविरों से वाहिनियां चल पड़ेंगी। मैं अग्रिम टुकड़ियों की नासीर सेना लेकर उपस्थित हुआ हूं।''

''हनुमान सचमुच मृत संजीवनी ले आया है।'' राम मुसकाए ''तुम लोग बहुत समय से पहुंचे हो, अनिंद्य ! अब युद्ध का एक नया दौर आरंभ हो रहा है। सौमित्र तथा विभीषण के साथ तुम ही अपनी वाहिनियां लेकर जाओ।''

10

अभी सूर्योदय नहीं हुआ था।

राम और लक्ष्मण के वध का समाचार पाकर राक्षस-सेना रात्रि के दूसरे प्रहर तक विलास में डूबी रही थी और इस समय सुख की नींद सो रही थी। लंका के चारों द्वारों पर कुछ सैनिक टुकड़ियां अपना प्रहरी-दायित्व निभा रही थीं। परकोटों पर होने वाली रौंद को भी अनावश्यक समझकर शिथिल कर दिया गया था।

ऐसे समय में वानर सेना ने लंका के चारों द्वारों पर आकस्मिक आक्रमण किया। समस्त द्वारों पर शिला-प्रक्षेपण-यंत्रों से शिला-खंड फेंके गए और परकोटों पर उल्काओं की वर्षा की गयी।

सहसा ही सारी लंका जाग उठी। अनेक प्रासादों के कंगूरे जल रहे थे। युद्ध-सामग्री के भंडारों में ऊंची-ऊंची लपटें उठ रही थीं और सेना की अश्वशालाओं में मनुष्य और पशु एक साथ चीत्कार कर रहे थे।

सूचना पाकर रावण उठ बैठा। थोड़ी देर तक तो वह चकित मुद्रा बनाए सोचता रहा — राम और लक्ष्मण का वध हो चुका था। सारे प्रमुख वानर सेनापति और यूथपति हताहत हो चुके थे। सेना संपूर्णत: क्षत-विक्षत थी। फिर ये वानर लंका पर आक्रमण का साहस कैसे कर रहे हैं ?...

किन्तु सोचने का समय नहीं था। मेघनाद निकुंभिला देवी के मंदिर में था। वह प्रात: अपना यज्ञ पूर्ण कर देवी से पूर्ण विजय का वरदान पाकर युद्धभूमि में जाएगा। उस आसन से उठाना असिद्धि थी। प्रात: तक इस मरी-खपी वानर सेना को अन्य लोग भी संभाल सकते थे...

रावण ने तत्काल आदेश दिए। कुंभ, निकुंभ, यूपाक्ष, शोणिताक्ष, प्रजंघ, अकंपन और मकराक्ष अपनी सेनाएं लेकर लंका के द्वारों से बाहर निकल जाएं और इन दुष्ट वानरों को लंका की प्राचीर से दूर खदेड़ दें। प्रात: अपने यज्ञ को संपन्न कर इंद्रजित मेघनाद स्वयं जाकर देखेगा कि यह सब क्या उत्पात है...

काष्ठ-शिल्पियों ने अनेक काष्ठ-खंडों को जोड़, सेतु तैयार कर परिखा में डालकर अनेक स्थानों पर मार्ग बना दिया। श्रमिक सैनिकों ने अपनी छेनी-हथौड़ियों से व्रज जैसी प्राचीर

में खूंटे गाड़ दिए। रस्सियां बंध गयीं और देखते-ही-देखते लक्ष्मण और विभीषण, जन-सैनिकों की असंख्य टुकड़ियों के साथ प्राचीर पार कर लंका की भूमि पर जा उतरे। इस छद्मयुद्ध के लिए राम ने गुप्त युद्ध में समर्थ जन-वाहिनियों का ही चयन किया था।

सहायक सैनिक लंका पर भयंकर पथराव कर रहे थे। वानर सैनिकों की धनुर्धर टोलियां लंका की अट्टालिकाओं पर उल्काओं की वर्षा कर रही थीं। सुग्रीव, हनुमान, मैंद, द्विविद, अंगद और स्वयं राम — लंका के द्वारों से बाहर निकल आयी राक्षस सेना से प्रत्यक्ष युद्ध कर रहे थे। दूसरी ओर विभीषण के बताए हुए मार्ग पर जनसेना की असंख्य टोलियां वन के वृक्षों की ओट में निकुंभिला देवी के यज्ञागार की ओर बढ़ रही थीं।

वन्य सीमा पर पहुंचकर विभीषण ने हाथ उठाकर पीछे आने वालों को रुकने का संकेत किया। मुख से एक भी शब्द कहे बिना, उन्होंने अपनी तर्जनी से इंगित कर दिया।

लक्ष्मण ने देखा — सामने निकुंभिला यज्ञागार था। इसी के भीतर यज्ञ में दीक्षित हो इन्द्रजित मेघनाद बैठा ध्यान कर रहा था।... अपने नगर की प्राचीर के भीतर, मंदिर में बैठा मेघनाद सर्वथा असुरक्षित नहीं था। सहस्रों राक्षस सैनिक उस यज्ञागार की रक्षा कर रहे थे।... वे सदा ऐसे ही रक्षा करते हैं या उन्हें इस अभियान की सूचना... नहीं। उन्हें लक्ष्मण के इस अभियान की सूचना नहीं हो सकती।... उन्हें यदि इसका तनिक भी आभास होता तो मेघनाद इस समय यहां यज्ञ न कर रहा होता; वह अपना ब्रह्मास्त्र लेकर वानर सेना का ध्वंस करने के लिए लंका की प्राचीर से बाहर निकल गया होता।... किन्तु किसी आशंका की अनुपस्थिति में भी कितनी विकट रक्षा-व्यवस्था है मेघनाद के लिए। राक्षस सर्वथा असावधान नहीं हैं...

लक्ष्मण ने अनिन्द्य को इंगित किया। अनिन्द्य और भूलर अपनी टोलियों के साथ यज्ञागार के पीछे की ओर चले गए। धर्मभृत्य और भीखन बायीं ओर गए। उल्लास, आदित्य और आनन्दसागर दायीं ओर गए। विभीषण अपने मन्त्रियों — अनल, पलस, संपाति तथा प्रमति — के साथ मुख्य द्वार पर आक्रमण करने के लिए लक्ष्मण के संकेत की प्रतीक्षा में सन्नद्ध खड़े थे।

लक्ष्मण ने एक भयंकर नाराच अपने धनुष पर चढ़ाया और विकट हुंकार के साथ यज्ञागार के मुख्य द्वार पर छोड़ दिया। यह आक्रमण का संकेत भी था और आदेश भी। एक ही क्षण में राम के जय-जयकार के बीच यज्ञागार पर चारों ओर से बाण बरसने लगे; किन्तु कोई भी योद्धा प्रकट नहीं हुआ।

निश्चिन्त बैठे हुए राक्षस सैनिकों में भगदड़ मच गयी। वे मेघनाद के अंगरक्षक थे। सदा युवराज के साथ चलते थे। किन्तु लंका के भीतर इस प्रकार चारों दिशाओं से आकस्मिक आक्रमण की कल्पना उन्होंने नहीं की थी और न ही उसके लिए वे प्रस्तुत दिखाई पड़ रहे थे। यद्यपि वे मेघनाद के अंगरक्षक कहलाते थे; किन्तु वे स्वयं भी जानते थे कि बहुधा उनकी रक्षा स्वयं मेघनाद ही किया करता था।... और इस समय मेघनाद अपने यज्ञ में संलग्न था...

क्रमशः लक्ष्मण ने दूसरा संकेत किया। विभीषण ने जोर से श्रृंगीनाद किया और जनसेना की समस्त टोलियां अंगरक्षकों पर टूट पड़ीं। यही समय था जब गदापाणि विभीषण भी अपने मंत्रियों के साथ अंगरक्षकों पर पिल पड़े...

अंगरक्षकों ने जन-सेना का नेतृत्वविहीन सामना किया; किन्तु सैनिक-दृष्टि-संपन्न कोई भी व्यक्ति देख सकता था कि वह सामूहिक और योजनाबद्ध न होकर अंगरक्षकों का व्यक्तिगत प्रयास ही था। जन-सेना का दबाव निरन्तर बढ़ता जा रहा था और स्वयं विभीषण इस समय मेघनाद के अंगरक्षकों के काल बने हुए थे।

अंगरक्षकों का चीत्कार बढ़ता जा रहा था और थोड़ी ही देर में उन लोगों ने अपने युवराज को स्पष्ट और सामूहिक रूप से बड़े करुण स्वर में पुकारना आरम्भ कर दिया।

लक्ष्मण ताक-ताककर बाण मार रहे थे। वे इस प्रयत्न में थे कि मुख्य द्वार पर स्थित अंगरक्षक गुल्म कुछ शिथिल पड़ें तो वे कुछ सैनिकों के साथ अथवा अकेले ही यज्ञागार के भीतर प्रवेश कर जाएं। किन्तु सब ओर से भयंकर रूप से त्रस्त होते हुए भी अंगरक्षकों ने मुख्य द्वार को असुरक्षित नहीं छोड़ा था...

तभी मुख्य द्वार खुला और अपने रथ पर आरूढ़ मेघनाद प्रकट हुआ। उसका रथ यज्ञागार के भीतर ही रहा होगा। इस समय वह आभिचारिक यज्ञ के वेश को त्याग योद्धा का रूप धारण कर चुका था। उसके शरीर पर कवच था और हाथों में धनुष-बाण। लक्ष्मण ने ध्यान से देखा — रथ पर ब्रह्मास्त्र नहीं था।

मेघनाद के अंगरक्षकों ने प्रसन्नता का विकट कोलाहल किया। युवराज को अपने मध्य पाकर उनकी असहायता, दीनता और घबराहट विलीन हो गयी थी।

लक्ष्मण ने अपने धनुष पर एक उल्का चढ़ाकर आकाश की ओर छोड़ दी। जन-सेना की समस्त टोलियां चारों दिशाओं से आकर उनके निकट व्यूह-बद्ध खड़ी हो गयीं। विभीषण अपने मन्त्रियों सहित, लक्ष्मण के साथ सटकर खड़े हो गए थे।

दोनों ओर से सैनिक आमने-सामने सज्जित हो गए तो मेघनाद ने अपना रथ आगे बढ़ाया। किन्तु शस्त्र-प्रहार उसने नहीं किया। अपनी सेना के भाल-प्रदेश पर रथ रोक उसने विभीषण को देखा, ''राक्षस कुलांगार ! देशद्रोही ! और कुछ नहीं हो सका तो पुत्र सरीखे अपने भ्रातव्य को असावधान समझ, उसका वध करने आए हो।''

विभीषण मुसकराए, ''पुत्र सरीखे तो तुम हो ही, दंभी ! जो अपने गुरुजनों को सदा मूर्ख समझता रहा, उनका अपमान करता रहा, अपने पिता के कुकर्मों का समर्थन करता रहा और प्रत्येक सत्परामर्श को ठुकराता रहा। तुम जैसे पुत्रों के कारण ही तो पिता पर-स्त्रियों का हरण कर अपने कुल को गौरवान्वित करता है। राक्षस कुलांगार कौन है? सत्पथ पर चलने वाला दीन विभीषण अथवा अहंकार में ऐंठे तुम और तुम्हारे पिता महाराजाधिराज रावण ?''

''नीति-चर्चा का अवकाश नहीं है, चाचा !'' मेघनाद का स्वर तनिक भी नम्र नहीं था, ''किन्तु मरने से पूर्व तनिक बता दो, तुम्हें अपनी भूमि, अपनी जाति, अपने समाज

से तनिक भी मोह नहीं कि उसका नाश करवाने के लिए न केवल शत्रुओं से जा मिले, वरन् उन्हें मार्ग बता-बताकर यहां तक ले आए।''

इस बार विभीषण खुलकर हंसे, ''पूछा ही है तो उत्तर भी धैर्य से सुनो, मनस्वी युवराज ! लंका न तुम्हारी भूमि है, न तुम्हारे पिता की। उसे तुम्हारे पिता की ने कुबेर से छीना और उसे सदा अपना उपनिवेश ही माना, देश नहीं। लंका सोने की है, किन्तु लंका की सामान्य प्रजा आज भी इतनी निर्धन और असहाय है कि स्त्रियां अपना यौवन बेचती हैं और पुरुष अपना रक्त-मांस। तुमने लंका के लिए, यहां के जन-सामान्य के लिए, इस देश के विकास के लिए क्या किया ? यहां जो कुछ बना हुआ दिखाई पड़ता है — पथ, भवन, प्रासाद, अट्टालिकाएं, जलपत्तन — सब कुछ यक्षराज कुबेर के समय से निर्मित हैं। तुमने केवल यह किया कि सारा धन, सत्ता, शक्ति, व्यापार, उद्योग — राजपरिवार के सदस्यों, अपने मन्त्रियों, सेनापतियों, सामंतों के हाथ में संचित कर दिया— प्रजा चाहे भूखी मरे। एक परिवार, एक वर्ग को सर्व-सम्पन्न बनाकर शेष लोगों को पशु से भी हीनतर जीवन जीने को बाध्य कर दिया है। फिर भी तुम्हें गुमान है कि लंका तुम्हारी है। लंका को तुमने अपनी समझा कब ?... और फिर केवल लंकावासी होकर ही तो कोई लंका का हितू नहीं हो सकता।'' विभीषण आवेश में बोले, ''तुमने लंकावासियों को दास और वेश्याएं बनाया है — राम उन्हें मुक्ति देंगे और मैं उस मुक्ति की रक्षा करूंगा।''

''राजनीतिक चेतना कुछ अधिक ही उग्र हो गई है तुममें, चाचा !'' मेघनाद वितृष्णा से मुसकराया, ''और तुम वीरवर लक्ष्मण !'' उसके स्वर में व्यंग्य था, यज्ञ-दीक्षित निःशस्त्र योद्धा को चुपके से घेरकर मारने आए हो। कायर ! दो बार जाने किस माया से तुम मरकर भी जीवित हो गए; किन्तु आज तुम्हें किसी प्रकार भी जीवित नहीं लौटने दूंगा।''

''तुम्हारे प्राण रहते, स्वयं जीवित लौटने की आकांक्षा लेकर नहीं आया हूं, वीरता-दंभी !'' लक्ष्मण तेजस्वी स्वर में बोले, ''मुझे दोष देने से पहले तनिक अपनी वीरता पर भी विचार कर लिया होता। पत्थरों और शाखाओं से लड़ने वाले निहत्थे वानरों पर तुमने ब्रह्मास्त्र चलाया है। युद्ध के नियमों के सर्वथा विरुद्ध तुमने हम पर विषैली औषधियों में पगे शस्त्रों का प्रयोग किया है। फिर भी वीरता का दंभ है तुम्हें !'' लक्ष्मण का स्वर ऊंचा हो गया, ''हमारा निरीह वध करने के लिए आभिचारिक यज्ञ करते हो, धर्मावतार! मैं तुम्हें बताने आया हूं कि प्रकृति की सबसे बड़ी शक्ति मनुष्य का पुरुषार्थ है। इसका प्रमाण मैं अभी तुम्हारे इस यज्ञ-दीक्षित, तिलक-मंडित मस्तक को तुम्हारे कबंध से अलग कर दूंगा। तुम यज्ञ करो, बलियां दो, भूत शक्तियों को अपनी रक्षा के लिए पुकारो, रक्षा-कवच बांधो, टोने-टोटके करो — किन्तु न राम किसी अमानुषी शक्ति को पुकारेंगे और न उनका अनुज। हम तुम्हारी प्रत्येक मंत्र और मन्त्र शक्ति के ही नहीं, देवास्त्र, दिव्यास्त्र तथा शस्त्र शक्ति के विरुद्ध केवल जन-शक्ति को खड़ा कर तुम्हें बता देंगे कि वास्तविक

शक्ति कहां है।''

लक्ष्मण ने धनुष उठाया, ''बातों का समय नहीं है, शस्त्र उठाओ। वैसे इस समय न तुम असावधान हो, न निःशस्त्र; न ही तुम्हारे सैनिक संख्या में कम हैं। हां, तुम्हारा ब्रह्मास्त्र तुम्हारे पास नहीं है... ।''

लक्ष्मण के संकेत पर बायीं ओर से अनिन्द्य, भलूर और भीखन आगे बढ़े; दाहिनी ओर से उल्लास, आदित्य, धर्मभृत्य और आनन्दसागर। विभीषण अपने मन्त्रियों के साथ पृष्ठ भाग की रक्षा करने के लिए लक्ष्मण के पीछे चले गए। उन्होंने मेघनाद की सेना को इस प्रकार घेर रखा था कि प्रयत्न करने पर भी वह सैनिक सहायता के लिए संदेश न भेज सके। तीन ओर लक्ष्मण की सेना थी, चौथी ओर निकुंभिला यज्ञागार, जिसके पीछे परिखा और प्राचीर थी।

मेघनाद के अंगरक्षक भी तत्काल व्यूह-बद्ध हो गए। इस समय लंका के भीतर-बाहर जिस प्रकार का युद्ध हो रहा था, उसमें तत्काल सैनिक सहायता आने की आशा निरर्थक थी। किन्तु स्वयं युवराज इंद्रजित मेघनाद उनके साथ थे।

लक्ष्मण ने अपने बाण पर वरुणास्त्र धारण किया और मेघनाद पर प्रथम प्रहार किया। मेघनाद असावधान नहीं था, उसने रौद्रास्त्र से लक्ष्मण के प्रहार का निवारण कर दिया।

लक्ष्मण ने अपने दिव्यास्त्र को नष्ट होते देखा... 'शिव की मैत्री... या भक्ति बहुत फली है इस परिवार को'... उन्होंने सोचा। किसी समय लक्ष्मण ने भी सोचा था, चाहे वह उनके बालक-मन की ही कल्पना थी, जब भैया राम ने जनकपुर में शिव धनुष भंग किया था... कि वे भी भैया से कहेंगे कि महादेव शिव से कुछ दिव्यास्त्र और देवास्त्र प्राप्त करें; और यदि सम्भव हो तो वैसे ही शस्त्रास्त्र अयोध्या में भी बनाए जाएं। शस्त्रास्त्रों के अद्‌भुत निर्माता हैं महादेव शिव भी।... किन्तु रावण के विरुद्ध लड़ते हुए न वे शिव से अपेक्षा कर सकते हैं कि रावण को शस्त्र न दें और न ही यह सम्भव हो सकता है कि महादेव वानर सेना की शस्त्रास्त्रों से सहायता करें...

लक्ष्मण ने अपने बाण पर सूर्यास्त्र धारण किया; मेघनाद ने आग्नेयास्त्र से उसे तत्काल निरस्त कर दिया।

जन-सेना मेघनाद के अंगरक्षकों पर भारी पड़ रही थी। लक्ष्मण देख रहे थे कि अंगरक्षकों को कई स्थानों पर पीछे हटना पड़ा था। अनेक स्थानों पर उनके व्यूह शिथिल पड़ गए थे और उनकी दरकों में से अनिन्द्य तथा धर्मभृत्य के नेतृत्व में उनकी टोलियां अनेक स्थानों से भीतर घुसकर मेघनाद के निकट पहुंचने का प्रयत्न कर रही थीं... कदाचित् मेघनाद की दृष्टि भी अपने अंगरक्षकों की स्थिति पर जा पड़ी थी।... सहसा ही अत्यन्त क्रुद्ध होकर उसने भयंकर रूप धारण कर लिया। निमिष-भर उसकी दृष्टि अपने रथ के शस्त्रागार पर टिकी रही; और उसने आसुरास्त्र उठाकर अपने धनुष पर धारण किया। अगले ही क्षण उसके धनुष से कूट, मुग्दर, शूल, भुशुंडी, गदा, खंग तथा फरसे बरसने लगे।

लक्ष्मण को लगा, यद्यपि इस समय मेघनाद के पास ब्रह्मास्त्र नहीं था, किन्तु उसके

बिना भी वह उनके लिए भयंकर हो सकता था। उसके शस्त्रों के प्रहार से स्वयं उनका अपना शरीर ही अनेक स्थानों से क्षत-विक्षत नहीं हो गया था, उनके जन-सैनिकों की भी हानि हो रही थी। यदि मेघनाद के शस्त्रास्त्र इसी गति से चलते रहे और अनिन्द्य तथा उसके साथी इसी प्रकार आगे बढ़ते रहे तो किसी भी क्षण कुछ अघटनीय घट सकता है...

लक्ष्मण ने अपने शस्त्र-वाहकों की ओर देखा, ''माहेश्वरास्त्र !''

विश्वामित्र के दिये माहेश्वरास्त्र के प्रयोग का यह उचित अवसर था। लक्ष्मण के विकट हुंकार के साथ माहेश्वरास्त्र छूटा। मेघनाद विचलित हुआ।... शिव का अस्त्र लक्ष्मण के पास...

आसुरास्त्र शांत हो गया था और मेघनाद की दृष्टि अपने रथ के शस्त्रागार में कोई प्रभावी दिव्यास्त्र ढूंढ रही थी।

किन्तु लक्ष्मण तनिक भी असावधान नहीं थे। उन्होंने तत्काल अगस्त्य का दिया हुआ ऐन्द्रास्त्र बाण पर चढ़ाया और धनुष की प्रत्यंचा कान तक खींचकर छोड़ दी... मेघनाद के विचलित मस्तिष्क ने कुछ सोचा, व्याकुल दृष्टि ने ऐन्द्रास्त्र को देखा और अगले ही क्षण उसका मस्तक कटकर पृथ्वी पर जा गिरा।

11

राम को एक-एक कर सुग्रीव द्वारा कुंभ तथा हनुमान द्वारा निकुंभ के वध के समाचार मिले। अपने पिता कुंभकर्ण का प्रतिशोध लेने के लिए उन्होंने भयंकर युद्ध किया था, किन्तु सुग्रीव और हनुमान उन पर भारी पड़े थे। यूपाक्ष ने मैंद के हाथों वीरगति पायी थी, शोणिताक्ष द्विविद के शस्त्रों की मार से खेत रहा था। प्रजंघ और अकंपन को अंगद धराशायी कर चुके थे। मकराक्ष ने अपने शंकरदत्त त्रिशूल से वानर सेना की बहुत क्षति की थी और अपने पिता खर के हत्यारे का वध करने की शपथ खायी थी, किन्तु अंततः राम के हाथों मारा गया था।

वे अपने तथा अपने साथियों के शरीरों को आहत करने वाले राक्षसों द्वारा प्रयोग में लाए गए बाणों को देख रहे थे। मकराक्ष के शूल के अतिरिक्त उनके सम्मुख सहायक सैनिकों ने क्षुर, क्षुरप्र, नाराच, वत्सदंत, शिलीमुख, कर्णी, शल्य तथा विपाठ आदि बाणों के ढेर लगा दिए थे।

... राक्षसों ने बाण-विद्या का विकट विकास किया था... राम सोच रहे थे... किन्तु अन्याय और अत्याचार की दासी बनकर कोई भी विद्या बंध्या हो जाती है।... दस्यु की शस्त्रविद्या समाज का क्या कल्याण कर सकती है...

तभी राम को मेघनाद के वध का समाचार दिया गया... राम के मन में प्रसन्नता की लहर उठी। कंठ जैसे रुद्ध हो गया। आंखें डबडबा आयीं।... उन्हें लगा, उन्होंने अपने

जीवन में यह दूसरा चमत्कार देखा था...

''सौमित्र कहां है ?'' अंततः उनके कंठ से तीन शब्द फूटे।

हनुमान और विभीषण का सहारा लेकर लक्ष्मण मंथर गति से राम के निकट आए। उनका शरीर रक्त में इस प्रकार नहाया हुआ था कि यह देख पाना कठिन था कि कितने घाव हैं और कहां-कहां हैं। शरीर में चुभे हुए अस्त्र-शस्त्र विभीषण और सुग्रीव ने पहले ही निकाल दिए थे। वे दोनों स्वयं भी घायल थे। शरीर पर अनेक स्थानों से रक्त रिसता हुआ दिखाई पड़ रहा था; किन्तु मुखमंडल का उल्लास घावों के ऊपर छा गया था। लक्ष्मण अवश्य ही कुछ थके हुए और दुर्बल दिखाई पड़ रहे थे।

राम ने आगे बढ़कर लक्ष्मण को अपनी भुजाओं में भर लिया। इतने से संतोष नहीं हुआ तो उनके घायल शरीर को अपने वक्ष में भींच लिया। लक्ष्मण की एक हल्की-सी सिसकी से उनकी भुजाएं शिथिल हुईं। अलग हटकर उन्होंने लक्ष्मण का चेहरा देखा — वे पीड़ा के बीच में मुसकरा रहे थे।... राम से रहा नहीं गया। उन्होंने पुनः लक्ष्मण को गले लगाया और उनके रक्त-रंजित भाल पर एक चुंबन अंकित कर दिया, ''सौमित्र! आज तुमने मुझे शत्रुविहीन किया। तुमने मेरी सीता मुझे लौटा दी।...''

उनकी वाणी रुद्ध हो गयी। आंखें लक्ष्मण के चेहरे पर से हटा लीं। दो-चार बार पलकें झपकाकर स्वयं को संतुलित किया। राम अनिन्द्य, भूलर, भीखन, धर्मभृत्य, आनन्दसागर तथा अन्य जन-सेनानायकों से मिले। वे भी क़हीं-न-कहीं से आहत अवश्य थे। युद्ध ने सबको अपने चिह्न प्रदान किए थे।

और सुषेण की ओर देखकर राम बोले, ''तात सुषेण ! इन वीरों को विशल्य कीजिए। इनके क्षतों पर औषधियों का लेप कीजिए। इन्हें पीड़ारहित कर दीजिए। कल इन्हें अभी एक और भयंकर युद्ध लड़ना है।''

अपने भीतर उठते हुए भावों के अनेक ज्वारों को संयत करने के लिए राम इधर-उधर टहलते रहे। आज उनके भीतर असाधारण आवेग उठ रहे थे... अपने प्राणों पर खेलकर सौमित्र ने आज मेघनाद का वध किया था।... आज तीसरी बार वे मृत्यु के मुख से जीवित बचकर निकले थे... सीता अब राम की पहुंच में थी... हाथ बढ़ाने की देर थी... बस, एक या दो दिनों का युद्ध और... किन्तु अभी रावण का वध करना था।

''अनिन्द्य !'' सहसा राम रुक गए, ''सब लोग चिकित्सा-शिविर में चले गए ?''

''हां, आर्य !''

''तुम नहीं गए ? तुम्हें कोई घाव नहीं लगा ?''

''राम !'' अनिन्द्य निकट चला आया, ''ऐसा कोई घाव नहीं लगा, जिसका उपचार सबसे पहले होता। अन्य लोग मुझसे बहुत अधिक घायल हैं।''

''भूलर कहां है ?''

''उसके कुछ घाव गम्भीर हैं। उसे भी मैंने चिकित्सा-शिविर में भेज दिया है।''

''अच्छा किया। अनिन्द्य ! मेरे बंधु !'' राम जैसे किसी और लोक से बोल रहे

थे, ''मेरा एक काम कर दो।''

अनिन्द्य ने आश्चर्य से राम को देखा — वे ऐसे भावुक तो कभी नहीं हुए... ''एक विशाल चिता तैयार करो...'' राम एक शिला पर बैठ गए।

स्तब्ध अनिन्द्य, राम को देखता रहा।

''श्रेष्ठतम काष्ठ-कंडों की। सम्भव हो तो चंदन के वृक्षों की।'' राम का स्वर कांप रहा था, ''मुझे तेजधर और उसके सैनिकों के प्रति अपना आभार व्यक्त करना है।''

अनिन्द्य ने राम को मुखर और जटायु की मृत्यु पर भी व्याकुल होते देखा था, पर ऐसा... उसने आगे बढ़कर राम के कंधे को अपनी हथेली से थपथपाया...

राम ने अनिन्द्य की ओर देखा। अपनी आंखों में आए अश्रु झटक दिए और खड़े होते हुए बोले, ''अपने नायक के शव की रक्षा करने के लिए भी तुमने किसी योद्धा को प्राण देते देखा है...।''

वानर स्कंधावार मेघनाद के वध के कारण प्रसन्न भी था और पुत्र-शोक से पीड़ित, क्रुद्ध रावण के कल होने वाले सम्भावित विकट युद्ध के कारण आशंकित भी। राक्षस सेना के ध्वंस के कारण स्थान-स्थान पर एक प्रकार की असावधान शिथिलता भी दिखाई पड़ रही थी; राक्षसों की ओर से रात्रि के समय होने वाले कूट- आक्रमण के प्रति सतर्कता भी।

लक्ष्मण, हनुमान, विभीषण, सुग्रीव, अंगद, मैंद, द्विविद, भूलर, भीखन तथा अन्य योद्धा अपनी चिकित्सा पूरी करवाकर राम के पास आ गए थे। कम आहत सैनिक और सेनापति अपना उपचार करवाने के लिए चिकित्सा-शिविर में चले गए थे। जाम्बवान के अभी पिछले घाव ही इस योग्य नहीं हुए थे कि वे पुनः युद्ध कर सकें, इसलिए उन्होंने आज के युद्ध में भाग नहीं लिया था।

सहसा विभीषण के मन्त्री प्रमति ने विभीषण के कान में कुछ कहा। विभीषण ध्यान से उसकी बात सुनते रहे। वे अपने स्थान से उठकर राम के पास आए और उनके कान में वही बात दुहराई।

''उन्हें बुला लीजिए।'' राम बोले।

प्रमति के संकेत पर उन्हें बुला लिया गया। आने वाले संख्या में दस थे। वे सैनिक अथवा योद्धा वेश में नहीं थे और न ही उनकी आकृति-प्रकृति सैनिकों जैसी थी।

''कहिए !'' राम उनसे संबोधित हुए।

''हम लंका के सामान्य प्रजा-जन हैं।'' उनका नेता आगे बढ़ आया, ''हमें राजनीति से कोई सरोकार नहीं है। अतः शासन चाहे रावण का हो अथवा आपका, हम केवल शांति चाहते हैं।''

लगा, राम का धैर्य चुक गया है, वे कुछ कहने को व्यग्र हैं; किन्तु उन्होंने स्वयं

को बलात् रोक लिया।

''लंका में आज यह प्राय: सर्वमान्य है कि एक-आध दिन में रावण-वध होगा और लंका पर आर्य राम का शासन हो जाएगा।'' वह व्यक्ति बोला, ''हम लंका की प्रजा की ओर से आपको यह आश्वासन देने आए हैं कि लंका में आपका विरोध नहीं होगा। किन्तु साथ ही निवेदन है कि आपकी सेना लंका पर आधिपत्य स्थापित करते समय, शांतिप्रिय नागरिकों का व्यर्थ रक्तपात न करें। हमारी सम्पत्ति की यथासम्भव रक्षा की जाए... यदि यह सम्भव न हो, उस व्यक्ति का स्वर नम्र से कोमल और कोमल से भीरु हो गया, ''तो हमें युद्ध से पूर्व ही लंका से निकल जाने की अनुमति दी जाए और मार्ग का निर्देश किया जाए। लंका की सेना अब इतनी सक्षम नहीं है कि लंका त्यागने वालों को रोक सके।''

राम ने कठोर दृष्टि से उस व्यक्ति को देखा, ''हम आपको लंका त्यागने की सुविधा नहीं देंगे। जनता का धन लेकर भागने की सुविधा देना हमारी नीति नहीं है।'' राम का स्वर कुछ धीमा हुआ, ''अभी युद्ध चल रहा है अत: अनिर्णीत है। रावण के वध के प्रति जितने आश्वस्त आप हैं, उतना मैं नहीं हूं। फिर भी मैं इतना कह सकता हूं कि विजय की स्थिति में भी यह सेना अनुशासित रहेगी। यह लुटेरों का गिरोह नहीं है; अंधकार का विरोध करने वाली जन-सेना है। अनावश्यक रक्तपात इसकी प्रवृत्ति नहीं है।'' राम रुककर बोले, ''वैसे आपको सूचित कर दूं कि किसी भी स्थिति में लंका पर राम का राज्य नहीं होगा। वानर सेना लंका पर आधिपत्य स्थापित नहीं करेगी। मैंने पहले ही विभीषण को लंकापति घोषित कर दिया है। यह वे देखेंगे कि आपका धन पाप द्वारा संचित है या नहीं। उसकी रक्षा आवश्यक है या नहीं। वैसे धन-संचय पाप से ही सम्भव है...'' राम किंचित् मुसकराए, ''आपका राजनीति से कोई सम्बन्ध नहीं है, यह कोई गर्व का विषय नहीं है। आप यदि राम और रावण में अन्तर नहीं करते तो यह आपकी शांतिप्रियता नहीं, आपका स्वार्थ और आपकी कायरता है।... अब आप जाइए।''

संध्या के झुटपुटे में वह विशाल चिता सजाई गयी। उसमें प्रमुखतम स्थान पर तेजधर का शव रखा गया और शेष स्थान पर अन्य योद्धाओं के शरीरों को ससम्मान लेटाया गया। सेना के प्रमुख सेनानायक, सेनापति, सेनाधिपति वहां एकत्रित हुए और उन्होंने उन वीरों का सैनिक अभिवादन किया।

स्वयं राम और लक्ष्मण ने विलोम शस्त्रों पर अपने मस्तकों को झुकाकर, उन वीरों का अभिनन्दन किया और फिर राम ने कवच उतारकर शस्त्र त्याग दिए। उन्होंने चिता के निकट जाकर, हाथ जोड़कर, वीरगति पाए योद्धाओं को प्रणाम किया और भर्राए हुए कंठ से बोले, ''तुम्हारे ऋण से उऋण होना हमारे लिए सम्भव नहीं है, वीरो ! इसलिए हमारा कृतज्ञता भरा प्रणाम लो।''

राम ने चिता की परिक्रमा कर उसे अग्निदान किया।

चिता धू-धू कर उठी और उससे कुछ हटकर हाथ बांधे हुए राम खड़े हो गए। उनकी जनवाहिनी के नायक आकर उनके पीछे खड़े हो गए थे।

तभी पचीस नवयुवकों की अगवानी करते हुए हनुमान राम के पास आए, ''भद्र! ये नवयुवक आपकी सेवा में कुछ निवेदन करना चाहते हैं।''

राम ने अपने आंसू पोंछकर उनकी ओर देखा, ''कहो, मित्र !''

''आर्य ! हमें आर्य संपाति ने भेजा है।''

''विभीषण के मन्त्री संपाति ने ?''

''नहीं, आर्य !'' युवक गंभीर स्वर में बोला, ''गृध्र-श्रेष्ठ जटायु के बड़े भाई आर्य संपाति ने। उन्होंने कहा है कि अंधकार के विरुद्ध युद्ध में हम गृध्र जाति के योगदान के रूप में ग्रहण किए जाएं...''

''भद्र राम !'' हनुमान अत्यन्त कोमल स्वर में बोले, ''कदाचित् आपको स्मरण हो, देवी वैदेही की खोज में जब हम गए थे तो सागरतट पर आर्य संपाति से हमारी भेंट हुई थी। उन्होंने ही देवी वैदेही के लंका में होने की निश्चित सूचना हमें दी थी और अपने भाई जटायु की मृत्यु पर क्षुब्ध होकर उन्होंने हमें वचन दिया था कि वे प्रयत्न करेंगे कि जब भी कोई सेना रावण के विरुद्ध लड़ने जाए, उसमें एक टुकड़ी गृध्र युवकों की भी हो।''

''धन्य हैं आर्य संपाति !'' राम बोले।

''आर्य ! हमें खेद है कि आने में हमें विलम्ब हुआ।''

''खेद के लिए कोई अवकाश नहीं है, मित्र।'' राम का स्वर कुछ दृढ़ हो गया, ''अभी तो अन्तिम युद्ध होना है।''

''हम संख्या में कम हैं, आर्य ! किन्तु हम आर्य जटायु के बलिदान को लज्जित नहीं होने देंगे।''

''तुमसे ऐसी ही आशा है, वीर !'' राम ने उसके कंधे पर हाथ रखा, ''नाम क्या है तुम्हारा ?''

''तेजधर !''

''तेजधर ?''

''आपको आश्चर्य हो रहा है ?''

''हां, मित्र !'' राम का स्वर भावुक हो गया, ''जिस वीर टुकड़ी की चिता के पास हम खड़े हैं, उसके नायक का नाम भी तेजधर ही था। लगता है कि तेजधर किसी व्यक्ति-विशेष का नाम नहीं है, यह तो बलिदान की एक परम्परा की संज्ञा है।''

''आर्य ! हम इस संज्ञा की लाज निभाएंगे।''

''मेरी कामना है कि तुम उसमें समर्थ हो सको।'' राम बोले, ''जाओ ! अब विश्राम करो। यात्रा से थके आए हो।''

राम मुड़े तो एक अन्य आगंतुक वाहिनी के नायक ने आकर उनका अभिवादन

किया। उनके साथ एक महिला भी खड़ी थी।

''बंधु सिंहनाद !'' राम ने उसे बांहों में भर लिया, ''देवि प्रभा ! बहुत समय से आए तुम लोग।''

''माता लोपामुद्रा के पुत्री-मोह ने हमें कुछ विलंब करा दिया, आर्य !'' प्रभा धीरे से बोली।

''फिर भी बहुत समय से पहुंची हो।'' राम का स्वर पुनः आर्द्र हो उठा, ''सैनिकों की भी हमें बहुत आवश्यकता है, किन्तु तुम्हें कैसे बताऊं, बहना ! कि शल्य चिकित्सक हमारे लिए कैसी संजीवनी है। अकेले वृद्ध योद्धा तात सुषेण पर बहुत बोझ था। कल के युद्ध में हमें तुम्हारी बहुत आवश्यकता है।''

''अच्छा, प्रिय !'' प्रभा ने सिंहनाद को देखा, ''तुम शिविर स्थापित करो, मैं चिकित्सा-शिविर में पहुंचूं।''

''तुम वस्तुतः ऋषि अगस्त्य की आत्मजा हो।'' राम धीरे से बोले।

12

रात के दो पहर बीत गए और देवराज सोने के लिए नहीं आए तो शचि को चिन्ता होने लगी। पिछले कुछ दिनों से देवराज कुछ अधिक ही व्याकुल थे। उनका भोजन-विश्राम, सब कुछ ही अनियमित होने लगा था। शचि के लिए ऐसी अनियमितताएं बहुत अनहोनी नहीं थीं। जीवन में अनेक बार चिन्ता के कुछ प्रसंग आ जाने पर देवराज को मंत्रणाओं में कुछ अधिक ही समय लगाना पड़ता था और उनका जीवन अनियमित होने लगता था। पर इन दिनों तो ऐसा भी कोई प्रसंग नहीं था। पिछले दो-चार दिनों में शचि ने उनसे एकाधिक बार पूछा भी था, किन्तु इंद्र टाल गए थे। कदाचित् यह चिन्ता कोई प्रत्यक्ष चिन्ता नहीं। इस चिन्ता के कीटाणु देवराज के अपने मन में ही थे।

यह सूचना प्राप्त करने में शचि को अधिक समय नहीं लगा कि इन्द्र अपने निजी कक्ष में, एकांत में चिन्तामग्न बैठे हैं। उनके पास इस समय न उनके मन्त्री थे, न सचिव, न नर्तकियां थीं, न मदिरा। शचि समझ गयी कि चिन्ता की वह सीमा आ पहुंची है जहां देवराज की निद्रा भी उड़ जाती है और उन्हें मदिरा भी अच्छी नहीं लगती। ऐसे में किसी और को देवराज के पास भेजना तनिक भी उपयोगी नहीं था। इन्द्र की इस मनःस्थिति में केवल शचि ही उनके पास जा सकती थी।

शचि को अपनी सखियों के बिना, सर्वथा एकाकी, अपने सम्मुख खड़ी देख इन्द्र चौंक उठा। उसका चिन्ता-क्लांत मन कहने के लिए कुछ सोच नहीं पाया। वह शचि की ओर ताकता ही रह गया।

''देवराज किस चिन्ता में हैं ?'' शचि ने अपने हृदय का सम्पूर्ण स्नेह तथा रूप

का समस्त माधुर्य अपनी वाणी तथा अपने नेत्रों में ढाल दिया।

कुछ क्षणों तक मौन बैठा इन्द्र अपनी पत्नी के रूप और उसकी इस भंगिमा को देखता रहा — अपनी प्रौढ़ावस्था में भी शचि सुन्दर थी और पति को रिझाने की कला भी उसे आती थी।

सहसा वह उठ खड़ा हुआ, ''आओ, चलें।''

उसने आगे बढ़कर शचि के कंधों को अपनी भुजा से ढककर उसे आगे बढ़ाया।

''अर्थात् नहीं बताएंगे ?'' शचि मुसकराई।

इंद्र फीकी-सी हंसी हंसा, ''नहीं ! ऐसी बात नहीं है, प्रिये ! किसी बात को बताने का भी एक सोपान होता है। अपने मन्त्रियों और सचिवों से इस विषय में बात करने से पूर्व अपने मन को साध रहा था। अच्छा हुआ, तुम आ गयीं। रात बहुत बीत गई है। अपनी सखियों को सोने की अनुमति दे दो। हम दोनों कुछ विस्तार से बातें करेंगे।''

शचि ने इंद्र की ओर देखकर, हल्के-से सिर हिला दिया।

विश्राम-कक्ष तक वे लोग चुपचाप ही आए — इंद्र अपने-आप में डूबा-सा और शचि अपने पति की चिन्ता को पढ़ने का प्रयास करती-सी। चिन्ता किस बात की थी — अनुमान कर पाना कठिन हो रहा था; किन्तु चिन्ता किस स्थिति पर थी... जान पाना शचि के लिए कठिन नहीं था। कभी-कभी जब देवराज के मन में बहुत ऊहापोह होता है, स्थितियां स्पष्ट नहीं होतीं और वे कुछ निश्चय नहीं कर पाते तो वे इसी प्रकार शचि से विस्तार से बातें करते हैं। ऐसा नहीं कि वे शचि को स्वयं अपने आपसे, मन्त्रियों अथवा सचिवों से अधिक बुद्धिमान मानते थे। वस्तुत: यह वार्तालाप शचि की उपस्थिति में उनका अपना वाचिक चिन्तन ही हुआ करता था, जिसे वे वार्तालाप का रूप दे दिया करते थे।

इंद्र अपने पलंग पर लेट गया और लेटते ही उठकर बैठ गया, ''अपनी सखियों, दासियों, परिचारिकाओं, सेविकाओं तथा चरों को जाने के लिए कह दो और फिर मेरे पास आकर बैठ जाओ।''

शचि ने द्वार पर खड़ी परिचारिका को निदेश दिए और द्वार के कपाट भिड़ाकर, इंद्र के पास आकर बैठ गयी, ''कहिए !''

इंद्र ने मुसकराकर शचि को देखा और उसके हाथ को अपनी एक हथेली पर रखकर दूसरे हाथ से उसे थपकता रहा। मन की प्रक्रिया जैसे पूर्ण हो गयी तो धीरे से बोला, ''लंका में राम और रावण का युद्ध हो रहा है।''

शचि की इच्छा हुई, जोर से खिलखिलाकर हंस पड़े। अमरावती में आज कौन नहीं जानता कि लंका में राम और रावण में युद्ध हो रहा है। और देवराज आज अपनी पत्नी को इस प्रकार बता रहे हैं, जैसे यह कोई अत्यधिक नूतन समाचार हो।

''हो तो रहा है।'' देवराज का भाव देखकर शचि खुलकर हंसी नहीं, किन्तु वह मुसकराए बिना भी नहीं रह सकी, ''यह हमारी दासियों के अबोध बालक तक जानते हैं।''

''क्या जानते हैं वे !'' इंद्र के स्वर में रोष का हल्का-सा आभास था, ''क्या इतनी सूचना मात्र पर्याप्त है ! वे तो वे, तुम भी सूचना की गंभीरता नहीं समझ रही हो, रानी !''

इंद्र रुक गया, जैसे स्वयं को संयत कर रहा हो।

शचि ने भी स्वयं को संभाला — देवराज इतने चिन्तित हैं तो अवश्य ही कोई गंभीर बात होगी, जिसकी ओर उसका ध्यान अभी तक नहीं गया है।

''क्या अर्थ है इसका ?'' देवराज को शांत करने के लिए शचि ने अपने मादक नयनों का सहारा लिया और अगला वाक्य इतने शांत तथा तटस्थ भाव से कहा कि इंद्र का रोष आगे न बढ़ सके, ''यदि रावण पराजित होता है तो हमारे लिए सुखद ही है; वह हमारा शत्रु है। और यदि राम पराजित होता है, तो भी हमारी कोई क्षति नहीं है — वह न हमारा आत्मीय है, न सहायक। सारे ब्रह्मांड में कौन किससे लड़ रहा है,अथवा कौन किससे हार या जीत रहा है — इन सबके विषय में हमें चिन्तित होने की क्या आवश्यकता है ?''

''तुमने ठीक कहा, गृहस्थिन !'' इंद्र के चेहरे पर व्यंग्य झलक आया, ''मैं जिऊं, मेरे बच्चे जिएं; और किसी की मुझे चिन्ता ही क्या है ?''

''नहीं ? मेरा अभिप्राय यह नहीं था।''

''और क्या अभिप्राय है तुम्हारा, रानी !'' इंद्र का स्वर गंभीर था, ''ब्रह्मांड में कहां क्या हो रहा है, इसकी चिन्ता देवराज नहीं करेगा तो और कौन करेगा !''

''पर हमारा उस युद्ध से क्या सम्बन्ध ?'' शचि सचमुच समझ नहीं पा रही थी।

''तुम्हारा मस्तिष्क कभी-कभी जड़ हो जाता है।'' किन्तु इस बार इंद्र के स्वर में आक्रोश नहीं था, ''महाशक्तियों का सम्बन्ध ब्रह्मांड की किस घटना से नहीं होता। आत्मरक्षा, मित्रों की सहायता, शत्रुओं का विरोध तो सामान्य बातें हैं — हमें अपने प्रभाव-क्षेत्र का भी ध्यान रखना पड़ता है।'' और सहसा इंद्र का स्वर कुछ आवेशपूर्ण हो गया, ''अपने आश्रमों में तपस्या करते ऋषि रावण को क्यों बुरे लगते हैं; अथवा रावण पर तनिक-सी भी विपत्ति आते ही ब्रह्मा और शिव उसकी सहायता के लिए क्यों व्यग्र हो उठते हैं ?''

''महाशक्तियों का यह आत्मविस्तार बहुत शोभनीय तो नहीं है, देवराज !'' शचि बोली, ''या यह भी मेरी बुद्धि की जड़ता है !''

''नहीं ! तुम्हारी जड़ता नहीं है।'' इंद्र बोला, ''शोभनीय अथवा अशोभनीय की बात मैं नहीं करता, किन्तु व्यक्ति हो या राज्य — एक बार ऊंचा उठकर नीचे नहीं आना चाहता।'' वह तनिक रुका, ''अपनी ऊंचाई को बनाए रखने के लिए महाशक्तियों को ब्रह्मांड की प्रत्येक घटना में रुचि बनाए रखनी पड़ती है। प्रत्येक घटना को इसी दृष्टि से देखना पड़ता है कि उससे उनका महत्त्व बढ़ेगा या कम होगा। किसी एक की सम्भावना या आशंका होते ही उन्हें सक्रिय होना पड़ता है।''

''अपने हित–अहित के विचार से ?'' शचि ने इंद्र को तीक्ष्ण दृष्टि से देखा, ''न्याय–अन्याय के विचार से नहीं !''

''महाशक्ति के रूप में सबसे बड़ा न्याय अपना महत्त्व होता है, रानी !'' इन्द्र बोला, ''वैसे भी प्रत्येक व्यक्ति तथा समाज की न्याय–दृष्टि अपने हित के आधार पर निर्मित होती है।''

इन्द्र चुप हो गया। शचि इस प्रतीक्षा में बैठी रही कि देवराज कुछ और बोलेंगे, पर जब वे कुछ नहीं बोले तो उसे कुरेदना ही पड़ा, ''राम–रावण के युद्ध को आप किस दृष्टि से देखते हैं ?''

इन्द्र की दृष्टि शचि के चेहरे पर क्षण–भर के लिए टिकी और फिर शून्य में लौट गयी।

''रावण हमारा निश्चित शत्रु है। वह सिद्धांतों में भी हमारा विरोधी है और व्यवहार में भी। उसने सिवाय एक महादेव शिव, और किसी सीमा तक अपने परदादा ब्रह्मा के, शेष सभी देव शक्तियों को निस्तेज कर दिया है। मैं तो उसके पुत्र मेघनाद के हाथों पराजित भी हुआ हूं और अपमानित भी।... समस्त देव शक्तियों के प्रभाव के लिए यह अत्यधिक आवश्यक है कि रावण पराभूत हो, पराजित हो, उसका वध हो...''

''तो देव शक्तियां राम के पक्ष से रावण के विरुद्ध युद्ध क्यों नहीं करतीं ?'' शचि ने प्रश्न किया।

''बात इतनी सरल नहीं !'' इंद्र और अधिक गंभीर हो गया, ''रावण आज भी प्राय: उतना शक्तिशाली है, जितना कि देवलोक पर आक्रमण करने के समय था। उधर उसने तथा उसके पुत्र मेघनाद ने महादेव शिव से कुछ और शक्तिशाली तथा मारक शस्त्र प्राप्त किए हैं। उससे उनकी प्रहारक शक्ति बढ़ी ही है, कम नहीं हुई। मेघनाद का यद्यपि वध हो गया है, फिर भी यदि देव शक्तियां प्रत्यक्ष रूप से राम की ओर से युद्ध में सम्मिलित होती हैं, तो हमारे लिए जोखिम बहुत बढ़ जाता है। महादेव शिव तथा कुमार कार्तिकेय रावण की सहायता के लिए स्वयं युद्ध में उतर आएंगे और दूसरे...''

''दूसरे ?''

''पराजय की स्थिति में देव शक्तियां पूर्णत: नष्ट हो जाएंगी...'' इन्द्र चिंतित था, ''हम इस युद्ध में प्रत्यक्ष भाग नहीं ले सकते।''

''यदि इतना ही जोखिम है तो युद्ध में भाग मत लीजिए — प्रत्यक्ष क्या और अप्रत्यक्ष क्या ?''

''भाग नहीं लिया,'' इंद्र बोला, ''तो युद्ध के इस अन्तिम चरण में भी रावण अपनी शक्ति तथा अपने मित्रों और अभिभावकों की सहायता से राम की विजयिनी सेना को पराजित कर उसे पूर्णत: नष्ट कर देगा। तब वह देव शक्तियों के साथ बिल्ली और चूहे का खेल खेलेगा।'' इन्द्र स्पष्टत: भयभीत था, ''राम और उसके साथियों ने अपनी साधनहीनता में भी रावण से युद्ध का साहस किया है। राम का वध हो गया तो रावण

के सम्मुख कोई आंख नहीं उठा सकेगा। देव शक्तियां युग-युगों तक के लिए दासियां बनकर रह जाएंगी।''

इंद्र चुप हो गया। उसके चेहरे का व्यग्र मौन शचि के मन में भय और यातना उत्पन्न कर रहा था — जिस युद्ध को वह इतने तटस्थ भाव से, कहीं बहुत दूर, राम नामक एक व्यक्ति का देव-शत्रु रावण से होता हुआ युद्ध मानकर, उससे सर्वथा अनछुई बैठी थी — वह युद्ध देवराज के वक्ष पर हो रहा था और वह उतना महत्त्वपूर्ण था कि वे उसे समस्त देव शक्तियों के जीवन-मरण का प्रश्न मान रहे थे... देव शक्तियों के लिए पुनः अपना उत्कर्ष प्राप्त करने का यह बहुत अच्छा अवसर था, कदाचित् यही अवसर था... इसीलिए देवराज न तो युद्ध से तटस्थ रह सकते थे; और रावण के भय से न उसमें सम्मिलित हो सकते थे...

ऐसे में क्या परामर्श दे शची अपने पति को ! क्या कहकर उनकी व्यग्रता कुछ कम करे ? कैसे सांत्वना दे ?...

''राम के विषय में आपका क्या मत है ?'' अंधेरे में टटोलते हुए, कुछ न सूझने पर, जैसे शची ने बात को आगे बढ़ाने के लिए एक प्रश्न निष्प्रयोजन ही हवा में उछाल दिया।

''मत का अभिप्राय ?''

''क्या वह आपका मित्र-पक्ष है ?''

''सिद्धांततः तो हमारा मित्र-पक्ष ही है। वह देव-आदर्शों का विरोधी नहीं है। देव शक्तियों के मित्र आश्रमों का रक्षक है। आर्य आदर्शों का पालन करता है।'' इंद्र रुका, ''किन्तु व्यवहारतः कदाचित् वह मेरा मित्र नहीं हो सकता।''

''यह कैसी पहेली है ?'' शचि विस्मित थी।

''गौतम-पत्नी अहल्या के प्रसंग से राम मुझसे रुष्ट था ही। मैंने कहीं यह भी सुना था कि राम ने सम्मुख पड़ने पर द्वन्द्व-युद्ध में मेरा वध करने का भी संकल्प किया था; किन्तु इस संकल्प की पुष्टि नहीं हो सकी है। फिर भी राम का व्यवहार इस बात का प्रमाण है कि व्यक्तिगत रूप से मैं उसे अपना मित्र नहीं मान सकता।''

''किसी अन्य की स्त्री के साथ हुई घटना को लेकर राम इतना रुष्ट क्यों है ?'' शचि कुछ अप्रसन्नता से बोली, ''उसकी पत्नी को तो किसी ने परेशान नहीं किया।''

''हां ! राम ऐसा ही है। सब जगह अपनी टांग अड़ाएगा, नहीं तो ऋषियों और रावण के झगड़े में पड़कर अपनी पत्नी क्यों गंवाता ?''

''ऐसे कितने मनुष्य हैं संसार में ?'' शचि के स्वर में निहित प्रसन्नता का आभास था।

''और कोई है या नहीं, कह नहीं सकता, किन्तु राम ऐसा ही है और उसका भाई लक्ष्मण भी ऐसा ही है। मेरा सुख भी उससे देखा नहीं गया।'' इंद्र बोला, '' ... पर मित्र न मान पाने की बाध्यता में भी उसकी सहायता करनी होगी। शत्रु का शत्रु अपना मित्र

होता है।''

शचि समझ रही थी – देवराज के मन में दो शत्रुओं की शत्रुता टकरा रही थी। जब भी वे स्वयं को बहुत असहाय और व्याकुल पाते थे, उनकी ऐसी ही स्थिति हो जाती थी। किन्तु सामर्थ्य का आभास पाते ही वे दृढ़ हो जाते थे और तब उन्हें अपनी मनमानी करने से कोई नहीं रोक पाता था...

''और फिर जो मैंने नहीं किया था, वह तुम्हारे पुत्र जयंत ने कर डाला। उसने सीता के साथ अशिष्टता...''

''किन्तु उसका दण्ड तो राम ने उसे दे दिया है।''

''हां !'' इंद्र बोला, ''कदाचित् राम उस अपराध का दण्ड जयन्त को दुबारा नहीं देगा, किन्तु हमारे विषय में उसकी जो धारणा बनी होगी — उसे तो कोई नहीं बदल सकता।''

''अपनी जिज्ञासा के लिए एक प्रश्न पूछना चाहती हूं।'' शचि धीरे से बोली, ''क्या आपने कभी सोचा है कि यदि इस युद्ध में राम जीत गया...।''

''यह संभावना अभी दूर है, रानी !''

''दूर सही। यह संभावना काल्पनिक ही सही !'' शचि बोली, ''पर यदि ऐसा हुआ तो क्या राम भी आपके लिए एक प्रतिद्वन्द्वी शक्ति नहीं बन जाएगा, जिसके भय से देव शक्तियां थर-थर कांपती रहें और अपना मुंह छिपाती फिरें ?''

इंद्र सोच में पड़ गया, ''कल्पित संभावना का तो संभावित उत्तर ही हो सकता है। यदि ऐसा हुआ तो राम से भी निबटना पड़ेगा, किन्तु इस समय तो रावण...''

शचि आश्चर्य से इंद्र की ओर देखती रही, ''आप अपने इन दोनों शत्रुओं को परस्पर निबटने क्यों नहीं देते ?''

''रावण भयंकर है। वह शत्रु है।'' इंद्र बोला, ''राम तो अमित्र मात्र है। वह रावण को हरा पाया तो हमारा हित ही करेगा।''

''संभवत: आपकी सहायता से वह आपके पक्ष में आ जाए।''

''नहीं। उसमें प्रलोभन नहीं है। वह बिक नहीं सकता।'' इंद्र बोला, ''मैं राम की सहायता करूं या न करूं — मेरे प्रति उसका दृष्टिकोण नहीं बदलेगा। यदि मेरी सहायता से राम यह युद्ध जीत भी जाए, तो भी कृतज्ञता में वह मेरी बात नहीं मानेगा।''

''उसकी सहायता करेंगे या नहीं ?'' शचि कुछ समझ नहीं पा रही थी।

''सहायता तो करनी ही पड़ेगी — इच्छा से करूं या अनिच्छा से। उसकी विजय होनी चाहिए, क्योंकि रावण का पराभव हमारा इष्ट है।'' इंद्र का स्वर चिन्तित था, ''किन्तु स्वयं को अलिप्त रखते हुए, महादेव शिव को रुष्ट किए बिना, राम की अयाचना की स्थिति में...''

''आपने क्या सोचा है ?''

''सोचता ही तो रहा हूं।'' इंद्र खिसियाकर मुसकराया, ''किन्तु अपने मंत्रियों से

अभी मंत्रणा नहीं की है।''

''फिर भी कुछ सोचा होगा ?''

''एक बार गरुड़ के माध्यम से गुप्त रूप से औषधियां भेजी थीं। सोचता हूं, सेना न भेजूं, पर राम को साधनविहीन न रहने दूं। रावण से लड़ने के योग्य कुछ उपयुक्त दिव्यास्त्र तथा...''

''रावण क्रुद्ध नहीं होगा ?''

''चिन्ता रावण की नहीं, महादेव शिव के क्रोध की है।'' इंद्र आत्मचिन्तन-सा करता हुआ बोला, ''प्रयत्न रावण के नाश का है। यदि उसमें हम सफल हो गए तो क्रुद्ध होने के लिए वह जीवित ही नहीं रहेगा; किन्तु रावण जिए या मरे, महादेव प्रत्येक स्थिति में अपनी प्रसन्नता या अप्रसन्नता जताने के लिए बने रहेंगे।''

''उनकी अप्रसन्नता का हरण तो केवल देवी दुर्गा ही कर सकती हैं।'' शचि बोली।

इंद्र शचि को एकटक देखता चला गया। उसकी आंखों में जड़ भाव था, जैसे कुछ भी समझ न पा रहा हो। किन्तु स्वत: ही वह भाव पिघलने लगा और उसके साथ ही उसकी आंखों में एक चमक आती गई; और अन्त में बड़ी विलम्बित-सी एक मुसकान उसके अधरों पर आयी, ''तुमने मेरी समस्त समस्याओं का समाधान कर दिया, रानी !''

उसी क्षण से इंद्र आत्मलीन हो गया। बातचीत को आगे बढ़ाने में अब उसकी कोई रुचि नहीं थी। किन्तु शचि देख रही थी कि यह आत्मलीनता मात्र चिन्तन को परिलक्षित कर रही थी — चिन्ता को नहीं। देवराज को निश्चय ही कोई समाधान सूझ गया था और वे उसी को मन-ही-मन बुन रहे थे। वे अपनी योजना को मन-ही-मन पूर्ण रूप देंगे और तब अपने सचिवों से मंत्रणा करेंगे। मंत्रणा के पश्चात किसी निष्कर्ष पर पहुंचकर वे अपनी योजना को कार्यान्वित करेंगे। चिन्तन से कर्म तक की इस सारी प्रक्रिया में शचि की कोई भूमिका नहीं थी।

शचि निश्चिन्त होकर सो गई, किन्तु इंद्र को तब भी नींद नहीं आयी। उसके मन में जैसे एक से दूसरी कड़ियां जुड़ती जा रही थीं और एक योजना अपने स्वरूप की पूर्णता की ओर बढ़ रही थी।... शचि ने ठीक कहा था, महादेव शिव के क्रोध का प्रतिकार केवल भगवती दुर्गा ही कर सकती हैं। शिव जब महारुद्र का क्रोधी रूप धारण करते हैं, उस समय उनके सम्मुख जाने का साहस ब्रह्मा और विष्णु भी नहीं करते। एक भगवती दुर्गा ही हैं जो शिव के तेज को शांत कर सकती हैं; चाहे प्रेम से करें, चाहे प्रबोध से अथवा विरोध से... इंद्र के मन में यह सामान्य-सी बात पहले क्यों नहीं आयी कि पति की शक्ति का उपयुक्त तोड़ पत्नी ही हो सकती है... यद्यपि यह नियम नहीं हो सकता। इसके अनेक अपवाद हैं। सामान्य स्थिति में तो प्रत्येक पत्नी अपने पति पर अपने प्रभाव का प्रयोग कर सकती है, किन्तु पति के क्रोध के क्षणों में दमित और दुर्बल पत्नियां पति का सामना नहीं कर पातीं। यदि दुस्साहस करती हैं तो उसका फल भोगती हैं... किन्तु भगवती दुर्गा उन पत्नियों में से नहीं हैं। वे समर्थ हैं। आज विजयन्त देवराज न रहें

तो शचि का कोई महत्त्व नहीं रहेगा; किन्तु भगवती दुर्गा का महत्त्व मात्र महादेव की पत्नी का महत्त्व ही नहीं है। दुर्गा स्वयं शक्ति की देवी मानी जाती हैं। उनका शस्त्रागार महादेव के शस्त्रागार से किसी भी प्रकार हीन नहीं है... उनकी रण-कुशलता, शस्त्र-दक्षता तथा वीरता उनके अपने व्यक्तित्व के गुण हैं।... अनेक शक्तिशाली असुरों और दैत्यों का भगवती ने अपने हाथों वध किया है... और जब कभी महादेव से विरोध हुआ... कुमार कार्तिकेय भगवती से रुष्ट हुए, तो महादेव ने बीच में हस्तक्षेप नहीं किया... गणेश के साथ हुए महादेव के युद्ध में भगवती ने तब तक हस्तक्षेप करना स्वीकार नहीं किया, जब तक कि स्वयं शिव ने गणेश का महत्त्व स्वीकार नहीं कर लिया।... जब कभी भगवती ने महादेव का विरोध किया, अंततः महादेव को उनसे समझौता करना पड़ा।

अद्‌भुत हैं ये पति-पत्नी भी। दोनों एक-दूसरे के समतुल्य। दोनों में से कौन छोटा है और कौन बड़ा — कहना कठिन है। दोनों में विरोध भी होते हैं — दोनों के समर्थक पक्षों में सशस्त्र युद्ध भी हुए — किन्तु उनके सम्बन्ध पुनः वैसे ही प्रगाढ़ हो गए। न कोई किसी से दबता है, न दबाता है। टकराव होता है तो दोनों अपना-अपना पक्ष लेकर जम जाते हैं; किन्तु स्थिति सामान्य होते ही उनके संबंधों में कोई दरक नहीं रह पाती। वरन् सम्बन्ध और भी प्रगाढ़ हो जाते हैं। कैसा प्रेम है उनका, जो न दबता है, न लड़ता है; और कैसा दाम्पत्य जीवन। इंद्र ने वैसे दम्पति और देखे ही नहीं।...

यदि कहीं भगवती दुर्गा को मनाया जा सके कि रावण अन्यायी है...

इंद्र ठीक समय पर पहुंचा था। महादेव शिव कैलाश पर नहीं थे। कहां गए थे, पूछने की कोई सार्थकता नहीं थी, क्योंकि उनके अज्ञातवास के विषय में किसी को कोई सूचना नहीं दी जाती थी।

नन्दी ने इंद्र और शचि की अगवानी की थी और भगवती से अनुमति लेकर उन्हें उनके सम्मुख उपस्थित कर दिया था।

भगवती ने मुसकराकर इंद्र की ओर देखा, "आओ, कायरराज ! आज इंद्राणी को साथ लेकर कैसे चले आए ? क्या आने का प्रयोजन राजनीतिक नहीं है ?"

इंद्र कुछ संकुचित हुआ — मेघनाद से पराजित होने के पश्चात् भगवती द्वारा दी गयी इस संज्ञा का सामना उसे अनेक स्थानों पर करना पड़ा था। यह संबोधन उसे अच्छा नहीं लगता था, किन्तु इसके माध्यम से भगवती अपने मन का जो भाव प्रकट करती थी, इंद्र को वह सदा ही प्रिय रहा था। इस उपालंभ में निहित भगवती का स्नेह इंद्र के लिए एक विश्वसनीय अवलम्ब था। कदाचित् मेघनाद की विजय भगवती को पसन्द नहीं आयी थी, किन्तु जो तथ्य था, उसे वे अस्वीकार कैसे करतीं ? इंद्र को सदा यही लगा था कि अपने इस सम्बोधन से भगवती उसे अपमानित करना नहीं चाहतीं, वरन् उसकी त्रुटि को रेखांकित करती हैं और उसे सुधारने की प्रेरणा देती हैं।

"प्रयोजन तो राजनीतिक ही है, मां !" इंद्र बोला, "पर शचि को पारिवारिक

सद्भावना की आड़ बनाए रखने के लिए साथ लाया हूं।''

''कूटनीति !'' दुर्गा हंसीं, ''एक तो शचि की उपस्थिति में महादेव अधिक कठोर नहीं हो सकेंगे और दूसरे मुझे मां कह रहे हो, वैजयंत ! पुरुष अपने स्वार्थ-साधन के लिए स्त्री की भावनाओं के साथ कैसे-कैसे खिलवाड़ करता है।''

इंद्र हंसा। प्रत्येक बात का उत्तर देना आवश्यक नहीं था। अनेक बातों को हंसी में टाला जा सकता था। उनमें उलझने का क्या लाभ। किन्तु आवश्यक सूत्रों को पकड़ना बहुत आवश्यक था, ''अपनी भावना व्यक्त करने के लिए आपको 'मां' कहा है, देवी। आपके वय का बोध कराने के लिए नहीं।''

दुर्गा खुलकर हंसी, ''चतुर हो बहुत । किन्तु आज तुम्हारा कूटनीतिक अभियान पूरा नहीं हो पाएगा। महादेव घर पर नहीं हैं। उनके शीघ्र लौटने की सम्भावना भी नहीं है। किन्तु तुम्हें तत्काल लौटना नहीं होगा। शचि को साथ लाए हो तो थोड़ी देर अपनी राजनीति-कूटनीति भूलकर पारिवारिक वातावरण में थोड़ा समय व्यतीत करो। तुम्हें शायद मालूम हो कि पुत्रों की साध मुझे अधिक नहीं है, किन्तु बहू की लालसा मुझे है। शचि को साथ लाकर तुमने बुद्धिमत्ता का ही प्रमाण दिया है।''

भगवती का कथन इंद्र के लिए भी अप्रत्याशित था। वे अत्यन्त सहज रूप से अपने मन का एक बहुत महत्त्वपूर्ण रहस्य कह गयी थीं। सचमुच भगवती का मन मां का मन था।

''किन्तु मां !'' इंद्र बोला, ''मुझे महादेव से नहीं, आप ही से काम था।''

दुर्गा ने स्थिर दृष्टि से इंद्र को देखा, ''देवराज को मुझसे क्या काम है ? मेरी तो कोई राजनीति नहीं है।''

''इसीलिए काम आप ही से है।''

''कहो !''

''लंका में राम और रावण का युद्ध हो रहा है।''

''मुझे मालूम है।'' दुर्गा बोलीं।

''आपको मालूम तो होगी ही। आपकी राजनीति चाहे कोई न हो, सूचनाएं आपको सारी होंगी।'' इंद्र मुसकराया, ''आप जानती ही होंगी कि शस्त्रबल की दृष्टि से यह असम युद्ध है। सैनिक दृष्टि से राम सर्वथा साधन-विहीन है और रावण के सिर पर स्वयं महादेव शिव का वरद-हस्त है।''

''मुझे मालूम है।'' दुर्गा बोलीं, ''इसमें शिकायत का अवसर कहां है —' क्या अन्य देव शक्तियों की विभिन्न राज्यों तथा राजाओं के साथ मैत्री संधियां नहीं हैं। क्या तुम्हारा ही वरद-हस्त किसी पर नहीं है। और यदि नहीं ही है तो तुम जाओ, राम के पक्ष से लड़ो — महादेव शिकायत नहीं करेंगे।''

इन्द्र तनिक घबराया — किन्तु घबराना कोई समाधान नहीं था। उसने स्वयं को संयत किया, ''मां ! सारी देव शक्तियां अपने प्रभाव-क्षेत्र बनाती हैं, विभिन्न राज्यों से

मैत्री-संधियां करती हैं। मैं महादेव के विरुद्ध यह उपालंभ लेकर नहीं आया हूं। मैं तो यह कहने आया हूं कि आप देखें कि रौद्र तेज पाकर रावण क्या कर रहा है। सीता जैसी असंख्य नारियों का अपहरण, हत्याएं, बलात्कार, राक्षसी शक्तियों का प्रसार — क्या महादेव शिव का उद्देश्य संसार को इस ओर धकेलना है !'' इन्द्र कुछ आवेश में बोला, ''क्या महादेव ने इतनी लम्बी साधना कर वे शस्त्र संसार को इसलिए प्रदान किए हैं कि उनकी शक्ति से सम्पन्न होकर उनके मित्र राजा अन्यायपूर्वक हत्याएं, अपहरण और बलात्कार करें। महादेव शिव क्या इन्हीं तत्त्वों को प्रोत्साहित करना चाहते हैं ?''

''नहीं ! महादेव यह नहीं चाहते।'' दुर्गा का स्वर स्थिर था, ''सीता के अपहरण का उन्हें भी दुख है। किन्तु तुम जानते हो, इन्द्र ! दान देकर महादेव कोई प्रतिदान नहीं चाहते। शस्त्र देकर अपने मित्रों पर वे कोई नियन्त्रण नहीं रखते। प्रतिबंधित सहायता वे किसी की नहीं करते।''

''किन्तु यह परिपाटी देव शक्तियों के हित में नहीं है।''

''देव समाज ने महादेव को उपयुक्त मान दिया ही कब है कि वे देव शक्तियों के हितों को ध्यान में रखें।'' दुर्गा का स्वर कठोर था, ''तुम पर विपत्ति न आए तो कभी तुम्हें महादेव याद आएं ?''

''मां !'' इन्द्र का स्वर कांप गया, ''इतनी कठोर न बनो। मेरी सहायता मत करो। राम की सहायता मत करो। किन्तु न्याय और धर्म की सहायता तो करो। शुंभ और निशुंभ की हत्या तुमने क्यों की थी ? महिषासुर को तुमने क्यों मारा था ? वही अपराध आज रावण कर रहा है। सीता ने क्या दोष किया है, मां ?''

''अहल्या ने क्या दोष किया था, देवराज ?''

''उसके लिए यदि मुझे पर्याप्त दंड न मिला हो तो मुझे दंडित करो।'' इन्द्र बोला, ''किन्तु सत्य के बल को इस प्रकार मत तोड़ो।''

''सत्य का बल है राम में तो वह क्यों डरता है ?'' दुर्गा बोलीं, ''साहस कर लड़ता क्यों नहीं ?''

इन्द्र ने आश्चर्य से भगवती को देखा, ''क्या कह रही हो, मां ! कौन कहता है कि राम डरता है ? अपनी समस्त देव शक्ति के होते हुए भी इन्द्र जिससे डरता है, उसी राक्षस साम्राज्य से राम वानर-भालुओं की सेना लेकर लड़ रहा है। इन्द्र को जो चाहे कह लो, मां ! राम के साहस में संदेह मत करो।''

''यदि राम डरता नहीं तो उसने तुम्हें यहां क्यों भेजा है ?'' दुर्गा वक्रतापूर्वक मुसकरा रही थीं।

''राम ने मुझे यहां नहीं भेजा, मां !'' इन्द्र का स्वर धीमा हो गया, ''राम से मेरा कोई सम्बन्ध नहीं। अहल्या-प्रसंग को लेकर राम मुझसे रुष्ट था, बाद में जयंत भी कुछ अशिष्टता कर बैठा। मैं तो राम की सहायता करने से भी डरता हूं — कहीं वह इन्द्र की सहायता अस्वीकार न कर दे ?''

भगवती की आंखों में पहली बार प्रसन्नता का उजाला हुआ, ''राम ने तुमसे सहायता की भीख नहीं मांगी ?''

''नहीं, मां !''

''तो तुम उसकी सहायता क्यों करना चाहते हो ?''

''रावण के नाश के बिना देव शक्तियों का निस्तार नहीं हो सकता।'' इंद्र का स्वर स्थिर था।

''और यदि रावण का वध कर उसका राज्य पा, वह स्वयं उतना ही अत्याचारी हो उठा तो ?'' दुर्गा बोलीं, ''फिर उससे बचने के लिए किसके पास याचना करने जाओगे?''

कुछ क्षणों तक इन्द्र शांत रहा। फिर धीरे से बोला, ''मैं भविष्यवक्ता नहीं हूं, मां! किन्तु फिर भी इतना तो कह ही सकता हूं कि राम अत्याचारी नहीं हो सकता !''

''क्यों ?''

''उसे सत्ता का मोह नहीं है।''

''प्रमाण।''

''वह अयोध्या के राज्य को त्याग कर आया है।'' इन्द्र बोला, ''निषादों का राज्य उसने स्वीकार नहीं किया। किष्किंधा का राज्य उसने सुग्रीव को दे दिया। लंका के सिंहासन पर वह पहले से ही विभीषण का अभिषेक कर चुका है।''

''राज्य का प्रलोभन उसे नहीं है।'' दुर्गा मन-ही-मन आनन्द का रसपान करती रहीं; फिर मुद्रा बदलकर बोलीं, ''तो फिर लड़ क्यों रहा है ?''

''न्याय के लिए, मां !''

''तो तुम चिन्ता मत करो — वह जीतेगा।'' भगवती का स्वर शांत था, ''न्याय के लिए लड़ने वाला व्यक्ति हारता नहीं।''

''मां ! ऐसा मत कहो।'' लगा, इन्द्र रो देगा, ''युद्ध शस्त्रों से जीते जाते हैं — न्याय-भावना से नहीं। राम के पास एक रथ तक न हो और रावण के पास महादेव शिव की संपूर्ण शक्ति हो तो न्याय कैसे जीतेगा, मां ?''

''युद्ध शस्त्रों से जीते जाते हैं तो आत्मबल से भी जीते जाते हैं।'' दुर्गा का स्वर कठोर था।

''पर कुछ अनुपात तो हो। युद्ध बराबर की शक्तियों में हो तो आत्मबल...''

''तो युद्ध बराबर की शक्तियों में होने दो।'' भगवती ने हाथ उठाकर इन्द्र को बीच में ही रोक दिया, ''कुछ दिव्यास्त्र मैं देती हूं। कुमार कार्तिकेय ने जिन दिव्यास्त्रों से तारकासुर को मारा था, वे मुझसे ले जाओ। तुम अपना रथ और जो दिव्यास्त्र चाहो, राम को दे दो और बीच से हट जाओ!''

''और यदि महादेव रुष्ट हुए ? रावण की ओर से लड़ने के लिए स्वयं पहुंच गये ?''

''रावण की ओर से लड़ने के लिए उन्हें मैं नहीं जाने दूंगी। महादेव पाप और अन्याय का समर्थन नहीं करते। तुम युद्ध में हस्तक्षेप मत करना — महादेव भी तटस्थ रहेंगे, चाहे रावण हारे या जीते।''

''अपना वचन याद रखना, मां !'' इन्द्र के हाथ अपने आप जुड़ गए और आंखें हर्ष तथा कृतज्ञता से भर आयीं।

13

रावण को मेघनाद के वध का समाचार दिया गया।

रावण को लगा कि जाने क्यों उसके मस्तिष्क में फेन-बुदबुद उठ रहे हैं। चिंतन-शक्ति जैसे जड़ हो गई है। कभी-कभी तो जैसे श्वास भी रुकता मालूम पड़ता था। कानों में अनवरत एक सनसनाहट-सी चल रही थी और आंखों के सम्मुख हल्के और भारी परदे झूल रहे थे। किन्तु इनके ऊपर प्रतिरावण का एक दीर्घ अट्टहास गूंज रहा था...

बड़ी देर तक रावण इसी प्रकार भाव-शून्य-सा बैठा रहा। कुछ भी अनुभव करने में असमर्थ। शनैः-शनैः उसे लगा कि फेन बैठती जा रही है, मस्तिष्क कुछ जीवित हो उठा है और तब उसे अनुभूति हुई कि उसने क्या खोया है... मेघनाद मारा गया था, युवराज इन्द्रजित मेघनाद। शोक से कहीं अधिक रावण को आश्चर्य हो रहा था — यह कैसे सम्भव है ? मेघनाद कैसे मर सकता है ? उसे कौन मार सकता है ?... पहले दिन वह युद्ध में गया तो वानर सेना के काल के समान लड़ा — राम और लक्ष्मण का वध कर आया। जाने कैसे मायावी हैं वे लोग — पुनः जीवित हो उठे। दूसरी बार गया तो ब्रह्मास्त्र से न केवल राम और लक्ष्मण — प्रायः सभी वानर सेनापतियों को हताहत कर आया।... और आज तो वह अभी युद्ध में गया ही नहीं था। वह तो निकुंभिला देवी के मन्दिर में यज्ञ कर रहा था... वह मायावी लक्ष्मण वहां भी पहुंच गया... विभीषण जैसा भ्रातृद्रोही साथ हो तो लक्ष्मण कहां नहीं पहुंच सकता।... लंका का राज्य पाने के लिए विभीषण लोभ-मद में मस्त हो रहा है, नहीं तो वह इतना निर्मम हो जाता ? वह अपने ही बंधु-बांधवों को मार रहा है, जैसे क्षुधार्त नाग अपने ही बच्चों को खा जाता है...

पर विभीषण का परिवार भी सुरक्षित नहीं रहेगा।... क्रोध के मारे रावण के लिए मंच पर बैठे रहना असंभव हो गया... जब सरमा और कला के वध का समाचार पहुंचेगा उस दुष्ट के पास, तभी तो उसे ज्ञात होगा कि परिवार की पीड़ा क्या होती है... संतान के वध से पिता के मन की दशा क्या होती है...

किन्तु तभी प्रभात के पूर्व दिए गये समाचारों में से एक उसके मस्तिष्क के अंधकार में सौदामिनी के समान कौंधने लगा... समस्त प्रबन्धों और प्रहरियों के रहते हुए भी कला और सरमा अपने प्रासाद में से लुप्त हो गई थीं... तो विभीषण पहले से ही इस बात को समझता था और उसका प्रबन्ध उसने कर लिया था...

रावण ने ताली बजाई।

द्वारपाल उपस्थित हुआ।

"महोदर से कहो कि सरमा और कला की खोज की जाए और उनके मिलते ही उनका वध कर दिया जाए !"

द्वारपाल के जाते ही रावण का ध्यान लक्ष्मण की ओर गया... लक्ष्मण ने उस समय मेघनाद का वध किया, जब उसके पास ब्रह्मास्त्र नहीं था। निःशस्त्र का वध। इन दुष्टों को भी समाप्त करना ही पड़ेगा।... और जिसके लिए ये लोग युद्ध कर रहे हैं, उस सीता को भी !... यदि राम, लक्ष्मण और विभीषण सफल हो जाएं। यदि रावण का वध भी हो जाए... तो भी ये लोग विजय का सुख न पाएं। लंका में आएं तो उन्हें सीता का शव मिले, या वह भी न मिले...

रावण ने पुनः ताली बजाई। द्वारपाल आया। आदेश दिया और युद्ध-सामग्री उपस्थित हुई। रावण ने ब्रह्मा-प्रदत्त चमचमाता हुआ कठोर कवच धारण किया। ब्रह्मा-प्रदत्त ही धनुष उठाया। कटि में खड्ग बांधते-बांधते रावण रुक गया...

प्रतिरावण हंस रहा था — "हां ! हां ! जा। अकेली निरीह वैदेही का वध कर दे, जैसे लक्ष्मण ने मेघनाद को मारा है। सीता के मरते ही यातुधानों की माया से राम और लक्ष्मण भी मर जाएंगे। राम और लक्ष्मण के वध के पश्चात् अपने मणि महालय में आकर सेज सजाना और उस पर सीता के रुण्ड और मुण्ड को जोड़कर रखना और उसका भोग करना..."

रावण समझ गया, वह सीता का वध नहीं कर सकता... सीता का वध कर सकता अथवा उसका मोह त्यागकर उसे लौटा सका होता, तो यह दिन क्यों देखना पड़ता... सीता तो उसके जीवन के सम्पूर्ण संघर्षों की उपलब्धि थी... सीता ही न रही तो राम और लक्ष्मण से युद्ध कैसा ? वे मंदोदरी का हरण करने तो आ नहीं रहे हैं।... नहीं ! सीता को जीना पड़ेगा; जब तक राम और रावण में से एक भी व्यक्ति जीवित है, उसे जीना पड़ेगा...

और रावण को लड़ना पड़ेगा।... पहले दिन से ही स्पष्ट था कि सीता को प्राप्त करने के लिए लड़ना पड़ेगा। उसने युद्ध को टाला और सीता को उठा लाया; किन्तु सीता उसे नहीं मिली। सीता उसे युद्ध के बाद ही मिले। सीता जैसी विश्व-सुन्दरी के लिए युद्ध न हो, यह कैसे सम्भव है ! सीता, राम को चाहिए या रावण को — युद्ध के बिना वह किसी को नहीं मिल सकेगी। यदि रावण ने यही युद्ध पंचवटी में लड़ लिया होता तो उसके बंधु-बांधवों के वध की यह स्थिति नहीं आती। अकम्पन के परामर्श ने ही उसे डुबोया है...

प्रतिरावण पुनः अट्टहास कर उठा, 'तू लड़ेगा। रावण ? राम से ? तू युद्ध को टालता नहीं आया, तू राम से डरता आया है। यदि तू राम से भयभीत नहीं था तो क्यों अपने पुत्रों, भाइयों, मंत्रियों को भेजता रहा ? क्यों स्वयं लड़ने नहीं गया ?... राम का वय कम

है। उसका शरीर फुर्तीला है। उसमें ऊर्जा है। उसका शारीरिक बल, शस्त्र-कौशल, वीरता... तू अब वृद्ध हो रहा है। थोड़ी देर में दम फूल जाता है। धनुष को अधिक खींचने से पेशियों में पीड़ा होने लगती है। काल तुझे मार गया है।... सोच ले। राम आज भी वैसा ही योद्धा है, जैसा पंचवटी में था। इस युद्ध के अनुभव से वह कुछ विकट ही हुआ होगा, कम नहीं हुआ। आखिर कोई तो कारण होगा... सीता ने उसे सदा स्वीकार किया है, तेरा तिरस्कार...'

रावण के हाथ अपनी ग्रीवा तक उठ गए; और अब उसे अनुभव हुआ कि प्रतिरावण उसके शरीर के भीतर ही है। रावण के जीवित रहते प्रतिरावण का वध नहीं हो सकता, जैसे रावण के जीवित रहते न सीता का वध हो सकता है, न उसे त्यागा जा सकता है...

रावण ने महोदर, महापार्श्व और विरुपाक्ष को बुला भेजा। उनके आने पर सैनिक अभियान की रूपरेखा तैयार की। वे तीनों और रावण अपनी-अपनी सेनाओं के साथ लंका के एक-एक द्वार से बाहर निकलेंगे और आमृत्यु युद्ध करेंगे। अनिर्णीत युद्ध में जीवित रहते हुए, वापस लौटने का कोई अर्थ नहीं था। या तो राम-लक्ष्मण का वध कर वापस लौटेंगे, अथवा लंका में उनका रथ ही लौटेगा...

विरूपाक्ष अत्यन्त उत्साहित था, किन्तु रावण को महोदर और महापार्श्व में युद्ध का विशेष उत्साह दिखायी नहीं पड़ा।

''तुम युद्ध करना नहीं चाहते ?'' रावण की भृकुटि वक्र हो उठी।

''युद्ध !'' महोदर ने महापार्श्व की ओर देखा, ''युद्ध में तो हमें कोई आपत्ति नहीं है, किन्तु सेना...''

''हां। सेना।'' महापार्श्व ने दुहराया।

''क्यों, सेना को क्या हुआ है ?'' रावण क्रुद्ध हो उठा, ''क्या लंका की सेना युद्ध नहीं करना चाहती ?''

''नहीं। सेना युद्ध को मना तो नहीं कर रही...''

''महाराजाधिराज क्षमा करें।'' महापार्श्व कुछ साहस कर बोला, ''सेना हमारे पास है ही कहां ?''

रावण ने चकित दृष्टि से महापार्श्व को देखा, जैसे वह विक्षिप्त हो गया हो।

''लंका के असंख्य सैनिकों ने वीरगति पायी है।'' इस बार महापार्श्व कुछ धैर्य से बोला, ''असंख्य सैनिक लंका के सैनिक-असैनिक चिकित्सालयों के भीतर-बाहर पड़े हैं। हमारे आहत सैनिकों की संख्या इतनी अधिक है कि चिकित्सालयों के द्वारों और चौखटों में लेटाकर भी उन्हें अंटा पाना कठिन हो रहा है...।'' उसने रुककर क्षणभर रावण को देखा, ''और यह स्थिति तब है, जब हम हताहतों को युद्ध-भूमि से उठा लाने का प्रबन्ध नहीं करते हैं। हमारे प्रबन्धकों को जब भी अवसर मिलता है, वे युद्ध-क्षेत्र से राक्षस सैनिकों के शवों को उठाकर समुद्र में डाल आते हैं। यदि हम वानर सेना के समान

अपने मृत सैनिकों का अग्नि-संस्कार करने लगें तो लंका की गृहिणियों को ईंधन के लिए लकड़ी नहीं मिलेगी...''

रावण उठकर खड़ा हो गया और व्यग्रता में इधर से उधर टहलने लगा।

''मुझे बताया क्यों नहीं गया ?''

''आपको कौन बताता ? आप कटु सत्य सुनना नहीं चाहते। और फिर इसमें बताने के लिए क्या है। यह तो समझने की बात है। प्रत्येक पराजित सेना की यही स्थिति होती है।''

''क्या हमारे स्कंधावार में कोई नहीं है ?''

''स्कंधावार के सैनिक कल की पराजय के पश्चात से अपना स्थान छोड़-छोड़कर भागने लगे हैं।'' महापार्श्व बोला, ''लंका के सैनिक विजय और विजयोपरांत लूट के अभ्यस्त हैं। पराजय की बेला में अपने स्वामी के लिए प्राण देने का पाठ उन्होंने नहीं पढ़ा है।''

''सेना-परित्याग।'' रावण की आंखें आरक्त होने लगीं, ''उन सबको मृत्यु-दण्ड दिया जाएगा।''

''मृत्यु-दण्ड देगा कौन ?'' महापार्श्व कुछ दुस्साहसी हो गया था, ''हमारे पास लंका की रक्षा के लिए भी पर्याप्त सैनिक नहीं रह गए हैं। निर्वासित राजकुमार विभीषण के परिवार का पता भी अब तक हम इसीलिए नहीं पा सके हैं।'' उसने रुककर रावण को देखा, ''मुझे तो यह भी सूचना मिली है कि सामर्थ्यवान लोग लंका से निकल भागने के प्रयत्न में हैं। वे लोग अपने परिवारों को किन्हीं सुरक्षित स्थानों पर पहुंचाने को उत्कंठित हो रहे हैं।''

कुछ क्षणों तक रावण चिंतित दिखा; फिर जैसे उसका क्रोध उसकी चिंता को पी गया।

''तुम लोग अपनी इच्छा-अनिच्छा की बात कहो।''

''मैं तो अकेला ही, बिना एक भी सैनिक साथ लिये युद्ध के लिए प्रस्तुत हूं।'' विरूपाक्ष बोला, ''मुझे जाने की आज्ञा मिले, तात।''

''और तुम लोग ?''

''शरीर में रक्त की अंतिम बूंद तक मैं युद्ध करूंगा।'' महोदर बोला। रावण की दृष्टि महापार्श्व की ओर उठ गई।

''जय-पराजय दोनों स्थितियों में अंतिम समय तक युद्ध करूंगा।'' महापार्श्व सहज ढंग से बोला।

''तो फिर जाओ !'' रावण उच्च स्वर में बोला, ''बचे-खुचे सैनिकों को, अंगरक्षकों को और दंडधरों को साथ लो और लंका के एक-एक घर में जाकर सक्षम शरीर वाले युवकों को बलात् सैनिक कर्म के लिए घसीट लाओ। आपत्ति अथवा विरोध करने वाले के लिए मृत्यु-दंड घोषित कर दो।'' रावण रुककर बोला, ''सैनिक संख्या कम लगे

तो शस्त्र-बल बढ़ाओ। सैनिकों को भी दिव्यास्त्र दो।...''

''आज मात्र रक्षात्मक युद्ध हो। कल उन पर भयंकर आक्रमण करो। कल संध्या तक राम और लक्ष्मण का वध होना ही चाहिए। जाओ !''

अगले दिन प्रातः विरूपाक्ष सबसे पहले लंका से बाहर निकला।

आज के तीनों सेनापतियों को सेना एकत्रित करने के मार्ग में आने वाली कठिनाइयों का आभास था; किंतु रावण को इसकी सूचना किसी ने भी नहीं दी थी।

वस्तुतः अब वह स्थिति नहीं रह गयी थी कि लंका की सेना की ओर से युद्ध का आह्वान पाकर प्रत्येक घर का द्वार खुल जाता और प्रत्येक घर से युवक निकल-निकलकर महाराजाधिराज रावण की जय बोलते। पहले स्थिति और थी। युद्ध में जाने वाला सैनिक जानता था कि वह न केवल विजयी होकर सकुशल वापस घर लौटेगा; वरन् रजत तथा स्वर्ण मुद्राओं के साथ-साथ कुछ बहुमूल्य रत्न भी साथ लाएगा। भाग्य ने साथ दिया तो दो-चार सुंदरी युवती दासियां भी साथ लाना बहुत कठिन नहीं था। किंतु अब स्थिति एकदम विपरीत थी। युद्ध में जाने वाला सैनिक जानता था कि वह मृत्यु के मुख में जा रहा है। उसके शव का भी घर लौटकर आना निश्चित नहीं है।

सैन्य-संचय के लिए जाने वाले अधिकारियों को लंका के प्रत्येक घर के द्वार पर प्रतिरोध का सामना करना पड़ा था। न केवल युवक स्वयं नहीं आना चाहते थे, उनकी पत्नियां, माताएं, बहनें और कभी-कभी तो उनके बच्चे तक उनसे लिपट-लिपट जाते थे। स्थान-स्थान पर धमकियों और बल का प्रयोग करना पड़ा। आज की सेना में अधिकांश सैनिक डरा-धमकाकर ही लाए गए थे।... घर-घर में विलाप हो रहा था। कुछ घरों के युवक मारे जा चुके थे, कुछ परिवारों के घायल पड़े थे और कुछ के आज लड़ने जा रहे थे, जो मृत समान ही समझे जा रहे थे। लोग रावण और उसके राज्य को कोस रहे थे। रावण के सैनिकों की चिंता किए बिना राक्षसियां उस वृद्धा शूर्पणखा को कोस रही थीं, जिसने अपने शरीर की झुर्रियों और सफेद होते हुए बालों को अनदेखा कर, राम के यौवन पर आधिपत्य जमाने के प्रयत्न में लंका को मृत्यु के मुख में धकेल दिया था। स्वयं पट्टमहिषी मंदोदरी को यह कहते सुना गया था, ''हाय ! मां के उदर में ही क्यों नहीं मर गई यह शूर्पणखा — कुटिला, कुलक्षणा, अमंगला...!'' वीरबाहु की मां चित्रांगदा रावण को कोस रही थी, ''हाय ! तुमने निज कर्मदोष से ही कुल को भी डुबोया और स्वयं भी डूबे...।''

आज सैनिक प्रयाण के समय बहुत जोर के बाजे नहीं बजे। सेना में न उत्साह था, न आडंबर। स्पष्ट ही वे रावण के भय से बंधे चले जा रहे थे। सेनापति इस आशंका से भी पीड़ित थे कि कहीं उनके सैनिक शत्रुओं से न जा मिलें...

विरुपाक्ष रथारूढ़ होकर लंका से बाहर निकला। किंतु युद्ध-भूमि में जाते ही उसने अनुभव किया कि उसके पास इतनी सेना नहीं थी कि वह शत्रुओं को स्वयं से दूर-दूर

रख सके और वह रणभूमि में अपनी इच्छानुसार रथ दौड़ाता हुआ शत्रु सेनापतियों से जूझता फिरे। उनके सैनिकों की संख्या इतनी कम थी कि वानर सेना बार-बार उसके रथ के अत्यन्त निकट आ जाती थी। वे उसके सारथी और घोड़ों पर न केवल बाण-वर्षा करते थे, वरन् कभी-कभी तो रथ पर पत्थर तक फेंक देते थे और उसके रथ के पहियों में लकड़ियां अड़ाकर उसे रोकने का प्रयत्न करते थे। ऐसे में रथ सुविधा के स्थान पर असुविधा का कारण हो जाता था।

विरूपाक्ष अपना रथ त्याग कर गजारूढ़ हो गया और वानर सेना का संहार करने लगा। हाथी रथ से कहीं ऊंचा था और वानरों के लिए उसके निकट आना भी जोखिम का काम था।

सुग्रीव ने अपनी सेना की कठिनाई समझी। उन्होंने पीछे सेना को स्थिर रखने का कार्य सुषेण को सौंपा और स्वयं विरूपाक्ष के सम्मुख जा डटे।

साधारण सैनिकों का नाश कर विरूपाक्ष का मनोबल सातवें आकाश पर जा पहुंचा था। सुग्रीव को सम्मुख देखते ही, उसने पांच नाराच खींचकर मारे। सुग्रीव के पास धनुष-बाण नहीं थे। उनके कवच ने ही उनकी रक्षा की। किंतु फिर भी उनका शरीर तीन-चार स्थानों से घायल हो गया। सुग्रीव के लिए यह सर्वथा अनपेक्षित था। अकस्मात् ही उनका आवेश जागा। उन्होंने अपनी गदा को देखा — यह विरूपाक्ष के लिए न सही, उसके गज के लिए उपयुक्त शस्त्र था।... सुग्रीव अपने स्थान से कूदे और सेना को चीरते हुए विरूपाक्ष के हाथी की पिछली ओर जा पहुंचे। उन्होंने अपने दोनों हाथों से पकड़कर अपनी पूरी शक्ति से गदा का प्रहार हाथी की पिछली टांग पर किया। हाथी पीड़ा में जोर से चिंघाडकर घूमा। किंतु सुग्रीव भी जैसे अपना संतुलन खो बैठे थे। एक के बाद एक प्रहार करते गए और तब ही रुके, जब उन्होंने हाथी को पीड़ा में अवश होकर धरती पर बैठ जाते हुए देखा।

विरूपाक्ष भी इतने निकट से धनुष-बाण की निरर्थकता समझ गया था। उसने धनुष-बाण छोड़कर ढाल-तलवार उठा ली और घायल हाथी से नीचे कूद गया।

सुग्रीव के संभलने से पूर्व ही उसने उन्हें दो घाव लगा दिए थे; किंतु तीसरे की बारी नहीं आयी। सुग्रीव का एक प्रबल प्रहार उसके वक्ष पर पड़ा और वह रक्त-वमन करता हुआ धरती पर जा गिरा।

महोदर यद्यपि पूर्वी द्वार से बाहर निकला था, किंतु उसकी भी पहली झड़प सुग्रीव के साथ हुई। सुग्रीव उसी समय विरूपाक्ष से निवृत्त हुए थे और अत्यधिक आवेश में थे। महोदर के साथ सेना कम थी। युद्ध की स्थिति देखते हुए उसका मनोबल भी ऊंचा नहीं था। वह युद्ध में अधिक देर टिक नहीं सका और एक संक्षिप्त-से युद्ध में ही सुग्रीव के हाथों मारा गया।

महापार्श्व पश्चिमी द्वार से निकला था। वह अंगद के साथ भिड़ा। अंगद के युवा शरीर के बल, स्फूर्ति एवं उच्च मनोबल के सामने महापार्श्व अधिक देर तक नहीं टिक सका। अंगद के प्रबल प्रहारों ने उसे अत्यल्प काल में ही धराशायी कर दिया।

रावण उत्तरी द्वार से बाहर आया था। उसके साथ अन्य सेनापतियों की अपेक्षा अधिक संख्या में सैनिक थे। वह सैनिकों की मन:स्थिति और अपनी सेना की कठिनाइयों के प्रति भी अधिक जागरूक नहीं था। मेघनाद के वध से पीड़ित और क्रुद्ध रावण को युद्ध-भूमि में विरूपाक्ष के वध का समाचार मिला तो उसके लिए स्वयं को संतुलित रखना कठिन हो गया।

वानर सेना का आज का व्यूह भी कोई नया व्यूह था क्या ? उनका कोई भी सेनापति रावण के सम्मुख नहीं आया था और सागर की लहरों के समान वानर-सेना की भी लहर पर लहर उठ रही थी। वे लहरें, जो सदा रावण से दूर ही दूर रही थीं, आज उसके निकट से निकटतम आ रही थीं। उसे यह भी बताया गया था कि अभी थोड़ी देर पूर्व इन वानरों ने विरूपाक्ष के रथ के चक्रों में पेड़ की शाखाएं अड़ाकर उसका रथ रोकने का प्रयत्न किया था; और अंततः विरूपाक्ष को रथ छोड़ने पर बाध्य होना पड़ा था...

रावण का क्रोध आकाश को छूने लगा। ये वन्य जातियां, जिन्हें उसने कभी कीट-पतंगों से अधिक नहीं समझा, आज इन कंगले राजकुमारों का प्रोत्साहन पाकर इतनी दुस्साहसी हो गयी हैं कि रावण और रावण के पुत्रों से इस प्रकार लड़ें, जैसे यह उनके गांव का दंगल हो।

रावण ने रथ में रखे अपने शस्त्रागार को देखा — ब्रह्मा निर्मित तामसास्त्र उसके सम्मुख था। उसने उसे ही धनुष पर चढ़ाया और वानरों पर प्रहार कर दिया।

तामसास्त्र का प्रभाव भयानक था। इस क्षेत्र में वानरों का कोई ऐसा कुशल योद्धा था भी नहीं, जो उसका प्रतिकार करता। फलतः आगे कुछ वानरों के गिरने पर, पिछली पंक्तियों का युद्ध में स्थिर रहना कठिन हो गया। जिसको जो दिशा मिली, वह उधर ही भाग गया।

राम अभी विरूपाक्ष, महोदर और महापार्श्व की सेनाओं से युद्धों का विवरण प्राप्त कर ही रहे थे कि उन्हें रावण के युद्ध-क्षेत्र में आने की सूचना मिली।

राम और लक्ष्मण दोनों ही रावण की ओर बढ़े; किन्तु उनके पहुंचने से पूर्व ही रावण तामसास्त्र का प्रयोग कर चुका था। राम समझ नहीं पाये कि रावण को आरम्भ में ही ऐसे भयंकर दिव्यास्त्र के उपयोग की आवश्यकता क्यों पड़ी... सम्भवतः एक के बाद एक पराजय के समाचारों से क्षुब्ध होकर ही उसने ऐसा किया हो...

व्यूह-प्रतिष्ठा के पूर्व ही लक्ष्मण ने रावण के रथ के घोड़ों पर दो बाणों का प्रहार

कर उसकी गति रुद्ध कर दी। रावण का क्रोध और भी भड़का...

लक्ष्मण को देखते ही उसे मेघनाद का वध स्मरण हो आया... उसकी दृष्टि से राम ओझल हो गए। वहां लक्ष्मण ही लक्ष्मण थे। उसने नया तूणीर उठाया और लक्ष्मण पर एक के पश्चात् एक प्रहार करने लगा।

किन्तु तब तक राम रौद्रास्त्र का प्रयोग कर चुके थे। रावण के कंधे पर गहरा घाव लगा था।

रावण की चेतना पर छायी विषाद की काई फट गयी। उसके मन में क्रोध ही क्रोध था। युद्ध-विद्या, युद्ध-कौशल और युद्ध की मर्यादा जैसे वह भूलता जा रहा था।... वानर सेना फिर उसे चारों ओर से घेरने लगी थी। उसके अपने सैनिक उन्हें दूर रखने में असफल होते जा रहे थे... कंगले राजकुमार उसके सामने भूमि पर खड़े थे। रथी रावण के सामने उन्हें इसी प्रकार खड़े होना चाहिए था; जैसे वह सिंहासन पर बैठा हो और वे उसके सम्मुख हाथ बांधे, भूमि पर खड़े, कुछ याचना कर रहे हों... किन्तु यथार्थ यह था कि वे उसकी राजसभा में नहीं, युद्ध-भूमि में खड़े थे। यद्यपि अपने महत्त्व के अनुकूल, नंगे पांव, मिट्टी पर खड़े थे; किन्तु उनके हाथ बंधे नहीं थे और वे शस्त्र-बद्ध थे। वे याचना नहीं, प्रहार कर रहे थे... रावण ने पहली बार अपने क्रोध के साथ-साथ एक पीड़ा का भी अनुभव किया। जिन्हें सदा अत्यन्त नीच, हीन और दुर्बल माना था, वे उसके सामने युद्ध में समानता के अधिकार से डटे ही नहीं थे, उस पर कहीं भारी पड़ते जा रहे थे।... राक्षस सेना की कोई-कोई टुकड़ी कहीं-कहीं अपने अस्तित्व के लिए युद्ध करती दिखाई पड़ रही थी और वानर-सेना सर्वग्रासी सागर के समान बची-खुची सेना को लीलने के लिए, अपना भयंकर मुख खोले आगे बढ़ती आ रही थी।

फिर राम और लक्ष्मण के साथ ही कहीं से आकर विभीषण भी खड़ा हो गया था।... विभीषण, जिसने लक्ष्मण को मेघनाद तक पहुंचाया था। जिसने लंका में से अपने परिवार को कहीं लुप्त कर दिया था।... यह विभीषण उसका भाई था, किन्तु उसके प्राण लेकर रहेगा। यह कुंभकर्ण जैसा नहीं था, जो अपनी मदिरा से तृप्त रहे और समय आने पर रावण के लिए चुपचाप अपने प्राण दे दे...

थोड़ी देर में इनके और योद्धा भी एक-एक कर आ जायेंगे... रावण घिरता रहेगा... रावण की सहायता को आने वाला अब कोई योद्धा नहीं बचा है। रावण उन्हें एक-एक कर पहले ही कटवा चुका है... यह कैसे हुआ कि इनके प्रायः सभी योद्धा जीवित हैं और राक्षस-दल... क्या सचमुच रावण का कर्म-दोष उसकी सेना, प्रजा और परिवार को खा गया ? क्या सचमुच विजयी दल में कोई नहीं मरता और पराजित दल में से सब एक-एक कर मर जाते हैं ?... क्या सचमुच न्याय इनकी रक्षा कर रहा है ?... नहीं ! नहीं ! यह इनकी युद्ध-पद्धति के कारण हुआ होगा। ये लोग सामूहिक युद्ध करते हैं। विजय का श्रेय व्यक्तिगत रूप से नहीं चाहते। एक-दूसरे की सहायता करते हैं। राक्षस-योद्धा अपने-अपने अहंकार के साथ लड़े।... अब रह गया है रावण। अकेला। वानर सेना

उसे घेरती जा रही है... पर रावण इस टिड्डी दल के हाथों निरीह मृत्यु मरने को तैयार नहीं है...

रावण ने अपने शस्त्रागार में से आसुरास्त्र निकालकर धनुष पर धारण किया। किन्तु रावण के आसुरास्त्र का प्रतिकार राम के आग्नेयास्त्र ने कर दिया था। रावण ने मायास्त्र का प्रयोग किया तो राम ने गांधर्वास्त्र से उसकी शक्ति को क्षीण कर दिया।

उधर रावण ने सूर्यास्त्र का प्रयोग किया और इधर लक्ष्मण ने अपने नाराचों से रावण के सारथि का वध कर डाला। अपने अगले बाण से उन्होंने रावण के धनुष की प्रत्यंचा काट दी। लक्ष्मण के साथ खड़े विभीषण ने रावण के रथ के शेष घोड़ों का वध कर दिया।

रावण का सारा आक्रोश विभीषण पर केन्द्रित हो गया।... सारे कष्टों की जड़ यही विभीषण है।... यह न होता तो राम और लक्ष्मण लंका का कुछ नहीं बिगाड़ सकते थे।... यही सागर पार जाकर उनको इस पार लिवा लाया, यही उन्हें लंका के सारे भेद देता रहा, यही लक्ष्मण को मेघनाद के वध-स्थल तक ले गया, यही...

रावण ने एक भयंकर शक्ति उठाकर विभीषण पर दे मारी; किन्तु तत्काल ही लक्ष्मण ने एक ओर विभीषण को धक्का देकर परे हटा दिया और दूसरी ओर तीन बाण मारकर मार्ग में ही उस शक्ति के टुकड़े कर दिए।

रावण हतोत्साहित नहीं हुआ, वरन् उसका क्रोध और भी बढ़ता गया... राम से वह बाद में निबटेगा, पहले वह विभीषण और लक्ष्मण का वध करेगा... लक्ष्मण ! पूर्ण यौवन को प्राप्त लक्ष्मण... मेघनाद के ही वय का होगा... कितनी स्फूर्ति है उसके शरीर में ! राम में शस्त्र-कौशल की प्रौढ़ता है, लक्ष्मण के पास उसका यौवन है... बल और स्फूर्ति भरा...

रावण ने पुनः एक शक्ति विभीषण पर चलाई, किन्तु लक्ष्मण ने पुनः उसका निराकरण कर दिया।

रावण के शरीर का सारा रक्त उसके मस्तिष्क की ओर दौड़ा... यह खेल कब तक चलेगा ? रावण में इतना धैर्य नहीं है... उसने मयासुर निर्मित शक्ति उठाकर धनुष पर धारण की और लक्ष्मण के वक्ष का लक्ष्य कर उसने प्रत्यंचा छोड़ दी... लक्ष्मण ने स्फूर्ति का कार्य बल से लिया। वे अपने स्थान से हटे नहीं। एक कठोर नाराच लेकर उन्होंने शक्ति पर प्रहार किया... किन्तु तब तक देर हो चुकी थी... शक्ति लक्ष्मण के वक्ष में लगी। अपने धनुष पर उनकी पकड़ ढीली हो गयी और अगले ही क्षण धनुष उनके हाथ से छूटकर भूमि पर गिरा। लक्ष्मण को मूर्च्छा आ गयी थी...

राम झपटकर आगे बढ़े। उन्होंने अपनी बांहों में पकड़कर लक्ष्मण को संभाला। वहीं लेटाकर, अपने दोनों हाथों में पकड़, उन्होंने शक्ति बाहर खींच ली और रावण के देखते-देखते उसके दोनों सिरों को मिलाकर, शक्ति के दो टुकड़े कर दिए।

राम ने पुनः धनुष उठाया।

सुग्रीव और हनुमान स्फूर्तिपूर्वक शस्त्र साधे, आकर लक्ष्मण के पास खड़े हो गए। विभीषण पहले ही वहां थे।

''सौमित्र को चिकित्सा-शिविर में ले जाओ।'' राम ने आदेश दिया और जलती हुई आंखों से रावण की ओर देखा।

उन्होंने संकेत से एक के पश्चात् एक कर, शस्त्र पकड़ाने वाले चार चरों को निकट आने को कहा।

राम के धनुष से बाणों की झड़ी लग गयी। रावण अपने सारथि और घोड़ों के अभाव में अपने स्थान से तनिक भी हिल नहीं पा रहा था। रथ उसके लिए सुविधा के स्थान पर संकट का कारण बन गया था। वह जिस ओर झुकता था, राम के बाणों की दिशा उधर ही घूम जाती थी।

असहाय रावण ने इधर-उधर देखा। उसकी सेना पूर्णत: अस्त-व्यस्त हो चुकी थी। यदि व्यवस्था इस प्रकार भंग न हो गयी होती, तो अब तक उसके लिए दूसरा रथ आ जाना चाहिए था।

''दूसरा रथ लाओ।'' उसने पलटकर अपने पृष्ठ-पुरुषों को संबोधित किया, ''तुम युद्ध-भूमि में खड़े हो या अपने विश्राम-कक्ष में, मूर्खो !''

''राजाधिराज ! मार्ग अवरुद्ध है।'' एक पृष्ठ-पुरुष चिल्लाया, ''वानरों ने हमारी कोई भी पंक्ति सीधी नहीं रहने दी है।''

''रथ लाओ !'' रावण क्रोध में फुफकारता हुआ बोला।

रावण का नया रथ आ गया।

क्षणभर के लिए राम हतप्रभ रह गए। वानर सेना रावण के रथों को तोड़ती रही और उसके नये रथ आते रहे तो न रावण का वध होगा, न युद्ध का निर्णय होगा।... रथ के कारण, रावण को कुछ अतिरिक्त सुविधाएं मिल जाती हैं। उसकी गति बढ़ जाती है। वह ऊंचाई पर स्थित होता है। उसे शस्त्र पकड़ाने वाले चरों की आवश्यकता नहीं होती।... इतनी कठिनाई से एक रथ नष्ट किया था...

राम का ध्यान अपने झपटते हुए सैनिकों की ओर चला गया। वे लोग रावण के परित्यक्त रथ के शस्त्रों पर अधिकार कर रहे थे। उस चिन्ता में भी राम के अधरों पर एक क्षीण-सी मुसकान आ गयी।... अब अनेक स्थानों पर वानर, राक्षसों से छीने हुए शस्त्रास्त्रों से ही युद्ध कर रहे थे...

सहसा वानरों की पिछली पंक्तियों में कुछ असामान्य-सी हलचल फैल गयी। राम का ध्यान भी उधर गया। लगा, जैसे कोई असाधारण रूप से बड़ा रथ, पिछली ओर से वानर सेना की पंक्तियों को रौंदता हुआ आगे बढ़ा चला आ रहा है।... राक्षसों का रथ वानरों के पीछे कैसे पहुंच गया ?... राम सोच रहे थे... रावण तो उनके सम्मुख खड़ा था, फिर इतना विराट रथ दौड़ाने वाला कौन-सा योद्धा होगा... इस रथ के विषय में

संदेशवाहकों ने भी कोई सूचना नहीं दी थी।

राम ने रावण की ओर देखा — किन्तु उसके चेहरे पर उन्हें कोई प्रसन्नता दिखाई नहीं पड़ी... वरन् रावण जिज्ञासु से अधिक चिन्तित ही लग रहा था... तो क्या रावण भी नहीं जानता कि वह कौन है ?... युद्ध जैसे स्थगित हो गया था... सबके ध्यान का आकर्षण वह रथ ही बना हुआ था...

राम ने पीछे देखा। अंगद, मैंद, द्विविद तथा नील उस रथ की अगवानी करते-से, उसके साथ दौड़ते हुए आ रहे थे। रथ से कोई योद्धा शस्त्र-प्रहार भी नहीं कर रहा था।

आश्चर्यचकित राम खड़े रह गए।

सारथि पर दृष्टि पड़ते ही राम के मन में एक पुनः प्रश्न जागा, ''कौन है यह?''

''आर्य ! मैं देवराज इंद्र का सारथि मातलि हूं।'' सारथि ने निकट आते ही अपना परिचय दिया, ''यह रथ देवराज ने आपकी सहायता के लिए भेजा है। समय नष्ट न कीजिए। युद्ध की सारी सामग्री रथ में विद्यमान है।''

''इंद्र !'' राम ने विस्मय से पूछा, ''इंद्र मेरी सहायता क्यों कर रहे हैं ? मेरा उनसे कोई मैत्री-सम्बन्ध नहीं है।''

''विलम्ब न करें, आर्य !'' मातलि बोला, ''इंद्र ने राम की नहीं, देवशत्रु रावण के शत्रु की सहायता की है। ऐसा न हो कि रथ के अभाव के कारण आपका यह जीता हुआ युद्ध भी आपको विजयी बनाने में असफल रह जाए।''

''हमारे पास कोई सारथि भी तो नहीं है...''

''मैं जो हूं।'' मातलि बोला, ''युद्धपर्यन्त आपका सारथीत्व करूंगा।''

मातलि को देखते ही रावण पहचान गया — इंद्र उस पर वार कर गया था। मेघनाद से हारकर, राक्षसों की सेना से सम्मुख युद्ध का साहस इंद्र कभी नहीं कर सका, तो अब उसने राम को सहायता भेजी है... रथ, सारथि, कवच, धनुष, बाण, शक्तियां... घृणित शत्रु है इंद्र। जिस समय रावण विपत्ति में फंसा हुआ है... सेना ध्वस्त है, सेनापति मारे जा चुके हैं... वानर सेना ने उसे चारों ओर से घेर रखा है, वानर सेनापति युद्ध में सक्षम है, ऐसे में इंद्र ने प्रहार किया है। रावण के घातक और गंभीर शत्रु को रथ और शस्त्र पहुंचा दिए... इंद्र को क्या अब रावण का भय नहीं रहा ?... न सही रावण ! वह महादेव शिव से भी नहीं डरता क्या ?

रावण कुछ आश्वस्त हुआ। उसने पृष्ठ पुरुषों को पुकारा, ''सूचना-चरों को तत्काल शिव और ब्रह्मा के पास भेजो। इंद्र ने मेरे और राम के युद्ध में हस्तक्षेप किया है।''

युद्ध की स्थिति बदल गयी थी। असम युद्ध अब द्वैरथ-युद्ध में बदल गया था। राक्षस और वानर सेनाएं बीच में से हट गयी थीं। दोनों अपने नायकों के रथों को घेरकर उनकी सहायतार्थ सन्नद्ध खड़ी थीं।

युद्ध आरंभ हुआ।

रावण ने गांधर्वास्त्र का प्रयोग किया। राम ने भी उसी अस्त्र से उसका प्रतिकार कर दिया। रावण ने देवास्त्र फेंका। राम ने भी देवास्त्र का ही प्रयोग किया। रावण ने राक्षसास्त्र फेंका तो राम ने गरुड़ास्त्र से प्रहार किया।

रावण के बाण उग्र से उग्रतर होते जा रहे थे, और राम का युद्ध अधिक-से-अधिक रक्षात्मक होता जा रहा था। रावण जैसे हारे हुए युद्ध को पलट देने के प्रयत्न में था, और राम युद्ध की यथास्थिति बनाए रखना चाह रहे थे।

राम पर प्रहार करने में असफल हो रावण ने अपने रोष में राम के रथ की ध्वजा शचिकाट दी, घोड़ों को घायल किया और अंततः मातलि पर भी अनेक प्रहार किए।

मातलि ने अपनी भुजा में से बाण खींचकर नीचे फेंका, "क्या बात है, आर्य ! आप शत्रु के प्रहारों का प्रतिकार मात्र कर रहे हैं, प्रहार नहीं कर रहे ?"

राम चेते... ठीक कह रहा है मातलि ! वे यह देख रहे हैं कि रावण कौन-सा शस्त्र चला रहा है और वे उसका निराकरण भर कर रहे हैं। ऐसे तो हाथ में आयी विजय भी पराजय में बदल जाएगी। उन पर किया गया रावण का एक भी घातक प्रहार सब कुछ नष्ट-भ्रष्ट कर सकता है। सौमित्र उधर मूर्च्छित पड़े हैं और राम यहां प्रतिरक्षात्मक युद्ध लड़ रहे हैं...

रावण ने एक भयंकर शूल राम पर फेंका। राम की चेतना फड़फड़ाकर जाग उठी। उनके बाण निष्फल हो रहे थे... उन्होंने रथ में से इंद्र की एक शक्ति उठा ली। शक्ति के प्रहार से शूल को मार्ग में ही नष्ट कर दिया।... अब प्रहार करने की बारी राम की थी...

राम के धनुष से छूटे क्षुर और नाराच बाणों ने रावण को घेरना आरम्भ किया। रावण को शिथिल होते देख, वानर सेना भी आगे बढ़ आयी थी...

सहसा राम का भयानक नाराच रावण के वक्ष में लगा। रावण का धनुष उसके हाथ से छूट गया। रथ का दंड पकड़कर वह बैठ गया...

रथी घायल होकर प्रायः मूर्च्छित पड़ा था। शत्रु सेना चारों ओर से निरन्तर घिरती चली रही थी। ऐसे समय में सारथि को ही अपनी बुद्धि से कार्य लेना होगा।... रावण के सारथि ने क्षणभर सोचा और इससे पहले कि वानर सेना की ओर से कोई गति हो, वह अपना रथ पीछे हटा ले गया।... बची-खुची राक्षस सेना आधे मन से वानरों से जूझने का प्रयत्न कर रही थी...

किन्तु वानरों ने रावण के सारथि को युद्ध-भूमि से निकल जाने का अवसर नहीं दिया। सारथि जिधर बढ़ता था, वानर टुकड़ियां वर्षा के जल के समान उधर ही उमड़ पड़ती थीं... युद्धभूमि में लौट जाने के सिवाय उसे कोई दूसरा मार्ग नहीं सूझ रहा था।

रावण की चेतना लौटी।

प्रतिरावण जोर से हंस रहा था, 'तू युद्ध में से भाग आया, कायर !'

रावण ने सारथि को डांटा, ''मूर्ख ! कहां भगाए लिये जा रहा है तू ?''

''राजाधिराज ! आपकी रक्षा...''

''किसकी रक्षा !'' रावण बोला, ''मेरे यश को नष्ट कर, मुझे कलंकित करना चाहता है ? शत्रुओं से उत्कोच लिया है तूने क्या ?''

''राजाधिराज !...''

''लौट !''

रावण पुनः लौटकर राम के सम्मुख आया। राम ने पहले ही बाण में उसके रथ की ध्वजा नष्ट कर दी। किन्तु रावण ने कोई विशेष प्रतिक्रिया व्यक्त नहीं की।

वह घायल था और शारीरिक थकान के चिह्न भी स्पष्ट दिखाई पड़ रहे थे।

राम ने अपने तूणीर में से बाण निकाला। यह बाण अगस्त्य ने राम को दिया था। ब्रह्मा-निर्मित इस बाण का उन्होंने निर्णायक क्षण में ही प्रयोग करने के लिए आदेश दिया था।

राम ने रावण के कंठ का लक्ष्य कर बाण छोड़ दिया।

रावण धनुष लिये कुछ इस प्रकार खड़ा था, जैसे उसे न राम दिख रहे हों, न उनका धनुष से छूटा बाण...

बाण रावण के कंठ में लगा और उसका मुंड युद्ध-भूमि में आ गिरा... रावण के सारथि ने रथ लौटा लिया। वानर सेना आगे बढ़ी। राक्षस सेना को युद्ध-भूमि में स्थिर रखने वाला कोई नहीं था। रावण के रथ के पीछे उसकी सेना भी भाग चली।

14

हनुमान और विभीषण सीता को लेकर आए थे। उनके साथ सरमा और कला भी थीं। पीछे-पीछे त्रिजटा भी आयी थी। सीता लंका से बाहर निकलीं तो मुख्य द्वार पर स्वयं राम उनके स्वागत के लिए उपस्थित थे। सीता की कृष काया को पहचानने के लिए कुछ प्रयास करना पड़ा था; किन्तु तनिक-सा ध्यान देने पर उस सूखी काया में से सीता को पहचान लेना तनिक भी कठिन नहीं था। राम ने देखा -- उनकी सीता वियोगिनी रूप में उनके सम्मुख खड़ी थीं। एक वेणी; सफेद, सादी किन्तु साफ धोती। आंखों में वेदना, सहनशीलता और एक प्रकार की दृढ़ता का विचित्र मिश्रण। किन्तु राम प्रसन्न थे, इतनी यातना के बाद भी सीता के चेहरे पर दीनता अथवा याचना नहीं थी।

''आओ, सीते !'' राम ने अपने हाथ बढ़ाए, ''अपने राम से अब और दूर नहीं रहो। एक वर्ष की दीर्घ अग्नि-परीक्षा दी है तुमने। अब तुम्हें कुछ सुख भी मिलना चाहिए...''

सीता को जैसे सहसा विश्वास ही नहीं हो रहा था... क्या सत्य ही हनुमान उन्हें खोजने आया था, राम सागर पार कर आए थे; क्या सत्य ही राक्षस सेना पराजित हुई थी और रावण मारा गया था ?... हां ! यह सब सत्य था। उनके राम अपनी बांहें फैलाए

उनके सम्मुख खड़े थे। और क्या प्रमाण चाहिए उन्हें...

सीता ने आगे बढ़कर राम के हाथों में अपनी हथेलियां रख दीं। उन्होंने अपने प्रिय की आंखों में झांका। वहां प्रेम का अथाह सागर लहरा रहा था। इतने दिनों के वियोग, कठिन परीक्षाओं, रक्त-रंजित युद्धों ने उनके राम को तनिक भी नहीं बदला था।

राम ने सीता की आंखों में देखा — अब भी उन आंखों में वैसा ही स्वच्छ, निर्दोष सम्मोहन था, जिस पर राम रीझते हुए नहीं थकते थे।

अपने सहयोगियों से घिरे राम और सीता अपने स्कंधावार की ओर मुड़े। मार्ग के दोनों ओर श्रमिक सेनाओं के सैनिक खड़े थे। उनके चेहरों पर श्रम के बाद की थकान की तृप्ति और उल्लास था। थोड़ी-थोड़ी दूरी पर कोई-न-कोई सेनापति और यूथपति खड़ा अभिवादन कर रहा था।

सीता देख रही थीं — उनके राम वैसे ही थे, सीधे और सरल वनवासी ! किंतु इस अपार जन-समूह तथा उनके नेताओं की आंखों में जो भाव था, वह राम को कहीं विचलित न कर दे। राम चाहे मन में न लाएं, किन्तु इन लोगों की दृष्टियां उन्हें बार-बार कहेंगी, बार-बार जताएंगी कि वे असाधारण हैं, वे उच्च हैं, वे विशिष्ट हैं। जन-सामान्य अपनी सरलता में जो श्रद्धा और प्यार देता है, वह किसी भी व्यक्ति को उन्मादी बना सकता है।... पर राम में महानता का जितना तत्त्व होगा, वह इस उन्माद का प्रतिरोध करेगा।

''देवर उग्रदेव कहां हैं ?'' सहसा सीता ने पूछा।

''सौमित्र !'' सीता के मुख से पुराना विशेषण सुनकर राम मुसकराए, ''चिकित्सा-शिविर में हैं। वृद्ध सुषेण और प्रभा उसका उपचार कर रहे हैं। सौमित्र ने इस युद्ध में अनेक बार बड़े गंभीर घाव खाए हैं। कई बार वह मृत्यु के मुख में जा-जाकर लौटा है। बहुत रक्त बहाया है उसने।''

''रक्त तो तुमने भी बहुत बहाया है, प्रिय !'' सीता ने राम के संपूर्ण शरीर पर दृष्टि फेरी, ''देख रही हूं, प्रत्येक अंग पर कोई-न कोई घाव लगा ही है।''

''ये तो मेरी निष्ठा के प्रमाण हैं।'' राम मुसकराए।

''मेरे प्रति ?''

''तुम्हारे प्रति। तुम्हारे प्रेम के प्रति।'' राम गंभीर हो गये, ''सत्य और न्याय के प्रति। अंधकार के विरुद्ध होने वाले अनवरत और शाश्वत संघर्ष के प्रति।'' राम ने तनिक-रुककर सीता को देखा, ''घाव खाए बिना, कोई अंधकार के विरुद्ध लड़ कैसे सकेगा।... यह प्रमाण सौमित्र ने भी दिया है। हमारे एक-एक सैनिक ने दिया है। कइयों ने तो हमसे भी अधिक मूल्य चुकाया है।'' राम का कंठ भारी हो आया।

राम एक विशाल चिता के पास आकर रुक गए, ''सीते ! यहां उस सैनिक टुकड़ी के योद्धा सो रहे हैं, जिसका नाम उनके नायक के नाम पर 'तेजधर टुकड़ी' रखा गया है। इन वीरों ने अपने नेताओं के शवों की रक्षा के लिए अपने प्राण दिए हैं।''

सीता ने हाथ जोड़कर चिता को प्रणाम किया।

''ये अकेले नहीं हैं। क्या बताऊं तुम्हें, कितने-कितने और कैसे-कैसे बलिदानों के आदर्श प्रस्तुत किए हैं हमारे वीर योद्धाओं ने; और ये वे लोग हैं, जिनके परिवारों में वीरता और बलिदानों की कोई परंपरा नहीं है। जिन्हें किसी ने इन बलिदानों की महिमा नहीं बताई थी; उन्हें किसी ने किसी प्रकार के प्रलोभन से सम्मोहित नहीं किया था।''

''मूलभूत मानवता सब स्थानों पर विद्यमान है, प्रिय !'' सीता का स्वर धीमा और सकरुण था, ''लंका में भी विभीषण-पत्नी सरमा थीं। विभीषण थे। अविंध्य थे। किन जोखिमों के बीच से होकर कला मुझसे मिलने आयी थी। त्रिजटा कैसे-कैसे मेरी सहायता करती रही।''

''ठीक कहती हो, सीते !'' राम का स्वर विषादाच्छादित संकल्प की दृढ़ता लिये हुए था, ''हम अपने वीर साथियों की स्मृति को अमर बनाने के लिए अनेक स्मारक बनाएंगे... यहां लंका में, पंचवटी में, अयोध्या में।''

चिकित्सा-शिविर के सामने आकर राम रुक गए।

''अपने देवर उग्रदेव से मिल लो, मैं दो-एक आवश्यक काम कर लूं।'' राम ने मुसकराकर कहा, ''किन्तु सीते ! सौमित्र अब बदल गया है। तुम्हारे हरण के पश्चात् से ही उसकी चंचलता और उग्रता का स्थान गंभीरता और दृढ़ता ने ले लिया है।''

सीता जैसे कुछ सोचने लगीं, बोलीं कुछ नहीं।

लक्ष्मण काठ की एक चौकी पर लेटे हुए थे और प्रभा तथा सुषेण उनके घाव साफ कर उन पर औषधि-लेपन कर रहे थे। चौकी नये प्रकार की थी। यह शिल्पी-सैनिकों ने विशेष रूप ने इसी प्रयोजन के लिए तैयार की थी।

''उग्रदेव !''

लक्ष्मण ने आंखें खोलकर सीता को देखा। कुछ क्षणों तक देखते रहे और बोले, ''भाभी !...''

आगे वे कुछ बोल नहीं सके। उनका कंठ भर्रा आया था और आंखें छलछला गयी थीं।

''आप लोग अन्य आहतों को देखें।'' सीता अत्यन्त विनीत भाव से बोलीं, ''देवर की देख-भाल मैं कर लूंगी।''

प्रभा और सुषेण ने कोई आपत्ति नहीं की। क्षतों और औषधियों के विषय में कुछ आवश्यक सूचनाएं देकर, वे अन्य आहतों की ओर बढ़ गए।

रावण के शक्ति-प्रहार से हुए बड़े घाव को औषधि-युक्त रुई से साफ करते हुए सीता बोलीं, ''पीड़ा असहनीय है, सौमित्र !''

''नहीं, भाभी !''

''तो आंखें क्यों छलछला आयी हैं ?'' सीता की आंखों में परिहास था, ''रोते

भी हो और मानते भी नहीं। हठी बालक !''

लक्ष्मण की परिहास-मुद्रा नहीं लौटी, ''सोचता हूं, आपको सकुशल लौटाया न जा सकता तो मैं अपने-आपको कैसे क्षमा कर पाता।''

''और इस भयंकर युद्ध में ऐसे-ऐसे घाव खाए हैं तुमने, देवर ! यदि तुम्हें कुछ हो जाता,'' सीता गंभीर हो गयी थीं, ''तो मैं स्वयं को कैसे क्षमा करती ?''

''भाभी ! पंचवटी में मैं आश्रम में इसलिए नहीं रुका था...''

''मैं जानती हूं।'' सीता ने लक्ष्मण की बात पूरी नहीं होने दी, ''बाद में मैंने उस घड़ी को बहुत कोसा था, सौमित्र ! वर्ष भर कोसती ही रही थी — क्यों मैंने वैसा सोचा ? क्यों मैंने वैसे कटु वाक्य कहे ?'' सीता मौन होकर पुनः बोलीं, ''अपने प्रिय की सुरक्षा के लिए चिंतित मेरा मन बहुत शंकालु हो गया था।''

''समझता हूं।'' लक्ष्मण धीरे-से बोले, ''बाद में मैंने भी इस विषय में बहुत सोचा था और यही पाया था कि भैया को बार-बार जोखिम के मुंह में जाते देख और मुझे पीछे सुरक्षित बैठे देख आपका शंकालु हो जाना स्वाभाविक ही था।''

सीता एक उदास-सी मुसकान अधरों पर ले आयीं, ''थोड़ी-सी ईर्ष्या इसलिए भी जागी थी कि तुम अपने भैया पर मुझसे भी अधिक अधिकार जताते थे।''

लक्ष्मण मुसकराए भर। बोले कुछ नहीं।

सीता ने पट्टी बांध दी, ''अब कभी तुम पर अविश्वास नहीं करूंगी।''

लक्ष्मण पुनः मुसकराए, ''अब अवसर ही नहीं आने दूंगा।''

''अब विश्राम करो, देवर !'' सीता ने लक्ष्मण के माथे पर स्नेह भरा हाथ फेरा।

अन्य घायलों के उचपार में सहायता करने के लिए सीता, सुषेण और प्रभा की ओर बढ़ गयीं।

संध्या समय राम और सीता अपने शिविर में आए।

''तुम्हें हमारे आने और युद्ध की घटनाओं की सूचनाएं मिलती रहीं, सीते ?''

''हां, प्रिय !'' सीता बोलीं, ''थोड़ा बहुत आभास तो मिल ही जाता था। वानर सेना का आना और युद्ध — इतनी बड़ी घटनाएं थीं कि रावण लाख छिपाना चाहता, छिप नहीं सकती थीं। सरमा और त्रिजटा तो बता ही जाती थीं, अन्य जन भी युद्ध की विभिन्न घटनाओं से इतने विचलित रहते थे कि अपनी भावनाओं को छिपा नहीं पाते थे। परिणामतः कोई भी घटना गोपनीय नहीं रह पाती थी।''

''मेरे वध का समाचार मिला था ?'' राम मुसकरा रहे थे।

''कई बार !''

''कैसा लगा था ?''

''कई बार अपना सिर पीटा कि कैसा अभिशाप हूं मैं कि मेरे संरक्षक, मेरे लिए अपने प्राणों को जोखिम में डाल, युद्ध ही करते रहते हैं। पिता ने भी मेरे लिए युद्ध किया

था, आपने और सौमित्र ने भी।''

''सौन्दर्य का मूल्य ही इतना है।''

''सौन्दर्य ही तो अभिशाप बन जाता है।'' सीता ने रुककर राम को देखा, ''सच बताना, प्रिय ! तुमने मुझे कभी नहीं कोसा ?''

''तुम्हें नहीं।... स्वयं को बार-बार कोसा है कि तुम्हारी रक्षा का समुचित प्रबंध क्यों नहीं कर सका।'' राम गंभीर हो गए, ''राक्षसों का विरोध कर, उस विरोध के जोखिमों से असावधान मैं रहा और भुगतना तुम्हें पड़ा।''

राम सीता के निकट आए। उन्होंने अपनी बांहें फैला दीं। सीता ने अपना सिर राम के वक्ष पर टेक दिया।

''रावण ने तुम्हें बहुत परेशान किया, सीते ?''

''परेशान तो बहुत हुई।'' सीता का चेहरा अतीत के त्रास से व्याकुल हो उठा, ''किन्तु उस परेशानी में आपकी दी हुई शस्त्र-विद्या और आपकी वह प्रेमिका शूर्पणखा बहुत याद आयी।''

राम ने विस्मय से सीता की त्रस्त-परिहासपूर्ण मुद्रा को देखा, ''शूर्पणखा !''

''हां! उसी ने तो मेरी सुरक्षा का प्रबंध कर रखा था। वह नहीं चाहती थी कि वह राम से वंचित रहे और रावण सीता को पा जाए।''

''युद्ध भी करना पड़ा ?''

''नहीं ! जब-जब रावण समर्पण के लिए आग्रह करता था, डराता-धमकता था, मैं उससे शस्त्र और द्वन्द्व-युद्ध मांगती थी; किन्तु उसने मेरी इच्छा कभी पूरी नहीं की।''

''मारा-पीटा भी ?''

''नहीं ! उसका सारा प्रयत्न मेरा मनोबल समाप्त करने के लिए डराने-धमकाने में ही समाप्त हो गया।''

''युद्ध में मैं जब-जब मूर्च्छित अथवा हताश हुआ,'' राम जैसे अपने-आपसे कह रहे थे, ''बार-बार मन-ही-मन तुम्हारी रक्षा न कर सकने के कारण तुमसे क्षमा चाही। फिर तुमसे ही बल पाया। जीने की प्रबल इच्छा ने असफल मृत्यु को पीछे धकेल दिया। मूर्च्छा की अंतिम घड़ियों में हर बार लगा कि तुमने आकर मेरे माथे पर हाथ फेरा है। मेरे वक्ष को सहलाया है। तुमने मेरे घाव भर दिए हैं। तुमने मेरी पीड़ा हर ली है।''

''राम तो ऐसे कल्पनाशील, भावुक प्रेम करने वाले व्यक्ति नहीं थे...।''

''तुम्हारे वियोग ने भावुक भी बना दिया।''

''तुमने एक बार भी नहीं सोचा, राम ! कि रावण मेरे साथ बलात्कार कर सकता है। मैं पतित, भ्रष्ट और तुम्हारे अयोग्य हो सकती हूं ?''

''मेरे मन में पूर्ण निश्चय था रावण बलात्कार करेगा ही।'' राम बोले, ''इस बात की तो मैं कल्पना भी नहीं कर सकता था कि तुम पर यह विपदा नहीं आएगी।''

''फिर भी मुझे प्राप्त करने का प्रयत्न करते रहे ?'' सीता गंभीर थीं।

राम अट्टहास कर उठे, ''इस युद्ध में राक्षसों ने मेरे शरीर पर सैकड़ों घाव किए हैं, फिर भी तुम मेरा ही नाम रटती रहीं।'' राम गंभीर हो गए, ''तुमने कभी सोचा कि मेरा शरीर पतित और भ्रष्ट हो चुका है और अब मैं तुम्हारे योग्य नहीं रहा ?''

''किंतु सतीत्व...''

''सतीत्व मन से होता है, मेरी प्रियतमा ! शरीर से नहीं। किसी व्यक्ति को घाव लग जाए, उसकी भुजा या टांग कट जाए तो वह पतित या चरित्रहीन नहीं हो जाता।'' राम किंचित् आवेश में थे, ''मैं रुमा के विषय में सुनता था और तुम्हारी कल्पना करता था। रुमा के अपने जेठ ने उसके साथ बार-बार बलात्कार किया। किष्किंधा का सारा राजवंश इस तथ्य से दुखी था। इस पर भी जब मैंने सुना कि उसे सुग्रीव के पैरों पर गिरकर, अपनी निर्दोषता की दुहाई देनी पड़ी है, तो मेरा मन उसके लिए बहुत रोया।'' राम का स्वर अत्यन्त भावुक हो उठा, ''वह रुदन तुम्हारे लिए भी था। कहीं तुम्हें वैसी दुहाई न देनी पड़े।''

''इस समाज में रहकर भी तुम इतने उदार कैसे हो, प्रिय ?'' सीता ने मुग्ध दृष्टि से राम को देखा।

राम ने स्वयं को संयत किया, ''तुम गुरु विश्वामित्र की दीक्षा को भूल गयी, प्रिये! तुमसे विवाह के पूर्व उन्होंने मेरे हाथों अहल्या को सामाजिक मर्यादा दिलवाई थी। गुरु दूरदर्शी थे। उन्होंने कदाचित् उसी समय तुम्हारे जीवन में इस दुर्घटना की संभावना देखी होगी।...''

''महान् हैं विश्वामित्र !'' सीता बोलीं, 'किंतु लोगों के सन्देह, आशंकाएं...'' राम ने सीता को अपनी बांहों में भर लिया, ''सीता राम की है, राम की रहेगी।''

15

''लंकापति !'' अपने शिविर में राम ने विभीषण को मंच पर बैठाते हुई कहा, ''जन-सेना अपने-अपने ठिकानों को लौट चुकी है। सहायक सैनिक अपने-अपने ग्रामों की ओर प्रस्थान कर रहे हैं; और किष्किंधा की राजकीय सेना अपने हताहतों की व्यवस्था कर दो-एक दिनों में अपना स्कंधावार समेटकर लौट जाएगी।...''

''आप यह सब क्यों कह रहे हैं, भद्र राम ?'' विभीषण विह्वल स्वर में बोले, ''मैंने इस सेनाओं को कभी पराया नहीं माना। मैंने उन्हें कभी बोझ नहीं माना...''

''तुम्हारा मानना ही सब कुछ नहीं है, मित्र !'' राम गंभीर थे, ''तुम न भी मानो, तो भी स्थिति में कोई अंतर नहीं पड़ेगा। यथार्थ के अपने कुछ नियम होते हैं। उन नियमों को हमें समझना होगा।... तुम असावधान हो भी जाओ, किंतु हमें सावधान रहना होगा...।''

''क्यों, भद्र ?''

''यह विषय अत्यन्त सुकुमार है और संकटपूर्ण भी।'' राम बोले, ''सहायक होकर

आयी, कोई भी बाहरी सेना, विजय की घड़ी के पश्चात ठहरी रहे तो आधिपत्य सेना का रूप धारण कर लेती है। आज वानर सेना लंका के नये शासन की सहायक है, मित्र है, सम्मानित अतिथि है; किन्तु यदि ठहरने के समय की मर्यादा का उल्लंघन करेगी तो लंका के लिए एक भयावह बोझ हो जाएगी। तुम इसका पक्ष लोगे तो विदेशी सेना के पिट्ठू कहलाओगे और लंकावासियों की दृष्टि में असम्मान के भाजन बनोगे।''

विभीषण मौन रहे।

''मैं, सीता और लक्ष्मण भी किसी भी क्षण यहां से चल पड़ेंगे। इसीलिए कह रहा हूं कि नये समाज का निर्माण करते हुए कुछ बातों का ध्यान रखना।''

विभीषण ने प्रश्नावाचक दृष्टि से राम की ओर देखा।

''लंका के सारे चिकित्सालय इस समय हताहतों से भरे पड़े हैं। प्रत्येक घर में से कोई-न-कोई पुरुष या तो आहत है या मर गया है। अग्निकांडों से भी कुछ क्षति हुई ही है। जनसंख्या विचलित भी है और अस्त-व्यस्त भी। पिछले शासन के ध्वंसावशेष भी पर्याप्त शक्तिशाली हैं। न तुम उन्हें नष्ट कर सकते हो और न अंगीकार। ऐसे में यह न हो कि नये समाज में भी पुराना शोषण और अन्याय चलता रहे; और जिन्होंने नये शासन, नयी व्यवस्था और नये शासन के लिए अपने प्राण दिए हैं अथवा अपना रक्त बहाया है, वे तथा उनके परिवार पहले के समान शोषण के पात्र बने रहें। यदि ऐसा होता रहा तो याद रखना, जन सामान्य को शस्त्र ग्रहण करना आ गया है।...''

विभीषण मुसकराए, ''आप निश्चिंत रहें, आर्य ! ऐसा नहीं होगा। विभीषण ने वर्षों से एक नये, न्यायपूर्ण, शोषणरहित और समताधृत समाज के स्वप्न देखे हैं। अपने स्वप्नों को न मैं भूल सकता हूं, न नष्ट होने दे सकता हूं।''

''मुझे विश्वास है कि ऐसा ही होगा।'' राम बोले, ''किंतु ऐसा न हो कि नया समाज बनाने की आड़ में एक नयी शोषण-व्यवस्था आरंभ हो जाए। अपने सगे-सम्बन्धियों, मित्रों तथा अपने पक्षधरों द्वारा होने वाले अन्यायों का विरोध तथा प्रतिकार, न्याय की पहली मांग है। रावण के समान संसार भर के आततायी गुंडों को एकत्रित कर हिंसा, शोषण तथा अन्याय के आधार पर साम्राज्य स्थापित करना तथा विलास में लिप्त हो जाना राजनीतिक आदर्श नहीं है।'' राम कुछ रुककर बोले, ''मनुष्य अपने पक्ष के व्यक्ति को अनाचार के माध्यम से कुछ प्राप्त करते हुए अथवा अन्य लोगों का शोषण करते हुए देखकर प्रसन्न होता है कि वह अपने पक्ष वालों के लिए सुख के साधन एकत्रित कर रहा है। रावण के अत्याचारों के माध्यम से लंका में धन एकत्रित होते देख, लंकावासियों ने यही सोचा था। किंतु वस्तुत: वह सुख के नहीं, अपने और अपने समाज के नाश के साधन एकत्रित कर रहा होता है। प्रकृति के कर्म तथा सुख के नियम बड़े कठोर हैं और जटिल भी। सुख अर्जित करना चाहिए, एकत्रित नहीं।''

''आप ठीक कह रहे हैं, राम !'' विभीषण जैसे अपने-आपसे कह रहे थे, ''मुझे इन बातों के प्रति सचेत रहना होगा। अपने पक्ष के अपने विरोधियों के प्रति, अपने मन

के प्रलोभनों के प्रति तथा अपने सगे-संबंधियों की सुविधा-जीविता के प्रति तटस्थ, न्यायपूर्ण तथा कठोर रहना पड़ेगा।''

''हां, विभीषण ! अपने साथियों को भी तुम्हें समझाना होगा कि वस्तुतः हित क्या है ? सुख क्या है ? इंद्रियों का सुख भौतिक सुख है। वह उपयोगिता की दृष्टि से अनिवार्य है; किंतु जब वह उसकी अनिवार्यता का अतिक्रमण कर अतिरिक्त सुख खोजता है, तो रोग बन जाता है। भोजन पौष्टिकता तक अनिवार्य है; किन्तु स्वाद की सीमा में प्रवेश करते ही वह रोग को जन्म देता है। निद्रा विश्राम की सीमा तक अनिवार्य है; किन्तु अकर्मण्यता तक पहुंचकर वह विष में बदल जाती है। यौन-सुख, जाति-सुरक्षा की वृत्ति — शरीर की आवश्यकता तक निर्माण है, विलास के क्षेत्र में पहुंचकर वह क्षय है।''

''प्रत्येक अति सुख में दुःख छिपा है, राम !''

''प्रकृति द्वंद्वात्मक है।'' राम मुसकराए, ''इसलिए मनुष्य को अपनी सीमा पहचाननी होगी।''

''बौद्धिक सुखों पर भी यह नियम लागू होगा, भद्र ?'' विभीषण ने पूछा, ''वहां तो इंद्रियां नहीं हैं ?''

''शरीर-सुख की तो फिर भी एक सीमा है।'' राम बोले, ''क्योंकि शरीर की क्षमताएं सीमित हैं। बुद्धि सूक्ष्म है, उसकी सीमा नहीं, इसलिए उसका विष और भी भयंकर है, विभीषण ! रावण की साम्राज्य नीति इंद्रियों के सुखों का अतिक्रमण कर बौद्धिक सुख के भोग में प्रविष्ट हो चुकी थीं। पदार्थों के भोग की सीमा हो सकती है, किंतु उनके संचय की कोई सीमा नहीं होती। रावण का साम्राज्य, भोग के आगे, संचय सुख में प्रवेश कर चुका था। तुम्हारा राज्य ऐसा न हो, मित्र ! बौद्धिक सुख स्वाभिमान की सीमा तक ही रहे तो ठीक है; अहंकार के क्षेत्र में पहुंचकर व्यक्ति स्वश्रेष्ठता का भाव पाल लेता है। वह अन्य मनुष्यों को स्वयं से हीन मानकर, उनके सुख और कल्याण की कामना न कर, उनका भावात्मक और शारीरिक उत्पीड़न करता है। रावण अहंकारी हो गया था — दूसरों की भावनाओं, इच्छाओं, आवश्यकताओं, सम्मान और अधिकार की उसे चिन्ता नहीं थी। वह परपीड़न-रति का रोगी होकर पशु हो गया था।''

''तो संसार में कोई सुख नहीं है, राम ?'' विभीषण की जिज्ञासा में पीड़ा थी, ''संसार पूर्णतः दुःखमय है ?''

''नहीं !'' राम मुसकराए, ''समस्त अभौतिक सुख दोषहीन हैं। विवेक का सुख ऐसा ही सुख है। यह निर्माण का सुख है। स्वार्थ का त्याग कर, अपनी शक्तियों को जन-कल्याण में लगाओ — यह सारा संसार तुम्हारे लिए सुखमय हो जाएगा। राम ने अयोध्या का राजसिंहासन स्वीकार किया होता तो कदाचित् सुखी न हो पाता; वनवास में इतनी कठिनाइयों और विरोधों के होने पर भी मैं सुखी रहा हूं।... तुम्हें भी इसी मार्ग पर चलना होगा।''

विभीषण कुछ सोचते-से चुपचाप खड़े रहे।

''एक बात और कहना चाहूंगा, बंधुवर !'' राम पुनः बोले, ''इस संघर्ष के संदर्भ

में जिन्हें चेतना मिली है, जिन्होंने विद्रोह करना सीखा है, अपने अधिकारों के लिए युद्ध करना जाना है, उनकी ऊर्जा को निर्माण की ओर लगाए रखना। तुम असावधान हुए तो वे तुम्हारा ही नाश कर देंगे। वे तुम्हारे सतत जाग्रत प्रहरी हैं...।''

''मैं तुम्हारा आभारी हूं, राम ! कि तुम मेरी रक्षा के लिए ऐसे प्रहरी छोड़े जा रहे हो।'' विभीषण विह्वल हो उठे, ''मेरे जीवन का लक्ष्य होगा कि तुम्हारे इन प्रतिनिधियों की चेतना सदा जागरूक और प्रज्वलित रहे। अन्धकार के विरुद्ध यह संघर्ष चलता रहे।...''

''और मंदोदरी ?'' राम ने पूछा।

''उन्हें अब भी पट्टमहिषी का सम्मान प्राप्त होगा।''

''यही कहना चाहता हूं कि यदि वे मार्ग की बाधा न बनें तो उन्हें अनावश्यक कष्ट न दिया जाए; किन्तु इतना संरक्षण भी न मिले कि एक नयी शूर्पणखा का जन्म हो।''

विभीषण मुसकरा पड़े, ''नहीं ! अब लंका में शूर्पणखाएं उत्पन्न न होंगी। जो हैं भी, उन्हें अपना मार्ग बदलना होगा। नया समाज क्रूर नहीं है, किन्तु अत्याचार के प्रतीकों को यह बदल देगा, अन्यथा नष्ट कर देगा।...''

राम ने आगे बढ़कर विभीषण को गले से लगा लिया। ●